국제법무 시리즈 2

제2판

국제민사소송법: 국제사법 절차법편

석광현 저

박영사

2nd edition

International Civil Procedure Law

SUK Kwang Hyun

Parkyoung Publishing & Company

SEOUL, KOREA

2025

제2판 머리말

2012년 제1판을 간행한 후 13년 만에 제2판을 간행하게 되었다. 제2판의 간행이 늦어진 것은 저자가 게으르고 2022년 정년퇴임을 한 탓도 있으나 우리나라에서 국제민소송법 저술에 대한 수요가 크지 않은 탓도 있다. 늦었지만 이 책을 국제재판관할법(2022)에 이어 국제법무 시리즈2로 간행하게 된 것을 매우 기쁘게 생각한다. 이 책은 '국제사법 준거법편' 제2판과 함께 저자가 대한민국 법학계라는 화단에 정성스럽게 심는 거의 마지막의 작은 꽃이다. 이 책의 제목을 '국제사법 절차법편'이라고 할지 아니면 '국제민사소송법' 또는 '국제민사절차법'이라고 할지를 두고 숙고하였다. 이 책은 국제중재와 국제도산을 함께 다루므로 논리적으로는 '국제민사절차법'이 더 적절할 수 있으나 그것이 한국에서는 다소 낯설고, 제1판의 제목과 대륙법계의 전통적인 접근방법을 고려하여 일단 '국제민사소송법'이라고 하면서 '국제사법 절차법편'을 부기하는 방식으로 절충하였다. 그럼으로써 이 책이 자매서인 '국제사법 준거법편'과 대응하는 것임을 밝힐 수 있다는 점도 고려하였다. 다만 위 제목 중 어느 것을 사용하든 간에 이 책의 실질이 달라질 것은 없다.

국제민사소송법 분야에서는 정치한 국제재판관할규칙을 담은 2022년 7월 개정 국제사법의 시행이 가장 큰 변화이다. 저자는 국제사법의 시행에 맞춰 '국제재판관할법'이라는 단행본을 국제법무 시리즈1로 간행하였기에 그 내용을 축약하면서 간행 후의 판례와 문헌을 참조하여 보완한 내용을 이 책에 수록하였고 국제재판관할과 국제적 소송경합은 '국제사법 준거법편'에서는 제외하였다. 2012년과 비교하면 우리 법원의 판례와 문헌이 많이 나왔기에 이를 반영하다 보니 분량이 대폭 증가하였다. 제2판에서는 특히 국제재판관할, 외국재판의 승인 및 집행과 국제상사중재법을 많이 보완하였고 한국에서는 아직 발효되지 않은 싱가포르조정협약도 소개하였으나, 국제보전처분과 국제강제집행을 충실하게 다루지 못한 점은 아쉽다. 영국 해상보험법에 따른 보험자 대위의 법적 성질을 다룬 대법원 2024. 7.

25. 선고 2019다256501 판결, 3배배상의 지급을 명한 미국 하와이주 판결의 승인에 대하여 판단한 대법원 2022. 3. 11. 선고 2018다231550 판결 등 주목할 만한 판결들이 있음은 환영할 일이다. 근자에 국제사법과 국제민사소송법에 대한 법관들의 인식이 제고되었고 특히 국제민사소송법에 밝은 소수 대법관이 노력한 결과 올바른 판결들이 나오고 있다. 그런 변화와 노력에 찬사를 보낸다. 또한 사법정책연구원에서 국제민사소송법 분야에 관심을 가지고 '외국재판의 승인과 집행에 관한 연구'(2020), '국제적 전자송달에 관한 연구'(2021), '기일 전 증거개시(pre-trial discovery)로 인한 국제적 사법마찰의 해결에 관한 연구'(2022)와 '인터넷에 의한 계약 및 불법행위에 관한 소의 국제재판관할'(2024) 등을 간행한 것을 높이 평가하며 이들도 참고하였다. 저자의 제자들이 발표한 단행본과 논문들을 주요 문헌으로 인용한 것은 매우 기쁜 일이었다. 제자들이 장차 한국 국제법무의 발전을 위하여 크게 기여할 것을 기대한다.

　2001년 섭외사법을 개정함으로써 준거법규칙을 현대화한 데 이어 2022년 정치한 국제재판관할규칙을 국제사법에 도입함으로써 우리 국제사법은 양 날개를 갖추었고 이로써 우선 시급한 국제사법 분야의 입법작업은 일단락되었다. 앞으로는 시간을 가지고 준거법규칙의 개정을 준비하면서 국제민사절차법적으로는 헤이그국제사법회의의 관할합의협약과 재판협약 기타 우선 우리에게 필요한 헤이그협약을 선정하여 가입하기 위한 노력을 할 필요가 있다. 근자에 싱가포르조정협약 비준을 위한 작업의 일환으로 이행법률안을 성안하기 위한 작업이 법무부의 주도하에 추진되고 있으나, 관할합의협약과 재판협약 가입에 대한 관심은 크지 않은 것 같아 아쉽다. 우리나라가 2000년 송달협약 가입 시 유보했던 조항의 일부를 완화하는 방안도 검토할 필요가 있다. 우리 법제를 국제화하기 위한 작업을 꾸준히 추진하여야 한다. 이 책에서 싱가포르조정협약을 다룬 것은 동 협약이 '조정을 통한 국제적 화해합의의 승인 및 집행'을 다루므로 국제민사절차법의 영역에 속할 뿐만 아니라, 그를 통해서 재판상화해·화해중재판정을 포함하여 외국재판·외국중재판정의 승인 및 집행의 異同을 파악할 수 있고 내국·외국 중재판정의 승인 및 집행의 이원화가 제기하는 문제점을 체계적으로 파악할 수 있기 때문이다.

　'국제민사소송법'이라는 제목의 책은 한국에서는 이것이 유일한 것으로 알고 있기에 저자는 제2판을 간행하겠다고 하면 박영사 측에서 환영할 것으로 기대하였으나 유감스럽게도 저자만의 오해였던 모양이다. 우여곡절 끝에 제2판을 간행하게 되었으니 긴 사설은 생략하나 그 과정에서 저자가 법학전문서적의 출판 현실에 대하여 다시 한번 실망하였고 책 표지가 소프트커버로 전환된 데 따른 아쉬움이 있었다. 어쨌든 제2판을 간행할 수 있도록 애써 주신 조성호 이사님과 편집을 담당하신 박세연 님께 감사드린다. 교정작업을 도와주는 아내에게도 감사하고, 초교를 일독함으로써 도움을 준 이종혁 서울대학교 법학전문대학원 교수께도 고마운 마음을 전한다.

2025년 2월
잠원동 寓居에서
석광현 씀

추 기

교정을 보는 과정에서 2024. 12. 3. 비상계엄이 선포되었고 대통령에 대한 탄핵 등으로 인하여 국가적 혼란이 발생하였다. 비상계엄의 선포나 긴급조치는 저자가 고교 시절과 대학 졸업 후 경험했던 어둡고 쓰라린 추억의 일부였는데 이를 21세기에 다시 겪을 줄은 몰랐다. 광복 후 대한민국이 어렵사리 구축해 온 민주주의의 극적인 퇴행은 커다란 충격이었다. 현재로서는 위헌적 계엄선포를 한 대통령에 대한 탄핵은 불가피한 것으로 보인다. 50년 전 법학도로서 유신헌법을 배우는 것이 몹시 부끄러웠는데 근자에 수준 이하의 무리가 법률가랍시고 설쳐 대는 것도 目不忍見이었고 탄핵 심판 과정에서 보이는 일부 법률가들의 헛소리도 말문이 막힐 정도이다. 서투른 목수가 연장 탓만 하듯이 제도 탓만 하는 것은 어리석다. 제도만 바꾼다고 모든 문제가 해결되는 것은 아니고 제도를 제대로 운영하려는 노력도 중요하다. 과거 대법원이 제 역할을 했더라면 헌법재판소는 없어도 되었고, 검찰이 본연의 임무를 제대로 수행했더라면 공수처도 필요 없었다. 아무쪼록 탄핵에 따른 혼란은 최소화하면서 탄핵 후 한국이 지금보다 더 성숙한 민주주의와 법치주의가 통용되는 사회가 되기를 간절히 희망한다.

머 리 말

　　다른 기회에 밝힌 것처럼, 저자가 국제민사소송법 교재를 처음 접한 것은 변호사이던 1989년 독일 프라이부르그 대학에서 Dieter Leipold 교수가 개설한 국제민사소송법 세미나에 참석한 때였다. 그때 저자는 1987년에 간행된 Reinhold Geimer의 아담한 국제민사소송법(Internationales Zivilprozeßrecht) 단행본(본문 494면. IZPR)을 처음 접하고 국제민사소송법학이라는 분야에 관심을 가지게 되었고 언젠가 저자도 그런 책을 간행할 수 있으면 좋겠다는 막연한 꿈을 품게 되었다. 또한 저자는 비슷한 시기에 프라이부르그에서 Dietrich F. R. Stiller의 Das inter−nationale Zivilprozeßrecht der Republik Korea (1989)를 발견하고 큰 충격을 받았다. 이는 Stiller 변호사의 Bonn 대학 법학박사학위논문인데, 국제민사소송법이라는 개념도 잘 모르던 저자로서는 '대한민국의 국제민사소송법'이라는 제목의 학위논문이 독일에 존재하리라는 사실을 전혀 예상하지 못하였기 때문이다. 물론 저자가 해군법무관이던 1984년 변호사의 길을 걷기로 결정한 뒤 접했던 최공웅 원장님의 훌륭한 「國際訴訟」이라는 저서를 통하여 국제민사소송법의 기초를 배울 수 있었으나 그 책은 국제사법과 국제민사소송법을 함께 다룬 책이었다.

　　그리고 세월이 흘러 저자는 1999년 한양대 법대의 교수가 되었고 지금은 서울대 로스쿨에서 국제사법, 국제거래법과 국제민사소송법을 담당하게 되었다. Geimer의 IZPR은 그 후 여러 차례 개정되어 2009년에는 6판이 간행되었는데 분량도 대폭 증가하였고 책자의 크기도 커졌으며 독일 국제민사소송법학의 수준을 보여주는 대표적인 저서가 되었다. 막연한 꿈을 품은 지 20여 년이 흐른 이제 이 책을 상재하니 만감이 교차한다. 작은 꿈을 실현했다는 개인적인 뿌듯함과, 선진국의 類書들에 비하면 많이 부족하다는 자각으로 인한 좌절감과 자괴감이 뒤섞인 감정을 느낀다. 유럽연합의 국제민사소송법은 브뤼셀 I 과 브뤼셀 II bis 등의 운영과 개정을 둘러싸고 빠르게 발전하고 있다. 그 과정에서 유럽사법재판소(ECJ)의 판결이 속속 나오고 있으며, 이를 중심으로 역내 국가의 학자들은 물론이고 역외국가의 학자들과도 활발한 논의가 이루어지고 있다. 이런 모습은 저자에게는 커다란 부러움의 대상이다. 지난 5월 한·중·일 3국 정상이 한·중·일 FTA 체결을 위한 협상을 연내에 개시하기로 선언한 만큼 우리도 3국의 국제사법 내지 국제민사소송법 분야의 규범을 통일하기 위한 논의의 장을 만들어 장차 국제규범을 창설하기 위한 준비를 시작해야 한다. 근자에 한국, 일본과 중국에서 이와 관련한 다양한 포럼이 결성되고 있음은 다행이다. 문제는 다시 우리에게 돌아온다. 장래 중일기업 간의 분쟁을 우리나라에서 소송 또는 중재로 해결하려는 희망을 실현하고 3자조약을 성안하자면 국제사법과 국제민사소송법에 대한 연구를 게을리해서는 아니 된다. 젊은 법률가들의 적극적 참여를 촉구한다.

이 책에서 다루는 국제민사소송법은 협의의 국제민사소송법만이 아니라 국제상사중재법과 국제도산법을 포함한다. 협의의 국제민사소송법 영역에서는 우리나라도 이미 헤이그송달협약과 헤이그증거협약 등에 가입하였고, 국제상사중재와 국제도산법의 영역에서는 UNCITRAL 모델법을 받아들였으므로 그 분야의 규범을 해석함에 있어 규범의 국제적 성격과 적용상의 통일을 증진할 필요성을 고려하여야 한다. 이제 국제민사소송의 영역에서도 우리 법률가들끼리 적당히 처리하던 시대는 지나갔다. 당연한 이야기지만, 국제화된 환경하에서 우리 법률가들도 실력을 배양하지 않으면 아니 된다. 이를 위하여 여러 외국으로부터 배워야 하고, 우리 법률가들도 법률시장 개방을 적극 활용하여 외국으로도 진출해야 한다.

국제민사소송법 분야의 우리 문헌이 충분하지 않아 이 책에서는 독일 등 외국문헌에 크게 의존한 것은 사실이지만, 장래 우리 국제민사소송법학을 정립하기 위하여 국내문헌을 열심히 인용하였고 우리 판결을 충실히 소개하고자 노력하였다. 우리 법원에서도 국제민사소송법의 논점을 다룬 사건이 점증하고 있을 뿐만 아니라 근자에는 매우 까다로운 쟁점들이 제기되고 있다. 예컨대 미국 법원의 confession judgment의 승인이나 회생계획인가결정에 따른 면책 효력의 승인을 다룬 대법원판결들, 미국을 상대로 제기한 추심금청구의 소에 대하여 우리나라에 재판권이 있는지를 다룬 대법원판결이 그러한 예이다. 또한 한국인 징용 피해자들의 청구를 기각한 일본 판결의 승인을 거부한 대법원판결도 외국판결의 승인의 맥락과 외국법의 적용의 맥락에서 공서위반이라는 까다로운 쟁점을 다룬 주목할 만한 판결이다. 2012년 5월 중순 현재 삼성전자와 애플은 전 세계 10개국에서 47건의 소송을 진행중이라는데, 이는 국제소송이 기업의 생존전략이 되었음을 단적으로 보여주는 사례이다. 우리도 이를 계기로 우리나라는 물론이고 미국과 유럽 등의 민사소송법에 대해 좀 더 관심을 가져야 할 것이다.

저자는 우리나라의 모든 민사소송법 학자들이 국제도산법과 국제상사중재법을 포함하는 넓은 의미의 국제민사소송법을 연구해야 한다고 믿는다. 그러나 현실은 그렇지 못하다. 저자는 일찍부터 국제민사소송법 분야에 관심을 가지고 2001년 서울대학교 출판부에서 「국제재판관할에 관한 연구」를, 2007년 법무부에서 「증거조사에 관한 국제민사사법공조연구」를 각각 단행본으로 간행하였으며, 다수의 논문들을 발표하여 이를 「국제사법과 국제소송」 제1권–제5권에 수록한 바 있다. 급속하게 국제화되고 있는 환경 속에서 우리 법률가들이 이런 책자들을 통하여 국제민사소송법의 실천적 의의를 체득하고, 국제민사소송법이 협의의 국제사법과 밀접하게 관련되어 있음을 깨닫기를 희망한다.

이 기회를 빌어 저자의 오늘이 있도록 도와주신 선생님과 선배님들께 거듭 감사드리고 또한 동료 및 후배들과 제자들에게도 감사의 뜻을 전하고 싶다. 특히 거의 30년 전에 「國際訴訟」이라는 훌륭한 저서를 간행하여 우리나라에서 국제민사소송법 분야의 선구적 업적을 쌓으신 최공웅 원장님께 경의를 표한다. 이 책자는 서울대학교의 2011년 로스쿨 교재개발 계획의 지원을 받아 작성된 것임을 밝혀두고 학교 당국의 지원에 감사드린다.

이 책의 간행을 수용해주신 안종만 회장님께 감사드리고, 실제로 이 책이 빛을 볼 수 있도록 해주신 조성호 부장님과 김선민 부장님께 감사의 말씀을 전한다. 그리고 불평 없이 10여 년째 교정작업을 도와주는 아내에게도 감사한다. 마지막으로 삼교를 일독함으로써 교정작업을 마무리해준 강성윤, 김영미, 박승환, 손현진과 임영아 서울대 법학대학원생들에게도 고마운 마음을 전한다.

2012년 7월
푸르름이 더해가는 관악산 산자락에서
석광현 씀

범 례 ....

자주 인용되거나 주요한 참고문헌은 아래와 같다(네모괄호 안은 인용방법).

〈국내문헌〉

강현중, 민사소송법 제6판(박영사, 2004), 제7판(박영사, 2018)　[강현중. 강현중, 제7판]

김대순, 국제법론 제16판(삼영사, 2011)　　　　　　　　　　　　　　　　[김대순]

김상원 외(편), (註釋)新民事訴訟法(Ⅰ)(한국사법행정학회, 2004)

[주석신민사소송법(Ⅰ)/집필자]

김상원 외(편), (註釋)新民事訴訟法(Ⅲ)(한국사법행정학회, 2004)

[주석신민사소송법(Ⅲ)/집필자]

김상원 외(편), (註釋)民事執行法(Ⅱ)(한국사법행정학회, 2004)

[주석민사집행법(Ⅱ)/집필자]

김연·박정기·김인유, 국제사법 제4판(법문사, 2022)　　　　[김연·박정기·김인유]

김용진, 국제민사소송전략 — 국제소송실무 가이드 — (신영사, 1997)　[김용진, 소송전략]

김홍규·강태원, 민사소송법(삼영사, 2008)　　　　　　　　　　　　[김홍규·강태원]

김홍엽, 민사소송법 제10판(박영사, 2021)　　　　　　　　　　　　　　　[김홍엽]

민일영·김능환(편집대표), 주석 민사소송법(Ⅰ) 제7판(한국사법행정학회, 2012)

[민일영·김능환/집필자, 주석민사소송법(Ⅰ)]

민일영(편집대표), 주석 민사소송법(Ⅲ) 제9판(한국사법행정학회, 2023)

[민일영/집필자, 주석민사소송법(Ⅲ)]

민일영·김능환(편집대표), 주석 민사집행법(Ⅱ) 제3판(한국사법행정학회, 2012)

[민일영·김능환/집필자, 주석민사집행법(Ⅱ)]

배형원 외, 다자협약 및 양자조약 연구(사법발전재단, 2010)　　　　[배형원 외]

법무법인(유한) 태평양, 우리 기업을 위한 미국소송 실무가이드(박영사, 2022)

[태평양, 미국소송]

법원행정처, (2015년 개정판) 국제거래재판실무편람(2015)　　　　　[실무편람]

법원행정처(편), 법원실무제요 민사소송(Ⅲ)(2017)　　　　[법원실무제요/민사(Ⅲ)]

석광현, 국제재판관할에 관한 연구(서울대학교 출판부, 2001) [석광현, 국제재판관할연구]

석광현, 2001년 개정 국제사법 해설 제2판(도서출판 지산, 2003) [석광현, 해설(2003)]

석광현, 국제사법 해설(박영사, 2013)　　　　　　　　　　　　　　[석광현, 해설]

석광현, 국제사법과 국제소송 제1권부터 제6권(박영사, 2001 – 2019)　[석광현, 제*권]

석광현, 국제사법과 국제소송 [정년기념](박영사, 2022)　　　　[석광현, 정년기념]

석광현, 증거조사에 관한 국제민사사법공조연구(법무부, 2007)　　[석광현, 증거조사]

석광현, 국제상사중재법연구 제1권(박영사, 2007), 제2권(박영사, 2019)

[석광현, 국제중재법 제*권]

석광현, 국제재판관할법(박영사, 2022)   [석광현, 국제재판관할법]

석광현 교수 정년기념 헌정논문집 간행위원회, 石光現교수정년기념헌정논문집:

國際去來法과 國際私法의 現狀과 課題(박영사, 2022)   [석광현헌정논문집]

송상현·박익환, 신정 6판 민사소송법(박영사, 2011)   [송상현·박익환]

신창선·윤남순, 신국제사법 제2판(fides, 2018)   [신창선·윤남순]

신창섭, 국제사법 제5판(세창, 2022)   [신창섭]

안춘수, 국제사법 제2판(법문사, 2023)   [안춘수]

이시윤, 신민사소송법 제16판(박영사, 2023)   [이시윤]

이시윤, 신민사집행법 제5판(박영사, 2009)   [이시윤, 집행법]

이호정, 국제사법(경문사, 1981)   [이호정]

전원열, 민사소송법 강의 제4판(박영사, 2024)   [전원열]

정동윤·유병현, 민사소송법 제3판(법문사, 2010)   [정동윤·유병현]

정인섭, 신국제법강의 — 이론과 사례 제13판(2023)   [정인섭]

정해덕, 국제소송·중재(코리아쉬핑가제트, 2021)   [정해덕]

진산 김문환선생정년기념논문집 간행위원회, 진산 김문환선생정년기념논문집 제1권:

국제관계법의 새로운 지평(박영사, 2011)   [진산 기념논문집 제1권]

최공웅, 국제소송(육법사, 1994)   [최공웅]

최흥섭, 한국 국제사법 Ⅰ—법적용법을 중심으로—(한국학술정보, 2019)   [최흥섭]

최흥섭, 유럽연합(EU)의 국제사법(BOOKK, 2020)   [최흥섭, EU국제사법]

호문혁, 민사소송법 제14판(법문사, 2020)   [호문혁]

⟨외국문헌⟩

● 독일문헌

Coester—Waltjen, Dagmar, Internationales Beweisrecht (Rolf Gremer, 1983)

[Coester-Waltjen]

Geimer, Reinhold, Internationales Zivilprozessrecht, 8. Auflage

(Verlag Dr. Otto Schmidt, 2020)   [Geimer]

Hess, Burkhard, Europäisches Zivilprozessrecht, 2. Auflage (Walter de Gruyter, 2021)

[Hess]

Junker, Abbo, Internationales Privatrecht, 5. Auflage (C.H. Beck, 2022) [Junker, IPR]

Junker, Abbo, Internationales Zivilprozessrecht, 6. Auflage (C.H. Beck, 2023) [Junker]

Kropholler, Jan, Internatinales Privatrecht, 6. Auflage (Mohr Siebeck, 2006)
[Kropholler]

Kropholler, Jan, Europäisches Zivilprozeßrecht : Kommentar zu EuGVO,
　　Lugano−Übereinkommen und Europäischem Vollstreckungstitel, 8. Auflage
　　(Verlag Recht und Wirtschaft, 2005)　　　　　[Kropholler, EuZPR][1]

Linke, Harmut/Hau, Wolfgang, Internationaes Zivilverfahrensrecht, 5. Aufalge
　　(Verlag Dr. Otto Schmidt, 2011)　　　　　　　　　[Linke/Hau]

Nagel, Heinrich/Gottwald, Peter, Internationales Zivilprozessrecht, 8. Auflage
　　(Verlag Dr. Otto Schmidt, 2020)　　　　　　　　[Nagel/Gottwald]

Schack, Haimo, Internationales Zivilverfahrensrecht, 8. Auflage (C.H. Beck, 2021)
[Schack]

Schütze, Rolf A., Deutsches Internationales Zivilprozessrecht unter Einschluss
　　des Europäischen Zivilprozessrechts, 2. Auflage (De Gruyter, 2005)　[Schütze]

Praxis des internationales Privat− und Verfahrensrechts　　　　　[IPRax]

Rabels Zeitschrift für ausländisches und internationales Privatrecht [Rabels Zeitschrift]

● 영국문헌

Dicey, Morris & Collins, The Conflict of Laws, 15th edition (Sweet & Maxwell, 2012)
[Dicey/Morris/Collins]

Fawcett, James/Carruthers, Janeen/North, Peter, Cheshire, North & Fawcett : Private
　　International Law, 14th edition (Oxford University Press, 2008)
　　Fentiman, Richard, International Commercial Litigation (Oxford University
　　Press, 2010)　　　　　　　　　　　　　　　　　[Fentiman]

Torremans, Paul (ed.), Cheshire, North & Fawcett : Private International Law,
　　15th edition (Oxford University Press, 2017)　　　[Cheshire/North, *edition]

● 기타 국가문헌

Born, Gary B./Rutledge, Peter, International Civil Litigation in United States
　　Courts 4th Edition (Wolters Kluwer, 2006)　　　　[Born/Rutledge][2]

Daniel Girsberger et al. (Hrsg.), Zürcher Kommentar zum IPRG, 2. Auflage
　　(Schulthess, 2004)와 3. Auflage (2018)　　　[Zürcher Kommentar/집필자][3]

---

1) 대체하지 않았지만 이는 Jan von Hein이 이어 쓴 제9판(2010)이 있다.
2) 대체하지 않았지만 최근판은 제7판(2022)이다.
3) 제3판(2018)의 경우 "3. Auflage"를 표시한다.

차 례

제1장

국제민사소송법 서론

제 1 장
국제민사소송법 서론

Ⅰ. 국제민사소송법의 개념과 인접 분야

1. 국제민사소송법의 개념

논자에 따라 다소 다르지만 국제민사소송법이라 함은 "외국적 요소(섭외적 요소 또는 외국관련)가 있는 민사사건(또는 민사소송)에서 발생하는 절차법적 문제를 규율하는 법규의 총체"를 말한다.[1] 민법이나 민사소송법과 같은 국내법의 정의 시 형식적 의미와 실질적 의미를 구분한다. 예컨대 형식적 의미의 민사소송법은 민사소송법이라고 불리는 법전을 가리키고, 실질적 의미의 민사소송법은 민사소송제도를 규율하는 법규의 총체라고 이해한다. 그러나 국제민사소송법의 경우 법전이 없으므로 현재로서는 형식적 의미의 국제민사소송법은 존재하지 않고[2] 실질적 의미만이 문제 된다. 따라서 위 개념은 실질적 의미의 국제민사소송법을 말한다.

국제민사소송법은 국제사법과 마찬가지로 적확한 용어는 아니다. 왜냐하면 '국제'라는 용어에도 불구하고 이는 국제법이 아니라 국내법이기 때문이다. 여기

---

* 개정판에서는 기존 문헌을 모두 최신의 것으로 교체하여야 하나, 이는 너무 부담스럽고 수고에 비하여 큰 의미가 없는 경우도 있어 부분적으로만 교체하고 필요 시 새로운 문헌들을 추가하였다. 따라서 동일한 문헌의 구판과 신판이 공존하게 되었는데, 이에 대하여 독자 여러분의 양해를 구한다.

1) Geimer, Rz. 9; 강현중, 810면 참조.

2) 물론 이는 단행법으로서의 국제민사소송법을 말하는 것이고, 외국재판의 승인 및 집행에 관한 민사소송법과 민사집행법의 조문 및 헤이그송달조약과 헤이그증거조약과 같은 단편적인 규범은 존재한다.

에서 '국제'라는 것은 그의 법원(法源)이 국제적이라는 의미가 아니라 그의 과제가 국제적임을 의미한다.

현재 세계에는 독자적인 법질서를 가진 복수 국가가 병존하므로 외국적 요소가 있는 사안을 해결하자면 순수한 국내사건에서와 다른 해결방안이 필요하다.[3) 이런 과제를 담당하는 것이 '광의의 국제사법'[4]인데, 이는 주로 실체법을 다루는 '협의의 국제사법'('준거법지정규범' 또는 '법적용법')과, 주로 절차법을 다루는 '국제민사소송법(internationales Zivilprozessrecht. IZPR)'[5] 또는 '국제민사절차법(internationales Zivilverfahrensrecht. IZVR)'으로 구성된다.[6] 협의의 국제사법은 외국적 요소가 있는 사법적(私法的) 법률관계에 대해 어느 법질서를 적용할지를 규정하는 법이므로 그 조문은 다양한 연결대상에 대하여 연결소(connecting factor, Anknüpfungsmoment) 또는 연결점(Anknüpfungspunkt, *point de rattachement*)을 매개로 준거법을 지정하는 구조를 취한다.[7] 이 책에서 주로 다루는 것은 한국의 국제민사소송법이고, 협의의 국제사법은 이 책의 자매서인 '국제사법(준거법편) 해설'에서 다룬다.

한국의 국제민사소송법을 제대로 이해하자면 주요 외국의 민사소송법과 비교민사소송법을 알아야 하므로 그에 관하여도 필요한 내용을 담고자 하였으나 충분하지는 않은데, 이는 아쉬운 점이다.

---

3) Schack, Rn. 2.

4) 영미, 프랑스, 스위스와 헤이그국제사법회의에서 일반적으로 승인되는 국제사법의 개념은 국제재판관할과 외국판결의 승인 및 집행 기타 절차적 측면을 포함한다. 독일에서 말하는 국제사법을 협의의 국제사법, 영미에서 말하는 국제사법을 광의의 국제사법이라고 할 수 있다. 광의의 국제사법 분야에서 국제민사사법공조의 중요성이 점차 커지고 있다.

5) 독일에서는 전통적으로 국제사법을 "외국적 요소가 있는 법률관계에 어느 국가의 법을 적용할지를 결정하는 법규의 총체" 또는 "준거법의 결정원칙을 정한 법규의 총체", 즉 협의의 국제사법으로 이해하므로, 위의 과제를 담당하는 것이 실체법의 영역에서는 국제사법이고 절차법의 영역에서는 국제민사소송법이라고 설명하기도 한다. Schack, Rn. 2.

6) Conflict of Laws, Restatement 2nd (1971), 제2조 Comment. 영어로는 '광의의 국제사법'은 'private international law' 또는 'conflict of laws'라고 한다. 반면에 '협의의 국제사법', 즉 준거법지정규칙은 'choice-of-law rules'라고 한다.

7) 물론 모든 조문이 그런 구조를 취하지는 않는다. 예컨대 동의요건을 정한 국제사법 제71조와 국제적 강행법규를 정한 제20조는 그렇지 않다.

2. 국제사법과의 관계

가. 국제사법의 범위와 국제민사소송법

영미에서는 ① 국제재판관할, ② 준거법의 결정과 ③ 외국판결의 승인·집행이라는 3대 주제를 국제사법, 보다 정확하게는 광의의 국제사법의 과제로 본다.[8] 여기에서 사용하는 '국제민사소송법'이라는 용어는 편의상의 표현인데, 그의 핵심인 ① 국제재판관할과 ③ 외국판결의 승인·집행에서는 아래(3.)에서 보듯이 준거법의 결정보다는 외국적 요소가 있는 소송관계를 다루는 법정지법의 특칙, 즉 외국관련성이 있는 실질법 논의가 중심을 이룬다. 광의의 국제사법의 개념을 잘 보여주는 것은 미국법률협회(ALI)의 1971년 제2차 저촉법(또는 국제사법) Restate-ment이다. 제2조는 국제사법의 주제를 다음과 같이 정의한다.

§2. Subject Matter of Conflict of Laws (국제사법의 주제)
Conflict of Laws is that part of the law of each state which determines what effect is given to the fact that the case may have a significant relationship to more than one state (국제사법은 각국의 법률 중, 사안이 2개 이상의 국가와 중대한 관련을 가질 수 있다는 사실에 대해 어떠한 효력을 부여할지를 결정하는 분야를 말한다).

우리 실정법인 국제사법은 협의의 국제사법과 국제재판관할 및 외국법의 조사 등을 규율하는 점에서 대체로 영미와 독일 체제의 중간에 위치한다고 할 수 있다. 즉 구 국제사법 제2조는 국제재판관할에 관한 일반원칙을 선언하고, 제27조와 제28조는 소비자와 근로자의 보호를 위한 국제재판관할규칙을 두었고 대부분의 조문은 준거법지정규칙이었다.[9] 그러나 2022년 개정된 국제사법은 정치한 국제재판관할규칙을 정면으로 도입함으로써 이제 우리 국제사법은 준거법과 국제재판관할이라는 양 날개를 갖추게 되었다. 국제재판관할규칙을 두는 점에서 국제사

---

8) 국제사법을 실체편과 절차편으로 구분하여 협의의 국제사법, 즉 법선택규칙 또는 저촉법을 실체편에, 국제재판관할과 외국판결의 승인·집행 및 기타 절차적인 부분을 절차편에 편입시킬 수도 있다. 그러나 이는 대체적으로 그렇다는 것이지 논리적으로 철저한 구분은 아니다. 예컨대 절차는 법정지법에 따른다는 국제사법원칙은 준거법 지정에 관한 것이지만 절차의 문제이다.

9) 구 국제사법 제12조, 제14조 및 제48조는 실종선고, 한정치산 및 금치산선고와 후견에 관하여 한국 법원이 관할을 가지는 경우를 규정하였다.

법의 태도는 준거법 지정규칙만을 국제사법의 규율대상으로 이해하는 독일의 민법시행법(EGBGB)과는 다르나, 국제사법의 범위를 국제재판관할과 외국재판의 승인 및 집행을 포함하는 광의로 이해하는 프랑스, 스위스의 태도에 접근하게 되었는데, 영미법계와 헤이그국제사법회의는 국제사법의 범위를 우리보다도 더 넓게 파악한다.[10] 이런 태도는 준거법 지정은 국제재판관할의 결정과 밀접하게 관련되므로 양자를 함께 규율할 현실적 필요가 있고 그렇게 하는 데 체계상 장점이 있다는 점에서 바람직하다.[11] 다만 현재 한국에서는 서로 밀접한 관련이 있는 외국판결의 '승인'과 '집행'이 민사소송법과 민사집행법에 의해 각각 규율되나 장기적으로는 위 조문은 물론이고, 가사와 비송사건에 관한 외국판결의 승인 및 집행에 관한 규범을 통합하여 국제사법에 규정하는 것이 바람직하다고 본다.

다만 국제민사소송법의 영역에서도 준거법의 판단이 문제 되는 분야가 없는 것은 아니다. 국제재판관할합의와 국제중재합의가 대표적 예인데, 특히 양자의 성립과 유효성, 나아가 그 효력의 준거법을 정할 필요가 있다. 그 경우 당사자자치(party autonomy)의 원칙[12]이 중요한 역할을 한다. 나아가 국제중재에서는 다양한 준거법의 쟁점이 제기된다. 또한 국제도산에서도 분쟁의 실체의 준거법과 절차의 준거법이 문제 된다. 도산절차에서는 법정지법이 중요한 기능을 하는데 이를 '도산법정지법(lex fori concurus)'이라고 한다.

우리나라에서는 협의의 국제사법, 즉 준거법지정규칙이 성질상 소송법(절차법)에 속한다고 하는 논자도 있고 미국에서는 그런 견해가 더 널리 인정되는 것으로 보이기도 하나[13] 우리 법상은 타당하지 않다. 「실체법 v. 절차법」과 「실질법

---

10) 예컨대 헤이그국제사법회의 웹사이트는 Judgments Project를 설명하면서, 동 프로젝트는 국경을 넘는 소송에서 <u>국제사법의 두 가지 핵심적 측면</u>, 즉 법원의 국제재판관할과 법원 판결의 외국에서의 승인·집행에 관하여 헤이그국제사법회의가 1992년 이래 수행한 작업이라고 설명한다(The "Judgments Project" refers to the work undertaken by the Hague Conference since 1992 on <u>two key aspects of private international law</u> in cross-border litigation : the international jurisdiction of courts and the recognition and enforcement of their judgments abroad)(밑줄은 저자가 추가함). 그 결과 2019년 7월 재판협약이 채택되었고 2023. 9. 1. 발효되었다. 정식명칭은 "민사 또는 상사(사건)에서 외국재판의 승인 및 집행에 관한 협약"인데, 이는 제10장에서 논의한다.

11) 상세는 석광현, 관할연구, 309면 이하 참조.

12) 근자에는 준거법지정원칙으로서의 당사자자치에서 더 나아가 분쟁해결에 있어서 당사자자치의 중요성을 강조하는 견해도 있다.

13) 법원으로 하여금 국경을 넘는 사건을 어떻게 다루어야 하는지를 규정하는 점에서 그렇다는

v. 국제사법(저촉법)」의 대비에서 보듯이 양자는 평면을 달리하는 개념이므로 협의의 국제사법을 소송법에 편입시킬 것은 아니다.[14] 물론 국제사법 중 국제재판관할규칙은 절차법의 성질을 가진다.

나. 협의의 국제사법에 대한 국제민사소송법의 우위

예컨대 신분관계에 관한 사건에서 준거법과 관계없이 국제재판관할을 정한다거나, 외국판결의 승인에서 준거법 통제를 포기함으로써 외국법원이 적용한 준거법에 관계없이 외국판결을 승인하는 현상을 보면 국제민사소송법에 의해 협의의 국제사법이 배제되는 결과가 된다. 이를 가리켜 '국제사법에 대한 국제민사소송법의 우위(Vorrang IZPRs vor IPR)'라고 부르기도 한다. 그 결과 국제민사소송법의 독자성이 강화되고 협의의 국제사법의 중요성이 약화되는 측면이 있다.[15] 외국판결을 승인함으로써 외국의 협의의 국제사법규칙을 승인하는 결과가 되기 때문이다.

이와 별개의 문제로 '국제사법에 갈음하는 승인(Anerkennung statt IPR)'의 문제가 있다. 우리나라에서는 이는 그 대상과 요건이 엄격히 규제되는 조약에 따른 국제재판관할과 승인에만 타당한 것일 수는 있으나 일반적으로 통용되는 것은 아니고,[16] 유럽연합에서는 '법상태(또는 법적 상태)의 승인(Anerkennung einer Rechts-

---

것이다. Roxana Banu, Michael S Green, and Ralf Michaels, Philosophical Foundations of Private International Law (2024), p. 23.

14) 국제민사소송법은 절차법이고 국제사법은 실체법이라는 견해도 없지는 않다. Schütze, Einleitung, Rn. 4. 만일 협의의 국제사법이 절차법이라면 우리 법원은 직접반정을 인정할 이유도 없다. 외국 절차법은 원칙적으로 적용되지 않기 때문이다.

15) Christian von Bar/Peter Mankowski, Internationales Privatrecht, Band I Allgemeine Lehren 2. Auflage (2003), §5 Rn. 139; Kropholler, §56 Ⅲ. Mankowski는 학문적 논의나 실무적 중요성이라는 관점에서 과거에는 국제사법학의 초점이 협의의 국제사법(IPR)에 있었으나 1970년대 이래 국제민사소송법(IZPR)으로 옮겨 갔다고 한다. Peter Mankowski, Das Bündelungsmodell im Internationalen Privatrecht, Ralf Michaels/Dennis Solomon (Hrsg.), *Liber Amicorum* Klaus Schurig zum 70. Geburtstag (2012), S. 177.

16) 우리나라는 헤이그국제사법회의 입양협약에 서명하였는데, 아직 비준하지 않았으나 2022년 7월 국제입양에 관한 법률을 제정하여 2025년 7월 시행할 예정이므로 그 무렵 비준할 것이다. 입양협약에 따라 입양이 이루어졌다고 입양국의 권한당국이 증명하면 그 입양은 다른 체약국에서 자동 승인된다. 이를 '법상태의 승인'으로 설명할 수 있는데, 입양협약이 발효되면 그때에는 법상태의 승인이 우리 법제에 정면으로 도입된다. 국제입양법의 소개는 석광현, "헤이그 국제아동입양협약의 이행을 위한 '국제입양에 관한 법률'의 주요 내용과 문제점", 한양대학교 법학논총 제40집 제3호(2023. 9.), 317면 이하 참조.

lage)' 내지 '법적 상황의 승인(recognition of legal situations, *reconnaissance des sit-uations*)'의 문제로 논의되고 있다.[17]

3. 국제민사소송법과 국제민사절차법

우리나라에서는 논의가 별로 없으나 독일의 경우 논자에 따라서는 국제민사소송법과 국제민사절차법(internationales Zivilverfahrensrecht. IZVR)이라는 용어를 호환적으로 사용하기도 하고, 국제민사절차법을 국제민사소송법보다 더 넓은 개념으로 파악하여 국제민사소송법 외에 국제도산법, 더 나아가서는 국제중재법을 포함시키기도 한다. 저자는 이 책의 제목을 1판에서 사용했던 '국제민사소송법'에서 '국제민사절차법'으로 수정하는 방안을 고려하였고, 특히 우리 민사소송법이 민사소송법과 민사집행법으로 분할된 상황에서는 국제민사절차법이 더 적절한 것으로 보이기도 하나, 결국 1판의 제목을 유지하기로 하였고 여기에서는 편의상 양자를 호환적으로 사용한다.

국제민사소송법을 '절차적 저촉법'으로 파악하는 것은 옳지 않다. 일정한 사항들(예컨대 당사자능력과 행위능력이 법정지법에 따르고, 외국판결의 효력이 외국법에 따르는 등)이 절차적 저촉법의 성질을 가지는 것은 사실이지만 이는 국제민사소송법의 일부일 뿐이고, 국제민사소송법은 오히려 외국적 요소가 있는 소송관계를 다루는 법정지법의 특칙, 즉 외국관련성이 있는 실질규범이기 때문이다.[18] 실질규범이라 함은 법적용규범(또는 간접규범)인 저촉법(또는 국제사법)에 대비되는 개념으로, 우리 민·상법과 같이 저촉법(또는 국제사법)에 의하여 준거법으로 지정되어 특정 법률관계 또는 쟁점을 직접 규율하는 규범을 말한다. 그런 의미에서 민사소송법은 절차에 관한 실질법으로서 의미를 가진다. 즉 우리나라가 법정지인 경우 절차에 관한 사항은 아래에서 언급하는 '법정지법원칙(*lex fori* principle)'에 따라 우리 민사소송법에 의하여 규율된다. 이 경우 우리 민사소송법은 절차법이지만 실질법으로서 적용된다.

---

17) Dieter Henrich, Anerkennugn statt IPR; Eine Grundsatzfrage, IPRax (2005), S. 423. 사람의 성(姓, 姓氏)에 관한 2008. 10. 14. 유럽사법재판소의 Grunkin and Paul 사건 판결(C-353/06)은 석광현, 정년기념, 41면 이하, 회사의 속인법이 문제 된 유럽사법재판소의 Überseering 사건 판결(C-208/00)은 석광현, 정년기념, 285면 이하 참조. 법상태의 승인의 상세는 석광현, 정년기념, 663면 이하 참조.

18) Schack, Rn. 8.

4. 소송의 국제화와 국제민사절차법의 중요성에 대한 인식의 제고

근자에는 소송의 국제화(이를 "소송의 글로벌화"라고도 한다)에 수반하여 국제소송을 우리 법원에 유치하려는 다양한 노력이 있었는데, 특히 IP 허브 프로젝트가 추진되었고[19][20] 그 후 국제상사법원을 설립하는 방안도 논의되었으며 실제 법률안이 발의된 바도 있었으나[21] 국제상사법원의 설립에 관한 한 아직 가시적 성과는 없는 상태이다. 저자는 일부 법조인들의 이런 노력을 환영하나 그런 목표를 성취하자면 국제민사절차법과 국제사법의 중요성을 제대로 인식하는 것이 첫걸음이다. 그런 인식의 전환 없이 기구만 만들면 해결될 것으로 믿는 것은 환상에 불과하다.

이런 맥락에서 주목할 것은, 대법원이 2024. 5. 2. '국제 분쟁 해결 시스템 연구회'를 발족한 점이다. 이는 상사 및 지식재산과 관련한 국제 분쟁 전문 특별법원 설립을 궁극적인 목표로 정하였다고 하는데, 저자로서는 그런 노력을 높이 평가하나 국제민사·상사분쟁을 한국 법원으로 유치하자면 법원만의 노력으로는 한계가 있고, 변호사업계와 학계는 물론 우리 기업들의 노력이 필요하며, 그러한 작업의 중요성과 필요성에 대한 사회적 인식의 공유와 국가적 지원이 필수적이다.[22] 하지만 현재 변호사−의뢰인(또는 고객) 간 특권(Attorney−Client Privilege)조차도 제도적으로 인정되지 않는 상황이고, 사법(司法) 관련 국가적 관심과 역량의 상당 부분이 다른 과제에 매몰된 터라 비상한 노력이 없다면 실현하기 어려운 과제이다.

---

19) Schack, Rn. 8.
20) 이에 관하여는 제5장 국제소송의 당사자, Ⅴ. 변론능력과 소송대리에서 언급한다.
21) 우리나라에서도 국제상사법원을 도입하기 위한 입법이 추진되어 이수진 의원이 대표로 2021년 2월 각급 법원의 설치와 관할구역에 관한 법률 일부개정법률안(의안번호 8121), 민사소송법일부개정법률안(의안번호 8120)과 법원조직법 일부개정법률안(의안번호 8118) 등을 발의한 바 있었으나 근자에는 구체적 진전은 없는 듯하다. 논점은 사법정책연구원, 국제상사법원에 관한 연구(2020)(김정환 외 집필) 참조.
22) 법원 국제분쟁해결시스템연구회 등은 2024. 10. 7. "새로운 IP 분쟁해결시스템 구축을 위한 세미나"라는 주제로 세미나를 개최하는 것을 계기로 '외국법원 및 사법관련 국제기구 번역 가이드라인'을 배포하였다. 여기저기 오류도 보이는데 아직 최종적인 것은 아니라고 하니 더 보완될 것으로 기대한다.

II. 국제민사소송법의 지위

국제민사소송법은 절차법의 일부이다. 독일과 같이 국제사법을 협의로 이해하면 물론이고, 국제사법을 광의로 이해하더라도, 준거법지정규칙인 협의의 국제사법과 달리 국제민사소송법이 절차법이라는 점을 부인할 수는 없다. 이런 점에서 국제민사소송법을 '(광의의) 국제사법의 절차편'이라고 부를 수도 있으므로 이 책의 부제를 '국제사법 절차법편'이라고 달았다. 국제민사소송법과 국제사법은 밀접하게 관련된다. 예컨대 국제민사소송법에 의하여 우리 법원의 국제재판관할이 인정되면 우리나라의 국제사법이 적용된다. 즉 모든 국가의 법원은 원칙적으로[23] 법정지의 국제사법을 적용한다는 말이다. 논자에 따라서는 국제민사소송법은 (협의의) 국제사법과 절차법의 중간에 있다고 하기도 한다.[24]

III. 국제민사소송법의 법원(法源)

우리나라에는 국제민사소송법의 완결된 입법이 없고, 국제민사소송법의 법원은 다양한 법률과 조약에 산재한다. 그 밖에도 관습법과 판례법[25]이 존재한다. 국제사법의 경우와 마찬가지로 국제민사소송법의 영역에서도 판례법과 학설의 역할이 매우 중요하다.[26] 물론 학설은 법원(法源)은 아니다. 우리나라에서 중요한 성문법인 법원(法源)을 열거하면 아래와 같다.

1. 국 내 법

● 국제사법. 과거에는 섭외사법이었으나 2001. 7. 1.자로 '국제사법'으로 명칭이 변경되고 국제재판관할규칙을 더 많이 포함하게 되었으며(제2조, 제27조와 제28

---

23) 그에 대한 예외는 법정지의 국제사법이 反定(renvoi)을 허용하는 경우이다. 반정이 허용되는 범위 내에서는 우리 법원은 외국의 국제사법을 적용한다.
24) Peter Mankowski, Über den Standort des Internationalen Zivilprozessrechts – Zwischen Internationalem Privatrecht und Zivilprozessrecht, Rabels Zeitschrift 82 (2018), S. 577.
25) 판례의 법원성 인정 여부는 국가에 따라 다르다. 우리나라에서는 사실상의 구속력을 가지는 판례를 말한다.
26) 국제사법 논의는 아니나 학설(특히 통설)의 의미는 이동진, "법실무에서 통설의 가치", 영남법학 제58호(2024. 6.) 1면 이하 참조.

조), 외국법의 조사와 적용에 관한 조문(제5조)[27]이 신설되었고, 마침내 2022년 개정에 의하여 정치한 국제재판관할규칙을 담게 되었다.

● 민사소송법/민사집행법. 민사소송법과 민사집행법에는 국내민사소송과 국내민사집행에 관한 규정이 있음은 물론인데, 외국재판의 승인 및 집행에 관한 규정이 있고, 외국적 요소가 있는 민사소송 및 민사집행에 대한 특칙이 산재한다. 외국에서 하는 송달의 방법에 관한 민사소송법 제191조, 외국에서 시행하는 증거조사에 관한 민사소송법 제296조와 외국에서 할 집행에 관한 민사집행법 제55조 등이 그 예이다.

● 국제민사사법공조법. 우리 법원은 과거 대법원 1985. 10. 14. "사법공조업무처리등에 관한 예규"(송민예규 85-1)에 따라 국제적인 민사사법공조 업무를 처리하였으나, 1991년 이를 대체하는 국제민사사법공조법이 제정되었다.

2. 조   약

여기에는 다자조약과 양자조약이 포함된다. 다자조약에는 헤이그국제사법회의(Hague Conference on Private International Law. HCCH)[28]에서 채택된 여러 협약이 있는데, 주요한 다자조약과 양자조약으로는 아래의 것들이 있다.[29]

● 송달협약. 민사 또는 상사의 재판상 및 재판외 문서의 해외송달에 관한 1965. 11. 1. 협약(Convention on the Service Abroad of Judicial and Extrajudicial Documents in Civil or Commercial Matters)(이하 "송달협약"이라 한다). 이는 조약 제

---

27) 흥미로운 것은 독일에는 그에 상응하는 조문이 민사소송법(제549조)에 있다는 점이다. 우리가 일본을 통해 독일 민사소송법을 계수하는 과정에서 국제민사소송법의 일부 조문이 탈락되었음을 볼 수 있다.

28) 헤이그국제사법회의 전반에 관하여는 우선 석광현, "한국의 헤이그국제사법회의 가입 20주년을 기념하여: 회고, 현상과 전망", 동아대학교 국제거래와 법 제19호(2017. 8.), 69면 이하; 석광현, 정년기념, 51면 이하 참조. 특기할 만한 것은, 대법원이 헤이그국제사법회의에 법관을 꾸준히 파견하는 점이다. 저자는 이를 우리나라 국제사법의 발전을 위한 법원의 과감하고 지속적인 투자라고 이해한다. 2010년 8월 처음으로 박정훈 판사가 헤이그회의에 파견되었고 2024년 8월에는 도민호 판사가 13번째로 파견되었다. 헤이그회의 파견 경험을 가진 판사들이 장래 한국 국제사법의 발전을 위해 크게 기여할 것으로 믿는다. 만일 판사들이 개인적 추억만 남기는 데 그친다면 파견제도를 존치할 이유가 없다.

29) 법원행정처 내의 국제규범연구위원회는 양자조약 체결 시 사용하고자 민사사법공조조약 모델안을 성안하였다고 한다. 오병희, "국제민사사법공조에 있어서의 영상전송(videolink)에 의한 증거조사: 헤이그 증거협약을 중심으로", 사법논집 제50집(2010), 485면.

1528호로 2000. 8. 1. 우리나라에서 발효하였다.

● 증거협약. 민사 또는 상사의 해외증거조사에 관한 1970. 3. 18. 협약(Con-vention on the Taking of Evidence Abroad in Civil or Commercial Matters)(이하 "증거협약"이라 한다). 이는 조약 제1993호로 2010. 2. 12.부터 우리나라에서 발효하였다.

● 아포스티유협약(또는 인증협약). 우리나라는 2006. 10. 25. 헤이그국제사법회의의 "외국공문서에 대한 인증의 요구를 폐지하는 협약"(Apostille Convention. 아포스티유협약 또는 인증협약)에 가입하였다. 이는 조약 제1854호로 우리나라에서 2007. 7. 14. 발효하였다.[30]

● 한호민사사법공조조약. "대한민국과 호주 간의 재판상 문서의 송달, 증거조사 및 법률정보의 교환에 관한 민사사법공조조약"(이하 "한호조약"이라 한다). 이는 1999. 9. 17. 체결되었고 이는 조약 제1504호로 2000. 1. 16. 우리나라에서 발효하였다.[31]

● 한중민사상사사법공조조약. 우리나라는 2003. 7. 7. 중국과 "대한민국과 중화인민공화국 간의 민사 및 상사사법공조조약"(이하 "한중조약"이라 한다)을 체결하였고 이는 조약 제1729호로 2005. 4. 27. 발효하였다.[32]

● 한몽민사상사사법공조조약. 우리나라는 2008. 10. 15. 몽골과 "대한민국과 몽골 간의 민사 및 상사사법공조조약"(이하 "한몽조약"이라 한다)을 체결하였고 이는 조약 제2002호로 2010. 5. 28. 발효하였다.[33]

● 한우즈베키스탄민사상사사법공조조약. 우리나라는 2012. 9. 20. 우즈베키스

---

30) 명칭은 "외국 공문서의 인증요건 폐지에 관한 협약(Convention Abolishing the Re-quirement of Legalisation for Foreign Public Documents)"이나 정부의 공식명칭은 본문과 같다.

31) 한호조약에 관하여는 유영일, "司法共助에 관한 서울선언", 서울국제법연구 제6권 제2호 (1999), 66면 이하 참조. 호주는 한호조약 체결 당시 송달협약에 가입하지 않았으나 그 후 가입하여 2010. 11. 1. 발효하였다. 조약의 영문명칭은 "Treaty on Judicial Assistance in Civil and Commercial Matters between The Republic of Korea and Australia"이다. 위 조약의 조문은 2000. 1. 17. 관보에 게재되었다. 공조절차는 법원실무제요/민사[Ⅲ], 1985면 이하 참조.

32) 조약의 영문명칭은 "Treaty Between The Republic of Korea and The People's Republic of China on Judicial Assistance in Civil and Commercial Matters"이다. 위 조약의 조문은 2005. 4. 25. 관보에 게재되었다.

33) 조약의 영문명칭은 "Treaty on Judicial Assistance in Civil and Commercial Matters be-tween The Republic of Korea and Mongolia"이다. 위 조약의 조문은 2010. 4. 22. 관보에 게재되었다.

탄과 "대한민국과 우즈베키스탄 간의 민사 및 상사사법공조조약"(이하 "한우조약"
이라 한다)을 체결하였고 이는 조약 제2153호로 2013. 8. 11. 발효하였다.[34]

● 한태민사상사사법공조조약. 우리나라는 2013. 5. 21. 태국과 "대한민국과
태국 간의 민사 및 상사 사법공조 조약"(이하 "한태조약"이라 한다)을 체결하였고
이는 조약 제2233호로 2015. 4. 16. 발효하였다.[35]

그 밖에도 주권면제에 관하여는 1961년 "외교관계에 관한 비엔나협약
(Vienna Convention on Diplomatic Relations)"("비엔나외교관계협약")과 1963년 "영사
관계에 관한 비엔나협약(Vienna Convention on Consular Relations)"("비엔나영사관계
협약")이 있고, 민사사법공조에 관하여는 예컨대 1963. 12. 19. 조약 121호로 발효
한 '대한민국과 미합중국 간의 영사협약' 등의 양자조약이 있다. 이처럼 국제민사
소송법은 법원(法源)이 산재하는 데다가 정비되어 있지 않으므로 판례와 학설의
역할이 중요하나, 유감스럽게도 종래 우리나라에서는 국제민사소송법에 대한 관
심이 크지 않다. 다만, 서울중앙지방법원과 서울고등법원 등에 설치되어 있는 국
제사건전담재판부가 외국적 요소가 있는 사건을 어느 정도 집중하여 처리하고 있
으므로 실무상의 문제는 많이 해결된 것으로 생각한다.[36]

IV. 국제민사소송법의 주요 주제

국제민사소송법에서 다루는 주요 주제는 아래와 같은데, 이는 이 책에서 다
루는 주제이기도 하다.

---

34) 조약의 영문명칭은 "Treaty on Judicial Assistance in Civil and Commercial Matters be-
    tween The Republic of Korea and The Republic of Uzbekistan"이다. 위 조약의 조문은
    2013. 8. 26. 관보에 게재되었다.
35) 조약의 영문명칭은 "Treaty on Judicial Assistance in Civil and Commercial Matters be-
    tween The Republic of Korea and The Kingdom of Thailand"이다. 위 조약의 조문은
    2015. 4. 2. 관보에 게재되었다.
36) 국제사건에 관련된 소송실무에 관하여는 윤성근, "국제거래사건 소송실무 현황", 진산 기념
    논문집 제1권, 369면 이하 참조. Rolf Stürner, Special Case Management by Judges for
    Foreign Parties, Rolf Stürner/Masanori Kawano (eds.), International Contract Litigation,
    Arbitration and Judicial Responsibility in Transnational Disputes (2010), p. 260은 국제사
    건을 다루는 데 있어 전담재판부의 중요성을 강조한다.

1. 국제민사소송법의 기초이론(제2장)

국제민사소송법의 기초이론에 해당하는 것으로 국제민사소송법의 기본원칙은 무엇인가를 검토하고 성질결정 및 연결점과 같은 기본개념을 소개한다.

2. 민사재판권(제3장)

재판권은 재판에 의해 법적 쟁송사건을 해결할 수 있는 국가권력으로서 사법권이라고도 한다. 전통적으로 국가는 주권평등 및 독립의 원칙에 따라 다른 국가의 재판권에 복종하지 않으므로 피고가 외국국가(또는 외국)인 경우 우리 법원이 재판권을 가지는지를 검토할 필요가 있다. 당사자가 국가라는 이유만으로 재판권면제를 인정할지, 주권의 주체로서 행위하는 경우에만 인정할지 등이 문제 된다. 외교관 또는 영사도 일정한 범위 내에서 재판권으로부터 면제된다. 따라서 재판권면제를 향유하는 주체와 그 범위를 정확히 획정하고 재판권이 없는 경우 절차적 처리를 검토할 필요가 있다.

3. 국제재판관할(제4장)

국제재판관할은 어느 국가의 법원이 제기된 법적 쟁송을 재판해야 하는가 또는 재판할 수 있는가의 문제이다. 이에 관하여는 아직 전 세계적인 조약이 없으므로 각국이 국제재판관할규칙을 정한다. 우리나라에서는 과거 판례가 국제재판관할규칙의 정립을 주도했으나 2001년 7월 발효한 구 국제사법은 국제재판관할에 관하여 일반적인 원칙(제2조)만을 두고 있으므로 그 해석론으로서 정치한 국제재판관할규칙을 정립해야 하였고, 입법론을 정리할 필요가 있었다.[37] 그 과정에서 재산법상의 사건에 관한 국제재판관할규칙과 가사사건의 국제재판관할규칙의 異同을 검토할 필요가 있었고, 나아가 비송사건과 국제보전소송의 국제재판관할도 문제 되었다. 마침내 2022년 개정된 국제사법에 정치한 국제재판관할규칙이 도입되었다. 이에 관하여는 저자가 2022년 간행한 별도의 단행본에서 상세히 논의하

---

[37] 참고로 일본은 "민사소송법 내지 민사보전법의 일부를 개정하는 법률"을 공표하여 민사소송법과 민사보전법을 개정하고 정치한 국제재판관할규칙을 도입하였는데 이는 2012. 4. 1. 발효하였다. 또한 일본은 2018. 4. 18. 공표된 인사소송법등의 일부를 개정하는 법률에 의하여 인사소송법과 가사사건절차법에 각각 국제재판관할규칙을 신설하여 2019. 4. 1.부터 시행하고 있다.

였으므로 이 책에서는 다소 축약된 형태로 논의하면서 위 단행본의 간행 후의 논의를 다룬다.

4. 국제소송의 당사자(제5장)

민사소송법상 어떤 사람이 소송을 수행하여 본안판결을 받기 위해서는 당사자능력, 소송능력, 당사자적격과 변론능력이 있어야 한다. 국제사법에서 널리 인정되는 '법정지법 원칙(*lex fori* principle)'에 따라 당사자능력, 소송능력과 당사자적격은 모두 소송요건으로서 절차의 문제이므로 기본적으로 법정지법인 우리 민사소송법에 의할 사항이지만 더 면밀한 검토가 필요하다. 우리 법원에서 외국인이 당사자가 되거나 그 밖의 외국적 요소가 있는 민사소송이 점증하고 있으므로 이 논점의 중요성이 커지고 있다.

5. 국제적 소송경합(제6장)

민사소송법(제259조)이 명시하듯이 국내에서는 중복제소가 금지된다. 그런데 동일 당사자 간에 동일 소송물에 관하여 외국법원에 前訴가 제기되어 계속 중 다시 어느 당사자가 국내법원에 後訴를 제기하는 경우 '국제적 소송경합(*lis alibi pendens*)'의 문제가 발생한다. 여기에서는 국제적 소송경합의 처리방안을 논의한다. 국제적 소송경합의 처리는 한편으로는 국제재판관할과, 다른 한편으로는 외국판결의 승인과 밀접하게 관련되므로 그들의 관계를 유기적으로 파악해야 한다. 과거에는 국제적 소송경합에 관한 조문이 없었으나 2022년 개정된 국제사법(제11조)에 조문이 신설되었으므로 그의 해석론을 중심으로 논의한다.

6. 국제민사사법공조(제7장)

민사소송에서 협의의 '국제사법공조(international judicial assistance)'[38]라 함은 송달과 증거조사에 관한 국제적 사법협력을 말한다. 국제민사소송의 증가에 따라 우리 법원에 계속 중인 소송을 위해 외국에서 송달 또는 증거조사를 하거나 그 반대의 경우도 증가하고 있다. 대륙법계에서는 서류 송달과 증거조사는 국가주권의 행사이므로 어느 국가의 법원이 다른 국가에서 직접 이런 행위를 하는 것은 주권침해로서 허용되지 않기 때문에 이를 위해서는 다른 국가 사법기관의 협력이

---

38) 'assistance' 대신 'cooperation'이라고도 한다.

필요하다. 이 점을 고려하여 국제사회는 일찍이 조약을 성안하였다. 제7장에서는 헤이그국제사법회의가 채택한 송달협약과 증거협약을 중심으로 국제민사사법공조의 제문제를 검토하고, 우리나라가 체결한 한호조약과 한중조약 등도 소개한다.

7. 국제증거법(제8장)

국제민사소송에서 증거 또는 증거조사에 관한 다양한 쟁점이 제기된다. 이는 대체로 절차의 문제로서 법정지법에 의할 사항이다. 예컨대 증명의 대상(자백의 효력 등), 증거방법(허용되는 증거방법, 증거방법에 대한 제한, 증언거부권의 종류와 범위), 증거조사와 증거의 평가(자유심증주의 또는 법정증거주의) 등은 법정지법에 따른다. 그러나 증명책임과 법률상의 추정은 실체의 문제로서 당해 법률관계의 준거법에 의한다. 제8장에서는 이와 관련된 쟁점을 검토한다.

8. 외국법의 조사와 적용(제9장)

법정지 국제사법에 의하여 외국법이 준거법으로 지정되면 법원은 이를 적용해야 한다. 이 경우 법원은 외국법을 직권으로 조사·적용해야 하는지, 어떤 방법으로 외국법을 인식해야 하는지, 외국법 불명 시의 처리, 외국법의 해석·적용 방법과 외국법 적용의 잘못이 상고이유가 되는지 등의 쟁점이 제기된다. 이런 쟁점은 외국법을 법률로 보는지 사실로 보는지에 따라 영향을 받으므로 이 점도 검토한다.[39] 법정지 국제사법에 의하여 어떤 법이 준거법으로 지정되는가(즉 준거법지정규칙 또는 연결원칙)는 협의의 국제사법의 대상이므로 이 책에서는 다루지 않는다.[40]

9. 외국판결의 승인 및 집행(제10장)

어느 국가 법원의 재판은 재판권을 행사한 결과이므로 속지주의에 따라 당해 국가 내에서 효력을 가진다. 그러나 이 원칙을 고집하면 섭외적 법률관계의 안정을 해하고 국제적 민사 및 상사분쟁의 신속한 해결을 저해하므로 다수 국가는 일정한 요건이 구비되는 것을 전제로 외국재판의 효력을 인정하고 그 집행을 허용한다. 여기에서는 승인·집행의 대상, 요건, 승인의 효력과 본질, 집행판결 등 외

---

39) 외국법의 조사 및 적용을 앞 부분에서 다룰 수도 있으나 법원은 사실인정을 한 뒤에 준거법을 사안에 적용하므로 이 책에서는 여기에서 다룬다.

40) 이에 관하여는 이 책의 자매서인 석광현, 국제사법(준거법편) 해설(2025)을 참조.

국판결의 승인 및 집행과 관련된 다양한 논점을 검토한다. 그 과정에서 재산법상의 사건과 가사사건의 취급의 異同도 검토한다. 나아가 비송사건의 취급과, 외국법원의 보전처분의 승인 및 집행의 특수성도 문제 된다.

10. 국제도산법(제11장)

과거 개인과 회사가 한 국가 내에서 재산을 소유하거나 영업하던 시대에는 국제도산의 문제가 없었으나, 오늘날 개인이나 특히 회사에 대하여 어느 국가에서 파산, 회생 및 기타 이와 유사한 절차(집합적으로 "도산절차")가 개시된 경우 국내도산사건에서는 볼 수 없는 다양한 법적 쟁점이 제기된다. 이런 쟁점들이 국제도산법의 쟁점인데 이에는 ① 외국도산절차의 개시에 따른 개별집행금지 효력 등 본래적 효력이 한국 내 재산에도 미치는가, ② 외국도산절차의 관재인이 한국 내 재산에 대하여도 관리처분권을 가지는가, ③ 외국도산절차에서 외국법원이 한 각종 재판이 한국 내에서 효력을 가지는가, ④ 우리 도산절차의 효력이 외국에도 미치는가(이는 위 ①부터 ③의 반대 측면), ⑤ 우리나라와 외국 도산법원 또는 도산관재인 간의 공조, ⑥ 병행도산절차 간의 조정 및 ⑦ 도산국제사법(또는 도산저촉법)의 문제 등이 그것이다.

11. 국제상사중재법(제12장)

외국적 요소가 있는 중재, 즉 국제중재에서는 국내중재에서와 다른 여러 가지 쟁점이 제기된다. 국내중재에서는 중재지 국가가 관여할 필요가 크지만, 국제중재는 관여의 정도가 작고, 국내법의 개입도 작다. 중재판정의 승인 또는 집행이 한국의 공서에 위반하는 때에는 중재판정의 취소사유가 되는데, 국제중재와 국내중재에서 공서의 개념은 다르다. 또한 국제상사중재의 경우 상이한 국적, 문화, 법적 배경과 원칙을 조우하게 되므로 당사자들과 중재인은 중재절차의 진행과 관련하여 편협한 개념을 버리고 국제주의적 접근방법을 취할 필요가 있다. 여기에서는 국제중재 특히 국제상사중재를 한편으로는 국내중재, 다른 한편으로는 국제민사소송과 대비하면서 검토한다.

12. 국제보전소송법과 국제강제집행법

그 밖에도 국제보전소송법과 국제강제집행법이 있고 그의 중요성이 점차 커

지고 있으나 그에 대한 논의는 별도로 다루는 대신 국제재판관할(제4장)과 승인
및 집행(제10장)에 관한 부분에서 간단히 언급하는 데 그쳤다.[41] 참고로 국제강제
집행법의 영역에서는 대법원 2011. 12. 13. 선고 2009다16766 판결이 선고된 바
있는데, 이는 제3장에서 간단히 소개한다.

V. 외국 민사소송법과 비교민사소송법의 중요성

1. 외국 민사소송법과 국제민사소송법에 대한 연구의 필요성

민사소송절차는 법계에 따라 상이하고 같은 법계 내에서도 국가에 따라 차이
가 있다. 국제민사소송에서 사법마찰이 발생하는 것도 그에 기인하는 것이다. 국
제민사소송법을 제대로 이해하기 위하여는 외국 민사소송법에 대한 비교법적 연
구가 필요하다.[42] 그러나 우리나라에서는 종래 이 분야의 연구가 매우 부족하고
이는 국제민사소송법에 대한 연구의 부진을 초래하고 있다.[43] 외국 민사소송법과

---

41) 우선 강제집행은 Geimer, Rz. 3200ff.; Nagel/Gottwald, Rz. 19.1ff. 참조. 보전처분은 Nagel/
Gottwald, Rz. 17.1ff. 참조.

42) 예컨대 국제재판관할에 관한 비교법적 고찰은 Arthur T. von Mehren, Adjudicatory Au-
thority in Private International Law: A Comparative Study (2007) 참조. 단편적 사례지만
그런 이유로 김기정 외, "미국의 TRO (Temporary Restraining Order)에 대한 이해 및 TRO
유사 잠정명령 도입에 관한 제안", 김능환 대법관 화갑기념 : 21세기 민사집행의 현황과 과
제, 민사집행법실무연구 Ⅲ(통권 제5권)(2011), 213면 이하; 이무상, "프랑스법에서의 아스
트렝트(astreinte)에 관한 소고 ― 민사집행법상 간접강제와의 비교를 중심으로 ― ", 법조 통
권 제660호(2011. 9.), 231면 이하; 권창영, "민사보전상의 간접강제제도", 사법논집 제50집
(2011), 1면 이하; 이무상, "간접강제금의 법적성격에 대한 새로운 이해", 민사소송 제20권
제2호(2016. 11.), 229면 이하 등을 환영한다. 미국법상의 잠정명령에 관한 상세는 이규호,
"임시의 지위를 정하는 가처분과 관련하여 잠정명령 제도의 도입에 관한 연구", 민사소송
제17권 제2호(2013. 11.), 417면 이하 참조.

43) 저자가 알기로는 1984년 처음 간행된 최공웅, 국제소송(1984)(특히 제2편)는 우리나라에서
국제민사소송법 분야의 선구적 업적이다. 그 후 최공웅, 국제소송 개정판(1994)이 간행되었
다. 민사소송법 교과서로서는 과거 강현중, 809면 이하가 국제민사소송법을 별도의 절로 취
급하면서 독립한 법 분야로 구성할 가능성을 언급하였다. 어렵게 쓴 점이 아쉽지만 김용진,
소송전략도 노작이다. 다행인 것은 1993년 창립된 한국국제사법학회가 국제민사소송법의
발전에 크게 기여하고 있고, 국제사법·국제소송법 전문지인 국제사법연구를 꾸준히 간행하
는 점이다. 독일어로 된 '대한민국 국제민사소송법'이라는 책자가 1989년 간행된 사실도 주
목할 만하다. Dietrich F. R. Stiller, Das internationale Zivilprozeßrecht der Republik Korea
(1989)가 그것인데, 이는 Stiller 변호사의 Bonn 대학교 법학박사학위논문이다. 근자에 사법

국제민사소송법에 대한 연구는 종래 주로 독일법과 일본법에 경도되어 있고 근자에 영국법과 미국법에 대한 검토가 이루어지고 있으나 아직은 상당히 부족하므로 앞으로 이 점에 더 큰 관심을 기울여야 한다.[44]

2. 유럽연합 민사소송법에 대한 연구의 필요성

민사소송법 특히 국제민사소송법의 영역에서는 유럽연합의 규범에 관심을 기울여야 한다. 이는 우리의 민사소송법과 국제민사소송법이 독일법의 큰 영향을 받았고, 국제민사소송법의 중요성과 필요성을 일찍부터 인식하고 입법작업을 수행한 것이 바로 유럽연합이며, 그것은 나아가 헤이그국제사법회의의 작업에도 큰 영향을 주었고 현재도 주고 있기 때문이다.

대표적인 것이 '브뤼셀체제(Brussels regime)'이다. 이는 브뤼셀협약, 이를 대체한 브뤼셀규정과 루가노협약, 개정 루가노협약을 망라적으로 일컫는 개념이다. 브뤼셀협약이라 함은 1968년에 채택된 "민사 및 상사(사건)의 재판관할과 재판의 집행에 관한 EC협약"(이하 "브뤼셀협약"이라 한다)[45]을, 브뤼셀 I(규정)이라 함은 2000년 공포된 "민사 및 상사(사건)의 재판관할과 재판의 집행에 관한 유럽연합의 이사회규정"(이하 "브뤼셀 I" 또는 "브뤼셀규정"이라 한다)(번호 44/2001)("Judgment Regulation"이라고도 부른다)[46]을, 루가노협약이라 함은 1988년 당시 유럽경제공동체 국가들과 자유무역연합(EFTA) 국가들 간에 체결된 브뤼셀협약의 병행협약(이하

정책연구원이 '외국재판의 승인과 집행에 관한 연구'(2020), '국제적 전자송달에 관한 연구'(2021), '기일 전 증거개시(pre-trial discovery)로 인한 국제적 사법마찰의 해결에 관한 연구'(2022)와 '인터넷에 의한 계약 및 불법행위에 관한 소의 국제재판관할'(2024) 등이 속속 간행된 것은 환영할 만한 일이다.

44) 외국 민사소송법제를 간단히 소개하는 자료로는 Nagel/Gottwald가 유용하다. 이는 각 장에서 주요 국가의 법제를 소개하고 있다. 영국과 독일 민사소송법제의 비교는 우선 Peter Gottwald (Hrsg.), Litigation in England and Germany (2010), 미국과 독일 민사소송법제의 비교는 우선 Peter L. Murray/Rolf Stürner, German Civil Justice (2004)(특히 p. 571 이하) 참조. 저자는 오래 전부터 미국에서 유학을 하여 뉴욕주 등지에서 변호사 자격을 딴 한국 법률가들이 이 점에서 기여해 줄 것을 기대하였으나 아쉬움이 많다. 이론서는 아니지만 법무법인(유한) 태평양, 우리 기업을 위한 미국소송 실무가이드(2022)는 참고가 된다. 서철원, 미국 민사소송법(2005)도 있다. 일본 문헌으로는 溜箭將之, 英米民事訴訟法(2016) 등이 있다.

45) 브뤼셀협약의 소개와 국문 시역은 석광현, 제2권, 321면 이하 참조.

46) 브뤼셀 I의 소개와 국문 시역은 석광현, 제3권, 368면 이하 참조. 이를 '브뤼셀규칙'이라고 번역하기도 한다.

"루가노협약"이라 한다)을, 개정 루가노협약은 2010. 1. 1. EU 국가들과 덴마크와
노르웨이에서 발효한[47] 개정된 루가노협약[48]을 말한다. 유럽연합 위원회(흔히 "집
행위원회"라고 부른다)는 2010. 12. 14. 브뤼셀 I을 전면 개정하기 위한 제안을 하였
는데,[49] 이는 첫째, 회원국 간 집행가능선언제도(*exequatur*)의 폐지, 둘째, 피고의
주소가 유럽연합 내에 있는 경우에만 적용되는 브뤼셀 I의 관할규칙을 역외 국가
에 주소를 둔 피고에게도 확대적용하는 방안과 셋째, 관할합의 및 중재합의의 실
효성을 제고하는 방안에 초점을 맞추었다.[50][51] 그에 따라 채택된 브뤼셀 I recast
(또는 브뤼셀 I bis)는 "민사 및 상사(사건)의 재판관할과 재판의 집행에 관한 유럽

---

47) 다만, 스위스에서는 2011. 1. 1., 아이슬랜드에서는 2011. 5. 1.에 발효하였다.

48) 개정 루가노협약의 소개와 국문번역은 한국국제사법학회가 법원행정처에 제출한 2009. 5.
   보고서인 "외국판결의 승인·집행에 관한 국제규범과 우리의 대응방안", 31면 이하 참조.

49) COM (2010) 748 final 2010/0383 (COD), COM (2010) 748 final, Explanatory Memoran-
   dum과 영향분석(SEC (2010) 1547 final)과 그 요약인 SEC (2010) 1548 final 참조. 실제로
   브뤼셀 I은 2012년 개정되어 브뤼셀 I bis(또는 브뤼셀 I recast), 정확히는 "민사 및 상사(사
   건)의 재판관할과 재판의 집행에 관한 유럽의회 및 이사회의 규정(recast)(번호 1215/2012)
   (Regulation (EU) No 1215/2012 of the European Parliament and of the Council of 12
   December 2012 on jurisdiction and the recognition and enforcement of judgments in
   civil and commercial matters (recast))"이 되었는데 위 둘째의 점은 채택되지 않았다. 브뤼
   셀 I과 브뤼셀 I bis는 관할합의, 소송경합과 판결의 집행이라는 세 영역에서 가장 큰 차이를
   보인다고 설명한다. Peter Stone, EU Private International Law, Third Edition (2014), p. 7.
   브뤼셀 I bis의 소개는 김용진, "제3국의 관점에서 본 차세대 유럽민사송법", 인권과 정의 제
   469호(2017. 11.), 43면 이하 참조.

50) 문헌은 우선 Andrew Dickinson, Surveying the Proposed Brussels I bis Regulation : Solid
   Foundations but Renovation Needed, Yearbook of Private International Law, Vol. XII
   2010 (2011), p. 247 이하 참조. 관할합의의 실효성을 제고하기 위하여 개정안은 제소 시기
   에 관계없이 선택된 법원으로 하여금 관할을 결정하게 하고(제32조), 선택된 법원이 속하는
   국가의 법을 관할합의의 유효요건의 준거법으로 지정한다(제23조). 양자는 헤이그국제사법
   회의의 2005년 관할합의협약과 유사하다.

51) 둘째 방안은 채택되지 않았는데 만일 그것이 채택되었더라면 브뤼셀 I의 적용범위가 확대되
   어 헤이그국제사법회의의 재판협약 Project에 부정적인 영향을 미칠 것이라는 우려가 있었
   다. 위에서 보았듯이 재판협약, 즉 "민사 또는 상사(사건)에서 외국재판의 승인 및 집행에
   관한 2019. 7. 2. 협약(Convention of 2 July 2019 on the Recognition and Enforcement of
   Foreign Judgments in Civil or Commercial Matters)"은 2023. 9. 1. 발효되었다. 소개는 장
   준혁, "2019년 헤이그 외국판결 승인집행협약", 국제사법연구 제25권 제2호(2019. 12.), 437
   면 이하(국문번역은 국제사법연구 제25권 제2호(2019. 12.), 731면 이하); 석광현, "2019년
   헤이그 재판협약의 주요 내용과 간접관할규정", 국제사법연구 제26권 제2호(2020. 12.), 192
   면 이하; 한충수, "헤이그 재판협약과 민사소송법 개정 논의의 필요성 — 관할규정의 현대화
   및 국제화를 지향하며", 인권과정의 제493호(2020. 11.), 73면 이하 참조.

의회 및 이사회의 규정(recast)"(번호 1215/2012)을 말하는데, 이는 브뤼셀 I을 대
체한 것으로 2015. 1. 10. 이후에 제기된 소송에 적용된다.[52]

　　브뤼셀 I 외에도 브뤼셀 II가 있는데 현재는 후자를 대체한 브뤼셀 II bis(또는
브뤼셀 II a)[53]와 "부양사건의 재판관할, 준거법과 재판의 승인 및 집행과, 공조에
관한 이사회규정"[54]이 있고 그 밖에도 EU송달규정과 EU증거조사규정 등 다양한

---

52) 브뤼셀 I recast의 주요 개정 착안점은 아래와 같다. 첫째, 회원국 간 집행가능선언(*exequatur*)
　　의 폐지. 둘째, 관할합의 및 중재합의의 실효성 제고. 셋째, 보전처분에 관한 취급의 변화(즉
　　보전처분도 승인 대상인 재판에 포함되지만 본안에 대하여 관할을 가지는 회원국의 보전처
　　분만이 이에 포함된다)와 넷째, 소송경합과 관련소송에 관한 개정이다. 넷째는 관할합의의
　　효력을 증진시키고 어뢰소송의 폐해를 극복하기 위하여 우선주의의 예외를 도입함으로써,
　　다른 법원에 제26조에 따른 변론관할이 성립하지 않는 한 관할합의에 의하여 지정된 회원국
　　법원이 관할의 존부에 관한 판단에서 우선권을 가지도록 하고, 또한 회원국과 역외국가 간
　　의 소송경합 및 관련소송의 문제를 다루는 규정을 신설하였다. 우리 문헌은 김용진, "제3국
　　의 관점에서 본 차세대 유럽민사송법", 인권과 정의 제469호(2017. 11.), 43면 이하; 김용진,
　　"범유럽 특허집행 제도의 탄생과 전망", 법조 제67권 제3호(통권 제729호)(2018. 6.), 7면 이
　　하; 박찬동·신창섭, "국제대출계약의 재판관할선택에 관한 연구", 고려법학 제77호(2015.
　　6.), 257면 이하; 최흥섭, EU국제사법, 21면 이하 참조. 조문의 영문과 국문번역은 사법정책
　　연구원, 인터넷에 의한 계약 및 불법행위에 관한 소의 국제재판관할(2023)(김효정·양승욱
　　집필) 225면 이하 참조.
53) 이는 2001. 3. 1. 발효된 브뤼셀 II(규정)를 폐지하는 "Council Regulation (EC) No 2201/
　　2003 of 27 November 2003 concerning jurisdiction and the recognition and enforcement
　　of judgments in matrimonial matters and the matters of parental responsibility, repealing
　　Regulation (EC) No 1347/2000"(혼인과 친권(부모책임) 사건의 재판관할 및 재판의 승인과
　　집행에 관한 이사회규정)을 말한다. 브뤼셀 II bis(또는 브뤼셀 II ter)는 브뤼셀 II의 내용을 대
　　체로 유지하였지만, 그 적용범위를 모든 아동으로 확대하였다. 즉 브뤼셀 II는 혼인 관계 사
　　건의 당사자인 부부 공동의 자녀를 위한 친권 관계 사건만을 규율하였으나, 브뤼셀 II bis는
　　혼인 관계 사건과 무관하게 아동의 보호조치 기타 친권이 문제 되는 모든 사건을 규율대상
　　으로 삼는다. 이는 브뤼셀 II ter (Council Regulation (EU) 2019/1111 of 25 June 2019 on
　　jurisdiction, the recognition and enforcement of decisions in matrimonial matters and
　　the matters of parental responsibility, and on international child abduction)로 대체되었
　　고 후자는 2022. 8. 1. 시행되었다. 소개는 현소혜, "친권 관계 사건의 국제재판관할 — 2019
　　년 브뤼셀 II ter 규칙에 대한 소개를 중심으로 — ", 가족법연구 제35권 제2호(2021. 7.), 219
　　면 이하 참조. 따라서 현재 EU 내에서 혼인 관계 사건과 친권 관계 사건의 국제재판관할과
　　외국재판의 승인·집행에 관해서는 브뤼셀 II ter가, 혼인 관계 사건의 준거법 지정에 관해서
　　는 로마 III이, 친권 관계 사건의 준거법 지정에 관해서는 헤이그 아동보호협약이 적용된다.
　　최흥섭, EU국제사법, 116면 참조.
54) 규정의 영문명칭은 "Council Regulation (EC) No 4/2009 on jurisdiction, applicable law,
　　recognition and enforcement of decisions and cooperation in matters relating to main‐
　　tenance obligations"("부양규정")이다. 이는 2011. 6. 18. 발효하였다. 소개는 최흥섭, EU국

규정이 있다.55) EU송달규정이라 함은 "회원국 내에서의 민사 또는 상사(사건)에서의 재판상 및 재판외 문서의 송달에 관한 2000. 5. 29. 이사회규정"56)을 말하고, EU증거규정이라 함은 독일의 제안에 따라 채택된 "민사 또는 상사(사건)에서의 회원국 법원 간의 증거조사에서의 공조에 관한 2001. 5. 28.의 이사회규정"57)을 말하며, 다툼 없는 사건의 집행권원에 대한 집행력을 부여하는 절차에 적용되는 유럽집행명령(European Enforcement Order for Uncontested Claims. EEO)은 금액과 변제기가 특정된 금전지급청구 사건에서 피고가 원고의 청구를 다투지 않는 경우와 소송상 화해하거나 청구권을 인정하는 공정증서가 작성된 경우, 일정한 조건하에서 재판국 법원이 그 재판, 화해조서 또는 공정증서에 대하여 정해진 서식에 따라 유럽집행명령 증명서를 발부하고, 이 증명서를 집행국에 제시하면 집행국에서 별도의 집행가능선언 없이 자국의 재판처럼 집행할 수 있도

제사법, 122면 이하 참조.

55) 다양한 유럽연합규정의 개관은 박덕영 외, EU법 강의 제2판(2012), 제17장(EU국제사법), 547면 이하(석광현 집필부분); 김용진, 한국과 아시아의 시각에서 본 유럽연합 민·상사법제의 빅뱅과 도전(2019), 31면 이하; 최흥섭, EU국제사법 참조.

56) 영문명칭은 "Council Regulation (EC) No. 1348/2000 of 29 May 2000 on the service in the Member States of judicial and extrajudicial documents in civil or commercial matters"이다. 이는 2007년 개정되었다. Regulation (EC) No 1393/2007 of the European Parliament and of the Council of 13 November 2007 on the service in the Member States of judicial and extrajudicial documents in civil or commercial matters (service of documents), and repealing Council Regulation (EC) No 1348/2000 OJ L 324, 10. 12. 2007, p. 79 참조.

57) 영문명칭은 "Council Regulation (EC) No 1206/2001 of 28 May 2001 on cooperation between the courts of the Member States in the taking of evidence in civil or commercial matters"인데 이는 2004. 1. 1. 발효하였다. EU증거규정은 요청서 제도를 유지하나, 요청서는 원칙적으로 수소법원으로부터 집행법원으로 직접 송부되고 예외적인 경우 송부국가의 중앙기구(central body)를 경유한다(제2조, 제3조 제1항). 새로운 것은 수소법원이 외국에서 직접 증거조사를 할 수 있다는 점인데(제4장), 다만 이는 강제력의 행사 없이 증거조사가 가능한 경우, 즉 자발적인 협력이 있는 경우에 한한다(제17조 제2항). 직접 증거조사를 하고자 하는 수소법원은 정해진 양식에 따라 집행국의 중앙기구(또는 각 회원국의 중앙당국)에 요청을 하여야 한다. 요청을 받은 중앙기구 등은 30일 내에 승인 여부를 통지하고 필요 시 조건을 부과할 수 있는데, 중앙기구 등은 요청이 EU증거규정의 범위에 속하지 않거나, 요청서가 필요한 기재사항을 누락한 경우와, 증거조사가 그 국가의 근본원칙에 반하는 경우에 한하여 이를 거부할 수 있다(제17조 제4항, 제5항). EU증거규정은 증거협약보다 한 단계 진보된 증거조사공조의 새로운 경향을 보여주는 것이라는 점에서 주목할 필요가 있다. 민사 및 상사의 유럽 사법 네트워크는 "증거규정의 적용을 위한 실무 가이드"(2011)와 "민사 및 상사에서 증거 획득을 위한 화상회의 활용 실무 가이드"(2009)를 간행한 바 있다.

록 한다.[58] 그 밖에도 독촉절차를 다룬 지급명령규정(EOP규정)[59]과 소액채권절차규정(ESCP규정),[60]과 집행권원의 취득 전후로 채무자의 금융기관의 계좌를 대상으로 하는 보전절차에 적용되는 유럽계좌보전명령규정(European Account Preser－vation Order Regulation. EAPO규정)[61] 등이 있다.

이러한 규정들은 유럽연합 회원국들 간의 특수한 관계를 반영한 것이기도 하지만, 우리 국제민사소송법의 연구를 위해서는 물론이고 장래 한중일이 국제민사소송법 분야의 조약을 체결할 경우 참고가 될 것이다.

위와 같은 다양한 규범을 적용한 유럽연합법원(또는 유럽연합사법재판소)[62]의

---

58) 2004. 4. 21. EC Regulation No 805/2004. 이는 Regulation (EC) No 1869/2005에 의하여 개정되었다. 이런 규범 전반에 관하여는 Hess 참조. 독문은 "Verordnung ... zur Einführung eines europäischen Vollstreckungstitels für unbestrittene Forderungen. EuVTVO"(집행권원규정)이다. Vollstreckungstitel은 집행권원(구 채무명의)을 말한다.

59) 영문은 "Regulation (EC) No 1896/2006 of the European Parliament and of the Council of 12 December 2006 creating a European order for payment procedure"이다. 독문은 "Verordnng ... zur Einführung eines Europäischen Mahnverfahrens (EuMahnVO)"이다. 소개는 사법정책연구원, 유럽연합(EU)의 통합적 분쟁해결절차에 관한 연구 — 지급명령 및 소액소송 절차를 중심으로 — (성대규 집필)(2021), 94면 이하(지급명령), 111면 이하(소액소송절차); 한동일, "유럽연합에서 채무불이행에 대한 유럽지급명령절차 — 유럽공동체규정 제805조와 제1896조 중심으로 — ", 서강법학 제11권 제1호(2009. 6.), 411면 이하 참조. '소액채권절차'/'소액소송절차'가 혼용된다.

60) 영문은 "Regulation (EC) No 861/2007 of the European Parliament and of the Council of 11 July 2007 establishing a European Small Claims Procedure"이다. 독문은 "Verordnung ... zur Einführung eines europäischen Verfahrens für geringfügige Forderungen. EuGFVO"이다. 소개는 김효정, "국제상거래상 간이한 추심을 위한 EU소액소송절차(ESCP)", 국제거래법연구 제29집 제1호(2020. 7.), 135면 이하 참조.

61) 영문은 "Regulation (EU) No 655/2014 of the European Parliament and of the Council of 15 May 2014 establishing a European Account Preservation Order procedure to facilitate cross－border debt recovery in civil and commercial matters"이다. 독문은 "Verordnung ... zur Einführung eines Verfahrens für einen Europäischen Beschluss zur vorläufigen Kontenpfändung im Hinblick auf die Erleichterung der grenzüberschreitenden Eintreibung von Forderungen in Zivil－ und Handelssachen"이다. 소개는 문영화, "유럽연합계좌압류규칙의 내용과 금전채권에 대한 국제적 강제집행에서의 시사점", 민사소송 제25권 제1호(2021. 2.), 171면 이하 참조.

62) The Court of Justice of the European Communities. 통상 'European Court of Justice (ECJ)'라고 부른다. 그러나 리스본 조약이 2009년 발효하면서 위 법원은 그 명칭이 'Court of Justice of European Union'으로 변경되었고 Court of Justice, General Court와 Spe－cialised Courts로 구성된다. 박덕영 외 14인, EU법 강의(2010), 138면 이하(이성덕 집필부분) 참조. Specialised Courts의 일환으로 2005년에 Civil Service Tribunal이 설립되어 EU와

판례가 축적되어 가고 있으므로 그에 대하여도 관심을 가져야 한다.

실무적 관점에서는 한국 기업이 일방당사자가 된 소송이 영국 법원에서 다루어지는 사례들이 있음에 비추어 영국 민사소송법에 대하여도 관심을 가져야 한다.[63] 과거 이는 유럽연합규범, 특히 브뤼셀체제에 의하여 해결할 사항이었으나 2020년 BREXIT 이후 영국이 독자적인 길을 걷고 있으므로 브뤼셀체제와 별개로 민사소송법을 포함한 영국법에 대하여 더 관심을 가질 필요가 있다. 특히 국제거래에서 준거법으로서 영국법이 가지는 위상 그리고 관할법원 내지 중재지로서 영국의 우월적 지위에 비추어 영국의 국제사법/국제민사소송법과 국제상사중재법에 대하여 관심을 가져야 한다.

3. 미국 민사소송법에 대한 연구의 필요성

위 유럽연합의 민사소송법과 국제민사소송법과 비교하면 미국의 경우 법제사적 의미는 크지 않았다. 그러나 근자에 미국 시장이 가지는 경제적 중요성과 미국 법제의 선진성(특히 단체소송과 증거개시 등)으로 인하여 그 중요성과 영향력이 점차 커지고 있다.

예컨대 애플이 2011년 4월 미국 캘리포니아 법원에 삼성전자를 상대로 특허침해 등을 이유로 제소하였고 삼성전자도 맞대응하여 애플을 상대로 제소하였다. 삼성전자 v. 애플 사건을 계기로 표준필수특허(또는 표준특허. standard essential patent. SEP)를 둘러싼 분쟁이 발생하면서 표준특허, 특히 표준특허 보유자의 특허권 남용행위에 대한 규제의 필요성에 대한 우리 법률가들의 관심이 커지기도 하였다. 삼성전자가 애플코리아유한회사[64]를 상대로 제기한 특허침해금지소송 사건

그 공무원 간의 분쟁을 해결하고 있다. 법원행정처, 송달협약 실무편람, 155면 註 328은 이를 '유럽연합 정의재판소'라고 번역하나 이는 의외이다.

63) 영국 소송의 예로는 우리 은행들이 발행한 선박건조계약 관련 선수금환급보증서에 관한 소송들이 있다. Meritz Fire & Marine Insurance Co. Ltd v Jan de Nul NV and other [2011] EWCA 827 (21 July 2011)(메리츠 화재 관련); WS Tankship II, III and IV v The Kwangju Bank Ltd and Seoul Guarantee Insurance Company [2011] EWHC 3103 (Comm)(광주은행과 서울보증보험 관련); Rainy Sky S.A. and others v Kookmin Bank [2011] UKSC 50 (2 Nov 2011)(국민은행 관련) 등이 그것이다.

64) 삼성전자와 애플은 여러 나라에서 소송전을 벌였고 그 대상은 삼성의 표준특허이나 엄밀히 말하자면 당사자가 완전히 동일한 것은 아니고, 분쟁의 대상인 특허권도 완전히 동일한 것은 아니다. 이것은 속지주의가 지배하는 지식재산권 분쟁의 특성을 보여준다. 삼성전자는 결국 거액의 배상금(6000억 – 7000억 원 선으로 추정된다고 함)을 지급하고 화해함으로써

에서 서울중앙지방법원 2012. 8. 24. 선고 2011가합39552 판결은 표준필수특허의
실시료 조건에 대한 구체적 정함이 없는 FRAND 확약만으로는 라이선스 계약에
관한 청약의 의사표시를 한 것이라고 단정할 수 없다고 보고 제3자를 위한 계약
의 성립을 부정하였다.

또한 예컨대 2019년 9월 LG에너지솔루션이 SK이노베이션을 상대로 미국 국
제무역위원회(ITC)에 제기한 배터리 기술 탈취 소송과 2023년 메디톡스가 휴젤을
상대로 미국 국제무역위원회(ITC)에 보툴리눔 톡신(보톡스) 균주 절취 소송에서 보
듯이 한국 기업 간의 분쟁이 미국 법정에서 다루어지는 사례("한국 법원 패싱")도
늘고 있는데, 이는 민사소송은 아니나 준사법 독립 연방기관인 미국 국제무역위
원회(ITC)가 지재권 침해를 인정하는 경우 대상 제품의 미국으로의 수입을 금지할
수 있기 때문이다(다만 미국 대통령은 이를 승인하거나 거부권을 행사할 수 있다).[65] 따
라서 실무적 관점에서도 미국법상의 분쟁해결절차에 대하여 더 관심을 가질 필요
가 있다.

4. 민사소송법의 국제적 통일 내지 조화에 대한 관심의 필요성

또한 민사소송법을 국제적으로 통일 내지 조화하려는 노력이 행해지고 있으
므로 그에 대하여도 더 관심을 가져야 한다. 특히 사법통일국제연구소(UNIDROIT)[66]
와 미국법률협회(ALI)의 공동작업이 주목할 만하다. 미국법률협회는 'Principles and
Rules of Transnational Civil Procedure Project'로서 국제상거래에 적용될 민사소
송절차를 조화시키기 위한 작업을 개시하였는데, 1997년 최초안을 발표하였고
2000년부터는 UNIDROIT와 공동작업을 추진하여 2004년 최종안을 채택하였다.
명칭은 '국제민사소송원칙(Principles of Transnational Civil Procedure)'이다. 현재로

2011년 4월 애플이 "삼성 스마트폰이 아이폰의 디자인과 특허를 침해했다"라고 미국 법원에
제소하면서 시작된 7년간의 특허 전쟁을 마무리한 것으로 알려졌다. 솔직히 저자는 삼성전
자와 애플 간의 소송전을 계기로 우리나라에서도 국제소송에 관한 관심이 비약적으로 커질
것으로 기대하였고 그에 따라 국제민사소송법에 대한 학문적 관심도 훨씬 커질 것으로 기대
하였으나 실무에서는 어떤지 몰라도 적어도 학계에서는 별로 큰 변화는 없는 것 같다.
65) LG에너지솔루션이 SK이노베이션 간의 분쟁은 결국 합의에 의하여 일단락되었다고 한다. 국
제무역위원회의 조사는 소속 행정법 판사가 담당한다. 미국 국제무역위원회의 침해조사는
태평양, 미국소송, 216면 이하 참조.
66) 이는 원래 국제연합의 전신인 국제연맹의 산하기구였으나 이제는 독립기구이다. '사법통일
국제협회'라고 번역하기도 한다.

서는 간결한 원칙만을 규정하고 있어서 미흡하지만 장래의 발전을 지켜볼 필요가 있다.[67]

그 밖에도 2022년 UN의 "선박경매의 국제적 효력에 관한 협약(Convention on the International Effects of Judicial Sales of Ships)"("베이징협약")이 채택되었는데, 이런 규범에도 관심을 가질 필요가 있다. 이는 외국법원의 경매재판의 승인이나 준거법 지정을 통하는 대신 어느 체약국에서 경매에 의하여 발생한 법상태 또는 법률효과를 동 협약에 따라 승인하는 접근방법을 택한 것으로 보인다.[68]

---

67) 원칙과 주석은 UNIDROIT, Principles of Transnational Civil Procedure (2004) 참조. 개관은 Rolf Stürner, The Principles of Transnational Civil Procedure, An Introduction to Their Basic Conception, Rabels Zeitschrift 69 (2005), S. 201ff. 참조. 소개는 한충수, "ALI/ UNIDROIT가 채택한 국제민사소송원칙의 구조와 내용 — 우리 민사소송법에의 시사점을 중심으로 — ", 한양대학교 법학논총 제23집 제3호(하)(2006. 12.), 285면 이하 참조. Xandra E. Kramer/C.H. van Rhee (Eds.), Civil Litigation in a Globalising World (2012)도 주목할 만하다.

68) 협약의 소개는 송유림, "『선박경매의 국제적 효력에 관한 협약』에 대한 연구 — 선박경매의 승인 및 선박집행실무에 미치는 영향을 중심으로", 저스티스 통권 제194-1호(정기호)(2023. 2.), 112면 이하; 한국해법학회, 「선박경매의 국제적 효력에 관한 UN협약(선박경매에 관한 베이징협약) 연구」 최종보고서(2023); 권창영, "선박경매에 관한 베이징협약 연구 I — 협약의 적용범위와 경매통고를 중심으로", 민사집행법연구 통권 제19권 제1호(2023. 2.), 113면 이하 참조.

제 2 장

국제민사소송법의 기초이론

제 2 장

국제민사소송법의 기초이론

국제사법과 비교할 때 국제민사소송법에서는 총론 내지는 기초이론이 발전하지 못하였다. 여기에서는 국제민사소송법의 기본원칙과 몇 가지 개념들을 설명한다.

Ⅰ. 기본원칙

우리나라에서는 민사소송의 이상 또는 기본이념으로서 재판의 적정, 공평, 신속과 경제를 들고 있고 민사소송법(제1조 제1항)도 공정(적정과 공평), 신속, 경제를 이상으로 삼고 있음을 선언하고 있다.[1] 여기에서 그 개념을 상세히 논의하지는 않으나[2] 이들이 민사소송의 이상으로 인정되는 가치인 이상 적어도 우리나라에서 재판할 경우 국제민사소송의 쟁점이 제기된다면 거기에서도 원칙적으로 동일한 이상이 실현되어야 할 것이다.[3][4] 국제민사소송의 여러 장면에서 강조되는 '적법절차(due process)'의 요청도 이러한 민사소송의 이상을 실현함으로써 충족된

---

1) 민사집행절차에도 민사소송법 제1조가 준용된다(민사집행법 제23조). 그렇지만 유력한 견해는 민사집행법의 이상을 민사소송법의 그것과 다소 달리 설명하면서 예컨대 절차의 신속, 채권자의 권리보호(평등주의의 수정), 매수인의 보호와 채무자 등의 보호 등을 열거한다. 이시윤, 집행법, 25면 이하 참조. 그러나 민사소송의 이상과의 관계를 명확히 하지는 않는다.

2) 민사소송의 이상에 관하여는 이시윤, 22면 이하; 호문혁, 38면 이하 참조.

3) 평등의 원칙은 아래에서 보듯이 독일의 학설도 국제민사소송법의 기본원칙으로 인정한다.

4) 다만, 민사소송법(제1조 제2항)이 명시하는 신의칙이 민사소송의 이상인가에 관하여는 과거 긍정설도 있었으나 이는 이상을 달성하기 위한 수단일 뿐이고 그 자체가 이상은 아니라는 견해가 설득력이 있다. 호문혁, 39면 註 1.

다. 특히 국제재판관할의 맥락에서 우리 대법원은 과거에는 물론이고,[5] 구 국제
사법 제2조가 신설된 뒤에도 국제재판관할에 관한 추상적 법률론을 설시하면서
민사소송의 이상을 강조한 바 있다. 예컨대 도메인이름에 관한 대법원 2005. 1.
27. 선고 2002다59788 판결은 아래와 같이 설시하였고 이는 그 후 정착되었다.[6]

> 국제재판관할을 결정함에 있어서는 당사자 간의 공평, 재판의 적정, 신속 및 경제를
> 기한다는 기본이념에 따라야 할 것이고, 구체적으로는 소송당사자들의 공평, 편의 그
> 리고 예측가능성과 같은 개인적인 이익뿐만 아니라 재판의 적정, 신속, 효율 및 판결
> 의 실효성 등과 같은 법원 내지 국가의 이익도 함께 고려하여야 할 것이며, 이러한 다
> 양한 이익 중 어떠한 이익을 보호할 필요가 있을지 여부는 개별 사건에서 법정지와
> 당사자와의 실질적 관련성 및 법정지와 분쟁이 된 사안과의 실질적 관련성을 객관적
> 인 기준으로 삼아 합리적으로 판단하여야 할 것이다.

국제민사소송법의 기본원칙이 무엇인가는 논자에 따라 다르나 아래에서는
독일의 논의를 참조하여 국제민사소송법의 주요 기본원칙을 살펴본다.

1. 평등원칙

국제민사소송법에서 평등원칙은 여러 가지 측면에서 중요한 원칙이다. 국제
법은 주권국가의 평등의 원칙에 기초한 것인데, 이는 국가면제에 관한 규율에서
명백하다.[7] 국제사법에서 각국의 법질서가 원칙적으로 동등한 가치를 지닌 것으
로 평가되는 것과 마찬가지로 국제민사소송법에서도 각국의 민사소송법도 동등한
가치를 지닌 것으로서 존중되어야 한다.[8] 이런 의미에서 외국의 재판에 대하여도
외국의 司法(Rechtspflege)을 우리의 그것과 동등한 가치를 가진 것으로 신뢰하고
그 재판의 효력을 승인할 수 있게 되는 것이다.

국제민사소송법은 또한 당사자 간의 평등을 보장해야 한다.[9] 이는 헌법의 요

---

5) 예컨대 대법원 1992. 7. 28. 선고 91다41897 판결과 대법원 1995. 11. 21. 선고 93다39607 판
  결 참조.
6) 위 판결의 사안은 국제사법이 적용되는 것은 아니었다. 대법원 2008. 5. 29. 선고 2006다
  71908, 71915 판결과 대법원 2010. 7. 15. 선고 2010다18355 판결을 보면 이런 경향을 확인
  할 수 있다.
7) Schack, Rn. 39.
8) Schack, Rn. 39.
9) Schack, Rn. 40.

청이기도 하다. 국제재판관할규칙을 정함에 있어서도 원칙적으로 피고의 주소에 착안하지 당사자의 국적에 따라 달리 취급하지 않는다.[10] 또한 내국인과 외국인에게 원칙적으로 동등하게 재판받을 권리를 보장해야 한다.[11] 국제민사소송법은 특히 항상 당사자의 무기대등의 원칙을 존중해야 한다.[12] 그러나 외국인의 평등이 무제한적으로 보장되는 것은 아니다. 예컨대 민사소송법(제117조)에 따르면 원고가 한국에 주소·사무소와 영업소를 두지 않은 경우에는 법원은 피고의 신청에 따라 원고에게 소송비용담보를 제공하도록 명해야 한다.

나아가 강제집행의 영역에서도 평등원칙은 타당하다.[13] 예컨대 내국인의 재산은 내국채권자의 강제집행을 위해서 또는 내국판결의 집행을 위해서 유보되지 않고, 외국채권자와 외국판결에 기해서도 동등하게 강제집행을 할 수 있다. 특히 도산절차에서 채권자평등의 원칙은 중요한 의미를 가진다.

2. 상호주의

국제민사사법공조법(제4조)은 상호주의라는 표제하에, 사법공조에 관한 조약이 체결되어 있지 아니한 경우에도 사법공조를 촉탁하는 외국법원이 속하는 국가가 동일 또는 유사한 사항에 관하여 대한민국 법원의 사법공조촉탁에 응한다는 보증을 한 경우에는 이 법을 적용한다고 규정한다. 이는 조약상의 의무가 없더라도 상호주의[14]에 기하여, 외국이 사법공조를 촉탁하는 경우 만일 동일 또는 유사한 사항에 관하여 당해 외국이 한국의 사법공조촉탁에 응한다는 보증을 한다면 우리도 사법공조를 제공하겠다는 취지이다.

또한 민사소송법 제217조 제1항 제4호는 외국재판의 승인요건으로 상호보증

---

10) 다만 우리나라에서는 아직 인정되지 않지만, 신분관계에 관한 사건에서 국적에 기한 관할을 인정할 여지는 있다. 이는 가족관계등록부의 정리를 위한 것이다.

11) Geimer는 이를 당사자의 'Justizgewährungsanspruch'로서 중요하게 다룬다. Geimer, Rz. 1906ff. 참조. 독일 헌법(기본법)에는 이를 명시한 조문은 없지만 헌법적으로 보장된다. 위 용어를 직역하면 '사법보장청구권'이라고 할 수 있지만 의역하면 '사법적 구제(청구)권' 또는 '재판청구권'이라고 할 수 있다.

12) Schack, Rn. 41.

13) Schack, Rn. 42.

14) 상호주의의 개관은 Anatol Dutta, Reciprocity, Encyclopedia, Vol. 2 (2017), p. 1466 이하 참조. 게임이론에 비추어 보더라도 상호주의를 요구하는 것은 바람직하지 않다고 한다. 게임이론과 국제사법의 개관은 Michael E. Solimine, Game theory and private international law, Encyclopedia, Vol. 1, p. 830 이하 참조.

의 존재를 들고 있다. 상호보증이란 한국이 외국재판을 승인 및 집행하는 것과 마찬가지로 당해 외국도 한국 판결을 승인 및 집행하는 것, 즉 상호주의(reciprocity, Gegenseitigkeit)가 보증됨을 말한다. 상호보증을 요구하는 이유는, 한국만이 일방적으로 외국재판을 승인 및 집행할 경우 입는 불이익을 방지하고, 한국의 재판을 승인 및 집행하지 않는 외국에 대해 보복을 가하는 의미에서 당해 외국으로 하여금 한국 재판의 승인 및 집행요건을 완화하도록 함으로써 외국의 승인 및 집행의 요건과 우리의 요건이 균형을 이루도록 하려는 데 있다.

이러한 상호주의는 아래에서 언급하는 예양(*comitas*)으로부터 파생되는 원칙이라고 할 수도 있다. 주의할 것은, 어떤 국가가 조약의 일부 조항을 유보한 경우 다른 국가가 그 조항을 유보하지 않았더라도 상호주의의 결과 당해 조항의 적용을 주장할 수 없다는 견해가 유력하다는 점이다.[15]

3. 법정지법원칙

국제사법상 절차의 문제는 '절차는 법정지법에 따른다(*forum regit processum*)'는 법정지법원칙(*lex fori* principle)에 따라 법정지법에 의한다. 예컨대 소송의 심리방식 기타 소송절차의 진행도 법정지법에 따른다.[16] 이는 국제적으로 널리 인정되고 있는 국제사법 원칙이다.[17] 절차(procedure)와 실체(substance)를 구별하는 실익은 바로 여기에 있다. 즉 어떤 쟁점이 절차로 성질이 결정되면 법정지법에 따르는 데 반하여, 실체로 성질이 결정되면 더 나아가 그것이 계약인지, 불법행위인지라는 식으로 구체적으로 성질을 결정할 필요가 있다. 이처럼 어떤 쟁점이 절차인지 실체인지를 판단하여야 하는데 이것이 '성질결정(characterization, Qualifikation)'의 문제이다. 이는 뒤(Ⅱ.)에서 논의한다.

과거에는 법정지법원칙의 이론적 근거를 '절차법의 속지주의', '공법적 성격'

---

15) 이는 1969년 "조약법에 관한 비엔나협약" 제21조가 정한 유보의 효과와 관련하여 논의된다. 실례는 송달협약에 관한 부분에서 논의한다.

16) 독일, 미국과 일본의 심리방식은 이시윤, 314면 이하 참조.

17) 상세는 Geimer, Rz. 319 이하; 석광현, "가집행선고의 실효로 인한 가지급물 반환의무의 준거법", 전북대 법학연구 제51집(2017. 2.), 526면 이하; 석광현, 제6권, 223면 이하 참조. 1995년 개정된 이탈리아 국제사법(제12조)은 이를 명시한다. 국문번역은 법무부, 각국의 국제사법(2001), 231면 이하 참조. 위 원칙은 가장 오래되고 다툼이 가장 적은 국제사법규칙의 하나이다. Geimer, Rz. 319; Marta Requejo Isidro, Lex Fori, Encyclopedia, Vol. 2, p. 1104 이하 참조.

또는 '추상성'과 '장소는 행위를 지배한다'는 국제사법원칙 등에서 구하였으나, 근자에는 외국절차법 적용의 실제상의 어려움을 피하기 위한 현실적 필요성과, 법적 안정성의 요청 등을 고려한 합목적성[18) 또는 소송경제[19)를 든다. 대법원 1988. 12. 13. 선고 87다카1112 판결은 "재판의 소송절차에 관하여는 당연히 국내의 재판절차법규가 적용되는 것"이라고 판시한 바 있다. 다만, 독일에서는 법정지법원칙에 대한 다양한 예외가 인정되는 결과 동 원칙은 과거의 영광스러운 보편타당성을 이미 상실하였다는 견해가 유력하다.[20)

4. (국제)예양

예양(*comitas*)이라 함은 당초 국제사법에서 외국법 적용의 근거로서 홀란드학파에 의하여 처음으로 제시된 개념이다.[21) 예양은 "국제적 협조를 지지하는 정치적 고려에 머무는 것이 아니고 司法的 決定에 영향을 미치는 상호주의적 인내와 호의(goodwill)의 체계적 가치를 반영하는 원칙"이라고 한다.[22) 그러나 예양 또는

---

18) Schack, Rn. 48; Geimer, Rz. 319ff.; 장준혁, "法律行爲의 方式과 節次 문제의 구별", 국제사법연구 제12호(2006), 249면 이하 참조.

19) Nagel/Gottwald, Rz. 1.42는 법적 안정성과 소송경제를 든다.

20) 원칙의 상세는 Dieter Leipold, Lex fori, Souveränität, Discovery — Grundfragen des Internationalen Zivilprozeßrecht (1989), S. 25ff.; Coester—Waltjen, Rn. 83ff. 참조. 절차와 실체의 성질결정 시, 국제사법에서 문제 되는 통상의 성질결정(예컨대 계약인지 불법행위인지의 문제)과 동일한 원칙을 적용하는 것이 다수설(예컨대 Jürgen Basedow, Qualifikation, Vorfrage und Anpassung, Peter Schlosser (Hrsg.), Materielles Recht und Prozessrecht und die Auswirkungen der Unterscheidung im Recht der Internationalen Zwangsvollstreckung: Eine rechtsvergleichende Grundlagenuntersuchung (1992), S. 135ff.)이나 양자를 구별하는 소수설도 있다. Wolfgang Hau, Proceedings, Law governing, Encyclopedia, Vol. 2, p. 1409도 참조. 석광현, 제6권, 242면 註 48 참조.

21) 그러나 사비니는 국제법상의 예양에 기초하여 모든 법질서의 등가치성과 국제적인 재판의 일치를 전파하였다. Marc—Philippe Weller, *Die lex personalis* im 21. Jahrhundert: Paradigmenwechsel von der *lex patriae* zur *lex fori*, FS für Dagmar Coester—Waltjen zum 70. Geburtstag (2015), S. 898. 국제사법상 예양의 역할에 관하여는 우선 Lawrence Collins, Comity in Modern Private International Law, Reform and Development of Private International Law Essays in Honour of Sir Peter North, Edited by James Fawcett (2002), p. 89 이하 참조. Born/Rutledge, p. 551에 인용된 글들과 Adrian Briggs, The Principle of Comity in Private International Law, *Recueil des Cours*, Tome 354 (2012) 참조.

22) 유영일, "國際民事司法共助에 관한 硏究", 서울대학교 대학원 법학박사학위논문(1995), 202면.

국제적 예양으로부터 국제법상 의미 있는 의무가 도출되지는 않는다.[23] 대륙법계에서는 예양이라는 개념을 대체로 선호하지 않는 데 반하여[24] 영미에서는 예양이라는 개념을 여러 상황에서 활용하고 있다.[25]

예컨대 1980년대 미국과 유럽 간의 사법마찰을 초래한 유명한 미국 연방대법원의 1987년 *Aérospatial* 사건에서 쟁점은, 원고들이 미국 법원의 대인관할권에 복종하는 피고들에 대하여 프랑스의 영역 내에 소재하는 문서의 제출을 요구하거나 또는 질문서의 회답을 요구하는 경우 증거협약의 적용 여부와, 만일 그렇다면 증거협약과 국내법의 관계였다.[26] 재판과정에서 미국은 증거협약의 배타적 적용을 부정하는 취지의 *amicus curiae* brief를 제출하였고, 반면에 프랑스와 독일 등은 증거협약의 배타적 적용을 지지하는 취지의 *amicus curiae* brief를 제출하였다. 영국도 *amicus curiae* brief를 제출하였는데, 영국은 미국과 마찬가지로 증거협약의 배타적 적용을 부정하였으나, 다만 대륙법계 국가들의 태도를 고려하여 증거협약을 우선적으로 적용하고, 그것이 성과가 없는 경우에만 미국 법원은 예양형량기준(comity balancing test)을 이용하여 국내법의 적용을 고려할 수 있다는 견해를 피력하였다.

미국 연방대법원의 다수의견은 증거협약과 미국 국내법의 상호관계를 논의하면서, 양자는 선택적으로 적용되나 예양상 증거협약이 우선한다는 견해를 언급하였다. 다수의견은 증거가 외국에 있으면 항상 증거협약을 우선적으로 적용해야 한다는 견해를 배척하고, '구체화되거나 또는 개별화된 <u>사안별 예양분석</u>(partic-ularized or individualized case by case comity analysis)'을 통하여 증거협약에 의하지 아니하고 국내법에 따라 피고에게 증거제출을 명할 수 있다고 보았다. *Aérospatiale* 사건 판결은 예양을 "국내 법원이 다른 주권국가의 법률과 이익에 관계되는 사건의 해결에 접근함에 있어서 그에 따르는 협조의 정신(comity refers to the spirit of cooperation in which a domestic tribunal approaches the resolution of

---

23) Geimer, Rz. 192b.
24) 독일에서는 국제민사소송법의 기본원칙으로 예양을 들지는 않는 것으로 보인다.
25) 예컨대 Fentiman, para. 1.47은 국제분쟁을 규율하는 모든 법체계가 준수하는 세 가지 기본 원칙으로 ① 절차적 효율성의 원칙, ② 절차적 정의의 원칙과 ③ 예양의 원칙을 열거한다. 국제상사소송에서 나타나는 영국법의 예양에 관하여는 Fentiman, para. 1.52 이하 참조. 우리 문헌은 김민경, "영국 국제사법의 예양의 원칙", 석광현헌정논문집, 385면 이하 참조.
26) 상세는 뒤(제7장 제3절)에서 논의한다.

cases touching the laws and interests of other sovereign states)"이라고 정의하였다.[27]
예양 분석에 있어서 법원은 ① 개별사건의 구체적 사실관계 특히 개시절차를 이
용할 경우 그것이 지나치게 부담스러운지, 불필요하거나 또는 사적영역을 침해하
는지 등의 영향, ② 관련된 국가이익과 ③ 증거협약을 적용할 경우의 실효적인
개시의 가능성 등 세 가지 요소를 고려해야 한다는 것이다.

또한 외국판결의 승인 및 집행의 맥락에서도 예양 개념이 이용된다. 즉, 영미
법계에서는 과거 외국판결의 승인의 근거를 '예양(comity)' 또는 '국제예양'에서 찾
았다.[28] 영국의 예양이론은 1842년 이후 '의무이론(doctrine of obligation)'에 의해
대체되었다. 미국 연방대법원은 1895년 Hilton v. Guyot 사건 판결[29]에서 예양을
근거로 외국재판의 승인에 관한 원칙을 제시하였는데, 이는 국제예양을 다음과
같이 정의하였다. "법적인 의미에서 예양이라 함은 한편으로는 절대적 의무의 문
제도 아니고 다른 한편으로는 단순한 호의의 문제도 아니다. 그러나 이는 한 국가
가, 국제적 의무 및 편의와, 그 자신의 국민 또는 그 법률의 보호하에 있는 다른
사람들의 권리의 양자를 적절히 고려하여 그의 영토 내에서 다른 국가의 입법적,
행정적 또는 사법적 행위에 대하여 허락하는 승인이다"[30]라고 정의하였다.

---

27) 482 U.S. 522, 543 n. 27 (1987).
28) 예컨대 영국의 Geyer v Aguilar (1798) 7 Term Rep 681 at 97; Cheshire/North, p. 514.
29) 159 U.S. 113 (1895).
30) 영문은 아래와 같다. 159 U.S. 113, 163−4 (1895).
   'Comity,' in the legal sense, is neither a matter of absolute obligation, on the one hand,
   nor of mere courtesy and good will, upon the other. But it is the recognition which
   one nation allows within its territory to the legislative, executive or judicial acts of an−
   other nation, having due regard both to international duty and convenience, and to the
   rights of its own citizens, or of other persons who are under the protection of its laws.
   더 확장된 정의는 미국 연방항소법원 제2순회구의 Laker Airways Ltd. v. Sabena, Belg.
   World Airlines, 731 F.2d 909, 937 (D.C. Cir. 1984); Maxwell Communication Corp. v.
   Société Générale (In re Maxwell Communication Corp.) 93 F.3d 1036, 1047−48 (2d Cir.
   1996)도 참조.
   예양(comitas)이라 함은 당초 국제사법에서 외국법적용의 근거로서 홀란드학파에 의하여
   처음 제시된 개념이다. 이호정, 국제사법(1983), 51면 이하 참조. Adrian Briggs, The
   Principle of Comity in Private International Law, Recueil des Cours, Tome 354 (2012)는
   국제사법상 예양의 역할을 법의 해석 및 적용상의 예양(제2장), 재판관할에서의 예양(제3
   장), 판결의 집행에서의 예양(제4장)과 국제사법공조에서의 예양(제5장)으로 구분하여 논의
   한다. 우리 문헌은 김민경, "영국 국제사법의 예양의 원칙", 석광현헌정논문집, 385면 이하
   참조.

나아가 미국에서는 국제도산에서 보편주의(또는 완화된 보편주의)를 취하여 우리 도산절차 또는 그를 구성하는 재판의 효력이 외국에 미치는 것으로 파악하더라도 그 결과 외국의 주권에 부당하게 간섭하지 않도록 하기 위하여 보편주의를 예양에 의하여 적절히 완화할 필요가 있다고 설명하기도 한다.[31]

흥미로운 것은 우리 대법원판결도 예양이라는 개념을 사용한 바 있다는 점이다. 즉 영사송달에 관한 대법원 1992. 7. 14. 선고 92다2585 판결은 "··· 우리나라와 영사관계가 있더라도 송달을 받을 자가 자국민이 아닌 경우에는 영사에 의한 직접실시방식을 취하지 않는 것이 국제예양이며 ···"라고 판시하였다. 또한 과거 민사사법공조에 관한 법적인 근거가 없을 때에도 우리 법원은 사법공조를 제공한 바 있는데 그 근거를 국제예양으로 설명하는 경향이 있었다. 우리 국제민사소송법상 그리고 국제사법상 예양 또는 국제예양에 어떠한 지위와 기능을 부여할 것인가는 앞으로 더 검토해야 할 사항이다.

또한 민사사법공조는 아니지만, 소비자계약에서 개인정보가 문제 된 구글 사건에서 근자의 대법원 2023. 4. 13. 선고 2017다219232 판결은 국제예양을 언급한 바 있다. 즉 한국법과 외국법이 충돌되는 경우 한국법의 준수를 거부하는 데 정당한 사유가 있을 수 있으므로 양자의 관계를 조정하여야 하는데, 그 맥락에서 대법원이 판단기준을 언급하면서 국제예양을 언급하였다.[32]

또한 민사사법공조는 아니지만, 공정거래법과 같은 경제법 분야의 사건에서도 행정당국 간의 공조가 존재하고 근자에는 그 범위가 점차 확대되어 가고 있다. 예컨대 공정거래법(제36조의2)도 외국과의 공조를 규정하는데, 유럽 국가들은 행

---

31) Samuel L Bufford, United States International Insolvency Law 2008－2009 (2009) p. 33 참조.

32) 대법원은 아래와 같이 판시하였다. "한편 외국에 주소나 영업소를 두고 있다는 등의 이유로 대한민국 법령 외에 외국 법령도 함께 준수해야 하는 지위에 있는 정보통신서비스 제공자등이 그 외국 법령에서 해당 정보의 공개를 제한하고 있다는 등의 이유로 열람·제공을 거부하는 경우에는, 그와 같은 내용의 외국 법령이 존재한다는 사정만으로 곧바로 정당한 사유가 존재한다고 볼 수는 없지만, 열람·제공의 제한이나 거부에 정당한 사유가 있는지를 판단함에 있어 그와 같은 외국 법령의 내용도 고려할 수 있다고 보아야 한다. 외국 법령에서 비공개의무를 부여한 경우에까지 해당 정보를 열람·제공하도록 강제하는 것은 정보통신서비스 제공자등에게 모순된 행위를 강요하는 것이어서 가혹한 측면이 있고, 특히 그와 같은 사항이 국가안보, 범죄수사 등을 위한 활동에 관한 것인 경우에는 그 정보의 공개로 해당 국가의 이익을 해칠 우려가 있어 국제예양에 비추어 보더라도 바람직하다고 볼 수 없기 때문이다".

정사건 관련 문서의 송달에 관한 조약을 체결하였고,[33] 미국과는 쌍무협정에 의하여 해결한다. 이와 관련하여 '적극적 예양(positive comity)'이 중요한 의미를 가진다. 이는 상대국의 영역 내의 독점규제법 위반행위에 대하여 느닷없이 국내법을 역외적용하는 것이 아니라 우선 상대국의 독점규제당국에 대하여 적절한 집행활동을 개시하도록 요청하는 방법으로 상대국에 대해 먼저 경쟁법의 발동을 촉구함으로써 역외적용에 따른 마찰을 원활하게 해소하기 위한 방편이다.[34]

국제예양의 개념과 역할을 받아들이든 아니든 간에, 중요한 것은 국제민사소송법 분야에서 국제적 협력 내지 공조의 중요성이 점차 커지고 있다는 점이다. 이를 가능하게 하는 것은 우선 다자 및 양자 조약이지만, 그 밖에 국제규칙 등과 같은 연성법(soft law)[35]도 있을 수 있다. 나아가 국내법을 적용하고 운용함에 있어서도 국제적 협력의 필요성과 중요성을 잊지 말아야 한다.

Ⅱ. 국제민사소송에서의 성질결정

1. 성질결정의 기준

국제민사소송법은 저촉법이 아니므로 협의의 국제사법에서처럼 복잡한 성질결정[36]의 문제가 제기되지는 않는다. 국제민사소송법에서 문제 되는 성질결정의

---

33) 행정사건의 경우도 유럽국가들 간에는 송달에 관하여는 1977. 11. 24. 협약이, 정보와 증거의 제공에 관하여는 1978. 3. 15. 협약이 있다. 그 밖에 조세법분야에서도 국제공조가 필요하다. 우리나라는 2010. 5. 27. "다자 간 조세행정공조협약(Convention on Mutual Admin-istrative Assistance in Tax Matters)"에 서명하였다. 간단한 소개는 임치용, "국제도산사건의 실무상 문제", BFL 제53호(2012. 5.), 74면 註 73. 우리나라는 2012. 3. 26. OECD 사무국에 비준서를 기탁하였고 협약은 2012. 7. 1. 발효하였다. http://conventions.coe.int/Treaty/Commun/ChercheSig.asp?NT=127&CM=1&DF=&CL=ENG 참조. 문언은 http://conventions.coe.int/Treaty/en/Treaties/Html/127.htm, 해설은 http://conventions.coe.int/Treaty/en/Reports/Html/127.htm에 있는 해설보고서 참조.
34) 신현윤, 경제법 제2판(2007), 429면.
35) 국제적으로 통일된 연성법의 개념은 아직 정립되지 않았고 논자에 따라 견해가 다양하나, 대체로 '법과 정치의 중간 지대적 성격을 지닌 일종의 국제적 행동원칙'을 가리키는 것으로 파악한다. 정인섭, 79면.
36) 국제사법상 성질결정이라 함은 판단의 대상이 되는 어떤 사안, 법률관계 또는 쟁점을 국제사법의 구성요건에 포섭된 어떤 연결대상에 포섭하는 것을 말한다. 다만 위 견해가 협의의 국제사법상 논의되는 성질결정이론과 마찰 없이 양립할 수 있는지는 논란의 여지가 있다.

문제는 주로 절차(procedure)와 실체(substance)의 구별인데, 여기에서는 법정지법이 판단기준이 된다.[37] 따라서 규범 또는 규범의 복합체가 실체법의 영역에 속하는지 아니면 절차법의 영역에 속하는지는 기본적으로 법정지법에 의하여 결정할 사항이라고 본다. 어떤 쟁점을 절차로 성질결정한다는 것은 법정지법을 적용한다는 것이고 결국 '은폐된 자국법적용 경향(verdecktes Heimwärtsstreben)'을 보여주는 것이 된다.[38] 그러나 여기에서 우리 법이라는 것이 반드시 우리 민사소송법만을 말하는 것은 아니고, 그 점을 고려하여 국제민사소송법 또는 광의의 국제사법의 개념을 인정하고 그의 독자적인 시각에서 판단해야 한다고 본다.[39] 이런 고려에 따라 독일, 일본과 우리나라에서는 대체로 국제민사소송법에서 소구가능성(Klagbarkeit),[40] (객관적) 증명책임(Beweislast), 증거방법의 제한, 소멸시효(제소기간)와 상계는 실체의 문제로 성질결정한다.[41] 그 밖에도 당사자적격을 실체법의

---

37) Schack, Rn. 52. 절차와 실체의 구별은 Richard Garnett, Substance and Procedure in Private International Law (2012) 참조. 절차와 실체의 성질결정 시, 국제사법에서 문제 되는 통상의 성질결정(예컨대 계약인지 불법행위인지의 문제)과 동일한 원칙을 적용하는 것이 독일의 다수설이나 양자를 구별하는 소수설도 있다. 소수설은 예컨대 법정지국은 원하는 모든 사항을 소송법에 따를 사항으로 결정할 수 있다는 점에서 '소송법의 우위(Primat des Prozessrechts)'를 인정한다. Schack, Rn. 52. 소개는 석광현, 제6권, 241면 註 46 참조. Geimer, Rz. 314는 어떤 규범이 절차인지 실체인지는 독일법에 따라 성질결정을 해야 한다면서도, 방법론으로서는 국제사법학에서 발전된 기능적 성질결정에 따를 것이라고 한다. 국제사법상 통상의 성질결정론에서는 연결대상을 법정지법상의 체계개념이 아니라 비교법적으로 획득된 기능개념으로 이해한다. Kropholler, S. 126ff.; Gerhard Kegel/Klaus Schurig, Internationales Privatrecht, 9. Auflage (2004), S. 346ff. 통상의 성질결정의 기준에 관하여 중국 섭외민사관계법률적용법(제8조)은 섭외민사관계의 성질결정은 법정지법에 의한다고 명시한다. 한국에서는 '기능적 또는 목적론적 성질결정론' 내지 '신법정지법설'이 유력하다. 석광현, 해설, 30-31면.

38) Schack, Rn. 52.

39) 이는 전적으로 법정지법에 따를 것이라고 보는 Schack, Rn. 52와는 조금 다르다.

40) 소구가능성이라 함은 소구력이 없는 자연채무이냐, 특정이행을 청구할 수 있느냐 등의 문제를 말한다. 계약위반에 대한 구제수단으로서 원칙적으로 강제이행을 허용하고 보충적으로 손해배상을 허용하는 법제(예컨대 독일)가 있고, 전통적으로 손해배상이 원칙적인 구제방법이고 특정이행은 법원의 예외적인 경우에 한하여 형평법을 기초로 재량에 의하여 인정되는 구제수단으로 보는 법제(예컨대 영미법계)도 있으나, 양자를 서로 무관한 것으로 보아 독립적으로 허용하는 법제(한국)도 있다. 국제물품매매계약에 관한 UN협약은 양자를 절충한다. 즉 매매협약(제28조)은 일방당사자가 계약을 위반한 경우 특정이행(specific performance) 청구를 허용하되, 체약국이 매매협약이 적용되지 않는 매매계약에 대해 국내법에 따라 특정이행을 명하는 판결을 선고하지 아니할 경우 법원은 특정이행을 명하지 않을 수 있도록 허용한다.

41) 장준혁(註 18), 271면.

영역에 속하는 사항으로 들기도 하는데, 이는 기본적으로 절차의 문제로서 법정
지법에 따를 사항이나 실체법적 고려가 중요한 의미를 가지는 경우도 있으므로
구체적인 사안별로 판단할 필요가 있다.[42]

2. 논란이 있는 사례

우리나라에서 절차/실체의 성질결정에서 논란이 있는 것은 아래와 같다.

가. 소송촉진 등에 관한 특례법상의 연체이자

채권의 준거법이 외국법인 사건에서 우리 법원이 소송촉진 등에 관한 특례법
(소송촉진법)을 적용하여 연 20%의 비율에 의한 지연손해금의 지급을 명할 수 있
는지에 관하여 과거에 논란이 있었으나 대법원 1997. 5. 9. 선고 95다34385 판결
은 지연손해금은 법정지법이 아니라 준거법에 따라 판단할 사항이라고 판시하였
다.[43] 그러나 저자는 지연손해금은 당사자의 권리ㆍ의무에 관한 것이므로 실체
(substance)에 속하는 사항이지만, 소송촉진법상의 지연손해금은 한국에서의 소송
을 촉진하기 위한 소송정책적 고려에 기하여 부과하는 소송상의 제도이므로 실체
에 관한 사항임에도 불구하고 법정지법인 한국법에 따른다고 본다.[44] 즉 소송촉
진법상의 지연손해금은 당사자의 권리ㆍ의무에 관한 것이므로 실체적 측면이 있
음은 물론이지만, 이는 한국에서 소송촉진을 위한 소송정책적인 고려에 기하여
부과하는 소송상의 제도이므로 법정지가 한국이라면 동법의 요건이 구비되는 한
적용되어야 한다는 것이다. 다만 소송촉진을 이유로 연 2할(현재는 12%)의 과도한

---

42) 석광현, 제4권, 162면 이하; 이 책 제5장 참조.

43) 대법원은 "지연손해금이란 채무의 이행지체에 대한 손해배상으로서 본래의 채무에 부수하여
지급되는 것이므로 본래의 채권채무관계를 규율하는 준거법에 의하여 결정되어야 하는 것
이고, 한편 섭외사건에 있어서 절차에 관하여는 법정지법에 의하여야 함은 소론과 같으나,
소송촉진등에관한특례법 제3조 제1항 소정의 법정이율에 관한 규정은 비록 소송촉진을 목
적으로 소송절차에 의한 권리구제와 관련하여 적용되는 것이기는 하지만 그 실질은 금전채
무의 불이행으로 인한 손해배상의 범위를 정하기 위한 것이므로 이를 절차법적인 성격을 가
지는 것이라고만 볼 수 없으므로 원심이 피고에게 위 신용장에 따른 대금지급의무의 지체에
대한 지연손해금의 지급을 명함에 있어 … 원본채권의 준거법인 캐나다법을 적용하여 채무
이행을 명하는 판결선고가 있기까지는 연 5푼 1리의, 판결선고 후에는 연 8푼의 이율을 적
용한 조치는 정당하"다고 판시하였다.

44) 예컨대 석광현, 제1권, 47면. 이헌묵, "원본채권 준거법이 외국법인 경우 지연손해금 지급 여
부", 법률신문 제3966호(2011. 9. 8.), 12면도 동지.

지연손해금을 부과하는 예는 흔치 않고 그 타당성은 의문이므로 준거법이 외국법인 사건에서 소송촉진법의 적용은 신중히 해야 한다. 헌법재판소 2000. 3. 30. 선고 97헌바49 전원재판부 결정은, 소송촉진법의 입법목적은 법정이율을 현실화함으로써 채권자에 대하여는 소송을 제기한 이후부터라도 이행지체로 인한 실손해를 배상받을 수 있도록 하는 한편, 채무자에 대하여는 법정이율이 현실이자율보다 낮은 것을 이용하여 악의적으로 채무이행이나 소송을 지연시키고 상소권을 남용하는 것을 막고, 사실심판결 선고 후 채무의 신속한 이행을 확보하려는 데 있음을 지적하였다. 이에 따르면 지연손해금은 양면성을 가지고 있고, 문제는 준거법의 맥락에서 어느 측면을 우선시킬 것인가인데, 저자는 절차적 측면, 더 정확히는 사법정책적 측면을 중시한다. 대법원판결처럼 원본채권의 준거법에 따른다면 헌법재판소의 결정이 설시한 소송촉진법의 두 가지 입법목적 중 어느 것도 달성할 수 없게 되는 문제가 있다.45) 또한 대법원판결은 소송촉진법의 법정이율에 관한 규정에 대해 "… 이를 절차법적인 성격을 가지는 것이라고만 볼 수 없으므로"라고 판시하였으나, 저자도 그것이 절차법적 성격만을 가진다고 주장하지는 않으므로 이는 저자의 비판에 대한 답변이 아니다.46)

예컨대 변호사보수를 포함하는 소송비용도 급부의 내용에 관한 것이므로 실체적 측면이 있음에도 불구하고 실체의 준거법이 아니라 법정지법에 따르는 점을 생각해보면 사견을 쉽게 이해할 수 있을 것이다. 만일 소송비용이 급부의 내용에 관한 것이라는 이유로 실체로 파악한다면, 예컨대 피고가 계약을 위반하여 원고가 손해배상을 구하는 경우 소송비용(법정지법에 의하여 원고가 상환받을 수 없는 소송비용이 특히 문제이다)은 손해배상의 범위의 문제이므로 계약의 준거법에 따를 사항이 된다. 그러나 종래 소송비용은 사법정책적 고려에 따라 소송법에 따를 사항이라고 본다.

나. 입증의 정도

우리 민사소송법상 어떤 사실이 증명되었다고 하기 위하여는, 법관의 의심을 완전히 배제할 수는 없지만 의심에 침묵을 명할 정도의 확신, 즉 '고도의 개연성'

---

45) 물론 외국의 법정이율이 충분히 높다면 첫 번째 목적의 달성 불능은 문제 되지 않는다.
46) 목혜원, "국제상사중재에서 절차와 실체의 구별 및 이에 따른 준거법의 결정", 사법논집 제74집(2022), 301면 이하도 참조.

의 확신이 필요하다. 반면에 영미의 민사소송에서 통상 요구되는 입증의 정도(또는 증명도)는 '증거의 우월' 또는 '우월한 개연성'으로 족하다. 따라서 원고와 피고 주장의 개연성을 형량하여 어느 것이 50%를 초과하면 법원은 이를 증명된 것으로 취급할 수 있다. 이는 영미의 형사사건에서 요구되는 '모든 합리적 의심을 넘는 정도'보다 낮다. 문제는 입증의 정도의 준거법이다. 준거법이 영미법이면 증거의 우월로 족하나, 한국법이면 고도의 개연성에 의한 확신이 필요하다. 독일에는 이를 절차의 문제로 보아 법정지법(*lex fori*)을 적용하는 절차법설과 실체의 문제로 보아 당해 법률관계의 준거법(*lex causae*)을 적용하는 실체법설이 대립하는데, 저자는 절차법설을 지지한다. 상세는 국제증거법(제8장)에서 논의한다.

Ⅲ. 국제민사소송에서의 연결점

실체문제를 규율하는 준거법을 결정하는 것을 목적으로 하는 협의의 국제사법에서는 연결점이 중요한 의미를 가진다. 협의의 국제사법에서의 성질결정에서는 연결대상과 연결의 방법(또는 성질결정의 준거법)이 문제 된다.

우리 국제사법 조문은 대부분 연결대상과 연결점이라고 하는 두 개의 요소로 구성된다. 예컨대 국제사법 제77조 제1항은 "상속은 사망 당시 피상속인의 본국법에 따른다"라고 규정하는데, 이 경우 "상속"은 연결대상이고 "사망 당시 피상속인의 본국"은 연결점이다. 위에서 언급한 바와 같이, 국제사법학에서 '성질결정'이라 함은 어떤 사안을 적절한 저촉규정에 포섭할 목적으로 독립한 저촉규정의 체계개념을 해석하는 것[47] 또는 그의 사항적 적용범위를 획정하는 것을 말한다. 성질결정을 함에 있어서는 우선 법정지법으로부터 출발하되, 연결의 대상을 법정지법상의 체계개념으로 이해할 것이 아니라 비교법적으로 획득된 기능개념으로 이해하면서 당해 저촉규범의 기능과 법정책적 목적을 고려해야 한다는 것이 독일의 다수설인 '기능적 또는 목적론적 성질결정이론(funktionelle oder teleologische Qualifikation)' 또는 '광의의 법정지법설'이다. 국제사법의 연결대상은 실질법적인 체계개념으로 표현되지만, 이는 실질법의 그것보다 추상화된 개념으로서 보다 넓은 개념이라고 본다.

---

47) 달리 말하자면, 이는 판단의 대상이 되는 어떤 생활사실(사안), 법률관계, 법적 문제 또는 쟁점을 국제사법의 구성요건에 포함된 어떤 연결대상에 포섭하는 것이다.

　　협의의 국제사법에서와 달리 국제민사소송법 전반에 걸쳐서 연결점 개념이 필요한 것은 아니지만, 국제재판관할법의 맥락에서는 연결점이 중요한 역할을 한다. 예컨대 자연인인 피고의 상거소지는 일반관할의 연결점이 되고(국제사법 제3조 제1항), 불법행위 사건의 경우 불법행위지가 특별관할의 연결점으로서 기능을 한다. 나아가 계약에 관한 사건에서 의무이행지가 제한적인 범위 내에서 특별관할의 연결점이 된다(국제사법 제41조). 관할합의의 경우 당사자의사가 합의관할의 연결점이 된다. 국제재판관할에서의 연결점은 협의의 국제사법에서처럼 연결대상과 준거법을 연결하는 것이 아니라 연결대상과 국제재판관할을 연결하는 점에서 다르지만 협의의 국제사법의 연결점과 기능 면에서 유사한 점이 있다. 물론 연결점이라는 용어 대신 민사소송법에서처럼 일반관할 또는 특별관할의 '근거' 또는 '관할원인'이라고 불러도 무방하나 연결점의 개념을 원용하면 체계적으로 이해하는 데 도움이 된다.

제 3 장

민사재판권의 면제(주권면제 등)

제 3 장

민사재판권의 면제(주권면제 등)

I. 주권면제론의 체계상의 지위

1. 재판권의 개념

우리 민사소송법 이론에 따르면, '재판권'은 재판에 의해 법적 쟁송사건을 해결할 수 있는 국가권력 또는 법질서실현을 위한 국가의 권능으로서 '사법권'이라고도 하며 법관으로 구성된 법원에 속하는데[1] 대법원판결도 재판권이라는 개념

* 제3장에서 인용하는 아래 주요 문헌은 [   ] 안의 인용약어를 사용한다.

권창영, "국제민사보전법상 국제재판관할", 민사집행법연구회, 김능환 대법관 화갑기념: 21세기 민사집행의 현황과 과제, 민사집행법실무연구 Ⅲ(통권 제5권)(2011)[권창영]; 김태천, "외국국가의 재판권면제 — 그 법적 근거와 범위에 관하여 —", 저스티스 통권 제61호(2001. 6.)[김태천]; 도민호, "공관지역에 관한 민사소송에서의 재판권 면제 대상판결: 대법원 2023. 4. 27. 선고 2019다247903 판결", 서울국제법연구 제30권 제1호(2023. 6.)[도민호]; 문영화, "외국국가의 재산에 대한 민사집행법에 의한 강제집행", 성균관법학 제27권 제2호(2015. 6.)[문영화, 외국 재산 강제집행]; 문영화, "외국국가를 제3채무자로 하는 채권압류 및 추심령령에 대한 재판권행사", 성균관법학 제27권 제3호(2015. 9.)[문영화, 외국 국가 제3채무자]; 문영화, "일본군 위안부 피해자 소송에서 재판권 행사", 저스티스 통권 제174호(2019. 10.)[문영화, 위안부]; 문영화, "외국국가를 당사자로 하는 민사재판절차에서 그 대표자 및 송달의 문제", 민사소송 제19권 제2호(2015. 11.)[문영화, 외국 국가 송달]; 석광현, "外國國家에 대한 民事裁判權의 行使와 主權免除 — 制限的 主權免除論을 취한 대법원 1998. 12. 17. 선고 97다39216 전원합의체 판결에 대한 평석 —", 법조 통권 531호(2000. 12.)(석광현, 제2권, 217면 이하에 수록)[석광현, 제2권]; 장신, "국가면제에 관한 연구 — 재판관할의 면제를 중심으로 —", 연세대학교 대학원 법학박사학위논문(1993)[장신]; 장원경, "국가면제와 외국국가에 대한 추심권 행사", 이화여대 법학논집 제17권 제1호(2012. 9.)[장원경]; 장준혁, "주한미군 소속 고용인의 비직무활동 및 고용관계에 관한 실체재판면제와 그의 임금 · 퇴직금채권에 대한 집행면제", 비교법실무연구회 편, 판례실무연구[XI](상)(2014)[장준혁]; 최태현, "외국과 사인간의

을 사용한다.[2] 이처럼 재판권은 국가주권 또는 영토고권으로부터 파생되는, 재판을 할 수 있는 개별 국가의 권능을 말한다. 독일에서는 이를 'Gerichtsbarkeit' 또는 'facultas iurisdictionis'라 하고, 프랑스에서는 'pouvoir juridictionnel'이라 한다. '재판권'을 '사법권' 또는 '사법권의 일부'라고도 하는 데서 보듯이, 재판권은 재판만이 아니라 강제집행과 보전처분을 할 수 있는 국가권력을 포함하는 개념이다.[3] 재판권은 그 대상에 따라 민사, 형사 및 헌법재판권 등으로 분류할 수 있으나[4] 여기에서는 민사재판권을 대상으로 논의한다.

2. 재판권과 국제재판관할(권)의 관계

국제재판관할은 어느 국가의 법원이 제기된 법적 쟁송을 재판해야 하는가 또는 재판임무를 전체로서의 어느 국가에 배당할 것인가의 문제(이를 '국가 간 재판업무의 분담'이라고도 한다[5])이므로 국제재판관할규칙은 어느 국가가 그 안에서 자신의 재판권을 행사하고자 하는 범위의 확정 또는 자발적인 재판권의 제한을 의미한다. 독일에서는 이처럼 재판권과 국제재판관할을 준별하고, 양자를 독립한 소송요건으로 보되 국제재판관할은 논리적으로 재판권의 존재를 전제로 한다고 이해한다. 따라서, 재판권은 주로 국제공법에 의해 규율되는 국제공법상의 문제임에 반하여, 국제재판관할은 국제재판관할규칙을 규정한 조약을 제외하면, 각국이 스

분쟁에 대한 국내법원의 관할권에 관한 연구 ― 국가면제의 제한을 중심으로 ― ", 서울대학교 대학원 법학박사학위논문(1991)[최태현].

1) 이시윤, 50면; 정동윤·유병현, 99면. 사법권은 재판권(재판에 의하여 법적 쟁송을 처리하는 국가권력)과 사법행정권(재판사무 이외의 행정지원이나 감독적인 사무처리권능)을 포함한다고 설명하기도 한다. 송상현·박익환, 51면; 피정현, "민사재판권의 면제 ― 국가면제를 중심으로 ― ", 비교사법 제4권 제1호(통권 제6호)(1997), 453면.

2) 구 민사소송법 제203조 제1호는 "법령 또는 조약으로 외국법원의 재판권을 부인하지 아니한 일"을 외국판결 승인의 요건의 하나로서 규정하였으나, 통설과 판례는 동호의 재판권을 '국제재판관할' 또는 '국제재판관할권'으로 이해하였다. 민사소송법 제217조 제1항 제1호는 "대한민국의 법령 또는 조약에 따른 국제재판관할의 원칙상 그 외국법원의 국제재판관할권이 인정될 것"이라고 하여 국제재판관할권이라는 개념을 정식으로 도입하였다. 현행 민사소송법 제4조와 제28조 제1항은 '재판권'이라는 용어를 사용하고, 국제사법 제3조 제2항도 같은데 이로써 민사소송법과 국제사법에서는 올바른 용어가 정착되었다.

3) 이시윤, 51면.

4) 재판권을 위와 같이 분류하면서 민사재판권은 통상의 민사재판을 비롯하여 특별민사재판권에 속하는 행정소송, 가사소송, 특허소송, 해난심판소송에 관한 재판권을 포함한다고 한다. 송상현·박익환, 51면.

5) 안춘수, "국제재판관할권", 민사소송법의 제문제, 경허 김홍규박사화갑기념(1992), 433면.

스로 결정할 사항으로서 국내법상의 문제라고 본다. 이러한 의미에서 자국의 민사재판권의 행사에는 외재적·국제법적 제약으로서의 주권면제에서와 같은 재판권의 문제와 내재적·국제민사소송법적 제약으로서의 국제재판관할의 문제라고 하는 레벨을 달리하는 두 종류의 제약이 있다고 한다.[6]

　　우리 민사소송법 학설은 대체로 재판권의 한계를 '대인적 제약'(또는 인적 범위), '대물적 제약'(또는 물적 범위)과 '장소적 제약'으로 구분하고, 주권면제(sovereign immunity)를 대인적 제약(또는 인적 범위)의 문제로, 국제재판관할을 대물적 제약(또는 물적 범위)의 문제로 설명한다.[7] 그러나 이러한 분석은 아래의 이유로 설득력이 없다.[8]

　　첫째, 국제재판관할을 재판권의 대물적 제약으로 본다면, 국제재판관할의 흠결은 재판권의 제약을 넘은 것이므로 결국 재판권의 흠결이 되어야 하고 따라서 양자는 동일 평면상의 개념이라는 것이다. 그러나 종래 확립된 민사소송법 이론과 판례에 따르면, 주권면제를 가지는 외국국가(이하 '외국국가'와 '외국'을 호환적으로 사용한다)가 피고가 된 경우, 즉 재판권이 결여된 경우 법원은 재판장의 명령으로 소장을 각하하거나 재판권의 부존재를 이유로 소를 각하하는 데 반하여, 국제재판관할이 결여된 경우 법원은 재판권의 부존재를 이유로 소를 각하하는 대신 국제재판관할의 결여를 이유로 소를 각하한다. 이는 재판권과 국제재판관할을 평면을 달리하는 개념으로 보는 것이다. 또한 학설에 따르면 재판권과 국제재판관할은 흠결 시의 효과와 우리 법원이 그 흠결을 간과하고 재판한 경우 재판의 효력에 차이가 있다. 즉 재판권의 흠결을 간과하고 재판한 경우 그 재판은 무효이나, 국제재판관할의 흠결을 간과하고 재판한 경우 그 재판은 유효하다.

　　둘째, 국제재판관할의 발생근거는 소송물과의 관계(예컨대 목적물의 소재지, 계

---

6) 石黑一憲, 現代國際私法 [上](1986), 258면.

7) 민일영·김능환/김상준, 주석민사소송법(Ⅰ), 109면 이하; 이시윤, 51면 이하; 정동윤·유병현, 99면 이하; 송상현·박익환, 52면 이하; 강현중, 67면 이하, 811면 이하; 김홍엽, 40면 이하 참조. 이런 견해는 우리 법원이 외국에서 송달을 하거나 증거조사를 할 수 없는 것을 재판권의 장소적 제약의 문제로 다룬다.

8) 비판은 석광현, 국제재판관할법, 7면 이하 참조. 거기에서는 본문의 논의에 추가하여 국제재판관할합의의 효과, 즉 합의에 의하여 국제재판관할이 창설/배제되는지 여부와 법계에 따른 차이도 논의하였다. 위 책 11면 이하 참조. 다행스럽게도 한충수, 민사소송법 제2판(2018), 896면; 안춘수, 국제사법 제2판(2023), 363면 이하; 전원열, 민사소송법 강의 제4판(2024), 3-1-3-1과 100면 註 1; 문영화, 외국국가 재산 강제집행, 267면 註 1은 저자와 同旨다.

약, 불법행위 등)에서 뿐만 아니라 당사자와의 관계(주소, 거소 등)에서 정해지기도 하는데, 민사소송법 학자들은 인적 재판적은 당사자와 관계되어 인정되는 재판적[9]임에 반하여, 물적 재판적은 소송물과 관계되어 인정되는 재판적이라고 설명한다. 따라서 국제재판관할을 재판권의 대물적 제약이라고 보는 것은 인적 재판적을 무시하는 것이 되어 정당화될 수 없다.[10]

　　대법원 1998. 12. 17. 선고 97다39216 전원합의체 판결은 "국제관습법에 의하면 국가의 주권적 행위는 다른 국가의 <u>재판권으로부터 면제</u>되는 것이 원칙이라 할 것이나, … 외국의 사법적(私法的) 행위에 대하여는 당해 국가를 피고로 하여 우리나라의 법원이 재판권을 행사할 수 있다고 할 것이다"라고 판시하여 '재판권'이라는 용어를 사용하였다. 이는 국제재판관할에 관한 대법원 1992. 7. 28. 선고 91다41897 판결 또는 대법원 1995. 11. 21. 선고 93다39607 판결 등이 '국제재판관할(권)'이라는 용어를 사용한 것과 명백히 다르다. 그리고 위 대법원판결은 재판권의 유무를 판단하기 위한 전제, 즉 주권면제를 인정하기 위한 전제로서 법정지국인 한국이 당해 사건에서 국제재판관할(권)을 가질 것을 요구하지도 않았다. 재판권이라는 개념을 인정한다면 이러한 결론은 논리적으로 당연하다. 이러한 관점에서 위 대법원판결이 재판권과 국제재판관할(권)을 개념적으로 구분하는 독일식 접근방법을 따르고 있음은 명백하다.

　　영미법계의 영향을 크게 받고 있는 우리 국제법학자들은 재판권과 국제재판관할을 명확히 구분하지 않으며, 재판권이라는 개념을 사용하지 않는 경향을 보인다. 예컨대, 최태현 교수는 주권면제를 재판권의 면제가 아니라 '국내법원의 관할권'의 문제로 설명하고,[11] 장신 교수는 이를 '재판관할의 면제'라고 한다.[12] 그러나 대법원판례가 재판권이라는 개념을 사용하고 있고, 주권면제를 인정하기 위한 전제로서 법정지국이 국제재판관할(권)을 가질 것을 요구하지 않는 점을 고려

---

9) 재판적이라 함은 독일어의 'Gerichtsstand'를 번역한 것인데 이를 재판을 받을 장소라고 한다. 민일영·김능환/김상준, 주석민사소송법(I), 141면 참조.

10) 상세는 석광현, 관할연구, 37면 이하 참조. 다만 주권면제는 피고가 누구인가에 따라 발생하는 문제라는 점에서 대인적 면제의 문제라고 설명할 여지는 있다. 영국 대법원의 2017. 1. 17. Belhaj & Anor v Straw & Ors (Rev 1) [2017] UKSC 3 판결도 그런 취지로 판시하였다. para. 200.

11) 최태현, 10면 이하 참조. 최태현 교수는 저자의 지적이 있은 뒤에는 '재판권'이라는 용어도 사용한다.

12) 장신, 3면 이하.

한다면, 우리 국제법학자들도 주권면제를 재판권의 면제로 설명하는 대법원판결을 제대로 소개하고 재판권에 적절한 체계상의 지위를 부여하기 위하여 노력할 필요가 있다. 우리 대법원판결의 논리를 따르라는 것이 아니라 대법원판결을 이해하려고 노력할 필요가 있다는 것이다.[13]

한편 우리나라에서 재판권과 국제재판관할권이 혼동되는 것은 본래 '국제관할권'이라고 했으면 될 것을 국제사법학에서 '국제재판관할권'이라고 하여 혼동되기 쉬운 표현을 쓴 것도 원인 중의 하나라는 지적이 있었으나[14] 이런 지적은 부적절하다. 양자의 혼란을 초래한 것은, 구 민사소송법 제203조 제1호가 국제재판관할이라고 규정할 것을 재판권이라고 규정하고, 민사소송법 학자 다수가 일본 학설을 따라 국제재판관할을 '재판권의 대물적 제약'의 문제라고 잘못 설명한 데 있다. 국제사법은 오히려 재판권과 구별되는 개념인 국제재판관할을 명확히 도입한 점에서 — 이는 구 민사소송법 제203조 제1호를 민사소송법 제217조 제1호로 개정하면서 문언을 수정하는 기초가 되었다 — 비판이 아니라 찬사를 받아야 한다.[15] '국제관할권'이라는 용어가 적절하다는 것도 동의하기 어렵다. 주지하듯이 국제법상 '국가관할권'이라는 개념이 널리 사용되고 있으므로 국제재판관할권 또는 국제재판관할을 국가관할권의 한 유형으로 파악하는 것이 적절하다.[16][17]

---

13) 그러나 정인섭, 239면은 저자의 지적을 소개하고 일리 있다고 하면서도 영미법계 국가들과 UN 재판권면제협약의 태도와 외교사절의 면제를 고려하여 국제법에서는 다른 국제법서들과 같이 '관할권'이라는 용어를 계속 사용하겠다고 한다. 그러나 외교사절의 면제도 '외교사절의 재판권면제'라고 하면 문제 될 것은 없다.

14) 호문혁, 제8판, 163면 註 3. 관할권과 관할의 혼용은 민사소송법에서도 보이는 현상이다.

15) 2022년 개정된 국제사법(제3조 제2항)은 "대사(大使)·공사·公使), 그 밖에 외국의 <u>재판권</u> 행사대상에서 제외되는 대한민국 국민에 대한 소에 관하여는 법원에 국제재판관할이 있다"라고 규정한다. 민사소송법 제4조도 토지관할을 규정하면서 재판권이라는 용어를 정확히 사용한다. 과거 구 민사소송법(제3조)은 대사·공사·기타 외국에서 치외법권 있는 대한민국 국민이라고 규정하였으나, 2002년 전면 개정된 민사소송법(제4조)은 "치외법권 있는"이라는 표현을 삭제하고 "외국의 재판권 행사대상에서 제외되는"이라는 표현을 사용한다. 국제사법 제3조 제2항도 동일한 표현을 사용한다. 재판권면제를 가지는 주체를 '치외법권자'라고 표현하기도 하나 이는 부적절하다. 치외법권이라는 개념은 부정확하다는 이유로 국제법학에서도 더 이상 사용하지 않는다.

16) 국제법이 입법관할권과 사법관할권의 근거를 제공한다는 주장은 흔히 볼 수 있다. 이런 견해에 의하면 국가들은 국제법에 근거한 관할권의 기초와 같이 허용하는 규칙이 있지 않은 한 입법관할권 또는 사법관할권의 행사가 금지된다. 국제적 수준에서의 이러한 국제적 관할권 조정은 관습국제법을 반영한 것이라고 하며 국제관할권법을 구성한다고 한다. 국제법 학계에서는 이러한 견해가 우세한데, 미국 대외관계법 제3차 Restatement(2018년 제4차

그밖에도 재판권의 개념이 문제 되는 장면이 있다.

첫째는 창설적 관할합의(prorogation)의 경우 합의된 법원의 국제재판관할권이 창설되는지 그리고 배제적 관할합의(derogation)의 경우 배제된 법원의 국제재판관할권이 배제되는지가 문제 된다. 우리 법의 접근방법은 브뤼셀체제나 관할합의협약과 마찬가지로 당사자에게 국제재판관할권의 변경을 허용하므로, 관할합의에 의하여 관할권(jurisdiction)의 창설 또는 배제를 인정하지 않으면서 이를 부적절한 법정지의 법리로 해결하는 영미와는 다르다. 즉 영미에서는 배제합의의 결과 자국이 여전히 관할권을 가지고 있다고 보면서 단지 법원이 당사자들의 관할합의를 존중하여 관할권을 행사하지 않는다고 본다.18)

둘째는 중재의 경우 중재판정부는 중재를 할 수 있는 권한을 가지는데 이는 재판권의 문제인가 아니면 국제재판관할권의 문제인가라는 것이다. 영미에서는 당사자들이 국가의 관할권(jurisdiction)을 배제할 수 없으므로 중재합의의 경우에도 마찬가지라고 보아야 하고, 대륙법계의 경우에도 재판권은 국가가 포기할 수는 있으나 당사자들이 배제할 수는 없으므로, 이는 재판권의 문제가 아니라 관할권의 문제이거나 아니면 그와 구별되나 유사한 문제라고 보아야 할 것이다.19)

3. 재판권과 주권면제의 관계

영미에서는 재판권이라는 개념을 사용하지 않고 재판권과 국제재판관할을 모두 'jurisdiction(관할권)'의 문제로 다루는데, 우리가 말하는 재판권면제의 문제를 주권면제(sovereign immunity. 주권면책이라고도 한다) 또는 국가면제(state im-

---

Restatement에서도 이런 분류를 유지한다), 유럽사법재판소 판례, 영국 상원의 판례도 일부 근거를 제공한다. 국제법이 모든 공적 행위자의 권한을 정의하는 헌법적 문서처럼 활용되는 듯한 인상을 주므로 이러한 논리는 강력한 헌법주의적인 함축(overtones)을 담고 있다. Jean d'Aspremont, The Implausibility of Coordinating Transborder Legal Effects of Domestic Statutes and Courts' Decisions by International Law, Muir Watt (ed.), Global Private International Law: Adjudication without Frontiers (2019), pp. 293-294 참조. 입법관할권에 관하여는 장준혁, "국가 입법관할권의 장소적 범위: 미국 대외관계법 제3차 리스테이트먼트 제402조와 제403조", 중앙법학 제7집 제1호(2005. 2.), 279면 이하도 참조.
17) 국제관할권이라는 개념과 용어는 잘 알려지지 않은 개념으로서 굳이 도입할 필요가 없다. 재판권과 국제재판관할권의 개념을 둘러싼 혼란을 보면 이를 정확히 이해하기 위하여는 국제법, 민사소송법과 국제사법을 모두 이해할 필요가 있음을 알 수 있다.
18) 이 점은 국제재판관할법, 118면 註 165 참조.
19) 이는 석광현, 국제중재법 제1권, 72면 참조.

munity)(이하 양자를 호환적으로 사용한다)와 외교관 또는 영사의 면제의 문제로 다룬다.

　　주권면제라 함은 재판권면제의 문제이다. 그런데 통상의 민사소송절차는 판결절차(또는 재판절차)와 (강제)집행절차(또는 (민사)집행절차)로 구분되므로[20] '주권면제' 또는 '재판권면제'는 '판결절차상의 주권면제'와 '민사집행절차상의 주권면제[21] 내지는 '판결절차상의 재판권면제'와 '민사집행절차상의 재판권면제'로 나누어 볼 수 있다. 따라서 재판권을 마치 재판절차상에서만 문제 되는 것으로 이해하여 주권면제를 '재판권으로부터의 면책'과 '집행권으로부터의 면책'으로 대비하여 설명하는 방식[22]은 적절하지 않다.

　　영미에서는 '재판권'과 '국제재판관할권'을 준별하지 않고 양자를 포괄하여 'jurisdiction'이라고 한다는 점[23]을 주목할 필요가 있다. 영미법계의 입장에서는

---

20) 이시윤, 31면. 판결절차에서 부작위채무 또는 부대체적 작위채무의 이행을 명하면서 동시에 간접강제를 명할 수 있다고 판시한 대법원 2021. 7. 22. 선고 2020다248124 전원합의체판결에서 김재형 대법관의 다수의견에 대한 보충의견은 판결절차와 집행절차의 차이를 아래와 같이 설시하였다. "광의의 소송절차는 권리와 의무를 확정하는 협의의 소송절차인 판결절차와 권리를 강제로 실현할 수 있도록 하는 집행절차를 포괄하는 것으로서, 정당한 권리자의 권리 실현을 목적으로 한다. 판결절차와 집행절차는 그 목적, 절차와 담당기관이 달라 분리되어 있으나, 그 분리가 선험적이거나 본질적인 것은 아니다. 판결절차는 권리 또는 법률관계의 관념적 형성을 목적으로 한 절차로서 소송당사자가 대등한 지위에 있고 이에 따라 공평·신중한 심리절차가 요청된다. 이에 반하여 집행절차는 강제력에 의해 권리 또는 법률관계의 사실적 형성을 목적으로 하는 절차로서 채권자가 우월적 지위에 있고 이에 따라 절차의 신속·정확한 진행과 채권자의 이익 보호가 요청된다. 두 절차는 위와 같이 목적이 다르고 소송절차상 필요성 때문에 분리되어 있지만, 그러한 분리 자체가 목적이 될 수는 없다. 이를 분리함으로써 국민의 권리구제에 공백이 생기는 경우에 그 절차를 결합시킴으로써 그 공백을 메울 수 있다면 그것이 소송절차의 이념이나 목적에 부합한다".

21) Schack, Rn. 196ff.

22) 예컨대 송상현·김현, 해상법원론, 신정판(1999), 638면 이하(송상현·김현, 해상법원론, 제6판(2022), 638면 이하도 달라진 바가 없다); 송상현, "외국에 대한 국내민사재판권의 행사와 그 한계 — 주권면책이론(Sovereign Immunity)에 관한 비교법적 고찰을 중심으로 —", 온산 방순원선생 고희기념 민사법의 제문제(1984), 262면 이하. 재판권이라는 용어를 사용하지 않는 국제법학자들은 '재판관할권의 면제'와 '강제집행의 면제'로 구분하는 경향이 있다.

23) American Law Institute, Restatement of the Law (Third): The Foreign Relations Law of the United States (1987)는 국가의 권한 내지는 국가관할권을 'jurisdiction to prescribe(규율관할권)', 'jurisdiction to adjudicate(재판관할권)'와 'jurisdiction to enforce(집행관할권)'의 세 가지로 분류한다. 소개는 장준혁, "미국의 경제공법저촉법에 있어서의 관할권과 역외적용 개념의 이해", 국제사법연구 제7호(2002), 38면 이하 참조. 피고의 주권면제가 인정되는 경우 우리와 독일은 재판권의 부존재라고 보나, 영미에서는 "jurisdiction"으로부터 면제

주권면제가 인정되면 외국은 법정지국의 재판관할권으로부터 면제된다고 이해하므로, 주권면제를 인정하기 위해서는 먼저 법정지국인 한국에 재판관할권이 존재할 것을 요구하고, 그 경우에 비로소 주권면제 여부를 논할 수 있다고 보는 경향이 있다.24) 그러나 재판권과 국제재판관할(권)을 개념적으로 구별하는 우리 민사소송법의 체제하에서는25) 주권면제는 재판권면제의 문제이므로, 국제재판관할의

되는 것으로 본다. 그러나 영미에서도 주권면제를 국제재판관할의 문제와 구분하여 별도로 논의하는 것은 양자 간에 차이가 있음을 인정하는 것이라고 생각된다. 예컨대, 영국은 1978년 국가면제법(State Immunity Act 1978)을, 미국은 1976년 외국주권면제법(Foreign Sovereign Immunities Act of 1976)을 두고 그에 의하여 주권면제를 규율하고 있고, 위 Restatement (Third) Foreign Relations도 재판관할권과 주권면제를 각각 chapter 2와 5에서 별도로 다루고 있다. 즉, 영미의 주권면제법은 국제재판관할을 규율하는 것은 아니다. 이러한 점들을 고려하면 독일처럼 재판권과 국제재판관할을 개념 및 용어상 구별하는 것이 체계상 장점이 있다. Restatement of The Law (Fourth), The Foreign Relations Law of the United States: Selected Topics in Treaties, Jurisdiction, and Sovereign Immunity (2018)이 있다. 제4판의 제402조는 현대 국제관습법은 일반적으로 국제재판관할에 대한 제한을 부과하지 않는다는 Third보다 더 노골적인 태도를 취한다는 평가가 있다. 참고로 과거 미국법 및 미국 판례법을 기초로 한 1935년 Harvard Research on International Law ("1935년 Harvard Research")는 이러한 논리의 발전과정에서 가장 중요한 작업이라고 한다. 1935년 Harvard Research는 온전히 국내적 맥락에서 벗어난 사건들을 마주하며 관할권 행사를 정당화하고자 시도한 (미국) 국내 판사들의 실무에 기초한다. 국내 판사들에 의해 '원용되고' 1935년 Harvard Research의 작업에서 보고된 이론들은 관할권에 관한 국제법 규범을 수립하기 위하여 국제법률가들에 의해 관할권에 관한 국제법 규칙으로 점차 전환되었다고 한다. Jean d'Aspremont, The Implausibility of Coordinating Transborder Legel Effects of Domestic Statutes and Courts' Decisions by International Law. Horatia Muir Watt et al. (eds.), Global Private International Law (2019), p. 294. 형사의 맥락이나 위의 Restatement 의 분류체계는 위 Harvard Research(하버드 국제법연구팀이라 한다)가 1935년 제안한 '범죄에 대한 관할권에 관한 조약 초안(Draft Convention on Jurisdiction with Respect to Crime)' 에 의해 확립된 것이라고 소개한다. 김웅재, "영미법상 외국법인에 대한 형사재판권", 서울대학교 법학 제65권 제2호(2024. 6.), 8면 註 16 참조.

24) 미국의 1976년 외국주권면제법 참조. 최태현, 21면; 김대순, 445면 등 국제법학자들은 이러한 입장을 충실히 따르고 있다.

25) 민사소송법 자체가 이러한 구별을 하는 것은 아니나 학설과 판례는 양자를 구별한다. 다만, 재판권과 국제재판관할을 준별하는 독일식의 국제민사소송법 이론이 상당히 논리적이고 체계적이며 그에 따른 장점을 가지고 있기는 하지만 양자를 준별하는 법제가 그렇지 않은 법제보다 우월하다고 생각되지는 않는다. 사실 재판권과 재판관할을 개념적으로 준별하는 것은 독일을 비롯한 일부 대륙법계 국가에 한정된 현상이며 브뤼셀협약이나 루가노협약 등도 양자를 구별하지 않는다. 따라서 논리적으로 반드시 양자를 준별해야 하는 것은 아니나, 민사소송법 이론상 '재판권'이라는 개념을 인정하고 '관할'과 준별하는 우리의 입장에서는 재판권과 국제재판관할을 구별하는 것이 체계상 일관성이 있다는 것이다.

존재는 주권면제를 인정하기 위한 논리적 전제는 아니다. 이에 관하여는 아래 '재판권을 인정하기 위한 요건으로서의 영토적 관련성(nexus)'에서 부연한다.

4. 재판권면제와 국가행위이론

국가행위이론(act of State doctrine)이라 함은, 어느 국가의 법원이 타국이 자국 영역 내에서 행한 고권적 행위에 대하여는 가사 그것이 국제법 위반이라고 주장되더라도 사법적 심사를 하지 않는다는 이론이다. 재판권면제가 국제법에 의해 발전된 이론인 데 반하여, 국가행위이론은 미국 법원에 의하여 국내법의 원칙으로 발전되었다.26) 이 이론은 카스트로 혁명 후 쿠바 정부가 미국인 소유의 쿠바 내 설탕공장을 보상 없이 국유화한 것에 대해 미국 법원이 그 합법성 여부를 심사할 수 없다고 판단함으로써 결국 국제법에 위반된 쿠바 법령의 실효성을 확인한 Banco Nacional de Cuba v. Sabbatino 사건 판결27)을 계기로 유명하게 되었다. 이는 미국에 특유한 사법적 자제의 표현임과 동시에 외국과의 분쟁은 국내 법원이 심사하기보다는 외교의 영역에 맡기는 것이 좋다는 실용적 사고의 표현이다.28) 그러나 이런 법리는 유럽 대륙법계에서는 인정되지 아니한다.29) 즉 유럽 대륙법계 국가에서는 예컨대 A국이 자국 내 B국 국민 재산을 몰수하는 경우 국제사법원칙에 따라 국유화법령의 유효성을 판단한다.30)

---

26) 정인섭, 272면; 석광현, 정년기념, 714면 이하 참조. 미국에서 위 이론의 역사적 배경은 Born/Rutledge, p. 751 이하 참조. Restatement (Third) Foreign Relations Law of the United States (1987), 제443조, 제444조도 참조. 영국에서도 이런 법리가 인정된다. 2017. 1. 17. Belhaj & Anor v Straw & Ors (Rev 1) [2017] UKSC 3 사건 판결, paras. 11 & 38 참조. 위 판결은 외국국가행위이론을 3가지 의미로 사용된다고 구분하여 설명한다. 첫째는 국제사법규칙으로서 외국의 법률은 그 국가에 소재하는 동산 또는 부동산에 관한 한 통상 승인되고 유효한 것으로 취급된다는 규칙이고, 둘째는 국내 법원이 외국의 주권적 행위에 대하여 그의 유효성을 심사하지 않는다는 규칙이고, 셋째는 국내법원은 외국의 주권적 행위에 대하여 비록 외국의 관할 밖에서 행하여진 것이더라도 사법적 판단을 자제한다는 규칙이다(또는 non-justiciable 하다). paras. 11 & 35 이하 참조. 첫째와 둘째 유형은 적극적으로 유효한 것으로 승인되나 셋째 유형은 재판의 대상이 되지 않는다는 소극적 의미를 가지는 것으로 보인다.

27) 376 U.S. 398 (1964). 판결의 소개와 코멘트는 Born/Rutledge, p. 755 이하 참조.

28) 정인섭, 272면. 상세는 김대순, 460면 이하 참조.

29) 독일에서는 영미의 국가행위이론은 국제관습법상의 근거가 없다고 본다. Geimer, Rz. 466; Nagel/Gottwald, Rz. 2.32.

30) 정인섭, 273면. 그러나 일본 하급심 판결(동경고등재판소 1953. 9. 11. 판결)은 이란 정부의 국유화 조치의 효력에 대하여 판단할 수 없다는 취지로 설시하여 국가행위이론을 채택한 것

종래 국가행위이론이 가장 문제 되는 것은 국가의 수용행위[31]인데, 이를 더 밀고 나갈 경우 외국재판의 승인 및 집행 시에도 우리나라는 외국재판이 유효인지 무효인지를 심사할 수 없게 된다는 부당한 결론이 된다. 따라서 가사 우리가 위 법리를 수용하더라도 그 한계를 명확히 규정해야 한다. 국가행위이론이 적용되는 사안에서 제2국가가 제1국가의 행위에 대한 사법적 심사를 포기하므로 결국 그 행위의 효력을 승인하는 결과가 초래되나, 이는 외국의 국가행위에 대하여 심사하지 않는다는 소극적 의미이지 그 효력을 적극적으로 인수(또는 수용)하는 것(승인)이 아니고, 사인(私人)의 행위와 국가의 관여에 의하여 형성된 법상태가 아니라 국가의 주권적 행위를 대상으로 하며,[32] 더욱이 대륙법계에서는 그 경우 준거법 통제를 하므로 '준거법 지정에 갈음하는 법상태의 승인(Anerkennung statt Verweisung)'[33]의 문제는 아니다.

이와는 별개로 '정치적 문제(political question)' 이론이 있고 그 밖에도 국제예양(international comity)이 재판을 거부하는 근거로 원용되기도 한다.[34]

II. 주권면제론의 변화

1. 절대적 주권면제론과 제한적 주권면제론

국가는 일반적으로 자국의 영토에 관한 한 배타적 관할권을 가진다. 그러나 전통적으로 국가는 다른 국가의 재판권에 복종하지 않는다는 원칙이 인정되었는

으로 보인다. 橫山潤, "國有化法の涉外的效力", 涉外判例百選 第3版 別册 ジュリスト No. 133 (1995), 71면은 그런 국제법 원칙은 없다고 비판한다. 김대순, 521면 이하는 국가행위이론과 국제사법의 차이를 소개하나 타당성은 의문이다.

31) 수용은 어느 국가의 영토 내 재산에 대하여 그 국가에 의하여 이루어지므로 수용행위에 관한 국제물권법적 쟁점은 소재지법에 따라 해결되고 별 어려움이 없다. 문제는 예컨대 수용된 재산 자체나 그의 산출물 또는 더 일반적으로 그의 대금(proceeds)이 다른 국가로 간 경우에 전 소유자가 현재의 점유자를 상대로 다른 국가에서 제소하는 때에 발생하는데 이 경우 수용행위의 승인의 문제가 주로 선결문제로 제기된다. 개관은 Eva-Maria Kieninger, Expropriation, Encyclopedia, Vol. 1, p. 726 이하 참조.

32) 물론 국가행위이론을 어떻게 파악하는지에 따라 달리 평가할 여지도 있다.

33) 이에 관하여는 석광현, 정년기념, 663면 이하 참조.

34) Stephanie-Marleen Raach, Herausgabeklagen in internationale Kulturgutleihgaben (2020), S. 88f.

데, 그 근거는 다른 국가의 명예의 존중과 주권평등 및 독립의 원칙에 있다.[35] 이러한 전통적인 주권면제는 외국이 법정지국에서 피고가 되는 모든 경우에 인정되었기 때문에 이를 절대적 주권면제론(absolute theory of sovereign immunity)이라고 한다. 주권면제는 외교사절 또는 영사가 가지는 '외교적 면제' 또는 '외교사절의 면제'와는 구별되는데, 후자는 1961년 비엔나외교관계협약과 1963년 비엔나영사관계협약 내지는 국제관습법(또는 관습국제법. 후자가 '국제법 영역의 관습법'이라는 점을 더 명확히 보여준다. 이하 양자를 호환적으로 사용한다)을 근거로 한다.[36]

한편 19세기 이래 국가가 국제적인 상업적 활동에 적극적으로 참여하기 시작했는데, 절대적 주권면제론의 입장에서는, 외국과 거래하는 사인은 거래에서 분쟁이 발생할 경우 법정지국의 법원에 제소하여 해결할 수 없게 되는 불합리한 결과가 발생하였다. 이를 시정하기 위하여 다수의 국가는, 외국이 국가라는 이유만으로 계약위반이나 불법행위[37]로부터 발생하는 손해배상책임을 회피할 수 있도록 허용하는 것은 현대국제법의 원칙상 정당화될 수 없음을 인식하게 되었고, 그 결과 제한적 주권면제론(restrictive theory of sovereign immunity)이 대두되었다. 제한적 주권면제론은 국가의 행위를 일정한 기준에 따라 주권적 행위와 비주권적 행위로 구분하고, 후자에 대하여는 주권면제를 부인함으로써 법정지국의 재판권을 인정하려는 입장이다.[38]

주권면제와 관련하여 흥미로운 현상은, 미국 "1976년 외국주권면제법(Foreign Sovereign Immunities Act of 1976)"(1998년 일부 개정)과 영국 "1978년 국가면제법(State Immunity Act 1978)"에서 보듯이 주권면제에 관한 한 영미법계 국가가 성문법을 둔 데 반하여, 독일, 프랑스 등 대륙법계 국가는 성문법이 없다는 점이다.[39]

---

35) 최태현, 11면, 25면.

36) 최태현, 200면. 국제법학에서는 대체로 외교적 면제는 인적 면제이나 주권면제는 물적 면제라고 한다. 이는 주권면제를 '재판권의 대인적 제약'이라고 하는 우리 민사소송법 이론의 통설과는 다르다.

37) 이에 관하여는 최태현, "비상업적 불법행위를 이유로 외국을 피고로 한 소송에서의 재판권 행사", 국제법논총 제9권(2000), 147면 이하 참조.

38) 최태현, "국가면제 제한의 새로운 발전", 서울국제법연구 제6권 제2호(통권 제11호), 송현 백충현 교수 화갑기념호, 서울국제법연구원(1999), 447면.

39) 독일의 경우 주권면제에 관한 법리가 연방헌법재판소의 결정에 의해 발전되었다. 독일 기본법(제25조)에 따르면 국제법의 일반원칙은 연방법의 구성부분이 되고 법률에 우선하는데, 소송에서 국제법 규칙이 연방법의 구성부분인지와 개인에 대하여 직접적으로 권리와 의무를 발생시키는지가 의문이 있는 경우 법원은 연방헌법재판소에 결정을 구하여야 하고, 독일

그러나 일본은 최근 "외국등에 대한 일본의 민사재판권에 관한 법률"("민사재판권
법")을 제정하여 시행하고 있다.40) 영미법계 국가의 주권면제법은 제한적 주권면
제론을 취하고 있고, 1972년 "국가면제에 관한 유럽협약(European Convention on
State Immunity of 1972)"41)과 국제연합이 2004년 12월 채택한 "국가와 그 재산의
재판권면제에 관한 협약(United Nations Convention on Jurisdictional Immunities of
States and Their Property)"(이하 "UN 재판권면제협약"이라 한다)42)도 같다. 그러나 그
들 간에 제한적 주권면제를 인정하는 구체적인 기준, 범위 및 내용 등의 점에서
차이를 보이는 것이 현실이다.

　　현재 제한적 주권면제론의 지위에 관하여는 ① 제한적 주권면제론이 '국제관
습법(또는 관습국제법)'상의 원칙이라는 견해,43) ② 다수 국가의 입장은 주권면제
를 제한하는 방향으로 이행하고 있고, 제한적 주권면제론은 오늘날에는 어느 정
도 공통적인 내용을 보임으로써 국제법상 어느 정도 법적 확신을 얻어가고 있다
고 할 수 있으나, 그 제한의 정도가 어느 단계에 이르렀는지는 일률적으로 말할
수 있을 만큼 명확하지 않으므로 현재로서는 주권면제에 관한 국제관습법이 성숙

연방헌법재판소의 관장사항을 규정한 헌법재판소법(제13조 제12호)은 그에 대한 판단을 헌
법재판소가 하도록 규정하기 때문이다(독일 기본법 제100조 제2항).

40) 일본은 2007년 1월 위 협약에 서명하고 재판권면제에 관한 법률, 정확히는 '외국등에 대한
일본의 민사재판권에 관한 법률'을 2009. 4. 24. 공포하여 2010. 4. 1.부터 시행하고 있으며
2010년 5월 위 협약을 수락(acceptance)하였다. 중국은 위 조약에 가입하지는 않았으나 제
한적 주권면제론을 채택한 '외국국가면제법'을 제정하였고 이는 2024. 1. 1.부터 시행되었다.
조문의 국문 번역은 이연(역), "중화인민공화국 외국국가면제법", 국제사법연구 제29권 제2
호(2023. 12.), 509면 이하 참조. 소개는 Daniel Spick, Building a Foreign－Related Rule
of Law: China's State Immunity Law, IPRax (2024), S. 417ff.; Knut Benjamin Pissler, Die
Immunität ausländischer Staaten im Recht der Volksrepublik China - Das Gesetz vom 1.
September 2023 als Instrument zur Gestaltung des Völkergewhonheitsrecht, Rables
Zeitschrift 88 (2024) S. 527f.
41) 이는 유럽평의회(Council of Europe)가 성안한 것이다. 이에는 추가의정서(additional pro－
tocol)가 있다.
42) 이는 유엔총회의 보조기관인 국제법위원회(International Law Commission)가 주도하여 성
안된 것이다. 이는 1982년 몬트리올에서 국제법협회(International Law Association)가 채택
한 '국가면제에 관한 협약을 위한 조문 초안(Draft Articles for a Convention on State
Immunity)'과는 다른 것이다. 이는 아직 발효되지 않았다. 우리 국제법학자들은 이를 '관할
권' 면제에 관한 협약이라고 번역한다. 예컨대 정인섭 편, 에센스 국제조약집(2010), 206면
이하 참조. 그러나 우리 민사소송법과 국제사법의 개념에 따르면 이는 '재판권' 면제에 관한
협약이다.
43) 정인섭, 국제법의 이해(1996), 162면.

되어 있다고 볼 수 있을 정도로 충분한 일반적인 법적 확신이 존재하고 있다고 보기 어렵다는 견해44)와 ③ 사법적 활동은 재판권으로부터 면제되지 않으며 공권적 활동에 한하여 재판권으로부터 면제되는 것은 '국제관례'라고 하는 견해 등이 있다. 사견으로는, 하나의 원칙으로서의 제한적 주권면제론은 국제관습법이라고 할 수 있으나, 그 구체적인 내용은 현재 형성과정에 있다고 볼 수 있지 않을까 생각된다. 그렇다면 종래 대법원이 무엇을 근거로 국제관습법을 인식하였는지(대법원이 국제법과 외국법을 적용하는 경우 法源을 밝혀야 하는데 국제관습법의 경우 이를 어떻게 특정하는지 궁금하다)와 대법원 판결이 말하는 국제관습법의 범위가 궁금하다.45)

2. 대법원판결의 태도

대법원 1998. 12. 17. 선고 97다39216 전원합의체 판결은 국가의 주권적 행위는 다른 국가의 재판권으로부터 면제되나, 국가의 사법적(私法的) 행위는 다른 국가의 재판권으로부터 면제되지 않는다고 하여 제한적 주권면제론을 따르고, 절대적 주권면제론을 취하였던 과거 대법원 1975. 5. 23.자 74마281 결정을 변경하였다. 그 후 이런 태도를 유지하고 있다.

Ⅲ. 제한적 주권면제론에 따른 주권면제의 범위와 구별기준

1. 주권면제의 범위와 구별기준

가. 제한적 주권면제론에로의 진화

제한적 주권면제론에서는 국가가 상업적 활동 기타 일정한 행위를 하는 경우

---

44) 최태현, 75면, 261－262면. 물론 이 논문은 1991년 당시의 상황을 말하는 것이다. 김화진, "법원관할권의 국제법적 한계(상)", 법조 통권 제464호(1995. 5.), 55면도 동지. 문영화, 외국 국가 재산 강제집행, 270면도 동지로 보인다.

45) 최태현, 한양대학교 법학논총, 144면 이하는 UN 재판권면제협약 중 5개 사항을 규율하는 조문 이외의 것은 관습국제법적인 성격을 가진 조문으로 볼 수 있다고 한다. 5개 사항은 (i) 국가면제의 대상인 '국가'의 범주(제2조 제1항 b호), (ii) 계약 또는 거래의 상업적 성격을 결정하는 기준이 그 계약 또는 거래의 '성질'인지 아니면 '목적'인지 여부(제2조 제1항 c호와 동조 제2항), (iii) 상거래와 관련된 국가기업이나 기타 실체가 소송의 대상이면서 일정한 요건을 갖춘 경우 그 외국의 국가면제 향유(제10조 제3항), (iv) 고용계약에 있어서도 국가면제가 그대로 적용되는 경우의 범위(제11조 제2항), (v) 국가재산에 대한 강제조치의 범위(제18조와 제19조)라고 한다.

주권면제가 인정되지 않는다고 보는데, 그러한 행위를 'acta jure gestionis'라고
하고, 그와 달리 주권면제가 인정되는 행위를 'acta jure imperii'라고 한다. 전자
를 '비주권적 행위', '관리행위', '사(법)적행위', '비고권적 행위' 또는 '직무적 행위'
라고 번역하고, 후자를 '주권적 행위', '권위행위', '공(법)적행위', '고권적 행위' 또
는 '권력행위'라고 번역한다.46) 여기에서는 편의상 '비주권적 행위'와 '주권적 행
위'라는 용어를 사용한다. 양자의 구별기준에 관하여는 다양한 견해가 있으나, 대
표적인 것은 행위의 성질(nature)을 기준으로 하는 견해와 행위의 목적(purpose)을
기준으로 하는 견해이다.47)

　　성질기준설은 문제가 된 외국의 활동이나 거래의 목적을 고려함이 없이, 외
국이 행한 행위 또는 그로부터 발생하는 법률관계의 성질을 기준으로 판단하며,
국가가 사인처럼 사법적(私法的) 행위를 한 것인지 아니면 고권을 행사한 것인지
에 따라 구별한다.48) 성질기준설은 사법행위기준설이라고도 하고 주관적인 목적
을 배제하는 점에서 객관적 기준설이라고도 한다.49)

　　한편 목적기준설은 외국이 주권자로서의 자격으로 또는 국방, 재해구제, 외
교 등과 관련된 행위와 같이 공적인 목적을 가지고 어떤 활동이나 거래를 한 경
우 이를 주권적 행위로 보고, 해운업의 경영과 같이 사인으로서 행동한 경우 이를
비주권적 행위로 본다.50) 목적기준설은 목적이나 동기의 주관성을 중시하므로 주
관적 기준설이라고도 한다. 목적기준설을 따를 경우 첫째, 외국의 모든 활동은 부
분적으로나마 정치적 내지 주권적 목적을 포함한다고 볼 수 있으므로 주권면제가
인정되는 주권적 행위를 매우 넓게 인정하게 되고, 둘째, 외국의 활동의 목적을
타국의 법원이 주관적으로 또는 자의적으로 판단할 소지가 많아 객관적인 판정이
곤란하므로 거래 상대방에게 예측할 수 없는 불이익을 줄 염려가 있다는 비판이

---

46) 독일에서는 전자를 'nichthoheitliche Tätigkeit', 후자를 'hoheitliche Tätigkeit'라고 한다.
　　Schack, Rn. 197.
47) 최태현, 58면 이하는 학설을 ① 목적기준설, ② 성질기준설, ③ 상업적 활동기준설, ④ 국제
　　법위원회 초안의 방식(이는 성질과 목적을 함께 고려하는 절충적인 입장이다)과 ⑤ 성질/목
　　적기준설로 구분한다. 성질/목적기준설은 외국의 활동의 성질과 목적을 함께 고려하나, 양
　　자를 절충하는 것이 아니라 목적을 성질의 하나의 요소로 파악한다고 한다.
48) Geimer, Rz. 580. 미국의 1976년 외국주권면제법(§1603(d))은 어떤 활동의 상업적 성격을
　　결정함에 있어 목적이 아니라 그 성질에 의한다는 규정을 두고 있다.
49) 최태현, 62면.
50) 최태현, 58면. 다만, 위 설명 중 '주권자로서', '사인으로서' 하는 부분은 다소 의문이다. 이는
　　목적보다는 행위자의 지위 내지는 행위의 성질과 관련되기 때문이다.

있다. 현재로서는 성질기준설이 더 설득력 있는 견해라고 평가되고 있는 것으로 보인다.[51]

　한 가지 주목할 것은, 이러한 추상적인 기준을 제시하고 그로부터 논리적으로 결론을 도출하는 대신, 외국국가에 재판권의 면제를 필요로 하는 이유, 그 정도 내지 그것에 의해 손상되는 사인의 권리·이익 등을 비교형량하여 구체적으로 검토할 필요가 있다는 견해도 있다는 것이다.[52] 이 견해는 구체적 타당성을 중시하는 견해라고 할 것이나, 너무 기준이 애매하게 되어 법원이 자의적인 판단으로 흐를 염려가 있다.

　이와 관련하여, 주권적 행위와 비주권적 행위를 구별하는 기준이 되는 준거법의 문제가 있다. 국제관습법을 포함한 국제법상의 기준이 존재하는 경우 그에 의하여야 함은 물론이나, 그러한 기준이 없는 경우에는 결국 법정지법에 따라 판단할 것이다.[53] 그러나 실제로는 법정지법인 한국법상 아직 명확한 기준이 설정되어 있지 않으므로 그의 판단이 용이하지 않다는 어려움이 있다.

나. 제한적 주권면제론의 근거

　대법원 1998. 12. 17. 선고 97다39216 전원합의체 판결은 국가의 주권적 행위가 다른 국가의 재판권으로부터 면제되는 것이 국제관습법의 원칙이라 하고, 나아가 국가의 사법적 행위까지 다른 국가의 재판권으로부터 면제된다는 것이 오늘날의 국제법이나 국제관례라고 할 수 없다고 하였는바, 국가의 사법적 행위가 다른 국가의 재판권으로부터 면제되지 않는다는 판단 근거는 국제법이나 국제관례라는 것으로 보인다.[54] 다만, 판례가 '국제관습법', '국제법'과 '국제관례'를 구별

---

51) Geimer, Rz. 580; Schack, Rn. 197.

52) 石川明·小島武司(編), 國際民事訴訟法(1994), 58면.

53) Schack, Rn. 197; Helmut Damian, Staatenimmunität und Gerichtszwang (1985), S. 98f.

54) 그 이유는, 위 판결이 국제관습법의 원칙이라고 판시한 것은 "국가의 주권적 행위가 다른 국가의 재판권으로부터 면제되는 점"에 한정될 뿐이고, 국가의 사법적 행위가 다른 국가의 재판권으로부터 면제되지 않는다는 점도 국제관습법의 원칙이라고 선언한 것으로 보이지는 않기 때문이다. 한편 과거 대법원 1975. 5. 23.자 74마281 결정은 절대적 주권면제론의 근거를 국제관례에서 구하였으나, '국제관례'라는 용어는 국제법상 사용되지도 않을 뿐만 아니라, 설사 사용된다고 하는 경우에도 국제관습에 이르지 않은 단편적인 국가관행을 지칭하는 의미를 가질 뿐이라는 비판이 있었다. 최태현, 197-198면. 그러나 정인섭 외, 국제법 판례 100선, 제3판(2012), 62면은 위 대법원판결과 과거 대법원결정 등이 그 근거를 모두 관습국제법에서 구한 것으로 이해한다.

하여 사용한 것이 어떤 의미인지는 불분명하다. 이에 대하여 저자는 대법원이 제한적 주권면제론을 취함에 있어 '국제관습법'과 같이 더 명확한 근거를 제시했더라면 하는 아쉬움을 토로한 바 있다.

그런데 대법원 2023. 4. 27. 선고 2019다247903 판결[55]은 위 판결을 인용하면서 "국제관습법에 의하면 국가의 주권적 행위는 다른 국가의 재판권으로부터 면제되는 것이 원칙이다. 그러나 우리나라의 영토 내에서 행하여진 외국의 사법적(私法的) 행위에 대하여는 그것이 주권적 활동에 속하는 것이거나 이와 밀접한 관련이 있어서 이에 대한 재판권의 행사가 외국의 주권적 활동에 대한 부당한 간섭이 될 우려가 있다는 등의 특별한 사정이 없는 한 해당 국가를 피고로 하여 우리나라 법원이 재판권을 행사할 수 있다(대법원 1998. 12. 17. 선고 97다39216 전원합의체 판결, 대법원 2011. 12. 13. 선고 2009다16766 판결 등 참조)"라고 판시하였다. 이를 보면 1998년 대법원 판결에 포함된 "국가의 사법적(私法的) 행위까지 다른 국가의 재판권으로부터 면제된다는 것이 오늘날의 국제법이나 국제관례라고 할 수 없다"라는 부분이 삭제되었는데, 위와 같이 제한적 주권면제의 근거가 국제관습법임을 명확히 하면서, 삭제한 부분은 부적절하다고 보아 삭제한 것인지 궁금하다.[56] 저자로서는 2011년 대법원 판결에 깊은 뜻이 담긴 것인가 생각하였는데 그 부분의 설시가 사라진 것을 보면 다소 허탈하다.

2. 주권면제의 향유주체[57]

주권면제를 향유하는 주체는 외국국가, 외국의 원수, 수행원 및 그 가족과 국제기구이다.[58] 외국국가에는 국가 자체와 중앙정부는 물론 국가의 주권적 권한을 행사하는 모든 하위기관도 포함하고 지방자치단체도 포함한다.[59]

---

55) 평석은 도민호, 125면 이하 참조.

56) 정인섭, 47면 이하는 국제관습법의 성립요건에 대하여 판시한 ICJ 판결 3개를 소개한다. 이는 각각 대륙붕의 경계획정에서 등거리선 원칙이 관습국제법인지, 무력행사와 내정간섭이 관습국제법인지와 국가의 존망이 걸린 극단적 상황에서 핵무기의 위협 또는 사용이 관습국제법상 허용되는지와 관련된 판단이다.

57) 재판권면제를 가지는 주체를 '치외법권자'라고 표현하기도 하나(이시윤, 51면; 김상훈, "민사재판권 면제와 그 소송상 취급", 민사소송 제18권 제2호(2014. 11.), 13면) 이는 부적절하다. 치외법권이라는 개념은 부정확하다는 이유로 국제법학에서도 더 이상 사용하지 않음은 위(註 15)에서 언급하였다.

58) 이시윤, 52면.

59) 정인섭, 239면.

독립한 국가기업, 즉 외국국가가 지분을 소유하고 통제하는 독립한 법인격을 가진 조직이 재판권면제를 향유하는지에 관하여는 논란이 있다. 독일에서는 독립한 법인격을 가지는 한 재판권면제를 부정하는 경향이 있었으나 근자에는 그 기능에 착안한다. 즉 주권적 임무를 수행하는 범위 내에서는 독립한 국가기업도 국가와 동일한 재판권면제를 향유한다고 본다.[60]

흥미로운 것은, 국가기업의 재판권면제, 특히 강제집행절차에서의 면제에 관한 독일 헌법재판소의 지도적 재판인 이란 국영석유회사(National Iranian Oil Company. NIOC) 사건 재판이다. 이란 국영석유회사는 원유와 가스의 채굴 및 판매를 담당하는 주식회사인데, 영국과 미국의 회사들은 프랑크푸르트 지방법원에서 동 회사가 독일 은행에 보유하던 2억 달러 상당의 계좌에 대해 가압류명령과 압류결정을 받아 이를 집행하였다. 독일 헌법재판소 1983. 4. 12. 재판[61]은 위 명령과 결정이 국제법에 부합한다고 판시하였다. 그 결과 독일은 집행에 유리한 국가가 되었다는 평가를 받고 있다.[62] 특히 독일은 채권자의 국적에 관계없이 재산 소재지의 가압류관할을 인정한다. 그러나 상대적으로 은행의 보호를 중시하는 국가들은 단순한 재산 소재지라는 이유만으로 재판권면제를 인정하지는 않고 충분한 내국관련을 요구한다.[63]

중앙은행은 은행권의 발행과 같은 고권적인 임무를 가지고 있을 뿐만 아니라 일반적인 은행거래 및 경제거래에 참여한다. 이 점에서 중앙은행은 다른 국가기관과는 전형적인 차이를 보이고 있다.[64] 독일에서는 중앙은행이 전자의 기능을 하는 범위 내에서는 재판권면제를 향유하지만, 후자의 기능을 하는 범위 내에서는 판결절차에서는 물론 강제집행절차에서도 재판권면제를 향유하지 못하는 것으로 본다.[65] 즉, 중앙은행의 구성이 다양하기 때문에(국가기관, 공법상의 법인, 주식회

---

60) Schack, Rn. 202; Geimer Rz. 624. 미국 소송에서 한국 예금보험공사와 금융감독원의 주권면제 여부가 문제 된 사건이 있다. 윤성승, "국제금융거래상 금융감독기관 등에 대한 주권면제에 관한 고찰 — 미국 소송상 대한민국 예금보험공사, 금융감독원, 은행 관련 판결을 중심으로", 경희법학 제53권 제2호(2018. 6.), 313면 이하 참조.

61) BVerfGE 64, 1.

62) Schack, Rn. 205.

63) 미국 주권면제법 제1605조(a)(2)와 스위스 연방법원 LIAMCO 사건 판결. BGE 106 1A 142, 148 = IPRax 1982, 155, 157.

64) Schack, Rn. 206.

65) Geimer Rz. 626a.

사) 법적 형식 또는 법인격의 유무가 결정적인 것은 아니고, 국가기업과 마찬가지로 개별적 활동이 주권적인가에 따라 구별한다.[66] 영국의 주권면제법은 중앙은행의 재산에 특별한 지위를 인정하는데 이는 City of London에 자금을 유치하기 위한 것이다.[67]

국제기구 및 그 구성원은 원칙적으로 국가에 준하여 우리 법원의 재판권에 복종하지 않는다. UN 기타 각종 국제기구의 특권과 면제에 관하여는 각각 그 기구의 설립근거가 되는 조약에서 직무상 면제를 명시한다.

3. 주권면제의 대상이 되는 행위

가. 기준의 구체화

과거 절대적 주권면제가 통용되던 시절에는 국가의 주권면제의 대상이 되는 행위를 별도로 정할 필요가 없었다. 그러나 제한적 주권면제가 타당한 근자에는 이를 정할 필요가 있다. 국가가 상업적 활동 기타 일정한 행위를 하는 경우 주권면제가 인정되지 않는다고 보는데, 그러한 행위를 비주권적 행위(*acta jure gestionis*)라 하고, 그와 달리 주권면제가 인정되는 행위를 주권적 행위(*acta jure imperii*)라 한다. 이는 대체로 행위의 성질(또는 성격)에 착안한 분류이다. 이에 따르면 주권면제 여부는 문제 된 국가행위가 비주권적/주권적 행위인가라는 성질결정에 달려 있다. 독일에서는 실무상 국제법상 명확한 기준이 없으므로 그 성질은 법정지의 국내법에 따라 결정할 사항이라고 보나,[68] 아래 대법원판결이 판시한 바와 같이 관습국제법이 존재한다면 제한적 주권면제론의 근거인 국제법에 따라야 할 것이다. 어쨌거나 청구의 근거가 된 행위 또는 법률관계의 성질이 문제 되는 것이지 국가행위의 동기 또는 목적이 중요한 것은 아니다. 이에 따르면 행위의 성질상 오로지 국가만이 할 수 있는 행위(국가의 수용행위 또는 경찰력의 행사 등)에 한하여 주권면제의 대상이 될 수 있다. 이처럼 예컨대 국가가 국방에 사용할 무기를

---

66) Schack, Rn. 206.
67) Jonathan Hill, International Commercial Dispute in English Courts (2005), para. 2.3.52.
68) 예컨대 독일 연방헌법재판소 결정. BVerGE 16, 27, 65; BVerGE 46, 342, 393 참조. 그러나 Geimer, Rz. 577은 법정지법에 따르는 데 반대한다. 비교법적 검토는 문영화, 외국국가 재산 강제집행, 273면 이하 참조. 참고로 준거법의 맥락에서 성질결정은 원칙적으로 법정지법으로부터 출발하는 기능적 성질결정론이 타당하지만 조약의 경우는 예외가 인정된다. 그 경우 조약 자체의 성질결정에 따른다. 석광현, 해설, 31면. 관습국제법의 경우에도 마찬가지로 본다.

제작할 목적으로 외국의 철강업자로부터 철강제품을 구입하는 경우, 목적에 착안하면 주권적 행위일 것이나 행위의 성질에 착안하면 비주권적 행위가 될 것이므로 양자의 구별기준이 중요한 의미를 가진다. 이러한 기준에 따라 독일 헌법재판소[69]는, 난방기구 조립기사가 과거 페르시아 왕국의 대사관 건물의 수리작업을 한 뒤 보수 지급을 구하는 소를 제기한 데 대해, 그 수리작업이 대사관의 직무활동 유지를 위하여 필수적이었는가라는 의문이 있음에도 불구하고 주권면제를 부정하였다. 무기 중개상이 외국국가를 상대로 수수료 지급을 구하는 소를 제기한 경우 주권면제는 인정되지 않는다.[70]

성질기준설에 대하여는 성질상 비주권적 행위이더라도 전투기 구입처럼 사실상 국가만이 체결할 수 있는 행위가 있는데, 이를 사인의 거래와 동일시하기는 어렵고 또한 경제개발을 추진하는 과정에서 국가의 개입이 많을 수밖에 없는 개발도상국을 적절히 보호하지 못하는 문제점을 지적하기도 한다.[71]

한편, 불법행위에 관하여 유럽 대륙법계 국가들은 여기에서도 행위의 성질에 따라 주권면제 여부를 판단하는 경향이 있는데, 예컨대 오스트리아 대법원은 미국 대사관 차량의 자동차사고와 관련된 사건에서 공용우편물을 운반했더라도 문제 된 행위인 차량의 운행은 공적 행위가 아니므로 면제가 인정될 수 없다고 판

---

69) BVerfG v. 30. 4. 1963, NJW 1963, 1732.

70) 포르투갈을 상대로 무기 중개수수료의 지급을 구하는 소가 허용되었다. OLG Koblenz v. 10. 10. 1972, OLGZ 1975, 379.

71) 정인섭, 253면. 성질기준설에 따르면 국가의 무기거래는 통상 비주권적 성질의 행위라고 하면서도(정인섭, 253면은 공군 전투기의 구입은 성질상 상업적 행위라고만 보기 어렵다고 한다), 대사가 본국을 대표하여 공무의 일환으로 체결하는 관저수리 계약은 사법적 행위라고 한다(정인섭, 제8판, 503면). 이처럼 성질기준설은 기준이 다소 모호한데, Geimer, Rz. 581은 성질기준설은 '공허한 공식(Leerformel)'이라고 비판한다. 참고로 무기 브로커인 영국 블렌하임사 등이 한국 정부가 미국으로부터 F-35 전투기를 구매하는 데 대한 절충교역으로서 군사위성을 제공하는 과정에서 록히드마틴 등과 함께 자신을 배제하여 계약상 권리를 침해했다며 미국 연방법원에 한국 정부와 록히드마틴 등을 상대로 5억 달러의 손해배상을 구하는 소를 제기한 사건(Blenheim Capital Holdings Ltd. v. Lockheed Martin Corp., 53 F.4th 286 (4th Cir. 2022))에서 미국 연방항소법원 제4순회구 2022. 11. 15. 판결은 이는 상업적 거래가 아니라 주권면제의 대상이라고 판시하였는데 연방대법원은 2024. 6. 17. 원고들의 상고허가신청을 기각하였다. 그러나 이런 결론에 대하여는 과거 Republic of Argentina v. Weltover 504, U.S. 607 (1992) 사건에서 연방대법원이 아르헨티나의 국채 발행은 상업적 거래에 해당한다면서 "외국 정부가 시장의 규제자로서가 아니라 시장 내의 사적 플레이어의 방법으로 행위하는 경우, 외국 국가의 행위는 주권면제법상 의미에서 '상업적'이다"라고 한 판시에 반한다는 비판이 있다.

단하였다.[72] 기타 철도사고, 저작권 침해, 국내법상 요구되는 피고용인에 대한 보험 거부 등은 사법관계에서 발생하는 불법행위라는 이유로 면제가 인정되지 않았다. 반면에 경찰의 허위보고와 외국 주둔군의 군사훈련 중 사고 등은 공적 행위로 인정하여 주권면제를 인정하였다.[73] 독일 법원[74]도 폴란드가 슐레지엔 지방에서 토지를 수용한 데 대해 토지소유자가 그 위법을 주장하면서 손해배상청구의 소를 제기한 사안에서 주권면제를 인정하였는데, 독일에서는 외국에서의 불법행위와 독일 내 불법행위를 구분하여 전자의 경우 위 법리를 적용하고 후자의 경우 예외적으로 재판권을 인정하는(즉 territorial tort exception을 인정하는) 견해가 유력하나 후자가 관습국제법이 되었는지는 논란이 있다.

그러나 주권면제에 관한 성문법을 가지고 있는 국가들의 법률은 이런 비주권적/주권적 행위의 구분을 따르기보다 사망, 신체 또는 재산이 손해와 멸실을 초래한 외국의 위법행위에 대하여 주권면제를 부정하는 태도를 취한다.[75] 이는 주로 교통사고 등 과실에 의한 사고를 처리하고, 정치적 암살 또는 국가가 사주한 테러 등의 범죄에 법정지국이 대처하기 위한 것이다.[76]

우리 법원이 주권면제의 구체적 기준을 판단함에 있어서 UN 재판권면제협약을 고려 내지 참조할 필요가 있다. 그러나 아래에서 보듯이 위 협약은 일관되게 국가행위의 성질을 기준으로 판단하는 것은 아니다. 위 대법원 전원합의체 판결이 성질기준설을 상거래활동 이외의 영역(예컨대 불법행위)에까지 적용하려는 것인지는 불분명하다.

나. 고용계약의 특수성

고용계약을 체결하는 국가는 근로자의 선택, 충원과 임명에 관하여 자국법을 적용하는 데 대해 이해관계를 가진다. 또한 고용국가는 자신의 근로자에 대해 규율상의 감독권을 행사하기 위해 내부규칙의 준수를 확보하는 데 대해 우선적 이

---

72) 최태현, 126면; 장신, 135면.
73) 최태현, 126면; 장신, 135면.
74) OLG München v. 12. 8. 1975, NJW 1975, 2144. 독일 학설은 Geimer, Rz. 626c. 논의는 Andrew Dickinson, Germany v. Italy and the Territorial Tort Exception: Walking the Tightrope, Journal of International Criminal Justice (2013), p. 147 이하 참조.
75) 상업적 활동으로부터 발생하는 불법행위는 상업적 활동이라는 이유로 주권면제가 인정되므로 여기의 논의는 비상업적 불법행위 또는 공적 불법행위에 관한 것이다. 최태현, 123면.
76) 최태현, 122면; 장신, 132면.

해관계를 가지며, 자신의 일방적 결정에 따라 근로자를 임명하거나 해고하는 특권을 가진다. 반면에 법정지국은 자국의 사회보장법규를 시행하고 사회보장기금에 대한 분담금을 증대시키는 등 국내 노동인력에게 부여할 보호와 관련된 국내 공공질서에 관한 사항에 관하여 배타적 관할권 내지 우선적 이해관계가 있다.[77] 이런 특수성을 고려하여 주권면제에 관한 여러 입법은 고용계약을 일반계약 내지 상업적 활동과 별도로 취급한다. 국가면제에 관한 유럽협약 제5조와 영국의 1978년 국가면제법 제4조가 그러한 예이다. 다만, 미국의 외국주권면제법은 별도 규정을 두지 않으므로 고용계약도 상업적 활동을 이유로 한 광범위한 주권면제의 배제규정에 따른다.[78]

주목할 것은 UN 재판권면제협약 제11조 제2항 (c)호이다. 즉, 동호는 "소송의 대상이 개인의 충원, 고용의 갱신 또는 복직인 경우(the subject—matter of the proceeding is the recruitment, renewal of employment or reinstatement of an in— dividual)" 동조 제1항이 적용되지 않는다고 함으로써 주권면제를 인정하는데, 동호는 피용자의 업무의 성격이 정부권한의 행사와 밀접하게 관련되는지 여부를 불문한다. 위 조항은 "소송의 대상이 개인의 충원, 고용의 갱신 또는 복직인 경우"만을 규정하나, 초안의 보고서에 따르면, 소송의 대상이 해고(dismissal) 또는 퇴직(removal)의 경우도 마찬가지이나 부당해고로 인한 손해배상의 경우는 그렇지 않다고 한다.[79] 위 조항에 대해서는 국제적으로 별다른 이견이 없는 것으로 보인다. 우리나라에서도 국가와 공무원 또는 사용인 간에 체결한 고용계약은 보수, 후생조건 등의 점에서는 상업적 성격을 가지지만, 공직자의 근무지 이동 등과 같은 측면에서는 국가의 내정에 속하는 문제로서 국내관할권에 속하는 것으로 볼 수 있다는 견해[80]도 있다.

그러나 대법원 1998. 12. 17. 선고 97다39216 전원합의체 판결은 고용계약을 통상적인 계약과 달리 취급하지는 않고, 다만 문제 된 고용계약이 주권적 활동인

---

77) 최태현, 87면 참조.

78) 최태현, 89면.

79) 양자를 구분하는 데 대해 비판도 있다. 김태천, 291면. 반면에 최태현, "한국에 있어서의 제한적 주권면제론의 수용", 서울국제법연구원 편, 국제판례연구 제2집(2001), 259면 이하는 고용계약의 특수성을 인정하고, 복직과 손해배상을 구분하는 태도를 지지한다.

80) 장신, 114면 註 7과 그 본문. 고용계약의 특수성에 대한 비교법적 검토는 문영화, 외국국가 제3채무자, 180면 이하 참조.

가 아니면 사법적 행위인가를 판단함에 있어서 고용기관의 임무 및 활동 내용, 근로자의 지위 및 담당업무의 내용, 그 담당업무와 고용국가의 주권적 활동의 관련성 정도 등 제반 사정을 종합적으로 고려하여 판단할 것이라고 한 점에서 고용계약의 특수성을 간접적으로 고려했다고 할 수 있다. 유엔협약을 따른다면, 해고 시부터 복직 시까지의 임금지급을 구하는 부분은 성질상 손해배상이므로 주권면제가 인정되지 않으나, 해고의 무효확인을 구하는 부분은 주권면제를 인정하게 될 것이다.[81]

참고로 독일에서도 고용계약을 특별하게 취급하지는 않는 것 같다. 즉 독일에는 외국 대사관 또는 영사관이 국내에서 현지직원과 고용계약을 체결한 경우 이는 그가 승강기 조립기사인지 아니면 Visa 부서의 직원(Mitarbeiter)인지에 관계없이 비주권적 성질의 행위이므로 주권면제를 부정할 것이라는 하급심판결들이 있다.

다. 부동산의 특수성

성질기준설에 따르면 한국의 건물 소유자가 외국국가에 대사관으로 사용할 목적으로 건물을 임대하고 임료를 청구하거나 임대기간 종료 후 건물의 명도를 구하는 경우 주권면제는 인정되기 어려우나, 이를 달리 취급하여 임료청구는 주권면제의 대상이 아니나 명도청구는 주권면제의 대상이라고 볼 여지도 있다.

그러나 아래에서 소개하는 UN 재판권면제협약은 법정지국에 소재하는 부동산에 관한 소송, 상속, 증여, 무주물의 귀속에 의하여 발생하는 동산 또는 부동산에 관한 외국의 권리나 이익에 관한 소송의 경우 주권면제를 인정하지 않는데(제13조) 이것이 국제관습법이라는 견해도 있다.[82] 이처럼 부동산에 대하여 국가면제를 인정하지 않는 배경은 첫째, 부동산 물권에 대한 소재지 국가의 전속적 국제재판관할이 널리 인정되는 데서 보듯이 부동산에 대하여 법정지 국가가 커다란 이

---

81) 위 판결이 어떤 기준을 따른 것인지는 논란이 있다. 김상훈(註 57), 21면 註 23 참조. 필자는 성질기준설을 취했다기보다는 외국국가 행위의 성질을 포함한 제반 사정을 종합적으로 고려하여 판단해야 한다는 견해를 따랐다고 보았다. 석광현, 제2권, 229면.

82) 박성은, 토론문, 2면 註 5는 국제관습법이라고 하지는 않으나 본안절차와 집행절차에서 주권면제가 인정되지 않는다는 점에 관하여 독일에서는 국제법상 견해가 대체로 일치한다고 하였다. 위 토론문은 2023. 6. 30. 대법원에서 개최된 국제거래법연구회 — 국제거래법학회 공동세미나에서 도민호 판사의 발표 시 지정토론자인 박성은 교수의 토론문이다.

해관계를 가지는 점과, 둘째, 부동산에 관한 권리나 이익, 그 소유나 점유에 관한
행위는 대표적인 상업적 행위라는 점에 있다고 한다.83) 하지만 우리나라에서는
주권면제의 맥락에서 부동산의 특수성이 아직 널리 인정되고 있지는 않다.

　주목할 것은, 인접 토지의 소유자인 한국인 원고가 주한몽골 대사관이 경계
침범을 이유로 몽골국을 상대로 소를 제기하여 주위적으로는 피고 건물 중 경계
침범 부분의 철거, 계쟁토지의 인도 및 계쟁토지에 관한 차임 상당 부당이득반환
을, 예비적으로는 계쟁토지에 관한 원고의 소유권 확인을 청구한 사건을 다룬 대
법원 2023. 4. 27. 선고 2019다247903 판결이다. 대법원은 원고의 주위적 청구 중
<u>피고 건물의 일부 철거 및 계쟁토지의 인도 청구 부분</u>에 대하여는 재판권면제를
인정하였으나, <u>부당이득반환청구 부분</u>에 대하여는 재판권면제를 부정하였다.84)
원심 판결85)은 주한몽골 대사관이 토지를 이용하는 행위는 외교공관의 직무 수행
에 영향을 미쳐 '주권적 활동'과 관련이 있으므로 '국가의 주권적 행위는 다른 국
가의 재판권에서 면제한다'는 국제관습법 원칙을 근거로 한국 법원에 재판권이 없
다고 보았으나 해당 토지에 대한 소유권이 원고에게 있다는 점은 인정하였다. 대
법원은 예비적 청구인 소유권확인 청구에 대하여는 판단하지 않았는데, 파기 환
송심 진행 중 원고가 이를 취하하였다고 한다.

　대법원은 외국의 공관지역 점유로 부동산에 관한 사적 권리나 이익이 침해되
었음을 이유로 해당 국가를 상대로 <u>차임 상당의 부당이득반환을 구하는 판결절차</u>
는 그 자체로 외국의 공관지역 점유에 영향을 미치지 아니하고, 그 청구나 그에
근거한 판결이 외교공관의 직무 수행과 직접적인 관련성이 있다고 보기도 어려우
므로 금전지급 청구는 특별한 사정이 없는 한 외교공관의 직무 수행을 방해할 우
려가 있다고 할 수 없다고 보고 원심 판결을 파기환송하였다. 대법원은 "<u>외교공관
의 직무 수행을 방해할 우려가 있는지</u>는 원고의 청구 내용, 그에 근거한 승소 판
결의 효력, 외교공관 또는 공관직무의 관련성 정도 등을 종합적으로 고려해 판단

---

83) 도민호, 138면. 그러나 뒤 대법원 2023. 4. 27. 판결은 "외교공관은 한 국가가 자국을 대표하
여 외교 활동을 하고 자국민을 보호하며 영사 사무 등을 처리하기 위하여 다른 국가에 설치
한 기관이므로, <u>외국이 부동산을 공관지역으로 점유하는 것은 그 성질과 목적에 비추어 주
권적 활동과 밀접한 관련이 있다고 볼 수 있고</u>, 국제법상 외국의 공관지역은 원칙적으로 불
가침이며 접수국은 이를 보호할 의무가 있다"라고 판시한 점에서 위와 다르다.
84) 이는 아래 언급하는 자이레공화국 대사관 사건에 대한 대법원 1997. 4. 25. 선고 96다16940
판결과 함께 검토할 필요가 있다.
85) 서울서부지방법원 2019. 5. 30. 선고 2018나39512 판결.

해야 한다"라고 판시하였다.86)

참고로 독일에서는 부동산 물권에 관한 소송의 경우 주권적 행위인지의 구분에 관계없이 재판권면제의 예외를 인정하여 소재지의 재판권을 인정하지만, 그렇다고 하여 항상 재판권면제를 부정하는 것은 아니고 공관 부동산의 인도 청구에 대하여는 장소적 면제를 이유로 재판권면제를 인정한다.87)

이와 같이 대한민국의 국제법상의 구속으로 인하여 부동산 소유자가 그의 명도를 구할 수 없다면 이는 국가의 수용과 유사하므로 국가에 대하여 그에 준하는 보상청구권을 인정하여야 한다는 견해도 주장될 수 있다. 국제소송의 맥락, 특히 재판권면제와 국제재판관할의 맥락에서 부동산을 어떻게 취급할지에 대하여는 더 체계적 연구가 필요하다.

라. 국가의 포기와 중재합의

국가 등 주권면제를 향유하는 주체가 이를 포기할 수 있음은 의문이 없다. 나아가 주권면제는 국가 등이 중재판정부의 권한에 복종하기로 동의하는 것을 금지하지는 않으며, 국가가 중재로써 계약상 분쟁을 해결하기로 하는 합의에 구속됨은 확립된 국제법 원칙이고, 그렇게 복종할 수 있는 능력 자체가 주권의 속성이다.88) 실제로 국가와 계약을 체결하면서 중재합의를 하는 것은 국내법원에서 재판할 경우 제기될 수 있는 주권면제의 문제를 회피하기 위한 것이고, 중재합의는 주권면제를 묵시적으로 포기하는 것으로 볼 수 있다.

국가의 주권적 행위에 대하여도 중재를 할 수 있음은 근자에 국민적 관심의 대상이 된 투자중재 또는 투자자─국가중재(investor─state arbitration), 특히 국제

---

86) 국제관습법상 외교공관에 관한 소에서 주권면제에 관한 국제관습법이 흠결되어 있다고 보고 이를 어떻게 보충할 것인지라는 관점에서 논의하면서 공관지역에 관한 면제 여부를 판단함에 있어서는 공관지역 내지 면제에 관한 전체 법체계와 그 목적, 기능 등을 고려하여야 하고 이런 맥락에서 '외교적 기능의 방해 여부'를 기준으로 면제여부를 결정하는 것은 일응 설득력이 있다고 하고, 결국에는 국가면제를 인정하여야 한다는 견해가 있다. 도민호, 146면 이하. 이는 대법원의 판단이 타당하다고 한다. 반면에 토론자인 박성은 교수는 외교공관의 취급에 관하여 흠결이 있다면 부동산에 관한 원칙을 적용하여 국가면제를 부정해야 한다는 견해를 피력하였다.

87) Geimer, Rz. 627; Junker, 3. Auflage, §4 Rn. 11; §3 Rn. 12. 아래 UN 재판권면제협약(제15조)은 부동산에 관한 소의 경우 재판권면제를 인정하지 않는다.

88) Nigel Blackaby and Constantine Partasides with Alan Redfern and Martin Hunter, Redfern and Hunter on International Arbitration, Fifth Edition (2009), para. 11.135 이하.

조약에 근거한 '투자조약중재(investment treaty arbitration)'에서 현저하다. 투자중재에서는 국가의 주권적 행위의 적법성에 대하여 판단할 수 있는 광범위한 관할권을 중재인에게 부여하기 때문이다. 상사중재에서는 일정한 경우 중재판정이 중재지국의 법원의 통제하에 놓이지만, 투자중재에서는 경우에 따라 중재판정에 대한 중재지국 법원의 통제가 배제되고, 국가의 주권적 행위가 중재인의 통제하에 놓이는 역전현상이 발생한다.[89] 그런 의미에서 국제거래에서 투자자를 보호함으로써 투자를 증진한다는 명분하에 도입되고 확대된 투자중재는 국가의 사법주권을 과도하게 제한하는 것으로서 이제는 지나치게 웃자란 것이라는 생각도 든다.

그러나 어떤 국가가 중재합의에 의하여 주권면제를 묵시적으로 포기하더라도 그것이 강제집행절차에까지 미치는지는 논란이 있고 부정설도 유력하다. 부정설을 따르면 국가와 중재합의 시 중재판정을 받을 수는 있지만 당해 외국이 자발적으로 이행하지 않으면 강제집행을 할 수는 없다.[90] 따라서 국가와 중재합의를 하는 당사자는 상대방 국가로 하여금 중재판정의 승인은 물론 집행에 관하여도 주권면제를 포기하도록 계약서에 명시할 필요가 있다.[91] 물론 이 점을 익히 아는 국가는 그런 요구를 수용하지 않을 것이다.

흥미로운 것은, 프랑스의 최고법원인 파기원(*Cour de cassation*)은 국가가 사인과 ICC 중재규칙에 따르기로 하는 중재합의를 한 경우 국가는 집행단계에서도 주권면제를 포기한 것으로 보았다는 점이다.[92] 따라서 우리나라가 ICC 중재규칙

---

89) 정확히 말하자면 예컨대 ICSID 중재의 경우에는 그러한 반면에 non-ICSID 중재, 예컨대 UNCITRAL 중재를 따르는 경우에는 중재판정은 여전히 중재지 법원의 통제하에 있다. 석광현, 국제중재법 제2권, 430면 참조.

90) 이 경우 집행판결이 가능한지에 관하여는 논란의 여지가 있다. 소송의 맥락에서는 집행판결을 하기 위하여는 재판권이 있어야 한다. Geimer, Rz. 3115.

91) 서철원, "국가와 사인간의 국제중재에 주권면제가 미치는 영향", 서울국제법연구 제1권 제1호(1994. 11.), 225면은 강제집행의 대상이 될 재산을 찾아 상업적 목적을 위한 재산임을 명시하고 처분하지 않기로 하며, 보전처분 등에 의하여 처분을 제한하는 방안을 소개한다.

92) 파리 항소법원은 중재합의를 하더라도 집행면제에 대한 포기는 없었다고 보았으나, 2000. 7. 6. 파기원은 위 판결을 파기하고, "당사자들은 내려질 중재판정을 지체없이 이행하기로 하며, 어떠한 형태의 불복도 유효하게 포기하는 것으로 간주된다"라는 당시의 구 ICC 중재규칙(제24조)에 의거하여, 국가가 ICC 중재에 합의하는 것은 관할권면제의 포기뿐만 아니라 집행면제도 포기한 것이라고 판시하였다. 위 제24조는 2012년 1월 발효한 ICC 중재규칙 제34조 제6항에 해당하는데, 동항은 "모든 판정은 당사자 쌍방을 구속한다. 당사자는 동 규칙에 따라 분쟁을 중재에 회부함으로써 어떠한 판정이라도 지체없이 이행할 의무를 부담할 뿐 아니라, 그러한 권리의 포기가 유효하게 이루어질 수 있는 한 어떠한 형태의 구제(recourse)

에 따른 중재합의를 하는 경우 조심하여야 한다. 이러한 판단은 외국국가의 재산이 프랑스 내에 있을 때 의미가 있으나, 우리나라에서도 동일한 법리가 타당한 것은 아니다.

마. 인권침해를 이유로 하는 민사소송

근자에는 인권침해를 이유로 국가에 대하여 손해배상청구 등의 민사소송을 제기하는 경우 주권면제를 부정하는 사례들이 보인다.[93] 이를 실효적인 권리보호를 위하여 주권면제에 대한 예외로 인정하려는 견해도 있는가 하면, 이는 (특히 전쟁범죄는) 국제법의 차원에서 해결할 사항이지 국제민사소송법의 영역에서 해결할 사항은 아니라는 이유로 반대하는 견해도 있다. 후자를 취하는 논자는 이것은 오도된 이상주의에 기초한 것으로 사법마찰을 초래할 뿐이라고 비판한다.[94] 그러나

에 관한 권리도 모두 포기한 것으로 간주된다"라고 규정한다. 상세는 석광현, "한국에서 행해지는 ICC 중재에서 ICC 중재규칙과 한국 중재법의 상호작용", 국제소송법무 통권 제3호(한양대학교, 2011. 11.), 27면 이하 참조.

93) 대표적인 것이 미국의 Alien Tort Claims Act (28 USC §1350)와 국가가 지원한 테러를 겨냥하여 1998년에 미국의 외국주권면제법에 추가된 28 USC §1605A이다. 전자에 관하여는 예컨대 Kiobel v. Royal Dutch Petroleum Co., 133 S. Ct. at 1659 사건 등에서 기업에 대하여도 책임을 물을 수 있는지와 동법이 역외적용될 수 있는지 등이 다투어졌다. 백범석·김유리, "미연방대법원 Kiobel 판결의 국제인권법적 검토", 국제법학회논총 제58권 제3호(통권 제130호)(2013. 9.), 255면 이하 참조. 그러나 국제사법재판소는 2012. 2. 3. Jurisdictional Immunities of the State (Germany v. Italy: Greece intervening. '페리니(Ferrini) 사건')에서 위와 같은 주장을 배척하고 이탈리아가 국제법을 위반하였다고 판단하였다. 이는 제2차 세계대전 중 독일이 저지른 반인도적 범죄행위를 이유로 피해자인 이탈리아인(Luigi Ferrini)이 독일을 상대로 이탈리아에서 제기한 [손해배상을 구하는] 민사소송에서 재판권면제를 부정한 이탈리아 최고법원의 행위에 대하여 독일이 국제법 위반이라고 주장하면서 제소한 사건이다. 국제사법재판소는, 주권면제는 절차의 문제이므로 실체에만 관련되는 국제법상 강행규범(jus cogens)의 내용과 충돌할 여지가 없다고 보아 전쟁범죄라는 이유로 주권면제에 대한 예외를 인정하기를 거부하였다. 소개는 문영화, 위안부, 116면 이하; 이창위, "강행규범과 국가면제의 경합: 위안부 판결과 ICJ 관할권 면제 사건의 법리", 경북대학교 법학논고 제85호(2024. 4.), 281면 이하(이는 위반의 중대성 및 강행규범과 국가면제의 충돌 그리고 최후수단으로서 국가면제의 부인이라는 이탈리아의 주장을 국제사법재판소가 모두 배척하였음을 지적한다) 참조. 간략히는 정인섭, 262면 이하 참조. 아래 소개하는 유엔협약은 반인도적 범죄행위에 대한 주권면제의 예외를 규정하지는 않는다. 징용사건에서 대법원 2018. 10. 30. 선고 2013다61381 전원합의체 판결도 위 판결을 "국제사법재판소(ICJ)가 2012. 2. 3. 선고한 독일 대 이탈리아 주권면제 사건(Jurisdictional Immunities of the State, Germany v. Italy: Greece intervening)" 판결이라고 인용한다.

94) Schack, Rn. 198. 그러나 Junker, 3. Auflage, §4 Rn. 13은 심각한 인권침해의 경우 주권면

인권보호의 중요성에 대한 국제적 합의가 존재한다고 본다면 그러한 소추를 주권면제이론으로 차단하는 것은 적절하지 않다. 이에 대하여 어떤 태도를 취하는지에 따라 우리나라의 위안부 피해자들이 일본 정부를 상대로 우리 법원에 제소한 사건들에서 우리 법원이 재판권을 가지는지의 결론이 다르게 될 텐데, 실제로 우리 하급심 판결들은 재판권면제를 인정한 판결들95)과 이를 부정한 판결들96)로 나

를 부정하면서도, 전쟁손해에 대한 실효적이고 동일한 배상은 개별 사인(私人)의 소가 아니라 조약법 차원에서만 달성할 수 있다고 한다.

95) 서울중앙지방법원 2021. 4. 21. 선고 2016가합580239 판결(이용수 할머니 등 사건)에서 법원은 국가면제에 관한 국제관습법과 대법원 판례의 법리에 따르면, 외국인 피고를 상대로 그 주권적 행위에 대하여 손해배상청구를 하는 것은 허용될 수 없고 그런 결과가 우리 헌법에 반한다고 보기도 어려우므로 재판권이 없다는 이유로 소를 각하하였다. 다만 법원은 그에 앞서 위안부 피해자들이 일본에 대한 실체법상 손해배상청구권이 있음을 부정하지 않고, 2015. 12. 28. 한·일 합의(화해치유재단의 설립을 포함하는)에 의하여 위안부 피해자들의 권리가 처분되었다거나 소멸하였다고 인정하지도 않음을 부언한 뒤, 피해 회복 등 위안부 피해자 문제의 해결은 대한민국이 여러 차례 밝힌 바와 같이 피고와의 외교적 교섭을 포함한 대한민국의 대내외적 노력에 의하여 이루어져야 한다고 부언하였다. 또한 일본군 위안부 피해자 곽모 씨 외 19인이 2016. 12. 28. 일본국을 상대로 손해배상청구를 제기한 사건에서 (위에서 언급한 서울중앙지방법원 2016가합580239호) 재판부는 법원행정처를 통하여 헤이그협약에 따른 송달절차를 거쳤으나 일본국이 2회 소장 부본의 수취를 거절하자 공시송달을 하였고 그 후 소송서류의 송달은 모두 공시송달로 이루어졌다고 한다.

96) 예컨대 일본군 위안부 피해자 배모 씨 외 11인이 2013. 8. 13. 일본국을 상대로 1인당 위자료 1억 원 및 이에 대한 1945. 8. 15.부터의 지연손해금의 지급을 구하는 조정신청을 하였으나(서울중앙지방법원 2013머50479호), 법원이 2015. 12. 30. 조정을 하지 아니하는 결정을 함으로써 2016. 1. 28. 소송으로 이행되었다. 서울중앙지방법원 2021. 1. 8. 선고 2016가합505092 판결은 위 사건에서 재판권면제를 배척하고 "일본 정부는 원고들에게 1인당 1억 원을 지급하라"라고 판결하였다. 이 사건은 준거법으로 일본 국가배상법을 적용하지 않고 우리 민법을 적용하였다. 또한 위에 언급한 서울중앙지방법원 2021. 4. 21. 선고 2016가합580239 판결의 항소심인 서울고등법원 2023. 11. 23. 선고 2021나2017165 판결은 인권침해의 예외를 인정하는 대신 국제관습법으로부터 직접 주권면제를 부정하는 결론을 도출하였다. 즉 후자인 서울고등법원 판결은 국가면제 인정 여부는 법원(法源)으로서 기능을 수행하는 국제 관습법에 따라 판단해야 한다고 전제하고, UN 재판권면제협약, 유럽 국가면제협약 등 조약과 미국, 일본, 영국 등 다수 국가의 입법 내용과 이탈리아, 브라질, 영국 법원 판결 등을 검토한 뒤 "법정지국 영토 내에서 그 법정지국 국민에 대하여 발생한 불법행위에 대하여는 그 행위가 주권적 행위인지 여부를 묻지 않고 국가면제를 인정하지 않는 내용의 국제 관습법이 현재 존재한다고 봄이 타당하다"라고 판시하였고, 나아가 "피고의 이 사건 행위는 앞서 본 것처럼 법정지국 영토 내에서부터 법정지국 국민인 이 사건 피해자들에 대하여 자행된 불법행위이므로, 위에서 확인한 현재의 유효한 국제 관습법에 따르면 피고의 국가면제가 부정되는 경우에 해당한다"라고 판단하여 제1심 판결을 취소하고 원고의 청구 금액을 전부 인용하였다. 즉 위 서울고등법원 판결은 유럽 대륙법계처럼 행위의 성질에 따라 구분한

뉘고 있다.

위안부 피해자들의 일본국을 상대로 한 손해배상청구소송에 대하여 주권면제에 관한 관습국제법을 적용하여 우리 법원의 재판권 행사를 제한하는 것은 우리 헌법재판소에서 판단한 바와 같이 위안부 피해자들의 실체법적 권리에 대한 판단을 하지도 않은 채 그 배상청구권의 실현을 가로막는 것이 되므로 위안부 피해자들의 일본국을 상대로 제기한 손해배상청구소송에서 주권면제에 관한 관습국제법을 적용하는 것은 우리 헌법질서에 부합하지 않으므로 그러한 관습국제법은 재판규범이 될 수 없다는 견해도 있다.97)

바. 국제법을 위반한 수용의 예외: 특히 문화재 반환청구

미국 법원에 외국 정부를 상대로 제기된 문화재 반환소송에서 주권면제의 예외를 인정함으로써 미국의 재판권(미국 개념으로는 관할권)을 인정하는 근거가 미국 외국주권면제법(FSIA) §1605(a)(3) '(강제)수용의 예외(takings exception or ex-propriation exception)'이다. '수용의 예외'는 다른 국가의 주권면제법에서는 볼 수 없는 미국 외국주권면제법에 특유한 것이다. 수용의 예외에 해당하기 위해서는 문제 된 재산이 국제법에 위반하여 취득된 것이어야 한다. 여기에서 '취득이 국제법을 위반'한 '수용'이라 함은 ① 공공의 목적을 위한 것이 아니고, ② 차별적이며, ③ 아무런 보상도 이루어지지 않은 수용을 말한다.98) 또한 ① 국제법을 위반

것이 아니라 오히려 성문법을 가지고 있는 국가들의 태도를 따라 판단한 점에서 주목할 만하다.

97) 문영화, 위안부, 138면. 이탈리아 헌법재판소도 2014. 10. 22. 반인권적 불법행위를 이유로 한 손해배상청구소송에 대하여 이탈리아 국내법원의 판사들로 하여금 재판권 행사를 제한하도록 하는 주권면제에 관한 관습국제법은 인간의 존엄과 가치 및 사법에 대한 접근권을 근간으로 하는 이탈리아 헌법 질서의 기본적 가치를 침해하는 것으로서 국내법 질서에 수용될 수 없다는 취지로 판시하였다고 한다. 문영화, 위안부, 120면 이하 참조. 이영진, "외국국가의 재판권면제에 관한 연구 — 일본군 위안부 피해자들의 손해배상청구소송과 관련하여", 미국헌법연구 제25권 제3호(2014. 12), 321면 이하도 참조. 이는 우리나라도 위 UN협약에 가입을 하여 인권침해 행위에 관한 공조와 기대를 촉구하고, 외국이 어떤 경우 우리나라의 민사재판권으로부터 면제되는가에 관한 불확실성을 해소하기 위하여 국가면제법을 만들어 이 사건과 같이 위안부 피해자들에 대한 중대한 인권침해행위에 대하여는 국가면제가 부인된다고 하는 내용을 담는 등 국내입법을 정비하는 것도 고려할 필요가 있다고 한다.

98) 박선아, "문화재 소송에서 국가면제에 관한 연구 — 미국 외국주권면제법상 수용예외 조항을 중심으로 —", 이화여자대학교 법학논집 제22권 제2호(2017), 355면 참조. 그러나 국제법상 보상이 있기만 하면 되는 것은 아니고 '적절한(appropriate) 보상'이 요구된다. 정인섭, 869

하여 취득한 재산에 대한 권리(rights in property)가 문제 되고, 당해 재산 또는 그 대상(代償)이 외국에 의해 미국 내에서 수행된 상업적 활동과 관련되어 미국에 존재하는 경우, 또는 ② 당해 재산 또는 그 대상(代償)이 외국의 대표부나 기관(agency or instrumentality)에 의하여 소유되거나 운영되면서 그 대표부나 기관이 미국 내 상업적 활동에 종사하고 있어야 한다.[99] 이런 수용의 예외에 대하여는 비판도 있으나 긍정적인 평가도 있다. 위 조문은 문화재를 염두에 둔 것은 아니지만, 과거 나치가 수용한 문화재의 반환청구 시 특히 의미가 있다.[100] 문화재를 탈취당한 피해자들에게 외국 국가 또는 공공기관을 상대로 미국 법원에서 문화재의 반환을 구할 수 있는 길을 열었기 때문이다.

사. 대법원판결의 태도

대법원 1998. 12. 17. 선고 97다39216 전원합의체 판결은 외국국가의 행위를 주권적/사법적 행위로 구분하여, 전자에 대해서는 주권면제를 인정하고 후자에 대해서는 원칙적으로 이를 부정할 것이라고 판시하였으나, 양자의 구별에 관하여 일의적 기준을 따르지 않은 점에서 성질기준설 또는 목적기준설과는 구별된다. 대법원판결은 "… 원심으로서는 원고가 근무한 미합중국 산하기관인 육군 및 공군 교역처의 임무 및 활동내용, 원고의 지위 및 담당업무의 내용, 미합중국의 주권적 활동과 원고의 업무의 관련성 정도 등 제반 사정을 종합적으로 고려하여 이 사건 고용계약 및 해고행위의 법적 성질 및 주권적 활동과의 관련성 등을 살펴본 다음에 이를 바탕으로 이 사건 고용계약 및 해고행위에 대하여 우리나라의 법원이 재판권을 행사할 수 있는지 여부를 판단했어야 한다"라고 판시하였다. 즉, 대

면 참조. 이재찬, "독일정부의 문화재 취득 관련 주권면제 인정 여부에 관한 美연방대법원 판결 — Federal Republic of Germany et al. v. Philipp et al., 592 U.S. (2021) — ", 법률신문 제4891호(2021. 5. 17.), 12면도 참조. 위 논문들은 이를 '관할권'의 문제로 논의하나 우리 법의 개념으로는 '재판권'이다.

99) 송호영, "누가 「클림트」의 그림을 소유하는가?", 한양대학교 법학논총 제35집 제1호(2018), 351면 이하는 주권면제의 예외를 소개한다.

100) 2015년 'Woman in Gold'라는 영화의 소재가 된 Republic of Austria v. Altmann 사건(541 U.S. 677 (2004)), 2021년 Guelph Treasure (Welfenschatz) 사건(592 U.S. 19 (2021))과 Cassirer *et al.* v. Thyssen — Bornemisza Collection Foundation 사건(596 U.S. 107 (2022)) 등이 널리 알려져 있다. 긍정적 평가는 박선아(註 98), 349면 이하. 그 경우 준거법 지정도 문제 되는데, 그에 관하여는 Stephanie — Marleen Raach, Herausgabeklagen in inter — nationale Kulturgutleihgaben (2020), S. 66f. 참조.

법원판결은 고용계약 및 해고행위의 법적 성질을 살펴보아야 한다고 판시한 점에서 성질기준설을 취했다고 할 수 있으나, 그보다는 외국국가 행위의 성질을 포함한 제반 사정을 종합적으로 고려하여 판단해야 한다는 견해를 취했다고 볼 여지도 있다.

주권적/사법적 행위의 구별기준과 관련하여 위 대법원판결은 아래의 점에서 주목할 만하다.

첫째, 대법원판결은 "외국의 사법적 행위가 주권적 활동에 속하는 것이거나 이와 밀접한 관련이 있어서 이에 대한 재판권 행사가 외국의 주권적 활동에 대한 부당한 간섭이 될 우려가 있는 등 특별한 사정이 있는 경우에는 주권면제를 인정해야 한다"라는 취지로 판시하였다. 즉 대법원판결은 외국국가의 행위가 사법적 행위인 경우 주권면제가 인정되지 않는다고 단정하는 대신, '특별한 사정'이 있는 경우 주권면제를 인정할 것이라고 하여 특별한 사정에 의한 결론의 수정가능성을 인정하였고, 주권면제의 인정 여부에 관한 궁극적 판단기준으로 "재판권의 행사가 외국의 주권적 활동에 대한 부당한 간섭이 되거나 될 우려가 있는가"를 들고 있다.101) 대법원은 주한몽골 대사관 사건인 위 대법원 2023. 4. 27. 선고 2019다247903 판결에서도 이런 설시를 반복하였다.

둘째, 대법원판결은 외국국가의 행위를 주권적/사법적 행위로 구분하면서도, 사법적 행위가 주권적 활동에 속할 수 있는 가능성을 인정함으로써 양자의 개념적 구분을 관철하지 않는다. 이는 외국국가의 행위를 일정한 기준에 따라 주권적/사법적 행위로 구분하고 양자를 대립되는 개념으로 취급하는 통상의 제한적 주권면제론과는 명백히 다른데, 대법원판결이 말하는 사법적 행위가 과연 학설이 말하는 사법적 행위와 동일한 의미인지도 의문이 있다.

요컨대, 대법원 판결들의 태도는 외국의 행위가 주권적 행위인 경우 주권면제가 인정되고, 외국의 사법적 행위이더라도 그것이 주권적 활동에 속하는 것이거나 이와 밀접한 관련이 있어서 이에 대한 재판권 행사가 주권적 활동에 대한 부당한 간섭이 될 우려가 있다는 등의 특별한 사정이 있는 경우 우리 법원이 재판권을 행사할 수 없다는 것이다. 이는 「통상의 제한적 주권면제론 + 특별한 사정에 의한

---

101) 이런 이유로 우리 대법원의 태도는 성질기준설이 아니라 "외국의 주권적 활동에 대한 부당한 간섭이 될 우려가 있는 특별한 사정이 있는 경우"에 주권면제가 인정된다는 견해라고 평가하기도 한다. 강현중, "외국국가에 대한 민사재판권의 면제", 법률신문 제5121호(2023. 10. 16.), 17면.

수정가능성을 인정하는 견해」라고 할 수 있고, 그 기준은 <u>주권적 활동에 대한 부당한 간섭이 될 우려의 유무</u>이나, 대법원판결들이 말하는 '특별한 사정'이라 함은 그밖에 어떤 경우를 말하는지 지금으로서는 선뜻 이해하기 어렵다. 앞으로 대법원판결이 통상의 제한적 주권면제론과의 차이를 더 명확히 설시할 필요가 있다.

4. 외교적 면제

외교사절단의 장을 포함하는 구성원, 즉 외교관은 우리나라가 가입한 1961년 비엔나외교관계협약에 따라 재판권으로부터 면제된다. 또한 외교관의 배우자와 미성년자녀와 같은 외교관의 가족은 접수국의 국민이 아닌 한 외교관 본인과 동일한 면제를 향유한다(제37조 제1항). 다만, 접수국 영역 내에 있는 사유부동산에 관한 대물소송에 대하여는 외교관면제가 인정되지 않는다(제31조 제1항).

국제법학에서는 외교적 면제는 '인적 면제(*immunities ratione personae*)'인 데 반하여, 주권면제는 '물적 면제(*immunities ratione materiae*)'라고 설명한다. 즉 외교적 면제는 공적 임무의 수행을 원활하게 하기 위한 기능적 필요성이 강하게 작용하여 인정된 인적 면제인 반면에, 국가면제는 외국의 주권적 행위와 관련하여 주권평등 및 독립의 원칙과 국가의 명예라는 관념에 기초한 물적 면제라는 것이다.[102] 인적 면제는 민사, 형사를 불문하고 외국의 고위 정부대표자들에게 개인적으로 부속되는 면제로서 그들이 신분을 유지하는 동안에는 문제 된 행위가 개인적 또는 사적인 것임에도 불구하고 타국의 재판권으로부터 면제되지만, 물적 면제는 사람에게 귀속되기보다는 '외국'의 행위에 귀속되는 것으로서 재판권면제의 여부를 결정함에 있어 행위자의 신분보다 문제 된 행위나 거래의 성질에 초점이 맞추어지는 점에 차이가 있다.[103] 외교적 면제는 비엔나외교관계협약이라는 조약에 의하여 통일적으로 규율되는 반면에, 주권면제는 그런 조약이 없어서(아래 유엔협약은 미발효) 국가별로 인정되는 범위가 다른 것이 현실이다.[104]

---

102) 최태현, 200면. 그러나 Junker, 3. Auflage, §3 Rn. 9ff.는 비엔나외교관계협약 제29조 이하(특히 제31조)는 '인적 면제(persönliche Immunität)', 공관지역의 면제를 규정한 제22조 이하는 '공간－대상적 면제(räumlich－gegenständliche Immunität)'라고 구분한다. 동 협약의 국문본은 제31조 제1항의 "civil and administrative jurisdiction"을 "민사 및 행정재판관할권"이라고 번역한다.
103) 김대순, 452면 이하. 절대적 주권면제론을 취한다면 국가면제도 인적 면제라고 볼 여지가 있을지 모르지만 제한적 주권면제론을 취한다면 그렇게 보기는 어렵다.
104) 정인섭, 503면.

외교관도 국가기관의 일부로서 공적 직무수행에 관하여는 주권면제를 향유할 수 있으나 외교관은 이와 별도로 접수국에서 외교관으로서 특권과 면제를 향유하는데, 달리 말하자면 외교관은 주권면제의 법리의 적용 여부에 관계없이 비엔나외교관계협약에 따른 면제를 향유한다.[105] 즉 외교관의 면제는 사적 행위에 대하여 개인 자격으로 민사, 형사, 행정 등 모든 종류의 재판권으로부터 면제되지만, 외교관의 공적 행위에 대하여 국가를 상대로 제소되는 경우 외교관의 면제가 아니라 주권면제가 문제 된다.[106]

한편 영사관원[107]은 영사직무를 수행함에 있어서 행한 행위(acts performed in the exercise of consular functions)에 대하여 우리나라가 가입한 1963년 비엔나영사관계협약에 따라 재판권으로부터 면제된다.

5. 주한미군

"대한민국과 아메리카합중국 간의 상호방위조약 제4조에 의한 시설과 구역 및 대한민국에서의 합중국군대의 지위에 관한 협정"(한미행정협정) 제23조에 따르면, 주한미군의 구성원 및 내국인 아닌 고용원의 공무집행 중의 불법행위에 대하여는 우리 법원의 민사재판권이 면제된다. 따라서 주한미군의 공무상의 불법행위로 인하여 한국인이 손해를 입은 경우에는 피해자는 국가배상법에 따라 대한민국을 피고로 제소하여야 한다. 반면에 주한미군의 공무집행과 관련 없는 불법행위로 인하여 손해를 입은 경우에는 가해자인 미군이나 고용원을 상대로 제소하여야 하는데 이 경우 우리나라의 재판권이 미친다.[108] 다만 절차적으로는 이 경우에도 대한민국 당국의 배상금 결정 및 그 결정을 통보받은 미국 당국의 배상금 지급 여부와 액수의 결정에 따른 지급제의가 있은 후 이에 대한 이의가 있어야 한다.[109]

---

105) 정인섭, 212면.
106) 양차의 차이는 최태현, "제한적 국가면제론 하에서의 국가면제와 외교적 면제 간의 관계", 한양대학교 법학논총 제36집 제2호(2019), 140면 이하 참조.
107) 국제법상 영사는 외교관과는 구별되는데, 영사의 기능은 파견국과 그 국민의 이익보호, 경제적 관계와 문화적 관계의 증진, 여권과 비자 발급, 파견국 국민의 재산관련 행정, 출생, 사망, 혼인신고 접수, 파견국 소속 선박과 항공기의 감독 등을 포함한다. 이 점에서 영사는 외교관과는 달리 행정적·기술적 문제에만 관여한다고 설명한다. 김대순, 566면 이하.
108) 동 협약 제23조 제5항과 제10항.
109) 김홍엽, 39면.

6. 외국국가[110)]의 재산에 대한 강제집행

이는 강제집행절차에서의 재판권면제 또는 주권면제의 문제이다.

가. 판결절차에서의 주권면제와의 구별

사인이 외국국가에 대해 승소판결을 얻더라도 외국국가가 자발적으로 판결을 이행하지 않는 경우[111)] 강제집행을 할 수 없다면 실효적인 권리구제는 불가능하다. 따라서 실효적인 권리구제를 위해서는 강제집행절차에서의 주권면제의 제한이 중요한 의미를 가진다.

판결절차에서의 주권면제와 강제집행절차에서의 주권면제는 구별된다. 강제집행절차에서의 주권면제의 배제는 판결절차에서의 그것보다 더 신중하게 판단해야 한다. 이는 강제집행은 외국에 대해 더 직접적인 영향을 미치기 때문이다. 외국국가가 주권면제를 포기할 수 있음은 물론이나 외국국가의 재산에 대해 강제집행을 하기 위해서는 판결절차에서의 주권면제특권의 포기와는 별도로 명시적인 강제집행절차상의 주권면제특권의 포기의사가 필요하다.

나. 재산의 목적에 따른 구분

최근의 입법과 관행은 외국재산을 상업적 목적에 사용되는 것(상업용 재산)과 비상업적, 주권적 또는 공적 목적에 사용되는 재산(비상업용 재산)으로 구분하여, 전자에 대해서는 강제집행을 허용하는 경향을 보이고 있다.[112)] 후자에 속하는 재산으로는 외교공관 및 영사관과 기타 외교적 목적에 직접 사용되는 재산을 들 수 있다.[113)] 이와 같이 강제집행절차에서의 주권면제의 경우 재산의 성격이 아

---

110) 편의상 외국국가만을 언급하나 이는 다른 주권면제의 향유주체에도 타당하다.

111) 외국국가는 자국에 대해 선고된 외국법원의 판결을 자발적으로 이행할 국제법적 의무가 있는지가 문제 되나, 이는 현재로서는 인정하기 어렵다.

112) 미국의 1976년 외국주권면제법(§§1609–1610); 영국의 1978년 국가면제법(제13조 제4항) 참조. 이런 취지의 독일 헌법재판소 재판은 다수 있다. 국가의 재산을 '일반재산'과 '행정재산'으로 구분하여 후자에 대하여만 주권면제를 인정하는 견해도 유사한 취지라고 할 수 있다. ICSID 협약의 맥락에서 Christoph H. Schreuer *et al.*, The ICSID Convention: A Commentary (2001), p. 1158 참조. 이 책은 2nd edition (2009)이 있다.

113) 최태현, 226면 이하. 주한 외국대사관 건물과 부지, 대사관 차량 등은 강제집행이 불가능하다. 비엔나외교관계협약(제22조 제3호)은 '공관지역과 동 지역내에 있는 비품류 및 기타 재산과 공관의 수송수단은 수색, 징발, 차압 또는 강제집행으로부터 면제된다'고 규정하고 있

니라 사용되는 목적이 중요한 기준이 된다[114])는 점에서 판결절차에서의 그것과 다르다.

통화정책적 목적에 이용하기 위하여 법정지국에 유지하는 외국국가의 외환 계좌도 강제집행으로부터 면제된다.[115]) 반면에 국가의 상업적 활동을 결제하기 위한 일반적인 계좌는 강제집행으로부터 면제되지 않는다. 마찬가지로 국가가 상업적 활동으로 인하여 제3자로부터 받을 채권은 강제집행의 대상이 된다. 이러한 기준에 따르면 어떤 재산이 주권적 목적에 이용되는지를 판단하는 경계의 획정은 쉽지 않은데, 이는 결국 국제법의 원칙에 따라야 할 것이다.[116])

참고로 독일 하급심판결에 따르면, 국채의 발행과 관련된 계좌는 국가재정의 지급이라는 기능을 하므로 주권면제를 향유하는 데 반하여,[117]) 국가의 조달구매와 관련된 계좌는 그것이 비록 무기구매 대금의 지급을 위한 것이더라도 주권면제를 향유할 수 없다고 한다.[118]) 위에서 언급한 이란 국영석유회사사건도 강제집행절차에서 주권면제가 인정되지 않은 사례이다.

강제집행과 관련하여 중앙은행에 특별한 지위를 인정하려는 경향이 있다. 예컨대 미국의 1976년 외국주권면제법($1611(b)(1))과 영국의 1978년 주권면제법(제14조 제4항)은 미국과 영국에 소재하는 중앙은행의 계좌에 대해 강제집행절차에서

기 때문이다. 또한 한국도 가입한 해양법에 관한 국제연합 협약(UN Convention on the Law of the Sea) 제28조 제2항은 연안국은 외국선박이 연안국 수역을 항행하는 동안이나 그 수역을 항행하기 위하여 선박 스스로 부담하거나 초래한 의무 또는 책임에 관한 경우를 제외하고는 민사소송절차를 위하여 그 선박에 대한 강제집행을 할 수 없다고 규정한다. 정확한 명칭은 "해양법에 관한 국제연합협약 및 1982년 12월 10일자 해양법에 관한 국제연합협약 제11부 이행에 관한 협정"이다(다자조약 제1328호, 1996. 2. 28. 발효).

114) 최태현, 226면 이하.

115) BVerfGE 64, 1, 45. 채권자들은 외국이 국내은행에 보유하는 계좌를 강제집행의 대상으로 선호하는 경향이 있으나 그 경우 강제집행이 항상 성공적이지는 않다. 즉 독일의 임대인이 필리핀국을 상대로 임대료 채권에 기하여 필리핀국이 도이체방크 본(Bonn) 지점에 가지고 있는 계좌에 대해 압류 및 이부명령을 받은 사건에서, 강제집행절차에서의 재판권면제에 관한 지도적 재판인 독일 연방헌법재판소 재판은 외국국가의 재산은, 그것이 당해 국가의 비주권적 목적에 봉사하는 경우가 아니라면 그 국가의 동의가 있는 때에만 강제집행의 대상이 될 수 있음을 전제로, 필리핀국의 은행계좌는 대사관의 직무활동을 위한 경비를 지급하기 위한 것이므로 강제집행의 대상이 되지 않는다고 보았다. BVerfGE 46, 342.

116) BVerfGE 46, 342, 393f.; BVerfGE 64, 1, 42f.

117) LG Frankfurt v. 23. 5. 2000, RIW 2001, 308 (브라질국채 사건).

118) Linke/Hau, Rn. 88.

거의 완전한 면책을 인정한다.[119] 이는 당해 계좌의 구체적 목적설정에 관계없이 중앙은행 계좌의 통화정책적 의미를 고려하고, 또한 외국 중앙은행이 내국에 내국통화 계좌를 개설하도록 유도하기 위한 것이다.[120] 그러나 이에 대해서는 중앙은행에 대해 강제집행절차에서 재판권면제를 넓게 인정하는 것을 비판하고 중앙은행이 당해 계좌가 고권적 목적을 위한 것임을 입증해야 한다는 비판도 있다.[121]

대사관저의 명도와 강제집행에 관하여는 대법원 1997. 4. 25. 선고 96다16940 판결(자이레공화국 대사관 사건 판결)이 있다.[122] 이 사건에서 원고들은 자신들 소유의 주택을 자이레공화국(현재는 콩고공화국) 대사관에 임대하였고 이는 대사관저로 사용되었다. 자이레공화국이 차임의 지급을 연체하자 임대차계약을 해지하고 서울민사지방법원에 건물명도 등을 구하는 소를 제기하였다. 피고가 출석하지 않음에 따라 제1심법원은 의제자백에 기하여 피고는 위 주택을 원고에게 명도하고 명도완료 시까지 일정액의 비율에 의한 금원을 지급하라는 원고승소판결을 하였고 이는 확정되었다. 원고들은 피고가 임의로 명도하지 않자 법원으로부터 집행문을 받아 강제집행을 의뢰하였으나 강제집행 신청의 접수를 거절하였다. 원고들은 국가가 강제집행을 거부함으로써 원고가 재산상 손해를 입은 데 대하여 국가가 보상할 책임이 있다고 주장하면서 국가를 상대로 제소하였으나 패소하였다.[123] 이 사건에서 강제집행절차에서 재판권면제가 인정되는데 이는 외교관계에

---

119) 영국과 달리 미국은 중앙은행이 당해 계좌를 자신의 계산으로 보유할 것(held for its own account)을 요구한다.

120) Schack, Rn. 208.

121) Schack, Rn. 208.

122) 김상훈(註 57), 11면도 참조. 위 판결에 대한 평석은 강병근, "외교 사절단 공관을 둘러 싼 국제법적 문제−1961년 외교관계에 관한 비엔나 협약 제31조 제1항 (a)의 해석을 중심으로−", 안암법학 통권 제14호(2002.), 353면 이하 참조(이 글은 재판권과 재판관할권을 혼용하여 다소 혼란스럽다).

123) 대법원은 아래와 같이 판시하였다. "외교관계에관한비엔나협약이 대사관저에 대한 명도집행뿐만 아니라 공관 내의 재산에 대한 강제집행을 직접적으로 금하고 있다고 하더라도, 협약규정 자체가 직접적으로 외국대사관과 어떠한 법률행위를 강제하는 등으로 국민의 재산권을 침해하는 것은 아니고, 협약규정의 적용을 받는 외국대사관과 어떠한 법률행위를 할 것인지의 여부는 전적으로 국민의 자유의사에 맡겨져 있다고 할 것이므로 협약규정의 적용에 의하여 어떠한 손해가 발생하였다고 하여 그것이 국가의 공권력행사로 말미암은 것이라고 볼 수 없고, 나아가 외국 대사관이 사전에 승소판결에 기한 강제집행을 거부할 의사를 명시적으로 표시하였으므로 손해가 집달관의 강제집행 거부를 직접적인 원인으로 하여 발생한 것이라고 볼 수 없으므로 손실보상의 대상이 되지 아니하고, 또한 국가가 보상입법을 하지 아니하였다거나 집달관이 협약의 관계 규정을 내세워 강제집행을 거부하였다고 하여

관한 비엔나외교관계협약(제22조 제3호)상 명백하다. 한편 이 사건의 판결절차에서
재판권면제에 관하여는 견해가 나뉠 수 있다. 첫째, 명도를 구하는 것은 위 몽골
대사관 사건에서 2013년 대법원 판결이 판시한 바와 같이 건물의 철거를 구하는
것과 마찬가지로 재판권면제의 대상이라는 견해이다.[124) 이와 달리 재판권면제를
부정하는 견해도 주장될 수 있는데, 이에는 성질기준에 따라 건물 임대차계약으
로서 비주권적 행위이므로 재판권면제가 인정되지 않는다거나, 아니면 소유권에
기한 명도청구라면 달리 볼 수 있으나 임대차계약의 해지에 따른 명도청구이므로
재판권면제가 인정되지 않는다는 견해이다.

다. 국가의 포기와 중재합의

외국국가가 중재합의를 하고 강제집행에 관하여 주권면제를 포기한 예외적
인 경우 모든 재산에 대하여 강제집행할 수 있지만, 단순히 중재합의만을 하였다
면 강제집행에 관하여도 주권면제를 포기한 것으로 해석되지 않는 한 당해 청구
와 관련된 국가재산, 또는 더 넓게 본다면 상업적 목적에 사용되는 국가재산에 대
하여 강제집행을 할 가능성이 있으나 이는 논란의 여지가 있다.[125)

주목할 것은 ICC 중재규칙을 적용하기로 합의한 경우이다. 즉 ICC 중재규칙
을 적용하기로 합의하면 국가는 중재만이 아니라 집행단계에서도 주권면제를 포
기한 것으로 된다는 것이다.[126) 즉 프랑스법원에서 그렇게 판단한다는 의미이다.
위에서 언급한 것처럼 2000. 7. 6. 프랑스 파기원(*Cour de cassation*)은 당시의 구
ICC 중재규칙 제24조에 의거하여, 국가가 ICC 중재에 합의하는 것은 관할권 면제
의 포기뿐만 아니라 집행면제도 포기한 것이라고 판시하였다.

라. 주권면제와 국제재판관할의 근거

주권면제가 인정되어 강제집행의 대상이 되지 않는 재산은 재산 소재지 관할
을 발생시키는 근거가 될 수 없다.[127) 저자는, 과거 우리 민사소송법은 독일 민사

이로써 불법행위가 되는 것은 아니다".
124) 만일 이 견해를 따른다면 재판권 없는 사건에 대하여 법원이 판결을 한 것이므로 동 판결
은 무효라고 볼 수 있다(물론 견해가 나뉠 수 있다).
125) 우리 문헌은 서철원(註 91), 209면 이하; 장복희, "국가와 개인간의 중재판정의 집행", 중재
제294호(1999. 12.), 32면 이하 참조.
126) Redfern/Hunter(註 88), para. 11.144 참조.
127) Linke/Hau, Rn. 88.

소송법과 달리 관할근거가 되는 재산을 압류할 수 있는 재산에 한정하므로, 가사 재산 소재에 근거한 국제재판관할을 긍정하더라도 그렇게 해석해야 한다는 견해를 피력한 바 있다. 그런데 재산 소재지의 특별관할을 규정한 국제사법 제5조는 청구의 목적 또는 담보의 목적인 재산이 아닌 일반적인 재산권에 관한 소는 압류할 수 있는 피고의 재산이 대한민국에 있는 경우(다만, 분쟁이 된 사안이 대한민국과 아무런 관련이 없거나 근소한 관련만 있는 경우 또는 그 재산의 가액이 현저하게 적은 경우는 제외) 우리 법원에 제기할 수 있다고 규정하므로 전과 동일하게 압류할 수 없는 재산은 재산 소재지 관할을 발생시키는 근거가 될 수 없다.

마. 외국국가를 제3채무자로 하는 채권압류 및 전부명령과 주권면제

채권자는 주권면제가 인정되는 외국에 대하여 강제집행을 할 수 없다. 채권자의 채권자도 같다. 채권자도 그의 채무자, 즉 국가에 대한 채권자가 가지지 않는 권리를 취득하거나 행사할 수 없기 때문이다. 이런 의미에서 국가는 제3채무자의 지위에서도 강제집행으로부터 면제되는데 이는 별 의문이 없다.

그러나 집행절차에서 외국의 재판권면제가 인정되더라도, 외국을 제3채무자로 하여 압류 및 이부결정[128](Pfändungs – und Überweisungsbeschluss)을 하는 것은 별개의 문제이다. 왜냐하면 이 경우 제3채무자인 외국의 재산에 대하여가 아니라 (집행)채무자의 재산에 대하여 강제집행을 하는 것이기 때문이다.[129] 따라서 여기에서는 국가의 강제집행으로부터의 재판권면제는 문제 되지 않으며 이는 허용되어야 할 것이지만, 뒤(7.)에서 보는 바와 같이 만일 외국으로 송달해야 한다면

---

128) 이부명령(Überweisungsbefehl)은 압류에 의하여 국가가 걷어들인 압류금전채권의 처분권을 압류채권자에게 부여하는 집행법원의 처분으로 추심명령, 전부명령(Überweisung an Zahlungs staat)과 특별현금화명령(양도명령, 매각명령, 관리명령)을 포괄한다. 이시윤, 집행법, 400면.

129) Geimer, Rz. 611; Schack. 5. Auflage, Rn. 1086; Kurt Stöber, Forderungspfändung, 12. Auflage (1999), Rn. 38; Lucie Sonnabend, Der Einziehungsprozess nach Forderungs – pfändung im internationalen Rechtsverkehr (2007), S. 466 참조. 독일에는 반대설도 있다. 본문의 견해는 채권압류 및 이부명령의 효력은 독일에서 발생하고 제3채무자에 대한 송달은 단순한 통지기능만을 담당한다고 하는 데 반하여, 반대설은 독일 민사소송법상 채권압류 및 이부명령의 효력은 제3채무자에게 송달됨으로써 발생하므로(제829조 제3항) 외국에서 강제집행을 하는 것으로 본다. Nagel/Gottwald, Rz. 19.76. 후자를 따르더라도 송달이 한국 내에서 행해지면 이런 문제는 해소될 것이다. 채권압류에 관한 비교법적 검토는 위 Sonnabend, S. 94ff. 참조.

실제로 적법한 송달이 이루어지지 못할 수도 있다.

그런데 우리나라의 전국버스운송사업조합연합회가 한국인 채무자가 미합중국에 대하여 가지는 퇴직금과 급여채권에 대하여 우리 법원으로부터 채권압류 및 추심명령을 받은 뒤 서울중앙지방법원에서 미합중국을 상대로 제기한 추심금청구 소송에서 대법원 2011. 12. 13. 선고 2009다16766 판결은 이와 달리 채권압류 및 추심명령을 미국에 대한 강제집행에 해당하는 것으로 보아 아래와 같은 취지로 설시하면서 우리 법원의 재판권을 부정하였다.

> 채권압류 및 추심명령은 제3채무자 소유의 재산에 대한 집행이 아니고 또한 제3채무자는 집행당사자가 아님에도, 채권압류 및 추심명령이 있으면 제3채무자는 지급금지명령, 추심명령 등 집행법원의 강제력 행사의 직접적인 상대방이 되어 이에 복종하게 된다. 이와 같은 점을 고려하면 제3채무자를 외국으로 하는 채권압류 및 추심명령에 대한 재판권 행사는 외국을 피고로 하는 판결절차에서의 재판권 행사보다 더욱 신중히 행사될 것이 요구된다. 더구나 채권압류 및 추심명령이 제3채무자에 대한 집행권원이 아니라 집행채권자의 채무자에 대한 집행권원만으로 일방적으로 발령되는 것인 점을 고려하면 더욱 그러하다. 따라서 피압류채권이 외국의 사법적 행위를 원인으로 하여 발생한 것이고 그 사법적 행위에 대하여 해당 국가를 피고로 하여 우리나라의 법원이 재판권을 행사할 수 있다고 하더라도, 피압류채권의 당사자가 아닌 집행채권자가 해당 국가를 제3채무자로 한 압류 및 추심명령을 신청하는 경우, 우리나라 법원은, 해당 국가가 국제협약, 중재합의, 서면계약, 법정에서 진술 등의 방법으로 그 사법적 행위로 부담하는 국가의 채무에 대하여 압류 기타 우리나라 법원에 의하여 명하여지는 강제집행의 대상이 될 수 있다는 점에 대하여 명시적으로 동의하였거나 또는 우리나라 내에 그 채무의 지급을 위한 재산을 따로 할당해 두는 등 우리나라 법원의 압류 등 강제조치에 대하여 재판권 면제 주장을 포기한 것으로 볼 수 있는 경우 등에 한하여 그 해당 국가를 제3채무자로 하는 채권압류 및 추심명령을 발령할 재판권을 가진다.
> 그리고 이와 같이 우리나라 법원이 외국을 제3채무자로 하는 추심명령에 대하여 재판권을 행사할 수 있는 경우에는 그 추심명령에 기하여 외국을 피고로 하는 추심금 소송에 대하여도 역시 재판권을 행사할 수 있다고 할 것이고, 반면 추심명령에 대한 재판권이 인정되지 않는 경우에는 추심금 소송에 대한 재판권 역시 인정되지 않는다(밑줄은 저자가 추가함).

대법원판결은 당해 사건에서 미국의 명시적 동의 등이 없으므로 우리 법원은 미국을 제3채무자로 하는 추심명령에 대하여 재판권을 행사할 수 없고 따라서 그 추심명령에 기하여 미국을 피고로 하는 추심금 소송에 대하여도 역시 재판권을 행사할 수 없다고 판단하였다.

이는 채권압류 및 추심명령을 마치 제3채무자인 외국국가에 대한 강제집행 또는 그에 준하는 것으로 본 것인데 이를 지지하기는 어렵다.[130] 위에서 본 것처럼 국가는 제3채무자의 지위에서도 강제집행으로부터 면제되지만, 이 사건에서 만일 채무자가 미국에 대해 소를 제기하였더라면 우리나라가 재판권을 가질 수 있는 사건이었을 텐데(그럴 가능성이 크다) 원고가 그 채권에 기하여 추심의 소를 제기하는 경우에도 주권면제를 인정할 이유가 없다. 이에 대하여는 만일 원고가 권리이전효를 가지는 전부명령을 받았다면 모르겠지만 단순히 추심명령을 받아 추심의 소를 제기하는 것은 여전히 강제집행절차의 일부이므로 주권면제가 인정되어야 한다는 견해도 가능하다. 하지만 가사 그렇더라도 아래에서 보듯이 이 사건에서 한국에서 적법한 송달이 이루어졌다면 한국에서 강제집행이 행해진 것이라고 할 수 있고, 더욱이 추심의 소는 민사소송법규정에 따라 제기하는 민사소송의 일종이고[131] 외국국가에 대한 집행이 아니므로 주권면제를 인정할 이유는 없지 않을까 생각된다. 대법원이 더 전향적인 태도를 취했더라면 하는 아쉬움이 있다.[132]

다만 위 사건에서 미합중국으로의 송달경로가 궁금한데, 경우에 따라서는 송달의 효력이 없어 채권압류 및 추심명령의 효력이 부정될 수도 있다. 제1심판결문은 송달장소를 "서울 용산구 용산동 3가 1 사서함(소관 : 주한미군사령부)"이라고 적고 있는데 채권압류 및 추심명령도 같은 곳으로 송달된 것이 아닌가 모르겠다. 만일 외교경로를 통하지 않은 이런 송달이 적법하다면 송달의 어려움은 극복될 수 있

---

130) 권성 외, 사례해설 假處分의 研究, 개정판(2002), 60면도 동지(이는 제3채무자가 당사자가 되는가의 관점에서 검토한다). 그러나 뒤의 7.에서 보는 것과 유사하게 첫째, 외국국가에 대한 채권압류 및 전부명령의 발령과 송달이 외국에서 하는 강제집행인가, 둘째, 송달은 어떻게 해야 하는가라고 접근하는 것이 적절하다고 본다. 제3채무자가 국가인 경우 그에 추가하여 외국국가에 대한 채권압류 및 전부명령의 발령과 송달이 외국 또는 외국의 재산에 대한 강제집행인가라는 문제가 제기되며 이는 주권면제의 문제로서 뒤의 7.에서는 제기되지 않는다.

131) 이시윤, 집행법, 401면.

132) 위 판결에 대한 평석은 장준혁, 17면 이하 참조(이는 위 판결에 대해 비판적이다. 107면 註 208 참조). 문영화, 외국국가 제3채무자, 185면과 전원열, 3-1-3-2(제3채무자인 외국국가에 대하여 물리적인 강제력을 행사하는 조치가 아닌 점을 지적한다)도 같다. 반면에 장원경, 171면 이하는 긍정적으로 평가한다.

다.[133] 요컨대 위 사건에서 강제집행의 대상은 미국의 재산도 아니고, 강제집행이 미국에서 행해진 것도 아니라는 것이다. 만일 이 사건에서 우리나라에 재판권이 있다면 다음으로는 국제재판관할이 문제 되는데 이는 재판권 문제와는 별개이다.

압류 및 추심명령의 국제재판관할에 관하여는 이는 집행행위로서 집행국가의 전속관할에 속하는지(예컨대 브뤼셀 I bis 제24조 제5호, 이제는 국제사법 제10조 제1항 제5호) 아니면 재판관할권과 구별되는 국가관할권의 하나인 '집행관할권'의 문제로서 속지주의를 따를 사항인지를 검토할 필요가 있다.[134]

7. 외국에 소재하는 제3채무자에 대한 채권압류 및 전부명령의 송달과 속지주의[135]

어느 국가가 강제집행을 할 수 있는 권한은 국제관습법상 그 국가에 소재하거나 다른 국가들로부터 자유로운 영역에 소재하는 대상에 한정된다.[136] 이런 의미에서 국가의 집행관할권은 '속지주의 원칙'에 따른다고 할 것이나[137] 그 경계설정이 애매한 경우가 있다. 예컨대 한국인 채권자가, 한국인 채무자가 외국에 소재하는 제3채무자에 대하여 가지는 채권에 대하여 우리 법원으로부터 압류 및 전부명령을 받을 수 있는지가 문제 된다. 물론 국제재판관할이 있음을 전제로 한다. 여기에서는 첫째, 압류 및 전부명령 또는 그 송달이 제3채무자 소재지 국가에서 강제집행을 하는 것이 되는가, 둘째, 이를 제3채무자에게 송달할 수 있는가를 검

---

133) 참고로 추심명령의 단계에서 가사 채권압류 및 추심명령이 송달될 전망이 없더라도 이는 법원이 채권압류 및 추심명령을 기각할 이유는 되지 않는다. Geimer Rz. 1081, Rz. 2142; Schack. 5. Auflage, Rn. 1091도 동지. 외국국가에 대한 송달의 해설은 배형원 외, 20면 註 24 참조.

134) 강제집행을 위한 전제로서 집행권원의 획득을 위한 재판을 하기 위하여는 '재판관할권'이 필요하고 집행권원을 실제로 집행하기 위하여는 집행관할권이 필요하다고 할 수 있다. 법원실무제요, 민사집행[IV]-동산·채권 등 집행(2020), 232면은 강제집행의 대상이 채권인 경우에 제3채무자가 외국에 있더라도 그에게 압류명령을 송달하기만 하면 압류의 효력이 발생하고 그 밖에 집행절차상 다른 실력행사가 필요하지 않기 때문에 제3채무자가 외국에 있다는 이유만으로 우리 법원의 집행재판권을 부정할 것은 아니라고 본다. 여기에서 '집행재판권'은 아마도 집행절차에서의 재판권을 말하는 것으로 짐작된다.

135) 이는 독일에서는 국제강제집행법의 논점으로 논의된다. 우리 논의는 권창영, 128면 이하; 법원실무제요 민사집행[IV](註 134), 246-249면에서는 제3채무자가 외국에 있는 경우의 송달방법을 설명한다.

136) Geimer, Rz. 405.

137) Geimer, Rz. 3200.

토해야 한다. 왜냐하면 채권의 소재지에 관하여 국제적으로 통용되는 원칙이 없고, 채권압류 및 이부명령의 송달은 소송서류나 재판서의 송달과 달리 강제집행으로 볼 수 있기 때문이다. 독일에서의 논의는 대체로 다음과 같다.

첫째의 논점에 관하여, 이를 허용하는 견해는 우리 법원이 채권압류 및 이부명령을 발하고 이를 제3채무자에게 송달하더라도 우리 법원이 외국에서 행동하는 것이 아니고 제3채무자가 채무자에게 변제하더라도 더 이상 그의 채무를 소멸시키지 않음을 통지하는 의미를 가질 뿐이라고 본다.[138] 하지만 반대설은 제3채무자에 대한 송달이 창설적 효력을 가진다는 이유로(독일 민사소송법 제829조 제3항, 우리 민사집행법 제229조 제4항, 제227조 제3항) 압류 및 이부결정은 허용되지 않는다고 본다.[139] 과거 독일 중앙당국(Justizverwaltung)은 민사사법공조규칙(Rechtshil-feordnung in Zivilsachen. ZRHO)[140] 제28조 제2항(외국으로의 촉탁)과 제59조 제3항 제1호(외국으로부터의 촉탁)에 기하여 제3채무자가 거주하는 국가에 송달촉탁을 거부하였으나, 1999년 3월 민사사법공조규칙이 개정됨으로써 그 경우 주권침해를 암시했던 조항이 삭제된 후로는 과거와 달리 제3채무자에 대한 송달을 해주는데,[141] 이로써 국제적 강제집행에 대한 큰 장애의 하나가 제거되었다고 한다.[142] 다만, 둘째의 논점으로 그 경우 외국이 송달을 해줄지는 외국이 결정할 사항이므로 송달이 이루어지지 못할 수도 있음을 지적한다.[143]

---

138) Schack. 5. Auflage, Rn. 1086; Geimer, Rz. 610ff., Rz. 408ff.

139) Nagel/Gottwald, Rz. 19.76 참조.

140) 이는 독일 연방과 주가 공동으로 제정한 행정규칙(Verwaltungsvorschrift)이다. Geimer, Rz. 263a 참조.

141) 과거 Gottwald의 견해가 통용되었고 독일 중앙당국도 그를 따랐으나 이제는 Geimer와 Schack 등의 견해를 따른다고 한다. Peter Gottwald, Grenzüberschreitende Zustellung der Forderungspfändung und von einstweiligen Verfügungen, IPRax (1999), S. 395; Nagel/Gottwald, Rz. 19.76; Geimer, Rz. 408a; Lucie Sonnabend, Der Einziehungs-prozess nach Forderungspfändung im internationalen Rechtsverkehr (2007), S. 29; Klaus J. Hopt/Rainer Kulms/Jan von Hein, Rechtshilfe und Rechtsstaat : Die Zustellung einer US-amerikanischen class action in Deutschland (2006), S. 137f.

142) Gottwald(註 141), S. 396. 권창영, 307면 이하는 제3채무자에 대한 송달의 가부에 관한 일본 학설(부정설, 제3채무자 기준설, 채무자 기준설과 국제재판관할설)을 소개하면서 민사집행법 제224조(집행법원), 제278조(가압류법원), 제303조(관할법원)를 참작하여 채무자 또는 제3채무자가 한국에 보통재판적이 있거나, 그렇지 않으면 채권의 담보물 또는 인도대상이 한국 내에 있어야 우리 법원에 채권집행을 위한 국제재판관할권이 있다고 한다.

143) 압류명령 및 이부명령은 ZRHO 제84조 제6항(Pfändungs- und Überweisungsbe-schlusses)에 따라 송달될 수 있다. 이헌묵은 '제3당사자 지급명령'(garnishee order, third

근자에는 판결 후 강제집행을 위한 재산 개시절차에서 외국 국가의 주권면제가 인정되는지가 논란이 있었다. 이는 미국 연방대법원의 Republic of Argentina v. NML Capital, Ltd. 사건에서 아르헨티나가 발행한 채권(bond) 소지인인 NML Capital, Ltd.는 아르헨티나를 상대로 뉴욕에서 제기한 소송에서 승소한 뒤 아르헨티나의 재산에 대한 강제집행을 하고자 은행들에게 글로벌 금융거래와 관련된 기록을 요구하는 벌칙부 소환영장(subpoena)을 송달하였다. 이에 대하여 아르헨티나는 그의 해외 자산은 디스커버리로부터 면제된다고 주장하였으나 미국 연방대법원은 이를 배척하였다.[144] 다만 이를 긍정해야 한다는 Ginsburg 대법관의 반대의견이 있다.

Ⅳ. 재판권을 인정하기 위한 요건으로서의 관련성(nexus)

주권면제에 관한 논의에서, 주권면제를 배제하기 위한 요건 내지는 전제로서 법정지국과 외국국가의 행위 또는 활동 간의 관련성(nexus)을 요구하는 견해가 있다.[145] 예컨대 고용계약의 경우, UN 재판권면제협약은 주권면제의 배제를 위한 요건으로 근로자가 법정지국에서 노무를 제공할 것을 전제로 하고, 국가면제에 관한 유럽협약도 마찬가지이다.

한편 상업적 활동에 관하여는 UN 재판권면제협약, 국가면제에 관한 유럽협약과 영국의 국가면제법은 아무런 관련성을 요구하지 않고, 단지 계약상의 의무의 경우 의무의 일부가 법정지국에서 이행될 것을 요구할 뿐이나, 미국의 1976년 외국주권면제법은 상업적 활동에 대하여 미국 법원이 외국국가의 주권면제의 예외를 인정하기 위한 전제로서 관련성을 요구한다. 즉, 동법 §1605 (a)(2)는 외국의 상업적 활동이라고 하여 무조건 주권면제의 예외를 인정하는 것이 아니라, 외국이 미국과 적절한 관련성을 가지는 상업적 활동을 한 경우에 한하여 주권면제의

---

party debt order)이라 하고, 제3당사자 지급명령은 우리의 전부명령과 유사하나, 제3채무자의 채무가 확정되지 않는 전부명령과 달리 제3당사자 지급명령에서는 제3채무자의 채권자에 대한 지급의무가 지급명령에 의하여 확정된다고 한다.

144) 573 U.S. 134 (2014); 134 S. Ct. 2250; 189 L. Ed. 2d 234 (2014).

145) 최태현, 162면 이하 참조. 최태현 교수는 이를 재판관할권(저자가 말하는 '재판권') 행사의 전제로서의 관련성이라고 하는데, 그 결과 국제관할(저자가 말하는 '국제재판관할')의 행사의 전제로서의 관련성과 혼란을 초래하고 있다.

예외를 인정한다.[146) 따라서 동법에 의하면, 예컨대 한국이 미국에서 미국인과 상업적 활동을 한 경우 미국 법원은 한국의 주권면제를 인정하지 않을 것이나, 한국이 미국 외에서 미국인과 상업적 활동을 한 경우 — 미국에서 어떠한 행위도 한 바 없고, 그 행위가 미국에서 직접적인 효과를 초래하는 것도 아니라면 — 한국이 상업적 활동을 한 것은 마찬가지지만, 미국 법원은 한국에 대해 주권면제의 예외를 인정하지 않는다.[147) 요컨대 미국의 외국주권면제법에 따르면, 한국의 행위가 순전한 상업적 활동이더라도 그것만으로 주권면제가 인정되는 것은 아니고, 매우 제한된 범위 내에서만 주권면제가 인정된다는 것이다.

이런 차이는 재판권과 국제재판관할의 관계에 대한 이해와 관련된다. 양자를 준별하고, 재판권의 존재가 국제재판관할의 판단에 논리적으로 선행한다고 보는 독일식 접근방법하에서는 재판권의 존재를 인정하기 위한 요건으로서 법정지국과 어떤 영토적 관련성이 존재할 것을 요구하지 않는 데 반하여, 양자를 구별하지 않는 영미법계 국가에서는 법정지국의 재판권을 인정하기 위한 전제로서 국제재판관할의 어떤 연결점이 법정지국에 존재할 것, 즉 영토적 관련성을 요구한다.[148) 이는 관할권이 면제된다고 하기 위하여는 우선 일견하여 관할권이 있는 것으로 보여야 그의 면제를 논의할 수 있기 때문이다. 만일 아무런 영토적 관련성이 없으면 관할권면제 자체가 문제되지 않을 것이기 때문이라고 설명할 수 있다.

다만 영미법계와 같은 접근방식을 취할 경우 재판권의 행사의 전제로서의 행위와 법정지국 간의 관련성(nexus)과, 국제재판관할(권)을 행사하기 위한 전제로서의 최소한의 접촉(minimum contact) 내지는 실질적 관련의 관계를 이해하기가 어렵게 되는데, 양자 간의 일부 중복 내지 저촉은 불가피하다.[149) 영미법계의 입장을 따른 UN 재판권면제협약을 이해함에 있어 우리로서는 이를 주권면제의 예외

---

146) 보다 구체적으로, 소송이 ① 외국국가가 미국 내에서 행한 상업적 활동, ② 외국국가가 미국 외에서의 상업적 활동과 관련하여 미국 내에서 행한 행위 또는 ③ 외국국가가 미국 외에서의 상업적 활동과 관련하여 미국 외에서 행한 행위로서 미국 내에 직접적인 효과를 초래하는 행위에 근거한 경우 주권면제의 예외를 인정한다.

147) 그 경우 기술적으로는 주권면제의 예외가 인정되지 않으므로 주권면제가 인정되어 미국 법원은 재판을 할 수 없다고 볼 수 있다. 저자는 이를 그렇게 표현하였다가 주권면제는 문제되지 않는다고 표현을 바꾸었다. 석광현, 제3권, 820면.

148) Geimer, Rz. 670 참조.

149) 독일에서는 유럽협약에 대해, 이는 유감스럽게도 재판권과 국제재판관할을 구분하지 않고, 재판권을 인정하기 위해 관할의 연결점이 법정지국에 존재할 것을 요구한다고 비판한다. Geimer, Rz. 670, 644.

를 제한하기 위한 요건으로 파악할 수 있을 것이다.

V. 국제연합(UN) 재판권면제협약

국제연합은 2004년 12월 "국가와 그 재산의 재판권면제에 관한 국제연합협약150)(United Nations Convention on Jurisdictional Immunities of States and Their Property)"("국제연합 재판권면제협약" 또는 "UN 재판권면제협약")을 채택하였다. 이는 제한적 주권면제론을 따르고 있는데 우리나라도 가입을 적극 검토할 필요가 있다. 그 전에도 우리 법원이 재판권면제에 관하여 판단함에 있어서는 협약을 참조할 필요가 있다. 위 협약이 아직 발효하지 않았으므로 우리 법원이 그에 구속될 이유는 없지만, 어느 정도 국제적 합의를 반영한 것이라는 점에서 협약을 고려할 필요가 있다는 것이다. 아래는 협약의 간단한 소개이다.151)

국가는 주권면제를 포기할 수 있다(제7조). 국가가 외국의 법정에 원고로서 제소하거나 자진하여 소송에 참여하여 공격·방어행위를 하는 경우 묵시적으로 주권면제를 포기한 것으로 해석된다(제8조, 제9조). 그 밖에 UN 재판권면제협약은 아래의 경우 주권면제를 인정하지 않는다.

1. 상 거 래

외국이 내국 또는 제3국의 국민이나 법인과 상거래에 종사하고 또한 국제사법규칙에 의하여 상거래와 관련된 분쟁이 다른 국가 법원의 관할권에 속하는 경우 그 국가는 그 상거래로부터 발생하는 소송에서 재판권면제를 주장할 수 없다(제10조). 협약(제2조 제1항 c호)은 상거래를 아래와 같이 정의한다.

(i) 물품의 매매 또는 용역의 공급을 위한 모든 상업적 계약 또는 거래

---

150) 이에 관하여는 우선 http://www.un.org/law/ilc/와 정인섭, 211면 이하; 김대순, 482면 이하; David P. Stewart, The UN Convention on Jurisdictional Immunities of States and Their Property, 99 Am. J. Int'l L. 194 (2005); 최태현, "UN국가면제협약의 채택과 가입의 필요성", 한양대학교 법학논총 제25권 제4호(2008), 123면 이하 참조. 이는 2023. 6. 20. 현재 아직 발효하지 않았다. https://treaties.un.org/Pages/ViewDetails.aspx?src=IND&mtdsg_no=III-13&chapter=3&clang=_en 참조.

151) 위 협약의 체약국 중에서 핀란드, 이란, 이탈리아, 리히텐스타인, 노르웨이, 사우디아라비아, 스웨덴, 스위스 등은 위 협약의 적용 범위 등에 관하여 해석선언 기타 선언을 하거나 일정한 내용에 대하여 유보를 하였다.

(ⅱ) 대출 또는 금융적 성질의 그 밖의 거래를 위한 모든 계약(대출 또는 그러한 거래에 관한 모든 보증 또는 배상의 의무를 포함하여)

(ⅲ) 그 밖의 상업적·산업적·무역상 또는 전문적 성질의 모든 계약 또는 거래. 다만, 고용계약은 포함하지 않는다.

2. 고용계약에 관한 소송

국가와 개인 간의 고용계약에 관한 소송에서는 원칙적으로 주권면제가 인정되지 않는다. 다만, 노무자가 특정한 공권력 행사를 위해 채용된 경우, 노무자가 외교사절로서의 면제를 향유하는 자인 경우, 소송의 내용이 개인의 충원, 고용갱신 또는 복직에 관한 경우, 해고나 고용만료에 관한 소송으로 국가안보와 관련된 경우와 노무자가 사용국 국민인 경우 등에는 주권면제가 인정된다(협약 제11조).

3. 불법행위에 관한 소송

불법행위로 인한 신체나 재산적 피해에 관한 금전적 보상을 주장하는 소송의 경우에는 주권면제가 인정되지 않는다. 다만, 불법행위의 전부 또는 일부가 법정지국에서 행해지고, 불법행위를 한 자가 불법행위 당시 법정지국에 소재하였어야 한다(협약 제12조).

4. 부동산에 관한 소송

법정지국에 소재하는 외국의 부동산에 관한 소송, 상속, 증여, 무주물의 귀속에 의하여 발생하는 동산 또는 부동산에 관한 외국의 권리나 이익에 관한 소송의 경우 주권면제가 인정되지 않는다(협약 제13조).

5. 강제집행으로부터의 면제

판결절차에서의 외국법원의 재판권에 대한 동의는 강제집행에 대한 동의를 포함하는 것으로 해석되지 않으므로, 판결절차에서 재판권이 있어서 판결이 선고된 경우에도, 해당 국가가 별도로 동의하거나 또는 법정지국에 소재하는 재산으로 비상업적 목적 이외의 재산에 대하여만 압류나 강제집행 등의 강제조치를 할 수 있다(협약 제19조). 또한 소송의 대상이 되었던 실체(entity)와 관련이 있는 재산에 대하여만 강제조치를 취할 수 있다. 특히 외교사절 등의 직무수행상 사용되는 재산(은행계좌 포함), 군사적 성질 또는 용도의 재산, 국가의 중앙은행 또는 금융당국의 재산, 판매할 것이 아닌 국가 문화재, 판매할 것이 아닌 과학적 · 문화적 · 역사적 이해관계가 있는 재산 등은 통치적 · 비상업적 용도 이외의 재산으로 간주되지 않으므로 국가의 동의가 없으면 강제조치의 대상이 될 수 없다(협약 제21조).

Ⅵ. 법원의 송달과 재판권 흠결의 효과

1. 소송요건

사건에 대하여 우리나라가 재판권을 가질 것은 소송요건이며 이것이 없으면 소는 부적법하다. 따라서 법원은 재판권의 존부를 직권으로 조사하여야 한다.

2. 재판권의 유무와 법원의 송달

첫째, 재판권 흠결 시 송달의 가능 여부와 둘째, 송달할 경우 그 경로가 문제된다. 절대적 주권면제론에서는 법원은 소장을 각하해야 하고 송달해서는 안 된다고 보는 경향이 있으므로[152] 아래 논의는 제한적 주권면제론을 전제로 한다.

가. 재판권 흠결 시 법원의 송달의 가부

재판권이 없음이 명백한 경우 법원은 소장부본을 송달할 수 없으므로 재판장은 명령으로 소장을 각하하여야 한다.[153] 그러나 주권면제가 인정되는 것이 명백하더라도 소송법상의 소장 송달이 아니라 사실상의 통지로서 소장의 송달은 가능하다는 견해가 있고, 외교부를 통해 응소 여부를 문의한 뒤에 송달할 것이라는 견해도 설득력이 있다. 실제로 국제민사사법공조 등에 관한 예규(제26조)는 후자를 따라 외국 등에 응소의사 타진을 명시적으로 규정한다.[154] 반면에 재판권 없음이

---

152) 이는 위 대법원 1975. 5. 23.자 74마281 결정의 입장이다.

153) 이시윤, 56면. 다만, 소를 각하할 것이라는 견해도 있다. 반면에 피고가 외국국가이더라도 우리 법원에 재판권이 있거나, 재판권이 없음이 명백하지 않은 때에는 소장부본을 송달하여야 한다. 소장 각하의 근거로 민사소송법 제249조 제1항이 정한 소장의 기재사항이 미비한 경우 재판장이 소장을 각하할 수 있음을 정한 민사소송법 제254조(재판장등의 소장심사권)를 근거로 들기도 하나 소장의 기재사항에 미비한 경우는 아니므로 정확한 것은 아니다.

154) 즉 동조에 따르면 외국 및 국제법상 국가에 준하는 대우를 받는 국제기구(이하 "외국 등"이라고 한다)를 상대로 소가 제기된 경우에 당해 외국 등이 응소할 의사가 있는지의 여부를 확

명백하지 않으면 이에 관하여 변론하여야 하므로 법원은 소장부본을 송달하여야 한다.155)

나. 법원의 송달의 경로

우리나라에서도 송달협약이 발효하였으므로 외국이 송달협약의 체약국이라면, 외국국가에 대한 송달의 경로는 세 가지 가능성을 생각할 수 있다. ① 송달협약(제3조)의 원칙적 송달방법인 외국의 중앙당국(Central Authority)을 통한 송달, ② 송달협약 제9조 제2항에 따른 외교경로를 통한 송달,156) ③ 한국 주재 당해 외국의 대사관을 통한 송달이 그것이다. 독일의 이론에 따르면, 한국에서 제기된 소송의 소장을 수령하는 것은 한국 주재 외국대사관의 업무에 포함되지 않는다고 보아 ③은 적절하지 않다고 보고, 통상적인 외교경로를 통해야 한다고 한다.157) 우리나라에서도 통상적인 외교경로에 의하여야 한다는 견해가 유력하나,158) 근자의 위안부 사건(각하한 사건)에서 서울중앙지방법원 재판부는 해당 사건의 송달은 먼저 법원행정처를 통하여 위 ① 송달협약에 따른 절차를 거쳤으나 일본에서 두 차례 수취를 거절하였기에 2019. 3. 8. 공시송달을 하여 그 효력이 2019. 5. 9. 발생하였고(민사소송법 제196조 제2항), 그 이후 소송서류의 송달은 모두 공시송달로 이루어졌다고 한다.159)

인하고자 하는 경우에는 수소법원의 장이 요청서를 작성하여 법원행정처장에게 외교부장관에 대하여 이를 확인하여 줄 것을 요청하여야 하고, 법원행정처장은 위 요청서에 따라 외교부장관에게 외국 등이 응소할 의사가 있는지의 여부를 확인하여 줄 것을 의뢰하여야 한다.

155) 이시윤, 56면; Geimer, Rz. 479. 법원실무제요/민사[I](2017), 16면은 소장부본을 송달해야 한다고 쓰고 있다. 김도형, "外國이 被告인 민사소송에 있어 우리 법원의 태도", 2015. 6. 4. 개최된 기당(箕堂) 이한기 선생 20주기 추모 학술대회 자료, 50면 참조. 송달에 관한 근자의 논의는 문영화, 외국국가 송달, 219면 이하 참조.

156) 이는 민사공조법에 따른 외교경로를 통한 송달과 같다. 예컨대 미국으로 송달하는 경우 주미 한국대사관과 미국 국무부를 통하여 송달한다. 그러나 제9조는 원칙적으로 영사관원을 통한 송달을 규정하고, 예외적인 경우에 비로소 외교경로를 이용할 수 있다고 규정하는데 그러한 예로는 외국국가에 대해 송달하는 경우를 든다. Günter Pfennig, Die internationale Zustellung in Zivil und Handelssachen (1988), S. 61.

157) Geimer, Rz. 654.

158) 임치용, "헤이그송달조약을 가입함에 있어", 국제사법연구 제2호(1997), 66면. 외국 국가에 대한 송달에 관한 본문의 논의는 석광현, 제2권, 236면 이하 참조. 문영화, 외국국가 송달, 231면은 외국 국가가 당사자인 경우 수송달자에 관하여는 국내의 논의가 거의 없다고 하나 위에서 보듯이 논의가 있었다.

159) 이와 관련하여 근자의 보도에 따르면 조총련이 1960년대 재일 교포를 상대로 진행한 '북송

참고로, 미국의 1976년 외국주권면제법은 외국국가에 대한 송달은 외교경로를 통해서 하도록 명시한다(제1608조, 연방민사소송규칙(FRCP)[160] 제4조 (j)항). 송달협약은 외국국가가 당사자인 경우에 관하여 별도 규정을 두지는 않으므로 논리적으로는 외국국가에 대한 송달의 경우에도 중앙당국을 통한 송달이 불가능한 것은 아닐 것이다. 그러나 외국국가가 당사자인 점을 고려하여 외교경로를 통하여 송달할 것이라는 견해의 취지를 충분히 이해할 수 있다.[161]

미국 정부는 1976. 2. 3. 강제력이 따르지 않는 한 미국 내에서 외국의 외교

(北送) 사업'에 따라 북한에 건너가 살다가 탈북한 이들이 손해배상을 구하는 소를 북한과 김정은을 상대로 서울중앙지법에 제기할 예정인데, 그들은 소장(訴狀)이 송달돼야 할 주소로 '미국 뉴욕 소재 북한 유엔대표부'를 지정하기로 하였다고 한다. 그동안 국군 포로 등은 북한과 김정은을 상대로 손해배상 청구 소송을 내면서 '북한 평양시 중구역 창광동 조선노동당 청사'를 소장을 보낼 주소로 기재하였는데 그런 송달은 사실상 불가능하였기에 법원은 공시송달을 하였고 그에 따라 원고들은 승소판결을 받을 수 있었다. 그러나 지난 2020년 서해에서 표류하다 북한군에 총살당한 해양수산부 공무원의 유족들이 김정은의 주소를 북한 노동당 청사로 기재하고 공시송달을 요청한 데 대하여 서울중앙지법은 피고의 주소를 알고 있기 때문에 공시송달을 할 수 없다는 이유로 원고들의 공시송달 신청을 기각하고 소장을 각하하였기에(2024. 2. 2.자 2022가단12273 명령) 위 사건에서 새로운 송달장소를 찾은 것이라고 한다. 위 명령은 민사소송법 제183조 제1, 2항이 송달받을 사람의 주소등을 알지 못할 때 뿐 아니라 그 장소에서 송달할 수 없는 때에도 송달받을 사람의 근무장소에서 송달할 수 있다고 정하고 있는 것과 달리 제194조는 당사자의 주소등 또는 근무장소를 알 수 없는 경우 공시송달을 할 수 있다고 정하고 있을 뿐 그 장소에서 송달할 수 없는 경우에 대하여는 공시송달을 할 수 있다고 정하고 있지 않으므로 그러한 경우에는 공시송달이 허용될 수 없다고 판시하였다. 더 근본적으로는 북한을 상대로 한 소송에서 우리나라에 재판권이 있는지가 문제 되고 이는 북한의 법적 지위와 관련된다. 윤남근, "북한정권 상대 손해배상청구와 우리나라의 민사재판권", 법률신문 제5162호(2024. 3. 18.), 23면 참조(이 글은 국제재판관할을 (민사)재판권의 대물적 제약으로 보는 점에서 부적절하고, 재판권과 국제재판관할을 명확히 구별하지 못하는 문제가 있다). 참고로 미국인 웜비어의 부모는 북한 당국의 고문으로 아들이 사망했다며 2018년 4월 워싱턴 DC 연방법원에 북한 정권을 상대로 제소하여 같은 해 12월 법원으로부터 약 5억 달러의 승소 판결을 받았고 그 후 북한의 자산을 추적하여 강제집행을 한 것으로 보인다. https://www.voakorea.com/a/7778909.html 보도 참조.

160) 미국 연방민사소송규칙은 연방민사소송법의 중요한 법원(法源)으로서 사실상 연방민사소송법으로서 기능한다. 각 주는 민사소송법을 가지고 있다. 영국의 경우 1997년 민사소송법(Civil Procedure Act 1997)에 근거하여 Civil Procedure Rule Committee가 민사소송규칙(Civil Procedure Rue)을 제정하였다(위 법 제12장 제2조).

161) 그런데 Anja Costas－Pörksen, Anwendungsbereich und ordre public－Vorbehalt des Haager Zustellungsübereinkommens (2015), S. 59는 이 경우에도 송달협약의 적용이 가능하다고 본다.

기관원이나 영사관원이 소송서류를 송달하거나 증인신문을 함에 이의가 없음을
선언하였고, 우리 법원은 종래 이를 근거로 미국에 대해서는, 송달을 받을 자가
한국인이든 외국인이든 간에 관계없이 미국 내 한국의 외교관 또는 영사에게 촉
탁해 송달을 받을 자에게 직접 송달하고 있으나,[162] 미국이 피고인 경우에도 이러
한 영사송달이 가능한지가 문제 된다. 위에서 본 것처럼 미국 외국주권면제법은
외국국가에 대한 송달은 외교경로를 통해서 하도록 규정하므로 반대로 미국이 피
고인 경우에까지 영사송달이 가능하다고 선언한 것인지는 의문이다.[163]

　　외국국가가 당사자인 경우 수송달자에 관하여 민사소송법에 규정이 없는데,
이를 당해 외국의 법에 따르도록 할 경우 판단이 쉽지 않으므로 입법에 의하여
해결할 필요가 있다는 견해가 있고 이는 외국의 외교부장관이나 그에 준하는 기
관에게 송달하도록 하는 취지의 조문을 두는 것이 국제예양에 부합할 것이라고
한다.[164]

3. 재판권 흠결 시 법원의 처리와 재판권의 흠결을 간과하고 선고한 재판의 효력

　　변론 결과 재판권의 부존재가 판명되면 법원은 판결에 의하여 소를 각하하여
야 한다. 법원이 이를 간과하고 본안판결을 한 경우에는 상소에 의하여 다툴 수
있으나 판결이 확정된 뒤에는 재심청구를 할 수 없다고 본다.[165] 그러나 판결이
확정되더라도 재판권에 복종하지 않는 자에 대하여는 판결의 효력이 미치지 않으
므로 그런 의미에서 무효라고 본다.[166]

---

162) 국제민사사법공조규칙 제2조(촉탁의 상대방)는 "법 제5조의 경우에 송달받을 자 또는 증인
　　신문을 받을 자가 미합중국에 거주하는 경우에는 그가 대한민국 국민이 아닌 경우에도 미
　　합중국주재 대한민국의 대사, 공사 또는 영사에게 촉탁할 수 있다"라고 명시적으로 규정한
　　다. 그러나 법원실무제요/민사[Ⅲ], 1965면과 배형원 외, 75면은 수송달자가 한국인이 아닌
　　경우 미국에서 영사송달을 이용하는 것을 자제하고 중앙당국을 통한 송달방식을 사용하고
　　있다고 한다. 상세는 이 책 제7장 참조.
163) 법원실무제요/민사[Ⅲ], 2021-2022면은 미국처럼 자국 내에서 외교관원이나 영사관원이
　　소송서류를 송달하는 데 대하여 이의 없음을 선언한 국가의 경우 영사관원을 통하여 우편
　　으로 송달하는 가능성을 언급한 뒤, 이는 논란이 있고 미국도 외국에 대한 소송에서 위 방
　　법을 사용하지 않는다는 이유로 부적절하다고 한다.
164) 문영화, 외국국가 송달, 236면.
165) 이시윤, 56면.
166) 이시윤, 56면; 송상현·박익환, 62면. Junker, 3. Auflage, §4 Rn. 14도 같다. 위에 소개한 대
　　법원 2011. 12. 13. 선고 2009다16766 판결은 제3채무자가 국가인 경우 채권압류 및 추심
　　명령은 재판권이 없는 법원이 발령한 것으로 무효라고 판시한 바 있다.

4. 외국이 재판권 흠결을 무시하고 내린 재판의 승인 및 집행

주권면제를 향유함에 따라 외국국가의 재판권으로부터 면제되는 국가에 대하여 주권면제를 무시하고 판결을 선고한 경우 그 외국재판이 우리나라에서 승인될 수 있는지가 문제 된다. 우리 민사소송법상 주권면제에 관한 규정은 없지만 그러한 판결은 승인되지 않는 것으로 본다. 그 근거는 민사소송법에 명시되지 않은 승인요건의 하나인 재판권의 결여 또는 공서위반을 들 수 있다.[167]

Ⅶ. 맺음말: UN 재판권면제협약 가입 또는 입법의 고려

한국 국민이나 기업 등이 현재 외국국가 등과 활발한 거래를 하고 있고 장차 그러한 거래가 증가할 것이므로 한국 국민이나 기업을 보호하기 위해 우리 법원이 제한적 주권면제론을 채택하는 것은 시대적 요청이다. 그런데 위 대법원판결처럼 제한적 주권면제론의 근거를 국제법, 국제관습법 내지는 국제관례에서 구한다면, 이를 구체적으로 어떻게 인식할 것인가, 특히 외국국가의 주권면제의 정확한 범위를 어떻게 파악할 것인가라는 어려운 문제가 제기된다. 즉 절대적 주권면제론을 취할 때에는 국가면제가 인정되는 범위는 별로 문제 되지 않으나, 제한적 주권면제론을 취하게 된 지금으로서는 주권면제가 인정되는 범위를 명확히 할 필요가 있다. 물론 독일의 예에서 보듯이, 이 문제를 구체적인 사건을 담당한 법원의 판단에 맡기는 것도 가능하지만, 법적 안정성과 당사자의 예측가능성의 제고라는 관점에서는 이는 권할 만한 방법은 아니다.

따라서 우리도 가칭 '외국국가와 그 재산에 대한 재판권면제에 관한 법률'(민사재판권법)을 제정하여 명확한 기준을 제시하거나, 둘째, UN 재판권면제협약에 가입하는 적극적 방안을 검토할 필요가 있다. 위에서 언급한 바와 같이 일본이 "외국등에 대한 일본의 민사재판권에 관한 법률"(민사재판권법)을 제정하여 2010. 4. 1.부터 시행하고 있음은 참고할 만하다. 저자가 이런 견해를 피력한 지는 꽤 오래되었으나 정부는 별로 관심이 없는 것 같다.

---

167) 석광현, 제1권, 271면 참조. 상세는 이 책 제10장 참조.

제 4 장

국제재판관할

제 4 장

국제재판관할[1]

I. 머 리 말

국제재판관할이라 함은 국제민사사건에서 제기되는 법적 쟁송에 대하여 어느 국가의 법원이 재판할 권한을 가지는가, 또는 재판임무를 어느 국가(또는 주)에 배당할 것인가의 문제이다. 2001년 7월 시행된 구 국제사법 제2조는 바로 이런

---

* 제4장에서 인용하는 아래 주요 문헌은 [ ] 안에 기재한 인용약호를 사용한다.

권재문, "친자관계의 성립과 효력, 성년후견, 부재와 실종에 관한 국제재판관할", 국제사법연구 제21권 제1호(2015. 6.)[권재문]; 김문숙, "비송사건의 국제재판관할에 관한 입법론", 국제사법연구 제21권 제2호(2015. 12.)[김문숙, 비송사건]; 김문숙, "부양사건과 성년후견사건의 국제재판관할에 관한 입법론", 국제사법연구 제19권 제2호(2013. 12.)[부양사건]; 김민경, "전속적 국제재판관할합의 위반으로 인한 소송금지가처분(Anti-suit injunction)과 손해배상청구", 국제거래법연구 제30집 제1호(2021. 7.)[김민경]; 김인호, "국제거래분쟁의 해결을 위한 국제재판관할합의에 대한 분쟁", 국제거래법연구 제31집 제1호(2022. 7.)[김인호, 관할합의]; 김원태, "국제사법 전부개정법률안의 검토 —가사사건의 국제재판관할을 중심으로—", 민사소송 제22권 제2호(2018. 11.)[김원태]; 서영수, "국제부양사건의 합의관할·변론관할·관련관할 —국제사법의 보호적 관할규정의 비판적 검토를 중심으로—", 서울대학교 법학전문대학원 법학전문석사 학위논문(2024. 2.)[서영수](간단히는 서영수, "국제부양사건의 합의관할·변론관할·관련관할 —2022년 개정 국제사법의 보호적 관할규정의 비판적 검토를 중심으로—", 국제사법연구 제30권 제1호(2024. 6.), 75면 이하); 석광현, "2005년 헤이그 재판관할합의협약의 소개", 국제사법연구 제11호(2005)[석광현, 관할합의협약], 석광현, 국제민사소송법: 국제사법(절차편)(2012)[석광현, 국제민소법]; 석광현, "우리 법원의 IP 허브 추진과 헤이그 관할합의협약 가입의 쟁점", 국제사법연구 제25권 제1호(2019. 6.)[석광현, IP 허브]; 오정후, "국제사법 개정안의 국제재판관할 —개정안의 편제와 총칙의 검토—", 민사소송 제22권 제2호(2018. 11.)[오정후]; 이연, "국제사법상 소비자보호에 관한 연구 —국제계약의 준거법 결정에서 당사자자치 원칙의 제한을 중심으로—", 서울대학교 대학원 법학박사학위논문(2022. 2.)[이연]; 이창현, 국제적 분쟁과 소송금지명령(2021)[이창현, 소송금지명령](이는 이창현, "국제적 분쟁해결에 있어서 '소송금지명령'의 활용에 관한 연구", 서울대학교 대학원 법학전문박사학위논문

국제재판관할을 규정하였다. 국제사법에 정치(精緻)한 국제재판관할규칙을 두고자 2014. 6. 30. 법무부는 국제사법개정위원회("위원회")를 구성하였으나 개정안을 채택하지 못하였다. 법무부는 4명의 위원을 중심으로 2017년 1년 동안 작업한 결과 국제사법 전부개정법률안을 성안하였고 2018. 2. 27. 공청회를 개최하였다. 법무부는 공청회 결과를 반영하여 개정안(공청회에 제출된 국제사법 전부개정법률안을 "개정안")을 확정한 뒤 2018. 11. 23. 국회에 제출하였다. 20대 국회의 임기종료로 개정안은 폐기되었으나 개정법률안은 21대 국회에 다시 제출되었고 2022. 1. 4. 국제사법 전부개정법률이 법률 제18670호로 관보(제20161호)에 공포되었으며 그에 의하여 개정된 국제사법이 2022. 7. 5. 발효되었다. 개정 국제사법이 시행됨으로써 우리나라는 준거법(지정)규칙(이하 "준거법규칙")과 정치한 국제재판관할규칙(또는 국제재판관할법)이라는 양 날개를 구비한 국제사법을 가지게 되었고 이는 한국 국제사법 발전의 중대한 계기가 될 것이다.

(2020. 8.)의 단행본이다); 이필복, "전속적 국제재판관할(국제적 전속관할) 개관", 국제사법연구 제24권 제1호(2018. 6.)[이필복, 전속관할]; 이혜민, "국제적 소송경합과 국제재판관할권의 불행사 —부적절한 법정지의 법리(Forum Non Conveniens)의 국제적·비교법적 의의 및 구현방안—", 국제사법연구 제28권 제2호(2022. 12.)[이혜민]; 장준혁, "대한민국에서의 헤이그관할합의협약 채택방안 —2019년 재판협약 성립을 계기로 돌아본 의의와 과제—", 안암법학 제61호(2020. 11.)[장준혁, 관할합의협약]; 장준혁, "부양사건의 국제재판관할", 가족법연구 제31권 제1호(2017. 3.)[장준혁, 부양사건]; 장준혁, "국제재판관할법 전면 개정의 의의와 과제", 국제사법연구 제28권 제2호(2022. 12.)[장준혁, 관할법]; 정해덕, 국제소송·중재(2021)[정해덕]; 최승재 외, 국제적 특허분쟁의 재판관할에 관한 연구(법원행정처 연구용역 보고서, 2022)[최승재 외]; 한승수, "국제재판관할합의의 위반과 손해배상책임", 국제사법연구 제25권 제1호(2019. 6.)[한승수]; 한충수, "미국법상의 관할체계, 연방법원의 민사사건 관할권(federal subject matter jurisdiction)을 중심으로", 한양대 법학논총 제15집(1998)[한충수, 미국 관할체계]; Adrian Briggs, Agreements on Jurisdiction and Choice of Law (2008)[Briggs]; Burk—hard Hess, Europäisches Zivilprozessrecht, 2. Auflage (2021)[Hess]; Jan Kropholler, Handbuch des Internationalen Zivilverfahrensrechts Band Ⅰ, Kapitel Ⅲ, Internationale Zuständigkeit (1982)[Kropholler, Handbuch].

1) 상세는 석광현, 국제재판관할법 참조. 여기에서는 이를 축약하고 그의 간행 후 문헌들을 반영하였다.

Ⅱ. 국제재판관할법의 기초이론

1. 국제재판관할법의 기본개념

가. 개념과 국제규범

국제재판관할(권)이라 함은 국제민사사건에서 제기되는 법적 쟁송에 대하여 어느 국가의 법원이 재판할 권한을 가지는가, 또는 재판임무를 어느 국가(또는 주)에 배당할 것인가의 문제이다.[2] 2001년 7월 시행된 구 국제사법 제2조는 국제재판관할을 규정하였는데, 이는 국제법에서 말하는 국가관할권 중 재판관할권(jurisdiction to adjudicate)의 문제이다. 현재 국제재판관할 일반에 관하여 전 세계적으로 널리 통용되는 조약은 없으나 지역적으로는 재산법 영역에서 유럽연합의 브뤼셀 Ⅰ[3]과 이를 대체한 브뤼셀 Ⅰ bis(또는 브뤼셀 Ⅰ recast),[4][5] 친족 · 상속법 영역에서 브뤼셀 Ⅱ bis(또는 브뤼셀 Ⅱ a 또는 브뤼셀 Ⅱ recast)와 브뤼셀 Ⅱ ter(브뤼셀 Ⅱ b 또는 브뤼셀 Ⅱ bis recast)[6]가 있고, 그 밖에 분야별로 EU부부재산제규정,[7] EU부양규정[8]과 EU상속규정[9] 등이 있다.

---

2) 석광현, 국제재판관할연구, 21면.

3) 이는 "민사 및 상사(사건)의 재판관할과 재판의 집행에 관한 유럽연합의 이사회규정(번호 44/2001)"(또는 "Judgment Regulation")으로 1968년 채택된 "민사 및 상사(사건)의 재판관할과 재판의 집행에 관한 EC협약"("브뤼셀협약")을 대체한 것이다.

4) 이는 "민사 및 상사(사건)의 재판관할과 재판의 집행에 관한 유럽의회 및 이사회의 규정(recast)(번호 1215/2012)"으로 브뤼셀 Ⅰ을 대체한 것이다. 김용진, "제3국의 관점에서 본 차세대 유럽민사소송법", 인권과 정의 제469호(2017. 11.), 43면 이하; 최흥섭, 유럽연합(EU)의 국제사법(2020), 21면 이하 참조.

5) 또한 1988년 당시 유럽경제공동체 국가들과 유럽자유무역연합(EFTA) 국가들 간에 체결된 루가노협약과 2010. 1. 1. 발효한 개정 루가노협약이 있다.

6) 이는 "혼인과 친권(부모책임) 사건의 재판관할, 승인 및 집행과 국제적 아동 탈취에 관한 2019. 6. 25. 이사회규정(번호 2019/1111)"으로 브뤼셀 Ⅱ bis를 대체한 것이다(2022. 8. 1. 시행).

7) 이는 "부부재산제 문제에서의 관할, 준거법, 재판의 승인과 집행 영역에서의 제고된 협력의 실행을 위한 2016. 6. 24. 이사회규정(번호 2016/1103)"을 말한다.

8) 이는 "부양사건의 재판관할, 준거법과 재판의 승인 및 집행과, 공조에 관한 이사회규정(번호 4/2009)"을 말한다.

9) 이는 "상속사건에 관한 재판관할, 준거법, 재판의 승인 및 집행과, 공서증서의 인정과 집행에 관한 그리고 유럽상속증명서의 창설에 관한 규정(번호 650/2012)"을 말한다. 소개는 김문숙, "상속준거법에서의 당사자자치", 국제사법연구 제23권 제1호(2017. 6.), 301면 이하; 윤진수(편집대표), 주해상속법 제2권(2019), 1147면 이하(장준혁 집필부분) 참조.

한편 국제사법규범의 점진적 통일을 목적으로 설립된 헤이그국제사법회의 차원에서는 다양한 협약이 있다. 이미 발효된 2005년 "관할합의에 관한 협약"("관할합의협약")10)과 2019년 "민사 또는 상사(사건)에서 외국재판의 승인 및 집행에 관한 협약"("재판협약")11)이 대표적이고 분야별 협약들도 있다. 또한 "국제항공운송에 있어서의 일부 규칙 통일에 관한 협약(즉 1999년 몬트리올협약)"처럼 개별 법률 분야에 관한 조약 중에 국제재판관할규칙을 두는 예도 있다.

나. 재판권과 국제재판관할(권)

(1) 재판권과 국제재판관할의 관계: 법계에 따른 차이

제3장에서 보았듯이 재판권은 재판에 의해 법적 쟁송사건을 해결할 수 있는 국가권력 또는 법질서 실현을 위한 국가의 권능으로서 '사법권'이라고도 하며 법관으로 구성된 법원에 속한다. 재판권은 국가주권으로부터 파생되는, 재판을 할 수 있는 개별 국가의 권능인데, 국제재판관할은 재판임무를 어느 국가에 배당할 것인가의 문제이므로 국제재판관할규칙은 어느 국가가 그 안에서 자신의 재판권을 행사하고자 하는 범위의 획정(또는 자발적인 재판권의 제한)을 말한다. 독일에서는 재판권(Gerichtsbarkeit 또는 *facultas iurisdictionis*)과 국제재판관할을 준별하여 독립한 소송요건으로 보는데, 국제재판관할은 재판권의 존재를 전제로 한다. 따라서 일국의 민사재판권의 행사에는 외재적·국제법적 제약인 재판권의 문제와 내재적·국제민사소송법적 제약인 국제재판관할의 문제라는 레벨이 다른 두 종류의 제약이 있다고 본다.12)

우리 민사소송법 학설에 따르면 재판권과 국제재판관할은 흠결 시의 효과 그리고 법원이 흠결을 간과하고 재판한 경우의 효력이 다르다.13) 영미에서는 양자

---

10) 소개와 국문시역은 석광현, 관할합의협약, 192면 이하; 김효정, "헤이그관할합의협약 가입시의 실익과 고려사항", 국제사법연구 제25권 제1호(2019), 169면 이하; 장준혁, 관할합의협약, 47면 이하 참조.

11) 장준혁, "2019년 헤이그 외국판결 승인집행협약", 국제사법연구 제25권 제2호(2019. 12.), 437면 이하; 석광현, "2019년 헤이그 재판협약의 주요 내용과 간접관할규정", 국제사법연구 제26권 제2호(2020. 12.), 3면 이하; 김효정·장지용 외, 외국재판의 승인과 집행에 관한 연구(사법정책연구원, 2020), 한국국제사법학회, "민사 또는 상사에 관한 외국재판의 승인과 집행에 관한 협약(헤이그재판협약) 연구", 법무부 2021년 정책연구 보고서(장준혁 외 집필) 참조.

12) 석광현, 국제재판관할연구, 35면 이하 참조.

13) 석광현, 국제재판관할연구, 38면 이하 참조. 저자는 독일 통설과 마찬가지로(예컨대 Geimer,

를 '관할권(jurisdiction)'의 문제로 다루나, 우리의 재판권은 '국가(또는 주권)면제'와 '외교관면제'에서 보듯이 '관할권으로부터의 면제(immunity from jurisdiction)'의 문제로, 우리의 국제재판관할(권)은 '대인관할권(personal jurisdiction)', '대물관할권(*in rem* jurisdiction)'과 '준대물관할권(*quasi in rem* jurisdiction)'의 문제로 다룬다. 재판권은 일부 사안(외국국가, 중앙은행 또는 외교관이 피고인 경우)에서 문제되나 국제재판관할은 외국적 요소가 있는 사안에서 항상 문제 된다.[14) 국제재판관할에 관한 국제규범은 재판권의 문제에는 영향을 미치지 않음을 명시한다.[15)

(2) 국제재판관할은 재판권의 대물적 제약인가

재판권과 국제재판관할의 관계에 관하여 우리 국제사법학과 민사소송법학은 종래 독일법의 접근방법을 따른다. 일본 이론의 영향을 받은 일부 민사소송법학자들은 국제재판관할을 재판권의 '대물적 제약(또는 물적 범위)'으로, 주권·외교관 면제를 '대인적 제약(또는 인적 범위)'으로 파악하나 이는 설득력이 없다. 국제재판관할의 근거는 재판국과의 관련성(connection)에 근거한 것인데, 그에는 전통적으로 ① 재판국과 피고 간의 관련성, ② 재판국과 청구(소송물) 간의 관련성과 ③ 동의(consent)에 기초한 관련성이 있다.[16)

(3) 국제재판관할합의의 효과와 법계에 따른 차이

우리가 말하는 재판권을 당사자가 창설·배제할 수 없음은 영미와 독일이 같다. 한편 국제재판관할권에 재판권의 요소가 포함되어 있다고 보는 영미에서는 당사자들이 합의를 함으로써 법원의 재판관할권을 배제하거나 창설할 수 없다고 본다.[17) 반면에 국제재판관할을 재판권과 별개로 파악하는 독일 기타 대륙법계에

Rz. 1011) 국제재판관할의 흠결은 판결의 확정에 의하여 치유된다고 보나 우리나라에서는 이견도 보인다.

14) 따라서 강제징용 피해자들이 일본의 미쓰비시와 신일본제철을 상대로 제소한 징용사건의 경우 국제재판관할이 문제되었을 뿐 재판권의 문제는 없었으나, 한국의 위안부 피해자들이 일본국을 상대로 제소한 사건에서는 재판권(즉 주권면제)이 문제되었다.

15) 관할합의협약(제2조 제6항)과 재판협약(제2조 제5항)이 그런 예이다. 브뤼셀 I Recast(제1조 제1항 제2문)는 "특히 … 국가 권한의 행사에 있어 작위 및 부작위(*acta iure imperii*)에 대한 국가 책임에는 미치지 않는다"라고 명시한다.

16) 재판협약의 보고서인 Francisco Garcimartín / Geneviève Saumier, Judgments Convention: Explanatory Report (2020), para. 138. 여기의 동의는 복종을 말하는 것으로 보인다.

17) Briggs, para. 8.49.

서는 이를 허용하여 당사자들의 창설적 합의(prorogation)에 의하여 국제재판관할이 창설되고, 배제적 합의(derogation)에 의하여 국제재판관할권이 배제된다고 본다. 즉 국제재판관할합의의 효력(또는 효과)의 측면에서 법계에 따른 차이가 있다.

다. 국가관할권과 국제재판관할

국제법상 '국가관할권(state jurisdiction)' 개념이 널리 사용되는데, 국제재판관할권도 그와의 관련하에서 이해할 필요가 있다. '국가관할권'의 분류는 논자에 따라 다르나 미국법률협회(ALI)의 Restatement of the Law (Third): The Foreign Relations Law of the United States (1987)("대외관계법 Restatement")의 분류가 설득력이 있다.[18] 그에 따르면 국가관할권은 국내법이 규율하는 사항의 범위의 문제인 '규율관할권(jurisdiction to prescribe)', 사법기관이 그의 재판관할의 범위를 정하고 국내법령을 적용하여 구체적 사안을 심리하고 재판을 선고하는 권한인 '재판관할권(jurisdiction to adjudicate)'과 법원 또는 행정기관이 체포, 강제조사 등의 물리적 강제조치에 따라 국내법을 집행하는 권한인 '집행관할권(jurisdiction to enforce)'으로 구분된다.[19] 어느 국가가 규율관할권을 가지자면 그의 행사가 합리적이어야 하는데, 대외관계법 Restatement는 합리성을 판단함에 있어 고려할 요소들을 열거한다.[20]

국제사법 제2조가 규정하는 국제재판관할은 재판관할권의 문제인데, 현재 이에 관한 전 세계적인 조약이나 국제관습법이 없으므로 각국의 입법자는 자유롭게 국제재판관할규칙을 정립하고 있다.

한편 협의의 국제사법(즉 준거법규칙. '저촉법', '지정규범' 또는 '법적용법'이라 한다)은 입법관할권의 국제적 한계의 문제는 아니다. 민사사건에서 규율관할권은 거의 한계가 없거나 있더라도 매우 추상적 원칙밖에 없다. 만일 이를 입법관할권의 문제로 본다면 준거법 결정원칙을 정한 협의의 국제사법이 국제(공)법의 일부가 되는 부당한 결과가 된다. 따라서 민사사건에서 준거법 문제는 주로 국제법(또는

---

18) Restatement Of The Law Fourth, The Foreign Relations Law of the United States: Selected Topics in Treaties, Jurisdiction, and Sovereign Immunity (2018), §401 (Categories of Jurisdiction)도 위 분류를 유지한다.

19) 석광현, "클라우드 컴퓨팅의 규제 및 관할권과 준거법", Law & Technology 제7권 제5호 (2011. 9.), 13면 이하 참조.

20) §403(2).

국제법 및 국제행정법과 국제형법) 문제로 다루어지는 행정사건과 형사사건에서 규율관할권의 문제와 달리 취급된다.

라. 국제재판관할의 분류: 일반관할과 특별관할 등

국제재판관할의 분류는 다양하나, 범위에 따라, 법원이 사건의 종류나 내용에 관계없이 피고에 대한 모든 소송에 관해 재판관할을 가지는 경우 '일반관할 (general jurisdiction)'을 가지고, 법원이 계약 또는 불법행위 등과 같이 일정한 종류나 내용(또는 청구원인)에 기한 소송에 관하여만 재판관할을 가지는 경우 '특별관할(special jurisdiction)' 또는 '특정관할(specific jurisdiction)'을 가진다고 한다. 민사소송법은 토지관할의 맥락에서 보통재판적과 특별재판적을 구분하나, 국제재판관할을 다루는 국제사법은 일반관할과 특별관할이라는 용어를 사용한다.

마. 발현형태: 직접관할과 간접관할

국제재판관할의 문제는 어느 국가(예컨대 한국)의 법원에 소가 제기된 경우 재판을 하기 위한 전제로서 국제재판관할을 가지는가와, 외국법원이 선고한 판결을 어느 국가(예컨대 한국)의 법원이 승인 및 집행하기 위한 전제로서 재판국인 당해 외국이 국제재판관할을 가지는가라는 두 가지 형태로 제기된다. 전자를 '직접적 국제재판관할'("직접관할") 또는 '심리관할', 후자를 '간접적 국제재판관할'("간접관할") 또는 '승인관할'이라 한다.

한편 간접관할과 직접관할의 관계가 문제가 되는데, 양자를 동일한 원칙에 따라 판단하는 견해가 구 민사소송법하의 다수설이고 주류적인 판례[21]였다. 국가 간에 동일한 국제재판관할규칙을 적용함으로써 공평을 기할 수 있으므로 기본적으로 이 견해가 타당하다. 독일에서는 이러한 원칙을 '경상(鏡像)의 원칙(Spiegel－bildprinzip)'이라 한다. 민사소송법 제217조 제1항 제1호는 "대한민국의 법령 또는 조약에 따른 국제재판관할의 원칙상 그 외국법원의 국제재판관할권이 인정될 것"이라고 하여 이 점을 명시한다.[22]

---

21) 예컨대 대법원 1995. 11. 21. 선고 93다39607 판결 등.
22) 상세는 이 책 제10장 참조.

바. 국제재판관할과 준거법의 관계

(1) 국제재판관할규칙과 준거법규칙이라는 양 날개 체제의 도입

구 국제사법은 과도기적 조치로서 제2조에서 국제재판관할에 관한 원칙을 선언하고, 제27조와 제28조에서 소비자와 근로자의 보호를 위한 국제재판관할규칙을 두었다.[23] 국제사법이 국제재판관할규칙을 대폭 도입함으로써 우리는 정비된 국제재판관할규칙과 준거법규칙이라는 양 날개를 갖추었으므로 장래 양자의 상호관계를 더 체계적으로 검토할 필요가 있다.

(2) 국제재판관할규칙과 준거법규칙에서 성질결정과 연결점

우리는 종래 협의의 국제사법(즉 준거법규칙)의 맥락에서 성질결정과 연결점을 중요한 논점으로 다루었다. 반면에 국제재판관할의 맥락에서는 성질결정과 연결점(통상 '관할원인' 또는 '관할근거'라 하나 국제재판관할에서의 '연결점'이라고도 한다. 이하 호환적으로 사용한다)[24]을 소홀히 다루었다.

(가) 성질결정

종래 협의의 국제사법학에서 '성질결정'이라 함은 어떤 사안을 적절한 저촉규정에 포섭할 목적으로 독립한 저촉규정의 체계개념을 해석하는 것 또는 그의 사항적 적용범위를 획정하는 것을 말한다.[25] 국제재판관할의 맥락에서도 성질결정의 문제가 제기되는데, 여기에서도 협의의 국제사법에서의 성질결정과 동일한 원칙을 적용하는 것이 다수설이다. 통상의 성질결정에서는 연결대상을 법정지법상의 체계개념이 아니라 비교법적으로 획득된 기능개념으로 이해하는데, 한국에서는 이런 취지의 '기능적 또는 목적론적 성질결정론' 내지 '신법정지법설'이 유력하다.[26]

(나) 연결대상과 연결점

연결대상의 구성에서 국제재판관할규칙과 준거법규칙은 차이가 있다. 연결대

---

23) 그 밖에도 제12조, 제14조 및 제48조는 비송사건인 실종선고, 한정치산 및 금치산선고와 후견에 관하여 한국 법원이 관할을 가지는 경우를 규정하였다.

24) Schack, Rn. 268; Geimer, Rz. 282ff.

25) 이호정, 국제사법(1981), 102-103면; 석광현, 해설, 23-24면.

26) 석광현, 해설, 29면 이하.

상의 구성은 아래(3)에서 논의한다.

협의의 국제사법에서 연결점은 특정한 법률관계 또는 연결대상을 일정한 국가 또는 법질서와 연결시켜 주는 독립적 저촉규정의 일부분을 말한다. 국제재판관할에서도 이런 개념이 사용되는데, 국적, 일상거소지, 소재지, 행위지, 지식재산권 침해지, 불법행위지, 당사자 의사, 선적은 국제재판관할규칙과 준거법규칙에서 모두 연결점으로 사용된다. 한편 부당이득지, 혼인거행지와 가장 밀접한 관련(최밀접관련) 등은 준거법규칙에서만 사용되고, 영업활동지와 경영중심지는 국제재판관할규칙에서만 사용된다. 연결점은 우리 국제사법 해석의 문제이므로 우리 법에 의하여 결정되는데, 양자가 동일한 연결점을 사용하더라도 항상 동일한 의미는 아니다. 예컨대 준거법 맥락에서 국적을 연결점으로 사용하는 경우 본국은 국제사법 제16조에 의하여 걸러진 본국을 말하나, 국제재판관할규칙에서는 그렇지 않다(견해가 나뉠 수는 있다).

어쨌든 국제사법이 국제재판관할과 준거법을 함께 규율하므로 앞으로는 양자의 이동(異同)과 상호작용을 전보다 더 체계적으로 검토할 필요가 있다.

(3) 국제재판관할과 준거법의 병행(Gleichlauf)

국제사법의 국제재판관할규칙(일반관할, 변론관할과 합의관할은 특수함)과 준거법규칙은 대부분 연결대상의 범주를 설정하고 연결대상별로 연결점을 통하여 우리 법원이 관할을 가지는 경우를 규정하고 준거법을 지정하는 구조를 취한다. 양자가 병행하기도 하나 아닌 경우도 있다. 연결점은 연결대상에 대하여 우리나라의 관할권(국제재판관할규칙의 경우)에 연결하거나 또는 어느 국가의 법질서(준거법규칙의 경우)에 연결한다.

(가) 국제재판관할과 준거법이 병행하는 경우

양자의 병행은 전속관할규칙에서 두드러진다. 또한 특별관할규칙에서도 양자의 병행을 볼 수 있다. 여기에는 연결대상과 연결점이 모두 동일한 경우가 있다(제44조, 제52조, 제57조, 제72조, 제60조와 제73조, 제56조, 제63조와 제66조 등). 이처럼 관할규칙과 준거법규칙의 구조적 유사성에 주목하면 준거법규칙을 '법의 저촉(conflit de lois)'으로, 국제재판관할규칙을 '관할의 저촉(conflit de juridictions)'으로 파악하면서 양자를 국제사법의 문제로 이해하는 프랑스 국제사법의 체제를 쉽게 이해할 수 있다. 한편 연결대상은 동일하나 연결점은 다른 경우도 있다(제41조, 제45조 이하, 제42조와 제47조 및 제43조와 제48조 등). 양자는 서로 다른 목적을 가지고 다른 이념에 따라 지배되므로 양자의 병행이 항상 바람직하지는 않다. 즉 준거법 결정은 연결대상과 가장 밀접한 관련이 있는 법을 찾으므로 원칙적으로 하나의 준거법이 지정되나, 국제재판관할의 결정은 사건·당사자와 실질적 관련이 있는 국가를 찾는 것이지 가장 적절한 국가를 찾는 것이 아니므로 경합하는 것이 자연스럽다.

(나) 국제재판관할과 준거법이 병행하지 않는 경우

국제재판관할의 맥락에서는 사무소·영업소 소재지의 특별관할(제4조)이 인정되나, 준거법의 맥락에서는 사무소·영업소의 업무에 관한 통일적 준거법규칙은 없다. 국제재판관할규칙에서는 혼인관계에 관한 사건이 하나의 연결대상이나(제56조), 준거법규칙에서는 상응하는 연결대상이 혼인의 성립(성립요건과 방식으로 세분된다), 혼인의 일반적 효력, 부부재산제와 이혼으로 세분된다(제63조부터 제66조). 이는 동일한 규칙에 포섭되는 연결대상의 범주(하나의 '다발' 또는 '단위') 설정(또는 범주화)의 문제이다.

더욱이 국제재판관할에서는 일반관할을 인정하므로 동일한 사건에 대하여 복수국가가 경합관할(또는 임의관할)을 가질 수 있고 따라서 원고는 정당한 권리로서 포럼 쇼핑을 할 수 있으며 이는 빈번히 발생하는 현상이나, 준거법의 맥락에서는 선택적 연결과 보정적 연결 등이 가능하지만 이는 이례적이다. 따라서 국제재판관할규칙과 준거법규칙의 병행은 한계가 있다.

(다) 국제재판관할과 준거법의 병행이 논란이 있는 사례

하나는 비송사건의 국제재판관할을 정함에 있어서 실체법과 절차법의 밀접 관련성을 고려하여 준거법과 국제재판관할의 병행주의를 채택할지의 문제이다. 다른 하나는 소비자계약에서 국제재판관할과 준거법의 병행이다. 국제사법은 관할규칙과 준거법규칙의 맥락에서 동일한 소비자계약의 개념을 사용하나, 유럽연합에서는 국제재판관할규칙을 정한 브뤼셀체제와 준거법을 정한 로마체제 간에 차이가 있다.

나아가 신분관계사건에서 준거법이 자국법임을 근거로 자국의 국제재판관할

을 인정하는 견해도 있다. 이를 인정한다면 '준거법 관할(*forum legis*)' 또는 '병행
관할(Gleichlaufszuständigkeit)'을 인정하는 것이 된다. 우리나라에서도 신분관계사
건에서 준거법 관할이 너무나 당연하므로 국제사법이 명기하지 않는다고 하는 견
해[27]도 있다. 그러나 동의하기 어렵다. 준거법 관할을 인정한다면 관할의 결정에
앞서 준거법을 결정해야 하는 어려움이 있다. 준거법 소속국의 관할을 인정할 것
이 아니라 관할규칙과 준거법규칙에 동일한 연결점을 사용해야 한다.[28]

사. 형사관할권과 행정관할권 및 민사관할권의 관계[29]

(1) 일반이론

엄밀하게 말하자면 국가관할권의 발현형태는 형사사건, 행정사건과 민사사건
의 맥락에서 차이가 있으므로 각 유형별로 규율관할권, 재판관할권과 집행관할권
을 논의해야 하나 그러면 논의가 복잡하고, 국제법상 국가관할권에 관한 논의(특
히 속지주의, 속인주의 등의 기초이론)는 종래 입법관할권, 그중에서도 특히 형사관
할권을 중심으로 전개되었으며 유사한 법리가 행정관할권에도 적용되는 것으로
확대되었음을 고려할 필요가 있다.

한 가지 지적할 것은, 집행관할권은 형사, 행정이든 민사든 간에 주로 속지주
의의 원칙에 의하여 지배되는 반면에, 규율관할권은 주로 형사사건과 행정사건에
서 다루어지고 있고[30] 재판관할권은 주로 민사사건에서 다루어진다는 점이다. 이
는 형사사건과 행정사건에서는 재판관할권은 규율관할권과 동일한 원칙에 따르는
것으로 이해되나,[31] 민사사건에서는 규율관할권은 거의 한계가 없거나 있더라도

---

27) 장준혁, "외래적 재판외 이혼의 실행과 수용", 가족법연구 제36권 1호(통권 제73호)(2022.
   3.), 124면, 149면.
28) Schack, Rn. 267도 동지. 요컨대 국제사법은 준거법 관할을 알지 못한다. 독일에서도 같다.
   Geimer, Rz. 1041ff. 상세는 석광현, 국제재판관할법, 26면 참조.
29) 석광현, "클라우드 컴퓨팅의 규제 및 관할권과 준거법", Law & Technology 제7권 제5호
   (2011. 9.), 14면 이하 참조.
30) 형사사건과 행정사건에서는 국가관할권이 국가공권력 발동의 형태로 행사되므로 다른 국가
   의 국가관할권과 직접 충돌할 여지가 많기 때문이다.
31) 따라서 형사사건과 행정사건에서는 한국법이 적용되는 경우 한국 법원이 (국제)재판관할권
   을 가지는 것으로 이해된다. 그러나 형사사건에서는 재판권과 국제재판관할의 구분은 잘 인
   식되고 있지 않다. 양자를 구별한다면 공해상에서 발생한 선박충돌사고에 대한 한국의 형사
   재판관할권(유엔해양법협약 제97조)의 문제와 한국 주재 외국 외교관에 대한 재판권의 문제
   를 구별해야 할 것이나 양자를 구별하지 않거나, 구별하더라도 이 책에서의 구별과 다른 듯

매우 추상적 원칙밖에 없다고 인식되고 있다. 따라서 민사사건에서는 준거법과 재판관할권은 별개로 논의된다.

(2) 우리 형법의 특수성

우리나라에서도 입법론적으로는 형사관할권, 특히 형사에 관한 입법관할권에 관하여 미국에서와 마찬가지로 국가관할권에 관한 일반적인 논의가 타당하다. 그러나 우리 형법(제2조부터 제6조)은 국제형법에 관하여 규정하므로 해석론으로서는 우리 형사법의 적용범위는 그에 의하여 규율된다.

정보보호 또는 정보규제에 관한 법률 위반에 따른 형사책임은 행정형벌의 문제이므로 그에 관하여는 다른 법률에 특칙이 없으면 국제형법에 관한 형법 총칙의 규정이 적용된다(형법 제8조). 형법은 속지주의(제2조)와 속인주의(제3조)를 원칙으로 하고, 예외적으로 내란죄 등 일정한 범죄에 한하여 외국인의 국외범에 적용하며(제5조), 그 밖의 범죄에 대하여는 한국 또는 한국민에 대한 외국인의 국외범에 한하여 적용된다(제6조). 물론 필요하면 정보보호 또는 정보규제에 관한 법률에서 별도의 규정을 두어 외국에서의 위반행위에 대하여도 형사처벌할 수 있는 근거를 둘 수 있다. 그 경우 아래에서 논의하는 국가관할권의 이론적 기초가 적용된다.

(3) 우리나라에서 국가관할권의 상호관계의 정리

위의 논의를 정리하면 아래와 같다.

하다. 김웅재, "영미법상 외국법인에 대한 형사재판권", 서울대학교 법학 제65권 제2호 (2024. 6.), 3-4면은 "우리 형사소송법은 '재판권'과 '관할권을' 구별한다. 피고인에 대해 재판권이 없는 때에는 공소기각 판결을 선고하여야 하는 반면(형사소송법 제327조 제1호 참조) 피고사건이 법원의 관할에 속하지 않은 때에는 관할위반의 판결을 선고하여야 한다(같은 법 제319조 참조). 학설상으로도 양자의 개념을 구별하는 것이 일반적이다. 재판권은 사법권을 의미하는 일반적·추상적 권한을 뜻하는 반면, 관할권이란 재판권을 전제로 특정사건에 대해 특정 법원이 재판권을 행사할 수 있는 구체적 한계를 정하는 소송법상의 개념이라고 설명된다"라고 하나, 여기의 관할은 이 책에서 말하는 국제재판관할이 아니라 토지관할에 가까운 것으로 보인다. 독일에도 이런 경향이 있으나 민사사건에서처럼 양자를 구별하는 견해도 있다. Peter Mankowski/Stefanie Bock, Die internationale Zuständigkeit der deutschen Strafgerichte als eigene Kategorie des Internationalen Strafverfahrensrechts, JZ 11/2008, S. 555ff. 참조.

구분	A. 민사	B. 행정	C. 형사
1. 입법관할권	2와 별개: 합리성에 의한 제한 있음	2와 병행	2와 병행: 형법 조문이 있으므로 B와 상이
준거법과의 관계	준거법과 별개	준거법과 일치	준거법과 일치
2. 재판관할권	1과 별개	1과 병행	1과 병행
3. 집행관할권	주로 속지주의. 다만 외국판결의 집행도 가능	주로 속지주의	주로 속지주의. 다만 외국에서 받은 형의 집행 가능 (형법 제7조)

2. 국제재판관할 결정의 실익과 국제재판관할에서 문제되는 이익

가. 국제재판관할 결정의 실익

국제민사소송에서는 법정지가 어디인가에 따라 지리적 거리와 언어의 차이 등으로 인하여 당사자들이 소송을 수행하는 데 실제적 난이도에 현저한 차이가 있다. 그 밖에도 아래의 차이가 있는데, 그로 인하여 국제재판관할의 문제는 국제소송에서 매우 중요한 실천적 및 이론적 의미를 가진다. 이를 국제재판관할 결정의 실익이라고 평가할 수 있다.

첫째, 소송에 적용되는 절차규범이 달라진다. 이는 국제사법상 '절차는 법정지법에 따른다'는 법정지법원칙(*lex fori* principle)이 확립되어 있기 때문이다. 그 결과 법정지가 상이함에 따라 절차의 진행, 기간 및 비용, 입증의 문제와 법관의 질에 있어 차이가 발생한다. 둘째, 분쟁의 실체에 적용되는 실질규범[32]이 달라질 수 있다. 이는 법정지는 자국의 국제사법을 적용하기 때문이다. 셋째, 법정지는 원고가 승소판결을 받아 집행할 수 있는가의 여부에도 영향을 미친다. 왜냐하면 재판국에 피고의 재산이 있으면 문제 없으나, 그렇지 않으면 재산 소재지인 외국에서 재판을 집행해야 하는데 외국재판의 승인 및 집행가능 여부와 그 요건 등은 국가에 따라 다르기 때문이다. 넷째, 국제적 소송경합의 처리에도 영향이 있다. 국제적 소송경합은 부적절한 법정지의 법리와 접점이 있기 때문에 외국법원에 전소가 계속 중이더라도 예외적인 경우 우리 법원이 소송절차를 진행하여 재판할 수 있다.

---

32) 이는 저촉규범에 대비되는 개념으로 '사항규범(Sachnorm)'이라고도 한다.

이런 이유로 외국에도 적절한 법정지가 있음에도 불구하고 미국과 관련이 있기만 하면 외국인들이 미국 법원에 쇄도하는 경향이 있다.[33] 정확히 말하자면, 외국 원고들이 미국 법정으로 몰려가는 이유는 ① 상대적으로 고액의 배상을 받을 수 있고, ② 제소에 대한 장벽이 낮기 때문이다. ①은 배심원에 의한 재판, 엄격한 제조물책임처럼 고액의 손해배상을 허용하는 미국의 법, 피해자에게 유리한 준거법 지정을 가능케 하는 미국 국제사법규칙과 광범위한 증거조사를 가능케 하는 '기일 전 개시절차(pre-trial discovery)'로 인한 것이다. ②는 승소를 조건으로 하는 성공보수제도와 소송비용을 패소자가 아니라 각자 부담하도록 하는 'American rule'의 결과이다.[34] 부적절한 법정지의 법리는 미국 법원에의 쇄도를 저지하는 강력한 장벽으로 이용된다.

이와 같이 국제재판관할을 가지는 국가가 복수 존재하는 경우 법정지가 어디인가에 따라 다양한 차이가 발생하므로 원고는 법정지 쇼핑(forum shopping)을 하는데 이는 원칙적으로 정당하다.[35] 반면에 영미법계 국가는 부적절한 법정지의 법리를 통하여 법정지 쇼핑을 통제하려는 경향이 있다. 국제사법(제12조)은 엄격한 요건하에 부적절한 법정지의 법리를 도입하고 있다.

---

33) 따라서 미국을 'magnet forum(자석법정지)'이라고 하는데, 영국의 Lord Denning은 이런 현상을 가리켜 "As a moth is drawn to the light, so is a litigant drawn to the United States(나방이 불빛에 끌려가듯이 소송당사자는 미국으로 끌려간다)"라고 묘사하였다. Smith Klein & French Lab. Ltd. v Bloch, [1983] 1 WLR 730, 733. 특허소송의 맥락이기는 하나 이혜진, "국제IP소송의 현황과 이에 대한 대응방법", 2024. 10. 7. 국제분쟁해결시스템연구회 등이 "새로운 IP 분쟁해결시스템 구축을 위한 세미나"라는 주제로 개최한 세미나 발표자료집, 13면은 국제적 특허분쟁의 경우 당사자들은 시장이 큰 미국, 유럽(독일), 인도 등을 선호하는데, 이는 특허침해소송 절차의 속도가 빠르고 무효 가능성이 적으며 특허권자에게 우호적인 법원을 선택하기 때문이라고 한다.

34) 국제적으로는 American rule(즉 승소한 원고도 자신의 소송비용을 부담하는 규칙)에 대비되는 것을 English rule(승소한 원고는 패소한 피고로부터 소송비용을 상환 받을 수 있는 규칙)이라고 부르나 패소자 부담의 원칙을 따르는 한국도 후자에 속한다. 제5장, Ⅶ. 소송비용 담보 참조. 국제소송에서 미국식 증거개시를 이용하는 경우 상당한 규모의 번역비용이 발생할 수 있다.

35) 다만 토지관할의 맥락에서 대법원 2011. 9. 29.자 2011마62 결정도 관할선택권을 남용한 경우에는 신의칙에 위반하여 허용될 수 없다고 판시한 바 있으므로 그 한계를 더 검토할 필요가 있다.

나. 국제재판관할에서 문제 되는 이익

국제재판관할규칙을 정립하는 단계에서는 물론이고, 구체적인 사건에서 국제 재판관할의 행사 여부를 결정하는 단계에서는 항상 상호 대립하는 다양한 이익을 비교ㆍ형량하여야 하므로 관할이익에 대한 분석이 필요하다. 국가에 따라 국제재 판관할규칙이 다른 것은 관할이익에 대한 평가가 다르기 때문이다.

과거 저자는 독일 이론을 따라 관할이익은 ① 사적 이익과 ② 공적 이익으로 구분할 수 있고,[36] 구체적으로 ① 당사자이익, ② 법원이익, ③ 국가이익과 ④ 질 서이익(Ordnungsinteresse)으로 세분할 수 있으며[37] 대체로 당사자이익은 사적 이 익에, 나머지는 공적 이익에 해당한다고 설명한 바 있다.

'당사자이익'은, 가능한 한 당사자와 가까운 법원에서 소송을 하는 데 대하여 당사자가 가지는 지리상, 언어상 또한 통신상의 이익인데, 당사자들은 사안 및 증 거와 밀접한 법원에서 재판을 받는 데 대하여는 공통된 이익을 가지지만, 원고와 피고의 당사자이익은 정면으로 대립된다. 당사자이익과 관련하여 중요한 것은 국 제재판관할에 대한 당사자의 예견가능성을 보호하는 일이다. '법원이익'은 사안과 증거조사가 편리한 곳에서 재판을 하는 데 대하여 법원이 가지는 이익이다. '국가 이익'은 국제재판관할의 긍정 또는 부정에 대하여 국가가 가지는 이익인데, 국가 는 원고의 정당한 이익을 침해함이 없이 피고를 보호함으로써 법적 평화를 유지 해야 하고, 원고에 대해 그의 국적에 관계없이 실효적인 권리보호를 거부해서는 아니 된다. 의문이 있으면 원칙적으로 당사자이익이 국가이익에 우선한다. 나아가 국제사법의 이상의 하나인 '국제적 판결의 일치(또는 조화)'를 실현하기 위하여 협 의의 국제사법이 국제적으로 통용되는 연결원칙을 따라야 하듯이 국제재판관할의 배분도 국제적 판결의 일치라는 이상에 봉사하는 것이어야 하는바 이것이 '질서이 익'이다.

한편 위와 같은 이익을 보호할 필요가 있는지를 판단하기 위한 객관적 기준 으로서 ① 당사자와의 밀접성(또는 근접성. Parteinähe), ② 사안과의 밀접성(또는 절 차의 집중), ③ 준거법과의 밀접성과 ④ 판결의 유효성(또는 집행가능성)을 드는 견 해가 있다.[38] 위 기준들 간의 서열은 없으나, 일반적으로는 당사자와의 밀접성 또

---

36) Kropholler, Handbuch, Rz. 17.
37) Schack, Rn. 250ff.
38) Kropholler, Handbuch, Rz. 133, Rz. 19.

는 사안과의 밀접성(또는 절차의 집중)이 준거법과의 밀접성보다 우선할 것이고, 구체적으로는 문제 된 법분야에 따라 기준의 중요성이 달라질 수 있다. 예컨대 재산법상의 사건에서는 사익적 요소가 강한 ①과 ②가 우선하고, 신분법상의 사건에서는 공익적 요소가 강한 ③과 ④가 우선한다는 것이다.

과거 대법원 판결은 국제재판관할은 "당사자간의 공평, 재판의 적정, 신속을 기한다는 기본이념에 따라 조리에 의하여 이를 결정함이 상당하다"라고 추상적으로 설시하였으나 도메인이름에 관한 대법원 2005. 1. 27. 선고 2002다59788 판결은 조금 더 구체화함과 동시에 처음으로 "개인적인 이익"과 "법원 내지 국가의 이익"을 언급하였다. 정치한 국제재판관할규칙을 도입한 국제사법하에서는 법원이 굳이 이러한 이익을 설시할 필요는 없는데 대법원이 장래 관할이익을 어떻게 설시할지 궁금하다.

3. 한국의 국제재판관할법의 발전경과와 국제사법의 배경

과거 대법원은 섭외사법하에서 재산법상의 사건과 가사사건에서 모두 일본 최고재판소의 판례를 따랐으나 이를 개선하고자 입법자는 과도기적 입법으로서 2001년 시행된 국제사법에서 국제사법 제2조를 신설하였다. 대법원은 제2조의 도입을 계기로 3단계 구조(또는 접근방법) 또는 4단계 구조(또는 접근방법)와 결별하고 제2조를 참조한 법리를 전개하였으나, 뒤(2)에서 소개하는 2019년 판결 전까지는 국제사법 제2조 제2항을 무시하고 제2조 제1항만을 적용하여 '사안별 분석'을 거쳐 원하는 결론을 도출함으로써 법적 안정성을 해하는 상황에 이르렀다. 이를 시정하기 위하여 국제사법은 정치(精緻)한 국제재판관할규칙을 도입하였다. 그 경과는 아래와 같다.

가. 과거 섭외사법 및 국제사법하의 학설과 판례

과거 섭외사법과 국제사법하에서 대법원은 일본 최고재판소 판례를 따라 재산법상의 사건과 가사사건에서 상이한 법리를 정립하였다.

(1) 재산법상의 사건[39][40]

섭외사법과 2002. 7. 1.자로 개정되어 분리되기 전의 민사소송법("구 민사소송법")은 국제재판관할의 결정기준에 관하여 규정을 두지 않았다. 과거에는 ① 민사소송법의 규정에 의하여 한국의 어느 법원이 토지관할을 가지는 경우 한국이 국제재판관할을 가진다는 역추지설, ② 민사소송법의 토지관할규정은 국내사건을 전제로 한 것으로 국제사건에는 적절하지 않으며, 국제재판관할의 유무의 결정은 적정, 공평, 능률 등을 고려하여 국제사건에 적절한 관할배분원칙을 정할 것이라는 관할배분설과 ③ 원칙적으로 역추지설에 따르되, 한국에서 재판함이 부당한 특별한 사정이 있을 때에는 관할배분설의 기준에 의한다는 견해 등이 있었다.

판례를 보면, 대법원 1972. 4. 20. 선고 72다248 판결은 재산권에 관한 소에 관하여 의무이행지 법원의 관할을 규정한 구 민사소송법 제6조(민사소송법 제8조)를 적용하여 보수금채무의 이행지가 한국임을 이유로 한국 법원의 국제재판관할을 인정하였다. 이것이 대법원이 국제재판관할에 관하여 판시한 최초의 사건이었다. 또한 대법원 1988. 10. 25. 선고 87다카1728 판결은, 재산소재지의 관할을 규정한 구 민사소송법 제9조(민사소송법 제11조)를 국제재판관할의 근거로 사용할 수 있다고 판시하였는데 위 판결들은 역추지설을 따른 것이었다. 그 후 대법원 1989. 12. 26. 선고 88다카3991 판결은 재산법상의 사건에 있어서 최초로 국제재판관할의 결정기준으로 '조리'를 도입하였다.

재산법상의 사건에 있어서 국제재판관할에 관한 대법원판결로서 특히 주목할 것은 직접관할에 관한 대법원 1992. 7. 28. 선고 91다41897 판결("1992년 판결")과 간접관할에 관한 대법원 1995. 11. 21. 선고 93다39607 판결(나우정밀 사건이다. "1995년 판결")이었다. 1992년 판결에서 대법원은 '3단계 구조'를 처음으로 채택하였고, 1995년 판결에서 대법원은 국제재판관할의 결정에 관한 법리를 다음과 같은 '4단계 구조'로 설시하였다.

---

39) 상세는 석광현, 국제재판관할연구, 149면 이하; 석광현, "국제사법학회의 창립 20주년 회고와 전망: 국제재판관할과 외국판결의 승인 및 집행에 관한 입법과 판례", 국제사법연구 제20권 제1호(2014. 6.), 5면 이하 참조. 2001년 국제사법 개정 후의 판례는 한애라, "재산소재지 특별관할에 관한 법리와 판례의 검토 및 입법론", 민사판례연구 XLIII(2021), 1090면 이하와 1167면 이하 표 참조.

40) 이를 '재산권상의 사건', '재산상의 사건' 또는 '재산사건'이라고 한다. 여기에서는 일단 편의상 이를 호환적으로 사용한다.

---

① 섭외사건의 국제재판관할에 관해 조약이나 일반적으로 승인된 국제법상의 원칙이
아직 확립되어 있지 않고 우리의 성문법규도 없다.
② 따라서 섭외사건에 관한 법원의 국제재판관할 유무는 결국 당사자 간의 공평, 재
판의 적정, 신속이라는 기본이념에 따라 조리에 의해 결정함이 상당하다.
③ 이 경우 민사소송법의 토지관할규정 또한 위 기본이념에 따라 제정된 것이므로 위
규정에 의한 재판적이 한국에 있을 때에는 한국 법원에 국제재판관할이 있다고 봄
이 상당하다.
④ 다만, 위 ③에 따라 국제재판관할을 긍정하는 것이 조리에 반한다는 특별한 사정
이 있는 경우에는 한국 법원은 국제재판관할이 없다.

1995년 판결은 특별한 사정에 의한 수정가능성을 인정함으로써 4단계 구조
를 취한 점에서 큰 의미가 있다. 1995년 판결은 원칙적으로 「국제재판관할규칙
= 토지관할규정」이라고 보되, 그 결과 국제재판관할을 인정하는 것이 조리에 반
한다는 특별한 사정이 있는 때에는 국제재판관할을 부정할 수 있다는 것이다. 이
는 「국제재판관할규칙 = 토지관할규정」이라는 공식을 항상 관철할 수는 없으므
로 공식을 따를 경우 초래될 부당한 결론을 시정하는 '개별적 조정의 도구'로서
특별한 사정을 도입한 것이다.[41]

그러던 중 대법원은 구 국제사법 제2조의 신설을 계기로 도메인이름에 관한
위 2005년 판결에서 일본 판례와 결별하고 독자노선을 걸었다. 동 판결은 새로운
추상적 법률론을 정립하였고 그 후 법원은 이를 따랐다.[42]

그 결과 대법원은 재산소재지의 특별관할과, 영업소 소재지의 일반관할을 인
정했던 과거의 태도와 결별하고 이를 재판관할을 인정하기 위한 요소의 하나로
고려하였다. 그러나 대법원은 2005년, 2008년과 2014년 판결들에서 토지관할에
대한 적절한 고려 없이 모든 사정을 종합하여 실질적 관련성을 판단하였고, 2010
년 대법원판결은 토지관할을 존중하면서 실질적 관련성을 판단하였다. 요컨대 우
리 법원의 국제재판관할의 유무는 예측하기 어려운 쟁점이 되었다. 즉 대법원은

---

41) 우리 대법원이 취한 4단계 구조는 국제재판관할의 결정에 관한 일본의 지도적 판결인 최고
재판소의 1981. 10. 16. 말레이시아항공 사건 판결(민집 제35권 제7호, 1224면)과 그 후의
하급심판결들(이는 최고재판소 1997. 11. 11. 판결에 의하여 받아들여졌다)을 따른 것이다.
42) 대법원 2008. 5. 29. 선고 2006다71908, 71915 판결, 대법원 2010. 7. 15. 선고 2010다18355
판결과 대법원 2013. 7. 12. 선고 2006다17539 판결 참조. 위 판결들은 간접관할의 맥락에서
도 추상적 법률론으로서 동일한 설시를 하고 있다.

구 국제사법 제2조 제2항을 무시한 채 제2조 제1항만을 기초로 사안의 모든 사정을 고려하는 '사안별 분석'을 거쳐 원하는 결론을 내렸으며, 그 과정에서 토지관할 규정은 아예 배제되거나 법원이 고려할 요소 중 하나로 전락하였다. 이는 국제재판관할규칙이 주는 법적 안정성과 당사자의 예측가능성을 훼손하는 것으로 제2조 제2항에 명백히 반하는 것이었다. 이에 대하여 저자는 아래와 같은 취지의 비판을 하였다.[43)

> "법원으로서는 우선 토지관할규정 등 국내관할규정을 참작하여 정치한 국제재판관할 규칙을 정립하기 위하여 노력해야지, 다양한 사정만을 열거하고 원하는 결론을 내려서는 아니 된다. … 대법원이, 국내법의 관할규정을 참작하여 국제재판관할권의 유무를 판단하라는 국제사법(제2조 제2항)의 명령에도 불구하고 토지관할규칙을 아예 무시하거나 고려할 요소들 중의 하나로 격하하는 것은 잘못이며, 심각한 법적 불안정성을 초래한다. 이런 우려를 불식하는 방법은 결국 정치한 국제재판관할규칙을 국제사법에 도입하는 것이다".

이런 배경하에 2012년 6월 한국국제사법학회는 정치한 국제재판관할규칙을 국제사법에 도입할 것을 강력히 촉구하였고, 법무부는 이를 받아들여 2014년 6월 위원회를 구성함으로써 국제사법 개정작업에 착수하였다.

(2) 가사사건[44)

과거 대법원판결은 재산법상의 사건에 관하여는 위에서 본 4단계 접근을 하였으나, 가사사건에서는 그와 다른 접근방법을 취하였다.

예컨대 피고주소지주의를 확립한 대법원 1975. 7. 22. 선고 74므22 판결과 대법원 1988. 4. 12. 선고 85므71 판결 등을 보면, 대법원은 가사사건(특히 이혼 관련 사건)에서 피고 주소지관할을 원칙으로 하면서도 예외적인 경우에는 원고의 주소지관할을 인정할 수 있다는 취지로 판시하였다. 이런 판결들을 보면, 대법원은 민사소송법이나 가사소송법(제22조)의 토지관할규정을 기초로 한 것이 아니고, 또한 국내법의 관할규정을 기초로 하면서 특별한 사정에 의하여 이를 수정하는 방식이 아니라, 예외적인 사정이 있는 경우 곧바로 원고의 주소지관할을 인정하였다.

주목할 것은 국제사법 시행 후 대법원 2006. 5. 26. 선고 2005므884 판결이

---

43) 석광현, 제6권, 568면 이하.
44) 석광현, 제6권, 591면 이하 참조.

다. 대법원은 원·피고는 모두 한국에 상거소를 가지고 있다는 점 등을 고려하여 그 사건 이혼청구 등이 한국과 실질적 관련이 있다고 보아 한국 법원의 재판관할권을 인정하였다. 즉 2006년 판결은 구 국제사법 제2조에 따른 실질적 관련의 유무를 긍정하고, 미주리주의 법에 비추어도 한국에 재판관할권이 있다고 판단하였다. 저자는 2006년 판결에 대하여 1975년 대법원판결이 정립한 추상적 법률론이 국제사법하에서도 유지될 수 있는지, 아니면 도메인이름에 관한 2005년 대법원판결이 정립한 추상적 법률론이 가사사건에도 적용되는지에 관하여 지침을 제공하지 못하였음은 크게 아쉽다고 비판하였다.

한편 하급심의 실무를 보면 2006년 대법원판결 후에도 ① 과거 대법원판결의 설시를 따른 판결도 있으나 ② 이와 달리 개별적 사안 분석에 의하는 판결도 있다.[45] 대법원이 가사사건의 국제재판관할에 관하여 지침을 제시하지 못한 결과 하급심 판결의 혼란을 야기하였고 법적 불안정성을 초래한 결과 국제사법에 의한 입법적 해결을 도모하는 계기가 되었다.

나. 구 국제사법 제2조의 의미에 대한 대법원의 뒤늦은 각성

흥미로운 것은 대법원이 구 국제사법 제2조 제2항을 무시하다가 뒤늦게 재산법상의 사건인 2019년 판결에서 동항의 취지를 제대로 설시하고 구체적 지침을 제시한 점이다. 또한 대법원은 아래 2021년 판결에서 처음으로 구 국제사법 제2조가 가사사건에도 적용됨을 분명히 하고, 이혼사건에서 실질적 관련의 판단기준을 처음으로 제시하였다. 국제사법의 시행에 따라 2019년과 2021년 판결은 한시적 의미만 있었으므로 간단히 언급한다.

재산법상의 사건으로는 대법원 2019. 6. 13. 선고 2016다33752 판결이 있다. 이 판결에서 대법원은 구 국제사법 제2조 제2항의 취지를 제대로 설시하고 구체적 지침을 제시하였다. 대법원이 제2조 제2항에 의미를 부여한 점에서 저자는 대법원이 늦게나마 올바른 방향을 잡은 것으로 평가하였다.[46]

가사사건으로는 캐나다인 부부 간의 이혼과 재산분할이 문제 된 사건을 다룬 대법원 2021. 2. 4. 선고 2017므12552 판결이 있다. 이 판결에서 대법원은 처음으

---

45) 예컨대 서울고등법원 2013. 2. 8. 선고 2012르3746 판결 참조.
46) 평석은 석광현, "국제사법 제2조 제2항을 올바로 적용한 2019년 대법원 판결의 평석: 일반관할과 재산소재지의 특별관할을 중심으로", 동아대학교 국제거래와 법 제29호(2020. 4.), 131면 이하 참조.

로 구 국제사법 제2조가 가사사건에도 적용됨을 분명히 하고, 대법원 2019. 6. 13. 선고 2016다33752 판결을 따라 제2조 제2항의 취지를 제대로 파악하였으며 이혼사건에서 실질적 관련의 판단기준을 제시하였다. 대법원이 제2조 제2항에 의미를 부여한 점에서 저자는 대법원이 늦게나마 올바른 방향을 잡은 것으로 평가하였다.[47]

Ⅲ. 국제사법에 따른 국제재판관할법의 총칙

1. 머리말

여기에서는 국제사법 중 총칙의 내용을 조문 순서에 따라 소개하고 각칙은 뒤(Ⅳ.)에서 다룬다. 그에 앞서 개정작업의 지침이 되었던 정치한 국제재판관할규칙 입법의 방향을 간단히 언급한다.

2. 정치한 국제재판관할규칙 입법의 방향

가. 정치한 국제재판관할규칙의 정립의 지침과 규정방식

(1) 정립의 지침

(가) 구 국제사법 제2조와 대법원 판례의 구체화

구 국제사법 제2조는 국제재판관할 결정의 대원칙을 선언하였다. 당해 사건에 국제사법이 적용되지는 않았지만, 대법원 2005. 1. 27. 선고 2002다59788 판결[48]은 다음과 같이 판시함으로써 이를 조금 더 구체화하였다.

> "국제재판관할을 결정함에 있어서는 당사자 간의 공평, 재판의 적정, 신속 및 경제를 기한다는 기본이념에 따라야 할 것이고, 구체적으로는 소송당사자들의 공평, 편의 그리고 예측가능성과 같은 개인적인 이익뿐만 아니라 재판의 적정, 신속, 효율 및 판결의 실효성 등과 같은 법원 내지 국가의 이익도 함께 고려하여야 할 것이며, 이러한 다양한 이익 중 어떠한 이익을 보호할 필요가 있을지 여부는 개별 사건에서 법정지와 당사자와의 실질적 관련성 및 법정지와 분쟁이 된 사안과의 실질적 관련성을 객관적인 기준으로 삼아 합리적으로 판단하여야 할 것이다".

---

47) 평석은 석광현, "외국인 부부의 이혼사건에서 이혼·재산분할의 국제재판관할과 준거법", 안암법학 제61호(2021. 5.), 643면 이하 참조.

48) 평석은 석광현, 제4권, 85면 이하 참조.

　　이를 전제로 과거 저자는 국제사법에 둘 국제재판관할규칙은 국제사법 제2조를 구체화한 세칙(細則)이어야 하는데, 민사소송법은 제2조부터 제25조에서 토지관할규칙을 두므로 정치한 국제재판관할규칙을 신설함에 있어서 토지관할규칙을 참작할 필요가 있음을 지적하였다.[49] 참작하는 과정에서 모든 토지관할규칙에 동등한 가치를 부여할 것이 아니라 이를 ① 곧바로 국제재판관할규칙으로 삼을 수 있는 것, ② 적절히 수정함으로써 국제재판관할규칙으로 삼을 수 있는 것과 ③ 국제재판관할규칙으로 삼을 수 없는 것(예컨대 브뤼셀체제의 과잉관할과 예비초안의 금지되는 관할)으로 분류해야 한다. 나아가 ④ 토지관할규칙이 망라적인 것은 아니므로 토지관할규칙에는 없는 기타 국제재판관할의 근거를 검토할 필요가 있는데, 예컨대 피고의 활동에 근거한 국제재판관할과 협의의 가사사건에서 국적관할을 고려할 수 있다. 저자는 국제사법의 해석론으로 이런 접근방법과 방향을 제시하였으나 이는 입법론의 맥락에서도 타당한데 국제사법은 이런 태도를 반영한 것이다.

　　또한 인터넷의 활용도 고려해야 하므로 국제사법은 제4조 제2항(활동에 근거한 관할), 제39조 제1항 제3호(지식재산권 침해), 제42조 제1항 제1호(소비자계약)와 제44조(불법행위)에서 지향된 활동(targeted activity)을 규정한다.

---

49) 일본 민사소송법은 이러한 접근방법을 보여준다. 2011년 개정된 일본 민사소송법 중 국제재판관할규칙의 국문번역은 국제사법연구 제18호(2012), 541면 이하; 석광현, 해설, 717면 이하 참조. 상세는 장준혁 외, 일본과 중국의 국제재판관할 규정에 관한 연구(2017), 9면 이하 참조. 주목할 것은, 중국은 2023년 민사소송법을 개정하여 제4편 섭외민사소송절차의 특별규정 제24장에 국제재판관할규칙을 확충하였다는 점이다. 주요 개정내용은 첫째, 개정된 제276조(2021년 민사소송법 제272조에 상응)의 적용대상을 '계약 및 기타 재산권 분쟁'으로부터 '섭외민사분쟁'으로 변경하였고, '불법행위지'라는 관할근거를 추가하였으며 "기타 중국과 적당한 관련이 있는 경우"에도 중국 법원이 국제재판관할을 가질 수 있음을 명시하였고, 합의관할에 관한 규정(제277조), 변론관할 및 반소관할에 관한 규정(제278조)과 전속관할에 관한 규정(제279조)을 각 신설하였다. 또한 국제적 소송경합에 관한 제280조에 더하여 제281조를 도입하였고, 과거 사법해석에 의하여 처리하던 부적절한 법정지의 법리를 민사소송법 제282조에 명시하였다. 제282조가 정한 요건이 충족되면 중국 법원은 소를 각하하고 원고에게 더 적절한 외국법원에 소를 제기하도록 고지할 수 있다. 상세는 이연, "중국 국제민사소송법제의 최신 동향－2023년 개정 민사소송법을 중심으로－", 국제사법연구 제29권 제2호(2023. 12.), 367면 이하 참조. 조문은 이연(역), 중화인민공화국 민사소송법(2023), 제4편 섭외민사소송절차의 특별규정, 국제사법연구 제29권 제2호(2023. 12.), 493면 이하 참조.

(나) 국제재판관할 판단에서 법적 안정성과 유연성의 조화

구 국제사법 제2조 제1항은 개방적 규정으로 유연성을 확보하는 장점이 있다. 제2조 제2항이 국내법의 관할규정을 참작하되 국제재판관할의 특수성을 충분히 고려하라고 한 것은 법적 안정성을 보장함으로써 유연성과 법적 안정성의 균형을 잡기 위한 조치였다. 그러나 대법원은 제2조 제2항을 무시한 채 사안별 분석을 거쳐 원하는 결론을 내린 탓에 토지관할규정은 아예 배제되거나 법원이 고려할 요소 중 하나로 전락하였다. 따라서 국제사법은 한편으로는 정치한 국제재판관할규칙을 도입함으로써 법적 안정성을 제고하고, 다른 한편으로는 제2조의 일반원칙을 존치함과 동시에 제12조에서 예외적 사정에 의한 재판관할권 불행사의 법리의 도입을 통하여 유연성을 확보함으로써 개별사건에서 구체적 타당성을 도모하고자 한다.

(다) 국제적 정합성의 고려

정치한 국제재판관할규칙을 도입함에 있어서는 국제적 정합성을 고려할 필요가 있다. 우리나라만 과도한 국제재판관할을 주장하는 것은 그 자체로서 근거가 없을 뿐만 아니라 국제적인 사법마찰을 초래할 여지가 있으며 외국에서 우리 법원 판결의 승인 및 집행을 구하는 경우 목적을 달성하기가 어렵다. 이를 위하여 재산법 사건에서는 브뤼셀협약, 브뤼셀 I과 브뤼셀 I Recast(또는 브뤼셀 I bis) 그리고 헤이그국제사법회의의 1999년 "민사 및 상사(사건)의 국제관할과 외국재판에 관한 협약의 예비초안"("예비초안")[50]과 2001년 수정안 및 관할합의협약 등을 충분히 고려해야 한다.

또한 일본은 민사소송법과 민사보전법에 정치한 국제재판관할규칙을 도입하였으므로 이것과 중국 국제재판관할규칙도 참조할 필요가 있었다.

한편 친족사건과 상속사건에서는 유럽연합의 브뤼셀 II bis(또는 브뤼셀 II a), 브뤼셀 II ter(또는 브뤼셀 II b), EU부양규정, 2012년 EU상속규정, 2016년 EU부부재산제규정과 헤이그국제사법회의의 아동보호를 위한 협약들(이는 원래 1980년 탈취협약, 1993년 입양협약과 1996년 아동보호협약을 말한다[51])과 2000년 성년자보호협약

---

50) 영문 명칭은 "Preliminary Draft Convention on Jurisdiction and Foreign Judgments in Civil and Commercial Matters"이다.

51) 탈취협약은 "국제적 아동탈취의 민사적 측면에 관한 협약"을, 입양협약은 "국제입양에서 아동보호 및 협력에 관한 협약"을, 아동보호협약은 "부모책임 및 아동의 보호조치와 관련한

등의 국제재판관할규칙을 고려할 필요가 있다. 또한 당시 추진 중이던 일본의 인사소송법과 가사사건수속법에 대한 개정작업도 고려하였다. 일본은 2018. 4. 18. 공표된 인사소송법등의 일부를 개정하는 법률에 의하여 인사소송법과 가사사건절차법에 각각 국제재판관할규칙을 신설하여 2019. 4. 1.부터 시행하고 있다.

(2) 국제재판관할규칙의 규정방식: 일면적 규정 v. 양면적 규정

정치한 국제재판관할규칙을 둔다면 우리 법원이 국제재판관할을 가지는 경우만을 규정할지, 아니면 조약처럼 중립적 규정을 둘지가 문제 된다. 구 국제사법 제2조는 우리 법원이 국제재판관할을 가지는 경우만을 규정하나 제27조와 제28조는 중립적으로 규정하였다. 저촉규범의 용어를 빌리면, 제2조는 일면적 규정이고 제27조와 제28조는 양면적 규정이다. 국제사법이 외국법원의 국제재판관할을 규정하더라도 외국법원이 그에 구속되지 않음은 물론이며 이는 우리나라에서 외국 재판의 승인 및 집행을 다루는 경우 간접관할규칙으로서 의미가 있다.

입법례를 보면 조약 기타 국제규범은 중립적 규정을 두나, 스위스 국제사법 (제1조 제1항, 제2조–제11조, 제51조, 제59조, 제86조 등), 이탈리아 국제사법(제1조, 제3조–제11조)과 일본 민사소송법(제3조의2–제3조의12를 정한 제1편 제2장 제1절)은 거의 모두 자국 법원이 국제재판관할을 가지는 경우만을 규정한다. 이는 외국법 원의 국제재판관할을 규정함으로써 외국의 재판관할권에 간섭하는 듯한 인상을 주는 것을 우려하고, 또한 외국의 국제재판관할규칙을 규정하더라도 외국이 그에 구속되는 것은 아니기 때문일 것이다. 국제사법은 원칙적으로 일면적 규정을 두고 예외적으로(예컨대 관할합의) 양면적 규정을 둔다. 따라서 국제사법에서는, 양면 적 규정의 형식을 취했던 구 국제사법 제27조와 제28조도 일면적 규정으로 전환 하고 제27조와 제28조에 포함되었던 준거법과 국제재판관할을 분리하였으나 신설된 관할합의에 관한 제8조(다만 제5항은 제외)는 양면적 규정을 둔다.[52] 이는 우

관할, 준거법, 승인, 집행 및 협력에 관한 협약"을 말한다. 근자에는 2007년 아동부양협약을 아동보호를 위한 협약들에 포함시킨다.

[52] 이것이 일본법을 모방한 것은 아니다. 여러 나라의 입법을 고려하여 2001년 신설된 구 국제 사법 제2조에서 일면적 규정을 두면서도 소비자계약과 근로계약의 경우 양면적 규정을 두었 다. 석광현, 해설(2001), 34면과 191면 참조. 이와 관련하여 양면적 규정인 제8조를 우리 법 원이 법정지인 경우만을 규율하는 일면적 규정으로 전환하고 제1항 제4호는 삭제하는 것이 바람직하다는 비판이 있다. 김인호, 관할합의, 433면. 이는 공서위반의 효과는 무효만이 아 니라 unenforceable할 수도 있으므로 그 효과를 명시하지 말자고 한다. 김인호, 관할합의,

리 법원이 법정지인 경우를 전제로 하면서도(제8조 제5항) 관할합의 자체는 우리 법원만이 아니라 외국법원에 관할을 부여하는 합의일 수도 있음을 고려한 것이다.

나. 국제재판관할규칙의 편제

(1) 국제사법에 통합규정하는 방식

단편적이나 구 국제사법이 국제재판관할규칙을 도입하였으므로 2014년에 정치한 국제재판관할규칙을 국제사법에 두는 것은 당연한 논리적 귀결이다. 이는 민사소송사건만이 아니라 가사소송사건과 비송사건의 국제재판관할규칙을 함께 규정할 수 있는 장점이 있다. 국제사법의 준거법규칙은 소송만이 아니라 비송사건에도 적용되므로 이렇게 함으로써 국제재판관할규칙과 준거법규칙을 함께 둘 수 있다.

(2) 국제사법 내의 편제

국제사법은 국제관할규칙 중 총칙은 제2장에 두고 특별관할규칙은 각 장에 배치한다. 구체적으로 아래와 같이 구 국제사법 제1장(총칙)을 3개 절로 구분하여 제1절을 목적으로 하고, 제2절에 국제재판관할규칙을 두며, 총칙에 있는 조문들은 제3절에 준거법이라는 제목으로 묶는다. 제2절에는 총칙의 성질을 가지는 관할규칙과, 국제사법이 규율하는 다양한 법률관계의 전부 또는 일부에 공통적으로 적용되는 관할규칙을 둔다.

구 국제사법		국제사법		
제1장	총칙 (§§1-10)	제1장	제1절	목적
				제1조 기존조문(§1) 다소 수정
			제2절	국제재판관할
				일반원칙, 일반관할, 사무소(영업소) 소재지 및 영업활동관할, 재산소재지관할, 관련사건관할(객관적 병합/공동소송), 반소관할, 합의관할, 변론관할, 전속관할, 국제적 소송경합, 국제재판관할권의 불행사, 적용 제외, 보전처분, 비송사건 관련 조문 신설(§§2-15)
			제3절	준거법
				준거법에 관한 기존조문(§§3-10) 移記(§§16-23)

428-429면.

국제사법은 여러 장에서 다양한 법률관계를 구분하여 준거법규칙을 두므로 그에 상응하여 각 장에 각 법률관계별로 관할규칙을 둔다. 즉 제2장부터 제9장에는 아래와 같이 제1절을 신설하여 주로 특별관할규칙을 두고, 기존의 준거법 관련 조문은 각 장 제2절로 옮기나 제2장과 제3장에는 특별관할규칙을 두지 않으므로 그대로 두고, 물권의 장에 편입되었던 제24조는 지재권에 관한 장으로 독립시켜 제1절과 제2절로 구분한다.

구 국제사법		국제사법		
제2장	사람(§§11-16)	제2장	제1절	관할에 관한 신설조문(§§24-25)
			제2절	준거법에 관한 기존조문 移記(§§26-30)
제3장	법률행위(§§17-18)	제3장	내용 수정 없음(§§31-32)	
제4장	물권(§§19-23)	제4장	내용 수정 없음(§§33-37)	
	지식재산권의 보호 (§24)	제5장	제1절	관할에 관한 신설조문(§§38-39)
			제2절	준거법에 관한 기존조문 移記(§40)
제5장	채권(§§25-35)	제6장	제1절	上同(§§41-55). 다만 관할과 준거법이 결합된 일부 조문(소비자계약과 근로계약) 분리(§§42-43)
			제2절	
제6장	친족(§§36-48)	제7장	제1절	上同(§§56-75)
			제2절	
제7장	상속(§§49-50)	제8장	제1절	上同(§§76-78)
			제2절	
제8장	어음·수표 (§§51-59)	제9장	제1절	上同(§§79-88)
			제2절	
제9장	해상(§§60-62)	제10장	제1절	上同(§§89-96)
			제2절	

국제사법의 편제는 준거법규칙과 관할규칙을 체계적으로 파악할 수 있고 준거법을 다루는 협의의 국제사법에서 정립된 성질결정과 연결점에 관한 이론 등을 원용할 수 있으며, 관할규칙의 상호관계를 체계적으로 파악할 수 있게 한다. 다만 조문번호를 새로 부여하는 단점이 있으나, 국제사법에서는 30여 개 조문이 신설되고, 2001년 섭외사법 개정이 과도기적 조치였음을 밝혔으므로 새 번호 부여를 정당화할 수 있다.

3. 국제재판관할에 관한 일반원칙

가. 존치와 문언의 수정

국제사법에서도 모든 법률관계에 관하여 완벽한 국제재판관할규칙을 두지는 않으므로 제2조를 둘 실익이 있다고 보았다. 따라서 국제사법은 국제사법 제2조를 존치하면서 아래 밑줄 친 부분에서 보듯이 문언을 수정하였다.

제2조 (일반원칙)

① <u>대한민국 법원(이하 "법원"이라 한다)</u>은 당사자 또는 분쟁이 된 사안이 대한민국과 실질적 관련이 있는 경우에 국제재판관할권을 가진다. 이 경우 법원은 … <u>당사자 간의 공평, 재판의 적정, 신속 및 경제를 꾀한다는</u> 국제재판관할 배분의 이념에 부합하는 합리적인 원칙에 따라야 한다.

② <u>이 법이나 그 밖의 대한민국 법령 또는 조약에 국제재판관할에 관한 규정이 없는 경우</u> 법원은 … 국제재판관할권의 유무를 판단하되, … 국제재판관할의 특수성을 충분히 고려하여야 한다.(밑줄은 저자가 추가)

나. 국제재판관할배분의 이념의 구체적 언급

구 국제사법 제2조 제1항 2문과 달리 국제사법 제2조 제1항 2문은 국제재판관할 배분의 이념을 구체적으로 열거하는데, 이는 도메인이름에 관한 2005년 대법원판결 이래 대법원 판례의 추상적 법률론을 따른 것이다. 국제사법은 대법원 판례를 따른 것이므로 크게 반대하지는 않으나 굳이 이를 명시할 필요는 없다. 2005년 대법원판결 전에 대법원은 일본 최고재판소의 판례를 따라 국제재판관할을 결정하는 궁극적인 기준으로서 민사소송법의 기본이념(또는 이상)인 "적정, 공평 및 신속"을 들었는데, 그에 '경제'를 추가한 2005년 판결을 따른 문언을 굳이 명시할 필요가 없고, 자칫 민사소송의 이념과 국제재판관할배분의 이념이 완전히 동일한 것이라는 오해를 초래할 수 있으며, 국제사법과 조금 달리 ① 공평(fairness)과 합리성(reasonableness), ② 공평과 실질적 정의(fair play and substantial justice), ③ 미국 연방헌법상의 적법절차(due process)[53]의 원칙과 ④ 근접성(또는

---

53) 이처럼 종래 미국에서는 우리의 국제재판관할에 상응하는 대인관할권, 대물관할권과 준대물관할권은 헌법상의 문제, 특히 적법절차(due process) 분석의 대상으로 다루어진 점에 특색이 있다. 석광현, "국제사법에 대한 헌법의 영향", 저스티스 통권 제170-3호(2019. 2. 한국법률가대회 특집호Ⅱ), 495면 이하 참조. 우리 법은 대물소송의 개념을 알지 못하므로 국제

밀접성. proximity)의 원칙 또는 중요한 관련성(significant connection)의 원칙 등을 열거할 수도 있기 때문이다.

다. 제2조의 기능
국제사법하에서 제2조는 다음과 같은 기능을 할 수 있을 것이다.

(1) 국제재판관할규칙의 대원칙 정립
제2조 제1항은 국제사법이 정한 국제재판관할의 대원칙을 선언하는 것이므로 법원이 국제재판관할에 관하여 판단하는 모든 사안에서 궁극적인 지도원리 내지 잣대로서 기능한다. 이는 국제사법이 정한 국제재판관할규칙에 따라 국제재판관할의 유무를 판단하는 단계에서 중요한 기능을 하나, 제12조에 따른 재판관할권의 행사 여부 판단에서도 기능한다.

(2) 실질적 관련에 근거한 국제재판관할의 인정(제2조 제1항 관련)
국제사법에 국제재판관할규칙이 없고 국내법에 토지관할규칙도 없는 사안(예컨대 신탁의 내부관계에 관한 소 또는 항공사건에 관한 소)에서 법원이 제2조 제1항을 근거로 실질적 관련에만 근거하여 국제재판관할을 인정할 여지가 있다. 다만 국제사법하에서 법원이 제2조 제1항을 과도하게 활용해서는 아니 된다. 구 국제사법하에서는 정치한 국제재판관할규칙이 없었기에 대법원이 실질적 관련만을 근거로 관할을 인정할 여지가 있었더라도, 국제사법하에서는 사정이 다르므로, 국제사법이 관할규칙을 두고 있고 그에 따르면 한국의 국제재판관할이 부정되는 연결대상(대체로 법률관계)에 관한 한 법원이 실질적 관련만을 근거로 관할을 인정해서는 아니 된다.

재판관할의 맥락에서 우리에게 참고가 되는 것은 미국의 대인관할권과 준대물관할권이다. 우리 문헌은 김종호, "미국법상 대물소송(Action in rem) 제도에 관한 소고", 한양법학 제23권 제4호(2012. 11.), 259면 이하 참조. 영미 대물소송의 법적 성격에 관하여는 이재찬, "신국제사법의 해사 국제재판관할 규정에 관한 소고- 영미법상 해사대물소송을 중심으로", 국제사법연구 제28권 제2호(2022. 12.), 209면 이하 참조. 영국의 대물소송은 위 이재찬, 214면 이하; 미국의 대물소송은 위 이재찬, 225면 이하; 전원열, "대물소송(action in rem) 및 대물재판권(in rem jurisdiction)에 관한 소고", 정태윤·지원림 교수 논문집: 새봄을 여는 민법학(2023), 753면 이하; 정해덕, 국제해상소송·중재(2007), 447면 이하 참조. 미국법상 Rule B Attachment에 관하여는 정해덕, 672면 이하;

또한 국제사법하에서도 원고가 관할권이 없는 법원에 제소함으로써 발생하는 복종(submission)에 의한 관할[54]과 예외적인 경우 재판의 거부를 피하기 위한 긴급관할은 인정할 수 있다.[55]

(3) 토지관할규칙에 근거한 국제재판관할규칙의 인정(제2조 제2항 관련)

위 둘째의 연장선상에서 제2조 제2항은 국제사법이 국제재판관할규칙을 두지 않으나 국내법에 토지관할규칙이 있는 사안에서, 법원이 토지관할규칙을 참작하여 국제재판관할, 특히 특별관할을 인정할 수 있는 근거가 될 수 있는지가 문제된다. 비송사건의 경우에는 국제사법이 명시적 규정(제15조 제3항)을 두므로 이는 당연하나 소송사건에서도 그럴 여지가 있는가이다.

문제는 재산상의 소(제5조), 관련사건의 관할(제6조), 사원 등에 대한 소(제25조), 계약에 관한 소의 특별관할(제41조)처럼 국제사법이 특별관할규칙을 도입하면서 민사소송법의 토지관할규칙을 의도적으로 제한하거나 수정한 경우이다. 또한 국제사법은 일부 유형의 가사사건에서만 국적관할[56]을 인정하는데, 다른 유형의 가사사건에서도 국적관할을 인정할 수 있는가도 문제 된다. 생각건대 그 경우는 국제재판관할에 관한 규정이 없는 경우가 아니므로 법원으로서는 그런 경우(정확히는 국제사법에 의하여 배제된 경우) 제2조 제2항을 적용하여서는 아니 된다. 다만 매우 예외적인 경우에는 그러한 토지관할규칙과 다른 사정들을 종합적으로 고려하여 실질적 관련에 근거한 관할을 인정할 가능성이 완전히 배제되는 것은 아니다.

---

54) 대법원 1989. 12. 26. 선고 88다카3991 판결에서 대법원은 "외국법인이 한국에 사업소나 영업소가 없거나 민사소송법상의 토지관할에 관한 특별재판적이 없더라도 우리 법원에 보전명령이나 임의경매를 신청한 이상 그런 행위는 한국의 재판권에 복종할 의사로 한 것이므로 그런 신청채권에 관계된 소송에 관하여는 우리 법원이 재판권을 가진다고 보는 것이 국제민사소송의 재판관할에 관한 조리에 비추어 옳다"라는 취지로 판시하였다.

55) 국제사법하에서 해석론에 의한 보완과 흠결을 보충하는 방법으로서 준거법 소속국 관할과 국제재판관할법상의 반정을 들기도 한다. 장준혁, 관할법, 28면. 그러나 양자는 국제사법상 근거가 없다.

56) 또는 본국관할. 이를 'home jurisdiction'이라고 부르기도 한다. Heinz-Peter Mansel, Nationality, Encyclopedia, Vol. 2, p. 1301.

4. 일반관할(제3조)

가. 일반관할과 특별관할

국제재판관할은 그 범위에 따라 구분된다. 즉 법원이 사건의 종류나 내용에 관계없이 피고에 대한 모든 소송에 관해 재판관할을 가지는 경우 '일반관할'을 가지고, 법원이 예컨대 계약 또는 불법행위 등과 같이 일정한 종류나 청구원인에 기한 소송에 관하여만 재판관할을 가지는 경우 '특별관할' 또는 '특정관할'을 가진다고 한다. 일반관할의 경우 피고와 법정지 간의 결합이 매우 강력해서 피고에 대한 모든 종류의 소송에 대하여 재판관할을 인정하고, 특별관할의 경우 어떤 종류의 사안과 법정지 간에 관할의 존재를 정당화할 정도의 관련이 있어 당해 종류의 소송에 한하여 재판관할을 인정한다.

나. 일반관할규칙

민사소송법 제2조는 '보통재판적'이라는 표제하에 "소는 피고의 보통재판적이 있는 곳의 법원이 관할한다"라고 규정한다. 이는 '원고는 피고의 법정지를 따른다(actor sequitur forum rei)'는 로마법 이래 대륙법의 원칙(이를 "피고관할원칙"이라고 부르기도 한다)을 수용한 것이다. 대륙법계 국가에서는 국제재판관할, 특히 일반관할의 배분에 있어 위 원칙이 당사자의 공평 내지 이익형량의 출발점이다.

보통재판적을 정한 민사소송법 제2조, 제3조와 제5조 제1항의 토지관할규칙은 그대로 국제재판관할규칙으로 사용할 수 있다. 국제사법도 이를 국제재판관할규칙으로 명시하되, 준거법결정의 연결점으로 국제사법이 일상거소(habitual residence)를 사용하는 점과, 국제재판관할규칙의 국제적 정합성을 고려하여 일상거소를 국제재판관할의 연결점(또는 관할원인)으로 선택하였다.[57] 민사소송법과 가사소송법은 '주소'를 토지관할의 근거로 사용하나 이는 정주의사를 요구하지 않는 객관주의에 따른 주소개념이므로 일상거소로 대체할 수 있고, 헤이그국제사법회의에서 성안한 국제협약과의 정합성을 고려하면 일상거소가 더 설득력이 있다.

국제사법은 법인 또는 단체의 경우 민사소송법 제5조 제1항이 정한 주된 사

---

[57] 국제사법 제3조 제1항은 구 국제사법 제3조 제2항의 '상거소(常居所)' 대신 '일상거소(habitual residence)'라는 용어를 사용하는데 이런 뜬금없는 수정과 영어의 병기는 바람직하지 않다(이하 양자를 호환적으로 사용한다).

무소(또는 영업소)만이 아니라 ① 정관상의 본거지, ② 경영의 중심지와 ③ 법인 또는 단체의 설립준거법 소속국을 연결점으로 규정한다. 일반관할의 연결점 확대에 대한 우려가 있었으나 브뤼셀 I Recast(제63조 제1항), 예비초안(제3조 제2항)과 관할합의협약(제4조 제2항) 등을 참조하여 그렇게 규정하였다. 2019년 재판협약(제3조 제2항)도 같다(간접관할의 맥락). 단체를 사람들의 결합인 '인적 단체'라는 의미로 사용하면 재단은 포함되지 않지만, 단체를 '결사체'라는 광의로 사용하면 재단도 포함된다.[58] 종래 국제사법(제30조)의 단체는 재단을 포함하는 것으로 본다. 또한 토지관할의 맥락에서 민사소송법(제5조 제1항)은 "법인, 그 밖의 사단 또는 재단"이라는 표현을 사용하나 국제사법은 일반관할의 맥락에서 이를 "법인 또는 단체"라고 표현하므로 국제사법의 단체에는 사단과 재단이 포함된다.

여기에서 '주된 사무소(또는 영업소)'는 사실상의 주된 사무소(또는 영업소)를 말한다. 정관상의 본거지(statutory seat)[59]와의 대비로부터 이렇게 해석한다. 경영중심지(central administration. '주된 집행부'라고도 번역한다)는 법인 등의 경영과 통제의 중심으로서 의사결정이 이루어지는 장소(예컨대 이사회의 개최지)를 의미하므로 사실상의 주된 사무소(또는 영업소)와 일치할 수 있으나 항상 그런 것은 아니다.[60] 예컨대 선박금융 기타 금융 목적으로 외국에 서류상의 회사(paper company)인 특수목적회사(special purpose company)를 설립하고(편의치적) 그 회사의 의사결정을 한국에서 하고 있다면 한국 법원은 경영중심지로서 그 외국회사에 대하여 일반관할을 가진다. 일반관할의 확대에 따라 경합관할이 발생할 가능성이 커졌으므로 법원으로서는 재판관할권 불행사를 정한 국제사법 제12조를 적절히 활용할 필요가 있다.

다. 일반관할의 적용범위: 각 장에 규정된 관할규칙과의 관계

조문 체계상 국제사법(제3조)은 한국에 일상거소를 가지는 사람에 대한 소에 관하여 우리 법원의 일반관할을 명시하므로 그런 요건이 구비되는 한 국제사법이

---

58) 송호영, 법인론 제2판(2015), 25면.

59) '본거(seat)'는 국제사법에서 강학상 흔히 사용되는 개념이나(예컨대 법률관계의 본거 또는 본거지) 우리 국제사법 조문에는 처음으로 등장하였다.

60) Peter Nygh & Fausto Pocar, Report of the Special Commission, Preliminary Document No. 11 of August 2000, pp. 41-42; Ulrich Magnus/Peter Mankowski (eds.), Brussels I Regulation (2007), Art. 60, para. 5 (Paul Vlas 집필부분).

적용되는 모든 법률관계에 대하여 소송인지 비송인지에 관계없이 적용된다. 그렇다면 상속사건을 포함하는 가사사건, 즉 제7장과 제8장이 적용되는 사건에서도 일반관할을 정한 제3조가 적용된다. 가사비송사건은 비송사건에 관한 조문(국제사법 제15조)에 따라 어느 정도 해결되고, 가사소송사건에 대하여는 국제사법이 전면적으로 적용된다. 그러나 과연 그런 결론이 어느 범위에서 타당한지는 더 검토할 필요가 있다.

5. 피고의 영업소 소재지 또는 영업활동에 근거한 특별관할(제4조)

피고가 한국에 영업소 등을 두고 영업활동을 하는 경우 제4조 제1항이 적용되므로 제4조 제2항을 적용할 필요는 없다. 제4조 제2항은 피고가 한국에 영업소 등을 두지 않은 채 영업활동을 하는 경우에 적용되는 것으로 본다.

가. 피고의 영업소 소재에 근거한 특별관할(제4조 제1항)

민사소송법 제5조(제1항, 제2항)에 의하면 외국법인은 한국에 있는 사무소 또는 영업소 소재지에 보통재판적을 가지는 것처럼 보인다. 한편 민사소송법 제12조는 사무소 또는 영업소가 있는 사람에 대한 그 사무소 또는 영업소의 업무에 관한 소의 특별재판적을 규정한다. 영업소 소재지의 특별관할을 인정하는 이유는 피고가 영업소를 설치함으로써 자신의 활동범위를 제고하였다면 그로 인하여 발생한 결과에 대하여도 책임을 져야 한다거나,[61] 영업소를 설치한 피고는 그 장소의 관할에 복종할 의사가 있다고 볼 수 있기 때문이라고 한다.[62] 독일 민사소송법에는 민사소송법 제5조 제2항에 상응하는 조문은 없는데 이는 1926년 개정된 일본 민사소송법에서 유래한다.

문면상 제5조는 보통재판적을, 제12조는 특별재판적을 정한 것처럼 보이는데 만일 양 조문을 국제재판관할에 유추적용한다면 양자의 관계가 문제가 된다. 종래 제12조를 특별관할의 근거로 보는 데는 이견이 없으나, 제5조를 일반관할의 근거로 볼 것은 아니라는 견해가 유력하였는데, 대법원 2000. 6. 9. 선고 98다35037 판결은 제5조를 근거로 일반관할을 인정한 바 있다. 저자는 과거 제12조에 따른 특별관할을 인정하되 제5조에 따른 일반관할은 부정하는 방향으로 양자의

---

61) Magnus/Mankowski/Mankowski(註 60), Art. 5, para. 270.
62) Andrew Dickinson and Eva Lein, The Brussels I Regulation Recast (2015), para. 4.133.

관계를 정리할 필요가 있음을 지적하고 그런 태도를 취한 일본 민사소송법(제3조의3 제4호)을 지지하였다.[63]

국제사법은 영업소 소재지를 특별관할의 근거로만 규정함으로써 그런 태도를 수용하였다. 여기에서 영업소는 통상 어느 정도 독립하여 업무의 전부 또는 일부를 총괄적으로 경영하는 장소인데 그것이 주된 영업소를 포함하는지는 논란의 여지가 있다. 한국에 주된 영업소가 있으면 국제사법(제3조)에 따라 한국이 일반관할을 가지므로 특별관할의 존부를 문제 삼을 이유는 없다. 다만 조문 자체에서 주된 영업소를 배제하지 않으므로 해석론으로는 영업소는 주된 영업소를 포함한다고 볼 수 있다.

나. 피고의 영업활동에 근거한 특별관할(제4조 제2항)

(1) 구 국제사법상 해석론

한국 등 대륙법계 국가에서는 (영업소가 없는 경우) 피고의 영업활동 그 자체에 근거한 특별관할은 인정되지 않았다. 그러나 당사자가 영업소가 없더라도 어느 국가 내에서 영업활동을 통하여 이득을 얻고 있다면 그로부터 발생하거나 그와 관련된 소송에 대해서는 당해 국가의 특별관할을 인정하는 것이 불합리한 것은 아니다. 이것이 '활동에 근거한 관할(activity based jurisdiction)'이다.[64] 이런 개념은 미국에서 연원하였는데, 미국 판례는 '최소한의 접촉(minimum contact)'의 핵심개념인 '의도적 이용(purposeful availment)'을 인정하기 위한 요건으로 피고의 행위 내지는 활동에 착안하였으므로 피고의 활동에 기한 국제재판관할을 자연스럽게 인정할 수 있었다. 그러나 이러한 전통이 없는 우리로서는 미국과 같은 접근은 쉽지 않았다. 이를 인정한다면 피고의 어떠한 성질, 빈도 또는 양의 활동이 관할 근거가 되는지의 판단이 어려우므로 사소한 관련을 근거로 재판관할이 확대될 위험성이 있다.

다만 구 국제사법의 해석론으로는 국제재판관할을 인정하는 것이 국제재판관할 배분의 이념에 부합하고 합리적이면 피고의 활동에 근거한 특별관할을 인정할 수 있었다. 피고의 활동에 기한 특별관할의 인정 여부는 특히 전자상거래와 관련하

---

63) 석광현, "한국의 國際裁判管轄規則의 입법에 관하여", 국제거래법연구 제21집 제2호(2012. 12.), 158면 참조.

64) 예비초안을 성안하기 위한 특별위원회에서는 이를 일반관할의 근거가 되는 doing business와 구별하기 위하여 'transacting business'라는 용어를 사용하기도 하였다.

여 중요하다. 저자는 구 국제사법의 해석론상 피고의 활동에 기한 특별관할을 인정할 수 있다고 보았다. 여기의 활동은 영업소의 소재에 비견할 만한 것을 말한다.

(2) 저자의 과거 입법론과 국제사법의 규정

과거 저자는 입법론으로 영업활동에 근거한 국제재판관할을 규정하는 방안을 적극적으로 검토할 필요가 있음을 지적하였다.[65] 국제사법은 외국의 사업자가 한국에서 또는 한국을 지향하여 영업활동을 하는 경우에도 특별관할을 인정하되 다만 그것이 "계속적이고 조직적"일 것을 요구한다. 이는 과거 미국에서 일반관할의 근거로 인정되었던 "지속적이고 조직적인 활동(continuous and systematic activities)"을 연상시킨다.[66]

6. 재산소재지의 특별관할(제5조)

국제사법 제5조는 재산소재지 관할 또는 '재산관할(forum patrimonii)'(양자를 호환적으로 사용한다)을 특별관할의 하나로 명시한다.

가. 재산소재지의 특별관할의 논점

이는 특별관할이나 가사사건 이외의 여러 장에 널리 적용될 수 있는 관할근거이므로 제1장(총칙)에 규정한다.

민사소송법 제11조에 의하면 한국에 주소가 없는 사람에 대하여 재산권에 관한 소[67]를 제기하는 경우 청구의 목적 또는 담보의 목적이나 압류할 수 있는 피

---

65) 일본 민사소송법(제3조의3 제5호)은 일본에서 사업을 행하는 자(일본에 있어서 거래를 계속하여 하는 외국회사, 즉 일본 회사법 제2조 제2호에 규정한 외국회사를 포함한다)에 대한 소에 관하여 일본에서의 업무와 관련된 것에 대하여 활동에 근거한 관할을 도입하였다. 다만 일본 민사소송법의 위 문언은 "사업을 행하는" 자라고 할 뿐이고 일본을 지향하여 활동을 하는 경우는 포함하지 않는다.

66) 이러한 기준은 연방대법원의 Perkins v. Benguet Consolidated Mining Co. 사건 판결(342 U.S. 437 (1952))에서 확립되었고, 그 후 Helicopteros Nacionales de Colombia, S.A. v. Hall 사건 판결(466 U.S. 408 (1984))에서도 확인되었으나 2014. 1. 14. Daimler AG v. Bauman 사건 판결을 계기로 공식적으로 종말을 고하였다. 최근 미국 연방대법원의 Mallory v. Norfolk Southern Railway Co. 사건 판결(600 U.S. 122 (2023))은 타주·외국회사 등록법에 의하여 어떤 주에 등록함으로써 간주된 동의 관할이 적법절차기준을 충족하는지를 다루고 있음은 위에서 언급하였다.

67) 민일영/김능환/김상준, 172면은 '재산권에 관한 소'라 함은 성질상 금전적 가치나 경제적 이

고의 재산소재지의 법원에 제기할 수 있다. 이 중에서 청구와 무관함에도 불구하고 압류할 수 있는 피고의 재산소재지라는 근거로 국제재판관할을 긍정할 수 있는지가 종래 논란이 되었다. 과거 대법원 1988. 10. 25. 선고 87다카1728 판결은, 당해 사건에서는 국내에 재산이 없다는 이유로 한국의 국제재판관할을 부정하였으나, 추상적 법률론으로는 승소판결을 받아 집행함으로써 재판의 실효를 거둘 수 있음을 근거로 재산소재지의 국제재판관할을 인정할 수 있다고 판시하였다.[68]

그러나 재산의 소재를 근거로 '재산권에 관한 소'에 대해 광범위한 특별관할을 인정하는 것은 '과잉관할(exorbitant jurisdiction)'의 대표적인 예로 비판을 받았다. 즉 재산 소재를 당해 재산과 관련되지 않은 사건의 광범위한 특별관할의 근거로 인정할지에 관하여는 ① 브뤼셀체제와 루가노협약(각 제3조 제2항)이나 미국 연방대법원의 Shaffer v. Heitner 사건 판결[69]과 같은 부정설, ② 독일의 유력설처럼 제한 없이 인정하는 긍정설과 ③ 일정한 제한하에 인정하는 절충설이 있는데, 절충설에는 ③-1 재산가액이 청구금액을 상회할 것 또는 청구금액에 상당하는 재산의 어느 정도 계속적인 국내 소재를 요구하는 견해[70]와 ③-2 독일 연방대법원의 1991. 7. 2. 판결[71]처럼 '법적 쟁송의 충분한 내국관련'을 요구하는 견해 등이 있었다.

흥미로운 것은 재일교포 대여금사건의 대법원 2014. 4. 10. 선고 2012다7571 판결이다. 원심 판결[72]은 원고가 가압류한 피고 소유의 부동산 소재지가 한국이지만, 한국과 당사자 또는 분쟁이 된 사안 사이에 실질적 관련성이 없다는 이유로 한국 법원의 국제재판관할을 부정하였다. 대법원판결은 한국의 국제재판관할을 긍정하였는데, 재산소재지라는 이유만으로 관할을 인정한 것은 아니고, 대출금 별로 실질적 관련성을 검토하였다.

익을 기초로 한 권리나 법률관계에 관한 소를 말한다고 설명한다. 민일영/김능환(편집대표), 주석민사소송법(Ⅲ), 제7판(2012), 313면(강승준 집필부분)은 '재산권의 청구'라 함은 금전적으로 평가할 수 있는 권리에 대한 청구를 말한다고 한다.

68) 평석은 최공웅, "국내재산의 소재와 국제재판관할", 사법논집 제20집(1989), 597면 이하(최공웅, "국내재산의 소재와 국제재판관할", 민사재판의 제문제 제6권(1991), 378면 이하) 참조.

69) 433 U.S. 186 (1977). 미국 판례의 태도는 석광현, 국제재판관할연구, 256면 이하 참조.

70) 일본 민사소송법 제3조의2 제3호는 "청구의 목적이 일본국 내에 있는 경우 또는 해당 소송이 금전의 지급을 청구하는 경우에는 압류할 수 있는 피고의 재산이 일본국 내에 있는 경우(그 재산의 가액이 현저하게 적은 경우를 제외한다)" 일본의 국제재판관할을 인정한다.

71) BGHZ 115, 90 = NJW 1991, 3092 = IPRax 1992, 160.

72) 서울고등법원 2011. 12. 8. 선고 2011나43329 판결.

과거 저자는 원칙적으로 ①을 지지하였으나, 만일 재산소재에 근거한 재판관할을 긍정한다면 ③을 따라 (i) 압류할 수 있는 피고의 재산가액이 현저하게 낮지 않을 것과 (ii) 당사자 또는 당해 사안의 내국관련성이 필요하다고 보면서, (iii) 다만 해사채권에 기하여 선박을 (가)압류한 경우는 예외적으로 내국관련성을 요구하지 않는 것이 바람직하다는 견해를 피력하였다.

국제사법은 청구의 목적 또는 담보의 목적인 재산이 한국에 있는 경우 한국의 특별관할을 인정한다.[73] 나아가 국제사법은 압류할 수 있는 피고의 재산이 한국에 있는 경우 당해 재산에 관한 분쟁이 아니더라도 재산소재지의 특별관할을 인정하되, 다만 분쟁이 된 사안이 한국과 아무런 관련이 없거나 근소한 관련만 있는 경우 또는 그 재산의 가액이 현저하게 적은 경우에는 이를 부정한다. 이는 ③-1을 조금 변형한 것이다.[74]

여기의 재산은 압류할 수 있는 재산이면 족하고 유체물에 한정되지 않는다. 재산소재지의 결정은 유체물의 경우 별 어려움이 없으나 유가증권에 화체된 채권, 금전채권과 지식재산권 등의 경우 재산별로 판단하여야 한다. 예컨대 금전채권의 경우 제3채무자의 보통재판적 소재지인지 아니면 채무자가 제3채무자를 상대로 소를 제기할 수 있는 곳을 기준으로 할지는 논란의 여지가 있다.[75]

국제사법은 소극적 요건으로 "분쟁이 된 사안이 대한민국과 아무런 관련이 없거나 근소한 관련만 있는 경우"에는 국제재판관할이 없음을 규정하는데, 이는 한국에 재산이 있는 경우 한국의 국제재판관할을 인정하기 위하여 실질적 관련까지 요구하지는 않지만 근소한 관련만으로는 부족하다는 취지이다. 국제사법에 따르면 한국과 관련이 있는 사안은 ①-1 근소한 관련만 있는 경우(실질적 관련에는

---

73) 일본 민사소송법(제3조의3 제3호)은 일본국 내에 있는 재산이 청구의 목적인 경우에만 이를 인정하고 담보의 목적인 경우는 제외하고 있다. 예비초안(제18조 제2항 a호)은 당해 재산이 청구의 목적인 경우는 과잉관할에서 제외하였다. 참고로 유럽연합의 브뤼셀 I Recast는 단순한 재산소재지의 관할을 과잉관할이라고 보아 역내에 주소를 둔 피고에 대하여 사용할 수 없도록 배제하면서도(제5조 제2항과 제76조 제4항) 문화재의 소유권에 기한 반환청구에 관하여는 동 규정 제32조에 의하여 결정되는 제소 당시 소재지의 관할을 인정한다(제7조 제4호).

74) 일본 민사소송법(제3조의3 제3호)은 금전지불을 청구하는 재산권상의 소일 것을 요구하고, 압류할 수 있는 피고의 재산가액이 현저하게 낮을 때에는 관할을 부정한다.

75) 석광현, 국제재판관할연구, 268면 이하 참조. 흥미로운 것은 2015년 개정되어 2017. 6. 26. 발효한 EU도산규정(제2조 제9항)이 재산소재지를 상세히 규정하는 점인데, 이도 참고가 될 것이다. 국제사법의 논의는 장준혁, 온주 국제사법 제5조, 2023. 7. 5. [12] 참조. 특허법 제13조(재외자의 재판관할)는 명시적인 규정을 둔다.

미치지 못함), ①-2 실질적 관련은 없으나 근소한 관련보다는 큰 관련이 있는 경우, ② 실질적 관련이 있는 경우로 3분된다. ①-1의 경우는 비록 재산소재지더라도 재판관할이 인정되지 않으나, ①-2의 경우는 재산소재지와 결합하면 재판관할이 인정되고, ②의 경우 그 자체만으로 재판관할이 인정된다. 이를 정리하면 아래와 같다.

관련성 유무	관련성 정도	관할 유무	관할근거(관할원인)
전혀 없음	영(제로)	×	–
어떤 관련 있음	근소한 관련 ①-1	×	–
	중간 영역 ①-2	재산소재지면 ○	제5조
	실질적 관련 ②	○	제2조와 기타 관할근거

'근소한 관련'과 '가액이 현저하게 적은 경우'의 기준이 모호하나 입법기술상 다소 추상적이고 일반적 기준을 도입할 수밖에 없다. '근소한'이라는 표현은 다소 생소하나 구 국제사법 제8조(예외조항. 국제사법 제21조에 상응)가 이미 사용하므로 채택하였다. 법원이 판단기준을 구체화해 나가야 한다.

여기에서 주목할 것은 대법원 2019. 6. 13. 선고 2016다33752 판결인데, 대법원은 민사소송법 제11조를 인용한 뒤 아래의 취지로 판시하였다.

> "… 그 재산이 우연히 한국에 있는 경우까지 무조건 국제재판관할권을 인정하는 것은 피고에게 현저한 불이익이 발생할 수 있으므로 원고의 청구가 피고의 재산과 직접적인 관련이 없는 경우에는 그 재산이 한국에 있게 된 경위, 재산의 가액, 원고의 권리구제 필요성과 판결의 실효성 등을 고려하여 국제재판관할권을 판단해야 한다. 나아가 예측가능성은 피고와 법정지 사이에 상당한 관련이 있어서 법정지 법원에 소가 제기되는 것에 대하여 합리적으로 예견할 수 있었는지를 기준으로 판단해야 하는데, 피고가 한국에서 생활 기반을 가지고 있거나 재산을 취득하여 경제활동을 할 때에는 한국 법원에 피고를 상대로 재산에 관한 소가 제기되리라는 점을 쉽게 예측할 수 있다."(밑줄은 저자가 추가)

나. 재산소재지 관할과 선박 가압류관할의 관계

재산소재지 관할은 재산의 소재를 근거로 가지는 재판관할을 가리키고 그 경우 재판관할은 재산의 가액에 한정되지 않는다. 반면에 '가압류관할(*forum arresti*)'

은 재산소재가 아니라 재산에 대한 가압류를 근거로 본안소송에 대하여 인정하는 재판관할을 말하고 이 경우 재판관할은 가압류된 재산의 가액에 한정된다.[76] 양자는 이처럼 차이가 있으나 민사소송법상 재산소재지 특별재판적은 가압류재판적에서 유래한다고 한다.[77]

해사사건의 국제재판관할규칙을 정한 국제사법(제10장) 제89조부터 제93조는 모두 선박의 가압류에 근거하여 본안에 대한 관할을 인정하는 (선박) '가압류관할'을 규정한다.[78] 이는 Arrest Convention(제7조 제1항/제2항)이 원칙적으로 선박을 압류·가압류한 국가 법원에 본안에 대한 국제재판관할을 긍정하는 태도를 수용한 것이나, 해사채권(maritime claims)의 개념은 수용하지 않았다. 즉 가압류관할은 Arrest Convention(제7조 제1항과 제2항)이 원칙적으로 선박을 압류·가압류한 국가 법원에 본안에 대한 국제재판관할을 긍정하는 태도를, '해사채권'이라는 개념 대신 민사소송법(제13조)의 "선박 또는 항해에 관한 소"라는 일반적인 표현을 사용함으로써 도입한 것이라고 할 수 있다.[79] 가압류관할은 해사사건에서 선박을 가압류·압류한 경우에만 한정하고, 재판관할의 범위를 재산 가액에 한정하지 않는 점에 특색이 있다. 국제사법에 따르면 해사사건에 관하여 소를 제기하려는 자는(제89조는 제외) 보전처분의 관할을 정한 국제사법(제14조)에 따라 선박이 한국 내에 있음을 근거로 먼저 선박을 가압류하고, 그를 근거로 본안에 관한 소를 제기할 수 있다.[80] 다만 그 범위가 "선박 또는 항해에 관한 소"에 한정된다는 점을 유

---

76) Lawrence Collins, Essays in International Litigation and the Conflict of Laws (1994), p. 17.

77) 석광현, 국제재판관할연구, 250면 註 14.

78) 여기의 가압류는 압류와 가압류 나아가 압류에 갈음한 담보 제공을 포함하는 개념이므로 민사집행법상의 가압류와 일치하지는 않는다.

79) 우리나라에서도 위 협약을 따라 가압류·압류에 기한 국제재판관할을 인정하자는 입법론이 있었다. 정완용, "선박가압류조약(Arrest Convention)상 해사채권의 국제재판관할 입법방안에 관한 고찰", 국제사법연구 제19권 제1호(2013. 6.), 243-244면은 문안도 제시한다. 이의 특징은 일정한 '해사채권(maritime claim)'을 발생시킨 선박과 그 자매선에 한하여 선박가압류를 허용하고 가압류 국가의 법원에 본안사건에 관한 재판관할을 인정하면서, 자매선에 대한 가압류도 관할근거로 삼는 데 있다. 이규호, "민사소송법상 해사특별재판적과 국제재판관할 입법", 국제사법연구 제20권 제1호(2015), 328면도 동지.

80) 한국에서도 발효된 1982년 '해양법에 관한 국제연합협약'(유엔해양법협약) 제28조 (외국선박과 관련한 민사관할권. Civil jurisdiction in relation to foreign ships) 제3항은 영해에 정박 중이거나 내수를 떠나 영해를 통항 중인 외국선박에 대하여 자국법에 따라 민사소송절차를 위하여 강제집행이나 어레스트를 할 수 있는 연안국의 권리를 인정한다.

념하여야 한다.[81]

7. 관련사건의 관할: 객관적 병합과 공동소송(제6조)

특정한 청구 또는 피고에 대하여 국제재판관할이 없더라도 다른 청구 또는 공동피고와의 관련성에 근거해서 재판관할이 인정되는 경우도 있다. 이는 민사소송법(제25조)이 토지관할의 맥락에서 '관련재판적'을 규정하는 점으로부터 쉽게 짐작할 수 있는데, 이러한 관련성에 근거한 관할을 '관련사건의 관할'(또는 관련관할 또는 관련법정지(*forum connexitatis*))이라고 부를 수 있다. 문제는 그 요건이다. 다만 그러한 관련관할이 인정될 여지가 있는 경우에도 관련사건인 다른 청구 또는 다른 공동 피고에 대한 청구가 외국의 전속관할에 속하는 경우에는 이는 허용되지 않는다(제10조 제2항).

가. 청구의 객관적 병합과 관련관할

(1) 일반원칙

민사소송법(제25조 제1항)은 "하나의 소로 여러 개의 청구를 하는 경우에는 제2조 내지 제24조의 규정에 따라 그 여러 개 가운데 하나의 청구에 대한 관할권이 있는 법원에 소를 제기할 수 있다"라고 규정하여 청구의 객관적 병합의 경우 관련재판적을 규정한다. 이를 '객관적 병합에 따른 관련관할' 또는 '병합청구의 재판관할'이라고 부를 수 있다. 문제는 동항의 원칙을 국제재판관할에도 적용 내지 유추적용할 수 있는가이다.

청구의 객관적 병합의 경우 관련재판적을 근거로 국제재판관할을 인정하는 것이 전혀 근거가 없지는 않지만, 이를 규정하지 않는 브뤼셀 I Recast 및 그와 유사한 1999년 초안(예비초안) 및 2001년 초안의 태도를 고려할 때,[82] 적어도 민사

---

81) 참고로 선박소유자의 유한책임을 규정한 상법 제769조 제1호는 선박소유자가 제770조에 따른 금액의 한도로 그 책임을 제한할 수 있는 채권의 하나로 '<u>선박의 운항에 직접 관련하여 발생한</u> 그 선박 외의 물건의 멸실 또는 훼손으로 인하여 생긴 손해에 관한 채권'을 규정하는데, 이는 1976년 해사채권책임제한조약 제2조 제1항 (a)호의 'occurring in direct con-nection with the <u>operation of the ship</u>'을 수용한 것이다.

82) 독일 민사소송법과 브뤼셀 I(브뤼셀협약도 같다)은 이런 조항을 두지 않는다. 독일에서는 동일한 사실관계에 기하여 계약책임과 불법행위책임을 묻는 경우 하나의 청구만이 있다고 보면서도, 특별재판적을 근거로 한다면 의무이행지와 불법행위지가 일치하지 않는 한 각 국제재판관할을 가지는 국가의 법원에서 별도로 재판할 수밖에 없다는 견해가 통설이다.

소송법(제25조 제1항)을 국제재판관할에도 곧바로 적용하여 병합된 청구에 대해 국제재판관할을 인정하는 것은 주저되었다. 병합되는 청구에 관한 피고의 관할이익을 부당하게 침해할 우려가 있기 때문이다. 그러나 동일한 사실관계로부터 발생하는 불법행위와 채무불이행의 청구권경합의 경우에는 객관적 병합을 근거로 국제재판관할을 허용할 여지가 있다.

과거 저자는 ① 청구 간에 매우 밀접한 관련이 있어서 저촉되는 판결이 선고될 중대한 위험을 피하기 위하여 함께 재판해야 할 것을 요구하는 방안도 고려할 수 있으나 너무 엄격하므로, ② 소송의 목적인 권리 또는 의무가 동일한 사실상 및 법률상 원인에 기초한 때로 규정하거나, ③ (일본 민사소송법 제3조의6처럼) 청구 상호 간에 밀접한 관련이 있을 것을 요구하거나, ④ 청구 간의 밀접한 관련이 있어서 법원의 국제재판관할을 인정하는 것이 구 국제사법 제2조 제1항이 정한 국제재판관할 결정의 대원칙에 부합할 것을 요건으로 고려할 수 있다는 견해를 피력하였다. 판례의 태도는 불분명하였다.

국제사법(제6조 제1항)은 재산법상의 사건에 관하여 "상호 밀접한 관련이 있는 여러 개의 청구 가운데 하나에 대하여 법원에 국제재판관할이 있으면 그 여러 개의 청구를 하나의 소로 법원에 제기할 수 있다"라고 규정함으로써 ③을 채택하였는데, 이는 청구 간의 밀접한 관련을 요구하는 점에서 단순병합의 경우 청구 간의 관련성을 요구하지 않는 민사소송법보다 엄격하다.

(2) 가사사건에 대한 특칙

가사사건의 경우 특수성이 있다. 예컨대 가사소송인 이혼소송에는 가사비송인 재산분할, 친권자 및 양육자 지정, 양육비, 면접교섭권청구 등과 같은 부수적 효과에 관한 청구를 병합하여 청구하는 경우가 많고 경우에 따라 위자료청구도 병합된다. 따라서 이혼사건에 대하여 국제재판관할을 가지는 법원에 부수적 효과에 관한 소송에 대하여도 관할을 인정할 필요가 있다.[83]

가사소송법도 토지관할의 맥락에서 이 점을 명시한다. 즉 가사소송법(제14조)

Schack, Rn. 426.

83) 브뤼셀 II bis(제12조)에 따르면, 이혼사건에 대해 관할을 가지는 법원이, 일정한 요건하에 친권의 문제(양육자 지정 등)에 대해 관할을 가진다. 이혼사건에 대해 관할을 가지는 법원은 부양료청구에 대하여도 관할을 가지는데, 이는 유럽연합의 부양규정(제3조 c호)이 명시한다.

은 "관련사건의 병합"이라는 제목하에, 청구원인이 동일한 사실관계에 기초하거
나 1개의 청구의 당부가 다른 청구의 당부의 전제가 되는 때에는 수 개의 가사소
송사건 또는 가사소송사건과 가사비송사건[84]을 1개의 소로 제기할 수 있고, 그
사건의 관할법원이 다를 때에는 가사소송사건 중 1개의 청구에 대한 관할권이 있
는 가정법원에 제소할 수 있음을 명시한다. 독일 가사비송법(제98조 제2항)은 제1
항에 의한 독일 법원들의 관할은 이혼사건과 효과사건(Folgesachen)의 병합의 경
우 효과사건에도 미친다는 점을 명시한다.

이혼사건에서 관련성에 근거한 관할을 이혼의 부수적 효과에 관한 소송에까
지 확장하는 것은, 재산법상의 소송에서 '객관적 병합에 따른 관련관할'에 대해 부
정적인 견해를 취하거나 엄격한 요건하에서 인정하는 독일이나 유럽연합에서도
별 거부감 없이 인정된다. 다만 이혼사건에 효과사건을 병합하는 것인 아니라 반
대로 효과사건에 이혼사건을 병합하는 것은 곤란하다. 예컨대 국제사법(제60조)은
부양사건에서 부양권리자의 상거소지 관할을 인정하는데, 그를 기초로 이혼사건
기타 관련사건을 병합하는 것을 허용하는 것은 주저되고, 우리 가사소송법도 가
사소송사건을 중심으로 관련재판적을 인정하지만 가사비송사건을 중심으로 관련
재판적을 인정하지는 않는다. 이 점을 고려하여 국제사법은 일정한 가사사건(즉
혼인관계 사건, 친생자관계 사건, 입양관계 사건, 부모·자녀 간 관계 사건, 부양관계 사건
과 후견관계 사건)의 주된 청구에 대하여 재판관할을 가지는 법원에 부수적 청구
(즉 친권자·양육자 지정, 부양료 지급 등)에 대한 관련관할을 인정하지만(제6조 제3
항), 반대의 경우에는 관련관할을 인정하지는 않는다(제6조 제4항). 자녀의 양육비
청구는 부모·자녀 간 법률관계사건의 부수적 사건인데, 그것이 부모의 혼인관계
사건의 부수적 사건인지는 논란이 있다. EU부양규정의 해석상 유럽사법재판소의
2015. 7. 16. 사건 판결(C-184/14)은 이를 부정하였다.[85]

관련관할이 문언처럼 주된 청구와 부수적 청구가 하나의 소로 제기된 경우에
만 인정되는지, 아니면 부수적 청구가 독립한 소로 제기되는 경우에도 후발적 병
합 여부에 관계없이 적용되는지는 논란의 여지가 있다.[86]

---

84) 혼인관계와 관련된 마류사건, 즉 가사비송사건에는 부부의 동거·부양·협조 또는 생활비용
의 부담에 관한 처분, 재산분할에 관한 처분 등이 있다(가사소송법 제2조 제1항 나호 (2)목).
85) 위 판결의 소개는 서영수, 50면 이하 참조.
86) 후자를 지지하는 견해는 석광현, 국제재판관할법, 93면. 반면에 친권자·양육자 지정, 부양
료 지급은 국제사법 제59조와 제60조가 정한 주된 청구에 해당하므로 이를 부수적 청구로

나. 공동소송과 관련관할

민사소송법(제25조 제2항)은 "소송목적이 되는 권리나 의무가 여러 사람에게 공통되거나 사실상 또는 법률상 같은 원인으로 말미암아 그 여러 사람이 공동소송인으로서 당사자가 되는 경우에는 제1항의 규정을 준용한다"라고 하여 공동소송의 경우 관련재판적을 인정한다. 이는 1990. 1. 13. 구 민사소송법 개정 시 통상의 공동소송의 경우 중 공동소송인 사이의 관련이 상대적으로 밀접한 구 민사소송법 제61조[87] 전문의 경우에만 관련재판적을 인정하고, 제61조 후문의 경우에는 이를 제외하여 구 민사소송법상 다수설이던 절충설을 입법화한 것이다. 따라서 예컨대 공동소송인 상호 간에 소송연대성이 강력한 필수적 공동소송의 경우 관련재판적이 인정된다. 이를 '주관적 병합에 따른 관련관할'이라고 부를 수 있다. 문제는 동항의 원칙을 국제재판관할에도 적용 내지 유추적용하여 공동소송인 간의 관련관할을 인정할 수 있는지이다.

브뤼셀 I(제6조 제1호)(브뤼셀 I Recast 제8조도 동일)은 청구들이 매우 밀접하게 관련되어 있어서 별개의 소송절차로부터 저촉되는 판결이 생길 위험을 피하기 위하여 그들을 함께 심리, 재판할 필요가 있는 경우에 한하여 "공동피고에 대한 소는 공동피고들 중 1인이 주소를 가지는 법원에 제기할 수 있다"라고 규정하며, 예비초안(제14조)은 더욱 구체적 요건하에 공동소송을 인정한다. 이러한 점을 고려하고, 민사소송법의 규정을 그대로 국제재판관할규칙화할 경우 끌려 들어가는 공동피고에게 매우 불리하므로 이를 인정하지 말거나 상당히 제한적인 요건하에 인정하는 것이 타당하다.[88]

과거 저자는 ① 법정지가 어느 피고(중심축인 또는 관할의 기초가 되는 피고라는 의미로 이를 'Ankerbeklagter (anchor defendant)'라고 부르기도 한다)의 상거소 소재지 국가의 법원일 것, ② 그 피고와, 끌려 들어가는 다른 피고들에 대한 청구가 매우 밀접하게 관련되어 있어서 모순된 재판이 선고될 [중대한] 위험을 피하기 위하여

이해하는 것은 부적절하고, 만일 그렇게 이해한다면 주된 사건과 하나의 소로 제기할 경우에만 관련사건의 관할을 인정하는 것이 좋겠다는 의견이 있다. 이광후, 토론문, 242면 이하. 서영수, 73면 이하는 주된 청구/부수적 청구의 예시를 삭제하고 유연한 해석을 허용하는 공청회안이 바람직하다고 한다.

87) 이는 민사소송법 제65조에 상응한다.

88) 독일에서도 원칙적으로 각 공동소송인에 대해 독립적으로 독일 민사소송법(제12조 이하)의 규정에 따라 국제재판관할이 존재해야 한다고 함으로써 공동피고의 이익을 보호한다.

함께 재판해야 할 것과 ③ 당해 국가에 상거소를 가지지 않는 각 피고에 관하여 그 국가와 그 피고에 관한 분쟁 간에 어떤 관련이 있을 것이라는 요건을 요구하는 견해 등을 피력한 바 있다.89)

국제사법(제6조 제2항)은 위 ①과 ②의 요건을 요구하나 '중대한'이라는 요건은 규정하지 않으므로 민사소송법보다 요건을 조금 더 강화한 것이다. 민사소송법은 공동소송이라고 할 뿐이고 공동소송인이 원고인지 피고인지를 구별하지 않으나 국제사법은 공동피고인 경우만을 규정하는 점에 차이가 있다.

다만 관할을 발생시킬 목적으로 본래 제소할 의사가 없는 당사자를 공동소송인으로 하여 함께 제소하는 경우에는 관련재판적에 기한 국제재판관할을 인정할 수는 없다. 토지관할의 맥락에서 대법원 2011. 9. 29.자 2011마62 결정은 관할만을 발생시킬 목적으로 본래 제소할 의사가 없는 청구를 병합한 것이 명백한 경우이는 관할선택권의 남용으로서 신의칙에 위반하여 허용될 수 없고 이 경우 민사소송법 제25조는 적용이 배제된다고 판시하였다. 국제사법은 명시하지 않으나 이런 법리는 국제재판관할에서도 타당하다고 본다.

8. 반소의 재판관할(제7조)

민사소송법(제269조 제1항)에 따르면, 피고는 소송절차를 현저히 지연시키지 아니하는 경우에 한하여 변론종결 시까지 본소가 계속된 법원에 반소를 제기할 수 있으나, 다만 소송의 목적이 된 청구가 다른 법원의 관할에 전속되지 아니하고, 본소의 청구 또는 방어의 방법과 서로 관련이 있어야 한다. 방어방법과 관련이 있기만 하면 족하고 굳이 반소가 본소의 기초가 된 거래 또는 사건으로부터 발생한 것일 필요는 없다. 예컨대 피고는 본소 청구와 아무런 관련이 없는 반대청구에 기하여 상계의 항변을 할 수 있는데 민사소송법에 따르면 그 경우 상계항변 후 남은 채권에 기한 반소관할이 인정된다.

하지만 예비초안(제15조)은 "협약의 조항에 따라 어느 소에 대하여 관할을 가지는 법원은 <u>본소의 기초가 된 거래 또는 사건으로부터 발생하는 반소에 대하여도 재판할 관할을 가진다</u>"라고 규정하고(밑줄은 저자가 추가), 브뤼셀 I(제6조 제3

---

89) 일본의 개정 민사소송법(제3조의6)은 일본 민사소송법 제37조 전단이 규정하는 관련재판적의 요건, 즉 소송의 목적인 권리 또는 의무가 수인에 관하여 공통인 때 또는 동일한 사실상 및 법률상 원인에 기초한 때에(우리 민사소송법 제25조 제2항의 요건에 상응) 일본 법원은 모든 병합된 청구에 대해서도 국제재판관할을 가진다는 취지로 규정한다.

호)(브뤼셀 I Recast 제8조 제3호도 같다)도 "<u>본소와 동일한 계약 또는 사안에 기한 반소</u>"에 한하여 관할을 긍정하는(밑줄은 저자가 추가) 점을 주목할 필요가 있다. 일본 민사소송법은 제146조 제3항을 신설하여 "일본 법원이 반소의 목적인 청구에 관하여 관할권을 가지지 않는 경우에는, 피고는 본소의 목적인 청구 또는 방어방법과 <u>밀접한</u> 관련이 있는 청구를 목적으로 하는 경우에 한하여 제1항의 규정에 의한 반소를 제기할 수 있다. 다만 일본의 법원이 반소의 목적인 청구에 관하여 관할권을 가지지 않는 때에는 그러하지 아니하다"라는 취지로 규정한다(밑줄은 저자가 추가). 이는 일본 민사소송법상 반소의 토지관할 조항을 기초로 하되 더 엄격하게 '밀접한' 관련이 있을 것을 요구한다.

국제사법은 민사소송법(제269조 제1항)의 토지관할규칙을 국제재판관할규칙으로 수용하면서 단순한 관련이 아니라 그 요건을 조금 더 강화하여 '밀접한' 관련의 존재를 요구함으로써 결국 일본법과 유사한 태도를 취한다. 물론 반소의 목적인 청구가 외국법원의 전속관할에 속하는 경우에는 그러하지 아니하다(국제사법 제10조 제2항).

9. 합의관할(제8조)

가. 합의관할규칙의 명문화

국제재판관할의 합의는 주된 계약에 포함되거나 별도로 이루어질 수 있고, 일정한 법률관계로 말미암은 소이면 족하고 계약에 관한 사건에 한정되지 않으나 전형적인 것은 국제계약의 일부로 이루어지는 경우이다. 국제사법은 2015. 10. 발효한 관할합의협약[90]의 내용을 가급적 반영한 제8조를 도입하였다. 관할합의의 대상인 일정한 법률관계의 범위는 당사자가 정할 사항인데, '계약으로부터 발생하는 분쟁'보다 '계약으로부터 또는 계약과 관련하여 발생하는 분쟁'이라고 하는 편이 범위가 더 넓고 불법행위도 포함할 수 있다. 다만 정확한 것은 관할합의(정확히는 성립과 유효성)의 준거법에 따라 구체적 사건에서 모든 요소를 고려하여 결정할 사항이다.

---

90) 관할합의협약은 EU 국가들이 가입함으로써 2015. 10. 1. 발효되었다. 관할합의협약은 양 당사자가 유럽연합 회원국에 거주하는 경우에는 적용되지 않는다(제26조 제6항 a호). 브뤼셀 I Recast의 관할합의 조문(제25조 이하)은 당사자의 주소에 관계없이 회원국 법원에 관할을 부여하는 경우에 적용된다.

---

* 관할합의협약 개관[91)]

　[1] 관할합의협약의 목적

　관할합의협약은 국제상거래 당사자들 간에 체결된 관할합의의 효력을 보장하는 것을 목적으로 한다. 이는 국제소송에 관하여, 종래 국제중재에서 1958년 "외국중재판정의 승인 및 집행에 관한 국제연합협약"(즉 뉴욕협약)[92)]이 수행하는 역할에 상응하는 역할을 하도록 하려는 것이다. 관할합의협약은 원칙적으로 전속관할합의에만 적용되지만[93)] 장래 국제거래의 실무상 매우 중요한 역할을 할 것으로 기대된다.

　[2] 관할합의협약의 3대 기본규칙

　관할합의협약은 원칙적으로 전속관할합의의 효력과 전속관할합의에 기한 외국판결의 승인 및 집행을 보장한다. 이를 위하여 관할합의협약은 아래와 같은 3개의 핵심규칙을 두고 있다.

　첫째, 당사자들의 전속적 관할합의가 있는 경우 선택된 국가의 법원은 확실하게 재판관할을 가지고 이를 행사해야 한다(제5조). 선택된 국가의 법원은 부적절한 법정지(FNC)의 법리, 또는 국제적 소송경합의 법리(*lis alibi pendens*)의 법리를 이유로 관할의 행사를 거부할 수 없다. 다만 관할합의가 무효인 경우에는 예외인데, 관할합의의 성립과 (실질적) 유효성을 판단하는 기준이 되는 준거법은 선택된 국가의 법(*lex fori prorogati*)이다. 여기에서 선택된 국가의 법은 당해 국가의 국제사법도 포함한다.[94)] 그 결과 선택된 국가 이외의 국가에 제소된 경우 법원은 외국법(특히 국제사법)을 적용해야 하는 어려움이 있다.

　둘째, 선택된 국가가 아닌 국가의 법원에 소가 제기된 경우 당해 법원은 예외적인 사유[95)]가 없는 한 국제재판관할을 부정해야 한다(제6조).

---

91) 우리 문헌은 석광현, "2005년 헤이그 재판관할합의협약", 국제사법연구 제11호(2005), 192면 이하; 장준혁, 관할합의협약, 47면 이하 참조. 흥미로운 것은 관할합의협약상 지재권 분쟁의 취급이다. 저작권과 특허권을 예로 들어 지재권에 대한 동 협약의 적용 여부를 정리하면 아래와 같다. ① 저작권 계약에는 적용/특허권 계약에는 적용, ② 저작권 무효에는 적용/특허권 무효에는 부적용, ③ 저작권 침해에는 적용/특허권 침해에는 부적용(다만 특허권 침해가 계약위반으로 제기된 경우 적용), ④ 위 ②와 ③에 따라 제외되는 경우(특허권 무효, 계약과 무관한 특허권침해)에도 그 쟁점이 선결문제로 제기되는 때에는 적용.

92) 뉴욕협약의 상세는 석광현, 국제중재법연구 제1권, 245면 이하 참조.

93) 다만 체약국은 선언에 의하여 비전속적 관할합의에도 협약을 적용할 수 있다(제22조).

94) 브뤼셀 I Recast(제25조)는 지정된 법원이 속하는 국가의 법을 관할합의의 유효요건의 준거법으로 지정하는 협약의 태도를 따른다. 반면에 뉴욕협약(제5조 제1항 a호)에 따르면 중재합의(즉 성립과 실질적 유효성)의 준거법은 당사자들이 지정한 법에 의하고, 지정이 없는 경우 중재판정지국법이 된다. 중재합의 해석의 준거법도 같다.

95) 예외적인 사유는 선택된 법원의 국가의 법에 따라 관할합의가 무효인 경우, 당사자가 능력이 없는 경우, 관할합의의 효력을 인정한다면 명백한 부정의에 이르게 되거나 소가 계속한 법원의 국가의 공서에 명백히 반하는 경우, 예외적인 이유로 인하여 관할합의가 합리적으로 이행될 수 없는 경우와 선택된 법원이 그 사건을 심리하지 않기로 결정한 경우이다.

셋째, 일정한 예외적인 사유가 없는 한 관할합의에 기초하여 어느 체약국의 법원이 선고한 재판은 다른 체약국에서 승인 및 집행이 보장된다(제8조와 제9조). 제8조는 원칙적인 승인 및 집행의무를 규정하고 제9조는 승인 또는 집행의 거부사유를 규정한다. 후자는 소극적 규정방식을 정한 것으로 뉴욕협약(제V조)과 유사하다. 전속관할합의에서 선택된 체약국의 법원이 선고한 재판은 다른 체약국에서 그 승인 및 집행이 보장되며, 승인 또는 집행은 협약에 명시된 승인거부사유가 있는 경우에만 거부될 수 있다(제1항). 승인 또는 집행을 요청받은 국가는 재판의 실질을 재심사할 수 없으나, 승인거부사유의 유무를 판단하기 위하여 필요한 경우에는 재심사할 수 있다(제2항). 관할합의협약(제8조 제1항 2문과 제9조)은 7개의 승인거부사유를 망라적으로 열거하는데 이는 관할합의의 무효, 당사자의 무능력, 송달요건의 미비, 사기, 공서위반, 승인국 재판과의 저촉과 선행하는 제3국 재판과의 저촉이다.

  [3] 한국의 관할합의협약 가입 여부

관할합의협약이 이미 발효되었으므로 우리도 가입을 적극 검토하고 추진해야 한다.96) 관할합의협약은 한국의 국제사법 개정에도 이미 영향을 미쳤다. 개정 국제사법(제8조)은 관할합의협약을 반영한 합의관할조항을 두고 관할합의의 효력을 부인할 수 있는 사유도 협약에 따라 규정한다. 개정 국제사법은, 선택된 법원과 당해 사건 간의 합리적 관련성의 요건을 요구하지 않는 점에서 종래 우리 대법원의 태도와 다르다.

나. 국제재판관할합의의 유형

(1) 전속적 관할합의와 비전속적 관할합의

국제재판관할합의에는 전속적 국제재판관할합의("전속적 관할합의")와 비전속적 관할합의가 있다. 전자는 어느 특정국가의 법원에만 국제재판관할을 부여하는 합의이고, 후자는 다른 법정의 관할법원에 추가하여 합의된 국가의 법원에 국제재판관할을 부여하는 합의이다. 관할합의협약에 따르면 전속적 관할합의는 하나의 체약국의 법원들, 또는 하나 또는 복수의 특정 법원을 지정하고 다른 모든 법원의 관할을 배제하는 계약을 의미하고(제3조 a호) 브뤼셀체제에서도 같다.

관할을 부여하는 합의의 결과 합의된 법원이 전속적 또는 부가적 관할을 가지는지는 당사자들의 의사에 따르고 불분명할 때에는 제반사정을 고려하여 판단해야 한다. 브뤼셀협약(제17조)과 브뤼셀 I 규정(제23조)(브뤼셀 I Recast 제25조)에 따르면 당사자들이 명시하지 않은 경우 합의된 법원은 전속적 관할을 가지는 것이 원칙이다. 과거 우리나라에서는 견해가 나뉘었으나97) 국제사법(제8조 제3항)은

---

96) 한국국제사법학회는 2015. 3. 26. 관할합의협약 가입 권고문을 법무부 등에 제출한 바 있다.
97) 참고로 토지관할 합의의 경우, 과거 우리의 통설과 판례는 법정관할 중 어느 하나를 특정하

전속적 관할로 추정한다.[98][99]

(2) 설정적 관할합의와 배제적 관할합의

국제재판관할합의에는 '관할을 부여하는 합의', 즉 '설정적(또는 창설적) 관할합의'(prorogation. "관할설정합의")와 '관할을 배제하는 합의', 즉 '배제적 관할합의'(derogation. "관할배제합의")가 있고 양자를 결합한 유형도 있다. 관할설정합의는 원래 법률상 국제재판관할(민사소송법학에서는 토지관할의 맥락에서 이를 '법정관할'의 하나로 취급한다)이 없는 법원에 국제재판관할을 부여하는 합의이고, 관할배제합의는 원래 가지고 있던 국제재판관할을 배제하는 합의이다. 이것이 국제재판관할합의의 기본적 효력(효과)이다.

이런 설명은 한국 기타 대륙법계에서는 자연스럽다.[100] 반면에 재판권적 요

는 합의는 전속적 합의로, 법정관할이 없는 법원을 특정하는 합의는 부가적 합의로 보았는데, 이는 일본의 판례와 학설을 따른 것으로 그 자체로서 합리적 근거가 있는지 매우 의문이며, 더욱이 이를 국제재판관할합의에까지 적용할 것은 아니다. 국제재판관할의 경우 어느 국가의 법에 따른 법정관할인지가 불분명하고, 당사자들은 법적 불확실성을 제거하기 위하여 관할합의를 할 수도 있는데 그 경우는 전속적 합의인지 부가적 합의인지가 불확실하게 된다. 또한 법정관할은 누가 원고인지에 따라 달라지는데 위 견해는 이를 고려하지 않는다. 저자는 구 국제사법의 해석상 위 판례를 지지하지 않았다. 석광현, 국제민사소송법, 117-118면 참조.

98) 예컨대 은행은 복수의 국가에서 제소할 수 있으나 채무자는 특정 국가에서만 제소할 수 있다는 취지의 관할합의를 '비대칭적 관할합의(asymmetric or asymmetrical jurisdiction agreements)'라고 하는데 이는 관할합의협약상으로는 전속적 관할합의가 아니다. Hartley/Dogauchi 보고서, para. 105. 이는 관할합의협약에 대하여 Trevor C. Hartley와 Masato Dogauchi가 작성한 Explanatory Report를 말한다. 비대칭적 관할합의에 관한 포괄적 논의는 Brooke Marshall, Asymmetric Jurisdiction Clauses (2023) 참조.

99) 흥미로운 것은 채권양도와 관련된 과거 대법원 2008. 3. 13. 선고 2006다68209 판결이다. 이 사건에서, 일본국에 거주하던 채권자와 채무자가 돈을 대차하면서 채권자 주소지 법원을 제1심 관할법원으로 하는 관할합의를 하였는데, 그 후 위 채권이 한국 내에 주소를 둔 내국인에게 양도되었고 위 관할합의의 효력이 미치는지가 다투어졌다. 대법원은 관할합의가 전속적 합의지만 그 효력은 일본 내의 토지관할합의에 한정되고, 특별한 사정이 없는 한 다른 국가의 재판관할권을 완전히 배제하거나 다른 국가에서의 전속적인 관할법원까지 정하는 합의를 한 것은 아니므로, 채권양도로 인하여 외국적 요소가 있는 법률관계가 된 때에는 위 합의의 효력이 미치지 않는다고 보았다. 이는 당사자들이 분쟁 발생 시 채권자의 주소지 법원을 제1심 관할법원으로 한다는 문구가 부동문자로 인쇄되어 있던 차용증을 문구점에서 구입하여 사용한 사안이고, 또한 채권양도에 의하여 비로소 국제적 요소가 있게 된 사안이므로 국제거래에서 당사자들이 국제재판관할합의를 한 경우에까지 일반화할 것은 아니다.

100) 브뤼셀 I bis(제25조 제1항)와 관할합의협약(제5조 제1항)도 같다.

소가 포함된 관할권 개념을 사용하는 영미에서는 달리 설명한다. 즉 당사자들은 법원이 가지지 않는 국제재판관할권을 창설할 수 없고, 법원이 가지는 관할권을 배제할(oust) 수도 없으며, 당사자들은 단지 원래 존재하는 관할권을 원용하여 그 곳에서 재판을 받기로 한다거나 반대로 관할권을 원용하여 그곳에서 제소하는 것은 하지 않겠다는 약속을 할 뿐이라고 이해한다.101)

다. 관할합의의 준거법

(1) 관할합의의 유효요건, 방식과 (소송법적) 효력의 준거법

당사자는 일정한 법률관계로 말미암은 소에 관하여 국제재판관할합의를 할 수 있으나 일정한 경우 그 합의는 허용되지 않고 하더라도 무효이다(제8조). 우리나라에서는 관할합의가 허용되기 위한 요건을 대법원 판결의 설시를 참조하여 '유효요건'이라 한다.102) 종래 우리 국제사법과 민사소송법은 국제재판관할합의에 관하여 규정하지 않았으나 제8조는 관할합의협약(제6조)과 대법원 판결들을 참조하여 관할합의의 유효요건(제1항), 방식(형식적 유효성)(제2항), 전속성 추정(제3항), 관할조항의 독립성(제4항)과 외국법원을 위한 전속적 관할합의의 효력(제5항)을 명시한다. 제8조는 한국 법원이 관할을 가지는 경우만 규정하는 대신 양면적 규정의 형식을 취한다(다만 제5항은 제외).

제8조에서 보듯이 관할합의의 유효요건, 방식과 (소송법적) 효력은 법정지법이 정할 사항이다. 과거 대법원 1997. 9. 9. 선고 96다20093 판결도 관할합의의 유효요건의 준거법이 법정지법이라는 점을 명확히 한 바 있다.

(2) 관할합의의 성립, 유효성과 실체법적 효력의 준거법

과거 저자는 관할합의의 성립과 유효성(실질적)은 법정지의 소송법이 별도로 규정하지 않는 한, 국제재판관할합의의 법적 성질에 관계없이, 법정지가 한국이면 한국 국제사법에 따른 관할합의의 성립과 유효성의 준거법에 의할 사항이라고 보

---

101) 예컨대 Briggs, para. 8.49 이하 참조.

102) 예컨대 대법원 1997. 9. 9. 선고 96다20093 판결; 대법원 2010. 8. 26. 선고 2010다28185 판결; 대법원 2011. 4. 28. 선고 2009다19093 판결 등. 독일에서는 위 유효요건을 'Zuläs-sigkeitsvoraussetzung'이라고 부르는데 통상 '적법요건' 또는 '허용요건'으로 번역한다(적법성 또는 허용성을 프랑스에서는 *licéité*라고 한다). 유효요건은 관할합의의 실질적 유효성(validity)의 요건과는 다르다. 과거 우리 판례의 소개는 최성수, "국제재판관할합의에 관한 우리나라 판례의 검토", 동아법학 제50호(2011. 2.), 323면 이하 참조.

았으나 논란이 있었다. 국제사법 제8조는 관할합의의 유효성의 준거법을 합의관할 부여국의 법(그 국가의 국제사법 포함)이라고 명시함으로써 논란을 해소한다.[103] 이는 관할합의협약(제5조 제1항)과 브뤼셀 I Recast(제25조)를 참조한 것인데, 괄호 안의 문언을 넣음으로써 준거법 지정이 '사항규정지정'(실질법지정)이 아니라 '총괄지정'(국제사법지정)임을 명시한다.[104] 그것이 국제적 판단의 일치를 달성할 가능성이 크기 때문이다.[105]

　실제로는 당사자자치가 널리 인정되므로 제8조에 따르면 관할합의가 주된 계약의 일부를 이루는 많은 사안에서 주된 계약의 명시적 또는 묵시적 준거법이 관할합의의 유효성의 준거법이 될 것이다.[106] 주된 계약의 준거법이 지정되지 않은 경우에는 여전히 문제가 있다. 관할합의협약의 틀 내에서는 통일규범을 두므로 큰 문제가 없으나, 우리는 국제사법에서 이를 일방적으로 수용한 탓에 다른 국가들과의 규범이 통일되지 않는다는 문제가 있다.

　관할합의에 의하여 한국 법원에 관할이 부여된 경우 제8조에 따라 주된 계약의 준거법에 따르면 되고 외국법으로 반정할 이유는 없다. 반대로 외국법원에 관할이 부여된 경우 주된 계약의 준거법 지정이 없거나 당해 외국의 법이 당사자자치를 허용하지 않는 등 관할합의의 준거법 지정에 관하여 다른 태도를 취하면 그에 따라야 할 것이다. 다만 그 국가의 국제사법이 한국법으로 직접반정을 하거나 제3국법으로 전정을 하는 경우 어떻게 처리할 것인지가 문제 된다. 특히 직접반정의 경우 국제사법(제22조 제1항)을 적용하여 반정의 고리를 끊을 수 있는지 의문이

---

103) 유효성은 예컨대 2016년 UNIDROIT 국제상사계약원칙(제3.2.1조부터 제3.2.2조)이 규정하는 취소사유(의사표시의 하자)와 위법성(강행규정 위반 등)으로 인한 무효 여부를 말한다. UN매매협약의 맥락에서도 동일한 접근방법을 취한다.

104) 사항규정지정과 총괄지정은 이호정, 국제사법(1981), 139면 이하 참조.

105) 관할합의협약처럼 제8조 제1항은 관할합의의 유효성만 언급하고 성립은 언급하지 않지만 제8조가 직접 규율하는 사항(합의의 존재)을 제외한다면 관할합의의 성립도 동일 준거법에 따른다고 본다. 그러나 관할합의협약상 Ronald A. Brand & Paul M. Herrup, The 2005 Hague Convention on Choice of Court Agreements: Commentary and Documents (2008), p. 79는 관할합의의 성립은 법정지 국제사법에 따른다고 한다.

106) 이의영, 온주 국제사법 제8조, 2023. 7. 5. [7]도 동지. Hartley/Dogauchi 보고서, para. 125는 당사자가 관할합의조항을 포함하는 주된 계약의 준거법을 지정한 경우를 합의관할 부여국의 국제사법을 적용하는 사례로 든다. 관할합의협약의 영향을 받은 브뤼셀 I Recast 제25조의 해석상으로도 유사한 태도를 취하여 당사자가 선택한 법, 그것이 없으면 객관적 준거법에 따를 것이라는 견해가 유력하다.

다. 예컨대 주된 계약의 준거법 합의 없이 외국(A국) 법원에 관할을 부여하는 합의를 하였음에도 일방이 한국 법원에 제소하였다고 하자. 이 경우 국제사법은 A국법(국제사법 포함)을 적용하는데 만일 A국이 법정지법설을 따른다면 한국 법원은 한국법을 적용해야 한다. 이 경우 반정에 수반되는 문제점('끝없는 순환론')107)을 어떻게 해결해야 하는가. 관할합의협약과 제8조의 취지는 아마도 그 경우 한국의 실질법을 적용하라는 취지일 것으로 짐작되나108) 명시하지 않으므로 논리적으로는 문제가 없지 않다.109) 외국 국제사법규칙의 조사·확정은 쉽지 않고 당해 외국에 관련된 성문화된 국제사법규칙이 없는 경우에는 어려움이 커진다.110)111)

라. 관할합의의 유효요건(또는 허용요건)

제8조 제1항에 따라 관할합의가 유효하자면 아래와 같은 사유(편의상 "무효사유"라 한다)가 없어야 한다.

(1) 국제사법에 따른 관할합의의 무효사유
(가) 합의관할 부여국법상 관할합의가 효력이 없는 경우

이는 합의관할이 부여된 국가(*forum prorogatum*. "합의관할 부여국")의 법(준거법의 지정에 관한 법규를 포함)에 따를 때 그 합의가 효력이 없는 경우이다. 여기에

---

107) 서희원, 신고판 國際私法講義(1992), 93면.

108) 김인호, "국제거래분쟁의 해결을 위한 국제재판관할합의에 대한 분쟁", 국제거래법연구 제31집 제1호(2022. 7.), 422면; 이의영, 온주 국제사법 제8조, 2023. 7. 5. [7].

109) 서영수, 23면 이하는 당사자자치의 존중이라는 가치를 존중하여 국제사법 제22조(특히 제2항 제6호)를 근거로 관할합의가 유효한지 무효한지에 따라 해결하자고 제안하는데 참신하기는 하나 근거가 없다. 당사자자치를 존중하면 오히려 제2항 제6호가 아니라 제1호로 가야 하고, 특히 제2항 제6호를 적용하면 총괄지정임을 명시한 제8조 제1항 제1호가 실질법적 지정이 되어 문언에 정면으로 반하는 문제가 있다.

110) 석광현, 관할합의협약, 201면 이하.

111) 저자는 종래 국제재판관할합의와 중재합의에 대하여 대체로 유사한 논리를 전개하였다. 그러나 2022년 개정된 국제사법(제8조 제1항 제1호)이 국제재판관할합의의 성립과 유효성에 대하여 준거법지정규칙을 두므로 양자가 달라지게 되었는데 그 구체화는 장래의 과제이다. 우선 뉴욕협약이 적용되는 중재합의의 준거법 지정은 실질법지정이나(석광현, "캘리포니아주 법원이 확인한 미국 중재판정의 승인·집행에서 그 대상, 중재합의의 성립과 임의대리의 준거법", 사법(司法) 2020년 가을호(53호)(2020. 9.), 320면 이하), 국제재판관할합의의 준거법 지정은 국제사법지정이라는(국제사법 제8조 제1항 제1호 참조) 점에서 차이가 있다.

서 두 개의 의문이 제기된다.112) 첫째, 이는 유효성(실질적)만이 아니라 합의관할
이 부여된 국가 법(준거법 지정규범 포함)의 유효요건이 구비되지 않아 무효인 경우
도 포함하는가. 둘째, 한국의 관할을 배제하고 외국에 합의관할을 부여하는 경우
합의관할이 부여된 국가 법(준거법 지정규범 포함)의 유효요건도 적용되는가.

　문언상은 양자를 긍정할 여지도 있으나, 그 경우 제8조의 관할합의 유효요건
도 구비되어야 하므로113) 양국법이 중첩적으로 적용된다. 저자는 종래 유효요건/
방식/절차법적 효력 v. 성립/유효성(실질적)/실체법적 효력을 구분하여 전자는 법
정지법에, 후자는 관할합의의 준거법에 따른다고 보았는데, 국제사법하에서도 일
단은 이 견해를 유지하여 위 두 개의 의문에 대하여는 부정설을 취한다. 그러나
제8조의 무효는 유효요건 또는 유효성의 결여로 인한 무효를 포함하는 넓은 개념
으로 보아야 한다는 견해도 주장될 수 있다.114) 여기에서 '법정지법'이라 함은 관
할합의의 유효요건/방식/절차법적 효력을 규정한 법정지의 법으로 통상 민사소송
법 또는 국제사법일 것이다.

(나) 관할합의의 당사자의 무능력

　이는 합의를 한 당사자가 합의를 할 능력이 없었던 경우이다. 여기의 능력은
일응 권리능력과 행위능력을 말하는 것으로 보이나, 그것이 소송법상의 개념인
당사자능력과 소송능력을 말하는지는 논란의 여지가 있다.

　또한 당사자의 능력에 대리의 문제가 포함되는가라는 의문이 있다. 관할합의
협약의 해석상 긍정설115)이 있기 때문이다. 관할합의에 관한 국제사법의 조문은

---

112) 아래 두 가지는 석광현, 국제재판관할법과 석광현, "2022년 개정 국제사법에 따른 국제재
판관할합의의 제문제", 경희법학 제57권 제2호(2022. 6.), 3면 이하에서는 언급하지 않은
사항이다.

113) 만일 관할합의협약이 한국에서 발효되면 그때에는 그 기준에 따라 일원적으로 처리해야 할
것이다.

114) 예컨대 Ulrich Magnus, Sonderkollisionsnorm für das Statut von Gerichtstands- und
Schiedsgerichtsvereinbarungen?, IPRax (2016), S. 524f.는 브뤼셀 I recast에서 전자를,
Herbert Krobnke, The Fading of the Rule of Law and its Impact on Choice of Court
Agreements and Arbitration Agreements - Law and Policy, IPRax (2024), p. 107은 헤이
그관할합의협약에서 후자를 취하는 것으로 보인다. 반면에 김인호, 관할합의, 428면은 관할
합의의 적법성(저자가 말하는 유효요건)은 법정지 국제사법에 따른다고 한다.

115) 장준혁, 관할합의협약, 86면은 관할합의협약의 해석상 관할합의협약 교섭에서 모델이 된
뉴욕협약의 교섭경과와 해석론을 참조하여 "무능력"은 대리나 대표의 부적법으로 인하여

관할합의협약을 수용한 것이므로 가급적 관할합의협약의 해석론과 일치하게 해석해야 한다. 하지만 관할합의협약이나 외국중재판정의 승인 및 집행에 관한 국제연합협약(뉴욕협약)과 달리 국제사법 제32조는 대리의 준거법을 명시하므로 법정지가 한국이라면 대리의 문제는 대리의 준거법에 따른다.

요컨대 외국(A국)에 합의관할이 부여되었음에도 불구하고 한국이 법정지가 된 경우 국제사법상 ① 관할합의의 허용요건과 방식은 국제사법이 정한 요건에 의하고 ② 관할합의의 유효성은 합의관할 부여국인 외국(A국)의 국제사법이 지정하는 법에 의하나, ③ 능력과 대리의 문제는 각각 한국 국제사법에 의하여 지정된 능력과 대리의 준거법에 의한다.

(다) 합의의 대상이 된 소가 합의관할 부여국 이외 국가의 국제재판관할에 전속하는 경우

이는 법령이나 조약에 의하여 지정된 전속관할을 당사자들이 합의로써 배제할 수 없기 때문이다.

(라) 합의의 효력을 인정하면 법정지국의 공서에 명백히 위반되는 경우

여기에서 두 개의 의문이 있다. 첫째는 공서에만 착안하는 국제사법의 문언과 공서와 명백한 부정의를 언급하는 관할합의협약의 문언이 동일한가이다.

둘째는 구체적으로 외국법원을 위한 전속적 관할합의의 결과 한국의 국제적 강행규정(독점규제법 등)의 적용이 배제되거나 배제될 가능성이 있는 경우 공서위반이 되는가이다. 저자는 이것이 당연히 공서위반은 아니라고 보나 일본에서는 일본법상 이를 긍정하는 경향이 있고[116] 독일과 영국에도 긍정하는 판례와 견해

본인에게 합의의 효력이 미치지 못하는 것도 포함한다고 본다.

[116] 노태악, "국제재판관할합의에 관한 2018년 국제사법 전부개정법률안의 검토 —법원의 실무와 헤이그재판관할합의협약을 중심으로—", 국제사법연구 제25권 제1호(2019. 6.), 139면에 소개된 동경지방재판소 2016. 2. 15. 판결 참조. 위 판결은 일본의 국제적 강행규정을 면탈하려는 관할합의의 효력을 부정하나, 미국 법원이 일본의 국제적 강행규정을 적용할지는 예측하기 어렵다. 따라서 일본의 국제적 강행규정이 적용되지 않을 위험이 있다는 근거로 관할합의의 효력을 부정하는 것은 정당화되기 어렵다. 외국법원이 독일의 국제적 강행규정을 적용하지 않고 따라서 외국법원의 재판이 승인되지 않을 것으로 예상된다고 해서 관할합의의 효력을 부정할 수는 없다. Geimer, Rz. 1054도 동지. Geimer는 사후적으로 외국법원의 판결이 승인될 수 없는 경우 긴급관할이 인정될 수 있다고 한다. Kazuaki Nishioka, Choice of court agreements and derogation from competition law, JPIL, Vol. 16 (2020), p. 300 이하도 참조. 이런 논의는 과거 독점규제법 위반의 중재가능성을 부정함

가 있다. 저자는 실제로 외국법원의 재판이 있은 뒤에는 그것이 한국의 국제적 강행규정을 적용하지 않은 탓에 공서위반이 되어 승인이 거부될 수는 있으나, 사전적으로 관할합의의 효력을 부정하기는 주저된다. 다만 당사자들이 한국의 국제적 강행규정의 적용을 면탈할 목적으로 한국 법원의 관할을 배제한 경우 관할합의의 효력을 부정하는 견해가 유력하다.

(2) 관할합의의 유효(무효)요건과 효력 제한 사유의 비교

관할합의의 유효(무효)요건과 효력 제한 사유에 관하여 과거 우리 대법원판결, 관할합의협약과 국제사법의 태도를 비교하면 아래와 같다.

구법상 대법원 판결 전속적 관할합의	관할합의협약(제6조) 전속적 관할합의	국제사법(제8조)	
		전속적 관할합의	비전속적 관할합의
－ 지정된 외국법원이 그 외국법상 사건에 대하여 관할권을 가질 것 － 전속적 관할합의가 현저하게 불합리하고 불공정하지 않을 것 － 사건이 한국 법원의 전속관할에 속하지 않을 것 － 사건이 그 외국법원에 대하여 합리적 관련성을 가질 것	－ 선택된 국가 법에 따른 합의의 무효 － 법정지법에 따른 당사자의 무능력 － 합의 효력의 인정이 명백한 부정의에 이르거나 법정지국 공서에 명백히 반하는 경우	－ 합의에 따라 국제재판관할을 가지는 국가의 법(준거법의 지정에 관한 법규 포함)에 따를 때 그 합의가 효력이 없는 경우 － 합의를 한 당사자가 합의를 할 능력이 없었던 경우 － 합의의 효력을 인정하면 소가 계속된 국가의 선량한 풍속이나 그 밖의 사회질서에 명백히 위반되는 경우 － 대한민국의 법령 또는 조약에 따를 때 합의의 대상이 된 소가 합의로 정한 국가가 아닌 다른 국가의 국제재판관할에 전속하는 경우	

으로써 중재합의의 효력을 부정한 견해를 연상시킨다. 1985년 Mitsubishi Motors Corp. v. Soler Chrysler－Plymouth, Inc. 사건 판결(473 U.S. 614 (1985))에서 미국 연방대법원은 독점규제법 위반의 중재가능성(나아가 중재합의의 효력)을 긍정하였다. 김인호, 관할합의, 430－433면은 국제적 강행규정과 공서에 의한 국제재판관할합의에 대한 규율을 논의하면서도 위 논점은 다루지 않는 탓에 추상적인 논의에 그친다.

		− 제9조에 따라 변론관할이 발생하는 경우	
	− 선택된 법원의 사건 불심리 결정 − 합의가 합리적으로 이행될 수 없는 경우	− 선택된 법원이 사건을 심리하지 아니하기로 하는 경우 − 합의가 제대로 이행될 수 없는 명백한 사정이 있는 경우	

(3) 합의관할 부여국과의 관련성: 유효요건의 문제

여기에서는 당사자들이 당사자 및 사안과 아무런 관련이 없는 중립적 법원을 관할법원으로 선택할 수 있는가를 논의한다. 첫째는 외국적 요소가 있는 사건에서 한국 법원에 관할을 부여하는 합의를 하는 경우 한국 관련성이 있어야 하는가의 문제이다. 둘째는 외국적 요소가 아예 없는 사건(즉 순수한 국내사건)에서 외국법원을 위한 관할합의를 할 수 있는가이다.

(가) 한국 법원에 관할을 부여하는 합의에서 한국 관련성의 요부

외국적 요소가 있는 사건에서 당사자들이 아무런 관련이 없는 한국 법원 기타 중립적 법원을 관할법원으로 선택할 수 있는가의 문제가 있다. 그 경우 사안의 국제성은 명백하다. 국제사법(제45조 제4항)상 준거법의 맥락에서 당사자들이 사안과 아무런 관련이 없는 중립적 법을 선택할 수 있는 것처럼, 당사자들은 사안과 아무런 관련이 없는 중립적 국가의 법원에 관할을 부여하는 합의를 할 수 있다. 전속적이든 부가적이든 불문한다.

(나) 순수한 국내사건에서 외국법원을 위한 관할합의의 허용 여부

당사자들이 한국 법인이거나 한국에 거주하는 자연인이고 선택된 법원 외에 당사자들과 분쟁에 관계된 그 밖의 모든 요소가 한국에만 관련된 순수한 국내사건의 경우에 외국법원을 관할법원으로 합의할 수 있는지가 문제 된다. 과거 저자는 약관에 의한 경우는 무효이고, 약관이 아닌 경우 논리적으로 가능하나 정책적으로 바람직하지 않다는 견해를 피력하였다.[117]

우리의 관심사는 국제사법의 해석론이다. 약관규제법(제14조)이 적용되는 사

---

117) 석광현, "외국법제로의 과도한 도피와 國際私法的 思考의 빈곤", 법률신문 제3926호(2011. 4. 11.) 13면 참조.

건에서는 관할합의는 약관규제법상 효력이 없으나, 문제는 약관규제법이 적용되지 않는 B2B 거래이다. 이에 관하여는 두 개의 논점이 있다. 첫째는 달리 외국적 요소가 없으나 외국법원을 위한 관할합의가 있으면(외국법의 준거법지정과 병행할 수도 있고 아닐 수도 있다) 그로 인하여 외국적 요소가 인정되는지이다. 이를 긍정하면 둘째 논점은 문제가 없으나 부정하면 견해가 나뉠 수 있다. 둘째는 순수한 국내사건에 국제사법 제8조가 적용되는지이다.

(i) 외국적 요소의 존부

국제적으로는 달리 외국적 요소가 없는 사건이라면 외국법의 지정 또는 외국법원의 지정만으로는 외국적 요소의 존재를 인정하지 않는 경향이 보인다. 하지만 국제사법(제45조 제4항)은 "모든 요소가 오로지 한 국가와 관련이 있음에도 불구하고 당사자가 그 외의 다른 국가의 법을 선택한 경우에 관련된 국가의 강행규정은 적용이 배제되지 아니한다"라고 규정하는데, 이는 외국법의 지정만으로 계약에서 외국적 요소의 존재를 제한적으로 인정하는 셈이므로 외국법원의 지정만으로도 외국적 요소를 긍정할 여지도 있다. 특히 외국법 지정과 병행하여 외국법원을 관할법원으로 지정한다면 주관적 요소만으로 외국적 요소의 존재를 긍정할 수 있다.118)

(ii) 순수한 국내사건에 대한 제8조의 적용 여부

만일 이를 순수한 국내사건으로 본다면 제8조의 적용 여부가 문제 된다. 부정설은 국제사법 제1조는 외국적 요소의 존재를 요구하므로 제8조는 순수한 국내사건에는 적용되지 않는다고 본다. 긍정설은 국제사법 제1조에도 불구하고 국제재판관할의 맥락에서도 제8조가 적용된다고 본다. 긍정설에 따르면 순수한 국내사건에서 외국법원을 위한 관할합의도 유효하다. 생각건대 공서위반이 되는 예외적인 경우를 제외한다면, B2B의 경우 국제사법상 순수한 국내사건이라는 이유로 외국법원에 국제재판관할을 부여하는 합의의 효력을 일반적으로 부정할 수는 없다. 그러나 한국을 국제분쟁해결의 허브로 만들려는 정책 목표가 있다면 그런 관할합의를 허용 내지 권장함으로써 텃밭을 포기할 이유가 없으므로 부정설을 따를

118) Markus Müller-Chen *et al.* (Hrsg.), Zürcher Kommentar zum IPRG, 3. Auflage (2018), Art. 1, Rz. 7 (Markus Müller-Chen 집필부분)은 스위스 국제사법의 해석상 같은 견해이다.

이유가 있다.

(4) 유효요건에 관한 판례의 변경과 장래의 변화

주목할 것은, 종래 우리 대법원 판례[119]에 따르면, 한국 법원이 국제재판관할을 가지는 사건에서 한국 법원의 관할을 배제하고 외국법원을 관할법원으로 하는 전속적 국제재판관할의 합의가 유효하기 위해서는 당해 사건이 그 외국법원에 대하여 '합리적 관련성'이 필요하였다.[120] 관련성 요건은 많은 비판을 받았는데, 해석론상 이를 폐지해야 하고 입법론으로도 이를 제외해야 한다는 것이 유력설이었다. 국제사법은 관련성 요건을 요구하지 않으므로 대법원 판례의 태도는 국제사법하에서는 유지될 수 없다.

마. 관할합의의 방식

국제사법(제8조 제2항)은 관할합의의 방식(또는 형식적 유효성. formal validity)에 관하여 UNCITRAL의 2006년 개정 모델중재법을 수용한 중재법(제8조 제3항 제2호)을 참조하여 서면은 "전보(電報), 전신(電信), 팩스, 전자우편 또는 그 밖의 통신수단에 의하여 교환된 전자적(電子的) 의사표시를 포함한다"라고 규정한다. 국제사법은 일본 민사소송법(제3조의7)과 유사한 수준의 서면요건을 요구하는 결과가 되었다.

국제사법은 관할합의의 방식에 관하여 관할합의협약과 조금 다른 점과, 국제사법에 정치한 국제재판관할규칙을 두면서도 방식요건을 망라적으로 규정하지 않고 일부를 해석론에 맡기는 점에서 비판의 여지가 있다. 특히 "관할합의가 서면으로 체결되거나 작성되어야(concluded or documented) 한다"라는 관할합의협약의 수준과 동일한지는 다소 의문이다.[121] 국제사법상으로도 관할합의의 방식을 민사

---

119) 예컨대 대법원 1997. 9. 9. 선고 96다20093 판결; 대법원 2010. 8. 26. 선고 2010다28185 판결; 대법원 2011. 4. 28. 선고 2009다19093 판결 등. 1997년 판결에 관하여는 석광현, 제3권, 212면 이하 참조.

120) 대법원은 그밖에도 ① 당해 사건이 한국 법원의 전속관할에 속하지 아니하고, ② 지정된 외국법원이 그 외국법상 당해 사건에 대하여 관할권을 가질 것을 요구하고, ③ 전속적 관할합의가 현저하게 불합리하고 불공정한 경우에는 그 관할합의는 공서양속에 반하는 법률행위에 해당하는 점에서도 무효라고 판시하였다.

121) 중재법 제8조(중재합의의 방식) 제2항은 서면요건을 요구하고, "구두나 행위, 그 밖의 어떠한 수단에 의하여 이루어진 것인지 여부와 관계없이 중재합의의 내용이 기록된 경우"(제3항 제1호)와 "어느 한쪽 당사자가 당사자 간에 교환된 신청서 또는 답변서의 내용에 중재합의가 있는 것을 주장하고 상대방 당사자가 이에 대하여 다투지 아니하는 경우"(제3항 제

소송법상의 서면요건보다 다소 완화해서 보는 종래의 견해를 유지하는 것이 적절하다.

바. 관할합의의 효력

국제재판관할합의의 결과 국제재판관할이 발생하거나 배제된다. 이는 국제재판관할합의의 본래의 효력(즉 소송법적 효력)이다. 근자에는 그에 부수하는 실체법적 효력으로서 관할합의 위반에 따른 손해배상이 논의되고, 나아가 관할합의 위반에 따른 소송유지(留止)명령이 문제 된다.

(1) 소송법적 효력

관할합의의 결과 국제재판관할이 변동된다. 관할합의의 효력은 그것이 관할설정합의인가, 관할배제합의인가 아니면 양자의 결합인가에 따라, 그리고 그것이 관할설정합의라면 전속적인가 아니면 부가적인가에 따라 결정된다. 법계에 따른 차이가 있으나 우리 법상 그렇다는 것이다.

관할합의의 효력과 관련해서는 그의 주관적 범위와 객관적 범위 등이 문제된다. 주관적 범위를 보면, 관할합의의 효력은 원칙적으로 당사자와 그 승계인에게 미친다. 그러나 예컨대 법인격을 부인함으로써 관할합의로부터 발생하는 이익과 의무가 법인의 배후에 있는 사원에게까지 확장되는 경우에는 관할합의의 효력이 제3자에게 미친다. 한편 계약인수처럼 당사자의 권리와 의무를 승계하는 경우 관할합의의 효력이 그 승계인에게 미치는 것은 당연하나, 권리의 특정승계가 있는 경우(예컨대 채권양도) 논란이 있다. 제3자는 관할합의에 구속되지 않을 것 같지만 견해가 나뉜다.

국제사법(제8조 제5항)에 따르면, 외국법원을 선택하는 전속적 관할합의가 있는 경우 우리 법원은 원칙적으로 소를 각하하여야 한다. 이는 우리 법원에 관할이 없기 때문이다. 우리 법원을 배제하고 외국법원을 위한 전속적 관할합의가 있음에도 불구하고 우리 법원이 스스로 외국이 부적절한 법정지라고 판단하고 그를 이유로 관할합의의 효력을 부정할 수는 없다.[122]

3호) 서면요건이 구비된 것으로 본다. 국제사법상 그 경우 방식요건의 구비 여부에 논란이 있을 수 있다.

122) 그러나 영미에서는 배제합의 결과 자국의 관할권이 배제되는 것이 아니라 여전히 관할권을 가진다고 보면서 법원이 당사자들의 관할합의를 존중하여 관할권을 행사하지 않는다.

그러나 위 원칙에 대하여는 예외가 있다. 첫째, 관할합의가 제8조 제1항 각 호의 사유로 효력이 없는 경우, 둘째, 제9조에 따라 변론관할이 발생하는 경우,[123] 셋째, 합의에 따라 국제재판관할이 부여된 국가의 법원이 사건을 심리하지 아니 하기로 하는 경우와 넷째, 합의가 제대로 이행될 수 없는 명백한 사정이 있는 경 우가 그런 예이다. 한편 관할합의협약의 보고서에 따르면, 넷째는 이행이 절대적 으로 불가능해야 하는 것은 아니지만 예컨대 소가 제기된 국가에 전쟁이 일어나 법원이 기능할 수 없는 경우 또는 선택된 법원이 존재하지 않거나 심하게 변경되 어서 더 이상 동일한 법원이라고 볼 수 없는 경우처럼 예외적인 상황을 말한다.

국제사법 제8조 제5항 제4호(합의가 제대로 이행될 수 없는 명백한 사정이 있는 경우)를 다룬 흥미로운 하급심 판결이 있다. 한국 법인과 물품 구매계약(준거법은 러시아연방법률)을 체결한 러시아 주식회사인 원고는 전속적 관할합의에 따라 국제 재판관할을 가지는 러시아연방 상트페테르부르크시와 레닌그라드 지역 중재법원 (이는 상사법원이라고 한다)에서 결석판결로 승소판결을 받았다. 러시아는 송달협약 의 당사국인데 러시아 법원은 소장을 국제등기우편으로 피고에게 송달하였다. 원 고는 피고를 상대로 우리 법원에 제소하여, 주위적으로 위 판결의 집행판결을 구 하였고, 예비적으로 피고의 의무이행을 구하였다. 광주지방법원 목포지원 2023. 12. 19. 선고 2023가합38 판결과 광주고등법원 2024. 9. 26. 선고 2024나20446 판 결(확정)은 주위적 청구는 적법한 송달요건을 갖추지 못하여 부적법하고, 예비적 청구는 전속적 관할합의에 반하는 것이어서 부적법하다고 판단하고 소를 각하하 였다. 예비적 청구에 관하여 원고는 "러시아 법원에 전속적 국제관할이 있기는 하 나 집행대상 판결의 송달이 위법하더라도 러시아 확정판결의 존재로 인해 원고가 러시아에서 다시 제소할 수는 없으므로 국제사법 제8조 제5항 제4호의 사유가 존 재하고, 예비적 청구에 관한 피고의 본안전 항변은 신의칙에도 반한다"라고 주장

과거 미국에서는 법원의 재판관할권을 배제하는(ouster) 당사자의 사전합의는 공서에 반하 여 강제할 수 없다고 보았으나 국제사법 Restatement (Second) 제80조도 참조("Non Ouster Doctrine"). Jennifer Antomo, Schadensersatz wegen der Verletzung einer inter- nationalen Gerichtsstandsvereinbarung? (2017), S. 160ff. 277ff., 위 법리는 미국 연방대법 원의 The Bremen v. Zapata Off-Shore Co., 407 U.S. 1 (1972) 사건 판결을 계기로 극복 되었고 위 판결은 국제거래에서 국제재판관할에 관한 당사자자치를 확립한 결정적 계기가 되었다.

123) 당사자들이 전속적 관할합의를 한 경우에도 전속관할이 발생하는 것은 아니라서 변론관할 은 허용된다.

하였다. 제2심판결은 "국제사법 제8조 제5항 제4호의 규정 형식과 문언, 연혁 등에 비추어 볼 때, 위 예외사유는 합의에 따라 전속적 국제재판관할을 가지는 국가나 법원에 전시·사변 또는 그에 준하는 비상사태나 천재지변 등이 발생하여 해당 법원이 더 이상 존재하지 않거나 동일한 법원으로 볼 수 없는 등 그 선택된 법원이 전속적인 관할권 행사 자체가 어려워져 관할에 관한 전속적인 합의를 이행할 수 없는 불가항력적인 상황이 발생한 경우를 의미한다고 해석함이 타당하다. 막연히 전속적 국제재판관할을 가지는 법원에 소송을 제기할 경우 소가 각하되거나 청구가 기각될 우려가 있다는 등의 사유만으로는 위 예외사유가 존재한다고 할 수 없다. 따라서 한국 법원에 제기된 이 사건 소송은 전속적 국제재판 관할합의에 반하여 허용될 수 없다"라는 취지로 판단하였다. 이런 판단은 타당하다.

(2) 관할합의의 실체법적 효력과 관할합의 위반에 따른 손해배상

전속적 관할합의가 있음에도 불구하고 일방 당사자가 그에 위반하여 다른 국가에서 소를 제기하는 경우 상대방 당사자는 응소하여 관할항변을 하는 등 다툴 필요가 있다. 그로 인하여 소송비용 등을 부담하게 되어 손해를 입은 경우 손해배상을 청구할 수 있는지가 문제 된다.

관할합의의 법적 성질에 관하여 종래 한국에서는 관할합의를 관할의 발생이라는 소송법상의 효과를 가지는 소송행위로서 소송계약의 일종이라는 견해가 유력한데 이에 따르면 관할합의의 결과 당사자는 '소송상의 부담'을 질 뿐이고 실체법상의 의무를 지지 않으므로 그 위반으로 인하여 불이익을 받을 뿐이지 손해배상책임을 지는 것은 아니다.[124]

이는 국제재판관할합의의 소송법적 효력과도 관련된다. 즉 전속적 관할합의에 의하여 관할이 배제된 국가(forum derogatum. "합의관할 배제국")의 관할권이 소멸하는 것이 아니라 당사자들 간에 그 국가에서 제소하지 않겠다는(배제된 국가의 관할권을 원용하지 않겠다는) 통상의 계약과 같은 합의를 한 것으로 이해하는 영미의 접근방법에 따르면 그에 위반할 경우 손해배상책임을 지는 것이 자연스러우나,[125]

---

124) 예컨대 대법원 2006. 3. 2.자 2005마902 결정은 "관할의 합의는 소송법상의 행위"라고 판시한 바 있다. 그러나 Geimer는 관할합의를 소송계약으로 보면서도 관할합의는 그에 위반하여 소를 제기하지 않을 의무를 발생시킨다고 하고 이를 위반하면 손해배상책임이 있다고 본다. Geimer, Rz. 1716.
125) Antomo(註 122), S. 281ff. 이처럼 영미법계에서는 전속적 관할합의도 통상의 계약과 마찬

전속적 관할합의에 의하여 관할권이 배제되는 데 초점을 맞추는 독일에서는 그 소송법적 효과에 관심을 가질 뿐이기 때문이다. 그러나 소송법적 효과를 인정한다고 해서 그에 부수하는 의무(즉 실체법적 효과)를 부정해야 하는 것은 아니다. 즉 저자는 기본적으로 독일 연방대법원 판례처럼 이를 "소송법적 법률관계에 관한 실체법상의 계약" 또는 "소송법적 효력을 가지는 특수한 사법(私法)상 계약"이라고 이해한다.126) 이렇게 본다면 전속적 관할합의의 주된 효과가 소송법의 영역에서 발생하고, 나아가 소를 제기한다면 전속적 관할합의에 의하여 지정된 법원에서만 소를 제기하고 그에 위반하여 다른 법원에서 제소하지는 않겠으며 만일 그를 위반하는 경우에는 그에 따른 책임을 지겠다는 실체법상의 합의가 존재한다고 볼 수 있다. 전속적 관할합의 속에는 그런 취지의 합의가 내재되어 있거나 아니면 부수한다고 보는 것이 당사자의 의사와 상식에 부합한다. 위 판례를 전속적 관할합의는 소송계약과 실체법상 계약의 성질을 모두 가진다는 견해(이 점에서 이를 '양행위경합설' 또는 '양성설'이라 할 수도 있다)로 이해할 수 있고 그에 의하면 위의 결론이 자연스럽게 도출된다.127) 그렇다면 우리 법상으로도 상대방이 전속적 관할합의에 위반하여 제소한 경우 손해를 입은 당사자는 의무위반으로 인한 손해배상을 청구할 수 있고, 이 경우 일방 당사자는 외국에서 소송을 방어하는 데 발생하는 합리적인 비용과 그 소송에서 부담한 소송비용을 손해배상으로 청구할 수 있다. 실무적으로는 당사자들이 계약서에서 전속적 관할합의 위반 시 손해배상을 청구할 수 있음을 명시하면서 손해배상액 산정의 어려움에 대비하여 손해배상액의 예정을 하기도 한다.128)

가지로 당사자의 협상의 결과라고 보기 때문이나(김민경, 136면), 관할합의의 소송법적 효력에 대한 이해가 다르다는 점도 기억할 필요가 있다. Briggs, para. 8.05, para. 8.50 참조.

126) 이것이 독일 연방대법원의 전통적 판례이다. Hess, Rn. 6.152. 전속적 관할합의 위반의 경우 당사자의 손해배상책임을 인정한 독일 연방대법원의 2019. 10. 17. Ⅲ ZR 42/19 판결, NJW 2020, 399 = IPRax 2000, 459도 같다.

127) 근자에는 한국에서도 이런 견해가 확산되고 있다. 한승수, 27면; 이창현, 소송금지명령, 240면 이하; 김민경, 121면. 위에 소개한 독일 연방대법원의 2019. 10. 17. 판결은 전속적 관할합의 위반에 따른 손해배상책임을 긍정하였다. 독일 학설은 나뉘고 있다. Leon Theimer, Die unionsrechtliche Zukunft des Schadensersatzes wegen Verletzung einer ausschließlichen Gerichtsstandsvereinbarung, Rabels Zeitschrit, 88 (2024), S. 558, Fn. 4 참조.

128) 손해액의 산정은 ① 전속적 관할합의를 위반하여 제기된 전소에서 외국법원이 관할합의를 이유로 소를 각하한 경우와 ② 외국법원이 소를 각하하지 않고 본안판단으로 나아간 경우

위 2019년 판결에서 독일 연방대법원은 관할합의 위반으로 인한 손해배상책임을 최초로 인정하였다.[129]

여기에서 실제로 손해배상청구를 관철하기 위하여는 여러 가지 의문이 제기된다. 여기의 손해배상청구는 관할합의라고 하는 계약위반을 전제로 하는 것이다. 당사자 간에 분쟁해결합의가 없다면 당사자가 외국법에 따라 국제재판관할을 가지는 외국에서 소를 제기하는 것은 적법한 권리 행사이므로 준거법에 따라 다르겠지만 원칙적으로 불법행위를 구성하지는 않을 것이다.

전속적 관할합의를 위반하여 발생하는 손해배상청구에 대하여 관할법원은 어디인가. 즉 그러한 손해배상청구에 대하여 당사자 간의 전속적 관할합의의 효력이 미치는가가 문제 된다. 통상적으로 당사자들은 주된 계약으로부터 또는 그와 관련하여 발생하는 분쟁에 대하여 관할합의를 하므로 그 범위에 포함된다고 본다.

다음으로 위와 같은 실체법상의 손해배상책임이 있는지를 결정하는 준거법이 문제되는데 이는 위반된 의무의 준거법이다. 이는 관할합의에 내재하거나 그에 부수하는 의무의 준거법이므로 관할합의의 준거법인데, 위에서 언급한 바와 같이 관할합의의 성립과 유효성의 준거법은 주된 계약의 주관적 준거법이라고 보므로 양자는 동일하다. 결국 당사자의 별도 합의가 없다면 손해배상청구가 가능한지는 관할합의의 성립과 유효성의 준거법에 따를 사항인데, 주관적 준거법이 있다면 그와 동일하고, 만일 주관적 준거법이 없다면 객관적 준거법은 국제사법 (제8조 제1항)에 따라 결정된다. 준거법이 영국법이면 손해배상청구가 가능한 반면

로 구분할 필요가 있다. 한승수, 8-9면, 30면 이하; 김민경, 138면 이하도 같다.

129) 소개는 석광현, 국제재판관할연구, 122면 이하; 한민오·유은경, "중재합의 위반시 손해배상청구 가부에 대한 비교법적 고찰", 석광현헌정논문집, 469면 이하; 김민경, 140면 참조. 유럽연합사법재판소는 2023. 9. 7. 판결(Charles Taylor Adjusting (C-590/21))에서 "(영국법원에 전속적 관할을 부여하는) 관할합의를 위반한 당사자에게 일정 금액을 지불하도록 명령하는 판결은 상호신뢰에 반하는 quasi anti-suit injunction이므로 회원국의 법원은 이러한 판결이 공서위반이라고 간주하고 브뤼셀 I 규정에 따라 집행을 거부할 수 있다"라는 취지로 판시하였다(여기의 손해배상은 관할이 배제된 (그리스) 법원에 소송절차가 계속 중인 상태에서 청구한 것이라 확정적인 것은 아니다). 소개와 평가는 Leon Theimer, Der letzte Pfeil im Köcher der englischen Gerichte? „Quasi-Prozessführungsverbote" und Schadensersatz bei Verletzung ausschließlicher Gerichtsstandsvereinbarungen, IPRax (2023), S. 267f. 참조. 판결문의 독일어본은 IPRax (2023), S. 304f. 참조. 유럽연합법 차원에서 전속관할합의에 반하는 손해배상청구의 문제는 Theimer(註 127), S. 556ff. 참조.

에 과거 독일이나 한국의 유력설에 따르면 부정하므로(위 연방대법원 판결이 없었다
면) 준거법에 따라 결론이 달라질 수 있다.

(3) 관할합의의 위반에 따른 소송유지(留止)명령(anti-suit injunction)

이는 특히 전속적 관할합의에서 발생하는 문제이다. 영미에서는 적극적인 국
제 소송전략의 일환으로 상대방이 외국에서 제소하거나 소송을 수행하는 것을 선
제적으로 차단하는 적극적 수단으로 소송유지(留止)명령(또는 소송금지명령. 이하 양
자를 호환적으로 사용한다)을 활용한다. 이는 소를 제기하거나 가처분을 신청하는
방식으로 할 수 있다. 영미에서는 전속적 관할합의 또는 중재합의와 같은 분쟁해
결합의가 없는 경우에도 소송유지명령을 활용한다.[130] 특히 당사자들이 영국 법
원에 전속적 관할을 부여하는 합의를 한 경우 일방 당사자가 그에 위반하여 소를
제기하는 때에는 소송유지명령을 발령함으로써 영국 법원의 관할권을 보장하는
법적 인프라로 활용한다.

여기에서는 국제소송, 특히 보전처분의 맥락에서 우리 법원에서 소송유지명
령이 가능한지를 간단히 언급한다. 보전처분이 가능한가는 절차법의 문제이므로
법정지법에 따를 사항이다. 우리 민사집행법상 보전처분으로 소송유지명령을 하
자면 ① 우리 법원에 국제재판관할이 있어야 하고, ② 피보전권리가 있어야 하며
③ 보전의 필요성이 있어야 한다.

첫째, 국제재판관할요건을 보면, 국제사법(제14조)에 따르면 가처분의 경우
본안관할을 가지는 국가의 법원과 다툼의 대상 소재지 국가가 국제재판관할을 가
진다. 따라서 전속적 관할합의 위반에 기한 가처분이라면 전속적 관할법원이 한

---

130) 예컨대 영국에서는 소송유지명령을 발하는 것이 정의의 목적에 부합하고 예양의 원칙에
반하지 않아야 하는데, 그 경우 원고가 '외국에서 제소되지 않을 권리(right not to be sued
abroad)'를 가져야 한다. 영국법상 예양은 김민경, "영국 국제사법의 예양의 원칙", 석광현
헌정논문집, 389면 이하 참조. 우리 법상의 논의는 이창현, 소송금지명령, 153면 이하 참
조. 참고로 영국 법원이 발하는 소송유지명령이 브뤼셀체제와 양립할 수 있는지는 과거 논
란이 있었던바, 유럽사법재판소(ECJ)는 2004. 4. 27. Turner v. Grovit 사건(C-159/02) 판
결과 2009. 2. 10. Allianz v. West Tankers 사건(C-185/07) 판결로써 소송유지명령은 브
뤼셀체제의 근본원칙, 즉 체약국이 다른 체약국의 법제와 사법제도에 대한 상호신뢰
(mutual trust)의 원칙과 양립하지 않는다고 판단하였다. 이를 가리켜 영국이 발전시켜 온
'보통법 소송원칙의 체계적 해체(systematic dismantling of the common law principles of
procedure)'를 보여주는 사례라고 평가하기도 한다. 위 판결들의 소개와 상세는 석광현, 국
제중재법 제2권, 290면 이하 참조.

국 법원이므로 우리 법원의 국제재판관할을 긍정할 수 있다.

둘째, 보전처분의 형식으로 소송유지명령을 구할 경우 신청인의 피보전권리가 있어야 하고, 본안의 형식으로 소송유지명령을 구할 경우에도 원고가 피고에 대해 부작위를 요구할 수 있는 실체법상의 권리가 있어야 하는데 이는 당해 법률관계의 준거법에 따를 사항이다. 우리 법상 당사자가 외국법에 따라 국제재판관할을 가지는 외국에서 제소하는 것은 적법한 권리의 행사이므로 일방 당사자는 '외국에서 제소되지 않을 권리(right not to be sued abroad)'를 가지지 않고 외국법원의 소송절차에 간접적으로 간섭하는 소송유지명령을 허용할 근거는 없지만, 전속적 관할합의와 중재합의와 같은 분쟁해결합의 위반의 경우에는 그에 포함되거나 부수되는 합의를 근거로 '외국에서 제소되지 않을 권리'를 가지므로 이를 피보전권리로 하여 소송유지명령을 허용할 수 있다.

셋째, 보전의 필요성을 보면, 전속적 관할합의가 있더라도 피고로서는 실제로 외국의 소송에 출석해서 방어하지 않을 수 없고 그에 따른 시간, 노력과 비용이 소요되고 명성에 손상이 발생할 수 있으므로 상대방의 제소가 임박한 상황이거나 실제로 제소하였다면 외국에서의 소 제기 또는 소의 수행을 금지할 실제적 필요성이 있다.

소송유지명령의 가능 여부는 관할합의에 내재하거나 부수하는 실체적 의무의 준거법에 따를 사항이고 주관적 준거법이 있는 경우 이는 통상 관할합의의 성립과 유효성의 준거법과 같다. 준거법이 한국법인 경우 전속적 관할합의에 근거한 소송유지명령이 가능하다고 본다.

사. 주된 계약과 관할조항의 독립성

국제사법(제8조 제4항)은 관할합의조항을 포함하는 주된 계약 중 다른 조항의 효력은 관할합의조항의 효력에 영향을 미치지 아니한다고 규정함으로써 '관할조항의 독립성'을 명시한다. 이는 강학상 인정되던 것을 명문화한 것이다. 중재법(제17조 제1항)이 중재조항의 독립성을 명시하는 것과 같은 취지이다. 관할합의협약(제3조 d호)도 관할조항의 독립성을 명시한다.

아. B2B 거래에서 약관에 의한 국제재판관할합의의 특수성

여기에서는 소비자계약의 국제재판관할 특칙을 정한 국제사법 제42조가 적용되지 않는 사안, 즉 B2B 거래이면서 약관규제법이 적용되는 업종[131])의 약관에 의한 국제재판관할합의를 논의한다.

약관규제법 제14조는 "고객에 대하여 부당하게 불리한 재판관할의 합의조항은 무효로 한다"라는 취지의 규정을 둠으로써 약관에 의한 재판관할합의를 규제한다. 약관에 대한 통제는 첫째, 약관에 포함되어 있는 관할합의 조항 자체에 대한 통제(약관에 의한 관할합의에 대한 통제로서 관할합의의 유효요건)와, 둘째, 주된 준거법이 외국법인 경우 약관의 편입통제와 내용통제로 구분된다.

약관의 편입통제를 보면, 약관의 편입과 약관의 명시·설명은 관할합의의 성립의 문제로서 제8조가 직접 규율하지 않는 한 관할합의의 준거법, 즉 합의관할 부여국의 국제사법이 지정하는 성립의 준거법에 따를 사항이다.[132])

약관의 내용통제를 보면, 약관규제법의 내용통제도 편입통제와 동일하게 보는 견해도 가능하나, 관할합의의 유효요건의 준거법에 따라 결정된다고 본다. 과거 정설이 없었으나 저자는 약관의 남용에 대한 통제를 포함하여 관할합의의 유효요건, 방식과 효력은 법정지법에 따를 사항이라고 보았다. 준거법의 맥락에서는 주된 계약의 준거법이 외국법이면 약관규제법의 내용통제는 적용되지 않지만, 국제재판관할의 맥락에서는 비록 주된 계약의 준거법이 외국법이더라도 한국의 법정관할이 배제되었다면 약관규제법 제14조가(국제사법 제8조가 정한 것은 아니지만) 유효요건의 준거법으로서 적용된다.[133])

요컨대 국제재판관할합의가 약관에 의한 것이라는 이유만으로 무효는 아니나 과연 어느 경우 효력을 부인할지가 문제이다. 위 1997년 대법원판결도 약관규제법은 전혀 고려하지 않은 것으로 보인다.

---

131) 약관규제법 제15조와 동법시행령 제3조는 국제적으로 통용되는 운송업, 금융업과 보험업 등 특정 업종의 약관에 대하여는 약관규제법 제7조부터 제14조까지의 적용을 배제하는데, 대법원 1999. 12. 10. 선고 98다9038 판결은 약관의 내용통제에 관한 일반원칙을 정한 제6조도 적용되지 않는다고 보았다.

132) 저자는 약관에 포함된 중재합의의 편입통제에 관하여도 동일한 견해를 취하였다. 그러나 장준혁, 관할합의협약, 73면은 약관의 제시와 설명은 관할합의의 방식의 문제라고 본다.

133) 그러나 본문과 달리 제14조에 대하여도 통상의 내용통제에 관한 원칙을 적용하여 관할합의의 준거법에 따른다는 견해도 가능하다. 손경한, "강행규정의 국제적 적용", 변호사 제55집 (2022), 75면 註 88은 저자가 절충적 입장으로 견해를 선회하였다면서 진일보한 것이라고 평가하나, 저자는 2003년 발표한 글에서 위 견해를 표명한 이래 이를 유지하므로 뭔가 오해가 있었던 모양이다.

자. 소비자계약과 근로계약에서 합의관할의 특칙

소비자계약(제42조)과 근로계약(제43조)의 맥락에서 관할합의에 관하여는 제8조에 대한 특칙을 둔다.

10. 변론관할(제9조)

민사소송법 제30조는 '변론관할'이라는 제목하에 "피고가 제1심 법원에서 관할위반이라고 항변하지 아니하고 본안에 대하여 변론하거나 변론준비기일에서 진술하면 그 법원은 관할권을 가진다"라고 규정한다. 이는 피고의 복종(submission)에 기초한 관할이므로 국제재판관할에서도 변론관할을 인정할 수 있다. 그러나 전속관할에 반하는 경우에는 그러하지 아니하다. 변론관할을 묵시적 관할합의 또는 관할합의에 준하는 것으로 보는 견해도 있고 특히 대륙법계에서 그런 경향이 있으나 양자는 구별해야 한다.[134] 따라서 묵시적 관할합의의 성립 등에 관하여 그 준거법에 따른 판단은 불필요하며 법정지법에 따라 변론관할이 성립하는지를 판단하면 족하다.

국제사법(제9조)은 국제재판관할의 맥락에서 변론관할을 명시한다. 즉 국제사법에 따라 법원에 국제재판관할이 없는 경우에도 피고가 국제재판관할이 없음을 주장하지 아니하고 본안에 대하여 변론하거나 변론준비기일에서 진술하면 법원에 그 사건에 대한 변론관할이 인정된다. 종래 해석론상 피고가 국제재판관할을 다투기 위한 출석, '특별출석(special appearance)'을 한 경우 가사 예비적으로 본안에 관하여 변론을 하더라도 변론관할이 발생하는지는 논란이 있었는데 국제사법은 이를 규정하지 않는다. 그 경우에는 피고가 관할을 다툰 것임은 명백하므로 변론관할이 발생하지 않는다.[135][136]

---

134) 영미법계에서는 전통적으로 당사자의 복종(submission)이 하나의 관할근거가 되는 반면에 관할합의는 그 자체로서는 관할근거가 아니다.

135) 일본 민사소송법(제3조의8)도 이 점을 명시하지 않으나, 브뤼셀 I Recast(제26조 제1항)는 그 경우 변론관할이 발생하지 않음을 명시한다. 반면에 캘리포니아 민사소송법(Code of Civil Procedure, §418.10[a])은 그 경우에도 변론관할을 인정한다.

136) 이 점은 외국판결의 승인을 위한 송달요건의 맥락과 다르다. 민사소송법(제217조 제1항 제2호)상 피고가 적법한 적시 송달을 받지 못하였더라도 응소한 때에는 송달요건은 구비된다. 문제는 피고가 관할위반의 항변을 제출하기 위하여 법원에 출석한 경우에도 응소가 있다고 볼 수 있는가인데, 송달요건은 피고의 방어권을 보호하기 위한 것이므로 피고가 실제로 방어할 수 있는 기회를 가졌는지의 여부가 관건이다. 따라서 특별출석도 승인의 맥락에서는 응소에 해당한다. 석광현, 국제민소법, 371-372면.

당사자 간에 외국의 법원을 위한 전속적 관할합의가 있더라도 피고가 법정지인 한국 법원에 출석하여 본안에 관하여 변론하는 때에는 변론관할이 발생한다(국제사법 제8조 제5항). 따라서 변론관할이 관할합의에 우선하여 적용되는 결과가 된다. 반면에 국제사법 또는 조약상 외국에 전속관할이 인정되는 경우에는 위의 요건이 구비되더라도 한국의 변론관할이 발생하지는 않는다(제10조 제2항).[137]

소비자계약과 근로계약의 경우에도 본안에 대하여 피고인 소비자와 근로자의 이의 없는 변론이 있으면 변론관할이 발생한다. 다만 브뤼셀 I Recast(제26조 제2항)는 과거와 달리, 법원이 관할을 가지기에 앞서 법원이 소비자와 근로자에게 관할을 다툴 수 있다는 점과 이를 다투지 않을 경우의 효과(즉 변론관할이 발생할 수 있음)를 알려주어야 함을 명시한다. 독일에서는 이를 '교시의무(Belehrungsobliegenheit)'라고 부르기도 한다.[138]

11. 전속적 국제재판관할(제10조)

가. 전속관할에 관한 과거의 논의

소송의 대상인 분쟁의 성질상 어느 하나의 국가에만 국제재판관할을 인정하는 경우가 있는데 이것이 전속적 국제재판관할(전속관할)이다. 이는 당해 분쟁과 밀접한 관련이 있는 특정 국가의 법원에 전속관할을 인정함으로써 법률관계를 획일적으로 처리하기 위한 것이다.[139] 그런 목적을 달성하자면 국제적 컨센서스가 중요하다. 전속관할에 대비되는 관할을 '임의관할(또는 경합관할)'이라 한다. 우리

---

137) 브뤼셀 I Recast (제26조 제1항)도 이 점을 명시한다.

138) 재판협약도 변론관할을 인정하는데, 흥미로운 것은 피고의 관할항변이 재판국법상 성공가능성이 없음이 명백한 때에는 변론관할을 부정하는 점이다(제5조 제1항 f호). 석광현, "2019년 헤이그 재판협약의 주요 내용과 간접관할규정", 국제사법연구 제26권 제2호(2020. 12.), 29면 이하 참조.

139) Jürgen Basedow, Das Prinzip der gegenseitigen Anerkennung im internationalen Wirtschaftsverkehr, Normann Witzleb et al. (Hrsg.) Festschrift für Dieter Martiny zum 70. Geburtstag (2014), S. 246. Basedow는 "외국적 요소가 있는 법률관계에서 사적 행위주체를 다양한 사법(私法)의 병존으로부터 발생할 수 있는 상이한 판단으로부터 보호하는 것"이 국제사법의 과제라고 하면서, 이를 실현하는 방법 중 주요한 것으로 '준거법 지정', '(외국재판의) 승인'과 전속관할을 든다. 그러나 특정 국가에 전속관할을 인정하는 다양한 근거(자국법 적용에 대한 이익과 외국법 적용의 어려움, 증거 및 사안의 근접성, 국가의 주권적 이익 등)를 검토한 뒤 조약이 없는 한 모두 타당하지 않다는 강력한 반론도 있다. Geimer, Rz. 878ff. 참조.

국제사법과 민사소송법은 전속(국제재판)관할을 규정하지 않았으나 브뤼셀협약(제16조), 브뤼셀 I (제22조)(브뤼셀 I Recast 제24조)은 대체로 다음의 경우 전속관할을 인정한다.[140)]

① 부동산에 대한 물권 또는 임대차를 목적으로 하는 소에 대해서는 부동산 소재지
② 법인의 존부, 그 기관의 결정의 유·무효 등에 관한 소에 대해서는 법인의 설립준거법 소속국
③ 공적 장부상의 기재의 유·무효를 목적으로 하는 소에 대해서는 공부를 관리하는 국가
④ 지적재산권의 등록, 유효성에 관한 소에 대해서는 등록지
⑤ 재판의 집행에 관한 소에 대해서는 그 재판의 집행이 행해지거나 행해질 국가

한국에도 유사한 견해가 있었으나[141)] 그 범위는 논자에 따라 다소 달랐다. 우리 법이 전속적 토지관할을 규정하더라도 그로부터 당연히 전속적 국제재판관할이 도출되지는 않는다.[142)] 전속관할은 당사자가 다른 경합하는 관할 법원에서 소송을 수행할 권리를 박탈하고 그에 반하는 관할합의를 제한하므로 제한적으로 해석하여야 한다.

나. 국제사법(제10조)이 규정하는 전속관할규칙

과거 한국에서는 전속적 국제재판관할규칙은 별로 주목을 받지 못하였다. 국제사법은 전속관할규칙을 총칙(제10조)에 묶어서 아래와 같이 규정하는데 어느 하나에 해당하면 한국이 전속관할을 가진다.

---

140) 일본 민사소송법(제3조의5)은, 회사법 제7편 제2장에 규정된 소 기타 일본 법령에 의하여 설립된 사단 또는 재단에 관한 소(제1호), 등기·등록에 관한 소(제2호)와 지적재산권 중 설정의 등록에 의해 발생하는 것의 존부 또는 효력에 관한 소(제3호)에 대해 전속관할을 규정한다.

141) 이필복, 전속관할, 299면 이하 참조.

142) 재판적에 이중기능을 인정하는 독일에서도 그렇다. 즉 독일 국내법이 전속적 토지관할을 규정하는 것은 독일에 국제재판관할이 있는 경우 국내법이 정한 법원이 전속적 토지관할을 가진다는 것이다. Geimer, Rz. 873, Rz. 866; Schack, Rn. 248. 간접강제에 관한 대법원 2018. 11. 29. 선고 2016다18753 판결도 "민사집행법 제21조, 제261조에서 간접강제결정을 제1심 법원의 전속관할로 정한 것은 우리나라 법원에서 간접강제결정을 내릴 경우를 전제로 하는 것"이라고 판시하였다.

(1) 공적 장부의 등기 또는 등록에 관한 소

한국의 공적 장부의 등기 또는 등록에 관한 소에 대하여는 한국이 전속관할을 가진다(제1호). 이는 위 ③에 상응하나 브뤼셀체제(예컨대 브뤼셀 I Recast 제24조 제3호)처럼 "공적 장부상 기재의 유·무효를 목적으로 하는 소"에 한정하는 것이 아니라 "공적 장부의 등기 또는 등록에 관한 소"라고 하여 더 넓은데,[143] 다만 단서에 의하여 그 범위가 다소 제한된다. 전속관할을 규정하는 이유는 등기·등록이 공익성이 큰 공시제도와 밀접하게 관련되기 때문이다. 공적 장부는 부동산등기부만이 아니라 법인등기부, 회사등기부, 가족관계등록부, 지식재산권에 관한 등록부와 선박등기부도 포함할 수 있다. 국제사법상으로는 등기·등록의 요건에 관한 소는 전속관할의 대상이고, 부동산 등기가 일단 유효하게 이루어진 뒤에 채무의 변제 등으로 인하여 등기가 부적법하게 된 경우와 변경등기를 구하는 소의 경우에도 전속관할의 대상이 될 수 있다.[144] 가족관계등록부의 정정(성별 정정이나 생년월일 정정)을 구하는 소도 전속관할의 대상이다. 반면에 외국의 이혼판결에 대한 집행판결청구의 소는 집행판결에 기하여 가족관계등록이 이루어지더라도 그 자체로서는 등기·등록에 관한 소라고 보기는 어렵다.[145]

민사소송법(제21조)은 "등기·등록에 관한 소를 제기하는 경우에는 등기 또는 등록할 공공기관이 있는 곳의 법원에 제기할 수 있다"라고 특별재판적을 규정할 뿐이고 전속적 토지관할을 규정하지는 않는다.

(2) 법인 또는 단체의 설립 무효 또는 그 기관 결의의 유효성에 관한 소

한국 법령에 의하여 설립된 법인이나 단체의 설립 무효, 해산 또는 그 기관의 결의의 유효 또는 무효에 관한 소에 대하여는 한국 법원이 전속관할을 가진다(제2호). 이는 위 ②에 상응한다.[146] 이는 법인이나 단체의 조직분쟁에 관하여 '관할과 준거법의 병행'을 실현함으로써 상충·모순되는 판결을 막기 위한 것이다.[147] 상법은 회사설립의 무효·취소의 소와 회사합병 무효의 소, 회사분할(합병) 무효

---

143) 일본 민사소송법(제3조의5 제2항)은 등기·등록에 관한 소 전반에 대하여 전속관할을 인정하므로 국제사법의 문언은 일본법에 접근한다.

144) 이필복, 전속관할, 308면.

145) 권혁준, 온주 국제사법 제10조, 2023. 7. 5. [6]도 동지.

146) 브뤼셀체제의 해석상으로는 여기에는 대심적 절차만 포함되고 비대심적 절차인 비송사건은 포함되지 않는다고 한다. Hess, Rn. 6.137.

147) Hess, Rn. 6.137.

의 소와 주주총회결의 취소·변경·무효·부존재확인의 소 등에 대하여 전속적 토지관할을 규정하는데(제184조부터 제186조, 제380조와 제381조 등) 그런 소는 제2호에 해당될 것이다. 반면에 사원들 간의 소나 사원과 회사 간의 소는 이에 해당되지 않고 국제사법(제25조)이 정한 '단체 내부관계의 특별관할'에 따른다.[148]

(3) 부동산 물권 또는 등기된 임대차를 목적으로 하는 소

한국에 있는 부동산의 물권에 관한 소 또는 부동산의 사용을 목적으로 하는 권리로서 공적 장부에 등기나 등록이 된 것에 관한 소에 대하여는 한국이 전속관할을 가진다(제3호). 브뤼셀체제[149]도 전속관할을 규정한다.[150] 유럽사법재판소(CJEU. 또는 유럽법원. 정확히는 유럽연합사법재판소나 '유럽사법재판소'라 한다)는 전속관할의 근거를 근접성이 있는 소재지 법원이 사실관계를 정확히 파악하고 준거법인 소재지법을 정확히 적용하기에 최적의 법원이기 때문이라고 보았다.[151] 부동산 물권 관련 소재지법은 대체로 강행적 성질을 가지고 당해 국가의 경제질서와 밀접히 관련되므로 전속관할을 인정함으로써 그 적용을 보장할 수 있다는 점을 근거로 들기도 한다.[152]

---

148) 이와 관련하여 주주대표소송에서 책임이 있다고 주장된 피고(이사)의 일반관할과 제25조의 특별관할이 인정되는지 아니면 제10조 제1항 제2호를 근거로 회사 설립준거법 소속국이 전속관할을 가지는지가 문제 된다. 김태진, "대표소송·다중대표소송에 관한 국제회사법적 검토－해외자회사 이사를 상대로 한 다중대표소송 可否에 관한 試論을 겸하여－", 경영법률 제34집 제3호(2024. 4.), 267면은 대표소송을 제기하기 위하여 일정한 요건과 법적 절차를 요구한다는 특수성과 함께 대표소송이 회사와 전체 주주의 이익을 위한 소수주주권으로서 일종의 공익권(共益權)이라는 점, 회사가 이사에 대해 제기하는 이행의 소에 대하여는 피고 관할이 인정되나 대표소송의 경우 회사의 본점소재지 지방법원이 전속적 토지관할을 가진다는 규정을 고려할 때 회사 설립국이 전속적 국제재판관할을 가진다고 본다. 그러나 저자는 전속적 토지관할규칙으로부터 당연히 전속적 국제재판관할규칙이 도출되는 것은 아니고, 전속관할은 범위를 엄격하게 해석해야 하므로 그 경우 전속관할을 인정할 근거가 없다고 본다. 다중대표소송의 경우에도 유사한 문제가 제기된다. 상법(제406조의2 제5항)은 자회사 본점소재지의 지방법원에 전속적 토지관할을 인정하나 그로부터 전속적 국제재판관할을 도출할 수는 없다.

149) 브뤼셀협약 제16조 제1호, 브뤼셀 I Recast 제24조 제1호. 부동산 관련 소송을 유형화해서 더 면밀하게 검토할 필요가 있다. 이 점은 이필복, 전속관할, 313면 이하 참조.

150) 간접관할의 맥락이기는 하나 재판협약(제6조)의 태도도 같다.

151) 1990. 1. 10. Mario P. A. Reichert and Others v. Dresdner Bank 사건 판결(C－115/88) 참조.

152) Magnus/Mankowski/Luis de Lima Pinheiro(註 60), Art. 22, para. 24. 이필복, 전속관할, 311면은 그 밖에도 부동산 소재지 특유의 관습적 관행이 적용될 가능성, 부동산 등기제도

그러나 종래 한국에서는 민사소송법(제20조)이 부동산 소재지의 특별재판적을 규정하면서도 전속관할로 규정하지 않는 탓에 부동산 물권에 관한 소가 전속관할에 속한다는 인식이 부족하다. 예컨대 개성공단에 있는 기업(개성공업지구 지원에 관한 법률 제2조 제4호 소정의 "개성공업지구 현지기업") 간에 소유권에 기한 건물명도소송에서 대법원 2016. 8. 30. 선고 2015다255265 판결은 한국(남한)의 재판관할권을 인정하였다. 이는 부동산 소재지의 전속관할에 대한 인식이 부족하거나, 어쩌면 부정하기 때문인 듯하다.[153] 만일 임대차계약에 기한 청구하면 계약상의 분쟁이므로 전속관할을 인정할 여지는 없다.

반면에 일본 민사소송법(제3조의3 제11호)은 부동산 물권에 관한 소에 대하여도 전속관할을 규정하지 않는다. 위원회에서는 논란이 있었는데, 국제사법은 국제적 정합성을 고려하여 이를 전속관할로 규정한다. 예컨대 원고가 부동산 소재지법에 따라 매매계약에 기하여 소유권을 이미 취득하였음을 주장하는 경우 이는 부동산상의 물권에 관한 소이므로 부동산 소재지국이 전속관할을 가지나, 원고가 채권계약인 매매계약에 기하여 부동산 소유권이전 또는 소유권이전등기를 청구하는 경우에는 전속관할에 속하지 않는다.[154] 다만 부동산 소유권이전등기를 구한다면 이도 등기에 관한 소이므로 전속관할을 인정할 여지가 있으나 제1호 단서에 의하여 전속관할에 속하지 않는다.

(4) 등록지식재산권의 성립, 유효성 및 소멸에 관한 소

특허권, 상표권 기타 등록 또는 기탁에 의하여 권리가 창설되는 지식재산권

와의 밀접한 관련성과 영토주권의 침해가능성 배제 등의 근거를 든다.

153) 위 제1심 판결에 대한 평석은 송진호, "개성공업지구 내 건물인도청구 사건에서 발생되는 법적 문제점에 대한 검토 ─의정부지방법원 고양지원 2014가합53677 사건을 중심으로─", 통일사법정책연구(3)(2016), 237면 참조. 반면에 전속관할을 넓게 인정한 하급심 판결도 있다. 서울고등법원 2014. 1. 17. 선고 2013나17874 판결(확정)은 홍콩 소재 부동산에 관한 소유권이전등기를 구하는 소는 홍콩의 국제재판관할에 전속한다며 소를 각하하였다. 서울고등법원 2016. 11. 28. 선고 2015나2004113 판결(확정)은, 캄보디아 소재 부동산에 관한 이전등기 또는 근저당권설정등기의 이행을 구하는 소는 캄보디아 법원의 전속관할에 속한다고 판시하였다. 그러나 매매계약에 기한 이전등기를 구하는 소는 부동산 물권에 관한 소가 아니다. 브뤼셀규정상 Thomas Rauscher (Hrsg.), Europäisches Zivilprozess- und Kollisionrecht EuZPR/EuIPR (2011), Art 22 Brüssel I-VO, Rn. 8 (Mankowski 집필부분)도 동지.

154) 토지관할의 맥락에서 민일영/김능환/김상준, 178면, 201면 참조.

("등록지식재산권")의 성립, 유효성 및 범위에 관한 소에 대해서는 등록이 청구된 국가 또는 등록국이 전속적 국제재판관할을 가진다는 점이 국제적으로 널리 인정된다. 그 근거로는 등록지식재산권은 등록국법에 의하여 발생하는 권리로서 권리를 부여한 당해 국가에서만 효력을 가진다는 속지주의에 기인한다거나, 법원은 다른 국가의 특허권 부여라는 행위에 대해 간섭하거나 그 행위의 유효성에 대해 판단할 수 없다거나, 등록국 법원이 사안과의 근접성으로 인하여 등록지식재산권의 유효성을 가장 적절히 판단할 수 있다는 점을 든다.155) 민사소송법(제21조)은 "등기·등록에 관한 특별재판적"을 규정하면서도 이를 전속관할로 규정하지 않으나, 브뤼셀협약과 루가노협약(각 제16조 제4호) 및 브뤼셀 I(제22조)(브뤼셀 I Recast 제24조)은 등록지식재산권의 등록 등 사건의 전속관할을 명시한다.156)

대법원 2011. 4. 28. 선고 2009다19093 판결(엘지디스플레이 사건)도, 특허권은 등록국법에 의하여 발생하는 권리로서 법원은 다른 국가의 특허권 부여행위와 그 행위의 유효성에 대하여 판단할 수 없으므로 등록을 요하는 특허권의 성립에 관한 것이거나 유·무효 또는 취소 등을 구하는 소는 일반적으로 등록국 또는 등록이 청구된 국가 법원의 전속관할에 속한다고 판시한 바 있다.157)

이 점을 고려하여 국제사법(제10조 제1항 제4호)은 등록지식재산권이 한국에 등록되어 있거나 등록이 신청된 경우 그 지식재산권의 성립, 유효성 또는 소멸에 관한 소에 대하여는 한국의 전속관할을 규정한다. 특허권의 권리범위 확인의 소도 같을 것이다.158) 지식재산권의 등록에 관한 소는 제4호에는 속하지 않으나 제

---

155) 이필복, 전속관할, 310면. 비판은 Benedetta Ubertazzi, Exclusive Jurisdiction in Intellectual Property (2012), S. 137ff.; S. 100ff. 참조.

156) 특허권의 등록 또는 유효성을 목적으로 하는 소에 대하여 등록이 행해진 체약국과 회원국 법원에 각각 전속관할을 규정한 브뤼셀협약(제16조 제4호)과 브뤼셀 I(제22조 제4호)의 해석상 '양도계약에 기한 분쟁'은 등록국의 전속관할에 속하지 않는다. Reinhold Geimer/ Rolf A. Schütze, Europäisches Zivilverfahrensrecht, 3. Auflage (2009), A.1 Art. 22 Rn. 229; Magnus/Mankowski/Luis de Lima Pinheiro(註 60), Art. 22 para. 64. 다만 '양도계약에 기한 분쟁'의 범위는 다소 불분명하다. 일본 민사소송법의 기준에 따르면 위 사건에 대하여 일본이 전속관할을 가진다.

157) 현저한 지리적 명칭인 'AMERICAN'과 대학교를 의미하는 단어인 'UNIVERSITY'가 결합된 표장(AMERICAN UNIVERSITY)에 대하여 한국에서 서비스표 등록을 할 수 있는지가 다투어진 사건에서 대법원 2018. 6. 21. 선고 2015후1454 전원합의체 판결도 이를 재확인하였다.

158) 이필복, 전속관할, 321면.

10조 제1항 제1호가 정한 한국의 공적 장부의 등기 또는 등록에 관한 소에 포함될 수 있다.

민사소송법(제21조)에서 말하는 "등기·등록에 관한 소"에는 특허권 등 공업소유권의 이전, 변경, 소멸 등에 필요한 등록에 관한 소가 포함되나,[159] 국제사법(제10조 제1항 제4호)은 공적 장부의 등기 또는 등록에 관한 소와 별개로 등록지식재산권의 성립, 유효성 또는 소멸에 관한 소에 대한 전속관할을 규정하는 점에 차이가 있다. 특허권의 설정등록을 구하는 소가 민사소송법(제21조)의 대상임은 명백한데, 국제사법(제10조)의 대상인지는 다소 애매하나 등록을 구하는 것이라면 제1호를 적용해야 할 것이다.

(5) 한국에서 집행을 하려는 경우 재판의 집행에 관한 소

국제사법(제5호)은 한국에서 집행을 하려는 경우 그 집행에 관한 소에 대하여는 한국의 전속관할을 명시한다. 이는 브뤼셀체제를 참고한 것인데, 브뤼셀협약(제16조 제5호), 브뤼셀 I(제22조 제5호)과 브뤼셀 I Recast(제24조 제5호)는 이를 명시하나 예비초안을 이를 명시하지 않는다. 브뤼셀협약에 관한 Jenard 보고서에 따르면 여기의 절차는 "판결과 공정증서의 효과적인 이행을 보장하기 위하여 동산 또는 부동산에 대한 강제, 제약 또는 제한의 청구(또는 특히 동산 또는 부동산의 인도 또는 압류에서 강제수단의 청구)로부터 발생할 수 있는 절차"를 말한다.[160] 독일법상으로는 강제집행절차에 대한 구제와 소가 이에 해당한다. 유럽사법재판소는 위 규정의 본질적인 목적은 재판의 집행 당국의 행위에 대하여 집행국의 법원만이 당해 국가의 법을 적용할 수 있도록 하기 위한 것이라고 판시하였다.[161]

재판의 집행에 관한 소에는 우리 민사집행법에 따른 집행문 부여에 관한 소(제33조), 청구이의의 소(제44조), 제3자이의의 소(제48조)와 집행처분의 취소 신청(제49조 참조) 등과 같이 강제집행과 직접 관련이 있는 소 또는 절차가 포함되나, 통상의 소송절차를 따르고 판결절차에 속하는 집행판결청구의 소는 포함되지 않는다.[162] 민사집행법(제26조 제2항, 제21조)은 집행판결청구의 소가 채무자 보통재

---

159) 김상원 외(편집대표), 주석민사소송법(I)(1997), 149면(박우동 집필부분) 참조.

160) Jenard 보고서, No C 59/36.

161) 유럽사법재판소 1992. 3. 26. Reichert and Kockler v. Dresdner Bank 사건 판결 (C-261/90), para. 26.

162) Hess, Rn. 6.149. 권혁준, 온주 국제사법 제10조, 2023. 7. 5. [17]도 동지.

판적 소재지의 전속관할에 속하는 점을 명시하나 이는 전속적 토지관할이지 전속적 국제재판관할이 아니다.[163][164] 다만 제5호의 적용범위가 다소 불분명하므로 앞으로 그 범위를 더 명확히 할 필요가 있다.[165] 재판에 기한 실제 강제집행의 문제는 제5호의 대상이 아닌데, 이는 쟁송의 존재를 전제로 하는 집행에 관한 소가 아니기 때문이다. 제5호가 다루는 것은 집행과 밀접하게 관련된 소 또는 절차에 따른 재판을 하는 국제재판관할권의 문제이다.

다. 전속관할에 대한 두 가지 예외

(1) 전속관할에 속하는 사항이 계약상 의무인 경우

계약에 따라 특허권의 이전등록을 구하는 소송에서 등록국이 전속관할을 가지는지는 종래 논란이 있었다.[166] 당사자 간의 특허권양도계약이 정한 한국 법원을 위한 전속적 관할합의에 따라 한국 회사가 일본인과 일본 법인을 상대로 한국 법원에 제기한 특허권이전등록청구의 소가 특허권의 등록국인 일본의 전속관할에 속하는가가 다투어진 사건에서 위 대법원 2011. 4. 28. 선고 2009다19093 판결은 이를 부정하였다. 만일 일본이 전속관할을 가진다면 그에 반하여 한국에 전속관할을 부여하는 합의는 허용되지 않는다. 위 대법원 2011년 판결은 등록을 요하는 특허권의 성립이나 유·무효 또는 취소 등을 구하는 소는 등록국 법원의 전속관

---

163) 오정후, 80면은 민사집행법이 관련 소송에 대해 전속관할을 규정하고 있으므로 제5호는 불필요하다고 한다.

164) 국제사법(제2조 제2항)에 따라 토지관할규정을 참작하면 어느 국가에서 채무자를 상대로 승소판결을 받은 채권자는 채무자에 대하여 일반관할을 가지는 국가는 물론(재산 소재 불요) 채무자의 재산이 있는 어느 국가에서든 집행판결을 청구할 수 있고, 채무자에 대하여 일반관할을 가지는 국가에 전속관할을 인정할 이유가 없다. 이필복, 전속관할, 329면도 동지. 독일법의 해석도 같다. Geimer, Rz. 3127. 독일에서는 장래 재산의 취득 가능성만으로 족하다는 견해도 유력하다.

165) 몇 가지만 언급하면, 채권자취소의 소와 부당한 강제집행으로 인한 손해배상청구의 소와 채권추심의 소(민사소송법 규정에 따라 제기하는 민사소송의 일종이므로)는 이에 포함되지 않는다. 보전처분의 국제재판관할에 관하여는 국제사법(제14조)이 별도의 관할규칙을 두므로 보전처분을 구성하는 재판절차(예컨대 가압류처분절차)도 포함되지 않는다. 여기의 전속관할은 집행법적 색채가 있는 판결절차에 대하여만 적용되고 채권압류 및 전부명령과 같은 집행행위의 발령에는 적용되지 않는다고 본다. Geimer, Rz. 435, Rz. 1222, Rz. 3231 참조. 이에 관한 몇 가지 논점은 석광현, 국제재판관할법, 141면 이하 참조.

166) 반면에 등록을 전제로 하지 않는 저작권의 성립과 유효성에 관한 분쟁에 대하여는 그러한 전속적인 국제재판관할을 인정할 필요는 없다.

할에 속한다고 보면서도, 그 주된 분쟁 및 심리의 대상이 특허권의 성립, 유·무
효 또는 취소와 관계없는 특허권 등 양도계약의 해석과 효력의 유무일 뿐인 그
양도계약의 이행을 구하는 소는 등록국 법원의 전속관할에 속하지 않는다고 판시
하였다. 이런 태도는 한국에서는 지지를 받았다.[167]

위 대법원판결의 태도를 수용하여 국제사법은 당사자 간의 계약에 따른 이전
이나 그 밖의 처분에 관한 소로서 등기·등록의 이행을 청구하는 경우를 전속관
할의 예외로 명시한다(제10조 제1항 제1호 단서).

(2) 전속관할에 속하는 사항이 선결문제로 제기되는 경우

예컨대 특허권에 관한 라이센스계약에 근거한 소송 또는 특허권 침해를 이유
로 손해배상을 구하는 소송에서, 유효한 특허권의 존재가 선결문제(또는 선결적 법
률관계)로 다투어지는 경우 계약소송 또는 침해소송에 대해 재판관할을 가지는 법
원이 선결문제를 판단할 수 있는가라는 의문이 있다. 과거 저자는 특허권 관련 계
약소송 또는 침해소송을 담당하는 우리 법원은 ① 소송절차를 중지해야 한다는
견해, ② 특허권의 유효성을 판단할 수 있다는 견해와 ③ 원칙적으로 판단할 수
없으나 신규성 또는 진보성이 없는 경우 예외적으로 판단할 수 있다는 견해 등이
가능함을 지적하고 ②를 지지하였다.[168]

이런 취지를 고려하여 국제사법(제10조 제3항)은 전속관할에 속하는 사항(예컨
대 등록지식재산권의 성립 등)이 소송에서 본문제가 아니라 선결문제인 경우 전속관
할을 인정하지 않음을 명시한다. 국제사법은 이런 원칙을 다른 전속관할에 대하
여도 적용한다.[169] 물론 이 경우에도 법원은 제12조에 따라 부적절한 법정지의

---

167) 제1심인 서울중앙지방법원 2007. 8. 23. 선고 2006가합89560 판결은 일본의 전속관할을 인
정하였으나 서울고등법원 2009. 1. 21. 선고 2007나96470 판결은 이를 부정하였다. 한국
회사는 일본에서 판결의 집행을 구하였으나 나고야 고등재판소 2013. 5. 17. 판결은 위 사
건은 일본의 개정 민사소송법이 적용되는 사건은 아니었지만 같은 취지의 조리(즉 일본이
전속관할을 가진다는 취지)가 있다고 보았다.
168) 석광현, 제2권, 564면. 가사 그에 반대하더라도 대법원 1983. 7. 26. 선고 81후56 전원합의
체 판결과 대법원 2012. 1. 19. 선고 2010다95390 전원합의체 판결을 고려한다면 적어도
③이 일관성이 있다. 브뤼셀협약의 해석론도 같다. 다만 유럽연합재판소는 2006. 7. 13.
GAT/Luk 사건 판결(C-4/03)에서 달리 판단하였다.
169) 예컨대 어떤 회사의 이사회 결의 자체를 본문제로 다루는 소송이라면 이는 당해 회사의 설
립준거법 소속국의 전속관할에 속하지만, 회사에 대해 계약상 의무이행을 구하는 소에서
이사회 결의의 유효성이 선결문제로 다투어지는 경우 이는 당해 회사의 설립준거법 소속국

법리를 적용할 수 있다.

일부 견해는, 관할은 당사자 또는 소송물과 법원의 관계로 판단되고 소송물이 아닌 선결문제는 관할 판단의 기준이 아니므로 제10조 제3항은 필요 없다고 지적한다.[170] 우리 민사소송법 이론상 타당하나 그것이 국제적으로 통용되는 법리는 아니다. 예컨대 브뤼셀 I Recast(제24조 제4호)는 등록지식재산권의 등록 또는 유효성을 목적으로 하는 소에 대하여 전속관할을 규정하는데, 이는 유럽사법재판소의 판결[171]을 수용하여 "당해 쟁점이 소로써 또는 항변으로써 제기되는지에 관계없이(irrespective of whether the issue is raised by way of an action or as a defence)"라고 명시함으로써 등록지식재산권의 등록 또는 유효성이 선결문제로 다투어지는 경우에도 등록국 법원의 전속관할을 인정한다. 따라서 이 점을 명시함으로써 의문을 제거할 필요가 있다. 민사소송법과 달리 국제사법 내지 국제민사소송법의 맥락에서는 국제적 상황과 논의를 고려하여야 한다.[172]

라. 전속관할이 인정되는 경우 일부 관할규칙의 적용 제외

국제사법(제10조 제2항)은, 한국의 법령 또는 조약에 따른 국제재판관할의 원칙상 외국법원의 국제재판관할에 전속하는 소에 대해서는 한국의 일반관할(제3조), 사무소·영업소 소재지 등의 특별관할(제4조), 재산소재지의 특별관할(제5조), 관련사건의 관할(제6조), 반소관할(제7조)과 변론관할(제9조)의 적용을 배제한다. 따라서 외국법원의 전속관할이 인정되는 경우에는 한국의 변론관할이 인정되지 않는다.[173] 이는 민사소송법 제31조가 토지관할의 맥락에서, 전속관할이 정하여진

의 전속관할에 속하지 않는다. 즉 그 경우에는 우리 법원이 판단할 수 있는데 그 경우 국가행위이론(act of State doctrine)이 개입할 여지가 있다(위 이론을 수긍한다면). 위 이론은, 어느 국가의 법원은, 타국이 자국 영역 내에서 행한 행위에 대하여는 가사 그것이 국제법위반이라고 주장되더라도 사법적 심사를 하지 않는다는 이론으로 미국 법원에 의하여 국내법의 원칙으로 발전된 것이다.

170) 오정후, 82면.

171) 2006. 7. 13 Gesellschaft für Antriebstechnik mbH & Co. KG v. Lamellen und Kupplungs-bau Beteiligungs KG (GAT/Luk) 사건(C-4/03).

172) 소개는 이필복, "국제적인 민사 및 상사분쟁 해결절차의 경합에 관한 연구 —소송과 중재를 중심으로—", 서울대학교 대학원 법학박사학위논문(2020), 326면 이하 참조. 대법원 2015. 1. 15. 선고 2012다4763 판결(ADM직무발명 사건)도 참조.

173) 따라서 외국법원을 위한 전속적 관할합의를 한 경우에는 변론관할이 인정된다(후자는 제8조 제5항 제2호).

소에는 제2조(보통재판적), 다양한 특별재판적과 관련재판적을 명시한 제7조부터 제25조, 제29조(합의관할) 및 제30조(변론관할)의 규정을 적용하지 아니한다고 규정하는 것과 유사하다.

12. 국제적 소송경합(제11조)

국제적 소송경합은 제6장 참조.

13. 예외적 사정에 의한 국제재판관할권의 불행사(제12조)

가. 구 국제사법상 부적절한 법정지의 법리에 관한 해석론

재산법상의 사건에 관하여 과거 대법원은 국제재판관할의 결정에 관한 법리를 4단계 구조로 설시하였다. 이는 원칙적으로 「국제재판관할규칙 = 토지관할규칙」이라고 보되, 그로 인하여 초래될 부당한 결론을 시정하는 '개별적 조정의 도구'로서 제4단계에서 특별한 사정을 원용하였다. 그러나 구 국제사법이 시행된 2001년 7월 이후 법원은 더 이상 특별한 사정이론을 사용하지 않는다. 법원은 '실질적 관련'이라는 탄력적 개념을 이용하여 국제재판관할의 유무를 판단할 수 있기 때문일 것이다.[174]

나. 부적절한 법정지의 법리의 제한적 도입

(1) 부적절한 법정지의 법리의 제한적 도입 배경

국제사법의 정치한 국제재판관할규칙이 완벽할 수는 없다. 따라서 제12조는 우리 법원에 국제재판관할이 있음에도 불구하고 구체적인 사안에서 법원이 국제재판관할을 행사하는 것이 적절하지 않은 예외적인 사정이 있는 경우 법원이 재량으로 관할권의 행사를 거부할 수 있도록 하는 부적절한 법정지의 법리를 제한적으로 수용하였다.[175][176]

---

174) 반면에 일본의 개정 민사소송법(제3조의9)은 정치한 국제재판관할규칙을 도입하였으면서도 여전히 특별한 사정이론을 채택하였다. 이를 최초로 적용한 일본 최고재판소 2016. 3. 10. 판결(平成26年(受)第1985号)이 있다. 소개는 천창민, "명예훼손의 국제재판관할과 준거법 —일본의 관련 판례를 소재로—", 국제사법연구 제29권 제1호(2023. 6.), 455면 이하 참조.
175) 미국 판례의 소개는 홍석모, "부적절한 법정지의 법리(Forum Non Conveniens) 도입 효과에 관한 연구 —기업 보호 효과를 중심으로—", 강원법학 제38권(2013. 2.), 741면 이하 참조.
176) 이는 민사소송법(제35조)상 법원의 재량 이송을 허용하는 것과 같은 취지이고, 준거법의 맥락에서 일반 예외조항(국제사법 제21조 제1항)처럼 개별사건에서 구체적 타당성을 보장

부적절한 법정지의 법리는 영미법계의 법원이 개별사건에서 구체적 타당성이 있는 정의로운 국제재판관할의 배분을 실현하기 위한 유연한 수단이다. 전통적으로 대륙법계의 법제와 브뤼셀 I과 브뤼셀 I Recast는 이런 법리를 인정하지 않으나 개별사건에서 구체적 타당성을 확보할 필요성이 있고, 예비초안(제22조)이 이를 명시하며 브뤼셀 II bis(제15조), 아동보호협약(제8조와 제9조)과 성년자보호협약(제8조) 등에 이런 취지의 조문이 있음을 고려하였다.

부적절한 법정지의 법리가 원고의 헌법상 법치국가원칙으로부터 도출되는 재판청구권을 부당하게 침해하는 것은 아니다.[177]

(2) 특별한 사정이론과 부적절한 법정지의 법리

과거 대법원 판례가 채택하였던 '특별한 사정이론'은 국제재판관할규칙의 경직성을 완화하는 점에서는 부적절한 법정지의 법리와 일맥상통한다. 그러나 양자는 여러 차이가 있는데, 가장 큰 것은 특별한 사정이론은 국제재판관할의 유무만을 판단하는 데 반하여, 국제사법의 부적절한 법정지의 법리는 국제재판관할의 유무 판단과 행사 여부 판단을 구별한다는 점이다.[178]

(3) 예외적 사정에 의한 재판관할권 불행사 법리의 적용요건

위 법리를 적용하려면 ① 국제사법에 따라 우리 법원에 국제재판관할이 있을 것, ② 외국에 국제재판관할이 있는 대체법정지가 있을 것, ③ (모든 사정을 고려할 때) 우리 법원이 국제재판관할권을 행사하기에 부적절하고 당해 외국법원이 분쟁을 해결하기에 더 적절할 것, ④ 그런 예외적 사정이 명백히 존재할 것, ⑤ 본안에 관한 최초의 변론기일 또는 변론준비기일 이전의 피고의 신청이 있을 것(법원의 결정 시기는 아래 참조)과 ⑥ 법원이 당사자의 합의에 의하여 관할을 가지는 경우가 아닐 것이라는 요건이 구비되어야 한다.

국제사법은 위 ③을 판단할 때 법원이 고려할 요소를 명시하지 않는다. 법원은 개별사안의 모든 사정을 고려해야 하는데, 그 과정에서 부적절한 법정지의 법리에 관한 선구적 판결인 1947년 Gulf Oil Corp., v. Gilbert 사건 판결 등에서 미

하기 위한 장치이다.

177) 석광현, 정년기념, 240면. 기타 국제재판관할규칙과 헌법의 관계는 위 석광현, 238면 이하 참조.

178) 양자의 차이는 석광현, 국제재판관할연구, 175면 이하 참조.

국 연방대법원이 판시한 공익적 요소와 사익적 요소를 고려해야 할 것이다.179)180)

또한 논란이 있었던 것은 우리 법원이 합의관할을 가지는 경우, 즉 한국이 합의관할 부여국(*forum prorogatum*)인 경우에도 예외적 사정에 의한 재판관할권 불행사의 법리를 적용할 것인지이다. 대륙법계에서 부적절한 법정지의 법리에 대한 거부감은 그로 인하여 법적 불확실성이 도입될 가능성이 커지기 때문이다. 이를 고려하여 국제사법은 우리 법원이 당사자의 합의에 의하여 관할을 가지는 경우 당사자의 예측가능성과 법적 안정성을 위하여 재판관할권 불행사의 법리의 적용을 제한한다. 우리 법원이 당사자의 관할합의에 의하여 국제재판관할을 가지면 족하고 그것이 전속적 합의여야 하는 것은 아니다.

위 조문은 한국 법원을 위한 합의관할이 있는 경우만을 언급하나 변론관할이 발생하는 경우에도 동일하게 취급해야 할 것이다.

(4) 예외적 사정에 의하여 재판관할권을 불행사하는 경우 법원의 소송절차 운영

위의 요건이 구비되면 법원은 결정에 의하여 소송절차를 중지하거나 소를 각

---

179) 330 U.S. 491. 위 연방대법원 판결이 열거한 사익적 요소와 공익적 요소는 석광현, 국제재판관할연구, 119면 이하; 김희철, "미국의 비편의 법정의 원칙(Doctrine of Forum Non Conveniens)에 관한 소고 —사익적·공익적 요소를 중심으로—", 상사법연구 제43권 제2호(통권 제123호)(2024. 8.), 595면 이하(이는 비편의 법정의 원칙과 부적절한 법정의 원칙을 구분하여 사용함으로써 불필요한 용어의 혼란을 초래한다) 참조. 홍석모, "부적절한 법정지의 법리 상 "원고의 법정지 선택권 존중"에 대한 연구 —미국법을 중심으로—", 강원법학 제62권(2021), 565면 이하는 뉴욕주가 포함되어 있어서 외국인 원고에 의한 소송이 가장 많은 제2순회구 연방항소법원에서는 원고의 법정지 선택권을 어느 정도로 존중해야 할 것인지를 먼저 고려한다고 한다. 사적 이익에 한정하는 견해도 가능하나, 대법원 2005. 1. 27. 선고 2002다59788 판결도 판시한 것처럼 관할 이익에는 개인적인 이익뿐만 아니라 재판의 적정, 신속, 효율 및 판결의 실효성 등과 같은 법원 내지 국가의 이익도 포함되므로 공적 이익도 포함된다. 홍석모, "부적절한 법정지의 법리 상 "적절한 대체법정지의 존재" 기준에 대한 연구", 한양대학교 법학논총 제36집 제3호(2019), 175면 이하; 최성수, "2022년 개정 국제사법상 부적절한 법정지의 법리의 기준 설정", 국제사법연구 제28권 제1호(2022. 6.), 3면 이하도 참조.

180) 이 경우 당해 사건에 적용할 준거법이 한국법인지 아니면 외국법인지와 그에 따라 당사자들에게 어떤 영향을 미치는지도 고려할 필요가 있다. 우리 국제사법상 준거법의 조사와 적용은 법원이 직권으로 판단할 사항이므로 더욱 그러하다. 일본 민사소송법(제3조의9)은, 일본 법원은 국제재판관할을 가지는 경우에도 사안의 성질, 응소에 의한 피고의 부담의 정도, 증거의 소재지 그 밖의 사정을 고려하여, 일본 법원이 심리 및 재판을 하는 것이 당사자 간의 형평을 해하거나 또는 적정 또한 신속한 심리의 실현을 방해하게 되는 특별한 사정이 있다고 인정하는 때는 소의 전부 또는 일부를 각하할 수 있다고 규정한다.

하할 수 있고, 원고는 법원의 결정에 대하여 즉시항고할 수 있다(제1항, 제3항). 법원은 결정에 앞서 피고의 신청을 다툴 수 있도록 원고에게 진술할 기회를 주어야한다(제2항). 위의 요건이 구비되면 법원은 일단 소송절차를 중지하고(특히 재량권행사에 확신이 없거나 외국에 다시 제소할 경우 소멸시효가 완성된다는 등의 사정이 있는경우), 외국법원에 소가 제기되고 외국법원이 실제로 관할권을 행사하거나 기타더 이상 소를 유지할 필요가 없는 경우에는 소를 각하할 수 있다. 반면에 만일 외국법원이 관할이 없다고 판단하거나 관할권을 행사하지 않기로 결정하는 때에는법원은 심리를 계속하여야 한다.[181]

예외적 사정에 의한 재판관할권 불행사의 법리는 국제재판관할규칙의 경직성을 완화함으로써 구체적 사건에서 국제재판관할 배분의 정의를 충실하게 구현하려는 것인데, 법원으로서는 재량 행사 시 신중해야 한다. 자칫 유연성 내지 구체적 타당성의 도입이라는 미명하에, 국제재판관할규칙을 둠으로써 입법자가 달성하고자 하는 법적 안정성이 훼손될 우려가 있기 때문이다.

나아가 예외적 사정에 의한 재판관할권 불행사의 법리에 기하여 법원이 소송절차를 중지하는 경우 조건을 붙일 필요가 있다. 미국에서 전형적인 조건은 ① 피고가 대체법정지의 재판관할권에 동의할 것, ② 피고가 시효 또는 제소기간이 경과되었다는 항변을 포기할 것, ③ 대체법정지의 판결을 이행하는 데 동의할 것과④ 대체법정지의 규칙에 따르면 입수할 수 없을지도 모르는 증거를 제공하는 데동의할 것 등이다. 우리 민사소송법상 법원이 재판에 조건을 붙일 수 있는지는 논란이 있으나,[182] 국제사법(제12조)의 취지를 살리고 법원의 탄력적 처리를 위해서는 법원이 운영의 묘를 살려야 한다. 물론 조건을 붙이더라도 그것이 외국법원을구속하지 않음은 당연하다.

만일 조건을 붙일 수 없다면 법원으로서는 결정에 앞서 피고로 하여금 위와

---

181) 이와 관련하여 피고의 신청이 있는데도 그에 대해 아무런 결정을 하지 않는다면 피고나 원고의 지위가 계속 불안해지고 불필요한 비용이나 노력이 소요될 수 있으므로 법원으로서는 피고의 신청에 대한 기각 결정을 하여 주는 것이 바람직하다고 지적하면서 그 경우 국제사법이 기각 결정에 대한 불복절차를 따로 규정하고 있지 않은 점이 문제이나, 제12조 제3항을 유추적용하여 법원의 기각 결정에 대해서도 즉시항고를 할 수 있다고 해석할 여지가 있다는 견해가 있다. 이창현, 온주 국제사법 제12조, 2023. 7. 5. [14].

182) 소송내적 조건이 아닌 한 소송행위에는 원칙적으로 조건을 붙일 수 없다는 견해가 유력하다. 김홍엽, 민사소송법 제10판(2021), 529면; 전원열, 민사소송법 강의 제2판(2021), 8-1-1-3.

같은 내용의 동의(또는 확약)를 하도록 하여야 한다. 법원은 결정이유에서 피고가 동의를 하였음과 소송절차의 중지 결정은 그 동의에 기초한 것임을 기재하고 만일 피고가 외국법원에서 동의에 반하는 행위를 하는 경우 소송절차를 진행할 것임을 명시해야 한다. 실제로 그런 상황이 발생하면 법원은 중지 결정을 취소하고 심리를 계속하면 될 것이다.[183]

위에서는 ⑤ 본안에 관한 최초의 변론기일 또는 변론준비기일 이전의 피고의 신청이 있을 것을 언급하였는데 이와 관련하여 두 가지 문제가 있다.

첫째, 피고의 '신청'이라고 하나 이는 법원이 직권으로 판단할 사항이 아니라는 취지일 뿐이므로 피고의 항변이 있으면 족하다(논란의 여지는 아래 언급).

둘째, 중요한 것은 법원이 "본안에 관한 최초의 변론기일 또는 변론준비기일까지" 결정을 해야 한다는 점인데 이는 너무 엄격하다.[184] 법원으로서는 그 기한 내에 결정하는 것이 바람직할 것이나 반드시 그렇게 해야만 하는 것은 아니라고 본다. 즉 그 기한 내에 신청이 있으면 가급적 그 기한 내에 결정을 하게 될 것이나 경우에 따라서는 그 기한을 넘겨 결정을 할 수 있을 것이다. 만일 그런 견해가 해석론의 범위를 넘는다면 법원으로서는 '본안 전 소송요건(관할) 심리'를 위한 변론 또는 변론준비절차를 별도로 열거나, 민사소송법 제134조 제2항에 따라 심문기일을 열어 당사자·이해관계인 그 밖의 참고인을 심문할 수 있을 것이다.

피고의 항변이 없어도 법원이 직권으로 판단할 수 있는지는 불분명하다. 제12조를 적용함에 있어 법원이 공익적 요소를 고려할 수 있으므로 긍정할 여지가 있으나 불확실성 요소의 확대를 우려한다면 부정설도 가능하다.

14. 가사사건 등에서 합의관할/변론관할의 적용 제외(국제사법 제13조)

총칙의 규정을 가사사건에 전면 적용하는 것은 부적절하다. 특히 합의관할과

---

183) 이창현, 온주 국제사법 제12조, 2023. 7. 5. [14]도 동지. 이혜민, 199면은 피고가 일정기간 안에 제소할 것 또는 특정 항변을 포기할 것 등의 조건을 중지 결정의 이유나 조서 등에 부기해두고, 대체법정지에서의 절차가 원만하게 진행되지 않을 경우 이를 감안하여 사건의 재개 여부를 결정하는 길이 현실적인 방법의 하나일 것이라고 한다.

184) 당초 의도는 예비초안(제12조 제1항)처럼 최초의 변론기일 또는 변론준비기일 이전에 신청(또는 항변)해야 한다는 것이었으나 문언의 수정 과정에서 국제사법에서는 그때까지 법원의 결정이 있어야 한다는 취지가 되었다. 이창현, 온주 국제사법 제12조, 2023. 7. 5., [12]는 최초의 변론기일 또는 변론준비기일 이전에 신청이 있어야 함은 명백하나 그때까지 결정이 있어야 하는지는 논란의 여지가 있다고 한다.

변론관할에 관한 규정은 가사사건에는 부적절하다는 견해가 지배적이었다. 따라서 국제사법(제13조)은 "적용 제외"라는 제목하에 "제24조, 제56조부터 제59조까지, 제61조, 제62조(제56조 이하 제62조까지는 친족에 관한 제7장 제1절의 조문이다), 제76조 제4항(유언에 관한 사건) 및 제89조에 따라 국제재판관할이 정하여지는 사건에는 제8조 및 제9조를 적용하지 아니한다"라고 규정한다. 제24조는 실종선고 등 사건이고, 제89조는 선박소유자등의 책임제한사건인데 그 경우에는 합의관할과 변론관할이 부적절하다고 보기 때문이다.

또한 청구의 객관적 병합의 경우 관련관할을 인정함에 있어서 국제사법(제6조 제3항)은 가사사건에 관하여 특칙을 두고 있다.

15. 보전처분의 재판관할(국제사법 제14조)

과거 해석론으로는 민사집행법의 보전처분에 관한 토지관할 규정을 참조하여 보전처분의 국제재판관할을 도출하므로, 가압류와 가처분의 경우 모두 본안관할을 가지는 국가의 법원에 보전처분에 대한 재판관할을 긍정하고, 나아가 가압류의 경우 가압류 목적물 소재지에, 가처분의 경우 다툼의 대상이 있는 곳(계쟁물 소재지)의 국제재판관할을 긍정하는 견해가 유력하였다.[185]

국제사법(제14조 제1항)은 이런 취지를 반영하여 "보전처분에 대해서는 법원에 본안에 관한 국제재판관할이 있는 경우(제1호) 또는 보전처분의 대상이 되는 재산이 대한민국에 있는 경우(제2호) 법원에 국제재판관할이 있다."라는 취지로 명시한다.

아직 본안소송이 외국법원에 계속 중이지 않다면 보전처분의 신청인은 국제사법의 국제재판관할규칙에 따른 모든 본안관할에 기하여 관할을 가지는 국가의 법원에 보전처분을 신청할 수 있다. 재산소재지가 아니라면 실효성이 없다는 이유로 부정설도 있으나 긍정설이 타당하다고 본다.[186]

---

185) 민사집행법 제278조(가압류는 가압류할 물건이 있는 곳을 관할하는 지방법원이나 본안의 관할법원이 관할한다.) 및 제303조(구 민사소송법 제698조, 제717조 제1항, 제721조에 상응) 참조. 한충수, "국제보전소송의 재판관할권 —직접관할을 중심으로—", 국제사법연구 제4호(1999), 74면 이하; 권창영, "국제민사보전법상 국제재판관할", 민사집행법연구회, 김능환 대법관 화갑기념 : 21세기 민사집행의 현황과 과제, 민사집행법실무연구 Ⅲ(통권 제5권)(2011), 280면 이하 참조.

186) Geimer, Rz. 1203도 독일 민사소송법의 해석상 같다.

한편 본안소송이 이미 외국에 계속 중인 경우 보전처분에 대하여 본안관할을 인정할 수 있는지가 문제 된다. 민사집행법상 토지관할의 맥락에서 이미 본안소송이 계속 중인 경우 다른 법원은 본안관할에 근거한 관할을 가지지 않는다는 견해가 있으므로, 외국법원에 본안소송이 이미 계속한 경우 한국의 본안관할에 근거한 보전소송의 관할을 인정할 수 있는지 불분명하다. 이 경우 장래 외국법원의 본안판결이 한국에서 승인될 수 있는지에 따라 구별하는 견해도 가능하나 토지관할의 맥락에서도 그렇게 제한적으로 해석할 이유가 없고 국제소송의 맥락에서는 더욱 그러하다. 외국법원에 본안소송이 계속 중이더라도, 가정적으로 만일 그렇지 않았더라면 우리 법원이 본안관할을 가졌을 경우라면 우리 법원에 보전처분을 신청할 필요가 있다.

민사집행법 제303조는 가처분의 재판은 본안의 관할법원 또는 <u>다툼의 대상</u>이 있는 곳을 관할하는 지방법원이 관할한다고 규정하는데, 국제사법(제14조 제1항 제2호)에서는 다툼의 대상 대신 "<u>보전처분의 대상이 되는 재산</u>"이라고 수정되었다. 다만 이런 문언의 차이가 어떤 결과를 초래할지는 불분명하다.

국제사법은 긴급히 필요한 경우에는 한국에서만 효력을 가지는 보전처분을 할 수 있는 특별관할을 명시한다(제14조 제2항). 그것이 어떤 경우인지 불분명하였기에 적절한지 의문이 있었다. 그러나 가사사건에서 헤이그국제사법회의의 아동보호협약이 신속관할(제11조)과 당해 국가에서만 효력이 있는 임시적 명령을 위한 관할(제12조 제1항)을 명시하고,[187] 성년자보호협약(제11조 제1항)도 성년자 또는 재산소재지 체약국에 당해 국가에서만 효력이 있는 임시적 명령을 위한 관할을 인정하는 점을 고려하여[188] 규정을 두었다.

민사집행법 제21조는 동법에서 정한 모든 관할은 전속관할이라고 규정하므

---

187) 아동보호협약은 원칙적으로 아동의 상거소지국관할을 규정하면서도 긴급한 경우에는 아동 또는 그의 재산이 소재하는 체약국이 보호조치를 취할 수 있는 관할을 인정하고(제11조) (신속관할(Eilzuständigkeit)), 아동 또는 그 재산소재지 체약국이 아동 또는 그 재산의 보호를 위하여 당해 국가에서만 효력을 가지는 임시적 성격의 보호조치를 취할 수 있는 관할을 인정한다. 이것이 '임시적 명령을 위한 관할'이다. 석광현, "국제친권·후견법의 동향과 우리의 입법과제", 서울대학교 법학 제55권 제4호(2014. 12.), 495면 이하 참조. 성년자보호협약도 유사한 규정을 둔다.

188) 윤진수(편), 주해친족법 제2권(2015), 1782면 이하(석광현 집필부분) 참조. 권혁준, 온주 국제사법 제14조, 2023. 7. 5. [5]는 외국에 등록된 특허권에 관하여 국내에서의 판매를 금지하는 가처분이 제기된 경우 우리 법원에 본안관할이 없더라도 위 규정에 따라 우리 법원에서 대한민국에서의 판매를 금지하는 내용의 보전처분을 할 수 있게 된다는 사례를 든다.

로 국제재판관할의 맥락에서도 위 관할이 전속관할이라는 견해도 가능하고 우리
나라에도 그런 견해가 있으나 그렇게 볼 것은 아니다. 즉 민사집행법의 조문은 단
지 전속적 토지관할을 규정한 것이다.

16. 비송사건의 재판관할(국제사법 제15조)

가. 비송사건의 재판관할에 관한 입법론

국제사법에 비송사건[189]의 국제재판관할규칙도 둔다는 데는 위원회에서 별
이견이 없었다. 국제재판관할규칙은 비송사건에서 우리 법원이 직접관할을 가지
는지를 결정하고, 외국 비송재판의 승인의 맥락에서도 의미가 있다.[190] 다만 비송
사건은 다양한 유형의 분쟁을 포괄하므로 정치한 국제재판관할규칙을 성안하기가
어렵다는 현실적 한계가 있었다. 특히 한국에서는 이에 관한 연구가 매우 부족한
터라 위원회는 일본 甲南大의 김문숙 교수를 초빙하여 연구보고를 듣는 기회를
마련하였다.[191]

(1) 준거법과 재판관할의 병행주의의 부정

비송사건에서 실체법과 절차법의 밀접관련성을 고려하여 준거법과 국제재판
관할의 병행주의(또는 병행원칙)가 타당한지는 논란이 있다. 그러나 병행주의를 부
정하고 양자를 별개로 검토하는 것이 설득력이 있고, 특히 모든 비송사건에 대해
일률적으로 병행주의를 인정할 것은 아니다. 국제사법은 비송사건에서도 준거법

---

189) 우리 실질법상 비송사건은 실질적으로는 국가가 후견적 입장에서 정책적으로 간섭할 필요
가 있는 경우, 법원이 사권의 발생·변경·소멸에 관하여 관여적 임무를 수행하는 사건을
말하고, 형식적으로는 비송사건절차법에서 정한 사건 및 동법의 총칙이 적용되거나 준용되
는 사건을 말한다. 송상현·박익환, 민사소송법, 신정 7판(2014), 29면.

190) 그러나 비송사건에는 외국국가가 인가·등록을 하는 경우 승인에 의하여 해결할 사항과 협
의의 국제사법(즉 준거법) 영역에 속하는 사항이 있는데, 전자(절차적 승인)와 후자(저촉법
적 승인)에 속하는 영역의 구별이 쉽지 않다. 예컨대 혼인신고에 따른 등록이나 회사설립
의 등록과 같은 비송사건의 국제재판관할을 논의하나 그의 승인은 준거법의 영역에 속하고
외국국가의 등록은 독립한 절차적 승인의 대상이 아니라고 본다. Reinhold Geimer,
Internationale Freiwillige Gerichtsbarkeit, Festschrift für Jayme, Band I (2004), S. 255f.
참조. 이처럼 준거법의 영역에 속하는 사항은 우리 국제사법에 따라 지정된 준거법의 통제
하에 놓인다.

191) 김문숙 교수는 "민사비송사건 및 상사비송사건의 국제재판관할"이라는 제목의 발표를 하였
고, 발표문은 김문숙, 비송사건, 81면 이하에 수록되었다.

규칙과는 별개로 국제재판관할규칙을 도입하였다.[192]

(2) 소송사건과 비송사건의 구별 여부

김문숙 교수는 "비송사건에는 상대방이 없는 사건도 적지 않고, 그 경우에는 민사소송법의 규정을 그대로 적용할 수 없는 점, 사건에 따라 정도 차가 있더라도 법원의 후견적 관여가 필요한 점 등 통상의 소송사건과 다른 요소가 존재하는 점, 국내 토지관할규정도 이러한 사정을 고려하여 관할에 대하여 개별적으로 특칙을

---

192) 김문숙, 온주 국제사법 제15조, 2023. 7. 5. [15]는 우리 국제사법이 준거법과 재판관할의 병행주의를 부정한 것이라고 한다. 다만 [28] 이하에서는 예컨대 가사비송사건에 대하여 우리 법원이 국제재판관할을 가지는 경우에, 준거법인 외국실체법상 이에 해당하는 법제도가 없는 경우가 발생할 수 있는데 그런 경우 외국실체법과 내국(법정지) 절차법 사이의 적응문제가 발생할 수 있음을 지적하고 대응이 가능한지와 기타 그 해결방안을 논의한다. 참고로 독일에서는 이처럼 준거법에 따른 외국의 법제도가 독일법이 알지 못하는 성질의 것인 경우 당해 외국의 법원만이 그런 행위를 할 수 있고 독일 법원은 이를 할 수 없다거나 관할이 없다는 견해가 있는데, 이를 "wesenseigene Unzuständigkeit(제도고유의 무관할 또는 본질상 인정되는 무관할)"의 문제로 논의한다. 과거 다양한 분야에서 위 이론이 주장되었으나 근자에는 외국의 법제도가 독일법이 전혀 알지 못하는 것이어서 독일 법체계를 파괴할 정도에 이르는 경우 또는 법제의 상위가 매우 커서 외국법이 부여하는 임무를 수인할 수 없는 경우에 한하여 인정하고 그 정도에 이르지 않는 대부분의 경우에는 독일의 민사절차법을 유추적용하거나 독일의 판결절차를 외국의 절차에 적용시키는 경향이 있다. Geimer, Rz. 1001, 1989ff. 참조. Schack, Rn. 620ff.도 위 이론을 신랄하게 비판하면서 우선 독일 민사절차법의 적용을 통하여, 다음으로 외국 실질법의 적용을 통하여 해결할 필요성을 지적한다. 흥미로운 것은 섭외사법하에서 일본 국적의 부(父)가 일본 국적의 자(子)를 상대로 친생부인을 청구한 사건에서, 친생부인의 준거법인 일본법이라고 설시한 다음, 우리 민법 제846조, 제847조에 규정된 친생부인의 소와 일본 민법 제774조, 제775조에 규정된 적출부인의 소가 동일한 내용을 규정하고 있으므로, 위 사건 친생부인의 소는 일본 민법상 적출부인의 소에 해당한다면서 "피고가 원고의 친생자(일본국 민법상 적출자)임을 부인한다"(주문 제2항)라는 판결을 선고한 서울가정법원 1992. 2. 18. 선고 91드82748 판결(확정)이다. 이에 대하여 이종혁, "국제가사사건 재판례의 회고와 과제", 국제사법연구 제27권 제2호(2021. 12.), 492면 이하는 당시 일본 민법이 법정상속분에 관하여 적출자와 비적출자를 차별하고 있었기에 우리 민법상 친생자와 일본 민법상 적출자가 법률상 동일한 의미를 가진다고 말할 수 없었고 한국 법원의 친생부인 판결이 일본 법원의 적출부인 판결에 해당한다거나 그와 동일하다고 할 수 없으므로 위 밑줄 친 부분은 삭제했어야 한다고 비판하고, 그 근거로 첫째, 법정지법 원칙상 우리 법원은 우리 가사소송법이 허용하는 형태의 가사소송/가사비송사건을 심리 및 재판할 수 있을 뿐 우리 법원이 일본의 절차법에 따른 적출부인 사건을 심리 및 재판할 수는 없고, 둘째, 우리 법원이 한국법에 따른 친생부인 판결이 아니라 일본법에 따른 적출부인 판결을 선고한 것이라면 그것에 우리 가사소송법에 따른 형성력을 인정할 수는 없을 것이기 때문이라는 점 등을 든다. 이는 위에서 본 저자의 견해와는 다르다.

두는 것이 일반적인 점 등을 참작하면 소송사건의 국제재판관할규정과는 별개의 기준을 검토할 필요가 있다"라고 하였다.[193]

비송사건이 가지는 다양한 특징을 고려하면 위의 지적은 설득력이 있으나 조심스럽게 접근할 필요가 있다. 특히 브뤼셀 I과 브뤼셀 I Recast, 브뤼셀 II bis는 소송사건과 비송사건에 모두 적용된다.[194] 또한 헤이그국제사법회의의 1996년 아동보호협약도 소송사건과 비송사건을 도식적으로 구분하지 않는다. 이 점은 성년자보호협약(제II장. 제5조부터 제12조)도 같다. 이런 이유로 저자는 소송과 비송을 도식적으로 구분하기보다는 이혼, 친자, 부양과 성년자후견 등으로 사건을 유형화하여 각 분야별로 적절한 국제재판관할규칙을 도출하자는 견해를 피력하였다.[195]

독일법의 태도도 같다. 독일은 과거 혼인사건과 친자사건에 관한 국제재판관할규칙을 민사소송법에 두었으나 2009. 9. 1.부터는 가사 및 비송사건의 국제재판관할은 "가사 및 비송사건절차법"("FamFG". 제98조 – 제106조)에서 규율한다. 상세는 아래 가사사건에서 논의한다.

위원회는 가사사건과 상속사건 이외의 사건(즉 재산법상의 사건)에 관하여는 각 장에서 '소'를 중심으로 특별관할을 규정하고, 성질에 반하지 않는 범위 내에서 그리고 별도의 규정이 있는 경우를 제외하고는 이를 비송사건에 준용한다는 취지를 총칙에서 명시하는 데 반하여, 가사사건의 경우에는 소송사건과 비송사건을 묶어 '사건'을 중심으로 규정함으로써 비송사건의 국제재판관할규칙도 직접 규정하기로 하였다.[196] 결국 위원회는 소송사건과 비송사건의 도식적 구분은 하지 않으면서도 재산법상의 사건과 가사사건에 차이를 두는 절충적 접근방법을 채택한 것이다.

---

193) 소송사건과 비송사건의 규율방안은 김문숙, 비송사건, 134면 이하 참조.

194) 브뤼셀 I Recast 제1조 제1항(This Regulation shall apply in civil and commercial matters whatever the nature of the court or tribunal)과 브뤼셀 II bis 제1조 제1항(This Regulation shall apply, whatever the nature of the court or tribunal, in civil matters relating to …)의 밑줄 부분은 이를 의미한다.

195) 석광현, "이혼 기타 혼인 관계 사건의 국제재판관할에 관한 입법론", 국제사법연구 제19권 제2호(2013. 12.), 138면 이하 참조.

196) 다만 재산법상의 사건에도 실종선고 등 사건(국제사법 제24조), 선박소유자등의 책임제한 사건(국제사법 제89조)처럼 소송사건이 아닌 사건에 대하여는 '소에 대한 관할'이 아니라 '사건에 대한 관할'을 규정한다.

나. 국제사법의 내용

국제사법은 성질상 준용할 수 없는 경우를 제외하고는 국제사법의 국제관할 규칙을 비송사건의 국제재판관할에 준용할 수 있음을 전제로 경우를 나누어 이를 더 구체화한다.

(1) 제1장(총칙)의 국제재판관할규칙의 준용

국제사법은 제1장(총칙) 제2절의 규정은 성질에 반하지 않는 범위 내에서 비송사건에도 준용한다(제1항). 국제사법이 관할을 직접 규정하는 인사비송사건 및 가사비송사건 등(제15조 제2항)이든 국제사법 제2조가 적용되는 재산 관련 개별 비송사건의 경우(제15조 제3항)이든 마찬가지다. 더 구체화하기는 어려웠기에 이 정도의 추상적인 규정을 두는 데 그쳤다.

예컨대 일반관할에 관한 제3조 제1항 1문을 보자. 가사소송법에 따르면 가사비송사건은 비송사건절차에 따라 심리하고 심판으로 재판하는 사건으로서 라류 및 마류 사건으로 구분된다. 라류 사건은 비대심적(非對審的)인(또는 상대방이 없는) 원칙적 비송사건으로, 주로 법원의 후견적 허가나 감독처분을 요구하는 사건들이다.[197] 마류 사건은 본래는 대심적(對審的) 심리가 필요한 분쟁의 성질을 가진 사건이지만 비송적인 처리가 필요하다고 인정되는 사건들로, 엄격한 법적용보다 법원의 후견적 재량의 필요가 더 요구되는 사건들이다.[198] 가사비송사건의 심리·재판에는 가사소송법이 달리 정하는 외에는 비송사건절차법 제1편 '총칙'의 규정이 준용된다(가사소송법 제34조 본문). 따라서 원칙적으로 제3조는 대심적 소송구조를 취하는 한, 즉 상대방이 있는 한 가사비송사건에도 적용될 것이다.

또한 상속사건에서 일반관할을 어느 범위 내에서 인정할 것인가도 검토할 필요가 있다. 상속에 대해서는 피상속인의 상거소지국이 원칙적으로 관할을 가진다. 토지관할에 관하여 가사소송법도 상속 관련 사건들을 대체로 라류 비송사건으로 분류하고 그에 대하여는 상속개시지 가정법원의 재판적을 인정할 뿐이고(제44조 제6호), 마류 가사비송사건에서와 달리 상대방의 보통재판적 소재지의 가정법원의 관할을 규정하지는 않는다. 유언 관련 사건의 경우도 유사하다. 따라서 국제재판관할의 맥락에서도 상속사건과 유언사건의 경우 국제사법 제3조에 따른 일반관할

---

197) 김연, "한국 가사소송법의 법체계적 지위", 민사소송 제14권 제2호(2010. 11.), 282면.
198) 김연(註 197), 282면.

을 인정할 필요는 크지 않을 것이다. 다만 제3조는 일반관할이므로 동조가 정한 바와 같이 한국에 일상거소를 가지는 사람에 대한 소라면 그것이 상속사건이더라도 법원에 국제재판관할이 인정될 것이다.

(2) 국제사법이 직접 규정하는 경우: 인사비송사건과 가사비송사건 등

인사비송사건과 가사비송사건의 경우 국제사법은 소송사건과 비송사건을 함께 규정함으로써 양자에 공통된 관할규칙을 둔다. 그 경우 "…에 관한 소"가 아니라 "…에 관한 사건"이라는 식으로 규정하여 국제재판관할규칙을 비송사건에도 직접 적용한다(제2항). 즉 국제사법(제15조 제2항)은 인사비송사건과 가사비송사건, 즉 실종선고 등에 관한 사건(제24조), 친족관계에 관한 사건(제56조부터 제61조까지), 상속 및 유언에 관한 사건(제76조)에 대하여 해당 조문에 따른다고 규정하고, 나아가 선박소유자 등의 책임제한에 관한 사건(제89조)에 대하여는 각각 해당 조문에 따른다고 규정한다.[199]

(3) 재산 관련 비송사건: 국제사법 제2조의 적용

재산 관련 비송사건(정확히는 인사비송사건과 가사비송사건을 제외한 사건)에 관하여 국제사법에서는 원칙적으로 소에 대해 국제재판관할을 규정하므로 이를 비송사건에 준용하자는 견해도 있었으나(이에 따르면 제3항을 별도로 두지 않고 제1항과 묶게 된다) 국제사법(제15조 제3항)은 국제사법 제2조에 따르자는 견해를 채택하였다.[200]

재산 관련 비송사건의 유형은 매우 다양한데, 국제사법에서는 재산 관련 소송에 관하여는 아무래도 국제재판관할규칙이 제한적이므로 이를 준용함으로써 다

---

199) 따라서 혼인신고를 어느 국가에 해야 하는지와 같은 비송사건의 관할도 이에 따를 사항이다. 다만 '가족관계의 등록에 관한 법률'과 같이 다른 법률에 비송사건의 관할 규정이 있으면 그도 적용될 것으로 생각된다. 제7장에 규정한 관할규칙이 주로 소송을 염두에 둔 영역(이는 주로 혼인관계사건일 것으로 짐작된다)에서는 그것이 다양한 비송사건을 규율하기에 충분한지 의문이 전혀 없지는 않다.

200) 이는 김문숙, 비송사건, 138면의 제1안의 태도이다. 아래에서 보듯이 독일의 FamFG 제98조부터 제104조까지에 규정하는 절차 이외의 절차에 대하여 제105조는 독일 법원이 토지관할을 가지는 때에는 독일이 국제재판관할을 가진다고 규정함으로써 이중기능을 명시한다. 원칙적으로 토지관할규정의 이중기능을 인정하지 않는 우리의 관점에서는 이런 태도는 제2조에 상응한다.

양한 비송사건에 적절한 관할규칙을 도출할 수 있는지는 의문이다. 반면에 비송
사건절차법은 민사비송사건(제2편)과 상사비송사건(제3편)에 관하여 상세히 규정
하면서 토지관할규칙도 규정한다.[201] 따라서 국제사법 제2조 제2항에 따라 비송
사건절차법의 토지관할규칙을 참작하여 국제재판관할규칙을 도출하는 것이 더 적
절하다고 보았다.[202] 제2조 제2항을 적용하더라도 국제사법에 규정된 국제재판관
할규칙도 참작할 수 있다.

저자는 이처럼 비송사건의 토지관할규정을 출발점으로 삼더라도 그것이 모
두 동등한 가치가 있는 것이 아니라 개별조항을 검토하여 ① 국제재판관할규칙으
로 삼을 수 있는 것, ② 국제재판관할규칙으로 삼을 수 없는 것과 ③ 수정해서 국
제재판관할규칙으로 삼을 수 있는 것으로 유형화하고 ③ 유형의 경우 이를 어떻
게 수정할지를 고민해야 한다고 보았다.[203] 나아가 ④ 비송사건절차법상 해당 토
지관할규정에는 없으나 기타 국제재판관할의 근거가 될 수 있는 관할근거가 있는
지도 검토해야 한다. 특히 비송사건은 성질이 다양하고 이질적인 사건들을 포함
하는 점을 고려하면 이런 분류의 필요성은 소송사건의 경우보다 더 크다.

다. 구 국제사법과 국제사법의 비교 및 장래의 과제

구 국제사법은 명문의 규정을 두지는 않았으나 비송사건을 모두 제2조에 따
라 처리하도록 한 것처럼 보였지만, 국제사법은 이를 조금 더 구체화한 것이다.
국제사법을 표로 정리하면 아래와 같다.

---

201) 예컨대 비송사건절차법이 규정하는 민사비송사건 중 신탁사건에 관하여는 동법 제39조가
토지관할규칙을 두고 있고, 제60조는 법인등기에 관한 관할등기소를 규정하며, 상사(商事)
비송사건에 관하여도 상세한 규정을 두고 있다.
202) 예컨대 어음 기타 유가증권 분실에 따른 제권판결사건의 국제재판관할에 관하여 국제사법
을 적용할지 비송사건절차법을 참작하여 결정할지의 문제이다. 국제사법(제79조)에 따르
면, 어음·수표에 관한 소는 어음·수표의 지급지가 한국 내에 있는 경우 법원에 제기할 수
있다. 반면에 민사소송법 제492조와 제476조를 국제재판관할의 결정에 참작하면 제권판결
은 증권에 표시된 이행지, 그러한 이행지의 표시가 없는 때에는 발행인의 보통재판적 소재
지 또는 (그 법원이 없는 때에는) 발행 당시 발행인의 보통재판적 소재지가 한국에 있으면
우리 법원이 국제재판관할을 가진다.
203) 예컨대 부부재산제의 등기에 관하여 독일의 가사 및 비송사건절차법(FamFG. 제377조 제3
항)은 부부 일방의 상거소에 착안하나, 우리 비송사건절차법은 남편이 될 사람의 주소지에
착안한다(제68조). 우리의 원칙은 그대로 국제재판관할규칙으로 삼을 수는 없는 것이므로
수정해야 한다.

조문	비송사건의 유형과 관련 조문	
총칙	모든 비송사건(위 2. 가.)	제2조-제14조 준용
각칙	인사 및 가사 비송사건 등 (위 2. 나.)	실종선고 등에 관한 사건	제24조 적용

각칙	인사 및 가사 비송사건 등 (위 2. 나.)	실종선고 등에 관한 사건	제24조 적용
		친족관계에 관한 사건	제7장(제56조-제61조) 적용
		상속 및 유언에 관한 사건	제76조 적용
		선박소유자 등의 책임제한에 관한 사건	제89조 적용
	재산 관련 비송사건(위 2. 다.)	위(2. 나.)에 속하지 않는 비송 사건	제2조 적용[비송사건절차법의 개별 관할규정 참작]

비송사건절차법은 다양한 사건유형에 대하여 관할규칙을 두고 있다. 예컨대 민사비송사건으로는 법인에 관한 사건(제32조 이하), 신탁에 관한 사건(제39조), 재판상의 대위(제45조), 법인의 등기(제60조), 부부재산 약정의 등기(제68조)에 관하여 규정하고, 상사비송사건으로는 회사와 경매에 관한 사건(제72조), 사채에 관한 사건(제109조)과 회사의 청산에 관한 사건(제117조)에 관하여 규정한다. 그중 부부재산 약정의 등기에 관하여는 친족관계에 관한 제7장의 규정이 적용될 것이고, 기타 사건의 경우에는 국제사법 제2조에 따라 토지관할규정을 참작하여 국제재판관할 규칙을 도출하면 된다.

그러나 국제사법 제15조도 여전히 추상적이라는 점을 부정할 수 없다. 따라서 국제사법을 기초로 운영하면서 장래 시기가 성숙하면 더 정치한 관할규칙을 도입할 필요가 있을 것이다. 그중에서도 우선 문제되는 중요한 비송사건을 찾아서 가능한 범위 내에서 단계적으로 구체적인 관할규칙을 도입하는 방안이 현실적일 것이다. 이는 장래의 과제인데 특히 비송사건의 경우 이 점을 강조하고 싶다.

17. 긴급관할

국제사법에 따라 한국의 국제재판관할이 인정되지 않으면 우리나라는 국제재판관할이 없다. 그러나 그 경우 구체적 사건에서 국제재판관할을 가지는 외국법원이 아예 없거나(관할의 흠결), 있더라도 어떤 사정으로 당해 외국법원에서 제소할 수 없어 결과적으로 '재판의 거부(또는 '정의의 거부'. denial of justice)'가 된다면 예외적으로 한국의 국제재판관할을 인정할 필요가 있다. 이런 의미의 보충적

관할을 독일에서는 '긴급관할(Notzuständigkeit, forum of necessity)',[204] 미국에서는 'jurisdiction by necessity'라고 하는데 우리도 이를 인정할 여지가 있다. 다만 이는 매우 예외적인 경우로 한정해야 한다. 과거 대법원 1988. 4. 12. 선고 85므71 판결 등이 가사사건에서 그들에 대한 심판의 거부가 오히려 외국인에 대한 법의 보호를 거부하는 셈이 되어 정의에 반한다고 인정되는 경우 예외적으로 원고 주소지관할을 인정할 수 있다고 한 것은 긴급관할과 유사한 고려를 한 것으로 볼 수 있다.[205]

국제사법은 긴급관할을 명시하지 않는다. 개별조문에서 이런 요소를 전혀 고려하지 않은 것은 아니나 일반조항으로 두지는 않는다. 예외적인 사안에서 긴급관할의 필요성은 인정할 수 있고 특히 가사사건에서 필요성이 상대적으로 클 것이나, 강력한 지지가 없었고 그 요건을 명확히 규정하는 것이 쉽지 않았기 때문이기도 하다.[206] 하지만 비록 규정이 없더라도 꼭 필요하다면 국제사법 제2조 등을 근거로 긴급관할을 인정할 여지가 전혀 없지는 않다. 실제로는 보전처분의 관할에 의하여 부분적으로 해결될 수 있을 것이다.

국제사법하에서 섭외이혼 사건에서 제56조에 의하여 한국의 관할이 없더라도, 상대방이 행방불명 기타 이에 준하는 사정이 있거나 그가 적극적으로 응소하여 그 이익이 부당하게 침해될 우려가 없다고 보이는 경우 한국의 국제재판관할을 인정할 수 있는지가 문제 된다. 그의 허용 여부는 국제사법에 따른 국제재판관

---

204) 석광현, 국제재판관할연구, 87면 註 85 참조. 이는 우리 국제사법상 관할을 가지는 국가가 자국의 관할을 인정하지 않는 경우에도 긴급관할을 허용하는 것이다. Geimer, Rz. 1018 참조. 국제사법상 국제재판관할을 가지는 외국의 관할법원이 한국의 국제재판관할을 인정하는 경우 '관할권의 반정(또는 지정)(Zustandigkeitsverweisung)'을 인정하는 견해(장준혁, 관할법, 46면 이하)도 있으나 준거법의 맥락에서 반정을 명시하는 조문(제22조)을 두는 것과 달리 국제사법상 이를 인정할 근거가 없다. Schack, Rn. 502; Geimer, Rz. 1018도 독일법상 동지.

205) 2018년 개정된 일본의 인사소송법(인사소송의 총칙을 정한 제3조의2 제7호)은 "일본국 내에 주소가 있는 신분관계의 당사자 일방이 제기한 소송으로서 다른 당사자가 행방불명인 때, 다른 당사자의 주소가 있는 국가에서 제기된 소송과 관련된 신분관계와 동일한 신분관계에 대한 소송과 관련된 확정 판결이 일본국에서 효력이 없는 때, 그 밖에 일본 재판소가 심리 및 재판을 관할하는 것이 당사자 간의 균형을 도모하거나 적정하고 신속한 심리의 실현을 확보하게 되는 특별한 사정이 있다고 인정되는 때"에는 일본의 국제재판관할을 인정한다. 2018년 개정된 일본의 가사사건수속법(특별입양의 파양에 관한 제3조의7 제5호)도 파양에 관하여 유사한 규정을 둔다.

206) 일본의 개정 민사소송법은 긴급관할에 관한 규정을 두지 않는다.

할법 전체의 취지에 비추어 검토할 사항이나 그중 일부는 제56조에 의하여 해결할 수 있고, 또한 일부는 한국과 아무런 관련이 없는 사건이 아니라면 일반원칙을 정한 제2조에 의하여 해결할 수 있을 것이다.

Ⅳ. 국제사법에 따른 국제재판관할법의 각칙

1. 머 리 말

여기에서는 국제사법 중 각칙(즉 각 장에 규정된 관할규칙)을 소개한다. 이는 총칙(제3조)에서 규정하는 일반관할과 대비되는 특별관할에 관한 규정이 대부분이다. 구체적으로 국제사법의 편제에 따라 사람에 관한 사건의 특별관할(2.), 물권에 관한 소의 특별관할(3.), 지식재산권(또는 지재권)에 관한 소의 특별관할(4.), 채권에 관한 소의 특별관할(5.), 가사사건의 특별관할(6.), 상속사건의 특별관할(7.), 어음·수표에 관한 소의 특별관할(8.)과 해사사건의 특별관할(9.)의 순으로 논의하고, 그 밖에 국제사법에는 채택되지 않은 기타 국제재판관할규칙(10.)과 국제재판관할의 조사와 판단의 표준시기(11.)의 순서로 논의한다.

2. 사람에 관한 사건의 특별관할(제2장 제1절)

국제사법은 자연인에 관하여는 비송사건인 실종선고와 부재자의 재산관리에 관한 사건의 특별관할을 명시하고, 법인과 단체에 관하여는 내부관계에 관한 소의 특별관할을 규정한다. 후자는 위원회에서는 논의되지 않았으나 법무부의 검토과정에서 도입한 것이다.

가. 실종선고와 부재자의 재산관리(제24조)

종래의 주소나 거소를 떠나 장기간 그 생사를 알 수 없는 사람(이를 우리 민법에서는 '부재자'라고 부른다. 민법 제22조)에 대한 실종선고는 권리능력의 소멸에 관한 문제이므로 원칙적으로 당사자의 본국법에 의하고, 당사자의 본국이 원칙적으로 국제재판관할을 가지는 것으로 이해되었다. 그러나 본국에서 실종선고를 하지 아니하거나 또는 본국에 실종선고제도가 없는 경우에 실종된 외국인의 신분상 및 재산상의 법률관계가 불확정한 상태로 방치되는 것은 곤란하므로 우리나라가 외국인에 대한 실종선고를 할 수 있도록 예외적 관할을 인정할 필요가 있다. 구 국제사법(제12조)은 외국인의 본국에 실종선고를 할 수 있는 원칙적 관할이 있음을 전제로 하면서 예외적으로 우리 법원이 관할을 가지는 경우만을 규정하였다. 국제사법은 실종선고의 국제재판관할규칙을 명확히 규정한다.

　　국제사법(제24조 제1항)은 실종선고에 관한 사건에 대하여 ① 부재자가 한국인인 경우, ② 부재자의 마지막 상거소가 한국에 있는 경우, ③ 부재자의 재산이 한국에 있거나 한국법에 따라야 하는 법률관계가 있는 경우와 ④ 그 밖에 정당한 사유가 있는 경우 한국의 국제재판관할을 인정한다. 다만 ③의 경우 한국의 관할은 그 재산 및 법률관계에 관한 부분으로 한정된다(관할의 양적 제한).207)

　　①은 국제사법의 전제인 본국관할(또는 국적관할. 이하 양자를 호환적으로 사용한다)을 명시한 것으로 볼 수 있고, ②는 그 경우 한국이 당해 사건을 다룰 현실적이익이 크다고 할 수 있으며, ③과 ④는 구 국제사법에도 있던 것이다. 다만 ③과 ④는 구 국제사법에서는 예외적 관할근거(또는 관할원인. 이하 호환적으로 사용한다)였던 데 반하여 국제사법에서는 원칙적 관할의 하나인 것처럼 규정되어 있다. 그러나 ③의 경우 한국의 관할은 당해 재산 및 법률관계에 한정되므로 다소 예외적 성격을 가진다.

　　실종선고만을 언급하는 구 국제사법과 달리 국제사법(제24조 제2항)은 실종선고와 별도로 부재자의 재산관리에 관한 규정을 두면서 그에 대하여는 부재자의 마지막 상거소 또는 재산이 한국에 있는 경우 우리 법원의 국제재판관할을 인정한다. 그러한 경우에 우리 법원이 개입할 필요가 있기 때문이다.

　　과거 한정치산 및 금치산의 문제는 행위능력의 제한문제이므로 행위능력의 준거법에 관한 구 국제사법 제13조에 의하여 해결될 수 있었다. 따라서 구 국제사법은 한정치산과 금치산의 준거법에 관하여 규정하지 않고, 단지 제14조(한정치산 및 금치산선고)에서 우리 법원이 우리 법에 따라 선고할 수 있는 예외적 관할만 규정하였다. 그 후 성년후견 제도가 도입됨에 따라 위 문언이 개정되었으나 국제사법에서 제14조는 삭제되었고 성년자 후견사건의 특별관할에 관한 국제사법 제7장 제1절 제61조 제1항에 통합되었다.

---

207) 실종선고의 경우 관할의 양적 제한을 하는 데 대하여는 실종선고의 효과는 부재자의 사망을 간주하는 것인데, 제한된 범위 내에서만 사망간주를 한다면 파행적 법률관계가 발생하게 되어 문제라는 지적이 있다. 이광우, 토론문, 2022. 7. 22. 개최된 국제사법학회 연차학술대회 발표자료, 244면.

나. 사원 등에 대한 소의 특별관할(제25조)

민사소송법(제15조부터 제17조)은 ① 회사, 그 밖의 사단이 사원에 대하여 소를 제기하거나 사원이 다른 사원에 대하여 소를 제기하는 경우, ② 사단 또는 재단이 그 임원에 대하여 소를 제기하거나 회사가 그 발기인 또는 검사인에 대하여 소를 제기하는 경우, ③ 회사, 그 밖의 사단의 채권자가 그 사원에 대하여 소를 제기하는 경우, ④ 회사, 그 밖의 사단, 재단, 사원 또는 사단의 채권자가 그 사원·임원·발기인 또는 검사인이었던 사람에 대하여 소를 제기하는 경우와 사원이었던 사람이 그 사원에 대하여 소를 제기하는 경우 회사, 그 밖의 사단의 보통재판적 소재지 법원에 특별재판적을 인정한다. 이는 "단체 내부관계의 특별재판적"이라고 설명한다.[208]

일본 민사소송법은 우리 민사소송법에 상응하는 토지관할규칙을 두고 있고, 이에 상응하는 국제재판관할규칙을 둔다(제3조의3 제7호). 위원회에서는 이에 상응하는 국제재판관할규칙을 둘지는 전혀 논의되지 않았다. 법무부는 위 특별재판적에 상응하는 국제재판관할규칙을 국제사법에 도입하기로 하였으나 그 범위를 다소 제한하였다.[209] 즉 국제사법에서는 이를 법인 등의 내부적인 분쟁(즉 법인−사원과 사원−사원 간의 분쟁)에 한정하였다.

3. 물권에 관한 소의 관할

국제사법에 따른 물권에 관한 소의 관할은 아래와 같다.

첫째, 동산 물권에 관한 소에 관하여는 제5조 제1호에 의하여 재산소재지의 특별관할이 인정된다. 즉 청구의 목적 또는 담보의 목적인 재산이 한국에 있는 경우 그 재산에 관한 소는 한국에서 제기할 수 있다. 제5조 제2호와 달리 이 경우 당해 재산의 압류가능성 또는 가액과 사안의 한국 관련성은 요구되지 않는다. 둘째, 부동산 물권에 관한 소에 관하여 국제사법(제10조 제1항 제3호)에 의하여 부동

---

208) 전원열, 민사소송법 강의 제2판(2021), 3-4-3-11.
209) 그 이유는 우리 민사소송법(제15조부터 제17조)에 상응하는 독일 민사소송법(제22조)이 토지관할규칙을 제한적으로 규정하는 점, 유럽연합의 브뤼셀체제와 헤이그국제사법회의가 성안한 예비초안이 일본 민사소송법에 상응하는 국제재판관할규칙을 두지 않는 점과 독일에서도 그에 상응하는 국제재판관할규칙에 대한 비판이 있는 점 ―이는 결국 원고관할을 인정하게 되어 부당하고 특히 소수주주에게 불리한 관할규칙이라는 것이다(Kropholler, Handbuch, Rz. 411)― 등을 고려하였기 때문이다.

산 소재지의 전속관할이 인정된다.

법무부의 개정안(제33조)은 독자적 관할규칙을 창설하는 것은 아니나, 물권에 관한 제4장에도 제1절을 신설하여 동산 물권에 관한 소의 특별관할과 부동산 물권에 관한 소의 전속관할을 확인하는 취지의 조문을 두었다. 그런 규정방식은 이례적이나 수범자의 편의를 위한 조치라고 할 수 있었다. 그러나 국제사법에서 이는 결국 삭제되었다.

4. 지식재산권에 관한 소의 특별관할(제5장 제1절)[210]

지식재산권에 관하여 국제사법은 첫째, 지식재산권의 성립 등에 관한 소의 전속관할, 둘째, 지식재산권 계약에 관한 소의 특별관할과 셋째, 지식재산권 침해에 관한 소의 특별관할을 규정한다. 첫째는 제1장 제2절에서, 둘째와 셋째는 제5장 제1절에서 각각 규정한다. 이는 CLIP 원칙 및 ALI 원칙[211]과 한일공동제안[212] 등 지재권 특유의 국제사법규칙을 정한 작업성과들을 고려한 것이다.

가. 지식재산권의 성립 등에 관한 소의 전속관할(제10조)

앞(Ⅲ.)에서 본 것처럼 국제사법(제10조 제1항)은 총칙에서 한국에 등록된 지식재산권의 성립, 유효성과 소멸에 관한 소의 경우 한국의 전속관할을 인정한다. 이는 앞에서 논의하였다.

---

210) 과거의 논의는 석광현, 제4권, 591면 이하 참조. 비교법적 고찰은 木棚照一(編), 國際知的財産侵害訴訟の基礎理論(2003) 참조.

211) CLIP 원칙은 지식재산의 국제사법에 관한 유럽 막스플랑크 그룹이 2011년 8월 공표한 "지적재산의 국제사법원칙"이고, ALI 원칙은 미국법률협회(ALI)가 2007년 5월 공표한 "지적재산: 초국가적 분쟁에서의 관할권, 준거법 및 재판을 규율하는 원칙"이다. 소개는 석광현, "국제지적재산권분쟁과 국제사법: ALI 원칙(2007)과 CLIP 원칙(2011)을 중심으로", 민사판례연구 제34집(2012), 1065면 이하 참조. 국제법률협회(ILA)는 2021년 초 ILA Guidelines on Intellectual Property and Private International Law (Kyoto Guidelines)를 채택하였다. Journal of Intellectual Property, Information Technology and Electronic Commerce Law, Volume 12 (2021) 참조. 국문번역은 이규호·이종혁, "지식재산과 국제사법에 관한 ILA 가이드라인", 국제사법연구 제27권 제1호(2021. 6.), 679면 이하 참조.

212) 한일공동제안이라 함은 木棚照一 교수의 주도로 한일 전문가들이 2011년 3월 발표한 "知的財産權의 國際私法原則(韓日共同提案)"을 말한다(이하 "한일공동제안"이라 한다). 조문과 해설은 木棚照一 編著, 知的財産の国際私法原則研究—東アジアからの日韓共同提案(早稲田大学比較法研究所叢書 40)(2012), 74면 참조.

나. 지식재산권 계약에 관한 소의 특별관할(제38조)

저자는 과거 지식재산권 계약에 관한 소의 경우에도 통상의 계약에 관한 소에 대한 재판관할규칙이 적용된다는 견해를 피력하였다.213) 그러나 국제사법(제38조 제1항)은 "지재권의 양도, 담보권 설정, 사용허락 등의 계약에 관한 소는 그 지재권이 한국에서 보호되거나 사용 또는 행사되는 경우 또는 지재권에 관한 권리가 한국에서 등록되는 경우" 한국의 관할을 인정한다.

이는 지재권 계약에 특유한 관할규칙으로, 지재권의 보호, 사용, 행사 또는 지재권에 관한 권리의 등록(등록 대상은 지재권 자체가 아니라 '지재권에 관한 권리'이므로 특허의 전용실시권과 통상실시권 그리고 상표의 전용사용권과 통상사용권 등을 포함한다)에 착안하면서, 청구의 근거에 관계없이 통일적인 관할규칙을 정하는 점에 특색이 있다.214) 여기에서 '보호'는 실제로 보호가 부여되는 것을 의미하는 것으로 이해되고(실제 보호 여부는 본안에서 판단할 사항이나 주장 자체에 의하여 보호대상이어야 한다),215) 또한 제38조는 계약(즉 채권계약)의 특별관할을 다루므로 '담보권 설정'계약은 채권계약으로 보인다.216) 이는 특징적 이행에 착안하는 듯하다. 이런 태도는 국제사법(제41조 제2항)이 계약에서 특징적 이행에 착안한 관할을 전면적으로 수용하지 않은 것과 다르다.

이처럼 지재권 계약을 별도로 규정할 경우 제5장(지재권 계약에 관한 소)과 제6장(계약에 관한 소)의 관계가 문제 된다. 아래에서 보듯이, 계약에 관한 소의 특별관할을 정한 국제사법(제41조)은 물건공급계약의 경우에는 물건인도지에, 용역제공계약의 경우에는 용역제공지에 각각 특별관할을 인정하고, 다른 유형의 계약의 경우 청구의 근거인 의무이행지 관할을 제한적으로 허용하므로 그것이 지재권 계약에 관한 소에도 적용되는지가 문제되기 때문이다. 양자의 관계를 명확히 하고자 국제사법(제38조 제2항)은 지재권 계약에 관한 소에 대하여는 제41조의 적용을

---

213) 석광현, 제2권, 551면. 이는 CLIP 원칙(제2:201조)의 태도이기도 하다.

214) 이는 한일공동제안(제204조 제1항)과 유사한데, 동 제안 제2항은 복수 국가에서 실시 등이 행하여지는 경우 관할을 양적으로 제한한다.

215) 이주연, "2022년 개정 국제사법상 지식재산권 관련 소의 국제재판관할 문제: 총칙과 각칙의 검토", 국제사법연구 제28권 제1호(2022. 6.), 225면은 보호국이라고 하면서 의무이행지를 보호국으로 통일화하여 확실성과 예측가능성을 보장하였다는 데 이 조항의 의미가 있다고 한다. 이규호, 온주 국제사법 제38조, 2023. 7. 5. [2]도 동지.

216) 이규호, 온주 국제사법 제38조, 2023. 7. 5. [2]도 동지. 그러면 담보권설정에 관한 물권적 합의에 관한 소는 어떻게 처리할지, 양자를 동일하게 다루어야 하는지는 의문이다.

배제한다.[217] 결국 이는 청구의 근거가 되는 의무의 실제 또는 합의된 이행지가 아니라 누가 어느 의무에 근거하여 제소하는지에 관계없이 통일적으로 당해 지재권의 사용·행사 또는 당해 지식재산권에 관한 권리의 등록지의 관할을 인정하는 것이다.

다. 지식재산권 침해에 관한 소의 특별관할(제39조)

(1) 과거의 논의

지재권의 침해에 기한 손해배상과 침해금지 등을 구하는 소의 국제재판관할에 대하여는 과거 원칙적으로 통상의 불법행위의 경우처럼 불법행위지의 관할을 인정하는 것이 타당하고 등록국의 전속관할을 인정할 것은 아니라는 견해가 유력하였다.[218] 저작권침해의 경우는 더욱 그러하다.

과거 지재권은 물리적인 실체가 존재하지 않는 권리이므로 지재권 침해의 경우 법익의 침해라는 결과발생지가 존재하는지 논란이 있었다. 그 경우 지재권은 어디에나 존재한다거나 또는 반대로 어디에도 존재하지 않으므로 '특정한' 결과발생지는 존재하지 않기에 행동지에만 연결하는 견해가 있고 저작권의 경우 특히 그러한데 다수설은 결과발생지의 존재를 긍정하였다.[219] 예컨대 특허권 또는 상표권의 경우는 등록국을, 저작권의 경우는 저작권에 대한 보호를 인정하는 국가를 들 수 있다. 결과발생지를 인정하는 국제사법 제39조의 태도는 다수설을 따른 것이라고 볼 수 있다.

불법행위지는 지재권의 침해지인데, 지재권에 적용되는 속지주의 원칙상 행동지와 결과발생지는 원칙적으로 일치한다.[220] 다만 가상공간에서의 저작권, 기타

---

217) 만일 지재권 계약에도 통상의 계약에 관한 소의 특별관할을 적용한다면 그것이 용역제공계약인지가 문제될 것이나 이를 부정하는 견해가 유력하다.

218) 예컨대 석광현, 제4권, 601면.

219) 석광현, 제4권, 612면 이하 참조. 인격권 침해의 경우에도 결과발생지가 존재하는지는 논란이 있으나 다수설은 긍정한다. Shevill 사건 판결에서 유럽사법재판소도 신문의 배포지를 결과발생지라고 보았다. 또한 유럽사법재판소의 2017. 10. 17. Bolagsupplysningen OÜ and Ingrid Ilsjan v. Svensk Handel AB 사건 판결(C-194/16)도 자연인 또는 법인의 이익중심지 법원에 양적 제한 없는 손해배상청구소송의 관할을 인정하는 근거로 이익중심지가 명예라는 법익의 소재지라고 보았다. Bolagsupplysningen 사건 판결, para. 33.

220) 예외는 석광현, 제4권, 609면 이하 참조. 행동지와 결과발생지의 개념과 결정은 장준혁, "브뤼셀 제1규정상 출판물에 의한 명예훼손의 불법행위지 관할", 성균관법학 제25권 제1호(2013. 3.), 472면 이하 참조.

지식재산권 침해의 경우 전 세계 200개국이 잠재적 결과발생지(즉 인터넷 접속가능지를 말한다)로서 재판관할을 가지게 되어 극심한 forum shopping이 발생할 수 있으므로 그 경우 우리 법상으로도 뒤(V. 4.)에서 소개하는 유럽사법재판소의 1995년 Shevill 사건 판결처럼 결과발생지의 재판관할에 대한 양적 제한을 도입할 여지가 있다.[221] 문제는 그렇게 하는 경우 피해자는 침해자의 상거소지에서 제소하지 않는 한 침해가 발생한 복수국에서의 소송을 강제당하는 결과 피해자에게 너무 부담스럽고, 그 경우 초래되는 '소송의 단편화(또는 파편화. fragmentation of litigation)'는 당사자들에게 기대를 넘는 것이며, 법원에게도 당해 국가에서 발생한 손해를 산정해야 하는 어려움을 부과하는 단점이 있다. 따라서 유비쿼터스 침해의 경우 일정한 요건하에 침해지 관할을 확대하여 재판관할을 통합하거나 사건을 병합할 수 있도록 할 필요가 있다. 요컨대 지재권 침해에서 결과발생지의 특별관할에 대해 양적 제한을 도입한다면 그와의 균형상 유비쿼터스적인 침해에 한하여 예외를 인정할 필요가 있다는 것이다.

(2) 국제사법의 규정과 특색

이러한 논의를 고려하여 결국 국제사법은 아래와 같이 규정한다.

제39조(지식재산권 침해에 관한 소의 특별관할) ① 지식재산권 침해에 관한 소는 다음 각 호의 어느 하나에 해당하는 경우 법원에 제기할 수 있다. 다만, 이 경우 대한민국에서 발생한 결과에 한한다.
1. 침해행위를 대한민국에서 한 경우
2. 침해의 결과가 대한민국에서 발생한 경우
3. 침해행위를 대한민국을 향하여 한 경우
② 제1항에 따라 소를 제기하는 경우 제6조 제1항을 적용하지 아니한다.
③ 제1항 및 제2항에도 불구하고 지식재산권에 대한 주된 침해행위가 대한민국에서 일어난 경우에는 외국에서 발생하는 결과를 포함하여 침해행위로 인한 모든 결과에 관한 소를 법원에 제기할 수 있다.
④ 제1항 및 제3항에 따라 소를 제기하는 경우 제44조를 적용하지 아니한다.

---

221) 실제로 유럽사법재판소는 모자이크방식을 2012. 4. 19. Wintersteiger AG v. Products 4U Sondermaschinenbau GmbH 사건 판결(C-523/10)에서 상표권침해에 적용하였고, 2013. 10. 3. Peter Pinckney v. KDG Mediatech AG 사건 판결(C-170/12)에서 저작권침해에도 적용하였다. 이필복, 전속관할, 324면 이하; 사법정책연구원, 인터넷에 의한 계약 및 불법행위에 관한 소의 국제재판관할(2023)(김효정 · 양승욱 집필) 참조.

국제사법의 태도는 저자의 견해와 조금 다른데 그 특색은 아래와 같다.

첫째, 지재권 침해에 관한 소의 경우 원칙적으로 침해의 행동지와 결과발생지의 관할을 인정하고 나아가 침해행위가 한국을 향하여 행하여지는 경우에도 같다(제39조 제1항). 위에서 본 것처럼 특허권과 같은 등록지재권의 침해소송에 대하여 등록국의 전속관할을 인정하는 국가222)도 있으나, 국제사법은 그처럼 등록국의 전속관할을 규정하지 않고(제10조) 침해의 행동지, 결과발생지 또는 지향지(문언상)가 한국인 경우 한국의 특별관할을 인정한다.

국제사법에서는 침해지라고 하지 않고 행동지와 결과발생지를 구분한다. 이는 준거법 맥락에서 구 국제사법 제24조의 침해지가 행동지인지 결과발생지인지 논란이 있었음을 고려한 결과이다. 즉 속지주의의 결과 지식재산권은 부여국과 실제로 보호를 부여하는 국가에서만 침해될 수 있으므로 행동지와 결과발생지가 원칙적으로 일치한다. 불법행위의 재판관할을 정한 제44조가 있음에도 불구하고 제39조를 따로 두는 이유는 여기에 있다.223) 그러나 공동불법행위와 인터넷에 의한 지재권 침해의 경우 예외적으로 양자가 다를 수 있고(속지주의에 반하는 결과) 결과발생을 수반하지 않는 지역이 행동지 개념에 포섭될 수 있다.224)

둘째, 결과발생지의 경우 그곳에서 발생하는 결과에 관하여만 관할을 인정함으로써 관할을 양적으로 제한한다. 이것이 '모자이크방식'인데 여기에서 두 가지 문제가 있다.

하나는 객관적 병합의 경우에 인정되는 관련관할과의 관계이다. 국제사법(제6조 제1항)은 청구의 객관적 병합의 경우 관련성에 근거한 재판관할을 인정하는데, 이는 재판관할의 양적 제한과는 논리적으로 모순된다. 왜냐하면 동일인의 행위로 인하여 A국, B국과 C국에서 지재권 침해의 결과가 발생한 경우, 한편으로는

---

222) 예컨대 영국에서는 지적재산권을 부동산처럼 취급하므로, 외국 소재 부동산에 관하여 영국 법원의 재판가능성을 부인한 이른바 *Moçambique* rule에 따라 외국의 지적재산권침해에 대하여 영국 법원의 국제재판관할을 부정하였다. James J. Fawcett/Paul Torremans, Intellectual Property and Private International Law, 2nd Edition (2011), para. 6.141 이하 참조.

223) 석광현, 제5권, 131면.

224) 저자는 해석론으로 이런 견해를 피력하였으나 국제사법은 양자가 다를 수 있음을 전제로 한다. 다만 이런 예외적인 경우가 아니라면, 만일 한국에서 특허권이 부여되었다면 불법행위를 구성하는 행동이 되었을 물리적·자연적 행동을 한국에서 하더라도, 실제로 한국에서 특허권이 부여되지 않았다면 그것은 여기에서 말하는 침해행위지(행동지)는 아니다. 문언상 이런 구분이 명확히 표현되지 않은 것은 아쉽다.

A국의 관할을 A국에서 발생한 손해로 한정하면서 다른 한편으로는 위 3국의 지재권 침해가 상호 밀접한 관련이 있다는 이유로 A국에 침해 전부에 대해서 관련관할을 인정하는 것은 논리적으로 모순되기 때문이다. 저자는 위원회에서 이 점을 누차 지적하였으나 반영되지 않았는데 법무부의 검토과정에서 반영하였다(제39조 제2항). 다만 이는 제39조 제1항에 따라 양적 제한을 하는 경우를 전제하므로, 만일 당사자 간에 지재권 침해와 지재권 계약위반으로 인한 청구가 있는 경우 그들 간에는 제6조 제1항에 따른 관련사건의 관할을 인정할 수 있을 것이다.

다른 하나는 양적 제한을 한다면 결과발생지국은 그 국가에서 발생한 손해배상에 대하여만 관할을 가지는데 이는 침해금지에 대하여도 같다. 그러나 침해금지의 내용에 따라서는 결과발생지국에 한정할 수 없는 것이 있다. 그에 관하여는 지재권 침해 전체에 대하여 관할을 가지는 국가만이 침해금지를 명할 수 있다는 주장이 가능하다. 인터넷에 의한 불법행위 사건에서 2017. 10. 17. Bolag-supplysningen OÜ and Ingrid Ilsjan v. Svensk Handel AB 사건 판결에서 유럽사법재판소가 인터넷 게시물의 정정과 삭제 청구에 대하여는 결과발생지의 법원이 아니라 손해 전체에 대하여 관할을 가지는 법원이 관할을 가진다는 취지로 판시하였다.[225] 국제사법은 지재권 침해의 경우 양적 제한을 하므로 위 판결과 동일한 법리가 타당하다고 볼 여지가 있다.

셋째, 인터넷에 의한 지재권 침해와 지향된 활동(targeted activity). 국제사법 제39조 제1항 제3호에 따르면 "침해행위를 대한민국을 향하여 한 경우" 즉 지향지가 한국인 경우 한국은 지재권 침해의 소에 대하여 특별관할을 가진다. 제39조 제1항 제2호는 침해의 결과가 한국에서 발생한 경우(즉 결과발생지가 한국인 경우) 관할을 인정하므로[226] 결과발생 시에는 그와 별개로 지향된 활동에 근거한 관할을 인정할 필요는 없는데 문언상 이를 규정하므로 지향된 활동기준의 의미가 문

---

225) 위 사건 판결(C-194/16), paras. 48-49 참조. 위 판결의 소개는 정찬모, "인터넷상 인격권 침해 게시물 접근제한조치의 지역적 범위 — CJEU의 최근 판결을 중심으로", 사법 통권 제56호(2021), 781면 이하; 이종혁, "인터넷상 명예훼손에 대한 손해배상청구 및 금지청구 소송의 국제재판관할 — 유럽사법재판소의 2017년 Bolagsupplysningen 판결과 2021년 GTFlix TV 판결의 분석—", 입법학연구 제21집 제1호(2024. 2.), 288면 이하 참조.

226) 예컨대 유럽사법재판소도 사진작가의 저작권이 인터넷상 침해되었다고 주장된 2015. 1. 22. Pez Hejduk v. Energie Agentur. NRW GmbH 사건 판결(C-441/13)에서 저작권 침해가 웹사이트상 공표로 인하여 발생하고 있다면 보호되는 콘텐츠에 접속가능성만으로 족하고 그 웹사이트가 결과발생지를 지향할 필요는 없다고 판시하였다(paras. 31-34).

제 된다. 여기에서 몇 가지 가능성이 있다.

하나는, 지향된 활동은 결과발생을 수반하므로 지향된 활동기준은 인터넷에 의한 지재권 침해에서 모든 결과발생지(즉 인터넷 접속가능지)로 관할이 확대되는 것을 막기 위한 도구라고 이해하고 국제사법은 잘못이라고 본다. 즉 행위자 측의 의도적 지향이라는 개념을 통하여 결과발생지의 확산을 막는다는 것이다. 이렇게 본다면 인터넷에 의한 지재권 침해의 경우 '결과발생지'만이 아니라 '결과발생지 + 지향된 활동'에 근거하여 '지향된 결과발생지'에 관할을 인정하므로 양자를 병렬적으로 규정하는 제39조는 부당하다.[227]

다른 하나는, 한국을 향하여 지향된 활동을 하였다면 마치 한국에서 행동한 것처럼 평가하는 견해이다. 이는 아래 언급하는 미국 연방대법원의 Hanson v. Denckla 사건 판결(357 U.S. 235 (1958))에서 요구하는 의도적 이용이라는 개념에서 파생된 법정지 내에서의 효과를 발생할 것이 예상되는 법정지 외에서의 행위 (out-of-state activity with foreseeable effects in the forum)처럼 해석하는 것이다. 이렇게 본다면 지향된 활동 자체가 별도의 관할근거가 될 수 있다. 하지만 그 경우에도 제1항 단서에 따라 관할을 양적으로 제한하므로 결과 발생이 없다면 이를 별도의 관할근거로 규정하는 것은 의미가 없어 이는 설득력이 없다.

법원의 실무에서는 이런 취지를 고려하여 통상의 불법행위의 경우 결과발생지의 관할을 인정하고, 인터넷에 의한 지재권 침해의 경우 단순한 결과발생지(또는 접속가능지)라는 이유로 관할을 인정할 것이 아니라 지향된 활동이 있는 경우에만 결과발생지의 관할을 인정하는 것이 합리적이다. 그러나 이런 풀이는 문언과는 잘 맞지 않는 탓에 해석론의 범위를 넘는 것이라면 부적절한 법정지의 법리를 활용함으로써 관할의 확대를 통제할 필요가 있다. 솔직히 위 조항을 이해하기 어렵다. 그렇더라도 한국에 대하여 지향된 활동을 하는 경우 한국이 결과발생지일 것이므로 실제로 문제가 발생하지는 않을 것이다.

넷째, 국제사법(제39조 제3항)은 주된 침해행위지의 경우 (편재적(遍在的) 침해인가에 관계없이) 관할을 양적으로 제한하지 않고 다른 국가에서 발생하는 결과를

---

227) 장준혁, 91면; 이규호, 온주 국제사법 제38조, 2023. 7. 5. [3]도 동지. 그러나 이주연, "2022년 개정 국제사법상 지식재산권 관련 소의 국제재판관할 문제 총칙과 각칙의 검토", 국제사법연구 제28권 제1호(2022. 6.), 229면은 제3항에 독자적 의미를 부여하는 것처럼 설명하나 구체적 사례를 보면 손해(결과)발생지일 것을 요구하고 있어 동의하기 어렵다. 장준혁, 관할법, 91면 註 153도 이주연 교수의 견해를 반박한다.

포함하여 침해행위로 인한 모든 결과에 관한 관할을 인정한다. 단순 행동지라면 관할이 양적으로 제한되는데, 주된 침해행위는 침해행위의 본질적이고 또한 중요한 부분을 말한다.228) 양적 제한에 의하여 초래되는 문제점을 해결하기 위하여는 불법행위 일반에 관한 헤이그 예비초안(제10조 제4항)처럼 행동지라면 주된 행동지인지에 관계없이 양적 제한을 하지 않는 방안과, 인터넷에 의한 침해와 같은 편재적 침해의 경우에 한하여 모든 손해에 대해 행동지(또는 주된 행동지)의 관할을 인정하는 방안을 고려할 수 있다. 저자는 CLIP 원칙처럼(ALI 원칙과 달리) 유비쿼터스 침해에 한정하는 것이 바람직하다고 보았으나(제2:203조 제2항 참조),229) 국제사법은 이와 달리 위와 같이 규정한다. 국제사법의 태도는 불법행위에 관한 소에서 양적 제한을 하지 않는 것과 일관성이 부족하다는 비판이 가능한데 이는 논란의 여지가 있다.

어쨌든 국제사법은 편재적 침해인지를 묻지 않고 주된 행동지에 침해의 결과 전체에 대한 관할을 인정한다.230)

다섯째, 지식재산권 침해의 경우 불법행위 일반의 경우(국제사법 제44조 단서)와 달리 예견가능성을 요구하지 않는 것에 대하여는 일관성이 부족하다는 비판이 가능하다. 다만 지재권 침해에서는 결과발생지 관할의 경우 양적 제한을 하므로 불법행위의 경우와 달리 예견가능성을 요구하지 않아도 문제가 없다는 것인지 모

---

228) 이는 한일공동제안(제203조 제1항)에 기초한 것이다. 한일공동제안, 국제사법연구 제17호 (2011), 545면. 이규호, 온주 국제사법 제38조, 2023. 7. 5. [5]도 동지.

229) 유럽사법재판소는 인터넷에 의한 저작권침해가 문제 된 2015. 1. 22. Pez Hejduk v. Energie Agentur. NRW GmbH 사건 판결(C-441/13)에서 브뤼셀 I 제5조 제3항의 해석상 결과발생지의 법원은 당해 국가에서 발생한 손해에 대해서만 관할을 가진다고 판시함으로써 모자이크방식을 고수하였다. 유럽사법재판소는 유사한 저작권침해 사건에 관한 Peter Pinckney v. KDG Mediatech AG (C-170/12) 사건에서도 이미 그런 취지의 판시를 한 바 있다.

230) 그러나 결과발생지가 아닌 행동지가 존재하는 경우 양적 제한이 가능한지 모르겠다. 아마도 행동지와 결과발생지가 일치하기 때문에 문제가 없다고 보았기 때문일 것이다. 저자는 지재권 침해의 경우 행동지와 결과발생지는 원칙적으로 일치한다고 보나 예외적인 경우 다를 수 있다. 첫째, 공동불법행위(교사·방조 포함)의 경우, 둘째, 침해행위가 일련의 행위로 구성되고 그중 일부가 예컨대 일본과 한국에서 각각 행해지는 경우와 셋째, 미국 특허법처럼 외국에서 행해진 일정한 행위에 대하여 미국 특허법의 적용을 명시하는 경우, 넷째, 일반적으로 불법행위지를 결정함에 있어서 '단순한 준비행위'는 행동지로서의 의미를 가지지 않지만 지적재산권 침해의 경우 준비행위도 포함시키는 견해에 따를 경우와 다섯째, 인터넷에 의한 지적재산권 침해의 경우 등이다. 석광현, 제4권, 601면 이하 참조.

르겠다.231)

여섯째, 제5장 제1절의 특별관할규칙과 제6장 제1절이 정한 불법행위에 관한 소의 특별관할규칙과의 관계가 문제되므로 국제사법(제39조 제4항)은 제39조 제1항 및 제3항에 따라 제기되는 소에는 제44조의 적용을 배제한다.

지재권의 최초귀속에 관하여 CLIP 원칙(제2:205조)은 별도의 관할규칙을 두고 있으나 국제사법은 이런 규정을 두지 않는다.

(3) 국제IP분쟁의 한국으로의 유치232)

대법원은 2015. 6. 4. 우리 특허법원의 위상을 강화하여 국제적 지식재산권 관련 분쟁 발생 시 법정지가 되겠다는 취지를 담아 'IP 허브 코트 추진위원회'를 발족하고 특허법원 국제재판부 설치 등을 골자로 하는 방안을 논의하였다.233) 'IP 허브 코트'를 설치하려는 프로젝트(이하 "IP 허브 프로젝트(또는 구상)")는 구체적으로 특허법원에 국제재판부를 설치하여 국제적인 지재권 관련 소송을 담당할 수 있도록 하겠다는 것이다.234) 이와 관련하여 국제 전자소송 도입 시 외국어 변론방법, 외국어로 작성된 서류와 증거물 제출 방안, 판결문의 외국어번역 서비스 제공

---

231) 이와 달리 장준혁, 관할법, 91면은 제39조를 비판하면서 "제44조 단서를 제39조 제1항 제2호에 유추적용하거나 제39조 제1항 제2호를 물론해석하여, 제44조 단서와 같은 형태로 제39조 제1항 제2호에 대해서도 예견가능성이 요구된다고 해석하는 방안이 강구되어야 한다"라고 지적한다.

232) 근자에는 국제소송을 유치하려는 국가 간 경쟁을 'forum selling'이라고 부르기도 한다.

233) 2019. 4. 26. 개최된 한국국제사법학회·사법정책연구원 공동 학술대회 자료집(이하 "공동 학술대회 자료집"이라 한다), 1면에 따르면 추진위원회의 4대 심의안건은 ① 국제재판부 설립 등을 통한 '국제적 접근성 강화', ② 진보성에 관한 사실심리를 충실히 하는 것을 비롯한 '글로벌 기준에 맞는 특허소송절차', ③ 적정한 배상액 산정, 소송절차에서 증거확보 수단 강화 및 ADR 활성화 등을 포함한 'IP 권리자에 대한 적정한 보호', ④ 법관의 전문성 강화 및 관할집중제도를 포함하여 'IP 코트의 전문성 강화 및 미래전략 제시'였다고 한다. 특허법원이 2017. 5. 23. 소속 법관과 전문 연구진으로 구성된 '국제 지식재산권법 연구센터'를 개원한 것도 이런 노력의 일환이다.

234) 한상욱, "특허법원 국제재판부 설치 필요하다", 법률신문 제4543호(2017. 9. 18.), 13면은, "만일 우리 특허법원이 IP 허브가 되어 우리의 법률과 소송절차가 국제 분쟁의 준거법 및 절차규범으로 작용하게 된다면, 우리 기업이 전 세계를 무대로 활동을 함에 있어 보다 유리한 환경이 조성될 것임은 분명하다"라고 한다. 강현중, "IP허브코트 프로젝트와 소송의 글로벌화", 법률신문 제4356호(2015. 10. 8.), 12면도 "IP 허브코트의 판결은 협상을 통해 국제 분쟁을 종결하는 중요한 기준점이자 출발점이 될 뿐만 아니라, 다른 국가에서의 유사 소송의 결과에도 중요한 선례로서 기능하게 된다"라고 지적한다.

방안, 국제 전자소송, 원격영상증언 등 외국인의 접근성을 높일 수 있는 방법 등을 논의하였다고 한다. 그 후 2018년 특허법원에 실제로 국제재판부가 설치되었고[235] 법원조직법에 제62조의2(외국어 변론 및 전담재판부의 설치)가 신설되어 외국어 변론이 가능하게 되었으며 관련 대법원 규칙이 제정되었다. 이러한 노력은 Brexit 이후[236]를 겨냥하여 국제소송을 유치하고자 국제상사법원을 설립하는 일부 국가들의 경쟁을 연상시키나,[237][238] IP 허브 프로젝트는 별도 법원의 설립 없

235) 그러나 이혜진(註 33), 13면에 따르면 국제재판부의 이용실적은 총 3건으로 미미하다고 한다.

236) 우리 기업이 당사자인 국제거래에서 영국법을 준거법으로 하고 영국 법원을 관할법원으로 하는 사례가 많으므로 브렉시트가 국제사법과 국제민사소송법의 맥락에서 가지는 의미에 대하여 우리도 관심을 가져야 한다. 우선 이헌묵, "브렉시트(Brexit)에 따른 영국 내 민상법상의 문제", 법률신문 제4519호(2017. 6. 19.), 11면; 장지용, "브렉시트(Brexit)가 우리에게 시사하는 점", 법률신문 제4582호(2018. 2. 19.), 12면 참조.

237) 유럽에서는 영국의 Brexit를 계기로 독일, 프랑스, 벨기에, 네덜란드에서 국제상사법원이 설립되었고, 그 밖에 아랍에미리트연합(두바이, 아부다비), 카타르, 싱가포르와 중국 등지에서 국제상사법원이 이미 설립되었거나 추진되었다. 법률신문 제5175호(2024. 5. 9.), 3면 기사. Sandra Becker/Timon Boerner, Tagungsbericht: Innovating International Business Courts: a European Outlook, IPRax (2019), S. 78f. 싱가포르는 국제상사중재 유치에 성공한 데 이어, 국제소송을 유치하고자 2015년 1월 대법원 산하에 싱가포르국제상사법원(SICC)을 설치하였다. 상세는 사법정책연구원, 국제상사법원에 관한 연구(2020)(김정환 외 집필) 참조. 독일에서도 상사법원을 설치하고 민사사건에서 영어 변론을 가능하게 함으로써 법정지로서의 독일의 경쟁력을 강화하고자 연방정부는 2023. 8. 16. 법률(Justizstandort-Stärkungsgesetz)의 초안을 성안하였고(IPRax 2023/6, S. Ⅱ 참조), 위 법률안(조문은 BT Drs. 20/8649, BT Drs. 20/11466)은 2024. 7. 4. 연방의회(Bundestag)를 통과하였다. 위 법률에 따르면 독일의 각 주(Land)는 상사법원(Commercial Courts)을 설치할 수 있고 동 법원에서는 영어로 변론하고 재판을 할 수 있다. 위 법률은 국제분쟁 해결을 위하여 전문화된 상사법원에서의 소송절차를 규율하고자 법원조직법과 민사소송법 등의 일부 조문을 개정함으로써 유연한 절차를 도입하고 있다. 독일에서는 기존 법제하에서도 슈투트가르트, 만하임과 프랑크푸르트에서 상사법원이 운영되고 있었는데, 위 법률에 의하여 재편될 것으로 기대되나, 독일 입법자의 기대가 충족될 수 있을지는 두고 보아야 할 것이다. 근자의 소개는 Thomas Klink, Der Commercial Court nach dem Justizstandort-Stärkungsgesetz - ein Modellprojekt für grenzüberschrietende Gerichtsverfahren, IPRax (2024), S. 349ff. 참조.

238) 참고로 영국 대법원은 첫째, 법원들이 모범 실무례를 공유하고 공조와 협력을 통해 상사법원의 사용자들(기업과 시장)에 더 나은 재판을 제공할 것, 둘째, 법원들이 '법의 지배'에 더욱 기여함으로써 세계적인 안정과 번영에 기여할 것과 셋째, 개발도상국에 상사분쟁을 해결할 효율적 수단을 제공하여 투자 매력을 증진하도록 지원하는 것을 목표로 2017년 '상사법원에 관한 상설 국제포럼(Standing International Forum of Commercial Courts. SIFoCC)'을 발족시켜 활동을 이어가고 있다. 우리나라도 대법원 국제거래법연구회의 주도하에 2021년 SIFoCC에 가입하였고, SIFoCC의 회원인 법역은 2024년 5월 현재 57개에 이

이 지재권에 한정하며 그것도 외국어 사용은 변론에 한정되고 소송지휘나 재판에는 미치지 않는 점 등에서 훨씬 온건한 것이다.

저자는 우리나라가 IP 허브 프로젝트를 추진하는 것 자체는 환영할 만한 일이지만 그런 프로젝트를 성공시키자면 우선 관할합의협약에 가입해야 한다고 주장하였고 다만 그렇게 하더라도 한계가 있다는 점을 지적한 바 있다. 솔직히 말하자면, 지재권의 속지주의와 등록지재권 존부 소송에 대한 등록국의 전속관할을 고려할 때(국제사법 제10조 제4호) 등록지재권 소송은 다른 민사사건에 비하여 허브 코트 구상이 성공하기 어려운 분야이다.[239] 미국이나 유럽연합과 비교할 수 없는 작은 지재권 시장인 한국의 위상을 고려하면 더욱 그러하다.[240] IP 허브를 추진하자면 '대(大) 구상'[241]을 추진해야 하는데, 그 경우 국제사법 내지 국제민사소송법

른다고 한다. 이필복, "상사법원에 관한 상설 국제포럼(SIFoCC) 총회 참가 후기", 법률신문 제5176호(2024. 5. 13.), 12면 참조. 상세는 https://sifocc.org 참조.

239) 관할합의협약(제2조 제2항 n호와 o호)은 저작권 또는 저작인접권 이외의 지식재산권의 유효성에는 적용되지 않고, 저작권 또는 저작인접권 이외의 지식재산권의 침해(다만 침해소송이 그러한 권리에 관한 당사자들 간의 계약의 위반으로 제기된 경우, 또는 그 계약 위반으로 제기될 수 있었던 경우는 제외)에는 적용되지 않으며, 재판협약(제2조 제1항 m호)도 지식재산권 분쟁에는 적용되지 않기 때문이다.

240) 근자의 5년간 미국에서 발생한 한국 기업 관련 사건 1137건 중 36.6%가 '美 텍사스 동부지법'에서 다루어졌다고 한다. 이는 전문성이 높고 성향을 예측할 수 있기 때문이라고 하는데, 그런 이유가 있음은 물론이나 지재권, 특히 등록지재권의 특성에 기인하는 바도 있다. 법률신문 제5175호(2024. 5. 9.), 3면 기사 참조. 이혜진(註 33), 13면은 국제적 특허분쟁의 경우 당사자들은 시장이 큰 미국, 유럽(독일), 인도 등을 선호하고, 특히 미국 연방 텍사스 동부/서부 지방법원을 선호하는데, 이는 특허침해소송 절차의 속도가 빠르고 무효 가능성이 적으며 특허권자에게 우호적인 법원이기 때문이고, 우리 법원의 한계로 협소한 국내시장 규모, 미국 또는 유럽과 다른 소송제도, 투명성과 신뢰도에 대한 의심, 2018년 도입된 국제재판부 이용실적의 미미(총 3건)와 침해소송 지연을 든다. 결국 시장의 규모와 그에 따른 배상액 규모를 고려할 때 한국이 특허권자에게 유리한 정책(신속한 판결, 디스커버리, 손해배상증액 등)을 실시하더라도 유리한 분쟁해결 장소로 선택되기는 어려운 것이 현실이라고 한다. 개선 방안은 아래(註 243) 참조. 미국의 특허침해소송 실무는 태평양, 미국소송, 183면 이하 참조. 우리나라는 2015년부터 '국제 특허법원 콘퍼런스(International IP Court Conference. IIPCC)'를 개최하여 지재권법 분야의 주요 논점을 논의해 오고 있는데 2024년 11월 10번째 회의가 개최되었다. 발표 내용은 특허법원 홈페이지(연도별 콘퍼런스) 참조. 위 회의가 국제 지재권 분쟁의 해결을 주된 논의 대상으로 삼고 있는지는 알지 못하나, 위 회의가 국제지재권 분쟁의 해결을 위한 우리 법원의 전문성을 심화함으로써 특허법원의 역량과 위상 강화에 도움이 될 것으로 기대한다. 다만 논의 내용이 특허법원에 머무르지 말고 학계와 사회에 전파되어야 한다.

241) 여기에서 '소(小) 구상'은 한국에서 영업활동을 하는(영업소를 두거나 두지 않고) 외국 기

적 고려가 필수적이고 그 맥락에서 관할합의협약 가입은 필수적 수순이고, 전속적 관할합의가 없는 국제지재권소송을 고려한다면 재판협약 가입도 고려하여야 한다. 요컨대 우리는 IP 허브의 대상이 될 등록지재권 소송유형을 구분하여 '대 구상'에 따른 정책목표를 설정하고 그에 맞추어 우리나라의 국제재판관할을 가급적 넓게 파악하면서[242] ALI 원칙과 CLIP 원칙 등 국제적 원칙들을 적절히 활용하여 국제재판관할과 준거법의 통합 내지 단순화를 실현하는 방안을 고민해야 한다. 이런 노력 없이는 IP 허브 프로젝트는 성공할 수 없다.[243]

그에 더하여 지재권 소송의 실체법적 측면(지재권법의 개선)과 절차법적 측면도 개선할 필요가 있는데,[244] 이는 국제소송만이 아니라 국내소송에도 적용되는

업들 간의 한국 등록지재권에 관한 한국 소송을 염두에 두는 것이고, '대 구상'은 우리 법원이 미국 캘리포니아주 소재 연방법원이나 텍사스주 동부법원처럼 전 지구적 차원에서 IP 허브코트가 되지는 못하더라도 '소 구상'보다는 넓은 범위를 목표로 삼는 것을 말한다. 상세는 석광현, IP 허브, 230면 이하 참조.

242) 이를 어떻게 구체화할지는 쉽지 않다. 지재권 침해소송에서 당사자들의 관할합의가 가능하다면 바람직하나 이는 관할합의협약의 대상은 아니다. 침해소송에서 특별관할을 주장한다면 우리는 결과발생지의 경우 양적 제한을 두고 관련관할의 적용을 부정하므로 한계가 있는데, 이는 특히 침해금지를 구하는 경우 제한된 관할을 가지는 법원이 침해금지를 명할 수 있는지가 문제가 된다. 이와 관련하여 FRAND 분쟁에서 어느 국가의 법원이 global FRAND rate를 결정할 수 있는지도 논란이 있는데, 영국 High Court는 Unwired Planet v Huawei [2017] EWHC 711 (Pat) 사건에서 이를 긍정하였고, 영국 대법원도 2020. 8. 26. Unwired Planet v Huawei [2020] UKSC 37에서, 영국 법원이 FRAND 요건에 부합하는 전 세계적 사용료를 결정할 수 있는 국제재판관할이 있다고 판단하였다. 중국 최고인민법원도 2020년 OPPO v. Sharp 사건과 2022년 OPPO v. Nokia 사건에서 전 세계적 사용료를 결정할 수 있는 국제재판관할을 인정하였다고 한다. Fuyong Ou & Xiaoxiao Zhang, "FRAND Anti-suit Injunctions in China: The Emergence", 2024. 11. 2. 개최된 제12회 한중 국제사법학회 공동학술대회 발표자료, pp. 7-8.

243) 저자는 아래의 견해를 피력하였다. 첫째, 외국 기업 간에 우리 법원에 국제관할을 부여하는 합의의 효력을 보장하자면 한국은 관할합의협약에 가입해야 하고, 둘째, 우리 법원 재판의 실효성을 확보하기 위해서는 외국 기업 간의 국제관할합의에 기하여 우리 법원이 선고한 재판의 외국에서의 승인 및 집행을 보장해야 하는데, 이를 위해서도 한국은 관할합의협약에 가입해야 하며, 셋째, 외국어 변론의 허용은 외국어에 의한 소송지휘와 재판 나아가 외국 변호사의 변론능력 인정과 병행할 때 완전하고, 현재 법원조직법이 정한 변론만의 외국어 허용의 가치는 제한적이다. 석광현, IP 허브, 223면 이하 참조.

244) 예컨대 이혜진(註 33), 5면 이하는 미국 법원과, 유럽연합에서는 독일 법원에 국제IP소송이 집중되는 현상과 우리 기업 IP소송의 현황을 소개하고, 이런 상황을 개선하여 우리 법원에 사건을 유치하자면 우리나라로서는 단기적으로 기존 국제재판부를 현실화하고, 장기적으로 아시아 연합지식재산법원의 설립을 제안한다. 이미 중국과 중국 법원의 위상이 크게 강화된 현실에서 위 제안의 현실성은 의문이다. 위 세미나에서는 절차적 측면에서 이형원, "특

요소이다. 또한 근자의 국제지재권 분쟁과 관련하여 중국 법원의 부상에도 주목할 필요가 있다.[245]

참고로 유럽연합 회원국 중 통합특허법원협정(Agreement on a Unified Patent Court. UPCA)에 서명하고 비준한 18개국은 2023. 6. 1.부터 유럽연합의 규정[246]에 근거하여 '단일특허(Unitary Patent)'를 도입하였고, (유럽) 통합특허법원(Unified Patent Court. UPC)을 출범시켰다.[247] 이것이 'Unitary Patent Package'이다. 단일특

───────────

허법상 새로운 증거수집방법 도입 논의"라는 발표도 있었는데, 이는 전문가에 의한 사실조사, 자료보전명령과 법정외 증인신문의 도입을 제안하고 구체적 방안을 소개하였다(위 발표자료집, 45면 이하 참조).

245) Ou/Zhang(註 242), p. 7은 FRAND 분쟁에서 중국 법원이 소송유지명령을 발령한 사례들을 소개한다. 그중에는 삼성과 에릭슨의 FRAND 분쟁에서 삼성의 신청에 따라 중국 우한 중급인민법원이 2020. 12. 25. 발령한 소송유지명령도 있었는데 양사 간의 분쟁은 그 후 합의로써 종결되었다고 한다. 중국을 포함한 영미와 독일 등의 비교법적 검토는 Maximilian Haedicke: Anti-Suit Injunctions, FRAND Policies and the Conflict between Overlapping Jurisdictions, GRUR Int. (2022), S. 101ff. 참조. Haedicke는 독일 법원이 제소금지명령을 발령한 적이 없다고 하나, Nokia와 Daimler 및 Continental 간의 FRAND 관련 특허분쟁에서 Nokia의 신청에 따라 2019. 7. 11. 독일 뮌헨지방법원이 anti-anti-suit injunction을 발령한 사례가 보인다. 위 사건에서 Continental이 항소를 하였는데, 항소심인 독일 뮌헨고등법원은 1심 결정이 정당하다면서 항소를 기각하였다. 사안과 독일 학설의 소개는 이창현, 소송금지명령, 120면 이하 참조. 또한 Ou/Zhang(註 242), p. 8을 보면 중국의 Oppo와 일본의 Sharp 간 분쟁에서 Oppo가 중국 법원으로부터 소송유지명령을 받자마자 7시간 뒤 (2020년) Sharp가 독일 뮌헨지방법원으로부터 anti-anti-suit injunction을 받았는데 양사 간의 분쟁도 합의로써 종결되었다고 한다. 상세는 Peter K. Yu/Jorge L. Contreras/Yu Yang, Transplanting Anti-Suit Injunctions, 71 American University Law Review 1583 (2022) 참조. Felix K. Hess, US anti-suit injunctions and German anti-anti-suit injunctions in SEP disputes, J World Intellect Prop. (2022), Vol. 25, p. 544는 2022년 1월까지 독일 법원이 소송금지명령을 발령한 5건의 사례가 있었다고 소개한다. 이 분야에서 근자의 중국의 법리와 실무의 발전이 인상적이다.

246) 이는 두 개의 유럽의회·이사회 규정을 말한다. Regulation (EU) No 1257/2012 of the European Parliament and of the Council of 17 December 2012 implementing enhanced cooperation in the area of the creation of unitary patent protection과, Council Regulation (EU) No 1260/2012 implementing enhanced cooperation in the area of the creation of unitary patent protection with regard to the applicable translation arrangements이다.

247) 소개는 김용진, "유럽연합 특허시스템의 대대적 변혁과 그 교훈", 법제연구 제54권(2018), 303면 이하 참조. 2024년 10월 현재 스페인 등 3개국은 협정에 서명하지 않았고, 헝가리 등 6개국은 서명만 하고 비준하지 않았다고 한다. 법원 국제분쟁해결시스템연구회, 외국법원 및 사법관련 국제기구 번역 가이드라인(2024), 109면 참조(위 가이드라인은 아직 최종적인 것은 아니라고 한다). 참고로 대법원은 국가지식재산위원회와 공동으로 2024. 12. 10.

허는, 특허 부여 후 각국별로 유효화절차를 거쳐 각국별로 효력을 가지는 기존의
유럽특허와 달리, 특허권자의 신청에 의하여 유럽특허청(European Patent Office.
EPO)이 부여하는 것으로 회원국 전체에서 효력을 가진다. 단일특허에 관한 소송
(침해소송이나 무효소송)에 대하여는 통합특허법원이 전속관할을 가지며 권리자든
제3자든 간에 분쟁을 일거에 해결할 수 있다는 장점이 있다.[248] 통합특허법원은
2심제로 운영되는데 1심법원과 항소법원(룩셈부르그 소재)으로 구성되고, 또한 특
허조정중재센터(Patent Mediation and Arbitration Centre)도 운영하고 있다.

5. 채권에 관한 소의 특별관할(제6장 제1절)

가. 통상의 계약에 관한 소의 특별관할(제41조)

민사소송법(제8조)은 '거소지 또는 의무이행지의 특별재판적'이라는 제목하에
"재산권에 관한 소를 제기하는 경우에는 거소지 또는 의무이행지의 법원에 제기
할 수 있다"라고 규정한다. 여기에서 '의무'라 함은 '문제가 된 의무' 또는 '청구의
근거가 된 의무'를 의미한다. 대법원 1972. 4. 20. 선고 72다248 판결은 섭외적 요
소가 있는 사건에서 구 민사소송법 제6조(민사소송법 제8조에 상응)를 적용하여, 중
개보수를 지급할 채무가 지참채무이므로 그 이행지인 채권자 주소지가 한국이라
는 이유로 한국 법원의 국제재판관할을 인정하였다. 의무이행지 관할을 인정하면
실체법상 의무이행지와 절차법상 의무이행지를 일치시킬 수 있고, 통상의 경우
계약의 이행지는 계약분쟁과 근접성이 있으므로 당사자가 그곳에서 소가 제기될

'유럽통합특허제도의 현재와 아시아 지식재산 협력의 미래'를 주제로 '2024 글로벌 지식재
산 협력 국제콘퍼런스'를 개최하였는데, 이 회의에서는 유럽 통합특허법원을 모델로 아시
아 내 단일특허법원을 설립하자는 제안도 있었다고 한다(법률신문 제5233호(2024. 12.
12.), 5면 기사 참조). 저자는 그 구체적 내용을 알지는 못하나 현재 아시아에는 지역경제
통합기구가 없으니 단일특허라는 개념을 도입할 기반이 없고, 더욱이 단일특허법원의 설립
은 조약 체결 등 주요 아시아 국가들의 동의와 협력이 필요하므로 그 실현가능성은 의문이
다. 저자는 우리 법원이 단일특허법원의 설립에 관심을 가지는 것은 환영하나, 종래 우리
법원이 국제분쟁 해결에 필수적인 국제사법과 국제민사소송법에 대한 관심이 부족했던 터
라 이런 제안은 뜬금없다는 것이 솔직한 생각이다.

248) 보도에 따르면 한국의 LED 특허 강자인 서울반도체는 독일의 유통사인 엑스퍼트 이커머스
를 상대로 특허침해를 이유로 유럽 통합특허법원에 제소하여 유럽 8개국에서 판매 중인
LED 특허침해 제품에 대해 '특허기술 통합보호' 조치를 받게 되었는데, 통합특허법원이 비
(非)유럽 특허권자에 통합 승소 판결을 한 것은 처음이라고 한다. 한국경제신문 제19130호
(2024. 10. 15.), A18면. 아마도 단일특허를 받아 그에 대한 침해를 주장한 것으로 보이나
기사만으로는 다소 불분명하다.

것을 예측할 수 있기 때문이다.

그러나 종래 의무이행지에 근거한 국제재판관할은 아래와 같이 다양한 비판을 받았다. 첫째, 이행지에 관한 당사자의 합의가 없는 경우 의무이행지의 결정이 문제 된다. 둘째, '문제가 된' 의무의 이행지에 재판관할을 인정한다면, 누가 어느 채무를 근거로 제소하는가에 따라 국제재판관할이 달라질 수 있다. 셋째, 채권자인 원고는 피고의 보통재판적 소재지에 제소하는 대신 의무이행지 법원에 제소할 수 있으므로 의무이행지 관할은 사실상 원고의 법정지가 되어 부당하다.

요컨대 의무이행지 관할에 대하여 만족할 만한 대안이 없다고 할 수 있었다. 법무부는 이에 대한 논의가 불충분하다고 보고 [1] 물품매매계약과 용역제공계약과 같은 일부 전형적 계약에 한정하여 실체법상의 의무이행지가 아니라 국제민사소송법상의 의무이행지에 착안하는 방안('소송법설' 또는 '소송법독자설')과 [2] 실체법상의 의무이행지에 착안하는 방안(일본 민사소송법 제3조의3 제1호)[249]('실체법설' 또는 '실체준거법설')을 결합하되 의무이행지 관할을 다소 제한하였다. 그 결과 국제사법(제41조)은 아래와 같이 규정한다.

제41조(계약에 관한 소의 특별관할) ① 계약에 관한 소는 다음 각 호의 어느 하나에 해당하는 곳이 대한민국에 있는 경우 법원에 제기할 수 있다.
1. 물품공급계약의 경우에는 물품인도지
2. 용역제공계약의 경우에는 용역제공지
3. 물품인도지와 용역제공지가 복수이거나 물품공급과 용역제공을 함께 목적으로 하는 계약의 경우에는 의무의 주된 부분의 이행지
② 제1항에서 정한 계약 외의 계약에 관한 소는 청구의 근거인 의무가 이행된 곳 또는 그 의무가 이행되어야 할 곳으로 계약당사자가 합의한 곳이 대한민국에 있는 경우 법원에 제기할 수 있다.

---

(1) 세 가지 유형의 전형계약에 관한 소의 특별관할

제1항에서 열거하는 세 가지 유형의 계약에 대하여는 특징적 이행에 착안하여 의무이행지관할을 통합하는데 이는 브뤼셀 I의 영향을 받은 것이다. 이런 태도

---

249) 일본 민사소송법은 계약 사건의 범위를 명확히 하고, 의무이행지를 결정하는 과정에서 당사자의 예견가능성을 제고하고자 노력한 것이나 여전히 문제 된 의무의 실체법상의 이행지에 착안하여 국제재판관할을 결정한다. 다만 준거법에 의한 의무이행지 관할은 당사자가 준거법을 합의한 경우(즉 주관적 준거법)에 한정되고 객관적 준거법에 의하여 의무이행지가 결정되는 경우는 포함하지 않는다.

는 청구의 근거가 된 의무에 관계없이 관할근거를 통일함으로써 관할을 집중하는 것으로, 프랑스 신민사소송법(제46조)의 영향을 받아 저촉법에 의한 중개 없이 소송법적 접근방법을 취하여 통일된 이행지를 결정한다.

국제사법(제41조 제1항)은 물품매매계약이라고 규정하는 브뤼셀 I(제5조 제1호)과 달리 물품의 공급이라는 개념을 사용하므로 그 범위가 물품매매계약보다 넓다.250) 인도지의 결정이 어려운 사안에서는 브뤼셀체제하의 논의가 참고가 되는데,251) 도급계약, 사무처리계약, 운송계약, 물품·여신·자본투자를 위한 중개계약, 자산관리를 위한 은행의 조언 제공 계약 등 모든 종류의 서비스에 관한 계약이 용역제공계약이나 단순히 물품, 기타 유체물 또는 부동산의 임대계약은 용역계약이 아니라고 본다.252)

(2) 기타 유형의 계약에 관한 소의 특별관할

국제사법(제41조 제2항)은 제1항에 열거한 계약 이외의 계약에 관하여 의무이행지 관할을 인정하는 범위를 청구의 근거인 의무가 실제로 이행된 곳 또는 당사자가 합의한 이행지에 한정하고,253) 당사자의 합의가 없어 준거법에 따라 이행지가 결정되는 상황에서는 의무이행지 관할을 인정하지 않는다.

국제사법 제41조는 통상의 계약에 관한 소의 특별관할을 규정한 것이므로 국

---

250) 예비초안(제6조)과 같다. 구 국제사법과 국제사법은 계약의 객관적 준거법 지정의 맥락에서 계약을 ① 양도계약, ② 이용계약과 ③ 위임·도급계약 및 이와 유사한 용역제공계약으로 구분하나, 국제사법 제41조에서는 ① 물품공급계약, ② 용역제공계약과 ③ 양자의 혼합계약으로 구분하는 점에서 차이가 있다.

251) 석광현, 국제재판관할연구, 360면. 당사자가 물품인도지나 용역제공지를 합의하지 않았고 아직 이행하기 전인 경우 해당 계약의 준거법에 따라 물품인도지나 용역제공지를 결정할 수 있는지는 논란의 여지가 있다. 김민경, 온주 국제사법 제41조, 2023. 7. 5. [4]도 동지. 반면에 장준혁, "계약관할로서의 의무이행지관할의 개정방안", 국제거래법연구 제23집 제2호(2014. 12.), 391-393면은 부정한다. 긍정설은, 제2항의 경우 준거법에 따라 이행지를 결정하고 그를 근거로 이행지관할을 인정하는 것은 허용되지 않으나, 제1항의 맥락에서는 가능하다는 취지이다. 객관적으로 결정한다면 그 기준이 문제 된다.

252) 석광현, 국제재판관할연구, 355면.

253) 이에 대하여는 사실적 판단기준이라는 점에서는 장점이 있지만, 만일 의무가 이행되어야 하는 곳이 아닌 다른 곳에서 실제로 의무가 이행되고 그와 관련하여 분쟁이 발생한 경우에도 그곳에 국제재판관할이 발생하는 것은 부당하다는 비판도 있다. 김민경, 온주 국제사법 제41조, 2023. 7. 5. [6](이헌묵, "민사소송법의 관할규정을 고려한 국제계약분쟁에서의 일반관할과 특별관할에 관한 연구", 저스티스 통권 제167호(2018. 8.), 68면을 인용하면서).

제사법 제3조가 정한 일반관할은 그에 관계없이 적용된다.

소비자계약과 근로계약에 대하여는 국제사법이 약자를 보호하기 위한 별도의 보호적 관할규칙(국제사법 제42조)을 두므로 특칙인 그에 따라야 하고 그것이 물품공급계약 또는 용역제공계약에 해당하더라도 통상의 계약에 관한 조문을 적용할 것이 아니다.

나. 소비자계약에 관한 소의 특별관할과 합의관할(제42조)

구 국제사법과 국제사법의 조문은 아래와 같다.

구 국제사법(제27조) ① (생략)

1. 소비자의 상대방이 계약체결에 앞서 그 국가에서 광고에 의한 거래의 권유 등 직업 또는 영업활동을 행하거나 그 국가 외의 지역에서 그 국가로 광고에 의한 거래의 권유 등 직업 또는 영업활동을 행하고, <u>소비자가 그 국가에서 계약체결에 필요한 행위를 한 경우</u>

국제사법 제42조(소비자계약의 관할) ① 소비자가 자신의 직업 또는 영업활동 외의 목적으로 체결하는 계약으로서 다음 각 호의 어느 하나에 해당하는 경우 대한민국에 일상거소가 있는 소비자는 계약의 상대방(직업 또는 영업활동으로 계약을 체결하는 자를 말한다. 이하 "사업자"라 한다)에 대하여 법원에 소를 제기할 수 있다.

1. 사업자가 계약체결에 앞서 소비자의 일상거소가 있는 국가(이하 "일상거소지국"이라 한다)에서 광고에 의한 거래 권유 등 직업 또는 영업활동을 행하거나 소비자의 일상거소지국 외의 지역에서 소비자의 일상거소지국을 향하여 광고에 의한 거래의 권유 등 직업 또는 영업활동을 행하고, <u>그 계약이 사업자의 직업 또는 영업활동의 범위에 속하는 경우</u>

---

(1) 소비자와 소비자계약의 범위

사회·경제적 약자인 소비자를 보호하기 위하여 구 국제사법(제27조)은 '수동적 소비자'를 보호하기 위하여 준거법과 국제재판관할의 맥락에서 특칙을 두었는데(제4항–제6항), 여기의 관할이 '보호적 관할'이다. 국제사법(제42조)은 국제사법의 태도를 유지하나, 관할규칙과 준거법규칙을 분리하면서 소비자의 범위를 다소 확대한 결과 일부 능동적 소비자도 포함될 수 있다.

구 국제사법상 제27조 제1항 제1호에 따른 수동적 소비자가 되기 위하여는 ①-1 소비자의 상대방이 계약체결에 앞서 소비자의 상거소지 국가에서 광고에 의한 거래의 권유 등 직업 또는 영업활동을 행하거나, 또는 ①-2 그 국가 외의 지역에서 그 국가로(그 국가를 향하여) 광고에 의한 거래의 권유 등 직업 또는 영업활동을 행하고, 또한 ② 소비자가 그 국가에서 계약체결에 필요한 행위를 해야 하였다.

①-2는 인터넷에 의하여 체결되는(또는 전자거래에 의한) 소비자계약을 고려한 것으로 '지향된 활동기준(targeted activity criterion)'을 도입한 것이다. 광고만을 게재하고 소비자가 접속할 수 있는 수동적 웹사이트의 개설만으로는 영업활동의 '지향'에 해당하지 않지만, 소비자가 사이트에 접속하여 클릭함으로써 주문하고 대금을 결제할 수 있는 상호작용적 웹사이트의 개설과 운용은 일응 특정국가를 지향한 영업활동으로 볼 수 있다. 그러나 이를 전면적으로 긍정한다면 예컨대 영어로 작성된 웹사이트를 통하여 영업활동을 행하는 사업자의 경우 전 세계를 향하여 지향된 영업활동을 행하는 것으로 지나치게 확대될 가능성이 있으므로 이를 적절히 제한할 필요가 있었다.[254]

또한 제42조 제1항과 같이 사업자가 소비자의 상거소지국을 향하여 영업활동을 행하는 경우 수동적 소비자를 보호한다면, 사업자는 소비자들이 컴퓨터를 통하여 웹사이트에 접속할 수 있는 모든 국가에서 제소당할 위험에 노출된다. 이 경우 사업자가 그의 위험을 합리적으로 통제하는 방안으로서 생각할 수 있는 것이 '부인문구(disclaimer)'인데, 그의 효력을 어떤 요건하에 인정할지가 문제이다. 웹사이트에 부인문구를 표시한 것만으로는 부족하고, 그에 더하여 특정한 국가로부터의 웹사이트 접속을 차단하는 기술적 조치를 취하거나, 계약 체결 전에 소비자의 상거소를 확인할 수 있도록 거래구조를 짜기 위한 조치 등을 취하여야 할 것이다.

한편 구 국제사법은 ② 소비자가 상거소지 국가에서 계약체결에 필요한 행위를 할 것을 요구함으로써 능동적 소비자를 보호하기에는 부족하였다. 따라서 국

---

[254] 이런 맥락에서 인터넷거래에서 "사업자의 지향된 활동의 존재" 여부의 판단기준을 제시한 유럽사법재판소의 Pammer and Hotel Alpenhof 사건을 병합한 판결(C-585/08과 C-144/09) 등이 참조가 된다. 상세는 이연, 164면 이하 참조. 즉 통상 언어는 지향된 활동인지를 판단함에 있어서 고려할 요소의 하나이나, 웹페이지에 어느 국가의 자연어로 작성된 내용을 즉시 다른 국가의 자연어로 번역해주는 기능이 내재된 웹 브라우저가 널리 사용되고 있으므로 웹페이지 작성 언어의 중요성은 점차 약화되고 있다. 이종혁, 온주 국제사법 제44조, 2023. 7. 5. [2], 註 6 참조.

제사법(제42조 제1항 제1호)은 위 요건을 삭제하고 <u>그러한 활동의 범위 내에 속하</u>
<u>는 계약이 체결된 경우</u>로 대체하였다.

구 국제사법과 국제사법은 국제재판관할과 준거법의 맥락에서 동일한 소비
자계약 개념을 사용하나 장래 이를 유지할 수 있을지 의문이다. 유럽연합의 브뤼
셀체제와 로마체제에서는 차이가 이미 드러나는데, 그것이 단순히 시차(時差)의
문제인지 아니면 관할규칙과 준거법규칙이 추구하는 가치가 다른 때문인지를 검
토해야 한다. 우선 관할규칙과 준거법규칙의 병행이 바람직한 부분과 그렇지 않
은 부분을 구분할 필요가 있다.255)

또한 종래 보호적 관할의 대상인 소비자와 소비자계약의 범위에 관하여는 논
란이 있다. 특히 자연인이 아닌 소비자, 무상계약인 소비자계약, 운송계약, 상거소
지 외 용역제공계약과 금융 관련 소비자계약 등을 들 수 있다. 근자의 우리 판결
들은 구 국제사법 제27조의 문언에는 충실한 것이나, 목적론적 축소를 통하여 그
범위를 제한하는 견해도 있다. 이런 논점은 국제사법하에서도 동일하게 제기되므
로 이에 관한 논의는 생략한다.256)

(2) 소비자가 사업자를 상대로 제기하는 소

제42조 제1항의 규정에 의한 소비자계약의 경우 한국에 일상거소가 있는 소
비자는 우리 법원에서 사업자에 대하여 소를 제기할 수 있다. 소비자는 제1항에서
정한 일상거소지 외에 상대방에 대해 다른 특별관할 근거에 기하여도 소를 제기
할 수 있다. 논란의 여지가 있으나, 이는 소비자를 위한 보호적 관할이므로 (유효
한 관할합의가 있는 경우가 아니라면) 소비자로부터 채권을 양수한 제3자에게는 적용
되지 않는다.257)

(3) 사업자가 소비자를 상대로 제기하는 소

소비자의 일상거소가 한국에 있는 경우에는 사업자가 소비자에 대하여 제기
하는 소는 우리 법원에만 제기할 수 있다(제2항). 일상거소는 일반관할의 근거이
므로 이는 '원고는 피고의 법정지를 따른다'는 피고관할원칙을 적용한 것과 같으

---

255) 이런 관점에서의 검토는 이연, 185면 이하 참조.
256) 상세는 석광현, 제6권, 124면 이하 참조; 이연, 252면 이하 참조.
257) 서영수, 44면도 동지. 유럽연합의 학설(인적 특권설과 청구권 내재적 속성설)과 판례는 서
    영수, 39면 이하 참조.

나 그것이 전속적이라는 점에 의의가 있다. 준거법의 결정에 관하여 연결점을 일
상거소지로 하였기 때문에 법정지와 준거법의 병행을 가능하게 한다.

(4) 합의관할과 변론관할

제42조는 부당한 재판관할합의를 막기 위해 원칙적으로 당사자 간의 사후적
합의만을 허용하고, 예외적으로 사전 합의일 경우 소비자에게 관할을 추가하는
합의만을 인정한다(제3항).258) 이는 근로계약의 경우도 같다.

장래 소비자대표소송과 소비자집단소송이 더 활성화되는 경우 과연 소비자
를 위한 보호적 관할이 관철될 수 있는가라는 의문이 있다. 그 경우 국제재판관할
규칙도 다시 검토할 필요가 있다.259)

다. 개별근로계약에 관한 소의 특별관할과 합의관할
(1) 근로계약 일반
(가) 근로계약에 관한 소의 특별관할과 합의관할(제43조)

소비자계약에 관한 제42조와 마찬가지로 사회·경제적 약자인 근로자를 보호
하기 위하여 국제사법(제43조)은 근로계약에 관하여 특칙을 둔다(제3항 – 제5항). 제
43조의 관할규정은 예비초안(제8조), 브뤼셀협약(제5조), 보다 정확히는 브뤼셀 I
제5장(제18조 – 제21조)과 병행협약인 루가노협약(제8조)을 고려한 것이다.

국제사법은 구 국제사법의 태도를 유지하나 관할규칙과 준거법규칙을 분리
하였다. 근로자가 사용자를 상대로 제기하는 소와 사용자가 근로자를 상대로 제
기하는 소를 구분하는 규정 방식도 유지하되 조문을 나누었을 뿐이고 내용의 변
경은 의도하지 않는다.260) 근로계약에서 관할합의가 허용되는 범위 내에서는 관

---

258) 제42조 제3항은 "외국법원에도 소비자가 소를 제기할 수 있도록 한 경우"로 되어 있으나
　　 제8조의 관할합의는 반드시 한국 법원을 위한 것은 아니므로 공청회안에서처럼 "이 조에
　　 의한 관할법원에 추가하여 다른 국가의 법원에 제소하는 것을 허용하는 경우"로 해석하여
　　 야 한다. 제42조를 일면적 규정으로 전환하면서 발생한 기술적 잘못이다.
259) 논의는 이연, 213면 이하, 277면 이하 참조. 참고로 소비자계약과 근로계약에서 관할과 준
　　 거법의 병행은 소비자 국가의 법원이 법정지법을 적용할 수 있도록 함으로써 인터넷 시대
　　 에 저렴한 비용으로 분쟁을 효율적으로 해결할 수 있게 하는 장점이 있으므로 양자의 병행
　　 이 중요하다는 지적도 있다. Jürgen Basedow, Eine Einleitende Orientierung, Jan von
　　 Hein & Giesela Rühl (eds.), Kohärenz im Internationalen Privat- und Verfahrensrecht
　　 der Europäischen Union (2016), S. 16.
260) 제43조 제3항은 "외국법원에도 근로가 소를 제기할 수 있도록 한 경우"로 되어 있으나 제8

할합의의 유효성은 규정이 없지만 국제사법 제8조가 정한 바에 따라 합의관할 부여국법이 총괄지정에 의한 준거법이라고 보아야 할 것이다.

(나) 근무지의 특별재판적을 규정한 민사소송법(제7조)의 의미

민사소송법(제7조)상 사무소 또는 영업소에 계속하여 근무하는 사람에 대한 소는 그 사무소 또는 영업소가 있는 곳을 관할하는 법원에 제기할 수 있다. 이는 업무에 관계없이 제3자가 제기하는 소에도 적용되는데, 동조는 그 경우 주소지 대신에 근무지에서 제소하는 것이 당사자 쌍방에게 편리하다는 고려에 근거한 것이다.[261] 국제사법은 제7조를 국제재판관할규칙으로 규정하지 않으므로 국제재판관할에서 제7조는 의미가 없다. 따라서 제7조를 참조하여 근무지가 한국이라는 이유로 근로자를 상대로 근로계약과 관계없는 소를 한국에서 제기할 수는 없다고 본다.

한편 국제사법(제43조 제2항)에 따르면 사용자가 근로자에 대하여 제기하는 근로계약에 관한 소는 근로자의 일상거소가 한국에 있거나 근로자가 한국에서 일상적으로 노무를 제공하는 경우 한국 법원에만 제기할 수 있다. 물리적으로 쉽지는 않지만 문언상 근로자의 일상거소와 일상적인 노무 제공지 중 어느 하나만 한국에 있고 다른 하나는 외국에 있는 경우, 국제사법에 따르면 한국이나 외국에서 제기할 수 있었으나 국제사법에 따르면 한국에서만 제기할 수 있는 것처럼 보인다. 그러나 이는 국제사법이 의도한 바는 아닐 것이다.

(2) 근로계약에 관한 소의 특별관할과 다른 조문의 관계
(가) 근로계약에 관한 소의 특별관할과 계약에 관한 소의 특별관할

국제사법 제43조는 선원근로계약에도 적용된다. 근로계약도 성질상 용역제공계약에 포함되나 국제사법은 근로자를 위하여 별도의 보호적 관할을 명시하므로 계약에 관한 특별관할(제41조)과 근로계약에 관한 특별관할(제43조)의 관계가 문제

조의 관할합의는 반드시 한국 법원을 위한 것은 아니므로 공청회안에서처럼 "이 조에 의한 관할법원에 추가하여 다른 국가의 법원에 제소하는 것을 허용하는 경우"로 해석하여야 한다. 제43조를 일면적 규정으로 전환하면서 발생한 기술적 잘못이다. 이는 근로자를 위한 보호적 관할이므로 (유효한 관할합의가 있는 경우가 아니라면) 근로자로부터 채권을 양수한 제3자에게는 적용되지 않는다.

261) 민일영/김능환/김상준, 171면.

된다. 선원근로계약 기타 근로계약에는 제43조만이 적용되고 제41조는 적용되지 않는다고 본다. 즉 제43조는 사용자가 근로자를 상대로 제기하는 소와 근로자가 사용자를 상대로 제기하는 소를 구분하여 관할규칙을 두는 데 반하여 제41조는 용역제공계약의 관할을 통일적으로 규정한다. 더욱이 제43조는 근로자를 위한 보호적 관할규칙이므로 이를 제41조에 의하여 배제한다면 제43조의 취지가 몰각될 것이다.

(나) 선원의 경우 근로계약에 관한 소의 특별관할과 선박 가압류관할(제90조)

선원 근로에 관하여 선원이 선박소유자등에 대하여 제기하는 소에는 선박 가압류관할을 정한 국제사법 제90조가 적용될 수 있으나, 그것이 근로계약상의 소인 때에는 국제사법(제43조 제1항)에 따라 선원은 그에 추가하여 일상적인 노무제공지에서 또는 그를 고용한 영업소 소재지에서도 사용자에 대하여 소를 제기할 수 있다.

근로자가 국제운송 또는 원양어업에 사용되는 선박에서 노무를 제공하는 경우 일상적 노무제공지의 결정이 문제 된다. 이는 국제사법에 의하여 새롭게 제기되는 문제는 아니고 구 국제사법에서도 이미 있던 문제이다.

우선 편의치적이 아닌 경우를 보면, 선적국이 근로자가 일상적으로 노무를 제공하는 국가라는 견해와, 근로자가 일상적으로 노무를 제공하는 국가는 존재하지 않는다는 견해가 가능하다. 구 국제사법 제28조가 정한 근로계약의 준거법의 맥락에서 대법원 2007. 7. 12. 선고 2005다39617 판결은 전자를 취하였다. 이렇게 보면 국제재판관할의 맥락에서 선적국은 별 의미가 없으나, 일상적인 노무제공지를 결정하는 간접적 의미가 있다.

한편 편의치적의 경우, 즉 선적이 당해 국가와 유일한 관련인 경우에는 선적국이 근로자가 일상적으로 노무를 제공하는 국가라고 보기 어렵다. 따라서 그곳에 관할을 인정하기는 어렵고 가사 인정하더라도 부적절한 법정지일 가능성이 크다. 하지만 위에서 본 대법원 2007. 7. 12. 선고 2005다39617 판결도 편의치적의 경우이다. 그렇다면 이런 태도가 편의치적의 경우 준거법의 맥락에서 예외조항을 적용한 대법원 2014. 7. 24. 선고 2013다34839 판결[262]에도 불구하고 유지될 수

---

262) 이는 구 국제사법 제8조 제1항을 적용한 최초의 대법원판결이다. 평석은 석광현, 제6권, 44면 이하 참조.

있는지는 논란의 여지가 있다.

라. 불법행위에 관한 소의 특별관할(제44조)

(1) 종래의 논의

민사소송법(제18조)은 '불법행위지의 특별재판적'이라는 제목하에 "불법행위에 관한 소를 제기하는 경우에는 행위지의 법원에 제기할 수 있다"라고 규정하는데, 이런 불법행위지의 관할은 국제소송에도 타당하다. 법적 평화의 유지에 대하여 국가가 이해관계를 가지고, 불법행위지는 가해자와 피해자의 쌍방이 예견가능하고 불법행위에 관한 증거를 수집하기에 편리하며, 당사자가 사후적으로 조작할수 없어 법적 안정성에 유리하기 때문이다. '불법행위지'라 함은 격지불법행위의 경우 행동지와 결과발생지의 양자를 의미하고, 원고는 그의 선택에 따라 어느 곳에서나 제소할 수 있다. 준거법의 결정에서도 선택을 허용하므로 이를 통하여 국제재판관할과 준거법의 병행이 가능하다. 특히 문제되는 것은 제조물책임의 국제재판관할인데, 그 경우 결과발생지의 국제재판관할 인정 시 가해자가 예측할 수 있는 지역인가 등을 합리적으로 고려해야 한다는 견해가 유력하다.[263]

근자의 불법행위사건으로서 주목할 만한 것은 항공사고로 인한 손해배상사건에 관한 대법원 2010. 7. 15. 선고 2010다18355 판결이다.[264] 이는 한국에서 발생한 항공사고를 이유로 한국에 영업소를 두고 있는 중국 항공사의 승무원의 유족(부모)이 중국 항공사를 상대로 우리나라에서 계약위반 및 불법행위에 기한 손해배상청구의 소를 제기한 사건이다.

제1심판결[265]은 한국의 국제재판관할을 부정하였다. 즉 제1심판결은 법인의 보통재판적에 관한 구 민사소송법 제5조와 제18조를 근거로 불법행위지이자 피고 회사의 영업소 소재지인 한국 법원의 토지관할을 긍정하면서도 ① 당사자의 기대, ② 사고조사가 이미 이루어진 점, ③ 준거법이 중국법인 점, ④ 한국 법원의

---

263) 간접관할에 관한 대법원 1995. 11. 21. 선고 93다39607 판결은, 제조물책임소송에 있어서 손해발생지(엄밀하게는 결과발생지)의 외국법원에 국제재판관할이 있는지 여부는, 제조자가 당해 손해발생지에서 사고가 발생하여 그 지역의 외국법원에 제소될 것임을 합리적으로 예견할 수 있을 정도로 제조자와 손해발생지와의 사이에 실질적 관련이 있는지 여부에 따라 결정함이 조리상 상당하다고 전제하고, 당해 사건에서는 피고에게 그러한 합리적 예견가능성이 없다는 이유로 플로리다주의 국제재판관할을 부정하였다.

264) 상세는 석광현, 제5권, 459면 이하 참조.

265) 부산지방법원 2009. 6. 17. 선고 2006가합12698 판결.

재판권 행사가 다른 피해승무원들 및 그 상속인 등과 사이의 실질적 공평을 해할 우려가 있는 점, ⑤ 한국 법원이 판결을 선고해도 중국에서 승인·집행 문제가 있는 점과 ⑥ 중국 법원의 재판권 행사가 자국민인 원고들의 피해구제를 외면하거나 또는 원고들의 피해구제에 있어 현저히 부당한 결과를 초래한다고 볼 만한 사정도 없는 점 등을 들어 이 사건과 한국 사이의 실질적 관련을 부정하였다. 그러나 대법원 2010. 7. 15. 선고 2010다18355 판결은 ① 실질적 관련의 유무를 판단함에 있어서 토지관할권 유무가 여전히 중요하고, ② 개인적인 이익 측면에서도 한국 법원의 재판관할권이 배제된다고 볼 수 없으며, ③ 법원의 이익 측면에서도 한국 법원에 재판관할권을 인정할 여지가 충분하고, ④ 국제재판관할권은 주권의 범위에 관련되므로, 자국 재판관할권을 부당하게 넓히는 것은 부당하나 부차적 사정을 들어 이를 스스로 포기하는 것도 신중해야 하며, ⑤ 탑승객의 국적과 탑승 근거가 다르다는 이유만으로 국제재판관할권을 달리하는 것은 형평성에 어긋난다는 점 등을 들어 반대로 한국의 국제재판관할을 인정하였다.

(2) 과거 입법론적 논점과 국제사법의 태도
(가) 과거 입법론적 논점

첫째, 행동지의 관할을 인정하는 데는 별 거부감이 없으나, 결과발생지의 국제재판관할을 인정함에 있어서는 피고가 그곳에서 제소될 것에 대한 합리적 예견가능성을 요구하고 예견불가능성에 대한 입증책임을 피고에게 부과하는 것이 타당하다.[266] 국제사법도 행동지와 결과발생지의 관할을 모두 인정하되, 결과발생지의 경우 예견가능성을 요구한다.

둘째, 결과발생지가 복수인 경우 관할의 양적 제한과 예외의 인정 여부가 문제 된다. 브뤼셀협약의 해석상 유럽사법재판소는 신문에 의한 명예훼손 사건인 1995. 3. 7. Fiona Shevill and a.c. v. Presse Alliance S.A. 사건 판결에서 결과발생지의 국제재판관할을 양적으로 제한하였다.[267]

만일 양적 제한을 한다면 그 부당성을 시정하고자 피해자의 일상거소지(또는 주소지)에서는 손해 전체에 대하여 국제재판관할을 인정하는 견해가 설득력이 있

---

266) 예비초안(제10조 제1항)도 동지. 일본 민사소송법(제3조의3 제8호)도 같다.

267) C-68/93. 그에 따르면 피고의 소재지와 결과발생지의 재판관할이 모두 인정되나, 전자에서는 모든 손해에 대해 재판관할이 있지만 후자에서는 당해 국가에서 발생한 손해에 대하여만 재판관할이 있게 된다.

다. 예비초안(제10조 제4항)은 그 점을 명시하였다.[268] 유럽사법재판소도 2011. 10. 25. eDate Advertising 사건과 Martinez 사건 판결[269]에서, 인터넷에 의한 명예훼손의 피해자가 책임을 묻는 소를 제기할 경우 Shevill 사건 판결의 결론을 적용하였으나 '피해자의 이익 중심지가 있는 회원국'에 모든 손해에 대한 관할을 인정함으로써 Shevill 사건 판결의 부당성을 시정하였다.[270] 손해의 양적 분할은 쉽지 않고 금지청구(또는 정정 및 삭제. rectification and removal)의 경우 그것이 어려울 수 있다.

이상의 논의를 고려하여 국제사법(제44조)은 아래와 같이 규정한다.

> **제44조(불법행위에 관한 소의 특별관할)** 불법행위에 관한 소는 그 행위가 대한민국에서 행하여지거나 <u>대한민국을 향하여 행하여지는 경우</u> 또는 대한민국에서 그 결과가 발생하는 경우 법원에 제기할 수 있다. 다만, 불법행위의 결과가 대한민국에서 발생할 것을 예견할 수 없었던 경우에는 그러하지 아니하다.

제44조 본문은 행동지와 결과발생지가 모두 관할근거가 됨을 명시한다. 나아가 불법행위가 한국을 향하여 행하여지는 경우에도 한국의 관할을 인정하는데 이는 인터넷상의 불법행위를 염두에 둔 것이다. 문언상 한국이 행동지와 결과발생지가 아니더라도 한국을 지향한 활동이 있다면 한국이 관할을 가진다는 것처럼 읽힌다. 그러나 뒤의 (3)에서 보듯이 한국을 지향한 활동만으로는 부족하고 결과발생지가 한국이어야 한다. 제44조 단서는 한국이 결과발생지인 경우 예견가능성을 요구한다.

---

268) 이는 결과발생지의 관할만 양적으로 제한하였고 행동지의 관할은 제한하지 않았다(제10조 제1항과 제4항).

269) eDate Advertising GmbH v. X (C-509/09) and Olivier Martinez and Robert Martinez v. MGN Limited (C-161/10). 석광현, 국제민소법, 139면 참조. 우리 문헌은 김명수, "인터넷에 의한 인격권 침해 발생 시 국제재판관할권에 관한 소고", 국제소송법무 통권 제8호 (2014. 5.), 21면 이하 참조.

270) 위에서 보았듯이 유럽사법재판소는 인터넷에 의한 저작권침해가 문제 된 2015. 1. 22. Pez Hejduk v. Energie Agentur. NRW GmbH 사건 판결(C-441/13)에서 결과발생지의 관할을 인정하면서 모자이크방식을 고수하였다. 인터넷에 의한 인격권(personality rights) 침해가 문제 된 Bolagsupplysningen 사건 판결도 같다.

(나) 지재권 침해의 소에 대한 특별관할과의 異同

국제사법(제44조)은 불법행위에서 결과발생지의 관할을 양적으로 제한하지는 않는데, 이는 지식재산권 침해의 소(제39조 제1항)와 다르다. 구체적으로 첫째, 불법행위의 경우 결과발생지의 관할을 양적으로 제한하지 않지만, 지재권 침해의 경우 제한한다. 둘째, 불법행위의 경우 행동지의 관할을 양적으로 제한하지 않지만, 지재권 침해의 경우 단순 행동지(주된 행동지가 아닌 행동지)의 관할은 양적으로 제한한다. 국제사법이 지재권 침해의 소에서 양적 제한을 하는 모자이크 방식을 취하는 것은 지재권의 속지주의를 고려한 것이라고 보이나 Shevill 사건 등 유럽연합의 법을 고려하면 불법행위의 경우에도 같다고 할 수 있다. 어쨌든 불법행위의 경우 국제사법(제44조)이 양적 제한을 하지 않으므로 포럼 쇼핑의 폐해를 피할 수 없는데, 법원으로서는 예견가능성에 의하여 제한하거나, 예외적인 사정에 의한 국제재판관할권 불행사(제12조)의 법리를 활용하여 그 폐해를 최소화해야 할 것이다.

(다) 인터넷에 의한 불법행위와 지향된 활동

지향된 활동은 인터넷상의 불법행위를 염두에 둔 것인데, 제39조에서처럼 제44조가 지향된 활동을 별도의 관할근거인 것처럼 규정하므로 지향된 활동기준의 의미가 문제인데 몇 가지 가능성이 있다. 이 점은 지재권 침해의 특별관할을 정한 제39조에 관하여 위에서 논의한 바와 유사하다.

첫째는, 결과발생지의 관할을 인정하는 법제에서는 굳이 지향된 활동에 근거한 관할[271]을 인정할 필요는 없고, 이는 결과발생지의 관할을 인정하지 않는 법제에서 필요하다고 본다.[272] 결과발생지의 관할을 인정한다면 지향된 활동기준은

---

[271] 이는 잡지에 의한 현실공간의 명예훼손에 관한 미국 연방대법원의 1984년 Calder v. Jones 사건 판결(465 U.S. 783 (1984))에 의하여 제시된 것이다. 사안은 석광현, 국제재판관할법, 240면 註 106; 노태악, "인터넷 명예훼손행위와 국제재판관할", 민사재판의 제문제 13권 (2004. 12.), 180면 註 27도 참조.

[272] 결과발생지라는 이유만으로 관할을 인정하지 않고 대인관할권의 근거로 최소한의 접촉 (minimum contact)을 요구한 미국 연방대법원은 Hanson v. Denckla 사건 판결(357 U.S. 235 (1958))에서 최소한의 접촉이 있기 위한 요건으로서 ① 법정지 내에서 피고의 행위가 있을 것, ② 그 행위가 의도적일 것과 ③ 법정지주법의 이익 및 보호를 향유할 것이라는 세 가지를 제시하였고 그 결과 'purposeful availment(의도적 이용)'는 적법절차분석의 또 하나의 시금석이 되었다. 그러나 ①의 요건에 관하여 그 후의 판결들은 '법정지와 관련된 의도적 행위'라고 함으로써 법정지 외에서의 행위도 포함시켰고, 결국 법정지 내에서의 효

오히려 인터넷에 의한 불법행위의 경우 결과발생지(즉 인터넷 접속가능지)로 관할이 지나치게 확대되는 것을 막는 도구이다. 통상의 불법행위라면 예견가능성으로 결과발생지의 대폭적인 확대를 통제할 수 있으나 인터넷에 의한 불법행위의 경우 예견가능성의 역할은 제한적이다. 여기에 행위자측의 의도적 지향이라는 개념을 통하여 결과발생지의 확산을 막을 필요가 있다. 이렇게 보면 제44조의 문언은 잘못된 것이다.

둘째는, 문언에 가깝게 해석하여 지향된 활동에 따른 결과발생지를 결과발생지의 한 유형으로 취급하면서 그 경우 예견가능성이 불필요하다는 점에서 통상의 결과발생지와 다르다고 설명하는 것이다. 다만 이렇게 보더라도 인터넷에 의한 불법행위의 경우에는 '결과발생지'만이 아니라 '결과발생지 + 지향된 활동'에 근거하여 '지향된 결과발생지'에 관할을 인정하므로 양자를 병렬적으로 규정하는 국제사법의 태도는 부적절하다.

생각건대 첫째 견해가 설득력이 있으므로 문언과 맞지 않는 면이 있지만 법원으로서는 인터넷에 의한 불법행위의 경우 '지향된 결과발생지(또는 접속가능지)'의 관할을 인정하는 것이 바람직하다.[273] 만일 그것이 해석론의 범위를 넘는 것이라면 예견가능성으로 제한하거나 그렇지 않으면 부적절한 법정지의 법리를 활용함으로써 관할의 지나친 확대를 통제할 필요가 있다.

(라) 인터넷에 의한 불법행위의 특별관할과 활동에 근거한 특별관할

불법행위의 사안에서도 피고의 지향된 활동에 근거하여 국제사법 제4조 제2항(활동에 근거한 관할)에 따라 한국의 특별관할이 인정될 수 있다. 그러나 제44조가 한국을 향하여 한 (단발성의) 불법행위에 근거하여 특별관할을 인정하므로 더 엄격한 요건("계속적이고 조직적"인 사업 또는 영업활동)을 요구하는 제4조 제2항이 별도로 문제될 가능성은 별로 없을 것이다.

과를 발생할 것이 예상되는 법정지 외에서의 행위도 포함되는 것으로 확립되었다. 상세는 석광현, 제5권, 421면 이하; 김성진, "국제전자상거래상 소비자계약분쟁의 국제재판관할권에 관한 연구 —미국의 타깃팅 재판관할권이론을 중심으로—", 국제거래법연구 제18집 제1호(2009), 107면 이하 참조.

273) 이종혁, 온주 국제사법 제44조, 2023. 7. 5. [2]도 동지.

(3) 불법행위의 준거법을 정한 조문의 수정

국제사법(제44조)이 불법행위에 관한 소의 특별관할을 정하면서 격지불법행위를 고려하여 행동지와 결과발생지를 명시하므로, 불법행위지법을 준거법으로 정한 구 국제사법(제32조 제1항)의 처리가 문제되었다. 판례는 종래 준거법의 맥락에서 격지불법행위에서 불법행위지가 행동지와 결과발생지를 포함하는 것으로 보면서 피해자에게 선택권을 인정하는 것으로 이해되는데, 제44조를 신설하면서 준거법규칙을 그대로 두는 것은 오해의 소지가 있기 때문이었다. 이를 피하고자 국제사법(제52조 제1항)은 불법행위의 준거법 조문을 수정하여 "불법행위는 그 행위를 하거나 그 결과가 발생하는 곳의 법에 따른다"라고 명시한다. 다만 국제사법(제52조)이 지향된 활동을 언급하지 않는 것은 일관성이 부족하다. 국제사법은 피해자가 선택권을 가지는지 아니면 법원이 선택해야 하는지는 명시하지 않고 판례에 맡긴다.

6. 가사사건의 특별관할(제7장 제1절)[274]

여기에서 '가사사건'은 국제사법 제7장과 제8장이 정한 친족사건과 상속사건을 포괄하는 개념으로 사용하고, 제7장의 친족사건만을 가리킬 때는 '협의의 가사사건'이라고 한다.

가. 섭외사법하의 대법원판례의 태도: 혼인관계사건을 중심으로

과거 대법원은 재산법상의 사건에 관하여는 4단계 접근을 하였으나, 가사사건에서는(주로 이혼관련사건) 다른 접근방법을 취하였다. 피고주소지주의를 확립한 대법원 1975. 7. 22. 선고 74므22 판결과 대법원 1988. 4. 12. 선고 85므71 판결 등을 보면, 대법원은 가사사건(특히 이혼관련사건)에서 피고 주소지관할을 원칙으로 하면서도 예외적인 경우 원고 주소지관할을 인정할 수 있다고 판시하였다. 즉 법원이 가사소송법의 관할규정을 기초로 하면서 특별한 사정에 의하여 이를 수정하는 대신 예외적인 사정이 있으면 곧바로 원고의 주소지관할을 인정할 수 있다는 것이었다. 이는 일본 최고재판소의 판례를 따른 것이었다.

---

274) 상세는 석광현, 국제재판관할법, 325면 이하 참조.

나. 구 국제사법 제2조의 시행과 그에 따른 판례의 태도

구 국제사법하에서 가사사건의 국제재판관할에 관한 가장 큰 논점은 재산법상의 사건과 통일적인 법리를 적용할 것인가였다. 왜냐하면 구 국제사법 제2조가 가사사건에도 타당한지는 불분명하였기 때문이다. 더욱이 과거 판례는 재산법상의 사건과 가사사건에서 다른 국제재판관할규칙을 정립하였다. 저자는 가사사건의 국제재판관할규칙도 구 국제사법 제2조로부터 도출해야 하지만 구체적 내용은 다름을 긍정하면서 해석론과 입법론으로 구체화해야 함을 지적하였다. 그러나 대법원은 가사사건의 국제재판관할에 관하여 지침을 제시하지 못한 결과[275] 하급심의 혼란을 초래하였다.

주목할 것은 대법원 2006. 5. 26. 선고 2005므884 판결이다. 이는 미국인 원고(남편)와 한국인 피고(부인) 간의 이혼사건인데, 대법원은 "원·피고는 한국에 상거소를 가지고, 혼인이 한국에서 성립되었으며 혼인생활의 대부분이 한국에서 형성된 점까지 고려한다면, 이 사건 이혼청구 등은 한국과 실질적 관련이 있으므로 한국 법원은 재판관할권을 가진다"라고 판시하였다. 이는 과거 대법원판결과는 논리전개가 다르고 도메인이름에 관한 2005년 대법원판결의 설시와도 상이하다. 위 판결은 1975년 대법원판결의 추상적 법률론이 구 국제사법하에서 유지되는지, 2005년 대법원판결의 추상적 법률론이 가사사건에도 타당한지에 관하여 지침을 제시하지 못하여 아쉬움을 남겼다.

법원이 사안별 분석을 기초로 실질적 관련의 유무를 판단하여 개별 사건별로 국제재판관할 유무를 판단하는 것은 법적 안정성과 당사자의 예측가능성을 해한다. 특히 재산법상의 사건에서 민사소송법의 토지관할규칙이 유력한 참조근거가 되나, 가사사건에서는 참조근거가 없거나 약하였던 탓에 법원이 자의(恣意)적 판단을 할 여지가 더 컸다.[276]

이런 이유로 저자는 해석론으로 구 국제사법 제2조를 기초로, 가사소송법 제13조(통칙), 제22조(혼인관계소송), 제26조(친생자관계)와 제30조(입양·친양자 입양관계)를 참작하되 국제재판관할의 특수성을 충분히 고려하여 국제재판관할규칙을 도출해야 한다는 견해를 피력하였다. 결국 국제사법에 정치한 국제재판관할규칙

---

275) 이는 대법원 2021. 2. 4. 선고 2017므12552 판결 선고 전까지 그랬다.
276) 혼인관계사건에 관하여 가사소송법(제22조)의 관할규칙도 참조가 되나, 가사소송법에 따르면 국적관할은 인정할 여지가 없다.

을 도입함으로써 입법적으로 해결하는 것이 바람직하다는 점을 지적하였는데 2022년 개정된 국제사법은 바로 이를 실현한 것이다.[277]

다. 가사사건의 국제재판관할의 특색과 과거 제시되었던 국제재판관할규칙의 정립방향
가사사건에서 국제재판관할의 특색은 다음과 같다.[278]

첫째, 가사사건은 사람의 신분과 생활 전반에 중대한 영향을 미치므로 재산 관계사건과 비교할 때 상대적으로 원고의 구제에도 더 유념해야 하고, 둘째, 대등 하지 않은 당사자 간의 다툼에서는 아동 또는 부양권리자와 같은 약자를 보호해 야 하며,[279] 셋째, 가사사건은 재산관계사건보다 공익성이 강하므로 당사자의 임 의처분이 제한되는 경향이 있고(관할합의의 제한 등), 넷째, 국가는 자국민의 신분 관계 및 신분등록에 관하여 당연히 이해관계를 가지므로 당사자의 국적관할을 인 정할 필요성이 있다는 점 등이 그것이다. 문제는 각 사건의 유형별로 국적관할을 어느 정도 인정할지와 그들 간의 일관성 유지이다.

나아가 가사사건에 관한 국제재판관할규칙의 입법론으로는 혼인, 친자, 부양, 후견 등 가사사건의 유형별로 적절한 관할규칙을 국제사법에 두는 것이 바람직하 다. 유형별로 이익상황이 다르기 때문이다. 즉 소송과 비송을 기계적으로 구분하 기보다 혼인, 친자, 부양과 성년자 후견 등을 유형화하고 비송사건절차법과 가사 소송법(가사비송사건의 경우)의 관할규정을 참조하여 각 분야별로 적절한 정치한

---

277) 주목할 것은 대법원 2021. 2. 4. 선고 2017므12552 판결이다. 이는 캐나다인 부부 간의 이 혼과 재산분할 사건인데, 대법원은 처음으로 구 국제사법 제2조가 가사사건에도 적용됨을 분명히 밝히고, 대법원 2019. 6. 13. 선고 2016다33752 판결을 따라 구 국제사법 제2조 제2 항의 취지를 제대로 파악하였으며 이혼사건에서 실질적 관련의 판단기준을 제시하였다. 평 석은 석광현, "외국인 부부의 이혼사건에서 이혼·재산분할의 국제재판관할과 준거법", 안 암법학 제62호(2021. 5.), 643면 이하 참조.

278) 석광현, "이혼 기타 혼인관계사건의 국제재판관할에 관한 입법론", 국제사법연구 제19권 제 2호(2013. 12.), 130면. 그 밖에 가사사건의 경우 통상의 민사재판과 달리 각국의 정책적 판단에 따라 법관의 역할이나 절차의 기본구조 자체가 달라지므로 당사자에게 더 큰 영향 을 미친다는 지적도 있다. 권재문, "가사사건에 관한 국제재판관할규칙", 국제사법연구 제 19권 제2호(2013. 12.), 4면; 현소혜, "혼인 관계 사건에서의 국제재판관할", 남효순 교수 정년기념논문집 간행위원회, 한국민법과 프랑스민법 연구, 남효순 교수 정년기념논문집 (2021), 516면.

279) 여기에서 '약자'는 단지 사회적 경제적 약자를 말하는 것은 아니며, 절차적 열위에 있는 사 람을 말하는 것이라는 견해도 있다. 김원태, "가사사건의 국제재판관할", 가족법연구 제32 권 제1호(2018. 3.), 302면.

관할규칙을 정립하고 가급적 그 규칙을 소송사건과 비송사건에 모두 적용하는 것이 바람직하다.280) 예컨대 친권에 관한 소 기타 보호조치에 대해 아동보호협약과 브뤼셀 II bis(또는 브뤼셀 II a) 및 브뤼셀 II ter(브뤼셀 II b 또는 브뤼셀 II a Recast)(제9조)281)는 아동의 상거소지국의 관할을 인정하고, 아동탈취협약은 아동의 양육권 본안에 관한 소에 대해 탈취 직전 아동의 상거소지국의 관할을 전제로 하면서 소송과 보호조치, 즉 비송사건을 도식적으로 구별하지 않는다.

독일법의 태도도 이와 같은 것으로 보인다. 독일은 과거 혼인사건과 친자사건에 관하여 민사소송법에 국제재판관할규칙을 두었으나 2009. 9. 1.부터는 가사 및 비송사건의 국제재판관할을 "가사 및 비송사건절차법"(FamFG. 제98조–제106조. 이하 "FamFG"라 한다)에서 정한다. FamFG(제98조–제104조)는 가사소송만이 아니라 가사비송에도 적용되고 기타 절차에 관한 제105조도 비송사건만이 아니라 소송사건인 부양사건에도 적용된다. 그렇다면 FamFG는 소송과 비송을 도식적으로 구분하여 상이한 국제재판관할규칙을 두는 것은 아니다. 우리도 FamFG와 기타 헤이그협약들도 참고해야 한다. 또한 일본의 인사소송법과 가사사건수속법에 대한 개정작업도 고려할 필요가 있다.282)

---

280) 일부 견해는 ① 소송과 비송을 도식적으로 구별하고, 나아가 ② 비송을 대심구조인지와 쟁송성의 유무에 따라 구분하는 경향이 있다. 예컨대 소송과 달리 법원의 후견적 역할과 합목적적·재량적 권한행사가 기대되는 비송사건에서는 신분관계 소송사건에서 형성된 국제재판관할규칙이 직접 타당할 수는 없고, 비송사건에 관한 국제재판관할규칙의 일반론으로서는 국제비송법의 이념에 비추어 "보호되어야 할 이익"의 소재지에 관할을 인정하는 견해가 유력하나, 대심구조를 취하는가, 즉 쟁송성의 유무에 따라 구분하기도 한다. 김원태, "섭외가사소송에서의 국제재판관할에 관한 연구", 경성법학 제5호(1996. 9.), 231면과 그에 인용된 일본 문헌 참조.

281) 브뤼셀 II ter를 보면 혼인사건 관련 규정들은 브뤼셀 II bis의 내용을 대체로 유지한 것이나, 부모책임사건에서는 상당한 수정이 있었다. 아동의 최선의 이익을 보호하고자 국제재판관할규칙을 정비하고, 집행가능선언(exequatur)의 폐지 등 부모책임사건 재판이 다른 회원국에서도 효율적으로 승인·집행될 수 있도록 개선하였으며, 아동의 의견청취권을 강화하였고 아동탈취사건의 신속한 처리를 위한 조치들을 취하였다. 나아가 법적 별거와 이혼에 관한 법정 외 합의의 승인에 관한 규정이 추가되었다. 브뤼셀 II ter는 2022. 8. 1. 시행되었다. 소개는 현소혜, "친권 관계 사건의 국제재판관할 —2019년 브뤼셀 II ter 규칙에 대한 소개를 중심으로—", 가족법연구 제35권 2호(통권 제71호)(2021. 7.), 246면 이하; Urs Peter Gruber/Laura Möller, Die Neufassung der EuEheVO, IPRax (2020), S. 393ff. 참조.

282) 일본의 위 법률들은 2018. 4. 18. 공포되어 2019. 5. 1. 발효되었다.

라. 국제사법상 가사사건(가사소송·가사비송사건)의 국제재판관할규칙

위와 같은 배경하에서 탄생한 것이 국제사법의 국제재판관할규칙이다. 이미 익숙한 체제를 가지고 있던 재산법과 달리 가사사건의 연결대상의 구성은 중요한 논점이었다. 이에는 두 가지 논점이 있었는데, 첫째는 연결대상의 범주 설정(즉 범주화)이고 둘째는 비송사건의 처리이다.

첫째에 관하여는 구 국제사법의 준거법규칙의 연결대상, 가사소송법과 헤이그협약 및 유럽연합의 다양한 규정들을 고려하여 국제사법은 가사사건의 연결대상을 ① 혼인관계에 관한 사건, ② 부모·자녀관계사건 —이는 친생자관계에 관한 사건, 입양관계에 관한 사건, 부모·자녀 간의 법률관계 등에 관한 사건으로 세분된다—, ③ 부양에 관한 사건과 ④ 후견에 관한 사건으로 구분하고 ⑤ 가사조정사건을 추가로 규정한다.[283] 혼인, 친자, 부양과 후견이라는 구분은 준거법 맥락과 동일하나 혼인과 부모·자녀 영역의 세부적 범주는 준거법 맥락과 다르다. 또한 준거법 맥락에서 종래 우리는 아동보호를 독립적 연결대상으로 규정하지 않고 친권과 아동후견으로 구분하면서 아동후견을 성년자 후견과 묶어서 취급하나, 헤이그국제사법회의는 '아동보호'라는 독립적 범주를 설정하여 친권과 아동후견을 묶어서 규정하고 성년자 후견을 성년자보호의 문제로 별도로 다룬다.

둘째에 관하여는 국제사법은 소송사건과 비송사건을 묶어서 공통된 관할규칙을 두므로 연결대상은 소송사건과 비송사건에서 공통되고 국제사법의 국제재판관할규칙이 비송사건에도 바로 적용된다(제15조 제2항). 다만 국제사법 제1장 제2절의 총칙은 비송사건에 준용된다(제15조 제1항).

여기에서는 국제사법에 따른 가사사건(가사소송 및 가사비송사건)의 국제재판관할규칙을 논의한다.[284] 제7장은 특별관할(경우에 따라 합의관할과 변론관할도)을

---

283) 2014년 6월 위원회 설치 당시 가사사건 및 비송사건 관할이 필수적 개정사항에 포함되었고, 인적 구성 면에서도 그 점을 고려하여 한숙희 판사(당시 전문법관으로서 서울가정법원 부장판사였고 후에 전주가정법원장 역임)가 가사사건의 담당위원이 되었다. 2014. 6. 30. 개최된 제1차 회의 자료집, 6면 註 9의 본문 참조. 장준혁, 관할법, 125면은 "일본에서 재산관계와 자연인·가족·상속관계를 나누어 2단계로 국제재판관할법 성문화작업을 진행하였고, 이것이 자극제가 되어 한국에서도 규칙다운 규칙(rule-like rules) 형태로 국제재판관할법을 성문화하게 되었다"라고 하나 저자는 동의하지 않는다. 정치한 국제재판관할규칙을 국제사법에 두는 것은 2001년 섭외사법 개정 시 과도기적 규칙을 두기로 결정한 때부터 예정되었던 것이다. 일본의 입법작업이 우리 작업을 촉진하는 자극제가 되었다고 할 수는 있다.

284) 국제사법상 혼인관계사건에 관하여는 강영주, "개정 국제사법에 관한 비교법적 고찰 —혼

규정하는데, 그에 더하여 한국에 일상거소를 가지는 사람에 대한 소에 관하여는 우리 법원이 일반관할을 가진다(제3조).

(1) 혼인관계사건의 특별관할(제56조)

혼인관계사건의 국제재판관할규칙은 현대사회에서 자연인의 이동성 증가를 고려함과 동시에 충분한 법적 안정성, 특히 피고를 위한 법적 안정성을 확보할 수 있어야 한다.[285] 이를 고려하여 국제사법은 다양한 관할근거를 명시한다. 국제사법(제56조)은 혼인관계에 관한 사건에 대하여는 다음 각 호의 어느 하나에 해당하는 경우 우리 법원의 특별관할을 인정한다.

> 1. 부부 중 한쪽의 일상거소가 대한민국에 있고 부부의 마지막 공동 일상거소가 대한민국에 있었던 경우
> 2. 원고와 미성년 자녀 전부 또는 일부의 일상거소가 대한민국에 있는 경우
> 3. 부부 모두가 대한민국 국민인 경우
> 4. 대한민국 국민으로서 대한민국에 일상거소를 둔 원고가 혼인관계 해소만을 목적으로 제기하는 사건의 경우[286]

(가) 원고관할(*forum actoris*)의 허용

가사사건은 사람의 신분과 생활 전반에 중대한 영향을 미치므로 재산사건과 비교할 때 상대적으로 원고의 구제에도 더 유념해야 한다. 따라서 이혼처럼 쟁송성이 강한 소송에서도 국제재판관할의 결정에서는 피고주소지원칙만이 아니라 원고 측의 사정을 고려해야 한다.

토지관할의 맥락에서 가사소송법은 원고관할(즉 제소 직전 1년 이상 유지된 원고 상거소지 또는 제소 직전 6월 이상 유지된 원고 상거소지(원고가 그 국가 국민인 경우)의 관할)은 인정하지 않으나 브뤼셀 II bis(제3조 제1항 a호)와 브뤼셀 II ter(제3조 (a)(v)와 (vi))는 일정한 요건하에 원고관할을 인정한다.[287] 저자는 과거 원고의 일

인관계사건의 국제재판관할을 중심으로—", 고려법학 제104호(2022. 3.), 578면 이하 참조.

285) Thomas Rauscher (Hrsg.), Europäisches Zivilprozess- und Kollisionsrecht: EuZPR/EuIPR Kommentar (2010), Art. 3, Brüssel II a-VO, Rn. 1 (Rauscher 집필부분).

286) 국제사법(제56조 제2항)은 부부 모두를 상대로 하는 혼인관계에 관한 사건에 대하여는 별도의 국제재판관할규칙을 둔다.

287) 독일 FamFG(제98조 제1항 제4호)는 국적 또는 일상거소에 근거한 원고관할을 인정한다.

상거소가 한국 내에 있다는 것만으로는 부족하지만, 예컨대 브뤼셀Ⅱbis처럼 일정한 기간 동안의 일상거소의 유지 또는 국적과 결합한 원고관할을 인정할 여지가 있다는 견해를 피력하였다.

국제사법(제56조 제1항 제1호, 제2호와 제4호)은 일정한 요건하에 원고관할을 인정한다. 즉 국제사법(제1호)은 부부의 마지막 공동 일상거소가 한국에 있었고 원고가 일상거소를 한국에 유지하고 있는 경우에는 한국의 국제재판관할을 인정한다. 그러한 요건이 구비되면 한국은 당사자와 실질적 관련이 있다고 할 수 있기 때문이다. 피고의 일상거소가 한국에 있는 경우에는 일반관할이 인정되므로 그 경우에는 제1호는 별 의미가 없다.

국제사법(제2호)은 작업 당시 가사소송법 개정안(2018년 1월 당시 법제처에서 심사 중이던 개정안 제37조에 상응)[288]을 고려하여 원고와 미성년 자녀 전부 또는 일부의 일상거소가 한국에 있는 경우를 관할근거로 규정한다.

나아가 국제사법(제4호)은 한국 국민으로서 한국에 일상거소를 둔 원고가 혼인관계 해소만을 목적으로 제기하는 사건의 경우에도 한국의 특별관할을 인정한다. 이는 한국인이 외국인과 혼인한 뒤 배우자인 외국인의 소재불명 등으로 재판할 수 없게 되는 사안을 고려하여, 혼인관계 해소만을 위한 것이라면 그 경우에도 한국의 관할을 인정함으로써 가족관계등록부를 정리할 수 있게 하려는 것이다. 따라서 이 경우에는 국제사법(제6조 제3항)이 정한 관련성에 근거한 관할(관련사건의 관할)은 허용되지 않는다. 저자는 이 점을 제6조 제3항에 명시하기를 희망하였으나 두지 않더라도 결론은 같다는 이유로 반영되지 않았다.

총칙에 규정된 일반관할(제3조)은 혼인관계사건에서도 인정된다.

다만 후자의 경우 예외가 있다. 유럽연합의 혼인과 친권(부모책임)에 관한 규정(No 2201/2003) 제3조 제1항은 원고가 법정지국의 국적을 가지는지에 따라 관할을 가지기 위하여 필요한 상거소 보유기간을 달리하는데, 이것이 국적에 기한 차별금지를 정한 유럽연합기능조약 제18조에 반하는지가 문제 되었다. 유럽사법재판소 판결(C-522/20)은 이는 금지에 저촉되지 않는다고 판단하였다. 소개는 Wolfgang Hau, Internationale Zuständig-keit kraft Staatsangehörigkeit im Europäischen Familienverfahrensrecht, IPRax (2022), S. 342ff.

288) 그 후 2022년 법무부는 가사소송법 개정작업을 추진하여 같은 해 5월 가사소송법 전부개정법률(안) 입법예고(법무부공고 제2022-124호)를 한 바 있으나 결국 개정에는 실패하였다.

(나) 국적관할의 허용

종래 판례는 가사사건에서 국적관할을 인정하는 데 인색하다. 그러나 속인주의에 기한 국민에 대한 국가의 관할권을 고려하고, 가까운 법원에서 소송을 하는 데 대한 당사자의 이익을 고려한다면 이를 인정할 수 있고, 또한 국가도 가족관계등록부를 정리함으로써 신분관계를 정확히 공시할 필요가 있어 이는 국가이익에도 부합한다.[289) 또한 국제사법이 혼인의 일반적 효력(제64조), 부부재산제(제65조)와 이혼(제66조)에 대해 부부의 동일한 본국법을 제1차적 준거법으로 지정하므로 준거법과 국제재판관할의 병행가능성이 커진다. 국제사법(제56조 제3호)은 보수적으로 부부 모두가 한국인인 경우에만 국적관할을 인정한다.[290) 국적관할은 사안 내지 증거와의 근접성이 약할 수 있으나 그 경우 국제사법(제12조)의 부적절한 법정지의 법리를 활용할 수 있을 것이다.[291)

국제사법이 규정하지 않으나 성명변경을 구하는 재판에 대한 국제재판관할도 문제 된다.[292) 이는 가사소송법상 라류 가사비송사건으로 사건 본인의 주소지의 가정법원이 토지관할을 가진다(제2조 제1항과 제44조). 국제재판관할은 국제사법(제15조)에 따를 사항인데, 제2항(신분관계의 효력준거법에 따른다면)과 제3항(그렇지 않다면) 중 어느 것을 따를지와 국적관할의 인정 여부도 문제 된다.

준거법의 맥락에서 본국법의 결정은 국제사법 제16조 제1항이 명시하는데, 국적관할의 맥락에서 동조가 적용 내지 유추적용되는지는 논란의 여지가 있다. 만일 이를 부정한다면 복수국적의 경우 어느 국적이나 국적관할의 근거가 될 수 있다. 독일의 유력설은 복수국적자의 경우 국적이 반드시 '실효적 국적'이어야 하는 것은 아니라고 보는데,[293) 그렇다면 어느 국적이나 국적관할의 근거가 된다.

---

289) 독일에는 국적관할은 국민의 재판청구권에 근거한 것으로 보는 유력설이 있다.

290) 김원태, 154면은 국적관할에 대해 비판적이나 가족관계등록부의 정정 필요성을 감안하여 이를 지지한다.

291) 이종혁, 온주 국제사법 제56조, 2023. 7. 5. [3]도 동지.

292) 성명의 준거법에 관하여 인격권설, 신분관계의 효력준거법설과 공법설이 나뉘므로 여기에서도 그와 연계하여 견해가 나뉠 수 있다.

293) Geimer, Rz. 1327 참조. 위 Geimer, Rz. 1086은 독일 민법시행법(제5조 제1항 제2문)이 정한 실효적 국적은 준거법규칙의 맥락에서와 달리 국제재판관할의 맥락에서는 의미가 없다고 한다.

(다) 합의관할과 변론관할의 불허(제13조)

국제사법상 가사사건에서 합의관할과 변론관할이 허용되는가는 논란이 있으나,[294] 저자는 과거 입법론으로는 아래 이유로 부정하는 것이 타당하다는 견해를 피력하였다. 첫째, 가사사건은 재산사건과 비교하여 공익성이 강하므로 당사자의 임의처분이 제한되어야 한다. 둘째, 혼인관계사건에 대하여 다양한 관할근거를 인정한다면, 다른 국가에 국제재판관할을 부여하는 합의관할과 변론관할을 인정할 실제적 필요성도 크지 않다. 셋째, 브뤼셀 II bis와 브뤼셀 II ter도 합의관할과 변론관할을 인정하지 않는 점도 참고가 되고 국제적 정합성을 확보하는 데 도움이 된다.

이러한 논의를 고려하여 국제사법(제13조)은 가사사건에서는 원칙적으로 합의관할과 변론관할을 인정하지 않는다. 그러나 예외적으로 부양사건(제60조)과 상속사건(제76조)에 관하여는 합의관할과 변론관할을 인정한다.[295]

(라) 부부재산제에 관한 별도의 특별관할규칙의 미도입

부부재산제에 관하여 따로 특별관할규칙을 둘지는 논란이 있었으나 국제사법은 두지 않는다. 별도 관할규칙은 관할합의를 허용하기 위한 것이었다. 개정작업 당시 유럽연합에서는 "부부재산제의 국제재판관할, 준거법과 판결의 승인 및 집행에 관한 규정"을 성안하는 작업이 진행 중이라는 점도 고려하였는데, 2016. 6. 24. 채택된 EU부부재산제규정(제7조 제1항)은 준거법과의 병행을 위한 관할합의를 허용한다. 국제사법은 별도 관할규칙을 두지 않으므로 혼인관계에 관한 사건의 관할규칙이 부부재산제에 관한 사건에 적용되고 결국 합의관할과 변론관할은 허용되지 않는다(제56조, 제13조, 제8조와 제9조).

(2) 친생자관계에 관한 사건의 특별관할(제57조)

아래 소개하는 아동보호협약은 국제친권사건, 즉 친권자(또는 양육자)의 결정,

---

294) 가사소송법(제22조)은 토지관할의 맥락에서 혼인관계소송의 관할을 전속관할로 규정한다.
295) 그러나 이에 대하여는 가사사건에 대해 우리 통설과 판례가 당사자의 임의처분을 일부 제한하는 것은 사실이나, 이는 친자관계 존부 확인과 같이 현행 가사소송법상 가류 가사소송사건에 해당하는 청구에 한정된 것으로서 이혼이나 재산분할·양육 등에 대해서까지 일괄적으로 임의처분이 전면 불허되는 것은 아님을 지적하면서 부양과 상속을 제외한 모든 가사사건에 대해 일률적으로 합의관할 내지 변론관할을 부정하기보다 사건의 유형별로 보다 세심한 접근이 필요하다는 비판이 있다.

아동의 신상감호, 아동의 재산관리, 기타 친권의 효력 및 소멸 등의 국제재판관할을 규정하면서 원칙적으로 아동의 상거소지국에 관할을 인정한다. 그러나 동 협약은 친자관계의 성립 또는 다툼(contesting)에는 적용되지 않는다(제4조 a호). 이는 아동보호의 문제라기보다 아동의 신분 내지 지위의 문제이기 때문이다. 따라서 친생자관계에 관한 한 아동보호협약은 참고가 되지 않고 달리 참고할 만한 국제규범은 아직 잘 보이지 않는다.[296]

국제사법(제57조)은 친생자관계사건, 즉 친생자관계의 성립 및 해소에 관한 사건(예컨대 친생부인의 소, 아버지를 정하는 소, 인지청구의 소 기타 인지와 관련된 소와 친생자관계 존부 확인의 소와 대리모 출산에 따른 친자관계 등 포함)[297]에 대하여 ① 자녀의 일상거소가 한국에 있는 경우와 ② 국적관할로서 자녀와 피고가 되는 부모 중 한쪽이 한국인인 경우 한국의 국제재판관할을 인정한다. 국적관할을 당사자 역할(즉 피고일 것)과 결합한 것은 다소 이례적이다. 다만 위의 논의를 함에 있어서 근자에 문제되는 대리모는 특별히 고려되지 않았다.[298] 대리모사건에서 피고가 누구인지는 알 수 있으나 의뢰인 부부와 대리모 중 누가 '피고가 되는 부모'인지는 불분명하다. 이 점은 앞으로 우선 해석론으로 해결하고, 필요하다면 장래 입법을 할 수도 있을 것이다.

---

296) 다만 2022. 12. 7. 유럽연합 위원회는 부모성(父母性 또는 친자관계, parenthood, Elternschaft, filiation)에 관한 사건의 재판관할, 준거법, 재판의 승인, 공서증서의 인정과 유럽부모성증명서의 창설에 관한 이사회 규정안(Proposal for a Council Regulation on jurisdiction, applicable law, recognition of decisions and acceptance of authentic in-struments in matters of parenthood and on the creation of European Certificate of Parenthood. COM/2022/695 final)을 발표하였다. 소개와 비판은 C. Budzikiewicz et al. (2023), The European Commission's Parenthoold Proposal: Comments of the Marburg Group, IPRax, 425ff. 참조. 상세는 www.marburg-group.de에 있는 2023. 5. 10.자 코멘트 참조. 또한 헤이그국제사법회의는 근자에 Parentage/Surrogacy Project를 진행하고 있다. https://www.hcch.net/en/projects/legislative-projects/parentage-surrogacy 참조. 독일, 스위스, 미국과 일본 국내법의 소개는 김문숙, 온주 국제사법 제57조, 2023. 7. 5. [3] 이하 참조.

297) 이에 해당하는 사건의 유형별 검토는 김문숙, 온주 국제사법 제57조, 2023. 7. 5. [12] 이하 참조.

298) 캘리포니아주 가족법은 대리모가 출산한 아이의 친자관계를 확정하는 소에 관하여 정치한 국제재판관할을 규정한다. 즉 Family Code §7962 (e)는, 아동의 예상출생국, 의뢰인 부모 거주지국, 대리모 거주지국, 대리모계약 체결지국과 대리모계약에 따른 의료절차 이행국의 국제재판관할을 인정한다.

(3) 양친자관계에 관한 사건의 특별관할(제58조)

입양재판의 경우 아동의 주소지국(또는 일상거소지국)과 양친될 자의 주소지국(또는 상거소지국)의 국제재판관할은 어려움 없이 인정될 수 있으나, 다른 유형의 입양 관련 소송사건이나 비송사건의 국제재판관할규칙은 분명하지 않다. 일방의 국적관할을 인정할 수 있는지는 논란의 여지가 있다.[299] 우리 법상 입양재판은 비송사건인데,[300] 구 국제사법과 기타 법률에서 비송사건의 국제재판관할에 관하여는 명확한 규정을 두지 않았기 때문이다. 따라서 이를 입법적으로 정비할 필요가 있는데[301] 국제사법은 이를 해결하고 있다.

(가) 입양의 성립

국제사법(제58조 제1항)은 이런 전제하에 입양의 성립에 관한 사건은 양자 또는 양친이 되려는 사람의 일상거소가 한국에 있는 경우 한국 법원이 특별관할을 가지는 것으로 규정한다. 입양의 성립에 관하여 양자 또는 양친의 일상거소지국이 모두 입양과 실질적 관련이 있고 동등한 이해관계를 가지기 때문이다. 미국의 국제사법 Restatement Second §78에 따르면, 미국에서는 어느 주에 양자 또는 양친의 주소지가 있고, 또한 양친 및 양자 또는 양자에 대하여 법적 양육권을 가지는 자가 그 주의 대인관할권(personal jurisdiction)에 복종하는 때에 그 주가 선고형 입양의 재판관할을 가진다. 독일 FamFG(제101조)도 양친의 1인 또는 양자인 아동이 독일에 일상거소를 가지고 있는 경우 독일 법원의 국제재판관할을 인정한다.[302]

---

299) 독일 FamFG(제101조)는 양친의 1인 또는 양자인 아동이 독일인인 경우 독일법원의 국제재판관할을 인정하나, 국제입양재판에서 일방의 국적관할이 널리 인정되는 것은 아니다. 나아가 입양과 관련된 모든 사건에 대해 동일한 국제재판관할규칙을 적용하는 대신 비송사건과 소송사건을 구별하려는 견해도 주장될 수 있다. 그러나 독일 가사·비송사건절차법은 이런 구별을 하지 않는 것으로 보인다. 제101조 참조.

300) 가사소송법은 입양과 관련된 사건을 가류 가사소송사건, 나류 가사소송사건과 라류 가사비송사건 등으로 구분한다.

301) 입법론으로 입양재판의 경우 성년자 입양과 미성년자 입양을 구분하여 전자에 대하여는 당사자 평등과 피고의 절차보장을 중심으로 하는 혼인과 이혼에 관한 국제재판관할규칙을, 후자에 대해서는 미성년자 보호사건에 관한 국제재판관할규칙을 적용할 것이라는 견해(권재문, 21면)도 있다.

302) 반면에 라류 가사비송사건의 관할을 정한 가사소송법(제44조 제4호)은 입양·친양자 입양 또는 파양에 관한 사건은 양자·친양자의 주소지 또는 양자·친양자 될 사람의 주소지의 가정법원의 관할을 인정하므로 국제재판관할의 배분에 있어 이를 고려하면 양자(또는 양자가 될 사람)의 주소지가 관할을 가지게 될 것이다. 미성년자 입양의 경우에는 미성년자 보

헤이그아동입양협약(이하 "입양협약"이라 한다)은 국제재판관할의 문제를 직접 다루지 않으므로 한국이 입양협약을 비준하더라도 이런 특별관할규칙은 여전히 적용된다. 명시적인 규정은 없으나 입양협약도 입양의 성립에 관하여 아동의 상거소지국과 양친될 자의 상거소지국의 국제재판관할을 가지는 것을 전제로 한다고 이해한다.[303] 왜냐하면 입양협약은 입양이 동 협약에 따라 행해졌다는 입양국(state of adoption)의 권한당국의 입양증명서에 의하여 증명되는 경우 입양이 모든 당사국에서 효력을 가지도록 보장하는데 여기에서 입양국이라 함은 출신국 또는 수령국이기 때문이다.[304] 즉 재판형입양을 생각하면 출신국 또는 수령국의 입양재판이 다른 당사국에서 승인된다는 것이므로[305] 결국 양자에 모두 국제재판관할이 인정됨을 전제로 한다는 것이다.

국제사법은 규정하지 않지만, 독일처럼 어느 일방의 국적관할을 인정하지는 않더라도 양친이 될 자와 양자가 될 자의 국적이 제소 시에 모두 한국인 때에는 국적관할을 인정하는 것이 타당할 것이다.[306]

호의 측면을 고려하여 원칙적으로 양자의 주소지에만 국제재판관할권을 인정해야 한다는 견해도 있다. 권재문, 21-22면. 그러나 양친의 주소지는 국제입양의 성립에 관하여 양자의 주소지와 동등한 이해관계를 가지므로 이런 견해는 설득력이 없고, 더욱이 이를 따른다면 과거 한국에서 입양재판 없이 외국으로 가서 외국에서 입양재판을 받은 수많은 사건에서 한국 아동의 해외입양은 한국에서 승인될 수 없었다는 부당한 결과가 된다. 저자는 위 견해는 과거에도 타당하지 않았고 우리의 실무에 반하며 장래를 향하여도 지지하지 않는다.

303) 김문숙, 온주 국제사법 제58조, 2023. 7. 5. [4]도 동지.
304) G. Parra-Aranguren, Explanatory Report on the Convention on Protection of Children and Co-operation in Respect of Intercountry Adoption, para. 403. https://assets. hcch.net/upload/expl33e.pdf 참조. 다만 이 보고서가 관할을 직접 언급하지는 않는다. 우리 국제사법(제70조)은 입양 당시 양부모의 일상거소지법이 아니라 본국법을 입양의 준거법으로 지정하는데, 상거소에 착안하는 입양협약과 정합성의 관점에서 재고할 필요가 있다.
305) 엄밀하게는 이는 외국재판 승인요건의 충족을 전제로 하지 않으므로 입양재판의 승인이라기보다는 외국에서 형성된 법상태의 승인이라고 본다.
306) 김문숙, 온주 국제사법 제58조, 2023. 7. 5. [11]도 동지. 참고로 김성주 의원이 2021년 대표발의한 국제입양법안(의안번호 2112826) 제6조(국제재판관할)는 입양의 당사자 중 일방의 일상거소가 한국에 있거나 있었던 경우와 입양의 당사자 중 일방이 한국 국적을 보유하고 있거나 보유하고 있었던 경우 입양, 입양의 취소 및 파양에 관하여 한국의 국제재판관할을 인정한다. 국제사법 제58조가 채택된 이상 국제입양법안 제6조를 제58조와 일치시키는 것이 순리이다. 실제 공표된 국제입양법은 그런 방향으로 정리되었다.

(나) 양친자관계의 존부확인, 입양의 취소 또는 파양

양친자관계의 존부확인, 입양의 취소[307] 또는 파양에 관한 사건은 친생자관계의 성립 및 해소에 관한 사건에 준하므로 국제사법(제58조 제2항)은 위에서 본 친생자관계에 관한 사건의 관할규칙(제57조)을 준용한다. 스위스 국제사법[308]도 이런 태도를 취한다. 그 결과 ① 자녀의 일상거소가 한국에 있는 경우와 ② 자녀와 피고가 되는 부모 중 한쪽이 한국인인 경우 한국의 국제재판관할이 인정된다.[309] 후자는 국적관할인데 이에 대하여는 비판이 있다.[310]

(4) 부모·자녀 간의 법률관계 등에 관한 사건의 특별관할(제59조)

국제사법(제59조)의 제목은 '부모·자녀 간의 법률관계 등에 관한 사건'이므로 이는 친권과 부양의무가 규율대상이 될 것이나, 국제사법은 미성년 자녀에 대한 부양의무(양육비 포함)에도 별도의 조문을 두므로 결국 제59조는 조문이 명시하는 바와 같이, 미성년인 자녀 등에 대한 친권, 양육권 및 면접교섭권 등에 관한 사건들에 적용된다. 국제친권사건, 즉 친권자(또는 양육자)의 결정, 아동의 신상감호와 재산관리, 기타 친권의 효력 및 소멸 등의 국제재판관할을 논의하는 이유는 예컨대 부모의 양육권 박탈 기타 아동의 최대복리(the best interests. 또는 최선의 이익)를 보호하기 위한 조치를 취할 법원 기타 당국의 소속국을 결정하는 데 있다.

(가) 구 국제사법의 해석론

구 국제사법은 국제친권사건의 국제재판관할에 관하여는 규정을 두지 않았다. 해석론으로는 크게 2가지 견해를 생각할 수 있었다.

제1설. 이는 구 국제사법 제2조에 따라 가사소송법의 관할규정을 참조하여 분쟁의 유형별로 아동의 주소지국 또는 상대방의 보통재판적 소재지국에 관할을 인정한다. 가사소송법의 관련 조문(제44조 제5호, 제46조)을 참조하면, 친권에 관한 사건은 유형별로 아동의 주소지국(라류 가사비송사건) 또는 상대방의 보통재판적

---

307) 김원태, 183면은 개정안이 입양의 무효에 관하여 규정을 두지 않는 점을 비판하나 이는 입양의 취소에 준하여 취급할 수 있을 것이다.

308) 제75조 제2항은 "입양의 취소에 대하여는 친자관계의 확인 또는 부인에 대하여 관할을 가지는 것과 동일한 법원(제66조, 제67조)이 관할을 가진다"라고 규정한다.

309) 권재문, 15면은 자녀의 주소지를 원칙적인 관할근거로 하고, 이를 보충하기 위한 긴급관할로서 일정한 제한 요건하에 부 또는 모의 본국관할을 인정하자고 한다.

310) 김원태, 183면(상거소지가 적절하다고 주장하면서).

소재지국(마류 가사비송사건)이 국제재판관할을 가진다.311) 이에 따르면 국제친권
사건은 분쟁의 유형이 라류와 마류 중 어디에 속하는지에 의하여 국제재판관할이
다르게 된다.

제2설. 이는 구 국제사법 제2조의 실질적 관련에 착안하고 아동보호협약의
취지를 참고하여 아동의 상거소지국에 국제재판관할을 인정한다. 저자는 이를 지
지하였다. 그것이 한국이 가입한 아동탈취협약은 물론이고, 아동보호협약의 태도
와도 일관되므로 국제적 정합성을 확보할 수 있기 때문이었다.

(나) 아동보호협약의 태도

국제친권·후견법에 관한 일반조약인 1996년 "부모책임과 아동(또는 子)의 보
호조치와 관련한 관할권, 준거법, 승인, 집행 및 협력에 관한 협약"(이하 "아동보호
협약"이라 한다)은 보호조치에 적용되는데, 이는 부모책임의 귀속, 행사, 종료, 제
한과 그의 위임에 관한 것(제3조 a호), 아동의 후견, 보호 및 이와 유사한 제도(제3
조 c호), 아동의 신상 또는 재산을 관리하거나 그를 대리 또는 보좌할 개인 또는
단체의 지정과 직무(제3조 d호)와 아동의 재산에 대한 관리, 보존 또는 처분(제3조
g호)을 포함한다. 그러나 아동보호협약은 친자관계의 성립 또는 다툼(contesting)에
는 적용되지 않는다(제4조 a호).

아동보호협약 제Ⅱ장은 당국이 아동의 신상 또는 재산에 대하여 보호조치를
취할 국제재판관할규칙을 두는데, 아동의 상거소지국의 관할을 원칙으로 규정하
면서(제5조), 관할의 이전(제8조), 관할의 인수(제9조),312) 부대(附帶)관할(제10조),
신속관할(제11조)과 임시적 명령을 위한 관할(제12조)이라는 예외적 관할을 규정한
다.313) 그러나 본국관할은 인정하지 않는다. 아동의 상거소지국에 원칙적 관할을
인정하는 이유는 당국의 신속한 개입이 가능하고, 절차로 인한 아동의 부담을 줄
이며, 증거 근접성과 아동 및 청소년 원조와의 근접성을 확보할 수 있기 때문이
다. 요컨대 아동의 상거소지국이 아동의 복리에 적합한 조치를 취하는 데 가장 적

---

311) 김원태(註 279), 231면은 마류 가사비송사건의 경우 소송사건에 준하여 관할의 존부를 판
　　단해도 좋지만, 공익성이 강한 라류 가사비송사건에서는 심판의 대상인 사건 유형마다 그
　　문제를 심리함에 가장 적절한 법원이 어디인가라는 관점에서 결정한다.
312) 관할의 이전과 인수는 법원이 다양한 요소(특히 아동의 복리)를 고려하여 재량권 행사를
　　허용하므로 부적절한 법정지의 법리를 연상시킨다.
313) 상세는 윤진수(편), 주해친족법 제2권(2015), 1732면 이하 참조(석광현 집필부분).

절한 지위에 있기 때문인데 이런 원칙은 국제적으로 널리 인정되고 있다.[314]

(다) 국제사법의 내용

위를 고려하여 국제사법(제59조)은 미성년 자녀에 대한 친권, 양육권 및 면접교섭권의 행사에 관한 사건에 대하여 자녀의 일상거소가 한국에 있는 경우 법원에 국제재판관할을 인정한다. 아동탈취협약도 ① 아동의 즉각적인 반환에 관하여는 아동 소재지국의 반환의무를 부과함으로써 간접적으로 국제재판관할을 규율하나(제12조), ② 본안인 양육권에 관하여는 관할규칙을 명시하지 않지만 탈취 직전 상거소지국이 관할을 가진다는 견해가 수용되고 있다.[315]

개정안(제60조 단서)은 "다만 대한민국에 상거소가 있던 자녀가 불법적으로 외국으로 이동하거나 탈취를 당한 날부터 1년이 경과하여 새로운 환경에 적응한 경우에는 그러하지 아니하다"라고 규정하였다. 아마도 그 경우 외국에 일상거소가 형성되었더라도 위법한 행위로 인하여 작출된 것이므로 외국법원의 관할을 인정하지 않는다는 취지로 보인다. 이런 문언은 아동보호협약(제7조), 아동탈취협약(제12조) 및 후자의 이행법률(제12조 제4항 제1호)을 고려한 것이다. 만일 탈취해 간 국가에서 아동이 새로운 일상거소를 가지게 되었다는 이유로 탈취자가 그 국가에서 본안재판을 받을 수 있다면 친권·양육권 분쟁 중인 부모는 자신에게 유리한 국가로 아동을 탈취해 갈 위험성이 커지기 때문에, 국제적 아동탈취를 예방하고자 그 경우 원칙적으로 종전 일상거소지국에 관할을 고정시킬 필요가 있다는 것이다.[316] 그러나 반환거부사유와 동일한 사유를 직전 일상거소지국의 국제재판관할 상실사유로 삼는 것은 의문이다. 결국 위 단서는 공청회 후 삭제되었다.[317]

---

314) Kropholler, S. 391.

315) 석광현, "국제아동탈취의 민사적 측면에 관한 헤이그협약과 한국의 가입", 서울대학교 법학 제54권 제2호(통권 제167호)(2013. 6.), 93-94면 참조. 그러나 최흥섭, 한국 국제사법 I—법적용법을 중심으로—(2019), 392면 註 182는 이에 대해 의문을 표시하면서 각국법에 맡긴 것이라고 한다.

316) 현소혜, "헤이그아동탈취법상 아동반환재판과 본안재판의 관계", 비교사법 제28호 제3호(2021. 8.), 216면 참조.

317) 다만 브뤼셀 II ter의 예외를 검토할 필요가 있다. 브뤼셀 II ter(제9조)에 따르면 탈취사건의 경우 탈취 직전 일상거소지국이 관할을 가지지만, 아동이 탈취 후 다른 회원국에 일상거소를 취득하고, 또한 ① 양육권을 가지는 개인, 시설 또는 그 밖의 기관이 아동의 이동 또는 유치에 동의하거나 또는 ② 양육권자가 아동의 소재지를 알았거나 알았어야 하는 때로부터 아동이 그 국가에서 최소 1년 거주하였고, 아동이 새로운 환경에 정착하였으며, 또한 제9

국제사법(제61조 제2항)은 미성년자 후견의 경우 친권에서와 같이 한국이 그의 일상거소지인 경우 법원의 국제재판관할을 인정하고, 나아가 그 미성년자의 재산이 한국에 있고 미성년자를 보호하여야 할 필요가 있는 경우에 법원의 국제재판관할을 인정한다. 따라서 미성년자의 친권사건과 후견사건은 재산소재지 관할의 인정 여부에서 차이가 있다(즉 전자에서는 인정되지 않지만 후자에서는 인정된다). 이는 미성년자 친권사건과 미성년자 후견사건을 동일하게 취급하는 아동보호협약과는 다르다. 미성년자의 경우 외국에 재산을 가지는 것은 이례적이므로 추가적 관할요건을 삭제하고 친권사건과 후견사건의 관할을 일치시키는 것이 바람직하다.

개정안에 대하여 법원행정처는 아래 의견을 개진하였다.

"다문화가정의 혼인이주여성(특히 베트남, 필리핀 등 동남아 출신)이 배우자의 동의 없이 아이들을 데리고 본국으로 출국하여 아이들은 베트남 등 친정에 맡겨두고 본인이 다시 입국하여 취업을 한 사례가 종종 있는데, 이 경우 한국인 남편이 아이들을 다시 데리고 오고 싶을 경우, 혼인관계가 유지될 경우에는 이혼 소송을 제기하면서 친권, 양육권 소송이 국내에서 가능하나, 혼인관계가 이미 해소된 경우에는 친권자 및 양육자 변경을 하고 싶어도 자녀의 상거소가 해외임이 밝혀진다면 국내에서는 소송이 어려울 수 있다는 것이다".

이런 지적을 고려하여 법무부는 개정안 제60조(국제사법 제59조에 상응)를 수정하여 자녀의 일상거소 외에 "부모 중 한쪽과 자녀가 대한민국 국적을 가지는 경우"에도 법원이 국제재판관할을 가질 수 있도록 국적관할을 도입하였다. 다만 실무적으로 한국 법원이 양육자 변경을 하더라도 그것이 베트남 등지에서 승인·집행될 수 있을지는 의문이다.

조 b호에 열거한 5개 조건(예컨대 위 1년 동안 양육권자가 아동 소재지 회원국에 반환신청을 하지 않은 사실 또는 양육권자의 아동 반환신청이 탈취협약 제13조 제1항 b호 또는 제2항 이외의 사유로 기각되고 더 이상 통상의 불복을 할 수 없는 사실 등) 중 어느 하나가 충족되는 경우 직전 일상거소지국은 관할을 상실한다. 즉 브뤼셀 II ter는 삭제된 개정안(제60조 단서)보다 직전 일상거소지국의 관할상실 요건을 더 엄격하게 요구한다. 나아가 브뤼셀 II ter(제10조)는 친자관계 사건에서 일정한 요건(관할권 행사가 아동의 최선의 이익이 될 것 포함)하에 관할합의도 허용한다.

(5) 부양에 관한 사건의 관할(국제사법 제60조)

가사소송법(제2조 제1항 제2호 나목, 제46조)상 양육비 기타 부양에 관한 사건은 가사비송사건(마류사건)이고, 이는 상대방의 보통재판적이 있는 곳의 가정법원의 관할에 속한다. 이를 참작하여 국제재판관할규칙을 도출한다면 상대방 일상거소지의 특별관할을 인정할 수 있다.[318] 그렇지 않더라도 국제사법 제3조와 제15조 제1항에 의하여 일반관할을 인정할 수 있다. 제60조에서 말하는 부양사건(부양에 관한 사건)은 친족간 부양, 부부간 부양과 미성년 자녀의 양육을 포함하는 넓은 의미의 부양이다.[319]

문제는 구 국제사법의 해석상 부양권리자의 일상거소지에 국제재판관할을 인정할 수 있는가였다. 브뤼셀 I(제5조 제2호)에 따르면 부양권리자는 자신의 주소지나 일상거소 소재지 법원에 제소할 수 있고 EU부양규정(제3조)도 같은데, 이는 부양권리자를 두텁게 보호하기 위한 것이다. 우리 구 국제사법의 해석상 이런 결론을 도출하는 것은 쉽지 않았다.

이 점을 고려하여 국제사법(제60조 제1항)은 부양권리자를 두텁게 보호하고자 부양권리자의 일상거소지국의 특별관할을 명시한다. 이는 일차적으로 부양권리자에게 익숙하고 편리한 곳의 관할을 인정하고, 나아가 부양권리자의 일상거소지국은 권리자의 생활상태의 조사와 부양료액의 산정 등에 필요한 자료수집에도 적합하기 때문이다.[320]

---

318) 김문숙, 부양사건, 180면은 부양사건의 국제재판관할에 관한 개정안을 제1안과 제2안으로 구분하여 제시한다. 장준혁, 부양사건, 218면 이하에도 입법제안이 있다.

319) 권재문, "개정 국제사법에 대한 해석론 —후견 부양을 중심으로—", 서울법학 제30권 제4호 (2023. 2.) 45면도 동지. 다만 위 권재문, 47면은 국제사법 제15조 제2항 제2호에서 본조를 적시하고 있으므로 비송사건만이 부양사건에 해당된다고 하나 동호는 비송사건에 대한 국제사법 총칙의 적용범위를 명시한 것이고 부양 관련 소송사건에 대하여 제60조가 적용됨은 명백하다. 이를 전제로 위 권재문, 50면은 나아가 제2차 부양의무자가 제1차 부양의무자를 상대로 부양권리자를 부양하기 위하여 지출한 비용 상당액에 관하여 상환청구를 하는 사건 (대법원 2012. 12. 27. 선고 2011다96932 판결 등)은 민사소송사건이므로 비송사건일 것을 요구하는 부양사건에 해당하지 않는다고 하나 국제사법상으로는 여전히 부양사건이다. 위 두 가지 논점에 대한 비판은 서영수, 14면 이하 참조.

320) 이처럼 부양권리자의 관할이 인정된다면, 장래에는 필리핀에 일상거소를 가진 코피노와 그의 모는 한국의 부를 상대로 필리핀에서 제소할 수 있고(물론 필리핀법상 직접관할이 있다면), 필리핀에서 선고된 양육비지급 판결을 한국에서 집행하는 데 필요한 간접관할(승인관할) 요건이 구비될 것이다. 물론 필리핀 법원의 양육비 재판을 한국에서 집행하자면 상호보증이 필요하다.

　　한편 부양의무자인 피고의 일상거소지국은 일반관할을 가지는데, 이를 부양 사건에 전면적으로 인정하지는 않더라도 적어도 부양료청구에 관하여는 그렇게 볼 수 있다. 나아가 국제사법(제60조 제2항)은 부양사건이 재산적 성질을 가지는 점을 고려하여 관할합의를 허용하지만, 부양권리자가 미성년자이거나 피후견인인 경우와(다만 해당 합의에서 미성년자이거나 피후견인인 부양권리자에게 한국 법원 외에 외국법원에도 소를 제기할 수 있도록 한 경우는 제외),[321] 분쟁이 된 사안이 지정된 법원과 아무런 관련이 없거나 근소한 관련만 있는 경우는 예외이다. 관할합의를 허용하는 것은 관할합의와 변론관할을 허용하는 EU부양규정(제4조, 제5조)을 참조하면서 다소 추상적으로 규정한 것이다. 국제사법(제60조 제3항)은 부양에 관한 사건의 경우 변론관할도 원칙적으로 허용됨을 명시한다(다만 부양권리자가 미성년자이거나 피후견인인 경우와 한국이 사안과 아무런 관련이 없거나 근소한 관련만 있는 경우는 제외).[322] 제60조의 표제가 '관할'인 이유는 특별관할, 합의관할과 변론관할을 함께 규정하기 때문이다.

　　부양사건의 보호적 관할이 부양청구권의 법정대위의 경우에도 적용되는지는 논란의 여지가 있다. 특히 국가 또는 공적 기관이 부양의무자를 대신하여 부양료를 지급하고 대위하는 경우(아직 우리 법에는 이는 도입되어 있지 않다) 보호적 관할규칙이 적용되는지가 문제 된다. 유럽연합에서는 부양사건의 보호적 관할을 부양권리자의 인적 특권이라고 보아 적용되지 않는다는 견해와 부양청구권의 속성이라고 보아 적용된다는 견해가 있다.[323]

　　나아가 국제사법이 채택하지는 않았지만 부양사건의 경우에도 부양권리자와

---

321) 제60조 제1항 제1호의 문언은 부양권리자에게 "외국법원에도 소를 제기할 수 있도록 한 경우"로 되어 있으나 제8조의 관할합의는 반드시 한국 법원을 위한 것은 아니므로 일반적으로 "관할법원에 추가하여 다른 국가의 법원에 소를 제기할 수 있도록 한 경우"로 해석하여야 한다. 서영수, 137면 이하는 이를 지적하면서 제60조를 개정하여 그 취지를 명확히 하자고 제안한다.

322) 제60조 제3항은 부양권리자가 미성년자이거나 피후견인이면 변론관할이 아예 허용되지 않는 것처럼 규정하나 미성년자나 피후견인인 부양권리자가 한국 법원에서 제소한 경우(한국에 법정관할 없음을 전제) 상대방의 변론에 근거한 변론관할을 불허할 이유는 없으므로 해석상 그런 결론을 수용할 필요가 있다. 서영수, 135면 이하는 이를 지적하면서 제60조를 개정하여 그 취지를 명확히 하자고 제안한다.

323) 유럽사법재판소는 브뤼셀 I의 해석상 2004. 1. 15. 선고된 Freistaat Bayern v. Jan Blijdenstein 판결(Case C‑433/01)에서 부정설을 취하였으나, 부양규정의 해석상 2020. 9. 17. 선고된 판결(Case C‑540/19)에서는 긍정설을 취하였다. 서영수, 32면 이하 참조.

부양의무자가 모두 한국인일 때에는 국적관할을 인정하자는 견해도 있다.[324] EU 부양규정(제6조)은 회원국이 다른 조문에 따라 국제재판관할을 가지지 않는 경우 보충적 관할로서 공통의 국적에 근거한 관할을 인정한다.

(6) 후견에 관한 사건의 특별관할

후견에 관한 사건에 대하여 국제사법은 성년자 후견과 미성년자 후견을 구분한다. 주목할 것은 미성년자의 경우 친권의 소멸은 후견개시의 선결문제라는 점에서 미성년자 후견은 친권과 밀접하게 관련된다는 점인데, 이 점을 중시하면 미성년자 후견을 친권과 함께 묶어서 규정할 수도 있으나 국제사법은 이를 별도로 규정한다. 다만 큰 차이가 있는 것은 아니고 본국관할의 인정 여부가 다르다. 토지관할의 맥락에서 가사소송법은 양자를 구별하지 않는다.

(가) 성년자 후견[325]에 관한 사건의 특별관할
(i) 구 국제사법의 해석론

인구의 고령화가 빠르게 진행됨에 따라 노인을 보호할 필요성이 커지고 장애인 복지의 중요성에 대한 인식 제고에 따라 의사결정이 어려운 성년자와 장애인의 보호가 중요한 사회문제가 되었다. 따라서 각국은 성년자보호법제를 도입하였는데, 성년자의 국제적 이동이 빈번하고 성년자가 여러 국가에 재산을 보유하는 현상이 늘어남에 따라 이 분야에서도 국제사법이 중요한 의미를 가진다. 우리나라도 2013년 7월 시행된 개정 민법을 통하여 성년후견제를 도입하였다. 과거 민법은 금치산·한정치산제도를 두었으나 이는 개인의 행위능력을 일률적으로 박탈하거나 제한하는 점에서 문제가 있었기에 금치산과 한정치산을 협의의 성년후견과 한정후견제도로 대체하였고 그 밖에도 특정후견과 임의후견을 새로 도입하였다. 그리고 성년자 후견제도에 대한 공시절차로서 2013년 4월 '후견등기에 관한 법률'을 제정하였다.

어느 국가가 후견개시의 심판을 할 것인가에서 보듯이 후견사건의 국제재판관할을 규정할 필요가 있다. 구 국제사법(제48조 제2항)은 국제후견사건에 관하여

---

324) 김문숙, 부양사건, 180면.
325) 개정안은 '성년 후견'이라는 용어를 사용하였으나 혼란을 피하고자 국제사법에서는 '성년인 사람의 후견'으로 표현을 수정하였다. 여기에서는 '성년자 후견'이라고 쓴다.

국제재판관할규칙을 두었다(다수설). 동조 제2항과 제1항을 묶어 보면 원칙적으로 피후견인의 본국이 국제재판관할을 가지고, 제2항의 예외사유가 있는 경우에만 한국이 예외적으로 국제재판관할을 가지고 그 경우 한국법을 적용한다는 것이었다.326) 소수설은 구 국제사법(제48조 제2항)은 준거법을 정할 뿐이고 국제재판관할을 정한 것은 아니라면서 피후견인의 주소지관할(또는 일상거소지관할)이 원칙이라고 보았다. 저자는 해석론으로 다수설에 따라 구 국제사법 제48조를 고려하여 본국관할을 인정하나 그 타당성은 의문이므로 이를 가급적 제한하고 일상거소지의 예외적 관할을 넓게 인정하자는 견해를 피력하였다.327)

(ii) 성년자보호협약의 태도

한국은 아직 미가입이나 헤이그국제사법회의의 2000년 "성년자의 국제적 보호에 관한 협약"(이하 "성년자보호협약"이라 한다)328)이 있다. 성년자보호협약이 규율하는 사항은 보호조치에 관한 관할권, 준거법, 외국보호조치의 승인 및 집행과 국가 간 협력이다. 동 협약의 관할규칙을 간단히 살펴본다.

성년자보호협약 제II장은 당국이 성년자의 신상 또는 재산에 대하여 보호조치를 취할 국제재판관할을 위한 규칙을 둔다. 원칙적으로 성년자의 일상거소지국이 관할을 가지나(제5조)329) 예외가 있다. 첫째, 예외적으로 성년자의 본국이 관할권을 가진다(제7조). 둘째, 일상거소지국의 관청이 특정한 사항에 대해 다른 체약국이 성년자의 이익을 위하여 조치를 취하기에 더 적절하다고 판단하는 경우 관할의 인수요청과 관할이전을 허용한다(제8조). 셋째, 예외적으로 재산소재지 관할을 인정한다(제9조). 넷째, 긴급한 경우 성년자 또는 그 재산소재지 체약국이 관할을 가진다(제10조). 다섯째, 성년자 또는 그 재산 소재지 체약국은 임시적 성격의

---

326) 다수설은 윤종진, 개정 현대 국제사법(2003), 483면; 김용한·조명래, 국제사법(1998), 357면; 이호정, 국제사법(1983), 417면.

327) 이병화, "성년후견제도의 도입에 따른 국제후견법의 재고찰", 비교사법 제13권 제3호(통권 제34호)(2006. 9.), 130면은 후견사건의 국제재판관할권은 원칙적으로 피후견인의 상거소지국에 있고 예외적으로 본국의 관할권을 인정할 필요가 있다고 한다.

328) 여기에서 성년자는 18세에 달한 자를 말한다. 성년자보호협약에 관하여는 최흥섭, "성년자의 국제적 보호를 위한 2000년의 헤이그협약", 인하대학교 법학연구 제4집(2001), 69면 이하; 김문숙, 부양사건, 183면 이하; 석광현, "국제친권·후견법의 동향과 우리의 입법과제", 서울대학교 법학 제55권 제4호(2014. 12.), 473면 이하 참조.

329) 그 이유는 당국의 신속한 개입을 가능하게 하고, 절차로 인한 성년자의 부담을 줄이며, 증거 근접성을 확보할 수 있기 때문이다.

보호조치를 취할 수 있다(제11조).

주의할 것은, 헤이그협약은 후견사건의 국제재판관할규칙을 정함에 있어서 성년자와 아동을 구별하는 점인데, 성년자보호와 아동보호는 상황이 다르기 때문이다. 즉 성년자보호협약은 일상거소지관할(제5조), 본국관할(제7조)과 재산소재지 관할(제9조)을 인정하는데, 본국관할을 인정하는 점은 아동보호협약과 다르다.

(iii) 국제사법의 내용

국제사법(제61조 제1항)은 ① 피후견인의 일상거소가 한국에 있는 경우, ② 피후견인이 한국인인 경우와 ③ 피후견인의 재산이 한국에 있고 피후견인을 보호하여야 할 필요가 있는 경우 한국의 국제재판관할을 인정한다. 후견사건은 상대방 없는 가사비송사건으로 형식적 당사자는 없고 실질적 당사자에 준하는 사건본인인 피후견인이 중심에 있으므로 그의 권리를 보장한다. 여기에서는 일반관할이 인정되기는 어렵다. 이를 부연하면 아래와 같다.

① 피후견인의 일상거소국 관할. 이는 당국의 신속한 개입을 가능하게 하고, 절차로 인한 성년자의 부담을 줄이며, 증거 근접성을 확보할 수 있기 때문이다.

② 피후견인의 국적관할. 보호를 필요로 하는 성년자와 미성년자의 상황은 차이가 있는데, 성년자는 오래 전부터 생활을 영위하고 있으므로 외국에 일상거소가 있더라도 가족적 유대관계에서는 본국과의 밀접한 관련을 가진다. 이를 반영하여 성년자의 경우 국적관할을 인정한다.[330] 그러나 임의후견은 피임의후견인에 의한 대리권 수여를 기초로 하므로 법정후견과 성질이 다르고, 임의후견감독인이 선임되어 후견계약의 효력이 발생하더라도 피임의후견인의 행위능력이 제한되는 것도 아니므로 피임의후견인의 국적에 기한 관할을 인정할 관련성이 있다고 보기 어렵다는 비판이 있다.[331] 또한 본국관할에 대하여는 외국에 거주하고 있는 한국인 성년자의 후견인선임이나 보호조치에 관하여 한국 법원이 조치를 취하더

---

330) Kurt Siehr, Das Haager Übereinkommen über den internationalen Schutz von Erwachsener, Rabels Zeitschrift, 64 (2000), S. 728-729. 김문숙, 부양사건, 206-207면과 이병화, "민법상 성년후견제도 도입에 따른 국제사법상 한정치산·금치산선고 및 후견제도에 관한 개정방향", 국제사법연구 제19권 제1호(2013. 6.), 623-624면; 권재문, 52면도 이를 지지한다.

331) 권재문, 43면; 김원태(註 279), 290면. 이 점에서 국제사법은 임의후견의 특수성을 충분히 고려하지 못하였다고 할 수 있다.

라도 한국 법원의 재판이 외국에서 승인되지 않으면 실익이 없다고 비판하면서 삭제하자는 견해가 있다.332)

③ 피후견인의 재산 소재와 보호할 필요가 있는 경우. 이 경우 재산소재만으로는 부족하고 피후견인을 보호할 필요가 있어야 한다.

구 국제사법은 후견개시심판의 국제재판관할은 제14조에서, 보호조치 등 그렇게 개시된 후견감독사건의 국제재판관할은 제48조에서 규율하였다(다수설). 그러나 국제사법(제61조)은 양자를 함께 규정하는데, 그 과정에서 구 국제사법 제48조 제2호("대한민국에서 한정후견개시, 성년후견개시, 특정후견개시 및 임의후견감독인선임의 심판을 한 경우")가 예외적 관할사유에서 삭제되었다.333)

가사소송법 제44조 제1항 제1의2호는 미성년후견 · 성년후견 · 한정후견 · 특정후견 및 임의후견에 관한 사건에 대하여 각 피후견인의 주소지의 가정법원에 토지관할을 인정하면서도 성년후견 · 한정후견 개시의 심판, 특정후견의 심판, 미성년후견인 · 임의후견감독인 선임 심판이 각각 확정된 이후의 후견에 관한 사건에 대하여는 후견개시 등의 심판을 한 가정법원의 관할을 여전히 인정한다. 그러나 국제사법은 원재판국의 계속관할을 규정하지 않으므로 변경재판을 하자면 그때를 기준으로 제61조에 따라 후견사건의 국제재판관할이 있는지를 판단해야 한다. 즉 제61조의 요건이 구비되지 않는 한 우리 법원이 한정후견개시, 성년후견개시, 특정후견개시 및 임의후견감독인선임의 심판을 하였다는 이유만으로 계속관할을 행사할 수는 없다.334)

---

332) 김원태, 176면.

333) 그러나 우리 법원이 후견개시재판을 한 경우 보호조치와 후견종료재판 등과 같은 그 후속 재판(이 경우의 관할을 '원재판국의 계속관할'이라고도 한다)을 인정할 필요가 있으므로 조문을 두자는 견해가 있다. 김원태, 184면. 김문숙, 부양사건, 179면은 선행 부양결정을 한 국가에 부양권리자가 여전히 상거소를 두고 있는 경우 관할합의를 하지 않는 한 다른 국가에서는 재판을 할 수 없도록 하자고 한다. 2007년 아동부양협약(제18조)과 2008년 EU부양규정(제8조 제1항)은 이런 태도를 취한다. 그러나 장준혁, 부양사건, 208면은 실익이 없다면서 그에 반대한다.

334) '외국재판의 변경'은 후견사건만이 아니라 다양한 사건에서 문제되는데(예컨대 피해자가 사고로 인하여 사망 시까지 매년 일정액의 치료비가 소요될 것으로 예상하여 그 지급을 명하는 판결을 선고한 뒤 예상과 달리 조기에 건강상태가 호전되어 정기금판결 액수의 감액을 청구하는 경우), 저자는 외국법원이 한 재판을 우리 법원이 변경하자면 변경재판을 기준으로 원칙적으로 우리 법에 따른 국제재판관할이 있어야 한다고 본다. 석광현, 국제민소법, 433면 참조.

(나) 미성년자 후견에 관한 사건의 특별관할

구 국제사법 제48조는 성년자와 미성년자를 구별하지 않았는데, 다수설에 따르면 동조 제2항의 해석상 아동후견(미성년자 후견335)과 다르나 편의상 호환적으로 사용한다)에 관하여도 한국에 일상거소 또는 거소가 있는 외국인인 미성년자에 대하여는 ① 아동의 본국법에 의하면 후견개시의 원인이 있더라도 후견사무를 행할 자가 없거나 후견사무를 행할 자가 있더라도 후견사무를 행할 수 없는 경우 또는 ② 그 밖에 피후견인을 보호하여야 할 긴급한 필요가 있는 경우 한국법에 의하는데, 그 경우 준거법과 국제재판관할의 병행을 인정하여 한국 법원이 국제재판관할을 가졌다.

반면에 아동보호협약은 미성년 친권사건과 후견사건에 대해 동일한 국제재판관할규칙을 둔다.

국제사법(제61조 제2항)은 아래와 같이 ① 미성년자의 일상거소가 한국에 있는 경우와 ② 미성년자의 재산이 한국에 있고 그를 보호하여야 할 필요가 있는 경우 한국의 국제재판관할을 인정한다.

① 미성년자의 일상거소가 한국에 있는 경우. 즉 부모·자녀 간의 법률관계 등에 관한 사건의 특별관할을 가지는 법원이 미성년자 후견사건의 국제재판관할을 가진다. 이는 미성년자의 친권과 후견에 동일하게 적용된다.336)

② 피후견인인 미성년자의 재산 소재와 보호할 필요가 있는 경우(제61조 제1항 제3호의 사유와 같다). 이 경우 재산소재만으로는 부족하고 피후견인을 보호할 필요가 있어야 한다. 성년자는 통상 재산을 소유하므로 재산법적 측면도 중요한 데 반하여, 미성년자의 경우 통상 재산을 가지지 않으므로 아동보호협약(제11조)은 긴급한 경우에만 재산소재지 관할을 인정한다. 성년자보호협약도 긴급한 경우 재산소재지 관할을 인정하면서(제10조), 나아가 재산에 대한 보호조치에 관하여 원칙적으로 재산소재지의 관할을 인정한다(제9조). 국제사법(제61조)은 아동의 경우에도 보호할 필요가 있는 때에는 재산소재지의 특별관할을 인정하는 점에서 아동보호협약과는 차이가 있다.

---

335) 헤이그협약과 달리 국제사법은 성년자와 미성년자의 개념을 사용한다. 미성년자인지는 우리 법이 아니라 국제사법 제28조에 의하여 결정되는 본국법에 따를 사항이나 통일적 기준을 적용할 수 없다는 문제가 있다.

336) 다만 국제사법은 제61조 제2항 제2호의 사유가 있는 경우를 규정하므로 그 범위 내에서 친권과 미성년자 후견 간에 차이가 있다.

③ 국적관할의 불인정. 국제사법은 성년자 후견의 경우에만 본국관할을 인정하고 미성년자 후견의 경우 이를 인정하지 않는다. 성년자는 전부터 생활을 영위하므로 외국에 상거소가 있더라도 통상 가족적 유대관계에서는 본국과 밀접한 관련을 가지지만 미성년자는 통상 그렇지 않기 때문이다.

④ 친권과 미성년자 후견의 체제. 국제사법은 준거법의 맥락에서 "[친권] v. [후견(성년자 후견＋미성년자 후견)]"[1]의 체제를 취한다. 이에 대하여는 친권과 미성년자 후견의 밀접성을 고려하여 "[친권＋미성년자 후견] v. [성년자 후견]"[2]의 체제가 바람직하다는 비판이 있다. 국제사법(제61조)은 이를 고려하여 성년자 후견과 미성년자 후견을 묶어 규정하는데, 이는 준거법의 체제를 유지하면서도 제61조 제2항에서 미성년자의 일상거소가 한국에 있는 경우—이는 제59조에 따라 부모·자녀 간의 관계 등에 관한 사건에서 한국이 관할을 가지는 경우이다—한국의 관할을 인정함으로써 다소 완화한다. 그 결과 국제재판관할의 맥락에서는 국제사법은 "[친권] v. [미성년자 후견(양자의 중간)] v. [성년자 후견]"[3]이라는 체제를 따른다. 그러나 헤이그국제사법회의가 준거법과 국제재판관할의 맥락에서 아동후견과 성년자 후견의 차이를 고려하여 친권과 아동후견을 아동보호협약에서 통일적으로 연결하고, 성년자 후견은 성년자보호협약에 의하여 별도로 규율하는 점을 고려한다면 국제사법은 미성년자 후견의 취급에서 국제재판관할과 준거법의 맥락에서 일관성이 부족하다는 비판이 가능하다. 위의 논의를 정리하면 아래와 같다.

규 범	체 제
구 국제사법/국제사법의 준거법규칙	[1] 친권 v. 후견[성년자＋미성년자 후견]
아동보호협약과 성년자보호협약의 관할규칙과 준거법규칙	[2] [친권＋미성년자 후견] v. 성년자 후견
국제사법의 관할규칙	[3] 친권 v. 미성년자 후견 v. 성년자 후견

(다) 성년자 후견의 준거법규칙의 수정

위원회가 후견의 관할규칙을 신설하여 피후견인 상거소지의 관할을 인정함에 따라, 후견의 준거법에 관한 구 국제사법 조문(제48조)을 개정하였다. 연결점을 국적 대신 일상거소지로 대체하는 방안을 고려하였으나, 금번에는 준거법규칙은 개정하지 않는다는 원칙과 후견의 준거법으로서 아직은 본국법주의를 지지하는 견해가 유력한 점[337])을 고려하여 피후견인의 본국법주의 원칙을 유지하면서 예외적으로 외국인에 대하여 한국법을 적용하는 구 국제사법의 태도를 유지하였다. 다만 재판관할에 관한 조문(제62조)이 신설됨으로써 제48조의 문언 수정이 불가피하였다.

결국 국제사법(제75조)은 후견의 준거법에 관하여 피후견인의 본국법주의를 원칙으로 하면서, 제61조에 따라 한국 법원이 후견에 관한 사건의 특별관할을 가지고 재판을 하는 경우 ① 그의 본국법에 따른 후견개시의 원인이 있더라도 후견사무를 수행할 사람이 없거나, 그런 사람이 있더라도 후견사무를 수행할 수 없는 경우, ② 한국에서 후견개시의 심판(임의후견감독인선임 심판을 포함)을 하였거나 하는 경우 또는 ③ 피후견인의 재산이 한국에 있고 피후견인을 보호하여야 할 필요가 있는 경우 예외적으로 법정지법인 한국법을 준거법으로 삼는다. 그 특색은 아래와 같다.

첫째, 제2항에서는 예외적 관할근거를 명시하는 대신 국제사법(제61조)에 따라 한국이 국제재판관할을 가지는 것을 전제로 한다. 둘째, 성년자 후견과 미성년자 후견을 묶어서 규율하는 체제를 유지한다. 셋째, 제1호와 제3호는 구 국제사법 제48조 제1호와 제3호를 유지하면서 조금 수정한다. 넷째, 구 국제사법 제48조 제2호는 "대한민국에서 한정후견개시, 성년후견개시, 특정후견개시 및 임의후견감독인선임의 <u>심판을 한 경우</u>"라고 규정하였으나, 국제사법 제75조 제2항 제2호는 "대한민국에서 후견개시의 심판(임의후견감독인선임 심판을 포함한다)을 하였거나 하는 경우"라고 규정한다. 준거법만 문제되는 상황에서는 제1항이 의미가 있으나 제2호가 한국에서 후견개시의 <u>심판을 하는 경우</u>도 포함하므로 외국인에 대해 후견개시의 원인이 있는지와 그 경우 우리 법원이 후견개시의 재판을 해야 하는지의 준거법도 한국법이다. 결국 한국 법원이 개입하는 경우 사실상 법정지법원칙이 적용되는 결과가 되어 제1항이 상당 부분 무의미하게 된다.

(7) 가사조정사건

위원회는 가사조정사건의 국제재판관할을 규정하기로 하였다. 가사조정은 나

---

337) 예컨대 최흥섭, "새로운 성년후견제의 도입에 따른 국제사법 규정의 개정 문제와 적용 문제", 인하대학교 법학연구 제16집 제3호(2013. 11.), 1면 이하 참조.

류 및 다류 가사소송사건과 마류 가사비송사건의 제소 또는 심판청구에 앞서 거쳐야 하는 사전절차이다(가사소송법 제50조 제1항). 조정의 대상이 되는 사건에 대하여 우리 법원이 국제재판관할을 가진다면 당해 조정사건에 대해서도 법원이 관할을 가지는 점은 이견이 없었다. 국제사법(제62조)은 이런 취지를 반영한 것이다.

(8) 가사사건에서 국적관할의 인정범위

위원회는 가사사건에서 국적관할을 도입할 필요성을 인정하였고, 그 경우 다양한 가사사건의 유형에서 일관성이 있어야 한다는 점에 공감하였으나 구체적인 내용은 충분히 논의되지 않았다. 결국 국제사법은 혼인관계사건에서는 양 당사자가 한국인인 경우 그리고 친생자관계사건(제57조)과 양친자관계의 존부확인과 파양에 관한 사건(제58조 제2항)에서도 자녀 및 피고인 부모 중 한쪽의 국적이 동일한 경우 국적관할을 인정한다.338) 반면에 국제사법은 부모·자녀 간의 법률관계 등에 관한 사건에서는 아동의 국적관할을 인정하지 않으면서(제60조)339) 성년자후견사건에서는 피후견인의 국적관할을 인정한다(제61조 제1항 제2호). 미성년자후견사건의 경우 국적관할을 인정하지 않는다. 공청회 후 제60조를 수정하면서 "부모 중 한쪽과 자녀가 대한민국 국적을 가지는 경우"에도 문언을 수정하는 과정에서 국적관할이 도입될 뻔하였으나 결국은 도입되지 않았다.

국제사법은 입양의 성립과 부양사건에 대하여는 국적관할을 인정하지 않는다.340) 재산적 성격이 강한 부양사건에서는 이런 태도가 타당하나 입양의 성립에 관하여는 다소 의문이다. FamFG(제101조)는 양친 또는 양자의 일방이 독일인인 경우 재판관할을 긍정한다. 독일은 우리보다 국적관할을 더 널리 인정한다. 가사사건에서 국적관할의 인정 여부를 정리하면 아래와 같다.

---

338) FamFG는 혼인관계사건(제98조 제1항 제1호)에서 일방 당사자의 국적관할을 인정한다. 일본 인사소송법(제3조의3)은 혼인관계 소송사건에서 당사자 쌍방이 일본의 국적을 가지는 경우 일본의 국제재판관할을 인정한다.

339) FamFG는 친자사건(제99조 제1항 제1호)에서 아동의 국적관할을 인정한다.

340) FamFG는 입양사건(제101조)에서 양친이 되려는 자의 일방 또는 양자의 국적관할을 인정하나, 부양사건에서는 국적관할을 인정하지 않는다.

《국적관할의 인정 여부》

		국제사법	독일	헤이그 협약	EU규정
혼인		양당사자 국적 관할 ○	일방당사자 국적관할 ○	—	브뤼셀 II bis/ II ter 양당사자 국적 관할 ○
친자	친생자	양당사자(자녀와 피고인 부(모)) 국적관할 ○	일방당사자 국적관할 ○	—	—
	양친자관계 존부/파양	上同	아마도 上同	—	—
	입양성립	×	일방당사자 국적관할 ○	—	—
	친권/아동 후견	양당사자(자녀와 부모 일방) 국적 관할 ○/×	○	×	—
부양		×	×	×	○ [보충적으로 양당사자 공통 국적 관할 ○. 부양규정 §6]
성년자 후견		○	○	○ (§7)	
상속		×	×	—	상속규정(§10). 유산소재와 묶어 보충적으로 ○

(9) 가사사건에 대한 총칙 적용상의 유의점

국제사법 제1장의 총칙은 가사사건에도 적용된다. 다만 가사사건에서 재산법상의 사건과 달리 규정하는 조문들이 있으므로 이를 언급한다.

(가) 피고관할(일반관할)

국제사법(제3조)은 총칙에서 일반관할로서 '원고는 피고의 법정지를 따른다'는 원칙을 명시하는데 이는 가사사건에도 적용된다. 따라서 가사사건이 한국에 일상거소를 가지는 사람에 대한 소의 구조를 취하는 경우 법원에 국제재판관할이 있다. 피고관할원칙이 혼인사건에서도 타당한지는 논란이 있으나 아래 이유로 타당하다고 본다. 첫째, 피고관할원칙이 인정되는 근거는 대체로 국제혼인사건에서도 타당하다. 둘째, 섭외사법하에서 1975년 대법원판결도 국제가사사건에서 피고 주소지주의를 채택하였다. 셋째, 이를 채택하는 브뤼셀 Ⅱ bis(제3조 제1항 a호)와 브뤼셀 Ⅱ ter(제3조(a)(ⅲ))도 참고가 된다.

다만 제3조는 피고의 일상거소를 기준으로 일반관할을 인정하므로 상대방이 없는 가사비송사건의 경우는 그 요건이 구비되지 않을 수 있다. 예컨대 입양허가는 가사비송사건으로서 한국에 일상거소를 가지는 사람에 대한 소라는 구조를 취하지 않으므로 제3조가 준용되기 어려우나, 파양은 당사자가 대립하는 가사소송사건으로 그런 구조를 취하므로 제3조가 적용될 수 있다.[341]

(나) 재산소재지의 특별관할

가사사건 중에서도 이혼한 부부간의 재산분할이나 부양료 청구처럼 재산권에 관한 소에 대하여는 재산소재지의 특별관할도 인정할 수 있다.

(다) 관련관할의 특별취급

하나의 소로 밀접한 관련이 있는 여러 개의 청구를 하는 경우 우리 법원에 그 여러 개 가운데 하나의 청구에 대한 국제재판관할이 있는 때에는 다른 청구에 대하여도 그 청구가 계속된 법원에 소를 제기할 수 있다(제6조 제1항). 이는 제7장(친족) 제1절이 적용되는 사건의 경우에도 같다. 그러나 이는 혼인관계 사건, 친생자관계 사건, 입양관계 사건, 부모·자녀 간 관계 사건, 부양관계 사건과 후견관계 사건의 주된 청구에 대한 관할에 근거하여 친권자·양육자 지정, 부양료 지급 등의 부수적 청구에 대하여도 관할을 인정하는 근거가 될 수는 있으나 반대의 경우에는 허용되지 않는다. 즉 위에 언급한 사건의 주된 청구에 부수되는 부수적 청구에 대해서만 법원에 국제재판관할이 있는 경우에는 그 주된 청구에 대한 소를 법원에 제기할 수 없다(제6조 제4항). 다만 양자의 경계와 범위가 항상 분명한 것은 아니다.[342]

(라) 합의관할과 변론관할의 배제

위원회는 합의관할과 변론관할에 관한 규정은 가사사건(또는 친족사건)에는

---

341) 서울가정법원 1992. 4. 23. 선고 91드63419 판결(확정)도 이런 취지이다.
342) 더 근본적으로 혼인관계 사건의 국제재판관할에 친권관계 사건의 국제재판관할을 종속시키는 국제사법의 태도에 대하여는 비판도 있다.

적절하지 않다고 보았다. 국제사법(제13조)은 가사사건에 관한 개별 조문(제56조부터 제59조까지, 제61조, 제62조)을 명시하면서 그에 따라 국제재판관할이 정하여지는 사건에는 제8조와 제9조의 적용을 배제한다.

(마) 친족에 관한 비송사건의 취급

　가사사건의 경우에는 국제사법 제7장이 소송사건과 비송사건을 통합규정하는 방식을 취함으로써 원칙적으로 양자에 공통된 관할규칙을 둔다. 즉 그 경우 "…에 관한 소"가 아니라 "…에 관한 사건"이라는 식으로 규정함으로써 국제사법의 국제재판관할규칙이 비송사건에도 직접 적용되도록 한다. 따라서 친족에 관한 비송사건의 경우에는 관련된 조문에 따르면 된다(제15조 제2항). 그러나 가사사건이더라도 국제사법 제1장(총칙) 제2절은 성질에 반하지 않는 범위 내에서 비송사건에 준용된다.

7. 상속 또는 유언사건의 특별관할(국제사법 제8장 제1절)

가. 상속사건의 특별관할

　민사소송법 제22조와 제23조는 상속·유증 등의 특별재판적을 규정한다. 즉 제22조는 상속, 유증, 그 밖에 사망으로 효력이 생기는 행위에 관한 소에 대하여는 사망 당시 피상속인의 보통재판적 소재지의 토지관할을 인정한다. 이는 상속재산이 여러 지역에 분포되어 있고 다수의 상속인, 수증자 등이 있을 수 있으므로 이들에 대하여 각각 다른 법원에 제소해야 하는 불편을 덜어주기 위한 것이다.[343] 또한 제23조는 상속채권, 그 밖의 상속재산에 대한 부담에 관한 것으로 제22조의 규정에 해당되지 않는 소에 대하여 상속재산의 전부 또는 일부 소재지의 특별관할을 인정한다. '상속채권'이란 상속에 의하여 상속인이 승계할 피상속인의 채무를 채권자의 관점에서 표현한 것이고, '상속재산에 대한 부담'이란 유산관리나 유언집행, 장례비용 등을 말한다.[344] 국제사법(제76조 제1항)은 이런 토지관할규칙을 국제재판관할규칙으로 받아들이되 '주소'를 '일상거소'로 대체하여 피상속인의 사망 당시 일상거소가 한국에 있는 경우 또는 한국에 상속재산이 있는 경우에는(다만 그 상속재산 가액이 현저히 낮

---

343) 호문혁, 민사소송법 제14판(2020), 182면.
344) 민일영/김능환/김상준, 206면.

은 경우는 제외) 한국의 국제재판관할을 인정한다.

상속에 관한 사건에는 상속소송사건과 상속비송사건이 포함된다. 우리 민사
소송법과 가사소송법상으로는 상속에 관한 사건에는 가정법원이 관장하는 가사사
건과 민사지방법원의 관할에 속하는 상속사건이 있다.[345]

나. 유언사건의 특별관할

유언에 관한 사건에 대하여도 국제사법(제76조 제4항)은 유언자의 유언 당시
일상거소가 한국에 있거나 유언의 대상이 되는 재산이 한국에 있는 경우 한국의
국제재판관할을 인정한다.

다. 상속 또는 유언사건에서 합의관할과 변론관할

국제사법(제76조 제2항)은 상속 또는 유언에 관한 사건에 관하여 당사자의 관
할합의를 허용한다.[346] 이는 상속 또는 유언에 관한 분쟁이 재산법적 성격이 강하
다는 점과 국제사법(제77조 제2항)이 상속의 준거법에 관하여 당사자자치를 제한
적으로 허용하는 점을 고려한 것이다. 합의 당사자의 범위가 문제되는데, 소송사
건과 비송사건에서 범위가 다를 수 있고 특히 후자의 경우 논란이 있을 수 있
다.[347] 국제사법(제76조 제3항)은 합의관할이 허용되는 범위 내에서는 변론관할도
허용한다.

라. 상속비송사건

국제사법은 상속사건에 관하여는 그것이 소송인지 비송인지를 구별하지 않
고 제8장에 따르도록 한다(제76조와 제15조 제2항 제3호).

---

345) 김원태, 178면은 위와 같이 분류한 뒤 구체적 사례를 열거한다.
346) 다만 당사자가 미성년자·피성년후견인인 경우와 국제재판관할이 부여된 국가가 사안과 아
    무런 관련이 없거나 근소한 관련만 있는 경우에는 그러하지 아니하다.
347) EU상속규정 제5조 제1항은 관련 당사자들(the parties concerned)의 합의관할을 규정하는
    데, 당사자들의 권리에 영향을 미치는지에 따라 범위가 달라질 수 있으나(전문 제28항) 구
    체적 범위는 논란이 있다. Christane von Bary, Gerichtsstands- und Schiedsvereinba-
    rungen im internationalen Erbrecht (2018), S. 72ff. 참조. 독일에서 상속사건에 관한 국제
    재판관할은 토지관할규칙에 따라 결정된다(FamFG §343, §105). 즉 토지관할규정은 이중기
    능을 가진다.

8. 어음·수표에 관한 소의 특별관할(국제사법 제9장 제1절)

민사소송법 제9조는 어음·수표에 관한 소는 지급지의 법원에 제기할 수 있다고 규정한다. 국제사법(제79조)은 이러한 토지관할규칙을 특별관할규칙으로 수용하였다. 이는 어음·수표금의 지급청구와 상환청구에는 적용되나, 이득상환청구권은 어음·수표상의 권리가 아니라 '어음·수표법상의 권리'로서 법률의 직접 규정에 의하여 어음·수표의 소지인에게 부여된 지명채권이므로 그에는 적용되지 않을 가능성이 크다.

9. 해사사건의 특별관할(제10장 제1절)[348]

민사소송법은 해상 또는 해사에 관한 사건("해사사건")에 관하여 선적이 있는 곳의 특별재판적(제13조), 선박이 있는 곳의 특별재판적(제14조), 선박사고로 인한 불법행위의 특별재판적(제18조 제2항)과 해난구조의 특별재판적(제19조)을 규정한다. 국제사법에 국제재판관할규칙을 도입하면서 이를 참작하였음은 물론이다. 해사사건의 관할규칙을 정립함에 있어서는 브뤼셀 I Recast와 2011년 9월 발효되고 광범위한 해사채권(maritime claim)에 적용되는 1999년 "선박의 가압류·압류에 관한 국제협약(International Convention on Arrest of Ships)"("Arrest Convention")도 참고가 되었다.

국제사법은 ① 선박소유자·용선자·선박관리인·선박운항자 그 밖의 선박사용인("선박소유자등")의 책임제한사건, ② (선박소유자등에 대한) 선박 또는 항해에 관한 소, ③ 공동해손에 관한 소, ④ 선박충돌에 관한 소와 ⑤ 해난구조에 관한 소에 대하여 국제재판관할규칙을 둔다.[349]

주의할 것은, 국제해사사건의 국제재판관할은 제10장만이 아니라 총칙을 정한 제1장 제2절을 포함하여 다른 장에 규정된 국제재판관할규칙에 의하여도 규율된다는 점이다.

---

348) 상세는 석광현, 국제재판관할법, 407면 이하 참조. 개관은 김영석, "2022년 개정 국제사법에 따른 해상사건의 국제재판관할", 인권과정의 통권 제514호(2023), 8면 이하도 참조.
349) 일본 민사소송법(제3조의3)은 3개의 국제재판관할규칙을 둔다. 제6호(위 제14조에 상응), 제9호(위 제18조 제2항에 상응)와 제10호(위 제19조에 상응)가 그것이다.

가. 선박소유자등의 책임제한사건에 대한 관할(제89조)

선박소유자등의 책임제한사건에 대하여 "선박소유자 등의 책임제한절차에 관한 법률"("선박소유자책임법")은 토지관할규칙을 둔다.[350] 이를 고려하여 국제사법은 선박소유자등의 책임제한사건에 관하여 아래 연결점 중 어느 하나가 한국에 있으면 우리 법원의 관할을 규정한다. ① 선박소유자등의 책임제한을 할 수 있는 채권(즉 제한채권)이 발생한 선박의 선적지, ② 신청인인 선박소유자등에 대하여 제3조에 따른 일반관할이 인정되는 곳, ③ 사고발생지(사고로 인한 결과 발생지 포함), ④ 사고 후 사고선박의 최초 도착지, ⑤ 제한채권에 의하여 선박소유자등의 재산이 압류 또는 가압류된 곳(압류에 갈음하여 담보가 제공된 곳 포함. 이하 "압류등이 된 곳")과 ⑥ 선박소유자등에 대하여 제한채권에 근거한 소 제기지가 그것이다. 이런 국제재판관할규칙은 토지관할규칙과 유사하나 ⑥은 토지관할규칙에는 없는 것이다. 제한채권에 근거한 소가 제기되었다면 그곳에서 어차피 재판을 하므로 책임제한사건에 대한 관할을 긍정한 것이다. 책임제한사건은 일종의 비송사건으로 집단적 절차이므로 그에는 국제사법 제3조(일반관할)는 적용되지 않을 것이다.

나. 선박소유자등에 대한 소의 특별관할(제90조)

민사소송법(제13조)은 선박 또는 항해에 관한 일로 선박소유자, 그 밖의 선박이용자에 대한 소에 관하여는 선적지의 특별재판적을 인정한다. 이는 선박을 하나의 업무의 중심으로 보아 선적이 있는 곳을 선박을 이용하는 업무의 사무소나 영업소와 같이 취급하는 취지이다. 그러나 국제사법에서는 제13조는 배제되었다. "선박 또는 항해에 관한 일로 선박소유자등에 대하여 제기하는 소"에 대한 관할은 특별관할이다. 그렇다면 문제 된 선박 또는 항해에 착안하여 관할을 정할 것이지 그와 무관하게 선적에 착안할 근거는 별로 없어 보인다. 오히려 선적을 일반관할의 근거로 삼아야 하나, 편의치적이 널리 이용되는 현실에서 그에 대해서는 비판의 여지가 있다.

다만 국제사법(제3조)에 의하여 일반관할의 근거가 확대되었으므로 선적 소재지가 주된 사무소(영업소) 소재지, 경영 중심지 또는 법인이나 단체의 설립준거법 소속국이라면 그곳에 일반관할이 인정된다. 따라서 실제 결과는 크게 다르지 않을 것이다. 편의치적의 일부 사안에서는 선적 소재지가 정관상 본거지 또는 법

---

350) "책임제한사건의 관할"을 정한 동법 제2조 참조.

인 또는 단체의 설립준거법 소속국일 수도 있다. 그렇지 않더라도 국제사법(제90조)은 가압류관할을 인정하므로 별 문제는 없을 것이다.

국제사법(제90조)이 정한 '선박 또는 항해에 관한 소'의 해석에서는 민사소송법 제13조의 해석론이 참고가 된다. '선박에 관한 소'는, 선박 자체를 목적으로 하거나 선박에 기인하는 권리관계의 소를 말한다.[351] 선박 자체에 관한 소이므로 선박의 매매대금, 임대료 등의 지급을 구하는 소는 포함되지 않는다. 한편 민사소송법 제13조의 해석상 '항해에 관한 소'는 선박을 항해에 제공하는 것에 의하여 생기는 일체의 권리의무관계에 관한 소로서, 운임청구의 소, 운임반환청구의 소, 항해 준비를 위한 항해용 물자의 구입, 선박 수선, 선원 고용, 승객·화물의 운송 기타 항해에 관하여 생기는 채무불이행 또는 불법행위(따라서 선박충돌도) 기타 청구에 관한 일체의 소를 포함한다.[352]

특별관할에 추가하여 일반관할(국제사법 제3조)도 인정된다.

다. 민사소송법 제14조에 상응하는 규정의 미채택과 재산소재지 관할(제5조)의 적용

민사소송법(제14조)은 선박채권, 그 밖에 선박을 담보로 한 채권에 관한 소에 대해 선박 소재지의 토지관할을 인정한다. '선박채권'은 해상법상 발생한 채권 중에서 선박우선특권이 부여된 채권을 말한다. 위 토지관할의 근거는 선박을 책임재산으로 하는 채권에 기인한 소에 관하여 선박소재지의 특별재판적을 인정한다거나, 또는 선박에 관한 강제집행이 압류 당시 정박항을 관할하는 지방법원이 집행법원이 되는 것과 균형상 인정한다거나, 선박은 일정한 곳에 머물러 있지 않으므로 선박이 있는 곳에서 이를 압류하고 소송도 할 수 있도록 함으로써 권리실현을 쉽게 하기 위한 것이라고 한다.

그러나 이런 취지에 충실하자면 선박 소재가 아니라 선박에 대한 압류를 근거로 국제재판관할을 인정하는 것이 타당하다.[353] 따라서 국제사법은 민사소송법

---

351) 민일영/김능환/김상준, 188면.
352) 민일영/김능환/김상준, 188면 참조. 선박 또는 항해에 관한 소의 유래는 궁금하다. 참고로 근자에 추가된 독일 민사소송법 제30조는 운송에 관한 특별재판적을 규정하는데, 제1항에서는 물품운송(물품 수령지 또는 예정 인도지)의 경우를, 제2항에서는 여객운송(출발지와 목적지)의 경우를 규정한다.
353) 일본 민사소송법(제3조의3 제6호)은 민사소송법(제14조)에 상응하는 국제재판관할규칙을 둔다.

제14조를 국제재판관할규칙으로 삼지 않는다. 하지만 그로 인하여 발생할 수 있는 문제 중 일부는 채권의 발생원인에 따라 제90조 기타 조문으로 해결할 수 있고, 그렇지 않더라도 문제 된 선박이 한국에 있다면 국제사법(제5조)(재산소재지의 특별관할)에 따라 법원의 국제재판관할이 인정된다.

라. 공동해손에 관한 소의 특별관할(제91조)

상법상 공동해손이란 선장이 선박 또는 적하의 공동위험을 면하기 위해서 선박 또는 적하에 관하여 한 처분에 의하여 생긴 손해와 비용을 의미한다(제832조). 민사소송법은 공동해손에 관한 소의 특별재판적을 규정하지 않는다.

국제사법(제91조)은 공동해손에 관한 소에 대하여는 선박 소재지, 사고 후 선박의 최초 도착지와 선박 압류등이 된 곳이 한국인 경우 한국 법원의 국제재판관할을 인정한다. 사고 후 선박의 최초 도착지의 관할을 인정하는 것은 그곳을 관할하는 법원이 심리하는 것이 증거조사에 편리하기 때문이다.

특별관할에 추가하여 일반관할(국제사법 제3조)도 인정된다.

마. 선박충돌에 관한 소의 특별관할(제92조)

민사소송법(제18조 제2항)은 선박의 충돌이나 그 밖의 사고로 말미암은 손해배상에 관한 소를 제기하는 경우에는 사고선박이 맨 처음 도착한 곳의 법원에 제기할 수 있다고 규정한다. '사고 선박'은 피해 선박을 말하는데, 그 이유는 피해 선박이 처음으로 도착한 곳은 결과발생지의 연장이라고 볼 수 있어 그곳을 관할하는 법원이 심리하는 것이 증거조사에도 편리하기 때문이다.

국제사법(제92조)은 선박충돌이나 그 밖의 사고에 관한 소에 대하여, 가해 선박의 선적지 또는 소재지, 사고 발생지, 피해 선박의 사고 후 최초 도착지 또는 가해 선박의 압류등이 된 곳이 한국인 경우에 한국 법원의 재판관할을 인정한다. 피해 선박의 최초 도착지는 사고 발생지의 연장선상에 있다.354) 토지관할규칙과 비교해보면 국제사법이 사고 발생지의 관할을 명시하는 점이 다르나 이는 민사소송법(제18조 제1항)이 정한 불법행위지에 해당하므로 차이가 없다. 선박충돌의 경우에도 국제사법(제44조)이 적용되므로 불법행위지의 관할이 인정되나 이는 사고 발생지와 동일할 것이다.

---

354) 다만 가압류관할과 가해 선박 소재지의 관할을 함께 인정하는 것은 다소 의문이다.

특별관할에 추가하여 일반관할(국제사법 제3조)도 인정된다.

바. 해난구조에 관한 소의 특별관할(제93조)

해난구조(salvage)란 해상기업에 수반되는 해상위험인 해양사고에 조우한 선박 또는 적하를 구조하는 것을 말한다. 민사소송법(제19조)은 "해난구조(海難救助)에 관한 소를 제기하는 경우에는 구제된 곳 또는 구제된 선박이 맨 처음 도착한 곳의 법원에 제기할 수 있다"라고 규정한다. 이는 증거조사의 편의를 위한 것이다. 문언은 '구제'이나 해난구조의 개념상 '구조'로 해석된다.

국제사법(제93조)은 토지관할규칙을 국제재판관할규칙으로 수용하여, 해난구조가 있었던 곳 또는 구조된 선박의 최초 도착지가 한국에 있는 경우 한국 법원의 국제재판관할을 인정하고 가압류관할도 명시한다.

특별관할에 추가하여 일반관할(국제사법 제3조)도 인정된다.

사. 해사사건 국제재판관할규칙의 특색

(1) 해사소송사건에 공통되는 특별관할근거로서 선박 가압류관할의 도입

국제사법(제90조부터 제93조)은 선박의 가압류 또는 압류에 근거한 본안에 대한 관할, 즉 일종의 가압류관할을 규정한다. 이는 Arrest Convention(제7조 제1항·제2항)이 원칙적으로 선박을 가압류한 국가 법원에 본안에 대한 국제재판관할을 긍정하는 태도를 수용한 것이다. 종래 한국에서 해사사건의 실무상 선박의 가압류에(정확히는 재산 소재) 근거하여 본안에 대한 관할을 인정하는 경향이 있는데, 국제사법은 분쟁해결의 실효성을 확보하기 위하여 실무를 명문화한 셈이다. 결국 해사사건에 관하여 소를 제기하려는 자는(제89조는 제외) 국제사법(제14조)에 따라 한국 소재 선박을 일단 가압류하고 그를 근거로 본안에 관한 소를 제기할 수 있다.355)

(2) 해사사건에서 민사소송법 등의 토지관할규칙과 제10장의 국제재판관할규칙

해사사건에 관한 국제사법의 국제재판관할규칙은 민사소송법 등의 토지관할규칙과 다소 차이가 있다. 이를 표로 정리하면 아래와 같다.

---

355) 이에 관한 근자의 논의는 김인현·김재희, "신 국제사법하의 선박가압류 및 본안에 대한 국제재판관할에 대한 소고", 국제사법연구 제29권 제1호(2023. 6.), 605면 이하 참조. 선박가압류에 관하여는 김인현, "선박압류/가압류에 대한 비교법적 연구", 한국해법학회지 제36권 제2호(2014. 1.), 74면 이하 참조.

민사소송법 등	국제사법
선박소유자의 책임제한 등에 관한 법률 제2조(책임제한사건의 관할) 책임제한 사건은 책임을 제한할 수 있는 채권 (이하 "제한채권"이라 한다)이 발생한 선박의 선적(船籍) 소재지, 신청인의 보통재판적(普通裁判籍) 소재지, 사고 발생지, 사고 후에 사고선박이 최초로 도달한 곳 또는 제한채권에 의하여 신청인의 재산에 대한 압류 또는 가압류가 집행된 곳을 관할하는 지방법원의 관할에 전속(專屬)한다.	**제89조(선박소유자등의 책임제한사건의 관할)** 선박소유자·용선자(傭船者)·선박관리인·선박운항자, 그 밖의 선박사용인(이하 "선박소유자등"이라 한다)의 책임제한사건에 대해서는 다음 각 호의 어느 하나에 해당하는 곳이 대한민국에 있는 경우에만 법원에 국제재판관할이 있다. 1. 선박소유자등의 책임제한을 할 수 있는 채권(이하 "제한채권"이라 한다)이 발생한 선박의 선적(船籍)이 있는 곳 2. 신청인인 선박소유자등에 대하여 제3조에 따른 일반관할이 인정되는 곳 3. 사고발생지(사고로 인한 결과 발생지를 포함한다) 4. 사고 후 사고선박이 최초로 도착한 곳 5. 제한채권에 의하여 선박소유자등의 재산이 압류 또는 가압류된 곳(압류에 갈음하여 담보가 제공된 곳을 포함한다. 이하 "압류등이 된 곳"이라 한다) 6. 선박소유자등에 대하여 제한채권에 근거한 소가 제기된 곳
제13조(선적이 있는 곳의 특별재판적) 선박 또는 항해에 관한 일로 선박소유자, 그 밖의 선박이용자에 대하여 소를 제기하는 경우에는 선적이 있는 곳의 법원에 제기할 수 있다.	**제90조(선박 또는 항해에 관한 소의 특별관할)** 선박소유자등에 대한 선박 또는 항해에 관한 소는 선박이 압류등이 된 곳이 대한민국에 있는 경우 법원에 제기할 수 있다. *제90조는 제13조와 달리 선적 소재지 관할 불인정하는 대신 가압류관할 인정
	제91조(공동해손에 관한 소의 특별관할) 공동해손(共同海損)에 관한 소는 다음 각 호의 어느 하나에 해당하는 곳이 대한민국에 있는 경우 법원에 제기할 수 있다. 1. 선박의 소재지 2. 사고 후 선박이 최초로 도착한 곳 3. 선박이 압류등이 된 곳
제14조(선박이 있는 곳의 특별재판적) 선박채권(船舶債權), 그 밖에 선박을 담보로 한 채권에 관한 소를 제기하는 경우에는 선박이 있는 곳의 법원에 제기할 수 있다.	***미채택** *국제사법(제5조 제1호)에 기하여 담보 목적인 선박의 한국 내 소재를 근거로 관할이 인정된다. 그 밖에 피담보채권의 발생원인에 따라 제10장의 다른 조문이 정한 가압류관할이 인정될 수 있다.

제18조(불법행위지의 특별재판적) ① (생략) ② 선박 또는 항공기의 충돌이나 그 밖의 사고로 말미암은 손해배상에 관한 소를 제기하는 경우에는 사고선박 또는 항공기가 맨 처음 도착한 곳의 법원에 제기할 수 있다.	제92조(선박충돌에 관한 소의 특별관할) 선박의 충돌이나 그 밖의 사고에 관한 소는 다음 각 호의 어느 하나에 해당하는 곳이 대한민국에 있는 경우 법원에 제기할 수 있다. 1. 가해 선박의 선적지 또는 소재지 2. 사고 발생지 3. 피해 선박이 사고 후 최초로 도착한 곳 4. 가해 선박이 압류등이 된 곳
제19조(해난구조에 관한 특별재판적) 해난구조(海難救助)에 관한 소를 제기하는 경우에는 구제된 곳 또는 구제된 선박이 맨 처음 도착한 곳의 법원에 제기할 수 있다.	제93조(해난구조에 관한 소의 특별관할) 해난구조에 관한 소는 다음 각 호의 어느 하나에 해당하는 곳이 대한민국에 있는 경우 법원에 제기할 수 있다 1. 해난구조가 있었던 곳 2. 구조된 선박이 최초로 도착한 곳 3. 구조된 선박이 압류등이 된 곳

아. 해사사건의 특별관할과 다른 장의 특별관할과의 관계

(1) 제10장의 해사사건의 특별관할과 제1장 총칙의 적용

해사사건에도 국제사법 총칙이 적용된다. 주목할 것은 전속적 관할합의 요건의 변화이다. 대법원 1997. 9. 9. 선고 96다20093 판결과 대법원 2004. 3. 25. 선고 2001다53349 판결 등에 따르면, 우리 선사가 국제운송을 위하여 체결된 운송계약 또는 선하증권과 관련하여 발생하는 분쟁을 자신의 주된 사무소가 있는 서울중앙지방법원의 전속관할에 복종하게 하는 전속적 관할합의의 효력이 부정되었으나(사고 발생지에 따라) 국제사법에서는 가능하다.

(2) 제10장의 가압류관할과 제1장 제5조(재산소재지의 특별관할)의 관계

제5조에 따르면 청구 또는 담보의 목적인 재산이 한국에 있으면 한국의 관할이 인정되고, 압류할 수 있는 피고의 재산이 한국에 있으면 원칙적으로 한국의 국제재판관할이 인정된다. 따라서 해사사건에서 제소하려는 자는 제5조를 근거로 제소할 수 있으므로 가압류관할이 필요한지 의문이 있을 수 있다. 하지만 과거 우리 법원에서 문제 된 사안(독일 기업이 러시아 선박을 한국에서 가압류하고 이를 근거로 러시아 기업을 상대로 법원에 제소한 사안)처럼[356] 사안이 한국과 아무 관련이 없다면 제5조를 근거로 관할을 인정할 수 없으나, 제10장의 가압류관할을 주장할

---

356) 부산고등법원 2001. 2. 2. 선고 99나5033 판결의 사안.

수 있으므로 양자는 차이가 있다.

(3) 제10장의 해사사건의 특별관할과 다른 장(각칙)의 경합

국제사법(제90조)의 '선박에 관한 소' 중 ① 운임반환청구, 운임 또는 선원의 급료청구, 감항능력위반에 따른 손해배상청구 또는 불법행위로 인한 손해배상청구와, 국제사법 제5장의 계약 및 불법행위에 관한 소의 특별관할규칙이 중첩적으로 적용될 수 있다. 또한 국제사법(제90조)의 '항해에 관한 소' 중 ② 항해의 준비행위인 물자 구입, 선박 수선, 선원 고용, 그리고 항해에 관하여 생긴 채무불이행 또는 불법행위의 소와, 국제사법 제5장의 계약 및 불법행위에 관한 소의 관할규칙이 중첩적으로 적용될 수 있다.

10. 국제재판관할의 조사와 판단의 표준시기

가. 국제재판관할의 조사

국제재판관할의 존재는 소송요건이므로 수소법원은 국제재판관할의 유무를 직권으로 조사하여야 한다.[357] 문제는 법원의 판단 기초이다. 독일의 다수설은 ① 국적, 주소, 본거, 일상거소와 관할합의 등과 같이 관할에만 관련된 사실은 입증을 요하지만, ② 불법행위처럼 관할근거이면서 동시에 청구의 근거가 되는 사실 (즉 '이중으로 의미 있는 사실. doppelrelevante Tatsachen')에 대하여는 원고의 주장을 기초로 판단할 것이라고 보는데, 다만 그 주장은 '논리적으로 일관성이 있어야 (schlüssig)' 하고 그 증명은 본안의 문제라고 본다.[358] 이는 법원이 관할의 조사단계에서 본안을 심사하는 부담을 피하고 실무적으로 절차 진행을 가능하게 한다. 그러나 그에 의하면 원고가 관할근거를 조작할 여지가 있어 피고의 관할이익을 해하므로 소수설은 원고의 주장만을 기초로 판단할 것이 아니라, 법원은 원고가 주장하는 '사실경과'의 발생 여부 내지는 '외부적 구성요건'의 존재를 직권으로 조사하여야 하나, 그런 사실관계가 청구를 근거지울 수 있는지는 본안의 문제라는 식으로 구별함으로써 관할 단계에서도 어느 정도 법원의 조사를 요구한다.

개정위원회는 이를 판례에 맡기는 것이 바람직하다고 보았다.

---

[357] 민사소송법 제32조는 "법원은 관할에 관한 사항을 직권으로 조사할 수 있다"라고 규정하는데 이는 토지관할에 관한 것이다.

[358] Kropholler, Handbuch, Rz. 219; Schack, Rn. 489.

한국에서는 원고의 일방적 주장만을 기초로 국제재판관할을 인정하면 피고에게 실질적 관련이 없는 곳에 응소를 강요할 위험이 있으므로, 불법행위의 발생 등 관할원인 사실에 대하여 피고를 본안심리에 복종시켜도 좋다고 합리적으로 판단할 수 있을 정도로 원고가 일응의 증명을 해야 한다는 견해가 유력하다.[359] 이는 설득력이 있으나 국제사법(제12조)은 예외적 사정에 의한 재판관할권의 불행사를 도입하였으므로 법원으로서는 피고를 본안심리에 복종시켜도 좋다고 합리적으로 판단할 때 우리 법원에 관할이 있을 뿐만 아니라 나아가 예외적 사정의 유무도 고려하여야 한다.[360]

나. 국제재판관할 판단의 표준시기

법원의 관할은 소를 제기한 때를 표준으로 정한다(민사소송법 제33조). 즉 제소 시에 관할이 인정되면 그 후 사정변경이 있어도 관할에 영향이 없다. 이것이 '관할항정(perpetuatio fori)의 원칙'이다. 국제사법은 명시하지 않으나 이는 국제재판관할에도 타당하다.[361] 한편 제소 시에는 국제재판관할이 없었으나 소송계속 중에 관할원인이 발생한 경우에도 한국 법원의 국제재판관할을 인정할 수 있다고 보는데, 그 근거는 관할이 없다고 각하하고 바로 다시 소를 제기하도록 하는 것은 불합리하기 때문이다. 토지관할의 맥락에서 이 경우 관할위반의 흠이 치유된다고 설명한다.

V. 맺음말

2022년 국제사법 개정은 2001년 섭외사법 개정 시 미루었던 정치한 국제재

---

359) 이성호, "사이버 지적재산권 분쟁의 국제재판관할과 준거법", 국제사법연구 제8호(2003), 257면. 장준혁, 관할법, 108면은 관할기초사실도 사실이므로 증명해야 한다고 한다.

360) 예외적 사정의 존재 또는 부존재에 대하여도 동일한 기준을 적용할지와 만일 그렇다면 누가 일응의 증명을 해야 하는지가 문제 된다. 이혜민, 184면 이하는 심사강도와 기준을 논의하면서, 원고가 사법상 유리함(juridical advantage)을 박탈당하는 측면에 대해서, 영국은 이를 별도의 단계로 고려하여 원고에게 입증책임을 부과하지만, 유사한 심사기준을 채택한 캐나다에서는 고려 형량요소 중의 하나로 포함시켜, 전체적으로 피고에게 그 입증책임을 부과하는 차이가 있다고 한다.

361) 일본 민사소송법 제3조의12는 제15조(우리 민사소송법 제33조에 상응)와 마찬가지로 이를 명시한다.

판관할규칙의 도입을 마무리한 것이다. 국제재판관할규칙을 포함하는 국제사법의 편제는 일본 및 중국과 구별되는 한국 국제사법의 특색이다. 2022년 국제사법의 개정은 재산법상의 사건과 가사사건의 국제재판관할에서 각각 일본 최고재판소의 판례를 추종했던 대법원의 태도와 결별한 점에서도 커다란 의미가 있다.

2022년 개정 국제사법의 가장 큰 의의는 국제사법의 세 가지 주요주제 중 하나이고 국제소송에서 가장 기본적 쟁점인 국제재판관할규칙을 국제사법에 규정함으로써 한편으로는 정치한 국제재판관할규칙을 도입함으로써 법적 안정성을 제고하면서, 다른 한편으로는 법원의 재량을 인정함으로써 개별사건에서 구체적 타당성을 보장하는 점이다. 법원으로서는 국제사법을 올바로 해석·적용함으로써 그런 기대를 실현하여야 한다. 2022년 국제사법 개정 작업의 핵심은 국제재판관할규칙이지만 국제적 소송경합도 중요한 개정의 착안점인데, 이는 외국재판의 승인·집행과도 밀접하게 관련된다.

Ⅵ. 미국의 국제재판관할규칙[362]

여기에서는 미국의 국제재판관할규칙을 간단히 살펴본다. 미국의 국제재판관할규칙을 이해하는 것 자체도 의미가 있지만, 이는 '실질적 관련'에 기초한 우리 국제사법의 해석론으로서도 도움이 되는 바가 있다. 미국의 법원이 어느 사건을 재판하기 위해서는 첫째, 사물관할권과 둘째, 대인관할권(또는 대물관할권 또는 준대물관할권)의 양자를 가져야 한다.

1. 사물관할권

이른바 'subject matter jurisdiction(사물관할권)'이라 함은, 연방법원이 상이한 주적(州籍)을 가지는 당사자들 간의 사건을 재판할 수 있는 권한과 같이 당사자와 법정지 간의 관계를 고려함이 없이, 일정한 유형 또는 범주의 사건을 재판할 수 있는 법원의 권한을 말하고 주로 연방법원과 주법원의 관할의 分掌을 말한다.[363] 연방국가인 미국의 50개주에는 연방법원과 주법원이라는 이원적인 독립된 법원제

---

362) 상세는 최공웅, 273면; 김문환, "미국의 국제사법상 재판관할권", 미국법연구(Ⅰ)(1990), 406면 이하; 석광현, 관할연구, 75면 이하 참조.
363) 한충수, 미국 관할체계, 185면.

도가 존재하는데, 주법원은 연방법원이 전속적 관할권을 가지는 사건을 제외하고 당사자에 대한 대인관할권(*in personam* jurisdiction)을 가지는 모든 사건을 재판할 수 있으나, 연방법원의 재판관할권은 헌법(Article Ⅲ)과 의회제정법(statutes)에 명시적으로 근거가 있는 사건에 한정된다.

연방법원 재판관할권의 일반적인 두 가지 근거는 연방문제(federal questions)와 이주민 간 사건(diversity)에 관한 관할권인데, 전자를 'federal question juris-diction(연방문제 관할권)', 후자를 'diversity jurisdiction(이주민 간 관할권)'이라 한다.364) 일방 당사자가 미국인이고 상대방이 외국인인 경우 연방법원은 diversity jurisdiction을 가지는데 이를 'alienage jurisdiction'이라 한다. 연방법원이 사물관할권을 가지는 사건에 대하여는, 의회가 연방법원에 전속관할을 부여한 경우(파산사건, 특허와 저작권사건, 특정 독점금지법 사건 등)를 제외하면 대체로 주법원도 사물관할권을 가지는데, 경합하는 법원 중 어느 법원이 재판할지는 원고의 제소에 의하여 결정된다.

2. 대인관할권

국제재판관할을 논의하는 우리의 맥락에서는 대인관할권이 주로 관심의 대상이다. 그런데 미국 법원이 피고에 대해 대인관할권(*in personam* jurisdiction)(이하 편의상 국제재판관할(권)이라 한다)을 가지기 위해서는 다음 두 가지 요건이 구비되어야 한다.

첫째, 관할권확대법(long-arm statute)에 의한 입법적인 수권이 있어야 한다.

---

364) 그 밖에도 해사관할권이 있다. 그러나 사물관할권은 미국법의 역외적용과도 관련하여 논란이 되는데, 우리로서는 사물관할권의 개념을 정확히 이해하기는 어렵다. 미국에서도 사물관할권과 입법관할권의 구별이 쉽지는 않은 모양이다. 예컨대 1993년 미국 연방대법원의 Hartford Fire 사건 판결(Hartford Fire Insurance Co. v. California, 509 U.S. 764)의 다수의견을 쓴 Souter 판사는 Sherman Act상 사물관할권과 입법관할권의 외연이 같은 것으로 보았으나, 반대의견을 쓴 Scalia 판사는 양자를 준별하면서 사물관할권이 없으면 각하, 입법관할권의 범위를 넘으면 기각할 것이라고 보았다. 1934년 증권거래(소)법 제10조 및 SEC 규칙 10b-5의 역외적용에 대하여 제한적 입장을 취한 연방대법원의 2010. 6. 24. Morrison v. National Australia Bank Ltd., 130 S.Ct. 2869 (2010) 사건에서도 하급심 판결은 사물관할권의 존재를 부정하였으나, 연방대법원 판결은 이를 당연히 존재하는 것으로 보았다. 이처럼 역외적용이 사물관할권의 문제인지 본안(즉 준거법)의 문제인지를 판단하는 것은 미국 법률가들에게도 어려운 모양이다. 우리로서는 역외적용의 문제를 입법관할권의 한계 내지 준거법의 문제로 이해하는 것이 적절하다.

둘째, 재판관할권의 행사가 연방헌법상의 적법절차조항(due process clause)에 부합해야 하는데, 이 단계에서는 법원의 재판관할권을 긍정하는 것이 피고에게 기본적인 권리를 보장하는 연방헌법의 적법절차조항에 부합하는지의 여부를 심사한다. 이처럼 미국에서는 재판관할권을 연방헌법 차원의 문제로 이해하는 점에 특색이 있는데 적법절차분석은 바로 그 핵심을 이룬다.

적법절차의 요건을 충족하기 위해서는 (1) 피고와 법정지 간에 '최소한의 접촉'(또는 최소한의 관련. minimum contacts)이 있어야 하고, (2) 법정지의 재판관할권의 행사가 공평과 실질적 정의의 관념에 부합하는 합리적인 것이어야 한다. 따라서 최소한의 접촉의 존재를 인정하기 위한 요건이 문제 되는데, 미국 연방대법원은 Hanson v. Denckla 사건 판결365)에서, 최소한의 접촉이 있기 위한 요건으로서 ① 법정지 내에서 피고의 행위가 있을 것, ② 그 행위가 의도적일 것과 ③ 법정지주법의 이익 및 보호를 향유할 것이라는 세 가지를 제시하였고, 그 결과 'purposeful availment(의도적 이용)'는 적법절차분석의 하나의 시금석이 되었다. 그러나 ①의 요건에 관하여 그 후의 판결들은 '법정지 내에서의 행위'가 아니라 '법정지와 관련된 의도적 행위(purposeful activity related to the forum)'라고 함으로써 법정지 외에서의 행위도 포함시켰고, 결국 피고의 법정지 내에서의 물리적 행위가 필요한 것은 아니고 법정지 내에서의 효과를 발생할 것이 예상되는 법정지 외에서의 행위(out-of-state activity with foreseeable effects in the forum)도 포함되는 것으로 확대되었다. ①의 요건인 '피고의 행위'는 '일반접촉(general contacts)'과 '특별접촉(specific contacts)'으로 구분되는데, 전자는 일반관할의 근거가 되고 후자는 특별관할의 근거가 된다. 따라서 일반접촉과 특별접촉의 구별이 중요한데, 대체로 전자는 피고가 법정지와 상대적으로 밀접하고 지속적인 관련을 가지는 경우에 존재하고 후자는 그 정도에 미치지 못하는 수준 또는 정도의 접촉을 말한다고 하나, 양자의 구별기준이 되는 접촉의 질과 성질(quality and nature)이 명확하지 않은 점에 어려움이 있다.

나아가 미국 법원은 위 두 단계의 심사를 거쳐 미국의 국제재판관할권의 존재가 긍정되더라도 관할권의 확대를 억제하고자 부적절한 법정지의 법리에 기초하여 재량으로 재판관할권의 행사를 거부하는 것366)을 허용함으로써 재판관할권

---

365) 357 U.S. 235 (1958).
366) 영국에서는 부적절한 법정지의 법리를 적용한 결과 소송절차를 중지하는 데 반하여 미국에

의 유무 판단과 행사 여부 판단을 구별한다. 그 결과 미국에서는 구체적인 사건에서 국제재판관할 배분의 정의가 상대적으로 충실하게 달성될 가능성은 크나, 상대적으로 당사자의 예측가능성 내지는 법적 안정성이 침해된다.367)

서는 소를 각하하는 경향이 있다.

367) 미국 연방대법원은 2014년에 미국 법원의 일반관할에 관하여 중요한 판결을 선고하였다. 즉 Daimler AG v. Bauman 사건 판결(571 U.S. 117 (2014); 134 S. Ct. 746 (2014))이 그 것이다. 이에 의하여 미국은 수십 년간 유지해 영업활동에 근거한 일반관할권을 사실상 폐기하였다고 평가된다. 소개와 문헌은 석광현, 국제재판관할법, 76면 註 66 참조. 그러나 최근 미국 연방대법원의 Mallory v. Norfolk Southern Railway Co. 사건 판결, 600 U.S. 122 (2023)은 타주·외국회사 등록법에 의하여 어떤 주에 등록함으로써 간주된 동의 관할이 적법절차 기준을 충족하는지를 다룬 판결로서 주목할 만한데 다수의견은 이를 긍정하였다. 소개와 비판은 장준혁, "'간주된 동의' 관할의 재부상과 미국 국제·주제재판관할법의 퇴보 — Mallory v. Norfolk Southern Railway Co.의 비판적 검토", 국제사법연구 제30권 제1호 (2024. 6.), 285면 이하 참조.

제 5 장

국제소송의 당사자

제 5 장
국제소송의 당사자

Ⅰ. 머 리 말

　　민사소송법상 어떤 사람이 적법하게 소송의 당사자가 되어 소송을 수행하고 본안판결을 받기 위해서는, 첫째, 당사자능력이 있고, 둘째, 소송능력이 있어야 하며, 셋째, 당사자적격 또는 소송수행권[1]과 넷째, 변론능력이 있어야 한다. 그런데 오늘날 인적 교류가 국제화되고, 기업의 국제적 활동이 활발해짐에 따라 외국인이 당사자가 되거나 그 밖의 외국적 요소가 있는 민사소송이 우리 법원에서 제기되는 사례가 증가하고 있다.

　　모든 국민은 헌법과 법률이 정한 법관에 의하여 법률에 의한 재판을 받을 권리를 가진다(헌법 제27조 제1항). 헌법은 명시하지 않지만 공정한 재판을 받을 권리는 국민의 기본권으로 보장된다.[2] 헌법(제6조)에 따라 외국인도 내국인처럼 우리 법원에서 재판을 받을 권리를 가지는데, 외국인의 이러한 권리는 국제연합이

---

* 제5장에서 인용하는 아래 주요 문헌은 [　] 안의 인용약어를 사용한다.
　강현중, "외국인의 민사소송상 지위", 섭외사건의 제문제[하], 재판자료 제34집(1986)[강현중, 외국인]; 석광현, "國際訴訟의 外國人當事者에 관한 몇 가지 문제점", 서울지방변호사회 변호사 —회원연구논문집 제36집(2006)(석광현, 제4권에도 수록)[석광현]; 석광현, "호주 법원 판결에 기한 집행판결 청구의 소에서 변호계인 원고의 당사자능력", 한양대학교 법학논총 제37집 제1호(2020. 3.)(석광현, 정년기념에도 수록)[전자를 석광현, 호주 변호계라고 인용한다]; 윤성근, "국제거래사건 소송실무 현황", 진산 기념논문집 제1권[윤성근]; 이필복, "법인과 단체의 실체적, 절차적 준거법", 국제사법연구 제25권 제2호(2019. 12.)[이필복]; 전병서, "국제민사소송법서설 및 외국인당사자의 소송상 취급", 사법행정 통권 제416호(1995. 8.)[전병서].

1) '소송추행권'이라고 부르기도 한다.
2) 헌법재판소 2001. 8. 30. 선고 99헌마496 결정.

1966년 채택하고 우리나라도 1990년 가입한 "시민적 및 정치적 권리에 관한 국제
규약(International Covenants on Civil and Political Rights. ICCPR)"(국제인권규약 B규약
또는 자유권규약)(제14조)에 의하여도 보장된다. 그러나 외국인에게 법원에의 자유
로운 접근3)이 보장된다고 하여 소송의 당사자가 외국인이라는 사실이 아무런 의
미가 없는 것은 아니다.4) 예컨대 당사자능력과 소송능력을 판단함에 있어서 당연
히 우리 법에 따르는 것은 아니고, 당사자적격의 판단에서도 외국법을 적용할 필
요가 있다. 다만, 당사자적격은 당사자능력 또는 소송능력과 달리 당사자의 국적
또는 속인법보다는 관련된 법률관계에 외국적 요소가 존재하는 경우 주로 문제
된다. 오늘날 "절차는 법정지법에 따른다"라는 법정지법원칙(*lex fori* principle)5)이
확립되어 있는데, 당사자능력, 소송능력과 당사자적격은 모두 소송요건으로서 절
차의 문제이므로 이는 기본적으로 법정지법인 우리 민사소송법에 의할 사항으로
보이지만 더 면밀한 검토가 필요하다(특히 당사자적격). 종래 이 점에 관하여 우리
나라에서는 논의가 충분하지 않다.6)

　　이 장에서는 첫째, 외국인의 당사자능력(Ⅱ.), 둘째, 외국인의 소송능력(Ⅲ.),
셋째, 국제소송의 당사자적격(Ⅳ.), 넷째, 외국인의 변론능력과 소송대리(Ⅴ.), 다섯
째, 외국인 당사자에 대하여 외국으로 하는 송달(Ⅵ.)과 소송비용담보(Ⅶ.)를 논의
한다.

---

3) 헤이그국제사법회의의 1954년 '민사소송(절차)에 관한 협약(Convention relating to Civil
　 Procedure)'은 법정에의 접근을 보장하였는데, 이는 1980년 '법정에의 국제적 접근에 관한 협
　 약(Convention on International Access to Justice)'에 의하여 대체되었다. 우리나라는 아직
　 가입하지 않고 있다. 한중조약은 명시적으로 법원에의 접근권(또는 사법 접근권)을 보장한다.
　 법원에의 접근권은 우호통상항해조약(Friendship, Commerce and Navigation treaties)과 같
　 은 양자조약에 따라 보장되기도 하는데, 1957년에 발효한 대한민국과 미합중국 간의 우호·
　 통상 및 항해조약(제5조 제1항)도 유사한 취지를 규정한다.
4) Schack, Rn. 645−646.
5) Geimer, Rz. 319f. 참조. Nagel/Gottwald, Rz. 1.42; 최공웅, 243면 이하.
6) 강현중, 437면 이하; 전병서, 12면 이하; 최공웅, 348면 이하 참조. 이연주, "민사소송에 있어
　 서 외국인의 법적 지위", 전북대학교 법학연구 통권 제49집(2016. 8.), 155면 이하도 참조. 이
　 글은 민사소송법 논점에 추가하여 재판권과 외국인의 재판청구권을 함께 다룬다.

Ⅱ. 외국인의 당사자능력

1. 민사소송법의 규정 — 내국인의 경우

우리 법원에서 민사소송의 당사자가 되기 위하여는 소송의 주체가 될 수 있는 일반적 능력, 즉 당사자능력이 있어야 한다. 당사자능력은 소송요건이므로 법원의 직권조사사항이다. 당사자능력은 민법상의 권리능력에 대응하나 그와 동일하지는 않다. 민법상 권리능력자는 민사소송법상 당사자능력자이지만 권리능력이 없어도 당사자능력이 인정될 수 있기 때문이다. 즉 민사소송법 제51조에 의하면 민법, 그 밖의 법률에 따라 권리능력을 가지는 자는 당사자능력을 가지므로,[7] 민법상 권리능력을 가지는 자연인과 법인이 당사자능력을 가짐은 명백하다(실질적 당사자능력자).[8] 한편 민사소송법 제52조는, 법인이 아닌 사단이나 재단은 대표자 또는 관리인이 있는 경우에는 그 사단이나 재단의 이름으로 당사자가 될 수 있다고 규정한다(형식적 당사자능력자).[9] 이는 법인 아닌 사단이나 재단이 거래활동의 주체가 되어 분쟁의 당사자가 되는데, 만일 당사자능력을 부인하면 상대방은 구성원 전원을 상대로 제소해야 하는 불편과 번잡이 초래되기 때문에 이를 피하기 위한 것이다. 법인이 아닌 사단보다 단체성이 약한 민법상 조합이 당사자능력을 가지는지는 논란이 있는데 다수설[10]과 판례[11]는 부정한다.

---

7) 당사자능력, 소송능력 등에 대한 원칙을 정한 제51조는 "당사자능력(當事者能力), 소송능력(訴訟能力), 소송무능력자(訴訟無能力者)의 법정대리와 소송행위에 필요한 권한의 수여는 이 법에 특별한 규정이 없으면 민법, 그 밖의 법률에 따른다"라고 규정한다.

8) 이시윤, 126면; 정동윤 · 유병현, 172면.

9) 이시윤, 127면; 정동윤 · 유병현, 173면. 법인이 아닌 사단 등의 당사자능력을 정한 제52조는 "법인이 아닌 사단이나 재단은 대표자 또는 관리인이 있는 경우에는 그 사단이나 재단의 이름으로 당사자가 될 수 있다"라고 규정한다. 이는 소송법상의 당사자개념은 실체법과 무관하게 원고의 신청을 표준으로 형식적으로 판단된다는 '형식적 당사자개념(formeller Parteibegriff)'과는 구별해야 한다.

10) 이시윤, 130면; 정동윤 · 유병현, 175면. 그러나 민일영 · 김능환/장석조, 주석민사소송법(Ⅰ), 310면은 긍정설을 취한다.

11) 대법원 1991. 6. 25. 선고 88다카6358 판결; 대법원 1999. 4. 23. 선고 99다4504 판결 등.

2. 당사자능력의 준거법 — 외국인의 경우

가. 학설의 소개

당사자가 외국인인 경우 당사자능력의 준거법이 문제 되는데 민사소송법 제51조는 명확한 기준을 제시하지 않는다. 자연인이나 법인의 경우 일반적으로 권리능력과 당사자능력이 인정되므로 별 문제가 없으나, 법인격이 없는 단체의 경우 문제 된다. 우리나라에는 논의가 많지 않지만, 일본에는 종래 일본 구 민사소송법 제45조(현재 제28조. 우리 민사소송법 제51조와 거의 동일하다)와 관련하여 아래와 같이 견해가 대립한다.[12) 어느 견해를 따르든 간에 민사소송법은 외국인의 권리능력에 관하여 준거법 결정원칙을 두고 있는데, 이를 '소송상의 저촉규범(prozessuale Kollisionsnorm)'이라고 부르기도 한다.

첫째는 '법정지법설'이다. 이는 국제사법의 대원칙인 법정지법원칙으로부터 출발하여 민사소송법 제51조를 적용하되, 동조에서 말하는 "그 밖의 법률"에 국제사법이 포함되므로 결국 국제사법에 따른 당사자의 권리능력의 준거법, 즉 당사자의 속인법, 그중에서도 실체법을 적용한다. 이를 '속인법실체법설'(또는 본국실체법설)이라고도 하는데 이 명칭이 더 적절하다.[13) 일본 판례의 다수가 이를 따른다. 둘째는 당사자능력은 권리능력, 행위능력과 표리를 이루는 사람의 속성·능력에 관한 문제이지만, 그것은 소송법상의 문제이기 때문에 민사소송법 제51조의 경유 없이 당사자의 본국법의 소송법을 적용하는 견해이다. 이를 '본국소송법설'[14)이라

---

12) 일본 학설은 高桑 昭, "當事者能力", 高桑 昭·道垣內正人(編), 國際民事訴訟法(財産法關係) 新·裁判實務大系 3(2002), 163면 이하 참조. 상응하는 독일 민사소송법 제50조(권리능력)는 아래와 같이 규정한다.

"(1) 권리능력이 있는 자는 당사자능력이 있다.

(2) 권리능력이 없는 사단은 제소될 수 있고, 그 쟁송에서 사단은 권리능력이 있는 사단의 지위를 가진다".

과거와 달리 2009년 개정을 통하여 능동적 당사자능력도 인정한다. 근자의 우리 학설과 판례의 소개는 이필복, 116면 이하 참조.

13) 법정지법설은 당사자능력에 관한 우리 민사소송법의 원칙을 적용하는 듯한 인상을 주나, 실제는 우선 법정지의 민사소송법을 적용하고, 국제사법을 그 밖의 법률이라고 보아 결국 권리능력의 준거법을 적용하기 때문이다. 서울고등법원 2018. 11. 6. 선고 2017나18608 판결은 당사자능력의 준거법이 문제 된 사안에서 민사소송법 제51조를 인용한 뒤 '그 밖의 법률'에는 국제사법이 포함된다고 설시한 점으로 보아 위 견해를 따른 것으로 보인다.

14) 이를 '속인법소송법설' 또는 '속인법설'이라고도 한다.

고 한다. 이에 따르면 민사소송법 제51조는 내국인에게만 적용된다. 다만 본국소송법상 당사자능력이 없더라도 제52조에 의하여 우리나라에서 당사자능력이 인정될 수 있다. 셋째는 속인법 소속국의 실체법과 소송법의 양자에 선택적으로 연결하여 어느 하나의 법에 따라 당사자능력이 있으면 한국에서도 당사자능력이 있다는 견해이다.15) 근자에 일본의 다수설이다.

위 견해를 독일 합명회사에 적용하면 다음과 같다. 독일 상법상 합명회사와 합자회사는 법인이 아니므로 권리능력이 없지만 독일 상법(제124조, 제161조 제2항)은 당사자능력을 인정한다.16) 따라서 독일 합명회사가 우리 법원에서 당사자가 되는 경우 법정지법설(본국실체법설)에 의하면 권리능력이 없으므로 당사자능력이 부정되고, 다만 대표자 또는 관리인이 있으면 민사소송법 제52조에 따라 긍정된다. 반면에 본국소송법설17)에 의하면 당사자능력이 인정된다. 이처럼 양자의 결론이 같을 수 있으나 이론구성이 다르다. 영국의 partnership의 경우도 영국법상 권리능력은 부정되나 당사자능력은 인정되므로 유사하다. 미국의 partnership도 법인격, 즉 권리능력은 없지만 다수의 제정법은 당사자능력을 인정하므로 마찬가지이다.

나. 사　견

견해의 대립은 자연인의 경우보다는18) 법인이나 단체의 경우 더 큰 의미가 있다. 어느 견해를 따르더라도 실제 결과에 큰 차이는 없다. 우리 민사소송법이 실체법의 권리능력을 기초로 당사자능력을 인정함을 중시하여 외국인에게도 동일한 원칙을 적용할지, 아니면 소송능력에 관한 민사소송법 제57조19)를 당사자능력

---

15) 강현중, 431면은 이를 지지한다. 강현중, 제7판, 212면도 같다.
16) 독일법상 합명회사와 합자회사는 소송능력은 없고 대리권이 있는 사원에 의하여 대리된다. 독일 민사소송법 제51조 제1항.
17) 이는 상법 제124조를 절차법으로 보는 것을 전제로 한다.
18) 아래 대법원 2015. 2. 26. 선고 2013다87055 판결에서 보듯이 자연인의 경우에도 의미가 전혀 없는 것은 아니다. 정확히 말하자면 이는 단순한 자연인이 아니라 법인격이 없는 단체인 계의 문제이다.
19) 외국인의 소송능력에 대한 특별규정을 정한 제57조는 "외국인은 그의 본국법에 따르면 소송능력이 없는 경우라도 대한민국의 법률에 따라 소송능력이 있는 경우에는 소송능력이 있는 것으로 본다"라고 규정한다. 상응하는 독일 민사소송법 제55조(외국인의 소송능력)는 아래와 같이 규정한다.
"본국법에 따라 소송능력이 없는 외국인도, 법정지법에 따라 소송능력이 있는 경우에는 소

에 유추적용하여 이를 특별한 저촉규범으로 볼지의 문제이다. 생각건대 아래 이 유로 본국소송법설이 더 설득력이 있다.[20]

첫째, 속인법의 실체법상 권리능력이 없더라도 절차법상 당사자능력이 인정 된다면 우리 법원으로서도 이를 인정할 수 있고, 또한 그렇게 하는 것이 실효적 분쟁해결을 위하여 합목적적이며, 까다로운 적응 문제를 회피할 수 있다. 둘째, 본국소송법설에 대해서는 법정지법원칙에 반한다는 비판이 가능하지만, 아래에서 보듯이 민사소송법 제57조를 유추적용하면 예외를 인정하는 데 별 무리가 없다. 셋째, 민사소송법 제51조는 당사자능력은 이 법에 특별한 규정이 없으면 민법, 그 밖의 법률에 따른다고 규정하는데, 이는 내국인을 염두에 둔 규정이고 제52조도 동일하다. 가사 "그 밖의 법률"에 국제사법이 포함되더라도 민사소송법상 특칙이 있으면 그 특칙에 따라야 하는데, 제57조는 외국인의 소송능력에 관하여 본국소 송법이 준거법임을 밝히고 있으므로 당사자능력에도 이를 유추적용하여 외국 단 체가 본국소송법상 당사자능력이 없더라도 우리 법률에 따라 당사자능력이 있는 경우에는 당사자능력이 있는 것으로 본다.[21]

이처럼 당사자능력에도 제57조를 유추적용한다면, 제51조, 제52조와 제57조 를 묶어 결국 본국과 우리나라의 소송법에 선택적 연결을 한 결과가 된다. 입법 론으로서는 당사자능력에 관하여도 제57조에 상응하는 조문을 두는 편이 바람직 하다.[22]

흥미로운 것은 대법원 2015. 2. 26. 선고 2013다87055 판결이다. 이는 외국에 서 승소판결을 받은 '써리 힐스 뮤추얼 론 클럽'(호주에 거주하는 한국인들로 구성된 변호계)이 계원의 1인인 피고를 상대로 호주 뉴사우스웨일스 지방법원에서 승소판 결을 받은 뒤 우리 법원에서 집행판결 청구의 소를 제기한 사건인데, 위 판결은

송능력이 있는 것으로 본다".
20) 전병서, 15면도 동지.
21) 독일 민사소송법도 당사자능력에서는 소송능력에서와 달리 제55조와 같은 조문(우리 민사소 송법 제57조에 상응하는 조문)을 두지 않는데, 이를 당사자능력에도 유추적용할지는 논란이 있다. Nagel/Gottwald, §5 Rn. 18은 부정설이다.
22) 실무적으로 당사자가 외국법인인 경우 법인격의 증명이 문제 되는데, 영미법계 국가의 경우 당해 국가의 관공서(미국 각 주의 경우 State Secretary)가 발급하는 corporate charter, ar-ticles of association, articles of incorporation, certificate of good standing, certificate of incorporation, certificate of company registry 등을 제출하고 일본회사의 경우 우리의 등기 사항증명서와 거의 유사한 공적 증명서를 제출하며, 중국이나 러시아 법인의 경우에도 관할 관청에서 인증하는 증명서나 인증서를 제출한다고 한다. 실무편람, 50면.

당사자능력 등 소송요건을 갖추어야 함을 전제로 위 사건의 원고는 "변호계로서 법인 아닌 사단으로서의 실체를 가지지 못하여 당사자능력이 없"다는 이유로 소를 각하한 원심판결[23]을 지지하였다. 그러나 위 결론의 타당성은 의문이다. 사견으로는 원고의 당사자능력은 본국소송법과 우리 소송법에 선택적 연결을 해야 하므로 당사자가 외국소송법 또는 우리 민사소송법상 당사자능력이 있으면 되는데, 위 대법원판결은 우리 민사소송법만에 따라 결론을 내렸기 때문이다. 위 소송의 원고의 실질이 조합으로 인정되어 우리 민사소송법상의 당사자능력이 없더라도 호주의 민사소송법상 당사자능력이 있다면(물론 원고가 호주법상 권리능력 또는 당사자능력을 가지는지는 확인해야 하나 원고가 호주에서 승소판결을 받았으니 적어도 당사자능력은 인정할 수 있을 것으로 짐작된다) 집행판결을 구하는 소에서 우리 법원도 당사자능력을 인정해야 하기 때문이다. 대법원이 외국법원에서 외국 소송법에 따라 당사자능력을 인정받은 외국 단체의 당사자능력을 부정한 것은 본국실체법설 또는 본국소송법설로도 설명하기 어렵고, 단지 법정지인 우리 민사소송법의 법리를 적용한 것이라고 할 수 있으나 이는 민사소송법 제57조의 유추적용 또는 쓰여지지 않은 저촉규범에 따라 본국소송법으로의 지정을 인정할 가능성을 전혀 고려하지 않은 것으로서 아쉬움이 남는다.[24]

III. 외국인의 소송능력

1. 민사소송법의 규정 — 내국인의 경우

소송능력이라 함은 당사자로서 유효하게 소송행위를 하거나 또는 상대방이나 법원으로부터 소송행위를 받기 위해 갖추어야 할 능력이다. 소송능력은 소송상의 행위능력이라고도 하고 민법상의 행위능력에 대응하는데, 이는 소송요건이므로 법원의 직권조사사항이다. 민사소송법 제51조에 따르면, 민법상 행위능력이 있는 자는 소송능력을 가진다. 그런데 제57조에 따르면, 외국인의 소송능력은 원칙적으로 본국법에 의하고, 예외적으로 본국법상 소송능력이 없더라도 우리 법에 의하여 소송능력이 있는 때에는 소송능력자로 본다. 이는 외국인을 내국인과 동

23) 의정부지방법원 2013. 9. 26. 선고 2012나17692 판결.
24) 위 판결에 대한 비판은 석광현, 호주 변호계, 155면 이하 참조.

등하게 보호하면 족하다는 취지이다.[25] 여기에서 '본국'이라 함은 자연인의 경우 국적소속국을, 법인의 경우 국제사법(제16조)에 따라 원칙적으로 그의 설립준거법 소속국을 의미한다.

2. 소송능력의 준거법 — 외국인의 경우

가. 학설의 소개

우리나라에는 논의가 많지 않지만, 일본에는 종래 일본 구 민사소송법 제45조(우리 민사소송법 제51조에 상응)와 관련하여 다음과 같은 취지의 두 가지 견해가 대립한다.[26]

당사자능력의 경우처럼 소송능력의 경우에도 법정지법설(본국실체법설)과 본국소송법설이 나뉘고 있으나, 소송능력의 경우 당사자능력의 경우에는 없는 민사소송법(제57조)이 특별규정을 두고 있으므로 논리의 전개가 다르다.

법정지법설[27]은, 민사소송법 제51조를 적용하여 소송능력을 판단함에 있어 실체법상의 개념인 행위능력에 따르도록 하므로, 우리 국제사법(제13조)에 따라 행위능력의 준거법인 본국법의 실체법을 적용하여 행위능력이 긍정되면 한국에서도 소송능력을 긍정한다. 일본의 종래 통설이다. 다만 제57조가 특별규정을 두므로, 외국인이 본국법에 따라 소송능력이 없더라도 우리 민사소송법상 소송능력이 있으면 소송능력이 있다. 그러나 이런 단서는 본국법에 따른 행위능력을 기초로 하는 법정지법설에 배치된다. 일본 판례는 법정지법설을 취하고 있다고 한다.[28] 독일에서는 제57조는 내국의 법적거래(Rechtsverkehr)의 안전을 보호하기 위한 것으로 독일 민법시행법(제12조. 우리 국제사법 제29조에 상응)의 거래보호규정에 상응하는 것이라고 설명한다.

한편 본국소송법설[29]은, 제57조가 본국법에 따르면 '행위능력'이 없는 때라고 규정하지 않고 '소송능력'이 없는 경우라고 하여 소송능력을 문제 삼는 것을 기초

---

25) 이시윤, 140면.
26) 일본 학설은 山本克己, "訴訟能力", 高桑 昭·道垣內正人(編), 國際民事訴訟法(財産法關係) 新·裁判實務大系 3(2002), 173면 이하; 강현중, 416면 이하; 전병서, 15면 이하와 최공웅, 352면 이하 참조. 근자의 우리 학설과 판례의 소개는 이필복, 124면 이하 참조.
27) 이를 '속인법실체법설'이라고도 한다.
28) 山本克己(註 26), 174면 이하 참조.
29) '본국법설' 또는 '속인법소송법설'이라고도 한다.

로 본국소송법이라고 해석한다. 즉 "사람의 소송능력은 그의 속인법의 소송법에 의한다"라는 불문의 연결원칙이 있다고 본다. 물론 제57조의 결과 외국인이 본국의 소송법에 따라 소송능력이 없더라도 우리 민사소송법상 소송능력이 있으면 소송능력이 있다.

셋째는 법정지소송법과 본국소송법의 양자를 선택적으로 연결하여 어느 하나의 법에 따라 소송능력이 있으면 한국에서도 소송능력이 있다는 견해이다.

나. 사   견

견해 대립은 자연인의 경우 별 의미가 없고 법인이나 단체의 경우 의미가 있으나 실제 결과는 크게 다르지 않다. 민사소송법이 실체법의 행위능력을 기초로 소송능력을 인정하는 점을 중시하여 외국인에게도 동일한 원칙을 적용할지, 아니면 제57조를 특별한 저촉규범으로 볼지의 문제이다. 생각건대 당사자능력에서와 같은 이유로 제51조의 해석에 관한 한 본국소송법설이 더 설득력이 있다.[30] 특히 제57조가 외국인의 소송능력에 대한 특별규정을 두므로, 명시적인 조항이 없어 제57조를 유추적용하는 당사자능력의 경우와 비교하면 소송능력의 경우는 실정법상의 근거가 더욱 강력하다. 또한 소송능력에 관하여는 제57조가 적용되므로 외국인이 본국소송법에 따라 소송능력이 없더라도 우리 법률에 따라 소송능력이 있으면 소송능력이 있다.

요컨대 저자는 제51조의 해석상 당사자능력과 소송능력의 경우 모두 본국소송법설을 취한다. 이것이 간명하다. 실정법적 근거는 제57조의 유추적용(당사자능력의 경우)과 적용(소송능력의 경우)에 있다. 나아가 당사자능력의 경우 외국 단체가 본국소송법상 당사자능력이 없더라도 우리 민사소송법상 당사자능력이 있으면 당사자능력이 있다(제57조의 유추적용). 또한 소송능력의 경우 외국인이 본국소송법상 소송능력이 없더라도 우리 민사소송법상 소송능력이 있으면 소송능력이 있는 것으로 본다(제57조의 적용). 따라서 제51조와 제57조를 묶어 보면, 당사자능력이든 소송능력이든 결국 본국소송법과 우리 소송법에 선택적 연결을 하는 결과가 된다.

---

30) 강현중, 427면 이하는 본국법설을 취하면서, 실체법에 의할지 소송법에 의할지는 본국이 결정할 사항이라고 하였다. 반면에 전병서, 17면은 법정지법설을 취한다.

Ⅳ. 국제소송의 당사자적격(訴訟遂行權)

당사자적격이라 함은 특정의 소송사건에 있어서 당사자로서 소송을 수행하고 본안판결을 받기에 적합한 자격을 말하는데, 당사자적격이 있는 자를 '정당한 당사자'라 하고, 권한의 면에서 파악하여 '소송수행권(Prozessführungsbefugnis)을 가지는 당사자'라고도 하며, 소송수행권은 민법상의 관리처분권에 상응하는 개념이라고 한다.31) 일반적으로 소송물인 권리관계의 존부의 확정에 대해 법률상 대립하는 이해관계를 가진 자가 정당한 당사자인데, 통상은 소송 목적인 권리관계의 주체인 자가 정당한 당사자이므로 당사자적격은 별로 문제 되지 않는다. 그러나 제3자가 정당한 당사자로서 소송수행을 하는 경우도 있는데, 이를 '제3자의 소송담당(Fremdprozessführung)'이라고 한다. 소송법상의 당사자개념은 실체법과 무관하게 원고의 신청, 즉 소장을 기준으로 형식적으로 판단되므로 이를 '형식적 당사자개념(formeller Parteibegriff)'이라고 한다.32)

아래에서는 우선 국내소송의 경우 당사자적격을 검토하고 국제소송의 경우를 살펴본다.

1. 민사소송법상의 이론 — 국내소송의 경우

가. 일반적인 경우

국내소송의 경우 당사자적격을 가지는 자는 소송의 유형에 따라 다음과 같다.

(1) 이행의 소

이행의 소에서는 자기에게 이행청구권이 있다고 주장하는 자가 원고적격을 가지고, 그에 의하여 이행의무자라고 주장된 자가 피고적격을 가진다. 형식적 당사자개념을 채용한 결과 이행의 소에서는 당사자적격은 원고의 주장 자체에 의하여 결정되고, 실제로 원고가 그러한 권리를 가지고, 피고가 그러한 의무를 부담하

---

31) 이시윤, 133면. 관리처분권을 기준으로 소송수행권을 정하는 근거와 그에 대한 비판은 이동률, "제3자 소송담당의 문제점", 민사소송 제8권 제1호(2004), 170면 이하 참조. 미국 연방 민사소송규칙(Federal Rules of Civil Procedure) 제17조 a항 제1호 제1문은 "소는 이해관계가 있는 진정한 당사자의 이름으로 제기되어야 한다.(An action must be prosecuted in the name of the real party in interest.)"라고 규정하고 그러한 자들을 열거한다.

32) 이시윤, 114면; 정동윤·유병현, 153면.

는지(즉 본안적격)는 본안심리에서 판단할 사항이다.

(2) 확인의 소

확인의 소에서는 청구에 대하여 확인의 이익(Feststellungsinteresse)을 가지는 자가 원고적격을 가지고, 원고의 이익과 대립·저촉되는 이익을 가지는 자가 피고 적격을 가진다. 어떤 권리의 존재 확인을 구하는 소의 경우 당해 권리의 주체가 아니더라도 확인의 이익이 있으면 원고적격을 가지므로 확인의 소의 당사자적격 은 개별사건마다 확인의 이익의 존부를 판단하여 결정하여야 한다.

(3) 형성의 소

형성의 소에서는 법규 자체가 당사자적격을 가지는 자를 명시하는 경우가 많 다. 예컨대 주주총회결의 취소의 소에 관한 상법(제376조)과 합병무효에 관한 상 법(제236조)은 원고적격자를 명시한다. 명문의 규정이 없으면, 제3자에게 판결의 대세효가 발생하는 점을 고려할 때 당해 소송물과 가장 강한 이해관계를 가지고 충실한 소송수행을 기대할 수 있는 자를 당사자적격자라고 본다.[33]

(4) 고유필수적 공동소송

고유필수적 공동소송은 실체법상 관리처분권, 즉 소송수행권이 수인에게 공 동으로 귀속하는 때이므로 실체법상 이유에 의한 필수적 공동소송이라고 하는데, 이에는 형성권이 공동으로 귀속하는 경우, 합유관계소송, 총유관계소송 및 수인의 소송담당자의 경우 등이 있다.[34] 예컨대 우리 법상 조합이 적극적 당사자가 되는 능동소송의 경우 소송의 목적이 조합원 전원에 대하여 합일적으로 확정되어야 하 는 고유필수적 공동소송이나, 각 조합원의 개인적 책임에 기하여 조합채무의 이 행을 구하는 수동소송의 경우 원칙적으로 그렇지 않다.[35] 나아가 조합채무에 관 한 수동소송의 경우 채무의 대체성 유무에 따라 예컨대 채권자가 조합에 대하여 금전채권 등 대체성이 있는 채권을 가지는 때에는 조합원 1인을 상대로 소를 제 기할 수 있으나, 대체성이 없는 부동산소유권이전등기를 구하는 소를 제기하는

---

33) 대법원 1967. 12. 26. 선고 67다1839 판결; 대법원 1988. 2. 23. 선고 87다카1586 판결.
34) 이시윤, 135, 647면 이하; 호문혁, 907면 이하.
35) 이시윤, 648면 이하.

경우 고유필수적 공동소송이다.[36]

고유필수적 공동소송의 경우 관리처분권을 가지는 이들이 공동으로 당사자가 되지 않으면 당사자적격을 구비하지 못한다. 이처럼 고유필수적 공동소송은 실체법상 이유에 근거한 것이므로 준거법이 우리 법이라면 중재의 경우에도 동일한 법리가 적용되어야 하므로 일부 당사자에 대한 소송절차는 허용되지 않는다고 본다.[37] 반면에 유사필수적 공동소송은 개별적으로 소송을 할 수 있지만 일단 공동소송인이 된 이상 합일확정이 요청되는 공동소송을 말하며, 절차법상 이유에 의한 필수적 공동소송이라고 한다.[38] 이 경우 반드시 여러 사람이 공동으로 당사자가 되어야 하는 것은 아니므로 당사자적격과는 직접 관련이 없다고 본다.

나. 제3자의 소송담당

권리관계의 주체가 아닌 제3자가 당사자적격을 가지고 자기의 이름으로 소송을 수행하는 경우가 있는데, 이를 '제3자의 소송담당', '제3자의 소송신탁' 또는 '타인의 권리에 관한 소송'이라고 한다. 소송을 담당하는 제3자를 '소송담당자' 또는 '소송수탁자', 본인은 그에 상응하여 '(소송)피담당자' 또는 '(소송)위탁자'라 한다. 이에는 법정소송담당과 임의적 소송담당의 두 가지가 있다.[39]

(1) 법정소송담당

이는 제3자가 권리관계의 주체의 의사에 관계없이 법률의 규정에 의하여 소송수행권을 가지는 경우인데, 이에는 (a) 제3자가 법률의 규정에 의하여 관리처분권을 가지는 결과 소송수행권을 가지는 경우와 (b) 직무상의 당사자가 소송수행권을 가지는 경우가 있다.[40] (a)에는 첫째, 제3자가 권리관계의 주체와 함께 소송

---

36) 김재형, "組合에 대한 法的 規律", 민사판례연구 [XIX](1997), 666면.

37) 중재절차도 마찬가지라고 본다. Rolf A. Schütze, Schiedsgericht und Schiedsverfahren, 4. Auflage (2007), Rn. 86.

38) 이시윤, 652면; 호문혁, 911면.

39) 그 밖에도 이시윤, 137면은 공해소송, 주민소송, 소비자나 투자자소송, 환경소송, 대량불법행위소송 등 이른바 현대형소송을 별도의 유형으로 들면서 클래스 액션과 단체소송에 의하여 당사자적격을 허용하는 방안을 도입할 필요가 있다고 한다. 정동윤·유병현, 199면도 유사하다.

40) 우리나라에서는 통상 가사소송사건에서 피고 적격자 사망 후에 검사나, 해난구조료청구에 있어서의 선장을 예로 든다.

수행권을 가지는 병행형[41]과, 둘째, 권리관계의 주체에 갈음하여 소송수행권을 가지는 갈음형이 있다.[42] 우리나라에서는 파산관재인, 회생절차의 관리인, 유언집행자 등을 (a), 그중에서도 갈음형의 예로 드나 독일에서는 이를 (b)의 직무상의 당사자로 분류하는데, 이는 파산관재인 등의 법적 지위와, 직무상의 당사자의 개념을 어떻게 규정할지에 달려 있다.[43]

(2) 임의적 소송담당

이는 제3자가 권리관계의 주체로부터 소송수행권을 수권받은 경우이다. 이에는 (a) 법률이 명시적으로 허용하는 경우와 (b) 그 밖에 학설 및 판례에 의하여 예외적으로 허용되는 경우가 있다. 전자의 예로는 선정당사자와, 추심위임배서의 피배서인 등이 있다. 선정당사자라 함은 공동의 이해관계가 있는 여러 사람이 공동소송인이 되어 소송을 해야 할 경우에, 그중에서 모두를 위해 소송을 수행할 당사자로 선출된 자를 말하는데(민사소송법 제53조) 선정당사자제도는 일본과 우리나라에 특유한 제도이다.[44] 한편 후자를 보면, 소송대리인의 자격을 변호사에 한정하는 변호사대리의 원칙(민사소송법 제87조)과 소송신탁을 금지하는 신탁법(제7조)의 취지에 비추어 볼 때, 법률에 명문의 규정이 없는 그 밖의 경우에는 임의적 소송담당은 원칙적으로 허용되지 않는다는 것이 우리 통설과 판례이다.[45] 그러나 근자에는, 위 원칙을 잠탈할 염려가 없고 또한 합리적 필요가 있는 때에는 임의적 소송담당을 허용하는 견해가 유력하고,[46] 유사한 취지에서 업무집행조합원은 조

---

41) 제3자의 예로는 채권자대위소송의 채권자(민법 제404조), 대표소송의 (소수)주주(상법 제403조)와 채권질의 질권자(민법 제353조), 공유자전원을 위해 보존행위를 하는 공유자(민법 제265조) 등을 든다. 이시윤, 135면. 그러나 채권질의 질권자와 채권자대위소송의 채권자는 자신의 권리를 행사하는 것이므로 소송담당자가 아니라는 견해도 있다. 호문혁, 256면 이하.

42) 우리나라에서는 파산관재인, 회사정리의 관리인, 채권추심명령을 받은 압류채권자와 유언집행자 등을 갈음형의 예로 들고, 상속재산관리인은 법정대리인이라고 보는 견해가 다수설이다.

43) Leo Rosenberg/Karl Heinz Schwab/Peter Gottwald, Zivilprozessrecht 16. Auflage (2004), §46 Rn. 6; Schack, Rn. 670. 호문혁, 255면 이하는 독일의 분류를 지지한다.

44) 김용진, 민사소송법, 제5판(2008), 743면.

45) 호문혁, 252면.

46) 이시윤, 137면. 정동윤 · 유병현, 195면은 위 두 요건에 추가하여 피담당자의 절차권이 실질적으로 보장될 것을 요구하고, 나아가 소송담당자가 다른 사람의 권리관계에 관한 소송에 대하여 자기 고유의 이익을 가지는 때 외에도, 소송담당자가 소송수행권을 포함한 포괄적인 관리처분권을 가지고, 권리의 귀속주체에 못지 않게 그 권리관계에 관하여 지식을 가질 정도로 관여하고 있는 때에는 합리적 필요성을 인정한다.

합재산에 관하여 조합원으로부터 임의적 소송신탁을 받아 자기의 이름으로 소송
수행을 할 수 있다고 본 대법원판결도 있다.[47]

　　선정당사자의 경우 피담당자와 소송담당자 사이에 위에서 언급한 공동의 이
해관계 외에는 실체적 법률관계가 없기 때문에 실체법과 별로 관계가 없는 데 반
하여, 그 밖의 임의적 소송담당의 경우에는 사안에 따라 소송담당자와 피담당자
간에 어떤 실체적 법률관계가 존재하는 점에서 차이가 있다. 우리 학설에 따른 제
3자의 소송담당의 유형과 사례는 다음과 같다.

(1) 법정소송담당	(a) 법률의 규정에 의한 관리처분권에 기한 경우	병행형: 채권자대위소송의 채권자, 주주대표소송 의 소수주주, 채권질의 질권자
		갈음형: 파산관재인, 관리인, 압류채권자 (독일에서는 직무상의 당사자로 본다)
	(b) 직무상의 당사자	검사, 선장
(2) 임의적 소송담당	(a) 법률이 명시하는 경우: 선정당사자, 추심위임배서의 피배서인	
	(b) 그 밖에 학설·판례가 허용하는 경우: 업무집행조합원	

(3) 제3자의 소송담당과 판결의 효력

　　제3자의 소송담당에서 소송담당자가 소송을 수행하여 받은 판결의 효력은 제
3자뿐만 아니라 권리관계의 주체인 본인에게도 미친다(민사소송법 제218조 제3항).
그런데 법정소송담당 중 위 (b)(직무상의 당사자)와 (a) 중 갈음형의 소송담당자 그
리고 임의적 소송담당의 경우 이는 별 문제가 없으나, (a) 중 병행형의 소송담당
자의 경우에도 판결의 효력(특히 기판력)이 권리주체에게도 미치는지는 논란이 있
다. 만일 판결의 효력이 권리주체에게도 전면적으로 미친다면 소송담당자가 불성
실하게 소송을 수행한 경우 패소판결의 효력에 의하여 권리주체는 다시 제소할
수 없게 되어 그의 소송수행권이 침해되므로, 권리주체가 소송에 참가함으로써
패소하는 것을 막을 수 있는 절차보장이 된 경우에 한하여 판결의 효력이 미친다
는 견해가 유력하다.[48]

---

47) 대법원 1984. 2. 14. 선고 83다카1815 판결; 대법원 1997. 11. 28. 선고 95다35302 판결 등.
　　이런 완화된 태도는 일본 최고재판소의 1970. 11. 11. 판결(민집 24권 12호, 1854면)을 따른
　　것으로 보인다.
48) 이시윤, 138면. 채권자가 채무자를 대위하여 받은 판결의 효력에 관하여 대법원 1975. 5.

2. 국제소송의 경우

소송수행권 내지 당사자적격은 소송요건이므로 절차의 문제로서 기본적으로 법정지법인 우리 민사소송법에 의한다.[49] 그러나 당사자가 소송절차에 참가하지 않는 타인을 위하여 권리를 소송상 주장할 수 있는 권한을 가지는 경우가 있고, 이러한 권한은 실체법 또는 절차법으로부터 유래할 수 있으므로 국제소송에서는 국제사법 또는 국제민사소송법적 고려가 필요하다.

가. 일반적인 경우

국제소송의 경우에도 기본적으로는 국내소송에 관한 논의가 타당하다. 따라서 당사자적격을 가지는 자는 소송의 유형에 따라 이행의 소, 확인의 소와 형성의 소를 구분하여 보아야 한다.[50] 나아가 고유필수적 공동소송은 실체법상 이유에 의한 필수적 공동소송이므로 그에 해당하는가는 관련 실체법에 따라 판단해야 하는데 그 실체법은 당해 법률관계의 준거법이 된다.

나. 제3자의 소송담당

법정소송담당은 실체법에 근거한 것과 절차법에 근거한 것으로 구분할 수 있는데 그 근거에 따라 법정소송담당이 가능한지의 판단기준이 되는 준거법이 결정된다.

(1) 법정소송담당
(가) 실체법에 근거한 법정소송담당

예컨대 우리 민법에서 보듯이 채권질의 질권자(제353조), 공유자전원을 위해 보존행위를 하는 공유자(제265조)와 조합원이 조합채무자에 대해 조합채권에 기한 소를 제기하는 경우는 이에 속한다. 이 경우 제3자를 위하여 소송수행을 할 수 있는지라는 허용성(또는 적법성)과 그 요건은 법정지인 우리 국제사법에 의하여 결정

---

13. 선고 74다1664 판결도 이러한 태도를 취하였다. 이를 '절차보장설'이라고 한다.
49) Geimer, Rz. 2234f.
50) 山本克己, "當事者適格", 高桑 昭·道垣內正人(編), 国際民事訴訟法(財産法關係) 新·裁判實務大系 3(2002), 181면 이하. 근자의 논의는 羽賀由利子, "當事者適格", 道垣內正人·中西 康(編), 国際私法判例百選 第3版(2021), 184면 이하.

되는 당해 법률관계의 준거법(*lex causae*)에 따른다.[51] 즉 소송수행권 내지 당사자적격의 문제는 소송요건이므로 절차의 문제로서 법정지법인 우리 민사소송법에 따를 사항이지만, 아래 채권자대위권의 예에서 보듯이, 그렇다고 하여 실체법에 근거한 법정소송담당이 배제되는 것은 아니라는 것이다.

영국법상으로는 조합원의 1인에 대해 조합 전체의 채무에 관한 소를 제기할 수 있으므로, 우선 조합원 전체에 대해 소를 제기하고 조합재산 전체를 집행한 뒤에 비로소 특정조합원에 대한 소를 허용하는 다른 국가들과는 뚜렷이 대비된다고 한다.[52] 따라서 이것이 조합에 관한 영국 실체법의 결과라면, 조합의 준거법이 영국법인 경우 원고는 우리나라에서 조합원의 1인에 대해 조합채무 전체에 관하여 소를 제기할 수 있다.

(나) 소송법에 근거한 법정소송담당 — 소송계속 중의 계쟁물의 양도

독일 민사소송법(제265조 제2항)은 계쟁물의 양도를 허용하면서 계쟁물이 양도되더라도 당사자를 변경하지 않고 종전 당사자가 여전히 소송수행권을 가지며 그 판결의 효력을 양수인에게 미치도록 한다. 이것이 '당사자항정주의'이다. 이에 의하여 소송법률관계는 실체법상의 변경으로부터 보호된다. 독일에서는 계쟁물 양도인의 소송수행권은 전적으로 법정지법인 독일 민사소송법에 의하여 규율되며 소송물 또는 양도행위의 준거법과는 관련이 없다.[53] 그러나 우리 민사소송법(제81조, 제82조)은, 소송목적인 실체적인 권리관계의 변동을 소송에 반영하여 승계인을 새 당사자로 바꾸고 양도인의 소송상의 지위를 승계시키는 '소송승계주의'를 취하므로 소송계속 중 계쟁물의 양도는 소송법에 근거한 법정소송담당의 예에 해당하지 않는다.

---

51) Geimer, Rz. 2235; Schack, Rn. 673.
52) Cheshire/North p. 91 이하. 우리 민법상으로는 조합의 채권자는 채권 전액에 관하여 조합원 전원을 상대로 소를 제기할 수 있고, 각 조합원이 분담하는 금액에 관하여 각 조합원을 상대로 소를 제기할 수도 있다. 채권자는 양자 중 선택할 수 있고 반드시 전자를 먼저 해야 하는 것은 아니다. 民法注解 [XVI] 債權(9)(1999), 115면(김재형 집필부분). 민법은 분담주의를 취하므로, 조합채무가 성질상 불가분이거나 또는 조합원이 연대책임을 부담하기로 하는 특약이 있는 경우를 제외하고는 원칙적으로 조합의 채권자는 어느 조합원에 대하여 조합채무 전부의 이행을 청구할 수는 없다.
53) Schack, Rn. 671.

(다) 논란이 있는 사례

① 채권자대위소송(*action oblique*)

국내소송에서 채권자대위소송은 법정소송담당 중에서도 병행형의 사례이다. 그런데 국제소송에서 채권자대위의 인정 여부가 문제 되는데, 이는 채권자대위소송의 성질결정에 달려 있다. 독일과 일본에는 견해가 나뉘는데, 그에 따라 실체법에 근거한 법정소송담당인지 소송법에 근거한 법정소송담당인지가 결정된다.

소송법설은 채권자대위권은 채권자에게, 채무자의 제3채무자에 대한 직접의 실체법상의 청구권을 부여하는 규정이 아니라, 채권자가 자기의 이름으로 채무자에게 속하는 권리를 소송상 행사할 수 있는 권한을 부여하는 소송법상의 제도라고 보는데, 이에 따르면 채권자대위소송의 허용 여부는 법정지법에 의한다.54) 반면에 실체법설은 채권자의 소송수행권은 실체법상의 권리인 채권자대위권으로부터 파생하는 권리이므로, 채권자대위권의 준거법에 의하여 대위채권자의 소송담당권한의 유무를 판단한다. 독일에도 이를 지지하는 견해가 있다.

생각건대 채권자대위권은 채권자가 자기 채권을 보전하기 위하여 채무자의 권리를 대신 행사할 수 있는 실체법상 권리이므로(민법 제404조 제1항),55) 채권자에게 그런 권리를 인정할지는 우선 당해 피보전채권의 준거법에 따른다. 만일 채권자대위가 소송 외의 권리행사로 그친다면 그것으로 족하다.56) 문제는 채권자대위소송에서 채권자의 당사자적격이므로, 법정지법이 이를 허용할 것이 전제되는 것으로 보인다.57) 그러나 이는 실체법에 근거한 모든 법정소송담당의 경우에 공통되는 것이고 특히 채권자대위소송에 특유한 문제는 아니다. 따라서 저자는 실체법설을 지지한다. 그렇다면 채권자대위소송의 허용 여부는 채권의 준거법에 의하는데, 채권자가 채권의 준거법상 채권자대위권을 가지고, 대위의 대상인 권리의 준거법상으로도 대위권이 인정되어야 한다(이는 채권자대위권의 준거법에 관하여 누적설을 전제로 하는 것이고, 만일 피보전권리의 준거법에 따른다고 보면 전자만으로 족하

---

54) 소송법설을 취한 동경지방재판소 판결이 있다. 1962. 7. 20. 下民集 제13권 제7호, 1482면.

55) 민법의 해석상 채권자대위권은 실체법상의 권리이고 소송법상의 권리가 아니다. 김형배, 채권총론, 제2판(1999), 351면.

56) 채권자대위권의 준거법에 관한 학설은 채권자취소권과 달리 제3자 이익 보호의 문제가 없다는 이유로 피보전채권의 준거법설(신창선·윤남순, 332면; 신창섭, 313면)과 누적설(김연·박정기·김인유, 381면) 등이 있다. 판례는 서울고등법원 2018. 11. 9. 선고 2015나2034008 판결(확정) 참조.

57) 따라서 만일 법정지법이 채권자대위소송을 금지하는 법제라면 이는 불가능할 것이다.

다). 이처럼 실체법적으로 본다면 법정지법이 개입할 것은 아니다.

　　② 주주대표소송

　　상법(제403조)에 따르면 대표소송은, 회사가 이사에 대한 책임추궁을 해태한 경우 발행주식 총수의 100분의 1 이상에 해당하는 주식을 가진 소수주주가 회사를 위하여 이사의 책임을 추궁하기 위해 제기하는 소이다. 원래 주주는 회사재산에 대하여 일반적·추상적 이해관계만을 가지므로 회사의 대외적 권리에 관하여 제소할 지위에 있지 않지만 대표소송은 그에 대한 예외이다. 이 경우 주주는 회사의 대표기관으로서 회사와 전체 주주의 이익을 위하여 회사의 권리를 주장하는 것이므로, 주주의 제소권은 공익권의 성질을 가지고 판결의 효력은 회사에 직접 귀속한다.[58] 대표소송은 이사에 대한 책임추궁의 실효성을 확보함으로써 회사운영의 건전성을 확보하는 최후의 보루가 되는 동시에 이사들의 임무해태를 예방하며 이사들이 업무집행 시 신중을 기하고 판단의 질을 높이도록 촉구하는 기능을 한다.[59] 우리 상법상의 주주대표소송은 미국법상의 대표소송(derivative suit)과 유사하다.[60]

　　여기에서 소수주주의 이런 권리가 실체법상의 것인지, 소송법상의 것인지라는 성질결정이 문제 된다. 일본에는 일본법상 주주대표소송을 대위소송적으로 이해하는 견해와 클래스 액션적으로 이해하는 견해가 있는데, 전자에 의하면 피담당자는 회사이고, 후자에 의하면 피담당자는 주주 전원이 될 것이다. 이 중 어느 견해를 따르더라도 소송담당자와 피담당자의 관계는 주식회사의 속인법에 의하여 규율되며, 주주대표소송의 허용성과 대표주주의 원고적격은 주식회사의 속인법에 의한다고 한다.[61] 독일에서도 이런 견해가 있다.[62]

---

58) 이철송, 회사법강의, 제31판(2023), 849면. 판결의 효력이 소송담당자인 소수주주에게도 미치는지에 관하여 논란이 있으나 절차보장설이 유력함은 위에서 본 바와 같다.

59) 이철송(註 58), 850면.

60) 나아가 근자에는 상법(제406조의2)이 개정되어 주주대표소송의 원고적격이 확장된 새로운 소송제도인 다중대표소송이 도입되었다. 동조 제1항은 "모회사 발행주식총수의 100분의 1 이상에 해당하는 주식을 가진 주주는 자회사에 대하여 자회사 이사의 책임을 추궁할 소의 제기를 청구할 수 있다"라고 규정한다. 다중대표소송의 절차법적 측면은 사법정책연구원, 다중대표소송에 관한 연구(2021) 참조. 그러나 국제적 맥락을 고려하지는 않는 것으로 보인다.

61) 山本克己(註 50), 187 – 188면.

62) Schütze, Rn. 194는 사원이 회사의 청구권을 강제하기 위하여 공동사원, 업무집행자 및 회사의 채무자를 상대로 제기하는 소송을 예로 든다. 반면에 영국 항소법원(Court of Appeal)은, Jersey 법에 따라 설립된 회사의 주주가 이사를 상대로 대표소송을 제기한 Heyting v

생각건대 주주의 대표소송제기권은 주주라는 지위에 기하여 그 권리로서 인정되는 것이고, 이사의 책임추궁의 실효성을 확보하기 위한 수단이라는 점에서 실체의 문제이다. 예컨대 뉴욕주법에 따라 설립된 주식회사의 주주가 대표소송제기권을 인정하는 뉴욕주법에 기하여 서울에 주소를 둔 피고(이사)를 상대로 우리 법원에 주주대표소송을 제기한다면 그의 당사자적격이 문제 되는데, 이는 원래 외국회사가 제기할 소송이지만 회사가 이를 게을리하였음을 이유로 외국 주주가 회사를 대신하여 제소하는 것이므로 주주에게 당사자적격을 인정할 수 있다. 이 점에서 주주대표소송도 실체법에 근거한 법정소송담당의 예이므로 주주대표소송을 제기하기 위한 소수주주의 자격과 제소자격은 속인법에 따른다.

그러나 주주대표소송의 경우 채권자대위소송의 경우보다 더 까다로운 문제가 있다. 왜냐하면 주주대표소송의 경우 통상 소송고지, 소송절차 참가, 판결의 효력, 회사의 재심의 소 제기 등이 수반되기 때문이다. 이러한 사항들은 절차의 문제로서 일응 법정지법인 우리 법에 따를 사항이지만, 그 사항들에 관하여 회사의 속인법이 특칙을 두고 있다면 과연 우리 법원이 이를 적용할 여지는 전혀 없는지, 만일 있다면 그 범위가 문제 된다. 이는 주주대표소송을 실체법에 근거한 법정소송담당이라고 보는 경우, 실체법이 규율하는 사항의 범위의 획정의 문제이다.[63] 만일 우리 법원이 우리 법이 알지 못하는 외국법의 제도를 시행해야 한다면 국제사법의 적응(Anpassung)의 법리를 활용할 여지가 있다. 주의할 것은, 여기의 논의는 당사자적격의 문제이므로 주주가 외국 소재 이사를 상대로 제소하는 경우 국제사법상 우리 법원에 국제재판관할이 있어야 한다는 점이다.[64]

③ 클래스 액션(class action. 대표당사자소송)

클래스 액션은 일찍부터 영미에서 판례를 통하여 발달하였고 1966년 개정된

Dupont 사건 판결([1964] 1 WLR 843)에서, 소수주주가 대표소송을 제기할 수 있는가, 즉 소수주주의 당사자적격(*locus standi*)은 절차의 문제로서 영국법에 따를 사항이라고 판단하였다.

63) 이에 관한 근자의 논의는 김태진, "대표소송·다중대표소송에 관한 국제회사법적 검토 ―해외자회사 이사를 상대로 한 다중대표소송 可否에 관한 試論을 겸하여―", 경영법률 제34집 제3호(2024. 4.), 237면 이하 참조. 이는 소수주주의 대표소송 제기권은 실체법적 권리이면서도 절차적 권리로서 양면성을 인정해야 한다고 한다.

64) 이와 관련하여 주주대표소송에서 책임이 있다고 주장된 피고(이사)의 일반관할과 제25조의 특별관할이 인정되는지 아니면 제10조 제1항 제2호를 근거로 회사 설립준거법 소속국이 전속관할을 가지는지가 문제 되는데, 이 점은 제10조의 설명에서 논의하였다.

미국 연방민사소송규칙(FRCP. 제23조)[65]에서 성문화된 것으로, 다수의 소비자 또는 투자자가 원인이나 쟁점을 공통으로 하는 소액의 손해배상청구권을 가지는 경우에, 그 피해자집단 중 대표자가 나서서 클래스에 속하는 총원의 청구액을 일괄하여 제소하고 일거에 전체의 권리를 실현시키는 소송형태로서[66] 소송경제와 권리의 추구를 용이하게 하기 위한 것이다.[67] 집단소송의 유형 중 독일의 단체소송(Verbandsklage)이 단체가 타인의 이익의 대표자로서 나서는 단체주도형인 데 반하여, 클래스 액션(class action)은 대표당사자 개인이 나서는 개인주도형이다. 단체소송은 주로 부작위청구가 중심을 이루고, 클래스 액션은 손해배상청구가 중심을 이룬다.

독일에서는 미국식 클래스 액션은 허용되지 않으므로 가사 문제 된 법률관계의 준거법이 미국법이더라도 독일 법원에 클래스 액션을 제기할 수 없다.[68] 우리나라에서는 과거 클래스 액션은 전혀 허용되지 않았으나 2005. 1. 1. 증권관련집단소송법이 시행됨에 따라, 피해자들의 개별적인 수권이 없더라도 손해의 보전에 있어서 공통의 이해관계를 가지는 다수인 중의 1인 또는 일부가 법원의 허가를 받아 피해자 전원을 위한 대표당사자가 되어 손해배상을 구하는 증권관련집단소송을 제기할 수 있다(제7조 이하).[69] 이는 미국의 클래스 액션을 증권관련사건에 한정하여 받아들인 것이다.

대표당사자의 소송수행은 제3자의 소송담당에 해당하는데, 이를 어떻게 이해

---

65) 주에 따라서는 클래스 액션에 관한 입법이 있다. 예컨대 뉴욕주의 Civil Practice Law and Rules §901 이하. 많이 채택되지는 않았으나 1976년의 Uniform Class Action Act도 있다.

66) 이시윤, 671면.

67) Schütze, Rn. 193.

68) Nagel/Gottwald, Rz. 6.47; Schack, Rn. 675. 그러나 미국법상 클래스 액션에 기한 판결의 효력이 클래스의 구성원들에게 미치는 것을 독일이 승인하는 것은 별개의 문제라고 한다. Geimer, Rz. 2253f. 참조.

69) 증권관련집단소송법의 개요는 호문혁, 946면 이하; 미국의 클래스 액션과의 비교는 한충수, "증권관련집단소송법의 허가요건과 허가절차상의 몇 가지 문제점", 인권과정의 통권 제331호(2004. 3.), 156면 이하 참조. 국제민사소송법상의 논의는 Rolf Stürner, International Class Actions From a German Point of View, Rolf Stürner/Masanori Kawano (eds.), Current Topics of International Litigation (2009), p. 107 이하 참조. 불법행위 관련 집단소송의 문제는 Rolf Stürner/Masanori Kawano (eds.), Comparative Studies on Business Tort Litigation (2011)에 수록된 Astrid Stadler, Mass Tort Litigation, p. 163 이하; Peter L. Murray, Mass Torts and American Civil Justice, p. 176 이하 참조. 미국의 집단소송 실무의 개관은 태평양, 미국소송, 339면 이하 참조.

할지에 관하여 두 가지 견해를 제시하는 일본 학설이 보인다.[70] 즉 하나는 클래스 액션을 선정당사자처럼 순수하게 소송법상의 제도로 이해하는 견해로, 이에 따르면 클래스 액션의 허용 여부는 법정지법에 따를 사항인데, 일본법상으로는 클래스 액션은 허용되지 않는다고 한다. 다른 하나는, 클래스의 구성원 상호 간에 실체법상의 법률관계가 인정되는 경우 클래스 액션이 허용되는 때에는, 허용성과 대표자의 원고적격은 그 실체법상의 법률관계의 준거법에 의하여 판단하는 견해이다. 후자를 따르면 일본 법원이 클래스 액션을 실시하기 위하여는 다수의 적응문제가 발생할 것으로 생각되지만, 일본 법원이 그 제도적 제약에 의하여 적응문제에 충분히 대응할 수 없기 때문에 클래스 액션의 실시가 불가능 내지 극히 곤란한 경우에는 예외적으로 허용되지 않을 수 있다고 한다.

생각건대 우리 법상 클래스 액션이 제한적으로 도입되었지만 우리 법이 허용하는 범위를 넘어서까지 클래스 액션을 허용할 수는 없다고 본다. 가사 당해 법률관계의 준거법이 클래스 액션을 허용하는 미국의 어느 주법이라도 그렇다. 더 깊이 있는 비교법적 연구를 할 필요가 있으나, 현재 미국에서 허용되는 유형의 클래스 액션은 일정한 요건이 구비되는 경우[71] 법원의 허가에 의하여 가능한 것이고, 클래스의 구성원들 간에는 어떤 사건으로부터 손해를 입었다는 사실만이 공통될 뿐이고 그들 간에 실체법적 성질의 법률관계가 존재하지는 않으므로,[72] 클래스 액션은 선정당사자제도와 유사하게 전적으로 또는 대부분 소송법상의 제도라고 성질결정해야 하기 때문이다. 요컨대 현재 미국에서 행해지는 클래스 액션은 소송법상의 제도이므로 법정지가 우리나라인 경우 우리 법이 허용하는 범위 내에서만 허용되고 그 범위를 넘어서는 허용되지 않는다고 본다.

(2) 임의적 소송담당

임의적 소송담당의 허용 여부는 법정지법인 우리 민사소송법에 의한다.[73] 따라서 문제 된 법률관계의 준거법이 이를 허용하지 않더라도 민사소송법이 인정하면 임의적 소송담당이 허용될 수 있으나 구체적 요건 검토 시 실체의 준거법이 의미를 가지므로 이를 더 면밀하게 검토해야 한다. 명문 규정이 있는 선정당사자

---

70) 山本克己(註 50), 187면.
71) 클래스 액션의 유형과 요건은 이시윤, 671면 참조.
72) Schütze, Rn. 193.
73) Geimer, Rz. 2243.

와 그 밖에 임의적 소송담당이 허용되는 경우를 나누어 본다.

(가) 선정당사자의 경우

선정당사자는 소송법상 제도이므로 법정지법인 우리 민사소송법(제53조)의 요건을 구비하는 경우에만 허용된다.[74] 따라서 위 요건이 구비되면, 다수 외국인들이 우리 기업을 상대로 우리 법원에 손해배상청구의 소를 제기하는 경우 비록 당해 청구의 준거법이 외국법이더라도 선정당사자제도를 이용할 수 있다.

(나) 학설과 판례에 의하여 인정되는 기타 임의적 소송담당의 경우

국가에 따라 임의적 소송담당의 허용요건이 상이한데 우리 법상의 해석론을 전개한다. 종래의 우리 통설과 판례에 따라 법률상 명문의 근거가 있는 경우에만 임의적 소송담당을 허용하고 그 밖의 경우에는 일체 불허한다면, 국제소송에서 기타 임의적 소송담당을 허용할 여지가 없다. 그러나 완화된 견해에 따르면, 변호사대리의 원칙과 소송신탁금지의 원칙을 잠탈할 염려가 없고, 임의적 소송담당을 인정할 합리적 필요가 존재하면 기타 임의적 소송담당이 허용될 수 있다.

임의적 소송담당의 경우 권리주체의 수권이 필요하므로, 우리 법상으로도 결국 첫째, 권리주체의 수권이 있고, 둘째, 법률상의 제한을 잠탈할 염려가 없으며, 셋째, 임의적 소송담당을 인정할 합리적 필요가 존재하여야 한다. 그러므로 예컨대 조합재산에 관한 국제소송의 경우, 만일 조합이 그 준거법인 외국법상 법인격이 없고 조합재산에 관한 소송에서 조합원전원이 적극적 당사자(또는 능동당사자)가 되어야 하더라도, 우리나라에서 소송을 제기하는 경우 만일 대법원판결이 요구하는 요건이 구비된다면 업무집행조합원은 조합원으로부터 임의적 소송신탁을 받아 자기 이름으로 소송을 수행할 수 있을 것이다. 결국 국제소송에서 임의적 소송담당을 더 널리 허용하기 위하여는 그에 앞서 국내소송에서 이를 널리 허용할 필요가 있다. 근자에는 우리나라에서도 집합건물의 관리를 위한 위탁관리회사의 경우(대법원 2016. 12. 15. 선고 2014다87885 판결) 등에서 보듯이 법원이 임의적 소송신탁을 허용한 사례들이 늘고 있다.[75]

---

74) 山本克己(註 50), 184면.
75) 전원열, 4-7-3-3.

(다) 논란이 있는 사례

그 밖에 임의적 소송담당이 문제 되는 사례로는 다음 두 가지 보험 관련 사건을 들 수 있다.[76]

① 로이즈 보험신디케이트

아직 우리 판결은 보이지 않으나,[77] 일본에는 이 문제를 다룬 동경 지방재판소판결[78]이 있다. 즉 영국의 보험시장인 로이즈(Lloyd's)에서는 회원들이 보험계약을 직접 인수하지 않고 신디케이트(syndicate)를 통하여 인수하는데, 제소할 경우 구성원인 보험자들 전원이 원고가 되는 대신 그들 중 인수비율이 가장 큰 대표보험자가 단독으로 제소하며 이는 영국의 관습법상 발전된 것이라고 한다. 이 경우 신디케이트의 구성원들이 대표보험자에게 임의적 소송신탁을 한 것이므로, 만일 이런 소송이 우리 법원에서 제기된다면 위 세 가지 요건의 구비 여부가 문제 된다. 동경지방재판소 판결은, 그 사건은 임의적 소송담당에 해당하는데, 일본법상 임의적 소송담당은 원칙적으로 허용되지 않지만 (우리 법에 관하여 설명한 바와 같은) 일정한 요건이 구비되는 경우에는 허용된다고 설시한 뒤, 영국의 관습에서는 대표보험자에 의한 소송담당이 인정되고 있고, 실체면에 있어서도 원고는 그 사건 보험자의 일원이며, 당해 사건 소송에 있어서 다른 보험자와 실체법상 이해관계가 일치하고 있는 점 등을 고려하고, 외국 자연인과 법인이 일본에서 소송수행이 곤란한 점을 고려한다면 임의적 소송담당을 허용할 합리적인 필요성을 인정할 수 있다고 보아 대표보험자의 원고적격을 긍정하였다. 이는 대표보험자에 의한 소송수행을 소송법상의 문제인 임의적 소송담당으로 성질결정하고, 법정지법인 일본법상의 요건을 검토하여 결론을 내린 것으로 그 논리는 대체로 수긍할 수 있다.

---

76) 상세는 석광현, 제4권, 157면 이하 참조.

77) 참고로 서울중앙지방법원 2014. 2. 7. 선고 2013가합1001 판결(확정)의 사안에서는 필두보험자가 아니라 로이드 신디케이트 0623, 로이드 신디케이트 2623, 로이드 신디케이트 0033과 로이드 신디케이트 4711 등이 원고가 되어 가해자인 운송인 등을 상대로 소를 제기하였으나, 법원은 "영국법상 보험자는 자신의 이름으로 그 권리나 구제수단을 행사할 수 없고 피보험자의 이름으로 그 권리나 구제수단을 행사하여야만 하며, 예외적으로 보험자가 자신의 이름으로 소송을 수행하기 위하여서는 영국의 재산법 제136조의 규정에 따라 피보험자의 소권을 양도받아야 하는바, 원고들이 피보험자로부터 이 사건 소권을 양도받았다는 점에 관한 아무런 주장입증이 없으므로 보험자인 원고들 명의로는 피고들에게 권리행사를 할 수 없다"라는 취지로 판시하고 원고들의 청구를 모두 기각하였다. 과거 이러한 문제로 1,000명 가까운 보험자 명의로 한국에서 소를 제기한 사례가 있었다고 한다.

78) 동경지방재판소 1991. 8. 27. 판결(判時 1425호, 100면).

② 보험자의 대위: 보험금채권의 양도가 없는 경우

보험금을 지급한 보험자가 피보험자의 이름으로 제소하는 경우 당사자적격.
우리 상법(제682조)에 의하면, 피보험자에게 보험금을 지급한 보험자는 대위
에 의하여 피보험자가 가해자에 대하여 가지는 손해배상채권을 취득한다. 즉 보
험자는 대위의 결과 실체법상의 권리를 취득하므로 자신의 이름으로 가해자에 대
하여 제소할 수 있다. 그러나 영국법상으로는 보험자가 피보험자의 권리와 구제
수단에 대위하더라도 보험자는 자신의 이름으로 권리나 구제수단을 행사할 수 없
고 피보험자의 이름으로 권리나 구제수단을 행사해야 한다.79) 따라서 양도가 없
으면 피보험자에게 보험금을 지급한 영국의 보험자는 피보험자의 명의로 가해자
에 대하여 제소해야 하므로(즉 피보험자가 당사자), 그가 한국의 가해자를 상대로
피보험자 명의로 우리 법원에 제소할 경우 당사자적격이 문제 된다. 독일에서는
이를 피보험자의 권리를 대위한 보험자가 피보험자에게 임의적 소송신탁을 할 수
있는가의 문제로 보는 견해가 유력하다.80) 그에 따르면 이 경우에도 위(① 로이즈
보험신디케이트)의 경우와 유사하게 임의적 소송신탁을 허용하기 위한 위 요건의
구비 여부가 문제 될 것이다.

보험금을 지급한 보험자가 자신의 이름으로 제소하는 경우의 원고적격. 영
국법이 준거법인 적하보험계약에 따라 보험금을 지급한 보험자가 가해자를 상대
로 우리 법원에 손해배상청구의 소를 제기하는 경우 당사자적격을 직접 다룬 대
법원 판결은 보이지 않는다. 그러나 그 경우 보험자가 자신의 이름으로 소송을 수
행하기 위하여는 영국의 1925년 재산법 제136조의 규정81)에 따라 <u>피보험자의 소</u>

---

79) 심재두, 해상보험법(1995), 433면. 물론 보험자가 피보험자로부터 권리나 구제수단을 양도받
으면 자신의 명의로 권리나 구제수단을 행사할 수 있다.

80) Schack, Rn. 679 참조. 저자는 과거 그러한 설명에 대하여 의문을 표시하였다. 왜냐하면 보
험자가 보험금을 지급함으로써 피보험자의 권리를 대위하는지는 보험계약의 준거법에 따를
사항인데(구 국제사법 제35조 제1항), 임의적 소송신탁은 제3자가 권리관계의 주체로부터
소송수행권을 부여받은 경우이므로, 이렇게 이해하려면 보험자가 영국법상 보험자 대위의
법리에 의하여 권리관계의 주체일 것이 전제되나, 영국법상 대위의 본질은 보험자가 피보험
자의 권리를 취득하는 것이 아니라 보험자가 피보험자의 명의로 소를 제기할 수 있는 것으
로 보이기 때문이다. 반면에 영국법상 피보험자가 가해자에 대하여 가지는 청구권의 실질적
인 주체가 보험자라면 위의 이론구성을 수긍할 수 있다. 이는 실체의 준거법인 영국법상의
문제이다.

81) 아래는 영국 재산법 제136조(Legal assignments of things in action) 제1항 본문이다. "Any
absolute assignment by writing under the hand of the assignor (not purporting to be by

권을 양도받아야 한다는 취지로 판시한 서울고등법원 1989. 5. 15. 선고 88나 44126 판결이 있다. 그 결과 보험자는 소권을 양도받지 않은 이상 우리 법원에서 자신의 이름으로 소송을 수행할 수는 없다는 견해가 퍼져 있고 하급심 판결들도 그 결론을 답습하고 있다.[82] 위 판결의 사안은, 준거법이 영국법인 적하보험계약에 따라 피보험자에게 보험금을 지급한 원고(보험회사)가 손해를 야기한 피고(운송인)를 상대로 손해배상(구상금)을 청구한 사건인데 법원은 원고의 청구를 기각하였다. 관련 부분의 판시는 다음과 같다.

> "보험계약의 준거법인 영국 해상보험법 제79조 제2항에 의하면 "보험자가 분손에 대하여 보험금을 지급한 경우 보험자는 보험의 목적에 대한 권리 또는 잔존할 수 있는 부분의 보험목적에 대한 권리를 취득할 수 없으나, 피보험자가 본법에 따라 보상받을 한도 내에서 손해를 일으킨 사고의 발생시부터 보험의 목적에 존재하며 또 보험의 목적에 관련한 피보험자의 일체의 권리와 구제수단에 대위한다"고 규정되어 있는바, 이 경우 <u>보험자는 대위권에 기하여 그 자신의 이름으로 소송을 수행할 수 없고</u> 다만 손해를 보상받은 피보험자가 보험자의 위와 같은 권한행사를 위하여 행하는 소송에 있어서 자신의 이름을 빌려주고 필요한 모든 협조를 다하여야 할 의무가 있는 것으로 해석되며, <u>보험자가 자신의 이름으로 소송을 수행하기 위하여서는 영국의 1925년 재산법 제136조의 규정에 따라 피보험자의 소권을 양도받아야 하는데</u> … 이와 같은 <u>권리의 양도</u>는 … 소급효가 없는 것으로 해석되고 있는바, … 결국 이 사건 소송제기 시에는 원고가 (피보험자)의 피고에 대한 위 손해배상청구권을 원고 명의로 행사할 수 있는 권한이 없었다 할 것이어서 위 손해배상청구권은 … 소멸하였다"(밑줄은 저자가 추가함).

보험자가 원고적격을 가지기 위한 소권의 양도.   위 판결은 1906년 영국 해상보험법 제79조(Right of subrogation) 제2항[83]을 인용하면서 보험자는 대위

---

way of charge only) of any debt or other <u>legal thing in action</u>, of which express notice in writing has been given to the debtor, trustee or other person from whom the as- signor would have been entitled to claim such debt or thing in action, is effectual in law (subject to equities having priority over the right of the assignee) to pass and transfer from the date of such notice— (a) the legal right to such debt or <u>thing in ac-</u> <u>tion</u>; (b) all legal and other remedies for the same; and (c) the power to give a good discharge for the same without the concurrence of the assignor: [이하 생략]".

82) 이처럼 법원이 보험자의 소송수행을 차단하는 탓에 근자에는 국제사법을 개정하여 문제를 해결하자는 견해도 있다. 정병석, "해상법 분야의 국제사법 준거법 조항 개정을 위한 입법론적 검토", 국제사법연구 제28권 제1호(2022. 6.), 729면.

83) 영문은 "Subject to the foregoing provisions, where the insurer pays for a partial loss, he

권에 기하여 자신의 이름으로 소송을 수행할 수 없고 … 보험자가 자신의 이름으로 소송을 수행하기 위하여서는 영국 1925년 재산법(제136조)에 따라 피보험자의 소권을 양도받아야 한다는 취지로 설명하고 위 사건에서 소권의 양도 요건이 구비되지 않았다고 판시하였다. 여기에서 첫째, 보험자가 보험자 대위를 근거로 가해자를 상대로 제소하는 경우 영국법상 소권 양도가 필요하다면, 우리 법원에서 제소하더라도 보험계약의 준거법이 영국법인 경우 마찬가지인가. 둘째, 만일 영국법상 소권 양도의 요건이 미비되면 보험자의 청구는 원고적격이 없어 각하해야 하는가라는 의문이 있다. 이를 차례대로 논의한다.

(i) 영국법상 소권의 양도와 보험계약의 준거법이 규율하는 사항의 범위. 우리 문헌[84]은 아래와 같이 설명한다. "영국법에서 보험자가 피보험자가 가진 구제수단을 대위하는 소송은 피보험자의 이름으로 행하여져야 하나 예외적으로 피보험자가 소권을 보험자에게 양도한 경우에는 보험자가 자기의 이름으로 제소하는 것이 가능하다". 그리고 "영국법상 손해배상을 소구할 수 있는 단순한 권리(a mere right to sue for damages), 즉 순수한 소권(a bare right of action)만의 양도는 허용되지 않으나, 재산권으로부터 발생하거나 그에 부수하는 소권은 이전되는 재산권과 함께 양도될 수 있다". 따라서 "영국법상 보험자가 자신의 이름으로 대위권소송을 제기하려면 1925년 영국 재산법 제136조가 정한 양도(assignment)를 받아야 하고, 피고에게 양도통지를 함으로써 소권의 양도가 정당하게 이루어졌다는 전제가 갖춰져야 한다".

하지만 보험계약의 준거법이 영국법인 경우 영국법은 보험계약을 규율하는 영국의 실체법을 말하는 것이고 절차법을 포함하지 않는다. 우리 국제사법상 계약의 준거법이 규율하는 사항은 "계약의 해석과 성립, 당사자가 부담하는 채무의 내용, 이행과 소멸, 채무불이행의 결과(계약해제와 손해배상 등), 계약 무효의 결과, 법률상의 추정 및 증명책임의 분배 등"이고 절차적 사항(영국법상 소권과 그의 양

---

acquires no title to the subject－matter insured, or such part of it as may remain, but he is thereupon subrogated to all rights and remedies of the assured in and in respect of the subject－matter insured as from the time of the casualty causing the loss, in so far as the assured has been indemnified, according to this Act, by such payment for the loss."이다.

84) 이한별, "국제해상보험계약과 영국법 준거약관", 서울대학교 대학원 법학석사 학위논문 (2015. 2.), 132－133면 참조.

도)은 포함하지 않는다. 국제사법 제55조를 보더라도 보험계약의 준거법인 영국법에 의할 사항은 "법률에 따른 채권의 이전"이지, 대위를 한 보험자가 소권을 가지는지나 소송을 수행할 수 있는지는 포함하지 않는다.

더욱이 우리 법상 '소권'은 개인이 법원에 제소하여 판결을 구하는 권리인데, 이의 인정 여부, 공법상·사법(私法)상 권리인지와 내용은 논란이 있다. 유력설에 따라 이를 사법(司法)행위청구권, 즉 헌법 제27조의 재판을 받을 권리와 같은 것으로 공법상의 권리(즉 기본권) 또는 권리보호청구권이라고 보면 이는 상대방에 대한 실체법상 권리가 아니라 사권과는 별개의, 법원을 통해 행사되는 국가에 대한 권리이므로 양도의 대상이 아니라 각 개인의 고유한 권리이다.

(ii) 영국법상의 소권의 양도와 우리 민사소송법상의 당사자적격. 우리 민사소송법상 보험자가 피보험자의 가해자에 대한 채권을 취득하였다고 주장하면서 가해자를 상대로 손해배상청구의 소를 제기하는 경우 (주장의 당부에 관계없이) 원고적격이 있다. 위 판결이 말하는 것은 소권이 아니라 채권(적 재산) 또는 '소송에 의하여 실현가능한 재산'(thing in action 또는 'chose in action')의 양도로 보이나 우리로서는 이해하기 어렵다. 하급심들이 근거 없는 서울고등법원의 선례를 답습할 것이 아니라 태도를 바꾸어 민사소송법에 충실한 결론을 따르거나, 아니라면 적어도 논거를 재구성하여야 한다. 위 서울고등법원 판결이 사실상 선례로 작용하나 절차법인 한국법이 규율할 사항을 영국법에 맡길 것은 아니다. 또한 당사자적격과 본안적격(원고의 본안 승소가능성)은 다르다. 전자는 절차의 문제이므로 한국법에 따르고, 후자는 실체의 문제이므로 보험계약의 준거법인 영국 실체법에 따를 사항이다.

(3) 제3자의 소송담당과 판결의 효력의 준거법

민사소송법(제218조 제3항)상 제3자인 소송담당자가 소송을 수행하여 받은 판결의 효력은 그 제3자뿐만 아니라 권리관계의 주체인 본인에게도 미치는 것이 원칙이지만, 병행형 소송담당의 경우 이를 제한적으로 볼 필요가 있다. 그런데 외국적 요소가 있는 사안에서 제3자의 소송담당의 결과 선고된 우리 법원의 판결의 효력이 누구에게 미치는가를 포함한 판결의 효력 등을 규율하는 준거법이 문제된다. 이는 일응 절차이므로 법정지법인 우리 법에 따라 판단할 사항이다.[85] 이는

---

85) Geimer, Rz. 2235.

실체법에 근거한 법정소송담당의 경우에도 마찬가지이다. 그렇지만 특히 실체법에 근거한 제3자의 소송담당의 경우 당해 실체법이 규정하는 바를 전혀 무시해도 좋은지는 다소 의문이다. 예컨대 주주대표소송의 경우 주식회사의 속인법이 정한 바를 전적으로 무시할 수는 없을 것이기 때문이다.

3. 소 결

종래 우리나라에서는 대체로 "당사자적격 문제는 기본적으로는 소송법상의 문제이지만, 실체법상의 이익귀속의 주체가 보통 당사자적격을 갖는 것과 같은 실체관계적 성격을 갖는다는 점에서 실체법적 고려가 중요하며 개별적 문제에 따라 법정지소송법 또는 준거실체법을 적용해야 한다"라는 견해가 유력하였다.[86] 최근에는 당사자적격의 문제를 법률관계성질결정에 의하여 절차로 성질결정하여 법정지법에 의하거나, 실체로 성질결정하여 실체의 준거법에 의한다는 일도양단식의 접근법보다는 구체적 사례에 맞추어 절차와 실체 중 어느 쪽에 가까운가 하는 개별적 접근이 옳다는 견해가 보인다.[87]

사견은 다음과 같다. 즉 당사자적격은 국내소송의 경우 다양한 유형별로 논의되는데, 국제소송의 경우에도 모든 유형에 타당한 일의적인 원칙을 도출할 수는 없고, 유형별로 적절한 연결원칙을 도출해야 한다. 왜냐하면 국제소송에서 제기되는 당사자적격은, 특히 제3자의 소송담당의 경우 절차법과 실체법이 교착하는 영역이어서 해결이 어렵고, 주주대표소송과 클래스 액션 등 새로운 유형의 소송의 등장으로 인하여 더욱 까다롭기 때문이다. 현재로서는 소송법적으로 성질결정되는 경우(예컨대 선정당사자) 법정지법에 따르고, 실체법적으로 성질결정되는 경우 당해 법률관계의 준거법에 따른다. 문제는 성질결정이 애매하거나, 양자의 성질을 겸유하는 경우인데, 이는 어느 것이 더 본질적인가를 고려하여 개개의 사안별로 해결해야 한다.[88] 이에 의하면 예컨대 주주대표소송의 경우, 실체의 준거

---

86) 최공웅, 356면. 전병서, 18면도 "당사자적격이 문제로 되는 사항의 다양성에 비추어 당사자적격의 여러 가지 국면에 유연하게 대처하는 사고방법이 좋다"라고 하여 유사하다. 반면에 강현중, 435면은 성질결정을 지나치게 중요하게 보는 것은 적절하지 않고, 오히려 특정한 당사자적격의 문제에 대하여 법정지법이라는 이유만으로 적용되어야 할지를 직접 묻는 것이 문제의 핵심에 접근하는 방법이라고 한다.

87) 임치용, "외국파산절차가 국내에 미치는 영향", 저스티스 통권 제79호(2004. 6.), 194면.

88) 山本克己(註 50), 181면에 따르면 일본에는 당사자적격의 판단기준에 관하여 ① 실체준거법의 문제라는 견해, ② 당사자적격의 문제는 절차법의 문제이므로 법정지법에 의하여야 하지

법인 당해 주식회사의 속인법에 따라 우리나라에서 당사자적격을 인정할 수 있으나, 그에 수반되는 절차적 사항에 관하여는 논란의 여지가 있다. 그 경우 외국의 소송법이라는 이유로 반드시 효력을 부정해야 하는 것은 아니며, 더 유연하고 정치한 이론을 개발할 필요가 있다. 앞으로 다양한 유형의 사안에 대한 각론적 검토에 주력할 필요가 있다. 특히 현대형소송이 등장함에 따라 어려운 문제를 제기하고 있으므로 앞으로 사안의 유형별로 더 체계적으로 연구할 필요가 있다.

V. 변론능력과 소송대리

1. 변론능력

변론능력이라 함은 변론장소인 법원에 출정하여 법원에 대한 관계에서 유효하게 소송행위를 하기 위해 요구되는 능력을 말한다. 소송능력은 모든 소송행위에 대해 필요한 데 반하여 변론능력은 법원에 대한 소송행위에 대해 필요하다. 변론능력은 소송요건은 아니고 소송행위가 유효하기 위한 요건으로서 법정지법에 따른다.

독일처럼 변호사강제주의(Anwaltszwang)를 취하는 국가에서는 변호사만이 변론능력을 가지지만, 우리 민사소송법은 변호사강제주의를 취하지 않으므로[89] 당사자도 소송능력이 있으면 변론능력을 가진다. 변론능력에 관한 한 내국인과 외국인은 원칙적으로 차이가 없다.

2. 법정의 언어

변론능력의 문제는 아니지만 법정의 언어도 문제 된다. 법정에서는 국어를

만 실체준거법도 고려하여야 한다는 견해, ③ 실체인가 절차의 문제인가라는 문제설정에 의미를 인정하지 않고 경우에 따라서는 외국소송법의 적용도 인정하는 견해와 ④ 당사자적격이 실체인가 절차의 문제인가는 개개의 경우에 응하여 고려할 것이라는 견해 등이 있다고 한다. 사견은 대체로 독일 견해를 따른 것으로 일본의 ② 또는 ④와 유사하나, 저자는 당사자적격 전반에 대해 일률적으로 그렇게 보는 것은 아니고, 당사자적격이 문제 되는 사안을 유형화하여 성질결정에 의해 비교적 손쉬운 사안을 해결하고, 판단이 어려운 경우 성질결정에 유의하면서 사안별로 개별적으로 판단하자는 것이다.
89) 다만 우리 법상으로도 증권관련 집단소송과 소비자단체소송의 경우에는 변호사강제주의를 취하고 있다.

사용하고, 소송관계인이 국어가 통하지 아니하는 경우에는 통역에 의한다(법원조
직법 제62조).

대법원은 2015. 6. 4. 우리 특허법원의 위상을 강화하여 국제적 지식재산권
관련 분쟁 발생 시 법정지가 되겠다는 취지를 담아 'IP 허브 코트 추진위원회'를
발족하고 특허법원 국제재판부 설치 등을 골자로 하는 방안을 논의하였다.[90] 'IP
허브 코트'를 설치하려는 프로젝트(이하 "IP 허브 프로젝트(또는 구상)"라 한다)는 구
체적으로 특허법원에 국제재판부를 설치하여 국제적인 지재권 관련 소송을 담당
할 수 있도록 하겠다는 것이다.[91] 이와 관련하여 국제 전자소송 도입 시 외국어
변론방법, 외국어로 작성된 서류와 증거물 제출 방안, 판결문의 외국어 번역 서비
스 제공방안, 국제 전자소송, 원격영상증언 등 외국인의 접근성을 높일 수 있는
방법 등을 논의하였다고 한다. 그 후 특허법원에 실제로 국제재판부가 설치되었
고 법원조직법에 제62조의2[92]가 신설되어 외국어 변론이 가능하게 되었으며 관

---

90) 2019. 4. 26. 개최된 한국국제사법학회 · 사법정책연구원 공동 학술대회 자료집(이하 "공동
　　학술대회 자료집"이라 한다), 1면에 따르면 추진위원회의 4대 심의안건은 ① 국제재판부 설
　　립 등을 통한 '국제적 접근성 강화', ② 진보성에 관한 사실심리를 충실히 하는 것을 비롯한
　　'글로벌 기준에 맞는 특허소송절차', ③ 적정한 배상액 산정, 소송절차에서 증거확보 수단 강
　　화 및 ADR 활성화 등을 포함한 'IP 권리자에 대한 적정한 보호', ④ 법관의 전문성 강화 및
　　관할집중제도를 포함하여 'IP 코트의 전문성 강화 및 미래전략 제시'였다고 한다. 특허법원
　　이 2017. 5. 23. 소속 법관과 전문 연구진으로 구성된 '국제 지식재산권법 연구센터'를 개원
　　한 것도 이런 노력의 일환이다.
91) 한상욱, "특허법원 국제재판부 설치 필요하다", 법률신문 제4543호(2017. 9. 18.), 13면은,
　　"만일 우리 특허법원이 IP 허브가 되어 우리의 법률과 소송절차가 국제 분쟁의 준거법 및
　　절차규범으로 작용하게 된다면, 우리 기업이 전 세계를 무대로 활동을 함에 있어 보다 유리
　　한 환경이 조성될 것임은 분명하다"라고 한다. 강현중, "IP허브코트 프로젝트와 소송의 글로
　　벌화", 법률신문 제4356호(2015. 10. 8.), 12면도 "IP 허브코트의 판결은 협상을 통해 국제
　　분쟁을 종결하는 중요한 기준점이자 출발점이 될 뿐만 아니라, 다른 국가에서의 유사 소송
　　의 결과에도 중요한 선례로서 기능하게 된다"라고 지적한다.
92) 조문은 아래와 같다.
　　"제62조의2(외국어 변론 및 전담재판부의 설치) ① 특허법원이 심판권을 가지는 사건 및
　　「민사소송법」 제24조 제2항 및 제3항에 따른 소의 제1심사건을 담당하는 법원은 제62조에
　　도 불구하고 당사자의 동의를 받아 당사자가 법정에서 외국어로 변론하는 것을 허가할 수
　　있다. 이 경우 「민사소송법」 제143조 제1항 및 제277조는 적용하지 아니한다.
　　② 특허법원장 및 「민사소송법」 제24조 제2항에서 정한 지방법원의 장은 제1항에 따른 허
　　가가 있는 사건(이하 "국제사건"이라 한다)을 특정한 재판부(이하 "국제재판부"라 한다)로
　　하여금 전담하게 할 수 있다.
　　③ 제1항에 따른 허가의 절차, 국제사건에서 허용되는 외국어의 범위, 그 밖에 국제사건의
　　재판 및 국제재판부의 운영에 필요한 사항은 대법원규칙으로 정한다".

련 대법원 규칙이 제정되었다. 이러한 노력은 '소송의 국제화(또는 글로벌화)'에 수반하여 국제소송을 유치하고자 국제상사법원을 설립하는 일부 국가들의 경쟁(이른바 forum selling) — 그중 일부는 Brexit 이후[93])를 겨냥한 것이다 — 을 연상시키기도 하나,[94][95]) IP 허브 프로젝트는 별도 법원의 설립 없이 지재권에 한정하며 그 것도 외국어 사용은 변론에 한정되고 소송지휘나 재판에는 미치지 않는 점 등에서 훨씬 온건한 것이다.

---

93) 우리 기업이 당사자인 국제거래에서 영국법을 준거법으로 하고 영국 법원을 관할법원으로 하는 사례가 많으므로 브렉시트가 국제사법과 국제민사소송법의 맥락에서 가지는 의미에 대하여 우리도 관심을 가져야 한다. 우선 이헌묵, "브렉시트(Brexit)에 따른 영국 내 민상법상의 문제", 법률신문 제4519호(2017. 6. 19.), 11면; 장지용, "브렉시트(Brexit)가 우리에게 시사하는 점", 법률신문 제4582호(2018. 2. 19.), 12면 참조.

94) 유럽에서는 영국의 Brexit를 계기로 독일, 프랑스, 벨기에, 네덜란드에서 국제상사법원이 설립되었고, 그 밖에 아랍에미리트연합(두바이, 아부다비), 카타르, 싱가포르와 중국 등지에서 국제상사법원이 이미 설립되었거나 추진되었다. 법률신문 제5175호(2024. 5. 9.), 3면 기사. Sandra Becker/Timon Boerner, Tagungsbericht: Innovating International Business Courts: a European Outlook, IPRax (2019), S. 78f. 싱가포르는 국제상사중재의 유치에 성공한 데 이어, 국제소송을 유치하고자 2015년 1월 대법원 산하에 싱가포르국제상사법원(SICC)을 설치하였다. 상세는 사법정책연구원, 국제상사법원에 관한 연구(2020)(김정환 외 집필) 참조. 독일에서도 상사법원을 설치하고 민사사건에서 영어 변론을 가능하게 함으로써 법정지로서의 독일의 경쟁력을 강화하고자 연방정부는 2023. 8. 16. 법률(Justizstandort—Stärkungsgesetz)의 초안을 성안하였고(IPRax 2023/6, S. Ⅱ 참조), 위 법률안(조문은 BT Drs. 20/8649, BT Drs. 20/11466)은 2024. 7. 4. 연방의회(Bundestag)를 통과하였다. 위 법률에 따르면 독일의 각 Land는 상사법원(Commercial Courts)을 설치할 수 있고 동 법원에서는 영어로 변론하고 재판을 할 수 있다. 위 법률은 국제분쟁 해결을 위하여 전문화된 상사법원에서의 소송절차를 규율하고자 법원조직법과 민사소송법 등의 일부 조문을 개정함으로써 유연한 절차를 도입하고 있다. 독일에서는 기존 법제하에서도 슈투트가르트, 만하임과 프랑크푸르트에서 상사법원이 운영되고 있었는데, 위 법률에 의하여 재편될 것으로 기대되나, 독일 입법자의 기대가 충족될 수 있을지는 두고 보아야 할 것이다. 근자의 소개는 Thomas Klink, Der Commercial Court nach dem Justizstandort—Stärkungsgesetz — ein Modellprojekt für grenzüberschreitende Gerichtsverfahren, IPRax (2024), S. 349ff. 참조.

95) 참고로 영국 대법원은 첫째, 법원들이 모범 실무례를 공유하고 공조와 협력을 통해 상사법원의 사용자들(기업과 시장)에 더 나은 재판을 제공할 것, 둘째, 법원들이 '법의 지배'에 더욱 기여함으로써 세계적인 안정과 번영에 기여할 것과 셋째, 개발도상국에 상사분쟁을 해결할 효율적 수단을 제공하여 투자 매력을 증진하도록 지원하는 것을 목표로 2017년 '상사법원에 관한 상설 국제포럼(Standing International Forum of Commercial Courts. SIFoCC)'을 발족시켜 활동을 이어가고 있다. 우리나라도 대법원 국제거래법연구회의 주도하에 2021년 SIFoCC에 가입하였고, SIFoCC의 회원인 법역은 2024년 5월 현재 57개 법역에 이른다고 한다. 소개는 이필복, "상사법원에 관한 상설 국제포럼(SIFoCC) 총회 참가 후기", 법률신문 제5176호(2024. 5. 13.), 12면 참조. 상세는 https://sifocc.org 참조.

3. 소송대리인

소송대리인에는 법률에 의하여 대리권이 부여되는 법률상 소송대리인과, 본인의 의사에 기하여 대리권이 부여되는 임의대리인이 있는데, 후자를 소송대리인이라고 한다. 좁은 의미의 소송대리인은 특정한 소송사건의 처리를 위임받은 대리인을 말한다.[96]

원칙적으로 법률상 소송대리인을 제외하고 소송대리인은 변호사, 법무법인이 아니면 아니 되는데 이를 '변호사대리의 원칙'이라 한다. 우리 법상으로는 민사소송에서 독일과 달리 변호사강제주의를 취하지 않으므로 본인소송을 할 수 있지만, 대리인을 선임하여 변론하게 하는 경우에는 대리인을 법률 전문가인 변호사에 한정하는 취지이다.[97] 소송대리는 소송절차에 관한 사항이므로 대리권의 수여와 범위 등은 법정지법에 따를 사항이다.[98] 당사자와 변호사 간의 계약은 통상의 계약 준거법에 따른다.

VI. 외국인 당사자에 대하여 외국으로 하는 송달

1. 송달의 원칙적인 방법

우리 법원에 소가 제기되면 법원은 관련 조약, 국제민사사법공조법(이하 "민사공조법"이라 한다)과 민사소송법에 따라 외교경로 또는 기타 방법에 의하여 외국에 소재하는 당사자에게 송달하므로 소송절차의 지연이 불가피하다. 특히 우리나라처럼 직권송달주의를 취하면서, 송달을 주권의 행사로 이해하는 대륙법계의 법제에서는 송달은 번거롭고 오래 걸린다. 외국으로의 송달에 따른 문제점을 해결하기 위하여 국제사회는 일찍부터 조약을 체결하였는데, 대표적인 것이 헤이그국

---

96) 이시윤, 156면.

97) 외국법자문사는 소송대리를 할 수는 없으나 국제중재사건의 대리는 할 수 있다(제24조 제3호). 국제중재사건이란 한국을 중재지로 하고, 외국법자문사의 원자격국의 법령, 원자격국이 당사국인 조약 또는 일반적으로 승인된 국제관습법이 적용되거나 또는 적용될 수 있는 민사·상사의 중재사건을 말한다(외국법자문사법 제2조 제7호).

98) Schack, Rn. 666. 가사 이를 실체의 문제로 보더라도 대리의 준거법은 대리인의 영업소 소재지 또는 대리행위지인 한국법이 된다(국제사법 제32조 참조).

제사법회의가 1965년 채택한 "민사 또는 상사의 재판상 및 재판외 문서의 해외송달에 관한 협약"(이하 "송달협약"이라 한다)이다. 우리나라는 2000년 이에 가입하였고,[99] 그 밖에도 호주,[100] 중국,[101] 몽골,[102] 우즈베키스탄[103] 및 태국[104]과 민사사법공조에 관한 양자조약을 체결하였다. 따라서 체약국과의 관계에서는 관련 조약이 민사공조법과 민사소송법에 우선하여 적용된다. 송달협약과 위 양자조약상 모두 법원행정처가 중앙당국으로 지정되어 있는데, 송달협약상으로는 중앙당국이 수령기관에 불과하지만, 양자조약상으로는 중앙당국이 수령기관이자 발송기관이다. 그러나 실무상으로는 송달협약상으로도 법원행정처가 발송기관의 역할을 겸하고 있다.[105]

어느 방법으로도 송달이 되지 않으면 최후의 수단으로 공시송달을 할 것이나, 공시송달에 의한 판결은 외국에서 승인 또는 집행되기 어렵다.

2. 송달영수인의 지정

2002. 7. 1. 개정 전 구 민사소송법(제171조, 제174조)은, 수소법원의 소재지에 주소 또는 영업소 등을 가지지 않은 당사자에게 법원 소재지에 송달을 받을 장소와 송달영수인을 정하여 신고하도록 의무를 부과하고, 신고의무를 해태한 때에는 발송주의가 적용되는 우편송달을 할 수 있도록 규정하였다. 민사소송법(제184조)은 당사자의 신고의무를 폐지하고, 당사자가 원하는 경우 한국 내의 송달받을 장소를 정하여 법원에 신고할 수 있도록 규정한다. 이것이 '송달영수인제도'이다. 실무상 한국 내에 주소 또는 영업소 등이 없는 외국인 원고가 제소하는 경우 통상 한국 내의 송달받을 장소를 지정한다.

문제는 외국인 피고가 한국 내에 송달받을 장소가 없는 경우인데, 이 경우 피고가 송달영수인을 정하여 신고하면 좋지만 그렇지 않으면 결국 원칙적 송달방법에 의할 수밖에 없다. 이를 간편하게 하는 방법이 계약 체결 시 미리 상대방인

---

99) 송달협약은 2000. 8. 1. 한국에서 발효하였다.

100) 한호조약은 2000. 1. 16. 발효하였다.

101) 한중조약은 2005. 4. 27. 발효하였다.

102) 한몽조약은 2010. 5. 8. 발효하였다. 해설은 배형원 외, 301면 이하 참조.

103) 한우조약은 조약 제2153호로 2013. 8. 11. 발효하였다.

104) 한태조약은 조약 제2233호로 2015. 4. 16. 발효하였다.

105) 해외송달에 관하여는 제7장 참조.

외국인으로 하여금 한국 내에 '송달대리인(agent for service of process)'을 지정하게 하는 방법이다. 이는 종래 우리 기업들이 외국기업들 특히 영미기업들과의 국제계약을 통하여 배운 것인데, 우리 변호사들이 작성하는 국제계약(특히 국제금융계약)에서도 실제로 활용되고 있다. 이는 계약에 의하여 간편한 송달방법을 확보하는 수단이다.

3. 송달대리인의 지정 ― 송달영수인과의 차이 ―

송달대리인은 ① 지정의 시기 및 근거, ② 법원에의 신고 시기의 점에서 구 민사소송법상의 송달영수인과 다르다. 즉 송달영수인의 지정은 일단 소가 계속한 것을 전제로 소송당사자가 민사소송법에 따라 하는 것이고, 소송당사자는 송달영수인의 지정을 법원에 신고할 필요가 있다. 반면에 송달대리인은 제소 전에 계약당사자가 관련 계약에 따라 지정하는 것으로, 송달대리인을 지정하더라도 계약당사자는 당시에는 법원에 신고할 필요가 없고 신고할 수도 없으나, 다만 실제 제소된 때에는 법원에 신고할 필요가 있을 것이다. 지정 해태 시의 효과는 별 차이가 없다.106) 즉 민사소송법상 송달영수인은 소송서류를 영수할 대리권만을 수여받은 임의대리인의 지위를 가지므로, 구 민사소송법하에서와 비교할 때 민사소송법 하의 송달영수인은 송달대리인에 더 가깝다.

4. 송달대리인에 대한 송달의 적법성

위에 언급한 것처럼 국제계약의 당사자들이 한국 법원을 관할법원으로 합의할 경우 상대방인 외국기업에게 한국 내에 송달을 받을 대리인(송달대리인. agent for service of process)을 두도록 계약에 규정하는 사례들이 있는데 과연 이것이 적법한지가 문제 된다. 구 민사소송법하에서 송달영수인은 소의 제기를 전제로 하는데, 송달영수인을 두려면 선임만으로 부족하고 법원에 신고해야 하므로 국내에서 송달대리인에게 한 송달을 유효하다고 보는 것은 무리라는 견해가 있었다.107) '송달대리인'이 '송달영수인'과 동일한 것은 아니나, 문제는 민사소송법이 명시하지 않는 송달대리인의 인정 여부이다. 구체적으로, 우리 기업이 원고가 되어 제소

---

106) 구 민사소송법(제171조)하에서는 당사자가 송달영수인의 지정을 해태하면 발신주의가 적용되는 우편송달에 의하여 송달을 받는 불이익이 있었으나 이는 삭제되었다. 구 민사소송법상의 논의는 석광현, 제1권, 376면 이하 참조.

107) 전병서, "國際民事訴訟에 있어서 送達", 법조 통권 제473호(1996. 2.), 154면.

하면서 법원에 피고의 송달대리인이 국내에 있음을 밝히고 송달대리인 지정서를 제출한다면 법원이 송달대리인에게 송달할지, 아니면 송달대리인의 존재를 무시하고 법정절차에 따라 외국으로 송달할지가 문제 된다.

　법원으로서는 간편한 방법에 의하여 외국 당사자에게 송달하기로 하는 당사자들의 합의를 무시할 이유가 없다. 그런 합의를 금지하는 민사소송법의 규정은 없으므로 송달대리인 지정의 효력을 인정해야 한다. 송달대리인은 민사소송법이 규정하고 있는 송달영수인은 아니지만, 그렇다고 하여 송달대리인제도 자체를 배척할 필요는 없다. 그러나 유감스럽게도 실무편람은 소송절차는 법정지법에 따르는데, 우리 법원으로서는 송달대리인에게 소장 등 소송관계서류를 송달할 수 없다는 부정설을 취한다.[108] 이에 따르면 법원은 외국 당사자가 한국 내 송달대리인을 지정하였고 법원이 증거에 기초하여 그러한 사실을 알게 되어 그에게 송달하면 외국 당사자에게 송달의 효력이 발생함에도 불구하고, 이를 무시한 채 외교경로(송달협약 비체약국의 경우) 또는 중앙당국(송달협약 체약국의 경우)을 통한 길고도 불편한 송달방법을 고집해야 한다는 것이다. 당사자가 송달대리인을 지정하지 않았음에도 미국 연방대법원은 1988년 Volkswagenwerk v. Schlunk 사건 판결[109]에서 보듯이 미국 내 자회사에게 송달함으로써 외국의 모회사에게 적법한 송달이 이루어진 것으로 보고 송달협약의 적용을 피한 사례까지도 있는 데 반하여, 우리 법원은 당사자가 지정한 송달대리인의 존재도 무시하고 우회적인 송달경로를 고집하는 것은 어리석은 일이다.[110] 만일 민사소송법의 해석상 그런 결론밖에 도출할 수 없다면 민사소송법에 송달대리인에 관한 명시적 규정을 두어야 할 것이다.

　이와 관련하여 주목할 것은, 국내에 주소 또는 영업소를 두지 않고 서비스(예컨대 정보통신서비스)를 제공하는 해외 사업자들에 대하여 법집행을 용이하게 하고

---

108) 실무편람, 35면(이를 '송달영수대리인'이라고 칭하며 우리 현행법상으로는 인정되지 않는다고 한다). 그러나 민사소송법상 이를 명시적으로 허용하는 규정이 없을 뿐이지 이를 금지하는 규정이 있는 것도 아니다. 이는 민사소송법을 바라보는 법원의 관점과 관련되는 문제이다.

109) 486 U.S. 694 (1988).

110) 그렇다고 하더라도 이는 송달대리인이 외국에 있는 경우 그에게 하는 송달이 본인에 대한 송달로서 적법하다는 것이지, 당사자들이 우편에 의한 송달을 하기로 합의하였음을 근거로 미국 법원이 우리 기업에게 우편에 의한 송달을 하는 것은 송달협약에 반하고 우리나라의 주권을 침해하는 것으로서 허용되지 않으며 그에 기한 미국 법원의 판결은 우리나라에서 승인될 수 없다. 이정아, "당사자들의 송달에 관한 사적 합의와 헤이그 송달협약", 2024. 11. 28. 한국국제사법학회 제167회 정기연구회 발표자료, 31면도 동지.

자 그를 대신하여 국내에서 자료제출과 이용자보호 등 각종 의무를 대리하도록 관련 법률에서 국내대리인지정제도를 도입하고 있는 점이다. 예컨대 정보통신망법(제32조의5), 개인정보보호법(제31조의2), 전기통신사업법(제22조의8)과 공정거래법(제98조의3)(이는 2027. 2. 7. 시행 예정인데 문서의 송달을 명시적으로 언급한다) 등이 그런 예이다. 국내대리인제도는 2018년 EU의 일반개인정보보호규정(GDPR. 제27조)을 참조하여 도입한 것인데, 국내대리인은 법률상 창설된 제도로서 민법상 대리인과는 달리 법률에서 규정한 사업자의 법적 의무에 근거하여 지정되고 특정한 권한범위 내에서 법적·사실적 행위의 포괄적 대리권을 가진다.[111] 그러한 권한범위 내의 사업과 관련된 사건이라면 우리 법원으로서는 그에게 송달할 수 있을 것이다.

Ⅶ. 소송비용담보

1. 소송비용

민사소송법상 소송비용은 ① 국고에 납입되는 재판비용과 ② 당사자가 지출하는 당사자비용으로 대별된다. 전자에는 인지대와 송달료 등이 포함되고, 후자에는 변호사보수 등이 포함된다.[112] 변호사보수의 경우 미국에서는 성공보수(contingency fee 또는 conditional fee, 영국에서는 no-win no-fee)가 인정되나, 독일에서는 전통적으로 성공보수는 허용되지 않았고[113] 우리나라는 미국과 같은 정도의 과도한 것은 아니지만 소송의뢰 시 착수금과 성공보수를 받는 형태가 일반적으로

---

111) 김윤정, "전자상거래법상 국내대리인 지정제도 도입을 위한 제도적 설계와 과제", 2024. 11. 8. 개최된 (사)한국경쟁법학회 2024년 총회 및 추계학술대회 발표자료, 77면. 위 김윤정, 81-82면은 국내대리인과 유사한 제도를 두는 독일 네트워크집행법(제5조. 이는 독일 내 송달대리인(Zustellungsbevollmächtigter)이라고 명시한다)과 텔레미디어법(제5조) 그리고 일본의 전기통신사업법(제10조)을 소개한다.

112) 이시윤, 600면 이하.

113) 그 이유는 성공보수는 사법기관으로서의 변호사의 지위에 반하고 독일 민법상의 공서양속에 반한다는 것이다. 그러나 독일 연방헌법재판소 2006. 12. 12. 결정(NJW 2007, 979)은 성공보수의 전면금지를 위헌이라고 판단하고 일반적 금지에 대한 예외의 명시 또는 금지의 전면폐지를 요구하였다. 상세는 정선주, "변호사의 성공보수약정 — 독일연방헌법재판소 2006년 12월 12일 결정을 중심으로 —", 민사소송 제12권 제1호(2008. 5.), 145면 이하 참조.

허용되고 있다. 우리 민사소송법상 변호사보수의 전액이 소송비용에 산입되는 것
은 아니고 대법원규칙인 "변호사보수의 소송비용산입에 관한 규칙"이 정하는 금
액의 범위에 한정된다(제109조 제1항).

　　법원은 종국판결의 주문에서 당사자 중 누가 어느 비율로 소송비용을 부담할
지를 정하여야 하는데(제104조), 소송비용은 패소한 당사자가 부담하는 것이 원칙
이다(제98조. 패소자부담주의). 독일 민사소송법도 같다. 그러나 미국에서는 승소한
당사자도 자신의 변호사비용을 부담해야 하고 패소한 상대방으로부터 상환 받을
수 없는 것이 원칙인데 이를 'American rule'이라고 부른다(각자부담주의).[114] 우리
민사소송법의 패소자 부담주의는 남소를 억제하는 기능을 한다.

2. 소송비용담보[115]

　　민사소송법상 원고가 우리나라에 주소·사무소와 영업소를 두지 아니한 때에
는 법원은 원고에게 소송비용의 담보제공을 명하여야 한다(제117조). 이러한 소송
비용담보(*cautio iudicatum solvi*)는 원고가 패소하여 소송비용을 부담하게 되는 경
우에 피고가 소송비용을 확실하게 상환 받을 수 있도록 하기 위한 것이다. 담보제
공을 명하는 재판은 피고의 신청에 의하여 결정으로 하는데(제117조), 그 금액은
피고가 그 사건에서 각 심급마다 지출하게 될 소송비용의 합계액을 표준으로 법
원이 재량으로 결정한다.[116] 법원은 실무상 소송비용 전액 현금공탁을 명하는 예
가 다수이나, 현금공탁에 갈음하여 지급보증위탁계약을 맺은 문서의 제출을 허가
하기도 한다.[117] 국제계약을 체결하면서 당사자들은 장래 소가 한국에서 제기될
경우 피고인 한국 당사자가 소송비용담보신청을 하지 않을 것을 미리 합의하기도
하는데 그 효력을 인정할 수 있을 것이다.[118]

---

114) 전원열, 11-2-3-3, 註 10; Schack, Rn. 703. 사법정책연구원, 각국의 소송비용 제도(외국사
　　법제도연구(31))(2023), 18면 이하 참조. 이 단행본은 미국, 영국, 독일, 프랑스, 스페인과
　　일본의 소송비용 제도를 소개한다.
115) 실무적 논점은 실무편람, 47면 이하 참조.
116) 실무편람, 49면; 윤성근, 390면.
117) 과거 전액 현금공탁을 요구하였으나 서울고등법원 2004. 12. 13. 선고 2004라745 판결이
　　지급보증위탁계약을 맺은 문서로써 소송비용담보를 허가한 이래 보증보험증권으로 갈음할
　　수 있도록 허가하고 있다고 한다. 실무편람(2006), 56면; 윤성근, 390면.
118) 독일법상 Rolf A. Schütze, Das internationale Zivilprozessrecht in der ZPO: Kom－
　　mentar, 2. Auflage (2011), §110 Rn. 62 참조.

피고는 원고가 담보를 제공할 때까지 소송에 불응할 수 있고, 원고가 공탁한 뒤 비로소 변론을 시작하며 원고가 담보를 제공하지 않으면 법원은 변론 없이 판결로 소를 각하할 수 있다(제119조, 제124조). 다만, 담보를 제공할 사유가 있음을 알고도 피고가 본안에 관하여 변론하거나 변론준비기일에서 진술한 경우 담보제공신청은 불가하다(제118조). 이런 절차적 소송비용상환청구권은 판결국의 절차법에 따를 사항이다.[119] 외국의 소송비용재판은 주된 판결과 마찬가지로 우리나라에서 승인 및 집행의 대상이 된다. 다만 주된 재판이 승인될 수 없는 경우에도 소송비용재판이 독립하여 승인·집행될 수 있는지는 논란이 있다. 이를 긍정한 대법원 2017. 5. 30. 선고 2012다23832 판결이 있으나, 관할합의협약과 재판협약은 명문으로 이를 부정한다.[120]

---

119) Schack, Rn. 703f. 1980년 "국제물품매매계약에 관한 국제연합협약(CISG)"이 적용되는 사안에서 변호사보수를 계약위반에 대한 손해배상으로 청구할 수 있는지는 논란이 있다. 2001. 8. 28. Zapata Hermanos Sucesores, S.A. v. Hearthside Baking Co., Inc. 사건 판결에서 1심인 미국 연방지방법원은 법률에 근거가 있으면 Amercian rule이 적용되지 않는데 협약 제74조가 그런 법률이라고 보아 손해배상청구를 인용하였으나, 제7순회구 연방항소법원은 2002. 11. 19. 판결(313 F.3d 385 (7th Cir. 2002))로써 변호사보수는 절차의 문제로서 매매협약이 규율하지 않는 사항이고 매매협약이 American rule을 묵시적으로 뒤집는 것은 아니라는 이유로 위 판결을 파기하였다. 후자가 타당하다. 석광현, 국제물품매매계약의 법리 : UN통일매매법(CISG) 해설(2010), 285면 이하 참조.
120) 소개는 석광현, "우리 대법원 판결에 비추어 본 헤이그 관할합의협약의 몇 가지 논점", 국제사법연구 제25권 제1호(2019. 6.), 510면 이하; 장준혁, "대한민국에서의 헤이그관할합의협약 채택방안 —2019년 재판협약 성립을 계기로 돌아본 의의와 과제—", 안암법학 제61호(2020. 11.), 47면 이하 참조.

제6장

국제적 소송경합

제 6 장
국제적 소송경합

I. 머 리 말

1. 문제의 제기

국내민사소송에서 당사자는 어느 법원에 계속 중인 사건에 대하여 다시 소를 제기하지 못한다. 민사소송법 제259조는 이러한 '중복제소금지의 원칙'을 명시한다. 그런데 동일 당사자 간에 동일 소송물에 관하여 외국법원에 전소가 제기되어 계속 중 다시 어느 당사자가 국내 법원에 후소를 제기하거나, 또는 반대로 국내 법원에 전소가 제기되어 계속 중 외국법원에 후소가 제기되어 국제적 병행소송(parallel proceedings)이 존재할 수 있다. 이것이 '국제적 소송경합'(*lis alibi pendens.* 이하 '국제소송경합'과 호환적으로 사용한다),[1] '국제적 중복제소' 또는 '국제적 중복소

---

* 제6장에서 인용하는 아래 주요 문헌은 [ ] 안의 인용약어를 사용한다.

강희철, "국제적 중복소송", 국제사법연구 제9호(2003)[강희철]; 오정후, "국제사법 개정안의 국제재판관할 —개정안의 편제와 총칙의 검토—", 민사소송 제22권 2호(2018. 11.)[오정후]; 이창현, 국제적 분쟁과 소송금지명령(2021)[이창현, 소송금지명령](이는 이창현, "국제적 분쟁해결에 있어서 '소송금지명령'의 활용에 관한 연구", 서울대학교 대학원 법학전문박사학위논문(2020. 8.)의 단행본이다); 이필복, "국제적인 민사 및 상사분쟁 해결절차의 경합에 관한 연구 —소송과 중재를 중심으로—", 서울대학교 대학원 법학박사학위논문(2020)[이필복]; 이헌묵, "국제적 소송경합에 관한 입법적 제안", 민사소송 제23권 제3호(2019. 10.)[이헌묵, 입법적 제안]; 한충수, "국제적 소송경합(Lis Pendens) — 서울중앙지방법원 2002. 12. 13. 선고 2000가합90940 판결을 중심으로—", 민사소송 제8권 제2호(2004)[한충수]; 피정현, "國際的 重複提訴의 禁止與否 — 國內法院에서의 외국소송계속의 고려여부 —", 均齊 梁承斗敎授 화갑기념 논문집, 현대사회와 법의 발달(1994)[피정현]; 古田啓昌, 國際訴訟競合(1997)[古田啓昌].

[1] 단순히 '소송계속(*lis pendens*)'이라고도 한다. 민사소송법 학자들은 구 민사소송법을 따라 '係

송'의 문제이다. 국제교류가 빈번해짐에 따라 국제적 소송경합이 발생할 가능성이 커지고 있고, 특히 외국에서 이행소송을 제기당할 가능성이 있는 당사자가 장래 국내 집행을 저지하기 위한 소송전략으로 국내에서 먼저 채무부존재확인소송을 제기할 가능성이 점증하고 있다.

국제적 소송경합을 다룬 대법원판결은 아직 없는 것으로 보이고,[2] 2022년 국제사법에 국제적 소송경합을 다룬 제11조가 신설되기 전 하급심판결 중에는 외국에 소송이 계속함에도 불구하고 한국 당사자가 한국에 채무부존재확인소송을 제기한 사건에서 법원이 외국의 소송계속을 무시하고 소송절차를 진행하여 판결을 선고한 선례가 있다고 하나 그 내용은 알려져 있지 않고 승인예측설을 따른 하급심 판결들이 있음은 뒤의 Ⅳ.에서 보는 바와 같다. 여기에서는 아래의 논점을 차례대로 검토한다.

첫째, 민사소송법상의 중복제소금지의 원칙(Ⅱ.), 둘째, 국제사법 제11조 신설 전 국제적 소송경합의 처리에 관한 제견해(Ⅲ.), 셋째, 구 국제사법하의 우리 법원 판결의 소개(Ⅳ.), 넷째, 국제사법에 따른 국제적 소송경합의 요건(Ⅴ.), 다섯째, 법원의 소송절차 중지와 후속절차(Ⅵ.), 여섯째, 한국에 전소가 계속한 경우 법원의 유연한 처리(Ⅶ.), 일곱째, 관할합의 시 국제적 소송경합과 부적절한 법정지의 법리(Ⅷ.)와 여덟째, 복수국가에서 관련 소송의 계속(Ⅸ.).

2. 국제적 소송경합, 부적절한 법정지의 법리와 소송유지명령

국내법원에 국제재판관할이 있음에도 불구하고, 외국에 국제재판관할을 가지는 대체법정지가 있고 외국법원에서 재판하는 것이 正義의 요청에 부합하는 경우 법원이 재량으로 국내 법원의 소를 중지하거나 각하하는 소극적 방법이 부적절한 법정지(*forum non conveniens*)의 법리[3]이다.

屬'이라고 하는 데 반하여, 중재법(제17조 제7항)은 '繫屬'이라고 표기한다. 이필복, 온주 국제사법 제11조, 2023. 7. 5. [1]은 대륙법계에서 발달한 우선주의를 전제로 한 '국제적 중복제소'나 '국제적 중복소송'이라는 용어로는 보통법계에서 발달해 온 국제적 소송경합에 대한 접근 방식이나 규율 방법까지 포섭하기 어렵고 '국제적 소송경합'이라는 용어는 위 용어들보다 더 중립적이고 유연하다고 한다.

2) 대법원 1987. 4. 14. 선고 86므57, 58 판결이 국제적 소송경합에 관한 판결로 소개된다. 장문철, 국제사법총론(1996), 188–189면; 이시윤, 258면. 그러나 이는 확정된 외국판결의 효력을 승인한 것이지 국제적 소송경합을 다룬 것은 아니다.

3) 이에 대하여는 제4장 Ⅲ. 참조.

X와 Y 간에 국제적 분쟁이 발생한 경우 X가 Y를 상대로 자국인 A국에서 전소를 제기하고 국제소송경합(*lis (alibi) pendens*)의 법리를 활용함으로써 Y의 B국에서의 소송을 중지(또는 각하)시키거나, 그것에 실패하더라도 장래 B국 법원 판결이 A국에서 승인 및 집행되는 것을 차단할 수 있다. 그러나 소극적인 국제적 소송경합만으로는 Y가 B국에서 제소하는 것 자체를 봉쇄할 수는 없다. 이 경우 장래 Y가 B국 법원에서 소를 제기하거나 소송을 수행하는 것을 금지하려면 X는 A국 법원에서 Y를 상대로 소송유지(留止)명령(anti-suit injunction. 또는 소송금지명령)을 받는 더욱 적극적 수단을 취할 필요가 있다. 소송유지명령은 주로 영미법계 국가에서 인정되는데, 그에 의하여 외국 소송을 배제하고 국내법원에서 배타적 관할권을 확보할 수 있다.[4] 위 사례에서 X는 A국 법원에 소극적 확인의 소를 제기하고, A국 법원으로부터 Y를 상대로 소송유지명령을 받음으로써 A국 법원에서만 소송절차를 진행하는 이점을 가질 수 있다. 따라서 당사자들은 국제거래 분쟁을 해결하는 과정에서 다양한 소송전략을 구사할 수 있고 동태적 접근이 가능하다.

부적절한 법정지의 법리는 정치하지 못한 국제재판관할규칙을 가진 영미법계의 법원이 개별사건에서 구체적 타당성이 있는 국제재판관할 배분을 실현하는 유연한 수단인데—이런 의미에서는 부적절한 법정지의 법리는 국제재판관할배분 시 '미세조정(fine-tuning)'을 위한 도구라고 할 수 있다—, 적극적 수단이라고 할 수 있는 소송유지(留止)명령도 구체적 타당성을 위한 것으로 부적절한 법정지의 법리와 상호 보완적 기능을 한다.[5] 소송유지(留止)명령은 중재합의의 실효성을 확

---

4) 참고로 영국법상 소송유지명령의 요건은 대체로 ① 피고에 대하여 영국 법원에 대인관할권(우리의 국제재판관할권)이 있고, ② 원고가 '외국에서 제소되지 않을 권리(right not to be sued abroad)'를 가져야 하며 — 이는 금지되는 당사자가 비양심적 방법으로 행동하거나, 외국에서의 제소가 당사자 간의 분쟁해결합의(즉 영국 법원에 관할을 부여하는 전속관할합의 또는 영국을 중재지로 하는 중재합의)를 위반한 경우에 인정된다 —, ③ 소송유지명령을 발하는 것이 정의의 목적에 부합해야 하고, ④ 소송유지명령을 발하는 것이 예양의 원칙에 반하지 않아야 한다는 것이다. 상세는 석광현, "국제상사중재에서 중재합의와 訴訟留止命令(anti-suit injunction)", 선진상사법률연구 통권 제50호(2010. 4.), 26면 이하; 석광현, 제5권, 653면 이하 참조. 근자의 문헌은 이창현, 소송금지명령 참조. 예양에 관한 우리 문헌은 김민경, "영국 국제사법의 예양의 원칙", 석광현헌정논문집, 389면 이하; 조인영, "소송금지가처분(Anti-Suit Injunction)과 중재금지가처분", 저스티스 통권 제178호(2020. 6.), 281면 이하 참조.

5) Ingrid Naumann, Englische anti-suit injunctions zur Durchsetzung von Schiedsvereinbarungen (2008), S. 105. Lord Goff of chieveley는 브뤼셀협약으로 대표되는 대륙법계 국제재판관할규칙과 영국법의 국제재판관할규칙의 차이를 '문화적 차이(cultural differences)'

보하기 위한 수단으로 발령되기도 한다.[6]

II. 민사소송법상 중복제소금지의 원칙

국제적 소송경합의 논의에 앞서 우리 민사소송법이 명시하는 중복제소금지의 원칙을 간단히 살펴본다.

1. 민사소송법의 규정과 취지

민사소송법 제259조는 "법원에 계속되어 있는 사건에 대하여 당사자는 다시 소를 제기하지 못한다"라고 규정함으로써 중복제소금지의 원칙을 명시한다. 중복제소금지의 원칙은, 동일사건에 대하여 중복제소를 허용하는 것은 소송제도의 남용으로서, 법원이나 당사자에게 시간·노력·비용을 이중으로 낭비시키는 것이어서 소송경제상 바람직하지 않고, 판결 특히 기판력(res judicata effect)이 서로 모순·저촉될 우려가 있으므로 이를 피하기 위한 것이다.[7] 결국 중복제소를 금지하는 것은 사적 이익으로서의 당사자이익은 물론 공적 이익과도 관련된다.

2. 중복제소금지의 요건

중복제소금지 원칙이 적용되기 위하여는 첫째, 전소와 후소의 사건이 동일하고, 둘째, 전소가 계속 중에 후소가 제기되어야 한다. 당사자가 동일하고 청구(소송물)가 동일하면 원칙적으로 동일사건이다. 소송물의 동일성은 주로 소송물이론을 둘러싸고 논의되는데, 예컨대 교통사고 피해자가 동일한 금액의 손해배상청구를 하는 경우 불법행위에 기한 청구와 계약에 기한 청구의 소송물의 동일성에 관하여 구소송물이론은 이를 부정하나 신소송물이론은 긍정한다.

청구취지(또는 심판형식)가 다르면 원칙적으로 동일사건이 아니나, 동일한 권

의 문제라고 지적하였다. *Airbus Industrie v Patel* [1999] 1 A.C. (H.L.) 119, 131. 해상운송에 관한 로테르담규칙은 소송유지명령의 효력을 제한하는 규정(제71조 제2항)을 두고 있다. 김인현, "2008년 로테르담 규칙상 재판관할제도의 성립 과정과 내용 ― 전속적 합의관할을 중심으로―", 한국해법학회지 제32권 제1호(2010. 4.), 226면 참조.

6) 이에 관하여는 석광현, "국제상사중재에서 중재합의와 訴訟留止命令", 선진상사법률연구 통권 제50호(2010. 4.), 3면 이하 참조.

7) 이시윤, 286면.

리관계에 관하여 청구취지를 달리하는 경우 문제가 있다. 특히 동일한 권리에 관한 확인청구와 이행청구가 동일사건인가는 논란이 있다. 이에 관하여 심판형식에 관계없이 양자는 동일사건이라고 보는 견해와 어느 것이 선행하는지에 따라 구별하는 견해가 있는데, 후자는 이행의 소가 먼저 제기된 후에 후소로 확인의 소를 제기하는 것은 동일사건이지만 반대의 경우에는 전소보다 더 큰 집행력이 있는 판결을 구하는 것이므로 동일사건이 아니라고 본다.[8] 그 밖에도 청구의 동일성과 관련하여 상계항변으로 주장한 채권에 대해 별소를 제기하는 경우, 일부청구와 잔부청구의 경우 논란이 있고, 더 나아가 중복제소금지의 원칙이 적용되기 위한 요건으로서 소송물의 동일성을 요구하는 민사소송법과는 달리, 청구의 기초에 동일성이 있는 경우 또는 쟁점이 공통인 경우에까지 중복제소금지의 원칙을 확대하려는 시도가 있다.

3. 중복제소금지의 효과

중복제소라는 사실은 소극적 소송요건이고, 중복제소 여부는 직권조사사항이므로 이에 해당하면 법원은 항변을 기다릴 필요 없이 판결로써 후소를 부적법 각하해야 한다. 만일 중복제소임을 간과하고 판결이 선고되면 상소로 다툴 수 있으나 판결이 확정된 때에는 당연히 재심사유가 되거나 후의 판결이 당연무효는 아니고, 서로 모순·저촉이 있는 때에는 제소의 전후에 관계없이 후의 확정판결만이 재심사유가 있게 되나, 후의 판결이 재심에 의하여 취소되기까지는 새로운 판결이므로 존중되어야 한다.[9]

Ⅲ. 국제사법 제11조 신설 전 국제적 소송경합의 처리에 관한 제견해

국제적 소송경합은, 당사자에 따라 외국소송의 원고가 국내법원에서 다시 소

---

8) 전자는 우리의 다수설이고 후자는 독일의 학설, 판례이다. Schack, Rn. 891－892. 이시윤, 255면은 후자를 취한다. 김동현, "청구권에 관한 이행의 소와 소극적 확인의 소 ― 독일 및 EU법원에서의 논의를 참고하여", 민사소송 제19권 제2호(2015. 11.), 165면 이하; 김용진, "소극적 확인의 소와 이행의 소의 관계에 대한 국내법적 처리 방향과 국제적 차원에서의 대응 방안 ―대법원 1999. 6. 8. 선고 99다17401, 17428 판결 및 2010. 7. 15. 선고 2010다2428, 2435 판결에 대한 평석을 겸하여―", 인권과정의 제459호(2016. 8.), 21면 이하도 참조.

9) 이시윤, 257면.

송을 제기하는 경우(원피고공통형)와, 반대로 외국소송의 피고가 국내법원에서 소
송을 제기하는 경우(원피고역전형)로 구분된다.[10]

국제적 소송경합을 방치하면 첫째, 국제적으로 모순·저촉되는 판결이 선고
될 가능성이 있고, 둘째, 국제적 차원에서 소송경제에 반하며, 셋째, 동일 사안에
대해 동일 원고가 수개국에서 동일 피고를 상대로 소송을 제기할 경우 피고에게
과도한 부담을 준다.[11] 따라서 국제적 소송경합의 경우에도 중복제소금지의 원칙
을 고려할 필요가 있다. 반면에 외국의 소송은 우리나라에서의 소송과는 법원과
언어가 다름은 물론이고 절차법과 실체에 적용될 준거법도 차이가 있고, 나아가
외국법원의 판결(또는 재판. 이하 호환적으로 사용한다)이 국내에서 반드시 승인되고
집행되는 것도 아니므로[12] 민사소송법의 중복제소금지의 원칙을 그대로 적용할
수는 없다. 민사소송법 제259조의 '법원'은 우리 법원을 의미하고, 또한 동조는 국
제적 소송경합의 특수성을 전혀 고려하지 않으므로 동조가 당연히 국제적 소송경
합에 적용되는 것도 아니다.

국제적 소송경합의 처리방법은 국가에 따라 상이하다. 과거 저자는 1999년
예비초안과[13] 유럽연합,[14] 독일, 일본, 미국, 영국, 프랑스와 스위스의 입법례 또
는 판례를 소개하였다.[15] 그 결과를 고려하면 국제적 소송경합의 처리방법은 대
체로 다음과 같이 분류할 수 있다.

첫째, 국제적 소송경합을 규제하지 않는 태도, 둘째, 국제적 소송경합을 부적
절한 법정지의 법리에 의해 해결하는 영미법계의 태도, 셋째, 외국판결의 적극적
승인예측을 전제로, 국제적 소송경합을 국내 소송경합에 준하여 처리하는 대륙법
계의 승인예측설(이에 따르면 전소가 제기된 법원이 우선하므로 (전소)우선주의(first
seized court principle. Prioritätsprinzip)라고도 한다), 넷째, 승인예측설을 원칙으로

---

10) 古田啓昌, 6-11면 참조. 전자를 '병행형', 후자를 '대항형'이라고도 한다. 渡辺惺之/손경한
(역), "國際的 二重訴訟", 國際私法研究 創刊號(1995), 274면. 일본의 경우 1970년대 이후
미국에서 제소를 당한 일본인 피고가 일본에서 원고로서 소를 제기한 대항형이 많았다고 한
다. 유재풍, "국제소송의 경합", 국제사법연구 제2호(1997), 451, 458면.
11) 물론 원피고역전형의 경우에는 셋째의 문제는 발생하지 않는다.
12) 국내의 중복소송과 국제적 소송경합의 차이에 관하여는 우선 피정현, 601-603면 참조.
13) 석광현, 관할연구, 79면.
14) 석광현, 관할연구, 69면 이하.
15) 일본의 과거 학설과 판례는 전병서, "국제적 소송경합", 변호사 제26집(1996), 301면 이하
참조.

하되, 전소가 제기된 법원이 외국의 대체법정이 당해 사건을 재판하기에 더 적절하다고 판단하는 경우 국제재판관할권의 행사를 거부할 수 있다는 절충설이 그것이다(넷째는 저자가 제시한 견해이다). 첫째 이외는 모두 국제적 소송경합을 어떤 형태로든 규제하는데 그 요건과 효과는 차이가 있다. 이를 부연하면 아래와 같다.

1. 국제적 소송경합을 허용하는 견해 — 규제소극설

이는 민사소송법 제259조의 중복제소금지는 원칙으로 국내법원에서의 중복제소를 금지하는 것이라고 보고 외국의 소송계속에는 적용하지 않으며 이를 무시한다. 이에 따르면 병행소송이 진행된다. 구 국제사법하에서 우리의 일부 학설,[16] 미국의 종래 판례와 1971년 Restatement of the Law (Second) Conflict of Laws (§86)[17]는 이를 취하였다.[18] 이처럼 외국의 소송계속을 무시하고 우리 법원의 후소를 진행할 경우에는, 국내판결의 선고 전에 외국전소의 판결이 확정되면 그의 기판력에 저촉되는 결과 우리 법원으로서는 청구를 기각하거나 소를 각하하지 않을 수 없게 되어 그때까지 후소를 위하여 당사자들과 법원이 투입한 시간, 노력과 비용이 무의미하게 되므로 이는 수용할 수 없다.

---

16) 정동윤·유병현, 272면.

17) 동조는 동일한 청구에 관한 소송이 다른 주(국가)에 계속 중이더라도 소송을 진행할 수 있다고 규정한다. 동조의 주석(comment b)은 원고가 전소에서 구제를 받을 수 있는가에 따라 구분하고, 구제를 받을 수 있는 경우 법원은 재량으로 후소의 소송절차를 중지할 수 있다고 한다.

18) 석광현, 관할연구, 126면. 지금도 이것이 미국 연방법원의 태도라는 견해도 있으나, 아래에서 보듯이 국제재판관할의 법리로 해결한다는 견해도 있다. 국제적 소송경합을 허용하는 다수 판례를 뒤집기 위한 노력으로 미국변호사협회 국제법 및 관행분과(American Bar Association Section on International Law and Practice)가 1989년에 제안한 'Conflict of Jurisdiction Model Act'가 있다. 석광현, 관할연구, 126면 이하 참조. 미국 법원의 태도는 Born/Rutledge, p. 522 이하 참조. 주목할 것은, 미국법률협회(ALI)가 2005년 연방법률로서 제정할 것을 제안한 "The Foreign Judgments Recognition and Enforcement Act(외국판결 승인과 집행법률)" 초안이다. 위 초안의 제11조는 국제적 소송경합에 관하여 규정하는데, 이는 기본적으로 승인예측설과 유사한 태도를 취하여 외국 전소가 계속하고 적극적 승인예측이 되는 경우 미국 법원이 소를 각하하거나 중지할 수 있다고 규정하면서도 예외적인 사유가 있는 경우(즉 외국 전소가 미국 법원의 관할권 행사를 좌절시킬 목적으로 제기된 경우, 외국의 소송이 억압적이거나 경박한 경우 또는 병행소송의 부담을 인수할 만한 설득력이 있는 이유가 있는 경우) 법원이 이를 거부할 수 있음을 명시한다. 제11조에 대한 주석은 Andreas F. Lowenfeld/Linda J. Silberman, Recognition and Enforcement of Foreign Judgments : Analysis and Proposed Federal Statute (2006), p. 132 이하 참조.

2. 국제재판관할의 법리에 의하여 해결하는 견해

이는 영미법적인 접근방법에 따라 국제적 소송경합을 국제재판관할의 법리, 나아가 부적절한 법정지의 법리에 의하여 해결하는 견해이다.[19] 이를 '비교형량설', '적절한 법정지설' 또는 'Proper Forum설' 등이라도 부른다.[20] 이는 외국과 내국의 어느 곳이 보다 적절한 법정지인가라고 하는 관점으로부터 국제재판관할의 유무 또는 행사 여부를 판단함에 있어 종합적인 비교·형량에 의하므로 외국에서의 소송계속은 법원이 국제재판관할의 유무 내지 행사 여부를 판단함에 있어 고려할 요소의 하나로 본다. 이에 따르면 국제소송경합의 문제는 국제재판관할이론의 일부로 해소된다. 이는 외국에 전소가 제기된 경우 외국이 보다 적절한 법정지라고 판단되면 내국 후소를 각하하거나 소송절차를 중지하나, 만일 내국이 적절한 법정지인 경우에는 외국에 전소가 계속 중이더라도 소송을 진행할 것이라고 한다.

이 견해는 우선 부적절한 법정지의 법리를 받아들이지 않으면 채택하기 어렵다. 그 밖에도 일본에는 이에 대해 다양한 비판이 있다.[21] 영국에서는 전통적으로 이런 견해를 취하고 있고,[22] 미국의 일부 판례[23]와 일본의 일부 학설과 판례(예컨

---

19) 유재풍, "國際訴訟의 裁判管轄에 관한 硏究", 청주대학교 대학원 법학박사학위논문(1994), 183－188면이 이를 따른다. 이헌묵, "현행법에 따른 국제적 소송경합의 처리", 민사소송 제23권 제2호(2019. 6.), 95면 이하; 이헌묵, "국제적 소송경합의 처리에 관한 비교법적 연구", 국제사법연구 제25권 제1호(2019. 6.), 383면 이하도 참조.

20) 古田啓昌, 76면; 渡辺惺之/손경한(역)(註 10), 280면.

21) 이를 소개하면 다음과 같다. ① 국제적 소송경합의 문제는 복수 국가에서 국제재판관할이 긍정된 후의 문제인데, 이를 국제재판관할의 판단 중에 포함시키는 것은 이론상 의문이다. ② 외국 전소가 계속 중인데도 후소가 제기된 내국 법원이 적절한 법정지임을 이유로 소송을 진행하면 결국 판결의 국제적 모순, 저촉이 발생할 수 있다. 영미에서는 외국법원이 국제재판관할을 인정하는 경우에도 당사자는 외국에서의 소송을 금하는 訴訟留止命令(anti－suit injunction)을 받을 수 있으나 일본에는 그런 법적 수단이 없다. ③ 하나의 사건에 대해 복수 국가가 국제재판관할을 가질 수 있는데, 외국판결의 승인에 있어 외국법원의 국제재판관할에 관한 체크 이상으로 외국법원의 관할을 규제하는 것은 외국판결승인제도와 균형이 맞지 않는다. ④ 영미 법관은 광범위한 재량을 가지고 있고 국제적 소송경합의 처리는 그러한 재량권 행사의 하나의 사례인 데 반하여, 일본 법관은 그런 재량권을 가지지 않는데도 국제적 소송경합의 문제에 한하여 영미법적 처리를 도입하는 것은 대륙법적 사법관으로부터는 위화감이 있다. 石川明·小島武司(編), 國際民事訴訟法(1994), 79－80면 참조.

22) 석광현, 관할연구, 135면 이하.

23) 석광현, 관할연구, 126면.

대 동경지방재판소 1991. 1. 29. 판결(眞崎物産事件))24)가 이를 취하였다.

3. 승인예측설

이는 독일과 구 국제사법하의 우리의 다수설25)인데, 외국법원에 이미 계속 중인 사건에 대해 한국에서 후소가 제기된 경우, 장래 외국법원의 판결이 민사소송법의 승인요건을 구비하여 한국에서 승인될 것으로 예측되는 때에는 그 외국판결은 국내에서도 기판력을 가지므로 민사소송법 제259조의 중복제소금지를 적용하거나 유추적용하는 견해이다. 그 효과로서 소를 각하할지 아니면 소송절차를 중지할지에 관하여는 견해가 나뉜다. 즉 승인예측설은 외국판결의 '적극적 승인예측(positive Anerkennungsprognose)'을 조건으로 외국의 소송계속의 존중을 '외국판결 승인의 전단계(Vorstufe der Urteilsanerkennung)'로 이해하여26) 외국의 소송계속에 대해 국내의 소송계속에 준하는 효력을 인정한다. 이는 민사소송법(제217조)이 외국판결 승인제도를 두고 있음을 근거로 한다.

이에 대하여는 여러 가지 비판이 있는데, ① 가장 결정적인 것은 장래 외국에서 선고될 판결이 과연 한국에서의 승인요건을 충족할 것인지를 미리 정확히 예측하는 것은 매우 곤란하다는 점이다.27) 또한 ② 승인예측설에 따르면 소의 전후, 엄밀하게는 소송계속의 전후가 결정적인 의미를 가지는데, 국가에 따라 소의 계속 시기가 상이하므로 계속의 유무와 시기를 결정하는 준거법이 문제 되고, ③ 당사자들로 하여금 원만한 해결을 위하여 노력하지 않고 먼저 소를 제기하도록 부추기며, 원고로서 제소하는 것의 장점을 강조하여 '법정으로의 경주(race to the courthouse)' 또는 '판결을 위한 경주(race for a judgment)'를 조장한다는 비판이 있고28) 그 밖에도 다양한 비판이 있다.29)

---

24) 석광현, 관할연구, 94면.

25) 이시윤, 258면; 강희철, 20면; 강현중, 820면; 김홍규 · 강태원, 259 - 260면; 김홍엽, 323면.

26) Schack, Rn. 896.

27) 피정현, 614면; 강희철, 19면. 한충수, 50면은 소송의 동태적 측면을 도외시할 우려가 있음을 지적한다. 승인예측이 빗나간 경우 발생하는 문제는 조수정, "國際的 訴訟競合에 있어서의 重複提訴의 禁止", 서울대학교 대학원 법학석사학위논문(1994), 77 - 78면 참조.

28) Peter E. Herzog, Brussels and Lugano, Should You Race to the Courthouse or Race for a Judgment?, 43 Am. J. Comp. L. 379 (1995).

29) 이를 소개하면 다음과 같다. ① 내외국 소송이 어떤 관계에 있는 때(예컨대 소송물의 동일성으로 족한가) 규제할지에 관하여 구체적으로 명확한 기준을 제시하기 어렵다. ② 외국소송의 계속은 직권조사사항인가의 문제가 있다. ③ 승인예측이 빗나간 경우의 처리가 문제 된

우리 다수설과 독일의 판례와 다수설30) 및 프랑스의 판례와 학설31)도 이런
견해를 취하고 있고, 스위스 국제사법(제9조)32)은 이를 명문으로 규정하고 있으며,
일본의 일부 학설과 판례(예컨대 동경지방재판소 1988. 5. 30. 판결(宮越機工事件))33)
가 이런 견해를 취한다.

4. 그 밖의 학설

그 밖에도 중복제소가 권리남용에 해당하는 때에만 외국의 소송계속을 고려
할 것이라는 권리남용설이 있다.34) 또한 사건의 동일성이 아니라 내국에서 제기
된 후소에 대해 재판할 소의 이익의 유무에 따라 판단하는 견해도 있다.35)

5. 사견 — 승인예측설을 원칙으로 하되 예외적으로 국제재판관할이론을 결합하는 견해

과거 우리나라에서는 종래 논의가 활발하지는 않으나 일본의 영향을 받아 주
로 규제소극설, 국제재판관할의 법리에 의하여 해결하는 견해와 승인예측설이 주
장되고 있었다. 이러한 다양성은 일본과 우리의 특유한 현상인데, 저자는 승인예
측설을 따르면서 예외적인 경우 영미법적 접근방법을 가미하는 것이 적절하다고
보았다. 즉 우선주의를 원칙으로 하고, 예외적인 경우 전소가 제기된 법원('전소법
원')이 소송절차를 중지할 수 있다는 것이었다.36) 이는 1999년 예비초안과 2001년
초안이 취하는 태도인데, 저자도 과거 이러한 취지의 입법론을 제시하였고 해석
론으로서도 이를 따르는 것이 적절하다고 보았다. 그 근거는 아래와 같았다.

우선주의를 취하는 범위 내에서는 국제적 소송경합은 국제재판관할과는 직
접적 관련이 없다. 승인예측설을 취하는 이유는 국제적 소송경합은 외국판결 승

다. 즉, 승인될 것으로 예측하고 내국후소를 각하한 경우 예측이 잘못된 때에는 원고의 권리
　보호의 이익이 침해된다. 石川明·小島武司(註 21), 77-78면 참조.
30) 석광현, 관할연구, 87면 이하.
31) 석광현, 관할연구, 142면.
32) 석광현, 관할연구, 145면. 스위스 국제사법의 국문번역은 석광현, 정년기념, 612면 이하 참조.
33) 석광현, 관할연구, 94면.
34) 피정현, 615면 참조. 피정현, 621면은 결국 이를 선호하는 것으로 보인다. 다만, 영미의 접근
　방법과 다르지 않다고 한다.
35) 예컨대 渡辺惺之/손경한(역)(註 10), 283, 291면 이하 참조.
36) 이규호, "국제적 소송경합 — 1999년 헤이그협약 예비초안과 루가노협약을 중심으로 —", 국
　제사법연구 제13호(2007), 208면도 이를 지지한다.

인의 전단계(前段階. Vorstufe)로서 의미를 가지기 때문이다. 즉 외국의 국제재판관할이 인정되는 한 외국에서 판결이 선고될 경우 아직 내국판결이 선고되기 전이라면 외국판결을 승인해야 하므로, 승인될 것으로 예측되는 판결이 상당한 기간 내에 선고될 것인 경우 내국에서 소송절차를 중지함이 합리적이다. 승인예측설은 상당한 기간 내에 판결을 선고할 것이라는 요건을 요구하지 않으나 저자는 스위스 국제사법(제9조)에 따라 이를 요구하였다. 또한 민사소송법의 해석론으로서도 우리 법원은 소송절차를 중지할 수 있다고 본다. 그러나 전소법원이더라도, 부적절한 법정지의 법리에 관한 요건과 전소법원과 후소법원에서의 절차의 진행상황 등을 고려하여 후소법원이 분쟁을 해결하기에 명백히 더 적절한 법정지(clearly more appropriate forum)라고 판단하는 경우에는 당사자의 신청에 의해 소송절차를 중지하고 후소법원이 재판하도록 하는 것이 적절하다. 즉, 여기에서는 승인예측설을 원칙으로 하되 예외적인 경우 부적절한 법정지의 법리를 엄격한 요건하에 수용함으로써 양자를 결합하고자 하는바, 그에 의하면 국제적 소송경합의 처리는 제한적인 범위 내에서 국제재판관할, 보다 정확히는 부적절한 법정지의 법리와 관련된다.

우리 법원을 중심으로 저자의 견해를 설명하면 다음과 같았다.

외국전소의 경우는, 전소법원이 부적절한 법정지의 법리를 적용하여 소송절차를 중지하지 않는 한, 전소법원이 상당한 기간 내에 한국에서 승인될 수 있는 재판을 선고할 것이라고 기대되는 경우 우리 법원은 소송절차를 중지해야 한다. 반면에 내국전소의 경우 외국에서 후소가 제기되더라도 우리 법원은 심리를 계속해야 하나, 전소가 계속한 우리 법원은, 외국이 국제재판관할을 가질 뿐만 아니라 내국과 비교하여 명백히 더 적절한 법정지이고, 나아가 내국전소와 비교하여 외국후소의 절차가 상당히 진행되었다면 부적절한 법정지의 법리에 기하여 소송절차를 중지할 수 있다. 한편 외국전소의 경우 논리적으로는 우리 법원이 명백히 더 적절한 법정지라면 소송절차를 진행할 수 있어야 하나, 외국법원이 부적절한 법정지의 법리에 기하여 소송절차를 중지하지 않는다면 우리로서는 외국법원의 판결을 승인하지 않을 수 없으므로 결국 우리 법원은 승인예측설을 따라야 한다. 그러므로 우리 법원이 전소법원인 경우 예외적으로 소송절차를 중지할 수 있음에 반하여, 유사한 사안에서 외국법원이 전소법원인 경우 소송절차의 중지를 하지 않는다면 불균형이 발생하게 되지만 이는 조약에 없는 한 불가피한 것으로 생각하였다.

IV. 구 국제사법하의 우리 법원 판결의 소개

1. 서울지방법원 2002. 12. 13. 선고 2000가합90940 판결[37]

위 판결은 원고피고공통형(또는 병행형)의 국제적 소송경합을 정면으로 다루면서 '승인예측설'을 취하여 동일한 사건에 관한 우리나라의 후소를 부적법 각하한 우리나라 최초의 판결이다.[38] 위 판결은 민사소송법 제217조(구 민사소송법 제203조)의 승인요건이 구비되면 외국법원의 확정판결은 우리나라에서 그 효력이 인정되고, 외국법원의 확정판결이 승인요건을 구비하는 경우에는 이와 동일한 소송을 우리 법원에 다시 제기하는 것은 외국법원의 확정판결의 기판력에 저촉되어 허용되지 아니하므로, 외국법원에 소가 제기되어 있는 경우 그 외국법원의 판결이 장차 민사소송법 제217조에 의하여 승인받을 가능성이 예측되는 때에는 민사소송법 제259조(구 민사소송법 제234조) 소정의 소송계속으로 보아야 하므로, 이와 동일한 사건에 대하여 우리 법원에 제소한다면 중복소송에 해당하여 부적법하다고 판시하였다.

흥미로운 것은 소송물의 동일성에 관한 판단이다. 즉 원고가 전소인 캘리포니아주의 소송에서는 이 사건 계약의 위반을 원인으로 하는 손해배상책임을 주장하였으나, 후소인 한국의 소송에서는 불법행위를 원인으로 한 손해배상책임을 추가적으로 병합하였다. 서울지방법원은 계약위반을 원인으로 하는 청구는 미국 법원에 제기된 소송과 당사자 및 소송물이 동일하므로 중복소송에 해당하여 부적법하다고 보았으나, 불법행위를 원인으로 한 청구에 대하여는 본안에 관한 판단을 하였다. 즉 서울지방법원은 우리 법상의 소송물 개념에 따라 계약위반을 원인으로 하는 청구와 불법행위를 원인으로 하는 청구를 별개의 소송물로 본 것이다.

2. 서울중앙지방법원 2005. 10. 14. 선고 2005가합43314 판결

한국의 원고는 미국 회사인 피고를 상대로 판매계약에 따른 대금지급을 구하는 소를 피고의 주소지 관할법원인 미국 캘리포니아주 오렌지 카운티 지방법원

---

37) 평석은 강희철, 9면 이하; 한충수, 44면 이하; 석광현, 제4권, 169면 이하 참조.
38) 사견으로는 위 판결이 국제적 소송경합을 다룬 우리나라 최초의 판결은 아닌 것 같고 종래 우리 법원의 실무가 무엇인지를 판단하기도 어렵지만, 위 판결이 승인예측설을 취한 우리나라 최초의 판결로 보인다.

(Superior Court of the State of California for the County of Orange)에 제기하여 소송 계속 중 우리 법원에 다시 소를 제기하였다. 이에 대하여 법원은 "외국법원에 소가 제기되어 있는 경우 그 외국법원의 판결이 장차 민사소송법 제217조에 의하여 승인받을 가능성이 예측되는 때에는 민사소송법 제259조 소정의 소송계속으로 보아야 할 것이므로, 이와 동일한 사건에 대하여 우리나라 법원에 제소한다면 중복소송에 해당하여 부적법하다"라고 전제하고, 당해 사건에서 승인요건이 구비되었음과, 한국 소송과 미국 소송의 당사자 및 소송물이 동일한 것을 확인한 뒤 소를 각하하였다. 이는 승인예측설을 따른 것이다.

3. 국제적 소송경합과 외국판결의 승인 및 집행이 문제 된 사건: 부산지방법원 2007. 2. 2. 선고 2000가합7960 판결과 부산고등법원 2009. 2. 3. 선고 2007나4288 판결

부산지방법원 2007. 2. 2. 선고 2000가합7960 판결은, 일제시대 강제징용을 당했던 한국인들(또는 그의 후손들)이 일본 미쓰비시 중공업을 상대로 ① 강제연행 및 강제노동, 원자폭탄 투하 후 구호조치의 불이행과 안전귀국의무 위반을 이유로 하는 손해배상청구와 ② 강제노동기간 동안 지급받지 못한 임금 등의 지급을 구하는 전소를 일본 히로시마지방재판소에 제기하여 1999. 3. 25. 청구기각판결을 선고받은 뒤 일본에서 항소하여 항소심에 소송계속 중 2000. 5. 1. 부산지방법원에 동일한 청구원인에 기하여 소를 제기한 사건에서, 외국법원의 판결이 장차 민사소송법 제217조에 의하여 승인될 가능성이 예측되는 때에는 민사소송법 제259조에서 정한 소송계속으로 보아야 하므로, 동일사건에 대하여 우리 법원에 제소한다면 중복제소에 해당한다는 것을 전제로 하면서도 당해 사건에서 일본 판결이 당연히 승인될 것이라고 단정할 수 없다는 이유로 중복제소라는 항변을 배척하고 본안에 관하여 판단하고 원고들의 청구를 기각하였다. 일본에서 원고들이 항소하자 제2심법원인 히로시마고등재판소는 항소기각판결을 선고하였고 일본최고재판소는 2007. 11. 1. 상고를 기각하여 원고 패소판결이 확정되었다. 일본 법원들이 청구를 기각한 가장 중요한 근거는 원고들의 권리가 있더라도 소멸시효 내지는 제척기간이 완성되었다는 점이다. 이에 부산고등법원 2009. 2. 3. 선고 2007나4288 판결은 일본 판결이 승인요건을 구비한다고 판단하고 원고들의 청구를 기각하였다.39)

---

39) 평석은 한충수, "國際的 訴訟競合을 둘러싼 몇 가지 問題點", 국제사법연구 제16호(2010),

부산지방법원 판결은 승인예측설을 따르면서도 일본 판결이 공서위반이 될 가능성이 크다는 이유로 승인이 되지 않을 것으로 판단했기에 중복제소라는 항변을 배척하고 본안판단을 하였다. 그 결과 부산고등법원에 항소가 되었고 항소심 계속 중 일본 판결이 확정됨으로써 국제적 소송경합의 문제가 외국판결의 승인의 문제로 전환되었다. 부산고등법원은 일본판결이 승인요건을 구비하였다고 판단하고 원고들의 청구를 기각한 것이다. 가장 중요한 쟁점은 피고가 일제의 침략전쟁에 가담하여 저지른 반인도적인 전쟁범죄로 인하여 발생한 것으로 보이는 손해배상의무와 임금지급의무가 제척기간(또는 소멸시효) 또는 1965년 한일 청구권협정에 의하여 소멸했다고 판단한 일본 판결의 승인이 우리의 공서에 반하는가이다. 이것이 공서에 반한다고 판단하려면, 만일 우리 법원이 일본 법원 판결에 앞서 위 사건을 재판하였더라면, 원고들의 권리가 소멸시효 또는 제척기간의 경과 또는 한일 청구권협정에 의해 소멸되었다는 항변이 받아들여지지 않았을 것이 전제가 된다.[40]

4. 의정부지방법원 고양지원 2020. 2. 14. 선고 2017가합72082 판결

한국 회사의 자회사인 슬로바키아 회사인 원고가 원고의 대표이사(슬로바키아 상법상 이것이 정확한 명칭인지는 다소 의문이다)이던 피고를 상대로 슬로바키아 상법에 근거하여 이사로서의 의무 위반에 대한 손해배상을 구하는 소를 슬로바키아에서 제기한 뒤 한국에서 다시 제소한 사건이다.[41]

이 사건 중복청구 부분은 슬로바키아 선행소송과 당사자 및 소송물이 동일하고 위 선행소송의 판결이 장차 한국에서 승인될 것이 예측된다. 나아가 당사자들이 모두 이 사건 소의 신속한 변론종결을 원하고 있고, 이 사건 소보다 수개월 앞

306면 이하 참조.

40) 저자는 2011. 9. 27. 비교법실무연구회에서 "일제강점기 강제징용된 노동자들의 손해배상 및 임금 청구를 기각한 일본 법원 확정판결의 승인 여부"라는 제목으로 발표한 바 있고 이 글은 판례실무연구 [XI](상)(사법발전재단, 2014. 11.), 513면 이하에 수록되었다. 이 사건에 대하여는 대법원 2012. 5. 24. 선고 2009다22549 판결이 선고되었고 그 후 전원합의체판결이 선고되었는데 이는 일본 판결의 승인을 거부하였다. 그에 대하여는 아래 제10장에서 논의한다.

41) 사안의 소개와 판례평석은 장준혁, "상거소, 대표이사의 직무 위반의 성질결정, 재산소재지 관할, 국제적 이중소송과 관련소송 —대상판결: 의정부지법 고양지원 2020. 2. 14. 선고 2017가합72082 판결—", 국제사법연구 제29권 제2호(2023. 12.), 299면 이하 참조.

서 제기된 슬로바키아 선행소송이 지나치게 절차가 지연되고 있다고 보기도 어려우므로, 결국 이 사건 중복청구 부분은 중복소송에 해당하여 부적법하다며 그 부분 소를 각하하였다. 이는 승인예측설을 따른 것이다.

V. 국제사법에 따른 국제적 소송경합의 요건[42]

국제사법 개정위원회는 국제적 소송경합에 관한 규정을 두기로 하였고 국제사법 제11조를 신설하였다. 이는 일종의 절충설로 비교형량설과 승인예측설을 결합한 견해와 유사하나 동일하지는 않다. 이를 채택할 수 있었던 것은 국제사법이 제12조에서 부적절한 법정지의 법리를 제한적으로 수용하기 때문이다. 만일 국제사법이 위 법리를 수용하지 않았다면 승인예측설이 채택되었을 가능성이 큰데, 그 경우 국제적 소송경합은 외국재판 승인의 전(前)단계(Vorstufe)로 파악될 뿐이고 국제재판관할규칙의 일환으로 다룰 이유가 없다. 국제사법(제12조)은 부적절한 법정지의 법리를 수용하였기 때문에 국제재판관할의 맥락에서 또는 그와 관련성을 고려하면서 국제적 소송경합을 다루게 된 것이다.[43]

국제사법(제11조)은 기본적으로 전소를 존중하는 우선주의와 승인예측설을 결합하여 원칙으로 삼고, 나아가 예외적으로 부적절한 법정지의 법리를 가미한 것이다.

1. 요건

제12조가 정한 국제적 소송경합이 되기 위하여는 ① 외국법원에 전소가 계속중일 것, ② 우리 법원에 후소가 제기될 것, ③ 당사자의 동일성(같은 당사자일 것),

---

42) 제1판에서는 승인예측설을 따를 경우 국제적 소송경합의 요건(Ⅳ.), 승인예측설을 따를 경우 국제적 소송경합의 소송상의 처리(Ⅴ.), 우리 법원 판결의 소개(Ⅵ.), 장래의 과제−국제적 소송경합에 관한 입법론(Ⅶ.)과 맺음말(Ⅷ.)을 다루었으나 이 책에서는 위에 쓴 우리 법원 판결의 소개(Ⅳ.) 외의 다른 부분을 삭제하고 국제사법에 따른 해설로 대체하였다.

43) 오정후, 84면은 국제적 소송경합에 관한 조문은 민사소송법에 도입하는 편이 훨씬 좋을 것이라는 견해를 피력한다. 민사소송법에 규정하는 것도 논리적으로 가능하나 훨씬 좋을 것까지는 없고 장단점이 있다. 국제재판관할규칙을 국제사법에 두므로 그와 병행하는 것의 장점이 있다. 위 견해는 국제적 소송경합이 국제재판관할과 접점이 있음을 무시한 탓이라고 본다. 반면에 이필복, 154면 이하는 국제사법이 국제적 소송경합에 관한 명시적 규정을 담고 있는 것 그 자체로서 커다란 진보를 이룬 것이라고 하고 구체적인 내용도 긍정적으로 평가한다(엄밀하게는 위 글은 개정안에 대한 것이나 국제사법과 차이가 없다).

④ 청구의 동일성, ⑤ 적극적 승인예측(즉 장래 외국법원이 선고할 재판이 한국에서 승인될 것으로 예상될 것)이라는 요건이 구비되어야 한다(제1항).

당사자의 동일성과 소(청구 또는 소송물)의 동일성[44]에 관하여는 민사소송법상 중복제소의 맥락에서 다양한 논의가 있다. 예컨대 당사자의 동일성에서는 당사자가 동일한 경우는 물론이고 당사자가 동일하지 않더라도 전소의 기판력이 후소의 당사자에게 미치는 경우에는 동일한 당사자라고 볼 수 있다. 또한 청구의 동일성에서는 선결적 법률관계나 상계항변과 같이 항변으로 주장된 권리의 경우 논란이 있는데, 이런 논의는 국제사법 제11조의 맥락에서도 의미가 있으나 적절히 변용할 필요가 있다.

2. 소송물의 동일성

외국 전소와 우리 후소의 소송물이 동일한지는 전소의 소송물과 후소의 소송물을 각자의 법정지법에 따라 각각 결정한 뒤, 우리 법의 기준에 따라 동일성 여부를 결정해야 한다. 그 맥락에서 다양한 쟁점이 제기된다.

여기에서 '소송물의 동일성'을 논의하는 경우 외국법에 따른 소송물과 우리 법에 따른 소송물의 개념이 다를 수 있음은 당연한데, 제11조가 청구의 동일성을 요구한다고 하여 단지 소송물의 동일성만을 기계적으로 판단할 것이 아니라 외국 재판 승인의 결과 기판력이 미치는 객관적 범위를 고려하여야 한다. 이는 중복제소의 맥락에서 선결적 법률관계나 항변으로 주장된 권리의 논의[45]에서 보는 바와 같다. 국제적 소송경합의 맥락에서는 우리 민사소송법상 외국판결의 승인의 본질에 관하여 다수설인 효력확장설[46]에 따라 외국판결이 판결국에서 가지는 것과 동일한 효력을 한국에서도 가진다고 본다면 외국법상 소송물 개념을 기초로 하는 기판력의 객관적 범위가 중요하다.[47]

동일한 청구(소송물)인가와 관련하여 앞의 Ⅳ.에 소개한 서울지방법원 2002.

---

44) 우리 민사소송법학계에서는 양자를 묶어 흔히 '사건의 동일성'이라고 한다. 한편 국제사법 제2조는 당사자 또는 '분쟁이 된 사안'이라는 표현을 사용한다.

45) 예컨대 김홍엽, 377면 이하; 전원열, 2-5-3-4 참조.

46) 석광현, 국제민사소송법, 409면 이하 참조.

47) 이필복, 국제거래에 관한 분쟁해결절차의 경합—소송과 중재—(2022), 167면도 동지로 보인다. 반면에 만일 누적설을 따른다면 외국재판의 효력은 외국재판에 상응하는 우리 민사소송법상의 효력보다 클 수 없으므로 동일성이 인정되는 범위가 상대적으로 축소될 것이다.

12. 13. 선고 2000가합90940 판결을 주목할 필요가 있다. 위 판결은, 원고가 캘리포니아주 법원의 전소에서는 계약위반에 기한 청구만을 하였고, 우리 법원의 후소에서는 계약위반에 기한 청구와 불법행위에 기한 청구를 병합한 데 대하여, 양자를 별개의 소송물로 보고 계약위반에 기한 청구만이 중복제소에 해당한다고 판단하였으나 이는 부적절하다.

    즉 저자는 위 판결에 대한 평석48)에서 서울지방법원으로서는 우리 법에 근거하여 계약위반에 기한 책임과 불법행위에 기한 책임을 별개의 소송물이라고 볼 것이 아니라, 첫째, 캘리포니아주법상 소송물이 무엇인지(즉 캘리포니아주 법원 판결의 기판력이 미치는 객관적 범위49))를 조사하고, 둘째, 민사소송법(제217조)에 따른 외국판결 승인 시 외국판결의 기판력의 범위가 캘리포니아주법에 따르는지를 검토했어야 한다고 지적하였다. 만일 효력확장설을 따른다면 캘리포니아주의 판결은 캘리포니아주법하에서와 동일한 기판력을 한국에서도 가지므로 첫째 논점이 중요하다. 저자가 알기로는 미국 판례와 통설에 따르면, 독일법에서와 마찬가지로, 동일한 사실관계에 기초한 것이라면 계약위반에 기한 청구와 불법행위에 기한 청구는 동일한 소송물이고 실체법상 청구권 규범의 상위는 소송물의 결정에 영향이 없으므로50) 위 사건에서 비록 원고가 캘리포니아주 법원에서 계약위반만을 주장하였더라도 캘리포니아주 법원 판결의 기판력은 계약위반에 기한 청구만이 아니라 불법행위에 기한 청구에도 미치는 것으로 보인다. 그렇다면 위 판결이 불법행위에 기한 청구를 별개의 소송물로 본 것은 부적절하다. 즉 캘리포니아주법상으로는 계약위반에 기한 청구와 불법행위에 기한 청구는 동일한 소송물이므로, 서울지방법원으로서는 불법행위에 기한 청구에 대하여도 국제적 소송경합을 인정하여 소를 각하하는 것이 옳았다는 것이다.

    국제적 차원에서는 우리 민사소송법상의 소송물 개념을 고집할 것이 아니라

---

48) 석광현, 제5권, 169면 이하 참조.

49) 미국 법원의 재판은 'res judicata' 또는 'claim preclusion(청구실권효)'이 있다('실권' 대신 '차단' 또는 '배제'라고 하기도 한다). 이는 우리 법의 기판력에 상응하는 것인데, 원고가 승소판결을 받은 경우의 효력을 'merger', 원고가 패소한 경우의 효력을 'bar'라고 한다. 영국 판결의 기판력은 6개 원칙으로 파악할 수 있다고 한다. 영국 대법원의 Virgin Atlantic Airways Limited v Zodiac Seats UK Limited (formerly known as Contour Aerospace Limited) 사건 판결 [2013] UKSC 46, para. 17 참조. 그중에서 우리에게 특히 낯선 것은 'Henderson v Henderson 원칙'이다.

50) Restatement of the Law (Second) Judgments (1982), §24 comment a, b, c, §25 comment d.

장래 통일적인 소송물 개념을 발전시켜 나갈 필요가 있으나[51] 아직 그런 개념은 존재하지 않는다. 그런 개념을 구체화하는 것은 장래의 과제인데, 그 과정에서 브뤼셀체제와 헤이그 국제사법회의의 2019년 재판협약상의 논의와 진행 중인 작업을 참고할 필요가 있다. 현재 헤이그국제사법회의 차원에서 진행 중인 관할 프로젝트에서는 국제재판관할과 함께 국제적 소송경합도 다루고 있다.[52] 그런 개념이 형성되기까지는 승인예측의 단계에서 승인의 효과를 고려하지 않을 수 없다.

참고로 브뤼셀협약상 '동일한 청구'[53]인지를 판단함에 있어 수소법원은 자국 소송법에 따라 판단할 것이 아니라 동 협약의 목적을 고려하여 유럽연합의 소송물을 독자적 개념으로 파악하여야 하는바, 유럽사법재판소는 1987. 12. 8. Gubisch Maschinenfabrik v. Palumbo 사건(C-144/86) 판결에서 이를 명확히 하고 청구의 동일성을 넓게 보았다(매매계약의 무효 또는 해소를 주장하는 소와 동 계약에 기하여 이행을 구하는 소는 동일 청구). 그에 따라 과거 브뤼셀협약의 소송경합에 관한 조문(제21조)의 해석상 유럽사법재판소는 1994. 12. 6. Tatry v. Maciej Rataj 사건(C-406/92) 판결에서 급부의무의 부존재 확인을 구하는 소극적 확인의 소가 계속한 뒤 이행의 소가 계속한 경우에도 동일한 청구에 해당하는 것으로 보았다. 독일에서는 이런 견해를 'Kernpunkttheorie(핵심이론 또는 핵심쟁점이론)'라고 부른다. 따라서 양 소송의 소송물이나 청구원인이 동일해야 하는 것은 아니다.[54]

---

51) 국제적 소송경합의 맥락에서 소송물의 동일성은 이필복, 132면 이하 참조.

52) 위 프로젝트의 주제는 직접관할과 국제적 소송경합인데, 양자 모두에서 대륙법계와 영미법계의 대립이 첨예한 탓에 합의가 쉽지 않다. 이필복, "헤이그국제사법회의 관할 프로젝트(Jurisdiction Project)의 주요 쟁점 및 교섭상의 고려 사항", 석광현헌정논문집, 417면 이하; 장준혁, "헤이그국제사법회의 국제재판관할(국제이중소송)조약 성안작업", 통상법률 통권 제158호(2023. 2.), 90면 이하; 장준혁, "헤이그국제사법회의 국제재판관할(국제병행소송)조약 성안작업-작업반 4차 회의(2023. 2. 13.-17.)의 논의경과-", 통상법률 통권 제164호(2024. 8.), 201면 이하; 장준혁, "헤이그국제사법회의 국제재판관할(국제병행소송)조약 성안작업-작업반 5차 회의(2023. 9. 18.-22.)의 논의경과-", 통상법률 통권 제164호(2024. 8.), 278면 이하; 장준혁, "헤이그국제사법회의 국제재판관할(국제병행소송)조약 성안작업-작업반 6차 회의(2024. 1. 29.-2. 2.)의 논의경과-", 통상법률 통권 제164호(2024. 8.), 333면 이하; 김윤종, "국제거래에서 발생하는 법적분쟁에 관한 국제적 소송경합을 규율하는 국제규범의 형성-개정 국제사법의 입장과 헤이그 국제사법회의 국제재판관할 프로젝트(Jurisdiction Project)의 현황을 중심으로-", 국제거래법연구 제33집 제1호(2024. 7.), 1면 이하 참조.

53) proceedings involving the same cause of action, *des demandes ayant le même objet*, Klagen wegen desselben Anspruchs.

54) 이시윤, 244면은 이를 "핵심점이론"이라고 번역하면서 '생활사실관계(Lebenssachver-

나아가 2019년 재판협약은 국제적 소송경합을 규율하지는 않으나 재판이 동일한 당사자들 간에 동일한 대상(subject matter. 소송물이라고 번역할 수 있다)에 관하여 다른 국가(체약국 여부 불문)에서 선고된 선행재판[55]과 저촉되는 경우 승인거부사유가 된다(제7조 제1항 f호). 재판협약은 소송 대상의 동일성의 판단기준을 명시하지 않으나, 재판협약의 보고서는 브뤼셀체제를 참조하여 소의 원인이 동일할 것을 요구하기보다는 완화된 기준이 타당하다면서 중요한 것은 양 판결의 '중심쟁점 또는 핵심쟁점(central or essential issue. Kernpunkt)'의 동일성이라고 한다.[56]

요컨대 국제적 소송경합은 외국재판의 승인과 밀접하게 관련되므로 양자 간의 상호작용을 더 검토할 필요가 있다. 현재로서는 우리 법상 외국재판의 승인의 효력에 관한 법리(효력확장설 또는 누적설 등)가 정립되지 않았으므로 청구의 동일성 판단도 다소 유동적일 수밖에 없으나, 장래 국제적 소송경합에 적절한 소송물 개념을 발전시켜 나갈 필요가 있다.

3. 이행의 소와 확인의 소

한편 제1항은 당사자와 소의 동일성만을 요구할 뿐이고 심판형식의 동일성을 요구하지 않으므로 이행의 소와 확인의 소가 동일한 소송물인지가 문제 된다.[57] 주지하듯이 외국에서 소가 제기되었거나 제기가 임박한 경우 피고 또는 피고가 될 자가 자국 법원에 채무부존재의 확인을 구하는 소극적 확인의 소를 제기함으로써 외국소송의 진행 내지는 장래 외국에서 선고될 판결의 승인 및 집행을 차단

---

halt)'에 의하여 소송물의 동일성을 파악하는 견해라고 소개한다.

55) 제소 시기의 선후에 관계없이 먼저 선고된 재판을 말하는 듯하다.

56) Francisco Garcimartín & Geneviève Saumier, Judgments Convention: Explanatory Report (2020), para. 272. 승인거부사유의 하나로 판결의 저촉을 규정한 관할합의협약(제9조 g호)은 '동일한 청구원인(same cause of action)'이라는 표현을 사용하나, 재판협약은 '동일한 소송물(same subject matter)'이라는 표현을 사용한다. 위 보고서에 따르면 이는 각 국가마다 청구원인이 다양한데 동일한 청구원인은 너무 제한적이라는 것이다. 즉 동일한 소송물은 동일한 청구원인보다 넓은 개념으로 두 판결의 중심적 또는 핵심적 쟁점이 동일하면 충족된다는 것이다.

57) 우리 문헌은 김동현, "청구권에 관한 이행의 소와 소극적 확인의 소 — 독일 및 EU법원에서의 논의를 참고하여", 민사소송 제19권 제2호(2015. 11.), 165면 이하(우리 법의 논의는 182면 이하); 김용진, "소극적 확인의 소와 이행의 소의 관계에 대한 국내법적 처리 방향과 국제적 차원에서의 대응 방안 —대법원 1999. 6. 8. 선고 99다17401, 17428 판결 및 2010. 7. 15. 선고 2010다2428, 2435 판결에 대한 평석을 겸하여—", 인권과정의 제459호(2016. 8.), 21면 이하 등 참조.

하기 위한 소송전략으로 악용된다. 이것이 크게 문제 된 것은 유럽연합에서 이른
바 '어뢰소송(torpedo litigation)'으로 알려진 소극적 확인의 소의 폐해 때문이다.
즉 선행하는 소극적 확인의 소와 후의 이행의 소를 동일한 청구라고 보면, 외국에
서 제소당할 가능성이 있는 채무자가 소송의 진행이 매우 느린 국가(예컨대 이탈리
아)에서 채권자에 앞서 소극적 확인의 소를 제기하는 경우에는, 가사 몇 년 후에
국제재판관할의 결여로 인하여 소가 각하되더라도 그때까지 후소가 제기된 법원
이 소송절차를 중지해야 한다면 자신의 권리를 실현하기 위해 몇 년을 기다려야
하는 채권자에게 자포자기 또는 화해를 강요할 수 있다는 것이다. 브뤼셀체제에
서는 소송경합에서 우선주의에 따라 전소법원이 우선권을 가지므로 심지어 이탈
리아의 전소가 전속적 관할합의에 반하더라도 관할이 부여된 법원은 자신의 관할
을 판단하지 못하고 소송절차를 중지해야 하였다.58) 예비초안(제21조 제6항)은 이
를 막기 위하여 이행의 소를 우선시켜 선행하는 채무부존재확인의 소와는 소송경
합이 아니라고 보았는데, 저자는 그 점에 관하여도 예비초안(제21조 제6항)을 따른
해결방안을 국제사법에 명시하자고 제안하였으나59) 채택되지는 않았다. 따라서
이는 학설·판례에 맡겨진 사항인데 국제사법의 해석상 위 제안과 동일한 결론을
도출하는 것이 타당하다고 본다.60) 이런 결론을 제11조 제1항 제2호를 원용함으

---

58) 즉 브뤼셀협약과 브뤼셀 I은 당사자 간에 제25조에 의한 전속적 관할합의가 있는 경우에도
   전소법원에 우선권을 인정하였다. 그러나 브뤼셀 I bis(제31조)는 이와 달리 다른 법원에 제
   26조에 따른 변론관할이 성립하지 않는 한 합의된 회원국 법원에 관할의 존부를 판단함에
   있어서 우선권을 부여한다. 이는 제29조가 정한 우선주의에 대한 예외를 인정함으로써 전속
   적 관할합의의 효력을 강화하고 '남용적 소송전술(abusive litigation tactics)'을 피하기 위한
   것이다(전문 제22항). Geimer, Rz. 246e는 이를 전속관할이 부여된 법원의 'Kompetenz-
   Kompetenz'라고 부른다.
59) 소극적 확인의 소를 남용할 가능성에 대비하여 소극적 확인의 소와 이행의 소가 경합하는
   경우 우선주의를 따를 것이 아니라 오히려 후소인 이행의 소를 우선시키고, 확인의 소가 전
   소라고 하여 소송절차를 진행할 것이 아니라 장래의 이행판결의 승인이 예측되면 오히려 전
   소(확인의 소)를 중지해야 한다는 것이다. 석광현, 제4권, 204면; 석광현, 관할연구, 322면;
   이규호, "선제타격형 국제소송에 대한 연구", 민사소송 제14권 제2호(2010. 11.), 115면 이
   하 참조.
60) 이런 쟁점이 제기되었던 사건으로는 서울고등법원 2013. 1. 17. 선고 2012나27850 판결이
   있다(대법원 2013다20090호로 상고되었으나 2013. 5. 2. 상고이유서 부제출로 상고기각되어
   확정되었다). 그러나 제1심 법원과 항소심 법원은 확인의 이익을 주로 논의하였고 국제적
   소송경합의 쟁점이 정면으로 다루어지지는 않은 것으로 보인다. 이필복, 133면 이하는 우리
   학설을 소개한 뒤 소극적 확인의 소와 이행의 소의 소송물의 동일성을 인정한다. 그러면서
   도 일방 당사자가 오로지 절차를 지연시킬 목적으로 절차의 진행 속도가 느린 국가에 먼저

로써 도출할 여지도 있을 것이다.

4. 적극적 승인예측과 외국재판의 승인

물론 국제사법상 국제적 소송경합이 되자면 적극적 승인예측이 요구되므로 브뤼셀협약·브뤼셀 I에서처럼 우선주의의 폐해가 큰 것은 아니다. 참고로 우리 민사소송법상 선행하는 소극적 확인의 소와 후행하는 이행의 소가 중복제소에 해당하는지에 관하여는 견해가 나뉘나 다수설도 예비초안과 같은 견해로 보인다.[61]

장래 선고될 외국판결이 한국에서 승인될 것으로 예측될 것(즉 적극적 승인예측)을 요구하는 점은 승인예측설을 따른 것이나, 우리 법원에 후소가 제기되었음에도 불구하고 우리 법원에서 해당 사건을 재판하는 것이 외국법원에서 재판하는 것보다 더 적절함이 명백한 경우에는 예외적으로 국제적 소송경합으로 취급하지 않는 점에서(제11조 제1항 제2호) 승인예측설과 다르다. 이는 국제사법(제12조)이 정하는 부적절한 법정지의 법리와 궤를 같이 하는 것으로 법원의 유연한 처리를 가능하게 한다. 주의할 것은 위 조문에서 '명백한 경우'임을 명시함으로써 법원이 과도한 재량을 행사하는 것을 막고 있다는 점이다. 법원으로서는 이를 유념하여야 한다.

특히 제11조 제1항 제2호에 대하여는 그로 인하여 실무상 외국소송이 제기된 법정지의 적절성이 빈번히 다투어지고, 우리 법원으로서는 법정지의 적절성을 판단하여야 하므로 결국 국제적 소송경합에 관한 심리의 중점이 우선주의의 적용이 아니라 부적절한 법정지의 법리의 적용으로 옮겨질 가능성이 적지 않다면서 국제사법이 국제적 소송경합에 관하여 어떠한 정책을 취하고 있는지 정체성이 모호하다는 비판[62]이 있고, 또한 제2호는 제12조의 재량과 함께 법원에 과도한 재량을 부여함으로써 중복제소금지의 법리를 형해화시킬 수 있다는 비판[63]도 있다. 그러나 만일 우리 법원의 재량권 행사에 대하여 강한 거부감이 있다면 제12조를 삭제하고 국제적 소송경합을 전적으로 우선주의를 전제로 하는 승인예측설에 따라 처

소극적 확인의 소를 제기하였음이 증명된 경우에는 그 소송절차에서 내려질 외국판결이 '소권을 남용한 절차에서 내려진 판결'로서 절차적 공서에 위반하여 승인요건을 갖추지 못한 것으로 평가할 수 있을 것이라고 한다. 이필복, 124면.

61) 전원열, 2-5-3-4; 김홍엽, 383면도 참조.
62) 이필복, 156면.
63) 이헌묵, 입법적 제안, 419면.

리하여야 한다. 하지만 제12조를 통하여 부적절한 법정지의 법리를 도입한다면 국제적 소송경합은 부적절한 법정지의 법리를 적용함에 있어서 고려할 요소의 하나임을 부정할 수 없다. 국제사법 제11조는 이런 구상에 근거한 것이다. 바꾸어 말하면 제12조가 도입된 이상 과거와 같이 우선주의(승인예측설을 전제로 하는)를 관철할 수 없다는 것이다.

국제사법(제11조 제1항 제1호)은 전속적 국제재판관할합의에 따라 우리 법원에 국제재판관할이 있는 경우에는 국제적 소송경합의 법리의 적용을 배제하나, 우리 법원에 전속적 국제재판관할합의가 있다면 외국법원의 재판이 승인될 수 없으므로 제1항 제1호의 요건은 별도로 명시할 필요는 없다.

국제사법 제11조는 적극적 승인예측을 요구하는데, 승인예측의 난점은 장래 외국에서 선고될 판결이 과연 한국에서의 승인요건을 충족할 것인지를 미리 정확히 예측하는 것이 매우 어렵다는 점이다. 독일에서는 의문이 있는 때에는 적극적인 승인예측이 존재한다는 전제로부터 출발할 것이라는 견해가 유력하다. 우리나라에도 구법하에서 승인의 확실성이 아니라 "승인될 개연성이 상당히 높으며 승인에 대해 중대한 의문을 제기할 만한 특별한 사유의 존재가 없는 정도의 예측가능성이면 충분하다"라는 견해[64]가 있었다.

우리 민사소송법(제217조 제1항)은 외국재판의 승인요건으로서 ① 외국법원의 확정판결 또는 그와 동일한 효력이 인정될 것, ② 외국법원이 국제재판관할권을 가질 것, ③ 패소한 피고가 적법한 방식에 의하여 적시에 공시송달에 의하지 아니하고 소장의 송달을 받았거나 송달을 받지 않고 응소하였을 것, ④ 외국재판의 승인이 우리의 공서에 반하지 아니할 것과 ⑤ 상호보증이 있을 것을 요구한다.[65] 외국에서 전소가 제기되어 어느 정도 진행되었다면 장래 확정판결이 존재할 것으로 전제하고, 다른 요건의 구비 여부는 어느 정도 예측할 수 있으나, 공서위반, 특히 절차적 공서위반의 가능성은 절차의 진행상황에 의하여 좌우되므로 사전에 예측하기는 어렵다. 또한 상호보증에 관하여도 선례가 없는 상태에서는 외국법원이 우리 법원 판결의 승인을 거부함으로써 상호보증이 부정될 가능성도 있으므로 확실하게 예측하기는 어렵다. 따라서 과거 상호보증의 존재를 부정한 외국판결이 있는 경우와 같은 확실한 증거가 없는 한, 가능한 범위 내에서 승인요건의 구비

---

64) 강희철, "국제적 중복소송", 국제사법연구 제9호(2003), 23면.
65) 상세는 석광현, 제4권, 263면 이하, 승인요건의 개관은 석광현, 제1권, 263면 이하 참조.

여부를 판단하고 불확실한 경우 적극적인 승인예측이 존재한다는 전제로부터 출발해야 할 것이다.[66]

5. 권리보호이익에 근거한 예외의 인정 여부

국제적 소송경합의 요건이 구비되더라도 권리보호이익을 고려할 필요가 있다면 예외적으로 우리 법원에서 병행절차의 진행을 허용할 필요성이 있다. 이를 이유로 '전소와의 권리보호이익의 동일성' 또는 '별도의 권리보호이익의 부존재'를 국제적 소송경합의 요건의 하나로 들기도 하였다. 그에는 중복제소 일반에 대해 권리보호이익의 부존재를 요구하면서 이를 소의 동일성을 판단하는 하나의 요소로 보는 견해도 있었고, 소송물의 동일성과는 별개의 요건으로 보는 견해도 있었다. 예컨대 후소의 원고가 시효중단이나 제소기간 등의 준수라는 실체법상의 법률효과를 원용할 지위에 있는 경우 권리보호이익이 있다는 것이었다. 저자는 과거부터 그러한 경우 국제소송경합 법리의 경직성을 완화하는 수단으로 활용할 수 있음은 인정하였으나, 이는 소송경합의 효과로 소송절차를 중지함으로써 상당 부분 해소할 수 있고 더욱이 이제는 국제사법 제11조가 명시하지 않으므로 이를 하나의 요건으로 설명할 필요는 없다.[67] 예컨대 명문의 규정이 없더라도 소 제기가 소권의 남용에 해당하는 경우에는 민사소송상 신의칙에 반하는 것으로서 소의 이익(또는 권리보호의 이익)이 없어 부적법 각하의 대상이 된다.[68] 따라서 국제적 소송경합에서 이를 별도의 요건으로 설명할 것은 아니다.

오히려 국제사법(제11조)이 명시하는 바와 같이 당사자와 소송물이 동일하더라도 우리 법원에서 재판하는 것이 외국법원에서 재판하는 것보다 명백히 더 적절한 경우에는 국제적 소송경합의 예외가 인정됨을 유념해야 한다. 제11조 제2호가 제12조를 언급하지는 않지만, 이 점에서 국제적 소송경합은 국제재판관할, 특히 부적절한 법정지의 법리와 접점이 있다.

---

66) 이는 석광현, 제4권, 190면 이하에 쓴 구법하의 논의이나 국제사법하에서도 타당하다.
67) 과거 학설과 저자의 견해는 석광현, 제4권, 191면 이하 참조. 이필복, 136면은 이를 하나의 요건으로 설명한다.
68) 김홍엽, 28면 이하 참조.

VI. 법원의 소송절차 중지와 후속절차

위에서 본 국제적 소송경합의 요건이 구비되는 경우 제11조 제1항 각호의 예외사유가 없는 한 법원은 직권 또는 당사자의 신청에 의하여 결정으로 소송절차를 중지할 수 있다. 이 경우는 제12조(국제재판관할권의 불행사)가 적용되는 경우와 달리 소를 각하할 수는 없다. 소송절차의 중지를 규정하는 이유는 '장래에 선고될 외국판결의 적극적 승인예측'이라는 요건이 불확실하기 때문이다. 성급하게 소를 각하한다면 당사자의 시간, 비용과 노력의 낭비를 초래하고, 소멸시효의 완성과 같은 부담을 초래할 수 있다.[69]

국제사법(제11조 제2항)은 우리 법원의 소송절차 중지 결정에 대하여 당사자의 즉시항고를 허용하는데, 이는 우리 법원에 국제재판관할이 존재하는 점을 고려하고 원고의 이익을 보호하기 위한 것이다.

한편 법원은 우리 법령 또는 조약에 따른 승인요건을 구비한 외국의 재판이 있는 경우 제1항의 소를 각하하여야 한다(제3항). 이는 민사소송법(제217조)이 정한 외국재판 승인의 법리가 아니라 국제적 소송경합의 법리에 따라 처리하라는 취지이다. 즉 외국재판 승인의 법리에 따르면 원고와 피고 중 누가 승소를 했는가에 따라 소를 각하하거나 청구를 기각할 것이나[70] 여기에서는 소의 각하를 명시하기 때문이다. 바꾸어 말하면 이는 외국재판 승인의 법리가 아니라 국제적 소송경합의 법리가 규율하는 사항이라는 것이다.[71] 물론 그 경우 외국재판이 승인됨으로써 기판력을 가지는지와 그 효력의 내용과 범위는 여전히 외국재판 승인의 본질을 어떻게 파악할지에 따를 사항이다. 국제사법이 규정하는 것은 중지한 소송절차의 처리방법으로써 소를 각하하라는 취지, 즉 불필요한 소송절차를 진행할 필요 없이 그리고 승인의 본질이 모순금지인지 반복금지인지에 관계없이 경합된 사건을 간명하게 종결하라는 취지이다. 제11조 제3항은 국제적 소송경합을 소송경합의 문제로 처리함으로써 외국판결 승인의 법리와 구별한다. 현재로서는 국제적 소송경합의 법리가 외국판결 승인 법리의 영향을 받는 것은 불가피하나 점차 국제적 소송경합에 적절한 독자적인 소송물 개념을 발전시켜 나갈 필요가 있다는

---

69) 이필복, 146면 참조.

70) 석광현, 국제민사소송법 제1판, 412면 이하.

71) 이필복, 온주 국제사법 제11조, 2023. 7. 5. [13]도 동지. 그러나 그 경우에도 외국판결 승인의 법리에 따르면 족하고 별도의 규정을 둘 필요가 없다는 견해도 있었다. 이필복, 157면 이하.

것과도 맥을 같이 한다. 더욱이 조약을 성안한다면 그런 방향으로 가게 될 것이다.

과거 승인예측설을 따라 후소를 각하할 것이라는 견해가 유력하였으나 승인예측의 불확실성을 고려하여 소송절차를 중지하는 접근방법을 채택하였음을 상기하면 외국판결이 제출되어 승인요건의 구비를 확정한 이상 후소를 각하함으로써 국제적 소송경합의 처리를 마무리하라는 것이다. 그렇게 함으로써 국제적 소송경합의 독자적 규범체계를 구축할 수 있다. 물론 제11조 제3항에 따라 소를 각하하더라도 외국재판 승인의 효과가 달라지지는 않는다.

주의할 것은 이는 국제적 소송경합을 전제로 한다는 점이다. 아예 국제적 소송경합이 없이 외국 전소의 확정 재판이 있은 뒤에 우리나라에서 비로소 후소가 제기된 때에는 외국재판 승인의 법리에 따라 처리해야 하지 제11조 제3항을 적용할 것이 아니다. 개정안은 "법원은 대한민국 법령 또는 조약에 따른 승인 요건을 구비한 외국의 재판이 제출된 때에는 제1항의 소를 각하하여야 한다"라고 규정함으로써 소송계속 중에 외국재판이 제출되는 것을 상정하였다. 그러나 국제사법(제11조 제3항)은 "법원은 대한민국 법령 또는 조약에 따른 승인 요건을 갖춘 외국의 재판이 있는 경우 같은 당사자 간에 그 재판과 동일한 소가 법원에 제기된 때에는 그 소를 각하하여야 한다"라고 하여, 마치 제11조 제3항이 국제적 소송경합 없이 외국 전소의 확정 재판이 있은 뒤에 한국에서 후소가 제기된 때에도 적용되는 것과 같은 오해를 초래하나 개정안처럼 해석하여야 한다. 이는 법제처를 거치는 과정에서 문언이 잘못 수정된 결과이다.

다만 우리 법원이 국제적 소송경합을 이유로 소송절차 중지 결정을 한 경우에만 그렇게 해야 하는지, 아니면 소송경합이 있는 때에는 중지 결정을 하기 전이더라도 그렇게 해야 하는지는 논란의 여지가 있으나 국제사법은 중지 결정을 전제로 하지 않으므로 후자가 타당하다.

우리 법원이 국제적 소송경합을 이유로 국내소송절차를 중지하였음에도 불구하고 국제재판관할을 가지는 외국법원이 본안에 대한 재판을 하기 위하여 필요한 조치를 하지 아니하거나, 합리적인 기간 내에 본안에 관하여 재판을 선고하지 아니하거나 선고하지 아니할 것으로 예상되는 경우에 당사자의 신청이 있으면 법원은 (중지 결정을 취소하고 새로 변론기일을 지정하여) 중지된 사건의 심리를 계속할 수 있다(제4항).[72]

---

72) 오정후, 83면은 민사소송법상 중지된 소송을 이어서 계속하는 경우 '사건의 심리를 계속한

이처럼 국제사법은 우선주의를 존중하므로 소송의 전후가 중요한 의미를 가지는데, 이를 판단함에 있어 국제사법(제5항)은 소를 제기한 때를 표준으로 삼는다. 여기의 '소를 제기한 때'가 일반인들이 이해하듯이 '소 제기(또는 소장 제출) 당일'을 말하는지 아니면 일부 법률가들이 이해하듯이 '소송계속 시'를 말하는지는 다소 불분명하나 전자를 말하는 것으로 본다. 만일 소송계속 시를 말한다면 우리 민사소송법상으로는 소장 부본이 피고에게 송달된 때에 소송계속이 발생하는 것으로 이해되는데, 국가에 따라서는 소장이 법원에 제출된 때 소송계속이 발생하므로 어느 것이 기준인지가 문제 된다.[73] 만일 각 국가의 법에 따른다면 일방 당사자가 소송 계속을 위하여 소장의 송달을 요구하는 A국에서 먼저 소장을 제출하여 송달이 진행 중임에도 불구하고, 상대방 당사자가 소장의 제출만으로 소송이 계속되는 B국에서 소장을 제출함으로써 A국의 소송을 추월할 수 있다. 국제소송에서는 외국으로의 송달이 어려우므로 이런 현상이 발생할 수 있고 이는 남용적인 '법정으로의 경주(race to the court house)'를 조장할 수 있다.[74] 브뤼셀 I bis 제

다'고 하지 않고 '수계'한다고 하므로 개정안(제11조)은 민사소송법 제도를 올바로 이해하지 못하고 만든 것이라고 신랄하게 비판하였다. 하지만 소송절차를 중단하였다면 수계하는 것은 옳지만 소송절차를 중지한 경우에 수계한다는 것이 무슨 말인지 모르겠다. 중지의 경우는 중단과 달리 수계를 필요로 하지 않는다. 민일영·김능환/유남석, 주석민사소송법(I), 465면 참조.

[73] 오정후, 84면은 소송계속 발생 시를 기준으로 삼는 것이 타당하다고 한다. 그러나 만일 소송계속 시를 기준으로 삼는다면 그것은 국가에 따라 다르다. 독일 민사소송법(제261조 제1항, 제253조 제1항)은 소장부본이 피고에게 송달된 때 소송계속(Rechtshäingigkeit)이 있는 것으로 명시하고, 우리 민사소송법에는 명문의 규정이 없지만 이와 동일하게 보는 것이 판례·통설이나, 국가에 따라서는 원고가 소장을 법원에 제출한 때에 소송계속이 있는 것으로 보기 때문이다. 그러나 이필복, 135면 註 486, 150면은 국제사법의 문언을 문자 그대로 소 제기를 기준으로 해석하는 것으로 보인다. 나아가 이필복, 160면은 각 법정지법에 의하여 정하는 것이 바람직하다면서 제11조 제5항의 규정을 두지 않는 것이 타당하다는 견해를 피력한다. 전원열, 3-10-2(전판과 달리)와 강현중, 제7판, 140면은 소를 제기한 때는 법원에 소장을 제출한 때라고 한다. 이것이 다수설로 보인다. 특히 민일영·김능환/김상준, 주석민사소송법(I), 251면은 소송계속 시기와 엄격히 구별됨을 강조한다. 관할(토지관할과 국제재판관할) 판단의 기준시점으로는 소를 제기한 때가 타당하다. 왜냐하면 원고로서는 그때 존재하는 사실관계에 관한 정보에 기하여 관할의 유무를 판단할 수 있기 때문이다. 그 후 장래어느 시점에 소송계속의 효과가 발생함으로써 소송관계(즉 원고·피고와 법원 사이의 3면적 법률관계)가 형성될지는 원고로서는 정확히 알 수 없다.

[74] 위에 언급한 서울고등법원 2013. 1. 17. 선고 2012나27850 판결의 사안에서는 이런 문제가 발생한 것으로 보인다(원고가 한국에서 제소한 뒤 피고에게 소장부분이 송달되는 데 이례적으로 오랜 기간이 소요되었는데 그 사이 피고가 캘리포니아주에서 소를 제기한 탓에). 우리

32조 제1항(브뤼셀 I 제30조)과 예비초안(제21조 제5항)은 제소 시기를 정하는 기준을 둠으로써[75] 이런 폐단을 차단한다. 국제사법의 입법과정에서 이를 참고하였음에도 불구하고 더 명확히 규정하지 않는 점은 아쉽지만, 소가 제기된 때를 "소장이 법원에 제출되어 접수된 때"라고 해석함으로써 통일적 해석을 도모해야 할 것이다.[76] 우선주의는 소의 제기를 통하여 공식적으로 권리를 먼저 행사한 사람에게 우선권을 주는 것인데, 마침 법정지가 소장의 송달에 의하여 소송계속의 발생을 인정하는 법제를 가지고 있는 탓에(법정지가 한국처럼 간이한 송달을 불허하면 더욱 그러하다) 상대방 당사자가 소장의 제출만으로 소송계속을 인정하는 외국에서 약삭빠르게 제소함으로써 일종의 새치기를 하도록 허용할 이유는 없다.

Ⅶ. 한국에 전소가 계속한 경우 법원의 유연한 처리

국제사법은 국제적 소송경합에서 외국법원에 전소가 계속한 경우만을 상정

법상은 소송계속이 발생하자면 피고에게 소장이 송달되어야 하나 캘리포니아주법(민사소송법 제350조)에 따르면 소장제출로 그런 효과가 발생하기 때문이다. 그러나 위 사건에서 그것이 쟁점이 되지는 않은 것으로 보인다.

[75] 브뤼셀 I bis 제32조 제1항은 아래와 같다.
"1. 이 절의 목적상 다음의 시기에 법원에 소가 제기된 것(seised, angerufen, *saisie*)으로 본다.
(a) 절차를 개시하는 서면 또는 그에 상당하는 서면이 법원에 제출된 때. 다만, 원고가 그 후 서류가 피고에게 송달되도록 하기 위하여 취해야 하는 조치를 불이행하지 않은 경우에 한한다. 또는
(b) 서류가 법원에 제출되기 전에 송달되어야 하는 경우에는 송달을 담당하는 기관이 서류를 수령한 때. 다만, 원고가 그 후 서류가 법원에 제출되도록 하기 위하여 취해야 하는 조치를 불이행하지 않은 경우에 한한다.
(b)에 언급된 송달을 담당하는 기관은 송달될 서류를 수령하는 첫 번째 기관이다".
비록 동일한 기준을 사용하더라도 그것이 각 현지시인지 동일 잣대(예컨대 표준시)인지도 문제 된다(예비초안 제21조 제5항 참조). 저자는 과거 위 제1항에서 "소송이 계속한 것"이라고 번역하였으나 여기에서는 '소가 제기된 것'으로 번역하였다. 위 문언은 우리 민사소송법의 '소송계속(독일의 Rechtshängigkeit)'이 아니라 독일의 'Rechtsanhängigkeit'를 가리키므로 소송계속이라는 번역은 오해를 초래할 수 있기 때문이다. 다만 어느 것을 사용하든 간에 이는 브뤼셀 I bis의 독자적 개념이므로 표현에 얽매일 것은 아니고 브뤼셀 I bis(제32조 제1항)에 따라야 한다. 예비초안(제21조 제5항)도 동일한 표현을 사용한다.
[76] 이필복, 온주 국제사법 제11조, 2023. 7. 5. [13]도 동지. 그러나 장준혁, "국제재판관할법 전면 개정의 의의와 과제", 국제사법연구 제28권 제2호(2022. 12.), 71면은 이를 문리해석할 것은 아니라, 오히려 브뤼셀 I bis 제32조처럼 법원이나 송달담당 공무원 등에게 최초의 서류를 제출한 때를 가리키는 의미로 해석한다.

하고 한국에 전소가 계속한 경우를 상정하지 않는 점에서 과거 저자가 제안했던 견해(앞에 언급한 ④)와 다르다.

저자는 우리 법원에 전소가 제기되고 외국에서 후소가 제기되었더라도 우리 법원에서 재판하는 것이 현저히 부당하고 외국법원이 명백히 더 적절한 법정지인 때에는 우리 법원이 소송절차를 중지할 가능성을 열어둘 필요가 있음을 지적하고 이에 관한 규정을 둘 것을 제안하였으나[77] 국제사법에는 채택되지 않았다. 그러나 국제사법(제12조)은 국제적 소송경합과 별개로 예외적 사정에 의한 재판관할권 불행사의 법리를 도입하였으므로,[78] 비록 그런 조문이 없어도 예외적 사정에 의한 재판관할권 불행사의 법리를 적용하는 과정에서 법원은 국제적 소송경합이 발생한 점과 내국소송과 외국소송의 진행 정도 등을 고려하여 한국에 전소가 계속한 경우에도 제12조에 따라 내국 소송절차를 중지할 가능성은 열려 있다.[79] 다만 그 경우는 국제사법 제11조 제1항 제2호가 규정하는 경우와 비교하여 더욱 엄격한 요건하에 예외적으로 적용하여야 한다. 주의할 것은 제11조 제1항 제2호도 엄격한 요건하에 예외적으로 적용해야 하고, 제12조를 적용하는 것도 매우 엄격한 요건하에 예외적으로 적용하여야 한다는 점이다.

소송절차의 중지라는 개념은 국제사법이 새로 도입한 것은 아니다. 민사소송법은 일정한 경우 소송절차의 중지를 규정하고 있는데,[80] 다만 국제적 소송경합을 이유로 민사소송법상 법원이 소송절차를 중지할 수 있는지는 논란이 있었다.[81] 부정설은 법원으로서는 소송기일을 추후지정(또는 추정)하는 방법으로 사실

---

77) 이 점은 저자가 1999년 예비초안(제21조 제7항)을 참조하여 석광현, 관할연구, 322면에서 제시한 것이다.

78) 이 점은 개정안도 동일하다. 따라서 "개정안이 부적절한 법정지 법리를 민사소송법 전반에 도입하지 않고 국제적 소송경합에 한정하여 도입한다면 민사소송제도 전체적 관점에서 일관성과 정합성에 벗어난 것"이라는 비판(이헌묵, 입법적 제안, 422–423면)은 근거가 없다.

79) 이 점은 석광현, 관할연구, 195면에서 지적한 바와 같다. 물론 한국에 전소가 계속 중이라면 외국에 전소가 계속한 경우와 비교할 때 부적절한 법정지의 법리를 적용하기 위한 요건의 충족이 더 어려울 것이다.

80) 즉 민사소송법은 법원의 직무집행불가능으로 말미암은 중지(제245조)와 당사자의 장애로 말미암은 중지(제246조)를 규정한다.

81) 저자는 가능하다고 보았다. 유력설은 선결관계에 있는 다른 민사사건이 법원에 계속 중인 경우 소송절차의 중지를 인정하므로 국제적 소송경합의 경우, 그것이 민사소송법이 명시적으로 정한 소송절차의 중지사유에 해당되지 않더라도 소송절차의 중지가 가능하다고 본다. 민사소송법(제141조)에 따르면 법원은 소송지휘권의 일환으로서 변론의 제한, 분리, 병합 등과 같은 강력한 수단을 가지므로 소송절차를 중지하는 정도의 재량은 인정될 수 있다고

상 소송절차를 중지한 것과 동일한 결과를 달성할 수 있다고 보았다.[82] 국제사법 (제11조)이 시행된 결과 이제는 법원이 소송절차를 중지할 수 있음은 명백하다.[83] 개정안에 대한 공청회에서 소송절차 중지기간(예컨대 6개월로 제한), 이후 기일추정 방법, 중지기간의 연장 허용 여부, 관련소송 중지 결정 적용 여부 등 기술적인 부분에 대하여 더 심도 있는 검토가 필요하다는 지적이 있었다.[84] 우선은 소송지휘를 하는 법원의 재량에 맡길 사항이고 실무의 축적 과정에서 필요하다면 장래 검토할 필요가 있는 과제라고 본다. 이 점에 관하여 장래 법원의 실무가 중요하다.

더 나아가 만일 부적절한 법정지의 법리를 규정한다면 굳이 별도로 소송경합을 규정할 필요가 없는 것이 아닌가라는 의문이 제기된다. 논리적으로는 그렇게 볼 여지도 있으나 종래 견해가 나뉘고 있으므로 불확실성을 줄이고 법적 안정성을 제고하기 위하여 규정을 둔 것이라고 할 수 있다.

VIII. 관할합의 시 국제적 소송경합과 부적절한 법정지의 법리

국제적 소송경합과 관할합의의 관계에서 한 가지 의문이 제기된다. 즉 국제사법 제12조(국제재판관할권의 불행사)의 맥락에서는 한국 법원을 관할법원으로 지정하는 관할합의가 있으면 우리 법원은 부적절한 법정지의 법리를 원용할 수 없다. 반면에 만일 외국에서 전소가 계속 중인데 관할합의에 근거하여 한국 법원에 후소가 제기되어 국제적 소송경합이 발생한 경우 우리 법원이 소송경합의 법리에 따라 소송절차를 중지할 수 있는가라는 의문이 있다. 논란의 여지가 없지는 않지만 이는 긍정해야 할 것이다. 그 경우 소송절차의 중지는 제12조가 아니라 국제적 소송경합을 규정한 제11조에 근거한 것이기 때문이다. 물론 한국 법원에 전속적

설명하기도 한다. 이필복, 129면은 부정설을 따른다.

82) 다만 그 경우 상대방이 기일의 추후지정을 다툴 수 있는 길이 제도적으로 보장되지 않는다는 문제가 있다. 물론 이는 법원이 운용의 묘를 살림으로써 어느 정도 해결할 수 있다.

83) 가사소송의 경우 특히 파행적 법률관계의 방지와 가사판결의 효력 확장에 따른 제3자의 절차적 보호라는 점이 중요하며, 또한 제척기간이 정해져 있는 경우가 많으므로 내국의 후소를 각하하기보다는 소송절차를 중지하는 것이 적절하다는 의견이 있었다. 김원태, "가사소송의 국제적 경합", 비교사법 제16권 제3호(통권 제46호)(2009. 9.), 624면.

84) 이규호, 토론문, 공청회 자료집, 149면(2018. 2. 27. 개최된 국제사법전부개정법률안 공청회의 토론문을 말한다). 국제사법은 법원에 광범위한 재량을 부여하는 탓에 당사자의 예견가능성을 떨어뜨린다는 비판도 있었다. 이헌묵, 입법적 제안, 420면.

관할을 부여하는 관할합의가 있으면 그렇지 않다.

IX. 관할합의와 소송유지(留止)명령(anti-suit injunction)

국제재판관할에 관한 제3장에서 논의한 바와 같이 영미에서는 국제소송전략의 일환으로 상대방이 외국에서 제소하거나 소송을 수행하는 것을 선제적으로 차단하기 위한 적극적인 수단으로 소송유지(留止)명령(또는 소송금지명령. 이하 양자를 호환적으로 사용한다)을 활용한다. 이는 소를 제기하거나 가처분을 신청하는 방식으로 할 수 있다. 즉 전속적 관할합의 또는 중재합의와 같은 분쟁해결합의가 있는 경우는 물론이고 가사 그런 합의가 없더라도 소송유지명령을 활용한다.[85] 특히 당사자들이 영국 법원에 전속적 관할을 부여하는 합의를 한 경우 일방 당사자가 그에 위반하여 소를 제기하는 때에는 소송유지명령을 발령함으로써 영국 법원의 관할권을 보장하는 법적 인프라로 활용한다.

우리의 일차적 관심사는 국제소송의 맥락에서 우리 법원에서 소송유지명령이 가능한지이다. 이는 절차법의 문제이므로 법정지법에 따를 사항이다. 우리 민사집행법상 보전처분으로 소송유지명령을 하자면 ① 우리 법원에 국제재판관할이 있어야 하고, ② 피보전권리가 있어야 하며 ③ 보전의 필요성이 있어야 한다.[86]

X. 복수국가에서 관련 소송의 계속

브뤼셀체제(브뤼셀 I 제28조, 브뤼셀 I Recast 제30조, 제34조)는 동 규정이 정의하는 관련 소송(related actions)이 여러 국가의 법원에 계속하는 경우의 처리에 관한 조문을 두고 있다. 브뤼셀 I Recast는 더 나아가 역내의 관련 소송(제30조)과 역내소송과 역외소송 사이의 관련 소송(제34조)을 구분하여 별도로 규율한다. 즉 전자의 경우 사건의 병합과 같은 강한 공조를 규정하나(제30조 제2항), 후자의 경우에는 일정한 요건의 구비를 전제로 소송절차의 임의적 중지(제34조 제1항)와 같은 약

---

85) 예컨대 영국에서는 소송유지명령을 발하는 것이 정의의 목적에 부합하고 예양의 원칙에 반하지 않아야 하는데, 그 경우 원고가 '외국에서 제소되지 않을 권리(right not to be sued abroad)'를 가져야 한다. 우리 법상의 논의는 이창현, 소송금지명령, 153면 이하 참조. 미국 판례의 소개는 정해덕, 134면 이하 참조.
86) 논의는 제4장 중 국제재판관할합의 부분 참조.

한 규칙을 둔다.

　지식재산의 국제사법에 관한 유럽 막스플랑크 그룹이 2011년 8월 공표한 "지적재산의 국제사법원칙(CLIP 원칙)"[87]도 그런 경우 최초 소송이 계속된 법원 외의 법원들이 재량으로 소송절차를 중지할 수 있도록 규정하고(제2:702조), 미국법률협회(ALI)가 2007년 5월 공표한 "지적재산: 초국가적 분쟁에서의 관할권, 준거법 및 재판을 규율하는 원칙(ALI 원칙)"[88]도 동일한 거래나 사건, 일련의 거래들 또는 사건으로 발생한 소송이 여러 나라에 계속한 경우 최초 소송이 계속된 법원은 당사자의 신청에 따라 공조, 병합 또는 양자의 결합을 통하여 절차를 조정하는 결정을 하여야 하고(제222조), 다른 법원들은 소송절차를 중지하는 등 그 결정을 따르기 위한 조치를 하도록 규정한다(제223조). 동일 소송과 관련 소송을 구분하여 규정하는 CLIP 원칙과 달리 ALI 원칙은 양자를 묶어서 함께 규정한다.

　국제사법은 이에 관한 규정을 두지 않으므로 해석론상 견해가 나뉠 수 있으나, 그 경우에도 저자는 일정한 요건하에 우리 법원이 소송절차를 중지할 수 있다고 본다. 장래에는 우리도 입법론으로 이를 도입할 필요가 있는데, 관련 소송이 계속한 경우에 법원의 재량에 의해 소송절차를 중지할 수 있다는 방식의 규정을 둠으로써 관련 소송으로 인한 불필요한 절차의 중복을 피하고 사법시스템의 효율성을 증진할 수 있을 것이라는 견해가 설득력이 있다.[89]

---

87) 이는 "Principles for Conflict of Laws in Intellectual Property"를 말한다.
88) 이는 "Intellectual Property: Principles Governing Jurisdiction, Choice of law and Judg-ments in Transnational Disputes"를 말한다.
89) 상세는 이필복, 161면 이하, 특히 163면 참조.

제 7 장

국제민사사법공조

제 7 장
국제민사사법공조

여기에서는 우선 국제민사사법공조를 개관하고(제1절), 헤이그송달협약을 중심으로 송달에 관한 국제민사사법공조를 논의한 뒤(제2절), 헤이그증거협약을 중심으로 증거조사에 관한 국제민사사법공조를 검토한다(제3절). 참고로 헤이그송달협약과 헤이그증거협약의 국문번역문은 이 책의 말미에 첨부하였다.

제 1 절 국제민사사법공조 개관

여기에서는 국제사법공조의 개념(Ⅰ.), 민사사법공조에 관한 과거 상황과 현황(Ⅱ.) 및 최근 우리나라의 변화(Ⅲ.)의 순서로 논의한다.

Ⅰ. 국제사법공조의 개념

'국제사법공조(international judicial assistance)'[1]라 함은, 넓게는 모든 국제적인

---

* 제7장에서 인용하는 아래 주요 문헌은 [ ] 안의 인용약어를 사용한다.

사법정책연구원, 국제적 전자송달에 관한 연구(2021)(김효정 외 집필)[사법정책연구원, 국제전자송달]; 사법정책연구원, 기일 전 증거개시(pre-trial discovery)로 인한 국제적 사법마찰의 해결에 관한 연구(김효정 집필. 2022)[김효정, 사법마찰]; 박지원, "전자증거의 수집과 한국형 E-Discovery의 모색", 저스티스 통권 제194-2호(특집호 I)(2023. 2.)[박지원]; 법무법인(유한) 태평양, 우리 기업을 위한 미국소송 실무가이드(2022)[태평양, 미국소송 가이드]; 석광현, 증거조사에 관한 국제민사사법공조 연구(법무부, 2007)[석광현, 증거조사]; 오병희, "국제민사사법공조에 있어서의 영상전송(video-link)에 의한 증거조사: 헤이그 증거협약을 중심

- 337 -

사법협력 또는 사법활동에 관한 국제적 협력을 의미하나, 여기에서는 민사사건에서의 국제사법공조인 국제민사사법공조를 다루는데, 이는 주로 송달과 증거조사(또는 증거수집)에 관한 국제적인 사법협력을 의미한다.[2] 국제적인 민사소송의 증가에 따라 한국 법원에 계속 중인 소송을 위해 외국에 있는 당사자, 그 밖의 소송관계인에게 소장과 판결정본 등 소송상의 서류를 송달하거나 외국에서 증거조사를 하거나, 또는 반대로 외국법원에 계속 중인 소송을 위해 한국에서 송달 또는 증거조사를 할 경우도 증가하고 있다. 그러나 우리나라를 포함한 대륙법계에서는 서류의 송달[3]과 증거조사는 국가의 재판권, 즉 주권의 행사이므로 어느 국가의 법원이 다른 국가에서 직접 이러한 행위를 하는 것은 주권침해로서 허용되지 않으며 따라서 이를 위해서는 다른 국가의 사법기관의 협력이 필요하다.[4] 국제사법

으로", 사법논집 제50집(2010)[오병희]; 이정아, "헤이그 송달협약의 현안과 과제", 2024. 11. 28. 국제사법학회 제167회 정기연구회 발표자료[이정아]; 이태희, "국제사법공조에 관한 연구", 유기천박사 고희기념 법률학의 제문제(1988)[이태희]; 임치용, "헤이그송달조약을 가입함에 있어", 국제사법연구 제2호(1997)[임치용](참고로 이는 "헤이그송달조약에 관한 연구"라는 제목으로 저스티스 통권 제47호(1998. 3.), 85면 이하에도 게재되었다); 유영일, "국제민사사법공조에 관한 연구", 서울대학교 대학원 법학박사학위논문(1995)[유영일]; 진성규, "민사소송에 있어서의 국제사법공조", 섭외사건의 제문제(하) 재판자료 제34집(1986)[진성규]; 한애라, "미국 연방 민형사소송절차에서의 E-Discovery와 국내적 시사점", 성균관법학 제32권 제2호(2020. 6.)[한애라]; Hague Conference on Private International Law, Practical Handbook on the Operation of the Service Convention, 4th edition (2016)[Handbook (Service)]; 법원행정처, 헤이그송달협약 실무편람(2018)(이는 위 책의 번역이다)[법원행정처, 송달협약 실무편람]); Hague Conference on Private International Law, Practical Handbook on the Operation of the Evidence Convention, 4th edition (2020)[Handbook (Evidence)]; Dieter Leipold, Lex fori, Souveränität, Discovery – Grundfragen des Internationalen Zivilprozeßsrecht (1989)[Leipold].

1) 국제사법공조를 'international judicial cooperation'이라고도 한다.

2) 진성규, 449면; 이태희, 751면. 증거협약의 맥락은 아니나 증거수집의 주체는 당사자이고 증거조사의 주체는 법원인데, 한국, 일본 및 독일의 민사소송절차는 기본적으로 증거수집과 증거조사를 구별하지 않는 것은 문제라고 지적하면서 증거조사와 증거수집을 개념적으로 구별할 필요가 있다는 주장은 박지원, "증거수집절차와 증거조사절차의 구별에 관한 시론―증거수집범위의 확대를 위하여―", 민사소송 제23권 제3호(2023. 10.), 211면 이하 참조. 다만 여기에서는 양자를 호환적으로 사용한다.

3) 이는 대륙법계의 경우 당사자송달주의가 아니라 직권송달주의를 취하기 때문이다. 직권송달주의를 취하는 이유는, 송달은 소송절차의 진행·종료의 시점이 되는 경우가 많아 그 신속·확실을 기하기 위한 것이다(공시송달의 경우는 예외이다). 이시윤, 381면.

4) 소송서류의 송달을 재판권의 행사로 볼 것인지의 여부는 입법정책적인 문제인데, 직권송달주의를 취하는 대륙법계국가에서는 이를 긍정하나, 당사자송달주의를 취하는 영미법계국가에서

공조, 특히 국제민사사법공조의 필요성은 일찍부터 국제적으로 인식되었고 그 결과 이를 규율하기 위한 조약이 채택되었다. 그 중 주요한 것은 헤이그국제사법회의에 서 채택된 다음 세 개의 조약5)이다.

---

(1) 민사소송(절차)에 관한 1954. 3. 1. 협약(Convention relating to Civil Procedure)6) (이하 "민사소송협약"이라 한다)

(2) 민사 또는 상사의 재판상 및 재판외 문서의 해외송달에 관한 1965. 11. 1. 협약 (Convention on the Service Abroad of Judicial and Extrajudicial Documents in Civil or Commercial Matters)(이하 "송달협약"이라 한다)7)

(3) 민사 또는 상사의 해외증거조사8)에 관한 1970. 3. 18. 협약(Convention on the Taking of Evidence Abroad in Civil or Commercial Matters)(이하 "증거협약"이 라 한다).9)

는 이를 부정한다. Paul Volken, Die internationale Rechtshilfe in Zivilsachen (1996), S. 29. 사적(私的) 성질을 가지는 국제중재의 경우 중재인에 의한 외국으로의 송달 또는 증거조사는 주권의 행사와 무관한 사적인 활동이므로 자유롭다. 국제중재의 경우 문제는 증거조사에 관한 법계의 대립을 어떻게 극복할 것인가에 있다.

5) 조약의 국문번역은 법무부, 국제사법에 관한 헤이그회의 제협약, 법무자료 제213집(1997) 참조. 위 법무자료에는 민사소송협약의 불어 원문과 송달협약 및 증거조사협약의 영어 원문이 수록되어 있다(이 책자는 오타가 너무 많아 부끄러울 정도이다). 위 세 조약의 영문은 2000년 6월에 간행된 외교부(당시 외교통상부), 국제사법 기본자료집에도 수록되어 있다.

6) 원래 1896. 11. 14. 민사소송(절차)에 관한 협약이 있었는데, 이는 1905년 개정되었다가 다시 위 민사소송협약으로 개정되었다. 그의 정본은 불어본이며 명칭은 "*Convention relative à la procédure civile*"이다. 동 협약은 그 후 분야별로 ① 1965년 헤이그송달협약, ② 1970년 헤이그증거조사협약과 ③ 1980년 법정에의 국제적 접근에 관한 협약이라는 세 개의 근대적인 협약으로 세분화되었다. 즉 당사국 간에는 송달협약은 민사소송협약 제1조부터 제7조를(송달협약 제22조), 증거조사협약은 제8조부터 제16조를(증거조사협약 제29조), 법정에의 국제적 접근에 관한 협약은 제17조부터 제26조를 각각 대체한다. 근자에 우리 법원은 사회적 약자 (장애인, 외국인, 이주민, 북한이탈주민, 노약자 등)에 대한 사법서비스를 통합적으로 하나의 공간에서 제공(지원)하고자 '사법접근센터'를 운영하고 있으므로 1980년 협약을 '사법에의 국제적 접근에 관한 협약' 또는 더 줄여서 '국제 사법접근협약'이라고 번역할 수도 있을 것이다.

7) 이를 불어에 충실하게 "송달 및 고지에 관한 조약"이라고 부르기도 한다(예컨대 이태희, 755면). '*signification*'은 *huissier* (process server)에 의한 문서의 교부이고, '*notification*'은 *huissier* 의 관여 없이 법이 정한 경우 그 방식에 따라 이루어지는 서류의 발송이다. Handbook (Service), para. 55. 송달협약에 관하여는 배형원 외, 16면 이하; 임치용, 51면 이하; 유영일 참조. 프랑스법계 국가의 *huissier*는 우리 민사집행법상 집행관의 모형이라고 한다. 이시윤, 집행법, 49면.

8) '증거조사' 대신 '증거수집'이라고 번역할 수도 있으나 위는 공식번역이다.

9) 증거협약에 관한 국내문헌으로는 우선 석광현, 증거조사; 배형원 외, 93면 이하 참조. 그 밖에 김용진, "국제적 증거조사에 관하여", 국제사법연구 제2호(1997), 529−572면; 유영일, 162면

Ⅱ. 민사사법공조에 관한 과거 상황과 현황

1. 민사공조법의 제정

민사소송법 제191조는 외국에서 하는 송달의 방법이라는 표제하에 "외국에 서 하여야 하는 송달은 재판장이 그 나라에 주재하는 대한민국의 대사·공사·영 사 또는 그 나라의 관할 공공기관에 촉탁한다"라는 원칙만을 선언하고 그 구체적 인 방법을 정하고 있지 않다.10)

과거 법원은 폐지된 대법원 1985. 10. 14. "사법공조업무처리등에 관한 예 규"(송민예규 85-1)에 따라 국제민사사법공조 업무를 처리하였으나, 1991년 국제 민사사법공조법(이하 "민사공조법"이라 한다)11)의 제정 이후에는 그에 따라 민사사 법공조를 처리해왔다. 민사공조법은 대체로 사법공조업무처리등에 관한 예규를 따른 것으로, 민사사건에 있어 외국으로의 사법공조촉탁(제2장)과 외국으로부터의 사법공조촉탁(제3장)으로 나누어 민사사법공조, 즉 재판상서류의 송달과 증거조사 에 관한 처리절차를 규정하고 있고, 그 하위규범으로 "국제민사사법공조규칙"과 "국제민사사법공조등에 관한 예규"가 있다.

민사공조법에 의하면, 외국으로부터의 송달촉탁은 송달할 장소를 관할하는 제1심법원이 관할하는데(제11조), 우리 법원이 민사사법공조를 하기 위해서는 상 호보증의 존재, 외교상의 경로를 거칠 것 등 일정한 요건12)이 구비되어야 한다(제 12조). 민사공조법은 이처럼 원칙적으로 외교상의 경로(diplomatic channel)를 통한 관할법원에의 촉탁방법, 즉 간접실시방식을 고수함으로써 많은 시간과 비용을 요 하는 한계를 가지고 있다.13) 민사공조법에 따라 외국법원이 한국으로 하는 송달

이하; 배형원 외, 94면 이하 참조.

10) 민사집행법 제13조도 외국송달의 특례라는 제목하에, 집행절차에서 외국으로 송달이나 통지 를 하는 경우 송달 또는 통지와 함께 한국 안에 송달받을 장소와 영수인을 정하여 상당한 기간 이내에 신고하도록 명할 수 있고, 그 기간 내에 신고하지 않으면 송달하지 않을 수 있 다고 규정하나 더 나아가 송달방법은 규정하지 않는다.

11) 우리는 별도의 형사사법공조법을 제정하였으나, 일본은 양자를 통합하여 외국재판소의 촉탁 에 의한 공조법으로 규율하고 있다.

12) ① 촉탁국과 사법공조조약이 있거나 상호보증이 있을 것, ② 한국의 안녕질서와 미풍양속을 해할 우려가 없을 것, ③ 촉탁이 외교상의 경로를 거칠 것, ④ 송달받을 자의 성명, 국적, 주 소 또는 거소를 기재한 서면에 의할 것, ⑤ 국문번역이 첨부될 것과 ⑥ 촉탁국이 수탁사항 의 실시에 필요한 비용의 부담을 보증할 것 등이 요구된다.

13) 물론 한국인에 대하여 하는 경우에는 외국에 주재하는 대한민국의 대사·공사 또는 영사를

은 다음과 같은 경로에 의한다.

> 외국법원 — … — 외국 외무부 — 한국 주재 외국 대사 · 영사 — 한국 외교부 —
> 한국 법원행정처 — 한국 관할법원 — 송달받을 자
> (… 부분은 당해 외국의 법제에 따라 다르다)

민사공조법이 정한 간접실시방식에 따라 한국 법원이 외국으로 하는 송달은 다음과 같은 경로에 의한다.

> 한국 법원 — 한국 법원행정처 — 한국 외교부 — 외국 주재 한국 대사 · 영사 —
> 외국 외무부 — … — 송달받을 자
> (… 부분은 당해 외국의 법제에 따라 다르다)

위는 송달의 경로이나 증거조사에서도 동일한 경로를 따른다. 우리나라가 송달협약과 증거협약에 가입하였지만 이러한 협약에 가입하지 않은 국가와의 송달이나 증거조사 촉탁 시에는 여전히 민사공조법이 적용된다. 물론 양자조약이 있는 국가와의 관계에서는 그에 의한다.

2. 민사공조법의 한계

민사공조법의 취지는, 우리 법원이 외국으로 민사사법공조를 촉탁할 경우 동법에 따라야 하고, 반대로 외국법원의 촉탁이 있는 경우 우리 법원은 동법에 따라 민사사법공조를 제공한다는 것이다. 그러나 민사사법공조에는 본질상 두 개 이상의 국가가 관련되는데, 민사공조법은 우리나라가 일방적으로 제정한 국내법이므로 외국이 우리나라에 민사사법공조를 요청함에 있어서 반드시 동법에 따를 의무가 있는 것도 아니고,[14] 동법에 따라 민사사법공조를 요청하더라도 우리가 그에 따를 국제법상의 의무가 있는 것도 아니다.[15] 한편 우리나라가 동법에 따라 외국에 민사사법공조를 요청하더라도 외국이 반드시 그 요청에 따를 국제법상의 의무를 부담하는 것도 아니다. 이렇듯 공조를 제공하겠다는 일방적인 선언의 근거는

통한다. 민사공조법 제5조 제2항 제1호, 제8조.

14) 물론 그에 따르지 않을 경우 우리 법원은 민사사법공조를 제공하지 않을 것이므로 외국으로 하여금 사실상 동법을 따르도록 강제하는 의미는 있을 것이다.

15) 물론 우리 법원은 동법에 따를 국내법상의 의무가 있다.

'국제예양(international comity)'으로 설명할 수 있으나,16) 민사공조법은 본질적인 한계가 있을 수밖에 없었으며, 이는 우리가 사법공조업무처리 등에 관한 예규를 1991년 민사공조법으로 대체함으로써 달라지는 것은 아니었다.

Ⅲ. 송달협약 가입 이후 우리 국제민사사법공조법제의 변화

우리나라는 1997년 8월 헤이그국제사법회의에 회원국으로 가입하였고, 2000년 1월 송달협약 가입서를 네덜란드 외무부에 제출하여 송달협약은 2000. 8. 1.부터 한국에서 발효하였다. 송달협약은 우리가 가입할 당시까지 헤이그국제사법회의가 채택한 35개 조약17) 중 한국이 가입한 최초의 조약인데, 송달협약에의 가입은 한국의 국제민사사법공조 분야에서 국제화를 향한 중요한 첫걸음18)이라는 매우 커다란 의미를 가진다. 우리나라는 1999. 9. 17. 호주와 "재판상 문서의 송달, 증거조사 및 법률정보의 교환에 관한 민사사법공조조약"(이하 "한호조약"이라 한다)을 체결했으며 동 조약은 2000. 1. 16. 발효하였다.19) 또한 우리나라는 2003. 7. 7. 중국과 "대한민국과 중화인민공화국간의 민사 및 상사사법공조조약"(이하 "한중조약"이라 한다)을 체결하였고 이는 2005. 4. 27. 발효하였다.20) 그리고 정부는

---

16) 영사송달에 관한 대법원 1992. 7. 14. 선고 92다2585 판결은 '국제예양'이라는 개념을 사용한 바 있다. 국제예양에 관하여는 제2장 I. 기본원칙 참조.

17) 2023년 7월 현재는 모두 40개의 조약·문서가 있다(규정과 의정서를 포함하여). 헤이그국제사법회의는 이를 17개의 핵심적인 조약·문서와 23개의 조약·문서로 구분한다(8개의 구 조약·문서는 별도). 참고로 베트남도 협약에 가입하여 베트남에서도 송달협약이 2016. 10. 1. 발효되었다. 소개는 최창민, "베트남의 국제민사사법공조 ―송달협약과 증거협약을 중심으로―", 국제사법연구 제27권 제1호(2021. 6.), 431면 이하 참조.

18) 물론 그 전에 본문 아래에 언급하는 바와 같이 한호조약을 체결하였다.

19) 한호조약에 관하여는 유영일, "사법공조에 관한 서울선언", 서울국제법연구 제6권 제2호(1999), 66–74면; 배형원 외, 192면 이하 참조. 한호조약 체결 당시 호주는 송달협약 당사국이 아니었으나 그 후 가입하여 2010. 11. 1. 발효하였다. 해설은 배형원 외, 191면 이하 참조.

20) 조약의 영문명칭은 "Treaty Between The Republic of Korea and The People's Republic of China on Judicial Assistance in Civil and Commercial Matters"이다. 한중조약에 관하여는 배형원, "한·중민사사법공조조약", 국제사법연구 제10호(2004), 297면 이하; 배형원 외, 262면 이하 참조. 법원실무제요/민사[Ⅲ], 2009면 참조. 민사사법공조에 관한 우리 문헌으로는 김우진, "개방화 국제화 시대에 있어서 동북아 민사사법공조 ―실무적 접근―", 제4회 한국법률가대회 논문집(2004), 101면 이하; 양석완, "司法共助에 관한 韓中條約과 韓濠條約의 比較考察", 橫川이기수교수화갑기념논문집 知識社會와 企業法(2005), 658면 이하 참조. 홍콩도 중국의 일부이므로 한중조약이 적용되지만 종래 송달협약에 따라 신속한 공조가 이루

2009. 12. 14. 네덜란드 정부에 1970년 "민사 또는 상사의 해외증거조사에 관한 협약"("증거협약") 가입서를 기탁함으로써 한국은 50번째 체약국이 되었고 증거협약은 2010. 2. 12.부터 한국에서 발효하였다. 우리나라가 증거협약에 가입함으로써 송달과 증거조사라고 하는 협의의 국제민사사법공조를 위한 법적 기초를 구축하게 되었다.[21]

그 밖에도 우리나라는 2006. 10. 25. 헤이그국제사법회의의 "외국공문서에 대한 인증의 요구를 폐지하는 협약(Hague Apostille Convention. 아포스티유협약 또는 인증협약)"에 가입하였으며,[22] 그 후 한몽조약, 한우조약과 한태조약을 체결하였고, 베트남 등과의 양자조약 체결을 검토한 바도 있는데, 이런 양자조약은 국제송달만이 아니라 국제적인 증거조사를 함께 다룬다.

제 2 절 송달에 관한 국제민사사법공조: 송달협약을 중심으로

I. 송달협약의 목적과 적용범위

송달협약의 기본목적은 첫째, 송달문서의 수령인이 자신을 방어하는 데 필요한 충분한 시간을 가지고 현실적으로 문서의 내용을 알 수 있게 하는 제도를 확립하고, 둘째, 촉탁국으로부터 수탁국(또는 피촉탁국. 이하 양자를 호환적으로 사용한다)에로의 문서의 전달방법을 단순화하며, 셋째, 통일된 양식에 의한 증명을 사용해 송달증명을 촉진하는 데 있다.[23]

어지고 있으므로 여전히 송달협약을 이용한다고 한다. 배형원 외, 264면. 석광현, 제6권, 819면 이하도 참조. 해설은 배형원 외, 261면 이하 참조.

21) 대법원은 이러한 조치들을 취하는 과정에서 1997년 6월 법원행정처에 법원행정처 사법정책연구실장(당시 李恭炫 부장판사)을 위원장으로 하고 각계인사들로 구성된 민사사법공조추진위원회를 구성하여 송달협약 및 증거협약에의 가입 등을 심의하게 하였다. 이는 그 후 국제규범연구위원회로 전환되었다. 저자도 위원의 1인으로 꽤 오랜 기간 참여하였으나 언제부턴가 아무런 소식을 듣지 못하였는데 아마도 더 이상 존재하지 않는 듯하다. 근자에는 과거와 비교하여 법원 내에서 광의의 국제민사사법공조에 대한 관심이 줄어든 것으로 보여 아쉬움이 크다.

22) 동 협약은 우리나라에서 조약 제1854호로 2007. 7. 14. 발효하였는데, 정식명칭은 "외국 공문서의 인증요건 폐지에 관한 협약(Convention Abolishing the Requirement of Legalisa-tion for Foreign Public Documents)"이다. 그러나 공식 번역문의 제목은 본문과 같다.

23) 송달협약의 전문 참조.

송달협약은 민사 또는 상사에만 적용되나(제2조), 송달협약은 '민사 또는 상사'의 개념을 정의하지 않는다. 영미법계 국가에서는 형사만을 제외하는 데 반해, 독일에서는 형사는 물론, 행정, 조세 등의 공법상의 사건도 송달협약의 적용범위로부터 제외된 것으로 본다. 이에 관해 1989년 헤이그국제사법회의 특별위원회는 ① 민사 또는 상사의 개념은 협약의 독자적인 해석에 의해 결정되어야 하고, ② 애매한 분야에서는 가능한 한 넓게 해석할 것이나, ③ 대부분의 국가에서 공법분야로 인정되는 조세사건은 제외되지만, ④ 그 경우에도 체약국에 의한 송달협약의 적용을 금지하는 것은 아니라는 견해를 채택하였다.[24] 우리 민사소송법상의 개념에 따라 '민사'를 이해한다면 '가사'도 민사에 포함되지 않을 것이나, 송달협약의 해석상으로는 가사는 민사에 포함된다.

송달협약은 제1조가 명시하는 바와 같이 재판상 또는 재판외 문서를 해외에 송달하는 모든 경우에 적용된다. 적용범위와 관련하여 첫째, 해외에 송달하는 경우를 결정하는 법이 법정지법인지, 송달협약인지 아니면 또 다른 법인지라는 의문(또는 수령인이 외국에 있으면 송달협약이 항상 적용되는가)과, 둘째, 만일 그에 따라 해외에 송달하는 경우라면 반드시 송달협약이 정한 송달방법을 적용해야 하는지 의문이 제기된다. 종래 양자를 명확히 구별하지 않은 탓에 개념과 용어의 혼란이 있었으나 Handbook (Service)은 전자를 '강행성(mandatory character)'[25]의 문제, 후자를 '배타성(exclusive character)'의 문제로 다룬다.

강행성에 관하여는 각국의 실무가 다른데, 미국 연방대법원의 Schlunk 판결처럼 대리인으로 지정되지 않은 자에게 국내송달을 해버릴 위험성이 있으나, 협약의 협상 역사를 고려하더라도 법정지법에 따른다는 견해가 유력하다.[26]

한편 배타성, 즉 만일 법정지법에 따라 재판상 또는 재판외 문서가 해외로

---

24) Handbook (Service), para. 62. 우리 특허법원은 2016년 상표권의 등록무효 또는 취소와 관련하여 독일의 중앙당국에 서류의 송달을 촉탁하였으나 독일은 민사 및 상사(사건)이 아니라는 이유로 촉탁의 이행을 거부하고 서류를 법원행정처로 반송한 사례가 있다고 한다.

25) 법원행정처, 송달협약 실무편람, para. 30 이하는 이를 '강제적' 또는 '강제적 성격'이라고 번역한다.

26) Handbook (Service), para. 31 이하는 법정지법에 따른다고 본 네덜란드 대법원의 1986년 Mabanaft 사건 판결과 아래 소개하는 미국 연방대법원의 1988년 Volkswagenwerk v. Schlunk 사건 판결을 소개한다. 과거 독일 정부의 견해는 일관성이 없었고 독일의 학설은 나뉘고 있으나 독일 헌법재판소도 법정지법에 의하여 결정된다는 견해를 따랐다고 소개한다. Handbook (Service), para. 46.

송달되어야 한다면 송달협약에 따라 송달하여야 한다는 점, 즉 협약이 배타성이 있음은 논란의 여지가 없다고 한다.[27] 이 점에서 송달협약은 배타성이 없는 증거협약과는 다르다.[28] 위와 같은 강행성과 배타성이라는 용어가 반드시 적절한지는 다소 의문이나 그 취지는 이해할 수 있으므로 일단 그에 따라 논의한다.

2024. 3. 21. 현재 미국, 중국 등 84개국이 송달협약의 체약국이다.

송달방법에는 크게 중앙당국을 통한 송달과 중앙당국을 통하지 않은 송달이 있다. 아래에서는 이를 나누어 살펴본다.[29]

II. 중앙당국을 통한 송달

1. 송달협약의 규정

가. 중앙당국

송달협약은 민사소송협약상의 해외송달을 개선한 것인데, 가장 중요한 것은 각 체약국으로 하여금 중앙당국(central authority)을 지정하도록 하고 그를 통하여 규정된 방식과 절차에 따라 송달을 하도록 한 '중앙당국제도의 창설'이다.[30] 중앙

---

27) Handbook (Service), para. 50. 논의는 Handbook (Service), para. 29 이하 참조. 2003년 특별위원회의 결의는 비강행적(non‒mandatory)이라는 견해를 지지하였다고 소개한다. 혼란은 예컨대 Handbook (Service), para. 46에 소개된 독일의 태도.

28) 외국판결 승인의 맥락이기는 하나, 서울고등법원 2015. 3. 24. 선고 2013나2012912 판결은 "국제적인 사법공조에 관한 다자간 조약인 헤이그 송달협약에 가입하여 중앙당국, 외교 경로, 우송에 의한 송달 등 다양한 송달방법을 마련하고 중앙당국 이외의 송달 방법에 대하여는 체약국에게 선택의 자유를 주어 체약국이 자신이 선택한 송달방법에 의한 경우에만 사법공조절차를 이행하겠다고 한 이상, 위와 같은 사법공조에 관한 협약 내용에 따라 국제적 송달이 이루어져야 하고, 그것이 국제적 송달에 관한 통일적인 국제조약을 체결한 의의와 <u>외국에 송달할 경우에 반드시 적용되어야 하는 조약의 강행적 성격에도 부합하는 것</u>"이라고 판시한 바 있다.

29) 외국에서의 송달 및 증거조사에 관한 상세는 법원실무제요/민사[Ⅲ], 제39장, 1954면 이하 참조.

30) 그 밖에 송달협약에 따른 송달을 의무적인 것으로 하고, 해외에서 제기된 소송을 알지 못한 채 패소할 위험이 있는 피고의 보호를 위한 장치를 마련한 것을 들 수 있다. 그러나 송달협약에도 불구하고 법정지국이 자국법에 따라 자국에서 송달이 이루어진 것으로 의제하는 것이 가능하므로, 송달협약의 의무적인 성격은 성공적이라고 할 수 없다. 결국 협약에도 불구하고 프랑스의 *remise au parquet*는 금지되지 않는다. Schack, Rn. 739. 이하. 이는 프랑스 법원에 소가 제기된 경우 외국에 상거소를 가지는 당사자에게 보낼 서류를 프랑스 검사에게

당국제도의 도입은 당시로서는 혁신이었으며 그 후 다양한 조약에서 공조를 담당하는 기관의 역할을 하고 있다. 송달협약에 따르면, 각 체약국은 다른 체약국으로부터의 송달요청을 수령하고 이를 처리할 중앙당국을 지정해야 한다(제2조). 주의할 것은 중앙당국은 송달요청의 수령기관(receiving authority)이지 발송기관(forwarding authority)[31]이 아니라는 점이다.[32] 송달협약의 성안과정에서 중앙당국을 수령기관 겸 발송기관으로 하자는 의견이 있었으나, 반드시 법원이 송달요청을 해야 하는 국가도 있었기에 이는 거부되었다.[33] 이러한 중앙당국을 통한 송달이 원칙적인 송달방법이다.

나. 요청서의 발송과 요청의 집행
(1) 요청서의 발송

촉탁국법상 권한 있는 당국이나 사법공무원은 송달협약의 양식에 따라 요청서를 수탁국의 중앙당국에 발송한다(제3조). 요청서의 발송기관은 '당국이나 사법공무원'을 말하므로 사인(私人)은 그에 포함되지 않는다.[34] 그러나 소송대리인은 촉탁국의 법에 따라 권한 있는 당국에 포함될 수 있는데, 영국의 사무변호사(solicitor)는 이에 포함되는 것으로 이해되고 있고,[35] 미국은 헤이그국제사법회의에 자국법상 요청서를 발송할 수 있는 기관을 통지하였는데, 그에는 당사자를 대리하는 변호사가 포함되어 있고 또한 사적인 송달인(private process server)도 포함된다.[36]

송달협약은 요청서를 외국 중앙당국에 어떻게 송부하여야 하는지는 규정하지 않는데, 통상적으로 우편에 의한 방법(일반 우편, 영수 통지를 하는 등기우편, 속달우편과 FedEx와 같은 민간 택배)이 사용되고 있고, 실무상 많은 중앙당국이 민간 택배를 통하여 요청서를 전달받고 있다고 한다.[37]

교부함으로써 행해지는 송달인데 '*notification au parquet*'라고도 한다(프랑스 신민사소송법 제684조 제1항).
31) 여기에서는 '발송'과 '송부'를 같은 의미로 호환적으로 사용한다.
32) Handbook (Service), para. 112.
33) David McClean, International Co-operation in Civil and Criminal Matters (2002), p. 29.
34) Handbook (Service), para. 122.
35) 논의는 Handbook (Service), para. 130 참조.
36) 논의는 Handbook (Service), para. 132 이하 참조.
37) Handbook (Service), para. 134.

(2) 중앙당국의 조치

요청서를 받은 중앙당국은, 요청서가 송달협약의 규정에 일치하지 않거나 또는 요청서를 이행하는 것이 수탁국의 주권 또는 안보를 침해할 것이라고 판단하는 경우가 아닌 한(제4조, 제13조), 문서를 스스로 송달하거나 또는 적절한 기관으로 하여금 공식적인 송달, 특정한 방식과 비공식적 교부의 세 가지 중 어느 방식에 의해 송달하도록 한다(제5조).

① 공식적인 송달(formal service)

이는 국내소송에서 수탁국에 소재하는 자에 대한 문서의 송달에 대해 수탁국법이 정하는 방법(제1항 a호)에 의한 송달을 말한다. 문서가 이 방식에 의해 송달되는 경우 중앙당국은 송달할 문서가 수탁국의 공용어로 기재되거나 번역되도록 요청할 수 있다. 이러한 요청은 일반적인 선언으로 할 수도 있고 개개의 사건별로 할 수도 있는데 체약국들의 실무례도 나뉘어 있다.[38]

② 특정한 방식(particular method)

이는 신청인이 요청한 특정의 방식(제1항 b호)을 말하는데, 다만 그 방식이 수탁국의 법에 저촉되지 않는 경우에 한한다. 공식적인 송달에 의하는 경우와 마찬가지로 이 방식에 의하는 경우에도[39] 중앙당국은 송달할 문서가 수탁국의 공용어로 기재되거나 번역되도록 요청할 수 있다. 이러한 요청은 일반적인 선언으로 할 수도 있고 개개의 사건별로 할 수도 있는데 체약국들의 실무례도 나뉘어 있다.

③ 비공식적 교부(informal delivery)

이는 문서를 임의로 수령하는 수신인에게 교부하는 방식(제2항)을 말하는데, 다만 그 방식이 수탁국의 법에 저촉되지 않는 경우에 한한다.[40]

---

38) Handbook (Service), para. 181 이하 참조.

39) 임치용, 68면은 위 ②의 경우 협약은 명시적으로 번역문을 요구하지 않는다고 하나, 조문상으로는 그 경우에도 중앙당국이 번역문을 요구할 수 있음은 위 ①의 경우와 같다. 저자는 제1판에서 위와 같이 썼는데, Handbook (Service), para. 174는 이 점에 관하여 견해가 나뉘고 있다고 소개하고, 2003년 특별위원회의 결의는 이 점을 명시하지는 않으나 저자와 같은 견해를 추론할 수 있다고 한다. Fn. 235.

40) 이는 프랑스법계 국가에서 인정되는 것으로, 예컨대 문서를 지방경찰서에 교부하면 경찰서로부터 연락을 받은 송달받을 자가 경찰서에 가서 자발적으로 문서를 수령하는 방식을 말한다. Handbook (Service), para. 169. 미국 연방민사소송규칙(FRCP)처럼 수령인에게 통상우편에 의해 교부하고 그가 자발적으로 영수증을 작성하여 반송하는 것은 이와 유사하다고 본다.

(3) 집행거부사유

송달협약 제13조 제1항에 따르면, 송달요청서가 송달협약의 규정과 일치할 때, 수탁국은 이를 이행하는 것이 자국의 주권 또는 안보를 침해할 것이라고 판단하는 경우에 한해서만 이를 거부할 수 있다.[41] 나아가 제13조 제2항은, 피촉탁국은 자국법상 당해 소송의 주요쟁점에 대하여 전속적 재판관할권을 보유하거나 자국법이 송달요청의 기초가 되는 소송을 인정하지 아니한다는 근거만으로 송달요청의 이행을 거부할 수 없음을 명시한다. 중앙당국은 송달요청을 거부하는 경우 신청인에게 즉시 그 거부의 사유를 통지한다(제13조 제3항).

주권 또는 안보에 대한 침해는 공서위반보다 더 좁은 개념이다.

집행거부사유와 관련하여 독일에서 논란이 있는 것은 ① 징벌배상의 지급을 구하는 소송을 위한 서류의 송달, ② 미국에서의 class action을 위한 서류의 송달과 ③ 독일에서 소송의 제기 또는 계속을 금지하는 소송유지(留止)명령(anti-suit injunction. 또는 소송금지명령)의 송달이다. ①과 ②는 제13조 제1항에 해당하지 않지만[42] ③은 독일의 주권을 침해하는 것으로서 제13조 제1항에 저촉된다는 견해가 유력하나 그에 대하여도 비판이 있다.[43]

---

41) 보도에 따르면 일본군 위안부 피해자들이 2016년 12월 일본국을 상대로 소송을 제기하였으나, 일본 외무성은 송달협약 제13조를 근거로 송달요청을 거부하고 소장 등을 반송하였다고 한다.

42) 실제로 독일 연방헌법재판소는 2013. 1. 9. 결정에서 송달협약에 관한 사건에서 소송이 징벌적 손해배상청구에 관한 것이라는 사실만으로 독일의 주권을 침해하는 것이 아니라고 판시하였다. BVerfG, 24 January 2007, 2 BvR 1133/04 참조. 그러나 공격적인 방식으로 실질적 근거가 없는 요구를 하는 청구나, 공정하지 않은 결론에 도달하기 위하여 절차 및 소송과 관계없음이 분명한 당사자들에 대하여 사회적 압박을 가하기 위하여 청구하는 경우에는 송달을 거절할 수 있는 여지를 남겨두었다고 한다. BVerfG 2BvR, 9 January 2013. Handbook (Service), para. 234.

43) Nagel/Gottwald, Rz. 9.123. 독일 뒤셀도르프 고등법원(OLG Düsseldorf)의 1996. 1. 10. 결정은 독일 당사자에 대하여 독일 법원에서의 소송을 금지하는 영국 법원의 소송유지명령을 독일에서 송달하는 것은 송달협약(제13조 제1항)에 따른 독일의 주권을 침해하는 것으로 보아 중앙당국은 그 송달을 거부할 수 있다고 판단하였다. Handbook (Service), para. 225. class action의 송달에 관한 상세는 Klaus J. Hopt/Rainer Kulms/Jan von Hein, Rechtshilfe und Rechtsstaat : Die Zustellung einer US-amerikanischen class action in Deutschland (2006) 참조. Anja Costas-Pörksen, Anwendungsbereich und ordre public-Vorbehalt des Haager Zustellungsübereinkommens (2015), S. 95ff.도 참조. 법원행정처, 송달협약 실무편람, para. 225는 이를 '제소방지가처분'이라고 번역하나, 제소된 뒤에도 가처분을 할 수 있다.

보도에 따르면 징용사건에서 대구지법 포항지원이 법원행정처를 통하여 일본제철 소유 주식에 대한 주식압류결정문을 송달하였으나 일본 외무성은 이를 수령하고도 5개월이 넘도록 송달절차를 진행하지 않다가 반송하였는데, 그 과정에서 송달협약(제13조 제3항)에 반하여 거부사유를 명시하지 않았고 이에 대하여 우리나라에서는 국제법위반이라는 비판이 있었다고 한다.[44]

다. 송달 증명서의 송부

송달한 뒤에는 송달하였다는 취지를, 송달하지 못한 경우에는 그 이유를 명시하여 증명서를 신청인에게 송부하여야 한다(제6조). 보다 구체적으로, 송달한 뒤 수탁국의 중앙당국 또는 수탁국이 지정하는 당국은 송달협약에 부속된 양식의 형태로 증명서를 작성하는데, 증명서에는 문서가 송달되었다는 취지, 송달방식, 송달지, 송달일자 그리고 그 해당 문서를 교부받은 자를 기재하여 직접 신청인에게 송부한다. 한편 문서가 송달되지 못한 경우, 중앙당국 또는 수탁국이 지정하는 당국은 증명서에 송달되지 못한 이유를 명시하여야 한다. 증명서가 중앙당국 또는 사법당국에 의하여 작성되지 아니한 경우 신청인은 이런 당국들 중 어느 한 당국에 의하여 연서되도록(countersign) 요청할 수 있다.

2. 우리나라의 조치

송달협약 제21조는 각 체약국이 네덜란드 외무부에 통보할 사항을 열거하는데,[45] 우리 정부는 송달협약에 가입하면서 송달협약 제2조에 따라 법원행정처를 중앙당국으로 지정하였다. 그 밖에도 우리나라는 제6조에 따라 송달증명서를 작성할 기관을 지정하였으며, 송달협약 제8조, 제10조 및 제15조 제2항에 따른 선언을 하였다.[46]

---

44) 중앙일보 2019. 8. 7. 인터넷 기사 참조.

45) 구체적인 내용은 다음과 같다. ① 제2조 및 제18조에 따른 당국의 지정, ② 제6조에 의해 증명서를 작성할 권한을 가진 당국의 지정, ③ 제9조에 의해 영사관을 통해 전달되는 문서를 수령할 권한을 갖는 당국의 지정, ④ 제8조 및 제10조에 의한 발송방식의 이용에 대한 이의, ⑤ 제15조 제2항 및 제16조 제3항에 의한 선언, ⑥ 위의 지정ㆍ이의 및 선언에 대한 일체의 변경.

46) 송달협약은 조약 제1528호로서 2000. 8. 16.자 관보 제14580호에 공포되었으나, 정부가 취한 조치는 2000. 9. 21.자 관보 제14608호에 게재되었다. 그러나 그러한 조치의 주요내용을 이행법률에서 명시하는 편이 바람직하다. 법원행정처를 중앙당국으로 지정한다는 취지를 협약에 따라 네덜란드에 통지만 할 것이 아니라 우리 법률에 명시하자는 것이다. 독일 이행법

가. 송달협약 제2조에 따른 중앙당국의 지정

위에 언급한 바와 같이, 체약국은 송달요청의 수령기관인 중앙당국을 지정해야 한다. 각국은 자국법에 따라 중앙당국을 조직하므로 중앙당국은 국가에 따라 상이하다. 미국의 경우 연방법무부(Department of Justice), 일본의 경우 외무대신(The Minister for Foreign Affairs)이고,[47] 독일의 경우 각 주(Land)마다 중앙당국을 지정했는데 이는 주에 따라 다르다.[48] 우리 정부는 법원행정처(참조: 국제담당관)를 송달협약 제2조의 중앙당국으로 지정하였다. 송달업무를 관장하는 것이 법원이고, 종래 민사사법공조가 법원행정처를 통해 이루어졌음을 고려한다면 법원행정처를 중앙당국으로 지정한 것은 적절하다. 그 결과 체약국이 한국으로 하는 송달은 원칙적으로 다음과 같은 경로에 의한다.

> 외국법원 — … 외국 외무부 — 한국의 중앙당국(법원행정처) — 한국 관할법원 — 송달받을 자 (… 부분은 당해 체약국의 법제에 따라 다르다)

이를 앞(Ⅱ.1.)에 적은 송달협약 가입 전의 경로와 비교하면, "한국 주재 외국 대사·영사 — 한국 외교부"의 단계가 생략되었으므로 송달이 보다 신속히 이루어질 수 있다.

송달협약(제5조 제2항)에 의하면 중앙당국은 송달할 문서가 수탁국의 공용어로 기재되거나 번역되도록 요청할 수 있으나, 우리는 그러한 요청을 담은 일반적인 선언을 하지 않았다. 단, 요청서는 협약의 양식에 따라 영어 또는 불어로 기재되어야 하나(제7조), 요청서 자체의 국문번역은 불필요하다. 우리가 송달협약 가입시 제5조에 따라 번역을 요구하는 선언을 해야 한다는 주장이 있었음에도[49] 정부

률(제1조)은 이런 방식을 취한다. 또한 우리나라는 우편에 의한 송달(제10조 a호)을 인정하지 않는다는 취지의 선언을 하였으므로 이행법률에서 우리나라로의 우편에 의한 송달(제10조 a호)은 허용되지 않음을 명시하는 것이다. 이렇게 함으로써 수범자들이 이해하기가 편리하다.

47) 일본의 민사소송수속에 관한 조약등의 실시에 수반하는 민사소송수속의 특례 등에 관한 법률(이하 "일본 민사소송수속특례법"이라 한다) 제24조. 일본은 1970. 6. 5. 민사소송협약과 송달협약의 실시를 위한 법률로서 동법을 제정하였다.

48) 바덴뷔르템베르크는 법무부(Justizministerium)이나, 함부르크는 함부르크 구법원장(Präsident des Amtsgerichts Hamburg)이다.

49) 이태희, 776-777면; 임치용, 104면.

는 이러한 일반적인 선언을 하지 않았다. 분명한 이유는 알 수 없으나, 아마도 각 체약국이 네덜란드 정부에 통지할 사항을 규정한 송달협약 제21조가 이러한 요청을 일반적으로 선언하는 것을 명시하지 않고, 일반적 선언이 없더라도 외국의 발송기관이 자발적으로 국문번역을 첨부할 것을 기대할 수 있으며, 법원행정처는 요청서를 받은 뒤에도 국문번역을 요청할 수 있기 때문이 아닐까 짐작된다.

한편 한국 법원이 외국으로 하는 송달은 원칙적으로 다음과 같은 경로를 밟게 된다.

> 한국 법원 ― 한국 법원행정처 ― 한국 외교부 ― 체약국의 중앙당국 ― … ― 송달받을 자 (… 부분은 당해 외국의 법제에 따라 다르다)

송달협약에 가입한 후에도 외국으로의 송달은 과거처럼 외교부가 민사공조법에 따라 처리해야 한다. 다만 외교부는 과거처럼 외교경로에 의하지 않고 체약국의 중앙당국에 직접 송달하는 점에서 차이가 있다. 앞(Ⅱ. 1.)에 적은 송달협약 가입 전의 경로와 비교하면, "외국 주재 한국 대사·영사 ― 외국 외무부"의 단계가 생략된 것이다. 그러나 현재 실무는 법원행정처가 직접 처리하고 있는데 이는 아래에서 보듯이 문제가 있다.

나. 송달협약 제6조에 따른 송달증명서 작성기관의 지정

송달협약(제6조)상으로는, 수탁국의 중앙당국 또는 수탁국이 지정하는 당국은 촉탁에 따라 송달했거나 송달하지 못한 경우 송달협약에 부속된 양식에 따라 증명서를 작성하여 신청인에게 직접 발송해야 한다. 여기의 '직접'이란, 외교경로나 중앙당국을 통하지 않고 신청인(발송당국)에게 바로 보내라는 취지이나, 실무상 요청받은 국가의 중앙당국에 발송하고 중앙당국이 연서하여(countersign) 이를 발송당국에 전달하기도 한다.[50] 우리 정부는 증명서를 작성할 권한을 가진 기관으로 중앙당국 이외에 '송달을 실시할 지역을 관할하는 법원의 직원'을 지정하였다. 이는 송달을 실시하는 지역의 법원 직원이 증명서를 작성하면 충분하고 증명서의 작성을 굳이 중앙당국에 집중할 이유가 없기 때문이다. 민사공조법에 따르면 송달을 할 장소를 관할하는 제1심 법원이 송달을 하므로 그 경우 중앙당국이 아니

---

50) Handbook (Service), para. 210.

라 법원 직원이 증명서를 작성할 것이다. 증명서는 이를 작성한 법원 직원이 속하는 법원의 장이 직접 발송해야 할 것으로 보인다.

Ⅲ. 중앙당국을 통하지 아니한 송달

송달협약은 중앙당국을 통한 송달 외에도 ① 외교관 또는 영사관원에 의한 직접송달(제8조), ② 영사관원(예외적인 경우 외교관도 가능)을 통해 목적지국의 지정 당국으로 하는 간접송달(제9조), ③ 우편에 의한 송달(제10조 a호), 즉 우편경로(postal channel)에 의한 송달, ④ 사법공무원 간의 직접 송달, ⑤ 이해관계인과 목적지국 사법공무원 등 간의 직접 송달(제10조 c호), ⑥ 기타 직접적인 경로와 ⑦ 기타 체약국법이 허용하는 방식(제19조)과 같은 대체적인 송달경로를 허용한다. 이러한 설명과 달리 Handbook(Service)은 주된 경로(main channel)(중앙당국을 통한 송달), 대체적 경로(alternative channel)와 예외적 경로(derogatory channel)로 구분하면서, 제11조, 제19조, 제24조와 제25조에 따른 경로를 예외적 경로, 기타의 경로를 대체적 경로라고 분류한다.

1. 촉탁국의 외교관 또는 영사관원에 의해 송달받을 자에게 직접 하는 송달(제8조)

이것이 '외교관 또는 영사에 의한 직접송달'이다.[51] 송달협약 제8조는 "각 체약국은 강제력의 사용 없이 자국의 외교관 또는 영사관원을 통하여 직접 해외소재자에게 재판상 문서를 송달할 수 있다. 촉탁국의 국민에게 그 문서가 송달되는 경우를 제외하고 모든 국가는 자국 영역 안에서의 그러한 송달에 반대한다고 선언할 수 있다"라고 규정한다.

송달협약은, 강제력을 사용하지 않는다면, 영사파견국은 자국민에게 자유로이 직접 송달을 할 수 있음을 정한 것이다. 이는 외교관 또는 영사관원이 송달받을 자에게 직접 전달하므로(제8조. 영사관원이 하는 경우 직접 영사송달),[52] 영사관원

---

51) 이를 '영사송달'이라고 부르기도 한다. 진성규, 480면; 유영일, 83면; 임치용, 70면. 그러나 본문에 쓴 것처럼 '직접 영사경로(direct consular channel)'와 '간접 영사경로(indirect consular channel)'를 통한 송달이 있음을 유념할 필요가 있다. Handbook (Service), para. 242.

52) 여기에서 직접이라는 의미는 반드시 직접 전달해야 하는 것은 아니고 외국 당국의 개입이 없다는 취지로 이해된다. 따라서 외교관 또는 영사관원이 직접 서류를 교부할 수도 있고 우

을 통해 목적지국이 지정하는 당국에 송달하는 간접적인 송달방법(제9조. 영사관원
이 하는 경우 간접 영사송달)과는 구별된다. 그러나 자국민 이외의 자에게 하는 외
교관 또는 영사에 의한 직접송달에 대하여는 모든 국가는 이의를 제기할 수 있다.
실제로 우리 정부도 송달협약에 가입하면서 제8조 제2항에 따라 외교관 또는 영
사에 의한 직접송달에 대해 반대하는 선언을 하였다.

> 1. 협약 제8조에 따라 대한민국은 재판상 문서가 촉탁국의 국민에게 송달되는 경우를
>   제외하고는, 대한민국 영역 안에서 외교관 또는 영사를 통하여 직접 동 문서를 송
>   달하는 데 반대한다.

이는 다른 체약국이 외교관 또는 영사를 통해 한국으로 송달하는 경우 자국
민에 대해서만 이를 허용하고 한국민 또는 제3국민에 대해서는 반대한다는 취지
이다. "영사관계에 관한 비엔나협약"(이하 "비엔나영사협약"이라 한다)은 명시적으로
영사의 권한을 파견국 국민에 대한 송달에 한정하지는 않으나,[53] 접수국에 거주
하는 파견국 국민 이외의 자에 대한 파견국 영사에 의한 송달은 접수국의 동의가
없는 한 접수국 주권의 침해로서 국제관습법상 허용되지 않는 것으로 이해된
다.[54] 외교관의 경우도 마찬가지이다.

우리나라가 송달협약에 가입하기 전의 대법원 1992. 7. 14. 선고 92다2585
판결[55]도 "비엔나영사협약 제5조 제이(j)항에는 파견국 영사는 파견국 법원을 위
해 소송서류 또는 소송 이외의 서류를 송달할 수 있도록 되어 있으나, 이는 자국
민에 대해서만 가능한 것이고, 우리나라와 영사관계가 있더라도 송달을 받을 자
가 자국민이 아닌 경우에는 영사에 의한 직접실시방식을 취하지 않는 것이 국제

편에 의한 송달을 할 수도 있다. 민사공조법 제8조는 "외국에 주재하는 대한민국의 대사·공
사 또는 영사가 이 법에 의한 송달을 실시하는 경우에는 송달받을 자에게 송달서류를 직접
교부하거나 송달받을 자에 대한 배달사실을 증명할 수 있는 우편의 방법에 의하여야 한다"
라고 규정함으로써 이를 명확히 한다.
53) 비엔나영사협약 제5조 (j)항은, 영사의 권한의 하나로서 "유효한 국제협정에 의거해 또는 그
러한 국제협정이 없는 경우에는 접수국의 법령과 양립하는 기타의 방법으로, 파견국의 법원
을 위해 소송서류 또는 소송 이외의 서류를 송달하거나 또는 증거조사 의뢰서 또는 증거조
사 위임장을 집행하는 것"을 열거한다.
54) 진성규, 482면.
55) 평석은 석광현, 제1권, 356면 이하 참조.

예양56)이며, 위 협약에 가입하고 있는 국가라고 할지라도 명시적으로 위 방식에 대한 이의를 표시하고 있는 경우에는 이에 의할 수 없는 것이라고 할 것이다"라고 판시하였다. 이를 전제로 위 대법원판결은 송달협약 가입 전에도 우리나라는 민사공조법에 의해 외교관 또는 영사에 의한 직접송달에 대해 이의를 한 것이라고 보았다.

송달협약 제8조와 관련해 주목할 것은 일본과의 관계이다. 일본은 제8조에 대해 이의하지 않았으므로,57) 우리 법원은 재일한국인은 물론 일본인이나 제3국인에 대해서도 일본 주재 한국 외교관 또는 영사를 통해 직접 송달할 수 있다. 과거에는 논란이 있었으나, 동경지방재판소 1998. 2. 24. 판결에 의해 이 점이 확인되었다고 할 수 있다.58) 하지만 우리나라는 제8조에 대해 이의하였으므로, 일본 법원은 한국 내 한국인이나 제3국인에 대해서는 영사송달을 할 수 없게 되는 결과 양국 간에 불균형이 있다. 그렇더라도 우리 법원으로서는 송달협약에 따라 처리할 수 있을 것이나, 실제로는 상호주의를 이유로 한국인이 아닌 자에 대하여는 일본으로 영사송달을 하지는 않는다고 한다.59)

한편 미국 정부는 1976. 2. 3. 강제력이 따르지 않는 한 미국 내에서 외국의 외교기관원이나 영사관원이 소송서류를 송달하거나 증인신문을 함에 이의가 없음을 선언했으므로,60) 우리 법원은 미국에 대해서는 송달을 받을 자가 한국인이든 외국인이든 간에 관계없이 미국 내 한국의 외교관 또는 영사에게 촉탁해 송달을 받을 자에게 직접 송달할 수 있다.61)

---

56) 위 대법원판결이 그 근거를 국제예양에서 구하는 점은 위에 소개한 학설과 다르다.

57) 뒤(3.)에서 보듯이 일본은 제10조 a호에 대해서도 유보를 하지 않았다.

58) 일본 판례시보 1657호, 79면 참조. 유영일, 65−66면.

59) 배형원 외, 75면; 실무편람, 26면은 상호주의 원칙에 비추어 그 경우 송달을 자제하는 것이 바람직하다고 한다. 반대로 유보한 국가가 유보하지 않은 다른 체약국에 대하여 유보한 송달방법을 사용하는 문제는 Handbook (Service), para. 263 이하 참조. 외교경로를 통하여 미리 견해를 타진한 뒤에 실행한다고 한다. 증거협약 제33조는 이에 관한 명시적 규정을 둔다.

60) 반면에 미국은 자국 외교관이나 영사가 해외에서 소장송달을 하는 것을 금지하였다고 한다.

61) 국제민사사법공조규칙 제2조(촉탁의 상대방)는 "법 제5조의 경우에 송달받을 자 또는 증인신문을 받을 자가 미합중국에 거주하는 경우에는 그가 대한민국 국민이 아닌 경우에도 미합중국주재 대한민국의 대사, 공사 또는 영사에게 촉탁할 수 있다"라고 명시적으로 규정한다. 반면에 법원실무제요/민사[Ⅲ], 1965면은 수송달자가 한국인이 아닌 경우 미국에서 영사송달을 이용하는 것을 자제하고 있다고 하나, 실무상 활용하고 있다는 설명도 있어 다소 혼란스럽다. 다만 국제민사사법공조 등에 관한 예규(재일 2014−1. 2023. 11. 23. 개정되어 시행된 재판예규 제1864호) 제3조 제3항 제2호 단서에는 "미국의 경우는 번역문을 첨부하여 영

2. 영사관원을 통해 목적지국의 지정 당국으로 하는 간접적인 송달방법(제9조)

앞(1.)에서 언급한 바와 같이 영사관원이 송달받을 자에게 직접 전달하는 '영사송달'과는 달리 이는 영사관원이 목적지국의 지정당국에 송달하는 점에서 구별된다. 또한 목적지국의 외교부를 거칠 필요 없이 영사관원이 목적지국의 지정당국에 송달하므로 외교경로를 통한 송달보다 간편하다. 제9조 제2항에 의하면, 예외적인 경우에는 외교경로를 이용할 수도 있다. 제9조에 따른 영사관원을 통한 간접적인 송달방법은 과거 민사소송협약으로부터 가져온 것인데, 다만 민사소송협약상으로는 이는 원칙적 송달방법이었으나 송달협약에서는 예외적으로 허용되는 부차적 송달방법으로 격하되었다.[62]

제9조 제1항에 따라 당국을 지정한 국가도 있고, 그중에는 독일이나 일본과 같이 중앙당국을 제9조에 따른 당국으로 지정한 국가들이 다수 있으나 우리 정부는 당국을 지정하지 않았다. 그 이유는 아마도 송달협약상 원칙적인 송달방법인 중앙당국을 통하여 송달할 수 있고, 또한 아래에서 보듯이 제1항의 당국을 지정하지 않더라도 예외적인 사정이 있는 때에는 제9조 제2항에 따라 외교경로를 통한 송달도 가능하므로, 영사를 통한 간접송달을 군이 인정할 실익이 없다고 보았기 때문이 아닌가 짐작된다. 사견으로는, 제9조 제1항의 당국을 지정하지 않았더라도 별 문제 될 것은 없으나, 다양한 송달경로를 이용할 수 있도록 하고, 영사경로가 외교경로를 통한 송달보다 더 간편하다는 점을 고려한다면 중앙당국인 법원행정처를 제9조의 당국으로 지정함으로써 영사관원을 통한 간접적인 송달을 할 수 있도록 함이 좋았을 것이다.

어쨌든 한국은 제9조 제1항의 당국을 지정하지 않았으므로 외국이 한국으로 하는 영사경로를 통한 간접적인 송달은 송달협약상으로는 허용되지 않는다고 볼 것이다.

사송달을 촉탁할 수 있다"라는 규정이 있다. 또한 코로나 확산으로 인한 국제통상 우편접수가 중단되는 등 비상상황이 발생함에 따라 유연하게 대처하기 위하여 2020. 5. 27. 재판예규(재일 2014-1 제4조 제1항 후단)를 개정하여 송달협약과 양자조약에 따른 송달촉탁은 필요한 경우 영사관의 경로 또는 외교경로를 이용할 수 있도록 하였다고 한다. 법원실무제요, 민사집행[IV]-동산·채권 등 집행(2020), 248면. 현재는 법원 외부 사람들에게는 현행 규칙과 예규 등을 파악하기가 쉽지 않은데, 관련 규칙들이 일목요연하게 정리되기를 희망한다.
[62] 민사공조법상의 외교경로를 통한 간접적인 송달방법은 이 중에서 외교관을 통한 송달에 해당한다.

한 가지 의문은, 송달협약에의 가입 후에도 외국이 민사공조법에 따라 외교 경로를 통해 한국으로 송달을 할 수 있는가의 여부이다. 생각건대 조문의 체제상 제9조 제1항의 당국을 지정하지 않았더라도 제2항의 외교경로를 통한 송달은 가능하다고 볼 것이나, 한국이 송달협약에 가입한 이상 외교경로를 통한 송달은 제9 조 제2항이 정한 바와 같이 예외적인 사정이 있는 경우에 한정되어야 한다. 예외 적인 사정이란 예컨대 국가를 상대로 하는 소송에서의 송달을 생각해 볼 수 있 다.63) 따라서, 그러한 사정이 없는 때에는 외교경로를 통한 송달에 대해 우리가 협력할 의무가 있는 것은 아니라고 본다. 그러나 사법공조를 촉진하려는 차원에 서 한국이 그러한 송달에 대해 사법공조를 제공할 수 있음은 물론이다. 참고로 한 호조약(제6조)은 외교경로사용권을 명시적으로 허용한다.

3. 우편에 의한 송달(제10조 a호)

가. 협약의 취지와 우리나라의 유보선언

이는 외국에 있는 송달을 받을 자에게 재판상 또는 재판외 문서를 우편으로 직접 발송하는 방법에 의한 송달이다. 발송의 주체는 법원일 수도 있고 당사자일 수도 있다. 이는 목적지국이 그에 반대하지 않은 경우에 한한다. 송달협약 제10조 a호(우리 번역상으로는 제1호)64)는 "목적지국이 반대하지 아니하는 한 이 협약은 외 국에 소재하는 자에게 재판상 문서를 우편으로 직접 송부할 권능을 방해하지 아 니한다"라고 규정한다.

제1호는 '우편에 의한 송달(Zustellung durch die Post)' 또는 '우편경로(postal channel)에 의한 송달'을 규정한 것으로 영미법계의 송달방법을 반영한 것이다. 우 편에 의한 송달이라 함은 내국에서 완료된 송달을 단지 외국에 통지하는 것이 아 니라, 수령인이 문서를 외국에서 수령함으로써 송달이 행해지는 경우를 말한 다.65) 전자의 경우 단순한 통지이나, 후자의 경우 송달 자체를 외국에서 행하는

---

63) Günter Pfennig, Die internationale Zustellung in Zivil— und Handelssachen (1988), S. 61.
64) 송달협약의 원문은 국문번역과 달리 1, 2, 3호가 아니라 a, b, c호이다. 여기에서는 편의상 국문번역을 따른다.
65) 이를 편의상 '우편송달(Postzustellung)'이라고도 하나 양자는 구별해야 한다. 우리 민사소송 법상 '우편송달(Zustellung durch Aufgabe zur Post)'('우편에 부하는 송달' 또는 '발송송달') 은 보충송달·유치송달을 할 수 없는 경우 법원사무관 등이 하는 점에서 우편집배원이 하는 '우편에 의한 송달'과 구별된다. 우편송달의 경우 등기우편 발송 시에 송달이 완료된 것으로

것이 되어, 송달을 주권의 행사로 이해하는 입장에서는 수령국의 동의가 없는 한 수령국의 주권침해가 된다.66) 즉 우편에 의한 송달을 허용한다면, 중앙당국을 두어 그로 하여금 외국의 부적법한 송달요청에 대해 통제할 수 있도록 한 취지가 몰각될 수 있으므로 이를 제한하는 것이다. 우편에 의한 송달의 주체는 외국의 법원일 수도 있고 당사자일 수도 있다.67) 그러나 우편에 의한 송달을 허용하는 것이 다수 체약국의 입장이고, 1977년 헤이그국제사법회의 특별위원회는 우편에 의한 송달은 목적지국의 주권침해가 아니라는 견해를 취한 바 있다.68) 하지만 우리나라는 우편에 의한 송달(제10조 a호)을 인정하지 않는다는 취지의 선언을 하였다.

송달협약은 우편경로에 의한 송달이 어떻게 이루어지는지는 규정하지 않는데, 이는 '국제우편기구에 관한 협약(Conventions of the Universal Postal Union)'에서 정한 편지(letter post), 배달증명이 있는 메일(certified mail)과 등기우편(regis-tered deliveries)을 포함한다. 반면에 사적 택배가 이에 포함되는지는 논란이 있다.69) 이메일과 팩스에 관하여는 아래에서 논의한다.

과거에는 특히 미국 법원 또는 원고(또는 그의 소송대리인)가 하는 우편에 의한 송달의 효력이 문제 되었으나, 한국이 송달협약에 가입하면서 일본과 달리 송달협약 제10조 a호의 우편에 의한 송달에 대해 명백히 이의하였으므로 한국으로 송달하는 경우 우편에 의한 송달은 허용되지 않는다.

다만, 송달협약은 해외로 송달하는 모든 경우에 적용되지만70) 해외로 송달이

본다(제189조). 그러나 흑연전극봉 사건의 대법원 2006. 3. 24. 선고 2004두11275 판결은 우편에 의한 송달을 '우편송달'이라 하였고 대법원 2006. 3. 24. 선고 2003두11148 판결과 대법원 1993. 12. 28. 선고 93누20535 판결 등도 동일하나 이는 부정확하다. 우편에 의한 송달에는 Fedex, DHL 등 사설우편기관(private courier service)을 통한 송달도 포함되는 것으로 본다. Handbook (Service), para. 254; 배형원 외, 58면. 다만 아동탈취사건에서 DHL에 의한 송달을 여기의 우편에 의한 송달에 포함되지 않는다고 판시한 1995년 뉴욕주 법원의 판결도 있는데, Handbook (Service), para. 253은 이를 소개하면서 근거가 없다고 비판한다.

66) Pfennig(註 63), S. 65-66.
67) 당사자가 하는 경우가 '사적 송달' 또는 '사인송달'이다. 사적 송달은 당사자(또는 소송대리인)가 직접 또는 전문송달업체 또는 송달받을 자가 있는 국가의 변호사 등을 통해 상대방에게 소송서류를 송달하는 것이다. 사적 송달 중 우편 경로를 통해 송달이 이루어지면 이는 사적 송달이면서 우편에 의한 송달이 된다. 당사자가 우편에 의한 송달을 하는 것은 목적국의 주권침해가 아니라는 견해도 있으나 이를 불문한다. Christa Pfeil-Kammer, Deutsch-amerikanischer Rechtshilfeverkehr in Zivilsachen (1987), S. 123-124.
68) Handbook (Service), para. 205.
69) Handbook (Service), para. 253 이하 참조.

요구되는지의 여부는 법정지법에 따라 결정되므로, 미국 연방대법원의 1988년 Volkswagenwerk v. Schlunk 사건 판결71)에서 본 것처럼 일정한 요건이 구비되는 경우, 미국 법원이 한국기업에 송달하는 대신 한국기업의 미국 자회사를 한국기업의 비자발적 대리인(involuntary agent)72)으로 보아 송달해 버리고 해외로 송달이 요구되지 않는다고 판단할 가능성은 여전히 있다. 이런 맥락에서 미국 회사가 단순히 자회사라는 것만으로는 부족하고 그것을 넘어서는 충분한 연계가 있는 경우에만 자회사에 대한 송달을 모회사에 대한 송달로 볼 수 있다는 취지의 견해도 있으나 미국 법원의 판례는 나뉘어 있다.73)

Volkswagenwerk 사건에서 자동차 사고로 부모를 잃은 Schlunk는 독일 법인인 Volkswagenwerk Aktiengesellschaft (VWA)의 미국 자회사(VWoA)와 독일 모회사를 상대로 일리노이주법원에 소를 제기하였다. Schlunk는 독일 모회사에게 송달협약에 따라 송달하는 대신 자회사를 모회사의 비자발적 대리인으로 보고 그에게 송달하였다. 이 사건에서 ① 과연 이러한 송달을 모회사에 대한 송달로 볼 수 있는가와 ② 그 송달이 송달협약에 부합하는지의 여부가 다투어졌다. 이에 대해 미국 연방대법원은 위 송달이 일리노이주법과 연방헌법의 적법절차조항에 부합하는 것이라고 하고, 그 경우 송달이 미국 내에서 행해졌으므로 송달협약 제1조에 따라 외국으로의 송달에 적용되는 송달협약은 적용되지 않는다고 판시하였다. 대법관은 모두 이런 결론을 지지하였다. 다만, 다수의견은 송달협약 제1조에서 정한 해외송달에 해당하는지는 법정지법에 따라 판단할 사항이라고 본 데 반하여, 소수의견(엄밀하게는 별개의견(concur-ring opinion))은 협약으로부터 도출되는 실질적 기준(substantive standard)인 적법절차의 요청에 따라 적시에 도달할 수 있는지 여부에 따라 판단하여야 하는데, 위 사건에서는 그 기준에 의하여도 '국내에서의 송달'이 되는 경우이므로 협약이 적용되지 않는다고 보았다. 위 판결은 조약의 해석에 관한 미국 연방대법원의 태도를 보여주는 판

---

70) 송달협약 제1조 제1항. 송달받을 외국인이 국내에 주소 또는 근무장소가 없더라도 그가 잠시 국내에 체류한다면 그에게 송달할 수 있는데(민사소송법 제183조 제3항) 이는 국내송달이다. 다만 우리 법상으로는 영미에서와 달리 이런 송달이 국제재판관할의 근거가 되지는 않는다.

71) 486 U.S. 694 (1988). 소개와 코멘트는 Handbook (Service), para. 44 이하; Born/Rutledge, p. 884 이하; 유영일, 109면 이하; 임치용, 83면 이하; 양병회, "국제사법공조로서의 외국송달에 관한 소고", 민사소송 제3권(2000), 234면 이하 참조.

72) 국제금융거래에서는 당사자가 미리 송달대리인(agent for service of process)을 지정하는 경우가 많다.

73) Handbook (Service), para. 45는 그런 취지의 판결로 Chung v. Tarom, S.A., *et al.* 판결 (990 F. Supp. (N.D. Ill, 1998), 581)을 소개한다.

결로서 의미가 있다. 다수의견과 별개의견은 모두 조약의 협상과정 또는 입법사를 조약 해석에 도입하였으나, 별개의견은 다수의견과 달리 미국 내 입법과정에 관한 상원의 자료도 조약의 해석자료로 삼았다.

우편에 의한 송달과 관련하여 검토할 사항은, 현행법상 우리 법원이 제10조 a호에 대해 이의하지 않은 국가(예컨대 미국과 일본)로[74] 우편에 의한 송달을 할 수 있는가이다. 생각건대, 현행법상 우편에 의한 송달의 실시기관은 우편집배원이므로(민사소송법 제176조 제2항) 외국으로 송달을 하면서 송달사실을 증명할 수 있는 송달방법(예컨대 국제등기우편)을 사용할 수 있다면 이를 불가능하다고 볼 이유는 없지 않을까 생각된다.[75] 참고로 독일의 유력설은 국제법상 이를 가능하다고 본다.[76]

그러나 이에 대하여는 첫째, 현행 민사소송법 제191조는 외국에서 하는 송달은 촉탁에 의하도록 규정하고 있으므로 직접 우편에 의한 송달은 허용되지 않고,[77] 둘째, 송달협약 체약국 간에도 유보를 한 국가(예컨대 우리나라)가 상대국(예

---

74) 일본은 제10조 a호에 대해 유보를 하지 않았는데, 일본의 입장과 관련해 제10조 a호가 적법한 송달의 경로를 정한 것인가에 관해 논란이 있었고 미국 법원의 판결도 나뉘었던바, 일본은 1989년 특별위원회 회의에서 a호에 대해 이의를 하지 않은 것은 우편에 의한 송달이 일본의 주권침해로 간주되지 않음을 의미하는 것일 뿐이고, 그러한 송달이 일본에 거주하는 사람에게 우편에 의하여 한 송달이 일본 내에서 유효하다(valid)는 것을 의미하는 것은 아니라는 입장을 밝혔다. Handbook (Service), para. 269; 유영일, 97-104면; 임치용, 101-104면 참조.

75) 진성규, 479면은 부정적이나, 유영일, 119면은 장래의 연구과제라고만 한다. 또한, 이와는 별개의 문제로 당사자가 우편에 의한 송달을 하는 것은 현행 민사소송법은 직권송달주의를 취하므로 이는 허용되지 않으나, 장기적으로는 허용하는 방안도 고려할 필요가 있다. 이 점은 이태희, 783면; 유영일, 118면도 동지. 본문에서 등기우편이라는 것은 우편송달의 방법을 말하는 것이 아니라, 수령사실을 증명할 수 있는 수단을 말하기 위한 것이다.

76) Geimer, Rz. 2084ff; Schack, Rn. 735. 다만 다수설은 이것이 국제법상 허용되지 않는다고 보는데, 송달협약과 증거협약의 시행을 위한 독일 시행법률이 이를 금지하므로 허용되지 않는다고 한다. Geimer, Rz. 2085.

77) 배형원 외, 76-77면. 외국으로의 우편에 의한 송달이 적법한가는 일차적으로 법정지법이 결정할 사항이라는 지적은 타당하다. Handbook (Service), para. 257 이하와 Fn. 348 참조. 그러나 아래 소개하는 흑연전극봉 사건에서 공정거래위원회는 우편에 의한 송달을 하였는데, 이는 당해 사건에 준용되는 행정절차법과 공정거래위원회의 내부규정인 '외국사업자의 공정거래법 위반행위에 대한 조사 및 처리지침'에 근거가 있었기 때문으로 짐작된다. 이에 대한 비판은 석광현, 제5권, 173면 이하 참조. 서울고등법원 2015. 3. 24. 선고 2013나2012912 판결은, 미국에서 한국으로 국제 택배 운송업체를 통하여 한 송달은 소송대리인이 중앙당국을 통하지 않고 직접 또는 전문송달업체 등을 이용하여 수취인에게 전달한 것으로

컨대 일본 또는 미국)이 유보를 하지 않았다는 이유로 우편에 의한 송달을 하는 것
은 상호주의에 반한다는 이유로 허용되지 않는다는 견해도 유력하다.[78] 우리 실
무도 이러한 상호주의라는 법정책적 관점에서 우편에 의한 송달에 의하지 않고
중앙당국을 통한 송달방법을 이용하고 있다고 한다.[79] 어쨌든 우리 법상 우편에
의한 송달이 허용되지 않는다면 이를 가능하도록 민사소송법을 개정하는 방안을
고려할 필요가 있다.[80]

　　우편에 의한 송달에 관하여는 특히 미국 법원에서 다양한 판결들이 나왔는데
이는 세 개의 유형으로 구분된다. 첫째, 우편에 의한 송달을 허용하지 않는 태도
(Bankston line), 둘째, 연방민사소송규칙 Rule 4(f)(2)(C)[81]를 충족하는 경우에만

서 사적 송달임과 동시에 우편에 의한 송달이라 할 것인바, 대한민국이 송달협약에 가입하
면서 우편에 의한 송달에 대하여 명시적으로 이의를 제기하였으므로 이 사건 미국 소송에서
피고들에게 위와 같이 송달을 한 것은 위 헤이그 협약 내용을 위반하여 민사소송법 제217조
제2호에서 정하고 있는 적법한 송달이라고 볼 수 없어 승인요건으로서 송달요건을 구비하지
못한다고 판시한 바 있다.

78) 배형원 외, 75면 이하. 이는 형평과 전통 국제법이론에 근거한 것이다. Handbook (Service),
para. 265 및 Fn. 366에 인용된 문헌 참조. 그러나 송달협약의 실무는 국가에 따라 다른데,
비유보국들이 유보국들에 대해 상호주의를 주장하지는 않는다고 한다. 2003년 10－11월 개
최된 아포스티유협약, 증거협약과 송달협약의 실제운용에 관한 특별위원회가 채택한 결론
및 권고, No. 79. 특별위원회는 이에 관한 통일적 기준을 정립할 필요가 있음을 지적하였다.
유보한 국가가 유보하지 않은 국가로 송달하는 경우와 반대의 경우를 검토할 필요가 있다.
이 문제는 "조약법에 관한 비엔나협약" 제21조가 정한 유보의 효과와 관련하여 논의되는데,
그에 따르면 상호주의를 적용하는 것이 설득력이 있다. 정인섭, 280면 참조. 그러나
Geimer, Rz. 418과 Schack, Rn. 735는 우편에 의한 송달이 가능하다고 본다. 다만 후자는
그것을 신뢰하는 것은 위험하다고 한다. 이에 관하여 Handbook (Service), para. 266은 슬
로바키아의 실무를 소개하는데, 슬로바키아는 우편에 의한 송달에 대하여 유보를 하였으나
송달을 하기 전에 외교경로를 통하여 상호주의의 적용 여부에 관하여 상대방 국가의 입장을
타진한다고 한다.

79) 실무편람(2006), 32면. 김홍엽, 506면은 상호주의 원칙에서 상대방이 유보한 송달방식은 자
제하는 것이 바람직하다고 한다. 그러나 상호주의를 이렇게 이해하면 비록 미국이 자국 내
에서 우리나라의 대사, 공사 또는 영사가 증거조사를 하는 데 대해 이의를 하지 않겠다고
선언하였더라도 이를 허용하지 않는 우리로서는 그에 의할 수 없게 된다.

80) 송달개혁법에 의하여 2002. 7. 1. 개정된 독일 민사소송법(제175조와 제183조 제1항)은 수취
증명이 있는 등기우편에 의한 외국으로의 송달을 명시한다. 즉 유럽송달규정 제14조 제1항
에 따르면 유럽연합 회원국(덴마크는 제외) 내에서는 법원의 서류를 우편으로 직접 발송할
수 있다. 소개는 김상훈, "독일의 개혁송달법", 민사소송 제10권 제2호(2006. 11.), 209면 이
하 참조.

81) 이는 아래를 말한다.
　(C) 외국법에 의하여 금지되지 않는 한

우편에 의한 송달을 허용하는 태도(Brockmeyer에서 적용된 바의 Ackermann line)와, 셋째 연방민사소송규칙 Rule 4(f)(2)(C)의 충족 여부에 관계없이 우편에 의한 송달을 허용하는 태도(Papir에서 적용된 바의 Ackermann line)가 그것이라고 한다.[82]

국제 전자송달의 문제. 이메일에 의한 교신과 우체국 또는 다양한 택배업체를 통한 국제우편이 활발하게 이루어지고 있는 현실에서 법원의 송달에 대해서만 중앙당국경로를 고집하는 것은 어리석다. 우리도 이메일 또는 전자적 수단 기타 현대적 통신수단(이를 "전자송달(e-service)"이라 할 수 있다)에 의한 국제적 송달을 할 수 있도록 할 필요가 있다.[83] 이것이 '국제 전자송달'의 문제이다.[84] 송달협약 상으로는 중앙당국을 통하지 않은 송달의 경우 '기능적 등가성 접근방법(functional equivalence approach)'에 따라 제10조 a호가 정한 우편에 의한 송달은 우편기관이 송부하는 경우 이메일이나 팩스와 같은 정보기술을 포함할 수 있다고 해석되나, 어느 정도의 보안요건을 충족할 것이 전제된다. 통상의 이메일, 또한 social net-working sites, 전자게시판(message board)과 문자(text message) 등이 이에 포함되는지는 논란이 있다.

　　(i) 소환장 및 소장 사본을 개인에게 직접 교부하는 방법
　　(ii) 송달을 받을 당사자를 수취인으로 하여 법원서기가 발송한 서명된 수령증을 요하는 형태의 우편.

82) 상세는 Handbook (Service), paras. 270-282 참조.

83) 국내소송에서 전화 등을 이용한 송달방법을 정한 민사소송규칙 제46조 제1항은 변호사인 소송대리인에 대한 송달은 법원사무관 등이 전화·팩시밀리·전자우편 또는 휴대전화 문자전송을 이용하여 할 수 있다고 규정한다. 나아가 국내의 전자송달은 송달 받을 자가 전자소송 동의를 하거나 전자소송의무자인 경우 송달할 전자문서를 전자소송시스템에 등재하고 그 사실을 이메일로 보내고, 휴대전화번호로 문자메시지를 보내는 방식에 의하는데(민사소송 등에서의 전자문서 이용 등에 관한 법률 제11조, 민사소송 등에서의 전자문서 이용 등에 관한 규칙 제26조 제1항), 이는 이메일에 의하여 직접 재판상 문서를 송달하는 것이 아니라 전자소송시스템에의 등재사실을 이메일에 의하여 통지할 뿐이다. 사법정책연구원, 국제전자송달, 131면 이하. 따라서 재판상 문서를 송달할 수 있도록 정비할 필요가 있다는 것이다.

84) 국제 전자송달에 관하여는 사법정책연구원, 국제전자송달; 김효정, "이메일에 의한 국제송달의 도입방안", 인권과정의 제514호(2023. 6.), 90면 이하 참조. Handbook (Service), Annex 8 (송달협약 운영에서의 정보 기술의 활용) 참조. 헤이그국제사법회의 상설사무국의 2022년 설문 조사에서는 이메일 송달이 우편경로에 의한 송달에 포함되지 않는다는 견해가 많았으나 2024년 특별위원회에서는 이메일 송달을 우편송달에 포함하여 해석할 수 있다는 의견이 지배적이었기에 2024년 특별위원회는 촉탁국 법이 이메일에 의한 송달을 규정하고 목적지국이 이를 허용하는 경우 제10조 a호는 이메일에 의한 전달과 송달을 포함한다는 결의를 채택하였다. 결의 No. 105. 이정아, 9면은 이를 소개한다.

정보기술을 통한 송달은 기능적으로 우편에 의한 송달에 상응하므로 우편에 의한 송달에 이의하지 않은 국가들에서 사용할 수 있으나 우리나라의 경우에는 이를 이용하지 못하므로 우리도 유보를 완화할 필요가 있다. 송달협약상 우편에 의한 송달에 대하여 우리가 한 바와 같은 전면적 이의가 아니라 예컨대 영수증이 첨부된 등기우편은 허용하는 식의 조건부 이의로 전환하는 편이 바람직하다.85) 국제전자송달을 가능하게 하자면 송달협약상의 유보완화만으로 충분한 것은 아니고 이와 병행하여 국내법적 근거를 정비할 필요가 있다.86)

나. 흑연전극봉 사건에 관한 대법원판결의 태도

흥미로운 것은, 구 독점규제 및 공정거래법을 역외적용한 흑연전극봉 사건에서 대법원 2006. 3. 24. 선고 2004두11275 판결이 취한 태도이다.87) 이는 흑연전극봉을 생산하는 미국, 독일 및 일본의 업체들이 런던에서 최고책임자급 회합을 개최하여 세계시장에서 흑연전극봉 가격인상 등을 위한 공동행위의 기본원칙에 합의하였고, 그 후 1992년 5월부터 1998년 2월까지 외국에서 한국시장을 포함한 세계시장을 대상으로 하여 흑연전극봉의 가격을 결정, 유지하기로 합의하였으며, 그러한 합의를 실행함으로써 흑연전극봉의 조달을 전량 수입에 의존하고 있던 한국 수입업체들에게 손해를 끼친 사건이다. 이 사건에서 공정거래위원회는 일본 회사에 대하여 공시송달과 함께 우편에 의한 송달을 하였다. 공정거래사건이 송달협약의 민사 또는 상사에 포함되는가는 논란이 있지만 우리로서는 긍정하기가 어려울 것이다. 송달협약의 발효 후에 절차가 개시된 이 사건에서 공정거래위원회의 처리도 이 사건이 송달협약의 민사 또는 형사에 포함되지 않음을 전제로 한 것으로 생각된다.

위 사건은 구 공정거래법의 역외적용과 관련하여 많은 논란이 있었던 사건인데, 공정거래위원회의 적법한 송달이 있었는지도 쟁점이 되었다.

---

85) 상세는 사법정책연구원, 국제전자송달, 129면 이하도 동지.

86) 사법정책연구원, 국제전자송달, 128면 이하는 국제적 전사송달을 위하여 필요한 우리나라의 법적 조치를 제안하는데, 송달협약상 우편에 의한 송달에 대한 이의를 전면적 이의 대신 조건부 이의로 전환하는 것 외에, 양자조약의 개정 및 양해각서의 체결, 민사소송법/민사공조법/민사소송 등에서의 전자문서 이용 등에 관한 법률(민소전자문서법)의 개정과 이메일에 의한 국내송달의 도입을 언급한다.

87) 평석은 석광현, "독점규제 및 공정거래에 관한 법률의 域外適用", 서울지방변호사회 판례연구 제21집(2)(2007. 12.), 9면 이하; 석광현, 제5권, 155면 이하 참조.

원심판결은 ① 외국사업자에게 부작위 및 금전지불의무를 부과하고 불이행 시 형벌이나 강제처분이 수반되는 의결서 통지와 같은 일방적 통지는 외국의 주권을 침해하거나 국제예양에 반하는 점, ② 우리나라는 송달협약(제10조 a호)이 정한 우편에 의한 송달을 불허하며 민사공조법에서도 이를 허용하지 않는 점, ③ 일본도 위의 서류를 등기우편으로 직접 통지하는 것을 허용한다고 인정할 자료가 없는 점 등에 비추어 볼 때 피고의 등기우편에 의한 통지는 효력을 인정하기 어렵다고 보았다. 반면에 대법원판결은 구 공정거래법 제55조의2와 운영규칙 제3조 제2항에 의하여 준용되는 구 행정절차법 제14조 제1항을 근거로 우편에 의한 송달을 적법하다고 보았다. 즉 직권송달주의를 취하는 우리나라에서는 종래 민사사건에서의 송달을 주권의 행사로 보아 우리 법원이 외국 당사자에게 우편에 의한 송달을 하는 것은 외국 주권의 침해로 보아 왔는데, 행정사건인 위 사건에서 대법원판결이 우리 국내법의 규정을 근거로 외국에 우편에 의한 송달을 할 수 있다고 보았다는 것이다.

그러나 이 점은 의외이다. 우리나라의 종래의 태도에 따르면, 준사법기관인 공정거래위원회가 외국사업자에게 시정 및 과징금의 납부를 명하고 그 불이행 시 형벌이나 체납처분과 같은 강제처분이 수반되는 의결서를 통지하는 것은 주권의 행사로서 법원의 송달에 준하는 것이므로 이를 우편에 의하여 송달하는 것은 외국의 주권을 침해하는 것으로서 부적법하다.[88] 위 사건에서 일본 정부는 우리 공정거래법의 섭외적 적용 및 송달의 적법성과 관련하여 이의를 제기하는 외교적

[88] 그러나 조세사건에서는 송달을 받을 자의 주소(또는 영업소)가 국외에 있는 경우, 세무당국은 우선 우편에 의한 송달을 통하여 외국으로 납세고지서를 송달하고, 그러한 송달이 이루어지지 않으면 국세기본법 제11조의 사유, 즉 송달하기 곤란한 경우로 보아 공시송달을 한다. 예컨대 대법원 1993. 12. 28. 선고 93누20535 판결은, 피고(여의도세무서장)는 원고 회사가 한국지점의 폐업신고를 하고 한국지점의 청산등기까지 마친 다음 본점 소재지인 프랑스로 완전히 철수하여 원고 회사의 주소 또는 영업소가 프랑스에 있는 사실과 원고 회사의 등기부상의 본점 소재지를 알고 있었음에도 불구하고 우편송달 등에 의한 방법으로 프랑스에 있는 본점의 소재지에 이 사건 납세고지서를 송달하여 보지도 아니한 채, 원고 회사가 국내에 납세관리인을 두지 아니하였다는 이유만으로 곧바로 1991. 3. 8.자로 국세기본법 제11조의 규정에 의하여 원고 회사에 대한 납세고지서를 공시송달하였으므로, 이 사건 과세처분은 납세의무자인 원고 회사에게 적법한 납세고지서의 송달이 없이 이루어진 것이라는 취지로 판단하였는바, … 원심판단은 정당하다는 취지로 판시하였다. 이처럼 조세사건에서는 우편에 의한 송달이 별 문제 없이 이용되고 있는 것으로 보인다. 조세사건에서 해외송달은 김병일, "체납처분에 있어서 국외송달문제", 조세법연구 제15권 제3호(2009), 93면 이하 참조.

항의문서를 우리 외교부(당시 외교통상부)를 거쳐 공정거래위원회에 제출하였다고 한다.[89]

앞으로 우리 대법원이 우편에 의한 송달에 대해 어떤 태도를 취할지 무척 궁금하다.

흥미로운 것은 중국이 송달협약 제10조 a호에 따른 우편 경로를 사용한 송달에 유보선언을 하였음에도 불구하고 미국 회사와 중국 회사가 우편으로 송달받기로 합의한 경우 미국 회사가 중국 회사에 대하여 한 우편에 의한 송달이 유효한가의 문제이다. 이를 긍정한 미국의 Rockefeller 사건 판결을 계기로 이 논점이 주목을 받기 시작하였다고 한다. 당사자들의 합의로써 송달협약의 적용을 배제할 수 없으므로 이는 적법한 송달이 아니다. 그 경우 피고인 중국 회사가 실제로 송달을 받아 방어권 행사에 지장이 없었다면 송달 하자의 치유를 인정할 여지가 있으나 그렇더라도 주권침해의 경우에까지 하자의 치유를 인정하기는 어렵다고 본다.[90] 또한 송달 받는 것을 사전적으로 포기하는 것은 허용되지 않는다고 본다.

---

89) 장준혁, "흑연전극봉 카르텔 사건에서의 저촉법적 논점의 검토", 국제사법연구 제8호(2003. 8.), 456면. 다만 2027. 2. 7. 시행 예정인 공정거래법(제98조의3)은 국외에 주소·영업소 또는 사무소를 두고 있는 사업자 또는 사업자단체에 대해서는 국내에 대리인을 지정하도록 하여 그 대리인에게 송달한다고 명시한다.

90) 캘리포니아주 대법원 판결(Rockefeller Technology Investments (Asia) v. Changzhou Sinotype Technology Co., Ltd)은 위 사건은 공식적 송달에 해당하지 않고 단순한 통지(mere notice)이므로 송달협약의 적용대상이 되지 않고 따라서 당사자들의 합의에 의하여 우편에 의한 송달을 한 경우 그 송달이 유효하다고 보았다. 이는 당초 중재사건이었는데 중국 회사가 다투지 않아 중재에서 이긴 미국 회사가 미국 캘리포니아주 법원에 중재판정의 확인명령을 구하였고, 그 과정에서도 우편에 의한 송달이 이루어졌으며 결석판결이 선고되었다. 중국 회사는 송달절차의 부적법을 이유로 결석판결의 취소를 구하는 소를 제기하였다. 중국 정부는 캘리포니아주 법원의 판결 선고 전 미국 법무부에 중국의 유보선언을 무시하는 송달의 효력을 인정해서는 아니 되고 미국 법원에서 이를 인정한다면 중국에서 승인·집행될 수 없을 것이라는 취지의 공식서한을 법원에 제출하였다고 한다. 소개는 이정아, 18면 이하 참조. 2024년 개최된 특별위원회의 결의는 송달에 관한 사적 합의는 공식적인 송달의 포기라고 보는 국가가 있음을 주목하고 위 판결의 당부에 대하여는 결론을 내리지는 않은 채 '당사자들의 합의가 송달협약 제15조, 16조에 따른 피고 보호나 판결의 승인·집행에 부정적 영향을 미칠 수 있고, 체약국의 유보선언과 관련하여 위 합의의 유효성이 문제될 수 있다"라는 취지의 결의를 채택한 바 있다. 결론 및 권고는 No 111. 이정아, 16면 이하 참조. 이 쟁점에 관한 논의는 Jie (Jeanne) Huang, Can Private Parties Contract Out Of the Hague Service Convention?, Journal of Private International Law, Vol. 20 (2024), p. 342 이하: Thomas G. Vanderbeek, What's in the Contract?: Rockefeller, the Hague Service Convention, and Serving Process Abroad, 76 Vanderbilt Law Review 643 (2023); John F.

4. 촉탁국의 사법공무원 기타 권한 있는 자가 목적지국의 사법공무원 기타 권한 있는 자에게 직접 하는 송달(제10조 b호)

사법공무원 간의 직접 송달은 가장 이상적인 국제사법공조방식이라고 할 수 있다.[91] 송달협약 제10조의 제2호와 제3호는 모두 목적지국의 사법공무원·관리 또는 기타 권한 있는 자를 통해 재판상 문서를 직접 송달하는 방법을 허용하나, 양자는 송달하는 자에 차이가 있다. 즉, 제2호는 '촉탁국의 사법공무원·관리 또는 기타 권한 있는 자'에 의한 송달을, 제3호는 '재판절차의 모든 이해관계인'에 의한 송달을 규정한 것이다. 제2호가 실제로 의미를 가지는 것은 프랑스법계국가에서 널리 이용되는 'huissier' 간의 직접적 송달의 경우이다.[92]

문제는 기타 권한 있는 자에 당사자 또는 그의 소송대리인이 포함되는가의 여부인데, 만일 이를 허용한다면 사적인 송달을 허용하는 결과로 되어 부당하므로 부정설을 취하는 견해도 있으나 영국과 미국에서는 영국의 사무변호사 (solicitor)는 그에 포함된다고 본다.[93]

5. 이해관계인이 목적지국의 사법공무원 기타 권한 있는 자에게 직접 하는 송달 (제10조 c호)

이는 목적지국이 그에 반대하지 않은 경우에 한한다. 우리나라는 이해관계인 (이는 당사자를 포함한다)과 사법공무원 간의 송달을 인정하지 않는다는 취지의 선언을 하였다.

6. 그 밖의 직접적인 경로와 체약국 법이 허용하는 그 밖의 방식에 의한 송달

체약국들은 별도의 약정으로 그 밖의 직접적인 경로를 사용할 수 있다(제11조). 실제로 북유럽국가들은 1974년 법원 간의 직접적인 경로를 허용하는 법률공

Coyle/Robin J. Efforn/Maggie Gardner, Contracting Around the Hague Service Convention, 53 UC Davis Law Review 53 (2019) 참조.

91) 진성규, 477면; 유영일, 81면.

92) Handbook (Service), 2nd edition, p. 45. 프랑스의 huissier는 우리 법상의 집행관의 모형으로 이것이 독일법에 계수되어 Gerichtsvollzieher가 되고 일본을 통해 우리에게 계수된 것이라고 한다. 이시윤, 집행법, 49면.

93) Handbook (Service), para. 130. 부정설은 임치용, 69면.

조에 관한 노르딕협약을 체결한 바 있다.[94] 또한 체약국의 법이 허용하는 그 밖의 방식에 의한 송달도 허용된다(제19조). 이는 보다 자유로운 방식에 의한 송달을 가능하게 하려는 미국의 요청에 의해 삽입된 조항이다.[95]

7. 중앙당국을 통하지 아니한 송달에 대한 우리 정부의 이의

우리 정부는 송달협약에 가입하면서 다음과 같이 제8조와 제10조에 따른 선언을 함으로써 제8조의 외교관 또는 영사에 의한 자국민 이외의 자에 대한 직접송달과, 제10조에 규정된 모든 간이한 송달방법에 대해 이의하였다.[96]

---

1. 협약 제8조에 따라 대한민국은 재판상 문서가 촉탁국의 국민에게 송달되는 경우를 제외하고는, 대한민국 영역 안에서 외교관 또는 영사를 통하여 직접 동 문서를 송달하는 데 반대한다.
2. 협약 제10조에 따라 대한민국은 다음 각목을 인정하지 아니한다.
   가. 외국에 소재하는 자에게 재판상 문서를 우편으로 직접 송부할 권능
   나. 촉탁국의 사법공무원, 관리 또는 기타 권한 있는 자가 목적지국(目的地國)의 사법공무원, 관리 또는 기타 권한 있는 자를 통하여 재판상 문서를 직접 송달할 권능
   다. 재판절차의 모든 이해관계인이 목적지국의 사법공무원, 관리 또는 기타 권한 있는 자를 통하여 재판상 문서를 직접 송달할 권능

송달협약 제8조와 제10조에 따른 이의 선언은, 다자조약에 의해 간이한 송달방법을 광범위하게 허용하는 데 대한 거부감에서 비롯된 것으로, 한국 내에서 외국으로부터의 송달을 받을 자, 특히 한국민을 보호한다는 차원에서는 일단 긍정적으로 평가할 수 있다.[97] 그러나 간이한 송달방법을 전면 배제한 점은 전향적이지 못하다. 특히 오늘날 해외송달은 국가주권의 행사라는 측면보다는 피고의 방어권을 보장하기 위해 충분한 시간적 여유를 가지고 소송서류의 내용을 현실적으

---

94) Handbook (Service), para. 299. 근거는 1974 Nordic Convention on Mutual Assistance in Judicial Matters between Denmark, Finland, Iceland, Norway and Sweden이다.
95) 임치용, 79-80면.
96) 실무편람, 32면 註 11은 영사송달방식은 2-3개월, 중앙당국을 통한 간접송달방식은 3-4개월, 외교경로를 통한 간접송달방식은 6개월에서 1년이 넘게 소요된다고 한다. 국가별 송달 소요기간은 실무편람(2006), 41면 이하 참조.
97) 민사공조법이 제정되기 전의 글인 이태희, 777-778면은 이러한 입장을 취한다.

로 알 수 있도록 하는 것, 즉 '현실의 고지(actual notice)'를 보장하기 위한 것임을 고려한다면 간이한 송달방법 전체에 대한 이의는 너무 엄격하다. 따라서 우선은 양자조약을 통해 간이한 송달을 가능하게 해야 할 것이다. 예컨대 일본과의 관계에서 송달협약상으로는 우리는 영사송달을 할 수 있는 데 반해 일본은 이를 할 수 없으나(실무상으로는 우리도 하지 않지만), 양자조약을 통해 영사송달을 가능케 하는 것이 하나의 예이다.

그리고 국제 전자송달에 관한 위의 논의에서 언급한 것처럼 전자송달을 가능하게 하기 위해서라도 우편에 의한 송달에 대한 유보를 완화할 필요가 있다.

8. 현대기술의 이용

송달협약은 1965년에 채택된 것이라 팩스와 이메일과 같은 현대적 통신수단을 언급하지 않는다. 따라서 송달협약상 이런 통신수단의 사용이 허용되는지가 문제 된다. 이를 다루기 위하여 헤이그국제사법회의는 제네바대학과 공동으로 1999년 9월 Round Table을 개최하였다. 제5위원회는 이를 논의하고 보고서[98]를 공표하였다. 나아가 2003년 개최된 특별위원회는 이 문제를 검토하고 송달협약이 그러한 기술의 사용에 장애가 되지 않는다는 결론을 채택하였는데, 중요한 것은 '기능적 등가성(functional equivalence)'이었다. 특별위원회의 의견은 일정한 보안요건이 충족되면 송달협약을 개정하지 않고도 새로운 기술을 이용할 수 있다는 것이었다.[99] 참고로 전화 등을 이용한 송달방법을 정한 민사소송규칙 제46조 제1항은, 변호사인 소송대리인에 대한 송달은 법원사무관등이 전화·팩시밀리·전자우편 또는 휴대전화 문자전송을 이용하여 할 수 있다고 규정한다. 국제 전자송달에 대하여 더 관심을 가져야 함은 위에서 언급하였다.

IV. 피고의 보호를 위한 안전장치

송달협약은 소가 제기되었음을 피고에게 통지하는 것을 목적으로 하므로 원고를 위하여 소송의 진행을 가능하게 한다. 즉 송달협약은 신속한 해외송달을 가

---

98) 보고서는 헤이그국제사법회의 일반업무 및 정책에 관한 2000년 4월 특별위원회를 위한 예비문서 번호 7에 포함되어 있다. Handbook (Service), Annex 8 참조.
99) 2009년 특별위원회의 결의도 참조. Handbook (Service), Annex 8 참조.

능하게 함으로써 기본적으로 피고보다 원고의 이익을 보호하는 것이다. 따라서 협약의 기초자들은 피고를 보호함으로써 원고와 피고의 이익 간의 균형을 잡을 필요성을 인정하고 제15조와 제16조를 두었는데 이는 협약의 중추(keystone)를 이룬다.[100]

1. 판결 선고 전의 피고의 보호: 결석재판의 허용(제15조)

위에서 본 것처럼 송달협약은 기본적으로 피고보다 원고의 이익을 고려하나 제15조 제1항[101]은 원·피고 간의 이익의 균형을 유지하기 위해 결석(또는 궐석)판결(default judgments)을 하기 위한 요건을 규정함으로써 피고의 보호를 고려한다.

> 소환장 또는 이에 상응하는 문서가 이 협약의 규정에 의해 송달할 목적으로 해외에 송부되었으나 피고가 출석하지 아니한 경우, 다음 각호의 사항이 확정되기 전까지는 판결을 해서는 아니 된다.
> 1. 그 문서가 국내소송에서의 문서송달을 위해 피촉탁국의 국내법에 규정된 방식으로 동국의 영역 안에 소재하는 자에게 송달되었을 것
> 2. 그 문서가 이 협약에 규정된 다른 방식에 의해 피고 또는 그의 거주지[102]에 실제 교부되었을 것
> 또한 상기 각호의 경우에 있어서 송달 또는 교부는 피고가 자신을 변호할 수 있도록 충분한 시간을 두고 이루어졌을 것

위 제1항의 취지로부터 명백하듯이 피고가 충분한 시간을 두고 송달을 받음으로써 자신을 방어할 수 있었던 경우에만 촉탁국의 법원은 재판을 할 수 있고, 그렇지 않은 경우 다시 송달을 시도하거나 재판을 중지해야 한다. 즉 제15조는 송달협약에 따라 송달되고 송달되었어야만 하는 피고에 대하여 자국 법원이 결석재판을 할 권한을 제한한다. 그러나 이에 대한 예외로서 제15조 제2항은 일정한 경우 법원이 결석재판을 할 수 있도록 다음과 같이 규정한다.

---

100) McClean(註 33), p. 40.
101) 협약의 원문은 제1항, 제2항을 표시하지는 않지만, 'paragraph'(영어) 또는 '*alinéa*'(불어)라는 표현을 사용하므로 이를 '항'으로 번역하는 것이 적절하나, 협약의 국문번역문은 '단'이라 한다. 여기에서는 '항'이라고 하되 정부 선언의 인용 시에는 '단'이라 한다.
102) 이는 "residence"의 번역이므로 "거소"가 나을 것이다.

> 각 체약국은 판사가 이 조 제1단의 규정에도 불구하고 송달 또는 교부가 있었다는 증명을 접수하지 아니하더라도 다음 각호의 제조건이 충족되는 경우에는 판결을 내릴 수 있다고 선언할 수 있다.
> 1. 문서가 이 협약에 규정된 방식 중 하나로 송부되었을 것
> 2. 문서의 송부일부터 최소한 6월 이상으로서 구체적 사안에 따라 판사가 적절하다고 보는 기간이 경과했을 것
> 3. 피촉탁국의 권한 있는 당국을 통하여 어떤 종류의 증명이라도 취득하려고 상당한 노력을 했음에도 불구하고 이를 얻지 못했을 것

피고 불출석 시 결석재판에 관한 송달협약 제15조는 '결정적인 타협'이다.[103] 그러나 송달받을 자의 주소가 불명인 경우에는 송달협약 자체가 적용되지 않으므로 제15조가 적용될 여지가 없음을 주의해야 한다(제1조 제2항). 송달협약에 가입하면서 우리 정부는 제15조 제2항에 따른 선언을 함으로써 피고가 불출석하더라도 동조의 요건 구비 시 우리 법원이 재판을 할 수 있도록 하였다. 따라서 우리 법원은 피고가 불출석하고 송달증명이 없더라도 위 요건이 구비되면 재판할 수 있다. 정부의 선언은 적절하다.

실제로 이 조문의 적용을 고려할 수 있는 사안이 있었다. 즉 우리나라의 시민단체인 서민민생대책위원회가 중국 우한시인민정부를 상대로 코로나19에 따른 손해를 배상하라는 소를 서울중앙지방법원에 제기하였는데, 법원은 2022년 1월 법원행정처를 통해 사법공조를 거쳐 우한시에 소송 서류를 전달하려 하였으나 우한시 측은 2022. 5. 24. 수취를 거절하였기에 법원(서울중앙지법 민사1001단독 최상열 원로법관)은 소장 각하 명령을 내렸다고 한다.[104] 이에 대하여는 한중협약과 헤이그송달협약이 적용되므로 제15조의 적용 여부를 검토할 필요가 있었다. 법원이 이 점을 검토하였는지는 알지 못한다. 더욱이 그 경우, 원고의 청구원인이 무엇인지에 따라 달라질 수 있고 한국의 재판권이 부정될 여지도 있는 것으로 보이지만, 처음부터 재판권 없음이 명백하여 소장을 각하한 것이 아니라 아마도 재판권이 있는 것으로 판단하여 사법공조를 통한 송달을 시도하였다가 피고인 우한시 측의

---

103) Haimo Schack, Hundert Jahre Haager Konferenz für IPR, Rabels Zeitschrift 57 (1993), S. 247.

104) 시민단체는 법원의 명령에 불복하는 절차를 밟았다고 하나 저자는 그 후의 경과를 알지 못한다. 2022. 6. 12. 인터넷 동아 기사. https://www.donga.com/news/Society/article/all/20220612/113893563/1 참조.

수취 거절을 이유로 소장을 각하하였다고 하므로 재판권의 부존재가 명백한 사안은 아닐 가능성도 있다. 그렇다면 이는 소장을 각하할 이유가 되지 않을 것이나, 이 점에 대하여는 사실관계를 잘 알지 못하는 저자로서는 단정할 수 없다.

2. 결석판결 선고 후의 피고의 구제(제16조)

송달협약 제16조의 조문은 아래와 같다. 이는 결석판결(또는 궐석판결)을 받은 피고를 보호하기 위해 일정한 요건이 구비되는 경우 피고가 상소할 수 있도록 함으로써 피고를 구제하려는 것이다.

소환장 또는 이에 상응하는 문서가 이 협약의 규정에 따라 송달목적으로 해외에 송부되었으나 출석하지 아니한 피고에 대해 판결이 내려진 경우, 판사는 다음 각호의 제조건이 충족되는 경우에 한해 항소기간의 만료로부터 피고를 구제할 수 있다.
1. 피고가 자신의 귀책사유 없이 방어할 충분한 기간 내에 문서에 대한 인지가 없었거나 또는 항소하기에 충분한 기간 내에 판결에 대한 인지가 없었을 것
2. 피고가 반증이 없는 한 승소가 확실시될 만한 변론을 제시할 것
구제신청은 피고가 판결을 인지한 후부터 합리적인 기간 내에 접수되어야 한다.
각 체약국은 선언에 명시한 기일의 만료 후에 접수된 신청은 수리되지 아니한다고 선언할 수 있으나, 그 기간은 어떠한 경우에도 재판일부터 1년 이상이어야 한다.
이 조는 자연인의 지위 또는 행위능력에 관한 재판에는 적용되지 아니한다.

소송행위의 추후보완을 규정한 민사소송법 제173조에 따르면, 당사자가 책임질 수 없는 사유로 말미암아 불변기간을 지킬 수 없었던 경우에는 그 사유가 없어진 날부터 2주 이내에 게을리 한 소송행위를 보완할 수 있다. 다만, 그 사유가 없어질 당시 외국에 있던 당사자에 대하여는 이 기간을 30일로 한다. 위 기간에 대하여는 제172조의 규정을 적용하지 아니한다. 따라서 법정지가 우리나라인 경우 외국에 있는 피고는 민사소송법 제173조에 따라 판결을 알게 된 때로부터 30일 내에 상소 또는 재심의 소제기 등 소송행위를 추완할 수 있다. 즉 우리나라는 송달협약에 가입할 당시 이와 관련하여 두 가지 선택지를 가지고 있었다.

하나는 민사소송법의 입장을 견지하는 것인데 그에 따르면 송달협약 제16조 제3항의 기간을 선언할 필요는 없다. 다른 하나는, 민사소송법과 달리 그러한 기간을 선언하는 것이다. 양자 중 어느 것을 선택할지는 정책적 판단의 문제인데 우

리나라는 선언을 하지 않았다. 따라서 우리의 경우 재판일로부터 1년 이상의 기간이 경과했더라도 민사소송법상의 추완기간이 지나지 않았다면 소송행위의 추완이 가능하다. 제16조는 체약국으로 하여금 반드시 선언을 하도록 요구하는 것은 아니므로 우리나라가 민사소송법상의 입장을 유지하기 위해 선언을 하지 않은 것은 무난하다고 본다.105)

V. 기타 송달협약 가입과 관련한 문제점

1. 송달협약에의 가입과 별도 법률의 제정 요부

송달협약 가입을 위해 당초 법원행정처는 "헤이그송달협약의 실시에 따른 민사소송절차의 특례 등에 관한 법률안"을 고려하였다.106) 그러나 결국 별도의 법률 제정이나 민사소송법 또는 민사공조법의 개정 없이 국회의 동의를 얻어 송달협약에 가입하였다.107) 그러한 방법은 적절한가? 이는 비단 송달협약에만 국한되는 것이 아니라 한국이 헤이그국제사법회의가 채택한 다른 협약에 가입할 때마다 제기되는 문제이기도 하다.108)

헌법 제6조 제1항은 "헌법에 의해 체결·공포된 조약과 일반적으로 승인된 국제법규는 국내법과 같은 효력을 가진다"라고 하고, 민사공조법 제3조는 "조약 등과의 관계"라는 표제하에 "이 법에 정한 사법공조절차에 관하여 조약 기타 이에 준하는 국제법규에 다른 규정이 있는 경우에는 그 규정에 따른다"라고 한다. 따라서 송달협약에의 가입에 의해 송달협약은 국내법과 같은 효력을 가지고, 민사소송법 및 민사공조법에 대한 특별법으로서 그에 우선하므로109) 단순히 송달협

---

105) 임치용, 106면도 동지. 일본과 독일도 위 기간을 선언하지 않았다.

106) 법률신문 1998. 3. 23., 6면 기사 참조. 동 법률안에 대한 대한변협의 의견은 인권과 정의 통권 제262호(1998. 6.), 146−147면에 수록되어 있다.

107) 1999. 12. 13. 제208회 국회 제2차 본회의에서 동의를 받았다. 2000. 8. 16. 관보 제14580호 4면 참조. 중앙당국의 지정, 일부 조문에 대한 선언 등 정부가 헤이그협약에의 가입과 관련해 취한 조치에 대해서도 국회의 동의를 받았을 것으로 생각된다.

108) 송달협약 가입 시 단순히 조약에 가입하는 방법을 취했으므로 앞으로도 개별 협약의 특성상 별도의 국내적인 입법조치가 반드시 필요한 경우가 아니라면 정부는 동일한 방법을 취할 것으로 예상되었고 증거협약의 경우도 마찬가지로 처리되었다.

109) 이와 관련하여 배형원 외, 176면은 촉탁서의 경로를 설명하면서 민사공조법이 정한 경로 중 일부(예컨대 외국에 촉탁하는 경우 → 외국 외무부 → 외국 관할법원)는 "증거협약에

약에 가입하는 방법은 일응 법체계상 문제는 없는 것으로 보인다. 그러나 전혀 의
문이 없는 것은 아닌데 그 이유는 아래와 같다.

첫째, 중앙당국의 지정을 법률로써 해야 하나. 송달협약(제2조)은 각 체약국
으로 하여금 중앙당국을 지정하도록 하고, 중앙당국의 조직은 국내법에 따를 사
항임을 명시한다. 대외적으로는 정부가 네덜란드 외무부에 중앙당국을 통보하면
족하나, 대내적으로는 중앙당국의 지정은 법률로써 해야 할 것이다. 왜냐하면 민
사공조법에 의하면 한국으로의 사법공조 요청은 외교경로를 통해야 하므로, 법원
행정처를 중앙당국으로 지정한 민사공조법상의 공조요청의 경로를 수정하는 것이
기 때문이다. 만일 중앙당국의 지정이 송달협약에 의해 행해지면 그것으로 족하
나, 중앙당국의 지정은 송달협약 자체에 의해서가 아니라 그를 기초로 한국법에
따라 이루어지기 때문이다. 관보에 의하면 중앙당국의 지정은 결국 정부(대통령)
가 한 것으로 생각되는데, 물론 정부가 법원행정처를 중앙당국으로 지정하기로
한 데 대해 국회의 동의를 받았을 것이므로 법적으로 문제 될 것은 아닐 수 있으
나, 중앙당국의 지정 자체를 법률에 명시하는 것이 정도일 것이다.

둘째, 민사소송법과 민사공조법은 재판외 문서의 송달에 관해 전혀 규정하지
않는다. 그러나 송달협약은 재판외 문서의 송달에도 적용되므로 예컨대 재판외
문서의 송달을 촉탁하거나, 촉탁을 받은 경우 이를 담당할 관할법원에 관한 규정
등을 둘 필요가 있다.[110] 송달협약에 가입하면서 별도 법률을 제정하지 않았으므
로 이는 민사공조법을 개정하여 처리할 수 있다.

그렇다면 법적으로 문제가 있는 것은 아니더라도 중앙당국의 지정과 재판외
문서의 송달에 관한 규정을 두기 위해 "헤이그송달협약의 실시에 따른 민사소송
절차의 특례 등에 관한 법률"과 같은 법률을 제정하는 편이 바람직하였을 것으로
생각된다. 참고로 송달협약과 관련해 일본과 독일은 국내법을 가지고 있다.[111]

의하여 효력을 상실한다"거나 "(민사)공조법상의 위 나머지 전달경로도 효력을 상실하는
것으로 해석하는 것이 상당할 것"이라고 하나 이런 설명은 부적절하다. 증거협약이 적용되
지 않는 사안이라면 민사공조법 조문은 당연히 적용되고, 단지 증거협약이 적용되는 사안
의 경우 민사공조법 제3조에 의하여 또는 증거협약이 민사공조법에 대한 특별법으로서 우
선 적용될 뿐이지 민사공조법의 조문이 효력을 상실할 이유는 없기 때문이다. 이를 선해할
여지도 있으나 적어도 표현은 부적절하다고 할 수 있다.

110) 참고로 일본 민사소송수속특례법 제29조, 제6조는 재판외 문서의 송달을 구하는 자가 보통
    재판적을 가지는 곳을 관할하는 지방법원의 관할에 속한다는 취지로 규정한다.

111) 일본 민사소송수속특례법과 독일의 '헤이그송달협약과 헤이그증거조사협약의 시행법률'이

2. 공시송달과 관련한 문제점

민사소송법 제194조(구 민사소송법 제179조)에 따르면, 외국에서 하여야 할 송달에 관하여 제191조가 정한 촉탁에 의하여 송달할 수 없거나, 이에 따라도 효력이 없을 것으로 인정되는 경우에는 재판장은 직권으로 또는 당사자의 신청에 따라 공시송달을 명할 수 있다. 전자, 즉 촉탁에 의하여 송달할 수 없는 경우는 외국과 외교관계 또는 영사관계가 없어 촉탁할 수 없는 경우, 외교관계가 있으나 당해 외국이 촉탁에 불응하는 경우, 영사관계만이 있는 국가가 비엔나영사협약에 가입하지 않고 있거나 가입하였더라도 영사송달에 대해 명시적인 유보를 한 경우를 말한다. 한편 후자, 즉 촉탁에 의하여도 그 효력이 없을 것으로 인정되는 경우는 촉탁송달이 가능하지만 당해 외국에 전시, 혁명, 내란 등이 발생하였거나 천재지변이 있어서 송달을 촉탁하더라도 송달이 실시되기 어렵다고 예상되는 경우 등을 말한다.112)

가. 공시송달 사유에 관한 민사소송법 규정의 개정 요부

앞(Ⅳ. 1.)에서 본 것처럼 송달협약 제15조 제2항은 피고가 출석하지 않더라도 동조의 요건이 구비되면 우리 법원이 결석재판을 할 수 있다고 규정하는데, 우리나라가 송달협약 가입 시 그러한 경우 법원이 공시송달을 할 수 있도록 민사소송법 제194조(구 민사소송법 제179조)를 개정할 필요가 있는가라는 의문이 제기되었다. 민사소송법상 피고에게 송달할 수 없으면 공시송달을 한 뒤에 재판을 할 수 있기 때문이다. 이는 송달협약과 민사소송법의 해석상 제15조의 요건 구비 시 우리 법원이 공시송달 없이 재판할 수 있는가의 문제였다.

이에 관해서는, 외국에 있는 자에 대한 공시송달 요건을 정한 구 민사소송법

그것이다. 하위규범으로는, 일본의 경우 최고재판소의 규칙(민사소송수속에 관한 조약등의 실시에 수반하는 민사소송수속의 특례 등에 관한 규칙)이 있고, 독일의 경우 행정규칙인 '민사사법공조규칙(Rechtshilfeordnung in Zivilsachen — ZRHO)'이 있다. 물론 조약의 법적 지위 내지 국제법과 국내법의 관계는 국가에 따라 다르고, 조약의 국내실시를 위하여 국내입법이 필요한지와 그 방법도 국가에 따라 상이하므로(물론 이는 조약의 내용에 의하여 영향을 받는다) 외국의 입장이 반드시 우리에게 설득력이 있는 것은 아니다. 그러나 일본은 조약에 대해 우리와 같은 입장을 취하고 있고(다만 일본 헌법 제98조 제2항에 따르면 조약은 법률보다 우선한다), 독일은 우리와 입장이 다르기는 하지만, 통상의 경우 단순한 동의법률(Zustimmungsgesetz)을 제정하는 데 반하여 송달협약의 경우에는 그 이상의 내용을 담은 국내법을 제정하였다.

112) 실무편람, 31면.

제179조(민사소송법 제194조)가 송달협약 제15조 제2항과 모순되므로 민사소송법을 개정해 송달촉탁일로부터 6개월의 기간이 경과해야만 공시송달을 할 수 있는 것으로 개정해야 한다는 견해[113]도 있었으나, 저자는 제15조의 요건이 구비되면 우리 법원이 공시송달을 하지 않고 곧바로 재판할 수 있다는 견해를 피력하였다.[114] 왜냐하면 송달협약은 동조의 요건이 구비된 때에는 송달 또는 교부가 있었다는 증명을 접수하지 않더라도 판결을 할 수 있다고 규정하기 때문이었다. 즉 제15조의 요건이 구비됨에도 불구하고 법원이 다시 공시송달을 하는 것은 불합리하므로 공시송달하도록 민사소송법을 개정할 필요는 없다는 것이었다. 물론 민사소송법을 개정하여 우리 법원이 공시송달을 하도록 할 수는 있으나 그렇게 하면 소송절차가 지연될 것이다. 이런 이유로 우리나라는 송달협약에 가입하면서 공시송달에 관한 민사소송법 규정을 개정하지 않았다.

나. 송달협약에 따른 해외송달의 실무

위의 견해와 달리 법원실무는 공시송달을 하고 있는데, 다만 공시송달을 하는 시점에 관하여는 견해가 나뉘었다. 실무편람은 ① 송달촉탁일로부터 6개월이 경과하기 전에 공시송달을 하고 6개월이 경과한 시점에 공시송달에 의한 판결을 선고할 수 있다는 견해와 ② 6개월이 경과한 시점에 비로소 공시송달을 허가할 수 있다는 견해를 소개한다.[115]

이러한 견해는 송달협약 제15조의 요건이 구비될 경우 공시송달 없이 재판할 수 있다고 보는 저자의 견해와는 다르다. 다만, 저자의 견해에 따를 경우 소장부본의 송달에서는 그렇게 하더라도 이후의 송달을 어떻게 할 것인가라는 문제가 남는다. 왜냐하면 만일 공시송달을 한다면, 외국에서 할 송달에 대한 최초의 공시송달은 그 사유를 법원 게시판에 게시하는 등의 방법으로 공시한 날로부터 2개월

113) 유영일, 121면. 실제로 일본은 송달협약 제15조 제2항의 선언을 한 뒤 민사소송법을 개정하여 일본 민사소송법 제178조 제1항(우리 민사소송법 제194조에 상응)에 송달협약 제15조 단서의 경우를 공시송달을 할 수 있는 사유로 추가하였다. 이는 1996년 개정에 의해 일본 민사소송법 제110조 제1항 제4호가 되었다.
114) 배형원 외, 77면 이하도 동지.
115) 실무편람, 30면. 법원실무제요/민사[Ⅲ], 1996면도 유사한 견해 대립을 소개하면서 실무상 송달협약에 의한 촉탁서는 각급 법원이 직접 발송하는 것이 아니라 법원행정처가 일괄 발송하므로, 각급 법원은 공시송달 여부를 결정하기 전에 법원행정처에서 촉탁서를 실제로 발송한 일자를 확인하여 그때로부터 6개월이 경과하였는지를 확인하여야 할 것이라고 한다.

이 경과하여야 효력이 생기나, 같은 당사자에게 하는 그 뒤의 공시송달은 국내공시송달과 같이 실시한 다음 날에 효력이 발생하므로(제196조 제2항, 제1항) 신속하게 재판을 진행할 수 있는 데 반하여, 만일 송달협약 제15조에 따라 송달을 하고 공시송달을 하지 않는다면 송달 시마다(즉 2회 이후의 변론기일을 지정하여 송달하는 때에도) 6개월의 기간이 소요될 것이기 때문이다. 이러한 절차적 지연을 고려하면 송달협약 제15조의 요건이 구비될 경우 법원이 공시송달을 할 수 있도록 아예 민사소송법을 개정하는 것이 편리할 것으로 보이기도 한다. 하지만 종래 실무상 연속된 2회의 변론기일 및 판결선고기일(또는 제3회 변론기일 겸 판결선고기일)을 함께 지정하는 경우가 많으므로[116] 우려하였던 절차의 지연은 발생하지 않을 것이다. 실무를 그렇게 운영한다면 민사소송법을 개정하지 않더라도 문제는 없다는 것이었다.

하지만 공시송달을 하지 않을 경우 판결서의 송달이 어려우므로 판결이 선고에 의하여 효력이 발생하더라도 확정될 수 없다는 문제가 발생한다(민사소송법 제205조, 396조, 제425조). 이를 고려하면 결국 초기에 공시송달을 할 실제적 필요가 있다는 것이 된다. 송달협약 제15조의 요건이 구비되면 공시송달을 할 사유를 정한 민사소송법 제194조 제1항의 사유, 즉 촉탁에 의하여도 송달의 효력이 없을 것으로 인정되는 경우에 해당한다고 보아 공시송달을 할 수 있다.[117]

요컨대 실무적으로는 위에 언급한 두 가지 방안 중 ① 방안, 즉 송달촉탁일로부터 6개월 경과 전에 공시송달을 하고, 6개월이 경과한 시점에 공시송달에 의한 판결을 선고하는 방안이 더 적절하다고 할 수 있다.

저자가 이해하는 바로는 우리 법원의 실무는(특히 가사사건의 경우) 아래와 같다. 기일이 속행되는 경우 그때마다 기일소환장을 외국으로 송달하게 되면 절차가 매우 지연되므로 연속된 기일을 (통상 3회의 기일을) 한꺼번에 지정하여 소환장을 보낸다. 보통 1회기일은 외국송달 촉탁서 작성일로부터 7개월 이상 뒤로 정하고, 2회기일은 1회기일로부터 4~5주 뒤로, 3회기일은 2회기일로부터 5~6주 뒤[118]로 각 정하되 1회기일로부터 2개월 이상 뒤로 정한다. 1회기일과 3회기일

---

116) 실무편람, 32-33면.

117) 서울가정법원은 과거부터 공시송달을 하였다고 한다. 전연숙, "국제가사소송사건의 실태분석 및 개선방안 — 서울가정법원 가사5단독(국제가사소송사건 전담재판부) 실무례를 중심으로 — ", 국제사법연구 제12호(2006), 66면 註 21.

118) 그렇게 하는 이유는 1회/2회기일이 모두 쌍방불출석 처리될 경우 취하간주 효과가 발생하려면 1월 이내에 기일지정신청이 없어야 하는데(민사소송법 제268조 제2항), 만일 당사자

간에 2개월 이상의 간격을 두는 이유는 1회기일까지 송달회신이 오지 않은 경우 공시송달[119]을 하면서 3회기일로 기일변경을 하는데 외국공시송달의 효력이 2개월 후에 생기기 때문이다(민사소송법 제196조 제2항).

피고에게 송달이 된 경우는 사안에 따라 3개의 변론기일을 전부 진행하기도 하나 대부분 1회 내지 2회 변론기일을 진행하고 나머지 기일은 선고기일로 지정하거나 기일을 취소한다. 이를 위하여 피고에게 보내는 기일소환장에 "1회 변론기일 이전에 답변서를 작성하여 제출하거나, 1회 변론기일에 출석하지 않는 경우 나머지 변론기일이 취소될 수 있다"라는 취지의 문구를 기재하고, 2회기일부터는 변론기일 겸/또는 선고기일로 지정하여 소환장을 보낸다고 한다.[120]

다. 공시송달의 실시방법

공시송달의 실시방법은 민사소송법 제195조(공시송달의 방법)에 따라야 하는데, 그에 따르면 공시송달은 법원사무관 등이 송달할 서류를 보관하고 그 사유를 법원게시판에 게시하거나 그 밖에 대법원규칙이 정하는 방법에 따라서 하여야 한다. 민사소송규칙(제54조)은 세 가지 방법을 규정하는데,[121] 법원은 실무상 공고사항을 법원 홈페이지 법원공고란에 게시하는 방법을 택하고 있다(공고방법예규 제2조).[122]

이와 관련하여 민사공조법 제10조 제1항은 "외국에서 할 송달에 대한 공시송달은 법원서기관·법원사무관·법원주사 또는 법원주사보가 송달할 서류를 보관하고 그 사유를 법원게시판에 게시함과 아울러 <u>그 외국에 주재하는 대한민국의 대사·공사 또는 영사에게 통지하여야 한다</u>"라고 규정하나,[123] 신법우선의 원칙에 따라 2002년 개정 민사소송법의 시행으로 민사공조법 제10조는 폐지되었다고 보

가 2회기일로부터 1월 이내에 기일지정신청을 하는 경우 기일소환장을 다시 송달하지 않고 바로 이미 고지된 3회기일을 변론기일로 지정하기 위한 것이라고 한다.

119) 한국은 송달협약 제15조 제2항에 따른 선언을 하였으므로 송달회신이 없더라도 공시송달에 의하여 판결을 선고하고 있다. 송달협약이 적용되지 않는 국가의 경우도 송달 촉탁 후 상당한 기간이 경과하였으나 회보가 없을 때에는 민사소송법 제194조 제1항에 해당한다고 보아 공시송달을 하고 있다고 한다.

120) 실무의 상세는 법원실무제요/민사[Ⅲ], 1966면 참조.

121) 민사소송규칙 제54조 제1항은 공시송달은 법원사무관등이 송달할 서류를 보관하고, ① 법원게시판 게시, ② 관보·공보 또는 신문 게재와 ③ 전자통신매체를 이용한 공시 중 어느 하나의 방법으로 그 사유를 공시함으로써 행한다고 규정한다.

122) 법원실무제요/민사[Ⅲ], 1997면.

123) 이는 2002년 개정 전 구 민사소송법 제180조 제3항과 같은 취지이다.

아야 한다는 견해가 있다.[124] 실무는 그렇게 이루어지고 있으나, 구 특별법과 신일반법 간에 충돌이 있는 경우 구 특별법이 우선하므로(대법원 1969. 7. 22. 선고 69누33 판결 참조) 위와 같은 해석이 당연한 것은 아니다. 민사소송법의 개정에 맞추어 민사공조법 제10조를 개정하는 것이 바람직하다.

3. 국문 번역의 요청에 관한 일반적 선언의 결여

문서가 송달협약 제5조 제1항의 방식에 의해 송달되는 경우 중앙당국은 송달할 문서가 수탁국의 공용어로 기재되거나 번역되도록 요청할 수 있다(제5조 제3항). 요청서는 송달협약의 양식에 따라 영어 또는 불어로 기재되어야 하나(제7조) 요청서 자체의 국문번역은 불필요하다. 우리가 송달협약 가입 시 제5조에 따라 번역을 요구하는 선언을 해야 한다는 주장이 있었음에도 정부는 이러한 일반적인 선언을 하지 않았다. 분명한 이유는 알 수 없으나, 아마도 각 체약국이 네덜란드 정부에 통지할 사항을 규정한 송달협약 제21조가 이러한 요청을 일반적 선언의 대상으로 명시하지 않고, 일반적 선언이 없더라도 외국의 발송기관이 자발적으로 국문번역을 첨부할 것을 기대할 수 있으며, 법원행정처는 요청서를 받은 뒤에도 국문번역을 요청할 수 있기 때문이 아닐까 짐작된다. 그렇다면, 국문번역을 요청하는 일반적 선언을 하지 않은 것이 큰 문제는 아니나, 다른 체약국들에게 국문번역을 첨부해야 함을 미리 알려주는 것이 바람직하므로 일반적 선언을 해두는 것이 좋았을 것이다.[125]

실무적으로는 법원행정처에서 걸러질 것으로 생각되나, 송달의 적법성과 관련하여 소송서류의 국문번역문을 첨부하지 않은 것이 적법한 송달인가의 여부가 문제 된다. 독일의 일부 견해는 번역문의 결여는 외국판결의 승인에 아무런 영향을 미치지 않는다고 한다.[126] 이 견해에 따르면 피고는 스스로 번역문을 구해야 할 것이나, 일반인들이 외국어로 된 법률문서를 제대로 이해하지 못하는 위험을 고려한다면 이는 지나치다.[127] 다만, 국문번역문이 첨부되지 않았더라도 예컨대 피

---

124) 법원실무제요/민사[Ⅲ], 1997면.

125) 참고로 독일은 독일어로 번역될 것을 요청하는 일반적 선언을 하였으나 일본은 하지 않았다.

126) Dieter Martiny, Handbuch des Internationalen Zivilverfahrensrechts, Band Ⅲ/1 Kap. I (1984), Rn. 843; Geimer, Rz. 2926. 다만, 후자는 번역문이 첨부되지 않은 경우 송달의 적시성을 판단함에 있어 번역에 필요한 시간을 고려하여야 한다고 한다.

127) 정병석, "외국법원의 우리나라 국민에 대한 영사송달의 적법여부", 서울지방변호사회, 판례

고인 대기업이 외국당사자와 영문계약을 체결하였을 뿐만 아니라 영문법률서류를
해독할 능력을 갖춘 경우(특히 이러한 능력을 구비한 inhouse counsel을 가지고 있는 경
우)에는 만일 영문번역문이 첨부되었다면 피고의 방어권 행사에는 지장이 없었다고
할 수 있으므로 피고의 해독가능성을 고려해야지 단순히 국문번역의 누락만을 근거
로 송달을 부적법하다고 보아 외국판결의 승인을 거부하는 것은 부적절하다.128)

우리나라가 외국으로 송달할 때에는 국문으로 작성된 서류를 수탁국의 공용
어로 번역한 번역문을 첨부한다.129) 일본과 독일 등 일부 국가는 수탁국어로 번역
된 번역문을 국문서류와 대조하여 세심하게 검토하여 보정을 요구하는 경우가 많
으므로 당사자에게 번역문을 제출시켜 미리 검토할 필요가 있다고 한다.130) 실무
상 판결문의 경우 법원이 직접 번역하거나 번역을 의뢰하지는 않고 원고 대리인
으로 하여금 번역문을 작성하도록 하여 송달하는 예가 많은데, 법원으로서는 공
증인 또는 합동법률사무소의 인증을 받도록 하고 번역인을 표시하도록 하는 등
번역의 정확성을 기할 필요가 있다.131)

4. 제9조 제1항에 따른 당국의 미지정

송달협약 제9조 제1항은 민사소송협약으로부터 가져온 것인데, 이는 영사관
원을 통해 목적지국의 지정당국에 송달하는 간접적인 송달방법이다. 위에서 언급
하였듯이 영사관원이 <u>송달받을 자에게</u> 직접 전달하는 '영사송달'과는 달리 이 경
우 영사관원이 <u>목적지국의 지정당국에</u> 송달하는 점에서 구별된다. 이는 목적지국
의 외교부를 거칠 필요 없이 영사관원이 목적지국의 지정당국에 송달하므로 외교
경로를 통한 송달보다 간편하다. 제9조 제2항에 의하면, 예외적인 경우에는 외교
경로를 이용할 수도 있다. 이처럼 민사공조법이 정한 외교경로를 통한 간접적인
송달방법은 송달협약상으로는 예외적으로 허용되는 부차적인 송달방법으로 그 지
위가 격하되었다.

제9조 제1항에 따라 당국을 지정한 국가도 있고, 그중에는 독일이나 일본과
같이 중앙당국을 그러한 당국으로 지정한 국가가 다수 있으나, 우리 정부는 그러

연구 제6집(1993), 313면은 국문번역문을 첨부하지 않은 송달을 부적법하다고 본다.
128) Schack, Rn. 997 참조.
129) 재판예규 제1463호 참조. 실무편람(2006), 44면.
130) 실무편람(2006), 44면.
131) 실무편람(2006), 45면.

한 당국을 지정하지 않았다.[132] 사견으로는, 제9조 제1항의 당국을 지정하지 않은 것은 별 문제가 없으나, 중앙당국인 법원행정처를 제9조 제1항의 당국으로 지정함으로써 영사관원을 통한 간접적인 송달을 할 수 있도록 함이 좋았을 것이지만, 어쨌든 제9조 제1항의 당국을 지정하지 않았으므로 외국이 한국으로 하는 영사경로를 통한 간접적인 송달은 송달협약상 허용되지 않는다고 본다.

5. 민사공조법의 개정에 관한 논점

한국이 송달협약에 가입한 결과 송달협약의 체약국에 대한 관계와, 비체약국에 대한 관계에서 적용규범이 다르게 된다. 또한 체약국에 대한 관계에서도 송달서류가 재판상 문서인지, 아니면 재판외 문서인지에 따라 적용규범이 달라지는데 이를 정리하면 아래와 같다.

〈국가별로 본 해외송달의 적용법규〉

		재판상 문서	재판외 문서
송달협약 체약국	중국 호주*	1. 양자조약 2. 송달협약 3. 민사공조법 4. 민사소송법**	송달협약
	기타 국가	1. 송달협약 2. 민사공조법 3. 민사소송법	
송달협약 비체약국	몽골	1. 한몽조약 2. 민사공조법 3. 민사소송법	없음
	기타 국가	1. 민사공조법 2. 민사소송법	없음

* 한호조약과 한중조약은 재판외 문서의 송달에는 적용되지 않는다(제1조 참조).
  따라서 이제는 해외송달 시 먼저 적용규범을 정확히 파악하여야 한다.
** 번호는 적용상의 우선순위를 가리킨다.[133]

따라서 이제는 해외송달 시 먼저 적용규범을 정확히 파악하여야 한다. 사견으로는 다음과 같은 이유로 송달협약 가입을 계기로 민사공조법을 개정할 필요가

---

132) 저자가 짐작하는 이유는 앞(Ⅲ.2.)에서 설명한 바와 같다.

133) 다만 양자조약과 다자조약 간에는 원칙적으로 선후 관계는 없다. 양자를 상호보완적인 것으로 이해하여 사법공조에 보다 우호적인 조항을 적용하는 것이 바람직하다. 조약이 적용되는 경우에도 민사공조법이 적용되지 않는 것은 아니고, 조약이 특별법으로서 우선하는 것이다. 따라서 그 경우 민사공조법의 규율대상이 아니라는 식의 설명(배형원 외, 28면)은 의문이다.

있었다고 본다. 그렇게 함으로써 민사공조법을 명실상부한 민사공조의 기본법으로 만들었어야 했다. 어쨌든 그 후 우리나라가 증거협약에도 가입하였으므로 그때에라도 민사공조법을 개정하였어야 한다. 저자가 제시하였던 개정의 착안점을 구체적으로 언급하면 아래와 같다. 다만 이런 개정 착안점이 입법에 반영되지 않은 채 세월이 흐르고 있음은 유감스러운 일이다.

가. 송달협약의 체약국으로 송달 시 요청서의 발송기관을 법원행정처로 하는 방안

과거에는 외국으로의 송달은 민사공조법에 따라 외교경로를 통한 간접실시 방식에 의해 이루어졌다. 그러나 송달협약 가입 후에는 체약국의 중앙당국에 요청서를 직접 발송하면 된다. 우리는 법원행정처를 중앙당국으로 지정했으나, 중앙당국은 요청서의 발송기관은 아니므로 외국으로의 송달은 민사공조법에 따라 여전히 외교부를 경유하여 처리해야 한다.134) 물론 호주와 사이에서는 한호조약에 따라 중앙당국인 법원행정처가 호주의 중앙당국135)에 요청서를 발송해야 한다.

따라서 2000. 8. 1. 이후로는, 송달협약의 체약국으로의 송달요청(즉 out-bound 요청)은 외교부가 외국의 중앙당국에 직접 하지만, 체약국으로부터의 송달요청(즉 inbound 요청)은 외국의 발송기관이 법원행정처로 직접 하게 되는 결과, 요청서의 발송경로와 수령경로가 다르게 된다.136) 이는 여러모로 불편하므로 민사공조법을 개정하여 송달협약의 체약국에 대해서는 법원행정처가 직접 서류를 발송하도록 변경함이 바람직하다. 송달협약 제3조는 재판상 문서가 작성된 국가의 법에 따라 권한 있는 당국이 촉탁서를 수신국의 중앙당국에 발송하도록 규정하므로 발송기관은 촉탁국이 결정할 사항이다. 따라서 우리가 민사공조법을 개정하여 외교통상부를 경유하지 않도록 변경하면 된다.

그러나 종래 실무상으로는 송달협약의 체약국으로의 송달요청(즉 outbound 요청)은 법원행정처가 직접 하고 외교통상부를 경유하지 않는 것으로 보인다. 이런 실무처리는 바람직하지만 문제는 법적 근거가 없다는 점이다. 중앙당국은 발

---

134) 각 체약국은 국내법에 따라 중앙당국으로 하여금 송달을 발송하는 기관을 겸하도록 할 수 있으나, 우리는 이러한 조치를 취하지 않았으므로 발송기관은 민사공조법에 따라 여전히 외교부이다.

135) 한호조약 제2조 제2항은 "대한민국의 중앙당국은 법원행정처이고, 호주의 중앙당국은 호주 정부의 법무부이다"라고 규정한다.

136) 물론 비체약국에 대한 관계에서는 발송과 수령이 모두 외교부의 외교경로를 통한다.

송기관이 아니기 때문이다. 또한 송달협약 제3조의 "권한 있는 당국이나 사법공무원"은 <u>외국으로의</u> 송달을 할 권한 있는 당국이나 사법공무원을 가리키는 것으로 해석되기 때문이다. 만일 이를 국내에서 송달을 할 권한 있는 당국이나 사법공무원을 가리키는 것으로 해석한다면 모든 수소법원이 법원행정처와 외교부를 경유하지 않고 곧바로 외국에 송달할 수 있다는 것이 되나, 이는 법원행정처와 외교부를 경유하도록 규정한 민사공조법에 정면으로 반한다.137) 더 정확히 표현하자면 송달을 촉탁하는 기관, 즉 촉탁 주체는 수소법원 재판장이지만, 민사공조법상 촉탁서는 외교부를 경유해야지, 재판장이나 법원행정처장이 직접 외국 중앙당국으로 송부할 수는 없다. 민사공조법상 외국 중앙당국으로 촉탁서를 실제로 발송하는 기관이라는 의미의 발송기관은 외교부장관이다(엄밀히는 이는 '발송기관'이라기보다는 '발송경로'의 문제이다). 따라서 민사공조법을 개정하여 송달협약과 증거협약의 체약국에 대해서는 외교부를 경유하지 않고 법원행정처만을 경유하여 요청서/촉탁서 등을 발송할 수 있는 근거를 마련해야 한다.138)

　　나아가 장기적으로는 수소법원이 외국의 중앙당국으로 직접 송달하는 방안도 검토할 필요가 있다. 그렇게 한다면 발송경로와 수령경로가 다르게 되지만, 신속한 송달을 위해서는 그것이 바람직하고, 외국으로의 송달을 위해 반드시 법원행정처의 통제가 필요한 것은 아니기 때문이다. 예컨대 미국의 경우 중앙당국은 연방법무부이지만 송달협약 제3조의 권한 있는 당국이나 사법공무원에는 소송대리인이 포함된다. 다만, 우리가 그렇게 하기 위해서는 외국으로의 송달 시 법원행정처와 외교부를 경유할 것을 규정한 민사공조법을 먼저 개정하여야 한다.

---

137) 그러나 실무편람, 24-25면은, 송달협약 제3조 전단에서는 촉탁국의 권한 있는 당국이나 사법공무원이 외교경로를 통하지 않고 사법공조 요청서를 피촉탁국의 중앙당국에 송부한다고 규정하여 수소법원이 직접 외국에 송달할 가능성도 열어 두었으나 현재 법원의 실무는 각급 법원의 촉탁서를 법원행정처에 모아 일괄하여 발송하는 방식을 취하고 있고, 송달 결과의 회신도 법원행정처에서 수령하고 있다고 한다. 그러나 이런 설명은 부정확하다. 민사소송법상 국내 송달의 경우 수소법원이 직접 송달할 권한이 있음은 물론이나, 외국으로의 송달의 경우 민사소송법과 민사공조법에 따라야 하는데, 그에 의하면 본문에 적었듯이 수소법원은 외국에 직접 송달할 권한이 없기 때문이다.

138) 한국국제사법학회가 법원행정처에 제출한 2011. 8. 31.자 "민사사법공조 관련 국제규범의 국내 이행방안 연구", 104면 이하는 "③ 제2항에도 불구하고 송달협약 또는 증거협약에 따라 촉탁서 기타 관계서류를 각 그 협약의 체약국으로 송부하는 경우에는 법원행정처장은 당해 협약의 체약국의 중앙당국으로 직접 송부하여야 한다"라는 취지의 문언을 민사공조법 제6조 제3항으로 신설할 것을 제안하였다.

나. 재판외 문서의 송달에 관한 규정의 신설

민사공조법 제2조 제1호는 "'사법공조'라 함은 재판상 서류의 송달 또는 증거조사에 관한 국내절차의 외국에서의 수행 또는 외국절차의 국내에서의 수행을 위하여 행하는 법원 기타 공무소 등의 협조를 말한다"라고 규정하므로, 민사공조법은 재판외 문서의 송달에 대해는 적용되지 않고 재판외 문서의 송달은 사법공조의 대상에 포함되지도 않는다. 그러나 송달협약 제17조는 "체약국의 당국 및 사법공무원으로부터 나오는139) 재판외 문서는 다른 체약국으로의 송달을 위하여 이 협약에 의한 방식과 규정에 따라 전달될 수 있다"라고 규정하므로 우리로서도 외국으로 재판외 문서의 송달을 요청하거나, 외국으로부터 요청을 받은 경우 이를 처리해야 한다. 실무적으로는 민사공조법과 민사소송법을 유추적용할 수 있을 것이나 민사공조법에 이를 명시함이 바람직하다. 예컨대 재판외 문서의 송달에 관한 요청서의 처리를 담당할 관할법원에 관한 규정을 두어야 한다. 송달협약 가입 시 별도 법률을 제정하지 않았으므로 민사소송법 또는 민사공조법을 개정하여 재판외 문서의 송달에 관한 규정을 정비할 필요가 있다.

재판외 문서는 소송과 직접 관련되지 않는 점에서 재판상 문서와 다르고, 당국 또는 사법공무원의 개입을 필요로 하는 점에서 순전히 사적(私的)인 문서와 다르다. 재판외 문서의 예로는 공증서류(notarial documents), 당국 또는 사법공무원이 작성한 지급요구, 임대차의 해지에 따른 명도통지, 근로계약, 어음 거절증서와 일정한 방식을 요구하는 혼인에 대한 이의와 입양에의 동의 등이 열거되고 있다(다만 당국이나 *huissier*가 작성할 것을 전제로 한다).140) 무엇이 재판상 또는 재판외 문서인지의 성질결정은 촉탁국의 법에 의한다는 점은 논쟁의 여지가 없다고 한다.141) 실무적으로는 그렇게 이루어질 것이나, 논리적으로는 송달협약 자체의 관점에서 판단할 사항이라고 보아야 할 것이다.

다. 법정보공조에 관한 규정의 신설

민사소송법이나 민사공조법은 사법공조의 개념 속에 법정보의 제공을 포함시키지 않는다. 그러나 한호조약(제27조)과 한중조약(제26조) 등은 법률정보의 제

---

139) "emanating from"이라는 송달협약의 문언에 충실한 번역이다.
140) Handbook (Service), para. 78.
141) Handbook (Service), para. 80.

공을 포함하는데,[142] 민사사법공조의 범위 내에 이를 명시적으로 포함시키는 것이 바람직하다. 그렇다면, 법의 체계상 민사소송법, 아니면 적어도 민사공조법에서는 법정보공조에 관한 규정을 신설하는 것이 바람직하다.

라. 가사사건에 관한 문서의 송달

송달협약의 사항적 적용범위는 민사 및 상사에 한정된다. 민사소송법에서 협의의 민사에는 가사가 제외되나 송달협약상으로는 가사도 포함된다. 민사공조법 제1조는 동법은 민사사건에 적용된다고 규정하나, 종래 실무상 동법은 가사사건에도 적용되는 것으로 해석되고 있다. 가사소송법(제12조)은 가사소송절차에 관해 동법에 특별한 규정이 있는 경우를 제외하고는 민사소송법의 규정에 의한다고 규정하므로, 민사공조법도 민사소송법처럼 가사사건에도 적용된다고 해석할 수도 있다. 저자는 전부터 민사공조법을 개정하여 동법이 가사사건에도 적용됨을 명확히 하는 것이 바람직하다는 견해를 피력하였는데, 국제민사사법공조 등에 관한 예규(제2조)는 이를 명시한다.[143]

6. 송달협약 국문번역의 몇 가지 문제점

송달협약의 국문번역은 대체로 적절하나 문제점이 전혀 없는 것은 아니다. 몇 가지만 지적한다. 송달협약은 'request'를 '요청서'라 번역하나, 한호조약은 'letter of request'를 '촉탁서'라 하고 증거협약은 '촉탁서'라 번역한다. 동일한 국문 표현을 사용하는 것이 바람직하다. 또한, 촉탁국의 상대방을 송달협약은 '피촉탁국'이라고 하나, 한호조약은 '수탁체약국'이라 하고 증거협약은 '수탁국'이라 한다. 피촉탁국보다는 수탁국이 일관성이 있을 것이다. 송달협약의 국문번역은 'extrajudicial document'를 '재판외 문서'라고 하면서도 송달협약에 첨부된 양식의 국문번역에서는 '재판외 서류'라는 표현을 사용하고 있으나 일관된 표현을 사용해야 할 것이다. 제16조 제1항 2호는 "피고가 반증이 없는 한 승소가 확실시될 만한 변론을 제

---

142) 한호조약 제27조 제1항은 "수탁체약국의 중앙당국은 요청이 있는 경우, 촉탁체약국의 중앙당국에게 촉탁체약국의 소송절차와 관련된 자국의 법령에 관한 정보를 제공한다"라고 규정한다.

143) 제2조(적용범위)는 "법, 규칙 및 이 예규는 민사사건 외에 가사사건 그 밖에 그 절차에 관하여 「민사소송법」이 준용되는 사건에도 준용한다"라고 규정한다. 다만 이 문언에 따르면 오히려 가사사건은 민사사건이 아닌 것처럼 읽히는 점은 유감이다.

시할 것"이라고 하나,144) 이는 "피고가 소송의 본안에 대하여 일응의 항변을 제시하였을 것"으로 수정함이 적절하다. 송달협약 제17조의 국문번역은 "체약국의 당국 및 사법공무원이 작성하는 재판외 문서는"이라고 되어 있다. 그러나 영어본은 "emanating from authorities…"이다.145) 이를 그렇게 해석하는 것이 정당하더라도, 협약의 국문번역으로서는 문언에 충실하게 "당국 및 사법공무원으로부터 나오는"으로 번역하는 것이 옳을 것이다. 그것을 당국 및 사법공무원이 작성하는 재판외 문서로 해석하는 것은 그 다음의 문제이다.

7. 송달협약과 증거협약의 관계

예컨대 해외에 있는 증인에게 보내는 소환장(불출석에 대한 제재를 고지하지 않는)이 송달협약의 적용을 받는지 아니면 증거협약의 적용을 받는지와 같이 송달협약과 증거협약의 관계가 문제 되는 경우가 있다.

상설사무국은 이에 관하여 아래와 같이 설명한다.146) 특정 국가의 국내법은 사법 당국이 해외에 있는 사람에게 해당 국가의 소송에서 증거 제출을 명하거나(증인 소환 또는 소환장을 통해) 해당 국가의 영토에 있는 사람에게 해외에 있는 문서를 제출하도록 명령할 수 있으며, 이러한 명령을 위반하면 해당 국가의 국내법에 따라 제재(법정모욕죄와 같은)를 받을 수 있다. 그러한 명령이 재판상 문서로 작성되고, 법정지국의 법률이 해당 문서를 해외에 송달하도록 규정하는 경우, 송달협약이 해당 문서의 송달에 적용될 수 있고, 이 절차가 외국 사법 당국에 대한 증거조사 요청을 포함하지 않는 한, 증거협약 제1장이 정한 촉탁서 제도는 적용되지 않는다. 양 협약이 상충하는 경우, 증거협약이 증인을 보호하므로 1970년 증거협약이 우선한다.

8. 장래의 과제

한호조약 및 한중조약의 체결과 송달협약 및 아래에서 논의하는 증거협약에의 가입을 통해 송달에 관한 한국의 국제민사사법공조는 최근 커다란 국제화를 이룩하였다. 이제는 상대국에 따라 해외송달을 규율하는 규범이 상이하므로 과거

---

144) 영문은 "the defendant has disclosed a prima facie defence to the action on the merits"이다.
145) 불어본은 "*émanant des autorités*"이다.
146) Handbook (Evidence), para. 421 참조.

와 비교하여 해외송달의 법제가 복잡하게 되었으나, 이는 민사사법공조의 국제화에 수반되는 불가피한 현상이다.

민사사법공조에 관한 장래의 과제를 지적하면 다음과 같다.

첫째, 미국, 일본 등 주요 국가들과 송달, 증거조사 및 법정보를 포함하는 민사사법공조에 관한 양자조약을 체결할 필요가 있다.[147) 한국이 송달협약 제8조와 제10조에 대해 이의한 결과 송달협약의 간이한 송달방법을 이용할 수 없으므로 이를 양자조약을 통해 완화할 필요가 있고, 상호주의로 인한 불균형을 해소하는 방안도 고려할 수 있다. 그 경우 영미법계 국가와는 한호조약이 모델이 될 수 있으나[148) 대륙법계 국가와는 달리 보아야 한다.

둘째, 위에 지적한 사항을 반영하고, 특히 국제민사사법공조의 기본법이 될 수 있도록 민사공조법의 개정 등 민사사법공조에 관한 국내법제를 정비해야 한다. 물론 실무적으로는 그에 앞서 달라진 법제를 반영하기 위해 국제민사사법공조의 처리를 위한 규칙과 예규 등을 정비해야 한다.[149)

셋째, 송달협약 가입 시 유보했던 간이한 송달방법에 대한 이의를 완화하는 방안을 검토할 필요가 있다. 송달협약 가입 시에는 우리나라가 송달협약에 따른 사법공조의 경험이 별로 없었기에 조심스러운 태도를 취할 필요가 있었지만, 그 후 20여 년 동안 상당한 경험을 축적한 이제는 더 전향적인 태도를 취할 필요가 있다. 특히 이메일과 같은 현대적 통신수단이 송달협약 제10조 a호의 우편에 의한 송달과 결합하여 전자우편메일서비스(electronic postal mail services)의 형태로 발전하고 있음을 주목해야 하고 우리도 그런 송달수단을 사용할 수 있는 길을 열어둘 필요가 있다.[150)

---

147) 이태희, 780면은 미국, 일본과의 양자조약을 체결하는 데 대해 다소 부정적이다.
148) 물론 상대국이 송달협약의 체약국인 때에는 그에 따라 적절히 수정되어야 할 것이다.
149) 실무적인 지침에서는 송달협약의 운영과정에서 특별위원회가 제시한 여러 가지 실무적인 권고 등이 적절히 반영되어야 한다. 예컨대 요청서에 중앙당국이 수령 당시 기일이 지난 경우의 처리방법을 기재한다든가, 당사자의 권리·의무에 영향을 미칠 수 있는 서류임을 경고하고 법률구조 또는 조언을 구할 수 있는 기관을 기재한 통지서를 첨부하는 등의 실무적인 처리를 명확히 해야 한다.
150) Handbook (Service), Annex 8, para. 34 이하 참조.

제3절 증거조사에 관한 국제민사사법공조:
증거협약을 중심으로

Ⅰ. 머 리 말

정부는 2009. 12. 14. 네덜란드 정부에 1970년 "민사 또는 상사의 해외증거조사에 관한 협약"("증거협약") 가입서를 기탁함으로써 한국은 50번째 체약국이 되었고 증거협약은 조약 1993호로 2010. 2. 12.부터 한국에서 발효하였다.[1] 우리나라는 1997년 8월 헤이그국제사법회의에 가입하였고 송달협약은 2000. 8. 1. 발효하였는데, 증거협약에 가입으로써 송달과 증거조사('증거수집'이라고도 한다)라고 하는 협의의 국제민사사법공조를 위한 법적 기초를 구축하게 되었다. 여기에서는 증거협약의 주요내용과 정부의 조치를 언급하고, 증거협약의 강행성(배타성)을 살펴본 뒤 장래과제(사적 증거조사 포함)를 설명한다.[2]

Ⅱ. 과거 우리나라의 증거조사공조

민사소송법 제296조는 제1항은, 외국에서 시행할 증거조사는 그 나라에 주재하는 대한민국 대사·공사·영사 또는 그 나라의 관할 공공기관에 촉탁한다고 규정한다.[3] 민사공조법은 외국으로의 사법공조촉탁(제2장)과 외국으로부터의 사법공조촉탁(제3장)으로 나누어 증거조사의 처리절차를 규정하고, 하위규범으로는

---

* 제7장 제1절에 정리한 인용약어는 여기에서도 동일하게 사용한다.

1) 증거협약의 영문본과 국문번역본은 2010년 2월 16일 관보 17196호(4면 이하)에 게재되었다. 실제로 증거협약에 따라 증거조사에 관한 사법공조가 이루어진 사건이 있다. 2011러115 사법공조 증거조사사건이 그것이다. 이는 미국에서 진행중인 LG와 월풀 간의 소송과 관련하여 한국 소재 증인신문을 위한 사법공조였다. 양 당사자는 한국에서의 증인신문을 위해 한국 변호사를 소송대리인 또는 증인신문을 위한 대리인으로 각 선임하였고, 증언의 전문을 기재한 逐語的 調書(또는 녹취록)(*verbatim* transcripts of testimony)를 작성하여 요청당국인 미국 법원으로 송부하였다고 한다. 베트남도 증거협약에 가입하여 2020. 5. 3. 베트남에서 발효되었다.

2) 상세는 석광현, 증거조사 참조. 이하는 이 책을 축약한 것인데 주는 대폭 생략하였다. 다른 국내 문헌으로는 배형원 외, 94면 이하 참조(이는 증거협약을 '증거조사협약'이라고 한다).

3) 제296조 제2항은, 외국에서 시행한 증거조사는 그 나라의 법률에 어긋나더라도 민사소송법에 어긋나지 아니하면 효력을 가진다고 규정한다.

'국제민사사법공조규칙'과 '국제민사사법공조 등에 관한 예규'가 있다. 종래 우리 법원의 증거조사공조는 민사공조법에 따르는데, 민사공조법은 외교상의 경로를 통한 관할법원에의 촉탁방법, 즉 간접실시방식을 고수함으로써 많은 시간과 비용 을 요하는 한계가 있다. 민사공조법(제6조)에 따르면 외국에 있는 증거조사를 하 기 위하여는 외국으로의 촉탁을 하고자 하는 재판장이 속하는 법원의 장은 법원 행정처장에게 촉탁서 기타 관계서류("촉탁서 등")를 송부할 것을 요청하여야 하고, 법원행정처장은 외교부장관에게 촉탁서 등을 외교상의 경로를 통하여 수탁기관으 로 송부할 것을 의뢰하여야 한다.[4] 그러나 외국은 우리 법원의 촉탁에 따를 의무 가 없으므로 민사공조법만으로는 실효성이 없거나 제한적이다.

증거협약이 적용되지 않는 국가와의 사이에서는 증거조사공조는 여전히 민 사공조법에 의한다.

Ⅲ. 증거협약의 주요내용

여기에서는 증거협약의 주요 내용을 살펴본다.[5]

1. 증거협약의 배경과 목적

전통적으로 영미법계에서는 강제력을 수반하지 않는 증거조사는 당사자와 변호사의 일인 탓에 법원의 개입은 제한적이므로 증거조사는 원칙적으로 외국의 주권에 대한 침해가 아니다. 반면에 대륙법계에서는 증거조사는 법원이 주도하는 주권적 활동이므로 법원이 다른 국가에서 직접 증거조사를 하는 것은 주권침해로 서 허용되지 않으며 이를 위해서는 다른 국가의 사법기관의 협력이 필요하다. 즉 영미법계에서는 '당사자주의(adversarial or adversary system)' 또는 대립당사자주의 가 타당하나 대륙법계에서는 '직권주의(inquisitorial system)'가 타당하다(우리 민사

---

[4] 다만 증인신문을 받을 자가 한국 국민으로서 영사관계에 관한 비엔나협약에 가입한 외국에 거주하는 경우 외국 주재 한국의 대사·공사 또는 영사에게 촉탁할 수 있다(민사공조법 제5 조 제2항 제1호).

[5] 증거협약에 대한 공식보고서는 "Explanatory Report on the Convention by Mr. Ph. W. Amram"을 가리킨다. 이하 "Amram 보고서"라 인용하고 http://hcch.e-vision.nl/upload /expl20e.pdf에서 출력한 동 보고서의 면수를 인용한다. Amram 보고서는 Handbook (Evidence), Annex 3(pp. 187-219)에 수록되어 있다.

소송법은 양자를 절충한다).6) 국제민사사법공조의 필요성은 일찍부터 국제적으로 인식된 탓에 다양한 조약이 채택되었는데, 증거조사에 있어서 가장 중요한 증거협약은 이런 대립을 극복하기 위한 것이다.

미국은 증거조사에서의 기존 공조방식, 즉 1954년 민사소송협약에 따른 요청서 방식의 결함을 지적하고 그 개선을 헤이그국제사법회의에 제안하였다. 그에 따라 특별위원회는 증거협약의 초안을 성안하였고 헤이그국제사법회의는 1968년 개최된 제11차 회기에서 최종안을 채택하였다. 증거협약은 1970. 6. 1. 서명을 위하여 개방되었고 1972. 10. 7. 발효하였다. 2023. 6. 23. 현재 미국, 중국 등 66개국이 증거협약의 체약국이다.

증거협약은 기존의 요청서(letter of request, *commission rogatoire*, 또는 촉탁서. 이하 양자를 호환적으로 사용한다)7) 제도를 유지하면서 그 현대화를 목표로 하였는데, 주요 개선점은 언어에 관한 새로운 규칙, 수령기관인 중앙당국 개념의 도입, 증인의 특권과 면책에 관한 조항, 증인의 국적에 따른 영사의 권한의 차별화, 증거조사의 기법으로서 선택에 따라 수임인(commissioner)의 사용을 승인한 것 등이다. 그러나 미국에 대한 관계에서는 이러한 목적은 충분히 달성되지 못하였고 결국 사법마찰(司法摩擦)(Justizkonflikt)을 초래하였다.

2. 증거협약의 구성

증거협약은 전문(前文)과, 아래와 같은 3개장 42개조의 본문으로 구성된다.

제Ⅰ장 요청서 방식에 의한 증거조사(제1조 – 제14조)
제Ⅱ장 외교관, 영사관원 및 수임인에 의한 증거조사(제15조 – 제22조)
제Ⅲ장 일반규정(제23조 – 제42조)

증거협약이 규정하는 증거조사 방법은 첫째, 제Ⅰ장에서 규정하는 요청서 방식과 둘째, 제Ⅱ장에서 규정하는 외교관, 영사관원8) 및 수임인에 의한 방식 두 가

---

6) 상세는 사법정책연구원, 당사자주의와 직권주의가 조화된 적정한 재판운영(2019), 13면 이하 참조. 이는 민사소송에 관여할 권능과 책임을 중심으로 또는 소송의 실체와 절차에 관한 주도권 배분을 중심으로 구분한다.

7) 여기에서는 요청서와 촉탁서, '촉탁'과 '요청'을 호환적으로 사용한다. 협약의 국문본을 보면 송달협약은 '요청서', 증거협약은 '촉탁서'라는 용어를 사용하여 일관성이 없다.

8) 일반적으로 국제법상 영사는 외교관과는 구별되는데, 영사의 기능은 일반적으로 파견국과 그

지이다. 전자는 전통적인 간접실시방식이고, 후자는 증거협약에 의하여 도입된 직접실시방식이다.

3. 증거협약의 적용범위

가. 민사 및 상사

증거협약은 송달협약처럼 민사 또는 상사에만 적용되나(제1조), 증거협약은 역시 송달협약처럼 '민사 또는 상사'의 개념을 정의하지 않는다. 이는 1905년 및 1954년 민사소송협약 기타 헤이그국제사법회의의 다른 협약의 역사적 전통에 부합한다. 그 결과 영미법계에서는 형사만을 제외하는 데 반하여, 독일에서는 형사는 물론 행정, 조세 등의 공법상의 사건도 증거협약의 적용범위로부터 제외된 것으로 본다.9)

1989년 개최된 헤이그국제사법회의 특별위원회는 송달협약에 관하여 ① 민사 또는 상사의 개념은 특정 체약국의 국내법이 아니라 협약의 독자적인 해석에 의해 결정되어야 하고,10) ② 애매한 분야에서는 가능한 한 넓게 해석할 것이나, ③ 대부분의 국가에서 공법 분야로 인정되는 사건, 특히 조세사건은 제외되지만, ④ 그 경우에도 체약국에 의한 송달협약과 증거협약의 적용을 금지하는 것은 아니라는 견해를 채택하였다.11) 이는 원칙적으로 증거협약에도 타당하다. 다만 송달협약의 경우 요청을 받은 당국은 외국에서 제기된 소에 관하여 피고에게 단순한 정보의 전달만을 담당하는 데 반하여, 증거협약의 경우 요청을 받은 당국은 외국의 소송을 위하여 증거조사라는 적극적인 행위를 할 것을 요청받는다는 이유로 송달협약에서는 민사 및 상사의 개념을 더 넓게 해석할 수 있다는 견해도 있고

국민의 이익보호, 경제적 관계와 문화적 관계의 증진, 여권과 비자 발급, 파견국 국민의 재산 관련 행정, 출생, 사망, 혼인신고 접수, 파견국 소속 선박과 항공기의 감독 등을 포함한다. 이 점에서 영사는 외교관과는 달리 행정적·기술적 문제에만 관여한다고 설명한다. 김대순, 566-567면.

9) 독일의 민사사법공조규칙(ZRHO) 제2조 참조.

10) 그러나 영국 귀족원의 Re State of Norway's Application [1990] 1 AC 723 사건에서 Lord Goff 대법관은 영국 이행법률에 나타난 "민사 또는 상사"라는 용어가 "국제적으로 승인될 수 있는 의미를 참조하여 해석될 수 없다"라고 주장하며 요청국(노르웨이)과 피요청국(영국)의 법을 조합하여 적용하는 견해를 취한 바 있다(다른 대법관들도 그에 동의하였다). Handbook (Evidence), para. 51, Fn. 75.

11) Handbook (Service), para. 62. 증거협약에 관하여는 2020년 Practical Handbook이 있고 현재 제5판의 작성 작업이 진행 중이다.

일부 체약국의 실무가 그런 태도를 취하고 있지만, 특별위원회는 양 협약을 일관되게 해석할 것을 권고하였다.[12] 징벌배상(punitive damages)도 대등한 사인 간의 사적 권리 및 법률관계의 확정을 목적으로 하므로 징벌배상의 지급을 구하는 사건도 민사로 볼 수 있다.[13] 독일에서는 논란이 있으나 미국에서는 이를 민사로 본다.[14] 그러나 피해자가 아니라 국가 또는 주에게 징벌배상의 지급을 명하는 미국 재판은 민사 및 상사판결이 아니라고 볼 수 있다. 이는 미국 연방독점금지법에 따른 3배배상(treble damages)의 경우도 같다.

증거협약의 해석상 가사는 민사에 포함된다. 이 점은 송달협약과 같다.[15]

송달협약에서 보았듯이 적용범위와 관련하여 증거협약의 강행성(배타성)의 문제가 제기된다. 즉 어느 체약국이 다른 체약국의 영토 내에 소재하는 증거를 수집하는 경우 반드시 협약에 따라야 하는지 아니면 법정지국의 국내법에 따라 증거를 수집할 수 있는지의 문제이다. 이는 뒤의 라.에서 논의한다.

나. 증거의 획득 또는 기타 사법적 행위의 이행

민사 또는 상사에 있어서 체약국의 사법당국(judicial authority)은 자국법의 규정에 따라서 다른 체약국의 권한 있는 당국에 요청서로써 증거의 획득이나 수집(또는 조사) 또는 기타 사법적 행위의 이행을 요청할 수 있다(제1조 제1항).

---

12) Handbook (Evidence), para. 52; 2014년 특별위원회 결론과 권고, para. 40 참조.

13) 배형원 외, 103면도 동지. 송달이나 증거조사 공조의 단계에서 징벌배상의 지급을 구하는 소를 민사로 이해하여 사법공조를 제공하였더라도 후에 징벌배상을 명하는 외국판결이 우리의 공서에 반하는 것으로 보아 승인 및 집행을 거부할 수 있는데, 종래 독일에서는 징벌배상을 구하는 소장의 송달은 허용하면서도 징벌배상의 지급을 명하는 판결의 승인은 원칙적으로 거부하였다.

14) 참고로 미국 연방대법원의 Browning-Ferris Industries v. Kelco Disposal, 492 U.S. 257, 262 (1989) 사건 판결은, 잔인하고도 비정상적인 형벌을 금지하는 미국 수정헌법 제8조는 형사소추와 처벌에 적용되고 사인 간의 징벌배상에는 적용되지 않는다고 판시하였다. 독일 학설은 Hanno Merkt, Von Monstern und komischen Vögeln: Kritische Anmerkungen zur Zustellung US-amerikanischer punitive damages-Klagen in Deutschland, Festschrift für Dieter Leipold (2009), S. 266ff. 참조.

15) 예컨대 1980년 아동탈취협약에 따른 반환 신청, 1996년 아동보호협약에 따른 아동 보호를 위한 광범위한 민사 조치, 2007년 양육비협약이 적용되는 다양한 요청 등 다른 헤이그협약이 적용되는 절차에서 해외 증거조사를 요청할 수 있다. 구체적으로 가족법 사건에서 친자관계를 확인하기 위한 목적으로 혈액 샘플 및 기타 생체 시료(구강상피세포 등)를 채취하기 위하여 촉탁서가 사용되기도 한다. 특별위원회는 혈액검사의 실시가 협약의 범위에 속하는 것임을 확인한 바 있다. Handbook (Evidence), para. 62.

증거협약은 '증거의 조사(또는 수집)'를 정의하지 않으나, 제3조 e호, f호와 g
호를 보면 사람에 대한 신문과 그들에 대한 질문의 제기 및 서류와 기타 재산의
검증 등이 포함됨을 알 수 있다.

증거는 이메일 메시지, 디지털 이미지, 전자 등록부의 항목 등 디지털 형태로
저장된 정보(전자증거)를 포함한다. 현대 디지털 경제에서는 많은 정보가 디지털
형태로 생산되고 저장되고 있으며 많은 체약국은 국내법상 이러한 정보를 소송에
서 증거로 사용할 수 있도록 규정한다. 따라서 전자증거에 대한 촉탁서는 계속 증
가할 것인데, 특별위원회는 전자적으로 저장된 정보에 대한 요청을 하드카피 문
서에 대한 요청과 동일한 방식으로 처리할 것을 추천하였다.[16]

증거의 개념은 '모색적 증명'의 문제와 관련된다. 즉 '증거(evidence)'가 과연
변론에서 주장을 증명하거나 반증하는 자료라는 의미의 엄격한 증거에만 한정되
는지, 아니면 그 자체로서는 증거가 아니지만 허용되는 증거의 발견에 이를 수 있
는 자료를 찾기 위한 '개시(discovery)'(영국에서는 disclosure)도 증거의 획득에 포함
되는지는 논란이 있는데, 증거협약상 증거라 함은 일차적으로 전자를 염두에 둔
것이다. 뒤(Ⅲ. 7.)에서 보듯이 증거협약 제23조가 기일 전 개시에 대하여 거부선
언을 허용하는 배경에는 이러한 증거와 개시의 개념적 구별이 자리잡고 있다.

요청서는 이미 개시되었거나 예정된 소송절차에서 사용할 의도가 없는 증거
를 취득하는 데 사용되어서는 아니 된다(제1조 제2항). 증거협약 제3조는 요청서에
소송당사자의 성명 및 주소와, 관련 소송절차의 성격 및 그에 관한 모든 필요한
정보를 기재하도록 함으로써 이러한 요건을 보완한다. 그러나 소송이 이미 계속
중이어야 하는 것은 아니며 죽음에 임박한 증인의 신문과 같은 증거보전절차
(Beweissicherungsverfahren)의 목적을 위한 증거조사도 허용된다.[17]

증거협약 제1조 제1항이 언급하는 '기타 사법적(司法的) 행위(some other ju-
dicial act)'라는 표현은 1954년 민사소송협약(제8조)으로부터 온 것인데, 이는 체약
국의 수소법원의 사물관할 내에 속하는 사항이라 직접 행위를 할 수 있지만 다른
체약국의 사법고권에 의한 제약으로 인하여 직접 할 수 없는 행위를 말한다. 예컨
대 출생증명서 사본의 확보, 공부 등본의 획득과 재산의 임시관리인의 선임이 포

---

16) 2009년 특별위원회 결론과 건의 번호 50 참조. Handbook (Evidence), para. 63.

17) 이 점은 보고서, para. 26; Handbook (Evidence), para. 68 참조. 영미에서는 'perpet-
 uation of testimony(증언의 영속화)'가 이에 해당한다. 독일에서는 독립적 증거절차
 (selbständiges Beweisverfahren)라고 한다. 독일 민사소송법 제485조 제1항 참조.

함될 수 있는지가 논의되었는데, 일부 국가에서는 이들이 포함되는 것으로 이해
하나, 영국에서는 공부 등본의 획득은 사법적 행위가 아니라고 한다. 반면에 재판
상 서류의 송달, 판결이나 명령을 집행하기 위한 서류의 발부, 또는 임시조치 내
지 보호조치를 위한 명령은 포함되지 아니한다(제1조 제3항). 서류의 송달과 판결
의 집행을 제외한 것은 그들이 별도로 송달협약의 대상이기 때문이고, 임시조치
등을 제외한 것은 관할권을 가지는 법원의 재량을 수반하는 것으로서 국내의 법
령과 절차에 따르는 사항이기 때문이다.

또한 문제 된 행위는 '사법적(司法的)' 행위여야 한다. 만일 요청서의 집행(또
는 실시)이 집행국에서 사법부의 직무범위 안에 속하지 않으면 수탁국은 집행을
거부할 수 있다(제12조 제1항 a호).

다. '외국에서의' 증거의 조사 또는 기타 사법적(司法的) 행위의 이행

증거협약은 증거조사가 외국에서 행해지는 경우 적용된다. 이는 송달협약이
해외로 송달하는 경우에 적용되는 것과 유사하나,[18] 송달협약(제1조 제1항)은 "이
협약은 … 문서를 해외에 송달하는 모든 경우에 적용된다(The present Conven-
tion shall apply in all cases, in civil or commercial matters, where there is occasion to
transmit … a document for service abroad)"라고 함으로써 이 점을 명시하는 점에서
증거협약과 다르다. 즉 증거협약 제1조는 단순히 " … 체약국의 사법당국은 … 다
른 체약국의 권한 있는 당국에 요청서로써 증거의 획득 … 을 요청할 수 있다(…
a judicial authority of a Contracting State may … request the competent authority of
another Contracting State, by means of a Letter of Request, to obtain evidence …)"라
고만 규정한다. 그의 정확한 범위에 관하여는 아래에서 보듯이 논란이 있다.

라. 증거가 외국에 있는 경우 증거협약의 강행적 적용 여부

증거가 외국에 있는 경우 증거조사에 대하여 증거협약이 강행적으로 적용되
는지에 관하여는 종래 논란이 있다. 그 경우 국내법에 따른 증거조사를 할 수 있
는지, 아니면 증거협약을 강행적으로 적용하여야 하는지가 문제 되고,[19] 만일 증

---

18) 미국 연방대법원은 Volkswagenwerk Aktiengesellschaft v. Schlunk 사건 판결, 486 U.S.
694 (1988)에서 독일 자회사에 대한 송달이 모회사에게 미국 내에서 행해졌으므로 외국으로
의 송달에 적용되는 송달협약은 적용되지 않는다고 판시하였다. 상세는 앞(제2절 III. 3.) 참조.
19) Handbook (Evidence), para. 19 이하 참조. 송달협약의 경우 강행성은 없으나 배타성이 인

거협약의 '강행성(mandatory character)'('배타성'이라고도 한다)을 부정한다면 증거협약과 국내법 간의 우열(즉 협약을 우선시킬지의 문제)과 어떤 기준에 따라 국내법을 적용할지가 문제 되는데, 이 점은 1980년대 미국과 유럽 간의 '사법(司法)마찰(Justizkonflikt)'의 한 원인이 되었다. 이를 다룬 것이 뒤(V.1.)에서 소개하는 미국 연방대법원의 1987년 *Aérospatial* 사건 판결[20]이다.

4. 요청서에 의한 증거조사(제 I 장)

민사 또는 상사에 있어서 체약국의 사법당국은 다른 체약국의 권한 있는 당국에 요청서로써 증거의 획득 또는 기타 사법적 행위의 이행을 요청할 수 있다(제1조 제1항). 이는 전통적인 간접적 증거조사방법(또는 간접실시방식)이다. 요청서를 발행할 수 있는 것은 촉탁국의 '사법당국(司法當局. judicial authority)'에 한정되나 증거협약은 '사법(司法)'을 정의하지 않는다. 미국의 기일 전 개시절차는 당사자 및 그들의 변호사들에 의하여 이루어지므로 당사자 또는 그의 변호사가 증거협약상의 요청당국이 될 수 있다.[21]

가. 중앙당국

전통적인 외국에서의 증거조사 방법은 '권한이 있는 당국(competent authority)'을 통한 요청서에 따른 증거조사이다. 증거협약은 송달협약을 따라 '중앙당국(central authority)'이라는 개념을 도입하였다. 중앙당국제도는 증거협약이 요구하

정되는 데 반하여, 증거협약의 경우 배타성은 인정되지 않는다. 이는 증거협약이 송달협약과 달리 "모든 경우에" 적용된다는 문언을 사용하지 않기 때문이다. Handbook (Evidence), para. 20. 다만 1989년 특별위원회는 체약국이 가사 배타성을 인정하지 않더라도 '협약 우선 원칙(principle of first resort)'을 권고하였다. Handbook (Evidence), para. 25. 이는 아래에서 언급하는 '협약 우선 접근방법(Convention first approach)'을 말한다. 이렇게 이해한다면 위에서 배타성 대신 강행성으로 논의하는 것이 일관성이 있는지는 의문이다. 논리적으로는 이처럼 배타성을 부정한다면 강행성을 인정할 의미가 없다고 본다.

20) 482 U.S. 522; 107 S.Ct. 2542 (1987).

21) Schack, Rn. 713. 저자로서는 당사자까지 사법당국이라고 보는 것은 주저된다. 그러나 Handbook (Evidence), para. 170은 아래의 취지로 설명한다. "증거협약은 촉탁서를 해외로 발송하는 방법을 명시하지 않으므로 이는 요청국의 법률에 맡겨져 있는데, 일반적으로 두 가지 모델이 있다. 일부 체약국에서는 촉탁 당국이 촉탁서를 직접 해외로 발송하거나 신청인(또는 그 대리인)이 해외로 발전송하는 것을 허용하고, 일부 체약국의 경우 촉탁서는 먼저 중앙당국에 전송되고 중앙당국이 촉탁서를 해외로 발송한다".

는 규범이며 최소한의 의무이므로 각 체약국은 중앙당국을 지정하여야 한다.[22)] 중앙당국을 통한 공식적인 사법공조방식에 의한 증거조사의 경우 수탁국이 강제력을 행사할 수 있다는 장점이 있다. 각국은 자국법에 따라서 중앙당국을 조직한다(제2조 제1항).[23)] 중앙당국은, 요청서의 수령기관(receiving authority)이지 발송기관(forwarding authority)이 아니다.

촉탁국이 어느 기관을 발송기관으로 할지는 증거협약이 규율하는 사항이 아니므로 각 체약국은 그의 판단에 따라 중앙당국으로 하여금 발송기관의 역할을 겸하도록 할 수 있으며, 제2조 제2항은 요청서가 수탁국의 중앙당국에 이르는 과정에서 수탁국의 다른 기관의 개입을 금지할 뿐이다. 이를 명시한 것은 특히 요청서의 송부과정에서 많은 시간을 요하고 낭비적인 외교경로의 개입을 철저히 배제하기 위한 것이다.

나아가 증거협약은 요청국의 사법당국이 외국의 중앙당국에 요청서를 전달하는 경로를 규정하지는 않으므로 요청국의 법원이 요청서를 자국의 변호사에게 주고 그가 집행국의 변호사에게 주어 후자가 중앙당국에 전달하는 것도 가능하다고 한다.

요청당국은 수탁국의 중앙당국으로 송부해야지 실제 집행을 담당할 당국으로 송부할 것은 아니다. 이렇게 함으로써 요청당국이 집행국의 법원조직을 제대로 이해하지 못하여 잘못된 당국으로 요청서를 송부하는 것을 피할 수 있다.

체약국은 중앙당국 외에 기타 당국을 지정할 수 있고, 기타 당국의 권한 범위를 정할 수 있으나, 요청서는 모든 경우에 중앙당국으로 송부될 수 있다(제24조). 이는 송달협약(제18조)을 본받은 것인데, 체약국이 기타 당국을 지정하고 그에게 요청서의 수령권한을 부여하면 결국 촉탁국은 중앙당국과 그 기타 당국에게 요청서를 송부할 수 있는 선택권을 가지게 된다. 연방국가는 2개 이상의 중앙당국을 지정할 수 있다(제24조 제2항).

---

22) Amram 보고서, p. 6. 이런 의미에서 증거협약은 국제사법공조를 위한 최소한의 기준(minimum standards)을 정한 것이라고 한다.
23) 미국의 중앙당국은 법무부이다. 우리나라의 중앙당국은 법원행정처이다.

나. 요 청 서[24]

(1) 요청서의 기재사항

요청서에 신문받을 자를 특정하고 신문사항 등 증거협약(제3조)이 정한 사항을 기재하여야 한다. 송달협약과 달리 증거협약은 요청서의 표준양식(또는 모델양식. model form)을 규정하지 않으나, 1978년에 특별위원회는 요청서의 모델양식을 작성하여 사용을 권고하였고, 이는 1985년 특별위원회에서 일부 수정되었다.[25] 증거협약은 요청서를 2부 작성할 것을 요구하지 않으나, 2부를 송부하여 집행국의 중앙당국이 1부를 보관할 수 있도록 하는 것이 편리하다.

(2) 요청서의 언어 기타 번역문

원칙적으로 요청서는 수탁 당국의 언어로 작성되거나 또는 그 언어로 된 번역문이 첨부되어야 한다(제4조 제1항). 그러나 체약국은 제33조에 의하여 협약의 서명, 비준 또는 가입 시에 언어에 대한 유보를 할 수 있다(제33조 제1항). 실제로 우리나라는 제33조 및 제4조 제2항에 따라 한국어 및 영어 촉탁서를 접수한다고 선언하고, 한국어 번역문이 첨부되지 않은 촉탁서의 집행은 지체될 수 있고 또한 한국어 및 영어 이외의 언어로 된 촉탁서만을 접수하는 국가에 대하여서는 한국어 촉탁서만을 접수한다는 취지의 선언을 하였다.

번역문은 어느 한 국가의 외교관이나 영사관원, 선서한 번역자 또는 그 국가에서 그러한 권한이 부여된 자에 의하여 정확하다고 증명되어야 한다(제4조 제5항). "그러한 권한이 부여된 자"라고 하므로, 미국처럼 선서한 또는 공적인 번역관 제도를 가지고 있는 국가의 경우 능력과 자격을 구비하여 당해 국가의 당국이나 법원에서 승인되고 있는 번역자들이 번역의 정확성을 증명할 수 있다. 우리나라에도 선서한 또는 공적인 번역관제도가 없으므로 실무적으로 우리나라가 외국으로 보내는 요청서의 영문번역문의 작성주체가 문제 된다. 현재 우리나라에서 행해지고 있는 이른바 '번역공증'은 단지 공증인 앞에 나타난 자가 번역하였음을 증명하는 것일 뿐 그가 한 번역의 정확성을 증명하는 것은 아니므로 적절하지 않다. 송달에서 본 바와 같이, 법원으로서는 번역문에 대해 공증인 또는 합동법률사무

---

24) 이는 letter of request의 번역인데, 증거협약의 국문번역은 이를 '촉탁서'라 한다. 반면에 송달협약의 국문번역은 '요청서'라고 하는 점은 위에서 언급하였다.

25) 표준양식과 작성 요령은 Handbook (Evidence), Annex 4 Recommended Model Form (with Instructions for Completion) 참조.

소의 인증을 받도록 하고 번역인을 표시하도록 하는 등 번역의 정확성을 기할 필요가 있을 것이다.

다. 요청서에 대한 이의

요청서를 수령한 중앙당국은 요청서가 증거협약의 규정에 부합하지 아니한다고 판단하는 경우 이의를 명시하여 이를 송부한 촉탁국의 당국에 신속하게 통지하여야 한다(제5조). 예컨대 분쟁의 대상이 민사 또는 상사가 아닌 경우, 요청서가 '사법'당국으로부터 유래하지 않은 경우, 요청서가 제3조에 따라 요구되는 정보를 포함하지 않거나 제4조의 언어요건을 구비하지 않은 경우 등이 그런 예이다. 이 경우 수탁국은 이의를 명시하여 통지하면 족하고 요청서를 촉탁국으로 반송하여야 하는 것은 아니다.

라. 요청서의 집행의 거부

요청서가 증거협약의 규정에 부합하면 중앙당국은 두 가지 사유 중 하나가 있는 경우에 한하여 그 집행을 거부할 수 있다. 첫째, 집행국에서 요청서의 집행이 사법부의 직무범위 내에 속하지 아니하는 경우와 둘째, 요청을 받은 국가가 자국의 주권이나 안보(안전)가 요청의 집행에 의하여 침해될 것으로 판단하는 경우이다(제12조 제1항).[26] 반면에 집행국이 국내법상 소송물(subject-matter of the action)에 대하여 전속관할권을 주장하거나 집행국의 국내법이 그 소송물에 대하여 소송을 허용하지 아니한다는 이유만으로는 집행 거부사유가 되지 않는다(제12조 제2항). 송달협약의 경우와 마찬가지로 주권 또는 안보에 대한 침해는 공서위반보다 더 좁은 개념이다.

요청서가 집행되지 아니한 경우 수탁 당국은 촉탁 당국에 원래의 전달경로와 동일한 경로를 통하여 집행되지 않았음과 그 사유를 즉시 통지하여야 한다(제13조 제2항).

---

26) 흥미로운 것은, 일부 체약국의 국내법은 주권 또는 안보에 대한 침해 여부를 판단함에 있어 수탁 당국이 체약국 행정기관의 입장을 고려하거나 따를 것을 요구하는 점이다. 예컨대 영국의 1980년 무역이익보호법(제4조)은 촉탁서의 집행이 영국의 주권을 침해한다는 취지로 담당 내각장관이 서명한 증명서를 해당 사실의 결정적 증거로 규정한다.

마. 요청서의 집행

중앙당국은 요청서를 수령하면 이를 집행권한 있는 당국에 전달하여야 한다. 요청서가 집행권한이 없는 당국에 잘못 송부된 경우, 이는 집행권한이 있는 당국에 지체없이 송부되어야 한다(제6조). 증거협약(제9조)은 집행국의 사법당국이 촉탁서를 집행할 것으로 상정한다. 대부분의 집행국에서 이러한 기관은 판사 또는 기타 법원 공무원(court officials)이다. 전형적으로 보통법 국가에서는 촉탁서는 법원이 임명하는 심사관 또는 증인신문관(examiner)이 집행하는데 이러한 심사관을 임명하는 것은 촉탁 당국의 동의를 조건으로 한다.[27]

증거협약은 촉탁국의 소송절차의 관계자(제7조)와 촉탁국의 법관 등(제8조)이 수탁국의 증거조사에 출석할 수 있는 권리를 규정한다. 촉탁 당국이 요청할 경우 소송절차가 진행될 일시 및 장소를 통지해야 하고, 당사자나 그들의 대리인에게 직접 통지를 송부하여야 한다(제7조). 중앙당국으로서는 요청서를 집행법원에 송부하면서 제7조의 통지를 직접 촉탁 당국에 할 것을 집행법원에 요구하는 것이 편리할 것이다.

많은 경우 당사자와 달리 외국 법관의 출석은 주권에 관련되므로 원칙적으로 촉탁 당국의 법관과 법원직원은 요청서의 집행 시 출석할 수 없고, 다만 체약국이 그것이 가능하다고 선언한 경우에만 가능하며, 그 경우 선언국이 지정하는 당국의 사전승인을 받을 것을 요구할 수 있다(제8조). 촉탁 당국 법관과 법원직원의 출석은 직접심리주의를 가능하게 하기 위한 장치이다. 사전승인을 할지 여부는 전적으로 집행국이 결정할 사항이다.

제8조와 관련하여 우리나라는 다른 체약국의 촉탁 당국의 법관 또는 법원직원은 법원행정처의 사전승인을 받아 요청서의 집행 시 출석할 수 있다는 취지의 선언을 하였다. 증거협약은 출석한 자의 참여의 정도를 명시하지 않고 이를 각 체약국에게 맡기고 있는데, 요청서의 집행 시 출석한 촉탁 당국의 법관과 법원직원의 신문의 가부에 관하여는 제9조에 따라 결정할 사항이라는 견해와, 신문을 허용할 것이라는 견해 등이 있다. 또한 이때 외국 변호사가 한국 법정에 출석하여 증인신문을 할 수 있는지도 논란이 있는데, 우리 법원의 통제하에 하는 것이므로 한

---

[27] Handbook Evidence, para. 208. 이에 따르면 일반적으로 심사관은 법률사무에 종사하는 변호사(private legal practitioner)인데, 미국의 경우 중앙당국인 법무부 내의 변호사에 의하여 요청서가 집행된다고 한다.

국 변호사가 주도적인 역할을 한다면 보충적 신문을 허용하는 것이 바람직하다. 이러한 사례에서 보듯이, 앞으로 우리 법원이 요청서를 집행하는 과정에서 다양한 문제점이 제기될 것으로 예상되므로 이에 적절히 대비할 필요가 있다.

바. 요청서의 집행의 준거법과 강제력의 사용
(1) 요청서의 집행의 준거법

요청서의 집행은 원칙적으로 수탁국법이 정한 방식과 절차에 따른다(제9조 제1항). 따라서 증거조사는 증거방법의 종류에 따라 민사소송법 기타 우리 법이 정한 방식과 절차에 의한다.[28] 증인이 의무를 위반한 데 대한 제재도 수탁국법에 따라 부과된다(제10조). 이러한 원칙은 수탁국의 법관에는 매우 편리하지만, 만일 수탁국법에 따른 증거조사의 결과가 촉탁국법상 무의미하다면 요청서의 집행은 무의미하게 되므로 딜레마가 발생한다. 이에 증거협약은 예외를 인정하여, 수탁국의 사법당국은 촉탁 당국이 요청하는 특별한 방식 또는 절차에 따를 수 있도록 허용한다(제9조 제2항). 이 경우 수탁국은 촉탁국이 요청한 특별한 방식을 사용함으로써 발생한 비용의 상환을 청구할 수 있다(제14조 제2항). 그러나 특별한 방식 또는 절차는 첫째, 수탁국의 국내법에 저촉되거나 둘째, 국내의 관행·절차 또는 현실적 어려움 때문에 이행(또는 집행)될 수 없는 경우에는 허용되지 않는다(제9조 제2항). 이를 부연하면 아래와 같다.

첫째, 국내법에 저촉되는 것은 단순히 국내법과 상이한 것으로는 부족하고, 그것이 헌법상 금지되거나 또는 절대적인 법령상 금지되는 것을 말한다. 이는 선서, 조서의 작성 또는 영미 법원이 요구하는 증인의 교호신문제와 증언의 전문을 기재하는 축어적(逐語的) 조서(또는 녹취록)(*verbatim* transcripts of testimony, Wort-protokoll)의 작성에서 보듯이 촉탁국법상 증거조사가 특정한 방법으로 이루어질

---

28) 다만 여기의 방식 및 절차가 증거조사의 방식과 절차만을 말하는지 아니면 본안과의 관련성 등과 같은 증거의 채택요건도 포함하는지는 논란이 있다. 증거신청의 채택 여부를 규정한 우리 민사소송법 제290조는 "법원은 당사자가 신청한 증거를 필요하지 아니하다고 인정한 때에는 조사하지 아니할 수 있다. 다만, 그것이 당사자가 주장하는 사실에 대한 유일한 증거인 때에는 그러하지 아니하다"라고 규정하므로, 만일 이를 긍정한다면 수탁국인 우리나라가 증거의 채택요건을 심사할 수 있다는 것이 된다. 배형원 외, 136면 이하는 긍정설과 부정설을 소개한다. 촉탁서의 집행 거부사유를 규정한 증거협약 제12조에 비추어 명백한 착오가 있는 경우와 같은 예외를 제외한다면 원칙적으로 부정설이 타당하다. 예외적인 경우 촉탁국과 협의하여 해결할 필요가 있다.

것을 요구하는 경우 중요한 의미를 가진다. 교호신문제와 축어적 조서의 작성은 전통적으로 대륙법상 허용되지 않는데, 축어적 조서의 작성은 독일법에 저촉되지 않는다는 견해가 유력하나, 교호신문(cross examination, Kreuzverhör)이 독일법에 저촉되는가는 논란이 있다. 그러나 우리나라에서는 영미식 교호신문제가 이용되고 있으므로 위 대륙법계 국가의 태도가 우리나라에 정확히 들어맞지는 않는다. 우리나라에서는 교호신문도 가능하고, 민사소송법(제159조)에 따르면 조서의 기재에 갈음하여 변론의 전부나 일부를 녹음하거나 속기할 수 있으며, 민사소송규칙(제37조 제1항)은 녹화테이프, 컴퓨터용 자기디스크·광디스크 기타 비슷한 방법으로 음성이나 영상을 녹음 또는 녹화하여 재생할 수 있는 매체를 이용하여 변론의 전부나 일부를 녹음 또는 녹화하여 조서의 기재에 갈음할 수 있도록 명시하므로 전문(全文)을 기록하는 축어적 녹취록의 작성도 가능하다.

둘째의 요건, 즉 '이행불능'은 국내의 관행·절차 또는 현실적 어려움 때문에 집행될 수 없는 경우를 말한다. 요청서를 집행할 수 없는지 여부는 결국 집행국이 판단할 사항이나 이는 국제적으로 승인할 수 있는 재량의 기준에 부합하여야 한다.

증언을 비디오 녹화하는 방안에 관하여 논란이 있으나 우리 민사소송규칙(제37조 제1항)상 우리나라에서는 비디오 등의 방법으로 녹화할 수 있다. 나아가 비디오 링크[29)]에 의한 증거조사의 문제가 있다. 비디오 링크 기술의 사용은 특히 국경을 넘는 상황에서 전화 및 오디오 기반 기술보다 증거수집 방법에 혁명을 가져올 수 있는 힘을 가지고 있는데, 이는 비디오 링크를 사용하면 원격지에서 증언을 들을 수 있을 뿐만 아니라 몸짓과 표정 등 비언어적 의사소통의 중요한 측면을 평가할 수 있기 때문이다.[30)]

상설사무국은 증거협약하에서 비디오 링크에 의한 증거조사가 가능하다고 본다. 근거는 ① 관계 당사자와 대리인의 출석을 보장한 증거협약 제7조와 ② 요청서의 집행에 출석할 수 있는 촉탁 당국 법관의 권리를 정한 증거협약 제8조에 있다. 즉 당사자와 대리인 및 촉탁 당국의 법관이 물리적으로 집행국에 와서 증거조사에 출석할 수 있다면, 그가 비디오 링크의 방법으로 증거조사에 참여하지 못

---

29) 비디오 링크는 '화상회의(videoconferencing)', '원격 출석(remote appearance)' 또는 '비디오 출석(video presence)'이라고도 한다. Handbook (Evidence), 제5판 초안, para. 94. 위 초안은 Revised Draft of the Practical Handbook on the Operation of the Evidence Convention Prel. Doc. No 8 of May 2024를 말한다.

30) Handbook (Evidence), 제5판 초안, Annex 7, para. 3.

할 이유가 없기 때문이다.[31]

비디오 링크에 의한 증거조사의 지위를 명확히 하기 위해서 별도 의정서를 작성할 것은 아니고 Guide to Good Practice가 필요할 것이라는 견해가 2009년 2월 개최된 특별위원회에서 유력하였는데,[32] 그에 따라 2020년 'Guide to Good Practice on the Use of Video-Link under the 1970 Evidence Convention(1970년 증거협약하의 비디오 링크의 사용에 관한 모범실무지침)'[33]이 간행되었다.

모범실무지침은 협약 제1장에 따른 비디오 링크의 사용과 제2장에 따른 비디오 링크의 사용을 구분하여 논의한다.[34] 제2장의 경우 수임인은 증거를 직접 조사하므로 촉탁국에서든 집행국에서든 비디오 링크를 사용하여 직접 증거조사를 할 수 있는 데 반하여, 제1장은 촉탁국이 수탁국에 촉탁하는 간접 증거조사를 상정하므로 촉탁국이 비디오 링크를 사용하여 수탁국에 있는 증거를 조사하는 것 (즉 법정지국의 법관 등이 수탁국에 있는 증인에 대하여 화상으로 직접 증인신문을 하는

---

31) 2009년 특별위원회 결의, para. 35. 한호조약(제24조 제1항)은 "영상전송에 의한 증거조사"(Taking of Evidence by Video Link)라는 제목하에 비디오 링크에 의한 증거조사를 명시적으로 허용한다. 독일은 2001년 민사소송법 개정 법률(Gesetz zur Reform des Zivil-prozesses; Zivilprozessreformgesetz-ZPO-RG)을 통해 민사소송법 제128a조를 신설하여 법원은 당사자, 대리인, 증인, 감정인이 심리 또는 신문 도중에 다른 장소에 있는 것을 허가할 수 있고, 이 경우 화상과 음성의 중계를 통해 구술심리절차를 진행할 수 있도록 허용한다.

32) 결론과 권고, para. 58. 비디오 링크에 관하여는 우선 Martin Davies, Bypassing the Hague Evidence Convention: Private International Law Implications of the Use of Video and Audio Conferencing Technology in Transnational Litigation, 55 Am. J. Comp. L. 205 (2007); Martin Davies, Taking of Evidence by Video-Link under the Evidence Convention, T. Einhorn and K. Siehr (eds.), International Cooperation through Private International Law: Essays in memory of Peter Nygh (2004), p. 69 이하; 2009년 헤이그국제사법회의 특별위원회 자료인 Permanent Bureau, The Taking of Evidence by Video-Link under the Hague Evidence Convention, Prel. Doc. 6 (2008) 참조. 그 밖에 법원의 관여 없이 당사자들이 비디오 링크를 통하여 증인신문 등을 하는 것은 사적 증거조사의 문제에 준하여 취급할 수 있을 것이다.

33) 오승진, "헤이그증거협약을 통한 국제화상재판", 단국대학교 법학논총 제46권 제1호(2022. 3.), 3면 이하는 모범실무지침을 '증거조사협약에 따른 영상이용 실무가이드'라고 번역하면서 그 주요 내용을 소개한다.

34) 우리 문헌은 오병희, 478면 이하; 오승진(註 33), 3면 이하(화상재판은 14면 이하) 참조. 비디오 링크의 사용에 의한 증거조사의 상세는 Handbook (Evidence), 제3판, Annex 6에 있었으나 그 후 간행된 위 Guide to Good Practice에 의하여 대체되었고 제4판에서는 삭제되었다. 외국의 사례는 대법원 사법정책연구원, "원격영상재판에 관한 연구-외국의 원격영상재판 이용현황을 중심으로-", 사법정책연구원 연구총서 2016-03(2016) 참조.

직접 증거조사방식)은 제1장의 범위를 넘는다는 견해도 있다. 헤이그국제사법회의의 2017년 국가 프로필 설문지에 대한 체약국들의 응답에 따르면, 협약 제1장에 따라 비디오 링크를 통해 증거를 직접 조사할 수 있는지에 대해 체약국들의 의견은 거의 균등하게 나뉘었고 명확한 경향은 없었다고 한다.[35] 다만 많은 유럽 국가는 제1장에 따라 비디오 링크에 의한 직접 조사가 가능하다고 보는 반면에 대부분의 중남미 및 아시아 국가와 미국은 반대 견해를 표시하였다고 한다.[36]

참고로 민사소송법이 2016. 3. 29. 법률 제14103호로 개정되어 비디오 등 중계장치 등에 의한 증인신문·감정인신문에 관한 규정이 신설되었는데(제327조의2),[37] COVID 19 팬데믹하에서 원격영상재판의 필요성이 커지자 2021. 8. 개정되어 비디오 등 중계장치에 의한 중계시설을 통하거나 인터넷 화상장치를 이용하여 변론준비기일과 심문기일만이 아니라 일반 변론기일을 열 수 있는 근거규정이 마련되었고(민사소송법 제287조의 2),[38] 원격영상재판에 관한 특례법(원격재판법)이 일부

---

35) Handbook (Evidence), 제5판 초안(註 30), para. 109 참조.

36) 우리나라는 응답에서 후자의 견해를 표시하였다고 한다. 오병희, 519면도 부정적인 견해를 취하면서 관련법 개정의 필요성을 지적한다. 우리나라는 제2장에 대하여 유보를 하였으므로 제1장에 따라 촉탁서의 방법에 의하여야 한다. 외국인 법정지국의 법관 등이 한국에 있는 증인에 대하여 화상으로 직접 증인신문을 하는 직접 증거조사방식은 한호조약에서 보는 바와 같이 법적 근거가 없는 한 허용되지 않는다는 견해가 현재로서는 설득력이 있다. 반면에 이와 달리 피요청국의 법원이 요청국의 촉탁, 즉 사법공조요청에 따라 실시하는 증거조사에 법정지국의 법관 등 재판관계인이 화상으로 참석하는 간접 증거조사방식은 문제가 없다.

37) 조문은 아래와 같다.
"제327조의2(비디오 등 중계장치에 의한 증인신문) ① 법원은 다음 각 호의 어느 하나에 해당하는 사람을 증인으로 신문하는 경우 상당하다고 인정하는 때에는 당사자의 의견을 들어 비디오 등 중계장치에 의한 중계시설을 통하거나 인터넷 화상장치를 이용하여 신문할 수 있다.
1. 증인이 멀리 떨어진 곳 또는 교통이 불편한 곳에 살고 있거나 그 밖의 사정으로 말미암아 법정에 직접 출석하기 어려운 경우
2. 증인이 나이, 심신상태, 당사자나 법정대리인과의 관계, 신문사항의 내용, 그 밖의 사정으로 말미암아 법정에서 당사자 등과 대면하여 진술하면 심리적인 부담으로 정신의 평온을 현저하게 잃을 우려가 있는 경우
② 제1항에 따른 증인신문은 증인이 법정에 출석하여 이루어진 증인신문으로 본다.
③ 제1항에 따른 증인신문의 절차와 방법, 그 밖에 필요한 사항은 대법원규칙으로 정한다".

38) 조문은 아래와 같다.
"제287조의2(비디오 등 중계장치 등에 의한 기일) ① 재판장·수명법관 또는 수탁판사는 상당하다고 인정하는 때에는 당사자의 신청을 받거나 동의를 얻어 비디오 등 중계장치에 의한 중계시설을 통하거나 인터넷 화상장치를 이용하여 변론준비기일 또는 심문기일을 열 수 있다.

개정되었다. 그러나 그 맥락에서도 국제재판이나 국제민사사법공조에 대한 고려
는 없었던 것 같다. 이러한 국내법의 변화와 장래의 필요성을 고려한다면, 증거협
약의 맥락에서도 우리 법원의 허가를 받아 비디오 링크를 통한 증거조사를 가능
하도록 하여야 한다. 만일 해석론으로 가능하다면 구체적 절차규칙을 마련한 필
요가 있고, 해석론으로서는 어렵다면 입법으로써(예컨대 국제민사사법공조법의 개정
등을 통하여) 이를 해결할 필요가 있다.[39]

앞(마.)에서 본 것처럼, 증거협약 제8조는 체약국은 다른 체약국의 촉탁 당국
의 법관이 요청서의 집행 시에 출석할 수 있다고 선언할 수 있다고 규정하는데,
상설사무국은 예비문서(번호 6)에서, 체약국이 증거협약 제8조에 따른 선언을 할
때 비디오 링크에 의한 출석을 명시적으로 포함시켜 줄 것을 요구하는 취지를
2009년 2월 개최된 특별위원회의 결론과 권고에 포함시키자고 제안하였다.[40] 그
러나 이는 결국 채택되지는 않은 것으로 보인다.

(2) 요청서의 집행 시 강제력의 사용과 기타 논점

요청서를 집행함에 있어서 수탁 당국은, 자국 당국이 발한 명령 또는 국내소
송절차에서 당사자가 행한 신청을 집행하는 사안에서 국내법이 정한 것과 동일한
정도의 적절한 강제력을 사용하여야 한다(제10조). 강제력의 행사는 증인에게 증
언을 강제하거나 문서의 제출을 강제하거나 현장검증을 강제하기 위하여 필요할
수 있다. 강제력의 행사 여부는 그에 상응하는 국내소송에서 법원이 강제력을 행
사할지 여부를 참조하여 결정된다.

---

② 법원은 교통의 불편 또는 그 밖의 사정으로 당사자가 법정에 직접 출석하기 어렵다고 인
정하는 때에는 당사자의 신청을 받거나 동의를 얻어 비디오 등 중계장치에 의한 중계시설
을 통하거나 인터넷 화상장치를 이용하여 변론기일을 열 수 있다. 이 경우 법원은 심리의
공개에 필요한 조치를 취하여야 한다.
③ 제1항과 제2항에 따른 기일에 관하여는 제327조의2 제2항 및 제3항을 준용한다".
39) 프랑스는 일정요건이 구비되는 경우 증거협약 제1장에 따른 촉탁서를 비디오 링크를 통해
직접 집행하는 방안을 입법에 의하여 도입하였다고 한다. Handbook (Evidence), 5판 초안,
para. 820. 김용진, "민사소송절차에서 외국증인신문제도의 개선방안", 조선대학교 법학논총
제21권 제3호(2014), 677면 이하 참조. 이는 비디오중계 방식은 민사소송법 제202조의 자유
심증주의에 따라 법원의 진실규명의무에 충실하고, 제204조의 직접증거조사주의 원칙에 부
응하는 방안이므로 외국증인에 대하여는 비디오 중계장치에 의한 증인신문을 하는 방법을
활용할 필요가 있다면서 민사소송법에 '제134조의2(영상전송에 의한 변론)'의 신설을 제안
하고 문언(697면)도 제시한 바 있다
40) 예비문서 번호 6, 12면 참조.

2개 이상의 법체계를 가지고 있는 체약국은 그 법체계 중 하나의 당국을 지정할 수 있으며, 그 당국은 증거협약에 따라 요청서를 집행할 배타적 권한이 있다(제25조). 미국의 경우 연방법원만이 요청서를 집행할 권한을 가지고 주법원은 권한을 가지지 않는다.

어느 경우든 요청서는 신속하게 집행되어야 한다(제9조 제3항). 그 취지는 집행법원이 사안의 긴급성을 판단하여 적절히 처리하라는 것이므로, 필요하면 그 권한을 변호사, 수임인 또는 기타 권한 있는 법원의 공무원에게 위임하여 국내 소송당사자의 이익을 해함이 없이 신속하게 처리할 수 있다.

사. 증인의 증언거부권 및 의무

증거협약 제11조가 다루고 있는 증언거부권은 1905년 및 1954년 민사소송협약에는 포함되어 있지 않았던 조항인데, 관계자가 촉탁국법 또는 수탁국법에 의하여 증거제출을 거부할 특권이나 의무가 있는 경우에는 증거제출을 거부할 수 있다(제11조 제1항). 즉 증거협약은 신문을 받을 사람에게 선택권을 부여한다. 다른 곳에서는 소송절차에 관하여 법정지법원칙이 타당하나, 여기에서는 '증인의 최혜원칙'이 타당하다.[41] 제11조의 특권에는 우리 민사소송법(제314조 이하)상의 증언거부권과 증언무능력도 포함된다. 증언거부의 적법 여부는 촉탁국의 수소법원이 아니라 수탁국의 법원이 결정한다.

증거협약의 이런 태도는 "특권의 제한이 아닌 창출(privilege creating, rather than privilege limiting)"이라고 묘사되고 있다.[42]

체약국은 그 밖에도 선언에서 명시한 범위에서 촉탁국과 집행국이 아닌 제3국의 법에 의한 특권 및 의무를 존중할 것이라는 선언을 할 수 있다(제11조 제2

---

41) 그러나 실무상 우리 법관이 외국법에 따른 증언거부권의 범위를 판단하기는 쉽지 않을 것이다. 참고로 변호사 – 의뢰인 간 특권(Attorney – Client Privilege)의 준거법에 관하여는 의뢰인의 기본권이라는 관점에서 의뢰인의 당사자가 예상한 정도의 권리를 보장하기 위해 의뢰인의 일상거소지법을 적용하는 견해와 변호사 업무의 일환이라는 측면에서 그 권리와 가장 밀접한 관련을 가진 변호사 자격 취득국의 법률을 적용하는 견해 등이 있다. 목혜원, "국제상사중재에서 절차와 실체의 구별 및 이에 따른 준거법의 결정", 사법논집 제74집(2022), 296면 이하 참조. 외국 문헌은 Friedrich Rosenfeld, The Law Applicable to Legal Privilege in International Arbitration, Franco Ferrari and Stefan Kroell (eds), Conflict of Laws in International Commercial Arbitration (JURIS)(2019), p. 227 이하 참조.

42) 미국의 Renfield Corp. v. E. Remy Martin & Co. S.A., 98 F.R.D. 442 (D. Del. 1982). Handbook (Evidence), para. 269.

항). 제3항 또한 증인을 보호하면서 동시에 사법공조의 좌절을 회피하기 위하여 일정한 타협을 한 것이다. 우리나라는 이런 선언을 하지 않았으므로 우리나라에서는 제3국법에 의한 특권은 존중되지 않는다.

아. 요청서의 집행의 통지

수탁 당국은 요청서를 집행한 경우 요청서의 집행을 증명하는 서류를 작성하여 촉탁 당국이 이용한 것과 동일한 경로를 통하여 촉탁 당국에 송부하여야 한다(제13조 제1항). 증거협약은 촉탁을 집행하여야 하는 언어와, 촉탁 당국으로 송부할 요청서의 집행을 입증하는 서류의 언어에 관하여 규정하지 않으나, 제4조 제1항에 따라 특정 언어를 지정하는 경우 그 언어로, 또는 제4조 제2항이나 제4항의 언어를 지정한 경우 그 언어로 작성되는 것이 통상일 것이다.

자. 요청서의 집행과 비용

증거협약상 요청서의 집행은 원칙적으로 어떠한 성격의 세금이나 비용의 상환을 요구하지 않으므로(제14조 제1항), 집행국은 촉탁국에 대하여 비용의 지불을 요구할 수 없다. 그러나 집행국은 촉탁국에 대하여 전문가 및 통역인에게 지불한 보수, 그리고 촉탁국이 요청한 특별한 절차를 사용함으로써 발생한 비용의 상환을 청구할 수 있다(제14조 제2항). 제2항의 경우 비용을 상환할 의무를 부담하는 주체는 소송당사자가 아니라 촉탁국이다. 따라서 촉탁국 당국은 요청서를 송부함으로써 자국 정부에 비용부담의무를 발생시키게 되는데, 국내법상 법원이 이러한 권한을 가지지 않는 경우 문제가 발생한다. 그러나 이러한 문제는 촉탁 당국이 신청인으로부터 비용을 미리 예납받음으로써 해결될 수 있다.

5. 외교관, 영사관원과 수임인에 의한 증거조사(제Ⅱ장)

민사소송협약과 비교한 증거협약의 본질적 개선점은, 외교관 등에 의한 증거조사를 규정한 제Ⅱ장의 도입이다. 외교관, 영사관원 또는 수임인에 의한 증거조사, 즉 '직접적 방법'은 강제력을 사용하지 않는 한 외국 당국의 개입을 요구하지 않으므로 요청서 방식보다 간편하고 신속하며, 집행국법을 따르는 요청서 방식과 달리, 외교관 등은 법정지법에 따르는 점(제21조 제4호)이 다르다.[43] 따라서 영사

---

43) 증거협약은 영사 또는 수임인이 집행국의 법률에 저촉되거나 허가된 사항에 위반되지 않는

또는 수임인은 증거가 파견국 법원의 소송에서 활용될 수 있는 방식으로 조사되도록 보장할 수 있다. 그러나 이는 파견국의 법상 외교관 또는 영사관원이 그러한 권한을 가지는 것을 전제로 하는 것이지 증거협약이 그러한 권한을 창설하는 것은 아니다.

제Ⅰ장의 촉탁서 방식은 '개시되었거나 개시될 예정인' 사법절차에 적용되는 반면에, 제Ⅱ장의 외교관 등에 의한 증거조사는 '개시된' 사법절차에만 적용된다. 또한 제Ⅱ장은 증거조사에 대하여만 규정하고 '기타 사법 행위'의 이행에 대하여는 규정하지 않는다. 미국을 제외한 많은 체약국은 그로 인한 주권의 침해를 우려하여 제Ⅱ장, 즉 제15조 이하의 간이한 증거조사의 방법에 대해 이의를 하였다. 제Ⅱ장의 내용의 구체적 내용은 아래와 같다.

가. 외교관 또는 영사관원의 파견국 국민에 대한 증거조사(제15조)

민사 또는 상사에서 체약국의 외교관이나 영사관원은, 다른 체약국의 영토 내에서 파견국의 법원에서 개시된 소송절차를 돕기 위하여 <u>파견국의 국민에 대하여</u> 강제력 없이 증거조사를 실시할 수 있다(제15조 제1항). 그러나 체약국은 적절한 당국의 허가를 받은 경우에 한하여 외교관이나 영사관원에 의한 증거조사를 할 수 있다고 선언할 수 있다(제15조 제2항).

하지만 어느 국가든지 서명, 비준 또는 가입 시에 제15조를 포함한 제Ⅱ장의 규정의 적용을 전부 또는 일부 배제할 수 있다(제33조 제1항). 그러나 1961년 "외교관계에 관한 비엔나협약(Vienna Convention on Diplomatic Relations)"(이하 "비엔나외교관계협약"이라 한다)과 1963년 "영사관계에 관한 비엔나협약(Vienna Convention on Consular Relations)"(이하 "비엔나영사협약"이라 한다)은 외교관 또는 영사관원이 접수국에서 파견국의 국민을 대상으로 강제력을 행사하지 아니하고 증거조사를 하는 것을 허용하고 있으므로 우리나라도 제15조에 대해 이의를 할 필요는 없고, 제15조 제2항에 따른 선언을 할 필요도 없다. 실제로 우리나라는 제15조에 관하여 이의나 선언을 하지 않았다.

제15조는 원칙적으로 외교관 또는 영사관원에 의한 자국민에 대한 증거조사를 허용하고, 다만 선언을 함으로써 사전 허가가 필요한 것으로 하는 구조를 취한다. 이 점에서 원칙적으로 집행국의 사전 허가를 받은 경우에만 증거조사를 허용

모든 종류의 증거조사를 할 수 있다고 규정한다(제21조 제1호).

하고, 선언에 의하여 사전 허가를 면제하는 구조를 취하는 외교관 또는 영사관원
에 의한 접수국 또는 제3국 국민에 대한 증거조사(제16조) 및 수임인에 의한 증거
조사(제17조)와는 구조가 다르다.

나. 외교관 또는 영사관원의 접수국 또는 제3국 국민에 대한 증거조사(제16조)

(1) 증거협약의 규정

체약국의 외교관이나 영사관원은 접수국의 권한 있는 당국의 허가를 받고,
접수국이 부과하는 조건을 준수한 경우 접수국의 영토 내에서 파견국의 법원에서
개시된 소송절차를 돕기 위하여 접수국 또는 제3국 국민에 대하여 강제력 없이
증거조사를 실시할 수 있으나, 다만 체약국은 선언에 의하여 사전 허가를 면제할
수 있다(제16조). 그 밖에도 사전허가요건은 제28조 g호, 제32조 또는 제27조 b호
에 따라 면제될 수 있다.

제16조에 따른 외교관이나 영사관원의 접수국 또는 제3국 국민에 대한 증거
조사는 증거법 영역에서의 국제공조를 현저하게 발전시킨 것이나 이는 체약국의
선언에 의하여 무의미하게 될 수 있다는 데 한계가 있다. 즉 어느 국가든지 서명,
비준 또는 가입 시에 제16조를 포함한 제Ⅱ장의 규정의 적용을 전부 또는 일부 배
제할 수 있다(제33조 제1항). 실제로 우리나라는 제16조에 대하여는 적용을 전면
유보하였다. 우리나라가 송달협약에 가입하면서 송달협약 제8조에 따라 파견국
국민 이외의 자에 대한 외교관 또는 영사에 의한 직접송달에 대하여 이의하였으
므로 일관성이 있는 측면이 있다. 따라서 증거협약의 체약국인 외국의 외교관 또
는 영사관원 등은 우리나라에서 비자국민에 대한 증거조사를 할 수 없다.

(2) 양자조약과의 관계

우리나라는 1963. 12. 19. 조약 121호로써 발효한 "대한민국과 미합중국 간
의 영사협약"(이하 "한미영사협약"이라 한다) 제4조 c호에 따라 미국의 영사가 미국
민뿐만 아니라 한국인과 제3국 국민에 대한 증거조사를 하는 것을 허용한다. 따라
서 우리나라가 제16조의 적용을 배제하는 선언을 하였음에도 불구하고 미국의 영
사관원은 양자조약에 따라 한국에서 한국인 또는 제3국 국민에 대하여 강제력 없
이 증거조사를 실시할 수 있다.

다. 수임인에 의한 증거조사(제17조)

접수국의 권한 있는 당국의 허가를 받고, 접수국이 부과하는 조건을 준수한 경우 수임인(commissioner)은 접수국의 영토 내에서 파견국의 법원에서 개시된 소송절차를 돕기 위하여 강제력 없이 증거조사를 실시할 수 있다(제17조 제1항). 다만, 체약국은 선언에 의하여 사전 허가를 면제할 수 있다(제17조 제2항). 수임인은 마치 접수국 또는 제3국 국민에 대한 증거조사를 하는 외교관 또는 영사관원과 같은 지위에 있는 것과 같다.

수임인에 의한 증거조사는 수소법원이 특별조사인(special examiner) 또는 선서수임인(commissioner of oaths)을 통하여 외국에서 증거조사를 하는 전형적인 영미법계의 제도를 도입한 것이다.[44] 수임인은 촉탁국의 사법당국 또는 집행국의 사법당국이 지정할 수 있으나,[45] 사인이나 영사와 같은 비사법당국이 수임인을 지정할 수는 없다. 수임인으로는 종종 집행국 주재 촉탁국 영사 또는 변호사 등이 지정된다. 외교관이나 영사관원의 증거조사는 자신의 직무수행 지역 안에 한정되나, 수임인의 경우 그러한 제한이 없다는 데 장점이 있다.[46]

그러나 어느 국가든지 서명, 비준 또는 가입 시에 제17조의 적용을 전부 또는 일부 배제할 수 있다(제33조 제1항). 우리나라는 제17조의 적용을 배제하였으므로[47] 우리나라에서는 외국의 수임인에 의한 증거조사는 불가능하다.[48] 하지만 한

---

44) 전통적으로 영사 및 수임인은 증인의 증언을 획득하는 역할을 수행하였으나, 촉탁국의 법률은 영사 또는 수임인이 문서 또는 기타 재산의 검사 등 다른 유형의 증거 조사를 규정할 수 있다. 그러나 많은 보통법 국가에서는 여전히 영사 및 수임인이 증인신문을 위해서만 법으로 규정한다고 한다. Handbook (Evidence), para. 391.

45) 수임인은 일반적으로 촉탁국 법원이 임명하나, 증거협약의 어떠한 조항도 해당 국가의 법률이 증거조사를 위한 수임인의 임명을 규정하는 경우, 집행국의 당국이 수임인을 임명하는 것을 금지하지 않는다고 한다. Handbook (Evidence), para. 378.

46) 일부 국가에서는 영사 또는 수임인이 중립적인 감독관으로서 신문을 주재하는 반면, 다른 국가에서는 수임인이 증인을 신문하고 반대신문한다. Handbook (Evidence), para. 394.

47) 그 논거는 우리 법원이 스스로 수임인에 의한 증거조사를 필요로 하는 경우는 거의 예상할 수 없고, 우리나라는 수임인에 의한 증거조사의 경험이 없어 업무처리에 곤란을 겪을 수 있으며, 제16조에 대하여 전면 유보하는 것과의 균형상 제17조에 대하여도 유보해야 한다는 것이다.

48) 만일 수임인에 의한 증거조사를 허용하였더라면, 우리 법원이 민사소송법상의 수명법관을 수임인으로 지정할 수 있었을 것이다(석광현, 증거조사, 67면). 그러나 민사소송법 제296조가 외국에서 시행할 증거조사는 그 나라에 주재하는 대사·공사·영사 또는 그 나라의 관할 공공기관에 촉탁하도록 규정하고, 수명법관 또는 수탁판사에 의하여 법원 밖에서 증거조사를 하는 근거인 민사소송법 제297조 제1항이 말하는 '법원 밖'은 국내를 말하는 것이므로 수

호조약은 수임인제도를 허용하고 있다.[49)]

저자로서는 우리나라가 수임인에 의한 증거조사를 전면 불허하는 것은 유감
이다. 영미법계가 선호하는 수임인 방식을 우리 중앙당국의 허가를 받는 조건으
로 허용함으로써, 종래 미국 변호사가 수임인으로서 또는 당사자의 대리인으로서
우리나라에서 'deposition(증언녹취 또는 선서증언)'을 시행하는 것과 같은 위법한
실무를 적법한 제도권 내로 수용할 수 있는 장점이 있기 때문이다.

라. 증거조사 시 강제력의 신청(제18조)

체약국은 제15조, 제16조 또는 제17조에 의하여 증거조사 실시의 권한이 부
여된 외교관, 영사관원 또는 수임인이 강제력에 의하여 증거를 취득하기 위하여
체약국의 권한 당국에 적절한 원조를 신청할 수 있다고 선언할 수 있고, 적절한
조건을 선언에 포함시킬 수 있다(제18조 제1항). 예컨대 증인으로 하여금 출석하여
증언을 하게 하기 위하여 강제력의 사용이 필요할 수 있는데, 체약국이 제18조에
따른 선언을 한 경우에는 제15조, 제16조 또는 제17조에 의하여 증거조사 실시의
권한이 부여된 외교관, 영사관원 또는 수임인은 강제력을 행사하기 위하여 체약
국이 지정한 권한 당국에 원조를 신청할 수 있다. 외교관, 영사관원 또는 수임인
에 의한 증거조사는 증거협약 제I장의 요청서를 이용한 증거조사 방식에 비하여
간편하고 신속하지만 강제력을 사용할 수 없다는 한계가 있으므로, 제18조는 체
약국이 선언을 통해 증거조사가 실시될 국가에 강제력의 원조를 신청할 수 있도
록 한 것이다. 그러나 이러한 신청이 수용되어 강제력이 실제로 부여될 것이라는
보장은 없으며, 강제력의 부여는 전적으로 집행국의 권한과 통제에 따를 사항이다.

그러나 어느 국가든지 서명, 비준 또는 가입 시에 제II장의 규정의 적용을 전
부 또는 일부 배제할 수 있으므로(제33조 제1항) 그에 따라 제18조의 적용이 배제
될 수 있다. 우리나라는 그 영토 내에서 증거협약 제2장 제16조 및 제17조를 적용
하지 아니한다고 선언하였으므로 외국 외교관, 영사관원 또는 수임인의 증거조사
시 우리나라가 강제력을 지원할 의무는 없다.

임인으로 임명된 판사를 수명법관 또는 수탁판사로 보기 어렵다는 견해도 있다. 오병희,
523면. '법원 밖'은 국내를 말하는 것이라는 점의 근거가 궁금하다.
49) 수임인에 의한 증거조사를 규정한 한호조약 제25조는 일방 체약국의 판사가 타방 체약국의
영역 안에서 동 조약에 따라 사전허가를 받아 수임인으로서 증거조사를 할 수 있음을 명시
한다.

집행국의 권한 당국이 신청을 허가하는 경우 그 당국은 적절한, 그리고 자국법에 의하여 국내소송절차에서 사용하도록 규정된 모든 강제력을 사용하여야 한다(제18조 제2항).

마. 증거조사와 관련한 조건의 부과(제19조)

제19조부터 제21조는 피신문자 또는 기타 증거조사의 대상이 되는 자를 보호하기 위한 규정을 둔다. 즉, 제15조, 제16조 또는 제17조에 언급된 허가를 함에 있어서, 또는 제18조에 언급된 강제력의 원조의 신청을 허가함에 있어서 집행국의 권한 당국은 그가 적절하다고 판단하는 조건, 특히 증거조사 실시의 시간 및 장소에 관한 조건을 부과할 수 있다(제19조 1문). 그러한 조건은 집행국의 당국이 개별사건의 상황을 고려하여 그때그때 결정할 사항이다. 또한 집행국의 권한 있는 당국은 증거조사 실시의 시간, 일자 및 장소에 관하여 사전에 통지할 것을 요청할 수 있고 그 경우 당국의 대표는 증거조사 실시에 출석할 권한이 있다(제19조 2문). 대표의 출석은 예컨대 집행국의 주권 또는 안보를 보장하거나 또는 부적절한 신문으로부터 증인, 또는 증인의 특권을 보호하기 위한 것이다.

바. 외교관, 영사관원 또는 수임인에 의한 증거조사와 법적 대리(제20조)

외교관, 영사관원 또는 수임인에 의한 증거조사에 있어서 관계자는 법적으로 대리될 수 있다(제20조). '관계자(persons concerned)'라 함은 소송의 당사자, 증인을 포함하며 개별사건에 따라 예컨대 증인의 사용자, 보험회사 또는 보증인 등이 그에 포함될 수 있다.

사. 증거조사를 위한 행정적 규칙(제21조)

증거협약 제21조는 외교관 등이 제15조 – 제17조에 의하여 증거조사를 실시하는 경우 적용되는 절차적인 규칙을 정한다.

외교관 등은 집행국법에 저촉되지 않고 위 조문에 따라 부여된 허가에 위반되지 아니하는 모든 종류의 증거를 조사할 수 있고, 그 범위 내에서 선서를 시키거나 서약(affirmation)을 받을 권한이 있다(제21조 a호). 물론 국내법상 선서를 받을 수 있는 자가 제한된 법제에서는 그 요건을 구비하여야 한다. 영사 또는 수임인이 법정지국의 법률에 따라 선서를 실시할 권한이 없는 경우, 증거협약이 선서

를 실시할 수 있는 독립적인 권한을 부여하는 것은 아니다.50) 즉 외교관 등은 법
정지법, 즉 수소법원의 법이 정한 방식에 따라 증거조사를 할 수 있으나, 그 방식
은 집행국법에 저촉되지 않아야 한다. 외교관 등의 증인에 대한 출석 또는 증거제
출 요청서는 수취인이 촉탁국 국민이 아닌 한, 집행국의 언어로 작성하거나 그 언
어로 된 번역문을 첨부하여야 하고(제21조 b호), 요청서에서는 그가 법적으로 대리
될 수 있음과 제18조에 의한 강제력의 지원 선언을 하지 않은 국가에서는 출석
또는 증거제출이 강제되지 않는다는 점을 통지하여야 한다(제21조 c호). 소송이 계
속 중인 법원의 준거법에서 규정한 방식이 증거조사가 실시되는 국가의 법에 의하
여 금지되지 아니하는 경우 그러한 방식으로 증거조사를 할 수 있다(제21조 d호).51)

아. 제II장에 의한 증거조사 시도의 실패와 요청서에 의한 증거조사(제22조)

제II장에 규정된 절차에 따른 증거조사의 시도가 증거제출자의 거부로 인하
여 실패하였더라도 그 사실은 그 후 제I장에 따른 요청서를 통한 증거조사의 신
청을 하는 데 장애가 되지 아니한다.

6. 간이한 증거조사

위와 같은 원칙적 증거조사방법과 달리 간이한 증거조사가 허용되는 경우도
있다. 참고로, 아무런 선언을 하지 않으면 간이송달(우편송달, 집달관 상호 간의 송
달)을 할 수 있는 송달협약과 달리 증거협약상으로는 체약국이 아무런 조치를 취
하지 않으면 간이한 증거조사방법을 사용할 수 있는 것은 아니다. 이를 위하여는

---

50) 집행국의 법률이 해당 국가의 특정 당국에 선서 집행에 대한 배타적 권한을 부여하는 경우
(예컨대 판사), 외국 영사 또는 수임인의 선서 집행은 해당 법률과 저촉될 수 있으므로 그
경우 영사 또는 수임인은 권한 있는 당국을 불러 선서 실시를 요청할 수 있다. Handbook
(Evidence), para. 396. 배형원 외, 170면은 외국에서 시행하는 증거조사를 규정한 우리 민
사소송법 제296조 제1항은 "외국에서 시행할 증거조사는 그 나라에 주재하는 대한민국 대
사·공사·영사 또는 그 나라의 관할 공공기관에 촉탁한다"라고 규정하는데, 그의 해석상 영
사 등이 선서를 받을 수 있는지 불분명하므로 이를 명시적으로 규정할 필요가 있음을 지적
한다. 또한 배형원 외, 170면 註 443은 실무상 우리 영사가 외국에서 증인신문을 한 사례는
없는 것으로 알려져 있다고 한다. 실제적 필요가 없다면 모르겠으나 필요하다면 입법에 의
하여 영사 등에게 그런 권한을 부여할 필요가 있다.
51) 특정 증거조사 방식이 집행국 법률에 의하여 '금지'되는지는 일반적으로 구체적 법률을 요구
하나, 일부 국가에서는 적법절차와 같은 절차법의 일반원칙에 의존하여 자국에서 증거조사
방식을 제한할 수 있다. Handbook (Evidence), para. 378.

수탁국의 일방적 선언(제27조 a호), 보다 관대한 조건을 정한 수탁국의 국내법이나 관행(제27조 b호, c호), 양국 간 조약(제28조 a호) 또는 다자조약(제32조) 등이 있어야 한다.

7. 기일 전 서류개시(pre-trial discovery of documents)에 관한 증거협약 제23조

가. 제23조의 취지와 배경

증거협약 제23조는 "체약국은 서명, 비준 또는 가입 시에 보통법 국가에서 기일 전 서류개시로 알려진 바를 목적으로 작성된 요청서를 집행하지 않을 것임을 선언할 수 있다"라고 규정한다. 그 취지는 우리 민사소송법상 허용되는 바와 같은 특정한 문서의 제출을 요구하는 것이 아니라 상대방이 어떤 문서를 소지하고 있는지를 알아내기 위하여, 즉 '문서의 모색'을 위하여 제소 후 변론 전에 하는 영미법계의 '기일 전 개시절차(pre-trial discovery)'[52]를 목적으로 작성된 요청서의 집행을 거부함으로써 그러한 요청을 하지 않도록 하려는 것이다. 즉 증명사항 또는 증명취지를 분명히 하지 않은 채 예컨대 증거방법의 종류만 제시하여 먼저 증거신청부터 하고 증거조사 과정을 통하여 자기의 구체적 주장에 유리한 기초자료를 얻어내려는 것을 '모색적 증명(Ausforschungsbeweis)' 또는 '증거낚기(fishing expedition)'(직역하면 '낚시탐험' 또는 '낚시여행')라고 하는데, 이는 우리 민사소송법의 변론주의하에서는 원칙상 허용되지 않는다.[53]

---

52) 미국 연방민사소송규칙에 따른 기일 전 개시절차의 주요 유형 내지 방법으로는 증언녹취, 질문서, 문서 및 증거물의 제출 요청, 신체·정신 감정과 자백의 요청 등이 있다. 개관은 석광현, 증거조사, 107면 이하; 김효정, 사법마찰, 32면 이하 참조. 기일 전 개시절차의 개관은 윤재윤, "미국의 민사소송상 사전개시제도의 운영현황과 우리의 도입가능성", 재판자료 제65집(1994), 29면 이하; 강일원, "미연방 민사소송절차에 있어 DISCOVERY 제도", 민사재판의 제문제 제8권: 오당 박우동선생 화갑기념(1994), 754면 이하(양자는 FRCP의 1993년 개정 전 상태를 설명한 글이다) 및 유병현, "미국민사소송법상의 증거개시제도의 현황과 그 도입방안", 민사소송(I)(1998), 477면 이하; 이규호, "국제민사사법공조로서의 증거조사에 관한 비교법적 연구 — 우리 나라와 미국을 중심으로 —", 통상법률 제56호(2004. 4.), 138면 이하(양자는 FRCP의 2000년 개정 전 상태를 설명한 글이다) 참조. 근자의 것으로는 김효정, 사법마찰, 11-46면 참조. 명칭은 국가에 따라 다를 수 있으나 기일 전 개시절차는 다양한 체약국에서 허용된다. Handbook (Evidence), para. 325. 미국 제도의 도입에 관하여는 전원열, "민사소송절차상 디스커버리 도입에 관한 검토", 인권과정의 제501호(2021. 11.), 110면 이하 참조.

53) 이시윤, 422면; 전원열, 10-1-2-2. 다만, 증거의 구조적 편재(偏在)를 시정할 필요가 있는 현대형소송에서는 제한적으로 허용할 필요를 인정한다. 이시윤, 422면; 김홍엽, 561면.

반면에 영미, 특히 미국에서는 광범위한 (증거)개시가 허용된다. 모색적 증명의 허용 여부는 절차법적 성질의 문제이므로 법정지법에 따를 사항이다.[54] 기일 전 개시는 영미법계에서 소송절차에 사용하기 위해 증거를 획득하는 주요 방법인데, 이는 증거의 획득만이 아니라 증거의 발견에 이를 수 있는 정보를 획득하는 데에도 사용된다. 즉 기일 전 개시의 결과로 얻은 모든 정보가 증거로 인정되거나 실제로 소송절차에서 증거로 사용될 수 있는 것은 아니다.[55] 제23조는 외교회의에서 최종문언을 채택하기 직전 영국의 제안에 따라 채택된 것으로 이전 초안에는 없었고 논의도 별로 없었다. 제23조의 문언은 많은 비판을 받았는데, 첫째, 미국의 경우 '기일 전 서류개시'라는 명칭의 절차는 없고, 둘째, 영미법계에서 알려진 바와 같은 기일 전 개시절차도 국가에 따라 차이가 있으며 통일적인 개념이 존재하는 것은 아니라는 것이다.[56]

사실 기일 전 개시는 보통법 국가에서 재판에서 사용할 증거를 획득하기 위한 주요 방법이므로 일반적으로 기일 전 개시 과정에서 문서 제출 촉탁서가 발행되는데, 만일 제23조의 선언이 증거로 활용될 것이 명백한 문서의 제출을 위한 촉탁서를 포함하는 모든 문서 제출 촉탁서의 집행을 차단한다면, 증거협약 제1장에 따른 촉탁서 제도는 제23조의 선언을 한 체약국에 대한 관계에서 보통법 국가에 거의 도움이 되지 않을 것이다.[57]

---

54) Schack, Rn. 805.
55) Handbook (Evidence), para. 322. 기일 전 개시절차의 소개는 Handbook (Evidence), para. 321 이하 참조.
56) Amram 보고서, p. 4; Handbook (Service), para. 325.
Handbook (Service), para. 325는 영국과 미국 간에 기일 전 개시는 다음과 같은 차이가 있다고 설명한다.
a. 범위: 미국에서는 개시가 인정될 수 있는 증거의 발견으로 이어질 수 있도록 합리적으로 계산된 정보에까지 확대되는 반면에 영국에서는 당사자 또는 다른 당사자의 주장을 지지하거나 불리한 문서로 제한된다.
b. 형식: 미국에서는 개시가 구두 증언 또는 증언녹취(deposition)의 형식으로 이루어질 수 있으나, 영국에서는 이러한 절차가 없다.
c. 주체: 미국에서는 소송 당사자가 아닌 자로부터 개시를 광범위하게 이용할 수 있으나, 영국에서는 제한된 상황에서만 비당사자로부터 이용할 수 있다.
d. 법원의 개입: 미국에서는 일반적으로 법원의 개입 없이 개시가 진행되지만, 영국에서는 기일 전 개시는 반드시 법원의 명령에 따라야 한다.
57) Handbook (Evidence), para. 326 Fn. 483.

나. 제23조에 따른 선언의 유형과 우리나라의 선언

제23조에 따른 선언에는 전면적 거부선언(예컨대 과거 독일)[58]과 제한적 거부 선언이 있는데, 후자를 '제한된 유보이론(limited reservation theory)'이라고 부르기도 한다. 후자에는 영국과 같이 일정한 유형의 기일 전 서류개시의 요청서를 집행하지 않는다는 선언을 하는 방법과, 1987년 수정 후의 프랑스와 같이 일정한 유형의 기일 전 서류개시의 요청서를 집행한다고 선언하는 방법 등이 있다.[59] 우리나라는 다음과 같이 영국식의 제한적 거부선언을 하였다.

> 제23조에 따라, 대한민국 정부는 기일 전 서류개시절차의 목적으로 작성된 촉탁서를 집행하지 않을 것임을 선언한다. 나아가 대한민국 정부는 위에서 한 선언과 관련하여 "기일 전 서류개시절차의 목적으로 작성된 촉탁서"란 어떤 사람에게 다음의 사항을 요청하는 촉탁서를 포함하는 것으로 이해한다고 선언한다.
> 가. 촉탁서에서 언급된 소송과 관련된 어떠한 서류가 그의 점유, 보관 또는 권한하에 있는지 또는 있었는지에 대한 진술
> 나. 촉탁서에 명시된 특정한 서류 이외의 서류로서 촉탁을 받은 법원이 판단하기에, 그의 점유, 보관 또는 권한하에 있거나 또는 있는 것으로 보이는 서류의 제출

---

58) 독일은 과거 제23조의 문언을 반복하는 방식으로 기일 전 서류개시의 요청서의 집행을 전면 거부하는 선언을 하였는데, *Aérospatiale* 사건이 계속하던 중 독일 정부는 미국 법원에 제출한 *amicus curiae* brief에서 위 선언을 완화함으로써 특정한 문서의 제출을 요구하는 요청서를 집행할 것을 내용으로 하는 규칙을 제정하겠다고 하였으나 장기간 동안 이를 실행하지 않았다. 그러나 독일 다수설은 그 선언을 제한적으로 해석하여 특정한 서류의 개시의 촉탁에는 제23조를 적용하지 말아야 한다는 견해를 지지하였다. 소개는 석광현, 증거조사, 81면, 93면. 그러던 중 독일은 2022년 7월부터는 특정한 서류의 제출을 요구하는 경우 비록 기일 전 서류개시를 위한 것이더라도 집행한다는 취지로 선언을 수정하였다(개정된 증거협약이행법률(HBÜ-AusführungsG) 제14조 참조). 소개는 Oliver L. Knöfel, Rechtshilfe für pre-trial discovery in Deutschland! (zu BayObLG, 6.11.2020 - 101 VA 130/20), IPRax (2023), S. 360ff. 참조. 위 글에서 소개하는 독일 바이에른 항소법원(OLG)의 2020. 11. 6. 결정은 이를 허용하였다. 결정은 IPRax (2023), S. 393ff. 참조. 수정된 선언에 따르면 기일 전 서류개시를 목적으로 하는 요청서는 다음의 경우에만 집행할 수 있다. 1) 요청된 문서가 별도로 상세히 기술되어 있고, 2) 요청된 문서가 해당 소송 및 그 결과와 즉각적이고 명확하게 인식 가능한 관련성이 있으며, 3) 요청된 문서가 소송 당사자의 점유하에 있고, 4) 요청서가 독일 법률의 기본원칙을 위반하지 않으며, 5) 요청된 문서에 개인 데이터가 포함된 경우 2016. 4. 27. 유럽 의회 및 유럽 이사회 규정 (EU) 2016/679 (일반 데이터 보호 규정. GDPR) 제5장에 따른 제3국으로의 이전 요건을 충족해야 한다.

59) 선언의 유형과 현황은 김효정, 78면 이하; 배형원 외, 127면 참조. 상세는 Handbook (Evidence), para. 331 이하와 "Table Reflecting Applicability of Articles 15, 16, 17, 18 and 23 of the HCCH Evidence Convention", HCCH 웹사이트 증거섹션 참조.

2003년 10월 개최된 인증협약, 증거협약 및 송달협약의 실무운영에 관한 헤이그국제사법회의 특별위원회의 결론 및 권고[60]는 제23조에 대해 전면적 거부선언을 하지 말 것을 권고하고, 이미 그런 선언을 한 국가도 이를 수정하여 영국식을 따를 것을 권고하였던바, 우리나라는 전면적 거부선언을 한 독일과 달리 영국식의 제한적 유보선언을 하였는데 이는 특별위원회의 권고에 부합하는 것이다.[61] 특별위원회는, 그렇지 않을 경우 어떤 체약국이 증거협약에 의한 증거조사가 이루어지지 않을 것으로 예상하고 증거협약에 따른 절차 대신 국내법에 호소할 가능성이 커질 수 있음을 경고하는데, 이는 미국의 *Aérospatiale* 사건 판결을 염두에 둔 것이다. 따라서 증거개시절차에서의 촉탁서라고 하더라도 특정한 서류의 제출을 요구하는 경우 제23조가 적용되는 것은 아니다.[62]

근자에 실제로 Securities and Exchange Commission v. Ripple Labs Inc. *et al.*, No. 1:2020cv10832 – Document 103 (S.D.N.Y. 2021) 사건에서 미국 뉴욕주 남부지방법원은 한국의 비티씨코리아닷컴 주식회사가 소지하고 있는 특정한 서류의 제출을 강제할 것을 증거협약에 따라 한국의 법원행정처에 촉탁하였고, 법원행정처가 해당 촉탁을 집행한 사례가 있다.[63]

다. 제23조의 적용범위에 관한 논점

제23조는 증거협약의 제Ⅲ장(일반규정)에 규정되어 마치 요청서에 의한 제Ⅰ장의 경우만이 아니라 제Ⅱ장, 즉 외교관 등에 의한 증거조사에도 적용되는 것처럼 보이나 그 내용을 보면 이는 제Ⅰ장의 요청서에 따른 증거조사의 경우에만 적용됨을 알 수 있다.[64]

---

60) para. 29 이하 특히 para. 34 참조.

61) para. 34 참조.

62) Handbook (Evidence), para. 326은 제23조의 진정한 목적은 문서제출 요청이 충분히 입증되도록 하여 증거낚기(fishing expedition)를 방지하는 것이라는 점을 고려하여 특별위원회는 요청된 문서가 "요청서에 명시되거나 기타 합리적으로 특정되는 경우"에는 요청서 집행을 거부하기 위하여 제23조를 적용하지 말 것을 권고하였다고 한다. 즉 제23조의 진정한 목적은 충분히 특정되지 않은 문서의 제출을 요구함으로써 증거낚기를 막으려는 것이다. Handbook (Evidence), para. 326.

63) 소개는 김효정, 85면 이하 참조.

64) 제23조의 문언상 동조는 제Ⅰ장의 요청서에 따른 증거조사의 경우에만 적용됨을 알 수 있다. 제Ⅱ장, 즉 직접적 방법에 의한 증거조사의 경우 강제력을 사용하지 않는 한 외국의 당국이 개재하지 않으므로 제23조는 적용될 여지가 없다.

(1) 제23조는 '기일 전' 개시단계에서의 촉탁에만 적용되나

문면상으로는 제23조가 적용되는 것은 "… 기일 전 서류개시로 알려진 바를 목적으로 작성된 요청서"에 한정되는 것으로 보인다. 그러나 제23조의 취지는 특정되지 않은 서류의 개시를 위한 촉탁을 방지하는 데 있으므로, 반드시 '기일 전' 개시단계에서의 촉탁만을 금지하는 것은 아니다.[65] 미국의 민사소송에서는 증거조사는 기일 전에 이루어지고, 일단 기일, 즉 변론이 개시된 뒤에는 (특히 배심재판의 경우) 당사자들이 추가증거를 수집하도록 하기 위하여 변론을 중지하는 것은 허용되지 않지만, 가사 변론단계에서 모색적 사법공조촉탁을 한다면 이에 대하여도 제23조를 기초로 촉탁을 거부할 수 있다. 우리나라나 영국의 선언도 "기일 전 서류개시절차의 목적으로 작성된 촉탁서"의 취지를 넓게 정의하였으므로 기일 전 개시단계에서의 촉탁에만 한정할 것은 아니다.

(2) 제23조는 '서류의' 개시의 촉탁에만 적용되나

문면상 제23조가 적용되는 것은 "… 기일 전 서류개시로 알려진 바를 목적으로 작성된 요청서"에 한정되는 것으로 보인다. 따라서 제23조가 서류의 개시에만 적용되는지 아니면 증언녹취 등 기타의 증거조사의 방법에도 적용되는지가 문제 된다.

1설은 문서만이 아니라 증인신문과 기타의 증거방법을 통하여 문서의 내용을 탐지하는 것도 포함된다고 본다. 위에 언급한 바와 같이 영국은 제23조에 따른 선언을 하였는데, 제23조의 문언에 따르면 영국은 증언녹취의 촉탁은 수용했어야 하나 귀족원은 1977년 Westinghouse 사건 판결에서 증언의 촉탁의 집행을 허용하지 않았다.[66] 이는 제23조는 서류의 개시만이 아니라 모든 증거방법에 적용된다는 것을 의미한다.

2설은 조약의 문면에 충실하게 문서제출에 대한 요청서에만 적용되고, 증언녹취나 질문서를 위한 요청서에는 영향을 미치지 않는다고 한다.[67] 이에 따르면,

---

65) 김용진, 소송전략, 169 – 170면.

66) David McClean, International Co – operation in Civil and Commercial Matters (2002), p. 123; Lawrence Collins, The Hague Evidence Convention and Discovery: A Serious Misunderstanding?, Essays in International Litigation and the Conflict of Laws (1994), p. 307. 그러나 위 판결이 그런 태도를 취하였다고 하지는 않으며 1986년 Collins의 논문을 계기로 영국 판례가 그렇게 변경되었고 학설도 이를 지지한다는 견해도 있다. 김용진, 소송전략, 158면도 참조.

67) 예컨대 Handbook (Evidence), para. 329; Nagel/Gottwald, Rz. 9.88; 김효정, 76면.

증언거부권이 없는 증인에 대하여, 만일 문서제출의 요청이었다면 제23조에 의하여 수탁국이 거부함으로써 제출을 피할 수 있는 문서의 내용에 대하여 신문을 하도록 요청할 경우 거부할 수 없게 된다. 이런 문제점은 독일의 Siemens 사건에서 발생하였다.

이는 영미에서는 Corning 사건으로 알려진 사건이다. 뮌헨고등법원은 1980년 10월 31일 결정에서 제23조에 기하여 미국 법원의 문서제출 요청을 거부한 중앙당국의 판단은 적법하다고 하였으나 영국 귀족원과 달리 증인신문의 요청은 수용하였는데, 그 증인신문에서는 문서의 내용에 관하여도 신문이 이루어졌다. 즉 1976년 버지니아주 서부지구 연방지방법원에서 미국인들 간에 미국 특허권침해를 이유로 손해배상 등을 구하는 소송이 제기되었는데, 피고는 제3자인 독일의 Siemens에 대하여 문서제출과 증인신문을 요구하였고 미국 법원은 증거협약에 따라 중앙당국인 바이에른주 법무부에 문서제출과 증인신문을 위한 요청서를 송부하였다. 독일의 중앙당국은 제23조에 기하여 문서제출의 요청을 거부하였지만, 증인신문의 요청은 비록 독일의 기준에 비추어 보면 광범위한 것이기는 하나 그것이 독일의 공서에 반하거나 증거협약 제9조에 정한 거부사유에 해당하지 않는다는 이유로 수용하였다. 뮌헨고등법원이 실시한 증인신문에서는 문서의 내용에 관하여도 신문이 이루어진 결과 문서제출을 봉쇄하려는 제23조의 취지가 잠탈되었다. 그러나 이것이 종래 독일 법원의 실무라고 한다.[68]

제23조의 취지와 목적을 생각하면 1설이 설득력이 있다. 그러나 2003년 개최된 헤이그국제사법회의의 특별위원회에서 미국 대표는 영국이 제23조의 거부선언을 증언에까지 확대적용하는 데 대하여 우려를 표명하였고, 이러한 지적을 받아들여 특별위원회는 제23조는 구술증언에까지 확대되어서는 아니 된다는 취지를 분명히 지적하였다.[69] 그러나 우리나라는 1설을 따라 영국식의 유보선언을 하였으므로 우리 법원으로서는 1설에 따라 업무를 처리하여야 할 것이나, 구술증언의 경우 그 범위를 제한적으로 운용하는 데는 저자도 이의가 없다.[70] 기일 전 서류개시를 목적으로 발행된 촉탁서의 경우, 특별위원회는 제23조 선언에 따라 구술증거의 조사 및 기일 전 서류개시를 요청하는 촉탁서 전체를 거부하지 않고 구술증

---

68) Nagel/Gottwald, Rz. 9.88.
69) para. 35.
70) 배형원 외, 132면은 구술증언은 원칙적으로 제23조의 적용범위에 포함되지 않지만, 서류개시절차와 관련된 증언, 즉 서류의 점유 여부 및 내용에 관한 증언은 제23조의 적용범위에 포함되고 그 범위 내에서는 구술증언도 거부선언의 대상이 될 수 있다고 본다.

거에 대한 촉탁서만 집행하는 많은 체약당사국의 관행을 특별히 장려하여 왔
다.71) 구술증거가 문서의 제출에 의존하는 경우, 즉 문서의 제출 없이는 구술증거
의 채택이 더 이상 실행될 수 없는 경우도 있을 수 있으나, 다른 경우에는 구술증
거 촉탁이 독립적인 것으로 간주되어 집행이 가능할 수 있기 때문이다.72)

(3) 제23조는 '당사자'에 대한 개시의 촉탁에도 적용되나

논자에 따라서는 증거협약은 제3자에 대한 개시에만 적용되고, 당사자 간의
통상적인 개시에는 적용되지 않는다고 본다. 그러나 증거협약의 문면상 이처럼
제한할 근거가 없다.

(4) 제23조는 사적(私的) 증거조사에도 적용되나

제23조는 제I장의 요청서에 따른 증거조사에만 적용되므로, 예컨대 미국 당
사자 또는 변호사가 한국에서 직접 증거조사를 하는 사적(私的) 증거조사(Beweis-
aufnahme durch Private)에는 적용되지 않으며, 그와는 직접 관련이 없다. 즉 협약
은 증인 또는 기타 증거가 소재하는 국가의 법원, 외교관 등이 증거조사에 개입하
는 경우에만 적용된다.73)

외국에 소재하는 증거를 조사하는 데 있어서는 모색적 증명을 위한 사법공조
요청의 한계에 관한 증거협약 제23조의 문제와, 법원의 개입이 없이 당사자 또는
변호사에 의하여 이루어지는 사적(私的) 증거조사의 문제를 구별하여야 하고, 둘
째, 증거협약의 강행성은 또 다른 문제이다(이는 *Aérospatiale* 사건에서 다루어진 쟁
점이다). 강행성의 문제는 뒤(V.)에서 논의하고, 사적(私的) 증거조사는 아래(VI.)
에서 논의한다.

IV. 증거협약 가입에 따른 정부의 조치

정부는 증거협약에 가입하면서 다음과 같은 조치를 취하였으나, 별도의 이행

---

71) 2009년 특별위원회 결론과 권고, para. 52.
72) Handbook (Evidence), para. 342.
73) 과거 Permanent Bureau, The Taking of Evidence by Video-Link under the Hague
Evidence Convention, Prel. Doc. 6 (2008), p. 10도 이 점을 분명히 하였다.

법률을 제정하거나 기존법률을 개정하지는 않았다.[74] 정부의 조치, 즉 우리나라
의 유보 및 선언사항은 부록 4(증거협약의 국문번역)의 말미에 있다.

1. 중앙당국 지정, 촉탁 당국의 법관 등의 집행 시 출석 허가 선언 및 승인당국
의 지정

정부는 송달협약의 경우와 마찬가지로 법원행정처를 중앙당국(제2조)으로 지
정하였다. 증거협약(제8조)은 "체약국은 다른 체약국의 촉탁 당국의 법관이 촉탁
서의 집행 시에 출석할 수 있다고 선언할 수 있음과, 그 경우 선언국이 지정하는
권한 당국의 사전 승인이 요구될 수 있다"라는 취지로 규정하는데(이는 비디오 링
크와도 관련된다), 정부는 그러한 선언을 하면서 승인당국으로 법원행정처를 지정
하였다.

2. 촉탁서의 언어 선택

촉탁서는 이를 집행할 수탁 당국의 언어로 작성되거나 또는 그 언어로 된 번
역문이 첨부되어야 하나, 체약국은 제33조의 유보를 하지 않으면 영어나 불어로
작성되거나 번역된 촉탁서를 접수하여야 한다(제4조). 정부는 한국은 한국어 및
영어 촉탁서를 접수하고, 한국어 번역문이 첨부되지 않은 촉탁서의 집행은 지체
될 수 있으며, 기타 언어로 된 촉탁서만을 접수하는 국가에 대하여서는 한국어 촉
탁서만을 접수한다는 선언을 하였다. 즉 협약상으로는 한국어 번역문을 고집할
수도 있으나, 개방적인 태도를 취하면서 한국어 번역문이 없으면 촉탁의 집행이
지체될 수 있음을 밝힌 것이다.

3. 외교관 등에 의한 주재국 또는 제3국 국민에 대한 증거조사 및 수임인에 의
한 증거조사 거부

정부는 한국은 그 영토 내에서 증거협약 제2장 제16조 및 제17조를 적용하지

---

74) 우리나라는 이행법률을 제정하지 않았으나 그러한 조치의 주요내용을 이행법률에서 명시하
는 편이 바람직하다. 배형원 외, 178면도 동지. 예컨대 법원행정처를 중앙당국으로 지정한다
는 취지를 협약에 따라 네덜란드에 통지만 하기보다는 우리 법률에 명시하자는 것이다. 독
일 이행법률(제7조)은 이런 방식을 취한다. 또한 우리나라는 수임인에 의한 증거조사(제17
조)를 인정하지 않는다는 취지의 선언을 하였으므로 이행법률에서 그런 취지를 명시하는 편
이 바람직하다는 것이다. 그렇게 하는 편이 수범자들이 이해하기가 편리하다.

아니한다고 선언함으로써, 외교관 등에 의한 주재국·제3국 국민 대상 증거조사 및 수임인에 의한 증거조사를 전면 불허한다. 따라서 우리나라에서 외국의 외교관 등이 파견국 국민에 대하여 증거조사를 할 수는 있지만, 그 밖에 한국인 또는 제3국 국민에 대한 증거조사는 허용되지 않고, 또한 수임인을 선임하여 증거조사를 하는 것은 허용되지 않는다.

4. 기일 전 서류개시를 위한 촉탁서의 집행에 대한 한정 불허(제23조)

위에서 본 바와 같이 정부는 기일 전 서류개시 절차의 목적으로 작성된 촉탁서를 집행하지 않을 것을 선언하고, 그 취지를 분명히 하고자 영국식의 제한적 거부선언을 하였다.

5. 정부조치에 대한 평가

위 조치는 모두 타당하나, 외교관 등에 의한 주재국 또는 제3국 국민에 대한 증거조사 및 수임인에 의한 증거조사를 전면 거부한 것은 아쉽다. 위에서 지적한 바와 같이 우리나라가 수임인에 의한 증거조사를 허용한다면 미국 변호사가 한국에서 종래처럼 임의로 한국인 증인에 대하여 'deposition(증언녹취)'을 시행하는 대신 미국 변호사를 수임인으로 지정하여 우리나라의 허가를 받아 적법하게 증거조사를 할 수도 있기 때문이다. 사소한 사항이나, 증거협약의 국문본이 '촉탁서'라는 용어를 사용하는 것은 유감이다. 송달협약에서는 '요청서'라고 번역하는 용어를 달리 번역할 이유가 없다. 어느 한쪽으로든 일관된 용어를 사용해야 한다. '접수국'이 아니라 '주재국'이라는 용어를 사용하는 것도 아쉽다.

V. 증거협약의 강행성과 국내법에 따른 외국으로부터의 증거방법의 수집의 우열

1. 증거협약의 강행성(배타성)

증거협약과 국내법과의 관계에 관하여 종래 대륙법계 국가들은 증거협약이 우선하여 배타적으로 적용된다는 원칙을 지지하였다. 즉 증거가 외국에 있으면 증거협약이 항상 적용되고, 국내법의 원칙이 증거협약보다 완화된 것이 아니라면

증거협약이 강행적(배타적)으로 적용된다는 것이었다. 그러나 1987. 6. 15. 미국
연방대법원의 *Aérospatiale* 사건 판결의 다수의견은 증거협약의 배타성을 부정한
결과[75] 많은 대륙법계 국가를 실망시켰고 그로 인하여 1980년대 미국과 유럽 간
의 사법마찰을 초래하였다.[76]

Stevens 대법관을 포함한 5명의 다수의견은 조약의 해석에 대하여도 계약 해석의 일
반원칙이 적용됨을 전제로 하면서, 증거협약의 문언과 협상경위에 비추어 볼 때 증거
가 외국에 있으면 항상 증거협약을 우선적으로 적용해야 한다는 견해를 배척하고, '구
체화되거나 또는 개별화된 사안별 예양분석(particularized or individualized case by
case comity analysis)'을 통하여 증거협약에 의하지 아니하고 연방민사소송규칙에 따
라 외국에 있는 증거를 수집할 수 있다고 판시하였다. 나아가 다수의견은 예양분석을
함에 있어서 법원은 개별사건의 구체적인 사실관계 특히 개시절차를 이용할 경우 그
것이 지나치게 부담스러운지, 불필요하거나 또는 사적영역을 침해하는지 등의 영향,
관련된 국가이익과 증거협약을 적용할 경우의 실효적인 개시의 가능성 등 세 가지 요
소를 고려하여야 한다고 설시하였다. 반면에 Blackmun 대법관을 포함한 4명의 소수
의견은 예양을 근거로 증거협약의 사용을 선호하는 일반적 추정(general presumption
favoring use of the convention)을 긍정하여, 법원은 대부분의 사안에서 우선적으로
증거협약을 적용하여야 하고, 증거협약의 적용이 무의미하거나 증거협약의 절차가 무
용한 사안에서만 개별적 상황분석이 필요하다고 보았다('협약 우선 접근방법(Con-
vention first approach)').
소수의견의 근거는 대체로 다음과 같다. 증거협약은 미국의 요청에 따라 그리고 미국
의 열정적인 참여에 의하여 작성되었는데, 다수의견은 증거협약의 체약국들에게 모욕
으로 보일 수 있다. 또한 대륙법계 국가들은 그들에게는 낯선 증거조사방식을 수용하
였고, 증거협약은 미국의 장기적인 이익에도 도움이 된다. 조약은 국가 간의 대립하는

---

75) *Société Nationale Industrielle Aérospatiale* v. U.S. District Court for the Southern District
of Iowa, 482 U.S. 522; 107 S.Ct. 2542 (1987). 판결문과 코멘트는 Born/Rutledge, p. 970
이하. 송달협약의 맥락에서 강행성(mandatory character)과 배타성(exclusive character)의
개념을 구별한다는 점은 위에서 언급하였는데, 증거협약의 논의에서는 강행성이라는 명목으
로 실질은 배타성을 논의하는 것으로 보인다.
76) 사법마찰에 관한 우리 문헌은 서영제·김용진, "국제민사사법공조와 미국과의 사법마찰-헤
이그송달협약 및 헤이그증거조사협약을 중심으로-", 재산법연구 제27권 제3호(2011. 1.),
363면 이하 참조. Schack, Rn. 873ff도 참조. American Law Institute, Restatement (Third)
of Foreign Relations Law of the United States (1990), § 442, Reporters' Note 1은 '해외
증거개시에 관한 국제적 논란'이라는 제목하에 "미국 법률 시스템이 미국 영토 경계를 넘어
확장되면서 미국 내 조사 및 소송에서 문서 요청만큼 많은 마찰을 발생시킨 측면은 없다"라
고 한다.

이익을 조정하기 위하여 교섭을 담당하는 행정부와 이를 비준한 입법부의 정책결정의 결과인데, 사법부가 이를 존중하지 않고 자유재량적으로 이익형량을 할 수 있다고 하는 다수의견은 권력분립의 원칙에 반한다. 예양이 다수의견처럼 사안별분석을 요구하는 것도 아니며, 특히 다수의견은 '사안별분석(case−by−case analysis)'을 요구함으로써 분석을 담당할 하급심 법원에 예견가능하고 효율적인 지침을 제공하지 못한다. 다만, 증거협약이 강행적(배타적)이 아님을 인정하는 점에서는 다수의견과 소수의견은 같다.[77]

어쨌든 *Aérospatiale* 사건 판결이 선고되었고 그 후 미국의 법원이 이를 따르고 있는 이상, 논리적으로는 논란의 여지가 있지만, 현재로서는 증거협약이 강행적인 것(즉 외국에서 증거조사를 할 때에는 반드시 협약이 정한 절차만을 따라야 한다는 것)이라고 단정할 수는 없는데, 독일에서도 증거협약이 강행적(배타적)으로 적용되는 것은 아니라는 견해가 널리 받아들여지고 있다고 한다.[78] 2003년 특별위원회 결론 및 권고도 결국 그렇게 정리하였다.[79] 따라서 *Aérospatiale* 사건 판결을 국제법에 맞추어 변경해야 한다는 주장은 이제 더 이상 현실적이지 않다. 그러므로 법정지국이 외국에 있는 증거조사를 위하여 증거협약에 따른 사법공조를 이용해야 할 무조건적 의무는 존재하지 않는다.[80] 즉 외국에 소재하는 증거를 조사하는 경우 증거협약의 적용이 배타적인 것은 아니며 이 점에서 송달협약과는 다르다는 것이나, '협약 우선 원칙(principle of first resort)'을 따르자는 것이다. Handbook (Evidence)은 협약의 강행성(배타성)에 대하여 어떤 견해를 취하든 간에 특별위원회가 체약국들에게 '협약 우선 원칙'을 따를 것을 권고하였음을 밝히고 있다.[81]

그렇다면 '외국으로부터의 증거방법의 수집'은 '외국에서의 증거조사'와 구별

---

77) 상세는 석광현, 증거조사, 122면 이하; 김용진, 소송전략, 159면 참조.

78) Dagmar Coester−Waltjen, Einige Überlegungen zur Beschaffung von Beweisurkunden aus dem Ausland, Grenzüberschreitungen — Beiträge zum Internationalen Verfahrens − recht und zur Schiedsgerichtsbarkeit, Festschrift für Peter Schlosser zum 70. Geburtstag (2005) S. 147. 상세는 Fn. 3에 인용된 문헌들 참조.

79) 2003년 특별위원회 결론 및 권고, No. 37. Handbook은 이를 협약의 'mandatory nature'의 문제로 다루는데, 그에 따르면 대체로 대륙법계 국가는 강행성을 긍정하고 영미법계 국가는 이를 부정한다고 한다.

80) Nagel/Gottwald, Rz. 9.47. 다만 Handbook (Evidence), para. 24는 그에 따라 상대방 국가의 영토 내에서 증거조사를 한다면 그것이 주권침해로 간주될 위험이 있고 이는 국가 간의 관계를 훼손할 수 있음을 지적한다.

81) Handbook (Evidence), para. 25 이하. 이는 1989년 특별위원회 작업보고를 인용한다.

할 필요가 있다. 특히 국내법에 따른 증거조사가 외국의 주권을 침해하지 않고 달리 국제법에 반하지 않는 경우 우리 법원도 국제법상 허용되는 범위 내에서 민사소송법에 따라 외국 소재 증거를 수집할 수 있는데, 앞으로 그 범위를 명확히 할 필요가 있다.[82]

2. 증거협약에 따른 사법공조와 국내법에 따른 외국으로부터의 증거방법의 수집의 우열

증거협약과 국내법의 관계에 관하여는 *Aérospatiale* 사건 판결의 소수의견처럼 예양을 근거로 증거협약의 사용을 선호하는 일반적인 추정(general presumption favoring use of the Convention)을 긍정할지, 아니면 다수의견처럼 사안별 분석을 통해 결정할지는 논란의 여지가 있다. 헤이그국제사법회의의 1989년 특별위원회에서는 이에 대해 견해 대립이 있음을 소개하고 어떤 견해를 취하든 간에 외국에 소재하는 증거를 수집하는 경우 증거협약이 제공하는 절차에 우선권을 부여할 것이라는 제안을 한 바 있으나, 2003년 특별위원회에서는 더 이상 이런 견해를 피력하지 않고 단순히 증거협약의 구속력 및/또는 배타적인 성격에 관하여는 체약국들 간에 여전히 상이한 견해가 있음을 지적하는 데 그치고 있다. 이에 대하여 증거협약의 다른 체약국들도 *Aérospatiale* 사건 판결의 결과를 유감스럽기는 하지만 기정사실로 수용하고 있는 것으로 보인다고 평가하기도 한다.[83]

Aérospatiale 사건 판결의 다수의견은 지리적 의제[84]와 증거협약 우선원칙을

---

82) 이는 뒤(제8장 Ⅱ.)에서 논의한다.

83) Glenn Hendrix, The Hague Evidence Convention: How is it Really Working? (Chapter 14), Ronald A. Brand (ed.), Private Law, Private International Law, and Judicial Cooperation in the EU–US Relationship (2005), p. 321. 기타 Marissa, L.P. Caylor, Modernizing the Hague Evidence Convention: A Proposed Solution to Cross–Border Discovery Conflicts during Civil and Commercial Litigation, 28 B.U. Int'l L.J. 341 (2010); Andreas Bareiss, Pflichtenkollisionen im transnationalen Beweisverkehr (2014) 참조.

84) 증거협약은 국내에서 증거조사를 하는 경우 적용되지 않는다. 문제는 외국에 있는 증거를 미국에 가져와 미국 법원에 제출하도록 하는 경우 증거협약이 적용되는가이다. 과거에는 그 경우 증거협약은 적용되지 않는다는 견해가 있었다(예컨대 1985년 In re Anschütz & Co. 사건 판결에서 제5순회구 연방항소법원의 태도). 그에 따르면 미국 법원의 재판관할권이 미치는 외국기업이 개시요구된 증거방법을 지배하고 있고, 그 증거방법이 미국 내로 운반될 수 있다면 미국 법원은 미국 내에서 증거협약에 의하지 아니하고 증거조사를 할 수 있다는 것인데, 이를 '지리적 의제(geographic fiction)'라고도 한다. 즉 증거협약은 외국에서 증거조사를 하는 경우를 규율하는 것이지, 외국에 있는 증거를 미국에 가져와 제출하도록 하는 경

모두 배척하고, 증거조사를 하는 법원이 개별사건마다 사안별 예양분석을 통하여 증거협약과 국내법의 적용을 판단하라는 것이다. 다수의견은 그러한 분석의 결과 증거협약이 적용될 수 있는 가능성을 열어놓은 것이지만, *Aérospatiale* 사건 판결 이후 미국의 하급심판결은 신속하고 광범위한 미국법상의 개시절차를 사용하는 것과 증거협약을 사용하는 것을 교량함에 있어서 거의 예외없이 전자가 우선한다고 판단하였다.[85] *Aérospatiale* 사건 판결의 여파로 미국 법원들은 증거협약을 좀처럼 사용하지 않게 되었는데 그 표면적인 이유는 증거협약은 부담스럽고 덜 효율적이라는 것이다. 또한 미국 법원들은 예양분석의 결과 증거협약을 적용하기 위한 요건이 구비되었다는 점에 대한 증명책임은 그의 적용을 주장하는 사람이 부담한다고 보았다. 현재 미국 법원이 증거협약을 적용하는 것은 미국 법원이 대인관할권을 가지지 않는 증인(즉 소송당사자 이외의 자)에 대한 증거조사의 경우라고 한다.

우리 법원으로서도 미국의 연방대법원이 배척한 증거협약의 사용을 선호하는 일반적인 추정을 인정하기는 어렵고, 개별사안의 구체적 사정을 고려하여 사안별로 판단하는 것이 현실적인 접근방법이라고 생각된다. 그렇다면 우리 법원에게는 외국에 있는 증거조사를 함에 있어서는 첫째, 증거협약에 따른 사법공조의 방법과 둘째, 우리 민사소송법에 따른 외국 소재 증거의 수집이라는 두 가지 가능성이 존재한다. 후자는 뒤(Ⅶ.)에서 논의한다.[86] 물론 후자를 사용하는 경우에도 그것이 국제법에 반하는 것이어서는 아니 된다. 요컨대 우리나라가 협약 우선 원칙을 따라야 하는 것은 아니지만 위에서 언급한 특별위원회의 권고를 존중한다면 협약 우선 원칙을 따를 수는 있다고 본다.[87]

---

* 외국소송절차의 지원을 위한 미국 법원의 증거조사 공조

'외국법원과 국제법원 및 그러한 법원에서의 당사자들에 대한 지원'(Assistance to

우, 즉 미국의 민사소송절차에 따라 미국 내에서 외국으로부터의 증거방법을 제출받는 경우까지를 규율하지는 않는다는 것이다. 석광현, 증거조사, 131면 이하 참조.
85) Gary B. Born/Scott Honig, Comity and the Lower Courts: Post-Aérospatiale Applications of the Hague Evidence Convention, 24 International Lawyer 393 (1990), p. 393; Hendrix(註 83), p. 283 이하.
86) Born/Rutledge, p. 907은 미국 법원이 외국에 있는 증거를 조사하는 데는 기본적으로 두 가지 선택지가 있다고 하고 첫째, 미국 증거개시규칙에 따른 방법과, 둘째, 외국법원의 사법공조를 통하는 방법이 그것이라고 쓰고 있다.
87) 저자는 1판에서는 요컨대 이하를 언급하지는 않았다.

foreign and international tribunals and to litigants before such tribunals)이라는 제목의 28 U.S.C. §1782에 따르면, 미국의 지방법원은 이해관계인의 신청에 따라 외국 또는 국제적인 법원에서 사용할 목적으로 그 지역에 거주하는 자에게 증언 또는 진술을 하거나 문서 또는 물건의 제출을 명할 수 있다. 이는 미국 법원이 국제소송에 관련된 자들에게 실효적인 수단을 제공하고 동시에 모범을 보임으로써 외국에게도 미국 당사자들과 법원에 유사한 공조수단을 제공하도록 장려하려는 것이다. 가령 우리 기업(X)이 우리 기업(Y)을 상대로 소를 제기하면서 Y의 미국 내 자회사(C)와 별개의 미국 회사(D) 간의 통신문의 제출을 요구하거나 C와 D의 대표를 신문하고자 하는 경우 이를 이용할 수 있다.[88] 근자에는 우리 법률가들도 위 제도를 활용하는 사례가 있는 것으로 보인다.[89]

중재절차와 28 U.S.C. §1782. 중재판정부도 이런 신청을 할 수 있는지에 관하여 과거에는 논란이 있었고 연방항소법원들의 판결이 나뉘었으나, 근자에 미국 연방대법원은 제1782조는 위 사건의 중재판정부는 정부 또는 정부 간 판정주체(governmental or intergovernmental adjudicative body)가 아니므로 제1782조의 적용 대상이 아니라고 판단하였다. 이는 2022. 6. 13. 선고한 ZF Automotive US, Inc. v. Luxshare, Ltd. (상사중재) and AlixPartners, LLP, et al. v. Fund for Protection of Investors' Rights in Foreign States (투자중재) 사건을 병합하여 선고한 판결(596 U.S. 619 (2022))이다.[90]

---

88) 소개는 석광현, 증거조사, 142면 이하; 태평양, 미국소송 가이드, 147면 이하("1782 디스커버리 절차를 통한 미국 법원의 사법 공조") 참조. 독일 문헌은, Florian Reiling: Das US-amerikanische Discovery-Verfahren im Rahmen deutscher gerichtlicher Auseinan – dersetzungen: Eine Untersuchung unter rechtsvergleichenden Gesichtspunkten sowie unter besonderer Berücksichtigung des Verfahrens nach 28 U. S. C. § 1782 (a) als Beweisbeschaffungsmöglichkeit für Patentstreitigkeiten vor deutschen Gerichten (2016). S. 137ff. 참조.

89) 법무법인 리우의 정** 변호사는 미국의 디스커버리 제도를 활용하여 미국 법원에 정보제공명령을 신청해 유튜버 탈덕수용소의 신상정보를 받았다는데, 위 절차를 이용한 것으로 보인다. 보도된 바로는 "미국 민사소송은 우리와 달리 증거개시 절차(디스커버리 제도)가 있다. 이를 통해 유튜브를 운영하는 구글에서 정보제공명령을 받아냈다는 해외사례를 전해 듣고 미국에서 먼저 소송을 진행하게 됐다"라고 한다. 아시아투데이 2024. 9. 7. 보도. 위 사건만이 아닌 모양이다. 법률신문 제5206호(2024. 9. 2.), 6면 기사에 따르면, 위 정** 변호사는 최근 법무법인 율촌의 A 변호사 등을 저작권법 위반 혐의로 고소했다고 한다. "지난해 걸그룹 아이브와 스타쉽엔터를 대리해 미국 법원에 디스커버리(증거개시)를 신청해 유튜버 탈덕수용소의 신상정보를 받아냈는데, A 변호사 등이 올해 3월 한 걸그룹을 대리해 유튜버 중학교7학년의 디스커버리를 신청하면서 기본 정보만 바꾼 채 그대로 '복사+붙여넣기'했다는 것이 고소의 핵심 내용"이라고 한다.

90) 소개는 Klaudia Krapfl, Das Aus für US – amerikanische discovery Maßnahmen zur Unterstützung internationaler Schiedsverfahren, IPRax (2023), S. 404ff.

Ⅵ. 미국 변호사의 사적(私的) 증거조사에 대한 대응 방안

사적 증거조사라 함은 당사자가 외국 소재 증인으로부터 증인진술서를 받아 법원에 제출하거나, 질문서 또는 당사자조회서를 송부하거나 외국법원이 지정한 감정인이 감정을 위하여 우리나라에서 활동하는 것도 포함한다. 그러나 사적 증거조사로서 가장 문제 되는 것은 미국 변호사가 한국에서 기일 전 개시절차, 특히 증언녹취(deposition)를 시행하는 것이다.

1. 증거협약은 사적 증거조사를 규율하나

증거협약은 사적 증거조사를 언급하지 않는다. *Aérospatiale* 사건 판결도 사적 증거조사가 문제 된 사안은 아니다. 만일 *Aérospatiale* 사건 판결에서 독일과 프랑스 정부의 견해처럼 외국에 있는 증거방법을 수집하는 경우 반드시 증거협약에 따라야 한다면, 그에 의하지 않는 사적 증거조사는 허용되지 않을 것이다. 그러나 *Aérospatiale* 사건 판결에서 보듯이 증거가 외국에 있다고 하여 증거협약이 강행적(배타적)으로 적용되는 것은 아니고, 미국과의 관계에서 그러한 견해를 관철할 수 없으며, 가사 증거협약을 강행적(배타적)으로 적용하더라도 증거협약이 사적 증거조사를 금지한 것은 아니라고 볼 수도 있다. 사적 송달에 대해 직접 규정하는 송달협약과 달리, 증거협약은 사적 증거조사에 대해 직접 규정하지 않으므로, 사적 증거조사의 논점은 우리나라가 증거협약에 가입한 현재도 제기되는 문제이다. 단적으로 말하면, 사적 증거조사의 허용 여부는 주로 그것이 주권행사인가의 여부에 달려 있다.

2. 사적 증거조사는 우리 민사공조법에 반하나

민사공조법은 사적 증거조사에 관하여 규정하지 않는다. 목적을 정한 민사공조법 제1조는 "이 법은 민사사건에 있어 외국으로의 사법공조촉탁절차와 외국으로부터의 사법공조촉탁에 대한 처리절차를 규정함을 목적으로 한다"라고 명시한다. 여기에서 '민사공조법의 취지'가 촉탁의 처리에 관한 원칙을 제시한 것으로 그 경우에만 우리가 민사사법공조를 제공한다는 것인지, 아니면 증거조사에 관한 국제민사사법공조는 반드시 민사공조법이 정한 촉탁절차에 의하여야 하고 그 외의 방법은 부적법하다는 취지인지가 문제 된다. 아직 유권적 견해는 없으나 송달에 관한 대법원 1992. 7. 14. 선고 92다2585 판결을 고려하면 후자가 설득력이 있다.

위 대법원판결은 "영사관계에관한비엔나협약 제5조 제이(j)항에는 파견국 영사는 파견국 법원을 위하여 소송서류 또는 소송 이외의 서류를 송달할 수 있도록 되어 있으나, 이는 자국민에 대하여서만 가능한 것이고, 우리나라와 영사관계가 있더라도 송달을 받을 자가 자국민이 아닌 경우에는 영사에 의한 직접실시방식을 취하지 않는 것이 국제예양이며, 협약 가입국이라 할지라도 명시적으로 위 방식에 대한 이의를 표시한 경우에는 이에 의할 수 없는데 우리나라는 사법공조업무 처리 등에 관한 예규에 따라 국제간의 사법공조업무를 처리하여 오다가, 예규의 내용을 받아 민사공조법을 제정하여, <u>외국으로부터의 송달촉탁은 외교상의 경로를 거칠 것을 요건으로 하여 송달장소를 관할하는 제1심 법원이 관할하도록 규정함으로써, 적어도 영사파견국의 국민이 아닌 경우에는 위 비엔나영사협약에 규정된 영사에 의한 직접 실시방식에 대하여 이의를 표시한 것</u>"이라는 취지로 판시하였다(밑줄은 저자가 추가함). 동일한 논리를 증거조사에 적용한다면 우리나라는 민사공조법에 의해 미국 국내법에 따른 증거조사에 대해 이의를 한 것이라고 볼 수 있으므로, 미국 변호사가 미국법에 따라 우리나라에서 사적 증거조사를 하는 것은 민사공조법에 반하거나, 적어도 민사공조법의 취지에 반한다. 따라서 미국 변호사가 자발적으로 응하는 한국인 증인에 대하여 한국에서 증언녹취를 하는 사례는 민사공조법에 반하거나 적어도 그의 취지에 반한다.[91] 그렇다면 미국 변호사의 사적 증거조사를 국제예양에 기초하여 허용할 수는 없다.

3. 사적 증거조사는 우리나라의 주권을 침해하는 것으로서 국제법에 반하나

외국 변호사가 기일 전 개시절차에서 사적 증거조사를 하는 것이 우리 주권을 침해하는 것으로서 국제법에 반하는지가 문제 된다. 주로 문제 되는 것은 미국 변호사의 증언녹취이다. 이는 아직 국제법적으로 명쾌하게 해명되지 않은 것으로 보이는데 경우를 나누어 본다.

가. 사적 증거조사가 기일 전 개시절차의 일환으로 행해지는 경우

이는 사적 증거조사의 성질에 따라 좌우된다. 미국에서는 사적 증거조사는

---

91) 유영일, 161면도 한국에서 증언녹취를 하는 것은 명백한 국내법 위반의 행위라고 하나 그 근거는 밝히지 않는다.

사인의 주도하에 행해지는 절차이므로 외국에서 증거조사를 하더라도 상대방이 자발적으로 협력하고 강제력을 행사하지 않는 한 주권침해의 문제는 없다고 보지만,[92] 유럽대륙에서는 증거조사는 법관 앞에서 하는 것이므로 그러한 행위는 주권침해가 된다고 본다.

우리 민사소송법 체계상 당사자는 법원에 증거신청을 하고, 법원이 증거의 채택 여부를 결정하며, 법원은 당사자가 신청한 증거에 의해 심증을 얻을 수 없거나 그 밖에 필요하다고 인정한 경우 직권으로 증거조사를 할 수 있다. 따라서 미국 변호사가 미국 내에서 하듯이 당사자의 대리인으로서 한국에서 증거조사를 하는 것은 일단 제소가 된 후 소송절차 내에서 이루어지므로 우리 주권을 침해한다고 본다. 그 근거는, 사적 증거조사의 기능에 착안하여 변호사의 권한은 결국 소송법률관계, 궁극적으로는 사법권으로부터 도출되는 점에 있다.[93] 당사자의 사적 송달도 공권력의 행사로 보아 사적 송달을 수령국의 주권침해로 보는 것과의 균형상, 현재로서는 기일 전 개시절차의 일환으로 행해지는 사적 증거조사는 우리의 주권침해가 된다고 본다. 하지만 이를 고집하는 것이 바람직한 것은 아니다. 우리 민사소송법상 당사자주도의 증거조사가 확장되어 가고 있으므로 앞으로 송달에서 더 유연한 견해를 취할 필요가 있는 것과 마찬가지로 증거조사의 경우에도 더 유연한 견해를 취할 필요가 있다.

나. 사적 증거조사가 기일 전 개시절차에 앞서 행해지는 경우

사적 증거조사가 기일 전 개시절차에 앞서, 미국에서의 제소에 앞서 장래의 제소를 위한 준비행위의 일환으로 이루어지는 경우, 즉 기일 전 개시절차 외에서 법원의 어떤 명령이나 위임도 없이 이루어지는 경우에는 단순한 사인의 행위이므로 허용된다.

4. 사적 증거조사에 기한 미국 판결의 우리나라에서의 승인 및 집행

미국 변호사가 한국에서 기일 전 개시절차로써 한 증거조사에 기하여 미국 당사자가 미국 법원으로부터 승소판결을 받은 경우 그 판결이 한국에서 승인 및

---

92) 반면에 미국 법원이 우리나라에 있는 증인에 대하여 벌칙부소환장(subpoena)을 발부하는 것은 그 자체로서 주권침해가 된다.

93) 사적 증거조사의 기능보다 행위의 주체에 착안하면 상이한 결론에 이르게 된다.

집행될 수 있는지가 문제 된다. 환언하면, 기일 전 개시절차가 우리나라의 주권을 침해하거나 기일 전 개시절차가 '모색적 증명 금지의 원칙'에 반하는 것으로 판단된다면 그에 기한 미국 법원 판결의 승인 또는 집행이 우리의 절차적 공서에 반하는가라는 문제이다. 우리 학설은 보이지 않으나, 독일의 다수설은 기일 전 개시절차의 기능은 대부분 독일 민사소송법상 정보와 문서의 제출을 요구할 수 있는 실체법상의 권리에 의하여 파악되므로 미국법상의 기일 전 개시절차가 독일의 절차적 공서에 반하는 것은 아니지만, 어떤 사안에서 구체적인 기일 전 개시절차가 독일의 주권을 침해하거나 과도한 모색을 요구함으로써 인격권을 침해하는 경우에는 그에 기한 판결의 승인 및 집행은 절차적 공서에 반한다고 한다. 다만 이는 진정한 국제법위반이 있는 경우에 한정해야 하고, 단지 의문이 있을 뿐인 경우는 포함하지 않는다. 이는 대체로 우리도 수긍할 수 있지만 그 기준이 애매하다는 문제가 있다.

5. 사적 증거조사와 관련된 우리의 대책

법무부와 외교부가 이에 관하여 더 심도 있는 검토를 한 뒤 정부의 태도를 정할 필요가 있다. 아직 유권적 견해가 없기 때문에, 종래 일부 우리 법률가들은 찜찜하기는 하지만 미국 변호사의 사적 증거조사에 협력하고 있는 실정이다. 만일 그것이 민사공조법의 취지에 반하는 것이라고 결정한다면 미국 당사자(또는 대리인)가 우리나라에서 사적 증거조사를 하는 때에는 우리 정부가 미국에 대하여 외교적 항의를 하고, 위법한 행위를 목적으로 입국하는 미국 변호사의 출입국을 통제하는 방안을 고려할 필요가 있다. 나아가 그에 협조하는 우리 국민들과 우리 변호사들에게 그런 행위는 주권침해가 됨을 분명히 하고, 그런 행위를 하지 말도록 홍보·교육해야 한다. 우리 정부가 이런 조치를 취한다면 미국 당사자 또는 법원은 한미영사협약을 적극 활용할 것이다. 다만 더 나아가 그러한 행위를 범죄로 규정하고 행위자를 처벌하는 입법을 할지도 문제 되는데, 기일 전 개시절차의 일환으로 행해지는 사적 증거조사가 주권침해인지 자체가 논란의 여지가 있으므로 그 타당성은 의문이다.94)

---

94) 사법마찰을 극복하기 위한 노력의 일환으로 예컨대 2015년 세도나 회의(Sedona Conference) The Sedona Principles, Third Edition: Best Practices, Recommendations & Principles for Addressing Electronic Document Production과 이를 개선한 2019년 International Principles on Discovery, Disclosure and Data Protection 등이 있다. 세도나

VII. 우리 민사소송법에 따른 외국 소재 증거의 수집 — 외국 당국이 개재하지 않는 증거조사(국내민사증거절차법의 域外的 適用)

1. 문제의 소재

가. 외국에서의 증거조사와 외국으로부터의 증거방법의 수집의 구별

증거조사는 법정지법에 따르지만, 원칙적으로 우리 법원이 증인 또는 증거가 소재하는 외국에 가서 직접 증거조사를 할 수 없다. '외국에서의 증거조사(Be-weisaufnahme im Ausland)'는 국가 주권의 행사로서 외국의 주권을 침해하기 때문이다. 즉 법정지법원칙은 외국의 주권을 침해할 수는 없다는 국제법상의 한계 내에서 타당하다. 외국에서 증거조사를 할 경우에는 국제민사사법공조의 방법에 의할 수밖에 없는데 증거협약은 이를 위한 것이다.

그러나 '외국으로부터의 증거방법의 수집(Beweismittelbeschaffung aus dem Ausland)[95]은 이와 구별할 필요가 있다. 예컨대 우리 법원이 외국 소재 증인에게 우리 민사소송법에 따라 자발적으로 출석하여 증언할 것을 요구하거나, 외국에 있는 제3자에게 문서 또는 검증 목적물의 제출을 요구하는 것은 외국에서의 증거조사는 아닌데, 과연 그것이 국제법상 허용되는가가 문제 된다. 이는 '국내 민사증거절차법의 역외적 직접적용'의 문제 또는 증인(또는 감정인) 등의 국적·거소 또는 증거의 소재 등 '외국관련이 있는 증거방법의 조사'의 문제이다.

증거협약의 관점에서 보자면 이는 위에서 언급한 배타성의 문제인데, 여기에서 우리 민사소송법에 따른 외국 소재 증거의 수집을 허용하는 것은, 증거협약의 배타성을 인정하지 않는다는 것을 의미한다. 그렇더라도 위에서 언급한 것처럼, 우리가 반드시 따라야 하는 것은 아니지만 특별위원회의 권고를 고려하여 '협약 우선 원칙(principle of first resort)'을 존중할 수 있을 것이다.

회의는 독점금지법, 복잡소송, 지식재산권, 데이터 보안 및 프라이버시 법 등 영역의 법 및 정책과 관련된 최첨단 쟁점들에 관하여 연구 및 교육을 하는 비당파적, 비영리기구인데, 1997년 미국 아리조나주 피닉스에 설립된 기구로 보인다. https://thesedonaconference.org/ 참조. 전자의 소개는 김도훈, "전자문서 제출에 관한 세도나 원칙의 개정에 관한 소고", 미국헌법연구 제28권 제2호(2017), 138면 이하; 후자의 소개는 김도훈, "증거보존조치에 관한 세도나 지침에 관한 연구", IT와 法연구 제20집(2020. 2.), 165면 이하 참조.

95) 이를 '외국에서의 증거방법의 수집(Beschaffung von Beweismitteln im Ausland)'이라고도 하나 본문이 더 분명하다.

나. 민사소송법의 규정과 논점의 정리

민사소송법 제296조는 외국에서의 증거조사를 규정할 뿐이고, 외국으로부터의 증거방법의 수집은 규율하지 않으며 또한 이를 금지하지도 않는다. 따라서 외국으로부터의 증거방법의 수집이 허용되는지, 허용된다면 민사사법공조와의 우열과 구체적인 허용범위 등이 문제 된다. 사견으로는 이는 국제법상 허용되는 범위 내에서 가능한데, 현재 국제법원칙이 정립되지 않은 탓에 명확한 규칙의 도출이 어려우므로 그 범위를 둘러싸고 사법(司法)마찰의 가능성이 있다. 이와 관련하여 다음을 유념할 필요가 있다.

첫째, 우리 법원이 국내법에 따라 외국으로부터 증거방법을 수집하는 경우에도 외국에서 강제력을 행사할 수는 없으므로 이는 상대방의 자발적 협력을 전제로 한다.[96] 둘째, 우리 법원이 외국에서 실제로 강제력을 행사하는지가 아니라 법원이 고권적으로 행위하는지가 문제 된다. 즉 우리 법원이 외국에서 강제력을 행사할 수 없음은 물론이지만, 강제력을 행사하지 않는다고 하여 항상 허용되는 것이 아니라, 예컨대 증인에게 불출석에 대한 제재를 고지하는 것은 강제력의 행사는 아니지만 고권적인 행위를 하는 것이기 때문에 허용되지 않는다는 것이다.[97] 다만 국제재판관할권에 복종하는 당사자에 대하여는 절차 내 제재를 고지하는 것은 무방하나, 형사제재를 고지하는 것은 주권침해로서 허용되지 않는다고 본다.[98] 셋째, 증거협약에 따른 사법공조와 외국으로부터의 증거방법의 수집의 우열에 관하여는, 직접심리주의를 고려하면 증거협약의 우선적용을 부정하는 견해가 설득력이 있는 것으로 보이기도 하나[99] 개별 사건별로 검토하라는 견해도 설득력이 있는데, 위에서 보았듯이 특별위원회의 권고를 고려하여 우리 법원도 '협약 우선 원칙(principle of first resort)'을 존중할 수 있을 것이다. 넷째, 외국으로부터의 증거방법의 수집은 국가주권 또는 국가관할권의 행사이다. 국가관할권 삼분

---

96) 다만 소송의 당사자와 증인 등 제3자를 구별할 필요가 있다. 우리나라의 재판권(또는 주권)에 복종하지 않는 외국에 있는 제3자에 대하여는 증인의무 기타 의무를 부과할 수 없고, 자발적인 협력을 기대할 수 있는 경우에만 증거조사를 할 수 있으나, 민사소송의 이상인 공평의 원칙상 우리 법원의 국제재판관할에 복종하는 외국인 소송당사자는 증거조사에서도 내국인 소송당사자와 평등하게 협력의무를 부담한다고 볼 수 있으므로 법원은 불이행 시 그에게 제재를 부과할 수 있다. 다만 여기의 제재는 절차 내 제재를 말하는 것이다.

97) Leipold, S. 40, 51f.

98) Leipold, S. 67.

99) 이것이 독일의 유력설이다. Geimer, Rz. 2361 이하 참조.

설[100])을 따르면 증거조사는 집행관할권에 속하므로 이는 주로 '집행관할권의 국제법상의 한계'의 문제라고 할 수 있다.

2. 증거방법별 검토

외국으로부터의 증거방법의 수집에 관한 구체적인 논의는 증거방법별로 검토할 필요가 있다. 이는 국제증거법에 관한 제8장에서 논의한다.[101])

3. 국가별로 본 해외증거조사의 적용법규

국가별로 해외증거조사의 적용법규를 정리하면 아래와 같다.

〈국가별로 본 해외증거조사의 적용법규〉

		요 청 서	수임인
증거협약 체약국	중국 호주*	1. 양자조약 2. 증거협약 3. 민사공조법 4. 민사소송법**	양자조약
	기타 국가	1. 증거협약 2. 민사공조법 3. 민사소송법	유보
증거협약 비체약국	몽골	1. 한몽조약 2. 민사공조법 3. 민사소송법	없음
	기타 국가	1. 민사공조법 2. 민사소송법	없음

  * 호주의 경우 수임인에 의한 증거조사가 가능하다.
** 번호는 적용상의 우선순위를 가리킨다.[102])

이제는 해외증거조사 시 먼저 적용규범을 정확히 파악하지 않으면 아니 된다. 송달협약에 관하여 위에서 언급한 바와 같이 증거협약에 가입하였으므로 민사공조법을 개정할 필요가 있다. 그 이유는 아래와 같다. 그럼으로써 민사공조법을 명실상부한 민사공조의 기본법으로 만들어야 한다.

---

100) Restatement (Third) 제401조는 국가관할권을 규율관할권, 재판관할권과 집행관할권으로 삼분한다.
101) 상세는 석광현, 증거조사, 177면 이하 참조.
102) 양자조약과 다자조약 간에는 원칙적으로 선후 관계는 없다. 양자를 상호보완적인 것으로 이해하여 사법공조에 보다 우호적인 조항을 적용하는 것이 바람직하다고 본다.

Ⅷ. 맺음말 — 장래의 과제

증거협약에 가입함에 따라 법원행정처는 국제민사사법공조의 처리를 위한 규칙과 예규 등을 정비할 필요가 있었으나 아직도 충분히 개선되지 않고 있다. 다른 사람들의 무관심 속에 실무가 이루어진다고 해서 법적으로 문제가 없는 것은 아니다. 그 밖에 장래의 과제를 몇 가지만 지적한다.

첫째, 민사공조법의 개정이다. 개정의 착안점은 증거협약의 체약국으로 촉탁 시 촉탁서의 발송기관을 법원행정처로 하는 것이다. 즉, 과거에는 외국으로의 촉탁은 민사공조법에 따라 외교경로를 통한 간접실시방식에 의해 이루어졌다. 그러나 이제는 외교부는 체약국의 중앙당국에 요청서를 직접 발송하여야 한다. 우리는 법원행정처를 중앙당국으로 지정하였으나, 중앙당국은 요청서의 발송기관은 아니므로 외국으로의 촉탁은 민사공조법에 따라 여전히 외교부를 경유하여 처리해야 한다.[103)104)] 그 결과 외국으로의 증거조사 촉탁은 외교부가 외국의 중앙당국에 직접 하지만, 외국으로부터의 증거조사 촉탁은 외국의 발송기관이 법원행정처로 직접 하게 되는 결과, 촉탁서의 발송경로와 수령경로가 다르게 된다. 이는 여러모로 불편하므로, 민사공조법을 개정하여 증거협약의 체약국에 대해서는 외교부를 경유하지 않고 법원행정처가 촉탁서 등을 직접 발송할 수 있는 근거를 마련해야 한다. 증거조사를 촉탁하는 기관, 즉 촉탁서를 작성하는 촉탁의 주체는 수소법원의 재판장이나, 촉탁서는 외교부를 경유하여야 하지, 수소법원의 재판장이나 법원행정처장이 이를 직접 외국 중앙당국으로 송부하는 것은 민사공조법상 허용되지 않는다. 외국의 중앙당국으로 촉탁서를 실제로 발송하는 기관이라는 의미의 발송기관은 외교부장관이다(엄밀하게는 이는 발송기관이라기보다는 발송경로의 문제이다).

물론 호주와 사이에서는 한호조약에 따라 중앙당국인 법원행정처가 호주의 중앙당국[105)]에 요청서를 발송해야 한다.

---

103) 각 체약국은 국내법에 따라 중앙당국으로 하여금 촉탁서를 발송하는 기관을 겸하도록 할 수 있으나, 우리는 이러한 조치를 취하지 않았으므로 발송기관은 민사공조법에 따라 여전히 외교부이다. 이 점은 송달협약에 관하여 설명한 것과 같다.

104) 송달협약과 증거협약의 관계에 관하여는 위 송달협약(Ⅴ.7.)에서 논의하였다.

105) 한호조약은 제2조 제2항은, "대한민국의 중앙당국은 법원행정처이고, 호주의 중앙당국은 호주정부의 법무부이다"라고 규정한다.

둘째, 사적(私的) 증거조사에 대한 정부의 입장 정리이다. 종래 미국 변호사가 미국 국내에서처럼 대리인으로서 한국에서 기일 전 개시절차의 일환으로(즉 제소 후) 증언녹취 등 증거조사를 하는 사례가 있는데, 이는 민사공조법의 취지에 반한 다. 증거협약은 이를 규율하지 않으므로, 증거협약 가입 후 그런 행위가 행해질 때 정부의 대처방안이 문제 된다. 생각건대 우선 정부가 이에 관하여 법적 및 정 책적으로 더 심도 있게 검토한 뒤 입장을 정할 필요가 있다. 정부가 증거협약(제 17조)에 따른 수임인이 우리 당국의 허가를 받아 증거조사를 할 수 있도록 허용하 였더라면 사적 증거조사를 상당 부분 흡수할 수 있었을 것이다. 물론 미국 영사는 1963년 12월 발효한 한미영사협약(제4조 c호)과 미국법에 따라 한국에서 한국인으 로부터 선서를 받고 증거조사를 할 수 있다.

셋째, 앞으로 우리나라도 양자조약의 체결에 더 관심을 기울일 필요가 있다. 특히 우리나라는 송달협약에 가입하면서 간이한 송달방법에 대하여 이의하였고, 증거협약에 가입하면서도 수임인에 의한 증거조사 등에 대하여 이의하였는데 다 자조약 차원에서 이를 즉시 풀기는 어렵더라도, 앞으로 미국, 일본 등 주요 국가 들과 송달, 증거조사 및 법정보를 포함하는 민사사법공조에 관한 양자조약을 체 결함으로써 이러한 경직된 태도를 완화해 나갈 필요가 있다.

넷째, 우리나라가 증거협약 가입 시 이의한 사항을 완화하는 방안도 검토할 필요가 있다. 특히 증거협약(제17조)에 따른 수임인이 우리 당국의 허가를 받아 증 거조사를 할 수 있도록 허용하는 방안이 그것이다. 또한 장래 촉탁국이 수탁국에 촉탁하는 간접 증거조사를 상정하는 증거협약 제1장의 경우 촉탁국이 비디오 링 크를 사용하여 수탁국인 한국에서 증거조사를 하는 것은 허용할 필요가 있으므로 그의 법적 근거를 마련하는 방안을 검토하여야 한다.

다섯째, 전자정보에 대한 증거조사, 나아가 전자증거개시에도 더 큰 관심을 가져야 한다. 우선 생각할 수 있는 것은 전자문서가 증가하고 있음에 비추어 전자 문서 나아가서는 전자적으로 저장된 정보를 어떤 형태로 제출하도록 할 것인가의 문제가 있다. 실제로 미국은 전자개시(e-discovery)를 반영하기 위하여 연방민사 소송규칙을 개정하였고,106) 우리나라도 민사소송법(제374조)에 자기디스크 등에

---

106) 연방민사소송규칙은 2006. 12. 1.자로 전자증거개시(e-discovery)를 가능하게 하기 위하여 개정되었는데, 개정된 조문은 '전자적으로 저장된 정보(electronically stored information)' 의 개시에 관련된 제16조 b, 제26조 a항, b항, f항, 제33조, 제34조, 제37조 f항과 제45조 등이다. 전자증거개시에 관하여는 George L. Paul/Bruce H. Nearon, The discovery rev-

기억된 문자정보 등의 전자문서를 그 밖의 증거로 취급하는 규정을 신설하였으나 현재의 문서제출명령은 전자정보의 제출을 위한 적절한 수단이 되지 못하고 있다. 증거협약의 맥락에서도 이 점이 논의되었으나 아직 충분한 논의는 이루어지지 않고 있는 것으로 보인다.[107) 우리나라에서도 전자소송이 도입되었고 민사소송법의 특별법으로서 전자소송의 근거 법률인 민사소송절차에서 전자문서의 이용을 규정하는 '민사소송 등에서의 전자문서 이용 등에 관한 법률'(민소전자문서법)이 시행되고 있으므로[108) 전자증거개시에 더 관심을 가져야 하는데, 앞으로 전자증거개시가 국제증거조사에서 제기하는 문제와 해결방안은 좀 더 두고 보아야 할 것이다.[109)

여섯째, 범위를 더 넓혀서 사법공조의 영역이 점차 확대되고 있는 점에도 관심을 가져야 한다. 우선 주목할 것은 헤이그국제사법회의의 1980년 "국제적 아동탈취의 민사적 측면에 관한 협약(Convention on the Civil Aspects of International Child Abduction)"("아동탈취협약")에서 보는 바와 같이, 사법기관인지 행정기관인지를 묻지 않고 협약상의 목적을 달성하기 위하여 체약국의 중앙당국을 통하여 공조체제를 구축하는 현상이다. 이는 전통적으로 민사비송적인 성질을 가지는 분야에서 체약국의 후견적 감독기능을 국제적으로 충실하게 하기 위하여 국가 간 협력을 강화하는 것이다. 이러한 공조체제는 그 후 1993년의 "국제입양에 관한 아

---

olution : e−discovery amendments to the Federal rules of civil procedure (2006)(개정조문과 주석은 Appendix, p. 171 이하 참조) 참조. 우리 문헌은 최두신, "디지털 증거개시제도(E−Discovery)에 관한 고찰", 인터넷 법률 제45호(2009. 1.), 152면 이하; 김도훈, "뉴욕주 변호사협회의 전자증거개시지침에 관한 고찰", 선진상사법률연구 제64호(2013. 10.), 147면 이하; 김도훈, "전자증거개시에 관한 미연방법원판결의 검토−Zubulake v. UBS Warburg LLC 사안을 중심으로", 연세대학교 법학연구 제17권 제3호(2007. 9.), 151면 이하; 권종걸, "미국 연방 민사소송규칙상의 전자적 자료의 증거개시에 관한 연구", 비교사법 제1권 제4호(2008. 12.), 483면 이하 참조. 형사정책연구원, 전자증거개시제도(E−Discovery)에 관한 연구(2012); 김경환, "eDiscovery의 현황과 전망", 국제IP분쟁 이슈보고서 (2013. 6.), 82면 이하; 박지원, 200면 이하 참조.
107) 석광현, 증거조사, 211면 참조.
108) 증거방법으로 전자문서가 제출되어 민소전자문서법에 따라 증거조사를 하는 경우 민사소송법 제374조와 가장 큰 차이는 저장매체가 아니라 전자문서 자체를 증거방법으로 한다는 점과 증거조사방법이 검증이 아니라 서증이라는 점이다. 박지원, 209면.
109) 우리 법상의 논의는 한애라, 179면 이하; 박지원, 200면 이하 참조. 근자에는 전자증거개시 (e−discovery)가 미국과 사이에 사법마찰을 초래하고 있다. 이에 관하여는 우선 김용진, "미국과의 증거조사공조 현황과 e−discovery 대응방안", 인권과 정의 통권 제429호(2012. 11.), 6면 이하 참조.

동의 보호 및 협력에 관한 협약"("아동입양협약")110)과 1996년의 "부모의 책임 및 아동의 보호조치에 관한 관할권, 준거법, 승인, 집행 및 협력에 관한 협약"("아동보호협약")111) 등의 협약에서 채택되었다. 이에 따라 국제적으로는 이런 공조체제가 점차 정착되어 확산되어 가고 있으나,112) 우리나라는 2013년 탈취협약에 가입하였을 뿐이고113) 다른 두 협약에는 가입하지 않았을 뿐만 아니라(다만 국제입양에 관한 법률이 2023. 6. 30. 국회를 통과하였고 2025년 7월 발효 예정이므로 그 무렵 입양협약은 비준될 것이다) 그러한 개념 자체에 익숙하지 않으므로 앞으로 관심을 가지고 발전시켜야 한다.114)

또한 주목할 것은 국제도산에서의 민사사법공조이다.115) 즉 외국법원 및 외국도산절차의 대표자와의 공조는 국제도산을 효율적으로 수행함으로써 최상의 결과를 달성하기 위한 가장 현실적인 방법인데 이는 '광의의 민사사법공조'의 일환이다. "채무자회생 및 파산에 관한 법률"(제641조)은 도산절차의 병행 시 우리 법원(도산사건의 담당재판부)이 외국법원과 직접 공조할 것을 규정하는데, 이는 종래의 법원행정처를 통한 민사공조법상의 공조 수준에 비하면 획기적이다. 저자는

---

110) 협약의 영문명칭은 "Convention on Protection of Children and Co-operation in Respect of Intercountry Adoption"이다. 2023년 7월 제정된 국제입양법률(제2조 제1호)는 이를 "국제입양에서 아동의 보호 및 협력에 관한 협약"이라고 부른다.

111) 협약의 영문명칭은 "Convention on Jurisdiction, Applicable Law, Recognition, Enforcement and Co-operation in Respect of Parental Responsibility and Measures for the Protection of Children"이다.

112) 이런 공조의 개념은 1998. 7. 1. 발효된 私法統一을 위한 국제협회(UNIDROIT)의 "도난 또는 불법반출된 문화재에 관한 협약(Convention on Stolen or Illegally Exported Cultural Objects)" 제3장에도 반영되어 있다. 즉 제3장은 당사국들이 문화재보호에 관한 자신의 공법규정의 존중을 다른 당사국들에게 요구할 수 있는 일종의 사법적·행정적 공조를 규정하는데, 제3장의 기본구조는 1980년 아동탈취협약과 유사하다. 우리나라는 아직 이에 가입하지 않고 있다. 위 협약 제3장의 상세는 석광현·이규호, 「1995년 UNIDROIT협약」가입 영향 검토 및 국내법 개정안 연구", 국외소재문화재재단 정책연구-2015-002 (2015), 62면 이하 참조.

113) 탈취협약의 개관은 석광현, "국제아동탈취의 민사적 측면에 관한 헤이그협약과 한국의 가입", 서울대학교 법학 제54권 제2호(통권 제167호)(2013. 6.), 79면 이하 참조. 상세는 이병화, 국제아동탈취의 민사적 측면에 관한 헤이그협약 연구(2009); 곽민희, 온주 국제사법 [후주] 제72조: 헤이그 아동탈취협약, 2023. 7. 5. [1] 이하 참조.

114) 위 협약들에 관하여는 우선 이병화, "가족법 분야의 헤이그국제사법회의 협약 — 특히 아동보호와 관련하여 — ", 국제사법연구 제12호(2006), 152면 이하와 석광현, 국제사법(준거법편) 해설(2025) 참조.

115) 이 점은 제11장 국제도산에서 소개한다.

과거 공조범위를 넓히려는 채무자회생법의 취지를 이해할 수 있지만 실무상 법원 간의 공조는 쉽지 않을 것이라는 견해를 밝힌 바 있는데, 실제로 공조가 이루어진 사례가 있음은 고무적이다. 어쨌든 앞으로 전향적인 국제도산에서의 공조가 활성화되어 그것이 여기에서 논의하는 좁은 의미의 민사사법공조의 발전에도 긍정적인 영향을 미칠 수 있게 되기를 기대해 본다.

제 8 장

국제증거법

제 8 장

국제증거법

I. 서   론

국제민사소송에서 증거에 관한 다양한 문제는 대체로 절차(procedure)의 문제로서 법정지법(*lex fori*)에 의할 사항이다. 즉 증명의 대상(자백의 효력 등), 증거방법(허용되는 증거방법, 증거방법에 대한 제한, 증언거부권의 종류와 범위),[1] 증거조사와

---

* 제8장에서 인용하는 아래 주요 문헌은 [ ] 안의 인용약어를 사용한다.

공영호, "증거수집방식의 개선을 위한 미국형 디스커버리 제도의 도입에 관한 시사점". 민사소송 제27권 제2호(2023)[공영호]; 권순형, "외국공문서 인증폐지 협약의 시행 및 e-Apostille 모델의 모색", 국제규범의 현황과 전망 ─ 2007년 국제규범연구반 연구보고 ─ (법원행정처, 2007)[권순형]; 김갑유 · 양성우, "국제중재절차에서의 서류공개의무와 그 예외로서 변호사 ─ 고객 간 특권에 관한 연구", 서울대 법학평론 제1권(2010. 9.)[김갑유 · 양성우]; 김용진, "민사소송절차에서 외국증인신문제도의 개선방안", 조선대학교 법학논총 제21권 제3호(2014)[김용진, 외국인증인신문제도]; 석광현, 증거조사에 관한 국제민사사법공조연구(법무부. 2007)[석광현, 증거조사]; 설민수, "민사 · 형사 재판에서의 입증의 정도에 대한 비교법적 · 실증적 접근", 인권과정의 제388호(2008. 12.)[설민수]; 이혜미, "디스커버리 제도에 관한 연구 ─ 이른바 한국형 디스커버리에 대한 시사점을 중심으로", 외국사법연수논집(38) (2019)[이혜미]; 정선주, "외국 공문서의 진정성립 ─ 대법원 2016. 12. 15. 선고 2016다205373 판결─", 민사소송 제23권 제3호(2019. 10.)[정선주, 외국 공문서]; Walther J. Habscheid/호문혁(역), "입증책임과 입증의 정도 ─ 대륙법과 영국법의 비교", 서울대학교 법학 제32권 제1 · 2호(통권 제85 · 86호)(1991. 8.)[Habscheid/호문혁(역)]; Julia Caroline Sherpe, Alleviation of Proof in German and English Civil Evidence, Rabels Zeitschrift 80 (2016)[Sherpe].

[1] 증거방법(Beweismittel)이라 함은 법관이 그 오관의 작용에 의하여 조사할 수 있는 유형물을 말하는데, 그에는 인증(증인, 감정인 및 당사자)과 물증(문서, 검증물, 전자저장정보물 기타 증거)이 있다. 증거방법의 조사에 의하여 얻은 내용을 증거자료(Beweisstoff)라고 하는데, 예컨대 증언, 감정결과, 문서의 기재내용, 검증결과, 당사자신문결과와 조사촉탁결과 등을 말한다. 이시윤, 457면.

증거의 평가(자유심증주의 또는 법정증거주의) 등은 법정지법에 따를 사항이다. 증거의 수집과 제출책임이 당사자에게 있는지(변론주의) 아니면 법원에 있는지도(직권탐지주의) 법정지법이 결정한다. 여기에서는 증명의 대상(Ⅱ.), 증거방법과 증거의 조사(Ⅲ.), 증거의 평가(Ⅳ.), 입증의 정도(증명도)(Ⅴ.)와 증명책임(Ⅵ.)을 차례로 논의한다.

Ⅱ. 증명의 대상(요증사실)

1. 증명의 대상

법규는 법관이 당연히 알고 있지 않으면 아니 되므로 증명의 대상이 되는 것은 원칙적으로 사실이다. 그러나 모든 사실이 증명의 대상이 되는 것은 아니다. 상대방이 이를 다투지 않거나 자백하는 경우도 있기 때문이다. 또한 현저한 사실도 증명을 요하지 않는다. 이처럼 어떤 사실이 증명의 대상이 되는가는 법정지법이 정할 사항이다.

2. 법률상의 추정과 사실상의 추정

증명이 곤란한 경우 형평의 이념을 살리고자 당사자의 증명책임을 완화하는 다양한 방법이 이용되는데, 대표적인 것이 '법률상의 추정'이다. 이는 법규화된 경험칙, 즉 추정규정을 적용하여 행하는 추정을 말하고, 일반 경험칙을 적용하여 행하는 사실상의 추정과 구별된다.[2] 법률상의 추정은 법률에 근거한 것이므로 당해 법률관계의 준거법(*lex causae*)에 따른다.

반면에 사실상의 추정은 일반 경험칙에 근거한 것이므로 절차의 문제로서 법정지법(*lex fori*)에 따른다는 견해[3]가 설득력이 있다. 그러나 사실상의 추정, 그중에서도 표현증명(Anscheinsbeweis)[4]은 주로 불법행위의 요건인 인과관계 또는 과실의 유무가 다투어지는 경우에 고도의 개연성이 있는[5] 경험칙을 이용하여 간접

---

2) 이시윤, 480면 이하.
3) Schack, Rn. 800.
4) 이시윤, 482면은 이를 일응의 추정(*prima-facie*-Beweis)이라고도 한다. 전원열, 9-5-5-2도 같지만 '一應의 증명'이라고 번역한다.
5) 고도의 개연성이 인정되는 이유는 일정한 사실이 있으면 그 결과 다른 사실을 인정하는 것이 정형적이라고 생각되기 때문이다. 즉 정형적 사실경과(typischer Geschehenablauf, 전형적

사실로부터 주요사실을 추정하는 것인데, 이는 보호할 필요가 있는 당사자를 실체법적으로 우대하기 위하여 입증의 정도를 경감하는 것[6]이라는 점에서 준거법에 따른다는 견해[7]도 유력하다. 계약채무의 준거법에 관한 유럽공동체협약(즉 로마협약)(제14조 제1항)과 이를 대체한 로마 I 규정(제18조), "계약외채무의 준거법에 관한 2007. 7. 11. 유럽의회 및 이사회 규정"(즉 로마 II 규정)(제22조)은 증명책임과 법률상의 추정의 준거법에 관하여는 규정하면서도 사실상의 추정의 준거법은 명시하지 않는다. 다만 사실상의 추정이 경험칙에 근거한 것이고, 표현증명이 그 중에서도 고도의 개연성이 있는 경험칙을 이용한 결과라면 어느 법을 적용하더라도 실제 결과는 큰 차이가 없을 것으로 생각된다.

III. 증거방법과 증거의 조사

증거방법은 법정지법에 따른다.[8] 즉, 증인신문, 감정, 서증, 검증, 당사자신문과 조사·송부의 촉탁(사실조회)에 관한 사항은 법정지법에 따른다. 당사자신문의 허용 여부와 보충성도 법정지법이 결정할 사항이다.

여기에서 주목할 것은, 앞(제7장 VII.)에서 언급한 바와 같이 우리 법관이 '외국에서의 증거조사(Beweisaufnahme im Ausland)'를 하는 것은 국가 주권의 행사로서 외국의 주권을 침해하기 때문에 허용되지 않지만 '외국으로부터의 증거방법의 수집(Beweismittelbeschaffung aus dem Ausland)'은 국제법의 한계 내에서 허용된다는 점이다. 아래에서는 민사소송법상의 증거방법을 간단히 살펴보고, 증거방법 별로 그것이 외국으로부터의 증거방법의 수집이라는 맥락에서 어떻게 적용되는지를

사태진행 또는 사건의 전형적 경과)를 인정할 수 있기 때문이다. 이시윤, 483면; 호문혁, 535면.

6) 이는 영미의 '*res ipsa loquitur*(The things speaks itself)'에 상응한다. 이시윤, 483면; Schack, Rn. 801.

7) Geimer, Rz. 2291; Coester-Waltjen, Rn. 353ff. 독일에서는 절차로 보는 견해가 다수설이고 (Schack, Rn. 830; Nagel/Gottwald, Rz. 10.50 등), 실체로 보는 견해가 소수설이다 (Coester-Waltjen, Rz. 353; Geimer, Rz. 2291 등). 다만 준거법에 관계없이 상당 부분 결론이 동일할 수 있다. Thomas Pfeiffer, Judicial Presumptions: Finding of Facts or Application of Law?: The characterization of so-called factual presumptions in private international law, IPRax (2023), S. 217ff.는 사실상의 추정은 원칙적으로 절차의 문제이나, 특별한 실체법상의 근거에 기초한 것으로 사실 관련 사법적 경험(judicial experience)에 기초한 것이 아닌 때에는 예외적으로 실체의 문제라고 본다.

8) Geimer, Rz. 2302ff. 참조.

논의한다.9)

우리 민사소송법을 기초로 다양한 증거방법을 검토한다. 이처럼 법률에서 정한 증거방법에 대하여 법률에서 정한 절차에 의하여 행하는 증명이 '엄격한 증명(또는 엄격증명. Strengbeweis)'이고, 그와 대비되는 것이 '자유로운 증명(또는 자유증명. Freibeweis)'이다. 소송물인 권리관계의 기초사실은 엄격한 증명을 요한다.10)

1. 증인신문

외국인은 우리 법정에서 내국인과 동일한 증인으로서의 권리와 의무를 가지고, 또한 법정지법원칙의 결과 증인능력과 증언거부권은 증인의 국적에 관계없이 법정지법인 우리 법에 따를 사항이다.11) 증인신문은 국내소송에서도 실무상 매우 중요한 증거조사로서 기능을 하고, 국제증거조사공조에서도 주종을 이루고 있다.12) 아래에서는 증인신문에 관한 일반이론을 살펴본 뒤 외국으로부터의 증거방법의 수집을 논의한다.13)

가. 증인신문에 관한 일반이론

증인신문에서는 누가 증인이 될 수 있는지, 증인의 증언거부권, 증인의 신문방법14)과 외국에 있는 증인의 소환 등의 문제도 법정지법에 따라 규율된다.

증인의 증언거부권은 법원의 자유로운 증거평가를 제한하기 위한 것이 아니라 증인을 보호하기 위한 것이다. 이런 이유로 과거 증언거부권을 증인의 속인법에 따르도록 하는 견해도 있었으나 오늘날에는 증언거부권의 종류와 범위는 법정지법에 따를 사항이라고 본다.15) 그 이유는 증언거부권의 종류와 범위는 결국 법

---

9) 상세는 석광현, 증거조사, 177면 이하 참조.
10) 이시윤, 462면. 이는 증거평가의 문제인 법정증거주의와 '자유심증주의'의 대립과는 구별된다. 자유심증주의는 우리 민사소송법의 본질적인 원칙의 하나이다. 국가에 따라서는 증거방법을 제한하기도 한다. 예컨대 프랑스 민법 제1341조는 일정사항에 관하여 서증에 의한 증명을 요구하고 증인에 의한 증명을 불허하는데 그의 성질결정에 관하여 견해가 나뉘고 있다. Schack, Rn. 818 참조. Coester—Waltjen, Rn. 520은 방식이 아니라 실질로 본다.
11) Coester—Waltjen, Rn. 539ff., Rn. 597; Linke/Hau, Rn. 354.
12) 법원실무제요/민사[Ⅲ], 1972면.
13) 상세는 석광현, 증거조사, 183면 이하 참조.
14) 대륙법계는 직권신문제를 취하는 데 반하여 영미법계에서는 교호신문제를 채택하고 있다. 우리나라는 1961년 민사소송법을 개정하여 교호신문제를 채택하고 있다.
15) Schack, Rn. 822.

정지법이 민사소송에서 진실의무와 증인의 보호이익을 형량함으로써 독립적으로 결정할 사항이기 때문이다.[16]

증인의 특권은 법계에 따라 차이가 있다.[17] 즉 영미법계에서는 보장된 특권을 가지는 자는 매우 한정되고(예컨대 법률가), 그 밖의 자들의 특권은 매우 제한적이며 법원이 재량에 의하여 사안별로 결정한다. 반면에 대륙법계, 특히 독일은 당사자 외의 자에 대하여는 관대한 특권을, 배우자와 친척에 대하여는 특권을, 그리고 직업상의 비밀에 대하여는 절대적 특권을 부여함으로써 더 넓게 인정한다.[18]

다만, 영미법계에서는 변호사-의뢰인 간 특권(attorney-client privilege. '변호사·의뢰인 비밀유지권'이라고도 한다)이 발전하였다.[19] 우리 민사소송법은 변호사-의뢰인 간 특권을 명시적으로 규정하지 않는다. 증거개시절차를 도입한 영미에서는 강제적 증거개시절차에서 의뢰인이 스스로를 보호할 수 있는 도구로서 변호사-의뢰인 간 특권을 발전시켜 왔으나 증거개시절차를 채택하지 않은 대륙법계 국가에서는 의뢰인에게 이런 권리를 부여할 필요성이 상대적으로 작은 한편 오히려 변호사가 의뢰인의 비밀정보를 제3자에게 누설할 위험성이 더 크게 부각되었기에 변호사에게 비밀유지의무를 부담시키는 형태로 의뢰인의 이익을 보호하게 된 것

---

16) Schack, Rn. 822. 그러나 국제상사중재의 맥락에서 김갑유·양성우, 495면 이하는 최밀접관련 원칙(최근원칙이라고 한다), 최대혜택의 원칙과 최소혜택의 원칙을 소개하고 당사자 간의 형평성 및 신뢰를 보호하고, 집행의 안정성을 생각한다면 최혜증인원칙을 따르는 것이 안전하다고 한다.

17) 이는 Rolf Stürner, The Principles of Transnational Civil Procedure, An Introduction to Their Basic Conception, Rabels Zeitschrift 69 (2005), S. 242-243에 따른 설명이다. 비교법적 검토는 Coester-Waltjen, Rn. 541ff.; Schack, Rn. 823.

18) 예컨대 영국법은 의사에게 증언거부권을 인정하지 않고 독일법은 당사자가 비밀유지의무를 면제한 때에는 증언거부권을 부정하지만 프랑스법은 이를 절대적으로 인정하는 반면에 미국에서는 개별적인 경우 신청에 따라 보호명령(protective order)이 발령된다고 한다. Schack, Rn. 824.

19) 이는 이미 1500년대에 영국에서 생긴 것이다. 소개는 김갑유·양성우, 488면; 박현성, "미국법상 변호사-의뢰인 특권, 소송준비자료의 개시면책에 관한 연구", 법조 제665권(2012. 2.), 284면 이하; 나종갑, "미국특허침해소송에서 한국의 특허전문가의 대리인―의뢰인 특권의 인정여부에 관한 연구", 경영법률 제20집 제3호(2010), 186면 이하; Nagel/Gottwald, 6. Auflage, §9 Rn. 97ff. 참조. 그러나 광범위한 문서 개시제도가 존재하는 영미에서는 위 특권이 그 한계로서 의미가 있으나 그런 개시의무가 없는 독일에서는 위와 같은 특권에 관한 정치한 규칙이 없다고 설명하기도 한다. Karl-Heinz Böckstiegel *et al.* (eds), Arbitration in Germany — The Model Law in Practice —(2015), §1047 para. 25 (Sachs/Lörcher 집필부분).

이라고 한다.[20] 그러나 우리 하급심 판결 중에 변호사－의뢰인 간 특권을 긍정한 형사판결[21]이 있음은 주목할 만하다. 근자에 우리나라에서도 변호사－의뢰인 간 특권을 법제화하여야 한다는 목소리가 높다.

증거협약 제11조는, 관계자가 촉탁국법 또는 수탁국법에 의하여 증거제출을 거부할 특권이나 의무가 있는 경우 증거제출을 거부할 수 있다고 규정한다. 즉 증거협약은 신문을 받을 사람에게 선택권을 부여한다. 다른 곳에서는 법정지법원칙(*lex fori* principle)이 타당하나, 여기에서는 '증인의 최혜원칙(Grundsatz der Meist－begünstigung der Beweisperson)'이 타당하다.[22] 제11조가 말하는 특권에는 우리 민사소송법(제314조 이하)상의 증언거부권과 증언무능력도 포함된다. 증거협약상 증언거부의 적법 여부는 수탁국의 법원이 결정한다.

나. 외국으로부터의 증거방법의 수집

위에서 보았듯이 증인신문은 국내소송에서도 실무상 매우 중요한 증거조사로서 기능을 하고, 국제증거조사공조에서도 주종을 이루고 있다.

---

20) 김갑유 · 양성우, 475면.

21) 서울고등법원 2009. 6. 26. 선고 2008노2778 판결. 원심인 서울중앙지방법원 2008. 10. 9. 선고 2007고합877 판결의 소개는 김갑유 · 양성우, 483면 이하 참조. 이 사건은 상고되어 대법원 2012. 5. 17. 선고 2009도6788 전원합의체 판결이 선고되었다. 과거 위 원심 판결이 대법원에서도 유지된다면 변호사와 고객 간의 통신은 변호사－고객 간의 특권이 인정될 수 있을 것으로 기대되었는데, 위 대법원 판결은 일상적 생활관계의 법률자문에 적용되는 변호사－의뢰인 특권의 존재를 인정하지 않았다. 즉 대법원은 "아직 수사나 공판 등 형사절차가 개시되지 아니하여 피의자 또는 피고인에 해당한다고 볼 수 없는 사람이 일상적 생활관계에서 변호사와 상담한 법률자문에 대하여도 변호인의 조력을 받을 권리의 내용으로서 그 비밀의 공개를 거부할 수 있는 의뢰인의 특권을 도출할 수 있다거나, 위 특권에 의하여 의뢰인의 동의가 없는 관련 압수물은 압수 · 절차의 위법 여부와 관계없이 형사재판의 증거로 사용할 수 없다는 견해는 받아들일 수 없다"라고 판시하였다. 어쨌든 위 판결 이후 비밀유지권을 명문화해야 할 필요성이 더욱 강조되었고 입법적 시도 역시 뒤따랐으나 아직 입법은 이루어지지 않고 있다.

22) Christa Pfeil－Kammerer, Deutsch－amerikanischer Rechtshilfeverkehr in Zivilsachen (1987), S. 345ff.; Abbo Junker, US－amerikanische "Discovery" als Herausforderung des Internationalen Zivilprozeßrechts, Andreas Heldrich/Toshiyuki Kono (Hrsg.), Heraus－forderung des Internationalen Zivilverfahrensrechts (1994), S. 113. Nagel/Gottwald, 6. Auflage, §8 Rn. 48은 증거협약의 태도를 '가장 좋은 해결방안(Patentlösung)'이라고 하였다. 상세는 석광현, 증거조사, 47면 이하 참조.

(1) 외국 소재 증인에 대한 출석 및 증언의 요구

외국 소재 외국인 증인에 대하여 우리 법원이 자발적으로 법원에 출석하여 증언할 것을 요구할 수 있는지와, 이를 위해 법원이 증인에게 출석요구서(구 소환장)를 송달할 수 있는지가 문제 된다. 증인이 자발적으로 출석하면 사법공조보다 효율적이다.[23] 신청 당사자에게 유리한 증인의 경우 그가 증인을 자발적으로 출석시켜 증언하게 할 수도 있다.

민사소송규칙(제81조 제1항)에 따르면, 증인의 출석요구서에는 민사소송법(제309조)에 규정된 사항 외에, 출석하지 아니하는 경우 사유를 신고해야 한다는 취지와 신고하지 않는 경우 법률상 제재를 받을 수 있음을 기재해야 한다. 외국 소재 외국인 증인에 대하여도 불출석에 대한 제재를 고지하지 않는다면(이 경우의 송달은 외국 사법당국에 증거조사의 촉탁을 하는 것이 아니므로 출석요구서를 송달협약에 따라 송달할 수 있을 것이다) 우리 법원의 출석요구는 가능하다.[24] 증인이 자발적으로 출석하지 않는 경우 사법공조에 의한 증인신문이 불가피한데, 사법공조, 그중에서도 요청서에 의할 경우 증거협약(제10조)에 따라 집행국의 법에 따른 강제력의 행사가 가능하다.

독일에서는 외국 소재 증인의 신문을 위하여 화상회의가 가능한지는 논란이 있는 것으로 보인다(EU증거규정 외에서).[25] 참고로 한호조약(제24조)은 비디오 링크에 의한 증거조사를 명시적으로 허용한다. 우리나라도 비디오 링크의 사용을 확대할 필요가 있고, 이를 위하여 법적 근거를 마련할 필요가 있다. 가사 외국이 이를 허용하더라도 우리 법상 근거가 없다면 비디오 링크를 사용하여 증거조사를

---

23) 물론 일방 당사자가 그에게 유리한 증인을 자발적으로 출석시켜 증언하게 하면 이런 문제는 아예 제기되지 않는다.

24) 실제로 국제민사사법공조 등에 관한 예규(재일 2003 – 15. 재판예규 제1045호)(제11조)(출석요구서 등 양식)도 이를 따르고 있다(2014. 2. 13. 재판예규 제1463호로 전부 개정됨). 다만 외국 소재 증인이 한국인인 경우 증인의무가 있는지는 논란이 있다. 독일의 다수설은 대인고권(또는 속인주의)을 근거로 긍정설을 취하여 제재를 고지할 수 있다고 보나 부정설도 있다. 이시윤, 458면은 우리나라의 재판권에 복종하는 사람은 증인의무가 있다고 한다. 반면에 외국에 있는 자국민에 대하여도 제재를 고지할 수 없다는 견해도 있고, 국적이 아니라 국제재판관할권에 착안하는 견해도 있다. 석광현, 증거조사, 180면 참조.

25) 위에서 보았듯이 독일은 2001년 신설된 민사소송법 제128a조 제2항에서 영상 및 음성의 전송방법에 의한 변론(Verhandlung im Wege der Bild – und Tonübertragung), 즉 화상회의(Videokonferenz)의 법적 근거를 마련하였다. 그럼에도 불구하고 외국 소재 증인에 대하여도 가능하다는 견해(Geimer, Rz. 2385a. 당사자 동의 시)와 외국의 사법공조에 따라서만 가능하다는 견해(Schack, Rn. 863)가 있다.

하기는 어렵다.

(2) 외국 소재 증인에 대한 법원의 서면증언의 요구

우리 민사소송법도 서면증언제도를 도입하였다. 구 민사소송법하에서와 달리 민사소송법(제310조)하에서는 법원은 상당하다고 인정되는 때에는 증인으로 하여 금 출석·증언에 갈음하여 서면증언을 제출하게 할 수 있으나, 상대방의 이의가 있거나 필요하다고 인정하는 때에는 증인으로 하여금 출석·증언하게 할 수 있다. 증언에 갈음하는 서면(서면에 의한 증언 또는 서면증언)의 경우 선서의무가 없으므 로 그 내용이 허위라도 위증죄가 성립하지 않고,[26] 증인이 서면증언을 거부하더 라도 과태료 등의 제재가 없다.[27] 서면증언은 증인진술서와는 다른데 양자의 차 이는 뒤(3)에서 언급한다.

외국 소재 증인에 대해 법원이 서면증언을 요구할 수 있는지가 문제 된다. 참고로 독일 민사소송법(제377조 제3항)도 서면증언을 규정한다. 독일 연방대법원 (BGH)[28]의 1984. 5. 10. 판결은 독일 법원이 외국 소재 증인에게 서면증언을 요 구하는 것은 외국의 주권을 침해하는 것으로서 허용되지 않는다고 판시하였는데 학설은 나뉜다.[29] 사견으로는 증인에 대한 출석요구의 경우처럼 증인에게 자발적 으로 서면답변을 요구하는 것이라면 외국 소재 증인에 대하여도 허용된다고 본 다.[30] 우리 법원이 실무상 사용하는 서면증언 요구서는 증인에게 신문사항에 대 하여 증언할 사항을 적은 서면을 제출할 것을 요구할 뿐이고,[31] 증인에 대한 출석 요구서처럼 부제출에 대한 제재를 고지하지는 않는다. 서면증언의 요구를 받은 증인은 반드시 서면증언을 할 의무를 부담하는 것은 아니고, 외국의 법원에 출석 하는 것보다 서면증언이 덜 부담스러우므로 서면증언 요구가 그러한 내용이라면

---

26) 이 점에서 미국의 기일 전 개시절차에서 법정 외의 장소에서 선서증언한 것을 작성한 증언 녹취와는 다르다.

27) 민일영/심담, 주석민사소송법(Ⅴ) 제9판(2023), 256면.

28) 이는 Bundesgerichtshof (BGH)인데, 독일에는 그 밖에도 연방행정법원(Bundesverwaltungs - gericht), 연방재정법원(Bundesfinanzhof), 연방노동법원(Bundesarbeitsgericht)과 연방사회 법원(Bundessozialgericht)이 있으므로 그들과 구별하기 위하여 BGH를 '연방일반법원' 또 는 '연방통상재판소'라고 번역하기도 한다. 여기에서는 편의상 연방대법원이라고 한다.

29) NJW 1984, 2039. 상세는 석광현, 증거조사, 188면 참조.

30) 김용진, "민사소송절차에서 외국증인신문제도의 개선방안", 조선대학교 법학논총 제21권 제 3호(2014), 698면도 동지.

31) 상세는 민사소송규칙 제84조 제1항 참조.

외국 소재 증인에게도 송부할 수 있다고 본다.

(3) 당사자가 외국 소재 증인으로부터 증인진술서를 받아 제출하는 방법

당사자는 외국 소재 증인으로부터 진술서를 받아 법원에 제출할 수 있다. 민사소송규칙(제79조)도 증인진술서제도를 도입하였다. 그 취지는 종래 교호신문방식에 의한 증인신문이 상당 부분 형식적·비효율적으로 운영된 점을 개선하고자, 법원이 필요하다고 인정하는 경우 증인진술서를 받아 상대방에게 미리 송달하여, 법정에서는 쟁점사항에 한정하여 주신문을 하고 나머지 입증사실에 관하여는 증인진술서가 사실대로 작성되었다는 취지의 증언을 함으로써 실질적인 반대신문을 가능하게 하고 서면방식에 의하여 증거를 개시하는 데 있다.[32] 당사자가 증인으로부터 자발적으로 증인진술서를 작성받아 제출하는 것이면 허용된다. 당사자가 외국에서 사적(私的)으로 비디오녹화를 하는 것도 같다.[33]

증인진술서는 서증인 데 반하여 서면증언은 증언이고, 전자는 당사자에게 제출을 명하나 후자는 증인에게 제출을 명하며, 전자의 경우 제출 후에도 증인의 출석과 증언이 뒤따르나 후자의 경우 원칙적으로 서면의 제출과 법정에서의 현출로 끝나는 점이 다르다.[34]

그 밖에도 법정이 아니라 공증인 사무소에서 증언할 사항을 진술서로 작성하여 공증인의 사서증서 인증 방식으로 법원에 제출하는 '인증진술서'가 실무상 이용되고 있다.[35] 또한 우리나라는 미국의 선서진술서제도(affidavit)를 본받아 공증인법을 개정하여 2010년부터 촉탁인이 공증인 앞에서 사서증서에 적힌 내용이 진실함을 선서하고 이에 서명 또는 날인하거나 사서증서의 서명 또는 날인을 확인한 경우에는 공증인은 이를 확인하고 그 선서 사실을 증서에 적음으로써 인증을 부여하는 '선서인증제도'를 도입하였으나(제57조의2) 홍보 부족으로 아직은 활용률이 낮다고 한다.[36]

---

32) 이는 일본에서 재판실무상 이용되는 것으로 우리는 민사소송규칙에 도입한 것이라고 한다. 이시윤, 495면.

33) Schack, Rn. 861.

34) 이시윤, 437면; 전원열, 10-2-6-2.

35) 이시윤, 497면.

36) 이시윤, 497면.

2. 감   정

가. 감정에 관한 일반이론

감정이라 함은 특별한 학식과 경험을 가진 자에게 전문적 지식 또는 지식을 이용한 판단을 소송상 보고시켜 법관의 판단능력을 보충하기 위한 증거조사를 말하는데, 민사소송법상 학식경험 있는 자는 원칙적으로 감정의무, 즉 출석의무, 선서의무 및 감정의견 보고의무가 있다.37) 감정인(expert witness, Sachverständige)과 증인은 인증이라는 점에서 공통점이 있으므로 민사소송법 중 증인신문에 관한 규정(제311조 제2항부터 제7항, 다만 제312조와 제321조 제2항은 제외)은 감정인에 준용된다(민사소송법 제333조). 감정인이 정해지면 지정된 신문기일에 출석하도록 하여야 하는데 출석요구의 방식은 증인의 경우와 같다.38)

감정인의 조사방식은 국가에 따라 다르다. 일반적으로 대륙법계에서는 서면으로 진술할 것을 명하고 그에 관한 의문이 생기거나 보충적인 검토가 필요할 때 감정증인으로 신문하는 것이 일반적인 데 반하여,39) 영미법계에서는 감정인도 증인으로 신문한다.40) 또한 일반적으로 대륙법계에서는 감정인을 법원이 선정하는데 반하여, 영미법계에서는 원칙적으로 당사자가 감정인을 선정한다.41) 증인과 감정인의 구별도 법정지법에 따를 사항이다. 중국이 한국이 한 증인조사촉탁을 받아들여 공조를 제공한 사례가 있음은 주목할 만하다.42)

---

37) 이시윤, 443면 이하; 법원실무제요/민사[Ⅲ], 1488면. 다만, 증언 또는 선서거부권자와 선서 무능력자는 예외이다(민사소송법 제334조 제2항).

38) 법원실무제요/민사[Ⅲ], 1498면.

39) 우리 민사소송법상 감정인의 신문에는 감정인에게 최초로 출석을 요구하여 선서를 시킨 후 감정사항을 알리고 감정을 명하는 것과, 감정인이 감정결과를 서면으로 제출한 뒤 법원에 대하여 보충진술을 하는 두 가지 방법이 있다. 법원실무제요/민사(Ⅲ), 1498-1499면.

40) 유영일, 사법공조, 204면.

41) 감정인에 관한 주요 국가의 법제는 Nagel/Gottewald, Rz. 10.196ff. 참조.

42) 중국 유명화가의 위조 작품을 진짜라고 우기며 손해배상을 거부하던 그림 판매업자가 민사 사법공조를 통해 중국 법원으로부터 확보한 결정적 증언으로 인해 패소했다고 한다. 법률신문 제4258호(2014. 9. 29.), 4면에 따르면 경위는 아래와 같다. 서울고등법원 민사19부는 A 갤러리 대표가 다른 갤러리 대표를 상대로 낸 위작 판매에 따른 손해배상 청구소송 항소심(2014나1449)에서 원고승소 판결을 내렸는데, 쟁점은 매매목적물인 중국 화가 쩡판즈(曾梵志)의 작품이라는 미술품의 진품 여부였다. 제1심 재판부는 한중조약에 근거해 중국 법원에 그림에 대한 감정촉탁을 요청했고, 북경시고급인민법원의 법관은 화가의 작업실로 직접 찾아가 신문을 실시한 결과 한국 법원이 보낸 그림을 직접 확인한 쩡판즈는 위작이라고 증언

나. 외국으로부터의 증거방법의 수집

수소법원인 우리 법원은 사법공조의 방법에 의하여 외국에 있는 감정인의 지정을 촉탁할 수도 있으나, 그에 의하는 대신 자발적으로 감정서를 제출하고 필요 시 우리 법원에 출석하여 감정의견을 보고하는 데 동의하는 외국 소재 외국의 전문가에게 감정서의 작성을 요구할 수 있는지는 논란의 여지가 있다. 독일과 같은 명문의 규정이 없는 우리나라에서는 실무상 용이하지 않을 것이나 법적으로는 가능하다고 본다.[43] 민사소송법(제341조 제1항)은 법원은 필요하다고 인정하는 경우 개인이 아니라 '외국의 공공기관'에 감정을 촉탁할 수 있음을 명시한다. 감정인 지정의 경우와 달리 감정촉탁의 경우 선서나 진술의무가 면제되는데, 이는 권위 있는 기관이라는 점에서 그 공정성, 진실성 및 전문성이 담보될 수 있다고 보기 때문이다.[44] 감정인의 출석요구에 관하여는 증인의 출석요구에 관한 논의가 타당하므로 외국의 감정인에게 출석요구를 하는 경우에도 증인의 경우와 마찬가지로 불출석에 대한 제재를 고지하지 않는다면 출석요구는 가능할 것으로 본다.

한편 우리 법원이 지정한 감정인이 외국의 동의 없이 외국에 소재하는 목적물을 검증하는 등 강제력을 사용하지 않고 임무를 수행할 수 있는지도 논란의 여지가 있다. 독일의 다수설[45]은 그 경우 감정인의 외국에서의 활동은 감정서의 작성을 위한 준비행위로서 그는 사인(私人)으로서 행위하는 것이므로 허용된다고 본다. 반면에 공적 임무를 수행하는 감정인의 기능과 역할에 비추어, 그리고 법원이 할 수 없는 행위를 감정인을 지정함으로써 우회하는 것이 되므로 이는 허용되지 않는다는 소수설[46]도 있다. 감정인이 감정의견을 작성하고 사실을 확정하는 데 있어 고권적 권한을 행사하는 것은 아니므로 다수설이 설득력이 있지만, 다수설이 위에서 본 사적(私的) 증거조사에 대한 태도와 일관성이 있는가는 의문이다.

했다. 촉탁결과를 받은 항소심 재판부는 촉탁결과를 인용해 그림을 위조로 판단하고 공씨에게 손해배상의무를 인정했다. 사실조회촉탁은 더러 실시되었지만 중국 법원이 공조에 적극적으로 응해 증인신문촉탁이 이뤄진 것은 굉장히 이례적인 일이라고 한다. 한중조약에 따른 실무는 석광현, 제6권, 829면 이하 참조.

43) 독일 민사사법공조규칙(ZRHO)(제40조)은, 문면상 독일 법원이 외국의 사인(私人)을 직접 감정인으로 지정하는 것을 금지하고 사법공조를 통하여 감정의견을 구하도록 요구하는 것으로 보이므로 그의 해석을 둘러싸고 논란이 있다.

44) 이시윤, 443면.

45) Geimer, Rz. 445; Schack, Rn. 846, Nagel/Gottewald, Rz. 9.146; Stein/Jonas/Berger, §363 Rn. 22.

46) Leipold, S. 46f.; Linke/Hau, Rn. 369. 이는 사법공조에 의해야 한다고 본다.

3. 서   증

가. 서증에 관한 우리 민사소송법의 태도

서증이란 문서의 의미·내용이 증거자료가 되는 증거방법이다. 당사자가 문서를 소지하고 있으면 이를 직접 제출할 수 있지만, 상대방 또는 제3자가 문서를 소지하는 경우 당사자는 법원에 문서제출명령을 구하는 신청을 함으로써 서증을 신청할 수 있다(민사소송법 제343조 후단). 즉 문서제출명령이란 문서제출의무를 부담하는 당사자 또는 제3자인 문서 소지인에 대하여 그 문서의 제출을 명하는 법원의 재판을 말한다.[47] 문서제출의무는 절차법적 성질의 것일 수도 있고 실체법적 성질의 것일 수도 있는데, 전자는 법정지법에 의하고 후자는 당해 법률관계의 준거법에 의한다.[48] 문서제출신청에 정당한 이유가 있으면 법원은 결정으로 문서 소지인에게 제출을 명할 수 있는데, 제3자에 대하여 문서의 제출을 명하는 때에는 제3자 또는 그가 지정하는 자를 반드시 심문하여야 한다(제347조 제1항, 제3항).

문서제출명령 위반(즉 부제출 또는 훼손 등 사용방해)에 대한 제재는 아래와 같다. 즉 당사자가 법원의 문서제출명령에 따라 문서를 제출하지 아니하거나 또는 상대방의 사용을 방해할 목적으로 문서를 훼손하거나 사용할 수 없게 한 때에는 법원은 문서의 기재에 대한 상대방의 주장을 진실한 것으로 인정할 수 있다(민사소송법 제349조, 제350조). 여기에서 "상대방의 주장을 진실한 것으로 인정할 수 있다"의 의미가 법관의 자유심증에 맡긴다는 것인지(자유심증설), 아니면 서면의 기재 내용을 증명된 것으로 취급하여야 한다는 것인지(증명의제설)는 논란이 있는데 법원은 전자의 태도를 따르는 것으로 보인다.[49] 한국에서는 소 제기 이후 문서를 삭제하더라도, 상대방의 주장을 진실한 것으로 인정하는 것 외에는 미국에서처럼 법원이 제재를 부과할 수 없다.[50]

---

47) 법원실무제요/민사[Ⅲ], 1455면.

48) Geimer, Rz. 2327 이하 참조.

49) 예컨대 대법원 2007. 9. 21. 선고 2006다9446 판결은 "당사자가 법원으로부터 문서제출명령을 받았음에도 불구하고 그 명령에 따르지 아니한 때에는 법원은 상대방의 그 문서에 관한 주장, 즉 문서의 성질, 내용, 성립의 진정 등에 관한 주장을 진실한 것으로 인정할 수 있음은 별론으로 하고, 그 문서들에 의하여 입증하려고 하는 상대방의 주장사실이 바로 증명되었다고 볼 수는 없으며, 그 주장사실의 인정 여부는 법원의 자유심증에 의하는 것이다. 한편 제3자가 문서제출명령을 받고 불응한 경우에는 법원은 증언거부에 준하여 그에게 500만원 이하의 과태료를 부과할 수 있다(제351조)"라고 판시하였다.

50) 미국에서는 연방민사소송규칙(제37조)이 다양한 제재를 규정하는데, 그에는 불리한 추정, 증

서증에는 처분문서와 보고문서가 있다. 처분문서(wirkende Urkunde, dispo-sitive documents)는 재판서, 계약서와 유언서 등과 같이 증명대상인 법률적 행위(또는 처분)가 그 문서 자체에 의하여 행해지는 경우의 문서를 말하고, 보고문서(bezeugende Urkunde, reporting documents)는 의사록, 소송상 조서, 등기부와 확인서처럼 작성자가 경험한 사실 또는 판단 등을 기재한 문서를 말한다.[51]

민사소송법(제344조)은 당사자와 문서 간에 특수관계가 있는 4가지 문서, 즉 ① 당사자가 소송에서 인용한 문서(인용문서), ② 신청자가 소지인에게 인도·열람 요구 청구권을 가진 문서(인도·열람문서), ③ 신청자의 이익을 위하여 작성된 문서(이익문서)와 ④ 신청자와 문서를 가지고 있는 사람 간의 법률관계에 관하여 작성된 문서(법률관계문서)를 제출의무가 있는 문서로 열거하면서(제1항), 여기에 해당하지 않는 일반문서이더라도 증언거부사유와 같은 일정한 이유가 있는 문서와 특수한 문서, 즉 ① 공무원의 직무관련문서(공무문서)와 ② 증언거부사유가 있는 문서(이에는 공소제기나 치욕이 될 내용이 담긴 문서, 전문직업인의 비밀을 담은 문서와 기술이나 직업의 비밀을 담은 문서가 있다)와 ③ 자기이용문서(또는 자기전용(專用)문서)를 제외하고는 모든 문서를 제출하도록 규정함으로써(제2항) 문서제출의무를 증인의무처럼 일반의무화한다.

문서제출신청은 원칙적으로 문서의 표시와 취지, 소지인, 증명할 사실, 제출의무의 원인을 밝혀 서면으로 해야 하나, 상대방이 어떤 문서를 소지하는지를 몰라서 신청자가 특정하기 어려운 경우를 고려하여 2002년 신설된 민사소송법 제346조는 필요하다고 인정하는 경우, 신청대상인 문서의 취지나 증명할 사실의 개괄적 표시를 허용하고, 법원이 상대방 당사자에게 신청내용과 관련하여 가지고 있거나 또는 서증으로 제출할 문서에 관하여 그 표시와 취지 등을 적어 내도록 명할 수 있는 '문서정보공개제도(문서목록제출명령제도)'를 새로 도입하였다.[52] 따라서 당사자는 문서제출명령의 신청에 앞서 문서의 취지나 증명할 사실에 대한

거제출 금지, 무변론판결(default judgment)을 통한 위반자에 대한 패소판결과 위반자의 법정모욕(contemp of court) 등이 포함된다. 소개는 태평양, 미국소송 가이드, 121면 이하 참조. 미국법상 법정모욕은 이동진, "간접강제 : 비교법·실질법·국제사법적 고찰", 저스티스 통권 제195호(2023. 4.), 80면 이하 참조.

51) 전원열, 10-3-2-2.

52) 이시윤, 518면. 상세는 한충수, "민사소송절차에서의 정보 및 증거공개와 수집제도─문서목록제출명령을 중심으로─", 민사소송 제12권 제1호(2008, 5,), 266면 이하 참조.

개괄적인 기재나 진술을 함으로써 문서목록의 제출신청을 할 수 있다. 문서제출 의무는 당사자만이 아니라 제3자에게도 부여될 수 있지만 처음 도입되는 단계에서 지나치게 적용범위를 확대하는 것은 위험하다는 지적이 있어 문서정보공개제도는 일단 당사자 간에만 도입하였다.[53] 이에 대하여는 운영 여하에 따라 미국의 개시(discovery)와 같은 효과를 가져올 수 있을 것이라는 평가가 있었다.[54] 그러나 문서제출명령 위반에 대한 제재가 미약하여 실효성에 대한 의문이 있다.

나아가 민사소송법은 문서에 프라이버시와 영업비밀 등에 관한 사항이 기재되었음을 이유로 문서제출의무가 다투어지는 경우 제출신청에 대한 허가 여부 심리를 법정이 아니라 판사실(camera)에서 법관과 문서 소지인만 참여한 가운데 진행하는 문서제시명령과 문서의 일부만을 제출하도록 하는 문서 일부제출명령제도를 도입하였다(제374조 제4항). 전자가 'in-camera' 절차[55](비밀심리제도)인데, 그 경우 법원은 그 문서를 다른 사람이 보도록 하여서는 아니 된다.

나. 외국으로부터의 증거방법의 수집

현재 우리 법원이 사용하는 문서제출명령의 양식은 문서소지인의 기재에 이어 "문서소지인은 이 결정을 받은 날로부터 ○일 이내에 다음 문서를 이 법원에 제출하라"라는 내용으로 주문을 작성하고 문서의 표시를 기재하는 것으로 보인다. 그러나 외국에 있는 문서의 경우 당사자와 제3자를 구별할 필요가 있다.

(1) 외국 소재 당사자에 대한 문서제출의 명령

여기의 논의는 우리 법원이 소지인에 대하여 하는 문서제출명령이다.

문서제출의무는 절차법적 또는 실체법적 성질의 것일 수 있는데, 전자는 법정지법에 따르고 후자는 당해 법률관계의 준거법에 의한다. 문서를 제출하지 않은 경우의 법적 효과는 법정지법에 따른다. 우리 민사소송법(제349조)에 따르면 당사자가 문서제출명령을 받고도 응하지 않은 때에는 법원은 문서의 기재에 대한 상대방의 주장을 진실한 것으로 인정할 수 있으나, 제3자의 의무위반의 경우와 달리 과태료의 제재는 없다.

---

53) 민일영/손용근, 주석민사소송법(Ⅴ), 386면.
54) 민일영/손용근, 주석민사소송법(Ⅴ), 386면.
55) 전원열, 10-3-6-4.

우리나라의 국제재판관할에 복종하는 당사자가 문서제출의무를 부담하는 경우 법원은 문서의 소재지에 관계없이 문서제출을 명할 수 있다. 과거 당사자에게 외국에 있는 문서를 제출하도록 요구하는 것은 문서 소재지국의 주권을 침해하는 것이라는 견해가 있었지만, *Aérospatiale* 사건 판결 이후 이제는 주권침해가 아니라고 보아야 할 것이다.[56] 즉 법원이 우리나라의 국제재판관할에 복종하는 외국인 당사자에게 외국에서 일정한 작위 또는 부작위를 하도록 명하는 판결을 할 수 있듯이 법원은 그러한 당사자에게 증거조사와 관련하여 어떤 행위를 하도록 명할 수 있다.

(2) 외국 소재 제3자에 대한 문서제출의 명령

우리 민사소송법(제351조, 제318조, 제311조)상으로는 문서제출명령은 제3자에 대하여도 부과될 수 있는데, 제3자가 문서제출명령을 받고 그에 불응한 때에는 당사자의 경우와 달리 신청당사자의 주장사실이 진실한 것으로 인정할 수는 없고 대신 500만원 이하의 과태료의 제재를 받게 되는데, 그에 대하여는 즉시항고할 수 있다. 그런데 당사자와 달리, 수소법원이 외국에 있는 제3자에 대하여 그가 가지고 있는 외국 소재 문서의 제출을 명령하는 것이 국제법상 허용되는가에 관하여는 논란이 있다. 독일에서는 문서제출에도 증인에 대한 법리가 타당하다는 견해가 유력하다.[57] 즉 독일 법원은 독일 신 민사소송법(제142조 제1항)에 따라 외국에 있는 제3자에게 외국에 소재하는 문서의 제출을 명할 수는 있으나 부제출에 대한 제재를 고지하거나 가할 수는 없다는 것이다. 이는 설득력이 있는 것으로 보인다.

다. 외국공문서의 진정성립

민사소송법(제356조 제1항)상 문서의 작성방식과 취지에 의하여 공무원이 직무상 작성한 것으로 인정한 때에는 이를 진정한 공문서로 추정한다. 공증인이 작성한 문서도 공문서로 취급된다. 외국공문서도 우리 공문서와 마찬가지로 진정성립이 추정되는데(제356조 제3항) 이 점은 외국의 예에 비추어 이례적이다.[58] 그러

---

56) 물론 공식적으로는 이에 반대하는 견해도 여전히 있다.

57) 석광현, 증거조사, 197면 참조.

58) 외국공문서의 취급에 관하여는 Nagel/Gottwald, Rz. 10.138ff. 참조. 정선주, 외국 공문서, 258-259면은 외국 공문서에 대해서는 그 진정성립을 국내 공문서와 마찬가지로 추정하는 것은 적절하지 않으며 법원이 자유롭게 판단하는 것을 원칙으로 하여야 한다고 한다.

나 법원으로서는 외국공문서인지의 판단이 어려우므로 거증자가 외국 공무원이 직무상 작성한 문서임을 입증할 필요가 있는데, 이를 위하여 당해 외국에 주재하는 우리 영사관의 확인이 사용된다. 영사관의 확인은 외국에서의 영사에 의한 공증사무를 규율하는 재외공관공증법(제30조)에 근거한 것이다.

그러나 이러한 실무는 우리나라에서도 헤이그국제사법회의의 "외국 공문서에 대한 인증의 요구를 폐지하는 협약"(*Apostille* Convention 또는 "인증협약")이 2007. 7. 14. 조약 제1854호로 발효함으로써 달라지게 되었다.[59] 2016년부터는 전자 아포스티유 발급시스템이 도입되어 인터넷발급이 가능하게 되었다. 그러나 현재 우리 정부는 기존문서가 전자문서가 아닌 경우 e-Apostille를 PDF file 형태로 발급하지 못하고 있는데, 이는 전자서명법과 '전자문서 및 전자거래기본법' 상의 제한 때문이라고 한다.[60]

한편 외국에서 제출되는 한국 공문서의 경우(outbound의 경우)에도 우리 법이 특별히 정한 바는 없는데, 공증 또는 영사확인의 요건은 당해 외국이 정할 사항이므로 국가별로 차이가 있다.

(1) 인증협약 비당사국의 공문서

우리 등기소나 행정관청에 제출하는 사문서의 경우(부처에 따라 다르지만), 외국의 공증과 함께 당해 사문서의 작성국에 주재하는 우리 영사관의 확인을 받고, 경우에 따라 공증인의 자격증명도 요구된다. 반면에 외국공문서의 경우 우리 영사관의 확인을 요구하고, 영사관이 없는 국가의 경우 이를 요구하지 않는 예도 있다.

한편 우리 법원에 외국공문서를 증거로 제출하는 경우 법원은 민사소송법에 따라 진정성립을 추정하거나(예컨대 일본 공문서의 경우), 증인 등에 의하여 진정성립을 인정하고, 외국 주재 우리 영사관의 확인을 요구하는 예도 있는데, 이런 실무는 민사소송법하에서 형성된 종래의 관행이나 하위규칙 등에 기초한 것으로 보인다. 반면에 외국의 공증인이 작성한 서류의 경우 외국공문서와 동일하게 취급

---

59) 인증협약의 상세는 우선 석광현, 제3권(2004), 500면 이하; 권순형, 201면 이하 참조.

60) Gyooho Lee, "e-Apostille for a Better International Cooperation", HCCH AP Week (서울에서 개최된 "HCCH Asia Pacific Week 2017"에서 2017. 7. 3. 법무부 배포 자료), p. 356. 그러나 e-Apostille Program을 수용하지 않은 국가(유럽연합에서는 벨기에, 스페인, 오스트리아가 프로그램을 받아들였다고 한다)가 e-Apostille를 승인할 의무를 부담하는지에 관하여는 의문이 있다고 한다. 정선주, 외국 공문서, 257면 註 42.

하는 대신, 공증인의 권한증명서류를 요구하거나 그에 더하여 우리 영사관의 영사확인에 의하여 진정성립을 인정하는 것으로 보인다.

(2) 인증협약 당사국의 공문서

인증협약은 작성국 이외의 외국에서 공문서를 제출함에 있어 과거 요구되었던 불편한 일련의 연쇄적인 인증절차를 단순화하기 위한 것이므로 인증협약이 발효한 이상, 인증협약 당사국인 외국에서 작성된 외국공문서를 우리나라에서 제출하는 경우(inbound의 경우), 당사자들(한국인도 포함)은 당해 외국의 지정된 권한당국으로부터 증명서(*apostille*)[61]를 받으면 되고, 우리 영사관의 확인은 불필요하다. 또한 사문서를 공증하면(즉 私署證書 인증의 경우) 공성부분은 인증협약상의 공문서이므로 그 범위 내에서는 증명서로 족하고, 공증인의 자격증명이나 그에 대한 우리 영사관의 확인은 불필요하다. 이 범위 내에서는 "공문서는 스스로 증명된다"라는 법리가 적용된다. 즉 인증협약에 따른 증명서가 있으면 외국공문서의 진정성립(즉 형식적 증거력)이 인정된다.[62] 이런 의미에서 인증협약은 우리 민사절차법의 일부가 되었다고 할 수 있다. 그러나 인증협약은 서명의 진정성과 문서에 서명한 자가 행위한 자격 및 문서상의 인영이나 스탬프의 동일성을 증명할 뿐이고, 증명서의 실질적 증거력은 규정하지 않으며 이는 우리 법원이 판단할 사항인데 결국 우리 법에 따라 판단할 사항이다.[63] 더욱이 인증협약은 공문서의 인증을 면제할 뿐이지 외국 공정증서의 집행력을 우리나라에서 인정하는 것은 아니다.

---

[61] 이는 인증협약(제4조와 제5조)이 정한 표준양식으로 작성된다.

[62] 권순형, 206면. 서울중앙지방법원 2015. 10. 30. 선고 2014가합567553 판결도 "피고는 갑 제1호증의 1, 갑 제17호증의 진정성립 여부에 대하여 '부지'로 다투나, 위 각 문서는 공문서로서 모두 'Apostille (Convention de La Haye de 5 octobre 1961)'라는 표제가 프랑스어로 기재된 증명서(아포스티유 증명서)가 첨부되어 있는바, 민사소송법 제356조 제1항 및 제3항, 재외공관 공증법 제30조 제1항, '외국공문서에 대한 인증의 요구를 폐지하는 협약'(Convention Abolishing the Requirement of Legalisation for Foreign Public Documents, 아포스티유 협약) 제1조 내지 제5조의 각 규정에 따라 그 서명의 진정성, 문서 서명자의 자격, 그 문서가 지닌 인영·스탬프의 동일성 등이 증명되었다고 봄이 상당하므로 그 각 진정성립이 인정된다"라고 판시한 바 있다.

[63] 저자는 석광현, 제3권, 515면 "b) 외국 공문서의 증거력"이라고 한 제목과 그 아래 부분에서 '증명서'와 '외국 공문서'를 일부 혼용함으로써 혼란을 초래하였다. 저자는 석광현, "외국 공문서에 대한 인증 요구의 폐지(헤이그협약에의 가입을 환영하며)", 법률신문 제3560호(2007. 6. 7.)에서 이 점을 바로잡은 바 있다.

한편 외국에서 한국 공문서를 제출하는 경우(outbound의 경우) 당해 외국이 가입국이면, 당사자들(외국인도 포함)은 예컨대 외국 영사관의 확인 없이 한국의 권한당국(재외동포청 또는 법무부)[64]으로부터 증명서를 받으면 되므로 업무상의 부담을 덜 수 있다.

4. 검   증

가. 검증에 관한 일반이론

검증(Augenschein)이라 함은 법관이 그 오관의 작용에 의하여 직접적으로 사물의 성상·현상을 검사하여 그 결과를 증거자료로 하는 증거조사이다.[65] 검증의 대상인 검증물의 제출의무에 관하여는 서증에 관해서 본 것처럼 절차법적 성질의 의무는 법정지법에 따르고, 실체법상의 의무는 당해 법률관계의 준거법에 따른다.[66] 상대방 당사자 또는 제3자가 검증물을 소지·지배하는 경우 법원에 제출명령을 신청하여야 한다(민사소송법 제366조 제1항, 제343조).

당사자나 제3자의 검증수인의무는 공법상의 의무이나 민사소송법상 명문의 규정이 없어 그 범위가 문제 되는데, 증인의무와 동일하게 정당한 사유가 있는 경우를 제외하고는 일반적 의무라고 본다.[67] 현장검증이나 기타 법원이 검증목적물의 소재지에 출장하여 검증을 실시하는 경우 외에는 검증을 실시하기 위하여 검증목적물이 법원에 제출되어야 하는데, 그 방법에 관하여는 서증에 관한 규정이 준용된다(제366조 제1항). 당사자가 검증물을 제출하지 않거나 출석명령에 불응한 때에는 법원은 검증물의 존재·성상에 관한 거증자의 주장을 진실한 것으로 인정할 수 있다(제366조 제1항, 제349조).[68] 한편 제3자가 제출의무를 위반한 때에는 200만원 이하의 과태료의 제재를 받는다(제366조 제2항). 법원은 검증을 위하여 필

---

64) 과거 인증협약 제3조/제6조가 정한 권한당국은 법원행정처, 법무부와 외교부였으나, 대통령령인 '공문서에 대한 아포스티유 및 본부영사확인서 발급에 관한 규정'(제2조와 제3조)에 따르면 공문서의 종류에 따라 재외동포청장 또는 법무부장관이다. 헤이그국제사법회의의 홈페이지에는 법원행정처, 법무부와 외교부와 재외동포청이 권한당국으로 기재되어 있다. https://www.hcch.net/en/states/authorities/details3/?aid=706 참조.

65) 이시윤, 457면 이하.

66) Linke/Hau, Rn. 364.

67) 이시윤, 458면 이하.

68) 단 혈액형의 수검의무를 불이행의 경우는 과태료에 처할 수 있고, 과태료를 받고도 정당한 이유없이 불응한 경우 30일의 범위 내에서 금치가 가능하다(가사소송법 제67조, 제29조).

요한 경우 남의 토지, 주거 등에 들어갈 수 있고 저항을 받은 때에는 경찰관의 원조를 요청할 수 있다(민사소송법 제366조 제3항).

나. 외국으로부터의 증거방법의 수집

우리 법관이 외국에 가서 직접 목적물을 검증하는 것은 외국의 동의가 없는 한 허용되지 않는다.[69] 또한 검증에 의한 강제적 조사는 국내에 있는 사람에 대하여만 가능하고, 외국에 소재하는 당사자와 제3자에 대하여는 불가능하며 그 경우 자발적인 조사 또는 사법공조의 방법만이 고려될 수 있다.[70] 그러나 당사자 또는 제3자에게 외국에 소재하는 검증물의 제출을 명령하는 것은 위에서 논의한 문서제출의 경우에 준하여 취급하여야 할 것으로 생각된다. 만일 당사자가 제출을 거부하는 경우 그로부터 그에게 불리한 추론을 도출할 수 있다.[71]

5. 당사자신문

가. 당사자신문에 관한 일반이론

법원은 직권으로 또는 당사자의 신청에 따라 당사자 본인을 신문할 수 있다(민사소송법 제367조). 당사자신문은 당사자를 증거방법으로 하여 그가 경험한 사실에 대하여 진술하게 하는 것으로, 이 경우 당사자는 증인과 마찬가지로 출석의무, 선서의무와 진술의무가 있다.[72] 당사자가 정당한 사유 없이 출석하지 아니하거나, 선서 또는 진술을 거부한 때에는 법원은 신문사항에 관한 상대방의 주장을 진실한 것으로 인정할 수 있다(민사소송법 제369조).

당사자신문의 허용성과 시행 및 증거가치는 법정지법에 따른다.[73] 독일 민사소송법(제445조 제1항)은 우리 구 민사소송법(제339조)처럼 다른 증거방법에 의하

69) Schack, Rn. 845.
70) Nagel/Gottewald, Rz. 9.148 참조. 독일 민사소송법 제372a조(혈통확인을 위한 조사)와 제390조에 따른 강제적인 조사는 국내에 있는 사람에 대하여만 명할 수 있다고 한다.
71) 독일에서는 법원이 사실상 또는 법률상의 이유로 직접 검증할 수 없는 경우 사인(私人)을 검증보조자(Augenscheinsgehilfe) 또는 검증중개인(Augenscheinsmittler)으로 지정하여 검증을 위탁할 수 있는데, 그로 하여금 외국에서 검증하게 할 수 있는지가 논의되고 있다. 감정인의 경우는 사인(私人)과 같이 보면서도 검증보조자(또는 검증중개인)를 그와 동일시할 수 없다는 이유로 허용되지 않는다는 견해와 법원의 활동이 아니므로 허용된다는 견해 등이 나뉘는 것으로 보인다.
72) 법원실무제요/민사[Ⅲ], 1550면.
73) Geimer, Rz. 2325; Linke/Hau, Rn. 345.

여 법원이 심증을 얻지 못한 경우에 한하여 당사자신문을 허용하는데 이를 '당사자신문의 보충성'이라고 한다. 그러나 우리 민사소송법(제367조)은 보충성의 원칙을 폐지하고 당사자신문이 독립한 증거방법임을 명확히 하였다. 선서한 당사자가 거짓 진술을 한 때에는 법원은 결정으로 500만 원 이하의 과태료에 처하나(제370조 제1항) 형법상의 범죄가 되지는 않는다. 법원은 당사자신문기일을 지정한 경우 당사자에게 출석요구를 해야 하는데, 우리 법원이 실무상 사용하는 당사자 본인 출석요구서에는 증인출석요구서에 기재하는 "법률상 제재를 받을 수 있다"라는 문언 대신 "법률상 불이익을 받을 수 있다"라는 취지를 기재한다.[74]

나. 외국으로부터의 증거방법의 수집

외국의 당사자는 우리나라의 국제재판관할에 복종하는 한 다른 당사자와 마찬가지로 민사소송법(제369조)에 따라 법원에 출석하여 진술할 의무가 있다.[75] 마찬가지로 외국법원은 당해 외국의 국제재판관할에 복종하는 한국인에 대하여 당사자신문을 할 수 있다. 이 점에서 당사자는 증인과 다른데,[76] 이에 관하여는 국제법상 별로 문제 될 것이 없다. 당사자 본인 출석요구서는, 당사자가 법정에 출석하여 그에게 고지되지 않으면 당사자에게 송달하여야 한다.

이와 관련하여 미국 연방민사소송규칙에 따른 당사자의 질문서(written in - terrogatories) 송부나 일본 민사소송법(제163조)에 따른 당사자조회가 가능한지가 문제 된다. 일본의 당사자조회는 일본의 판사가 외국에 가는 것이 아니므로 외국에서 일본의 주권을 행사하는 측면이 매우 희박하고, 법원의 관여없이 당사자가 거의 사인(私人)의 자격으로 행하며, 불회답에 대하여 개별적이고 구체적인 제재가 없고 강제력을 수반하는 것은 거의 생각할 수 없기 때문에, 이의 실시는 통상의 증거조사와 달리 국제민사사법공조에 의하여 외국에 촉탁하는 것으로 볼 필요는 거의 없다는 견해가 있다.[77] 이는 설득력이 있지만, 이러한 태도가 기일 전 개시절차의 일환으로 행해지는 사적(私的) 증거조사를 주권침해라고 보는 견해와 양

---

74) 민사소송규칙 제119조. 법원실무제요/민사[Ⅲ], 1552면.
75) 독일 민사소송법 제141조에 따른 논의는 Nagel/Gottwald, Rz. 9.154 참조.
76) 법원실무제요/민사[Ⅲ], 1965면은 당사자신문과 증인신문을 구별하지 않는 나라도 많으므로 국제사법공조에서는 대체로 증인신문과 같이 취급하여도 무방할 것이라고 하나 당사자와 증인을 구별할 필요가 있다.
77) 多田 望, 國際民事證據共助法の研究(2000), 212면.

립할 수 있는지, 만일 그렇다면 양자를 달리 취급하는 근거와 그 경계는 무엇인가
라는 의문이 있다.

6. 조사 · 송부의 촉탁(사실조회)

민사소송법(제294조)에 따르면 우리 법원은 공공기관 · 학교 그 밖의 단체 · 개
인 또는 외국의 공공기관에게 그 업무에 속하는 사항에 관하여 필요한 조사 또는
보관 중인 문서의 등본 · 사본의 송부를 촉탁할 수 있는데, 일본을 제외한 외국은
이러한 증거조사 방법을 알지 못한다. 따라서 한중조약(제17조 제3항 d호)과 같이
조사촉탁을 가능하게 하는 명문 근거가 없는 한 외국의 공공기관에게 직접 조사
촉탁을 할 수 있는 법적 근거는 없으나, 그중 일부는 기타 사법적 행위로 취급될
수 있을 것으로 본다. 따라서 실무적으로도 원활한 협조가 이루어지고 있지 않으
며, 우리와 유사한 사실조회제도를 가지고 있는 일본도 우리나라의 사실조회촉탁
을 거부한 바가 있다고 한다.[78]

한편 이와 구별할 것은, 조회대상 기관이 외국 주재 우리나라의 외교관 또는
영사관이고, 조회사항도 당해 대사관 또는 영사관의 담당업무에 관한 사항인 경
우이다. 그 경우 재판장은 직접 당해 대사 또는 영사에게 사실조회서를 통상의 외
국우편으로 발송하면 되나, 실무상 외교경로를 통한 사실조회도 많이 활용하는데,
특히 조회사항이 취적허가신청, 호적정정신청 등 가사사건에서 사건본인이 외국
에서 혼인신고 또는 자녀의 출생신고를 하였는가인 경우에 많이 활용하고 있고
회답도 활발히 이루어지고 있다고 한다.[79]

7. 외국으로부터의 증거방법의 수집에 관한 소결

외국으로부터의 증거방법의 수집이 허용되는 범위가 애매하고, 또한 이를 완
화하는 경우 외국에서의 송달에 관하여 우리가 취한 태도와 일관성을 유지하기도
어렵다. 따라서 지금으로서는 국내 민사증거절차법을 역외적용하여 외국으로부터
증거방법을 수집하는 것은 조심스럽게 다룰 필요가 있다. 우리나라, 일본과 독일

---

78) 법원실무제요/민사(Ⅲ), 1973면. 배형원 외, 154면은 다만 상대방 국가가 사실조회 제도를
    알지 못하더라도 그 국가가 임의로 그에 응한 전력이 있거나 그에 응할 것 같은 태도를 취
    한 경우에는 사실조회 촉탁도 가능하다고 한다. 이는 사실조회도 증거협약의 범위에 포함된
    다고 본다. 석광현, 증거조사, 21면에서 저자는 부정설을 취하였다.
79) 법원실무제요/민사(Ⅲ), 1973면.

의 민사소송법에서 보듯이 대륙법계 국가들도 미국식 개시제도의 장점을 도입하고 있으므로, 장차 우리 민사소송법상 당사자주도형의 증거조사가 더욱 확대된다면 그에 상응하여 허용범위를 점차 확대할 수 있을 것이다. 다만, 이렇게 보면 이는 국제법상의 한계 또는 주권침해의 문제라기보다는 상호주의의 발로라고 볼 수 있다. 즉 현재 우리 민사소송법상 허용되지 않는 증거조사를 미국 법원이나 미국 소송의 당사자에게 허용하지 않겠다는 발상이지만 이런 생각은 올바른 접근방법은 아니다.

Ⅳ. 증거의 평가(자유심증주의 또는 법정증거주의)

우리 민사소송법은, 법관이 당사자의 사실주장이 진실인지 여부를 판단함에 있어서 증거법칙의 제한을 받지 않고 변론 전체의 취지와 증거자료를 참작하여 형성된 자유로운 심증으로 할 수 있다는 자유심증주의를 채택하고 있다.[80] 따라서 증거방법이나 증거능력의 제한이 없고, 증거자료의 증거력(증명력 또는 증거가치)의 평가도 법관의 자유로운 판단에 맡겨진다.

그러나 경우에 따라 증명을 제한하기도 하는데, 이에는 실체법적 근거에 기초한 것(예컨대 영국법상 대리에 있어서 일정한 경우 본인은 금반언의 법리에 의하여 대리권의 흠결을 증명할 수 없다[81])과 절차법적 기초에 근거한 것(예컨대 미국에서 인정되는 전문증거(hearsay evidence)의 금지)이 있다. 전자는 문제 된 법률관계의 준거법에 따를 사항이고 후자는 법정지법에 따를 사항이다.[82] 이러한 금반언(estoppel)의 법리와 달리, 영미법상 선행하는 판결에 의하여 확정된 사실과 저촉되는 사실을 증명하는 것을 금지하는 'estoppel by record'는 법원의 부담을 덜고 판결을 존중하도록 하며 자의적(恣意的) 소송 반복으로부터 승소한 자를 보호하려는 절차법적 근거에 유래하는 것으로서, 독일이나 우리 법상의 실체적 확정력, 즉 기판력과 유사한 기능을 하므로, 이는 증거금지가 아니라 판결 효력의 문제로서 문제 된 법률관계의 준거법(lex causae)이 아니라 외국판결에 적용된 소송법에 따른다.[83] 따라

---

80) 이시윤, 485면. 이는 법정증거주의와 대비된다.
81) 이는 독일법이나 우리 법상으로는 표현대리의 법리에 의하여 실체법적으로 규율된다.
82) Geimer, Rz. 2293; Schack, Rn. 802.
83) Geimer, Rz. 2297; Schack, Rn. 803.

서 그것이 인정되려면 외국판결이 승인요건을 구비해야 한다.[84]

한편 먼저 증거신청부터 하여 증거조사를 통하여 자기의 구체적 주장의 기초 자료를 얻어내려는 이른바 '모색적 증명'의 허용 여부는 절차법적 성질의 것이므로 법정지법에 따를 사항이다.[85] 우리 민사소송법의 변론주의 하에서는 원칙적으로 허용되지 않는데,[86] 모색적 증명을 금지함으로써 원고의 승소가능성이 낮아지는 것은 사실이지만, 동 원칙은 권리남용적인 그리고 단순한 의심에만 기초한 소송으로부터 상대방과 법원을 보호하고자 하는 절차적 목적을 달성하려는 것이다.[87] 2002년 개정된 우리 민사소송법은 문서제출명령(제344조)을 강화하여 일반의무화하였을 뿐만 아니라, 문서제출명령을 신청함에 있어서는 원칙적으로 문서의 표시, 취지, 증명할 사실, 제출의무자 및 그 의무의 원인 등을 서면으로 명시하여야 하나, 특히 분량이 많을 때처럼 필요한 경우 문서의 취지나 증명할 사실을 개괄적으로 표시할 수 있도록 허용하고, 그 경우 법원이 상대방 당사자에게 관련 문서에 관하여 그 표시와 취지 등을 명확히 적어내도록 먼저 명령할 수 있는 문서정보공개제도(제346조)를 새로 도입하였다.

V. 입증의 정도(증명도)

일반적으로 법관이 사실을 인정함에 있어서는 확신에 이를 정도의 심증을 형성하여야 하는데, 여기에서 확신이라 함은 비교적 고도의 확실성을 말한다. 이처럼 사실인정에 필요한 확신의 정도는 '입증(또는 심증)의 정도', '증명도(또는 심증도)'의 문제로 다루어진다.

1. 입증의 정도에 관한 법계의 차이

우리 민사소송법상 어떤 사실이 증명되었다고 하기 위하여는, 법관의 의심을 완전히 배제할 수는 없지만 의심에 침묵을 명할 정도의 확신이 서야 하는데, 법률가들은 이를 '고도의 개연성'의 확신이 필요하다고 설명한다.[88] 여기에서 고도의

---

84) 여기에서 기판력의 객관적 범위에 관한 논의를 검토해야 한다.

85) Geimer, Rz. 2294; Schack, Rn. 805.

86) 이시윤, 422면.

87) Schack, Rn. 805. 독일에서도 모색적 증명 금지의 내용과 범위에 관하여는 논란이 있다.

88) 이시윤, 469면; 대법원 2010. 10. 28. 선고 2008다6755 판결도 다음과 같이 판시하여 이 점

개연성의 확신은 '십중팔구'라거나[89] 75%면 족하다는 견해도 있으나 계량화하기는 어렵다. 이는 독일 민사소송법학에서 말하는 'hoher Grad von Wahrschein-lichkeit'에 상응한다. 그러나 우리나라에서도 공해소송, 의료과오소송과 제조물책임소송의 경우 개연성을 완화한다.[90]

흥미로운 것은, 전통적으로 영미의 민사소송에서 통상 요구되는 입증의 정도는 '증거의 우월(preponderance of evidence)' 또는 '우월한 개연성(preponderance of probabilities)'으로서 족하다는 점인데, 이에 따르면 원고와 피고 주장의 개연성을 형량하여(balance of probability) 어느 것이 50%를 초과하면 법원은 이를 증명된 것으로 취급할 수 있다.[91] 이는 영미의 형사사건에서 요구되는 '모든 합리적 의심을 넘는 정도(beyond all reasonable doubt)'보다 낮다.[92] 다만, 미국에서도 예외적인 경우 우월한 개연성보다 높은 정도의 입증이 요구되는데 'clear and convinc-

---

을 거듭 확인하였다. 민사소송에서 사실의 입증은 추호의 의혹도 있어서는 아니 되는 자연과학적 증명은 아니나, 특별한 사정이 없는 한 경험칙에 비추어 모든 증거를 종합 검토하여 어떠한 사실이 있었다는 점을 시인할 수 있는 고도의 개연성을 증명하는 것이고, 그 판정은 통상인이라면 의심을 품지 않을 정도일 것을 필요로 한다(대법원 1990. 6. 26. 선고 89다카7730 판결; 대법원 2000. 2. 25. 선고 99다65097 판결 등 참조). 독일법상의 증명도에 관하여는 우선 반흥식, "독일민사소송법에서의 증거평가와 증명도", 민사소송 제19권 제1호 (2015. 5), 9면 이하 참조.

89) 이시윤, 469면.

90) 이시윤, 485면 이하 참조.

91) Richard H. Field/Benjamin Kaplan/Kevin M. Clermont, Material for a Basic Course in Civil Procedure, Sixth Edition (1990), p. 656 이하; Geimer, Rz. 2334ff.; Habscheid/호문혁(역), 131면; Schack, Rn. 829; 이시윤, 469면 註 1; 호문혁, 534면; 김용진, 소송전략, 37면. 다만 독일과 우리나라에도 증거의 우월로 족하다는 소수설도 있다. 설민수, 81면 이하는 입증의 정도에 관한 비교법적 검토와 우리나라의 실증적 검토를 소개한다. 유사한 주장으로는 김차동, "민사소송에서의 증명도 기준의 개선에 관한 연구", 법조 제68권 제3호(통권 제735호)(2019. 6.), 88면 이하 참조.

92) 미국 판례에 따르면, 통상의 민사소송에서는 증거의 우월로 충분하나 예외적으로 사기, 부당한 위력, 유언의 내용 등 일정한 사항에 대하여는 그보다 높은 clear and convincing evidence가 필요하고 형사사건에서는 후자보다도 더 높은 증명도를 요구하는 합리적 의심이 없는 입증이 필요하다는 것이다. 김선화, "형사소송에서 자유심증주의에 관한 이론적 연구: 개념의 재구성과 객관화 시도", 고려대학교 대학원 법학박사학위논문(2006), 95면 참조. 그러나 우리 법은 형사에서 합리적 의심을 배제할 정도의 확신을 요구하는데, 이것이 민사소송법상 요구되는 고도의 개연성과 동일한 것인지 아니면 더 높은 것인지는 불분명하다. 설민수, 106면은 한국의 판례상 드러나는 입증의 정도는 미국법보다는 대륙법의 영향을 강하게 받은 것으로, 민·형사재판에서 일관하여 요증사실의 '고도의 개연성에 대한 법관의 확신'으로 볼 수 있다고 한다.

ing evidence'라는 개념이 바로 그것이다.93) 요컨대 우리 법과 독일법이 통상의 민사소송에서 요구하는 입증의 정도는 영미의 그것보다 훨씬 높다. 영미에서는 법관의 내부적 확신이라는 체제가 기능하지 않는데,94) 이는 영미에서는 입증의 대상이 되는 명백한 권리의 개념이 기초를 이루고 있지 않다는 데 기인한다고 설명하기도 한다.95)

흥미로운 것은, 우리 대법원판결 중에도 clear and convincing evidence와 유사한 개념을 받아들인 판결이 있다는 점이다. 즉 대법원 2009. 5. 28. 선고 2006다20290 판결은 우리 법원이, 사기에 의하여 획득된 외국중재판정의 승인 및 집행이 공서에 위반된다는 이유로 거부하기 위한 요건의 하나로 그 외국중재판정의 집행을 신청하는 당사자가 중재절차에서 처벌받을 만한 사기적 행위를 하였다는 점이 "명확한 증명력을 가진 객관적인 증거에 의하여 명백히 인정"될 것을 요구했는데, 이는 미국의 'clear and convincing evidence'라는 개념을 차용한 것으로 보인다.96) 만일 그렇다면 이러한 설시는 우리 민사소송법이 알지 못하는 미국

---

93) Field/Kaplan/Clermont(註 91), p. 656 이하. 임호, "제법한정 물건청구항의 해석과 입증책임(하)", 저스티스 통권 제136호(2013. 6.), 185면은 이는 우리 법상의 증명과 같은 정도라고 한다.

94) Habscheid/호문혁(역), 131면. 이러한 차이는, 수동적 역할을 하는 데 그치는 영미의 법관과 달리 적극적 역할을 하는 독일의 법관은 사법적 확신, 즉 객관적 진실에 대한 주관적 확신을 형성해야 하는 데 기인한다고 설명하기도 한다. Hans-Patrick Schroeder, Die lex mercatoria arbitralis (2007), S. 281. Sherpe, S. 888ff. 참조.

95) Habscheid/호문혁(역), 128면. 증거조사에 관하여 영미는 당사자주의를 취하는 데 반하여 독일은 전통적으로 직권주의를 취하기 때문이라고 볼 여지도 있지 않나 생각된다. Sherpe, S. 904ff.는 양국의 기준이 라벨만 다를 뿐 본질적으로 같다는 견해(예컨대 ALI/UNIDROIT, Principles of Transnational Civil Procedure, Comment P-21B)를 배척하고, 이런 차이가 발생하는 이유는 소송에서 법관 및 당사자의 역할이 다르기 때문이라면서, 원고에게 호의적인 영국 원칙은 실용적인, 분쟁해결의 기제로서 소송의 공평한 해결에 기초하는 데 반하여, 피고에게 호의적인 독일 원칙은 관념론적인 독일식 법치주의(기본법 제20조 제3항)에 기초하기 때문이라고 한다. 근자에는 우리 민사소송에서도 영미식 증명도를 따르자는 제안도 있다. 근자의 흥미로운 새로운 관점은 박혜진, "비교법적, 행동주의적 관점에서 본 민사소송의 증명도", 인권과정의 제493호(2020. 11.), 148면 이하 참조.

96) 위 판결은 "뉴욕협약이 적용되는 외국중재판정에 대하여 집행국 법원은 뉴욕협약 제5조의 집행 거부사유의 유무를 판단하기 위하여 필요한 범위 내에서는 본안에서 판단된 사항에 관하여도 독자적으로 심리·판단할 수 있고, 위 협약 제5조 제2항 (나)호의 집행 거부사유에는 중재판정이 사기적 방법에 의하여 편취된 경우가 포함될 수 있다. 그러나 집행국 법원이 당해 외국중재판정의 편취 여부를 심리한다는 명목으로 실질적으로 중재인의 사실인정과 법률적용 등 실체적 판단의 옳고 그름을 전면적으로 재심사한 후 그 외국중재판정이 사기적

증거법의 개념을 도입한 것으로서 지지할 수 없다. 오히려 "객관적인 증거에 의하여 증명되고"라고 설시하는 것이 적절했을 것이다. 대법원이 미국법상의 개념을 단편적으로 차용하지 말고 우리 민사소송법에 따른 증거법체계를 기초로 보다 신중하게 설시하기를 희망한다.

2. 입증의 정도의 준거법

선박보험계약이 다루어진 대법원 2001. 5. 15. 선고 99다26221 판결[97]의 사안에서 선박에 생긴 손해가 부보위험으로 인한 것이라는 점에 관한 증명책임은 보험계약의 준거법인 영국법에 따르는데, 문제는 입증의 정도(증명도)의 준거법이다. 만일 준거법이 영국법이라면 증거의 우월에 의한 입증으로 충분하지만, 법정지법인 한국법이라면 고도의 개연성에 의한 확신이 필요하다. 독일에는 증명도를 절차의 문제로 보아 법정지법(*lex fori*)을 적용하는 절차법설[98]과 실체의 문제로

방법에 의하여 편취되었다고 보아 집행을 거부하는 것은 허용되지 않는다. 다만, 그 외국중재판정의 집행을 신청하는 당사자가 중재절차에서 처벌받을 만한 사기적 행위를 하였다는 점이 명확한 증명력을 가진 객관적인 증거에 의하여 명백히 인정되고…"라고 판시하였다. 해설은 오영준, "판례해설", 대법원판례해설 79호(2009 상반기) 참조. 평석은 석광현, "사기에 의하여 획득한 외국중재판정의 승인과 공서위반 여부", 서울지방변호사회 판례연구 제24집(2)(2011), 118면 이하; 김영석, "정리채권확정소송과 관련하여 사기에 의해 취득한 외국중재판정의 승인을 거부할 수 있는 요건 및 중재판정의 상대방이 취할 수 있는 조치", 도산법연구회 도산판례백선 편집위원회, 도산판례백선(2021), 344면 이하 참조. 김차동(註 91), 79면 이하는 clear and convincing evidence도 우리 민사소송법상 고도의 개연성보다는 낮은 정도의 증명도를 요구한다고 본다. 일본의 논의는 김차동(註 91), 91면 이하 참조. 흥미로운 것은, 증명도의 수치화가 가능하다는 견해 중에도 소명은 50% 미만이라는 견해와 50%를 넘는다는 견해가 있다는 점이다. 김차동(註 91), 81면 참조.

97) 간단한 평석은 석광현, "국제소송에서 입증의 정도의 성질결정과 준거법", 법률신문 제3954호(2011. 7. 25.), 13면. 논의는 석광현, "매매협약(CISG)이 적용되는 국제물품매매계약상 손해배상의 몇 가지 논점: 통화와 증명도로 본 통일 실질법의 사정범위(射程範圍)와 흠결의 보충", 민사판례연구 [XLI](2019), 841면 이하 참조.

98) 독일의 다수설이자 판례이다. Schack, Rn. 830f.; Alexander Bücken, Internationales Beweisrecht im Europäischen internationalen Schuldrecht (2016), S. 190. 우성만, "영국해상보험에 있어서 '근인'과 '선장 등의 악행'의 의미 및 입증책임 — 대법원 2005. 11. 25. 선고 2002다59528(본소), 59536(반소) 판결 — ", 판례연구 제18집(부산판례연구회, 2007), 458-459면은 절차라고 한다. 또한 미국의 Restatement Second(제135조)도 입증의 정도(sufficiency of evidence)를 절차의 문제로 보아 법정지법에 따를 사항이라고 한다. 장준혁, "法律行爲의 方式과 節次 문제의 구별", 국제사법연구 제12호(2006), 273면도 위 판결을 소개한다.

보아 당해 법률관계의 준거법(*lex causae*)을 적용하는 실체법설[99]이 대립한다. 입증의 정도의 올바른 준거법 결정은 국제증거법의 가장 어려운 문제라는 평가도 있다.[100]

절차법설의 논거는 아래와 같다.[101] 첫째, 입증의 정도는 소송에서의 법관의 지위 및 확신에 이를 정도의 심증의 형성과 분리될 수 없을 정도로 밀접하게 관련된다. 둘째, 독일법에서 입증의 정도는 법관의 인적인(내부적) 확신의 형성인데, 실체의 준거법인 외국법이 객관적으로 조사해야 하는 개연성에 착안한다면 독일 법관은 입증의 정도를 판단함에 있어 어려움을 겪게 된다. 셋째, 입증의 정도에 관한 외국법을 확정할 수 없는 경우 이런 어려움이 강화된다. 넷째, 입증의 정도는 법정지법에 의하여 규율되는 증거의 평가와 밀접하게 관련된다.[102] 다섯째, 입증의 정도에 관하여 외국법을 적용한다면 외국인 원고에게 입증의 정도를 완화하게 되어 내국인 피고에게 불이익을 주고 내국인차별을 초래할 수 있다. 참고로 헤이그국제사법회의의 국제상사계약준거법에 관한 주석도 이를 절차의 문제로 본다.[103]

반면에 실체법설의 논거는 아래와 같다. 첫째, 입증의 정도는 증명책임과 마찬가지로 실체법과 상호의존성이 있고 실체법에 큰 영향을 미친다. 특히 책임법에서 입증의 정도를 낮추면 책임범위가 확대되고 이를 높이면 축소되므로 입증의

---

99) Coester – Waltjien, Rn. 362ff; Geimer, Rz. 2336. 다만, 이 견해는 예외적으로, 손해산정에 관한 독일 민사소송법 제287조는 준거법이 외국법인 경우에도 적용된다고 본다. 준거법과의 관계를 다룬 것은 아니나 반흥식, "민사소송법에 있어서의 증명도 – 독일에서의 논의를 중심으로 –", 민사소송 제18권 제2호(2014. 11.), 186면은 이를 실체법의 문제로 본다.

100) Schack, Rn. 830.

101) Maximilian Seibl, Die Beweislast bei Kollisionsnormen (2009), S. 140; Geimer, Rz. 2334ff.

102) 사실과 증거의 평가는 사실문제인 데 반하여 입증의 정도는 법률문제라고 본다. Schack, Rn. 828.

103) The Hague Conference on Private International Law, Permanent Bureau, Commen – tary on the Principles on Choice of Law in International Commercial Contracts (2015), para. 9.11 참조. 2017년 사법연수원에서 간행된 국문번역(헤이그 국제상사계약준거법원칙 해설)도 있다. 이헌묵, "외국법이 준거법으로서 적용되는 민사소송절차에서 증거에 관련된 사항에 적용되는 국가의 법", 비교사법 제26권 제4호(통권 제87호)(2019. 11.), 413면도 동지. 근자에는 이를 지지하는 해상법학자의 견해도 보인다. 이정원, "영국 해상보험법의 몇 가지 문제에 대한 고찰 – 대법원 2017. 6. 19. 선고 2016다270407 판결 –", 저스티스 통권 제181호(2020. 12), 228면 이하 참조. 간단히는 이정원, 법률신문 제4910호(2021. 7. 26.), 13면 참조.

정도의 결정은 결국 책임의 결정이다(입증의 정도와 규범효력(Normwirkung)의 상호 관련성).[104] 둘째, 증명책임은 통상 양 당사자 중 일방이 부담하는 것인 데 반하여 입증의 정도는 여러 단계를 생각할 수 있으므로 증명책임보다도 실체법과 더욱 밀접한 관련을 가진다.

3. 대법원판결의 태도와 그에 대한 평가

위에 언급한 대법원 2001. 5. 15. 선고 99다26221 판결은 아래와 같이 판단 함으로써 실체법설을 취한 것으로 보인다.[105]

> "이 사건 보험계약에 적용되는 영국 해상보험법 및 관습에 의하면, 보험의 목적에 생 긴 손해가 그 부보위험인 해상 고유의 위험으로 인하여 발생한 것이라는 점에 관한 입증책임은 피보험자가 부담한다고 할 것이고, 그 증명의 정도는 이른바 '증거의 우월 (preponderance of evidence)'에 의한 증명으로 충분하다".

한 가지 의문은, 대법원의 태도가 보험 목적에 생긴 손해가 해상 고유 위험 으로 인하여 발생한 것이라는 점에 관한 증명도(즉 해상보험사건)에 한정되는지, 아니면 예컨대 불법행위 또는 계약의 준거법이 영국법(또는 미국의 주법)인 경우에 도 일반적으로 적용되는가이다. 대법원이 증명도에 관하여 영국법을 적용해야 한 다고 판시한 판결은 해상보험계약에 관한 사건들이고 그 밖의 사건에서는 영국법 이 준거법이라는 이유로 영국법상의 증명도를 따라야 한다고 설시한 판결은 보지 못하였다. 대법원이 이에 대한 문제의식을 가지고 있는지 의문이다.[106]

독일에서는 과거 절차법설이 우세하였으나 근자에는 실체법설도 점차 유력 해지고 있다. 양설은 모두 일리가 있지만, 서로 밀접하게 관련된 법관의 확신의 형성과 확신의 정도를 상이한 법에 따르게 하는 것은 부적절하고, 법관에게 준거 법에 따른 입증의 정도를 적용케 하는 것은 큰 부담이 된다는 실제적 근거를 고

---

104) Geimer, Rz. 2334f.
105) 대법원 2016. 6. 23. 선고 2015다5194 판결과 대법원 2017. 6. 19. 선고 2016다270407 판결 도 동일한 설시를 반복하였다.
106) 한 가지 주목할 점은, 위 2017년 대법원판결의 사안은 순수한 국내사건으로 보이는데 그럼 에도 불구하고 증명도를 영국법에 따라야 한다고 판시한 점이다. 이는 구 국제사법 제25조 제4항(순수한 국내계약의 경우 당사자들이 준거법을 외국법으로 지정하더라도 한국의 국 내적 강행규정의 적용을 배제할 수 없다는 취지)과 관련하여 의문을 제기한다.

려하여 저자는 절차법설을 지지한다. 증명의 개념을 법관의 내부적 확신의 형성으로 파악하는 민사소송법의 원칙을 법치국가적 관념에 근거한 소송법상의 원칙으로 보아 절차법설을 취하기도 한다.[107] 소송법에서 당해 법률관계의 준거법(*lex causae*)의 적용범위를 너무 확대하면 국제사법이 매우 복잡하게 되어 실무로부터 외면당할 우려가 있음을 지적하기도 한다.[108] 또한 우리 기업들이 준거법 지정에 수반되는 함의를 제대로 모른 채 외국법을 준거법으로 지정하는 경향이 있으므로 외국법에 맡기는 사항의 범위를 가급적 줄이려는 정책적 고려도 필요하다.

근자의 서울고등법원 2022. 1. 20. 선고 2020나2033450(본소), 2020나2033467(반소) 판결에서 법원은 "계약위반과 조건설에 따른 인과관계 있는 손해에 대해 완전배상주의에 따르되 예견가능성에 의하여 제한되고, 그 <u>증명의 정도</u>는 법정지의 절차법에 따른다"라는 취지로 판시한 바 있다.

한 가지 의문은 증명도와 유사한 문제가 소명의 경우에도 제기되는가라는 점이다. 우리 민사집행법(제279조 제2항, 제301조)에 따르면 보전처분에서는 소명이 요구되는데, 영미에서는 보전처분(또는 임시적 처분)에서 소명이 요구되는지, 만일 그렇다면 소명의 정도는 어떤지를 먼저 확인할 필요가 있다. 만일 우리와 다른 정도의 소명을 요구한다면, 대법원판결을 따를 경우 보전처분에서 소명책임의 분배 나아가 소명의 정도도 준거법에 따르는지 궁금하다. 민사집행법상 소명책임의 분배도 증명책임분배원칙에 따르는 것이 합리적이라고 보는 견해[109]가 있기 때문이다. 우리 법상은 소명의 경우 증거방법도 제한되어 즉시 조사할 수 있는 증거에 의하여야 하고, 감정이나 검증은 허용되지 않는다.

Ⅵ. 증명책임

1. 증명책임에 관한 일반이론

증명책임이란 소송상 요증사실의 존부가 확정되지 않을 때 당해 사실이 부존재하는 것으로 취급되어 법률판단을 받게 되는 일방 당사자의 위험 또는 불이익

---

107) Habscheid/호문혁(역), 134면.
108) Schack, Rn. 832.
109) 정선주, "가처분절차에서의 소명", 민사소송 제13권 제2호(2009. 11.), 259면.

을 말한다. 이를 '객관적 증명책임'이라 한다.[110] 한편 승소하기 위하여 증명책임
을 지는 사실에 대해 증거를 제출해야 하는 일방 당사자의 행위책임을 '주관적 증
명책임'(증거제출책임 또는 입증의 필요)이라 한다.[111] 증거에 관한 제문제는 일반적
으로 법정지법에 따르나, 예컨대 계약 또는 불법행위에 관한 증명책임은 그의 준
거법에 따른다. 왜냐하면 그런 규정은 계약 또는 불법행위의 내용을 이루는 실체
에 속하거나 그와 밀접하게 관련된 것이기 때문이다. 우리 민사소송법 학자들도
대체로 이를 긍정한다.[112]

　　증명이 곤란한 경우 형평의 이념을 살리고자 당사자의 증명책임을 완화하는
다양한 방법이 이용되며 그 대표적인 것이 법률상의 추정임은 앞(Ⅱ. 2.)에서 언급
하였다.

2. 증명책임의 준거법에 관한 대법원판결의 태도

　　예컨대 아래에서 언급하는 대법원 2001. 5. 15. 선고 99다26221 판결은 준거
법이 영국법인 선체보험계약에 관하여 다음과 같이 판시하였다.

> "이 사건 보험계약에 적용되는 영국 해상보험법 및 관습에 의하면, 보험의 목적에 생
> 긴 손해가 그 부보위험인 해상 고유의 위험으로 인하여 발생한 것이라는 점에 관한
> 입증책임은 피보험자가 부담한다".

　　과거 대법원 1991. 5. 14. 선고 90다카25314 판결도 아래의 취지로 판시함으
로써 증명책임과 현실전손의 추정의 준거법이 적하보험계약의 준거법인 영국법이
라고 판단하였다.

> "영국해상보험법 및 영국 법원의 판례에 의하면 열거책임주의가 적용되는 분손불담보
> 조건(Free from Particular Average, F.P.A.)의 적하보험계약에 있어서 피보험자가 보

---

110) 미국에서는 '설득책임(burden of persuasion)'이라고 한다. 제1판에서는 '입증책임'이라고
　　하였으나 근자에는 민사소송법상 용어가 증명책임으로 개정됨에 따라 여기에서는 '증명책
　　임'이라고 한다. 이런 용어의 개정은 '근거 없는 단어말살'이라는 비판이 있다. 전원열,
　　9-1-2-2, 註 2 참조.
111) 이시윤, 475면. 미국에서는 이를 '증거제출책임(burden of producing evidence)'이라 한다.
112) 이시윤, 476면.

험자로부터 손해를 전보받기 위하여는 손해가 보험증권상에 열거된 부보위험으로 인하여 발생하였다는 적극적 사실을 입증하여야 함이 일반적인 원칙이기는 하나, 화물이 선박과 함께 행방불명된 경우에는 현실전손으로 추정되고(영국해상보험법 제58조), 그 현실전손은 일응 부보위험인 해상위험으로 인한 것으로 추정되어 보험자는 전보책임을 면할 수 없는 것이며, 부보위험으로 인한 손해라는 추정은 보험자가 부보위험이 아닌 다른 위험 내지 면책위험으로 인한 것일 가능성이 있음을 주장하고 그 가능성이 보다 우월하거나 동일함을 입증하는 경우에 한하여 깨어지는 것이라고 할 것이다".

위 대법원판결이 선박적하보험계약의 준거법을 영국법으로 본 이상 법률상 추정규정인 영국 해상보험법 제58조에 따라 화물과 선박이 함께 행방불명된 경우에는 현실전손으로 추정된다고 판시한 것은 옳다. 다만 위 대법원판결은 영국해상보험법과 영국 법원의 판례를 근거로, 그 현실전손은 일응 부보위험인 해상위험으로 인한 것으로 추정할 것이라고 하고 그러한 추정이 번복되는 경우에 관하여 설시하였으나, 과연 그것이 법률상의 추정인지는 확실하지 않다.[113] 만일 영국 해상보험법상 열거책임주의하의 해상적하보험계약에서 현실전손은 일응 부보위험인 해상위험으로 인한 것으로 추정할 것이라는 규정이 있으면 모르겠지만 만일 그런 규정이 없다면, 이러한 추정은 단순한 사실상의 추정이므로 이는 영국법에 따라야 할 사항은 아니라고 생각되기 때문이다.

---

113) 참고로 대법원판례집, 258면에 기재된 상고이유서는 이를 사실상의 추정이라고 한다. 영국 해상보험법상 전위험담보조건인 경우 현실전손이 추정되는 때에는 보험의 목적인 선박 또는 적하의 손해의 원인이 면책사유 또는 담보의 위반에 해당한다는 입증책임은 보험자가 진다고 한다, 한창희, "영국해상보험법상의 추정전손에 관한 연구", 서울대학교 법학박사학위논문(1993), 21면.

제 9 장

외국법의 조사와 적용

제 9 장
외국법의 조사와 적용

I. 서론 — 한국 국제사법상 외국법의 지위와 외국법의 적용

국제사법에 의하여 한국법이 준거법으로 지정되면 법원은 한국법을 적용하여 판단하면 된다. 이는 국내사건에서 법원이 늘 하는 업무이므로 특별히 어려울 것이 없다. 반면에 국제사법에 의하여 외국법이 준거법으로 지정되면 법원은 외국법을 적용해야 한다. 그런 의미에서 준거법인 외국법을 어떻게 주장하고 증명하는가는 '국제사법의 가장 중요한 부분(crux of the conflict of laws)'이라고 할 수 있다.[1] 그 경우 법원은 외국법을 적용하는 과정에서 여러 가지 어려움을 겪게 된다. 즉 외국법의 적용과 관련하여 아래와 같은 다양한 쟁점이 제기된다.

첫째, 법원은 준거법을 직권으로 조사·적용해야 하는지(Ⅲ.) 이는 법원이 국

---

* 제9장에서 인용하는 아래 주요 문헌은 [ ] 안의 인용약어를 사용한다.
이인재, "외국법의 적용과 조사", 재판자료 제34집, 섭외사건의 제문제(하)(1986)[이인재]; 임치용, "법정보공조", 국제사법연구 제4호(1999)[임치용, 공조]; Carlos Esplugues Mota/Jose Luis Iglesias Buhigues/Guillermo Palao Moreno (eds.), Application of Foreign Law (2011)[Esplugues *et al.* (eds.)]; Richard Fentiman, Foreign Law in English Courts : Pleading, Proof and Choice of Law (1998)[Fentiman, Foreign Law]; Urs Peter Gruber/Ivo Bach, "The Application of Foreign Law : A Progress Report on a New European Project", Yearbook of Private International Law, Vol. XI (2009)[Gruber/Bach]. 그 밖에 Yuko Nishitani (ed.), Treatment of Foreign Law — Dynamics towards Convergence? (2018)도 있다. 2023년 10월 독일 막스플랑크 외국사법과 국제사법 연구소가 발표한 "독일 절차에서 외국법의 조사와 적용에 관한 함부르크 지침(Hamburger Leitlinien zur Ermittlung und Anwendung ausländischen Rechts in deutschen Verfahren)"은 주목할 만하다. 이는 법원, 감정인과 당사자를 위한 지침 등을 담고 있다.

1) Fentiman, Foreign Law, p. 1.

제사법을 직권으로 적용해야 하는지와는 별개의 문제이다.

둘째, 법원은 어떤 방법으로 외국법을 조사해야 하는지(Ⅳ.)

셋째, 법원이 합리적인 노력을 했음에도 외국법의 내용이 불분명한 경우의 처리(Ⅴ.)

넷째, 법원은 외국법을 어떻게 해석·적용해야 하는지(Ⅵ.)

다섯째, 외국법 적용의 잘못은 상고이유가 되는지(Ⅶ.)

외국법의 성질을 어떻게 파악하는가로부터 위의 쟁점에 대한 해답이 논리필연적으로 일관되게 도출되는 것은 아니지만, 위 쟁점을 검토함에 있어서 외국법의 성질이 중요한 역할을 하므로 이를 먼저 살펴본다.[2]

Ⅱ. 외국법의 성질

학설로서는 외국법을 법으로 보는 외국법법률설과 사실로 보는 외국법사실설 등이 소개되고 있으나 우리나라에서는 외국법법률설이 통설이자 판례이다.[3] 근자에도 대법원 2010. 3. 25. 선고 2008다88375 판결은 이 점을 확인한 바 있다.[4] 외국법법률설은 법원이 외국법을 직권으로 조사하여 적용하여야 한다는 견해를 취하고, 외국법사실설은 당사자가 외국법을 주장·입증해야 하고 그렇지 않

---

2) 외국법의 적용과 관련된 간략한 비교법적 검토는 Trevor C. Hartley, Pleading and Proof of Foreign Law : The Major European Systems Compared, International and Comparative Law Quarterly (1996), p. 271 이하 참조. 상세는 Fentiman, Foreign Law, p. 265 이하; Sofie Geeroms, Foreign Law in Civil Litigation : A Comparative and Functional Analysis (2004), 포괄적 보고는 Imre Zaitay, The Application of Foreign Law, Vol. Ⅲ, Ch. 14, Interna-tional Encyclopedia of Comparative Law (1972); Maarit Jänterä–Jareborg, Foreign Law in National Courts : A Comparative Perspective, Recueil des Cours, Vol. 304 (2003), p. 185 이하 참조. 독일 논의는 MünchKommBGB/Sonnenberger, 5. Auflage, Band 10 (2010), Einl. IPR Rn. 618ff., 유럽의 최근 논의는 Gruber/Bach, p. 157 이하; 중국 논의는 곽옥군, "중국 재판상의 외국법의 조사 및 적용", 국제사법연구 제12호(2006), 347면 이하(국문 번역문은 370면 이하), 우리 문헌은 이인재, 519면 이하 참조. 유럽연합 제국의 태도는 Esplugues et al. (eds.) 참조.

3) 신창선·윤남순, 169면.

4) 위 판결은 섭외적 사건에 관하여 적용될 준거법으로서의 외국법은 사실이 아니라 법으로서 법원은 직권으로 그 내용을 조사하여야 하고, 그러한 직권조사에도 불구하고 그 외국법의 내용을 확인할 수 없는 경우에 한하여 조리 등을 적용할 것(대법원 1990. 4. 10. 선고 89다카 20252 판결; 대법원 2000. 6. 9. 선고 98다35037 판결 참조)이라고 판시하였다.

으면 법원은 그 외국법을 적용할 수 없다고 보는 경향이 있다. 외국법을 법률로
볼 경우 '법원은 법을 알고 있다(*Iura novit curia*)'는 명제를 자연스럽게 받아들일
수 있다. 그러나 외국법의 법적 성질론과 법원의 직권조사·적용의무가 반드시 논
리적으로 결합되는 것은 아니다. 즉 외국법을 법으로 보더라도 내국법과 동일시
하지 않으며, 사실로 보더라도 특수한 사실로 볼 수도 있기 때문이다. 실제로 독
일에서는 외국법을 법으로 보면서도 독일 민사소송법(제549조)은 외국법 적용의
오류를 상고이유로 인정하지 않는 데 반하여,5) 영국은 외국법을 사실로 보면서도
상고에 관한 한 거의 영국법과 유사하게 취급한다.6) 더 나아가 외국법을 법과 사
실의 합성물로 파악하는 견해도 있다.7)

---

5) 그러나 이런 태도는 근자에 달라졌다는 견해가 있다. 아래 註 51 참조.
6) Fentiman, Foreign Law, p. 4. 미국의 경우 연방법원에서는 외국법은 법률문제로 취급된다.
연방민사소송규칙(FRCP) Rule 44.1은 이 점을 명시한다. 상세는 임치용, 공조, 474면 이하 참
조. 이인재, 547면 이하는 미국 법원의 태도를 대체로 아래와 같이 정리한다.
"주법원에서도 전통적으로는 법정지법 이외의 법을 사실로 취급하였으나, 일부 주는 제정법
에 의하여 이 원칙으로부터 이탈하였다(나아가 매사추세츠주 등 일부 주의 태도, 미시건주와
캘리포니아주의 태도와 코네티컷주의 태도를 소개한다). 한편 미국통일주법위원회(NCCUSL)
의 1936년 "타주법의 재판상 확지에 관한 통일법(Uniform Judicial Notice of Foreign Law
Act)"을 채택한 주에서는 법원은 미국의 모든 주의 보통법과 제정법을 재판상 확지하여야 하
고, 법관은 위 법을 검색하기 위하여 모든 자료를 활용할 권한을 가지고, 외국법에 관한 결정
은 상고될 수 있으나, 자매주 법이 아닌 외국법의 취급에 관하여는 법관에 의하여 판단되기
는 하나 재판상 확지되지는 않는다고 한다. 나아가 1962년에 성안된 "통일 주제 및 국제절차
법(Uniform Interstate and International Procedure Act)"을 채택한 주는 타주법을 포함한 외
국법의 내용을 확정하기 위하여 법원이 어떤 자료도 참작하는 것을 허용한다. 이 통일법은
종래 사용하던 재판상 확지란 표현이 강제적인지 재량적인지, 당사자가 법원에 대하여 의무
를 부담하는지와 그 내용이 불분명하였기 때문에 그런 표현을 피하지만, 대륙법의 태도에 접
근할 정도로 큰 범위의 자유를 법원에 허용하고 상고에 관한 한 외국법적용의 문제가 법률문
제임을 명백히 한다". 그러나 연방민사소송규칙(FRCP) Rule 44.1이 외국법을 법률로 취급하
는 것은 아니라고 한다. 연방사건에서 미국 연방대법원 Animal Science Products, Inc., et
al., v. Hebei Welcome Pharmaceutical Co. Ltd. *et al.*, 138 S.Ct. 1863 (2018)은 이 점을 확
인하였다. Peter Hay, IPRax (2019), S. 169. 그리고 외국정부의 자국법에 관한 진술이 합리
적이더라도 확정적인 효력(conclusive effect)을 인정할 것은 아니라고 판시하였다. 항소법원
은 국제예양을 이유로 중국 정부의 진술을 존중해야 한다고 판단하였다(이 사건에서 중국 정
부가 처음으로 *amicus curiae*로서 미국 법원에 출석하였다고 한다). 징용사건에서 우리 외교
부도 대법원에 의견서를 제출한 바 있다. 이는 2015. 1. 28. 신설된 민사소송규칙 제134조의
2(참고인 의견서 제출) 제1항("국가기관과 지방자치단체는 공익과 관련된 사항에 관하여 대
법원에 재판에 관한 의견서를 제출할 수 있고, 대법원은 이들에게 의견서를 제출하게 할 수
있다")에 근거한 것이다.
7) Esplugues *et al.* (eds.), para. 39 이하는 사실설을 취하는 국가로 영국을, 법률설을 취하는

흥미로운 것은, 논란의 여지가 없는 것은 아니지만 현대 국제상사중재에서는 외국법은 법으로 취급된다[8]는 점이다.

Ⅲ. 법원의 준거법 직권조사·적용의무

여기에서는 우리 법원이 국제사법에 의해 지정된 준거법인 외국법을 직권으로 조사·적용해야 하는가의 문제를 다룬다. 외국법을 어떻게 취급할지는 사법정책적 문제이므로 국가에 따라 그 태도가 다를 수 있다. 이는 우리 법원이 국제사법을 직권으로 적용해야 하는 것과 별개의 문제이다.

1. 준거법인 외국법의 직권에 의한 적용

가. 직권에 의한 준거법의 조사·적용

국제사법(제18조)은 "외국법의 적용"이라는 표제 하에 "법원은 이 법에 따라 준거법으로서 정해진[9] 외국법의 내용을 직권으로 조사·적용하여야 하며, 이를 위하여 당사자에게 협력을 요구할 수 있다"라고 규정한다. 따라서 국제사법에 의하여 외국법이 준거법으로 지정된 경우 우리 법원은 당사자의 주장·입증이 없더라도 외국법을 직권으로 조사·확정하여 적용하여야 하고,[10] 입증의 편의를 위하여 당사자에게 협력을 요구할 수 있다.

이에 대하여 국제사법 제18조의 취지는 외국법이 공익에 관련되기 때문에 법원이 직권으로 문제 삼아 판단한다는 의미일 뿐이고 판단의 기초인 외국법을 직권탐지하라는 것은 아니라는 견해가 주장될 수 있다. 즉 외국법은 당사자의 신청

국가로 독일과 오스트리아를 들고 라트비아와 리투아니아를 혼합적 접근방법을 취하는 국가로 분류한다.

8) Nigel Blackaby and Constantine Partasides with Alan Redfern and Martin Hunter, Redfern and Hunter on International Arbitration, Fifth Edition (2009), para. 6.172.

9) 구 국제사법은 "이 법에 의하여 지정된 외국법"이라는 표현을 사용하였다. "이 법에 의하여 준거법으로 지정된 외국법"이 더 정확하다. 2022년 개정 시 본문처럼 문언이 개정되었다. 협의의 국제사법이 법지정규범이라는 점을 잘 모르는 법제처의 담당자들이 수정한 것으로 짐작되나, 협의의 국제사법은 지정규범이므로 구 국제사법의 표현은 자연스럽다. 담당자들이 제18조는 수정하면서도 제19조, 제21조와 제22조에서 "지정된"이라는 표현은 그대로 둔 점을 보면 도대체 무슨 생각으로 제18조만 수정하였는지 헤아리기 어렵다.

10) 그에 앞서 사안에 외국적 요소가 있으면 우리 법원은 당사자의 주장이 없더라도 국제사법을 직권으로 적용하여야 한다. 대법원 1982. 8. 24. 선고 81다684 판결도 같은 취지이다.

이나 이의에 관계 없이 스스로 문제 삼아 조사하여 처리해야 하는 사항(직권조사
사항)에 불과하고 직권탐지사항은 아니므로[11] 법원은 스스로 자료를 수집하고 제
출할 책임을 지는 것은 아니라는 것이다. '직권탐지주의(Untersuchungsmaxime)'
는 '변론주의(Verhandlungsmaxime)' 또는 '제출주의(Beibringungsmaxime)'와 대비되
는 개념으로,[12] 사실과 증거와 같은 소송자료의 수집·제출의 책임을 당사자가 아
니라 법원이 지는 태도를 말한다.[13][14]

---

11) 양자에 관하여는 이시윤, 신민사소송법 제16판(2023), 334면 이하 참조. 외국법에 관한 것은
아니지만, 예컨대 대법원 2007. 6. 28. 선고 2007다16113 판결은 직권증거조사의 범위를 보
여준다. 즉, 위 판결은, 운송인의 … 송하인 또는 수하인에 대한 채권·채무는 그 청구원인
의 여하에 불구하고 운송인이 수하인에게 운송물을 인도한 날 또는 인도할 날부터 1년 이내
에 재판상 청구가 없으면 소멸하는 것이고(구 상법 제811조), 위 기간은 제소기간으로서 법
원은 그 기간의 준수 여부에 관하여 직권으로 조사하여야 하므로 그 기간 준수 여부에 대하
여 의심이 있는 경우에는 필요한 정도에 따라 직권으로 증거조사를 할 수 있으나, 법원에
현출된 모든 소송자료를 통하여 살펴보았을 때 그 기간이 도과하였다고 의심할 만한 사정이
발견되지 않는 경우까지 법원이 직권으로 추가적인 증거조사를 하여 기간 준수의 여부를 확
인하여야 할 의무는 없다.

12) 참고로 소송절차와 증거조사를 누가 주도하는가에 따라, 당사자가 주도하는 영미의 '당사자
주의'와, 법원이 주도하는 대륙법계의 '직권주의'를 대비시킨다.

13) 이시윤, 285면. 대법원 1997. 12. 26. 선고 96므1076 판결은 "재산분할에 관한 처분은 가사
비송 사건이고 그 절차에 관하여 비송사건절차법 제1편의 규정이 준용되어 민사소송의 경우
와 달리 당사자의 변론에만 의존하는 것이 아니라 법원이 자기의 권능과 책임으로 재판의
기초가 되는 자료를 수집하는" 것이라고 설시하였다. 직권탐지는 Amtsermittlung, 직권조사
는 Amtsprüfung 또는 Prüfung von Amts wegen의 번역이다. 이시윤, 334면; 전원열, 6-3-
3-2, 註 16, 당사자의 주장이 없어도 법원이 직권으로 하는 직권조사사항은 항변사항과 대
비되는데, 과거에는 직권조사사항은 변론주의와 직권탐지주의의 중간에 있다는 견해가 유력
하였으나(이시윤, 337면; 전원열, 6-3-3-2. 후자는 직권탐지주의하에서는 주장(사실자료 제
출) 및 입증(증거자료 제출) 의무가 모두 면제되나, 직권조사사항에서는 주장의무는 배제되
나 입증의무는 남아 있다고 한다), 근자에는 직권조사사항을 판단자료의 수집을 직권탐지하
는 직권탐지형과 당사자가 제출하도록 하는 변론주의형으로 구분하는 견해도 있다(김홍엽,
제10판, 267면 이하 참조). 후자도 외국법규는 법원이 직책상 규명할 사항으로서 직권탐지
주의의 대상이라고 본다. 김홍엽, 제10판, 457면.

14) 상속재산관리인선임을 다룬 대법원 2022. 10. 14.자 2022스625 결정은 "가사비송사건은 가
정법원이 후견적인 지위에서 재량에 의해 합목적적으로 법률관계를 형성하는 재판으로서
(대법원 2019. 11. 21.자 2014스44, 45 전원합의체 결정 등 참조), 재판자료의 수집과 제출
을 당사자에게 맡겨두지 아니하고 가정법원이 주도적으로 할 책무를 지는 직권탐지주의가
적용된다(가사소송법 제34조, 비송사건절차법 제11조, 가사소송규칙 제23조 제1항). 가사비
송사건에도 직권탐지주의는 공익성의 정도, 대심적 구조의 존부, 법원의 재량적 판단의 필
요성 정도 등 개별 사건의 성질에 따라 다양하게 나타날 수 있는데, 라류 가사비송사건은
상대방이 없는 비대심적 구조로서 비송재판으로서의 성격이 두드러진다(대법원 2022. 3.

그러나 법원은 준거법인 외국법의 내용을 직권으로 조사하라는 취지는, 외국법은 법률로서 취급되어야 하므로 법원이 당사자가 제출한 자료에 한정됨이 없이, 사용가능한 모든 인식수단을 이용하여 외국법을 조사하고 인식할 의무를 부담한다는 취지이다.[15] 따라서 외국법을 단순한 직권조사사항으로 취급하는 것은 부당하고, 외국법은 당사자의 증거신청 여부에 불구하고 법원이 직권으로 증거조사를 할 책임을 지는 사항, 즉 직권증거조사사항이며 그러한 의미에서 직권탐지주의의 대상이다.[16] 즉 국제사법 제18조는 직권탐지주의를 취하면서도, 법원은 당사자에게 법원이 접근하기 어려운 법원(法源) 또는 판례를 제공하거나, 또는 쟁점에 대해 정통한 관청 또는 전문가를 알려줄 것을 요구할 수 있다는 것이다.

나. 대법원판결의 태도

과거 저자는 유력설도 외국법은 법원의 직권증거조사를 요하는 사항이라고 하고, 위 대법원 1990. 4. 10. 선고 89다카20252 판결을 이러한 의미로 이해한다고 썼으나, 법원이 직권탐지의무를 인정하는지는 다소 의문이 있다.[17] 예컨대 대

31.자 2021스3 결정 등 참조)"라고 판시하였다.

15) Stein/Jonas/Leipold, Kommentar zur Zivilprozeßordnung, 21. Aufl. (1997) §293 Rn. 31ff.; Geimer, Rz. 2579, Rz. 2588; 최공웅, 359면. 독일 민사소송법은 이런 취지를 명시하는 점에서 국제사법과는 차이가 있다. 즉 독일 민사소송법 제293조는 외국법, 관습법과 자치법규라는 제목하에 "외국의 현행법, 관습법과 조례(Statuten)는 법원에게 알려지지 않은 범위 내에서만 증명을 필요로 한다. 이러한 법규를 탐지함에 있어서 법원은 당사자가 제출한 증거(Nachweise)에 제한되지 않으며 다른 인식 원천을 이용할 수 있고 그러한 이용을 위하여 필요한 것을 명할 수 있다."라고 규정한다.

16) 이시윤, 신민사소송법 제16판(2023), 335면; 김민경, 온주 국제사법 제18조, 2023. 7. 5. [6]; 김홍엽, 383면도 동지.

17) 이인재, 550−551면은 대법원 1981. 2. 10. 선고 80다2189 판결이 직권탐지주의를 취하는 것처럼 설명하나, 위 판결은 "원래 법원은 법규의 적용을 직책으로 하는 것인 만큼 법규의 존재 여부에 관하여는 당사자의 입증을 기다릴 것이 아니라 직권으로 이를 탐지하여야 할 것이다(당원 1956. 1. 31. 선고 1955행상110 판결은 외국인의 토지소유에 관한 법령의 적용 여부는 직권조사 사항이라고 판시하고 있다). 다만, 외국법규나 관습법 등은 그 법원이 분명하지 못하여 법원이 간과하는 수가 있을 것을 염려하여 당사자가 스스로 입증하여 그런 위협이나 불이익을 배제할 수는 있다"라고 하므로 이것이 외국법규에 대해 직권탐지주의를 적용한 것인지는 분명하지 않다. 당해 사안에서 문제 된 것은 한국의 외국인토지법이었다. 김홍엽, 383면 註 4는 대법원 2007. 10. 25. 선고 2005다62235 판결이 직권탐지주의를 취하는 것처럼 설명하나 이도 직권조사사항이라고 설시한 것으로 보이고 더욱이 이는 국내법에 관한 것이다.

법원 2001. 12. 24. 선고 2001다30469 판결의 설시는 다음과 같다.

위 판결은 "… 차관계약에서 그 준거법을 영국법으로 정하고 있으나, 영국법에 관한 자료가 제출되지 아니하여 그 내용의 확인이 불가능하고, 영국법과 그 해석이 한국법이나 일반적인 법해석의 기준과 다르다고 볼 자료도 없다 하여, 한국법과 일반 법원리를 토대로 이 사건 차관계약의 내용을 해석한 것은 옳다"라는 취지로 판시하였는데, 이는 단지 직권조사의무만을 인정한 것이고 직권탐지주의를 인정한 것으로 보기는 어렵다. 직권탐지주의를 따른다면 "영국법에 관한 자료가 제출되지 않았다"라고 설시할 것이 아니라 법원이 직권으로 외국법을 탐지해야 하기 때문이다.[18] 대법원판결의 태도는 더 두고 보아야 하겠지만, 대법원이 직권조사의무를 인정하는 데 그친다면 우리나라에서는 외국법에 관한 한 '법원은 법을 알고 있다(*Iura novit curia*)'는 명제는 관철되지 못하는 셈이다.

흥미로운 것은 보상장(letter of indemnity)에 관한 대법원 2010. 3. 25. 선고 2008다88375 판결[19]이다. 이는, 원심은 이 사건 보상장에 기한 계약의 성립 및 유효성에 관한 준거법이 영국법임을 인정하면서도, 영국법이 이 사건 보상장과 같은 '보상장'에 기한 계약이 유효하게 성립하기 위한 요건에 관하여 어떻게 정하고 있는지, 또는 그에 관한 영국법이 그 본국에서 현실적으로 어떠한 의미 또는 내용으로 해석·적용되고 있는지에 관하여 심리하거나 <u>직권으로 조사하였다고 볼 만한 자료를 기록상 찾을 수 없다고 하고</u>, 원심이 이 사건 보상장에 기한 계약의 유효한 성립요건에 관하여 판시한 바가 영국법에서의 어떠한 법적 근거에 의한 것인지가 파악되지 아니한다고 지적하였다(밑줄은 저자가 추가함).

기록을 보지 못한 저자로서는 정확히 알 수 없지만, 아마도 위 사건에서는 보상장에 기한 계약의 성립요건에 관한 영국법상의 법적 근거에 관한 자료가 전혀 제출되지 않았던 모양이다. 만일 그렇다면 위 대법원판결도 직권조사주의를 재확인한 것으로 보인다. 반면에 만일 영국법에 관한 자료가 조금이라도 법원에 제출되었더라면 대법원판결의 설시는 직권조사주의의 범위를 넘어 직권탐지주의로 접근하는 것으로 볼 여지도 있다.

---

18) 위 판결에 대한 평석은 석광현, "국제적인 신디케이티드 론 거래와 어느 대주은행의 파산", 민사판례연구 [XXV](2003), 546면 이하 참조.
19) 원심판결은 서울고등법원 2008. 10. 2. 선고 2007나97725 판결이다.

다. 당사자의 협력의무

여기에서 '협력'이라 함은, 예컨대 법원이 접근하기 어려운 법원(法源) 또는 판례를 법원에 제공하거나, 특별히 쟁점에 대해 정통한 관청 또는 전문가를 알려 주는 것 등을 들 수 있다.[20]

섭외사법의 개정을 위하여 1999년 구성된 개정연구반의 논의과정에서 당사자가 협력하지 않는 경우의 처리에 관하여 규정을 두어야 하고, 만일 그렇지 않다면 협력의무를 규정할 필요가 없다는 견해도 있었으나, 외국법의 조사·확정은 법원의 의무이므로 당사자가 협력을 제대로 하지 않는다고 하여 그에 대한 증명책임을 부담시키는 등의 불이익을 줄 수는 없고, 종래 실무상으로도 당사자에게 협력을 요구하고 있다는 이유로 구 국제사법 제5조(국제사법 제18조에 상응)에는 일단 협력을 요구할 수 있다는 취지의 규정만을 두었다. 이는 스위스 국제사법 제16조 제1항 제2문과 같은 취지이다. 당사자가 협력하지 않는 경우 법원이 결국 외국법의 내용을 확정하지 못함으로써 대체법을 적용하게 된다는 불이익을 입게 될 것이다.

나아가 스위스 국제사법(제16조 제1항 제3문)처럼 "재산법상의(또는 재산권상의) 청구의 경우 당사자들에게 (외국법의 내용에 관한) 증명(Nachweis)[21]을 부담시킬 수 있다"라는 조항을 두는 것을 고려했으나, 그 취지가 분명하지 않고 특히 증명책임과의 관계가 불명하다는 이유로 그러한 조항을 두지 않기로 하였다. 당초 국제사법의 문언은 "조사·확정"이었는데[22] 법제처의 심의를 거치는 과정에서 "조사·적용"으로 변경되었으나 이는 외국법의 내용을 조사, 확정하고 나아가 적용하라는 취지이므로 의미의 변경을 의도한 것은 아니라고 본다.[23]

흥미로운 것은 2011. 4. 1. 발효한 중국 국제사법의 태도이다. 즉 동법 제10

---

20) Zürcher Kommentar/Keller/Girsberger, Art. 16 Rn. 21.

21) 이는 본래 의미의 증명, 즉 사실의 증명(Beweis)과 구별하기 위한 용어이다. Zürcher Kommentar/Keller/Girsberger, Art. 16 Rn. 33.

22) 국제사법의 개정과정에서 작성된 연구반초안 제5조 제1항, 개정시안 제5조.

23) 과거 섭외사법의 개정과정에서 작성된 연구반초안은 제6조에서 '외국법의 적용'이라는 표제 하에 제1항에서 준거법이 외국법인 경우 법원이 직권으로 외국법을 적용할 것을 규정하고, 나아가 제2항에서는 법원이 외국법의 내용을 직권으로 조사·확정할 것을 규정하였다. 그런데 개정시안(제5조)에서는 제1항이 삭제되었지만 표제는 여전히 '외국법의 적용'으로 되어 있었다. 따라서 법제처에서 위와 같이 문언을 수정한 것은 제5조의 본문을 표제와 일치시키기 위한 것이라고 생각된다.

조는 다음과 같이 규정함으로써 당사자의 준거법 선택 여부에 따라 당사자의 의무를 달리 취급한다.

> 섭외민사관계에서 적용되는 외국법은 인민법원과 중재기구 또는 행정기관이 사명(査明)한다.[24] 다만, 당사자가 외국법의 적용을 선택하는 경우에는 해당국가의 법률을 제공해야 한다. 외국법을 사명(査明)할 수 없거나 해당국가의 법률에 규정이 없는 경우에는 중화인민공화국의 법률을 적용한다.

이는 스위스 국제사법 학계의 논의의 영향을 받은 것으로 보인다.[25]

라. 보전소송의 경우

위의 논의가 타당한 통상의 소송절차와 달리, 신속하게 처리할 필요가 있는 보전처분의 경우 외국법을 직권으로 탐지해야 하는 법원의 의무는 실무상 상당히 완화될 수밖에 없다. 외국법의 올바른 적용과 긴급성의 요청이 충돌할 수 있기 때문이다. 이에 대해 독일에서는 법정지법을 적용할 것이라는 견해도 있으나,[26] 원칙적으로는 법원이 준거법인 외국법을 조사하여 적용하되 보전처분의 목적 달성을 고려하여 실무상의 필요에 따라 이를 다소 완화할 수 있다고 본다.[27] 다만, 보전처분의 경우 외국법은 입증되어야 하는 것이 아니라 소명되어야 한다는 견해가 유력하다.[28] 외국법을 사실로 보는 영국에서도 중간절차의 경우 완화된 기준을 적용한다. 보전처분의 경우 외국법의 내용이 불명인 경우 대체법으로 법정지법이

---

24) 사명한다는 것은 "직권으로 조사하여 밝힌다"라는 취지로 보인다.
25) 스위스 국제사법(제16조 제1항)은 "외국법의 내용은 직권으로 확정되어야 한다. 이를 위하여 당사자들의 협력이 요구될 수 있다. 재산권상의 청구권에 있어서는 당사자들에게 증명을 부담시킬 수 있다"라고 규정하여 재산권상의 청구인지 여부에 따라 구분하는데 입법과정에서는 중국 국제사법과 유사한 견해도 있었다. Anton K. Schnyder, Das neude IPR-Gesetz (1990), S. 32, Fn. 22. 다만, 재산권상의 청구의 경우 법원의 직권탐지의무가 존재하는지에 관하여는 논란이 있다. Zürcher Kommentar/Keller/Girsberger, Art. 16 Rn. 18 참조.
26) MünchKommBGB/Sonnenberger, 5. Auflage, Band 10 (2010), Einl. IPR Rn. 625.
27) 독일의 일부 하급심 판례는 이 경우 'präsente' Erkenntnisquellen만을 조사하면 족하다고 본다. 이는 법원이 외국법을 직권으로 탐지하라는 것이 아니라 법원에 제출된 자료를 직권으로 조사하는 정도를 말하는 것으로 보인다.
28) 그러나 이는 외국법에 대한 법관의 직권탐지의무를 정한 독일 민사소송법 제293조에 반한다는 지적도 있다. MünchKommBGB/Sonnenberger, 5. Auflage, Band 10 (2010), Einl. IPR Rn. 625.

적용되는 것이 아니라 청구를 기각할 것이라는 견해도 있다.

2. 직권에 의한 국제사법의 적용

문제 된 법률관계가 국제사법(제1조)이 정한 '외국과 관련된 요소가 있는 법률관계'에 해당하는 경우, 가사 당사자의 주장이 없더라도 법원은 직권으로 국제사법을 적용해야 한다. 섭외사법의 개정과정에서 이러한 취지를 국제사법에 명시하는 방안을 논의한 결과 이를 지지하는 견해가 있었지만[29] 대법원판결[30]과 종래의 학설이 이미 그러한 입장을 취하고 있으므로 굳이 이를 명시할 필요는 없다는 견해가 채택되었다.

Ⅳ. 외국법 조사의 방법

1. 통상의 방법

국제사법은 명시하지 않지만, 종래 우리 법원은 외국법을 조사함에 있어서 법원이 합리적이라고 판단하는 방법에 의하여 조사하면 충분하고, 반드시 감정인의 감정이나 전문가의 증언 또는 국내의 공무소, 학교 등에 감정을 촉탁하거나 사실조회를 하는 등의 방법에 의해야만 할 필요는 없다고 본다.[31] 즉, 외국법의 증명은 자유로운 증명으로 족하다. 실무적으로는 우리 법원은 독일처럼 자국의 저명한 법학교수에게 감정의견(Gutachten)을 요청하는 것이 아니라, 당사자가 준거법 소속국의 법률전문가로부터 선서진술서(affidavit)를 받아 법원에 제출하는 영미식 방법을 많이 사용하는 것으로 보인다. 후자는 외국의 현행법을 정확히 파악하는 데 우월하다는 장점이 있으나, 당사자가 자신에게 유리한 법률의견만을 제출

---

29) 이 점을 규정한 연구반초안 제6조 제1항은 "제6조(외국법의 적용) ① 본법에 의하여 외국법이 준거법으로 지정된 경우 법원은 직권으로 외국법을 적용하여야 한다"라고 규정하였다. 이와 달리 당사자가 외국법의 적용을 주장하는 경우에 한하여 국제사법을 적용하고 준거법으로 지정된 외국법을 적용할 것이라는 이론을 '임의적 저촉법(fakultatives internationales Privatrecht)' 이론이라고 한다. 영국 법원은 그런 태도를 취한다.
30) 대법원 1982. 8. 24. 선고 81다684 판결 등.
31) 대법원 1990. 4. 10. 선고 89다카20252 판결은 이 점을 명확히 설시하였다. 호문혁, 494면은 외국법을 알기 위해 대사관 등 공무소에 조회하면 충분하고 굳이 그 나라의 법률가를 찾아서 감정을 의뢰할 필요가 없다고 하나, 실무상 그렇게 하는 예는 별로 없는 것으로 보인다.

함으로써 법원을 오도할 가능성이 있고, 또한 쟁점에 따라서는 저촉되는 법률의 견이 제출됨으로써 비용을 많이 발생시킬 뿐만 아니라 법원의 최종판단을 어렵게 한다는 단점이 있다.[32]

또한 독일에서는 감정의견을 모아 단행본으로 공간함으로써[33] 외국법에 대한 연구결과를 학계와 사회가 공유할 수 있으나, 우리나라에서는 선서진술서는 공간되지 않으며, 법원은 판결문 중에서 외국법에 대한 판단을 간단히 설시할 뿐이므로 외국법에 대한 정보가 사회의 자산으로 축적되지 못하고 사장되는 경향이 있다. 이러한 문제점을 고려하면 외국법 일반이 아니라 재판의 전제가 되는 외국법의 조사를 위한 소규모 외국법연구(또는 조사)센터를 대법원 법원행정처에 설치하는 방안을 고려할 필요가 있다. 그러나 대법원은 이런 방안에 대하여 별로 관심이 없는 것으로 보인다.

우리 법원은 경우에 따라서는 외국법의 내용이 법원에 현저한 사실이라고 판시하기도 한다. 예컨대 서울가정법원 2014. 4. 3. 선고 2012드합3937 판결은 외국판결의 승인을 정한 "독일 민사소송법 제328조에서는 … 정하고 있음은 이 법원에 현저한 사실"이라고 판시한 바 있다. 이는 미국에서 말하는 사법확지에 해당하는 것이라고 할 수 있다.

2. 법정보 공조

외국법에 관한 정보의 제공을 위한 조약들이 있다. 대표적인 것이 1969. 12. 17. 발효된 유럽평의회(Council of Europe)의 "외국법정보에 관한 유럽협약(European Convention on Information on Foreign Law)"("런던협약")이다.[34] 우리나라도 법정보 공조를 포함하는 양자조약을 체결하였다. 즉 우리나라는 1999. 9. 17. 호주와 "재판상 문서의 송달, 증거조사 및 법률정보의 교환에 관한 민사사법공조

---

32) 참고로 미국 제7순회구 연방항소법원의 2010. 9. 2. Bodum USA, Inc., v. La Cafetière, Inc. 사건 판결 621 F.3d 624 (2010)에서 Easterbrook 판사와 Posner 판사는 선서진술서에 의하는 것이 연방민사소송규칙상 허용되는 실무이기는 하지만 이는 숙고의 결과가 아니라 습관적으로 반복되는 'bad practice'라고 평가하고 법관이 당해 사건의 준거법인 프랑스법에 관한 영문 번역자료를 직접 조사하는 것이 더 나은 방법이라고 판시한 점은 흥미롭다.

33) 예컨대 Jürgen Basedow/Dagmar Coester−Waltjen/Heinz−Peter Mansel, Gutachten zum internationalen und ausländiischen Privatrecht (IPG) 2007/2008 (2010) 참조.

34) 텍스트와 해설은 http://conventions.coe.int/Treaty/Commun/QueVoulezVous.asp?NT= 062&CM=1&CL=ENG 참조.

조약"을 체결했으며 동 조약은 2000. 1. 16. 발효하였는데 동 조약(제27조)은 법률
정보의 제공을 포함한다.[35] 또한 한국은 2003년 7월 중국과 "대한민국과 중화인
민공화국 간의 민사 및 상사사법공조조약"(이하 "한중조약"이라 한다)을 체결하였고
이는 2005. 4. 27. 발효하였는데, 제26조는 법정보공조에 관한 규정을 두고 있다.
그에 따르면 중국의 중앙당국(사법부)은, 한국의 중앙당국인 법원행정처가 요청하
는 경우 한국의 중앙당국에 한국의 소송절차와 관련된 중국의 법령 및 사법실무
에 관한 정보를 제공한다.[36] 그러나 아직 이 조항이 제대로 활용되고 있지는 않은
것으로 보인다.

V. 외국법 불명 시의 처리

1999년과 2000년에 걸쳐 진행된 섭외사법의 개정과정에서, 법원이 상당한 기
간 동안 합리적인 노력을 기울였음에도 불구하고 외국법의 내용을 확정할 수 없
는 때에는 한국법을 적용한다는 취지의 조항을 두자는 견해가 있었고, 실제로 스
위스 국제사법(제16조 제2항)과 오스트리아 국제사법(제4조 제2항)은 그러한 취지의
규정을 두고 있다. 그러나 그렇게 할 경우 자칫 법원으로 하여금 너무 안이하게
한국법을 적용하도록 조장하는 결과가 될 것을 우려하여 조항을 두지 않았다. 특
히 종래 우리 법원의 판례가 외국법의 내용이 불명한 경우 조리를 적용할 것이라
는 견해를 취하였으므로 그러한 조항에 대해 반대의견이 강하였다. 과거 학설로
는 조리적용설과 근사법적용설이 유력하였다.[37] 이 경우 이른바 '최대개연성의 원

---

35) 위 조약 제27조 제1항은 "수탁체약국의 중앙당국은 요청이 있는 경우, 촉탁체약국의 중앙당
국에게 촉탁체약국의 소송절차와 관련된 자국의 법령에 관한 정보를 제공한다"라고 규정한
다. 위 조약에 관하여는 유영일, "사법공조에 관한 서울선언", 서울국제법연구 제6권 제2호
(1999), 66면 이하 참조.
36) 제26조의 조문은 아래와 같다.
"제26조 법률정보 또는 소송기록의 제공
1. 수탁국의 중앙당국은, 요청이 있는 경우, 촉탁국의 중앙당국에 촉탁국의 소송절차와 관
련된 수탁국의 법령 및 사법실무에 관한 정보를 제공한다.
2. 수탁국의 중앙당국은, 요청이 있는 경우, 촉탁국의 중앙당국에 촉탁국의 국민이 관계된
수탁국의 소송절차에 관하여 공개적으로 이용 가능한 소송기록의 초록을 제공한다".
한중조약에 관하여는 배형원, "한·중민사사법공조조약", 국제사법연구 제10호(2004), 297
면; 황진·증도, "중국과 한국 간 사법공조의 현황 및 미래", 국제사법연구 제15호(2009),
21면 이하(번역문); 배형원 외, 262면 이하 참조.
37) 신창선·윤남순, 171-172면. 조리의 내용을 어떻게 이해하는가에 따라 양설은 동일할 수도

칙(Grundsatz der größten Wahrscheinlichkeit)'에 따라 준거법인 외국법의 진정한 내용에 가장 근사한 실질법을 탐색하여야 할 텐데,[38] 우리나라와 일본의 다수설이 취하는 조리적용설이나 근사법적용설도 최대개연성이 있는 법을 찾는 한 방법으로 볼 수 있다.[39]

대법원 1988. 2. 9. 선고 87다카1427 판결은 외국법 불명 시 법정지법인 한국법을 적용하였으나, 대법원은 근자에는 조리설을 취하면서 근사법을 조리의 내용으로 보는 것으로 이해된다(이를 광의의 조리적용설이라고도 한다).[40] 예컨대 대법원 2000. 6. 9. 선고 98다35037 판결은 "소송과정에서 적용될 외국법규에 흠결이 있거나 그 존재에 관한 자료가 제출되지 아니하여 그 내용의 확인이 불가능한 경우 법원으로서는 법원(法源)에 관한 민사상의 대원칙에 따라 외국관습법에 의할 것이고, 외국관습법도 그 내용의 확인이 불가능하면 조리에 의하여 재판할 수밖에 없는바, 그러한 조리의 내용은 가능하면 원래 적용되어야 할 외국법에 의한 해결과 가장 가까운 해결방법을 취하기 위해서 그 외국법의 전체계적인 질서에 의해 보충 유추되어야 하고, 그러한 의미에서 그 외국법과 가장 유사하다고 생각되는 법이 조리의 내용으로 유추될 수도 있을 것"이라고 판시하였다.[41]

대법원이 외국법의 내용 불명 시 조리를 적용하고, 나아가 근사법을 조리의 내용으로 파악하는 점은 저자도 지지한다. 그러나 위 2000년 대법원판결이 우리 민법(제1조)[42]이 정한 성문법, 관습법과 조리의 3단계구조를 법원(法源)에 관한 민사상의 대원칙으로 파악하여 외국법질서에도 타당한 원칙으로 보는 것은 잘못이

있다. 최흥섭, 174면 이하는 외국 실질법 불명 시의 대응 방안으로는 최근사법 적용설, 보조적 연결설과 법정지법 적용설이 가능한데 모두 나름대로 의미가 있으므로 사안에 따라 가장 적절한 방법을 사용하는 것이 바람직하고, 외국 국제사법이 불명인 경우에는 외국 실질법을 적용하는 것이 타당하다고 한다.

38) 이호정, 216면.

39) 이인재, 568면.

40) 종래 민사소송법 학설로는 외국법 불명 시 근사법을 적용해야 하고 이를 확지할 수 없는 경우 내국법을 적용할 것이라는 견해가 유력하였다. 강현중, 506면.

41) 위 대법원판결은 신용장 거래에 부수하여 이루어지는 환어음 인수인의 어음법상 의무에 관한 준거법이 환어음 지급지 소재지인 중국의 법이지만 환어음이 지급제시되고 인수될 당시 중국에 어음관계를 규율하는 법이 존재하지 않았던 경우, 그 후 시행된 중국의 어음수표법을 유추적용하는 것이 조리에 부합한다고 판단하였다.

42) 法源을 정한 한국 민법 제1조는 다음과 같다.
    "민사에 관하여 법률에 규정이 없으면 관습법에 의하고 관습법이 없으면 조리에 의한다."

다. 위 판결에서 다루어졌던 사안에서는 중국법이 준거법이었다. 그런데 중국에서는 최고인민법원의 사법해석이 법원(法源)인지가 논란이 있는데, 가사 법원(法源)이 아니라고 보더라도 사법해석이 있으면 법원은 그에 따라야 하므로 3단계구조를 중국법에 적용하는 것은 적절하지 않다.[43]

또한 영미법계 국가에서는 판례도 법원이므로 추상적 법률론으로 3단계구조를 법원(法源)에 관한 민사상의 대원칙이라고 단정하는 것은 옳지 않다. 그러나 대법원 2003. 1. 10. 선고 2000다70064 판결은 준거법이 미국법인 사건에서 위와 같은 취지로 판시하였다. 즉 위 판결은 "선하증권의 법률관계에 대한 미국의 법과 관습에 대한 자료가 전혀 제출되어 있지 아니하는바, 소송과정에서 적용될 외국법규에 흠결이 있거나 그 존재에 관한 자료가 제출되지 아니하여 그 내용의 확인이 불가능한 경우 법원으로서는 <u>법원에 관한 민사상의 대원칙에 따라 외국관습법에 의할 것이고, 외국관습법도 그 내용의 확인이 불가능하면 조리에 의하여 재판할 수밖에 없다</u>"라고 판시하였다. 그러나 판례법 국가인 미국의 법원(法源)에 대하여 설시하면서 판례 또는 판례법을 언급하지 않는 것은 잘못이다.[44][45]

---

43) 마광, "중국법의 연원에 대한 연구", 인권과정의, 통권 제395호(2009. 7.), 191면은 사법해석은 매우 중요하기는 하지만 法源은 아니라고 하면서도 최고인민법원의 사법해석은 법적 효력이 있다고 한다. 그러나 전대규, "중국의 사법해석에 관한 연구", 사법 제14호(2010. 12.), 143면은 이를 法源이라고 한다. 오일환, "중국법의 특질과 접근방법 ― 한국 로스쿨생들을 위한 강론 ―", 법학논총(한양대학교) 제28집 제4호(2011. 12.), 191면은 사법해석은 정식적인 法源은 아니지만 실질적으로 法源의 역할을 한다고 한다.

44) 미국의 경우 논란이 있으나 최소한 연방헌법, 연방법률, 연방행정규칙, 연방조약, <u>연방법원의 판결</u>, 주헌법, 주법률, 주행정규칙과 <u>주법원판결</u>의 9종을 법원으로 열거할 수 있고, 주헌법에 근거를 둔 국민발안 또는 국민표결에 의해 채택된 법률을 독립된 法源으로 추가할 수 있다고 한다(밑줄은 저자가 추가함). 안경환, "영국법과 미국법의 비교연구(IV) ― 법원의 정립과 구체적 적용 ―", 서울대학교 법학 제33권 제2호(통권 제90호)(1992), 227면. 반면에 영국의 법원은 제정법, 위임입법과 판결의 3종류뿐이라고 한다. 위 안경환, 226면. 주목할 것은, 위 견해에 따르면 위 대법원판결의 설시와 달리 영미법에서는 관습법이 별도의 法源이 아니라는 점이다. 그러나 영미법의 법원으로 관습법을 열거하는 견해도 있다. 이상윤, 英美法(2009), 85면. 대륙법계에서는 법원이 관습법의 존재를 긍정하더라도 여전히 관습법으로 존재할 수 있으나 영미에서는 그 경우 관습법은 판례법으로 전환되는 것이 아닐까 생각된다. 영미법이 준거법이어서 판례법이 법원으로서 적용되는 경우 영미에서 통용되는 선례구속(stare decisis)의 원칙이 적용될 것이다. 윤진수, "한국법상 「판례」의 의미 ― 대법원 2021. 12. 23. 선고 2017다257746 전원합의체 판결에 비추어 본 주론(主論)과 방론(傍論)의 구별", 사법 2022년 제1호(통권 제62호), 571면 이하. 580면 이하는 영국의 선례구속의 원칙을 설명하고 주론과 방론의 구별기준에 관한 미국의 학설을 소개한다.

45) 우리 법에서는 영미법과 같은 선례구속의 원칙이 인정되지 않으나, 판례가 무엇인지가 문제

저자는 대법원의 위와 같은 논리전개는 잘못이라는 점을 지적한 바 있는데, 근자에 이런 식의 설시는 잘 보이지 않는 것 같아 다행이다.[46]

요컨대 대법원이 외국법 불명 시 조리에 의하여 근사법을 적용하는 것은 좋지만, 너무 안이하게 우리 민법의 법원(法源)이론을 외국법에도 적용하는 것은 잘못이다. 그런 결론을 내리기에 앞서 과연 그것이 국제적으로 통용되는 대원칙인지를 확인하여야 한다.

되는 경우가 있는데, 가장 중요한 것은 판례의 변경 과정이라고 한다. 이런 맥락에서 의미가 있는 것이 대법원 2021. 12. 23. 선고 2017다257746 전원합의체 판결이다. 위 판결의 다수의견은, 민사소송법 제186조 제1항과 제2항에서 규정하는 보충송달도 교부송달과 마찬가지로 외국법원의 확정재판 등을 국내에서 승인·집행하기 위한 요건을 규정한 민사소송법 제217조 제1항 제2호의 '적법한 송달'에 해당한다고 해석하는 것이 타당하다고 보았는데, 구체적으로 보충송달은 민사소송법 제217조 제1항 제2호에서 외국법원의 확정재판 등을 승인·집행하기 위한 송달 요건에서 제외하고 있는 공시송달과 비슷한 송달에 의한 경우로 볼 수 없고, 외국재판 과정에서 보충송달 방식으로 송달이 이루어졌더라도 그 송달이 방어에 필요한 시간 여유를 두고 적법하게 이루어졌다면 위 규정에 따른 적법한 송달로 보아야 하며, 이와 달리 보충송달이 민사소송법 제217조 제1항 제2호에서 요구하는 통상의 송달방법에 의한 송달이 아니라고 본 대법원 1992. 7. 14. 선고 92다2585 판결, 대법원 2009. 1. 30. 선고 2008다65815 판결을 비롯하여 그와 같은 취지의 판결들을 위 판결의 견해에 배치되는 범위에서 모두 변경하였다. 이에 대하여 김재형 대법관은, 엄밀한 의미에서 '판례'는 '특정 사건과 관련한 쟁점에 관하여 대법원이 판단한 법령의 해석·적용에 관한 의견'을 가리키므로, 대법원판결에서 추상적 형태의 법명제로 표현된 부분이 모두 판례인 것은 아니고, 그중 특정 사건의 쟁점을 해결하는 데 필요한 판단 부분만이 판례임을 전제로 대법원 1992. 7. 14. 선고 판결과 대법원 2009. 1. 30. 선고 2008다65815 판결에는 '민사소송법 제217조 제1항 제2호의 규정에 따른 송달이란 보충송달이나 우편송달이 아닌 통상의 송달방법에 의한 송달을 의미한다.'는 부분이 포함되어 있는데, 다수의견은 이 부분이 '대법원이 판단한 법률의 해석·적용에 관한 의견'으로서 판례에 해당하고 이 사건에서 그에 반대되는 판단을 하므로, 판례 변경이 필요하다는 것을 전제하고 있으나 위 두 판결에서 판단한 '보충송달의 적법성'은 직접적 쟁점이 아니었으므로 '보충송달의 적법성'에 관한 부분은 방론에 해당하여 엄밀한 의미에서 판례라고 볼 수 없고, 위 두 판결과는 사안이 다른 이 사건에서 판례를 반드시 변경해야 하는 것은 아니라는 견해를 피력하였다. 윤진수(註 44), 613면은 위 사건에서는 판례 변경을 위하여 전원합의체가 개입할 필요는 없었기에 엄밀한 의미에서 판례 변경은 아니지만 법적 불확실성을 해소하기 위하여 전원합의체가 선고할 필요성까지 부정할 수는 없다고 본다.

46) 그러나 리비아법이 준거법인 사건에서 위의 설시가 다시 등장하였다. 독립적 보증을 다룬 대법원 2021. 7. 8. 선고 2017다218895 판결에서는 준거법이 리비아법이었다. 위 판결에서 대법원은 위의 설시를 답습하였는데, 이는 아마도 리비아가 대륙법계 국가라고 본 탓일 것이나 과연 그런지 나아가 샤리아법이 *法源*인지도 검토할 필요가 있었다.

Ⅵ. 외국법의 해석·적용

외국법이 준거법인 경우 법원은 그 외국법을 해석·적용하여야 하는데, 외국법이 법으로서 적용되어야 하는 것인 이상 외국법의 해석은 우리 법원의 입장에서가 아니라 당해 외국법원의 입장에서 당해 외국법원이 해석하는 것과 마찬가지로 해석하여야 한다.

대법원 1996. 2. 9. 선고 94다30041, 30058 판결도 그와 같은 취지로 판시하였다. 즉 동 판결은 "섭외적 사건에 관하여 적용될 외국법규의 내용을 확정하고 그 의미를 해석함에 있어서는 그 외국법이 그 본국에서 현실로 해석·적용되고 있는 의미·내용대로 해석·적용되어야 하는 것"이라는 취지로 판시하였다.

만일 그 본국의 해석이 없다면 우리 법원이 외국법을 어떤 기준에 따라 해석할지가 문제 되는데, 법원으로서는 당해 준거법 소속국가의 법해석기준에 따라야 할 것이다. 그러나 위 대법원 1996. 2. 9. 선고 94다30041, 30058 판결은, "… 그 소송 과정에서 그 외국의 판례나 해석기준에 관한 자료가 제출되지 아니하여 그 내용의 확인이 불가능한 경우 법원으로서는 <u>일반적인 법해석기준에 따라</u> 법의 의미·내용을 확정할 수밖에 없다(대법원 1991. 2. 22. 선고 90다카19470 판결 참조)"라는 취지로 판시하였다.

대법원판결이 말하는 <u>일반적인 법해석기준</u>이 무엇인지는 불분명하지만, 아마도 한국법상의 법해석기준을 의미하는 것으로 짐작된다. 그러나 일반적으로 법률(또는 법)의 해석에 관하여 국제적으로 통일된 방법은 없고 법계에 따라 차이가 있지만,[47] 종래 법률의 해석방법에 관하여 대륙법계에서는 Savigny가 문법적 해석, 논리적 해석, 역사적 해석과 체계적 해석이라는 4개 해석기준(Die vier Ausle-gungskanones)을 제시한 이래[48] 대체로 그에 따르거나 이를 다소 수정하여 문리적(또는 문언적) 해석, 체계적 해석, 역사적 해석과 목적론적 해석이 타당하다고 보는 경향이 있다.[49] 우리 대법원은 검증되지 않은 기준을 너무 안이하게 일반적 기

---

47) 법률의 해석방법에 관하여 종래 영미법계와 대륙법계 간에 차이가 있다. 상세는 Patrick Melin, Gesetzesauslegung in den USA und in Deutschland (2005), S. 53ff. 참조. 미국에서는 법경제학의 발전에 따라 더 다양한 관점이 제시되고 있다. 박세일, 법경제학(2006), 757면 이하 참조.
48) Melin(註 47), S. 186f.
49) 근자에는 이처럼 논리적 해석 대신 목적론적 해석을 든다. Melin(註 47), S. 185ff., 특히 S.

준이라고 믿는 듯한 인상을 준다. 이런 설시는 근자의 대법원판결에서도 유지되고 있다. 대법원 2010. 3. 25. 선고 2008다88375 판결은 "섭외적 사건에 관하여 적용될 준거법인 외국법의 내용을 확정하고 그 의미를 해석함에 있어서는 그 외국법이 본국에서 현실로 해석·적용되고 있는 의미 또는 내용에 좇아야 하고, <u>소송과정에서 그 외국의 판례 등 해석기준에 관한 자료가 제출되지 아니하여 그 내용이 확인이 불가능한 경우에만</u> 일반적인 법해석기준에 따라 법의 의미·내용을 확정할 수 있는 것이다"라고 판시하였다. 대법원 2010. 8. 26. 선고 2010다28185 판결도 같다. 판례법 국가의 경우 판례의 해석에 관한 일반적인 해석기준이 무엇인지 궁금하다.

Ⅶ. 외국법 적용의 잘못과 상고이유

우리 민사소송법(제423조)에 따르면, 대법원에의 상고는 판결에 영향을 미친 헌법·법률·명령 또는 규칙의 위반이 있는 때에만 가능하다. 대법원은 법률심이기 때문이다. 따라서 우리 법원이 준거법을 잘못 적용한 경우 상고이유가 되는지가 문제 된다. 여기에서는 사안을 구별할 필요가 있다.

첫째, 우리 법원이 국제사법을 잘못 적용한 경우, 즉 국제사법에 따르면 A국법을 적용해야 하는데 국제사법을 잘못 적용한 결과 B국법을 준거법으로 판단하여 적용한 경우 우리 국제사법의 위반이므로 당연히 상고이유가 된다.

반면에 둘째, 법원이 우리 국제사법은 제대로 적용하였으나 준거법인 외국법을 잘못 적용한 경우에도 상고이유가 되는지는 논란의 여지가 있으나 긍정설이 통설이다.[50] 우리 판례도 동지로 보인다. 즉 대법원 2007. 6. 29. 선고 2006다5130 판결은 판결에 영향을 미친 외국법령 해석에 관한 법리오해 등의 위법이 있다는 이유로 원심판결을 파기하였다. 이런 태도는 독일의 민사소송법이나 그의 해석론과는 다르다. 즉, 독일 민사소송법(제549조 제1항)에 따르면 상고는 재판이 연방법 또는 그 타당범위가 고등법원의 지역을 넘어서 미치는 규정의 위반에 기초한 경우에만 허용되므로 외국법 위반은 상고이유가 되지 않는다.[51]

253; 김영환, 법철학의 근본문제(2007), 244, 250면 이하 참조.

50) 신창선·윤남순, 177면.

51) 다만 이런 태도는 2009. 9. 1. 발효한 비송사건절차법 개혁법률(FGG – Reformgesetz)에 의하여 변경되었다는 주장이 있었으나(Florian Eichel, Die Revisibilität ausländischen Rechts

상고이유로 보지 않는 이유는 외국법 해석의 어려움과 외국법의 해석과정에서 최고법원의 권위가 실추될 것에 대한 우려에 있으나, 그렇더라도 우리나라에서는 최고법원이 외국법을 가장 잘 적용할 능력이 있고, 국제교류의 증가를 고려할 때 최고법원이 국제적 사안을 통제할 필요가 있으며,[52] 나아가 한국 내에서의 외국법 적용의 통일을 기할 필요가 있다는 점을 고려하면 그렇게 보는 것이 설득력이 있다. 참고로 중국에서는 상황이 다르다. 즉 중국은 민사사건에서 2심제를 취하고 있고 법률심과 사실심의 구별이 없으므로 외국법 적용의 잘못은 당연히 상소이유가 된다.[53]

Ⅷ. 준거법과 소송물

예컨대 원고가 일정한 사실관계를 기초로 계약책임 또는 불법행위책임을 묻는 소를 제기한 경우 준거법이 한국법인가 영국법인가에 따라 소송물이 상이한가라는 의문이 제기된다. 특히 신소송물이론을 취하는 독일과 달리 우리 대법원은 구소송물이론을 취하므로 예컨대 동일한 사실관계에 기하여 계약책임과 불법행위책임을 묻는 경우 복수의 청구가 있게 된다. 그렇더라도 동일한 사실관계에 기하여 계약책임 또는 불법행위책임을 묻는 경우 그 준거법이 한국법인가 일본법인가는 공격방법의 차이에 불과하다고 본다.[54]

한편 원고가 불법행위에 기한 손해배상청구를 하는 경우 국제법 위반과 국내법 위반에 기한 손해배상청구가 별개 소송물인지도 문제 된다. 징용에 관한 신일본제철사건의 원심[55]은 이를 별개로 본 듯하나 대법원판결[56]은 이는 공격방법의 차이라고 판시하였다. 그러나 이는 의문이다. 이 경우 종래 대법원판례가 취하는

---

nach der Neufassung von §545 Abs. 1 ZPO, IPRax (2009), S. 389ff. 참고), 연방대법원은 2013. 7. 4. 판결(NJW 2013, 3565)에서 이를 부정하였다. 독일에서는 외국법 적용의 잘못이 상고이유가 되지 않지만, 외국법에 대한 탐지가 불충분하거나 이루어지지 않은 경우에는 이 점을 다툴 수 있다.

52) 신창선·윤남순, 177면 참조(독일의 견해 소개).
53) 곽옥군(註 2), 384면.
54) 이인재, 529면도 동지. 최공웅, 230면도 동지로 보인다. 브뤼셀체제상 국제적 소송경합의 맥락에서 영국의 하급심 판례는 나뉘고 있다.
55) 서울고등법원 2009. 7. 16. 선고 2008나49129 판결.
56) 대법원 2012. 5. 24. 선고 2009다68620 판결.

소송물이론에 따른다면 오히려 소송물이 다르다고 보아야 할 것이다. 불법행위책임을 묻는 경우 그 근거를 한국법 또는 일본법에서 구하는 것이라면 어느 하나의 청구만이 존재하지만, 그 근거를 국내법과 국제법에서 구하는 경우에는 이중배상을 받을 수는 없지만 양자의 중첩적 존재를 주장하는 것이기 때문이다. 청구권경합 시 복수의 소송물이 존재한다고 본다면 더욱 그러하다.

Ⅸ. 외국법 적용에 관한 쟁점의 해결을 위한 국제적 노력

외국법을 적용하는 과정에서 생기는 여러 가지 쟁점을 해결하기 위한 노력이 행해지고 있다. 우선 유럽연합은 로마Ⅰ과 로마Ⅱ를 이미 시행하고 있고 나아가 로마Ⅲ 등 다양한 분야에서 통일적인 국제사법규칙을 정립해가는 중이나, 외국법의 적용에 관한 절차규칙이 국가에 따라 상이하고 외국법의 내용을 확정하는 과정이 국가에 따라 다양하므로 그것만으로는 실제로 통일적인 준거법의 적용이라는 목적을 달성할 수 없다.57) 로마Ⅱ를 성안하는 과정에서도 이런 문제점이 제기되었고 그 결과 로마Ⅱ(제30조 참조)는 로마Ⅱ의 심사절차의 일환으로서 유럽연합(집행)위원회가 2011. 8. 20.까지 유럽연합 이사회와 의회 등에 보고서를 제출하도록 요구한다. 유럽연합의 전문가들은 회원국의 법원이 외국법을 적용할 때 따라야 하는 원칙(Principles for a Future EU Regulation on the Application of Foreign Law)을 작성하였는데 이것이 이른바 '마드리드원칙'이다.58) 이와 병행하여 헤이그국제사법회의 차원에서도 작업이 이루어지고 있다. 예컨대 헤이그국제사법회의

---

57) Urs Peter Gruber/Ivo Bach, The Application of Foreign Law : A Progress Report on a New European Project, Yearbook of Private International Law, Volume XI (2009), p. 158.

58) 원칙의 문언은 Esplugues *et al.* (eds.), p. 95 이하 참조. 마드리드원칙의 주요 내용은 아래와 같다.
   "동 원칙은 사법당국과 비사법당국에 적용되어야 한다(제Ⅱ조). 제3국법이 적용될 수 있는 경우에도 동 원칙은 적용되어야 한다(제Ⅲ조). 국내당국은 직권으로 외국법을 적용해야 하고 외국법의 내용을 확정하기 위해 최선의 노력을 해야 한다(제Ⅳ조). 국내당국은 외국법의 내용을 확정함에 있어 모든 가능한 수단을 강구해야 하고, 다른 국가의 국내당국 및/또는 당사자와의 협력을 권장하여야 한다(제Ⅴ조). 외국법의 내용은 각국의 국내절차법에 따라 확정되어야 한다(제Ⅵ조). 외국법의 확정은 공서를 이유로 하는 외국법의 부적용을 배제하지 않는다(제Ⅶ조). 국내당국이 판단하기에 합리적 시간 내에 외국법의 내용에 대한 적절한 확정이 없는 경우 국내법을 적용한다(제Ⅸ조). 외국법의 내용에 대한 결정 또는 판정은 국내법이 정한 재심사의 대상이 되고, 그 구체적 근거는 국내법으로 정할 것이다(제Ⅹ조)."

상설사무국은 2009년 "Accessing the content of foreign law and the need for the development of a global instrument in this area－a possible way ahead(외국법 내용에의 접근과 이 분야에서 세계적 문서의 개발 필요성 — 장래의 가능한 방법)"라는 보고서59)를 공표하였는데, 여기에서 장래의 문서를 개발함에 있어서 따라야 할 지도원칙을 제시하고 있다. 2010년 일반업무 및 정책에 관한 이사회에서 채택된 결론과 추천은 외국법의 조사와 이를 위한 세계적 문서를 성안할 필요성을 장래의 과제로 확인하고 있으므로 앞으로 헤이그국제사법회의 차원에서 그러한 문서를 성안하기 위한 작업이 진행될 것으로 기대된다. 2012년 2월 중순 브뤼셀에서 개최된 '민사 및 상사에서 외국법에의 접근(access to foreign law in civil and commercial matters)'에 관한 유럽연합 (집행)위원회와 헤이그국제사법회의의 공동세미나는 이런 관심을 잘 보여준다.

---

59) 이는 http://www.hcch.net/upload/wop/genaff_pd11a2009e.pdf 에서 볼 수 있다. 이 분야에 관한 근자의 논의는 확인하지 못하였다.

제10장

외국재판의 승인 및 집행

제10장
외국재판의 승인 및 집행

I. 머 리 말

어느 국가의 법원의 재판은 재판권을 행사한 결과이므로 속지주의에 따라 당해 국가 내에서 효력을 가질 뿐이고 다른 국가에서 당연히 효력을 가지는 것은 아니다. 그러나 이러한 원칙을 고집한다면 섭외적 법률관계 또는 외국적 요소가 있는 법률관계의 안정을 해하고 국제적인 민사 및 상사(사건)에서의 분쟁의 신속한 해결을 저해하게 된다. 이러한 이유로 오늘날 우리나라를 포함한 다수의 국가들은 일정한 요건이 구비되는 것을 전제로 외국법원의 재판(이하 "외국재판". 이하 제10장에서는 "외국판결"과 호환적으로 사용한다)의 효력을 국내에서 인정하고 — 이것이 '승인'이다1)— 그의 집행을 허용한다.

---

* 제10장은 석광현, 제1권, 259면 이하의 글을 축약한 것을 기초로 삼고, 석광현, "외국판결의 승인 및 집행 : 2001년 이후의 판결을 중심으로", 진산 기념논문집 제1권, 527면 이하; 석광현, 제5권, 438면 이하와 그 후의 변화를 반영한 것이다.

** 제10장에서 인용하는 아래 주요 문헌은 [ ] 안의 인용약어를 사용한다.

강수미, "징벌적 손해배상을 명한 외국판결의 승인·집행에 관한 고찰", 민사소송 제12권 제2호(2008)[강수미]; 구자헌, "집행판결의 대상이 되는 외국법원의 판결의 의미", 대법원판례해설 통권 제83호(2010년 상반기)[구자헌]; 권창영, "국제민사보전법상 국제재판관할", 민사집행법연구회, 김능환 대법관 화갑기념 : 1세기 민사집행의 현황과 과제, 민사집행법실무연구 Ⅲ(통권 제5권)(2011)[권창영]; 김수형, "외국이혼판결의 승인 및 집행", 민사판례연구 [XI](1989)[김수형]; 김영석, 온주 국제사법 외국재판 승인 및 집행, 2023. 7. 5. [온주/김영석, 승인·집행]; 김용진, "국제적 제조물책임에 관련한 제3자 소송의 비교법적 고찰", 인권과정의 제265호(1998. 9.)[김용진, 제조물책임]; 김우진, "승인판결과 외국판결의 승인·집행 — 대상판결 : 대법원 2010. 4. 29. 선고 2009다68910 판결(공2010상, 980) —", 진산 기념논문집 제1권[김우진]; 김주상, "외국판결의 승인과 집행", 사법논집 제6집(1975)[김주상]; 김효정·장지용 외, 외국재판의 승인과 집행에 관한 연구(사법정책연구원 연구총서 2019－10, 2020)[김효

경제활동의 국제화에 수반하여 한국 기업의 대외적인 영업활동이 활성화됨

<hr />

정·장지용 외]; 노태악, "판례를 통하여 본 외국판결 승인 및 집행요건으로서의 공서", 진산기념논문집 제1권[노태악]; 민일영(편집대표), 주석 민사소송법(Ⅲ) 제9판(2023) (김윤종 집필부분)[민일영/김윤종]; 박설아, "외국중재판정에 대한 집행결정–집행가능성 요건을 중심으로–", 국제거래법연구 제27집 제1호(2018. 7.)[박설아]; 석광현, "우리 대법원 판결에 비추어 본 헤이그 관할합의협약의 몇 가지 논점", 국제사법연구 제25권 제1호(2019. 6.)[석광현, 대법원 판결–관할합의협약]; 석광현, "2019년 헤이그 재판협약의 주요 내용과 간접관할 규정", 국제사법연구 제26권 제2호(2020. 12.)[석광현, 재판협약]; 양병회, "공서요건과 징벌적 배상판결에 관하여", 일감법학 제4권(1999)[양병회, 징벌배상]; 양병회, "외국판결의 승인요건에 관하여", 민사재판의 제문제 : 송천 이시윤박사화갑기념 하(1995)[양병회, 승인요건]; 이공현, "외국판결의 승인과 집행", 재판자료 34집 섭외사건의 제문제(하)(1986)[이공현]; 이규호, "외국판결의 승인·집행에 관한 2014년 개정 민사소송법·민사집행법의 의의 및 향후 전망", 민사소송 제19권 제1호(2015. 5.)[이규호, 2014년 개정]; 이연, "중국 국제민사소송법제의 최신 동향–2023년 개정 민사소송법을 중심으로–", 국제사법연구 제29권 제2호(2023. 12.)[이연, 중국 최신 동향]; 이종욱, "손해전보의 범위를 초과하는 손해배상을 명하는 외국재판의 승인 및 집행–공서 요건을 중심으로 –", 국제거래법연구 제31집 제2호(2022. 12.)[이종욱]; 이창현, "간접강제를 명한 외국중재판정의 국내 집행 가부–대법원 2018. 11. 29. 선고 2016다18753 판결에 대한 고찰–", 석광현헌정논문집[이창현]; 임복희, "외국판결의 승인 및 집행법제의 개선방안에 관한 연구", 연세대학교 대학원 법학박사학위논문(2010. 12.)[임복희]; 장준혁, "2019년 헤이그 외국판결 승인집행협약", 국제사법연구 제25권 제2호(2019. 12.)[장준혁, 재판협약]; 정병석, "외국법원의 우리나라 국민에 대한 영사송달의 적법 여부", 서울지방변호사회, 판례연구 제6집(1993)[정병석]; 최공웅, "외국판결의 효력", 사법논집 제18집(1987)[최공웅, 효력]; 최효섭, "외국판결의 집행–신분에 관한 판결과 관련하여–", 사법연구자료 제16집(1989)[최효섭]; Rinhold Geimer, Anerkennung ausländischer Entscheidungen in Deutchland(1995)[Geimer]; Dieter Martiny, Handbuch des Inter-nationalen Zivilverfahrensrechts, Band Ⅲ/1 Kap. Ⅰ (1984)[Martiny]. 호문혁, "외국판결의 공서위반 판단의 대상에 관한 연구–강제징용 사건 관련 대법원 판결에 대한 검토를 중심으로", 법학평론 제6권(2016. 4.)[호문혁, 평론]. Peter Nygh/Fausto Pocar, Report of the Special Commission, Preliminary Document No. 11 of August 2000[Nygh/Pocar]; Kwang Hyun Suk, Recognition and Enforcement in Korea of Judgments of Foreign Countries awarding Punitive Damages, Cedric Vanleenhove & Lotte Meurkens (Eds.), The Recognition and Enforcement of Punitive Damages Judgments Across the Globe: Insights from Various Continents (Maastricht Law, 28)(2023)도 참조.

1) 외국에서 형성된 법상태 내지 법률관계는 대체로 우리나라에서도 효력을 가진다. 이는 광의의 국제사법을 통하여 이루어지는데 구체적으로는 두 가지 경로가 있다. 첫째는 지정규범인 협의의 국제사법을 통하는 것이고(준거법 지정의 경로), 둘째는 개별 고권적 행위의 절차적 승인인데 대표적인 예가 여기에서 다루는 외국재판의 승인이다(외국재판 승인의 경로). 따라서 이헌묵, "외국재판의 승인과 집행의 근거의 재정립과 외국재판의 승인과 집행의 대상 및 상호보증과 관련한 몇 가지 문제", 통상법률 제136호(2017. 8.), 29면이 (외국재판의) "승인의 대상을 외국법에 의하여 확정된 당사자 사이의 사법상의 법률관계"라고 보자는 제안은 수용할 수 없다. 그것은 적어도 대륙법계의 접근방법은 아니다.

에 따라 민사 및 상사(사건)에서 한국 기업에 대해 금전지급 기타 일정한 행위를 명하는 외국재판이 늘고 있고, 그에 따라 외국재판의 승인 및 집행에 관한 한국 법원의 판례가 점증하고 있다. 과거 한국 법원은 외국재판의 승인 및 집행에 관해 다소 소극적인 입장을 취했던 것이 사실이나 근자에는 전향적인 입장을 취하고 있다.

여기에서는 외국재판의 승인 및 집행에 관한 현행법상의 다양한 논점을 검토한다. 우선 승인 및 집행의 근거(Ⅱ.)를 간단히 살펴보고, 승인의 요건(Ⅲ.), 승인의 절차(Ⅳ.), 승인의 효력(또는 효과)(Ⅴ.) 및 집행(Ⅵ.)을 차례대로 검토하고, 마지막으로 국제적 소송경합과 외국재판의 승인 및 집행의 관계를 간단히 언급한다(Ⅶ.). 우리 민사소송법은 일본을 통해 독일 민사소송법(Zivilprozeßordnung)을 계수한 것이므로 아래에서는 독일의 해석론을 많이 참고하였다. 다만 구 민사소송법은 2002. 7. 1. 민사소송법과 민사집행법으로 분리되어 외국판결의 승인에 관한 조문은 민사소송법 제217조가 되었고 외국판결의 집행에 관한 조문은 민사집행법에 들어가게 되었다. 당시 승인요건의 수정은 당시 유럽연합의 브뤼셀협약의 영향을 받은 것이었다.[2] 따라서 그 범위 내에서는 브뤼셀협약을 다룬 유럽연합의 문헌을 참고하였다. 그 후 2014년 개정에 의하여 민사소송법 제217조의 승인요건이 다소

---

2) 브뤼셀협약은 유럽공동체의 1968년 "민사 및 상사(사건)의 국제재판관할과 외국판결의 승인·집행에 관한 협약"을 말한다. 브뤼셀협약은 그 후 '브뤼셀 I' 또는 '브뤼셀 I 규정'으로 전환되었고 다시 '브뤼셀 I bis' 또는 '브뤼셀 I recast'로 전환되었다. 1998년 11월 당초 법원행정처가 제시한 민사소송법 개정안과 민사집행법의 초안은 외국판결의 승인 및 집행에 관하여 거의 수정을 고려하지 않았다. 저자는 이를 시정하고자 1998년 12월 서둘러 "外國判決의 承認 및 執行—民事訴訟法 改正案(제217조)과 民事執行法 草案(제25조, 제26조)에 대한 管見"이라는 제목의 글을 작성하여 법원행정처에 제출하였고 그중 일부가 법원행정처의 검토를 거쳐 입법에 반영된 것이다. 저자는 그 후 위 글을 석광현, "外國判決의 承認 및 執行에 관한 立法論 — 民事訴訟法 改正案(제217조)과 民事執行法 草案(제25조, 제26조)에 대한 管見 —", 인권과정의 제271호(1999. 3.), 8 – 23면에 발표하였고 그 후 석광현, 제1권, 408면 이하에 수록하였다. 당시 저자의 제안은 승인요건의 하나로 '재판권'을 명시하는 대신 '국제재판관할'을 명시하자는 것과 송달요건에서 '적법성'과 '적시성'을 명시하는 것을 포함하였다. 2002년 개정 민사소송법이 시행된 결과 우리 민사소송법(제117조)은 일본 민사소송법(제118조)과 다르고 당시 독일 민사소송법(제328조)에 더 접근하게 되었다. 일본은 2011년 국제재판관할규칙을 민사소송법에 추가하였음에도 불구하고 민사소송법 제118조에서는 승인요건의 하나로 여전히 재판권의 존재를 열거하는데 이는 입법의 불비라고 본다. 저자는 위 글에서 그 밖에도 공서요건에 절차적 공서를 명시할 것과, 상호보증요건의 개념을 명확히 할 것을 제안하였으나 반영되지 않았는데, 양 제안은 2014년 개정 시 반영되었다. 2014년 민사소송법 제217조 등의 개정의 검토와 평가는 석광현, 정년기념, 487면 이하 참조.

수정되었고 제217조의2가 신설되었다. 제217조의2의 신설은 헤이그 관할합의협약의 영향을 받은 것이므로 이를 논의함에 있어서는 관할합의협약을 다룬 문헌을 참고하였다.

한 가지 주목할 점은, 외국재판(특히 전속적 국제재판관할합의에 근거한 외국재판)의 승인 및 집행은 외국중재판정의 승인 및 집행과 다양한 논점을 공유한다는 점이다. 뉴욕협약이 적용되지 않는 외국중재판정의 승인 및 집행에 관하여는 중재법(제39조 제2항)이 민사소송법 제217조, 민사집행법 제26조 제1항 및 제27조를 준용하므로 이 점은 명백하다. 한편 뉴욕협약이 적용되는 외국중재판정의 승인 및 집행에 관하여도 논점과 해결방안에 있어 상당한 유사성이 있으므로 양자의 이동(異同)을 파악하고 양자를 달리 취급하는 근거를 숙고하는 것은 양자를 입체적으로 이해하는 데 크게 도움이 된다.

II. 승인 및 집행의 근거

영미법계 국가에서는 과거 외국판결의 승인의 근거를 '예양(comity, *comitas*)' 또는 '국제예양'에서 찾았다.[3] 그러나 예양이론은 승인요건에 관하여 상호주의와 결부되고, 승인에 대한 피고측의 항변사유를 정확히 판단하는 것이 어렵다는 문제가 있다는 비판을 받았다.[4] 왜냐하면 예양을 중시한다면 일체의 항변사유를 인

---

3) 영국의 Geyer v Aguilar (1798) 7 Term Rep 681 at 97; Cheshire/North, p. 514 참조. 미국 연방대법원도 1895년 Hilton v. Guyot 사건 판결(159 U.S. 113; 16 S.Ct. 139 (1895))에서 예양을 근거로 외국재판의 승인에 관한 원칙을 제시한 바 있다.

4) 그렇다면 예양에서 근거를 요구하는 영미는 상호주의를 요구하지 않고 예양에서 근거를 찾지 않는 대륙법계가 오히려 상호주의를 요구하는 경향을 어떻게 설명할 것인가라는 의문이 있다. 예양에 관하여는 Adrian Briggs, The Principle of Comity in Private International Law, *Recueil des Cours*, Tome 354 (2012); 김민경, "영국 국제사법의 예양의 원칙", 석광현헌정논문집, 385면 이하; comity 참조. 참고로 Tim W Dornis, Comity, Encyclopedia, Vol. 1, p. 384는, Savigny는 국가의 이익과 정책을 형량하는 대신 각 법률관계로부터 출발하여 그의 본거를 탐구하는 기술적 규칙을 도입함으로써 저촉법을 예양으로부터 해방시켰고, 이런 기계화의 결과 유럽 국제사법은 국제적 예양을 인정하는 데 거부감을 가지게 되었다고 하면서도, 서로 교통하는 제국민의 국제법적 공동체라는 관념으로부터 출발하는 Savigny의 국제사법이론은 저촉법의 기초로서 주권국가 간의 협력을 기대하는 점에서 국제적 예양에 근거한 것이라고 평가한다. 즉 Story와 Savigny가 모두 예양의 개념을 사용하였으나 그 개념이 다르다는 것이다. 미국에서 예양의 개념이 널리 사용되는 것은 Story의 영향이다. Ralf Michaels, Story, Joseph, Encyclopedia, Vol. 2, p. 1666.

정하지 말아야 하기 때문이다. 영국의 예양이론은 1842년 이후 '의무이론(doctrine of obligation)'[5])에 의해 대체되었다. 즉, 관할권을 가지는 외국법원이 채무자가 일정금액을 지급해야 한다는 취지의 재판을 하면, 채무자의 책임은 '법적 의무(legal obligation)'가 되고, 채권자는 법적 의무를 영국에서 사법적으로 실행하기 위해 '금전채무소송(action of debt)'의 방법에 의해 제소할 수 있다. 이처럼 외국재판에 의해 새로운 권리와 의무가 발생하므로 이를 '기득권이론(vested rights doctrine)'이라고도 한다. 의무이론은 예양이론과 달리 상호주의를 요하지 않는 점과 승인에 대한 항변사유를 규정하는 데 있어 어려움이 크지 않다는 장점이 있다.

한편 대륙법계 국가에서는 승인의 근거는 첫째, 외국재판에 의해 얻어진 분쟁해결의 종국성 확보라는 실제적 필요성과, 둘째, 국제적인 파행적 법률관계의 발생을 방지하고, 섭외적 법률관계의 안정을 도모한다는 데서 구하는데[6] 이는 매우 설득력이 있다. 그러나 영미법계 국가라고 하여 이런 정책적 근거를 배척하는 것은 아니고 미국에서도 분쟁해결의 종국성 등 실제적 필요성을 근거로 들기도 한다.[7]

국제예양을 이론적인 근거로 제시하는 것은 나름대로 설득력이 없지는 않으나,[8] 기판력의 본질을 소송법적으로 파악하는 우리 법의 입장에서는 외국재판에 의해 새로운 권리와 의무가 발생한다는 실체법적 이해를 전제로 하는 견해는 수용하기 어렵다.

한편 외국재판의 승인 및 집행에 관한 법적인 근거를 보면, 아래에서 소개하는 2005년 관할합의협약과 2019년 재판협약이 발효되기 전까지는, 국제재판관할의 배분과 외국재판의 승인 및 집행에 관하여는 1968년 당시 유럽공동체국가들 간에 체결된 "민사 및 상사(사건)의 재판관할과 재판의 집행에 관한 협약"(이하 "브뤼셀협약"이라 한다)(이를 승계한 브뤼셀 I 규정과 브뤼셀 I recast 포함)[9]과 병행협약

---

5) 김주상, 472면; 최공웅, 효력, 331면.

6) 최공웅, 효력, 331-332면.

7) Restatement of the Law (Second) : Conflict of Laws (1971) §98 comment b.

8) 대법원 1992. 7. 14. 선고 92다2585 판결은 "… 우리나라와 영사관계가 있더라도 송달을 받을 자가 자국민이 아닌 경우에는 영사에 의한 직접실시방식을 취하지 않는 것이 <u>국제예양</u>이며 …"라고 판시하였다. 또한, 과거 민사사법공조에 관한 법적인 근거가 없을 당시에도 우리 법원은 사법공조를 제공한 바 있는데 그 근거를 국제예양으로 설명하는 경향이 있었다.

9) 브뤼셀협약에 관하여는 석광현, 제2권, 321면 이하 참조. 위에서 보았듯이 1999년 5월 발효한 암스테르담조약의 결과 브뤼셀협약의 법형식은 조약으로부터 유럽연합 이사회규정인 브뤼셀

인 일명 루가노협약(이들을 포괄하여 '브뤼셀체제'라고 부른다) 등의 지역적으로 제한된 다자조약과 다수의 양자조약이 있을 뿐이었다. 우리나라는 외국판결의 승인 및 집행에 관하여 아무런 조약을 체결하거나 가입한 바 없으므로 외국판결의 승인은 민사소송법에 의하여 그리고 외국판결의 집행은 민사집행법에 의해 규율된다.10)

한편 미국의 제안에 따라 헤이그국제사법회의 차원에서 전 세계적으로 적용될 "민사 및 상사(사건)의 국제재판관할과 외국재판에 관한 협약(Convention on Jurisdiction and Foreign Judgments in Civil and Commercial Matters)"을 채택하기 위한 작업이 진행되어 1999년 예비초안11)이 작성되었고 2001년 6월 제1차 외교회의가 개최된 바 있으나 이는 결국 2005년 관할합의협약을 채택하는 데 그쳤다. 2019년 헤이그국제사법회의는 마침내 "민사 또는 상사에서 외국재판의 승인 및 집행에 관한 협약(Convention on the Recognition and Enforcement of Foreign Judg－ments in Civil or Commercial Matters)"(이하 "재판협약"이라 한다)을 채택하였으며 이는 유럽연합 국가들을 포함한 국가들에서 2023. 9. 1. 발효되었다. 재판협약에서 다루지 못한 직접관할과 국제적 소송경합에 관하여는 2024년 말 현재 헤이그국제사법회의 차원의 작업이 진행 중이다.

재판협약의 개관은 아래와 같다.12)

＊ 재판협약의 개관

[1] 배경과 개관

당초 1992년 미국의 제안에 따라 헤이그국제사법회의 차원에서 전 세계적인 "민사

I(규정)으로 전환되었고 이는 다시 브뤼셀 I(규정) recast가 되었다.

10) 외국중재판정의 승인 및 집행에 관하여는 1958년 유엔협약이 있으나, 외국재판에 대하여는 과거 그와 유사한 조약은 없었으나 헤이그 국제사법회의에서 성안한 2005년 관할합의협약이 있고 이는 근자에 발효하였다.

11) 예비초안은 구속력이 없으나 국제재판관할과 외국재판의 승인 및 집행에 관한 어느 정도의 컨센서스를 반영한 것이라는 점에서 주목할 가치가 있다. 1999년 예비초안의 소개와 그의 시사점에 관하여는 석광현, 제2권, 396면 이하 참조.

12) 개관은 김효정·장지용 외, 155면 이하 참조. 상세는 장준혁, 재판협약, 437면 이하; 석광현, 재판협약, 3면 이하 참조. 국문번역은 국제사법연구 제25권 제2호(2019. 12.), 731면 이하 참조. 한충수, "헤이그 재판협약과 민사소송법 개정 논의의 필요성－관할규정의 현대화 및 국제화를 지향하며", 인권과정의 제493호(2020. 11.) 73면 이하도 참조.

및 상사(사건)의 국제재판관할과 외국재판에 관한 협약"을 성안하기 위한 작업이 개시되었다. 수년에 걸친 작업의 결과 1999년 10월 혼합협약(*convention mixte*)의 성질을 가지는 예비초안이 작성되었고 그 후 2001년 임시텍스트가 작성되었다. 그러나 회원국들 간의 견해차로 인하여 조약이 채택되지 못하였기에 범위를 전속적 재판관할합의에 한정하기로 하여 관할합의협약이 채택되었고 2015. 10. 1. 발효되었다. 그 후 민사 또는 상사에서 외국재판의 승인 및 집행에 관한 협약("재판협약")이 2019. 7. 2. 채택되었고 2023. 9. 1. 발효되었다. 이로써 지난 30년 가까운 세월 동안 민사 및 상사에서 외국재판의 승인 및 집행에 관한 다자조약을 성안하기 위한 국제사회의 노력이 제한적으로나마 결실을 맺었다. 재판협약은 보고서는, "재판협약은 제고된 사법공조를 통하여 전 세계적으로 법원에의 접근을 촉진하기 위한 것이다. 그렇게 함으로써 국경을 넘는 법률관계와 분쟁해결에 관련된 위험과 비용을 낮출 수 있고, 그의 시행을 통하여 국제적인 거래, 투자와 이동성을 향상시킬 수 있게 될 것"이라고 평가한다. 이런 목적은 관할합의협약의 그것과 유사한데, 재판협약은 그 적용범위를 전속적 관할합의가 없는 경우에까지 확대한다. 재판협약은 1971년 민사 및 상사의 외국재판의 승인 및 집행에 관한 협약과 같이 직접관할을 규정하지 않는 단일협약(*convention simple*[13])이라는 점에서 아쉬우나, 외국재판의 승인·집행을 위한, 즉 일국 재판의 국제적 'circulation(유통, 통용 또는 순환)' 내지 'movement(이동)'를 위한 전 세계적 규범체제를 도입하는 점에서 커다란 의미가 있다. 재판협약은 일정한 간접관할(또는 승인관할)의 근거를 충족하는 체약국 재판의 승인 및 집행을 규정하고(제5조)-이를 'jurisdiction filter'라고 한다-, 그의 승인거부사유를 망라적으로 열거한다(제7조).

[2] 외국재판의 승인 및 집행의 기본체제(제2장)

재판협약의 핵심은 일정한 예외사유가 없는 경우 재판협약이 정한 (간접)관할근거에 기초하여 어느 체약국에서 선고된 재판을 다른 체약국들에서 승인 및 집행될 수 있도록 보장하는 것이다. 제4조는 원칙적인 승인 및 집행의무를, 제5조와 제6조는 간접관할의 근거를, 제7조는 승인·집행의 거부사유("승인거부사유")를 각각 규정한다. 이처럼 예외적인 거부사유를 규정하는 것은 관할합의협약(제5조) 및 뉴욕협약(제Ⅴ조)과 유사한 소극적인 규정방식이다.

가. 외국재판의 승인 및 집행의 보장: 승인 및 집행의무

재판국이 선고한 재판은 재판협약에 따라 다른 체약국(즉 승인국)에서 승인되고 집행되며 승인 또는 집행은 재판협약에 명시된 근거에 기하여만 거부될 수 있다(제4조제1항). 승인국의 재판의 실질재심사는 금지되지만, 재판협약을 적용하기 위한 목적상 필요한 심사, 즉 승인거부사유의 유무를 판단하기 위하여 필요한 경우에는 실질재심

---

13) 외국재판의 승인·집행만을 규율하는 협약을 '*convention simple*(단일협약)', 직접관할도 함께 규정하는 협약을 '*convention double*(이중협약)'이라 한다. 이중협약이면서 직접관할을 망라적으로 규정하는 대신 체약국 국내법의 관할규칙을 근거로 직접관할을 인정하는 것을 '혼합협약'이라 한다.

사가 허용된다(제4조 제2항). 이런 심사의 일환으로 승인국은 재판국이 제5조에 정한 간접관할이 있는지를 심사할 수 있고, 그 과정에서 사실관계와 법적 쟁점을 심사할 수 있으며, 어떤 사건이 민사 또는 상사로 성질결정되는지도 심사할 수 있다.

재판협약은 국내법에 의한 재판의 승인 또는 집행을 방해하지 아니하므로(제15조. 다만 제6조는 따라야 함) 국내법에 따른 승인과 집행은 허용된다. 이는 가급적 외국재판의 승인 및 집행을 가능하게 하려는 취지로 "승인에 유리하게(*favor recognitionis*)" 원칙을 명시한 것이다. 이런 의미에서 재판협약은 승인·집행의 바닥(최소치. floor)을 정한 것이지 천장(최대치. ceiling)을 정한 것은 아니라고 한다.

나. 간접관할의 근거(제5조와 제6조)

재판협약 제5조와 제6조는 간접관할의 근거를 명시한다. 이러한 근거가 있으면 재판협약상 승인요건으로서의 간접관할 요건이 보장되므로 이를 '백색목록(white list)'이라 할 수 있다. 간접관할에 관한 재판협약의 특색은 간접관할의 근거를 좁게 규정하는 점인데, 이는 논란이 없어 국제적으로 널리 수용되는 관할근거(즉 공통분모 또는 최소한의 기준)만을 규정하고, 나머지는 국내법에 맡기기로 하였기 때문이다.

재판협약이 정한 간접관할 근거 중 핵심은 제5조 제1항인데 이는 13개의 간접관할 근거를 열거한다. 이런 관할근거는 전통적인 세 개의 관할근거, 즉 ① 피고(정확히는 승인·집행의 상대방)와 재판국의 관련에 근거한 관할, ② 동의에 근거한 관할과, ③ 청구와 재판국의 관련에 근거한 관할이다.[14] 전속적 관할합의에 근거한 재판의 승인 및 집행은 관할합의협약에 의하나, 부가적 관할합의에 근거한 재판의 승인 및 집행은 재판협약에 의한다.

재판협약상으로는 관할근거가 없으면 승인집행은 거부된다. 따라서 승인국은 재판국의 간접관할을 심사할 수 있다. 관할합의협약에서는 결석재판이 아닌 한, 승인국 법원은 재판국 법원이 관할의 근거로 삼은 사실 인정에 구속되나(제8조 제2항 2문), 재판협약의 경우 승인국은 재판국이 확정한 관할근거인 사실(법적 평가는 물론)에 구속되지 않는다. 이는 재판협약이 간접관할만을 규정하기 때문이다.

다. 외국재판의 승인 또는 집행의 거부사유[15]

(1) 손해배상청구사건 외의 사건에서 관할요건 외의 승인거부사유

재판협약(제7조)은 7개의 승인거부사유를 열거하는데 이는 망라적이다. 위에서 본 것처럼 재판국의 간접관할이 없는 경우 당해 재판은 승인·집행되지 않는다. 다만 재판협약은 간접관할의 결여를 승인거부사유로 규정하는 대신 간접관할의 존재를 적극적 요건으로 규정한다.

제7조 제1항은 승인거부사유를 열거하는데, 그 사유가 있으면 승인국은 승인 및 집행을 거부할 수 있다. 한편 제2항은 특수한 상황(즉 국제적 소송경합)이 있는 경우 승인국 법원이 승인·집행을 연기 또는 거부할 수 있음을 규정한다.[16] 재판협약은 직접

---

14) ①과 ③은 민사소송법상 토지관할의 맥락에서 인적 재판적과 물적 재판적에 상응한다.

15) 이는 관할합의협약상 외국재판의 승인거부사유와 유사하다.

관할을 규정하지 않으므로 국제적 소송경합은 규정하지 않는다. 다만 재판의 승인 및 집행의 맥락에서 국제적 소송경합에서 발생하는 세 가지 상황을 다루는데, 첫째와 둘째는 경합하는 소송절차에서 재판이 이미 선고된 경우이고, 셋째는 후소의 소송절차가 계속 중인 경우이다.

(2) 손해배상을 명한 재판의 승인·집행의 거부사유(제10조)

재판의 승인·집행은 그 재판이 당사자에게 징벌배상을 포함하여 실제로 입은 손실 또는 손해의 전보를 위한 것이 아닌 손해배상의 지급을 명하는 경우 그 범위 내에서는 거부될 수 있다. 이는 특히 미국 법원이 선고한 징벌배상을 명하는 판결의 승인·집행을 거부할 수 있도록 한다.

[3] 양자화(제29조)

재판협약은 관할합의협약과 달리 '양자화(bilateralization)'를 도입하였다.17) 재판협약 체제에 들어가는 나라는 비준서 등을 수탁자에게 기탁하면서 어느 체약국과의 사이에서 재판협약에 구속되지 않는다는 통지를 할 수 있고, 기존 체약국은 수탁자의 통지를 받은 날로부터 12개월 이내에, 다른 국가의 비준 등이 양국 간에 구속력이 없다는 통지를 할 수 있다. 재판협약은 이런 통지를 하지 않은 양 체약국 간에서만 효력을 발생한다. 이를 '선택에 의한 배제(opt-out)'라고도 부른다. 양자화의 배경에는 법치국가인지 의심스러운 국가 재판의 경우 신뢰가능성이 의문이므로 모든 국가에 대하여 재판의 승인 및 집행의무를 부과하는 재판협약을 비준하는 데 대한 우려 내지 거부감이 있었다.

---

16) 재판협약은 국제적 소송경합을 정면으로 다루지는 않는다. 이는 관할 프로젝트에서 다루어질 예정이고, 이를 위한 작업이 진행 중이다.

17) 관할합의협약에서도 1971년 협약과 재판협약에서와 같이 양자화가 필요하다고 주장도 있다. 즉 왜 러시아와 중국 법원의 판결의 승인 및 집행을 확약해야 하는가라는 의문이 제기되었다. 즉 Gary B. Born은 2021년 Kluwer Arbitration Blog에 올린 일련의 포스트를 통하여 국가들은 관할합의협약을 비준할 것이 아니라 이미 가입하였다면 폐기해야 한다고 주장하였다. Gary B. Born, Why States Should Not Ratify, and Should Instead Denounce, the Hague Choice-Of-Court Agreements Convention, Part I, II & III 참조. 이에 대한 반론은 2021. 6. 30. EAPIL blog에 올라온 Trevor Hartley, Is the 2005 Hague Choice-of-Court Convention Really a Threat to Justice and Fair Play? A Reply to Gary Born 등 참조. 한국국제사법학회, "민사 또는 상사에 관한 외국재판의 승인과 집행에 관한 협약(헤이그재판협약) 연구"[정책연구 보고서](2022), 71면 이하도 Born의 주장에 대한 간단한 비판을 담고 있다. 위 보고서에서 한국국제사법학회는 한국이 관할합의협약과 재판협약에 동시에 가입할 것을 당부한다.

Ⅲ. 승인의 요건

한국에서 외국재판을 집행하기 위해서는 외국재판이 승인요건을 구비하여야 하고 나아가 한국 법원의 집행판결을 받아야 한다. 이를 위해서는 외국재판은 확정판결 또는 이와 동일한 효력이 인정되는 재판이어야 하고, 또한 민사소송법 제217조 제1항의 요건을 구비해야 한다(민사집행법 제26조, 제27조 제2항). 제217조 제1항은 승인요건으로서 ① 외국법원이 국제재판관할을 가질 것, ② 패소한 피고가 공시송달에 의하지 아니하고 적시에 그리고 적법하게 소장 등의 송달을 받았거나 송달을 받지 않고 응소하였을 것, ③ 외국재판의 내용 및 소송절차에 비추어 그 재판의 승인이 공서에 반하지 아니할 것과 ④ 상호보증이 있을 것을 요구한다. 그러나 한국 법원은 외국재판의 당부를 심사할 수 없는데(제27조), 이것이 '실질재심사(révision au fond)[18] 금지의 원칙'이다. 즉, 외국재판은 사실 인정과 법 적용의 어느 측면에서도 재심사되어서는 아니 된다는 것이다. 우리 법은 민사집행법에서 집행판결에 관하여만 실질재심사의 금지를 명시하고 제217조에서는 이를 명시하지 않으나 승인에서도 실질재심사가 허용되지 않는다. 다만, 법원은 승인요건의 구비 여부(예컨대 외국이 우리의 기준에 따라 국제재판관할이 있는지)를 심사할 수 있고 그를 판단하기 위하여 필요한 범위 내에서는 실질을 재심사할 수 있다.[19] 특히 공서위반 여부를 판단함에 있어서는 그 경계의 획정은 까다로운 문제를 제기한다.

1. 승인가능한 재판

가. 승인의 대상: 외국법원의 판결

승인의 대상이 되는 '확정판결 또는 이와 동일한 효력이 인정되는 재판(이하 "확정재판등"이라 한다)'은 한국 법원 이외의 법원 기타 사법기관에서 내려진 민사 및 상사에 관한 재판으로서 사법(私法)상의 권리관계에 관한 재판을 말한다.

구 민사소송법 제217조는 '외국법원의 확정판결'이라고 하였으나 이는 민사

---

18) 이를 '실질심사'라고 번역하기도 하나 '실질재심사'가 더 적절하고 우리나라에서도 대체로 그렇게 번역한다. 독일어로는 'Nachprüfung'이라고 한다.

19) 외국중재판정에 관한 대법원 1988. 2. 9. 선고 84다카1003 판결도 "⋯ 집행국 법원에 중재판정의 내용에 대한 당부를 심판할 권한은 없지만 위에서 본 집행조건의 충족 여부 및 집행거부사유의 유무를 판단하기 위하여 필요한 범위 내에서는 본안에서 판단된 사항에 대하여도 집행국 법원이 독자적으로 심리·판단할 수 있다"라고 판시하였다.

및 상사(사건)를 포함하는 넓은 의미의 민사판결을 의미하는 것으로 해석되었다.[20] 민사 및 상사판결인가의 여부는 승인국인 한국법에 따라 판단할 사항이다. 법조문은 '확정판결'이라고 하였으나, 반드시 판결에 한정되지 않고 결정과 명령도 포함하는 '확정재판'의 의미로 이해하였는데, 2014년 개정된 민사소송법은 "확정판결 또는 이와 동일한 효력이 인정되는 재판"이라고 하여 이 점을 명확히 규정한다. 소송비용에 관한 재판도 승인의 대상이 된다.

구 민사소송법하에서 대법원 2010. 4. 29. 선고 2009다68910 판결은 민사집행법 제26조가 정한 집행판결의 제도적 취지에 비추어 보면, 집행판결의 대상이 되는 "'외국법원의 판결'이라고 함은 재판권을 가지는 외국의 사법기관이 그 권한에 기하여 사법상(私法上)의 법률관계에 관하여 <u>대립적 당사자에 대한 상호 간의 심문이 보장된 절차에서 종국적으로 한 재판</u>으로서 구체적 급부의 이행 등 그 강제적 실현에 적합한 내용을 가지는 것"(밑줄은 저자가 추가함)을 의미하고, 그 재판의 명칭이나 형식 등이 어떠한지는 문제 되지 아니한다고 판시하였다.[21] 승인 대상이 되는 외국판결의 개념도 이와 유사하나, 그에는 집행의 대상이 아닌 판결도 포함되므로 승인 대상인 외국판결의 범위가 집행판결의 대상인 외국판결의 범위보다 넓다.

외국재판의 승인은 외국재판의 효력을 우리나라에서 인정하는 것이므로 외국재판이 유효할 것을 전제로 한다. 따라서 재판국법상 무효인 재판은 형식상 확정되었더라도 승인의 대상이 되지 않으나, 취소가능한 재판은 실제로 취소되기 전에는 승인의 대상이 된다.[22] 외국재판의 유·무효는 재판국법에 따라 판단할 사항이지만 승인국 법원은 외국재판의 유효 여부를 심사할 수 있다. 다만, 이를 널리 인정한다면, 예컨대 외국재판의 외국 절차법 위반 여부를 심사하게 되어 실질재심사 금지의 원칙에 반할 우려가 있으므로 당연무효와 같은 매우 예외적인 경우에 한하여 허용하는 것이 적절하다고 본다.

---

20) Martiny, Rn. 500.
21) 이런 정의는 민일영·김능환/서기석, 주석민사집행법(II), 115면의 그것과 유사하다. 다만 주석서는 '최종적으로 한' 재판이라고 하고 이는 그 재판의 취소·변경의 가능성이 통상의 절차로서는 예정되어 있지 않은 것을 말한다고 한다. 그러나 이런 의미의 최종성은 통상의 불복방법으로 다툴 수 없게 된 상태, 즉 확정성이라는 점에서 수긍하기 어렵다. 위 대법원판결에 대한 해설은 구자헌, 318면 이하; 김우진, 581면 이하 참조. 뒤(다.)의 종국적 재판의 논의도 참조.
22) 김주상, 482-483면; Geimer, Anerkennung, S. 111.

외국재판에 시효중단 또는 소멸시효의 연장과 같은 법률요건적 효력(Tatbe‐standswirkung)의 인정 여부는 다음(V. 2. 다.)에서 논의하듯이 실체법상의 문제이고 절차법적 효력을 문제 삼는 승인의 문제가 아니다.

징벌배상의 경우는 논란의 여지가 있으나, 징벌배상도 대등한 사인 간의 사적 권리 및 법률관계의 확정을 목적으로 하므로 민사로 이해할 수 있다. 따라서 징벌배상을 명한 재판에 대하여 그것이 민사 및 상사판결이 아니라는 이유로 집행을 거부할 수는 없다. 독일 연방대법원(BGH)의 1992. 6. 4.의 기념비적인 판결[23]도 이런 견해를 취하였다. 다만, 피해자가 아니라 국가 또는 주에게 징벌배상의 지급을 명하는 미국 법원의 재판은 민사 및 상사판결이 아니라고 볼 수 있다.[24] 그러나 징벌배상을 명한 판결이 민사 또는 상사판결이더라도 그의 승인 및 집행은 다음(Ⅲ.5.나.(2).)에서 보는 바와 같이 우리의 공서에 반하는 것으로서 제한될 수 있다.

본안에 관한 외국재판만이 승인의 대상이 되고 소송요건의 부존재를 원인으로 소를 각하하는 판결은 승인의 대상이 아니라고 본다.[25]

외국법원의 지급명령이 승인의 대상이 되는가는 논란이 있다.[26]

나. 확정재판

승인될 수 있는 외국재판은 확정재판에 한정된다(제217조). '확정'이라 함은 상소와 같은 통상적인 방법으로는 수소법원에 더 이상 불복을 할 수 없게 된 상태를 말하며,[27] 보다 구체적으로 외국재판이 판결국법상 우리 민사소송법상의 '형식적 확정력(formelle Rechtskraft)'에 상응하는 효력을 가지게 되었음을 말한다. 따

---

23) BGHZ 118, 312 = IPRax 1993, S. 310‐321. 사안은 석광현, 제1권, 385면 註 8 참조.

24) Schack, Rn. 874; Nygh/Pocar, p. 31 참조. 미국에서는 주에 따라서는 징벌배상의 일부가 원고가 아니라 국고에 지급되도록 규정하기도 한다(split‐recovery statutes). 위에 관하여는 예컨대 P. White, The Practical Effects of Split Recovery Statutes and Their Validity as a Tool of Modern Day "Tort Reform", 50 Drake L.Rev. 593 (2002) 참조. 그 경우 국고에 지급되는 부분은 민사 또는 상사판결이 아니라고 취급할 것이다.

25) Geimer, Rz. 2788. 김용진, 민사소송법 제5판(2008), 467면; 이태희, 국제계약법(2001), 190면은 소송판결도 포함한다. 한편 강현중, 제7판, 677면은 원칙적으로 본안판결에 한정하고 소송판결은 제외하면서도 당사자적격, 소의 이익과 같이 청구의 당부 판단과 밀접한 관계가 있는 소송요건에 관하여는 소송판결도 포함한다고 본다.

26) 김우진, 593면 참조.

27) 이시윤, 548‐549면; 호문혁, 721면. 민사소송법이 정한 재심은 통상의 불복방법이 아니다.

라서 가집행선고가 붙은 외국재판이 당해 외국에서는 집행될 수 있더라도 아직 확정되지 않은 이상 한국에서 승인될 수 없다. 또한 영미법상으로는 1심판결이 선고되어 'final and conclusive(최종적이고 종국적인)'하여 당해 법원을 구속하더라도 만일 항소가 제기되어 아직 우리 법상의 형식적 확정력에 상응하는 효력이 발생하기 전이라면 한국에서는 승인될 수 없다.[28) 따라서 영미에서 말하는 'final and conclusive'를 '확정'으로 이해하는 것은 부정확하다.[29) 외국재판의 확정 여부는 이와 같이 재판국법의 기준에 의하여 결정할 사항이다.

한편 외국재판이 실질적 확정력, 즉 기판력[30)이 있어야 하는지에 관하여는 견해가 나뉠 수 있고 실제로 독일에서는 견해가 나뉘고 있다.[31) 만일 기판력이 있

---

28) Schack, Rn. 970.

29) 미국 법원 판결이 기판력을 가지려면 'final'한 것이어야 한다. 그 요건은 이규호, "미국법상 기판력 인정의 예외제도", 양승태 대법관 퇴임기념 판례실무연구 [Ⅹ](2011), 440면 이하 참조. 그러나 이는 우리 법상의 형식적 확정을 의미하는 것은 아니다. 예컨대 미국 통일외국금전판결승인법(UFMJRA. 제2조)은 "This Act applies to any foreign judgment that is final and conclusive and enforceable where rendered even though an appeal therefrom is pending or it is subject to appeal"이라고 규정하는데, 이를 보면 final and conclusive가 확정이 아님을 알 수 있다. 이는 단지 당해 심급에서 재심사할 수 없음을 의미하는 것이다. 영국 항소법원의 1966. 6. 7. Colt Industries Inc. v Sarlie No. 2 [1966] 1. W.L.R. 1287, 1291도 같다("At the present moment the appellate process in the State of New York is not exhausted. It is possible that the Court of Appeals may give Mr. Sarlie leave to appeal and may afterwards allow his appeal. But this is not sufficient of itself to show that the judgment is not final and conclusive. It is well established that, even though a judgment is subject to appeal, or under appeal, it is still final and conclusive so as to enable an action to be brought upon it. That was clearly stated in Nouvion v Freeman. 22 Nov [1889] 15 App Cas 1"). 즉 영미에서는 형식적 확정력의 존재가 실질적 확정력 발생의 전제가 아니다. 이 점은 석광현, 제1권, 265면에서도 지적한 바 있다. Paul Torremans et al. (eds.), Cheshire, North & Fawcett, Private International Law, 15th edition (2017), p. 550도 법원 판결에 대하여 항소를 제기할 수 있거나 항소심에 계속 중이더라도 판결 선고 법원을 구속한다면 final and conclusive 하다는 점을 분명히 한다. 근자에는 재판협약(제4조 제4항)에서 보듯이 영미법처럼 확정성을 요구하지 않으면서 승인국 법원이 미확정재판의 승인·집행을 연기 또는 거부할 수 있도록 허용한다.

30) 대법원 1987. 6. 9. 선고 86다카2756 판결 우리 법상 "확정판결의 기판력이라 함은 확정판결의 주문에 포함된 법률적 판단의 내용은 이후 소송당사자의 관계를 규율하는 새로운 기준이 되는 것이므로, 동일한 사항이 소송상 문제가 되었을 때 당사자는 이에 저촉되는 주장을 할 수 없고 법원도 이에 저촉되는 판단을 할 수 없는 기속력을 말한다"라고 판시하였다. 여기의 기속력은 구속력과 다를 바 없다.

31) 독일 학설의 대립은 Martiny, Rn. 490 참조. 김효정·장지용 외, 191면 이하는 우리 민사소송법의 해석상 기판력이 있을 것을 요구하나 근거가 약하다. 더욱이 기판력이 없는 가사재

을 것을 요구한다면, 기판력이 없는 외국의 중간판결, 보전처분 및 소송상화해와 비송사건 재판은 그이유만으로도 승인·집행의 요건을 결여하게 된다. 그러나 반드시 기판력이 존재할 것을 요구할 근거는 없다고 본다.[32]

소송사건에서는 대체로 기판력이 있는 외국재판의 승인이 문제 되지만 그렇다고 해서 반드시 기판력이 있어야 하는지는 논란의 여지가 있고, 더욱이 비송사건 재판에 대해서까지 기판력이 없다는 이유로 승인 대상에서 아예 배제할 것은 아니다.[33] 즉 민사소송법이 확정재판일 것을 요구하므로 형식적 확정력이 필요하나, 실질적 확정력(즉 기판력)을 요구하는 것은 아니라는 것이다. 만일 기판력을 요구한다면, 예컨대 입양특례법에 따른 우리 법원의 입양허가는 기판력이 없는데, 만일 외국의 입양허가도 그렇다면 한국이 헤이그입양협약을 비준하기 전에는 외국의 입양허가가 한국에서 승인될 수 없고 마찬가지로 우리 법원의 입양허가도 외국에서 승인될 수 없게 된다. 나아가 브뤼셀협약과 브뤼셀 I은 이미 보전처분의 승인 및 집행을 허용하고 있다. 2005년 관할합의협약과 2019년 재판협약이 승인의 전제로서 재판이 재판국에서 효력이 있을 것만을 요구하는 데서 보듯이 기판력의 존재를 고집할 이유가 없다. 가사 소송사건에서 기판력을 요구하는 견해를 따르더라도 비송사건은 달리 취급하여야 한다.

다. 종국적 재판

민사소송법은 명시하지 않지만 승인 대상인 외국재판은 종국적 재판이어야 하므로 증거결정 또는 증거보전결정과 같이 소송절차 내에서만 의미를 가지는 중간판결은 승인의 대상이 되지 않는다.[34] 종국적 재판이라 함은 사건에 대하여 (종국적 판단을 함으로써) 사건을 완결하고 그 심급을 이탈시키는 재판을 말한다.[35] 또

판의 승인도 고려해야 한다.

32) Martiny, Rn. 490도 동지. 민일영/김윤종, 859면도 동지. 흥미로운 것은, 1999년 예비초안(제25조 제2항)은 승인의 전제로서 외국판결이 기판력이 있을 것을 요구하였으나 2005년 관할합의협약(제8조 제3항)은 재판이 재판국에서 효력을 가질 것만을 요구하는 점이다.

33) 민일영/김윤종, 859면도 동지.

34) Schack, Rn. 961; Nagel/Gottwald, Rz. 12.128; 강현중, 제7판, 67면. 동일한 이유로 외국의 소송유지(留止)명령(anti-suit injunction)도 승인의 대상이 되지 않는다. 그러나 서울민사지방법원 1982. 12. 30. 선고 82가합5372, 7489 판결은 중간중재판정도 승인의 대상으로 된다고 판시하였다. 소개는 임복희, 139면 참조. 양병회, 승인요건, 259면도 종국적 재판일 것을 요구하면서 중간판결과 보전처분은 승인될 수 없다고 한다.

35) 이시윤, 534면; 김홍규·강태원, 575면도 유사. 호문혁, 615면은 소송사건에 대하여 그 심급

한 가압류, 가처분과 같은 보전처분도 승인 대상이 되지 않는데,[36] 그 근거를 '확정성'의 결여로 들기도 하나,[37] 저자는 과거 보전처분도 형식적 확정력을 가질 수는 있었으므로 — 예컨대 우리 민사집행법의 예를 들자면 판결형식을 취하는 보전처분은 확정에 의하여 형식적 확정력이 생기고, 결정형식을 취하는 보전처분은 이의에 의한 판결이 확정됨으로써 형식적 확정력이 생겼다[38] — 확정성의 결여를 근거로 설명하기는 부족하다는 견해를 피력하였다.

보전처분의 경우 저자는 과거 종국성의 결여를 근거로 제시하였으나[39] 이도 논란의 여지가 있다. 종국적 재판을 사건을 완결하여 심급을 이탈시키는 재판이라고 이해하면, 예컨대 판결에 의하여 내리는 과거 우리 민사집행법에 따른 보전처분의 예를 볼 때 보전처분도 종국적 재판이라 할 수 있기 때문이다. 그렇다면 보전처분이 승인 대상이 되지 않는 이유를 재판의 종국성에서 구하기보다는 '분쟁해결의 임시성, 잠정성'으로 설명할 여지도 있다.[40] 어쨌거나 외국이 우리와 유사한 법제를 가지고 있다면 결정형식을 취하는 보전처분은 이의절차를 거치지 않는한 확정재판이 아니므로 그 이유만으로도 승인·집행될 수 없다. 상대방에 대한 심문 없이 일방적으로 내려지는 보전처분은 송달요건도 구비하지 못할 것이다.

을 마무리 짓는 판단을 하는 재판이라고 보고, 민일영·김능환/민일영, 주석민사소송법(Ⅲ), 159면도 종국적 재판은 사건 처리와의 관계에서 어느 심급의 절차를 완결할 것을 목적으로 하는 재판이라고 본다. 민일영/김윤종, 856면도 종국적 재판일 것을 요구한다.

36) 김주상, 482면. 독일과 일본 학설은 한충수, "외국보전처분의 승인 및 집행", 변호사 — 회원 연구논문집— (1999), 220 – 229면 참조.

37) 한충수(註 36), 236면.

38) 과거에는 재판의 형식이 변론하는 경우에는 종국판결로, 그 밖의 경우에는 결정으로 하였으나, 2005년 1월 개정의 결과 현행 민사집행법은 가압류, 가처분명령 절차든 그에 대한 이의신청 절차든 판결의 형태를 허용하지 않고 결정에 의하도록 한다(제281조, 제286조 제3항).

39) 석광현, 제1권, 266면.

40) 즉 보전처분은 사건을 완결하여 심급을 이탈시킨다는 의미에서는 종국적 재판이더라도 '분쟁을 종국적으로 해결하는 재판'은 아니라는 것이었다. 아쉬운 것은 이런 식의 재판의 분류가 보이지 않는 점이다. 만일 이를 '○○ 재판'이라고 부르자면 민사소송법상 '종국적' 재판 또는 '확정'재판은 확립된 용어이므로 임시적, 잠정적과 대립되는 개념을 '종국적' 또는 '확정' 이외의 용어로 표현할 필요가 있다. 과거 민일영·김능환/서기석, 주석민사집행법(Ⅱ), 116면은 가압류·가처분의 재판은 <u>최종적인 재판</u>이 아니므로 승인대상인 판결에 포함되지 않는다고 하였다. 독일어권에서는 'endgültige Entscheidung'이라는 표현을 사용하나 그 의미도 논란이 있다. 이시윤, 557면은, 가압류, 가처분절차에서의 결정은 피보전권리의 존재 여부를 <u>종국적으로</u> 확인하는 의미의 기판력은 없으나 뒤의 보전절차에서 동일사항에 관하여 달리 판단할 수 없다는 의미에서 한정적인 기판력이 있다고 한다.

따라서 영국 법원의 freezing injunction[41]은 승인 및 집행의 대상이 되지 않는다.[42]

이와 관련하여 흥미로운 것은 위에서 언급한 대법원 2010. 4. 29. 선고 2009다68910 판결인데, 동 판결은 집행판결의 대상이 되는 '외국법원의 판결'이라고 함은 재판권을 가지는 외국의 사법기관이 … <u>종국적으로 한 재판</u>으로서 구체적 급부의 이행 등 그 강제적 실현에 적합한 내용을 가지는 것을 의미한다고 판시하였다. 대법원판결이 말하는 종국적으로 한 재판이 위에서 본 바와 같은 강학상의 종국적 재판인지는 불분명하다. 만일 '종국적으로 한 재판'이 종국적 재판과 다른 의미라면 그 의미가 무엇인지 궁금하다.[43] 위 설시는 '판결'의 정의이므로 확정성과는 별개의 개념이어야 하기 때문이다.

한편 조약에서 보전처분의 승인·집행을 허용하는 예가 있는데, 우리나라에도 외국법원의 보전명령의 경우에도 권리실현의 필요성과 긴급성, 보전명령의 취소, 변경가능성, 채무자의 손해회복가능성 등을 종합적으로 고려하여 채무자보다 채권자를 보호할 가치가 훨씬 크다고 인정되는 경우 승인·집행할 수 있다는 견

---

41) 영국의 Mareva injunction은 1975년 6월 Mareva Compania Naviera SA v. International Bulkcarriers SA 사건([1975] 2 Lloyd's Rep 509)을 계기로 탄생한 것으로서, 피신청인으로 하여금 영국 내 소재 재산을 영국 외로 반출하거나 영국 내에서 처분하는 것을 금지하는 명령이었다. 이처럼 당초 Mareva injunction은 영국 내 재산에 한정되었으나, 그 후 1980년대 후반의 Babanaft International Co. SA v Bassatne 사건, Republic of Haiti v Duvalier 사건, Derby & Co. Ltd v Weldon (No. 1) 사건 등을 거치면서 외국 소재 재산에까지 확장되었다. 이것이 유명한 'Worldwide Mareva injunction'이었는데 임시구제명령을 규정한 영국의 Civil Procedure Rules 25.1(1)(f)는 mareva injunction 대신 'freezing injunctions'이라 한다. 이는 채무자에 대한 대인적 처분이며 그의 위반은 민사 법정모욕이 된다. 영국의 관할권에 복종하는 은행 등 제3자에도 그 효력이 미치는 탓에 위 명령을 위반하면 제재를 받을 수 있다. 이런 강력한 구제수단의 존재는 영국에서 제소하기 위한 강력한 동기를 제공한다. 우리 민사집행법상 분쟁의 대상에 관한 가처분의 피보전권리는 특정물에 대한 급여청구권이고, 가압류의 피보전권리는 금전채권 또는 금전으로 환산할 수 있는 채권이다. 즉 가처분의 경우 금전채권은 피보전권리가 될 수 없기 때문에 민사집행법상은 freezing injunction과 같은 보전처분은 허용되지 않는다. 다만 입법론으로서 그와 같이 제한할 이유가 있는지에 대해서는 의문이 있을 수 있다. 소개는 김영석, "Worldwide Freezing Order의 국제적 동향 — 영국에서의 논의를 중심으로", 국제사법연구 제26권 제1호(2020. 6.), 93면 이하 참조.

42) 김영석(註 41), 120면도 동지.

43) 권창영, 317면은 종국성을 동일한 소송절차 내에서 통상의 방법으로 더 이상 불복할 수 없게 된 상태로 이해하나 이는 확정성이지 종국성이 아니다. 예컨대 민사집행법 제24조도 '확정된 종국판결'이라고 함으로써 양자를 명확히 구별한다.

해가 있다.[44] 이런 견해는, 만족을 목적으로 하는 이행적 가처분, 종국적인 금전지급을 목적으로 하는 가처분으로서 더 이상 본안이 개시될 수 없는 경우 또는 분쟁을 종국적으로[45] 해결하는 가처분 등의 경우 승인·집행 또는 집행을 허용할 필요성이 크다고 하면서, 예컨대 손해배상액이나 임금 또는 부양료의 지급을 명하는 단행가처분이 그에 해당한다고 한다.[46]

라. 외국재판 주문의 특정성: 특정이행을 명하는 재판을 포함하여

외국법원이 피고에게 특정이행을 명하였으나 그 대상인 의무가 충분히 구체적이고 명확하게 특정되지 않은 경우 그 외국재판의 승인 및 집행이 우리 법상 가능한가라는 의문이 있다. 이 문제를 집행권원의 적격성(또는 집행판결의 대상적격)의 문제로 논의한 대법원 2017. 5. 30. 선고 2012다23832 판결[47]이 있으므로 이를 간단히 언급한다.

원심[48]은 본안재판(즉 특정이행 명령 부분)에 관하여는 민사집행법에 따른 집행권원으로서의 적격을 갖출 수 없다는 이유로 집행판결을 불허하였다. 원심은 이 사건 본안재판 부분이 우리 민사집행법에 따라 강제집행으로 실현될 급부의 종류·내용·범위 등이 직접·구체적으로 표시되지 않았다는 이유로 집행권원으로서의 적격을 갖출 수 없다고 판단하였다. 그러나 대법원은 집행판결제도의 취지에 비추어 민사집행법(제26조 제1항)상 '외국법원의 확정재판 등'이라고 함은 재판권을 가지는 외국의 사법기관이 그 권한에 기하여 … 종국적으로 한 재판으로서 <u>구체적 급부의 이행 등 그 강제적 실현에 적합한 내용을 가지는 것</u>(대법원

---

44) 한충수(註 36), 236면.
45) 여기의 '종국적'이라는 것의 의미도 논란의 여지가 있다.
46) 권창영, 319면 이하는 그에 반대한다. 즉 이는 임시지위를 정하는 가처분에 관하여 설명하면서 ① 비록 채무자의 심문권이 보장되더라도 이는 확정재판이 아니거나 확정력이 있더라도 쉽게 배제될 수 있어 종국적인 재판이라고 보기 어렵고, ② 보전명령은 취소, 변경될 우려가 있는데, 그 경우 혼란이 발생할 수 있으므로 이를 피할 필요가 있으며, ③ 다툼의 대상이 한국에 있다면 외국의 보전명령을 소명자료로 제출하여 가처분명령을 받을 수 있으므로 목적을 쉽게 달성할 수 있고, ④ 일반적으로 보전명령의 집행기간을 단기로 정한 취지에도 반한다는 등의 이유를 묶어 보전명령은 승인 대상이 될 수 없다고 한다.
47) 위 판결의 소개는 박설아, 88면 이하; 석광현, 대법원 판결 – 관할합의협약, 481면 이하 참조.
48) 제1심(서울중앙지방법원 2011. 2. 11. 선고 2010가합31926 판결)은 원고 청구를 전부 인용한 반면에 원심(서울고등법원 2012. 1. 27. 선고 2011나27280 판결)은 제1심 판결을 취소하고 원고들의 소를 전부 각하하였다.

2010. 4. 29. 선고 2009다68910 판결)이라고 전제하고 나아가 아래 취지로 판시하였다.

"미국 법원은 손해배상(Damages)이 채권자에게 적절한 구제수단이 될 수 없는 경우에 형평법(equity)에 따라 법원의 재량에 의하여 계약에서 정한 의무 자체의 이행을 명하는 특정이행 명령(decree of specific performance)을 할 수 있는데, 특정이행 명령을 집행하기 위해서는 그 대상이 되는 계약상 의무가 충분히 구체적이고 명확하지 않으면 아니 된다(캘리포니아주 민법 제3390조 제5호[49] 참조). ⋯ 외국법원의 확정재판 등에 표시된 특정이행 명령의 형식 및 기재 방식이 한국 판결의 주문 형식이나 기재 방식과 상이하더라도, 한국 법원으로서는 민사집행법에 따라 외국법원의 확정재판 등에 의한 집행과 같거나 비슷한 정도의 법적 구제를 제공하는 것이 원칙이다. 그러나 그러한 계약상 의무가 충분히 특정되지 못하여 미국에서도 곧바로 강제적으로 실현하기가 어렵다면, 한국 법원에서도 그 강제집행을 허가하여서는 아니 된다.[50]

이 사건 특정이행 명령 부분은 '원고들은 피고들에 대하여 이 사건 합의각서와 독점적 라이센스 계약의 특정이행 명령을 받을 권리가 있다'고 표시하고 있는데 위 합의각서 등에서 당사자 사이에 양도하기로 합의한 내용은 '외국 및 국내의 특허출원, 특허권 등'을 총 망라하는 것으로서 매우 포괄적이고 광범위하다. 이와 같이 특정이행의 대상이 충분히 구체적이고 명확하지 않다면 이 사건 특정이행 명령이 미국에서도 곧바로 강제적 실현이 가능할 것으로 보이지 아니하므로, 한국 법원에서도 그 강제집행을 허가할 수 없다. 원심이, 이 사건 특정이행 명령 부분이 우리 민사집행법에 따라 강제집행으로 실현될 급부의 종류·내용·범위 등이 직접·구체적으로 표시되지 않았다는 이유를 들어 집행권원으로서의 적격을 갖출 수 없다고 판단한 것은 적절하지 아니하나, 원고들의 청구를 배척한 결론은 결과적으로 정당하므로, 이 부분 원심의 판단은 판결에 영향을 미친 잘못이 없다".(밑줄은 저자가 추가함)

집행권원의 특정성은 집행판결청구의 소에서 소송요건(권리보호이익)의 문제인가.

---

49) 캘리포니아주 민법(Civil Code), §3390.
   "The following obligations cannot be specifically enforced: (a) – (d) (생략)
   (e) An agreement, the terms of which are not sufficiently certain to make the precise act which is to be done clearly ascertainable".

50) 외국판결이 한국에서 집행되자면 그 외국판결이 당해 외국에서 집행할 수 있어야 한다. 재판협약(제4조 제3항)과 관할합의협약(제8조 제8항)도 "재판은 재판국에서 집행할 수 있는 경우에만 집행될 수 있다"라고 규정한다.

저자는 위에서 집행권원의 특정성의 문제를 집행권원의 적격성(또는 집행판결의 대상 적격)의 문제로 논의하였다. 그러나 우리의 주류적 판결은 집행가능성을 승인·집행요 건이 아니라 민사소송법 및 민사집행법이 정하는 소송요건(권리보호이익)의 문제로 다루는 것으로 보인다.[51] 즉 집행판결(또는 중재의 경우 집행결정)이 내려지더라도 주문이 특정되지 않아 강제집행을 할 수 없다면 권리보호이익이 없는 것인가라는 문 제로 다룬다는 것이다.[52]

흥미로운 것은, 독일에서는 이를 '집행권원의 특정성(Bestimmtheit des Titels)' 문제 로 논의하는 점이다.[53] 유력설은 집행권원의 특정성을 독일 헌법의 법치국가원칙과, 판결절차와 강제집행절차를 조직과 기능 측면에서 준별하는 독일 집행법의 구조로부 터 도출하면서, 외국판결 자체의 특정성이 아니라 집행권원인 내국 집행판결의 특정 성을 문제 삼는다.[54] 저자는 집행권원의 특정성 요건에 반하는 외국재판의 집행은 민 사집행법에 반하는 것으로서 허용되지 않으며, 이는 결국 공서조항, 특히 우리나라의 '집행법상의 공서'에 반하는 결과가 되기 때문이라는 견해를 피력하였으나, 공서위반 이라는 주장은 우리 판례에서는 대체로 거부되었다면서 판례를 지지하는 견해가 있 다.[55]

독일의 통설은 외국판결을 구체화하는 것은 허용되나 그에는 한계가 있고 그 한계 를 넘는 탓에 구체화에 의하여 치유되지 않아 충분히 특정되지 않으면 집행판결을 거 부하여야 한다고 보는데, 그 근거로 공서위반을 든다.[56]

---

51) 이창현, 513면과 註 68에 인용된 판결들 참조. 판결들의 소개는 박설아, 77면 이하 참조. 박 설아, 82면 이하는 중재의 맥락에서 사례를 ① 중재판정이 집행이 가능할 정도로 특정되지 않은 경우, ② 중재판정에서 명한 구제수단이 우리 법체계와 들어맞지 않아 집행가능성에 의문이 드는 경우와 ③ 사실상 집행이 불가능한 경우로 구분하여 검토한다.

52) 이는 이행의 소에서 이행판결을 받아도 이행 또는 집행불능이거나 현저하게 곤란한 사유가 있는 경우 권리보호이익이 있는가라는 의문을 상기시킨다. 판례와 학설은 그 경우 권리보호 이익을 긍정한다. 이시윤, 229면. 그렇다면 집행판결 청구의 소에서도 권리보호이익을 부정 할 것은 아니라는 생각이 들기도 한다.

53) Seidl, S. 35ff. Geimer, Rz. 3155는 위 원칙은 독일의 집행권원에 대하여 요구되는 것이고 외국의 집행권원에는 요구되지 않는다고 한다. 우리나라에서도 집행권원의 내용은 특정할 수 있어야 한다고 하나 그것이 집행법의 본질적인 법원칙으로 인정되지는 않는 것 같다.

54) Seidl, S. 36ff.

55) 이창현, 513면. 이처럼 특정성은 집행권원에서 요구된다면 그것은 집행판결 또는 실제의 강 제집행에서 문제 되는 것이고, 승인의 맥락에서는 요구되지 않는다고 할 수 있다. 그렇다면 사안에 따라서는 특정성이 부족하여 집행될 수 없는 외국판결이라고 하더라도 승인의 대상 이 될 수는 있다. 재판협약(제4조 제3항)과 관할합의협약(제8조 제8항)도 승인요건으로서는 당해 판결이 외국에서 유효할 것을 요구하나, 집행요건으로서는 외국에서 집행가능할 것을 요구한다. 이런 문제의식은 석광현, 대법원 판결 – 관할합의협약, 517면 이하 참조.

56) Seidl, S. 179ff. 구체화가 가능하다는 점은 Geimer, Rz. 3160f.도 동지. 다만 이는 위에서 보 았듯이 이행의 소에서 집행불능인 경우에도 권리보호이익이 있다고 보는데, 그 경우 판결

중재의 맥락에서도 독일의 유력설은 권원의 특정성(Bestimmtheit des Titels)으로 논의하면서, 다만 주문 기재에 관한 외국 관행이 존중되어야 함을 지적한다.[57] 이에 대하여 집행불능인 중재판정에 대하여 집행결정을 하는 것이 공서에 반한다는 주장은, 중재판정 집행결정의 의의(즉 중재판정 집행결정은 중재판정에 집행권원으로서의 지위와 효력을 부여하여 강제집행절차에 나아갈 수 있는 자격을 부여하는 것일 뿐이고 실제 강제집행은 집행법원에 의한 별도의 강제집행절차에서 이루어지는 것이라는 점) 및 중재판정 집행거부사유로서의 공서의 의미에 맞지 않는 주장이라는 비판이 있다.[58] 독일에서도 중재판정의 맥락에서 집행결정은 소송절차에 속하고 집행절차의 일부는 아니므로 집행절차에서 요구되는 특정성의 요건은 적용되지 않는다는 견해도 있다.[59]

요컨대 특정성 통제를 집행권원 단계에서 하는 견해와 실제 집행 단계에서 하는 견해[60]가 있는 것으로 보이나, 이 점은 더 검토할 필요가 있다.

위 판결과 관련하여 민사집행법상 집행할 수 없더라도 유효한 외국재판은 민사소송법상 한국에서 승인될 수 있는가라는 의문이 제기된다.[61] 종래 우리나라에서는 재판이 특정되지 않으면 집행할 수 없다는 점은 별로 의문이 없지만, 그렇더라도 승인될 수는 있는가는 불분명하다. 이런 의문이 제기되는 이유는, '특정성 요건'은 집행권원의 요건으로 요구하고 승인에서는 요구하지 않거나, 가사 요구하더라도 완화되는 것으로 보기 때문이다. 사안에 따라서는 집행이 아니라 승인만 문제 되는 경우도 있을 수 있음은 물론이다.

마. 재판의 유형

외국재판은 본안에 관한 외국재판, 즉 청구를 인용하거나 기각하는 재판을 의미하고, 그것이 재산상 청구에 관한 것이든 신분상 청구에 관한 것이든 무방하며 이행판결, 확인판결 또는 형성판결인지를 가리지 않는다.

주문이 충분히 특정되지 않는다면 이도 집행권원의 특정성에 반하는 것이므로 허용해서는 아니 되어야 할 것이라는 의문도 든다.

57) Nagel/Gottwald, Rz. 15.247.

58) 안태준, "중재판정 집행결정절차의 심리대상으로서 중재판정 주문의 특정성 및 강제집행가능성이 가지는 의의: 최근 판례를 중심으로", 숭실대학교 법학논총 제44집(2019. 5.), 19면.

59) Böckstiegel/Kröll/Nacimiento/Kröll, Introduction to §§1060, 1061, para. 19.

60) 후자를 따르자면 집행판결/집행결정에 의하여 집행권원이 성립한 다음에도 집행기관이 특정성 통제를 할 수 있음을 전제로 한다.

61) 상세는 석광현, 대법원 판결 – 관할합의협약, 509면 이하 참조.

승인 대상이 되는 재판은 금전지급을 명하는 재판뿐만 아니라 작위 또는 부작위를 명하는 재판도 포함된다.[62] 영미에서는 과거 금전지급을 명하는 재판만이 승인될 수 있다고 보는 경향이 있었지만 현재는 이는 극복된 것으로 보인다. 다만, 영국의 1933년 외국재판(상호집행)법과 미국의 통일외국금전판결승인법과 통일외국국가금전판결승인법은 금전지급을 명하는 재판에만 적용된다.

이에 대해 부작위를 명하는 재판의 경우 그 재판의 내용을 실현하기에 필요하고 집행법원에 부당한 부담을 주지 않으며 그 재판이 사회질서에 합치되는 것이면 집행될 수 있으며, 만일 집행될 수 없더라도 승인됨으로써 기판력을 가질 수 있다는 견해가 있다. 이는 대체로 타당하지만, "집행법원에 부당한 부담을 주지 않을 것"이라는 요건의 의미는 불분명할 뿐만 아니라, 부작위를 명하는 재판도 성질상 허용되지 않는 경우를 제외하고는 간접강제에 의해 집행할 수 있으므로 그에 대해서만 다른 재판과 굳이 구별할 필요는 없다.

바. 소송비용재판의 독립적 승인 및 집행

소송비용재판이 승인 및 집행의 대상이 될 수 있음은 위에서 언급하였다.

문제는 외국 소송에서 승소한 원고가 한국 법원에서 외국재판의 승인 및 집행을 구하였으나 패소한 경우 그럼에도 불구하고 본안재판과 구분하여 소송비용의 지급을 명한 부분(소송비용재판)만이 승인 및 집행될 수 있는가이다. 위 대법원 2017. 5. 30. 선고 2012다23832 판결은 이 논점을 다룬 바 있다.

원심은 소송비용재판 부분에 관하여도 집행판결이 허용되지 않는다고 판단하였다. 그 이유는 소송비용 재판은 본안의 재판에 종속하는 재판이므로 본안의 재판에 대한 한국에서의 강제실현이 허용되지 않는 경우에는 소송비용 재판의 강제집행도 허용되지 않는다는 것이다. 원심은 민사소송법(제391조)은 소송비용 재판에 대하여는 독립하여 항소하지 못한다고 규정하고 있음을 근거로 언급하였다. 반면에 대법원은 외국법원의 재판 중에 본안에 관한 판단 외에 변호사보수 및 소송비용의 지급을 명하는 부분이 포함된 경우 그 부분에 대한 집행판결이 허용되는지는 본안에 관한 부분과 별도로 소송비용의 지급을 명한 부분이 민사집행법 제27조 제2항이 정한 요건을 갖추었는지 여부를 살펴 판단하여야 한다고 설시하고 이어서 아래의 취지로 판시하였다.

---

62) Martiny, Rn. 467.

"캘리포니아주 민법 제1717조 (a)항은 '계약의 강제적 실현을 위해 발생한 변호사보수와 비용을 일방 당사자 또는 승소한 당사자에게 지급하도록 계약에서 정하였다면, 그 계약에 기한 소송에서 승소한 당사자는 비용과 함께 적절한 변호사보수를 지급받을 권리가 있다'고 규정하고 있고, 캘리포니아주 민사소송법 제1021조는 '법률(statute)에서 특별히 정한 경우를 제외하고는 변호사보수의 보상방식과 기준은 당사자의 명시적 또는 묵시적 합의에 의한다'고 규정한다. … <u>대상판결 중 변호사보수 및 비용에 관한 부분은 특정이행을 구하는 부분과 별개의 소송물로서 특정이행 명령을 구하는 재판에 종속된 것이라고 보기 어렵다. 따라서 특정이행 명령 부분과는 별도로 민사집행법 제27조 제2항이 정한 요건을 갖추었는지를 살펴 위 부분에 대한 집행판결이 허용되는지 판단하여야 한다.</u> 그럼에도 이와 달리 원심은 소송비용의 재판을 본안의 재판에 종속하는 재판으로 보고, 외국법원의 판결에서 확인된 급부의무를 한국에서 강제실현하는 것이 허용되지 않는 경우에는 그 외국판결을 얻기 위하여 지출한 비용의 상환의무만을 한국에서 강제실현하는 것이 허용되지 않는다는 이유로 변호사보수 및 비용 부분에 관하여도 집행판결이 허용되지 않는다고 판단하였다. 이러한 판단에는 소송물과 외국판결의 집행에 관한 법리 등을 오해하여 … 판결에 영향을 미친 잘못이 있다".(밑줄은 저자가 추가함)

흥미로운 것은 관할합의협약의 태도이다. 관할합의협약(제4조 제1항)에 따르면 재판의 정의는 아래와 같다.

"협약에서 "재판"은 명칭을 불문하고 본안에 관한 법원의 모든 판단을 의미하고, <u>결정 또는 명령과 법원(법원공무원을 포함)에 의한 비용 또는 경비의 결정을 포함한다. 다만, 그 결정은 이 협약상 승인 또는 집행될 수 있는 본안에 관한 재판에 관련된 것이어야 한다.</u> (생략)"(밑줄은 저자가 추가함)

위에서 본 것처럼 원심은 우리 법상 소송비용재판의 본안재판에 대한 종속성을 이유로 이를 부정하였으나, 대법원은 종속성을 부정하고 소송비용재판은 그 자체로서 민사집행법(제27조 제2항)이 정한 요건을 갖추었는지 여부를 판단해야 함을 전제로 승인·집행은 가능하다고 판단하였다.[63] 하지만 소송비용재판이 본안재판에 종속적이라는 점은 부정할 수 없으므로[64] 본안재판이 한국에서 승인·

---

[63] 대법원 판결이 소송물을 언급한 점을 고려하면 아마도 본안재판과 소송비용재판은 우리 법상 별개 소송물이라고 보고 소송비용재판 부분만을 파기 환송한 것으로 보인다.

[64] Geimer, Rz. 3108은 외국재판의 승인·집행의 맥락에서 소송비용재판은 부수적 재판

집행될 수 없다면 한국에서는 효력이 없으므로 소송비용재판에 대해서만 우리 법원이 이를 승인·집행할 이유가 있는지는 의문이다. 어쨌든 관할합의협약(제4조 제1항)은 소송비용재판을 재판의 정의에 포함시키면서도 그것이 관할합의협약상 승인·집행될 수 있는 본안재판과 관련성이 있을 것을 요구하는 점에서 대법원의 태도와는 다른데, 그 근거는 소송비용재판의 본안재판에 대한 종속성에서 구할 수 있을 것이다.

사. 재판상화해[65]

우리 민사소송법상 법관 앞에서 이루어지는 화해가 '재판상화해'인데, 이에는 소송상화해와 제소전화해가 있다.[66] 민사소송법(제220조)에 따르면 재판상화해조서(소송상화해조서와 제소전화해조서)는 확정판결과 동일한 효력이 있어 기판력이 있고,[67] 재판상화해조서(소송상화해조서와 제소전화해조서)에 대하여는 재심사유가 있으면 준재심에 의한 불복이 가능하다(제461조). 외국의 재판상화해의 승인 및 집행에 관하여는 민사소송법과 민사집행법에 전혀 규정이 없으므로 현행법상으로는 외국의 재판상화해는 승인 또는 집행의 대상이 될 수 없다.

종래 학설은 재판상화해는 그것이 당해 국가의 법률에 의해 우리 민사소송법에서와 같이 확정판결과 동일한 효력이 인정된다면 한국에서 승인될 수 있다고 보는데, 일본 법원의 화해조서에 대하여 집행을 허가한 하급심판결[68]이 있다. 한편 독일 민사소송법상으로는 재판상화해는 기판력을 가지지 않으므로 외국의 재판상화해는 승인 대상이 아니라고 보는 것이 통설이다. 유럽연합의 브뤼셀체제 하에서도 재판상화해는 집행의 대상이 될 뿐이고 승인의 대상은 아니다(브뤼셀 I bis 제59조).

(Nebenentscheidung)으로서 본안재판의 법적 기초에 따른다고 한다.

65) 승인 대상에 대한 유형별 검토는 온주/김영석, 승인·집행, [4] 참조.

66) 우리 민사소송법상 재판상화해의 법적 성질에 관하여 다수설인 양성설을 따른다면 재판상화해는 사법상의 화해계약과 소송행위(또는 소송계약)의 성질을 모두 가진 하나의 행위이다.

67) 다만 그 기판력의 범위에 관하여는 무제한기판력설과 제한적 기판력설(실체법상 하자가 없는 경우에만 기판력을 인정)이 있다.

68) 서울민사지방법원 1968. 10. 17. 선고 68가620 판결.

> *** 관할합의협약과 재판협약상 재판상화해의 취급**
>
> 체약국 법원이 인가하거나, 또는 소송과정에서 체약국 법원의 앞에서 체결되고, 재판국에서 재판과 동일한 방법으로 집행될 수 있는 재판상화해(judicial settlements, *transaction judiciaire*)는 재판협약에 따라 재판과 동일한 방법으로 집행된다. 영미법계에서 말하는 consent judgment(또는 order. 영국)는 재판협약상 재판에 해당한다.[69] 재판상화해가 집행되려면 재판국의 재판과 동일한 방식으로 집행 가능해야 하므로 집행을 신청하는 자는 그를 증명하는 재판국 법원의 증명서를 제출해야 한다. 재판협약 제11조(관할합의협약 제12조)는 소송과정에서 그 법원 앞에서 체결된 화해(in-court settlements)[70]와, 법정 외에서 체결되었으나 체약국의 법원이 인가한 화해(out-of court settlements)에 모두 적용되므로, 재판협약 제11조(관할합의협약 제12조)의 재판상화해는 우리 민사소송법상 소송상화해와 제소전화해의 양자를 포함하는 것으로 보인다. 재판협약 제11조(관할합의협약 제12조)는 재판상화해는 집행될 수 있다고 규정할 뿐이므로, 비록 기판력을 부여하는 국가의 재판상화해이더라도 다른 체약국에서 재판협약에 따라 승인될 수는 없다. 재판상화해의 승인을 배제한 이유는 재판상화해의 효력이 국가에 따라 편차가 큰 때문이라고 한다.

흥미로운 것은 대법원 2010. 4. 29. 선고 2009다68910 판결이다. 이는 미국 "캘리포니아주 구 민사소송법에 따른 승인판결(confession judgment 또는 judgment by confession) 제도는 원고의 승인판결 신청이 있으면 법원서기가 사법기관이 관여하지 아니한 상태에서 작성된 피고의 채무승인진술서 및 피고의 대리인인 변호사의 확인진술서의 제출 여부만을 검토하여 이를 그대로 판결로 등록하는 것"이므로 민사집행법 제26조 제1항이 말하는 외국판결의 요건을 구비하지 못한다고 판시하였다.[71] 승인판결은, 피고가 특정 금액의 채무에 관하여 소송절차를 거치지 아니하고 판결로 등록하는 것을 서면으로 승인하고, 또한 피고의 대리인인 변호사가 그 제안된 판결 내용을 검토하였다는 것과 피고에게 위 규정상의 절차를

---

69) Garcimartín/Saumier, para. 296.

70) 일반적으로 대륙법계에서 이용되는 재판상화해라는 개념은 보통법국가에서는 알지 못하는 것이나, 보통법(common law) 국가에서 당사자의 합의에 기초하여 행해지는 consent order는 법원의 재판이므로 재판상화해 또는 법원 외에서의 화해계약과 달리 헤이그관할합의협약상 다른 판결 등과 마찬가지로 승인 및 집행될 수 있다. 반면에 미국 집단소송에서 당사자들 간에 화해가 이루어진 경우 미국 법원은 재판을 하는 것으로 보이나 그 형식은 분명하지 않다.

71) 위 판결에 대한 소개와 비판은 석광현, 제5권, 442면 이하; 석광현, 대법원 판결-관할합의협약, 486면 이하 참조.

이용함에 따라 포기하게 되는 소송법상의 권리 및 방어수단에 관하여 설명하고 그 절차를 이용하도록 조언하였다는 것을 서면으로 확인한 경우에, 당사자가 소송절차를 거치지 아니하고서도 피고의 채무승인진술서 및 피고의 대리인인 변호사의 확인진술서 등을 판결로 등록할 것을 신청할 수 있고, 이와 같은 신청이 있으면 법원서기(clerk)는 위 각 서류에 서명한 후 이를 판결로 등록하는 것이라고 한다.

외국법원의 판결이 되기 위하여는 법원이 책임을 지는 어떤 판단이 포함되어야 하고, 법원의 역할이 단순히 증서화하는 활동(Urkundstätigkeit) 또는 공증적 기능(beurkundende Funktion)을 하는 데 그치는 것으로는 부족하다. 위 사건에서 미국 법원의 승인판결이 법원서기가 기계적으로 판결을 등록하는 데 불과하다면 이는 외국법원의 판결이라고 보기 어렵다.[72] 위 대법원판결이 이러한 취지를 분명히 밝히지는 않지만, 판례해설[73]을 보면 그런 취지가 담긴 것으로 보인다. 다만 위 판결의 정확한 논거는 불분명한데, 아마도 사법기관(즉 법관)의 관여가 없고, 대심적 구조를 가지는 소송절차를 거치지 않았으며,[74] 관여한 서기의 역할도 공증적 역할에 그치기 때문이라는 여러 가지 이유가 복합적으로 작용한 것으로 보인다.

통상의 판결 외에도 당사자 간의 합의(또는 화해)에 기한 분쟁해결 방법에는 다양한 스펙트럼이 존재하는데, 화해 관련 문서가 재판인지 재판상화해인지를 정리하면 아래와 같다.[75] ① 통상의 판결, ② 영국의 consent judgment (order), ③

---

72) 김우진, 607면; 구자헌, 335면; Geimer, Rz. 2860도 동지. 같은 맥락에서 Schack, Rn. 972는 소송상화해는 법원이 공증적 활동(beurkundende Tätigkeit)을 하는 데 불과하므로 승인 대상이 아니지만, 법원이 화해판결 또는 인낙판결을 하는 때에는 승인 대상이 된다고 본다. Geimer, Rz. 2860은 그러면서도 당사자의 합의가 법원에 의하여 창설적으로 확인되는 경우와 당사자의 합의가 법원에 의하여 인가되고 간략한 절차를 통하여 법원의 재판으로 마무리되는 경우에는 판결의 존재를 긍정하는데 그 경계의 획정은 쉽지 않은 것으로 보인다. 석광현, 대법원 판결－관할합의협약, 496면; 석광현, 제6권, 574면 이하 참조.

73) 구자헌, 335면은 "캘리포니아주 민사소송법에 의한 승인판결은 ① 당사자 쌍방의 심문을 보장하는 대심적 소송절차 내에서 생성된 것으로 볼 수 없고, ② 법원서기가 제출된 문건만을 형식적으로 심사하여 판결로 등록하는 것에 불과하여 재판이라고도 볼 수 없다"라고 한다. 승인판결이 미국의 다른 주에서 승인되는가는 김우진, 599면 이하 참조. 승인판결이더라도 그 취급은 주에 따라 다르다. 김효정·장지용 외, 46면 참조.

74) 민일영/김윤종, 857면은 대심적 구조의 결여를 근거로 든다. 이에 따르면 대법원 2010. 3. 25.자 2009마1600 결정과 달리 미국 파산법원의 회생계획인가결정은 제217조의 승인 대상이 될 수 없다.

75) 상세는 석광현, 대법원 판결－관할합의협약, 499면 이하 참조.

화해에 기한 판결(화해판결), ④ 법원허가에 따른 소송상화해(우리 증권관련집단소송법상의 소송상화해 등), ⑤ 화해조서, ⑥ 제소전화해, ⑦ 캘리포니아주의 con-fession judgment[76])와 ⑧ 당사자 간 법정외 화해계약(민법상 화해계약) 등이 그것이다.

　　화해조서를 작성하는 국가와 화해판결의 형식을 취하는 국가가 있는 데서 보듯이 법원의 관여 유무와 그 형태 및 결과물이 상이하므로 재판상화해와 법원의 재판 간의 경계는 유동적이다. 이러한 다양한 유형을 면밀히 검토하여 외국재판 승인 및 집행의 맥락에서 어디까지를 법원 재판과 동일시하고 어느 것을 재판상화해로 취급할지를 판단해야 한다. 또한 우리 민사소송법과 민사집행법은 외국에서 이루어진 재판상화해 등의 집행을 명시적으로 허용하지 않으므로 재판상화해(제소전화해, 외국의 화해조서·화해판결 포함)에 대하여 민사소송법과 민사집행법의 유추적용 여부를 검토하고, 만일 유추적용이 불가능하다면 입법적 해결방안을 강구할 필요가 있다. 이 경우 행위 주체, 법원의 관여형태 및 역할, 판단의 외관과 형식 및 외국의 재판 또는 재판상화해의 승인 및/또는 집행의 취지를 고려하여 결정해야 한다. 물론 조약상 근거 없이 우리가 일방적으로 외국의 제소전화해 등의 집행을 허용하는 것은 주저되나 문제점은 상호주의를 통하여 완화할 수 있을 것이다. 나아가 당사자가 화해로 분쟁을 해결하는 경우 특히 증권관련집단소송의 경우 조서 방식을 고수할지 검토할 필요가 있다.

　　위 ⑧ 법정외 화해계약은 단순한 민법상의 화해계약이다. 예컨대 당사자들이 민간형 조정－여러 민간단체가 자율적으로 분쟁당사자들을 중개함으로써 하는 조정－을 거쳐서 화해계약을 체결하더라도 마찬가지다(다만 아래 싱가포르협약에 따른 화해합의는 예외). 서울지방변호사회와 대한법무사협회 등이 시행하는 조정절차에 의하여 이루어지는 화해계약이 그런 예다. 이처럼 민간형 조정을 통한 당사자 간의 화해는 계약에 불과하므로 만일 일방 당사자가 화해계약을 이행하지 않으면 상대방 당사자는 소송이나 중재를 통하여 집행권원을 받아야 강제집행을 할 수 있다. 그런데 화해합의의 집행을 가능하게 함으로써 조정의 기능을 확충하고 화해합의의 실효성을 제고하고자 국제연합은 "조정에 의한 국제적 화해합의에 관한

---

76) 이의 승인 및 집행에 관하여는 석광현, 제5권, 442면 이하 참조. 영국법상의 consent judg-ment (order)는 우리 법상의 소송상화해와 유사한 것으로 보이고(Atteslander-Dürrenmatt, S. 83 참조), 캘리포니아주의 confession judgment는 우리 법상의 제소전화해와 유사한 것으로 보인다.

국제연합협약"("싱가포르협약")을 채택하였고 이는 2020년 9월 발효되었다(우리나라는 아직 미가입). 싱가포르조정협약은 국제중재에서 "외국중재판정의 승인 및 집행에 관한 1958년 국제연합협약"("뉴욕협약")이 수행하는 역할에 상응하는 역할을 국제조정에서 할 것으로 기대되는데, 싱가포르협약의 실질은 "조정을 통한 국제적 화해합의의 승인 및 집행에 관한 조약"이다.[77] 협약의 배경에는, 국제중재가 점차 소송처럼 시간과 비용이 많이 드는 절차로 이행하는 탓에 그에 대한 대안으로서 신속하고 저렴한 조정을 이용하자는 고려가 있다. 이에 관하여는 제13장에서 논의한다.

법원에서 이루어지는 재판상화해(소송상화해와 제소전화해) 외에도, 중재절차에서 이루어지는 중재상화해[78]와 싱가포르협약이 상정하는 조정상화해가 있다. 이들의 절차법적 효력은 각각 다르지만, 모두 당사자 간의 화해계약의 성질을 가지는 점은 공통된다(물론 법적 성질에 관한 견해에 따라 차이가 있다). 싱가포르협약(제1조 제3항)은 조정상화해의 결과 체결되는 화해합의에만 적용되고, 재판상화해와 중재상화해의 결과 체결되는 화해합의에는 적용되지 않는다. 위에서 다룬 화해 관련 재판 등을 정리하면 아래와 같다.

대상 구분	재판인가			소송상화해인가
	형식(외관)	실질(법원의 심사·통제)	결론	
① 통상의 판결	O	O	O	X
② consent judgment / order (영국)	O	O / X	O / X	X / O
③ 화해판결(법원허가)	O	O	O	X
④ 화해조서(법원허가) (한국 증권관련집단소송)	X	O	X	O
⑤ 화해조서(한국)	X	X	X	O
⑥ 제소전화해	X	X	X	X
⑦ confession judgment (캘리포니아주)	O	X [주체도 미비]	X	X [제소전화해인듯]
⑧ 법정외 화해계약	X	X	X	X

---

77) 싱가포르조정협약은 제13장에서 소개한다.

78) 화해를 규정한 중재법 제30조에 따르면 중재절차의 진행 중 당사자들이 화해한 경우 중재판정부는 당사자들의 요구에 따라 화해중재판정을 작성할 수 있다. 우리나라에서는 중재상화해라는 표현은 잘 사용하지 않는다.

의무이행을 내용으로 하는 국제화해합의의 승인·집행과 이행을 명한 재판과 중재판정의 승인·집행을 비교하면 아래와 같다. 국제화해합의는 2020년 발효된 싱가포르조정협약에 따른 조정을 거친 화해합의를 말하는데, 아래는 한국이 싱가포르조정협약을 비준한 것을 전제로 한다.

≪승인·집행의 대상≫

		내국	외국
재판	효력	기판력(민소법 제216조)[79]	외국 기판력(민소법 제217조)
	승인	불요	요[80](효력 확장)
	집행(력)	그 자체로	집행판결에 의하여
중재판정[81]	효력	기판력(중재법 제35조)	외국 기판력(중재법 제37조 제39조)
	승인	1999년 전 불요[82]	요(효력 확장)
		요(효력 확장 아님)[83]	
	집행(력)	집행결정에 의하여	집행결정에 의하여
국제 화해합의[84]	효력	구속력은 실체법상의 효력이므로 승인 대상은 무엇인가?	
	승인	요(효력 확장 아님)	
	집행(력)	집행결정에 의하여	

아. 그 밖의 경우

포기 또는 인낙의 조서는 당해 서류가 작성된 국가의 법률에 의해 한국 민사소송법과 같이 확정판결과 동일한 효력이 인정된다면 한국에서 승인될 수 있으나[85] 위 대법원 2010. 4. 29. 선고 2009다68910 판결의 결과 상호 간의 심문의 기

---

79) 이는 주로 기판력이라는 것이지 기판력만이라거나 반드시 기판력이라는 것은 아니다.

80) 이 표의 '요'는 승인 개념을 말하는 것이지 승인절차가 필요하다는 의미는 아니다.

81) 이는 내국중재판정과 외국중재판정을 구별하는 우리 중재법에 따른 것이다. 모델중재법은 양자를 구별하지 않는다.

82) 1999년 개정 전 중재법은 독일 민사소송법처럼 집행만 규정하였다. 당시 내국중재판정은 구 중재법(제12조)에 따라 확정판결의 효력이 있었기에 내국재판처럼 승인은 불필요하였다.

83) 1999년 개정 이후 중재법은 모델중재법을 따라 승인을 규정한다. 그러나 내국중재판정의 승인은 외국중재판정의 승인과 달리 효력의 확장이 아니다.

84) 이는 싱가포르조정협약이 한국에서 발효되고 집행결정에 의하여 집행력이 부여됨을 전제로 한다.

85) 이에 관한 비교법적 논의는 Agnes H. Attelslander－Dürrenmatt, Der Prozessvergleich im internationalen Verhältnis: Unter besonderer Berücksichtigung anerkennungs－ und vollstreckungsrechtlicher Fragen im grenzüberschreitenden Rechtsverkehr der Schweiz

회가 보장된 절차에 따른 것이더라도 외국의 화해조서(또는 화해판결), 인낙조서(또는 인낙판결)의 승인 및 집행 가능 여부는 분명하지 않다.

한편 현행법상으로는 외국의 공증인이 작성한 공정증서[86]는 승인 및 집행의 대상이 되지 않는다고 본다.[87] 또한 위 2010년 대법원 판결에 따르면 비송사건 중에서도 대립적 당사자 간의 분쟁이 아닌, 즉 비대심적 비송사건의 재판은 승인 대상인 외국판결의 개념에 포함되지 않게 될 것이다.[88] 그렇더라도 제217조의 유추적용 가능성을 검토할 필요가 있다.[89]

다만 제217조의 적용대상인 소송사건과 그렇지 않은 비송사건의 구별은 국가에 따라 다를 수 있는데, 승인 및 집행의 맥락에서 문제 된 외국재판의 성질결정은 승인국법인 한국법에 따를 사항이다.[90] 그렇다면 외국에서 소송사건으로 취

(2006), S. 23ff. 참조.

[86] 저자는 조약 등 국제문서의 'authentic instrument'를 '공정증서'로 번역하였으나, 외국어에 충실하자면 독일어본(öffentliche Urkunde)은 '공문서', 프랑스어본(*acte authentique*)은 '공서증서', 영문본은 '인증문서'라 번역할 수 있다. 이 점은 김종한, "한국 국제사법 70년 변화와 전망", 청헌 김종한 교수 30주기 추모논문집(2018), 1216면 註 110에 밝힌 바 있다.

[87] Dietrich F. R. Stiller, Das internationale Zivilprozeßrecht der Republik Korea (1989), S. 161 참조. 최효섭, 258면; 민일영·김능환, 주석민사소송법(Ⅲ), 339면은 재판상 화해에 대해 긍정하는데, 민일영/김윤종, 859면도 동지로 보인다. 반면에 민일영·김능환/서기석, 주석민사집행법(Ⅱ), 115면은 이를 부정한다. 독일에서는 공정증서와 재판상화해는 승인의 대상이 되지 않는다는 견해가 통설이다. Schack, Rn. 972. 한편 Geimer, Anerkennung, S. 169는 양자 모두 승인 대상은 되지 않으나 집행판결의 대상은 된다고 한다. 다만 우리와 달리 독일에서는 재판상 화해는 기판력을 가지지 않는데, 독일 연방대법원 판결(예컨대 BGH, vom 6. 11. 1985, NJW 1986, 1440 등)은 재판상 화해가 법관에 의해 확인됨으로써 법원 판결처럼 기판력을 가지는지에 따라 구분한다. Geimer, Rz. 2864ff. 참조.

[88] 강현중, 제7판, 677면은 대립하는 당사자 양쪽이 심리에 출석할 기회가 보장되는 절차에서 내려진 재판이 승인 대상이 된다면서, 그에 해당되지 않는 재판, 즉 쟁송성, 대등당사자의 대립 또는 종국성 중 어느 하나라도 흠이 있는 비송재판의 승인적격을 부정한다. 그러면서도 소송과 비송의 구별이 명확하지 않으며, 또 외국재판의 승인은 기판력이 아니라 실체 형성적 효과를 목적으로 하므로 쟁송성이 희박하더라도 심문을 거친 사건에 관한 재판의 승인적격을 긍정하나, 비송재판의 경우 확정개념이 존재하지 않으므로 결국 승인 대상이 될 수 없다고 한다. 강현중, 제7판, 678면.

[89] 그러나 김원태, "외국가사재판의 승인·집행에 관한 문제의 재검토", 국제사법연구 제6호 (2001), 67면 이하, 82면은 외국가사판결의 경우 이의 유추적용을 긍정하나, 외국비송재판의 경우 유추적용을 부정하면서도 재판관할요건과 공서요건은 필요하다고 한다. 김우진, 587면은 비송재판이 외국법원의 판결에 포함된다고 본다.

[90] 독일에서 민사소송법의 대상인 소송사건과 FamFG의 대상인 사건의 성질결정도 승인국인 독일법에 의한다. Geimer, Rz. 2882. 그러나 일본에는 승인국의 분류가 아니라 외국법원이

급되더라도 우리 법상 비송사건이라면 우리 법원은 비송사건 재판의 승인 및 집행에 관한 요건을 확정하고 그의 구비 여부를 판단하여야 한다.[91]

파산선고 또는 회사정리절차 개시결정과 같은 도산절차에서의 법원의 재판은 민사소송법상 승인의 대상인 외국재판에 해당하지 않는다는 것이 전통적 견해였으나, 근자에는 외국재판의 승인과 유사한 요건하에 외국 도산절차 또는 도산절차에서의 재판을 승인하는 경향이 확산되고 있다. 속지주의를 취하였던 구 파산법하에서 서울지방법원 1996. 6. 28. 선고 96가합27402 판결은 외국의 파산선고의 효력을 개별집행금지의 효력(또는 포괄집행적 효력)과 파산관재인 선임에 관한 효력으로 나누고, 후자에 관하여 한국에서 그 효력을 인정한 바 있다. 그러나 뒤의 제11장에서 보듯이, 2006. 4. 1. 발효한 "채무자회생 및 파산에 관한 법률"("채무자회생법")이 1997년 '국제도산에 관한 모델법'과 일본이 2001. 4. 1. 발효시킨 승인원조법을 따라 결정승인제를 도입하였으므로 전통적 견해는 더 이상 그대로 유지될 수는 없고 채무자회생법에 따라 판단하여야 한다.[92] 결정승인제라 함은, 자동승인제의 대상인 외국판결과 달리, 우리 법원의 결정에 의하여 외국도산절차 또는 외국도산절차를 구성하는 재판이 비로소 한국에서 효력을 가지게 하는 제도이다.[93]

우리나라는 "외국 중재판정의 승인 및 집행에 관한 국제연합협약"("뉴욕협

실제로 어떤 절차를 취하였는지를 기준으로 판단할 것이라는 견해도 있다. 小林秀之 · 村上正子, 国際民事訴訟法(2009), 185면.

91) 참고로 서울고등법원 1985. 8. 20. 선고 84나3733 판결은 과거 한국인이었으나 독일인과 혼인하여 독일 국적을 취득한 모에 대하여 독일인 부가 청구한 자(子)의 인도청구사건에서 "독일 법원의 인도판결은, 법률상 … 우리와 유사한 제한 하에 외국재판을 승인하고 비재산권상의 청구에 관한 외국재판에 대해서는 상호보증을 요구하지 않는 독일 법제를 볼 때 한국과 상호보증이 있다"라는 취지로 판시하였다. 그러나 자(子)의 인도청구는 비송사건이므로 구 민사소송법 제203조가 비송사건에 유추적용되는지를 검토했어야 한다. 나아가 상호보증의 유무 판단에서도 독일에서 유아인도청구는 비송사건이고 외국법원의 유아인도명령의 독일에서의 승인 및 집행은 구 비송사건절차법(제16a조)에 따랐으므로 독일 민사소송법이 아니라 구 비송사건절차법의 요건을 검토했어야 한다.

92) 우선 제11장 참조. 상세는 석광현, "채무자 회생 및 파산에 관한 법률(이른바 統合倒産法)에 따른 國際倒産法", 국제거래법연구 제15집 제2호(2006. 12.), 319면 이하; 석광현, 제5권, 499면 이하 참조.

93) 외국의 회생계획인가결정이 민사소송법 제217조에 따른 승인 대상인지 아니면 채무자회생법상의 승인 대상인지가 논란이 있는데 대법원은 전자를 취한 바 있으나 저자는 후자를 지지한다. 이는 아래 제11장 국제도산법에서 논의한다.

약”)에 가입하였을 뿐만 아니라 중재법에서 별도 규정을 두고 있으므로 외국중재
판정은 그에 따라 승인 및 집행되고 민사소송법 제217조는 적용되지 않는다. 다
만, 뉴욕협약이 적용되지 않는 외국중재판정의 승인 및 집행에 관하여는 민사소
송법과 민사집행법이 준용된다(중재법 제39조 제2항).

  승인 대상을 논의함에 있어서는 (i) 통상의 재판(외국재판), (ii) 외국의 도산절
차와 관련된 재판(외국도산절차, 외국도산절차 개시 재판과 외국도산관련재판), (iii) 중
재판정(내국중재판정과 외국중재판정)과 (iv) 조정을 통한 화해합의(싱가포르협약 비
준을 전제로)를 비교하면서 그 異同을 파악할 필요가 있다.

  그런데 미국에서는 중재판정을 집행하기 위해서는 내국중재판정이든 외국중
재판정이든 ‘중재판정의 확인(confirmation of arbitral award)’이라는 법원의 재판을
받아야 하는데, 확인의 결과 ‘merger’의 법리에 의해 중재판정은 재판으로 변환된
다.[94] 미국 법원에 의하여 확인된 미국 중재판정의 승인 및 집행이 한국에서 다투
어지는 경우, 승인 및 집행의 대상이 중재판정인지 아니면 법원의 확인명령인지
가 문제 된다. 우리나라에도 미국 법원에 의해 확인된 미국 중재판정의 집행을 다
룬 서울고등법원 1995. 3. 14. 선고 94나11868 판결이 있었으나, 중재판정이 승인
및 집행의 대상으로 취급되었을 뿐이고 ‘merger’의 법리는 특별히 고려되지 않았
다.[95] 법원의 확인에 의해 중재판정이 재판으로 변환된다면 논리적으로는 후자가

---

94) 이를 ‘확인명령(order of confirmation)’이라고 하는데, 확인에 의해 중재판정은 법원의 판결
로 변형되고 확인명령이 집행력을 가지므로 이는 우리 집행판결에 상응하는 것이다.
95) 평석은 장문철, “외국중재판정과 외국판결에 대한 집행청구소송에 관한 평석”, 국제사법연구
제2호(1997), 653면 이하 참조. 당해 사건에서는 캘리포니아주의 중재판정과 판결 양자의
집행이 모두 문제 되었는데, 판결의 집행이 문제 된 이유는 당초 중재판정이 명시하지 않았
던 지연이자의 지급을 판결이 추가로 명했기 때문이다. 대법원 2018. 7. 26. 선고 2017다
225084 판결의 사안에서도 미국 캘리포니아주 중재판정의 집행과 그에 대하여 이자와 비용
등의 지급을 명한 캘리포니아주 재판의 승인 및 집행이 문제 되었다. 특히 2018년 대법원
판결의 사안에서 원고는 한국 법원에 대하여 ① 캘리포니아주가 중재지인 ICC 중재판정과
② 그 중재판정에 대하여 확인(“Confirmation of Arbitration Award”)하고, 원고는 피고로부
터 10%의 이율로 판결 전 이자를 받을 권리가 있으며, 원고가 지출한 변호사보수 중 일정금
액을 지급받을 권리가 있다는 취지의 캘리포니아주 연방법원의 재판에 대하여 집행판결을
구하였다. 이에 대한 평석은 장준혁, “외국중재판정의 승인집행에서의 준거법결정 – 대상판
결: 대법원 2018. 7. 26. 선고 2017다225084 판결 – ”, 국민대학교 법학논총 제32권 제3호(통
권 제64호)(2020), 219면 이하; 석광현, “캘리포니아주 법원이 확인한 미국 중재판정의 승
인·집행에서 그 대상, 중재합의의 성립과 임의대리의 준거법”, 사법(司法) 2020년 가을호
(제53호)(2020. 9.), 307면 이하 참조.

집행판결의 대상이 되어야겠지만, 집행판결에 대한 집행판결은 가능하지 않다고 보므로 여전히 중재판정이 집행판결의 대상이라고 본다.96) 대법원 2018. 7. 26. 선고 2017다225084 판결은 미국 법원의 확인명령을 받았더라도 중재판정이 여전히 승인 및 집행의 대상이 될 수 있다고 판시하였다. 국제적으로는 논란이 있는데, 양자 중 어느 것이든 승인·집행의 대상이 될 수 있다는 견해(parallel entitle-ments approach)도 있다.97)

압류명령 및 전부명령은 강제집행에 속하는 것으로서 여기에서 말하는 승인 및 집행의 대상인 외국재판에 포함되지 않는다.98)

자. 증명책임

외국재판의 존재에 대해서는 그 승인 또는 집행을 구하는 당사자가 증명책임을 진다. 중재판정에 관한 이른바 GKN 사건에서 대법원 1990. 4. 10. 선고 89다카20252 판결은 외국중재판정의 집행에 관하여 중재판정의 존재는 "외국중재판정의 집행을 위한 적극적 요건으로서 승인 및 집행을 신청하는 당사자가 그 입증책임을 부담한다"라고 판시하였다.

과거에는 조문이 없었으나, 2014년 개정 민사소송법 제217조 제2항은 법원은 승인요건의 충족 여부를 직권으로 조사하여야 함을 명시한다.

---

96) Geimer, Anerkennung, S. 171. 독일 연방대법원의 판결에는 과거 확인명령만이 집행될 수 있다는 것과, 양자가 모두 집행될 수 있다고 하여 집행판결을 구하는 원고에게 선택권을 인정한 것이 있었으나 2009. 7. 2. 연방대법원 판결(BGH NJW 2009, 2826)의 결과 이제는 확인명령의 집행은 허용되지 않는다. 전주에 언급한 대법원 2018. 7. 26. 판결은 미국 캘리포니아주 연방법원으로부터 확인판결을 받았다고 하여 중재판정이 승인 및 집행의 대상이 될 수 없는 것은 아니라고 판시하고 미국 중재판정의 집행을 허가한 원심판결(서울고법 2017. 4. 4. 선고 2016나2040321 판결)의 결론을 지지하였다.

97) 이에 관하여는 Jonathan Hill, The Significance of Foreign Judgments Relating to an Arbitral Award in the Context of an Application to Enforce the Award in England, 8 Journal of Private Internationl Law 176 (2012); Martin L. Roth, Recognition by Circumvention: Enforcing Foreign Arbitral Awards as Judgments under the Parallel Entitlements Approach, 92 Cornell L. Rev. 573 (2007); Talia Einhorn, The Recognition and Enforcement of Foreign Judgments on International Commercial Arbitral Awards, Yearbook of Private International Law, Vol. XII (2011), p. 44 참조.

98) 다만 외국의 집행행위에 대하여도 독일 민사소송법 제328조와 FamFG 제109조를 유추적용하여 당해 외국이 국제관할이 있고 공서위반이 되지 않는 경우에는 절차법적 효력을 승인하는 견해가 있다. Geimer, Rz. 3290f. Schack, Rn. 1159는 외국의 채권압류는 전혀 승인되지 않거나 매우 제한적으로만 승인된다고 한다.

2. 재판권의 존재

재판권(Gerichtsbarkeit)은 재판에 의해 법적 쟁송사건을 해결할 수 있는 국가권력 또는 법질서 실현을 위한 국가의 권능으로서 사법권이라고도 하며 법관으로 구성된 법원에 속한다. 제3장에서 설명한 바와 같이, 우리 학설과 판례[99]는 재판권이라는 개념을 인정하는데, 이는 독일법의 영향에 의한 것이다.[100] 영미에서는 재판권을 국제재판관할(권)과 용어상 구별하지 않고 양자를 포괄하여 'jurisdiction (관할권)'이라 한다. 재판권은 실무상으로는 외국의 국가원수 및 외국국가 등의 경우에 주권면제(sovereign immunity) 또는 국가면제(state immunity)와 외교관 등의 재판권면제의 문제로서 논의된다.[101]

외국법원의 재판권을 부인하지 아니한 일을 외국재판의 승인요건으로 규정하였던 구 민사소송법 제203조 제1호와 달리 민사소송법 제217조 제1항 제1호는 "그 외국법원의 국제재판관할권이 인정될 것"이라고 하여 국제재판관할을 명시하나 재판권은 언급하지 않는다. 하지만 승인요건으로서 외국이 재판권을 가질 것이 요구되므로 결국 재판권의 존재는 제217조에 열거되지 않은 승인요건이다.[102] 만일 우리나라가 주권면제를 향유하는 사안에서 외국법원이 이를 무시하고 우리나라의 패소판결을 선고하였고 외국의 원고가 이를 우리나라에서 승인 및 집행하고자 한다면 이는 거부될 것이다. 더 정확히 말하자면, 외국재판이 당해 국가에서 무효라면 그 이유만으로도 승인될 수 없지만, 가사 유효라고 하더라도 승인될 수 없는데 그 근거로는 국제법 위반을 든다.[103] 견해에 따라서는 이를 재판권의 결여로 설명하는 대신 공서위반으로 설명할 여지도 있다.

3. 국제재판관할의 존재

구 민사소송법 제203조 제1호는 외국의 재판권의 존재를 외국재판 승인의 요

---

99) 대법원 1975. 5. 23.자 74마281 결정; 대법원 1998. 12. 17. 선고 97다39216 전원합의체 판결.
100) 제3장과 제4장에서 보았듯이 독일에서는 '재판권'을 '국제재판관할'과 준별한다. 우리 민사소송법과 국제사법도 근자에는 양자를 구별하여 사용한다.
101) 주권면제에 관한 상세는 제3장 참조.
102) Martiny, Rn. 554f.; Schütze, Rn. 329.
103) Geimer, Rz. 533f.; Schack, Rz. 979도 독일법상 동지. 대한민국의 주권면제를 무시한 경우만이 아니라 다른 외국 등의 재판권면제를 무시한 경우에도 승인할 수 없다는 것이 국제법의 원칙이라고 한다. Geimer, Rz. 535.

건으로 규정하였으나 다수설과 판례는 '재판권'을 '국제재판관할'로 이해하였는데, 민사소송법 제217조 제1항 제1호는 외국법원의 국제재판관할권의 존재를 외국재판 승인요건임을 명시한다.[104]

국제재판관할의 문제는, 한국 법원에 소가 제기된 경우 재판을 하기 위한 전제로서 국제재판관할을 가지는가와, 외국법원이 선고한 판결을 한국 법원이 승인 및 집행하기 위한 전제로서 재판국인 당해 외국(또는 어느 주)이 국제재판관할을 가지는가라는 두 가지 형태로 제기되는데, 전자를 직접관할(*compétence directe*, *direkte Zuständigkeit*), 후자를 간접관할(*compétence indirecte*, *indirekte Zuständig-keit*)이라 한다. 민사소송법 제217조 제1항 제1호가 명시하는 외국재판의 승인 및 집행의 요건으로서의 국제재판관할은 바로 간접관할의 문제이다.

한국 법원은 국제적인 사건에 대하여 직접관할을 가지는가를 심리하여 관할이 없는 때에는 소를 각하해야 하는데, 한국 법원이 어떤 국제재판관할 규칙에 의하여 직접관할의 유무를 결정할 것인가가 문제 된다. 직접관할에 관하여는 국제적으로 통일된 국제재판관할의 결정 또는 배분에 관한 원칙(이하 "국제재판관할 규칙"이라 한다)이 존재하지 않으므로 각국이 독자적인 국제재판관할 규칙을 정하게 된다. 간접관할에서는 직접관할과의 관계가 우선 문제 되는데, 양자를 동일한 원칙에 따라 판단하는 견해가 구 민사소송법하의 다수설[105]이고 주류적인 판례[106]였다. 국가 간에 동일한 국제재판관할 규칙을 적용함으로써 공평을 기할 수 있으므로 기본적으로 이 견해가 타당하다. 독일에서는 이러한 원칙을 '경상(鏡像)원칙 (Spiegelbildprinzip, mirror image principle)'이라 한다. 2002년 7월 시행된 개정 민사소송법 제217조 제1호는 "대한민국의 법령 또는 조약에 따른 국제재판관할의 원칙상"이라고 하여 이 점을 명시하기에 이르렀고[107] 그 취지는 민사소송법 제217

---

104) 저자는 과거 재판권을 국제재판관할로 수정하여야 한다는 주장을 한 바 있다. 그러나 김홍규·강태원, 612면은 여전히 '재판권'이라는 용어를 사용한다.

105) 최공웅, 효력, 398면; 이공현, 596면. 그러나 안춘수, "국제재판관할권", 민사소송법의 제문제, 경허 김홍규박사화갑기념(1992), 438-439면은 구 민사소송법 제203조의 해석론으로서 이에 반대하였다.

106) 예컨대 대법원 1995. 11. 21. 선고 93다39607 판결 등.

107) 논리적으로는 "대한민국의 법령 또는 조약에 따른 국제재판관할의 원칙"을 "대한민국의 법령 또는 조약에 따른 간접관할의 원칙"이라고 이해한다면 민사소송법상으로도 여전히 논란의 여지가 있다고 볼 여지도 있다. 그러나 민사소송법이 특별히 간접관할임을 밝히지 않으므로 직접관할을 가리키는 것으로 해석해야 할 것이다. 동호는 직접관할규칙을 도입한 국제사법의 시행(2001년 7월)에 이어 개정된 것이다. 그렇더라도 국제사법 제12조가 규정하

조 제1항 제1호에서도 유지되고 있다. 따라서 예컨대 영미법계 국가에서 해외소재 피고에 대한 역외송달에 근거하여 국제재판관할이 인정되더라도 우리 법상 송달은 관할근거가 아니므로 우리 법상의 관할근거가 없는 한 간접관할요건은 구비되지 않는다.

　　주의할 것은, 만일 한국이 장래 재판협약에 가입한다면 간접관할은 재판협약 (제5조)이 열거한 바에 따르므로 재판협약이 적용되는 범위 내에서는 국제사법이 정한 직접관할규칙과 재판협약이 정한 간접관할규칙이 다르게 될 것이라는 점이다. 따라서 양 관할규칙의 이동(異同)을 정확히 파악할 필요가 있고, 장래 재판협약이 유럽연합을 넘어 성공적으로 확산된다면 동 협약상의 관할규칙을 국제사법의 직접관할규칙에 일부 반영하는 방안도 고려할 수 있을 것이다.

　　'대한민국의 법령'이라 함은 국제사법과 기타 국내법의 국제재판관할규정을 말하고, '조약'이라 함은 한국이 가입한 조약을 말한다.[108]

　　간접관할의 경우 패소한 피고가 응소한 때에는 변론관할이 인정되므로 달리 외국법원이 관할을 가지는지는 문제 되지 않는다. 따라서 실무상 간접관할은 외국에서 결석재판(default jugments)이 선고된 경우 중요한 의미를 가진다.

　　여기의 간접관할의 기준에 관하여는 국제사법 제2조에 관하여 앞(제4장)에서 논의한 바가 타당하므로 상세한 논의는 생략하고,[109] 아래에서는 간접관할에 특유한 논점 몇 가지만 언급한다.

가. 제3자소송인입

　　우리 민사소송법은 제3자소송인입이라는 소송형태를 알지 못하나, 국내에서도 일본의 논의를 따라 제3자소송인입의 유형을 구분하여 그중 '전가형'은 허용되지 않지만, '전보형'과 '권리자 지명형'은 허용할 것이라는 견해도 주장되고 있다.[110]

는 부적절한 법정지의 법리는 직접관할에서만 작동할 뿐이고 간접관할에서는 설자리가 없다.

108) 그러한 조약의 예로는 '국제항공운송에 있어서의 일부규칙의 통일에 관한 협약'(1929년 바르샤바협약)을 일부 개정한 '1929년 10월 12일 바르샤바에서 서명된 국제항공운송에 있어서의 일부규칙의 통일에 관한 협약을 개정하기 위한 의정서'(1955년 헤이그의정서)를 들 수 있다. 또한 이를 개정한 1999년 몬트리올협약도 마찬가지이나 후자는 제5관할을 추가하였다.

109) 상세는 제4장과 석광현, 국제재판관할법 참조.

110) 김상균, "제3자의 소송인입에 관한 연구 — 피고에 의한 제3자의 추가병합을 중심으로 — ",

통상적인 제조물책임에 관한 것은 아니나, 제조물책임과 관련하여 제3자소송 인입에 의한 외국판결의 승인요건으로서의 간접관할에 관하여 위에서 언급한 대법원 1995. 11. 21. 선고 93다39607 판결은, 한국 회사(나우정밀)가 수출한 무선전화기의 결함으로 인해 손해를 입은 미국의 피해자들이 미국의 수입자를 상대로 소를 제기하고, 수입자는 한국 회사를 제3자소송인수참가에 의해 피고로 참가시킨 뒤, 수입자와 제조물책임보험을 체결한 미국의 보험회사가 피해자들에게 손해를 일단 배상하고 한국 회사를 상대로 승소판결을 받아 한국 법원에서 집행판결을 구한 사안에서, 피고가 자신이 제조한 상품의 하자로 인한 사고가 플로리다주에서 발생하여 이에 관한 소송이 그 지역의 외국법원에 제소될 것임을 합리적으로 예견할 수 있을 정도로 피고회사와 플로리다주 사이에 실질적 관련이 있다고 보기 어렵다는 이유로 플로리다주의 국제재판관할을 부정하였다.

이러한 설시는 제조물책임의 주제 또는 국제재판관할에 관한 미국 연방대법원의 Asahi Metal Industry Co., Ltd. v. Superior Court 판결[111]에 의하여 크게 영향을 받은 것으로서, 일반이론의 설시는 수긍할 여지도 있으나 당해 사건에서 위 판결의 결론은 부당하다. 왜냐하면, 플로리다에 물품을 수출하는 한국의 제조업자는 그곳에서 물품의 하자가 발생하여 그곳에서 제소될 가능성이 있음을 당연히 예견할 수 있기 때문이다. 한국의 제조자를 두텁게 보호하기 위한 정책적인 배려에서 그러한 결론을 내린 것으로 짐작되지만, 이러한 결론은 정당화하기 어렵

연세대학교 대학원 법학박사학위논문(1995); 김홍규·강태원, 700면 이하 참조. 비교법적 논의는 김용진, 제조물책임, 89면 이하 참조.

[111] 480 U.S. 102 (1987). 위 판결의 다수의견(plurality opinion)은 단지 유통과정에 물품을 넣은 것만(the placement of a product into the stream of commerce, without more)으로는 법정지주를 향한 피고의 의도적인 이용행위(purposeful availment)로 볼 수 없다는 이유로 캘리포니아주 법원의 외국법인인 Asahi Metal Industry Co., Ltd.에 대한 국제재판관할을 부인하였다. 이 견해는, 예컨대 법정지주의 시장을 위해 제품을 디자인하거나, 법정지주에서 제품을 광고하거나, 법정지주의 고객에 대한 정기적인 조언의 제공을 위한 경로를 마련하거나, 또는 법정지주에서 판매대리인으로 일하는 데 동의한 판매회사를 통하여 제품을 출시하는 등의 피고의 추가적인 행위가 법정지주 시장에서 편의를 제공할(to service) 의도 또는 목적을 나타내 줄 수 있을 것이라고 판시하였다. 참고로, 미국 연방대법원은 World-Wide Volkswagen Corp. v. Woodson, 444 U.S. 286 (1980) 사건에서, 피고인 World-Wide Volkswagen Corp.(뉴욕주에 사무소를 둔 지역 판매상)와 Seaway Volkswagen, Inc.(뉴욕의 소매 dealer)가 법정지의 소비자가 물품을 구매할 것을 기대하고 물품을 유통과정에 넣은 것이 아니라는 이유로 타주법인에 대한 관할을 부인함으로써 '유통과정이론(stream of commerce theory)'을 제시하였다.

다.112) 위 사건에서는 피해자가 한국 기업을 피고로 하여 직접 소를 제기한 것은 아니고, 피해자는 미국의 수입자를 상대로 소를 제기하고 수입자가 제3자소송인입에 의해 한국 기업을 제3자피고로 참여시킨 점에서113) 통상의 제조물책임소송과는 차이가 있다.

간접관할에 관하여 논의를 한정하면, 수입자와 제조자 간의 소송은 엄밀하게는 제조물책임소송은 아니므로 그에 대한 국제재판관할의 유무는 제조물책임소송의 국제재판관할과는 다른 기준에 의해 판단했어야 할 것이나 위 판결은 제조물책임소송인 것처럼 취급하였다는 점에 특색이 있다. 사견으로는 제3자소송인입에 의한 판결에서의 간접관할에 관하여는 다음과 같이 4가지 견해가 있을 수 있다.114)

첫째, 제3자소송인입에 의한 소를 피고의 제3자피고에 대한 독립한 소로 취급하여 재판국은 그에 대해 국제재판관할을 가져야 한다는 견해. 이는 독일의 다수설과 판례이고 미국에서도 같다.115) 제3자소송인입에 의한 판결은 기판력과 집행력이 부여되는 점에서 독립한 소송처럼 취급됨을 근거로 한다. 이에 의하면, 제조물책임의 경우 피고의 제3자피고에 대한 구상권에 대해 일반관할이 있거나, 구상의무의 이행지 또는 피고와 제3자피고 간의 관할합의 등에 기해 재판국이 특별관할을 가질 것이 요구된다.

둘째, 재판국이 주된 소송에 대해, 즉 피고에 대해 국제재판관할이 있으면 족하고 제3자피고에 대한 관계에서 별도의 국제재판관할은 불필요하다는 견해. 이

---

112) 위 판결에 대한 비판은 석광현, 관할연구, 161-162면 註 42 참조. 그러나 그 후 서울고등법원 2012. 1. 19. 선고 2011나6962 판결은 한국의 압력밥솥 제조회사인 피고에 대해 미국의 플로리다 주에 본점을 두고 홈쇼핑 사업 등을 하는 회사인 원고가 소비자들에게 손해배상금을 지급하고 피고를 상대로 제기한 소송에서 위 1995년 판결과 유사한 취지로 설시하고(즉 제조업자가 그 손해발생지에서 사고가 발생하여 그 지역의 외국법원에 제소될 것임을 합리적으로 예견할 수 있을 정도로 제조업자와 손해발생지 사이에 실질적 관련성이 있는지를 고려하여야 한다) 뉴욕주의 국제재판관할을 부정하였고, 대법원 2015. 2. 12. 선고 2012다21737 판결은 위 원심판결의 결론을 인용하였다. 나우정밀 사건과의 차이는 석광현, "국제사법 제2조 제2항을 올바로 적용한 2019년 대법원 판결의 평석: 일반관할과 재산소재지의 특별관할을 중심으로", 동아대학교 국제거래와 법 제29호(2020. 4.), 153면 註 51 참조.
113) 이 경우 제3자인 한국 기업을 소송에 참여시킬지는 피고인 미국수입자의 재량이고 그는 원래의 소송이 종료되기를 기다려 한국 기업을 상대로 별도의 소를 제기할 수도 있다.
114) 상세는 석광현, 제1권, 294면 이하 참조.
115) 독일은 Martiny, Rn. 704; Schack, Rn. 1083. 미국은 김용진, 제조물책임, 89-90면.

는 독일의 소수설이다.[116]

셋째, 제3자소송인입에 의한 소를 일본 민사소송법 제7조[117])에 정한 청구의 병합으로 이해하고, 통일적 판단을 할 필요성이 있는 경우 국제재판관할을 인정하는 견해. 이 견해는 첫째 견해를 취할 경우 승인단계에서 통일적 판단이 저해된다는 점을 근거로 한다. 일본 최고재판소 1998. 4. 28. 판결[118])은 이러한 입장을 취하였다고 한다.[119) 그러나 구상의무의 이행을 구하는 경우 항상 통일적 판단을 할 필요성이 있다는 취지인지는 분명하지 않다.

넷째, 피고에 대해 국제재판관할이 있다고 하여 제3자인입소송에 대해 당연히 국제재판관할을 가지는 것은 아니라고 보면서도, 만일 원고가 제3자피고에 대해 직접 소를 제기했더라면 그에 대해 재판국이 국제재판관할을 가질 수 있는 상황인 경우 피고의 제3자피고에 대한 소에 대해서도 재판국의 관할을 인정할 수 있다는 견해. 위 대법원판결은 플로리다주 법원의 판결이 제3자소송인입에 기한 것임을 별로 고려하지 않은 것으로 보이므로 대법원판결이 이런 입장을 취했다고 보기는 어려우나, 선해하자면 이런 취지라고 이해할 여지도 있을 것이다.

그러나 외국판결이 간접관할의 요건을 구비하지 못하여 승인될 수 없더라도 그에 대해 소송고지의 효력을 인정할 수 있는지에 관하여 우리나라에도 긍정설이 있으나 독일에서는 논란이 있다.[120)

나. 미국 법원의 중재판정 확인명령의 승인 및 집행

미국에서는 중재판정을 집행하기 위해서는 내국중재판정이든 외국중재판정이든 '중재판정의 확인(confirmation of arbitral award)'이라는 법원의 재판을 받아야 하는데, 확인의 결과 'merger'의 법리에 의해 중재판정은 재판으로 변환된다. 앞 (1. 라.)에서 언급한 바와 같이 미국 법원에 의하여 확인된 미국 중재판정의 승인

---

116) Geimer, Rz. 2820.

117) 이는 우리 민사소송법 제25조에 상응하는 조문이다.

118) 民集 52권 3호, 852면.

119) 일본의 판례와 학설의 소개는 渡辺惺之, "香港高等法院でなされた第3當事者訴訟を含む一連の訴訟にかかる訴訟費用の負擔命令について執行判決を認めた事例", 判例時報 1670号, 205面(判例評論 484号, 43面 이하 참조).

120) Schack, Rn. 1083은 긍정하나, Martiny, Rn. 705는 반대한다. 긍정설에서도 그 경우 승인국법이 알지 못하는 효력을 제3자피고에 대해 주장하는 것은 허용되지 않는다는 견해가 유력하다.

및 집행이 한국에서 다투어지는 경우 그 대상이 중재판정인지 아니면 법원의 확인명령인지가 문제 된다.[121] 만일 승인 및 집행의 대상이 확인명령이라는 미국 재판이라고 본다면, 우리 법원으로서는 승인요건의 하나로서 당해 미국 법원이 국제재판관할, 즉 간접관할을 가지는지를 판단해야 한다. 그런데 우리 법은 중재판정에 관한 확인이라는 제도를 알지 못하기 때문에 경상(鏡像)의 원칙을 적용하기가 어려우므로 과연 어떤 원칙에 따라 간접관할의 유무를 판단할지가 문제 된다.

다. 중재합의에 반하는 외국재판의 문제

당사자들 간의 유효한 중재합의에도 불구하고 일방당사자가 중재합의에 반하여 외국에서 제소한 경우 상대방이 중재합의의 존재를 주장하였지만 외국법원이 이를 무시하고 재판하였다면 그 외국재판은 한국에서 승인될 수 없다.[122] 이 경우 재판권 또는 국제재판관할의 결여 또는 공서위반 등을 근거로 설명할 여지가 있다.[123]

라. 간접관할의 경우 부적절한 법정지의 법리의 적용 배제

2022년 개정된 국제사법 제12조는 우리 법원이 재판하는 경우 즉 직접관할의 맥락에서 부적절한 법정지의 법리를 제한적으로 수용하였다.[124] 그러나 동 법리는 간접관할의 맥락에서는 문제 되지 않는다. 즉 외국법원이 직접관할이 있다고 판단하여 재판하였다면, 우리 법원이 승인단계에서 당해 외국법원이 부적절한 법정지의 법리에 의하여 관할을 행사하지 말았어야 함에도 불구하고 이를 행사하였다는 이유로 간접관할을 부인할 수는 없다. 당해 외국법원의 국제재판관할이 없는 것은 아니기 때문이다.

---

121) 위에서 보았듯이 대법원 2018. 7. 26. 선고 2017다225084 판결은 미국 법원의 확인명령을 받았더라도 중재판정이 승인 및 집행의 대상이 될 수 있다고 판시하였다.

122) Martiny, Rn. 619; Geimer, Anerkennung, S. 119. 참고로, 미국의 통일외국금전판결승인법 제4조 b항 5호는 "외국법원의 소송절차가 당해 분쟁을 그 법원에서의 절차 이외의 방법으로 해결하기로 한 당사자 간의 합의에 반하는 때"를 승인거부사유의 하나로 열거한다.

123) 이에 대해 Geimer, Anerkennung, S. 119, Fn. 53은 그 경우를 국제재판관할의 결여로 볼 수 있는지는 의문이나, 어쨌든 간접관할의 결여를 규정한 조항(제328조 제1항 제1호)을 유추적용할 것이지 공서를 적용할 것은 아니라고 한다.

124) 상세는 석광현, 국제재판관할법, 169면 이하 참조.

마. 관할요건의 심리

관할요건은 당사자의 이익에만 관련되는 문제가 아니라 국가적 이익에도 관계되는 문제이므로 당사자의 주장을 기다리지 않고 승인국인 한국 법원이 직권으로 조사할 사항이다.[125) 그러나 독일에는 관할요건은 피고의 보호를 위한 것이므로 항변사항이라는 견해도 있다.[126) 과거에는 이 점에 관하여 우리나라에서도 논란이 있었으나 2014년 개정된 민사소송법 제217조 제2항은 이 점을 명시하여 문제를 해결하였다.

간접관할의 유무를 판단함에 있어 한국 법원은 외국법원의 사실인정에 구속되는가에 관하여 논란이 있으나, 재판국과 승인국은 각자 자기의 규칙에 따라 관할의 유무를 판단하므로 구속되지 않는다고 볼 것이다.[127) 그러나 브뤼셀협약(제28조 제2항), 브뤼셀 I(제35조 제2항)은 구속된다고 규정하였다.[128) 이는 이런 국제규범은 간접관할만이 아니라 직접관할에 관하여도 통일규칙을 규정하면서 상호신뢰를 전제하기 때문이다.

간접관할의 유무를 판단하는 기준 시에 관하여 우리나라에서는 한국의 법원이 승인 여부에 관하여 판단하는 때라는 견해가 유력하나,[129) 독일에서는 외국재판의 구두변론 종결 시라는 견해 등 다양한 견해가 주장되고 있다.[130)

4. 송달을 받았을 것[131)

민사소송법 제217조 제1항 제2호는 "패소한 피고가 소장 또는 이에 준하는 서면 및 기일통지서나 명령을 적법한 방식에 따라 방어에 필요한 시간여유를 두고 송달받았거나(공시송달이나 이와 비슷한 송달에 의한 경우를 제외한다) 송달받지 아니하였더라도 소송에 응하였을 것"을 외국재판의 승인요건의 하나로 규정한다.

---

125) 김주상, 511면; 최공웅, 효력, 349면. 독일의 통설도 관할요건은 직권조사사항이라고 한다. Schack, Rn. 1036.
126) Geimer, Anerkennung, S. 54.
127) 김주상, 498-499면; 이공현, 614면. 독일에서는 견해가 나뉜다.
128) 다만, 후자는 결석재판의 경우 명시적으로 예외를 인정한다.
129) 김주상, 499면; 최효섭, 272면.
130) 외국에서의 제소 시를 기준으로 하되, 소송계속 중 관할근거가 발생하면 족하다는 견해도 있다. Geimer, Anerkennung, S. 55. 상세는 Martiny, Rn. 777f.
131) 송달요건에 관하여는 석광현, 제1권, 296면 이하 참조. 더 구체적인 논의와 대법원 판례에 대한 평석은 석광현, "外國判決 承認要件으로서의 送達—대법원 1992. 7. 14. 선고 92다2585 판결에 대한 평석을 겸하여—", 제1권, 356면 이하 참조.

이는 외국소송에서 방어의 기회를 가지지 못하고 패소한 피고의 이익을 보호하기 위한 것이다. 즉 이는 패소한 피고의 방어권을 보장하기 위한 것으로 영미에서 말하는 적법절차(due process) 내지 독일에서 말하는 '법적인 심문(rechtliches Gehör)을 받을 권리'를 보장하기 위한 것이다.

가. 송달의 적법성과 적시성

구 민사소송법 제217조 제2호는 피고가 송달을 받았을 것만을 요구하였으나, 민사소송법 제217조 제1항 제2호는 송달은 적법한 방식에 따라야 하고, 피고가 방어를 위한 충분한 시간적 여유를 가질 수 있도록 적시에 행해져야 함을 명시한다. 이것이 송달의 '적법성(Ordnungsmäßigkeit)'과 '적시성(Rechtzeitigkeit)'의 요건이다.

송달의 적법성을 판단하는 기준은 재판국법이다.[132] 왜냐하면 국제사법 내지는 국제민사소송법상 "절차는 법정지법에 따른다는 원칙"이 일반적으로 승인되고 있을 뿐만 아니라, 승인국법에 따라 송달의 방법을 정해야 한다면 송달 당시에는 어느 나라에서 승인을 구할 것인지를 알 수 없기 때문이다. 그러나 송달의 방법은 승인국의 주권을 침해하는 것이어서는 아니 되고, 특히 피고가 재판국에 송달을 받을 자를 두지 않은 결과 사법공조의 방식에 의해 한국으로 송달을 하고 그 재판의 승인 및 집행이 한국에서 문제 되는 경우에는 송달의 적법성은 재판국법과 조약 및 우리 민사공조법에 비추어 적법한 것이어야 한다.

법조문은 단순히 "적법한 방식에 따라"라고 하나 이는 송달서류가 적법한 방식에 따라 작성될 것을 의미하는 것이 아니라 송달이 적법한 방법으로 행해질 것을 의미한다. 송달의 적법성 요건에 대해서는 비판론이 있다. 즉 송달요건은 피고의 방어권을 보장하기 위한 것이므로, 가사 송달이 다소 부적법하더라도 피고가 적시에 송달을 받아 방어에 지장이 없었다면 송달의 부적법을 이유로 승인 및 집행을 거부할 것은 아니라는 것이다(다만 주권침해의 경우만은 예외). 문제는 이러한 견해가 송달의 적법성을 명시한 민사소송법상 가능한지인데 그에 관하여는 견해

---

132) 이와 달리 정병석, 309면은 승인국의 법에 따른다고 한다. 송달의 적법성의 논의에는 세 개의 맥락이 있는데, 첫째는 법정지국이 재판을 진행하기 위한 전제로서의 송달의 적법성(물론 이 경우에도 법정지국은 목적지국의 요건을 고려하여 송달을 할 것이다), 둘째는 외국에 대하여 사법공조를 제공하기 위한 전제로서의 송달의 적법성이고, 셋째는 외국재판의 승인 및 집행의 맥락에서의 송달의 적법성이다. 따라서 송달의 적법성은 그 맥락에 따라 달리 판단하여야 하는데 본문에서 논의하는 것은 셋째의 적법성이다.

가 나뉠 수 있다. 이 점은 뒤(라.)에서 논의한다.

한편 송달의 적시성은, 피고가 방어를 위하여 필요한 시간적인 여유를 가질 수 있도록 미리 송달되어야 함을 의미한다. 이는 재판국의 법이 정한 송달기간의 준수만으로는 부족하고, 번역에 소요되는 시간, 외국 변호사를 접촉하기 위한 시간, 적절한 소송준비를 위하여 필요한 시간과 통상절차인지 보전절차인지 등 사안의 구체적인 사정을 고려하여 결정해야 한다. 제2호는 소송의 개시에 필요한 소환 또는 명령의 송달에만 적용되고, 소송개시 후의 변론기일을 위한 소환에는 적용되지 않는다. 따라서 소송개시 후의 절차가 공시송달에 의하여 이루어졌더라도 제2호의 요건을 결여하는 것은 아니다.

구 민사소송법은 "소송의 개시에 필요한 소환 또는 명령"의 송달을 받았을 것을 요구하였으나, 민사소송법은 "소장 또는 이에 준하는 서면 및 기일통지서나 명령"의 송달을 받았을 것을 요구한다. 문면상으로는 "소장 또는 이에 준하는 서면"뿐만 아니라 모든 "기일통지서나 명령"의 송달을 요구하는 것처럼 보이나, 제2호는 소송의 개시에 필요한 소장 또는 이에 준하는 서면 및 이에 준하는 기일통지서나 명령의 송달에만 적용되고, 소송개시 후 변론기일을 위한 기일통지서나 명령에는 적용되지 않는다. 즉 제2호는 소송의 개시단계에만 적용되고, 그 후의 소송절차 중에 필요한 송달을 받지 못하여 피고가 방어권을 행사할 수 없었다면 이는 제3호가 정한 공서위반(정확히는 절차적 공서위반)이 될 것이다. 독일법상으로는 소송의 개시에 필요한 서류는 소장(訴狀)이고, 프랑스법계에서는 소환장 및 응소요구서라고 한다.133) 그렇다면 제2호에서는 "소장 또는 이에 준하는 서면"과 "기일통지서나 명령"을 중첩적으로 요구하는 것보다는 브뤼셀협약 제27조 제2호(브뤼셀규정 제34조 제2호)처럼 단순히 "소송을 시작함에 필요한 서면 그 밖의 이와 비슷한 서면"만을 요구하는 편이 낫지 않았을까 생각된다.134) 대법원 2003. 9. 26. 선고 2003다29555 판결은 법문에 충실하게, '소장 또는 이에 준하는 서면 및 기일통지서나 명령의 송달'이라 함은 소장 및 소송개시에 필요한 소환장 등을 말하는 것으로서, 이러한 서류가 적법하게 송달된 이상 그 후의 소환 등의 절차가 우편송달이나 공시송달 등의 절차에 의하여 진행되었더라도 승인의 대상이 될 수

---

133) Kropholler, EuZPR, Art. 34 Rn. 29. 과거에는 '소환장'이라고 하였으나 민사소송법은 '기일통지서' 또는 '출석요구서'라고 한다.

134) 저자는 과거 이런 내용의 입법론을 제시하였다. 석광현, 제1권, 418면.

있다고 판시하였다. 그러나 위 판결은 비록 피고에게 기일통지가 된 적은 없으나 이는 피고에 대하여 기일이 열리지 않은 것에 기인할 뿐이고 피고가 소장과 응소 방법, 불응소시의 불이익 등이 기재된 서면, 즉 소송제기통지(summons)를 송달받은 이상 송달요건은 충족되었다고 판단하였다. 이는 반드시 기일통지서가 송달되어야 하는 것은 아니라고 본 것이다.

나. 송달의 방법
(1) 통상의 송달

송달은 승인국인 우리나라의 주권을 침해하지 않는 한, 법정지법이 정한 절차에 따라 적법하게 행해진 것이면 된다. 위 조항의 취지는 송달을 받음으로써 자신을 방어하기에 필요한 조치를 취할 기회가 부여되어야 한다는 것이고, 법조문 또한 공시송달의 방법만을 제외한 점에 비추어, 민사소송법에 의한 통상의 송달방법에 한정할 것이 아니라 피고인 우리 국민이 실제로 소송이 제기된 사실을 요지할 수 있는 송달방법이면 되므로 교부송달뿐만 아니라 보충송달 또는 유치송달도 허용된다고 보아야 할 것이다.[135] 그러나 과거 대법원 1992. 7. 14. 선고 92다2585 판결[136]은 여기서의 송달은 '통상의 송달방법'에 의한 송달, 즉 교부송달만을 의미하는 것으로 해석하였다. 위 대법원판결에 따르면 외국재판이 한국에서 승인·집행되기 위하여는 국내재판보다 더 엄격한 방식에 의한 송달이 이루어져야 한다는 것인데 이는 근거가 없었고[137] 더욱이 송달협약에 반하는 것이었다.

---

135) 정병석, 308-309면도 동지.
136) 위 판결에 대한 평석은 석광현, 제1권, 356면 이하 참조. 김홍엽, 740면은 위 판결을 지지한다.
137) 참고로 과거 독일 민사소송법 제328조 제1항 2호는 서류가 '직접'(in Person) 교부될 것을 요구하였고 동법의 해석으로서는 보충송달이나 유치송달은 적법하지 않은 것으로 해석되었으나 직접이라는 요건은 1986년 개정 시 삭제되었다. 우리 민사소송법의 해석론으로서는 독일 구 민사소송법처럼 제한적으로 해석할 근거가 없었다. 그럼에도 불구하고 과거 대법원은 "구 민사소송법 제217조 제1항 제2호의 규정에 따른 송달이란 보충송달이나 우편송달이 아닌 통상의 송달방법에 의한 송달을 의미"한다고 보아, 보충송달(송달받을 사람을 만나지 못하여서 그 사무원, 피용자(被用者) 또는 동거인으로서 사리를 분별할 지능이 있는 사람에게 서류를 교부하는 송달 방법, 민사소송법 제186조 제1항)에 기초하여 내려진 외국판결은 국내법원에서 집행될 수 없다고 판단하였다(대법원 1992. 7. 14. 선고 92다2585 판결, 대법원 2009. 1. 30. 선고 2008다65815 판결 등). 저자는 그런 태도를 비판한 바 있다.

그러던 중 송달협약이 적용되는 사건은 아니지만, 대법원 2021. 12. 23. 선고 2017다257746 전원합의체 판결에서 대법원은 종래의 태도를 바꾸어 "외국재판 과정에서 (본인이 아닌 배우자에게) '보충송달' 방식으로 송달이 이루어졌더라도 그 송달이 방어에 필요한 시간 여유를 두고 적법하게 이루어졌다면 위 규정에 따른 적법한 송달로 보아야 한다"라면서, 반대 취지의 과거 판결들을 모두 변경하였다. 전원합의체 판결은 저자가 전부터 주장한 견해를 따른 것으로 대법원이 견해를 변경한 것을 환영한다. 이는 송달협약 당사국이 아닌 뉴질랜드 법원의 요청으로 국제민사사법공조법에 따라 한국에 거주하는 피고의 남편에게 소송서류가 보충송 달된 후 선고된 외국판결을 강제집행하기 위하여 집행판결을 청구한 사건이 다.138) 위 판결이 전원합의체 판결로 선고된 것은 위와 같은 견해의 변경이 판례 변경의 대상인지, 즉 판례의 의미에 관하여 논란이 있었기 때문이다.139)

또한, 패소한 피고에 대한 송달은 공시송달 또는 이와 비슷한 송달이어서는 아니 된다. 구 민사소송법은 송달요건을 구비하지 못하는 송달로서 공시송달만을 규정하였으나, 민사소송법은 공시송달뿐만 아니라 '이와 비슷한 송달'을 함께 규

---

138) 위 대법원 판결에 대하여는 김호용, "보충송달 방식이 민사소송법 제217조 제1항 제2호에 서 정한 '적법한 송달'에 포함되는지 여부가 문제 된 사건", 대법원판례해설 제129호(2022), 461면 이하; 김영석, "외국재판의 승인 및 집행요건으로서 민사소송법 제217조 제1항 제2 호에서 정한 '적법한 송달'의 의미: 대법원 2021. 12. 23. 선고 2017다257746 전원합의체 판결을 중심으로", 서울대학교 법학 제63권 제3호(2022. 9.), 241면 이하(이는 민사판례연 구[XLV](2023), 665면 이하에도 수록됨) 참조.

139) 다수의견은 이 부분이 '대법원이 판단한 법률의 해석·적용에 관한 의견'으로서 판례에 해 당하고 이 사건에서 그에 반대되는 판단을 하므로, 판례 변경이 필요하다고 보았다. 그러나 김재형 대법관은 엄밀한 의미에서 '판례'는 '특정 사건과 관련한 쟁점에 관하여 대법원이 판단한 법령의 해석·적용에 관한 의견'을 가리킨다. 즉, 대법원판결에서 추상적 형태의 법 명제로 표현된 부분이 모두 판례인 것은 아니고, 그중 특정 사건의 쟁점을 해결하는 데 필 요한 판단 부분만이 판례이므로 위 전원합의체판결이 판례 변경이 필요하다고 본 대법원 1992. 7. 14. 선고 92다2585 판결과 대법원 2009. 1. 30. 선고 2008다65815 판결에서 판단 한 '보충송달의 적법성'은 직접적 쟁점이 아니었으므로 '보충송달의 적법성'에 관한 부분은 방론에 해당하여 엄밀한 의미에서 판례라고 볼 수 없고, 위 두 판결과는 사안이 다른 이 사 건에서 판례를 반드시 변경해야 하는 것은 아니라는 취지의 의견을 개진하였다. 논의는 윤 진수, "한국법상 '판례'의 의미―대법원 2021. 12. 23. 선고 2017다257746 전원합의체 판결 에 비추어 본 주론(主論)과 방론(傍論)의 구별", 사법 제62호(2022. 12.), 613면은 위 사건에 서는 판례 변경을 위하여 전원합의체가 개입할 필요는 없기에 엄밀한 의미에서 판례 변 경은 아니지만 법적 불확실성을 해소하기 위하여 전원합의체가 선고할 필요성까지 부정할 수는 없다고 본다.

정한다. 구 민사소송법은 공시송달만을 명시하였으나 해석론으로도 공시송달이라 함은 우리 법상의 공시송달에 한정되는 것이 아니라, 송달된 것으로 의제하는 송달방법을 의미하는 것, 따라서 프랑스법상의 '*remise au parquet*'[140]나 법원사무관 등이 소송서류를 송달장소에 등기우편으로 발송하는 방법에 의한 우편송달도 공시송달에 해당하는 것으로 보았다.[141] 민사소송법은 이런 견해를 명시한 것이다. 그러나 민사소송법은 구 민사소송법과 달리 "방어에 필요한 시간여유를 두고 송달받았거나"라고 하여 제2호가 피고의 방어권을 보장하기 위한 것임을 명시하므로 "(공시송달이나 이와 비슷한 송달에 의한 경우를 제외한다)"라는 문언은 넣지 않았더라도 결과에는 차이가 없었을 것이다.

(2) 사법공조에 의한 송달 ─ 헤이그송달협약에의 가입 ─

실제로 한국에 소재하는 피고에 대한 국제적인 송달은 사법공조에 의해 이루어진다. 민사공조법에 의하면 외국으로부터의 송달촉탁은 송달을 할 장소를 관할하는 제1심법원이 관할한다(제11조). 우리 법원이 공조를 제공하기 위해서는 일정 요건이 구비되어야 한다(제12조). 민사공조법은 이처럼 '외교상의 경로(diplomatic channel)'를 통한 관할법원에의 촉탁방법, 즉 간접실시방식을 고수함으로써 많은 시간과 비용을 요하는 한계를 가지고 있다.

민사공조법에 따른 송달을 보다 신속하게 하기 위하여 한국은 2000년 1월 헤이그국제사법회의의 "민사 또는 상사의 재판상 및 재판외 문서의 해외송달에 관한 1965. 11. 1. 협약"(이하 이 장에서 "송달협약"이라 한다)에 가입하였고 이는 2000. 8. 1.자로 발효하였으므로 체약국 법원이 한국으로 하는 송달은 송달협약에 의한다.[142] 한국 정부는 법원행정처를 동 협약 제2조의 중앙당국(central authority)으로 지정하였다.

(3) 송달대리인을 통한 송달

한국 기업이 국제거래, 특히 국제금융거래를 하는 경우 소송에 의해 분쟁을

---

140) 이는 서류를 프랑스의 검사에게 교부함으로써 행해지는 송달인데 '*notification au parquet*'라고도 한다. 프랑스 신민사소송법 제684조 제1항(*La signification d'un acte destiné à une personne domiciliée à l'étranger est faite au parquet.*) 참조.
141) 김주상, 501면; 최효섭, 273면.
142) 송달협약에의 가입과 관련한 문제는 석광현, 제2권, 287면 이하 참조.

해결하기로 하고 관련계약서에서 관할합의를 하는 것이 일반적이다. 이때 외국기업이 영미법계국가인 경우에는 관련계약서에서 관할법원의 소재지에서 한국 기업을 대리하여 송달을 받을 자, '송달대리인(agent for service of process)'을 지정하도록 요구하는 경우가 많다. 이는 간이한 송달방법을 확보함으로써 절차의 지연을 피하기 위한 것이다. 이처럼 한국 기업이 외국에서 당해 법정지법에 따라 송달대리인을 지정하고 외국법원이 그 송달대리인에게 송달한 경우 송달은 적법하다. 왜냐하면 송달의 적법성은 절차의 문제로서 원칙적으로 재판국법에 따를 사항이기 때문이다.

(4) 영사송달의 문제

영사송달은 자국민에 대한 송달의 경우에 한하여 허용된다. 위 대법원 1992. 7. 14. 선고 92다2585 판결은, 한국은 영사관계에 관한 비엔나협약에 가입하였지만, 민사공조법에 의하여 외국법원이 자국민이 아닌 한국인에게 영사송달을 하는데 대하여 이의를 표시한 것으로 보아야 함을 이유로, 대만 법원이 한국인인 피고에게 주한 대만영사를 통하여 직접 송달방식으로 소장을 송달을 한 것은 한국의 재판사무권을 침해한 것으로 적법한 송달로 볼 수 없다고 하고 그에 기한 대만 법원 판결의 승인을 거부하였다.[143]

더욱이 우리 정부는 2000년 송달협약에 가입하면서 제8조 제2항에 따라 다른 체약국이 외교관 또는 영사를 통해 한국으로 송달하는 경우 자국민에 대해서만 이를 허용하고 한국민 또는 제3국민에 대해서는 반대한다는 취지의 선언을 하였으므로 체약국의 경우 자국민 이외의 자에 대한 영사송달은 허용되지 않는다.

(5) 우편에 의한 송달과 사적 송달의 문제

외국, 특히 미국 법원이 한국에 대해 하는 우편에 의한 송달이나, 사적 송달 또는 사인송달이 적법한가라는 의문이 제기된다. 사적 송달은 당사자 또는 소송

---

143) 위 판결은 "비엔나영사협약 제5조 제이(j)항에는 파견국 영사는 파견국 법원을 위해 소송서류 또는 소송 이외의 서류를 송달할 수 있도록 되어 있으나, 이는 자국민에 대해서만 가능한 것이고, 우리나라와 영사관계가 있더라도 송달을 받을 자가 자국민이 아닌 경우에는 영사에 의한 직접실시방식을 취하지 않는 것이 국제예양이며, 위 협약에 가입하고 있는 국가라고 할지라도 명시적으로 위 방식에 대한 이의를 표시하고 있는 경우에는 이에 의할 수 없는 것이라고 할 것"이라고 판시하였다. 이를 전제로 대법원은 한국은 민사공조법에 의해 외교관 또는 영사에 의한 직접송달에 대해 이의를 하였다고 보았다.

대리인이 직접 또는 전문송달업체, 또는 한국 내 변호사 등을 통하여 상대방에게 소송서류를 송달하는 것을 말한다. 우편에 의한 송달은 송달의 경로를 말하는 것으로서 중앙당국을 통하지 않고 직접 수취인에게 우편 경로를 통하여 전달되는 송달을 말한다. 사적 송달 중 우편 경로를 통하여 송달이 이루어질 경우 이는 사적 송달임과 동시에 우편에 의한 송달이 된다.

이는 결국 미국 법원이 한국에 있는 한국인에 대한 우편에 의한 송달 또는 사적 송달에 기하여 선고한 재판이 한국에서 승인 및 집행될 수 있는가의 문제인데, 우편에 의한 송달과 사적 송달은 민사공조법의 취지에 반하는 것으로 이해되었다. 더욱이 한국이 송달협약에 가입하면서 제10조 제1호에 정한 우편에 의한 송달에 대해 명시적으로 이의를 제기하였으므로, 체약국이 하는 우편에 의한 송달은 조약에 반하고, 그에 기한 외국법원의 판결은 송달의 적법성이 결여되어 승인될 수 없다.[144] 다만, 미국 연방대법원의 Volkswagenwerk Aktiengesellschaft v. Schlunk 사건 판결[145]에서 본 것처럼 미국 법원이 한국 기업에 송달하는 대신 한국 기업의 미국 자회사를 전자의 '비자발적 대리인(involuntary agent)'으로 보아 송달할 가능성은 여전히 있다.

일반적으로 소송서류의 송달을 엄격하게 재판권 행사로 볼지 여부는 입법정책적인 문제이고, 외국의 사법기관이 국내에서 행위하는 것이 아닌 한, 송달을 반드시 공권력의 행사(Hochheitsakt)로 파악할 것은 아니라는 견해도 설득력이 있으나, 법원에 의한 직권송달주의를 취하고 있는 우리 법제하에서는 송달을 공권력

---

[144] 양병회, "국제사법공조로서의 외국송달에 관한 소고", 민사소송(Ⅲ) 제3권(2000), 231면도 동지. 송달협약에 반하는 송달은 부적법한 송달이고 나아가 우리의 주권침해가 될 수 있으므로, 일반론으로는 수송달자가 실제로 송달을 받아 방어권 행사에 지장이 없었다면 송달의 하자가 치유될 수 있다고 하더라도 현재로서는 주권침해의 경우에까지 이를 인정하기는 어렵다. 주권침해 시 송달 하자의 치유를 다룬 것은 아니나 송달협약에 반하여 우편에 의한 송달을 한 경우 적법한 송달요건이 구비되지 않는다고 판단한 하급심 판결들이 있다. 예컨대 러시아 법원 판결의 승인 및 집행을 거부한 광주고등법원 2024. 9. 26. 선고 2024나 20446 판결(확정)과 프랑스 법원 판결의 승인 및 집행을 거부한 대구고등법원 2024. 10. 29. 선고 2024나13419 판결(확정) 등 참조.

[145] 486 U.S. 694 (1988). 동 사건에서는 ① Schlunk가 독일 법인인 Volkswagenwerk Aktien-gesellschaft의 미국 현지법인(Volkswagen of America, Inc.)에게 한 송달을 모회사인 독일 법인에 대한 송달로 볼 수 있는가와, ② 그 송달이 송달협약에 부합하는지의 여부가 다투어졌으나, 미국 연방대법원은 위 송달이 일리노이주법과 연방헌법의 적법절차조항에 부합하는 것이라고 하고, 그 경우 송달이 내국에서 행해졌으므로 외국에로의 송달에 적용될 것을 규정하고 있는 송달협약은 적용되지 않는다고 판시하였다.

의 행사로 보는 것이 자연스럽고, 영사송달에 관한 위 대법원판결도 송달을 공권력의 행사로 보았다. 그렇다면 민사공조법에 반하는 송달은 우리 주권을 침해하는 행위가 되므로 그에 기한 외국재판의 집행은 허용되지 않는다. 다만, 이에 대하여는 제217조의 송달요건은 패소한 피고의 보호를 목적으로 하는 것이지 주권의 보호를 목적으로 하는 것은 아니라는 이유로 비록 송달이 부적법하더라도 피고가 실제로 송달을 받아 방어할 수 있는 기회를 가졌다면 외국재판의 승인 · 집행을 거부할 것은 아니라는 견해146)도 경청할 만하다. 앞으로는 우리도 그러한 방향으로 해석해야 할 것이나, 현재의 대법원판례 하에서는 받아들이기가 쉽지 않을 것이다.

흥미로운 것은, 흑연전극봉 사건에서 대법원 2006. 3. 24. 선고 2004두11275 판결이 취한 태도이다. 이는 흑연전극봉을 생산하는 미국, 독일 및 일본의 업체들이 런던에서 최고책임자급 회합을 개최하여 세계시장에서 흑연전극봉 가격인상 등을 위한 공동행위의 기본원칙에 합의하였고, 그 후 1992년 5월부터 1998년 2월까지 외국에서 한국시장을 포함한 세계시장을 대상으로 하여 흑연전극봉의 가격을 결정, 유지하기로 합의하였고 그러한 합의를 실행함으로써 흑연전극봉의 조달을 전량 수입에 의존하고 있던 한국 수입업체들에게 손해를 끼친 사건이다. 이 사건에서 공정거래위원회는 일본 회사에 대하여 공시송달과 함께 우편에 의한 송달을 하였다. 대법원판결은 구 공정거래법 제55조의2와 운영규칙 제3조 제2항에 의하여 준용되는 구 행정절차법 제14조 제1항을 근거로 우편에 의한 송달을 적법하다고 보았다. 그러나 직권송달주의를 취하는 우리나라에서는 종래 민사사건에서의 송달을 주권의 행사로 보아 우리 법원이 외국의 당사자에게 우편에 의한 송달을 하는 것은 외국의 주권을 침해하는 것으로 이해하여 왔는데,147) 행정사건인 위 사건에서 대법원판결이 우리 국내법의 규정을 근거로 외국에 우편에 의한 송달을 할 수 있다고 본 점은 의외이다. 우리나라의 종래의 태도에 따르면, 준사법기관인 공정거래위원회가 외국사업자에게 시정 및 과징금의 납부를 명하고 그 불이행 시 형벌이나 체납처분과 같은 강제처분이 수반되는 의결서의 통지의 경우는 주권의 행사로서 법원의 송달에 준하는 것으로 보아야 할 것이다. 따라서 종래의 우리의

---

146) 예컨대 Schack, Rn. 998.

147) 대법원 1992. 7. 14. 선고 92다2585 판결도 외국이 우리 법인에게 자국영사에 의한 직접실시방식으로 송달한 것은 우리나라의 재판사무권을 침해한 것이라고 판시하였다. 이 판결에 대한 평석은 석광현, 제1권, 356면 이하 참조.

학설에 따르면 우편에 의한 송달은 외국의 주권을 침해하는 것으로서 부적법하다. 앞으로 우리 법원이, 외국법원이 우리나라로 우편에 의한 송달에 기하여 재판한 경우 그 판결의 승인에 대하여 어떤 태도를 취할지 궁금하다.

다. 송달서류의 번역의 문제

송달의 적법성과 관련하여 소송서류의 번역을 첨부하지 않은 경우가 문제 된다. 일부 견해는 번역문의 결여는 외국재판의 승인에 영향을 미치지 않는다고 한다. 이에 따르면 피고는 스스로 번역문을 구해야 하나, 외국어로 된 법률문서를 제대로 이해하는 데 따르는 어려움을 고려한다면 이는 지나치다.[148]

민사공조법은 외국으로부터의 촉탁은 국어로 작성된 번역문이 첨부되어 있을 것을 공조의 요건으로 규정하고(제12조 제6호), 또한 송달협약(제5조)에 따르면 중앙당국은 송달할 문서가 수탁국의 공용어로 기재되거나 번역되도록 요청할 수 있다. 이러한 요청은 일반적인 선언으로 할 수도 있고 개개의 사건별로 할 수도 있다. 우리나라는 일반적인 선언을 하지 않았으므로 개개의 사건별로 할 것으로 생각된다. 따라서, 법적으로는 번역문이 첨부되지 않은 경우 공조가 제공되지 않는다.

그러나 이를 간과하고 송달이 이루어진 때에는 그에 기한 외국재판의 승인 및 집행이 문제 될 수 있으나, 번역문이 첨부되지 않았다고 하여 일률적으로 승인 및 집행을 거부할 것은 아니고, 당해 피고가 송달받은 문서를 해독할 능력이 있는지의 여부 등을 고려하여 피고가 방어할 수 있는 기회를 가졌는지를 기준으로 합리적으로 판단해야 할 것이다.[149] 물론 송달의 적법성을 엄격히 요구한다면 이 경우 부적법한 송달에 기한 외국재판의 승인 및 집행은 허용되지 않을 것이나 방어권의 보호에 착안한다면 달리 볼 수 있다는 것이다.

라. 송달의 적법성의 완화 내지는 송달의 하자의 치유

송달이 부적법한 것이더라도 피고가 이를 적시에 수령하여 방어권을 행사함에 지장이 없었다면, 제2호의 취지가 피고의 방어권 보장에 있다는 점을 고려할 때 그에 기한 외국재판의 승인 및 집행이 가능하다. 다만, 일반론으로 피고가 응

---

148) 정병석, 313면은 번역문을 첨부하지 않은 송달은 부적법하다고 본다.
149) Schack, Rn. 997 참조.

소한 경우에는[150) 송달의 하자가 치유되는데, 나아가 피고가 응소하지 않았더라도 실제로 송달을 받아 방어권 행사에 지장이 없었다면 송달 하자의 치유를 인정할 여지가 있다. 독일에서 이 점이 특히 논의되는 이유는 송달 하자의 치유를 명시한 민사소송법 제189조가 있기 때문이다.[151)

우리 민사소송법에는 상응하는 규정은 없으나 소송절차에 관한 이의권을 규정한 제151조[152)를 참조하면 독일에서와 유사한 논의가 전개될 수 있는데, 실제로 판례와 학설은 국내사건에서 송달의 하자 치유라는 개념을 인정한다.[153) 다만 이처럼 송달 하자의 치유를 인정하더라도, 주권침해의 경우에도 송달의 하자의

---

150) 따라서 송달요건이 문제 되는 것은 응소하지 않은 경우 특히 default judgment의 경우이다. 우리나라에서는 default judgment를 결석(궐석)판결이라고 번역하는 경향이 있으나 엄밀하게는 '무변론판결'(과거 의제자백 판결)이 더 적절하다. 이혜민, "통계로 본 외국재판의 집행판결 20년사−2000~2019 외국재판 집행청구 각하사건을 중심으로−", 법조 제69권 제2호(통권 제740호)(2020. 6.), 411면 註 10은 "Default Judgment를 하급심 판결례 및 문헌 등에서 '궐석(또는 결석)재판' 등의 용어로 번역하나 반드시 기일이 열리고 불출석한 상태에서 심리가 진행된 경우만을 전제하지 않으므로 적절한지 의문이 있고, 피고가 적시에 응소하지 않은 불이익을 받는다는 점에서 '무변론판결 제도'와 유사하나 이도 정확히 일치하지는 않는다"라고 하고, 나아가 "Default Judgment는 각 관할(예컨대 미국의 경우 연방, 주 법원, 행정심판소 등)을 규율하는 법규에 따라 다양하게 규율되는데, 대표적으로 연방민사소송규칙(FRCP)에 따르면 배상금액이 명확한 경우 일정한 요건하에 원고의 신청에 따라 affidavit을 근거로 서기가 Default Judgment를 내리는 경우가 있고, 그 외의 경우 당사자가 판사에게 Default Judgment를 신청하는데(제55조 (b)(1), (2)). 상대방 당사자는 추후 Default Judgment에 대한 무효화 신청(Motion to Set Aside)을 할 수 있다(제60조 (b))"라는 취지로 설명한다. 상세는 오대성, "미국 연방민사소송에서의 궐석판결", 민사소송 제17권 제2호(2013. 11.), 383면 이하 참조. 독일에서는 변론에 양 당사자가 참가하였는지 일방만이 참석했는지에 따라 대석판결(kontradiktorisches Urteil)과 결석판결(Versäumnisurteil 또는 해태판결)을 대비시킨다.
151) 독일 민사소송법 제189조(송달 하자의 치유. Heilung von Zustellungsmängeln)는 아래와 같다. "서류를 적법한 방식으로 송달하였다는 것을 증명하지 못하거나, 서류가 송달에 관한 강행규정을 위반하여 도달된 경우, 그 서류는 법률에 따라 송달받을 사람 또는 송달받을 수 있었던 사람에게 실제로 도달된 시점에 송달된 것으로 본다." 또한 절차에 관한 이의를 규정한 제295조도 근거로 들기도 한다. Geimer, Rz. 2102.
152) 조문은 다음과 같다. "제151조(소송절차에 관한 이의권) 당사자는 소송절차에 관한 규정에 어긋난 것임을 알거나, 알 수 있었을 경우에 바로 이의를 제기하지 아니하면 그 권리를 잃는다. 다만, 그 권리가 포기할 수 없는 것인 때에는 그러하지 아니하다".
153) 예컨대 대법원 1998. 2. 13. 선고 95다15667 판결은 사망자에 대하여 실시된 (압류 및 전부명령 정본이나 그 경정결정 정본의) 송달은 위법하여 원칙적으로 무효이나, 그의 상속인이 현실적으로 송달서류를 수령한 경우에는 하자가 치유되어 그 송달은 그 때에 상속인에 대한 송달로서 효력을 발생한다고 판시하였다.

치유를 인정할지는 논란의 여지가 있는데 독일에서는 학설이 나뉜다. 긍정설은 독일 민사소송법 제328조 제1항 제2호(우리 민사소송법 제217조 제1항 제3호에 상응)의 취지는 피고의 방어권을 보장하기 위한 것이지 주권의 보호가 아니므로 피고가 실제로 송달을 받아 방어할 수 있는 기회를 가졌다면 외국재판의 승인을 거부할 것은 아니라고 본다.[154] 반면에 일부 학설과 판례인 부정설은 그 경우 하자의 치유를 인정하는 것은 주권개념의 포기를 의미하기 때문에 허용되지 않는다고 본다.[155]

저자로서는 송달요건은 피고의 방어권을 보장하기 위한 것이므로 송달이 다소 부적법하더라도 방어에 지장이 없었다면 송달의 사소한 부적법을 이유로 승인 및 집행을 거부할 것은 아니라는 점에서 송달의 하자는 치유될 수 있다고 보지만, 주권침해의 경우(특히 송달협약 위반의 경우)는 달리 본다.[156] 민사소송법 제217조 제1항 제2호가 브뤼셀협약(제27조 제2호)처럼 송달의 적법성과 적시성을 명시적으로 요구하므로 이러한 해석에 대해 이견이 있을 수 있으나 그렇더라도 송달의 적법성은 적시성보다는 완화하여 해석해야 한다는 것이다.

---

154) Schack, Rn. 998ff.; Geimer, Anerkennung, S. 128; Geimer, Rz. 2916.

155) Rolf Stürner, Europäische Urteilsvollstreckung nach Zustellungsmängeln, Festschrift fur Nagel (1987), S. 446−456. Geimer, Rz. 2102ff.는 주권을 침해한 경우 일반이 아니라 송달협약 위반 사례를 든다.

156) 한국 법인과 물품 구매계약(준거법은 러시아연방법률)을 체결한 러시아 비공개회사로서 주식회사인 원고는 전속적 관할합의에 따라 국제재판관할을 가지는 러시아연방 상트페테르부르크시와 레닌그라드 지역 중재법원(명칭과 달리 이는 상사법원이라고 한다)의 승소판결을 받았는데 이는 피고가 응소하지 않은 상태에서 선고된 것이었다. 러시아는 송달협약의 당사국인데, 러시아 법원은 소장을 국제등기우편으로 피고에게 송달하였다. 원고는 피고를 상대로 우리 법원에 제소하여, 주위적으로는 위 사건 판결의 집행판결을 구하였고, 예비적으로는 피고의 의무이행을 구하였다. 광주지방법원 목포지원 2023. 12. 19. 선고 2023가합38 판결은 주위적 청구는 적법한 송달요건을 갖추지 못하여 부적법하고, 예비적 청구는 러시아 법원을 전속적 관할법원으로 정한 관할합의에 반하는 것이어서 부적법하다고 판단하고 소를 각하하였다. 광주고등법원 2024. 9. 26. 선고 2024나20446 판결(확정)도 동일한 논리를 전개하였다. 흥미로운 것은 예비적 청구를 각하한 근거인데 이 점은 합의관할에 관한 부분에서 소개하였다. 그밖에 부적법한 송달이 이루어졌으나 피고가 답변서를 제출함으로써 방어할 기회를 가졌다면 그 경우 송달의 하자가 치유되는지가 다투어진 사건이 있다. 서울고등법원 2015. 3. 24. 선고 2013나2012912 판결은 송달협약의 강행적 성격과 주권보장적 측면에서 볼 때 헤이그 협약을 위반한 송달에 관하여 사인의 행위로 쉽게 그 하자가 치유되는 것으로 보아서는 안 되고, 그러한 하자의 치유를 인정하여 외국판결을 승인함에 있어서는 더욱 신중해야 한다면서 하자가 치유되지 않는다고 보았다. 즉 결론은 본문과 같다.

　　그러나 대법원 2010. 7. 22. 선고 2008다31089 판결은, 패소한 피고가 소환장 등을 적법한 방식에 따라 송달받았을 것을 요구하는 것은 소송에서 방어의 기회를 얻지 못하고 패소한 피고를 보호하려는 것에 그 목적이 있으므로 법정지인 판결국에서 피고에게 방어할 기회를 부여하기 위하여 규정한 송달에 관한 방식, 절차를 따르지 아니한 경우에는 적법한 방식에 따른 송달이 이루어졌다고 할 수 없다고 판시하였다. 구체적으로 위 판결의 사안은 아래와 같다. 미합중국 워싱턴주의 개정법률(Revised Code of Washington) 제4.28.180조 및 민사규칙(Superior Court Civil Rules)("CR") 제4조는 원고가 소송을 제기하는 경우 워싱턴주 밖에 주소를 둔 피고에게는 60일의 응소기간을 부여하고 그 기간 내에 답변 등 응소가 없으면 결석판결(또는 궐석판결)이 선고될 수 있음을 고지하는 내용의 소환장(summons)을 송달하도록 규정하고 있고, CR 제55조는 피고가 소환장을 송달받고서도 소환장에서 부여된 응소기간 내에 답변 등 응소가 없는 경우에 원고는 법원에 결석재판명령(default order), 결석판결의 선고 및 등록을 신청할 수 있다고 규정하고 있다. 그런데 원고는 한국에 주소를 둔 피고를 상대로 미합중국 워싱턴주 클라크카운티 제1심법원에 소송을 제기하면서 피고에게 20일의 응소기간을 부여하는 소환장을 송달하였고, 피고는 2004. 3.경 소장 및 소환장 등을 송달받고서도 위 외국법원에 관할이 없다고 보아 응소하지 아니하였는데, 위 외국법원은 소환장의 응소기간에 관한 하자의 경정결정 없이 원고의 신청에 따라 결석재판명령을 하고 결석판결을 등록하였다는 것이다.

　　송달의 적법성을 판단하는 기준이 일차적으로 법정지법이라는 점은 올바른 판단이다. 다만, 송달이 이루어진 실제 경로를 살펴보고 피고의 방어권 행사에 지장이 있었는지를 검토할 필요가 있다. 왜냐하면 가사 송달이 부적법하였더라도 피고가 이를 수령하여 실제로 방어권을 행사함에 지장이 없었다면, 그리고 부적법이 한국의 주권침해가 아니라면, 제2호의 취지가 피고의 방어권 보장에 있음을 고려할 때 외국판결의 승인 및 집행이 가능하다고 볼 수 있기 때문이다. 따라서 위 사건에서 만일 피고에게 비록 20일의 응소기간을 부여하는 소환장이 송달되었더라도 실제로 60일의 기간이 경과된 뒤에 미국 법원이 결석판결을 선고하였다면 피고의 방어권 보장에는 문제가 없었다고 볼 수 있고, 그렇지 않더라도 60일이 경과됨으로써 송달의 하자가 치유되었다고 볼 여지도 있으므로 그 경우 소환장에 20일의 응소기간이 부여되었다는 기술적 이유로 부적법한 송달이라고 보고 미국

법원 판결의 승인을 거부할 것은 아니다. 다만 만일 60일의 기간이 부여되었더라면 응소했을 텐데 20일의 기간이 부여된 것으로 알았기 때문에 피고가 응소하지 않았다는 사정이 인정된다면 달리 볼 여지가 있을 것이다.

흥미로운 것은 대법원 2016. 1. 28. 선고 2015다207747 판결이다. 이는 "법정지인 재판국에서 피고에게 방어할 기회를 부여하기 위하여 규정한 송달에 관한 방식과 절차를 따르지 아니한 경우에도, 패소한 피고가 외국법원의 소송절차에서 실제로 자신의 이익을 방어할 기회를 가졌다고 볼 수 있는 때는 민사소송법 제217조 제1항 제2호에서 말하는 피고의 응소가 있는 것으로 봄이 타당하다"라고 판시하였다. 다만 위 사건 미국소송은 소 제기 이래 중간판결(summary judgment)을 거쳐 종국판결이 선고되기까지 1년 9개월가량 계속되었는데, 피고는 미국소송에서 소송대리인을 선임 및 개임하고, 소장과 소환장 등 소송 관련 서류를 송달받아 다양한 실체적·절차적 주장과 신청을 하는 등 자신의 이익을 방어할 기회를 실질적으로 보장받았으므로 피고가 응소한 것으로 보아 그런 결론을 내린 것이다. 이는 송달의 하자가 치유된 것이 아니라 패소한 피고가 실제로 응소한 사안이고 송달의 하자가 문제 된 사안은 아니다.

송달협약을 위반한 경우에도 하자의 치유가 인정되는가에 관하여는 견해가 나뉜다.[157] 이는 하자 치유의 준거법이 판결국법인지 수령국법인지와, 송달협약에 하자의 치유에 관한 규정이 없음에도 불구하고 치유가 가능한지에 관하여 견해가 다르기 때문이다. 우리도 이 점에 더 관심을 가질 필요가 있다.

마. 응   소

외국 소송에서 패소한 피고가 소송의 개시에 필요한 소환 또는 명령의 송달을 받지 않았더라도 응소한 경우 송달요건이 구비됨은 조문상 명백하다. 피고가 법원에 출석하여 본안에 대하여 변론을 한 경우 응소가 있음은 의문이 없으나, 피고가 관할위반의 항변을 제출하기 위하여 법원에 출석한 경우에도 응소가 있다고 볼지는 논란이 있고, 아직 우리 법원의 판례는 없는 것으로 보인다. 그러나 변론관할을 인정하기 위한 경우와 달리 송달요건은 피고의 방어권을 보호하기 위한 것이므로 피고가 실제로 방어할 수 있는 기회를 가졌는지의 여부가 관건이다. 따

---

157) Nagel/Gottwald, Rz. 12.187. Geimer, Rz. 2915f; Schack, Rn. 999는 긍정설. 독일 연방대법원의 태도는 NJW 2011, 3581, 3584 (Anmerkung von Thomas Rauscher) 참조.

라서 관할 없음을 주장하기 위한 출석, 즉 특별출석도 여기의 응소에 해당한다.[158] 가사 송달의 적법성 및 적시성이 미비되었더라도 피고의 응소가 있었다면 송달요건이 구비되는 데는 별 의문이 없다(다만 주권침해에 의한 송달의 경우에는 예외).[159] 가사사건에서 변론관할을 인정하지는 않더라도 이와 같은 결론을 도출할 수 있다.

피고가 적법한 적시의 송달을 받지 못하였더라도 답변서를 제출하였다면 그 것으로써 응소 요건이 구비되는지 아니면 피고 또는 소송대리인이 변론준비기일 이나 변론기일에 출석해 실제로 변론한 경우로 봐야 하는가라는 점이다. 위에서 보았듯이 송달요건은 패소한 피고가 방어의 기회를 가졌을 것을 요구하므로 실제 로 제소된 사실과 그 내용을 파악하여 답변서를 제출하였다면, 법원이 어떤 이유 로든 이를 읽지도 않고 배척한 것이 아닌 한, 방어의 기회를 가진 것이 되므로 응 소요건은 구비된다고 본다.

그러나 서울고등법원 2015. 3. 24. 선고 2013나2012912 판결은 '피고가 응소 한 경우'라 함은 피고가 재판절차에서 실질적으로 절차권 내지 방어권을 보장받은 경우를 의미하고 재판절차에서의 실질적 절차권 또는 방어권 행사는 상대방 당사 자의 공격이나 법원의 질문에 응답하여 적시에 대응함으로써 비로소 보장되는 것 이므로, 피고 또는 그 소송대리인이 변론준비기일이나 변론기일에 출석하여 실제 로 변론한 경우를 말한다면서 피고들이 답변서를 제출하였으나, 미국 소송에서 변론준비기일이나 변론기일에 출석하여 실제로 변론한 것이 아니라면 '송달받지 아니하였더라도 소송에 응하였을 경우'에 해당한다고 볼 수 없다고 판시하였다.[160] 응소 유무의 판단은 재판국이 아니라 승인국인 한국법에 따른다.

바. 송달협약 제15조와 관련한 문제

송달협약 제15조는 피고가 출석하지 않더라도 일정한 요건[161]이 구비되면

---

158) 민일영·김능환, 주석민사소송법(Ⅲ), 343면; 민일영/김윤종, 868면(다소 애매); 최효섭, 273면도 동지. 그러나 김주상, 500면; 한충수, "외국판결의 승인과 집행", 변호사 — 회원연 구논문집(2000), 186면은 반대한다. 독일 Nagel/Gottwald, Rz. 12.186도 동지.

159) 위에서 언급한 서울고등법원 2015. 3. 24. 선고 2013나2012912 판결은 이를 부정하였다.

160) 다만 그렇더라도 송달의 부적법성이 주권침해에 이르는 경우에는, 논란의 여지가 있으나 응소요건에 의하여 송달의 부적법이 치유되지 않는다고 본다.

161) 이는 다음과 같다(제15조 제2항).
    "1. 문서가 이 협약에 규정된 방식 중 하나로 송부되었을 것

체약국 법원은 재판을 할 수 있다고 규정하는데, 우리나라를 포함한 다수의 국가들은 그 경우 재판을 할 수 있도록 하기 위해 제15조 제2항에 따른 선언을 하였다. 문제는 그러한 선언을 한 국가에서 송달이 되지 않았음에도 불구하고 재판이 선고되었다면 그 재판이 승인을 위한 송달요건을 구비하는가의 여부이다. 생각건대, 제15조는 법정지국가에서 절차를 진행하여 재판을 선고할 수 있음을 규정한 것일 뿐이므로 송달협약에도 불구하고 그 경우 승인요건으로서의 송달요건을 구비하지는 못한다고 본다.

사. 송달요건의 심리

과거 우리의 학설은 송달요건도 승인국인 한국 법원이 직권으로 조사할 사항이라고 보았다.[162] 그러나 저자는 독일의 통설과 같이[163] 승인요건은 피고의 보호를 위한 것이므로 피고의 주장이 있는 경우에 비로소 판단할 항변사항이라고 보았다.[164] 하지만 대법원 2010. 7. 22. 선고 2008다31089 판결은 송달요건은 법원의 직권조사사항임을 분명히 판시하였다. 그런데 2014년 개정을 계기로 신설된 민사소송법 제217조 제2항은 "법원은 제1항의 요건이 충족되었는지에 관하여 직권으로 조사하여야 한다"라고 명시하기에 이르렀으므로 이제는 직권조사사항이라고 보아야 할 것이다.[165]

---

2. 문서의 송부일부터 최소한 6월 이상으로서 구체적 사안에 따라 판사가 적절하다고 보는 기간이 경과했을 것

3. 피촉탁국의 권한 있는 당국을 통하여 어떤 종류의 증명이라도 취득하려고 상당한 노력을 했음에도 불구하고 이를 얻지 못했을 것".

162) 김주상, 500면; 최공웅, 효력, 349면.
163) Schack, Rn. 1036; Martiny, Rn. 858.
164) 강현중, 826면과 강현중, 제7판, 682면도 동지. 다만 송달요건을 심사함에 있어 피고가 방어할 수 있었는지만을 기준으로 삼는다면 그렇게 볼 수 있지만, 송달의 적법성을 함께 요구하므로 송달요건이 반드시 피고의 방어권만의 문제는 아니라는 주장도 가능하다. 그러나 피고가 응소한 경우에는 송달의 적법 여부에 관계없이 송달요건이 구비되므로 피고의 방어권에 비중을 두어 본문과 같이 해석할 수 있다고 보았다.
165) 그럼에도 불구하고 강현중, 제7판, 682면은 여전히 항변사항이라고 본다.

5. 공서에 반하지 않을 것[166]

가. 공서의 의미

민사소송법 제217조 제1항 제3호는 "그 확정재판등의 내용 및 소송절차에 비추어 그 확정재판등의 승인이 대한민국의 선량한 풍속이나 그 밖의 사회질서에 어긋나지 아니할 것"을 외국재판의 승인요건의 하나로 규정하는데, 이는 조약, 외국의 입법례 또는 판례에 의해 널리 인정되는 요건이다. "그 확정재판등의 승인"이라 함은 그 외국재판등을 승인한 결과를 의미한다.

제3호는 승인국의 본질적인 법원칙, 즉 기본적인 도덕적 신념 또는 근본적인 가치관념과 정의관념에 반하는 외국재판의 승인을 거부함으로써 국내법질서를 보존하는 방어적 기능을 가진다.[167] 여기의 '선량한 풍속 기타 사회질서'란 민법 제103조가 규정하는 '국내적 공서(internal 또는 domestic public policy)'와는 구별되는 그보다 좁은 '국제적 공서(international public policy)'를 의미한다.[168] 따라서 우리법의 내용과 다른 법규를 적용했다는 이유로 공서위반이 되는 것은 아니다. 대법원 2009. 6. 25. 선고 2009다22952 판결도 외국법원에서 확정된 이혼판결의 이혼

---

166) 노태악, 568면 이하; 윤성근, "외국판결 및 중재판정 승인거부요건으로서의 공서위반", 국제사법연구 제20권 제2호(2014. 12.), 437면 이하 참조. 이혜민, "통계로 본 외국재판의 집행판결 20년사 – 2000~2019 외국재판 집행청구 각하사건을 중심으로 – ", 법조 제69권 제2호(통권 제740호)(2020. 6.), 410면은 일본 법원 재판의 경우 인용률이 100%에 달한다고 소개하는데, 이는 위 글이 직접 집행을 구한 사건만을 대상으로 하기 때문이다. 참고로 강제징용사건에서 대법원은 공서위반을 이유로 일본 법원 판결들의 승인을 거부하였다.

167) 최효섭, 274면은 "공서라 함은 국가사회의 일반적 이익을, 양속이란 사회의 일반적 도덕관념을 말"한다고 양자를 구별한다.

168) Martiny, Rn. 992f.; 최공웅, 효력, 400면; 손경한, "외국판결 및 중재판정의 승인과 집행", 국제거래법연구 창간호(1992), 159면; 이공현, 616-617면도 동지. 구 국제사법 제10조의 맥락에서 이호정, 219면은 이 점을 분명히 한다. 그러나 민일영·김능환/서기석, 주석민사집행법(Ⅱ), 129면은 제3호의 공서양속은 우리나라의 공서양속을 말하며 민법 제103조의 개념과 일치한다고 한다(호문혁, 732면도 같은 취지로 보인다). 그러나 그에 따르면 파탄주의에 기한 외국의 이혼재판은 우리의 공서에 반하는 것으로서 승인될 수 없을 것이나 이는 적절하지 않으며 아래에서 소개하는 대법원 2009. 6. 25. 선고 2009다22952 판결에도 반한다. 주의할 것은, '국제적 공서'라는 개념은 다양한 의미로 사용되고 '국가적 공서(national public policy)'에 대응하는 개념, 즉 다수 국가의 법에 의하여 공통적으로 인정되는 공서(이를 'transnational public policy'라고도 한다)를 의미하는 것으로도 사용되므로 이를 사용하지 않는 것이 좋다는 견해도 있다. 또한 국제적 공서는 아래에 언급하는 '보편적 공서'와도 개념상 구별된다. 다만 보편적 공서는 국제적 공서에 포함될 수 있다.

사유인 결혼의 파탄이 우리 민법이 정한 이혼사유가 아니고, 위 외국판결의 재산 분할 방식이 우리나라와 차이가 있으며, 위 외국판결에서 지급을 명한 배우자 부양료가 우리나라에서는 인정되지 않는다는 사정만으로는, 위 외국판결의 승인이 공서에 위반된다고 할 수 없다고 판시하였다.[169] 우리 민법상 유책배우자의 이혼 청구는 원칙적으로 허용되지 않지만, 외국법원이 파탄주의를 취하는 자국의 이혼법을 적용해서 이혼판결을 하였더라도 그의 승인이 우리 법상 당연히 공서위반이 되는 것은 아니다.[170]

이 점에서 제3호는 준거법인 외국법을 적용한 결과가 우리의 공서에 반하는 때에는 그의 적용을 배제하는 국제사법 제23조와 유사한 기능을 한다. 따라서 양자를 '국제사법적 공서' 또는 '저촉법적 공서'라고 부를 수 있다. 다만, 국제사법 제23조의 공서(이를 '준거법 공서'라고 부를 수 있다)는 준거법이 외국법인 경우에만 적용되지만, 민사소송법 제217조의 공서(이를 '승인 공서'라고 부를 수 있다)는 그런 제한이 없다. 반면에, 법관이 준거법인 외국법의 적용을 배제하는 기능을 하는 국제사법 제23조의 공서와 비교할 때 공서위반을 이유로 외국재판의 승인 및 집행을 거부하기 위해서는 더 엄격한 요건이 요구된다. 즉, 승인국 법관이 직접 재판하였더라면 국제사법의 공서조항에 따라 적용을 배제했을 외국법을 외국법원이 적용하여 재판하였더라도 이를 이유로 당연히 외국재판의 승인이 배제되는 것은 아니다. 이를 '공서의 완화된 효력(*effet atténué de l'ordre public*)' 또는 '완화된 공서이론(Theorie vom *ordre public atténué*)'이라고 부른다.[171]

---

169) 외국중재판정의 승인 및 집행에 관한 것이기는 하나, 대법원 1990. 4. 10. 선고 89다카 20252 판결은 "… 그 국가의 공공의 질서에 반하는 경우에는 집행국 법원은 중재판정의 승인과 집행을 거부할 수 있게 규정하고 있는바, 이는 중재판정이나 승인이 집행국의 기본적인 도덕적 신념과 사회질서를 보호하려는 데 그 취지가 있다 할 것이므로 그 판단에 있어서는 국내적인 사정뿐만 아니라 국제적 거래질서의 안정이라는 측면도 함께 고려하여 제한적으로 해석하여야 할 것이다 …"라는 취지로 판시하였는데(중재판정의 집행에 관한 대법원 1995. 2. 14. 선고 93다53054 판결도 동지), 이는 국내적 공서와 국제적 공서를 구분한 것으로 외국재판의 승인에 관하여도 타당하다.

170) Martiny, Rn. 1057ff.도 동지. 서울가정법원 2014. 4. 3. 선고 2012드합3937 판결도 이 점을 명확히 설시하였다. 반면에 동경가정재판소 2007. 9. 11. 판결은 호주인 남편이 일본인 부인을 상대로 제기한 이혼소송에서 호주법이 정한 파탄주의에 따라 청구를 인용한 호주 연방법원 판결의 승인은 유책주의를 취하는 일본의 신분법질서, 나아가 일본의 공서에 반한다고 보아 승인을 거부하였다고 한다. 增田 晉(編), 環太平洋諸國(日·韓·中·米·豪)における外國判決の承認·執行の現狀(2013), 210 참조(增田 晉 집필부분).

171) Henri Batiffol/Paul Lagarde, *Droit international privé*, 8 édition Tome Ⅰ (1993) N. 361;

다만, 국제사법(제20조)에 의하여 '국제적 강행법규'의 개념이 도입됨으로써 이는 국제사법 제23조가 규정하는 공서와 구별되는 개념으로 정립되었으나, 외국재판의 승인 및 집행거부사유로서의 공서위반과 국제적 강행법규위반의 관계는 더 검토할 필요가 있다.

구 민사소송법 제203조 제3호는 단순히 공서만을 언급하였는데, 학설은 이를 실체적 공서와 절차적 공서를 포함하는 것으로 해석하였다. 2014년 개정된 민사소송법은 '실체적 공서'와 '절차적 공서'를 명시적으로 언급하므로 아래에서는 양자를 나누어 논의한다.[172] 실체적 공서와 관련하여 2014년 민사소송법 제217조 제1항이 개정되고 제217조의2(손해배상에 관한 확정재판등의 승인)가 신설되었음을 주목할 필요가 있는데 이는 아래에서 논의한다.

나. 실체적 공서 위반

외국재판의 주문이 우리의 공서에 반하는 행위를 명하는 경우 그 승인이 공서위반이 됨은 명백하나, 금전지급을 명하는 판결의 경우는 주문 자체만으로는 공서에 반하는 경우는 드물 것이다. 따라서 공서위반 여부의 심사에서는 주문은 물론 판결이유도 고려할 필요가 있다. 그러므로 외국재판의 주문이 일정금원의 지급을 명하는 것이더라도 판결이유를 보아 개인들 간에 도박채무의 이행을 명하는 것이라면 이는 한국에서 승인될 수 없다.[173][174] 물론 그렇더라도 외국판결의

Martiny, Rn. 1041; Geimer, Anerkennung, S. 60−61.

172) 대법원 2004. 10. 28. 선고 2002다74213 판결은 추상적 법률론으로, 민사집행법 제27조 제2항 제2호, 구 민사소송법 제217조 제3호에 의하면 외국법원의 확정판결의 효력을 인정하는 것이 한국의 공서에 어긋나지 않는다는 점이 외국판결의 승인 및 집행의 요건인바, 외국판결의 내용 자체뿐만 아니라 외국판결의 성립절차에 있어서 공서에 어긋나는 경우도 승인 및 집행의 거부사유에 포함될 것이라고 판시하였다.

173) 위에서 소개한 징용사건에서 대법원 판결은 외국판결 승인에 있어서의 공서위반 여부는 "그 승인 여부를 판단하는 시점에서 외국판결의 승인이 우리나라의 국내법 질서가 보호하려는 기본적인 도덕적 신념과 사회질서에 미치는 영향을 외국판결이 다룬 사안과 우리나라와의 관련성의 정도에 비추어 판단하여야 하고, 이때 그 외국판결의 주문뿐 아니라 이유 및 외국판결을 승인할 경우 발생할 결과까지 종합하여 검토하여야 한다"라는 분명한 법리를 제시하였다. 외국판결 승인의 맥락에서 대법원 2012. 5. 24. 선고 2009다22549 판결(미쓰비시 사건)과 대법원 2012. 5. 24. 선고 2009다68620 판결(신일본제철, 정확히는 신일철주금 사건)에 대한 평석은 석광현, 제6권, 617면 이하 참조. 대법원 2018. 10. 30. 선고 2013다61381 전원합의체 판결도 같은 결론이다. 그러나 서울중앙지방법원 2021. 6. 7. 선고 2015가합13718 판결은 위 대법원 판결들과 달리 한일청구권협정의 결과 한국 국민이

결론에 영향을 미치지 않은 판결 중의 설시(예컨대 방론)를 이유로 그의 승인이 공서위반이 된다고 할 수는 없다.[175] 그러나 우리 법원이 외국재판의 기초가 된 사실관계를 스스로 전면적으로 확인하는 것은 실질재심사(*révision au fond*) 금지의 원칙에 비추어 허용되지 않는다. 다만, 공서위반 여부를 판단하기 위하여 필요한 범위 내에서는 제한적으로 사실관계를 스스로 조사할 수 있다. 아래에서 논의하는 대법원 2004. 10. 28. 선고 2002다74213 판결도 이 점을 확인한 바 있다. 여기

일본이나 일본 기업을 상대로 제소하는 소권이 제한된다는 이유로 소를 각하한 바 있다. 이에 대한 신랄한 비판은 임재성, "애국자가 쓴 판결문: 강제동원 피해자들의 손해배상청구를 각하한, 서울중앙지방법원 2021. 6. 7. 선고 2015가합13718 판결 비평", 황해문화 통권 제112호(2021. 9.), 193면 이하 참조. 강제집행신청의 적법 여부를 판단함에 있어서 법리적 판단을 강조한 서울중앙지방법원 2021. 6. 9.자 2021카명391 결정은 위 각하 판결과는 다른 태도를 취하였다. 다만 필자는 위 평석에서 국제공법의 논점인 청구권협정의 문제는 다루지 않았다. 강제동원에 따른 위자료청구권이라는 개인의 권리가 청구권협정에 의하여 소멸하는지에 관하여는 대법원 2018. 10. 30. 선고 2013다61381 전원합의체 판결이 상세히 논의하는데, 다수의견, 2개의 별개의견과 반대의견 등으로 견해가 나뉘었다. 전원합의체 판결은 나아가 국제법상 전후 배상문제 등과 관련하여 주권국가가 외국과 교섭을 하여 자국 국민의 재산이나 이익에 관한 사항을 국가간 조약을 통하여 일괄적으로 해결하는 이른바 '일괄처리협정(lump sum agreements)'이 국제분쟁의 해결·예방을 위한 방식의 하나로서, 청구권협정 체결 당시 국제관습법상 일반적으로 인정되던 조약 형식임을 전제로 청구권협정이 그에 해당하는지를 논의하였다.

174) 도박채무 일반에 관하여는 그렇더라도 예컨대 라스베가스의 카지노에서와 같이 법에 의해 제도화된 도박장에서 발생하는 도박으로 인한 채무 또는 도박자금의 대출로 인한 채무의 이행을 명하는 외국재판의 승인이 우리 공서에 반하는가의 여부는 달리 판단할 여지가 있을 것이다. 이 논점을 직접 다룬 것은 아니나 준거법의 맥락에서 유사한 논점을 다룬 하급심판결이 있다. 즉 네바다주의 카지노도박장이 그곳에서 도박을 하던 한국인 피고에게 도박자금을 대출한 뒤 피고가 이를 변제하지 않자 피고를 상대로 대여금반환청구의 소를 제기한 사건에서, 서울지방법원 1999. 7. 20. 선고 98가합48946 판결은 "일정한 도박채무의 유효성과 법적 절차에 의한 도박채무의 강제회수를 보장하고 있는 네바다주법의 규정은 도박행위를 엄격하게 제한하고 있는 한국의 강행법규에 명백히 위배되고, 위 규정을 적용하여 도박채무의 유효성을 인정하고 법적 절차에 의한 도박채무의 강제회수에 조력하는 것은 한국의 사법질서를 중대하게 침해하는 결과를 초래한다"라는 취지로 판시하고 네바주법의 규정을 적용하는 대신 법정지법인 한국법을 적용하였다. 하집 1999-2, 342 참조. 판결문은 김인호, 국제사법 판례연구(2004), 68면 이하에도 수록되어 있다.

175) 호문혁, 평론, 80면이 이 점을 지적하는 것은 타당하다. 그러나 판결의 결론에 영향을 미칠 수 있었던 것으로 족한지는 논란의 여지가 있다. 예컨대 도박채권이 유효하다고 판단한 외국판결이 당해사건에서 도박채권이 시효로 소멸했다는 이유로 청구를 기각했다면, 우리가 이 판결을 승인해야 하는가의 문제가 있다. 이를 승인하는 것은 도박채권이 무효라고 보는 우리의 기본적 도덕관념에 반하므로 승인해서는 아니된다. 만일 우리 법원이 시효소멸을 인정한다면 본안에 관한 판단에서 청구를 기각하여야 한다.

에서 공서위반과 제한적인 실질재심사 간에 긴장이 존재한다.[176]

우리나라에서는 과거 활발히 논의되지 않았으나, 저자는 공서위반을 이유로 외국판결의 집행을 거부하기 위하여는 당해 사안이 한국과 관련이 있어야 하며, 이런 '내국관련(성)(Inlandsbeziehung)'의 정도가 낮은 경우에는 우리 공서가 개입할 가능성이 낮으므로 우리 법의 '본질적인 원칙(wesentliche Grundsätze)'과 다소 괴리가 있더라도 승인·집행될 가능성이 상대적으로 크다는 점을 지적한 바 있다.[177] 다만, 기본적인 인권 또는 최소한의 자연적 정의(natural justice)와 같은 보편적 공서(ordre public universel)위반의 경우에는 내국관련을 요하지 않는다. 그러던 중 대법원 2012. 5. 24. 선고 2009다22549 판결(미쓰비시 사건 판결)과 대법원 2012. 5. 24. 선고 2009다68620 판결(신일본제철 사건 판결)은 "외국판결을 승인한 결과가 한국의 선량한 풍속이나 그 밖의 사회질서에 어긋나는지 여부는 … 외국판결의 승인이 한국의 국내법 질서가 보호하려는 기본적인 도덕적 신념과 사회질서에 미치는 영향을 외국판결이 다룬 사안과 한국과의 관련성의 정도에 비추어 판단하여야 하고"라는 취지로 판시함으로써 이런 견해를 지지하였다.

아래에서는 실체적 공서위반 여부가 문제 된 사례를 소개한다. 과거에는 징벌배상과, 지나치게 과도한 전보배상(이는 우리의 잣대에 비추어 지나치게 과도한 위자료와 변호사보수 등에서 발생할 수 있다)[178]의 지급을 명한 판결을 묶어서 실체적 공서위반의 문제로 다루었으나, 2014년 민사소송법 개정 시 제217조의2가 신설되었고 그 후 3배배상의 지급을 명한 외국판결의 승인을 다룬 대법원 2022. 3. 11. 선고 2018다231550 판결이 선고되었기에 여기에서는 ① 전형적인 징벌배상(예컨대 미국 보통법에 근거한 징벌배상)[179]을 명한 외국재판을 먼저 논의하고 ② 배액배상(통상은 3배배상)을 명한 외국재판 그리고 ③ 지나치게 과도한 전보배상을 명한

---

176) 저자는 이처럼 공서위반 여부를 판단하기 위하여 재판의 실질을 재심사하는 것은 실질재심사 금지의 원칙에 대한 예외로서 인정되며 이는 제한적인 범위 내에서 허용된다고 본다. 반면에 공서위반 여부의 판단은 실질재심사원칙의 범위 밖에 있다는 견해, 즉 양자는 별개라는 견해도 있다. 김효정·장지용 외, 83면 이하 참조.

177) 아래 소개하는 서울지방법원 동부지원 1995. 2. 10. 선고 93가합19069 판결과 대법원 2012. 5. 24. 선고 2009다22549 판결도 동지.

178) 석광현, 정년기념, 520면 이하와 501면 이하 참조. 불법행위로 인한 위자료에 대한 비교법적 고찰은 이창현, 慰藉料에 관한 연구—不法行爲를 중심으로—(2011) 참조. 미국법상의 논의는 위 이창현, 198면 이하 참조.

179) 소개는 이종욱, 113면 이하 참조.

외국재판을 논의한다.[180)]

그에 앞서 2014년 신설된 제217조의2를 간단히 검토한다.

(1) 제217조의2의 취지와 평가[181)]

2014년 5월 민사소송법 제217조, 민사집행법 제26조와 제27조가 개정되었고 민사소송법 제217조의2가 신설되었다. 법제사법위원회의 심사보고서는 제안이유를, "한·EU FTA, 한미 FTA 발효 등으로 국내기업의 외국에서의 경제활동 증가에 따라 국내기업에 대한 외국에서의 소송 또한 증가할 것으로 예상되나, 외국 소송은 법문화와 법체계상의 차이뿐만 아니라 언어와 소송절차 등에서 국내기업에 불리하게 진행되는 경우가 많을 것으로 예상되므로 외국법원의 판결을 국내에서 승인하거나 집행할 경우에 국내기업이 외국법원에서 절차상의 불공정한 재판을 받았는지 또는 외국법원의 판결이 한국의 법질서나 선량한 풍속에 위배되는 것인지의 여부를 국내 법원이 직권으로 조사하게 함으로써 외국법원의 부당한 재판이나 판결로부터 국내기업을 보호하고자 한다"라는 취지로 밝히고 있다.[182)]

---

180) 저자는 석광현, 정년기념, 490면 이하에서도 이처럼 3개의 유형으로 구분하여 논의하였다. 그 밖에 남궁주현, "징벌적 손해배상을 명한 외국판결의 승인과 집행에 관한 소고─우리나라에서 징벌적 손해배상 제도를 도입한 이후의 논의를 중심으로─", 상사판례연구 제33권 제3호(2020), 353면 이하; 하상익, "손해배상에 관한 외국재판의 승인─배액 배상제도를 중심으로─", 민사재판의 제문제 제27권(2020), 787면 이하; 이종욱, 111면 이하도 참조. 비교법적 검토는 Cedric Vanleenhove & Lotte Meurkens (eds.), The Recognition and Enforcement of Punitive Damages Judgments Across the Globe: Insights from Various Continents (2023)와 Stefania Bariatti *et al.*, Punitive damages and private international law: State of the art and future developments (2019); Helmut Koziol / Vanessa Wilcox (Hrsg.), Punitive Damages: Common Law and Civil Law Perspectives (2009) 참조.

181) 이는 석광현, 정년기념, 489면 이하에서 논의하였다. 민일영/김윤종, 884면도 "제217조의2는 손해전보의 범위를 초과하는 손해배상을 명한 외국재판을 초과범위 내에서 승인을 거부할 수 있게 하려는 취지에서 도입되었다"라고 한다.

182) 민사소송법 일부개정법률안 심사보고서(2014. 4.), 2면 참조. 입법의 직접적 계기는 징벌적 손해배상 및 침해의 금지를 명한 듀퐁 대 코오롱(E.I. DuPont de Nemours and Co. v. Kolon Industries Inc. et al.) 사건이라고 한다. 미국의 화학기업 듀퐁사는 자사의 첨단섬유소재(아라미드)의 영업비밀을 부정취득하였다며 한국의 코오롱 인더스트리를 상대로 영업비밀 침해로 인한 손해배상청구의 소를 2009년 미국 버지니아주 동부지구 연방지방법원에 제기하였고, 배심원단의 평결에 따라 동 법원은 2011년 9월 위 영업비밀 침해를 이유로 거의 9억 2천만 달러(1조 원)의 배상금 지급을 명하였으나(2006년부터 5년간 코오롱인더스트리가 수출한 아라미드가 30억 원 규모였음) 항소심인 미국 제4순회구 연방항소법원이 2014. 4. 3. 코오롱인더스트리의 항소를 인용하여 원심 판결을 파기 환송하였다. 2015년 5월 코오

> **제217조의2(손해배상에 관한 확정재판등의 승인)**
> ① 법원은 손해배상에 관한 확정재판등이 대한민국의 법률 또는 대한민국이 체결한 국제조약의 기본질서에 현저히 반하는 결과를 초래할 경우에는 해당 확정재판등의 전부 또는 일부를 승인할 수 없다.
> ② 법원은 제1항의 요건을 심리할 때에는 외국법원이 인정한 손해배상의 범위에 변호사보수를 비롯한 소송과 관련된 비용과 경비가 포함되는지와 그 범위를 고려하여야 한다.

제2항은 문면상 관할합의협약(제11조 제2항)[183]과 '1999년 예비초안'(제33조 제2항)[184]의 영향을 받았다. 다만 그 취지에 관하여 이견[185]이 있으나, 저자는 위 조문의 기초가 된 예비초안(제33조 제3항, 관할합의협약 제11조 제2항도 같다)에 관한

롱인더스트리는 듀퐁사와 2억 7천 5백만 달러를 지급하기로 합의하였다고 한다. 경과는 최우영, "징벌배상이나 과도한 손해배상에 관한 국제사법적 쟁점", 국제사법연구 제26권 제1호(2020. 6,), 5면 註 5 참조. 관련 소개는 석광현, 정년기념, 485-486면 註 5 참조.

183) 이는 "관할합의에 관한 협약"을 말한다. 상세는 석광현, "2005년 헤이그 재판관할합의 협약의 소개", 국제사법연구 제11호(2005), 337면 이하; 장준혁, "대한민국에서의 헤이그관할합의협약 채택방안-2019년 재판협약 성립을 계기로 돌아본 의의와 과제-", 안암법학 제61호(2020. 11.), 47면 이하 참조. 손해배상(Damages)이라는 제목의 제11조의 조문은 아래와 같다. "1. 재판의 승인 또는 집행은 그 재판이, 당사자에게 징벌적 손해배상을 포함하여 실제로 입은 손실 또는 손해를 전보하는 것이 아닌 손해배상을 인용하는 경우 그 범위 내에서는 거부될 수 있다.
2. 요청받은 법원은 재판국의 법원이 인용한 손해배상이 소송과 관련된 비용과 경비를 전보하는지의 여부와 그 범위를 고려해야 한다".
2019년 채택된 헤이그국제사법회의의 민사 또는 상사에서 외국재판의 승인 및 집행에 관한 협약 제10조도 같다. 2019년 재판협약에 관하여는 장준혁, 재판협약, 437면 이하; 석광현, 재판협약, 192면 이하 참조.
184) 이는 헤이그국제사법회의의 1999년 10월 "민사 및 상사(사건)의 국제재판관할과 외국재판에 관한 협약"의 예비초안을 말한다. 석광현, 제2권(2001), 396면 이하 참조.
185) 국회의 검토보고서(민사소송법 법률 일부개정법률안, 민사집행법 법률 일부개정법률안(이군현의원 대표발의, 제7667, 7673호)에 대한 2014년 2월의 검토보고서, 11면은 제217조 제2항 "외국법원이 인용한 변호사 보수를 비롯한 소송비용이 과도하다고 판단한 경우에는 그 범위에서 승인을 거부할 수 있다"에 대한 것이다)를 보면, 외국판결에 따른 변호사보수를 비롯한 소송비용이 과다할 경우에도 한국의 사회질서에 반한다고 판단하여 그 부분에 대한 승인을 일부 거부하려는 취지(즉 전보적 손해배상이더라도 변호사보수 기타 소송비용이 과다한 경우에는 그의 승인을 제한함으로써 우리 기업을 보호하려는 취지)라는 것으로 보인다. 그러나 이런 설명은 본문에 적은 저자의 견해와는 다르다. 민일영/김윤종, 891면(민일영/김현석·김윤종, 490면도 동지)은 보고서의 취지를 저자의 견해라고 오해한 듯하다. 전자의 "전보적 손해배상이라고 하더라도 변호사보수보다 소송 비용이 과다한 경우에는 그 승인을 제한함으로써" 중 밑줄 친 부분은 잘못으로 보인다.

논의[186]를 고려할 때, 가해자의 제재와 일반예방을 목적으로 부과되는 징벌배상은 승인되지 않지만, 징벌배상에 포함된 금액의 일부가 변호사보수 기타 소송비용처럼 보상적 기능을 하는 범위 내에서는 승인될 수 있다는 취지라고 이해한다. 반면에 제1항은 적어도 문면상으로는 위 협약이나 예비초안의 직접적 영향을 받은 것은 아니나 그 취지를 어떻게 이해하는가에 따라 영향을 긍정할 수 있다.

제217조의2에 따르면 외국법원의 손해배상에 관한 확정재판등이 한국의 법률 또는 조약의 기본질서에 현저히 반하는 결과를 초래할 경우에는 그의 전부 또는 일부를 승인할 수 없다. 제1항은 '징벌배상' 또는 '비전보적 손해배상'이라는 취지의 용어를 사용하지 않으므로 문언상으로는 불분명하나, 이는 비전보적 손해배상(non-compensatory damages)을 명한 외국재판의 승인을 적정범위로 제한하는 취지로 이해되고 있다. 그 이유는, 개정과정에서 문언이 변경되었지만 입법취지는 바뀌지 않았다고 믿었기에 당초 개정안에 대한 해석론을 유지한 탓이다. 비전보적 손해배상을 명한 외국재판의 승인을 차단하는 것은 별도 조문이 없어도 제217조 제1항 제3호(공서조항)로 해결할 수 있지만, 이를 굳이 신설한 것은 그러한 취지를 더욱 명확히 함으로써 법적 안정성을 제고하기 위한 것으로 본다. 제217조의2에 대한 저자의 기본적 인식은 이것이다.

그러나 결론적으로 제217조의2는 불필요하다. 이는 제217조 제1항 제3호(공서조항)로 해결할 수 있고 실제로 구 민사소송법하에서 하급심 판결들은 그렇게 해왔기 때문이다. 당초 개정안과 달리 제217조의2 제1항은 공서조항과 유사한 문언을 사용함으로써 입법자의 의사를 모호하게 만든 매우 부족한 입법이 되었다. 그 취지를 분명하게 담아내지 못한 제217조의2 제1항은 존재이유가 없다. 이를 존치하자면 그 취지가 명확하게 되도록 개정하는 것이 바람직하다. 다만 입법자의 의사를 선해하면 제217조의2는 공서위반 여부를 판단함에 있어서 수범자에게 상대적으로 명확한 기준을 제시하기 위한 입법이라고 보아, 즉 징벌배상을 명한 외국재판은 제217조의2로 해결하고,[187][188] 지나치게 과도한 손해배상을 명한 외

---

186) 예비초안에 대한 Nygh/Pocar, p. 113 참조. 소송비용을 주문에서 별도로 명시하는 우리 법원의 실무와 달리 미국 판결의 경우 소송비용을 피고가 지급할 손해배상에 포함시키는 경우가 있기 때문이다.

187) 다만 3배상을 명한 외국재판의 승인은 불분명하였으나, 이제는 2022년 대법원 판결이 나왔기에 일부 해결되었다고 할 수 있다.

188) 징벌적 배상(9만 불)과 보상적 배상(18만 불)을 명한 미국 판결이 미국에서 집행에 의하여

국재판은 우리가 수인(受忍)할 수 없는 범위 내에서는 제217조 제1항 제3호(공서조항)를 근거로 승인을 제한할 수 있을 것이다. 그 범위는 개별사안의 모든 사정을 고려하여 판단한다.

(2) 징벌배상을 명한 외국재판

비전보적 손해배상(non-compensatory damages)이라 함은 피해자에 대한 손해의 전보라는 기능을 넘는 손해배상을 말한다. 전형적인 징벌배상과 미국의 1914년 Clayton Act(제4조) 또는 RICO-Act(제1964조)에 의해 인정되는 3배배상(treble damages)이 대표적인 예이다.[189]

징벌배상(punitive damages)[190]을 명한 미국 법원 판결의 승인·집행이 실체

일부(13만 불) 변제되고 일부만 남은 경우(어느 채무에 변제 충당되었는지는 불명) 만일 원고가 한국에서 미국 판결의 승인 및 집행을 구한다면 어느 범위 내에서 이를 허용할지라는 흥미로운 문제가 있다. 이런 쟁점이 다투어진 흥미로운 일본 최고재판소 2021. 5. 25. 판결이 있다. 일본 최고재판소는 징벌배상 부분은 일본에서 효력이 없는 이상 미국에서의 변제의 효력을 판단함에 있어 징벌배상 부분과 관련된 채권은 존재한다고 볼 수 없어 그 부분에 충당될 수는 없고 이는 보상적 배상 부분에 충당되었음을 전제로 판시하였다. 즉 이는 징벌배상 부분에 관한 한 미국에서 손해배상채권 자체의 존재를 부정하는 희한한 논리이다. 道垣內正人/김문숙(역), "외국판결의 당해 외국에서의 집행결과와의 평가: 일부가 공서위반으로 인해 일본에서 승인집행할 수 없는 외국판결의 경우", 국제사법연구 제28권 제1호(2022. 6.), 809면 이하는 위 판결을 통렬하게 비판하면서 몇 가지 중요한 논점들을 다루고 있다. 위 사건에 대하여는 다양한 견해가 있는데, 이는 일본에서 승인될 수 없더라도 징벌배상 부분의 채권의 존재는 인정할지(인정하되 자연채무인지) 아니면 부정할지와, 변제충당의 방법에 관하여 견해가 다르기 때문이다. 학설은 위 道垣內正人/김문숙(역), 815면 이하 참조. 일본에서의 승인·집행만 보면 변제자로서는 미국에서의 변제를 보상적 배상에 충당하는 편이 유리하다(징벌적 배상의 승인·집행은 차단할 수 있으므로). 일반론으로 변제충당에서는 채무자/변제자의 이익을 중시할 필요가 있으나, 위 사건의 경우 이는 미국법에 따를 사항인데, 미국법이 불명인 경우의 처리가 문제된다.

189) RICO-Act는 "Racketeer Influenced and Corrupt Organization Act"인데, 증권사기를 포함한 일정한 공갈행위를 영위하는 일체의 기업에 참여하는 것을 범죄로 규정하고 행위자에 대한 형사처벌(제1963조)과 함께 민사구제(제1964조)를 규정한 연방법률이다. 흔히 '부패 및 조직범죄처벌법'이라고 한다. 3배배상은 후자에 속한다(제1964조 c항). 1999년 예비초안은 징벌배상이 원고에게 발생한 소송비용의 전보를 목적으로 하는 범위 내에서는 이를 비전보적 손해배상으로 취급할 것이 아님을 명시한다(제3항).

190) 'exemplary damages' 또는 'vindictive damages'라고도 한다. 징벌배상의 개관은 윤정한, "징벌적 손해배상에 관한 연구", 민사법학 제17호(1999. 4.), 64면 이하; 이점인, "징벌적 배상판결과 국내에서의 承認, 執行에 관한 고찰", 부산법조 제15호(1997. 12.), 177면 이하; 김제완, "징벌적 배상 법리의 발전과정과 현황", 징벌적 손해배상제의 법리와 도입 가능성

적 공서에 반하는가가 문제 된다. 피해자가 입은 손해의 정도와 관계없이 가해자의 제재와 일반예방을 목적으로 법관 또는 배심원에 의하여 부과되는 징벌배상의 승인 및 집행은 종래 우리의 공서에 반하는 것이므로, 징벌배상을 명한 미국 법원의 판결의 승인 및 집행은 허용되지 않는다고 보아 왔다.[191)192)] 이를 '비례의 원칙'으로 설명하기도 한다.[193)] 이는 징벌배상은 손해의 보상 내지는 전보를 목적으로 하는 것이 아니라는 성질에서 비롯된 것이므로 금액의 다과의 문제가 아니지만, 징벌배상이라고 하여 일률적으로 한국에서의 집행을 거절할 것은 아니고 그 중 일부가 손해의 보상 내지는 전보의 기능을 하는 때에는 그 범위 내에서 승인·집행할 수 있을 것이다.[194)] 이처럼 외국재판의 승인 및 집행이 한국의 공서에 반한다고 봄으로써 당사자들이 승인국에서의 결과를 예견할 수 있어 법적 안정성이 증대되고, 한국의 입장에서 볼 때 피해자가 한국인을 상대로 외국에서 소를 제기하려는 충동을 제거하는 장점이 있다. 반면에 공서에 반하지 않는다고 보면 외국

(I)(한국법제연구원, 2007), 13면 이하와 징벌적 손해배상제의 법리와 도입 가능성(II)(한국법제연구원, 2007)에 수록된 논문들 참조. 김연진, "징벌적 손해배상책임에 관한 비교법적 고찰-미국과 한국의 비교를 중심으로-", 미국헌법연구 제32권 제3호(2021. 12.), 151면 이하 참조.

191) 강수미, 109면; 김홍엽, 740면도 동지. 양병회, 징벌배상, 52면은 징벌적 손해배상액이 우리 법의 관점에서 상응한 금액으로 인정되는 범위를 초과한 부분에 대해서는 구 민사소송법 제203조 3호의 공서요건에 반하는 것으로서 승인, 집행을 거절해야 한다고 보았다.

192) 과거 징벌배상을 명한 판결은 배상기준에 관한 국제관습법에 합치하지 않는다는 근거로 집행을 거부할 수 있고 또한 외국재판 자체는 존중하되 그 배상금액을 국제적으로 보편타당한 기준에 따라 감액할 수도 있다는 견해가 있었으나 배상기준에 관한 국제관습법 또는 국제적으로 보편타당한 기준이 있다고 보기는 어렵다.

193) 위에서 언급한 서울지방법원 동부지원 1995. 2. 10. 선고 93가합19069 판결과 수원지방법원 2013. 11. 28. 선고 2013가합14630 판결 참조. 김용진, 소송전략, 202면도 동지. 그러나 위 동부지원 판결이 선고된 1995년과 달리 2011년 이래 3배상제도가 도입되어 확산된 현재로서는 독일에서 말하는 '비례의 원칙'이 우리 민사법질서의 기본원칙이라고 하더라도 (우리 민법에서는 비례의 원칙에 대한 논의는 별로 보이지 않지만 가사 이를 인정하더라도) 이제는 '과거와 동일한 정도로' 그 지위를 유지하고 있다고 할 수는 없다. 홍완식, "징벌적 손해배상제도에 관한 입법평론", 경희법학 제52권 제2호(2017. 6.), 496면 이하는 징벌적 손해배상 입법에 관한 헌법적 쟁점을 논의하면서 징벌적 손해배상을 자의적으로 과도하게 확대하는 입법은 평등원칙 침해의 가능성이 있다고 하면서도 비례의 원칙 위반이라고 하거나 비례의 원칙이 우리 민사법질서의 기본원칙이라고 설명하지는 않는다. 우리 민법상으로는 독일에서와 달리 불법행위로 인한 손해배상에서 비례의 원칙이 널리 수용되는 것은 아닌 것으로 보인다.

194) 강수미, 109면; 김홍엽, 740면도 동지.

의 피해자는 외국에서 소를 제기하여 승소판결을 받아 이를 한국 내에서 집행할 것이므로 결국 법정지 쇼핑을 조장하는 결과가 된다는 단점이 있다.

참고로, 독일 연방대법원은 1992. 6. 4. 기념비적인 판결[195]에서 미화 40만 불의 징벌배상을 명한 캘리포니아주 법원 판결의 집행을 공서위반을 이유로 거부하였고,[196] 일본 최고재판소 1997. 7. 11. 판결[197]도 미화 1,125,000불의 징벌배상을 명한 캘리포니아주 법원 판결의 집행을 공서위반을 이유로 거부한 바 있다. 이처럼 실체적 공서를 근거로 징벌배상을 명한 외국재판의 승인 및 집행을 제한할수 있음은 독일과 일본에서는 대체로 지지를 받고 있다.[198]

징벌배상은 본질적으로 사적(私的) 제재라는 점에서 위약벌과 성격이 같거나 유사하다는 견해도 있다.[199]

(3) 배액배상(3배배상 등)을 명한 외국재판[200]

통상적인 징벌배상은 아니고 3배배상을 명한 외국재판의 승인이 문제가 된우리 법원 판결로는 수원지방법원 평택지원 2009. 4. 24. 선고 2007가합1076 판결이 있다.[201]

---

195) BGHZ, 118, 312 = IPRax 1993, S. 310−321.
196) 위 판결의 사안과 내용은 양병회, 징벌배상, 46면 이하; 조상희, "징벌적 손해배상을 명한 미국 법원 판결의 집행에 관한 독일과 일본의 판례", 인권과정의 제208호(1993. 12.) 102−106면; 강수미, 133면 이하 참조.
197) 이는 만세공업사건(萬世工業事件) 판결인데, 피해자가 가해자로부터 실제로 발생한 손해의 배상에 더하여 제재 및 일반예방을 목적으로 하는 배상금의 지불을 받게 하는 것은 일본의 불법행위에 기한 손해배상제도의 기본원칙 내지 기본이념에 어긋난다고 보았다. 民集 51권 6호, 2573면. 소개는 노태악, 573면; 道垣内正人/김문숙(역)(註 188), 814면 이하 참조.
198) Nagel/Gottwald, Rz. 12.192; 中野俊一郎, "懲罰的損害賠償を命じる外國判決の承認・執行, 萬世工業事件最高裁判決をめぐって", NBL No. 627(1997. 10. 15.), 19면 이하 참조.
199) 강현중, 제7판, 683면 이하.
200) 배액배상을 명한 외국판결의 승인 및 집행에 관하여는 하상익, "손해배상에 관한 외국재판의 승인−배액 배상제도를 중심으로−", 민사재판의 제문제 제27권(2020), 787면 이하; 이종욱, 111면 이하 참조.
201) 외국판결이 징벌배상을 명한 것이라고 판단하지는 않았지만 위 서울지방법원 동부지원 판결은 "… 징벌배상이란 가해자에게 특히 고의 등의 주관적인 악사정이 있는 경우에 보상적 손해배상(compensatory damages)에 덧붙여 위법행위에 대한 징벌과 동종행위의 억지를 주목적으로 하여 과하여지는 손해배상으로서 코몬로상 인정되고 있는 구제방법의 일종인바, 이는 불법행위의 효과로서 손해의 전보만을 인정하는 우리의 민사법 체계에서 인정되지 아니하는 형벌적 성질을 갖는 배상형태로서 우리나라의 실체적 공서에 반할 수가 있으

원고들은, 미국의 소외 회사가 보상금 지급약정을 위반하고 고의적으로 원고들의 보너스를 박탈하는 행위를 하여 원고들에게 일정 금액(원고 1, 2에게 각 210,000달러(각 약정보상금 70,000달러 + 고의적 박탈행위로 인한 징벌적 손해배상 140,000달러), 원고 3, 4, 5에게 각 120,000달러(각 약정보상금 40,000달러 + 고의적 박탈행위로 인한 징벌적 손해배상 80,000달러))의 손해배상책임이 있는데, 피고인 일진디스플레이 주식회사는 소외 회사로부터 사기적인 목적으로 재산을 이전받은 승계법인이라는 이유로 피고를 상대로 위싱턴주 클라크 카운티 제1심법원에 제소하여 결석판결을 받았다.

위 판결에 대한 집행판결 청구의 소를 제기 받은 평택지원은 약정보상금의 2배 상당의 징벌적 손해배상금 및 이에 대한 지연이자의 지급을 명하는 부분은 집행을 불허하였는데, 그 근거는 아래와 같다. 약정보상금의 2배 상당의 징벌적 손해배상금은 고의적으로 보상금을 지급하지 않음으로써 원고들에게 추가적으로 발생된 손해를 전보하기 위한 것이 아니라, 손해전보를 넘어서 고의적으로 위반행위를 한 자에 대하여 징계를 하거나 그러한 위반행위의 발생을 억제하기 위한 목적으로 그 지급을 명한 것인데, 이는 손해배상의무에 대하여 징벌적 성격을 부여하지 아니하고, 불법행위 또는 채무불이행에 의하여 야기된 결과에 대한 보상, 즉 손해발생 전의 상태로의 회복에 목적이 있는 우리나라의 손해배상제도와 근본이념이 다르며, 우리나라의 손해배상 체계에서 약정보상금의 2배 상당의 징벌적 손해배상금의 지급을 명하는 것은 원고들에 대한 적절한 배상을 위하여 필요한 정도를 넘는다는 것이다.

이 판결은 징벌배상을 직접 다룬 점에 의의가 있으나 엄밀하게는 배액배상이지 불법행위를 이유로 하는 전형적인 징벌배상에 관한 사안은 아니다.

그러나 우리나라가 2011. 6. 30. 시행된 하도급거래 공정화에 관한 법률("하도급법")[202]을 통하여 3배배상제도를 도입한 이상, 우리 법원이 재판하는 단계와

므로"라고 판시하였다. 징벌배상판결이 민사판결인가에 관하여 위 판결은 명시하지는 않으나 이를 긍정한 것으로 보인다. 한편 징벌배상을 명한 판결의 승인이 우리의 실체적 공서에 반하는가의 여부에 관하여는, 위 판결이 "징벌배상은 우리의 실체적 공서에 반한다"라고 단정하지 않고 "실체적 공서에 반할 수가 있으므로"라고 설시한 점에서, 다소 부정적인 뉘앙스는 있으나, 문제 된 미국 판결에 징벌배상이 포함되지 않았다는 사실인정을 기초로 징벌배상이 우리의 공서에 반하는가에 대하여는 결론을 내린 것은 아니라고 보인다.

202) 하도급법에 따르면, 원사업자는 예외적으로 정당한 사유를 입증한 경우 수급사업자로부터 기술자료를 받을 수 있으나 취득한 기술자료를 유용하여서는 아니 되고(제12조의3), 만일

외국재판을 승인 및 집행하는 단계에서 각각 외국법의 적용과 3배배상의 지급을
명한 외국재판의 승인 및 집행이 당연히 우리의 공서에 반한다고 할 수는 없게
되었다.203) 따라서 이와 관련하여 국제사법 제52조(구 국제사법 제32조에 상응)를
개정하는 방안을 검토해야 하고, 외국판결의 승인 및 집행에서도 이 점을 고려해
야 한다. 특히 지적해 둘 것은 외국재판이 과도한 손해배상을 명하였음을 이유로
승인을 제한할 경우, 과도한지의 여부를 판단함에 있어서는 동일한 사안에서 우
리 법원이 우리 법을 적용하여 재판하였을 경우 인용되었을 금액을 기준으로 기
계적으로 판단해서는 곤란하다는 점이다. 우리 법원으로서는 제반사정을 고려해
서 "위 금액 + 쿠션"을 인정할 여지가 있기 때문이다. 승인국 법원이 외국법원이
명한 손해배상액을 감액할 수는 있으나 승인국이 재판하였더라면 인용하였을 금
액을 하한으로 하는 예비초안 제33조 제2항은 이런 취지를 잘 보여준다.204) 또한
우리 법원의 외국법 적용단계에서 국제사법(제52조 제4항)이 "그 범위가 피해자의
적절한 배상을 위하여 필요한 정도를 넘는 때에는 이를 인정하지 아니한다"라고
하지 않고 "그 범위가 본질적으로 피해자의 적절한 배상을 위하여 필요한 정도를
넘는 때에는 이를 인정하지 아니한다"라고 한 것은 이러한 점을 고려했기 때문이
다. 우리 법을 적용한 것과 차이가 있더라도 그것이 본질적인 것이 아니라면 우리
는 수인(受忍)하겠다, 즉 받아들이겠다는 취지이다.205)

위 조항을 위반하여 기술자료를 유용함으로써 손해를 입은 자가 있는 경우에는 그 자에게
발생한 손해의 3배를 넘지 아니하는 범위에서 배상책임을 진다(제35조 제2항). 2021. 2. 5.
부터 자동차 제작자가 결함을 알면서도 이를 은폐·축소 또는 거짓으로 공개하거나 지체
없이 시정하지 아니하여 자동차 소유자 등이 생명·신체 및 재산에 중대한 손해를 입은 경
우에는 발생한 손해의 5배 이내에서 배상책임을 지도록 하는 제도가 도입되었다(자동차관
리법 제74조의2 제2항).

203) 이런 문제점은 석광현, "외국판결의 승인 및 집행: 2001년 이후의 판결을 중심으로", 진산
기념논문집 제1권, 557면에서 지적하였다.

204) 제2항의 조문은 아래와 같다.
"a) 채권자가 청문의 기회를 가지는 절차를 거친 후에, 채무자가 재판국에 존재하는 상황
을 포함하여 그 상황에서, 지나치게 과도한 손해배상을 명한 재판이 선고되었음을 요청받
은 법원에 증명하는 경우, 승인은 보다 적은 금액으로 제한될 수 있다.
b) 재판을 승인함에 있어 요청받은 법원은 어떤 경우에도, 재판국에 존재하는 상황을 포함
하여 동일한 상황하에서 요청받은 국가에서 선고되었을 금액보다 적은 금액을 승인할 수
없다".

205) 석광현, 해설, 291면. 따라서 한국에서 판결했었더라면 인용했을 금액으로 승인의 범위를
한정해야 한다는 취지의 견해(최승재, "지재권 침해사건에서 손해배상액 인정과 외국판결
의 승인", 법률신문 제3993호(2011. 12. 10.), 13면)는 쿠션을 인정하지 않는 취지로 보이므

이러한 상황의 변화를 고려하여 저자는 3배배상을 명한 외국판결의 경우 실손해에 해당하는 범위 내에서는 승인 및 집행할 수 있으나, 문제는 이를 초과하는 부분(즉 200%)에 해당하는 부분의 처리인데 저자는 (아래 소개하는 2022년 대법원 판결 선고 전에) 견해가 나뉠 수 있음을 지적하였다.[206]

1설은 이제는 더 이상 3배배상이라는 이유로 3배배상을 명한 외국법원의 확정재판등의 승인 및 집행을 거부할 수 없다는 견해이다. 한국이 3배배상제도를 도입한 이상 외국의 확정재판등이 가사 우리가 3배배상을 도입한 법영역이 아니더라도 그 승인은 한국 법률의 기본질서에 반하지 않고, 가사 반하더라도 현저히 반하는 것은 아니라는 것이다. 2설은 우리 법이 3배배상제도를 도입한 법영역 외에서는 여전히 승인 및 집행을 거부할 수 있다는 견해이다.[207] 어느 분야에서 3배배상제도를 도입할지는 입법자가 정책적으로 판단할 사항인데, 우리가 3배배상이

로 지지할 수 없다.

206) 석광현, 정년기념, 496면 이하 참조.

207) 이규호, 2014년 개정, 132−133면은 이를 지지한다. 즉 이 교수는 "3배 손해배상제도는 당사자 간 교섭력에 현저한 차이를 보이는 공정거래법 및 노동법 분야 등 특정 분야에 예외적으로 적용되는 제도로 보아야 하고, 3배 손해배상제도는 징벌적 손해배상의 성격을 띤다는 점에서 일반적으로는 한국 민사법의 기본질서를 반할 가능성이 높다고 보아야 한다"라고 한다. 우리가 3배배상제도를 도입한 법영역이라 함은 그에 상응하는 영역을 포함한다. 즉 그 판단에는 기능적 접근방법을 취하여야 한다. 서울고등법원 2018. 3. 23. 선고 2017나2057753 판결은 피고가 불공정한 경쟁방법과 불공정한 기만행위를 하여 하와이주 개정법 제480−2조 (a)항을 위반하였음을 이유로 3배배상을 명한 하와이주 법원 판결에 대하여 한국의 개별 법령에서 그런 유형의 위법행위로 인해 발생한 손해에 대해 3배배상책임을 인정하는 개별 법률이(표현이 중복되나 원문을 따른 것임) 없다는 근거로 3배배상을 명하는 부분의 효력을 인정하는 것은 한국의 공서에 어긋나는 것으로서 허용되지 않는다고 판시하고 그 집행을 제한하였다. 이는 2설을 따른 것이다. 아래 소개하는 대법원 2022. 3. 11. 선고 2018다231550 판결도 2설을 따른 것이나, 그러면서도 대법원이 원심과 다른 결론에 이른 것은 미국 판결의 근거가 된 법률이 우리의 개별 법률의 규율 영역에 속하는지에 관한 판단이 달랐기 때문인데, 대법원은 아래 소개한 바와 같이 판단기준을 제시하였다. 경우에 따라서는 3배배상 중 일부만의 승인·집행도 가능할 것이다. 우리 법상 징벌적 손해배상이 규정된 법령의 예로는 하도급법(제35조 제2항), 개인정보 보호법 제39조 제3항), 제조물 책임법(제3조 제2항), 특허법(제128조 제8항), 디자인보호법(제115조 제7항), 부정경쟁방지 및 영업비밀보호에 관한 법률(제14조의2 제6항), 상표법(제110조 제7항) 등이 있는데, 그 범위가 점차 확대될 것으로 예상된다. 따라서 향후 징벌배상을 명한 외국판결의 집행이 문제 될 경우, 우리 법상 관련 행위에 대한 징벌배상이 허용되는지 여부와 징벌배상의 허용범위 등을 검토할 필요가 있다. 다만 위 대법원 판결이 언급한 '실질적 손해배상'의 개념이 무엇인지 궁금하다. 나아가 예컨대 외국에서는 5배배상을 명한 데 반하여 우리 법은 3배배상만을 규정하는 경우에는 3배배상의 범위 내에서만 승인·집행을 허용할지 궁금하다.

적절하지 않다고 보는 영역에서 3배배상을 명하는 외국의 확정재판등의 승인은 한국 법률의 기본질서에 현저히 반할 수 있다는 것이다. 당분간은 2설을 유지할 수 있으나 3배배상이 꾸준히 확산된다면 어느 단계에서는 결국 1설이 타당하게 될 것이다.

그러던 중 3배배상의 지급을 명한 미국 하와이주 판결의 승인이 공서위반이 되는지에 대하여 판단한 대법원 2022. 3. 11. 선고 2018다231550 판결이 선고되었다. 대법원은 민사소송법 제217조 제1항 제3호와 민사소송법 제217조의2 제1항의 취지를 설명한 뒤 아래의 취지로 판시하였다.

첫째, 우리나라 손해배상제도의 근본이념은 피해자 등이 <u>실제 입은 손해</u>를 전보함으로써 손해가 발생하기 전 상태로 회복시키는 것이었다(대법원 2003. 9. 5. 선고 2001다58528 판결 등 참조). 그러다가 2011년 처음으로 하도급법에서 원사업자의 부당한 행위로 발생한 손해의 배상과 관련하여 실제 손해의 3배를 한도로 하여 손해전보의 범위를 초과하는 손해배상을 도입하였다(제35조). 이어서 독점규제 및 공정거래에 관한 법률('공정거래법')에서도 사업자의 부당한 공동행위 등에 대하여 실제 손해의 3배를 한도로 하여 손해전보의 범위를 초과하는 손해배상 규정을 도입하였고, 계속해서 개인정보, 근로관계, 지적재산권, 소비자보호 등의 분야에서 개별 법률의 개정을 통해 일정한 행위 유형에 대하여 3배 내지 5배를 한도로 하여 손해전보의 범위를 초과하는 손해배상을 허용하는 규정을 도입하였다. 이처럼 개별 법률에서 손해전보의 범위를 초과하는 손해배상을 허용하는 것은 그러한 배상을 통해 불법행위의 발생을 억제하고 피해자가 입은 <u>손해를 실질적으로 배상하려는 것</u>이다.

둘째, 이와 같이 우리나라 손해배상제도가 손해전보를 원칙으로 하면서도 개별 법률을 통해 특정 영역에서 그에 해당하는 특수한 사정에 맞게 손해전보의 범위를 초과하는 손해배상을 허용하고 있는 점에 비추어 보면, 손해전보의 범위를 초과하는 손해배상을 명하는 외국재판이 손해배상의 원인으로 삼은 행위가 적어도 우리나라에서 손해전보의 범위를 초과하는 손해배상을 허용하는 개별 법률의 규율 영역에 속하는 경우에는 그 외국재판을 승인하는 것이 손해배상 관련 법률의 기본질서에 현저히 위배되어 허용될 수 없는 정도라고 보기 어렵다.[208]

---

208) 대법원은 이어서 "이때 외국재판에 적용된 외국 법률이 실제 손해액의 일정 배수를 자동적으로 최종 손해배상액으로 정하는 내용이라고 하더라도 그것만으로 그 외국재판의 승인을

요컨대, 대법원은 "손해전보의 범위를 초과하는 손해배상을 명한 외국재판을 승인할지는, 우리나라 손해배상제도의 근본원칙이나 이념, 체계를 전제로 하여 해당 외국재판과 그와 관련된 우리나라 법률과의 관계, 그 외국재판이 손해배상의 원인으로 삼은 행위가 우리나라에서 손해전보의 범위를 초과하는 손해배상을 허용하는 개별 법률의 영역에 속하는 것인지, 만일 속한다면 그 외국재판에서 인정된 손해배상이 그 법률에서 규정하는 내용, 특히 손해배상액의 상한 등과 비교하여 어느 정도 차이가 있는지 등을 종합적으로 고려하여 개별적으로 판단하여야 한다"라고 판시하였다.

결국 과거와 달리 배액배상의 지급을 명한 외국판결도 우리나라에서 손해전보의 범위를 초과하는 손해배상을 허용하는 개별 법률의 영역에 속하는 경우 승인될 가능성이 상당히 커졌다.

징벌배상과 관련되는 문제로, 징벌배상을 명한 미국 판결에 따라 피고가 이미 지급한 경우 반환청구를 할 수 있는가라는 의문이 제기된다. 국가에 따라서는 미국의 카르텔법에 대항하기 위한 수단으로서 이미 지급한 배상의 환수(또는 반환청구)를 규정한 법률(clawback statutes)을 제정하여 그에 따라 처리하기도 하나[209] 우리는 이런 법률을 두고 있지 않으므로 문제가 된다. 이 경우 예컨대 징벌배상을 지급한 한국인 피고가 한국 법원에서 미국인을 상대로 부당이득반환청구를 한다면 우리 법원으로서는 국제재판관할과 준거법을 검토해야 하는데, 그 경우 우리나라에서는 승인될 수 없는 미국 판결의 존재가 법률상 원인(*causa*)으로 인정되어 부당이득의 성립을 부정하게 되는지와 비채변제의 성립 여부가 문제 될 것이다.[210] 3배배상의 경우에도 보상적 손해배상을 넘는 부분에 관하여는 유사한 논의가 가능하다.

(4) 지나치게 과도한 전보배상을 명한 외국재판

이러한 사례에 해당하는 구 민사소송법하의 하급심판결들은 아래와 같다.

거부할 수는 없고, 우리나라의 관련 법률에서 정한 손해배상액의 상한 등을 고려하여 외국재판의 승인 여부를 결정할 수 있다"라고 판시하였다.

209) 남아공, 캐나다와 호주 등에는 이런 법률이 있다. Schack, Rn. 1210ff. 참조.
210) Geimer, Rz. 3055ff.; Schack, Rn. 1208ff. 참조. 후자는 그런 반환청구에 대해 부정적이다.

(ㄱ) 서울지방법원 동부지원 1995. 2. 10. 선고 93가합19069 판결[211]

한국인 피고의 성폭행 등을 이유로 50만불의 손해배상의 지급을 명한 미국 미네소타주 법원 판결의 승인 및 집행과 관련하여 서울지방법원 동부지원 1995. 2. 10. 선고 93가합19069 판결은, 우리 손해배상법의 기준에 비추어 한국에서 인정될 만한 상당한 금액을 현저히 초과하는 부분에 한하여는 공서양속에 반하므로 승인을 제한할 수 있다는 근거로 미국 법원이 명한 손해배상액의 50%만의 집행을 허가하였다. 위 판결은 "불법행위의 준거법이 외국법이더라도 한국법에 의하여 손해배상의 범위를 제한하고 있는 (구) 섭외사법 제13조 제3항은 한국 손해배상법의 지침적 기능(Leitbildfunktion)을 인정하고 있고, 헌법상의 법치국가원리로부터 파생되어 민사법질서에로 편입되어 있는 이른바 비례의 원칙에 따라 우리 손해배상법의 기준에 비추어 한국에서 인정될 만한 상당한 금액을 현저히 초과하는 부분에 한하여는 공서양속에 반한다"라는 취지로 판시하였다.[212] 위 판결은 대법원에서 확정되었다. 이 판결은 그 후 하급심 판결들에 영향을 주었다.

(ㄴ) 서울남부지원 2000. 10. 20. 선고 99가합14496 판결[213]

우리나라 회사인 피고가 미국 회사인 원고의 디자인에 대한 저작권을 침해하였음을 이유로 미화 442,300.19달러의 지급을 명한 미국 뉴욕주 남부지방법원판결에 기한 집행판결 청구소송에서 서울지방법원 남부지원 2000. 10. 20. 선고 99가합14496 판결도 위 서울지방법원 동부지원 판결과 유사한 논리에 기초하여 50%만의 집행을 허가하였다.

(ㄷ) 부산고등법원 2009. 7. 23. 선고 2009나3067 판결(확정)

캘리포니아주 샌디애고 카운티 슈퍼어리어 법원 북부지원 판결은 캘리포니

---

211) 소개와 평석은 석광현, 제1권, 381면 이하.

212) 과거 유방성형수술용 실리콘을 제조하는 미국 다우코닝사가 제품의 결함이 발견되자 이를 사용하여 수술한 여성들에게 손해배상을 지급하면서 한국 등 일부 국가의 여성들에게는 미국 여성들에게 지급하는 금액의 일정비율(예컨대 30%)만을 지급할 것이라는 보도가 있었다. 이는 근거 없는 차별대우로서 매우 부당하다는 것이 우리나라의 일반적 논조였다. 한국 피해자 측에서는 이에 대해 지속적으로 이의를 제기하여 많게는 미국 피해자의 60%까지 피해액을 인정받았다고 한다. 중앙일보 2011. 2. 24. 기사 참조. 그런데 동일한 불법행위에 대해 미국에서는 50만 불을 지급하더라도 우리의 잣대에 의하면 25만 불을 지급하는 것이 정당하다면 다우코닝의 조치의 부당성에 대한 판단이 어렵게 된다. 물론 다우코닝 사건에서는 미국 판결의 승인이 아니라 한국 여성들이 미국 회사에 대해 미국에서 소를 제기한 것이라는 점에서 차이가 있다.

213) 석광현, 상사중재법 제1권, 318면 註 327 참조.

아주 소재 공장에서 피고 회사가 제작한 사출성형기로 작업 도중 사고를 당하여 사망한 소외 망 S의 처와 자녀들인 원고들이 제기한 소송에서 미화 5,077,379.18달러(경제적 손해: 미화 808,294달러, 비경제적 손해 : 미화 4,250,000달러)와 이에 대하여 2002. 1. 23.부터 완제 시까지 연 10%의 이자의 지급을 명하는 배심재판 후 판결(judgement after jury trial)을 선고하였다.

우리 제1심판결[214]은, 미국 판결이 명시적으로 징벌적 손해배상을 언급하지는 않지만, 원고들은 당초 엄격제조책임(strict product liability)을 근거로 하여 징벌적 손해배상청구를 하였고, 미국 판결에서는 엄격제조책임에 관한 변론만을 청취한 배심원들이 손해배상액을 결정하였으므로 손해액 결정과정에서 징벌적 손해에 대한 고려를 포함시켰을 여지가 많은 점, 미국 판결이 원고들의 손해액을 경제적 손해와 비경제적 손해로 나누어 그 손해액을 산정하면서 원고들에게 비경제적 손해액으로 미화 425만 달러라는 엄청난 금액의 손해배상을 인정하는 것이 합리적이라고 판단될 만한 아무런 이유도 제시하지 않고 원고들이 제출한 자료에서도 이를 확인할 수 없는 점, 미국 판결에서 원고들의 경제적 손해액 산출방식은 일응 합리적 기준과 방법에 의한 것으로 보이지만 비경제적 손해액을 거액의 금액으로 인정한 것은 단지 판결의 편의나 피해자의 이익만을 지나치게 고려한 데 따른 것으로 보이고, 그중 어느 정도의 금액을 정신적 고통에 대한 보상으로 볼 것인지 특정할 수도 없는 점 등을 종합하여 보면, 미국 판결에서 인정된 경제적 및 비경제적 손해액을 전부 승인하는 것은 손해의 공평·타당한 분담이라고 하는 우리 손해배상법의 기본원칙 내지 사회 일반의 법 감정상 도저히 참을 수 없는 가혹한 결과를 가져올 수 있고, 한국에서 인정될 만한 상당한 금액을 현저히 초과하는 부분에 한하여는 우리나라의 선량한 풍속 기타 사회질서에 반한다고 보아 승인을 제한해야 할 것이라고 판시하고 비경제적 손해액을 전부 배척하였다.

반면에 제2심판결은, 비경제적 손해액에 대한 배상은 우리 손해배상법체계에 있어서 위자료에 해당하는데, 망인이 사고로 사망에 이르게 되었고 망인의 처자인 원고들이 정신적 고통을 입었을 것이라는 점을 경험칙상 충분히 인정할 수 있는데도 위자료를 전혀 인정하지 않는 것은 오히려 우리 손해배상법체계에 비추어 보아도 수긍할 수 없다는 이유로, 미국 판결에서 인정한 손해액 중 경제적 손해액은 전액을 승인하고, 비경제적 손해액은 위자료의 조절적 기능을 합리적으로 고

---

214) 부산지방법원 2009. 1. 22. 선고 2008가합309 판결.

려한 범위 내에서 미화 100,000달러만을 승인함이 타당하다고 보아 제1심판결을
변경하였다.[215]

제2심판결은 한국에서 인정될 만한 상당한 금액을 '현저히' 초과하는 부분에
한하여 공서에 반한다고 본 점에서 상당한 금액을 초과하더라도 당연히 공서위반
이 되는 것은 아니고 어느 정도의 쿠션이 허용된다는 취지로 판시한 점에서 타당
하다. 다만 상당한 금액을 결정하는 기준이 우리 법원이 한국법을 적용하여 재판
하였더라면 인용했을 금액인지 아니면 우리 법원이 외국법원이 실제로 적용한 준
거법을 적용하였더라면 인용했을 금액인지를 분명히 밝히지 않은 점은 아쉽다.
아마도 전자일 것이나, 후자를 따르더라도 구 국제사법 제10조와 제32조에 의하
여 외국법의 적용이 제한되나 한국법을 적용한 경우와 동일하지는 않다. 어쨌든
이 판결은 징벌배상을 명한 외국판결이더라도 위자료의 기능을 하는 범위 내에서
는 승인할 수 있음을 판시한 점에서 의의가 있다.

한편 제주지방법원 2013. 11. 21. 선고 2013가합5158 판결은 당해 사건 미국
판결의 배상액 중 자문비용, 소송 전 법률비용(pre-litigation legal fees) 및 소송비
용 합계 157,379달러에 대하여 민사소송법 제217조 제1항 제1호 소정의 대한민국
의 선량한 풍속 기타 사회질서에 반함을 이유로 그 배상액의 50%만 승인하였는
데, 항소심인 광주고등법원(제주) 2015. 2. 4. 선고 2013나1152 판결도 이런 결론
을 지지하였다.

부분적인 승인·집행에 대하여는 그 경우 실질재심사가 이루어진다는 비판이
있으나, 공서위반 여부를 판단하기 위한 범위 내에서는 실질재심사가 불가피하고,
지나치게 과도한 손해배상(grossly excessive damages)을 명한 판결에 대해 한국 법
원이 새로이 사실인정을 하고 준거법을 적용하여 손해배상액을 산정하자는 것이
아니라 외국법원이 인정한 사실을 기초로 과연 그 손해배상액을 그대로 승인하는
것이 사안의 한국과의 관련에 비추어 공서에 반하는지 여부를 판단하는 데 그칠

---

[215] 미국 법원 판결이 인용한 원금은 5,077,379.18달러이고, 우리 제1심법원이 인용한 원금은
827,379.18달러이며 제2심법원이 인용한 원금은 미화 927,379.18달러이다. 수원지방법원
2013. 11. 28. 선고 2013가합14630 판결도 유사한 취지이다. 이는 특허권침해로 인한 손해
배상을 명한 미국 텍사스 동부지방법원 러프킨지원 판결의 승인 및 집행을 구한 사건인데,
이 사건 외국재판의 승인은 원고가 구하는 금액의 70%에 해당하는 금액을 한도로 제한하
고, 이를 초과하는 금액은 공서양속에 반하는 부분으로서 승인을 거부하였다. 상세는 석광
현, 정년기념, 509면 이하 참조.

뿐이지 그 범위를 넘어 외국재판의 당부를 심사하자는 것은 아니므로 실질재심사 금지의 원칙에 저촉되는 것은 아니다.

여기에서 2014년 신설된 제217조의2가 가지는 의미가 문제 된다. 위에서 저자는 동조는 비전보적 배상을 명한 외국재판의 승인 및 집행에서 의미가 있다고 하였는데, 동조 신설 후 선고된 대법원 판결들이 다소 혼란스러운 판시를 하였다. 즉 제217조의2의 의미에 관하여 미국 특허권 침해를 이유로 하는 손해배상의 지급을 명한 텍사스주 소재 연방지방법원판결에 기한 집행판결 청구소송에서 대법원 2015. 10. 15. 선고 2015다1284 판결은 "이는 징벌적 손해배상과 같이 손해전보의 범위를 초과하는 배상액의 지급을 명한 외국법원의 확정재판 등의 승인을 적정범위로 제한하기 위하여 마련된 규정이므로 외국법원의 확정재판 등이 당사자가 실제로 입은 손해를 전보하는 손해배상을 명하는 경우에는 민사소송법 제217조의2 제1항을 근거로 그 승인을 제한할 수 없다"라는 취지로 판시하였다. 또한 대법원 2016. 1. 28. 선고 2015다207747 판결(종마사건)도 그런 태도를 따랐다.[216]

제217조의2를 신설함으로써 대법원이 전과 달리 ① 과거 대법원이 묵인하여 온 하급심 판결들(앞에 언급한)의 태도를 배척하고 과도한 전보배상을 명한 외국재판은 이제 공서조항을 근거로 승인을 거부할 수 없다고 본 것인지, 아니면 ② 일반론으로는 과도한 전보배상을 명한 외국재판의 경우 공서조항을 근거로 승인을 거부할 수 있음은 인정하나, 위 사건들은 과거 하급심에서 문제 되었던 사건들과 다르기에 공서조항을 근거로 승인을 거부할 수 없었다고 본 것인가가 논란이 있을 수 있다. 과거 저자는 위 ①이 가능성이 큰 것 같다고 추측하였으나, 대법원이 ②의 견해를 분명히 채택하기를 기대한다. 위 대법원 판결의 사안들에서는 지나치게 과도한 전보배상의 지급을 명한 외국재판이 아니었기 때문에 그런 결론에 이른 것이므로 위 대법원 판결들과의 충돌은 없을 것이다. 이런 맥락에서 주목할 만한 근자의 판결이 있다.

㈃ 일실가사노동에 대한 손해의 형태로 과도한 전보배상의 지급을 명한 외국판결의 승인 및 집행이 문제 된 최근의 사례

울산지방법원 2022. 8. 24. 선고 2022가합11704 판결은 직장인인 미국인 남

---

216) 위 양 판결의 소개는 석광현, 정년기념, 508면 이하 참조. 이시윤, 638면은 위 대법원 판결들을 소개하면서 전보배상을 명한 판결의 승인을 제한할 수 없다고 하면서도 639면에서는 미국의 고액의 위자료판결은 승인될 수 없을 것이라고 한다. 그러나 위자료판결은 기본적으로 전보배상을 명하는 판결이라는 점을 고려하면 이는 일관성이 없다.

성의 사망사고로 인한 손해배상사건에서 일실수입 1,740,000.00달러 외에 그의 5배에 이르는 일실가사서비스(또는 일실가사노동) 8,621,052.63달러의 지급을 명한 미국 조지아주 법원 판결의 승인 및 집행을 전부 허가하였다. 이는 저자가 우려하던 상황, 즉 전보배상이기만 하면 그 금액에 관계없이 승인 및 집행을 허가하는 상황이 실제로 발생하였다는 점에서 매우 놀라운 일이다.[217]

이는 공동 피고인 미국 회사에 고용되어 기계 작동기사로 근무하던 망인은 공장에 설치된 기계(피고가 공동 피고인 미국 회사에 판매한 것)에서 작업 중 기계에 끌려 들어가 사망하였음을 이유로 가족들이 피고들을 상대로 손해배상을 청구한 사건이다. 원고는 망인의 미성년 아들의 모로서 아들의 법정대리인 겸 망인의 재산관리인의 지위에서 망인의 상속재산(유산)을 대신하여 손해배상을 청구하였다.

조지아주 법원은 2018년 12월 피고에 대하여 원고에게 부당사망으로 인한 손해배상금 20,722,105.26달러[= 경제적 손해 10,361,052.63달러(일실수입 1,740,000.00달러 + 일실가사서비스(또는 일실가사노동) 8,621,052.63달러) + 비경제적 손해 10,361.052.63달러]의 지급을 명하였다. 미국 법원은 원고 측 전문가 증인의 증언에 기초하여 망인의 일실가사서비스의 가치를 8,621,052.63달러라고 평가하였다(그는 망인의 가사노동 제공 과정에서 발생한 비용과 이익을 전혀 공제하지 않았다). 원고는 위 미국 판결에 기초한 집행판결 청구의 소를 제기하였는데, 비경제적 손해 항목은 집행판결의 범위에서 스스로 제외하였다.

제1심 판결은, 이 사건 미국판결의 손해배상액은 망인의 경제적 손해에 해당하는 금액만 하더라도 10,361,052.63달러(약 120억 원)에 달하고, 그중 망인의 상실 급여 및 수당의 총 가치는 1,740,000.00달러(약 20억 원)이며, 망인의 상실 가사노동(lost household services)의 총 가치는 8,621,052.63달러(약 100억 원)로서, 특히 상실 가사노동의 가치가 일응 지나치게 고액으로 여겨진다면서도 위 손해배상 항목은 모두 우리 민사법 체계상 예외적인 경우에만 받아들여질 수 있는 징벌적 손해배상이 아니라, 실제 발생한 손해를 보상하기 위한 전보적 성격의 손해배상임을 근거로 그의 승인 및 집행은 민사소송법 제217조의2의 적용대상이 아니고, "외국법원의 확정재판 등이 당사자가 실제로 입은 손해를 전보하는 손해배상을 명하는 경우에는 민사소송법 제217조의2 제1항을 근거로 승인을 제한할 수 없고,

---

217) 위 판결의 결론은 항소심인 부산고등법원(울산) 2024. 2. 14. 선고 2022나11322 판결에서도 유지되었다. 이는 대법원에 2024다227675호로 계속 중이다.

경제활동의 국제화에 따른 국가 간 거래질서를 존중할 필요성 등에 비추어 민사소송법 제217조 제1항 제3호의 해석에 있어서도 전보배상을 명하는 경우에는, 그 손해액이 우리 법원에서 통상 인정되는 손해배상액보다 고액이라는 이유만으로 섣불리 공서양속에 반한다고 할 수는 없다고 보는 것이 합리적"이라는 취지로 판시하고(밑줄은 저자가 추가함) 조지아주 법원이 지급을 명한 전보배상 전액의 승인 및 집행을 허가하였다.

위 사건에서 거액의 일실가사서비스 손해가 산정된 것을 보면 전보배상이라는 명목하에 징벌배상이 포함되었을 가능성이 매우 크므로 그 점을 심리하였어야 하고, 가사 그것이 전부 전보배상이라고 하더라도 공서조항을 통하여 그의 승인 및 집행을 제한하였어야 한다. 위에서 보았듯이 제217조의2의 신설 전에는 그런 실무가 하급심 판례로 어느 정도 정착되었고 일부는 대법원에서도 확정되었는데, 우리 기업들을 더 강력하게 보호하고자 국회가 제217조의2를 신설하였더니 이제는 전보배상에 대하여는 공서조항을 적용할 수 없다고 판시하는 것은 이해할 수 없다. 징벌배상에만 적용되는 제217조의2가 신설되었다는 이유로[218] 제217조 제1항 제3호(공서조항)의 해석론을 변경하여 그 적용범위를 제한하는 근거는 무엇인지 궁금하다.[219]

한국에서는 직장인의 사망사고 시 일실가사서비스라는 손해항목을 알지 못하는데, 그렇다고 해서 그의 승인 및 집행이 우리 공서에 반하는 것은 아니지만, 외국에서 일어난 사고라고 하여 금액에 관계없이 전액을 승인 및 집행하는 것은 우리 손해배상법의 기본원칙에 반한다. 더욱이 그처럼 거액의 경우 징벌배상이 포함되었다고 볼 요소가 다분하다. 문제는 외국판결이 전보배상 부분과 징벌배상 부분을 구분하지 않은 탓에 모든 사정을 고려하여도 우리 법원이 그 성질을 판단할 수 없는 경우인데, 그 경우 결국 우리 법이 수용할 수 있는 범위 내에서만 일부를 승인할 수밖에 없을 것이다.[220] 과거 서울지방법원 동부지원 판결을 포함한

---

218) 민일영/김윤종, 884－885면은 과도한 전보배상에 대하여 제217조의2의 적용을 배제하나, 정작 중요한 제217조 제1항 제3호의 공서위반의 문제는 언급하지 않는다.

219) 제217조의2가 신설된 이상 그와 별개로 공서조항이 개입할 여지가 없다고 보더라도 그것은 징벌배상에 한정된다고 보아야 한다. 지나치게 과도한 손해배상의 문제는 과도한 위자료의 지급을 명한 외국재판의 승인과 과도한 변호사보수의 맥락에서 발생할 수 있다. 이 점은 석광현, 정년기념, 498면 이하, 502면 이하 참조. 저자는 이를 "입법부와 사법부의 충돌?"이라고까지 표현하였던바(석광현, 정년기념, 30면), 만일 대법원이 종전의 해석론을 변경한 것이라면 국회가 민사소송법(제217조와 제217조의2)을 개정하여야 한다.

220) Nagel/Gottwald, Rz. 12.192는 징벌배상의 지급을 명한 미국 판결에 대하여도 손해 항목별

일련의 하급심 판결들은 외국판결의 금액 중 일부만을 승인·집행한 점에서는 1999년 예비초안(제33조 제2항)과 궤를 같이 한다.[221]

요컨대 지나치게 과도한 손해배상에 관한 한 저자가 이해하는 제217조의2의 취지는 아래와 같다. 저자는 비전보적 배상인 징벌배상과 삼배배상의 승인은 특별조항인 제217조의2로 해결하고, 지나치게 과도한 손해배상은 제217조 제1항 제3호의 공서조항으로 해결할 사항이라고 본다. 한편 제217조의2 제2항은, 그 기초가 된 예비초안(제33조 제3항)[222]에 관한 논의를 고려할 때, 가해자의 제재와 일반예방을 목적으로 부과되는 징벌배상은 승인되지 않지만, 우리 법원의 실무처럼 소송비용의 부담을 별도의 항목으로 명시하는 대신 징벌배상에 포함시키는 법제의 경우 그 징벌배상에 포함된 금액 중 변호사보수 기타 소송비용처럼 보상적 기능을 하는 범위 내에서는 승인될 수 있음을 전제로 하면서, 법원으로 하여금 외국법원이 인정한 손해배상의 범위에 변호사보수를 비롯한 소송과 관련된 비용과 경비가 포함되는지와 그 범위를 고려하라는 것이다.[223] 따라서 징벌배상에 포함된

로 그 성질이 전보배상인지 징벌배상인지를 구분하고 승인 여부를 판단할 것이 아니라 전체 금액을 일정한 비례의 원칙에 따라 일부만 승인 및 집행할 것이라고 한다. Dagmar Coester-Waltjen, Deutsches internationales Zivilverfahrensrecht und die punitive dam-ages nach US-amerikanischem Recht, Andreas Heldrich/Toshiyuki Kono (Hrsg.), Herausforderung im Internationalen Zivilverfahrensrecht (1994) S. 30ff.도 동지(후자는 독일 손해배상법이 반드시 실손해의 전보에 한정되는 것은 아니라는 점과, 전보배상과 징벌배상의 분류의 어려움을 지적하면서 징벌배상에 대하여도 전보배상과 같이 비례의 원칙에 반하는 범위 내에서 공서위반으로 평가할 수 있다고 한다).

221) 위(註 204)에서 언급한 예비초안(제33조 제2항) 참조. "지나치게 과도한"이라는 문언으로부터 명백하듯이, 승인국에서 재판하였더라면 인정되었을 금액에 비해 크다는 이유만으로 승인을 거부할 수는 없고, 나아가 승인국이 알지 못하는 손해항목(예컨대 정신적인 고통에 대한 위자료)이 포함되었더라도 그것만으로 승인을 거부할 수는 없다. Nygh/Pocar, p. 113.

222) 제3항은 "제1항 또는 제2항을 적용함에 있어, 요청받은 법원은 재판국의 법원이 선고한 손해배상이 소송과 관련된 비용과 경비의 전보를 목적으로 하는지의 여부와 그 범위를 고려해야 한다"라고 규정한다. 관할합의협약 제11조 제2항과 재판협약 제10조 제2항도 동지다.

223) 저자는 본문과 달리 제217조의2 제2항은 "해석상 인정되는 과다한 소송비용에 대한 승인거부의 근거를 법률에 명시한 것"이라고 보는 견해(예컨대 민일영/김윤종, 891면)의 근거를 이해하기 어렵다. 과거 2012년 민사소송법 개정안에는 "외국법원이 인용한 변호사 보수를 비롯한 소송비용이 과도하다고 판단한 경우에는 그 범위에서 승인을 거부할 수 있다"라는 문언이 있었고, 이는 국회 검토보고서가 적은 바와 같이, 외국재판에 따른 변호사보수를 비롯한 소송비용이 과다할 경우에도 한국의 사회질서에 반한다고 판단하여 그 부분에 대한 승인을 일부 거부할 수 있다는 취지이다. 즉 이는 비록 전보배상이라고 하더라도 변호사보수 기타 소송비용이 과다한 경우에는 그 승인을 제한함으로써 우리 기업을 보호하려는 취

것이더라도 변호사보수 기타 소송비용은 승인될 수 있으나 그것이 우리의 기준에 비추어 지나치게 과도한 경우 그 또한 제217조 제1항 제3호의 공서조항에 따라 승인 및 집행이 제한될 수 있다.[224]

(5) 강행법규 위반행위 ─ 외국환거래법 위반을 포함하여 ─

실체적 공서의 문제와 관련하여 예컨대 우리 외국환거래법(구 외국환관리법)과 같은 국제적 강행규정에 위반한 계약에 기한 외국재판을 우리나라에서 승인 및 집행하는 것이 공서에 반하는가 하는 문제가 있다. 물론 외환거래가 지속적으로 자유화됨에 따라 실무적인 중요성은 많이 감소되었지만, 아직도 외국환거래법에 따르면 동법에 정의한 자본거래를 하고자 하는 자는 대통령령이 정하는 바에 따라 기획재정부장관에게 신고하여야 하는바(구 외국환거래법 제18조 제1항), 당해 거래의 준거법에 관계없이 적용되는 동법의 강행적 성격과 그 위반행위는 형사범죄를 구성한다는 점을 고려한다면, 외국의 법원이 외국환거래법상 필요한 외환허가를 받지 아니한 계약에 기하여 한국인에게 금전지급을 명하는 재판을 선고한 경우, 외국재판에 따른 이행을 하는 것이 외국환거래법에 저촉된다면 동 재판의 승인이 우리의 공서에 위반되는가라는 의문이 제기된다.

그러나 대법원판결[225]은 과거 외국환관리법을 단속법규로 보아 그에 위반한 행위도 사법적 효력에는 영향이 없다고 보고 있으므로 그러한 외국재판을 승인한다고 하여 우리의 공서에 반한다고 볼 수는 없을 것이다.[226] 다만, 외국재판이 한국에서 승인되더라도 집행될 수 있는가는 별개의 문제이다.

지이었다. 그러나 개정안의 문언이 수정되어 현재와 같은 제217조의2 제2항이 된 이상 2012년 개정안의 해석을 유지할 수는 없다. 이 점은 석광현, 정년기념, 501면에서 이미 지적한 바이다.

224) 이처럼 소송비용 등이 우리 기준에 비추어 지나치게 과도한 경우에만 공서위반이 문제 되는 것이지 단순히 우리 법상의 기준보다 큰 금액이라고 해서 공서위반이 되지는 않는다. 대법원 2016. 1. 28. 선고 2015다207747 판결도, 미국 판결에서 인정한 변호사비용이 원고가 실제로 지출한 변호사보수 중에서 미국 법원이 적법한 근거에 따라 피고에게 부담시키는 것이 합리적이라고 판단한 액수의 배상만을 명한 경우라면 설령 우리 법원에서 인정되는 수준보다 다액의 변호사비용을 피고에게 부담하게 하였더라도 이러한 변호사비용의 배상을 명한 미국 판결을 승인하는 것이 대한민국의 공서위반이 되는 것은 아니라고 판시하였다.

225) 대법원 1975. 4. 22. 선고 72다2161 판결 등.

226) 김주상, 508면. 일본에는 이러한 입장을 취한 동경지방재판소 1969. 9. 6. 판결이 있다. 판례시보 586호, 73면.

일반적으로 한국의 강행법규에 위반하는 행위의 이행을 명하는 외국재판의 승인 및 집행이 당연히 한국의 실체적 공서에 반하는 것은 아니다. 그러나 한국의 국제적 강행법규의 취지에 따라서는 그것이 한국법의 본질적인 원칙에 해당하는 경우가 있을 수 있다. 왜냐하면, 국제적 강행법규라 함은 당사자의 합의에 의해 그 적용이 배제될 수 없을 뿐만 아니라 준거법이 외국법이더라도 사안에 강행적으로 적용되어야 하는 한국의 강행법규를 의미하는데, 그렇다면 외국재판에도 불구하고 한국의 국제적 강행법규는 관철되어야 할 것이므로 그에 반하는 행위를 명하는 외국재판의 승인 및 집행은 우리의 공서에 반한다고 볼 가능성이 있기 때문이다.

생각건대, 공서위반 여부는 일률적으로 판단할 것이 아니라 문제 된 당해 국제적 강행법규의 성질 및 취지, 위반의 정도와 효력 등을 종합적으로 고려해서 판단할 사항이고, 국제적 강행법규에 위반한 외국재판의 경우에도 그의 승인 및 집행이 우리의 근본적인 정의관념과 기초적인 국가적 이익에 반하지 않는 한 이를 수인해야 할 것이다.227) 구체적으로 그 경계선을 어떻게 그을 것인지에 대해서는 더 체계적인 연구가 필요하다.228)

외국중재판정의 승인 및 집행에 관한 대법원 1995. 2. 14. 선고 93다53054 판결은, 중재판정의 준거법인 네덜란드 안틸레스법상 소멸시효기간이 우리 민법상의 그것보다 길기 때문에 공서에 반한다는 주장에 대해 "… (공서위반 여부는) 제한적으로 해석하여야 하며, 외국중재판정에 적용된 외국법이 우리나라의 실정

---

227) Geimer, Anerkennung, S. 60; Martiny, Rn. 1090. Martiny, Rn. 1093은 강행법규를 유형별로 검토하는데, 예컨대 외국재판을 이행하기 위해서 독일의 독점금지법을 위반하지 않을 수 없는 경우 그의 승인은 공서에 위반될 수 있다고 한다. 그러나 이런 견해는 국제적 강행법규의 위반이 있는 경우 너무 쉽게 공서위반을 인정하는 경향이 있다. 특히 Geimer, Rz. 2976 참조.

228) 독일에서는 준거법 맥락에서 국제적 강행법규의 체계상의 지위가 분명해짐에 따라 외국재판의 승인 및 집행에서 국제적 강행법규 위반의 문제가 체계적으로 논의되고 있다. 예컨대 Michael Becker, Zwingendes Eingriffsrecht in der Urteilsanerkennung, Rabels Zeitschrift 60 (1996), S. 691ff. 참조. 흥미로운 것은 미국의 2010년 SPEECH (Securing the Protection of our Enduring and Established Constitutional Heritage) Act이다. 동법 제3조 (Recognition of Foreign Defamation Judgments)는 피고의 행위가 미국 수정헌법 제1조가 정한 free speech right의 행사로서 정당화될 수 있는 경우 외국의 명예훼손 판결의 승인 및 집행을 거부하도록 하고자 United States Code, Title 28 (Judiciary and Judicial Procedure), Part VI (Particular Proceedings)의 말미에 Chapter 181 (Foreign Judgment)을 추가하였다.

법상 강행법규에 위반된다고 하여 바로 승인거부의 사유가 되는 것은 아니고, 해당 중재판정을 인정할 경우 그 구체적 결과가 우리나라의 선량한 풍속 기타 사회질서에 반할 때에 한하여 승인 및 집행을 거부할 수 있다"라는 취지로 판시하였다. 이는 국제적 강행규정이 아니라 국내적 강행규정 위반의 문제이다.

독점금지 및 공정거래에 관한 법률에 위반한 라이선스계약에 따른 의무의 이행을 명한 중재판정의 승인 및 집행은 공서에 반하지 않는다는 취지의 서울고등법원 1995. 3. 14. 선고 94나11868 판결도 있다.

참고로, 외국재판이 준거법을 잘못 적용하거나 명백히 무시한 경우, 즉 '명백한 법의 무시(manifest disregard of the law)'[229]가 있더라도 그것만으로 공서위반이 되는 것은 아니다. 다만, 그것이 승인국의 국제적 강행법규의 위반인 경우에는 위의 논의가 적용될 것이다.

(6) 기타 사유로 인한 공서위반을 인정한 사례
(가) 아르헨티나 법원의 채무부존재 확인판결의 승인을 거부한 사례

서울고등법원 2009. 3. 6. 선고 2007나122966 판결[230]은 아래 이유로 아르헨티나 법원의 채무부존재 확인판결의 승인을 거부하였다.[231]

① 원고에 의한 이 사건 대출금의 변제는 실질적으로는 원금의 일부(실제로는 약 1/3)만을 지급하여도 유효한 변제가 되도록 강제한 이 사건 대통령령에 따른 것이고,[232] 아르헨티나 법원의 확정판결도 이 사건 대통령령에 따라 그 지급이 채무 전액에 대한 변제로서 유효하다고 보아 위 대출금과 관련된 채무가 존재하지 않는다고 인정한 판결인데, 위 판결은 아르헨티나의 관점에서는 법령에 따른 적법한 판결일 수도 있겠지만, 위 판결을 한국에서 그대로 승인할 경우 그에 따른 결과로서 채무자인 원고가 당연히 져야 할 부담을 채권자인 피고에게 일방적으로

---

229) 이는 미국의 보통법상 중재판정의 취소사유인데, 이것이 외국중재판정의 승인의 거부사유인 공서위반에 해당하는지가 논의되고 있다. 적어도 외국중재판정의 승인 및 집행에 관한 뉴욕협약이 적용되는 범위 내에서는 이를 부정하는 것이 미국 판례의 주류적인 입장이다. 목영준·최승재, 261면.
230) 대법원 2009. 6. 11. 선고 2009다25944 심리불속행으로 기각되었다.
231) 노태악, "2009년 국제사법 주요 판결례 소개", 국제사법연구 제15호(2009), 568면 참조. 소개와 간단한 평가는 석광현, 정년기념, 449면 이하 참조.
232) 실제 환율이 1:3에 달하는 상황에서 아르헨티나 대통령령은 달러화 대 페소 1:1 비율로 외화대출을 변제하도록 하였다고 한다. 2009. 3. 18.자 법률신문 참조.

전가하게 되어 피고의 재산권을 부당하게 침해하는 것을 용인하게 되는바, 이는 한국 헌법이 채택하고 있는 재산권보장의 기본원칙에 어긋나는 점, ② 원고와 피고가 모두 한국 법인이어서 아르헨티나의 경제위기를 극복하기 위해 공포된 이 사건 대통령령에 획일적으로 구속되어야 할 필요성이 상대적으로 크지 않은 점, ③ 아르헨티나 대법원도 2003년 3월경과 2006년 12월경 이 사건 대통령령이 사유재산 보호를 명시한 아르헨티나 헌법에 위반된다는 취지의 판결들을 내린 바 있는 등 아르헨티나 내에서도 위 대통령령에 대한 위헌 시비가 있었던 것으로 보이는 점, ④ 이 사건 대출계약 당시 불가항력 등의 사유가 발생하여 외화로 변제할 수 없는 경우에는 그 대출금 채무를 미화 150만 달러에 상응하는 국채 등으로 변제하기로 약정한 것은, 원고와 피고가 아르헨티나의 경제사정 및 정치상황 등을 고려하였던 것으로 보이는데, 이러한 당사자들의 인식에도 불구하고 그 이후 발생한 경제관계법령의 변경을 들어 채무자인 원고가 그 채무의 감면을 주장하는 것은 신의칙상 허용될 수 없는 것인 점 등을 종합하여 보면, 이 사건 확정판결에 따른 결과를 그대로 승인하는 것은 한국의 선량한 풍속 기타 사회질서에 반한다.

(나) 미국 파산법원의 회생계획 인가결정에 따른 면책적 효력의 승인을 거부한 사례

위에서 언급한 대법원 2010. 3. 25.자 2009마1600 결정은 미국 회생계획 인가결정에 따른 면책적 효력을 승인함에 있어서 저자와 달리 외국판결 승인의 법리를 적용하였다. 그러면서도 당해 사건에서 이를 승인할 경우 구 회사정리법이 정한 속지주의를 신뢰한 채권자의 권리를 현저히 부당하게 침해한다는 이유로 승인을 거부하였다. 이는 채무자회생법의 시행에 따른 과도기에 발생한 이례적 현상인데 판시는 아래와 같은 취지이다.

"미국 파산법원이 이 사건 미국 회생절차를 개시하고 채권신고절차를 거쳐 이 사건 회생계획인가결정을 할 때까지 속지주의를 취하고 있던 우리나라의 구 회사정리법하에서는 이 사건 미국 회생절차의 개시에 따른 채권자의 권리행사 금지·제한의 효력과 이 사건 회생계획인가결정에 따른 면책의 효력은 채권자인 주식회사 고합이 재항고인(채무자) 소유의 국내 소재 이 사건 상가 및 공장에 대하여 권리행사를 하는 데에는 미치지 아니하였고, 이 사건 미국 회생절차의 대표자는 국내에서 이 사건 상가 및 공장 또는 그 가압류해방공탁금이 이 사건 미국 회생절차의 도산재단에 편입된 것이라고 주장할 수 없었으며, 고합 역시 이러한 점 때문에 이 사건 미국 회생절차에 참가하지 아니하였던 것으로 볼 수 있다. 그런데 채무자회생법이 2006. 4. 1. 시행되면서

속지주의에 관한 규정을 폐지하는 한편 부칙에서 그에 관한 경과규정을 두지 않자, 재항고인이 미국의 파산법원으로부터 이미 종결된 회생절차의 재개결정을 받은 것을 기화로 이 사건 미국 회생절차에 속지주의를 폐지한 채무자회생법이 적용되고 이 사건 회생계획인가결정에 따른 면책적 효력이 국내에 미치게 되었다고 주장하면서 이 사건 상가 및 공장에 대한 가압류해방공탁금을 회수해 가려는 것을 허용하게 되면, 구 회사정리법의 속지주의 원칙을 신뢰하여 이 사건 미국 회생절차에 참가하지 않고 재항고인 소유의 이 사건 상가 및 공장에 대한 가압류를 마치고 강제집행이나 파산절차 등을 통하여 채권을 회수하려던 고합의 권리를 현저히 부당하게 침해하게 된다. 이는 미국 파산법원의 이 사건 회생계획인가결정에 따른 면책적 효력을 국내에서 인정하게 되면 그 구체적 결과가 우리나라의 선량한 풍속이나 그 밖의 사회질서에 어긋나는 경우에 해당한다고 할 것이므로, 미국 파산법원의 이 사건 회생계획인가결정은 민사소송법 제217조 제3호의 요건을 충족하지 못하여 승인될 수 없다".

(다) 국제적 소송경합과 외국판결의 승인 및 집행이 문제 된 사건: 부산지방법원 2007. 2. 2. 선고 2000가합7960 판결과 부산고등법원 2009. 2. 3. 선고 2007나4288 판결

위 부산지방법원 판결은, 일제시대 강제징용을 당했던 한국인들(또는 그의 후손들)이 일본 미쓰비시 중공업을 상대로 ① 강제연행 및 강제노동, 원자폭탄 투하 후 구호조치의 불이행과 안전귀국의무 위반을 이유로 하는 손해배상과 ② 강제노동기간 동안 지급받지 못한 임금 등의 지급을 구하는 전소를 일본 히로시마지방재판소에 제기하여 1999. 3. 25. 청구기각판결을 선고받은 뒤 일본에서 항소를 제기하여 항소심에 계속 중 2000. 5. 1. 부산지방법원에 동일한 청구원인에 기하여 소를 제기한 사건에서, 외국법원에 소가 제기되어 있는 경우 외국법원의 판결이 장차 민사소송법 제217조에 의하여 승인받을 가능성이 예측되는 때에는 민사소송법 제259조에서 정한 소송계속으로 보아야 할 것이므로, 동일사건에 대하여 우리 법원에 제소한다면 중복제소에 해당한다는 것을 전제로 하면서도 당해 사건에서 일본 판결이 승인되지 않을 것이라는 예측을 기초로 중복제소라는 항변을 배척하고 본안에 관하여 판단하고 원고들의 청구를 기각하였다. 원고들의 항소에 대하여 제2심법원인 히로시마고등재판소는 2005. 1. 19. 항소기각판결을 선고하였으며 일본 최고재판소는 2007. 11. 1. 상고를 기각하여 원고 패소판결이 확정되었다.

위 부산고등법원 판결은 일본 판결이 승인요건을 구비한다고 판단하고 원고들의 청구를 기각하였다.233)

233) 평석은 한충수, "국제적 소송경합을 둘러싼 몇 가지 문제점", 국제사법연구 제16호(2010),

부산지방법원 판결은 승인예측설을 따르면서도 일본 판결이 공서위반이 될
가능성이 커 승인되지 않을 것으로 판단했기에 중복제소라는 항변을 배척하고 본
안판단을 하였다. 항소심 계속 중 일본 판결이 확정되어 국제적 소송경합의 문제
가 외국판결의 승인의 문제로 전환되었다. 부산고등법원은 일본 판결이 승인요건
을 구비하였다고 보고 원고들의 청구를 기각하였다. 이 사건의 중요한 쟁점은 피
고가 일제의 침략전쟁에 가담하여 저지른 반인도적인 전쟁범죄로 인하여 발생한
손해배상의무와 임금지급의무가 제척기간(또는 소멸시효)에 의하여 소멸하였고, 그
렇지 않더라도 한일 청구권협정과 일본의 재산권조치법에 의하여 소멸하였다고
판단하여 청구를 기각한 일본 판결의 승인이 우리의 공서에 반하는가이다. 이것
이 공서위반이 되자면, 우리 법원이 위 사건을 재판할 경우 ① 구 미쓰비시가 피
고와 별개의 법인이라는 항변, ② 원고들의 권리가 한일 청구권협정에 의해 소멸
되었다는 항변과 ③ 원고들의 권리가 제척기간(또는 소멸시효)의 경과에 의해 소멸
하였다는 항변을 모두 배척할 것이 전제가 된다.234)

대법원 2012. 5. 24. 선고 2009다22549 판결은, 우선 일본판결의 이유는 일제
강점기의 강제동원 자체를 불법이라고 보는 우리 헌법의 핵심적 가치와 정면으로

306면 이하 참조.

234) 위 판결에 대한 평석은 석광현, "강제징용배상에 관한 일본판결의 승인 가부", 국제사법연
구 제19권 제1호(2013. 6.), 103면 이하; 석광현, "강제징용배상 및 임금 청구의 준거법",
서울대학교 법학 제54권 제3호(2013. 9.), 283면 이하 참조(양자는 석광현, 제6권, 617면
이하; 665면 이하에도 수록되었다). 저자는 (별도 발표자가 있었기에 다루지 않은 한일 청
구권협정등 국제법 논점을 제외하면) 세부적인 잘못이 있지만 대법원판결은 법적으로나 역
사적으로 큰 의의가 있고 그 결론과 논리는 높이 평가할 만하다는 취지를 밝혔다. 그러나
호문혁, 평론, 81면 이하는 "위 대법원 판결이 실질심리를 하면서 일본법인 회사경리응급
조치법과 기업재건정비법 등을 적용하여 그 결과가 우리나라 국민에 대한 채무면탈의 결과
가 되어 공서양속에 위반된다는 이유로 이들 법률의 적용을 배제하고 일본판결의 승인을
거부하였으나 이 판결은 위 법률들이 우리나라의 공서양속과 관련이 없는 내용임을 간과하
였고, 또한 구 국제사법 제10조의 취지를 오해하여 부당한 판시를 하였다"라고 비판한다.
그런 비판은 근거가 없다. 상세는 석광현, 제6권, 661면 이하; 이필복, "외국판결의 승인에
서의 '공서위반' 심사의 대상", 사법 제44호(2018. 6.), 271면 이하 참조. 근자에는 김어진·
정구태, "일제강제징용 피해자의 손해배상청구소송에서 국제민사소송법적 쟁점에 관한 고
찰―대법원 2018. 10. 30. 선고 2013다61381 전원합의체 판결을 중심으로―", 영남법학 제
52호(2021. 6.), 111면 이하; 강은현, "일제강제징용 배상판결에 대한 민사소송법 쟁점의 검
토―2013다 61381 전원합의체 판결 및 이후 집행절차의 개략―", 민사소송 제26권 제1호
(2022), 201면 이하 참조. 김어진, "일제강제징용 피해자의 손해배상에 관한 민사법적 연
구", 조선대학교 대학원 박사학위논문(2021)도 있다.

충돌하므로, 일본판결을 그대로 승인하는 결과는 그 자체로 우리의 공서에 반하므로 이를 승인할 수 없다고 판시하고, 위 항변들에 관하여 아래의 취지로 판단하였다. ①에 관하여는, 준거법인 일본법을 적용하면 원고들은 구 미쓰비시에 대한 채권을 피고에 대하여 주장할 수 없는데, 구 미쓰비시가 피고로 변경되는 과정에서 피고가 구 미쓰비시의 영업재산, 임원, 종업원을 실질적으로 승계하여 회사의 인적, 물적 구성에는 기본적인 변화가 없었음에도, 전후처리 및 배상채무 해결을 위한 일본 국내의 기술적 입법을 이유로 구 미쓰비시의 원고들에 대한 채무가 면탈되는 것은 우리의 공서양속에 비추어 용인할 수 없다. ②에 관하여는, 한일 청구권협정은 일본의 식민지배 배상을 청구하기 위한 협상이 아니라 샌프란시스코 조약 제4조에 근거하여 한일 양국 간의 재정적·민사적 채권·채무관계를 정치적 합의에 의하여 해결하기 위한 것으로서, 동 협정 제1조에 의해 일본 정부가 우리 정부에 지급한 경제협력자금은 제2조에 의한 권리문제의 해결과 법적 대가관계가 있다고 보이지 않는 점, 동 협정의 협상과정에서 일본 정부는 식민지배의 불법성을 인정하지 않은 채 강제동원피해의 법적 배상을 원천적으로 부인하였고, 이에 따라 양국 정부는 일제의 한반도 지배의 성격에 관하여 합의하지 못하였는데, 이러한 상황에서 일본의 국가권력이 관여한 반인도적 불법행위나 식민지배와 직결된 불법행위로 인한 손해배상청구권이 동 협정의 적용대상에 포함되었다고 보기 어려운 점 등에 비추어 보면, 원고들의 손해배상청구권에 대하여는 동 협정으로 개인청구권이 소멸하지 아니하였음은 물론이고, 한국의 외교적 보호권도 포기되지 아니하였다. ③에 관하여는, 적어도 원고 등이 이 사건 소를 제기할 시점인 2000. 5. 1.까지는 원고 등이 한국에서 객관적으로 권리를 사실상 행사할 수 없는 장애사유가 있었다고 봄이 상당하므로, 피고가 소멸시효의 완성을 주장하여 원고들에 대한 불법행위로 인한 손해배상채무 또는 임금지급채무의 이행을 거절하는 것은 현저히 부당하여 신의성실의 원칙에 반하는 권리남용으로서 허용될 수 없다.

(7) 민사소송법 제217조의2의 개정방안

저자는 2022년 대법원 판결 선고 전인 2017년 제217조의2를 아래와 같이 개정할 것을 제안한 바 있다.[235]

---

235) 석광현, 정년기념, 523면 이하 참조. 이는 당초 2017. 8. 24. 개최된 한국국제사법학회 정기 연구회에서 저자가 발표한 원고에 기초한 것이다.

제217조의2	저자의 개정안
① 법원은 손해배상에 관한 확정재판등이 대한민국의 법률 또는 대한민국이 체결한 국제조약의 기본질서에 현저히 반하는 결과를 초래할 경우에는 해당 확정재판등의 전부 또는 일부를 승인할 수 없다. ② 법원은 제1항의 요건을 심리할 때에는 외국법원이 인정한 손해배상의 범위에 변호사보수를 비롯한 소송과 관련된 비용과 경비가 포함되는지와 그 범위를 고려하여야 한다.	① 법원은 손해배상에 관한 확정재판등이, 당사자에게 징벌적 손해배상 그 밖에 손해전보의 범위를 초과하는 배상액의 지급을 명하는 경우에는 해당 확정재판등의 전부 또는 일부를 승인할 수 없다. 다만 법원이 확정재판등의 기초인 사건과 유사한 사건에서 대한민국 법에 따라서도 그에 상응하는 배상액의 지급을 명할 수 있는 범위 내에서는 그러하지 아니하다.236) ② 법원은 손해배상에 관한 확정재판등이 당사자에게 손해전보의 범위 내에서 배상액의 지급을 명하는 경우에도 [그것이 지나치게 과도하여 우리가 수인할 수 있는 범위를 넘는 때에는/그것이 본질적으로 피해자의 적절한 배상을 위하여 필요한 정도를 넘는 때에는] 제217조 제1항 제3호에 의하여 그 확정재판등의 일부만을 승인할 수 있다. ③ 법원은 제1항 및 제2항의 요건을 심리할 때에는 외국법원이 인정한 손해배상의 범위에 변호사보수를 비롯한 소송과 관련된 비용과 경비가 포함되는지와 그 범위를 고려하여야 한다. 손해배상에 포함되지 않은 변호사보수를 비롯한 소송과 관련된 비용과 경비에도 제2항을 준용한다.237)

비전보적 손해배상(제1항). 징벌배상을 명한 외국재판은 전부 승인 및 집행될 수 없다(제1항). 다만 그 경우에도 외국법원이 인정한 징벌배상의 범위에 변호사보수를 비롯한 소송과 관련된 비용과 경비가 포함되는 경우에는 그 범위 내에서는 승인 및 집행될 수 있다(제3항). 따라서 후자의 경우 외국재판의 일부만이 승인 및 집행될 수 있다.

한편 3배배상의 경우에는 전보배상의 성질을 가지는 범위 내에서는 승인 및 집행될 수 있고 문제는 이를 넘는 부분이다. 위에서 언급한 것처럼, 한국에서도 다양한 법영역에서 3배배상이 확산되는 점을 고려하면 3배배상이라는 이유만으로 항상 그의 승인이 제217조의2 또는 공서조항에 의하여 거부된다고 보기는 어렵

---

236) 단서는 우리 법상 3배배상제도가 점차 확산되고 있으므로 예컨대 우리가 도입한 법영역에서처럼 우리 법원도 3배배상의 지급을 명할 수 있는 영역에 속하는 외국재판은 승인해야 하나, 아직 그것을 도입하지 않은 법영역에서 3배배상의 지급을 명한 외국재판을 전면적으로 승인하지는 않는다는 취지를 담은 것이다.

237) 제2문은 2012년 개정안 제2항과 유사하나 여기에서는 제2항을 준용하도록 함으로써 지나치게 과도할 것을 요구하는 점이 다르다. 다만 소송비용이 손해배상액의 일부로 산입된 경우에는 제3항 제1문과 제2항에 의하여 처리될 것이다.

다. 그렇다고 해서 3배배상의 지급을 명한 외국재판을 모두 승인 및 집행하는 전향적 태도를 취하기는 주저되므로, 한국이 3배배상을 도입한 법영역에서는 그렇지만 다른 법영역에서는 여전히 3배배상의 승인은 공서에 반한다고 주장할 여지도 있다. 제1항 단서는 이 점을 고려한 것이다.[238] 다만 이 부분은 2022년 대법원 판결이 선고되었으므로 다소 수정할 여지가 있다.[239] 그러나 이와 달리 3배배상을 명한 외국재판의 승인에 대하여는 통제하지 않는 전향적인 태도를 취할 수도 있는데, 특히 우리 법상 3배배상제도의 확산이 어느 단계에 이르면 그런 태도가 설득력을 가지게 될 것이다.

지나치게 과도한 전보배상(제2항). 저자의 개정안은, 외국재판이 명한 손해배상이 전보배상이더라도 그것이 지나치게 과도하여 우리가 수인(受忍)할 수 있는 범위를 넘는 때에는(또는 그것이 본질적으로 피해자의 적절한 배상을 위하여 필요한 정도를 넘는 때에는) 공서조항에 의하여 해당 외국재판의 일부만을 승인할 수 있음을 명시한다. 괄호 안에 두 개의 문언을 넣은 것은 하나를 선택하라는 취지인데, 그 중 어느 것을 선택할지는 더 검토할 사항이다. 전자는 여기에서 신설한 것이고, 후자는 구 국제사법 제32조 제4항의 문언을 따른 것이다.[240]

소송비용(제3항). 외국법원이 인정한 손해배상의 범위에 변호사보수를 비롯한 소송과 관련된 비용과 경비가 포함되는 경우 그 범위 내에서는 전보배상으로 취급된다. 다만 반대의 경우, 즉 과도한 변호사보수를 비롯한 소송비용의 지급을 명한 외국재판에 대하여는 우리 법원이 승인 및 집행을 제한할 수 있도록 과도한 손해배상의 지급을 명한 외국재판에 적용되는 제2항의 원칙을 준용한다.[241]

---

238) 다만 장래에는 3배배상이 아니라 배액배상(multiple damages)을 명하는 재판도 나올 수 있으므로 문언상으로는 3배배상을 언급하지 않고 손해전보의 범위를 초과하는 배상액의 지급을 명하는 재판이라는 식의 표현을 사용하였다.

239) 대법원 판결이 말하는 우리 법제에서 징벌적 손해배상이 허용되는 개별 법률의 규율 영역이라면 징벌적 손해배상을 명한 외국판결의 집행도 허용할 수 있으나, 대법원 판결이 언급한 '실질적 손해배상의 개념'이 무엇인지 애매한 탓에 저자로서는 구체적인 수정안을 제시하기는 어렵다.

240) 기술적인 사항으로서 제2항은 제217조의2가 아니라 제217조 제1항의 공서조항에 이어서 규정할 여지도 있다.

241) 민일영/김윤종, 890면이 과도한 전보배상에 대하여 제217조의2의 적용을 배제하면서도 소송비용을 달리 취급하는 점은 흥미로운데, 이는 제217조의2의 제2항을 근거로 하는 것이다.

다. 절차적 공서 위반

외국에서 재판을 하더라도 관철되어야 하는 우리 법의 절차적 기본원칙이 외국의 소송절차에서 침해된 경우 외국재판의 승인은 절차적 공서에 반한다.[242] 이는 법치국가의 기본적인 원칙으로, 예컨대 법원의 독립과 공정의 원칙, 법적인 심문(rechtliches Gehör 또는 right to be heard. '의견을 제시할 권리' 또는 '의견진술권'이라고도 한다) 보장의 원칙, 당사자평등의 원칙과 그 밖에 공평한 재판의 원칙 등을 들 수 있다.[243] 따라서 예컨대 외국법원의 독립성이 보장되지 않은 경우, 외국법원이 당사자에게 방어의 기회를 주지 않거나, 당사자가 적법하게 대리되지 않은 경우 또는 사기(fraud. 또는 기망)에 의하여 외국재판이 획득된 경우에는 그 외국재판의 승인은 한국의 절차적 공서에 반한다. 그러나 단순한 절차상의 상위나, 판결에 이유를 붙이지 아니한 것만으로는 절차적 공서위반이 아니다. 또한 직업법관이 아니라 배심에 의한 재판이라는 이유만으로 절차적 공서위반은 아니다.[244][245]

---

242) 2014년 개정된 민사소송법 제217조 제1항 제3호는 절차적 공서를 명시한다. 과거 대법원 2010. 3. 25. 자 2009마1600 결정도 이를 인정한 바 있다.

243) Geimer, Anerkennung, S. 135. 상세는 Martiny, Rn. 1094f. 참조

244) Martiny, Rn. 1095. 서울고등법원 2014. 12. 11. 선고 2014나1463 판결도 동지. 최승환, "일진다이아몬드 사건", 국제법평론 1995-1(통권 제4호), 292면은 "고도의 전문성과 기술성을 요하는 사실의 판정에 있어 배심평결은 절차적인 면에서도 한국의 공서에 반"한다고 하고, 또한 "배심재판에 기한 판결이 우리나라에 와서 승인, 집행되는 과정에 있어서는 공서양속 위반의 문제가 있을 수 있"다고 한다(좌담회 중 최경준 변호사의 발언, 시민과 변호사 (1994. 3.) 94면). 그러나 중요한 것은 배심재판인가의 여부가 아니라, 절차적 공서에 위반된다고 볼 수 있을 정도로 우리 법의 절차적 기본원칙의 위반이 있었는가 여부이다. 위 시민과 변호사 49-100면에 위 사건의 미국 법원 판결 원문 및 국문 초역과 좌담회 기사가 게재되어 있다.

245) 수원고등법원 2023. 11. 22. 선고 2023나13950 판결도 동지로 판단하였다. 상세는 아래와 같다. 주주대표소송에서 선고된 오레곤주의 제1심판결(오레곤주 판결)은 배심원의 평결에 기초한 것이므로, 직업법관에 의해 손해배상책임의 인정 여부를 판단하고 손해배상의 범위를 산정하는 우리 법체계와 다른 부분이 있고, 오레곤주 판결에 손해액의 구체적 산정 근거(특히 DPC(문제 된 회사) 보통주식의 공정시장가치가 1,000만 달러가 감소하였다는 근거) 등에 관하여 배심원의 평결 내용이 담겨있는 이외에 구체적 이유가 없어 판결문에 이유 기재를 요구하는 우리 민사소송법 제208조 제2항과 다르다. 그러나 다음과 같은 사실 및 사정, 즉 ① 오레곤주 법원이 오레곤주 민사소송법 규정에 따라 적법한 관할을 가지는 점, ② 오레곤주 판결 배심원들이 원고가 고용한 전문가 증인의 증언(DPC가 2009년 기준 미화 1,800만 달러 내지 2,200만 달러의 가치가 있다는 내용)과 피고가 선임한 손해감정 전문가 증인 작성의 자료(DPC 보통주식의 공정시장가치가 0달러라는 내용)를 모두 검토하고 피고 등의 선관주의의무 및 충실의무를 위반으로 DPC 보통주식의 공정시장가치가 1,000만 달러 감소하였다고 평결한 점, ③ 피고는 오레곤주 소송 과정에서 소송대리인을

　여기에서 '사기'라 함은 절차에 관한 사기에 의해 재판이 획득된 경우를 말한다. 예컨대, 사기는 허위의 증거제출 또는 진술에 의하여 또는 중요한 증거를 고의적으로 억압하는 등의 방법에 의해 행해질 수 있다. 사기(fruad)는 영미법계에서 인정되는 개념인데, 외국재판 후에 비로소 알게 된 '외재적 사기(extraneous fraud)'와 재판과정에서 이미 알고 있었고 이를 주장하였으나 받아들여지지 않았던 '내재적 사기(intrinsic fraud)'로 구분할 수 있는데, 실질재심사 금지의 원칙에 비추어 공서위반으로 되는 사기는 외재적 사기에 한정해야 한다.[246]

　영미법계에서는 사기를 공서위반의 문제로 취급하는 대신 독립적인 승인 내지는 집행의 거부사유로 보나,[247] 우리의 입장에서는 절차적 공서위반으로 볼 수 있다.[248] 실제로 대법원 2004. 10. 28. 선고 2002다74213 판결은, "… 민사집행법 제27조 제1항이 "집행판결은 재판의 옳고 그름을 조사하지 아니하고 하여야 한다"라고 규정할 뿐만 아니라 사기적인 방법으로 편취한 판결인지 여부를 심리한다는 명목으로 실질적으로 외국판결의 옳고 그름을 전면적으로 재심사하는 것은 외국판결에 대하여 별도의 집행판결제도를 둔 취지에도 반하므로, 위조·변조 내

　　선임하여 응소하는 등 관련 쟁점에 관하여 충분히 주장·입증할 기회를 보장받은 점(피고는 오레곤주 항소법원 및 대법원에서도 주주대표소송을 배심원에게 평결하도록 허용한 것이 정당한지와 DPC의 법인등기부등본에 규정된 면책조항에 의해 피고에게 면책을 인정할 수 있는지 여부 등에 대하여 주장하였으나 수용되지 않았다), ④ 그 밖에 미국의 배심원 재판제도의 운용방식, 그에 대한 제반 법률내용 등에 비추어, 오레곤주 제1심법원이 직업법관이 아닌 배심원의 평결에 기초하여 이루어져 직업법관만으로 이루어진 재판과 구분되는 절차가 개재되었고, 그 과정에서 우리 민사소송법 제202조의 자유심증주의와 같은 사실인정의 방식이 전면적으로 허용되지 않았으며, 오레곤주 제1심법원의 판결문에 손해액의 산정 근거 등에 관하여 자세한 이유가 적혀 있지 않았다는 사정 기타 피고가 주장하는 사정만으로는 오레곤주 판결의 승인이 우리 국내법 질서가 보호하려는 기본적인 도덕적 신념과 사회질서에 정면으로 배치된다고 볼 수는 없다.

246) Nygh/Pocar, p. 107. 이렇게 본다면 사기적인 방법으로 외국판결을 얻었다는 사유는 원칙적으로 승인 및 집행의 거부사유가 아니지만 피고가 판결국 법정에서 위와 같은 사기적인 사유를 주장할 수 없었던 경우에는 승인 및 집행의 거부사유가 된다고 하는 대법원 2004년 판결(본문 소개 참조)의 태도가 더 적절할 수 있다. Linke/Hau, Rn. 492도 이런 취지를 지지하면서도 우리 대법원판결과 달리 외국에서 사기를 주장하여 다툴 수 있는 방법이 있는 때에는 승인 및 집행 거부사유가 되지 않는다고 본다.

247) Restatement of the Law(Third) : The Foreign Relations Law of the United States (1987) §482 Comment e. 영국은 Cheshire/North, p. 551 이하 참조. 1999년 예비초안(제28조 제1항 e호)도 사기를 별도의 승인거부사유로 열거한다.

248) Geimer, Anerkennung, S. 145도 동지.

지는 폐기된 서류를 사용하였다거나 위증을 이용하는 것과 같은 사기적인 방법으로 외국판결을 얻었다는 사유는 원칙적으로 승인 및 집행의 거부사유가 될 수 없고, 다만 재심사유에 관한 민사소송법 제451조 제1항 제6호, 제7호, 제2항의 내용에 비추어 볼 때 피고가 판결국 법정에서 위와 같은 사기적인 사유를 주장할 수 없었고 또한 처벌받을 사기적인 행위에 대하여 유죄의 판결과 같은 고도의 증명이 있는 경우에 한하여 승인 또는 집행을 구하는 외국판결을 무효화하는 별도의 절차를 당해 판결국에서 거치지 아니하였다 할지라도 바로 한국에서 승인 내지 집행을 거부할 수 있다고 판시하였다.[249] 저자는 위 판결에 대하여 비판적인 평석을 썼는데, 흥미로운 것은 대법원이 사기에 의하여 획득한 외국중재판정의 승인 및 집행에 관하여는 외국판결의 경우와 다소 다른 법리를 전개했다는 점이다. 대법원 2009. 5. 28. 선고 2006다20290 판결이 그것이다.[250] 2009년 판결을 2004년 판결과 비교해 보면 양자 간에 본질적인 차이가 있는 것은 아니고 2004년 판결과 비교할 때 2009년 판결의 법리가 더 정치하게 다듬어지고 진보한 것으로 보이기도 한다. 그러나 2004년 판결은 대법원이 나름대로 이론구성을 시도한 것이나, 2009년 판결은 미국 판결의 영향을 크게 받은 탓에 양자 간에 차이가 발생한 것으로 보인다.[251]

절차적 공서 위반과 관련하여 제기되는 문제의 하나로 외국의 대표당사자소

---

249) 해설은 장상균, "외국판결의 집행요건", 대법원판례해설 제51호(2004 하반기), 502면 이하; 비판적 평석은 석광현, 제4권, 239면 이하 참조.

250) 위 판결은 아래의 취지로 판시하였다. "뉴욕협약이 적용되는 외국중재판정에 대하여 집행국 법원은 뉴욕협약 제5조의 집행 거부사유의 유무를 판단하기 위하여 필요한 범위 내에서는 본안에서 판단된 사항에 관하여도 독자적으로 심리·판단할 수 있고, 위 협약 제5조 제2항 (나)호의 집행 거부사유에는 중재판정이 사기적 방법에 의하여 편취된 경우가 포함될 수 있다. 그러나 집행국 법원이 당해 외국중재판정의 편취 여부를 심리한다는 명목으로 실질적으로 중재인의 사실인정과 법률적용 등 실체적 판단의 옳고 그름을 전면적으로 재심사한 후 그 외국중재판정이 사기적 방법에 의하여 편취되었다고 보아 집행을 거부하는 것은 허용되지 않는다. 다만, <u>그 외국중재판정의 집행을 신청하는 당사자가 중재절차에서 처벌받을 만한 사기적 행위를 하였다는 점이 명확한 증명력을 가진 객관적인 증거에 의하여 명백히 인정되고 그 반대당사자가 과실 없이 신청당사자의 사기적인 행위를 알지 못하여 중재절차에서 이에 대하여 공격방어를 할 수 없었으며, 신청당사자의 사기적 행위가 중재판정의 쟁점과 중요한 관련이 있다는 요건이 모두 충족되는 경우에 한하여, 외국중재판정을 취소·정지하는 별도의 절차를 거치지 않더라도 바로 당해 외국중재판정의 집행을 거부할 수 있다</u>". 최근 대법원 2024. 11. 28.자 2023마6248 결정도 위 판결을 충실히 따르고 있다.

251) 2009년 판결에 대한 평석과 위 논의의 상세는 석광현, "사기에 의하여 획득된 외국중재판정의 승인과 공서위반 여부", 서울지방변호사회 판례연구 제24집(2)(2011), 118면 이하 참조.

송(class action)이 소송에 참가하지 않은 자들에게도 판결의 효력, 특히 기판력이 미치게 하는 방식(제외신고방식, opt-out 방식)을 채택하고 있는 경우 그 판결의 효력을 한국에서 승인·집행하는 단계에서 절차적 공서위반이 되어 승인·집행이 거부될 수 있는가라는 의문이 있다.[252][253] 이 점을 면밀하게 검토할 필요가 있다.

위에서 언급한 바와 같이 외국에서 재판을 하더라도 관철되어야 하는 우리 법의 절차적 기본원칙이 외국의 소송절차에서 침해된 경우 외국재판의 승인은 절차적 공서에 반한다고 보는데, 우리 법의 절차적 기본원칙이라 함은, 법치국가의 기본적인 원칙으로 예컨대 법원의 독립과 공정의 원칙, 법적인 심문(rechtliches Gehör 또는 right to be heard) 보장의 원칙, 당사자평등의 원칙과 그 밖에 공평한 재판의 원칙 등을 포함하기 때문이다. 당사자가 적법하게 대리되지 않은 경우도 이에 포함되는데, 이는 소송절차에 참가할 당사자의 권리를 침해하는 것이기 때문이다.[254] 이 점은 우리나라에서도 독일과 다를 바가 없다.[255] 독일의 유력설은

---

252) 이런 문제점에 관한 논의는 서홍석, "Class Action에 의한 미국 판결의 국내 승인·집행에 관한 연구", 서울대학교 대학원 법학석사학위논문(2015. 2.), 64면 이하 참조.

253) 집단피해소송에 관한 외국판결의 승인·집행의 가능성은 이처럼 우리 국민이나 기업이 피고가 되어 외국에서 받은 판결을 우리나라에서 승인·집행하는 맥락에서도 의미가 있으나, 나아가 우리 국민이나 기업이 원고의 일부로서 클래스에 편입되어 FRCP 제23조 (b)항이 명시하는 미국 법원으로부터 집단허가(class certification)를 받는 단계에서도 의미가 있다. 이는 위에서 본 바와 같이 우리의 관심대상인 손해배상형 집단소송(제3호)에서 유지요건이 구비되기 위하여는 압도성(predominance)과 우월성(superiority)이 있어야 하는데, 국제적 집단소송에서는 우월성 판단요소 중 세 번째 요소, 즉, 미국 법원에 소송을 집중하는 것이 바람직한지가 문제 되는바, 미국 법원은 집단허가 결정시 집단소송 판결이 외국에서 승인될지 여부를 판단하기 때문이다.

254) 권한 없는 제3자가 수행한 소송의 결과에 구속되는 것은 이런 원칙에도 반한다. Rolf Stürner, International Class Actions From a German Point of View, Rolf Stürner & Masanori Kawano (eds.), Current Topics of International Litigation (2009), p. 109.

255) In re Vivendi 사건에서 미국 뉴욕남부 연방지방법원은 미국 집단소송판결의 독일에서의 승인은 독일 헌법(제103조)이 보장하는 법적 심문을 받을 권리와 소송절차에 참가할 권리를 침해한다는 취지의 전문가 의견을 고려하여 독일 투자자들에 대한 집단허가 신청을 기각하였다. 이는 프랑스 회사인 Vivendi Universal S.A.의 일부 주주들이, Vivendi와 그 전직 임원의 허위공시 등으로 인하여 부당하게 높은 가격으로 Vivendi 주식을 매수하였다고 주장하면서 2002년 7월 미국 뉴욕주 남부지방법원에 1934년 증권거래법 위반에 따른 손해배상을 구하는 집단소송을 제기한 사건이다. 원고들의 전문가는 Peter Mankowski, 피고의 전문가는 Gerhard Herman Otto Wegen이었다. 전자도 집단소송에 따른 미국판결이 독일에서 승인될 가능성을 배제할 수 없다는 수준의 의견을 제출하였기에 법원은 미국판결이 독일에서 기판력을 가질 것이라는 점을 보여주지 못하였다고 판단하였다. In re Vivendi Universal, S.A, 242 F.R.D. 76, 105 (2007).

미국의 집단소송/대표당사자소송을 3가지로 유형화하여 검토하는데,[256] 이는 상당히 설득력이 있기에 간단히 소개한다. 아래는 클래스를 구성하는 원고측에 독일인이 포함되는 경우에 관한 논의이다.

첫째 유형은 클래스 구성원의 제외신고권이 규정되어 있지 않고 그에 대한 통지가 의무적이지 않은 경우이다. 연방민사소송규칙 §23(b)(1)에 규정된 고전적인 집단소송형태[257]와, §23(b)(2)에 규정된 금지 또는 확인적 구제를 구하는 소송이 이런 유형에 속한다. 이 경우 집단소송판결의 승인은 절차적 공서에 반하는데, 이는 집단소송절차에 참여하고 법적인 심문(right to be heard)을 받을 독일인 구성원들의 헌법상 권리가 침해되었음을 근거로 한다.[258]

둘째 유형은 손해배상청구를 목적으로 하는 집단소송절차로 제외신고권이 존재하고 집단허가 시 구성원 전원에 대한 통지가 법적으로 규정되어 있는 경우이다. 연방민사소송규칙 §23(b)(3)에 규정된 소송이 이런 유형에 속한다. 이 경우 집단소송판결의 승인은 독일의 절차적 공서에 위반되지 않는다고 한다.[259] 다만 통지의무가 규정되어 있더라도 실제로 통지를 받지 못하였다면 여전히 공서위반이 될 가능성이 크다.

셋째 유형은 원고의 소송대리인과 피고 간에 이미 화해의 조건에 관하여 이미 협상한 뒤에 소를 제기하는 경우인데, 이때에는 집단허가와 당사자 간에 협상된 화해 조건에 대한 허가가 동시에 이루어진다. 이것이 'settlement class action' 또는 'settlement-only class action'인데 이 경우에는 변론은 열리지 않는다.[260] 이러한 유형도 연방민사소송규칙 §23(b)(3)에 속한다. 이 경우 불참 구성원들에게 소송과 화해에 관하여 통지가 이루어지는데, 통지 당시에는 참가 구성원들과 피고 간에 이미 화해를 한 뒤이므로 불참 구성원들은 그에 영향을 미칠 수 없고 따

---

256) Friederike Höffmann, Class action settlements und ihre Anerkennung in Deutsch-land (2013), S. 342ff. 참조.

257) 각 유형의 설명과 그에 해당하는 환경집단소송은 석인선, "미국의 환경관련집단소송제 도입과정 및 시사점", 환경법연구 제26권 제3호(2004. 9.), 106면 이하 참조. Class action과 관련된 절차적 공서위반의 논점은 한국국제사법학회·(사)기술과 법 연구소가 2014. 10. 법무부에 제출한 "국제적 집단피해에 대한 사례별 구제방안 연구" 보고서, 148면 이하에 저자가 쓴 바 있으나 이 부분을 논문으로 공간하지는 않았다.

258) Höffmann(註 256), S. 364.

259) Höffmann(註 256), S. 357.

260) 상세는 Höffmann(註 256), S. 186.

라서 그러한 화해의 승인은 독일의 절차적 공서에 반한다고 한다.261) 더욱이 이 유형에서는 불참 구성원은 제외신고권은 가지나 그것이 제2유형에 비해 단기간이 라는 점도 문제이다.262)

  이러한 독일의 논의는 클래스를 구성하는 원고측에 독일인이 포함되는 경우 이다. 반면에 한국 기업이 미국의 국제적 집단소송에서 피고측에 포함되어 패소 판결을 받은 경우 그 미국판결을 한국에서 승인함에 있어서는 다른 경우와 마찬가 지로 국제재판관할과 송달요건을 포함한 다섯 가지 승인요건을 모두 구비하여야 한다. 이 경우 승인관할과 관련하여 주관적 병합에 관한 공동소송에서 관련성에 근거한 병합관할을 인정할 수 있는지는 국제사법(제6조 제2항)에 따를 사항이다.263)

  한편, 외국법원의 증거조사절차가 우리의 주권을 침해하는 방법에 의하여 행 해진 경우에는 그에 기한 외국법원의 판결은 한국에서 승인 또는 집행될 수 없을 것인데, 특히 미국 법원의 증거조사와 관련하여 다음과 같은 두 가지 문제가 제기 된다.

  첫째, 미국 법원은 한국인 피고를 상대로 제기된 제조물책임소송을 심리함에 있어 한국에 있는 증거를 조사할 경우 미국 연방민사소송규칙(Federal Rules of Civil Procedures)에 따를 것이다. 그 경우 미국 법원이 사법공조의 방법에 의하여 우리 법원에 증거조사를 촉탁한다면 문제가 없으나, 만일 미국의 변호사가 한국 에 와서 증인들을 선서시키고 이른바 deposition("선서증언" 또는 "증언녹취"라고 번 역한다)에 의하여 증거조사를 실시하는 경우에는,264) 우리의 주권을 침해한 것이 되어 그에 기한 미국 법원 판결을 승인 또는 집행하는 것은 절차적 공서에 반하 여 허용되지 않는다고 볼 여지가 있다. 다만, 구체적으로 외국법원의 행위가 어느

---

261) Höffmann(註 256), S. 358, S. 364.

262) Höffmann(註 256), S. 358.

263) 이런 사안에서의 송달요건에 관하여는 Stürner(註 254), p. 109 이하 참조. 독일에서는 관 련성에 근거한 병합관할을 원칙적으로 인정하지 않는다.

264) Deposition에 의한 증거수집은 미국 연방민사소송규칙 Rule 28(b)(1)에 따라 허용된다. 연 방민사소송규칙 Rule 28(b)에 따르면 외국에서의 deposition은 (1) 관련 조약에 따라, (2) 촉탁서에 따라, (3) 조사가 행해지는 장소의 법 또는 미국법에 따라 선서를 받을 수 있는 권 한이 있는 자의 앞에서 통지에 따라 또는 (4) 법원의 위임을 받은 자 앞에서 행해질 수 있 다. 한미 간에는 '영사관계에 관한 비엔나협약'과 '대한민국과 미합중국 간의 영사협약'이 적용된다. 연방민사소송규칙과 영사협약에 관한 소개는 Steven L. Smith/석광현(역), "미국 에서의 국제소송 — 미국 원고들에 의한 소송에 대한 예방, 관리 및 방어 전략—", 국제사 법연구 제2호(1997), 320면 이하; 석광현, 증거조사, 101면 이하 참조.

경우에 우리의 주권침해가 되는가는 국제증거법의 문제로서 보다 체계적으로 검토되어야 할 것이다.[265]

둘째, 기일 전 개시절차(pre-trial discovery)와 관련해서는,[266] 당사자는 자기에게 불리한 증거를 상대방에게 제공할 것을 강요당하지 않는다는 이른바 '모색적 증명 금지의 원칙'은 우리 민사소송법의 기본원칙이므로[267] 상대방에 대한 협력의무를 지우는 기일 전 개시절차에 기한 미국 법원 판결의 집행이 우리의 절차적 공서에 반하는가라는 의문이 제기된다.

이 점에 관한 우리의 학설은 별로 보이지 않으나, 독일의 다수설과 판례는 기일 전 개시절차의 기능은 대부분 독일 민사소송법상 정보와 문서의 제출을 요구할 수 있는 실체법상의 권리에 의하여 파악되고 있으므로 기일 전 개시절차가 독일의 절차적 공서에 반하는 것은 아니지만, 기일 전 개시절차가 구체적인 사안에서 독일의 주권을 침해하거나 과도한 모색을 요구함으로써 인격권을 침해하는 경우에는 그에 기한 판결의 집행은 절차적 공서에 반한다고 한다.[268] 이러한 논의는 우리 법상으로도 기본적으로 타당하고, 특히 우리의 경우 장차 민사소송법의 개정에 의해 문서제출명령이 보완 및 확대된다면 공서위반이 될 가능성은 더 줄어들 것이다.[269]

위에서 본 국제적 송달 및 증거조사와 관련하여, 미국과 독일 등 유럽국가는 물론 미국과 일본 사이에도, 미국 연방민사소송규칙을 적용하고자 하는 미국과, 미국이 가입한 송달협약 내지 증거협약을 적용해야 한다는 유럽국가 및 일본 간의 분쟁이 제기되었는바, 이는 '국제적 사법마찰(Justizkonflikt)'의 주요 쟁점으로서 활발히 논의되었음은 앞(제7장 제3절)에서 설명한 바와 같다.[270]

---

265) 외국에서의 증거수집과 관련하여 위에 언급한 1987년 *Société Nationale Industrielle Aérospatiale* v. United States District Court for the Southern District of Iowa 판결에서 5명의 다수의견은 헤이그증거협약은 배타적인 절차를 규정한 것은 아니므로 연방민사소송규칙에 따라 외국에 있는 증거를 수집할 수 있다고 판시하였으나 4명의 소수의견은 반대하였다.
266) 기일 전 개시절차에 관하여는 위 제7장 제3절 Ⅲ 참조.
267) 강현중, 530면; 이시윤, 421면.
268) Schack, Rn. 1016; Martiny, Rn. 1109. Geimer, Anerkennung, S. 137.
269) 2000. 10. 16. 국회에 제출되었던 민사소송법 개정법률안 제344조-제347조. 개정안의 상세는 이호원, "민사소송법 개정법률안에 있어서의 증거조사절차", 법조 통권 제535호 (2001. 4.), 5-29면 참조.
270) 독일의 시각에서 본 국제적 사법마찰은 Schack, Rn. 873ff.; Rolf Stürner, Der Justiz-

근자에 문제 되고 있는 것은 개인정보의 해외이전을 규율하는 유럽연합의 일반정보보호규정(General Data Protection Regulation. GDPR)과 미국의 연방민사소송규칙(FRCP)에 따른 기일 전 증거개시절차에 따른 자료 제출 명령의 충돌 문제이다. 즉 미국 법원으로부터 개인정보가 포함된 자료의 제출을 요구받은 당사자는 그 요구에 따라 자료를 제출함으로써 일반정보보호규정 위반으로 인한 제재를 받거나, 반대로 일반정보보호규정을 준수함으로써 미국 법원의 제재를 받게 되는 어려운 상황에 빠질 수 있다는 것이다.271)

나아가, 미국의 class action(또는 대표당사자소송)의 경우 재판의 효력은 단체의 모든 구성원에게 미치나, 소송에 능동적으로 참여하지 않고 단지 명시적인 배제를 선택하지 않은 독일인에게 단체소송에 따른 구속을 받도록 하는 방식, 즉 제외신고(opt-out) 방식은 독일의 절차적 공서에 반할 수 있다는 견해가 있다.272) 반면에 참가신고(opt-in) 방식은 문제가 없다고 본다.

그 밖에 절차적 공서와 관련하여 한국 판결 또는 한국에서 승인될 수 있는

---

konflikt zwischen den U.S.A. und Europa, Der Justizkonflikt mit den Vereinigten Staaten von Amerika, Walther J. Habscheid(Hrsg.)(1986), SS. 3-63 참조. 우리 문헌은 김용진, 소송전략, 21면 이하 참조. 사법마찰에 대한 대응으로 한국민으로 하여금 비밀로 보이는 정보를 외국 당국에 제공하는 것을 금지하고 위반시 제재를 부과하는 대항입법(blocking statute. 봉쇄입법 또는 저지입법)의 제정을 제안하기도 하나 이는 바람직하지 않다. 석광현, 증거조사, 116면 이하; 상세는 한국국제사법학회가 법원행정처에 제출한 2011. 8. 31.자 "민사사법공조 관련 국제규범의 국내 이행방안 연구", 74면 이하; 배형원 외, 181면 이하; 서영제·김용진, "국제민사사법공조와 미국과의 사법마찰-헤이그송달협약 및 헤이그증거조사협약을 중심으로-", 재산법연구 제27권 제3호(2011. 2.), 363면 이하 참조. 한국의 대응방안은 김효정, 127면 이하 참조. 2007년 MAAF 사건에서 프랑스 파기원은 프랑스의 대항입법(법률 제80-538호)에 반하여 미국에서의 소송을 돕기 위해 프랑스에서 정보를 얻으려 한 프랑스 변호사에게 부과된 1만 유로 상당의 벌금이 타당하다고 판시한 바 있다. Handbook (Evidence), paras. 26. 그러나 Handbook은 대항입법이 항상 목적을 달성한 것은 아니고 달성하지 못한 사례들이 있다고 소개한다. Handbook (Evidence), para. 28. 대항입법의 소개는 김효정, 108면 이하 참조.

271) 이 문제의 소개와 논의는 조수혜, "미국의 증거개시와 EU 일반개인정보보호법의 충돌에 관한 소고", 경희법학 제56권 제3호(2021. 9.), 561면 이하; 김효정, 118면 이하 참조.

272) Nagel/Gottwald, Rz. 12.194. 다만 이에 따르더라도 만일 ① 독일의 부재구성원들(absent class members)이 class action의 통지를 실제로 받았고, ② 그 통지에 따라 제외신고(opt-out)를 할 기회를 가졌으며, ③ 그 통지가 헤이그 송달협약의 요건을 엄격하게 준수하여 이루어졌다면, 법적 심문을 받을 권리가 침해된 것은 아니므로 미국 판결의 효력이 그들에게 미친다고 볼 수 있다고 한다. 서홍석(註 252), 76면 참조. 반면에 이러한 절차적 상위로 인하여 공서위반이 되는 것은 아니라는 견해도 있다.

외국판결과 양립할 수 없는 외국판결의 문제가 있으나, 이에 대해서는 아래 라.에서 논의한다.

라. 다른 재판과 양립할 수 없는 외국재판

동일 당사자 간에 동일 사건에 관하여 선행재판이 존재하는 경우 그와 저촉되는 외국재판의 승인이 문제 되는데, 민사소송법은 이에 관하여 아무런 규정을 두고 있지 않다. 이에는 첫째, 외국재판과 다른 외국재판이 저촉되는 경우와, 둘째, 외국재판과 내국재판이 저촉되는 두 가지 경우가 있다. 전자의 경우에는 선행재판을 우선시키면 될 것이나, 후자의 처리에 관하여는 논리적으로 ① 선고시점을 기준으로 선행재판을 우선하는 견해, ② 후행재판을 우선하는 견해(last-in-time rule)와 ③ 시간적 선후에 관계 없이 내국재판을 우선하는 세 가지 견해가 있을 수 있다.273)

우리나라에서는 이를 공서의 문제로 해결하되 내국재판을 우선하는 견해와, 선행재판을 우선시키되 이를 다소 변형한 견해가 있는 것으로 보인다.

전자는 판결의 선후를 묻지 않고, 외국재판이 한국 재판의 기판력과 모순저촉하는 때는 절차적 공서에 반하는 것으로 승인이 거부될 수 있다고 한다.274) 이에 대해서는, 외국재판이 한국의 확정재판보다 먼저 확정된 것인 경우, 특히 외국법원에 먼저 제소된 경우에는 한국 법원의 소송은 중복제소로서 각하되어야 할 것이므로 이를 공서에 반하는 것으로 보기 어렵고, 이는 외국재판의 승인에 관하여 "한국 재판에 저촉하지 아니할 것"이라는 초법규적인 요건을 새로이 추가한 것이라는 비판이 있다.

후자는, 외국재판이 먼저 확정된 경우에는 민사소송법 제451조(구 민사소송법 제422조) 제1항 제10호에 따라 재심에 의해 내국재판을 취소할 수 있으나, 취소되지 않으면 내국재판이 존중되어야 하고, 반면에 내국재판이 먼저 확정된 경우에는, 외국재판에 대해서는 국내에서 재심의 소를 제기할 수 없으므로 항상 이를 존중하여야 할 것이나, 이러한 결론은 부당하므로 이 경우에는 부득이 외국재판은 제10호의 취지에 따라 취소된 것으로 간주해야 한다고 한다. 이는 확정재판의 저촉을 해결하는 일반법리에 따라 처리하는 견해라고 하나 후에 확정된 내국재판의

---

273) Schack, Rn. 1044.
274) 김주상, 506면; 최효섭, 260면.

취소를 인정함으로써 선행재판을 우선하되, 다만 후에 확정된 내국재판이 취소되지 않는 경우에는 사실상 내국재판을 우선시키는 것이다.

어느 견해를 따르더라도 선행하는 내국재판이 있는 경우 외국재판은 승인될 수 없다. 다만, 외국재판이 선행하는 경우에는 통상 외국재판의 기판력에 의하여 내국재판이 선고되지 않거나 선고되더라도 그에 저촉되지 않을 것이나, 만일 저촉되는 내국재판이 선고되어 확정된 경우에는, 어느 견해를 취하는가에 따라 외국재판의 승인 여부가 달라질 수 있다.

판례로는, 재산법상의 사건이 아니라 이혼사건에 관한 것이나 선행하는 한국 법원 판결의 기판력에 저촉되는 외국재판은 절차적 공서에 반하는 것으로서 승인될 수 없다는 취지로 판시한 대법원 1994. 5. 10. 선고 93므1051, 1068 판결이 있다.275)

이처럼 내국판결과 외국판결이 저촉되는 경우의 처리를 절차적 공서에 맡긴다면 승인 여부를 예측하기가 어려워 법적 불안정이 야기되므로 민사소송법에 명시적인 조항을 두는 것이 바람직할 것이다. 과거 독일 민사소송법은 별도의 조항을 두지 않았으나 1986년의 개정에 의하여 제3호가 신설되었고 동호는 내국재판을 우선하는 위 ③의 견해를 취한다. 이 견해는 설득력이 있으나 외국에서 전소가 계속되었음에도 불구하고 내국재판을 우선하는 점은 비판의 여지가 있다.

마. 내국의 소송계속을 무시한 외국재판

우리 민사소송법은 규정을 두고 있지 않으나 독일 민사소송법(제328조 제3호)은 내국에서의 소송계속을 무시한 외국절차에 기한 외국재판은 판결 선후에 관계

---

275) 위 대법원 판결은 "… 동일 당사자 간의 동일 사건에 관하여 대한민국에서 (이혼청구 기각) 판결이 확정된 후에 다시 외국에서 (이혼청구 인용) 판결이 선고되어 확정되었다면 그 외국재판은 한국 판결의 기판력에 저촉되는 것으로서 한국의 선량한 풍속 기타 사회질서에 위반되어 (구) 민사소송법 제203조 제3호에 정해진 외국재판의 승인요건을 흠결한 경우에 해당"한다고 판시하였다. 이는 외국 이혼판결의 기판력의 객관적 범위에 관하여 의미가 있는데, 대법원은 "제1소송과 제2소송의 소송물을 비교해 볼 때 두 소송은 모두 동일 당사자 간의 1984. 4. 9.자 혼인신고에 의한 혼인의 해소라는 동일한 목적을 위한 것이고 비록 청구원인은 다소 다르지만 그 기본적 사실관계는 원고와 피고의 성장과정과 성격이 상이함으로 인한 갈등으로 혼인관계가 파탄에 이르렀다는 점 및 1988.1.31. 이후 별거하고 있다는 점에서 동일한 사실에 기초하되 다만 우리 민법과 미국 네바다주법상의 각 이혼요건이 상이하기 때문에 법률적으로 이에 맞추어 청구원인을 다소 다르게 구성하였을 뿐"이라고 판시하고 위 결론을 도출하였다.

없이 승인하지 않는다. 이러한 입장은 설득력이 있기는 하나, 지나치게 내국절차를 우선하는 점은 비판의 여지가 있다. 특히 국제적 소송경합을 국제재판관할의 문제로 해결하는 영미법계의 입장을 따른다면, 내국에서 전소가 계속되었더라도 외국이 더 적절한 법정지라면 외국에서 재판하는 것이 국제민사소송의 정의에 부합하는 것임에도 불구하고 내국에 전소가 계속되었다는 이유만으로 외국재판의 승인을 거부하는 것이 타당한지는 의문이다. 이 점은 부적절한 법정지의 법리를 도입한 국제사법 제12조하에서도 여전히 주장될 수 있다.

이는 국제적 소송경합의 문제와 밀접하게 관련되는데, 특히 상대방이 외국에서 이행의 소를 제기하기에 앞서 자국에서 소극적 확인(negative declaration)을 구하는 소를 제기함으로써 국제적 소송경합을 전략적으로 이용하는 경우 위의 견해는 남용될 우려가 있다. 즉, 만일 그 경우 심판형식의 동일성을 요구하지 않고 국제적 소송경합이라고 본다면 결국 내국의 소송계속을 무시한 외국재판의 효력을 부인하게 되어 전략적인 이용을 막을 수 없다. 따라서 독일 민사소송법 같이 내국 소송계속을 무시한 외국재판의 승인을 거부하고자 한다면 전략적인 이용을 막기 위해 국제적 소송경합의 요건을 상대적으로 엄격하게 해야 할 것이다. 그럼으로써 내국절차를 우선시키는 폐해를 다소 완화할 수 있다. 2022년 개정에 의하여 국제사법에 국제적 소송경합에 관한 제11조가 신설되었으나 내국에 전소가 제기된 경우는 규정하지 않는데, 이는 그 경우 소송을 진행하라는 취지이나 그 경우에도 제12조의 취지를 고려하여 내국 소송절차를 중지할 가능성은 열려 있다고 본다.276) 어쨌든 이 점에 대해서는 더 체계적인 연구가 필요하다.

바. 공서요건의 심리

공서요건은 국가이익에 관계되므로 당사자의 주장을 기다리지 않고 승인국인 한국 법원이 직권으로 조사할 사항이다.277) 과거에는 이견이 있었으나 2014년 개정에 의하여 신설된 민사소송법 제217조 제2항은 승인요건이 직권조사사항임을 명시한다.

공서위반 여부의 판단에 있어 한국 법원은 외국법원이 인정한 사실에 구속되

---

276) 석광현, 재판관할법, 165면.
277) 김주상, 511면; 최공웅, 효력, 349면. 그러나 최효섭, 276면은 판결내용의 공서위반은 직권으로 판단할 것이나, 절차나 내외판결의 저촉 등은 피고의 주장에 따라 판단할 것이라고 하였다.

고, 한국의 공서위반의 근거로 새로운 사실을 주장하고 증거를 제출하는 것은 허용되지 아니한다는 것이 다수설이다.[278] 그러나 위 대법원 2004. 10. 28. 선고 2002다74213 판결에서 보듯이, 우리 법원이 외국재판의 기초가 된 사실관계를 스스로 전면적으로 확인하는 것은 허용되지 않지만 공서위반 여부를 판단하기 위하여 필요한 범위 내에서는 제한적으로 사실관계를 조사할 수 있다.

공서위반의 여부를 판단하는 기준시점은 언제인가. 공서위반은 집행국의 본질적 법원칙에 반하는 것이므로 쉽게 변경되지는 않고 따라서 기준시기의 결정이 실제로 큰 의미를 가지지는 않지만, 국제적 강행법규 위반을 근거로 공서위반을 인정하는 경우에는 그러한 법의 변경 또는 폐지에 따른 공서위반의 판단기준이 변경될 수 있다. 이에 관하여는 외국법원의 판결 시가 아니라 한국 법원이 승인에 관하여 판단하는 시점이라는 견해가 유력하며[279] 설득력이 있다. 논리적으로는 외국재판은 자동적으로 승인되므로 외국재판의 효력은 국내에서 외국재판 선고 시에 확장되나, 공서위반 여부의 판단에서 중요한 것은 선고가 아니라 그의 승인이 현재 승인국에 미치는 영향이기 때문이다.[280] 징용사건에 관한 위 대법원 2012. 5. 24. 선고 2009다22549 판결은 공서 위반 여부는 그 승인 여부를 판단하는 시점에서 판단하여야 함을 명확히 판시하였다.

6. 상호보증의 존재

가. 상호보증의 취지

민사소송법 제217조 제1항 제4호는 외국재판의 승인요건으로 '상호보증의 존재'를 들고 있다. 상호보증이란 한국이 외국재판을 승인 및 집행하는 것과 마찬가지로 당해 외국도 한국 판결을 승인 및 집행하는 것, 즉 상호주의(reciprocity)가 보증됨을 말한다. 상호보증을 요구하는 취지는, 한국만이 일방적으로 외국재판을 승인 및 집행함으로써 입게 되는 불이익을 방지하고 국제관계에서 형평을 도모하며, 한국의 재판을 승인 및 집행하지 않는 나라에 대해 보복을 가하는 의미에서 당해 외국으로 하여금 한국 재판의 승인 및 집행요건을 완화하도록 함으로써 외국의 승인 및 집행의 요건과 우리의 요건이 균형을 이루도록 하기 위한 정책적인

---

278) 김주상, 509면. 호문혁, 평론, 67면도 동지.
279) 김주상, 508면; Martiny, Rn. 1150f.
280) Martiny, Rn. 1151.

것이다.

상호보증은 반드시 조약 등에 의해 규정될 필요는 없고 당해 외국의 법령, 판례 또는 실제의 관행 등에 의하여 인정되면 족하다. 또한 외국과 한국 간에 상호보증의 존재를 인정하기 위해서는 구체적 선례의 존재를 요구하는 것은 아니고, 사실상의 승인 및 집행가능성으로 족하다. 그러나 외국재판을 승인 및 집행한다는 형식적인 법규가 존재하더라도 실제로 승인 및 집행이 이루어지지 않는다면 상호보증의 존재는 긍정될 수 없다.

상호보증 요건에 대해서는, 외국재판이 내용상 정당하더라도 상호보증이 없다는 이유만으로 승인을 거절하게 되므로 보복의 성격을 가질 뿐이고, 정당한 권리를 가지고 외국재판에서 승소한 자를 보호하지 못하는 불합리한 결과를 초래한다는 비판이 있다. 특히 신분법상의 외국재판의 경우에는 파행적 법률관계를 초래한다는 문제점이 있다. 나아가 민사상의 권리보호는 당사자를 위한 것이지 외국국가에 대한 것이 아니라는 시각에서, 상호보증의 결여는 법적인 쟁점이 아니라 정치적 쟁점이라고 보는 견해도 있다.[281] 따라서 상호보증의 요건을 폐지하거나, 또는 상호보증이 인정되지 않는 때에는 외국재판에 대해 예외적으로 실질재심사를 허용하는 요건하에 승인하자는 입법론이 있고, 실제로 스위스 국제사법은 원칙적으로 상호보증을 요구하지 않는다.[282] 그러나 현재 각국의 법률제도가 상이하고, 국제질서가 국내질서만큼 안정되지 않은 실정하에서는 어느 정도의 통일과 안정이 이루어질 때까지 한시적으로 상호보증의 요건을 통하여 탄력적이고 구체적 타당성 있는 운용을 하는 것이 바람직하다는 반론이 있다.

나. 상호보증의 존재를 인정하기 위한 요건에 관한 과거의 논의

구 민사소송법은 상호보증의 존재를 요구할 뿐이고 그 개념을 규정하지는 않았으므로 상호보증의 존재를 인정하기 위한 요건에 관하여는 견해가 나뉘었다. 이제는 민사소송법 제217조 제1항 제4호가 요건을 명확히 규정하므로 의미를 상실하였으나 그 배경을 이해할 필요가 있으므로 이를 소개한다.

1설은 재판국이 민사소송법 제217조와 동일하거나 또는 그보다 관대한 조건

---

281) Scoles/Hay/Borchers/Symeonides, Conflict of Laws, 3rd edition (2000), §24.34 (p. 1190).

282) 제27조 참조. 독일 민사소송법 제328조 제2항은 비재산법적인(또는 비재산권적인) 청구에 관한 사건에서 독일에 재판적이 존재하지 않는 경우 상호보증을 요하지 않는다.

하에 한국 판결을 승인할 경우에 한하여 상호보증이 있다고 한다. 한편, 2설은 재판국이 민사소송법 제217조의 요건과 중요한 점에서 다르지 않은 조건하에 한국 재판을 승인하면 족하다고 하여 더 완화된 입장을 취한다. 2설을 따르면 예컨대 어떤 요건에 관하여 재판국의 요건이 한국보다 엄격하더라도, 다른 요건에 관하여 더 완화된 입장을 취하는 경우에는 이를 전체적으로 평가하여 상호보증의 존재를 인정할 여지가 있게 된다는 점에서 1설과 차이가 있다.

생각건대 상호보증의 요건에 대한 입법론적 비판에 비추어 이를 완화하여 해석함이 옳고, 각국의 상이한 법제에 비추어 1설은 외국판결의 승인을 매우 어렵게 하거나 사실상 불가능하게 한다는 점에서 부당하다. 즉, 1설에 의하면, 재판국이 동등 또는 관대한 조건하에서 한국 재판의 효력을 승인하는 경우에만 상호보증의 존재를 긍정하는데, 만일 당해 재판국도 상호보증을 요구하고, 나아가 재판국의 외국재판 승인의 요건이 한국보다 관대한 경우에는 재판국 측에서 보면 한국의 요건이 더 엄격한 것으로 되어 한국의 재판을 승인할 수 없게 되고, 결국 한국 측에서도 상호보증이 없다고 보게 되는 불합리한 결과가 된다. 따라서 2설이 타당하다. 그러므로 양국의 요건을 비교함에 있어서 전체적으로 판단하여 동등하다고 평가할 수 있다면 상호보증의 존재를 인정해야 한다.[283]

우리 판례를 보면, 구 민사소송법하에서 대법원 1971. 10. 22. 선고 71다1393 판결[284]은, 미국 네바다주 법원이 선고한 이혼판결의 승인과 관련하여 "상호보증이라 함은 당해 외국이 조약에 의하여 또는 국내법에 의하여 대한민국 판결의 당부를 조사함이 없이 (구) 민사소송법 제203조에 규정한 내용과 같든가 또는 관대한 조건 아래에서 대한민국 판결의 효력을 인정하고 있는 경우를 말한다"라고 하여 명백히 1설을 취하였다. 그 후 이혼, 위자료 및 양육비지급 등을 명한 뉴욕주 법원 판결의 승인과 관련하여 대법원 1989. 3. 14. 선고 88므184, 191 판결은 뉴욕주와 한국 간에 상호보증이 있음을 인정하였지만 후자의 판결에서 대법원은 상

---

283) 참고로 일본에서는 대심원 1933. 12. 5. 판결은 1설을 취하였으나, 최고재판소 1983. 6. 7. 판결이 이를 변경한 이래 2설을 취하고 있고 학설도 2설을 취한다. 石黑一憲, 現代國際私法[上](1986), 561면. 독일의 학설, 판례도 양국의 법과 실무가 동일한 유형의 판결의 승인 및 집행에 관하여 전체적으로 평가하여 본질적으로 동가치적인 조건(wesentliche gleich-wertige Bedingungen)을 요구하면 상호보증이 있다고 본다. Martiny, Rn. 1208-1218; Schack, Rn. 1029.

284) 위 판결에 대하여는 김주상, 529면 이하의 비판이 있었다.

호보증의 개념에 관한 종전의 견해를 변경하지는 않고 단지 "뉴욕주 법원은 우리
민사소송법 제203조보다도 지극히 관대하게 외국판결을 승인하고 있음이 명백하
므로"라고 판시하였다. 따라서 그것만으로는 대법원이 상호보증의 정도에 관한
과거 견해를 변경하였다고 단정할 수 없었다.

그러나 서울지방법원 동부지원 판결은 상호보증의 개념에 관하여 2설을 취하
면서 미네소타와 한국 간에 상호보증의 존재를 인정하였는데, 동 판결은 대법원
1997. 9. 9. 선고 96다47517 판결에 의해 확정되었으므로 대법원은 아마도 2설의
입장을 묵시적으로 지지하는 것으로 이해되었다. 저자는 서울지방법원 동부지원
판결의 상고를 계기로 대법원이 일본 최고재판소가 1983년에 그랬듯이 과거 판결
을 변경하고 명시적으로 2설의 입장을 취하기를 기대하였으나 대법원은 기대를
외면하였다. 그러던 중 대법원 2004. 10. 28. 선고 2002다74213 판결[285]은 과거
판례를 폐기하지는 않았지만 다음과 같은 취지로 판시함으로써 2설을 취하였다.

"우리나라와 외국 사이에 <u>동종 판결의 승인요건이 현저히 균형을 상실하지 아니하고</u>
외국에서 정한 요건이 우리나라에서 정한 그것보다 <u>전체로서 과중하지 아니하며 중요</u>
<u>한 점에서 실질적으로 거의 차이가 없는 정도라면</u>[286] (구) 민사소송법 제217조 제4호
에서 정하는 상호보증의 요건을 구비하였다고 봄이 상당하고, 또한 상호보증은 외국
의 법령, 판례 및 관례 등에 의하여 승인요건을 비교하여 인정되면 충분하고 반드시
당사국과의 조약이 체결되어 있을 필요는 없으며, 당해 외국에서 구체적으로 우리나
라의 동종 판결을 승인한 사례가 없더라도 실제로 승인할 것이라고 기대할 수 있는
상태이면 충분하고, 상호보증이 있다는 사실은 법원이 직권으로 조사할 사항이다".

다만 2설에 의할 경우 상호보증의 존부에 관한 판단이 반드시 용이하지 않은
데, 더욱이 아래에서 보듯이 부분적 상호보증의 개념에 의해 그 판단이 개별화됨
에 따라 그 판단이 어렵게 되는 것은 사실이다.

그러나 2014년 개정된 민사소송법 제217조 제1항 제4호는 상호보증의 개념

---

285) 이에 대한 평석은 석광현, 제4권, 263면 이하 참조.
286) 2014년 개정된 민사소송법 제217조 제1항 제4호는 이를 다소 축약하여 "대한민국과 그 외
    국법원이 속하는 국가에 있어 확정재판등의 승인요건이 <u>현저히 균형을 상실하지 아니하고</u>
    <u>중요한 점에서 실질적으로 차이가 없을 것</u>"이라고 규정한다. 대법원은 한일 간에 국가배상
    법 제7조가 정한 상호보증의 존재를 판단함에 있어서도 위 본문과 동일한 문언을 사용한
    바 있다. 대법원 2015. 6. 11. 선고 2013다208388 판결 참조.

을 "상호보증이 있거나 대한민국과 그 외국법원이 속하는 국가에 있어 확정재판 등의 승인요건이 현저히 균형을 상실하지 아니하고 중요한 점에서 실질적으로 차이가 없을 것"이라고 풀어서 규정하므로 과거의 논란은 의미를 상실하였다. 다만 위 2004년 대법원 판결의 취지에 비추어 보면 위 문언은 결국 "상호보증이 있거나 상호보증이 있을 것"이라는 취지이므로 불필요한 반복이다. 입법기술적으로는 위에 밑줄 친 앞 부분의 "상호보증이 있거나"는 불필요하다.

또한, 외국판결 승인 및 집행의 절차상의 차이는 원칙적으로 상호보증의 존재를 부인할 근거가 되지는 않으므로 영미법계 국가에서와 같이, 외국재판의 집행을 위하여 집행판결이 아니라 '외국판결에 기한 소(action upon the foreign judgment)'를 요구하더라도 그것만을 이유로 상호보증이 부인되지는 않는다.[287] 중요한 것은 절차적으로 새로운 소의 제기를 요구하는지의 여부가 아니라, 패소한 피고가 그 소송절차 내에서 외국판결의 승인 및 집행에 대해 한국법상 제기할 수 있는 것과 유사한 항변들과 외국재판의 변론종결 후에 발생한 항변만을 제출할 수 있고, 또한 새로운 소에 대해 판결을 하더라도 외국판결과 동일한 내용을 되풀이할 뿐인가의 여부이다. 만일 그렇다면 상호보증의 존재를 인정해야 한다.

나아가 영국법에서와 같이 외국판결의 승인 및 집행을 일정한 기간 내로 제한하더라도 그것만에 의하여 상호보증의 존재가 전면적으로 부인되는 것은 아니고 상응하는 기간 범위 내에서는 상호보증의 존재를 부분적으로 승인해야 할 것이다.

다. 부분적 상호보증

상호보증의 유무는 한국과 문제 된 외국(또는 그 주) 간에 일률적으로가 아니라 동일한 종류 또는 내용의 판결에 대하여 판단하여야 한다. 독일에서는 이를 '부분적 상호보증(partielle Verbürgung der Gegenseitigkeit)'이라 한다. 예컨대 신분판결 또는 재산판결[288]과 같은 일정한 종류의 판결에 관하여만 상호보증이 인정될 수 있다. 즉 금전판결과 이혼판결에 관하여 상호보증의 유무를 동일시할 수 없고, 미국 법원의 금전판결이더라도 통일외국금전판결승인법(Uniform Foreign Money-Judgments Recognition Act)(이하 "통일승인법"이라 한다)이 적용되는 금전판결과,[289]

---

287) Martiny, Rn. 1235, Rn. 1260f.
288) 이를 금전판결 또는 부양료지급판결과 같이 더 세분화할 수도 있다.

국제민사소송법

동법이 적용되지 않는 양육비지급판결의 경우에는 상호보증의 유무를 별도로 판단해야 한다. 특히 부양료청구에 관하여는 개정된 "통일부양상호집행법(Uniform Reciprocal Enforcement of Support Act. RURESA)"이 있고, 아동보호에 관하여는 "통일아동보호관할권법(Uniform Child Custody Jurisdiction Act)"이 있으므로 그 분야의 판결에 관한 한 당해 법상의 요건을 검토한 뒤에 상호보증의 유무를 판단해야 할 것이다. 마찬가지로 통일승인법이 적용되지 않는 특정이행을 명하는 미국 법원의 판결의 경우 통일승인법이 아니라 실제로 당해 주에서 적용되는 외국판결의 승인 요건을 기초로 상호보증의 존부를 별도로 판단하여야 한다. 대법원 2017. 5. 30. 선고 2012다23832 판결은 이런 취지를 정면으로 판시하였다.[290]

서울지방법원 동부지원 판결은 미네소타주에서 채택된 통일승인법과 우리 민사소송법의 승인요건을 비교한 뒤 미네소타와 한국 간에 상호보증의 존재를 인정하였고, 서울고등법원 1995. 3. 14. 선고 94나11868 판결도 캘리포니아주에서 채택된 통일승인법과 우리 민사소송법의 승인요건을 비교하고 캘리포니아주와 한국 간에 상호보증의 존재를 인정하였는데, 이러한 판결들은 부분적 상호보증의 개념을 받아들인 것으로서 타당하다.[291] 독일에서는 부분적 상호보증이론의 결과 판결의 종류뿐만 아니라 개별적인 승인요건 및 승인의 효력의 점 등을 세분하여

---

289) 과거 박설아, 69면 이하는 미국 32개주가 개정 전 통일승인법을 채택하였고 25개주가 개정된 통일승인법을 채택하였다고 소개하였다. 미국법상의 상호보증은 김효정, "외국재판의 승인·집행에서의 상호보증 요건에 관한 미국법의 입장 및 시사점", 국제사법연구 제26권 제1호(2020. 6.), 45면 이하 참조. 독일에는 오래 전에 통일외국국가금전판결승인법에 따른 미국에서의 독일 판결의 승인 및 집행을 다룬 박사논문도 있다. Fritz Weinschenk, Die Anerkennung und Vollstreckung bundesdeutscher Urteile in den Vereinigten Staaten unter den „Foreign Country Money Judgment Recognition Acts" (1988)가 그것이다.

290) 대법원은 특정이행 명령 부분에 관하여는 캘리포니아주와 한국 사이에 상호보증이 존재한다고 판단하고 이를 부정한 원심(서울고등법원 2012. 1. 27. 선고 2011나27280 판결)의 판단은 잘못이라고 판시하였다. 특정이행을 명한 위 사건 미국판결에는 통일승인법이 적용되지 않으나, 제1723조(유보조항)에서 '외국의 비금전판결에 관하여 예양 등의 원칙에 따라 승인하는 것을 제한하지 아니한다'고 규정하는데, 캘리포니아주 연방법원은 보통법(common law)에 기초한 예양의 일반원칙에 근거하여, 일정한 요건이 구비되면 외국 비금전판결의 승인·집행을 허용하고, 그런 외국판결 승인요건은 우리 민사소송법이 정한 것보다 전체로서 과중하지 아니하고 중요한 점에서 실질적으로 거의 차이가 없는 정도라 할 것이어서, 캘리포니아주 연방법원에서 한국의 동종판결을 승인할 것이라고 기대할 수 있다고 봄이 타당하다는 것이다.

291) 양병회, 승인요건, 266면도 동지. 예컨대 대법원 2004. 10. 28. 선고 2002다74213 판결도 추상적 법률론으로는 이런 취지를 명확히 하였다.

상호보증의 유무의 판단을 개별화한다.[292] 우리도 상호보증에 관한 논의는 앞으로 개별화의 방향으로 나아갈 가능성이 있으므로 이 점에 대해 더 체계적인 검토가 필요하다고 본다. 그러나 대법원판례가 일관되게 부분적 상호보증의 개념을 따르고 있지는 않은 것 같다. 예컨대 대법원 2013. 2. 15. 선고 2012므66(본소), 2012므73(반소) 판결을 보면 반소 청구를 인용한 미국 오레곤주 법원 판결의 승인 및 집행이 문제 된 사건에서, 원심판결인 서울고등법원 2011. 12. 7. 선고 2011르689(본소), 2011르696(반소) 판결은 이혼에 관한 외국판결의 승인 및 효력에 관한 미국 오레곤주법의 요건을 검토하고 상호보증이 있다고 판단하였는데 대법원은 이를 정당하다고 판시하였다. 이는 잘못이다. 우리 법원으로서는 이혼재판에 관한 승인요건뿐만 아니라 양육자지정재판의 승인에 관한 오레곤주법의 요건을 검토했어야 하기 때문이다. 즉, 이 사건에서는 추상적 법률론과 구체적 사건의 처리가 어긋난 장면이 연출되었다.[293]

라. 상호보증의 유무에 관한 국가별 검토[294]

(1) 미 국

미국의 경우 외국판결의 승인·집행을 통일적으로 규율하는 연방법은 없고 이는 각 주의 권한에 속한다. 그러나 승인·집행의 요건은 주에 관계없이 본질적으로 동일하며 특히 제정법이 적용되는 분야에서는 통일승인법 등 여러 가지 통일법의 채택에 의하여 어느 정도 법의 통일이 이루어졌다. 판례도 대체로 동일한 원칙을 따르는데, 대체로 관할권, 적법한 송달, 합리적인 진술기회와 공서에 반하지 않을 것이 승인요건이다.[295]

---

292) Martiny, Rn. 1280–1286. 관할요건에 관하여 외국이 더 엄격한 요건을 요구하더라도 예컨대 관할합의에 기한 재판에 관한 한 상호보증을 인정하는 것이 그러한 예이다.

293) 상세는 석광현, "국제가사사건을 다루는 법률가들께 드리는 고언(苦言)", 가족법연구 제30권 제1호(2016), 126면 이하 참조.

294) 국가별 검토는 온주/김영석, 승인·집행 [11]; 석광현, 제1권, 326면 이하; 정해덕, 100면 이하 참조. 외국판결의 승인 및 집행에 관한 미국, 프랑스, 독일과 일본의 입법에 관하여는 임복희, 18면 이하도 참조. 프랑스, 영국과 독일의 입법에 관하여는 Helena Charlotte Laugwitz, Die Anerkennung und Vollstreckung drittstaatlicher Entscheidungen in Zivil– und Handelssachen, Rechtsvergleichende Betrachtung und europäische Regelungs–optionen (2016). S. 45ff. 참조.

295) 최공웅, 효력, 394면. Robert E. Lutz, Enforcing Foreign Judgments in the United States and Abroad (2007)도 참조.

주목할 것은, 연방법과 주법의 관계를 명확히 한 이른바 'Erie—Klaxon rule' 에 따라 연방법원의 경우 법원 소재지 주의 실질법과 저촉법을 적용하므로, 외국 법원 판결의 승인·집행에 관하여 연방법원이 판단하는가 아니면 주법원이 판단 하는가는 차이가 없다는 점이다.296) 과거 Hilton v. Guyot 사건 판결이 있었지만, 1940년을 전후하여 Erie—Klaxon rule이 확립됨에 따라 Hilton v. Guyot 사건 판 결은 선례로서의 의미를 상당 부분 상실한 것으로 평가되었다.297)

대법원 1971. 10. 22. 선고 71다1393 판결은 미국 네바다주의 법원이 한 이 혼판결에 대하여 "미합중국은 외국법원의 판결을 일체 승인하지 아니하며 그에 대한 보장이 없으므로 한국과 미국 간에는 민사 및 인사판결의 효력에 대한 상호 의 보증이 없다"라는 원심판결을 정당하다고 보았다. 그 후 매사추세츠의 혼인무 효확인판결의 승인에 관하여 서울민사지방법원 1984. 9. 12. 선고 84가합344 판 결은 상호보증이 있다고 판시하였다. 나아가 이혼 및 양육비지급 등을 명한 뉴욕 주 법원 판결의 승인에 관한 대법원 1989. 3. 14. 선고 88므184, 191 판결은 "뉴 욕주 법원은 판례로서 상호주의 원칙을 배격하고"라고 하면서 우리나라와 뉴욕주 간에 상호보증이 있다는 취지로 판시하였다. 위 판결은 미국처럼 주마다 상이한 법을 가진 연방국가와 상호보증의 유무를 판단함에 있어서는 주별로 그 요건을 검토해야 함을 분명히 하였다.

통일승인법(제3조)에 의하면 외국판결은 이른바 'full faith and credit'이 부여 되는 타주법원의 판결과 동일한 방법으로 집행되는데, 뉴욕주를 포함한 다수의 주는 타주법원의 판결을 자주법원 판결의 집행과 동일한 방법에 의하여 집행할 수 있도록 Uniform Enforcement of Foreign Judgement Act(통일외국재판집행법) 를 채택하였으므로 외국판결은 간이한 절차에 의하여 집행될 수 있다.

---

296) 이는 Erie Railroad Co. v. Tompkins, 304 U.S. 64 (1938) 사건 판결과 Klaxon Co. v. Stenton Electric Mfg. Co. 313 U.S. 487 (1941) 사건 판결에 의해 정립된 원칙이다. 전자는 어느 주에 소재하는 연방법원은 diversity jurisdiction을 행사함에 있어서 절차에 관하여는 연방법을 적용하되, 실체에 관하여는 주법을 적용하여야 한다고 판시함으로써 절차와 실체 의 구분에 의미를 부여하였고(그 결과 federal general common law는 존재하지 않는다는 것이 확인되었다), 후자는 어느 주에 소재하는 연방법원은 diversity jurisdiction을 행사함 에 있어서 그 주의 저촉법규칙을 따라야 한다고 판시하였다. 전자는 최공웅, 172면 이하, 후자는 최공웅, 184면 이하 각 참조.

297) Dicey/Morris/Collins, para. 14-087도 동지. 그러나 Born/Rutledge, p. 1013에 따르면 아 직도 여러 주가 Hilton v. Guyot 사건 판결로부터 도출한 주의 보통법에 의하여 이 문제를 해결하고 있다고 한다.

서울지방법원 동부지원 1995. 2. 10. 선고 93가합19069 판결은 금전판결에
관하여 통일승인법을 채택한 미네소타와 우리나라 사이에 상호보증의 존재를 인
정하였고, 서울고등법원 1995. 3. 14. 선고 94나11868 판결도 통일승인법을 채택
한 캘리포니아주와 사이에 상호보증의 존재를 인정하였다. 금전판결에 관한 한
통일외국금전판결승인법(UFMJRA)을 채택한 미국의 다수의 주와 사이에 상호보증
이 존재한다는 데는 별 문제가 없다.[298] 다만, 통일승인법(UFMJRA)은 2005년 통
일외국국가금전판결승인법(Uniform Foreign-Country Money Judgments Recognition
Act. UFCMJRA)으로 개정되었으므로 상호보증의 유무를 판단함에 있어서 캘리포니
아처럼 후자를 채택한 주와의 사이에서는 후자의 요건을 검토해야 한다.[299] 또한
위 통일법을 채택하지 않은 켄터키주와 우리나라 사이에 상호보증의 존재를 긍정
한 판결이 있다.[300]

(2) 일　본

외국재판의 승인 및 집행에 관한 한일 민사소송법 및 민사집행법의 유사성을
볼 때 한일 간에 상호보증을 인정하는 데는 별 의문이 없다. 서울민사지방법원

---

298) 서울중앙지법 2014. 5. 23. 선고 2013가합55640 판결은 통일외국국가금전판결승인법을 채
택한 뉴저지주와 한국 간에, 수원지방법원 2013. 11. 28. 선고 2013가합14630 판결은 통일
외국국가금전판결승인법을 채택한 텍사스주와 한국 간에, 서울중앙지방법원 2012. 6. 22.
선고 2012가합11773 판결은 뉴욕주와 한국 간에, 그리고 서울중앙지방법원 2014. 11. 28.
선고 2014가합10835 판결은 코네티컷주와 한국 사이에 상호보증의 존재를 긍정하였다. 수
원고등법원 2023. 11. 22. 선고 2023나13950 판결은 통일외국금전판결승인법을 채택한 오
레곤주와 한국 사이에 상호보증의 존재를 긍정하였다. 서울고등법원 2023. 6. 15. 선고
2022나2006650 판결(확정)은 통일외국금전판결승인법을 채택한 플로리다주와 한국 사이에
상호보증의 존재를 긍정하였다.
299) 캘리포니아주의 개정법의 내용은 임복희, 36면 이하 참조. 주목할 것은, 미국법률협회(ALI)
가 2005년 연방법률로서 제정할 것을 제안한 "The Foreign Judgments Recognition and
Enforcement Act(외국판결 승인과 집행법률)"이다. 초안에 관하여는 Andreas F. Lowen-
feld/Linda J. Silberman, Recognition and Enforcement of Foreign Judgments : Analysis
and Proposed Federal Statute (2006) 참조. 서울고등법원 2018. 3. 23. 선고 2017나
2057753 판결은 통일외국국가금전판결승인법을 채택한 하와이주와 한국 간의 상호보증의
존재를 긍정한 바 있다. 그 후 위에 언급한 대법원 2022. 3. 11. 선고 2018다231550 판결이
선고되었다. 대법원은 우리 법제에서 징벌적 손해배상이 허용되는 영역이라면 그 영역에서
징벌적 손해배상을 명한 외국판결의 집행도 허용된다고 판단하였다.
300) 광주고등법원(제주) 2015. 2. 4. 선고 2013나1152 판결. 대법원 2016. 1. 28. 선고 2015다
207747 판결은 그 결론을 지지하였다.

1968. 10. 17. 선고 68가620 판결은 매매대금의 지급을 내용으로 하는 재판상화해의 집행과 관련하여 한일 간의 상호보증의 존재를 긍정하였고, 다수의 하급심판례도 이에 따르고 있다.[301] 다만, 이를 부정한 하급심판결도 없지는 않다.

(3) 독　일

금전지급판결에 관한 판례는 아니나 서울고등법원 1985. 8. 20. 선고 84나3733 판결은, 독일인과 혼인하여 독일 국적을 취득한 한국인 모에 대하여 독일인 부가 제기한 자의 인도청구사건에서 상호보증의 존재를 긍정한 바 있다. 외국재판의 승인요건에 관한 독일 민사소송법과 우리 민사소송법의 유사성에 비추어 볼 때 이는 타당하다.

(4) 영　국

영국의 경우 외국재판의 승인 및 집행은 보통법(common law) 또는 제정법에 기하여 가능하다. 제정법 중 중요한 것으로는 1933년 외국재판(상호집행)법(Foreign Judgments (Reciprocal Enforcement) Act 1933)이 있다. 후자는 외국금전판결에만 적용된다.

보통법상 외국판결의 승인은 '외국재판에 기한 소(action upon the foreign judgment)'에 의하는데, 외국재판이 승인 및 집행되려면 첫째, 외국재판은 'final and conclusive'한 것이어야 하고, 둘째, 외국법원의 국제재판관할권이 있어야 하며, 셋째, 외국재판의 승인이 사기, 공서위반, 자연적 정의(natural justice) 위반 등에 해당하지 않아야 한다. 위 요건이 구비되면 영국 법원은 통상 약식재판을 하는데 실질재심사는 허용되지 않고 상호보증은 불필요하다. 근자에는 외국재판에 기한 소에 기하여 영국 법원이 선고한 재판이 유럽연합에서 브뤼셀체제에 따라 승인 및 집행의 대상이 될 수 있는지가 논의되고 있다.

한편 영국은 보통법상의 승인제도를 수정하기 위해 위 1933년 외국재판(상호집행)법을 제정하여 외국재판의 등록에 의한 간이한 승인·집행의 방식을 도입하였다. 이는 영연방국가뿐만 아니라 다른 외국에도 적용된다. 영국에서 등록된 외

---

301) 예컨대 미쓰비시 관련 징용사건의 하급심인 부산고등법원 2009. 2. 3. 선고 2007나4288 판결과 부산지방법원 2007. 2. 2. 선고 2000가합7960 판결 기타 서울중앙지방법원 2010. 9. 3. 선고 2010가합38309 판결 참조. 최성수, "외국판결 및 중재판정 승인요건으로서의 상호보증", 국제사법연구 제20권 제2호(2014. 12.), 498면도 참고.

국재판은 영국 재판과 동일한 효력을 가진다. 외국에서 승소한 채권자는 6년 이내에는 언제든지 영국의 High Court에 외국재판의 등록신청을 할 수 있다. 요건이 구비되면 영국 법원은 등록을 명해야 하고 재량을 가지지 않는다. 그러나 외국재판(상호집행)법이 적용되기 위해서는 당해 국가와 영국 간에 상호보증이 존재하는 것으로 인정하는 Council Order가 필요하다.

문제는 한영 간에 상호보증의 존재 여부인데, 한국은 위에서 언급한 1933년 외국재판(상호집행)법의 적용대상이 아니므로 우리로서는 보통법상의 요건과 비교하여 판단해야 한다. 영국은 전통적으로 승인에 호의적인 국가로 평가되고 있고, 보통법의 요건을 보면 민사소송법의 그것과 실질적으로 동등한 요건을 요구하고 있으므로 상호보증의 요건을 완화한 대법원판결과 이러한 태도를 명시한 민사소송법 제217조 제1항 제4호를 따른다면 상호보증의 존재가 인정될 가능성이 크다고 보나 단정할 수는 없다. 그런데 창원지방법원 통영지원 2010. 6. 24. 선고 2009가합477 판결은 영국과 사이에 상호보증의 존재를 긍정하였다. 서울중앙지방법원 2011. 6. 17. 선고 2009가합103580 판결도 같다. 그러나 위 하급심 판결들의 이유설시가 간략하여 그 판결들이 영국법의 요건을 면밀히 검토한 뒤 결론을 내린 것인지는 불분명하다. 그 후 창원지방법원 2014. 4. 24. 선고 2013가합32444 판결과 서울중앙지방법원 2019. 10. 23. 선고 2019가합503660 판결도 영국과 사이에 상호보증의 존재를 긍정하였다.

(5) 호 주

호주의 뉴사우스 웨일즈 법원이 손해배상의 지급을 명한 판결에 대하여 대법원 1987. 4. 28. 선고 85다카1767 판결은 한국과 호주 간의 상호보증의 존재를 부정한 원심판결을 지지하였다. 이에 대하여는, 뉴사우스 웨일즈주의 승인요건을 검토하지 않은 점과, 영국법계 국가의 경우 대륙법계 국가에 비하여 보다 완화된 요건하에 외국재판을 승인·집행한다는 비판이 있었다. 하지만 한국은 1999. 9. 17. 호주와 재판상 서류의 송달, 증거조사 및 법률정보의 교환과 관련한 사법공조를 포함하는 민사사법공조조약을 체결한 것을 계기로 양국 간에 판결의 승인요건으로서의 상호주의의 존재를 인정할 수 있도록 하고자, 호주는 1991년 외국재판법(Foreign Judgments Act 1991)의 하위규범인 규정(Regulations)을 개정하여 한국의 각급 법원을 상호주의가 존재하는 법원으로 명시하였고, 한국도 그런 개정의 결과

호주의 각급 법원의 판결에 대해 상호주의가 존재하는 것으로 인정할 수 있을 것이라는 의견을 담은 서한을 교환하였다. 따라서 한국과 호주 간에는 상호보증의 존재를 긍정할 수 있을 것으로 기대되었다. 실제로 서울중앙지법 2014. 5. 9. 선고 2013가합84136 판결(확정)은 호주와 한국 간의 상호보증의 존재를 긍정한 바 있다.[302]

(6) 중   국

중국과의 관계에서는 현재 상호보증이 존재한다고 할 수 있다. 다만 이런 결론에 이르기까지 과거 약간의 우여곡절이 있었기에 그 경과를 소개한다.

중국 민사소송법은 당사자의 신청 또는 외국법원의 촉탁에 의한 외국판결의 승인·집행을 허용하는 취지를 규정하고(제267조), 중화인민공화국이 체결 또는 가입한 조약에 의하여, 또는 호혜의 원칙에 따라 심사한 후 중화인민공화국 법률의 기본원칙, 또는 국가의 주권, 안정 또는 사회적, 공공적 이익에 위반하지 않는 경우에는 그의 효력을 승인하는 취지의 재판을 하고, 집행이 필요하다고 인정되는 경우에는 집행명령을 발하며, 중국 민사소송법의 규정에 의해 집행한다고 규정하고 있다(제268조). 또한 "민사소송법의 적용에 관련된 약간의 문제에 관한 최고인민법원의 의견" 제318조는 중국과의 사이에 조약도 없고 호혜관계도 없는 때에는 당사자가 인민법원에 소를 제기하고 그 판결을 집행한다고 규정하고 있다.[303] 중국에서 외국 이혼판결을 승인함에 있어서는 호혜관계는 요구되지 않는데, 그 근거는 1991. 8. 13. 시행된 "最高人民法院關于中國公民申請承認外國法院

---

302) 위 사건에서는 호주 뉴사우스웨일스주 최고 법원(Supreme Court of NSW)의 판결의 승인·집행이 문제 되었다. 이 판결은 위 규정을 '외국판결법규약(Foreign Judgment Regulation)'이라 부른다. 서울중앙지방법원 2014. 2. 21. 선고 2013가합33244 판결도 한국과 호주국 퀸즈랜드주 간에 상호보증의 존재를 긍정하였다.

303) 중국법상 외국판결의 승인 및 집행의 요건은 석광현, "한국 법원에서 제기된 중국법의 쟁점 ― 계약법, 불법행위법, 혼인법과 외국판결의 승인·집행을 중심으로", 서울대학교 법학 제51권 제3호(통권 제156호)(2010. 9.), 214면 이하 ; 석광현, 제5권, 771면 이하; 석광현, 제6권, 833면 이하; 정태혁, "외국법원의 재판과 외국중재판정의 承認·執行에 대한 중국법원의 판례연구", 서울대학교 법학전문대학원 법학전문석사학위논문(2014. 2.); ZHANG QIQI, "외국가사재판의 승인 및 집행 ― 한국법과 중국법의 비교검토를 중심으로 ―", 서울대학교 대학원 법학석사학위논문(2020. 2.) 참조. 저자는 한중일 간의 외국판결의 승인 및 집행에 관하여 중국 학술지에 논문을 발표한 바 있다. Kwang Hyun SUK, Recognition and Enforcement of Foreign Judgments among China, Japan and South Korea: Korean Law Perspective, Frontiers of Law in China, Vol. 13 No. 2, (2018), pp. 171 ― 201 참조. 이는 인민대의 세미나에서 발표한 글을 수록한 것이다.

離婚判決程序問題的規定"이다.304)

서울지방법원 1999. 11. 5. 선고 99가합26523 판결도, 중국에서 패소한 한국의 수출보험공사가 한국에서 중국공상은행을 상대로 신용장대금 등의 지급을 구하는 소를 제기한 사건에서 한중 간에 상호보증이 있음을 인정하였다.305)

외국판결의 승인 및 집행에 관한 중국의 민사소송법 등 관련규범을 볼 때, 만일 중국 법원의 실무가 법규에 따라 이루어진다면 한국과 중국 간에 상호보증의 존재를 긍정할 수 있을 것이다. 다만 중국 법원이 일본과의 사이에서 상호보증의 존재를 부인한 것을 보면 실무상 상호보증의 존재를 긍정하기는 어렵다고 볼 여지가 없는 것은 아니지만, 이는 중국 법원이 일본과의 사이에 상호주의의 존재를 부정한 탓에 일본이 그에 대한 대응으로서 상호주의의 존재를 부정한 것으로 보이므로306) 우리와는 상황이 다르다. 더욱이 우리 법원이 한국과 중국 간의 상호주의의 존재를 인정하는 판결을 먼저 선고하였으므로, 이러한 판결의 존재를 중국측에 적절히 알린다면 장차 중국 법원도 이에 상응하는 판결을 할 가능성이 있을 것으로 기대되었다. 저자는 위 서울지방법원 판결이 先供後得의 의미를 살릴 수 있기를 기대하였다. 그러나 유감스럽게도 광동성 심천시 중급인민법원 2011. 9. 30. 심중법민일초자체45호 판결은 원고인 한국 회사(Spring Comm. 한국어 상호는 '주식회사 스프링컴')가 중국에 부동산을 소유하고 있는 한국인 피고를 상대로, 서울서부지방법원 2010. 12. 14. 선고 2009가합6806 판결(이는 피고는 원고에게 손해배상으로서 일정 금원을 지급하라는 취지의 판결이다)에 기한 승인 및 강제집행을 구한 데 대하여 한중 간에 관련 조약이 없으므로 호혜관계가 없다는 이유로 청구를 기각하였다.307)

---

304) 위 사법해석 제1조는 "중국과 사법공조조약을 체결하지 않은 외국의 법원이 내린 이혼판결에 대해 중국의 당사자는 당해 규정에 따라 외국판결의 승인에 대해 인민법원에 신청할 수 있다"라고 규정하고 '호혜원칙'을 언급하지 않는다.

305) 위 판결의 소개는 석광현, 제5권, 774면 이하 참조. 인천지방법원 2009. 11. 27. 선고 2009가단26373 판결도 상호보증을 인정하였으나 결론만을 적고, 민사소송법 제217조의 요건을 갖추었다고 설시하면서도 구 민사소송법 제203조의 문언을 사용한 점에서 설득력이 떨어진다.

306) 중국 최고인민법원의 1994. 6. 26. 의견과 오사카 고등재판소 2003. 4. 9. 판결(일본 국제법 잡지 제48호(2005), 171면 참조(2011. 12. 3.−4. 一橋大學校에서 개최된 동아시아 국제사법 세미나의 Ai Murakami 교수 발표자료 23면 註 4에서 재인용).

307) 이 사실을 알려주고 판결문을 보내주신 정연호 변호사께 감사드린다. 다만 2016. 6. 14. 대법원과 중국 최고인민법원은 "사법 교류 및 협력에 관한 양해각서"를 체결하였는데, 제2조

그런데 뜻밖에도 수원지방법원 안산지원 2015. 12. 24. 선고 2015가합936 판결(미항소 확정)은 한중 간에 상호보증의 존재를 긍정하고 중국 판결의 승인 및 집행을 허가하였다. 이 사건에서 당사자들(특히 피고)의 소송대리인과 법원은 상호보증의 존재를 부정한 중국 법원 판결을 전혀 언급하지 않았는데 이는 아마도 그의 존재를 알지 못했기 때문이었을 것이다. 이 점은 무척 아쉬운데, 어쨌든 1999년에 이어 2015년 한중 간의 상호보증의 존재를 긍정한 한국의 하급심판결이 선고되었으므로 이제는 중국 법원이 한중 간의 상호보증의 존재를 긍정해야 할 것이다.[308]

그 후 중국 법원이 조약이 없는 미국 법원의 재판을 승인한 사례가 있어 변화의 조짐이 보였다. 즉 우한중급인민법원은 2017. 6. 30. 판결에서 미국과 중국 간에 조약은 없으나 미중 간 상호주의의 존재를 기초로 계약사건에 관한 미국 재판의 승인 및 집행을 최초로 허용한 바 있다. 이처럼 중국 내 분위기의 변화 기류가 형성되는 가운데 2019. 3. 25. 산동성 청도시 중급인민법원((2018)沪02协外认6号)은 수원지방법원 2017. 7. 20. 선고 2017가단15740 판결의 승인 및 집행을 허용한 바 있다. 수원지방법원의 판결은 공시송달에 의하여 이루어진 결석판결이었던 것으로 보이므로 저자는 전형적 사건은 아니지만 위 재판이 한국과 중국이, 중국과 일본 간에 존재하는 '상호주의 부정의 악순환'에 빠지는 것을 막아준 사례로 자리매김하기를 희망하였는데, 그 후 상해시 제1중급인민법원((2019)沪01协外认17号 사건)은 한국 회사가 중국 회사를 상대로 제소하여 받은 승소판결(즉 서울남부지방법원 2019. 2. 15. 선고 2011가합6992 판결)의 승인 및 집행을 허용하였다. 중국 회사가 다투지 않은 것으로 보이나 주목할 것은 한국 판결이 일정한 금원의 지급

는 양국 대법원은 민사 또는 상사 사건에 관한 상대국 법원 판결의 승인 및 집행이 각국의 법률에 따라 원만하게 이루어질 수 있도록 협력한다고 규정한다고 한다. 이는 "각국의 법률에 따라"라는 제한을 달고 있고 양해각서라는 점에서 그 효력이 제한적이지만 그 정신은 높이 평가할 수 있다.

308) 이 사건의 원고와 피고는 모두 한국인이었는데 원고는 피고 등을 상대로 피고가 중국 청도에서 문제 된 골프장을 운영하면서 원고의 투자금을 횡령함으로써 발생한 손해배상을 구하는 사건이었다. 중화인민공화국 산동성 청도시 중급인민법원(山東省 靑島市 中級人民法院)은 2013. 11. 19. 원고 전부 승소 판결을 선고하였고, 원고는 한국에서 집행판결청구의 소를 제기하였다. (2012)靑民四終字 第232号 사건이다. 위 판결은 제1심 판결에 대한 상소, 파기와 재상소를 거쳐 선고된 것이다. 중국 법원에서 공동피고에 대한 청구는 기각되었으나 이 사건 집행판결 청구의 소의 피고에 대한 청구는 전부 인용되었다. 중국에서 제1심 소 제기 시(2007. 6. 4.)로부터 한국 법원의 집행판결 선고 시(2015. 12. 24.)까지 8년 여의 세월이 흘렀다.

외에 피고의 웹사이트, 영업용상표, 광고, 인쇄물, 간판에서 원고의 "미술식 사유과정" 영업표지 등의 삭제를 명하였다는 점이다. 한국 측에서도 대구고등법원 2019. 7. 12. 선고 2018나23101 판결이 한중 간의 상호보증의 존재를 재확인한 바 있다. 따라서 이제는 한중 간에 상호보증의 존재는 확립된 것으로 보인다.

주목할 것은 2017년, 2021년과 2023년 중국 민사소송법이 개정되었다는 점이다. 특히 2023년 개정된 중국 민사소송법은 제4편 섭외민사소송절차의 특별규정 중 제27장(사법공조) 제299조에서 표현만 일부 수정한 위 조문의 내용을 계승하면서 외국재판의 승인과 집행의 요건을 더 구체화한 제300조와 동조 제1항의 판단기준을 명시한 제301조를 신설하였는데, 그에 따른 외국재판의 승인 및 집행의 요건은 아래와 같다.[309] ① 외국법원이 국제재판관할을 가질 것, ② 피고가 합법적인 소환을 받지 못하였거나 합법적인 소환을 거쳤지만 합리적인 진술, 변론의 기회를 얻지 못하였거나, 소송행위능력이 없는 당사자가 적당한 대리를 받지 못한 상황이 없을 것, ③ 판결·재정이 사기에 의하여 취득된 것이 아닐 것, ④ 중국 법원이 동일한 분쟁에 대하여 이미 판결·재정을 선고하였거나, 제3국의 법원이 동일한 분쟁에 대하여 선고한 판결·재정을 이미 승인한 상황이 없을 것, ⑤ 중국법의 기본원칙을 위반하거나 국가 주권, 안전 또는 사회공공이익에 반하지 않을 것, ⑥ 외국재판이 법적 효력이 발생한 재판일 것과 ⑦ 국가 간 호혜관계가 있을 것.

또한 위 간접관할요건이 구비되기 위하여는 ① 외국법원이 그 국가의 법에 따라 국제재판관할을 가질 것, ② 외국법원이 분쟁과 적당한 관련이 있을 것, ③ 중국 민사소송법의 전속적 국제재판관할에 관한 규정을 위반하지 않을 것과 ④ 당사자 간의 전속적 국제재판관할합의를 위반하지 않을 것이라는 요건이 충족되어야 한다. 이처럼 간접관할요건과 그 판단기준을 입법적으로 도입한 것은 획기적인 변화인데, 이는 독일식의 경상(鏡像)의 원칙과 달리 재판국법에 따라 국제재판관할을 판단하는 접근방법을 취하였다는 평가를 받는다.[310]

위와 같은 중국 민사소송법의 개정에도 불구하고 한중 간 상호보증의 존재는

---

309) 상세는 이연, 중국 최신 동향, 380면 이하 참조. 조문은 이연(역), 중화인민공화국 민사소송법(2023), 제4편 섭외민사소송절차의 특별규정, 국제사법연구 제29권 제2호(2023. 12.), 504면 이하 참조. 중국이 2023년 민사소송법을 개정하여 국제민사소송절차에 관한 규정들을 정비한 것은 그 내용의 당부를 떠나 매우 인상적이다.

310) 이연, 중국 최신 동향, 381면.

여전히 인정될 수 있을 것이다.[311]

(7) 프 랑 스[312]

프랑스에서의 외국판결의 승인 및 집행의 요건은 신민사소송법이 명확히 규율하지 않고 판례에 의해 발전되어 왔다. 파기원(*Cour de Cassation*)의 1964. 1. 7.의 Munzer 판결 전까지는 '실질재심사(*révision au fond*) 원칙'을 취하였으나 위 판결에서 동 원칙을 버리고 외국법원의 판결의 정규성을 평가하는 데 그치고 있다. 즉, 동 판결은 다섯 가지 요건이 구비되면 외국재판에 대한 집행판결(*exequatur*)을 받을 수 있다고 하였다. 그러나 그 후 1967. 10. 4. Bachir 판결에서 '절차의 정규성 내지 적법성(*régularité*)'의 확인을 별개의 독립한 승인요건으로 보지 않고 절차적 공서의 일부로 보게 된 결과, ① 외국의 법원이 국제재판관할을 가질 것, ② 적용된 법이 프랑스의 국제사법에 따라 준거법으로 정해진 법일 것, ③ 국제사법상의 공서에 반하지 않을 것과 ④ 법의 회피(*fraude à la loi*)가 없을 것이라는 네 가지 요건이 구비되면 족한 것으로 본다. 상호보증은 요구되지 않는다. 그러나 프랑스의 학설은 위 ②의 준거법요건을 완화하여 비록 상이한 준거법이 적용되었더라도 결론의 등가성(*équivalence*)이 있으면, 즉 결론에 차이가 없으면 승인요건을 구비한 것으로 봄으로써 엄격성을 완화한다.[313]

문제는 한국과 프랑스 간에 상호보증이 존재하는가인데, 결국 위 ②의 요건과 관련하여 우리가 상호보증의 엄격성을 완화할 것인지의 여부가 관건이 될 것이다. 현재의 대법원판결과 현행 민사소송법의 규정에 따르면 상호보증의 존재를 긍정할 가능성이 클 것이나, 위 ②의 요건을 고려하면 부정설도 가능할 것이다. 문제는 프랑스가 위 ②의 요건을 얼마나 완화하여 운용하는가에 달려 있다. 피고인 한국 회사 등에 대하여 프랑스 회사들인 원고들에게 손해배상의 지급을 명한 프랑스 파리상사법원 판결의 집행을 구한 사건에서 우리 법원이 송달요건의 미비를 이유로 상호보증과 다른 승인요건을 살피지 않고 승인 및 집행을 거부한 하급

---

311) 이연, 중국 최신 동향, 392면도 동지.

312) 상세는 남효순, "프랑스민법상의 국적전속재판관할규정 : 프랑스판결의 국내법상의 집행에 있어서 상호보증요건의 검토", 서울대학교 법학 제41권 제4호(제117호)(2001), 249면 이하 참조.

313) 김효정·장지용 외, 135면은 프랑스 파기원의 1958. 2. 4. Lundfall 사건에서 등가성을 채택하였다고 소개한다.

심 판결이 있다.314)

그 밖에도 대만과의 상호보증의 존재를 인정한 대법원 1968. 12. 3. 선고 68 다1929 판결이 있고, 대법원 2009. 6. 25. 선고 2009다22952 판결은 우리나라와 캐나다 온타리오주 사이에 상호보증이 있다고 판단하였다. 하급심판결은 아르헨 티나,315) 홍콩,316) 슬로바키아317)와 한국 사이에 상호보증이 존재한다고 판단한 바 있다. 그러나 서울고등법원 2014. 7. 25. 선고 2012나77541, 11558 판결(확정) 은 한국과 덴마크 간에는 상호보증이 없다고 판시하였고,318) 나아가 서울북부지 방법원 2017. 9. 12. 선고 2017가단115047 판결은 한국과 말레이시아 간에 상호 보증이 없다고 판시하였다.

마. 상호보증요건의 심리

상호보증의 요건은 직권조사사항이다.

상호보증의 존부를 판단하는 기준시기에 관하여는 법원이 승인하거나 집행 판결을 부여하는 시점에 판단하면 된다는 견해가 유력하다. 독일에서는 외국재판 선고 시, 집행국에서 외국재판의 승인 또는 집행에 관하여 판단하는 때 또는 양자 중 선택적으로 어느 한 시점에 존재하면 족하다는 견해 등이 있다.

7. 준거법요건(저촉법적 통제)

우리 민사소송법은 요구하지 않으므로 저촉법적(준거법) 통제를 하지 않는 것

---

314) 부산지방법원 서부지원 2019. 10. 15. 선고 2018가단109699 판결.
315) 서울중앙지법 2009. 4. 23. 선고 2008가단363951 판결.
316) 서울중앙지법 2009. 3. 27. 선고 2008가합64831 판결.
317) 의정부지방법원 고양지원 2020. 2. 14. 선고 2017가합72082 판결은, 외국재판의 승인 요건 을 규정한 슬로바키아 국제사법(법률 제97/1963호) 제64조를 검토한 뒤 이는 국제재판관 할권, 기판력과 집행력 있는 확정판결, 적법한 송달 등을 요하는 민사소송법 제217조 제1 항의 승인요건보다 전체로서 과중하지 않을 뿐 아니라 중요한 점에서 실질적으로 거의 차 이가 없으므로, 상호보증의 요건을 갖추었다고 봄이 상당하다고 판시하였다. 이는 국제적 소송경합의 처리 과정에서 나온 판단이다.
318) 위 판결은 그 근거를 아래와 같이 설시하였다. "덴마크국의 법원조직법은 외국법원 판결의 승인 및 집행에 관한 조약이 체결되지 않은 외국법원의 재판은 법무부장관의 명령으로 승 인하도록 규정하는데(§223a), 실제로 법무부장관이 이와 같은 명령을 발령한 적이 없어 조 약이 체결되지 않은 외국법원의 재판에 대하여 승인·집행을 하지 않는 것으로 이해되고, 외국법원이 한 파산재판에 관하여도 덴마크국 파산법은 동일한 규정을 두어 외국법원의 파 산재판은 법무부장관의 명령으로 승인하도록 규정한다".

이 자명한 것 같지만 그렇지는 않다. 유럽공동체의 1968년 브뤼셀협약만 하더라
도 일정한 신분 및 가사사건에서는 외국판결의 승인 시 저촉법적(준거법) 통제를
하였고,319) 독일에서도 1986년 개정 전의 구 민사소송법 제328조 제1항 제3호는
이와 유사한 취지의 규정을 두었다. 프랑스는 그 후에도 외국재판 승인요건으로
서 외국법원이 승인국의 국제사법이 지정하는 준거법을 적용하였을 것 또는 그러
한 준거법을 적용한 것과 동일하거나 유사한 결론에 이르렀을 것을 요구하는 국
가도 있다.

어쨌든 이를 요구하지 않는 우리 민사소송법의 해석론으로서는 가사사건에
서도 준거법요건은 인정하기 어렵다.320) 이처럼 준거법요건을 요구하지 않는다면,
만일 우리나라에서 재판하였더라면 유책배우자의 이혼청구이기 때문에 이혼청구
가 기각되었을 텐데, 파탄주의를 취하는 국가에서 재판하였기 때문에 이혼판결이
내려졌더라도 다른 승인요건이 구비되는 한(특히 그의 승인이 우리의 공서에 반하지
않는다면) 외국판결을 승인하여 우리나라에서 이혼의 효력을 인정해야 한다. 이는
외국재판 승인의 경로를 따를 경우 준거법 지정의 경로와 달리 저촉법적 통제를
하지 않는다는 의미인데, 그렇다면 외국판결 승인제도의 본질과 근거 그리고 그
한계는 무엇인가를 다시 생각하게 한다. 이처럼 외국재판의 승인에서 저촉법적(준
거법) 통제를 포기하면 국제민사소송법에 의해 협의의 국제사법이 배제된다. 제1
장에서 언급한 바와 같이 이를 '국제사법에 대한 국제민사소송법의 우위(Vorrang
IZPRs vor IPR)'라고 부르는데, 그 결과 국제민사소송법의 독자성이 강화되고 협의
의 국제사법의 중요성이 약화된다.321)

---

319) 즉 브뤼셀협약 제27조 제4호는 승인거부사유의 하나로 "재판국의 법원이, 자연인의 신분,
권리능력, 행위능력 또는 자연인의 법정대리, 부부재산제 또는 유언권을 포함한 상속법의
영역에 관한 선결문제에 관하여 재판함에 있어 승인을 구하는 국가의 국제사법규칙을 위반
한 경우. 다만, 당해 국가의 국제사법규칙이 적용되었더라도 상이한 결론에 도달하지 아니
하였을 경우에는 그러하지 않다"라고 규정하였다.

320) 김수형, 422면도 동지.

321) 섭외적 법률관계의 형성에 관한 국가 간 법제의 차이는 주로 ① 협의의 국제사법에 의한
준거법의 지정과 ② 국가의 개별 고권행위의 절차적 승인이라는 방법에 의하여 조정된다.
즉 종래 광의의 국제사법 체제는 지정규범으로서의 국제사법(협의의 국제사법)과 개별 고
권적 행위의 승인(외국재판의 승인)이라는 두 개의 경로를 가지고 있다. 첫째 경로를 보면,
외국법에 따라 외국에서 형성된 법률관계를 인정하기 위하여는 당해 법률관계가 우리 국제
사법이 지정하는 준거법에 따른 것이어야 하는데 이것이 저촉법적(준거법) 통제이다. 반면
에 둘째 경로에서는 저촉법적(준거법) 통제를 하지 않는다는 것이다. 근자에 유럽연합에서

참고로, 구 민사소송법하에서 네바다주 법원의 이혼판결의 승인에 관하여 서울고등법원 1971. 5. 12. 선고 70나1561 판결은 상호보증의 존재를 부인하고, 나아가 섭외사법에 따라 지정되는 준거법인 민법을 적용하지 않았고 그보다 훨씬 불리한 판결이라는 이유로 위 이혼판결의 승인을 거부한 바 있는데, 이를 지지하는 학설도 있다.

2014년 개정 시 신설된 제217조 제2항은 승인요건의 충족 여부가 법원의 직권조사사항임을 명시한다.

IV. 승인의 절차

1. 자동적 승인

승인요건을 구비한 외국재판은 우리나라에서 사법(司法)적 확인절차 없이 자동적으로 승인된다. 이를 '자동적 승인(automatische Anerkennung)' 또는 '법률에 의한 승인'이라고 한다.[322] 따라서 외국재판은 당해 외국에서 효력을 발생한 시점에서 한국 내에서도 효력을 발생한다.[323] 일부 견해는 한국의 구체적인 절차, 예컨대 법원 또는 행정관청에 의한 심사에 의하여 요건의 구비가 확인될 때 비로소 승인이 있다고 하나 이는 부적절하다. 우리 법원 또는 행정관청에 의한 승인요건의 구비 여부의 확인은 단지 선언적 의미를 가질 뿐이다. 이는 외국중재판정의 승인의 경우에도 같다.[324] 중재판정에 관한 대법원 2009. 5. 28. 선고 2006다20290

는 위 두 개를 넘어 제3의 방법으로 '국제사법에 갈음하는(또는 보완하는) 승인'이 허용되기도 하는데 이 점도 제1장에서 언급하였다. 법상태의 승인에 관하여는 석광현, 정년기념, 663면 이하 참조.

322) 최공웅, 효력, 336면; Schack, Rn. 1033; Nagel/Gottwald, Rz. 12.123. 과거 독일에서는 별도 절차 없는 승인을 '자동승인'이라고 하였으나 근자에는 'Inzidentanerkennung(부수적 승인)' 또는 'ipso-jure Anerkennung(법률상 당연한 승인)'이 적절하다는 견해도 있다. 예컨대 Junker, §22 Rn. 9.

323) 독일 민사소송법에서도 이 점은 마찬가지이나, 그에 대한 예외로서 이혼재판에 관하여는 FamFG(제107조)가 규정하는 바에 따라 주법무행정청 내지 고등법원(OLG)의 장이 특별행정절차에 따라 승인요건의 구비 여부를 확정하여야 비로소 승인된다.

324) 중재법 제37조 제1항은 "중재판정의 승인 또는 집행은 법원의 승인 또는 집행판결에 의한다"라고 규정하여 마치 중재판정의 승인은 법원의 승인판결 또는 법원의 승인에 의한다는 취지로 보였다. 이런 오해를 불식하기 위하여 위 문언을 2016년 개정한 결과 "중재판정은

판결은 이런 취지로 판시하였다.[325)

아래 제11장에서 보는 바와 같이, 국제도산에 관한 모델법(1997년 모델법 또는 CBI 모델법)에 따른 외국도산절차(또는 외국도산절차 개시재판)의 승인은 우리 법원의 승인결정이 있어야 비로소 우리나라에서 효력을 가지는데, 이것이 자동승인제와 대비되는 결정승인제이다.

2. 확인의 소

외국재판이 승인요건을 구비하는가의 여부에 관하여 당사자는 한국 법원에 확인판결을 구할 수 있다. 다만 민사소송법상 확인의 이익이 있어야 하는데, 외국재판의 당사자는 원칙적으로 승인요건의 확인을 구할 법률상의 이익이 있다고 할 수 있지만, 외국재판에서 승소한 원고가 한국 법원에서 이미 집행판결을 받았거나 집행판결을 구하는 소가 이미 계속한 때에는 확인의 이익이 없다.

V. 승인의 효력(또는 효과)

승인요건을 구비한 외국재판은 당해 외국에서 가지는 기판력, 형성력과 참가적 효력 등을 국내에서도 가진다. 다만 외국재판의 집행력은 외국에서는 이미 발생하였더라도 한국 내에서는 우리 법원으로부터 집행판결을 받아야 비로소 발생한다.

1. 기판력(*res judicata* effect)

가. 승인의 본질과 기판력의 범위

민사소송법 제217조 제1항은 "외국법원의 확정판결 또는 이와 동일한 효력이 인정되는 재판(이하 "확정재판등"이라 한다)은 다음 각호의 요건을 모두 갖추어야 승인된다"라고 규정하나, 승인됨으로써 한국에서 가지게 되는 효력이 외국재판이 당해 외국에서 가지는 효력인지, 아니면 우리 법상 인정되는 효력인지는 명

제38조 또는 제39조에 따른 승인 거부사유가 없으면 승인된다. 다만, 당사자의 신청이 있는 경우에는 법원은 중재판정을 승인하는 결정을 할 수 있다"라고 규정한다. 그럼에도 불구하고 중재판정의 승인은 '법원의 승인결정' 또는 '법원의 승인'을 필요로 한다는 오해가 불식되고 있지 않음은 유감이다.

325) 평석은 석광현, "사기에 의하여 획득한 외국중재판정의 승인과 공서위반 여부", 서울지방변호사회 판례연구 제24집(2)(2011), 118면 이하 참조.

시하지 않는다.[326)]

　　과거 다수설은 외국재판의 승인의 본질을 효력의 확장이라고 보는 독일의 통설인 '효력확장설(Wirkungserstreckungstheorie)'에 따라, 승인요건을 구비한 외국재판은 재판국에서 부여되는 것과 동일한 효력을 한국에서 가진다는 재판국법기준설을 취한다.[327)] 따라서 그 효력의 종류, 기판력의 객관적 범위, 주관적 범위와 시적 범위도 원칙적으로 모두 재판국법에 의한다고 본다. 그러나 독일의 '동등설(Gleichstellungstheorie)'처럼 한국에서 승인된 외국재판은 한국의 재판과 동일한 효력을 가진다는 견해도 가능하다. 또한 독일과 일본에는 절충설로서, 원칙적으로 재판국법에 의하나 승인국법상 당해 외국재판에 상응하는 재판의 효력을 한도로 재판국법의 효력을 인정하는 '누적설(Kumulationstheorie)'이 유력하게 주장되고 있다.[328)] 즉, 외국재판에 상응하는 내국재판의 한계 내에서의 효력의 확장이라는 것이고, 한국법이 일종의 여과기(Filter)의 기능을 한다는 것이다. 근자에는 한국에서도 이를 지지하는 견해가 늘고 있는데,[329)] 우리 판례의 태도는 분명하지 않다. 중국 법원의 판결을 승인하면서 그의 기판력 시적 범위에 대하여 확정판결의 효력은 그 표준시인 사실심 변론종결시를 기준으로 하여 발생하는 것이므로, 그 이후에 새로운 사유가 발생한 경우까지 전소의 확정판결의 기판력이 미치는 것은 아니라고 판시한 서울고등법원 2017. 11. 17. 선고 2017나2009518 판결과 파기환송심 판결인 서울고등법원 2018. 12. 13. 선고 2018나2021485 판결을 보면 기판력을 한국법에 따라 판단한 것(동등설을 따른 것)으로 보이기도 하나 충분한 문제의식은 없었던 것 같다.

　　우리 민사소송법에 의하면 기판력의 객관적 범위는 재판의 주문에 포함된 사항에 한정되나(제216조 제1항), 미국 법원의 재판은 우리의 기판력에 상응하는 '*res*

---

326) 구 민사소송법 제217조는 "외국법원의 확정판결은 다음 각호의 요건을 모두 갖추어야 효력이 인정된다"라고 규정하였으나 2014년 개정 시 문언이 다소 수정되었다.

327) 김주상, 512－513면; 최공웅, 효력, 337면; 이공현, 619－620면.

328) 예컨대 Schack, Rn. 944. 이를 '결합설'이라고도 부른다. 민일영/김윤종, 861면.

329) 김용진, 제조물책임, 94면; 김효정·장지용 외, 143면; 온주/김영석, 승인·집행 [13]; 문정일, "외국재판의 승인과 집행에 관한 약간의 고찰", 고요한 정의의 울림: 신영철 대법관 퇴임기념 논문집(2015), 537면 참조. 호문혁, 평론, 64면은 이를 따르면서 이것이 독일의 통설이라고 소개하나, 독일과 유럽연합(브뤼셀체제상)의 전통적 통설은 효력확장설이다. 간단한 소개는 Junker, §22 Rn. 14ff. 참조. 학설의 검토는 이헌묵, "승인된 외국재판의 기판력의 범위를 정하는 준거법", 민사소송 제 22권 제1호(2018. 5.), 47면 이하 참조. 민일영/김윤종, 861면은 학설을 소개한다.

judicata effect' 또는 'claim preclusion(청구실권효 또는 청구차단효)'이 있을 뿐만 아니라 'issue preclusion(쟁점실권효 또는 쟁점차단효)'[330] 또는 'collateral estoppel (부수적 금반언)'이라고 하여 실제로 변론과 판단의 대상이 된 판결이유 중의 법률상 및 사실상의 판단에까지 효력이 미친다.[331]

영국에서는 더 나아가 재판절차에서 현출되지 아니하여 심판의 대상이 되지 않았던 사항이더라도 당사자가 모든 주의를 기울였을 때 전소에서 주장할 수 있었고 주장해야 했던 사항임에도 불구하고 주장하지 않았다면 그에 대하여 후소에서 주장할 수 없는데, 영국에서는 이를 'Henderson v Henderson 원칙'이라고 한다.[332] 만일 효력확장설을 따른다면 미국 또는 영국 재판은 우리 민사소송법상 인정되는 기판력보다 광범위한 효력을 한국에서 가지게 되어 외국재판에 수반되는 위험성, 예컨대 당사자의 심문청구권 내지는 방어기회가 침해될 가능성이 커지게 된다.

이러한 법제의 차이를 고려하면 누적설도 상당히 매력적이나, 외국재판에 의

---

330) preclusive effect를 말하는 차단효는 '배제효'라고 번역할 수도 있다.

331) 김주상, 513면. Claim preclusion은 기판력에 상응하는데 원고 승소 시의 효력을 'merger', 원고 패소 시의 효력을 'bar'라고 한다. Issue preclusion은 쟁점효에 상응한다. Restatement Second of Judgments, §17 comment a, b, c, §§18, 19; Haimo Schack, Einführung in das US−amerikanische Zivilprozeßrecht, 2. Auflage (1995), S. 71f. 참조. 영국도 마찬가지이다. 영국에서는 판시 내용 중 기판력이 발생하는 쟁점부분을 *'ratio decidendi'*(이를 '주론'이라고 번역하기도 한다), 부수적 방론을 *'obiter dictum'*이라고 한다. 미국법의 소개는 정영환, "미국 민사소송법상의 판결의 효력(1)−좁은 의미의 Res Judicata를 중심으로−", 안암법학 제33권(2010), 281면 이하 참조. 영국법상 기판력의 범위는 이헌묵, "영국법상 기판력에 관한 연구", 민사소송 제20권 제2호(2016. 11.), 299면 이하 참조. 독일, 프랑스, 영국, 미국과 일본법상 기판력의 범위는 Rolf Stürner, Preclusive Effects of Foreign Judgments — The European Tradition, Rolf Stürner/Masanori Kawano (eds.), Current Topics of International Litigation (2009), p. 239 이하 참조.

332) 동 규칙의 소개는 이헌묵(註 331), 314면 이하; 영국 대법원의 2013. 7. 3. Virgin Atlantic Airways Limited v Zodiac Seats UK Limited (formerly known as Contour Aerospace Limited) 사건 판결 [2013] UKSC 46, para. 18 이하 참조. 참고로 유럽연합사법재판소는 2023. 6. 8. BNP Paribas SA v. TR 사건 판결(C−567/21)에서 브뤼셀체제하에서 영국법의 집중원칙(당해 사건에서 근로계약과 관련된 모든 청구를 제기하여야 한다는 영국법상 청구 집중원칙(centralisation of claims)을 말한다)에 따른 영국 판결의 차단적 효력은 다른 회원국에서 승인될 수 없다는 취지로 판단하였다. 위 판결에 대한 비판적 평석에서 Hau는 Henderson 원칙을 집중원칙의 일부라고 소개하면서 효력확장설에서는 이를 승인하나 다만 절차적 공서위반으로 차단할 수 있을 것이라고 본다. Wolfgang Hau, Having two bites at the same cherry?−Zur Anerkennungsfähigkeit bündelungslastbasierter Präklusionswirkung, IPRax (2024), S. 41ff. 참조. 위 영국 대법원 판결은 영국법상 기판력은 6개 원칙의 결합이라고 하는데 집중원칙은 그에 포함된다.

한 분쟁해결의 종국성을 확보하기 위해 외국재판의 효력을 한국에서도 인정한다는 승인의 취지와 본질에는 효력확장설이 더욱 부합하지 않을까 생각된다. 다만, 효력확장설을 따르더라도 승인국법이 알지 못하는 유형의 효력에까지 효력의 확장을 인정할 수는 없다. 즉, 독일에서는 미국 재판의 issue preclusion의 확장과 관련하여, 예컨대 독일법상 중간확인의 소에 의해 선결적인 법률문제에 대해 기판력을 얻을 수 있으므로 그 점에 대해 issue preclusion의 확장을 인정할 수 있지만 그렇더라도 외국재판의 기초가 된 사실관계의 판단에까지 확장하는 것은 허용되지 않는다는 '수정된 효력확장설'이 유력하고 저자는 이 견해가 설득력이 있다고 보나 학설은 나뉘고 있다. 누적설에 따르면 물론이고 수정된 효력확장설에서는 영국법의 Henderson v Henderson 원칙은 승인하지 않을 것이다.333) 종래 우리나라에서는 효력확장설이 통설이지만, 독일의 효력확장설이 외국재판의 효력을 무제한적으로 확장하는 것이 아니라 일정한 제한을 가하고 있음은 별로 소개되거나 논의되고 있지 않다. 앞으로는 이에 대한 보다 깊이 있는 검토를 한 뒤에 수정된 효력확장설, 동등설과 누적설의 우열을 판단해야 할 것이다. 이 점에 관한 관할합의협약과 재판협약의 태도는 아래에서 언급한다.

한편, 민사소송법상 기판력의 주관적 범위는 원칙적으로 당사자와 변론종결 후의 승계인 또는 그를 위하여 청구의 목적물을 소지한 자에 미친다(제218조). 이는 대물소송에서 재판의 대세적 효력을 인정하고, 대인소송에서 당사자는 물론 당사자 일방과 'in privy' 관계에 있는 자에게까지 외국재판의 효력이 미치도록 하는 영미의 그것보다 좁다.334) 이 경우에도 원칙적으로 효력확장설이 타당하다고 본다.335)

---

333) 아니면 이를 절차적 공서에 반하는 것으로 볼 수도 있다. 이헌묵, "승인된 외국재판의 기판력의 범위를 정하는 준거법", 민사소송 제22권 제1호(2018. 5.), 61면은 위 원칙은 우리의 절차적 공서나 당사자의 방어권 보장에 정면으로 충돌하므로 이 원칙이 적용된 법률관계는 우리 법원에서 승인될 수 없다고 한다. 외국판결의 기판력의 범위에 관하여 ALI/UNIDROIT 국제민사소송원칙은 독일식 모델을 권고하였다는 점을 주목할 만하다. Murray/Stürner, p. 366 참조.

334) 김주상, 513면.

335) 미국의 쟁점차단효는 소송에 참가하지 않은 제3자에게도 미치는데 제3자는 우선 당사자와 'privy(관계자)'인지에 따라 구분한다. 예컨대 Ulrike Böhm, Amerikanisches Zivilprozess-recht (2005), Rn. 777ff. 참조. Nagel/Gottwald, Rn. 12.141은 승인의 맥락에서도 기판력의 제3자에 대한 효력을 그에 상응하여 구분한다. 제3자에게 불리한 경우에는 제3자가 당사자의 승계인이거나 구속되는 데 동의한 때에만 효력이 미치나 이를 넘는 범위에서는 법적 심문의 보장(독일 기본법 제103조 제1항)에 반하는 것으로서 허용되지 않으니, 제3자에게 유

다만 클래스 액션의 경우 공서위반 가능성이 있다.[336)]

우리 민사소송법에 따르면 기판력이 미치는 시적 범위는 사실심의 변론종결 시이므로 당사자는 그때까지 존재하였던 모든 공격방어방법, 즉 사실자료와 증거 자료의 제출이 차단되며, 부제출에 대해 귀책사유의 유무를 묻지 아니한다. 국가 에 따라 그런 효력이 미치는 범위가 다른데, 당사자가 실제로 제출한 자료에 한정 하거나, 제출하지 않은 경우는 당사자의 책임이 있는 경우로 한정하기도 한다. 승 인의 본질을 기판력의 확장이라고 본다면 기판력의 시적 범위도 원칙적으로 외국 재판이 재판국법에 의하여 가지는 범위에 따른다.

외국재판의 승인에 따라 한국에서 인정되는 기판력의 객관적 범위에 관하여 명확히 판단한 우리 법원의 판결은 아직 없는 것으로 보인다.[337)] 다만 효력확장설 이나 누적설을 취할 경우에도 만일 장래 우리법상의 기판력의 범위가 입법 또는 판례와 학설에 의해 확장된다면,[338)] 그에 따라 한국에서 승인되는 외국재판의 기 판력의 범위도 확장될 수 있을 것이다.

참고로, 미국에서는 외국재판의 승인의 결과 인정되는 효력의 범위에 관하여 는 아직 정설이 없다고 한다.

나. 기판력의 본질

한국법상의 승인요건을 구비한 외국재판이 있음에도 불구하고 동일한 소송 물에 대하여 한국에서 소가 제기되는 경우 법원이 이를 어떻게 처리해야 하는가. 이는 기판력의 본질 내지는 효과의 문제인데, 국가에 따라 입장이 다르므로 외국 재판의 승인과 관련하여 이를 어느 법에 따라 판단할 것인가가 문제 된다. 우리의 유력한 견해는 외국재판의 승인과 관련한 기판력의 본질의 문제는 심리의 적정,

---

리한 경우에는 부수적 금반언도 동일한 범위 내에서 효력이 미친다고 한다. Rainer Krause, Urteilswirkungen gegenüber Dritten im US−amerikanischen Zivilprozeßrecht (1994), S. 51ff.도 동지라고 인용한다.

336) Stürner(註 254), S. 109 이하는 클래스 액션에 기한 미국 판결의 효력은 송달요건의 결여 와 국제재판관할권의 결여로 독일에서 승인이 거부될 가능성이 크다고 한다.

337) 다만 위에서 언급한 하급심 판결들이 있고, 아래 제12장에서 보듯이 외국중재판정의 기판 력에 관하여 대법원 2009. 5. 28. 선고 2006다20290 판결과 대법원 2018. 12. 13. 선고 2016다49931 판결처럼 문제의식 없이 외국중재판정이 우리 중재판정과 동일한 기판력을 가지는 것으로 판단한 사례들이 있다.

338) 우리 민사소송법 학계에서도 '쟁점효이론' 또는 '모순거동금지이론' 등에 의해 기판력의 객 관적 범위를 확장하려는 견해들이 주장되고 있다.

신속화를 고려할 때 기본적으로 절차법인 승인국법에 의할 사항이라고 본다.[339]
독일에서도 기판력의 본질의 문제는 승인국법에 따를 사항이라고 하고, 따라서
독일 민사소송법의 해석에 따라 기판력의 본질을 원칙적으로 반복의 금지로 이해
할 것이라고 한다. 이는 재판국이 미국처럼 기판력의 법적 성질을 실체법적인 것
으로 이해하더라도 마찬가지이다. 요컨대 기판력의 범위는 재판국법에 의하나 동
일한 소송물에 대하여 국내에서 소가 제기된 경우의 처리는 승인국의 절차법에
따를 사항이라는 것인데, 이 견해가 타당하다.

　　판례에 따르면 우리 민사소송법의 해석상 기판력의 본질은 '반복의 금지(*ne
bis in idem*)'가 아니라 '모순의 금지'이다.[340] 이에 따르면 재소는 허용되나 법원은
전소의 재판과 저촉되는 내용의 재판을 할 수 없다. 다만 승소판결을 받은 원고가
동일한 신소를 제기하는 경우 권리보호의 이익이 없어 각하된다.

　　대법원 1989. 3. 14. 선고 88므184, 191 판결은 위자료 및 양육비 등의 지급
을 명한 미국 뉴욕주 법원의 판결의 기판력을 인정하여, 동 법원에서 승소판결을
받은 당사자가 국내에서 제기한 반심판청구를 소의 이익 또는 권리보호의 요건을
갖추지 못한 것으로 각하해야 한다고 판시하였다. 이는 외국재판의 기판력의 본
질에 관하여 우리 법상의 기판력과 동일한 효과를 인정한 것으로 보인다.[341] 또한
위에서 언급한 서울지방법원 1999. 11. 5. 선고 99가합26523 판결도 중국에서 패
소한 원고가 한국에서 다시 소를 제기한 데 대해 중국 인민법원판결의 기판력에
저촉됨을 이유로 청구를 기각하였던바, 이는 기판력의 본질을 한국법에 따라 '모
순의 금지(Abweichungsverbot 또는 Widerspruchsverbot)'로 이해한 것이다. 위 대법
원판결은 기판력의 본질을 '반복의 금지(Wiederholungsverbot)'로 이해한 것이라는

---

339) 최공웅, 효력, 337면.
340) 대법원 1976. 12. 14. 선고 76다1488 판결; 대법원 1979. 9. 11. 선고 79다1275 판결 등. 우
　　리 민사소송법상 확정판결의 기판력은 판결의 주문에 포함된 것(즉 소송물로 주장된 법률
　　관계의 존부에 관한 판단의 결론 그 자체)에만 생기는 것이고, 판결이유에 설시된 그 전제
　　가 되는 법률관계의 존부에까지 미치지는 않는다. 그러나 기판력 있는 전소 판결과 후소의
　　소송물이 동일한 경우 또는 후소의 소송물이 전소의 소송물과 동일하지는 않더라도 전소의
　　소송물에 관한 판단이 후소의 선결문제가 되거나 모순관계에 있을 때에는, 전소 판결의 기
　　판력은 후소에서 전소 판결의 판단과 다른 주장을 하는 것을 허용하지 않는 작용을 하므
　　로, 위와 같이 기판력이 미치는 객관적 범위에 해당하지 않는 경우 전소 판결의 기판력은
　　후소에 미치지 않는다(대법원 2020. 7. 23. 선고 2017다224906 판결; 대법원 2014. 10. 30.
　　선고 2013다53939 판결 등 참조).
341) 최공웅, 효력, 337면.

견해도 있으나,342) 모순의 금지의 입장에서도 결론은 동일하므로 단정하기는 어렵다.343)

이와 관련하여 외국재판이 이행판결인 경우 외국에서 승소판결을 받은 원고가 우리나라에서 집행판결을 구하는 대신 다시 이행의 소를 제기할 수 있는가의 의문이 제기된다. 논리적으로는 기판력의 본질을 반복의 금지로 보면 이행의 소의 제기를 불허할 것이나, 이를 모순의 금지로 보면 이행의 소의 제기를 허용하되 원칙적으로 권리보호의 이익이 없음을 이유로 각하해야 할 것이다. 그러나 기판력의 본질을 어떻게 보는가에 관계없이, 외국재판의 승인요건의 구비의 불확실성과 집행판결을 구하는 소의 복잡성을 이유로 한국에서 이행의 소의 제기를 허용할 것이라는 견해가 유력하다.344) 물론 그 경우 한국 법원은 승인요건을 구비하는 한 외국재판의 기판력에 구속되므로 그에 따라 재판하지 않으면 아니 된다.

위에서 본 대법원 1989. 3. 14. 선고 88므184, 191 판결은 미국 뉴욕주 법원의 재판의 기판력을 인정하여, 동 법원에서 승소재판을 받은 당사자가 국내에서 제기한 반심판청구를 소의 이익 또는 권리보호의 요건을 갖추지 못한 것으로 각하해야 한다고 판시한 것을 보면 대법원이 그러한 유연한 견해를 취할 것인지는 의문이다.

다. 심 리

기판력의 효과가 항변사항인가 직권조사사항인가라는 의문이 있으나 절차법인 승인국에 의하는 것이 심리의 적정, 신속화라는 고려에 적합하므로 국내법에 의할 사항이라고 본다. 우리 법상으로는 기판력은 직권탐지사항은 아니나 소송법상의 구속력이기 때문에 직권조사사항이다.

---

342) 최공웅, 효력, 342면.

343) 우리 민사소송법학에서는 기판력의 적극적 작용과 소극적 작용을 언급하기는 하나, 대체로 기판력의 적극적 효력과 소극적 효력을 구분하지는 않는 것 같다. 후자의 용어를 사용하는 경우 전자는 모순금지를, 후자는 반복금지와 같은 의미로 사용하기도 한다. 중재의 맥락에서 전자를 'conclusive effect', 후자를 'preclusive effect'라고 구별하기도 한다. International Law Association Resolution No. 1/2006, Annex 2: Recommendations on *res judicata* and Arbitration 참조.

344) 최공웅, 효력, 341면 참조. 독일의 통설도 이를 허용한다.

2. 기타 효력

가. 형 성 력

형성판결은 예컨대 이혼판결이나 입양재판과 같이 신분관계사건에서 주로 문제가 된다. 우리나라에서는 위와 같은 가사재판과 같은 실체법적 형성의 소에서 형성력은 실체법적 효력이라고 보므로 형성력이 있는 외국재판의 승인을 어떻게 설명할지가 문제 된다. 만일 이를 실체법적으로 파악하면 우리 국제사법에 따른 이혼 또는 입양의 준거법 소속국에서 이혼재판 또는 입양재판이 승인될 때 효력이 있다고 볼 것이나, 절차법적으로 파악하면 우리 민사소송법 제217조에 따라 승인되면 형성판결의 형성력이 우리나라로 확장된다고 본다. 외국 형성판결의 형성력(Gestaltungswirkung)도 승인이 필요하다는 것이 대법원 1971. 10. 22. 선고 71다1393 판결(상호보증의 부존재를 이유로 네바다주 법원의 이혼판결의 승인을 거부하였다) 이래 우리 대법원 판결의 확립된 태도이다.[345] 즉 외국재판을 승인하는 경우 외국재판의 절차법적 효력으로서 기판력(만일 있다면)과 그 범위는 원칙적으로 재판국법에 따르는데, 형성력의 존재와 그의 승인도 기판력과 마찬가지로 재판국의 소송법적 효력의 확장의 문제이므로 재판국법에 따른다. 다만 판결의 내용에 관한 한 외국법원이 적용한 법질서를 보아야 한다. 특히 외국법원이 당해 국가의 국제사법에 따라 법정지법이 아닌 제3국법을 적용하여 형성판결을 한 경우 문제 되는데, 형성력의 실체법적 내용(예컨대 완전입양인지 단순입양인지)은 당해 사건에 실제로 적용된 법률관계(예컨대 입양)의 준거법에 따른다고 본다. 아동의 출신국 법원이 자국 국제사법에 따라 준거법인 제3국법을 적용하여 입양재판을 한 경우 형성력의 실체법적 내용은 그 제3국법에 따른다는 것이다.[346]

---

345) 독일에서도 후자가 유력하다. Geimer, Rz. 2813ff.; Schack, Rn. 927.

346) Geimer, Rz. 2817. Nagel/Gottwald, Rz. 12.145도 동지. 강현중, 제7판, 687면도 동지. 흥미로운 것은 섭외사법하에서 일본 국적의 부(父)가 일본 국적의 자(子)를 상대로 친생부인을 청구한 사건에서, 친생부인의 준거법은 일본법이라고 설시한 다음, 우리 민법 제846조, 제847조에 규정된 친생부인의 소와 일본 민법 제774조, 제775조에 규정된 적출부인의 소가 동일한 내용을 규정하고 있으므로, 위 사건 친생부인의 소는 일본 민법상 적출부인의 소에 해당한다면서 "피고가 원고의 친생자(<u>일본국 민법상 적출자</u>)임을 부인한다"(주문 제2항)라는 판결을 선고한 서울가정법원 1992. 2. 18. 선고 91드82748 판결(확정)이다. 이에 대하여 이종혁, "국제가사사건 재판례의 회고와 과제", 국제사법연구 제27권 제2호(2021. 12.), 492면 이하는 당시 일본 민법이 법정상속분에 관하여 적출자와 비적출자를 차별하고 있었기에 우리 민법상 친생자와 일본 민법상 적출자가 법률상 동일한 의미를 가진다고 말할 수

소를 제기하는 경우 절차법적 문제(소의 제기방법과 재판의 효력 등)는 법정지
법원칙에 따라 법정지법에 따를 사항임은 물론이다.

나. 참가적 효력

외국재판의 참가적 효력 또는 소송고지에 의한 효력도 전체적으로 우리 민사
소송법상의 참가적 효력에 상응하는 것인 때에는 승인 대상이 된다.[347] 우리 민사
소송법(제71조)에 따르면 참가적 효력이 인정되는 것은 보조참가를 하거나 또는
소송고지를 한 때에 한정된다.[348] 문제는 참가적 효력 또는 소송고지의 효력을 가
지기 위해 외국재판이 승인요건을 구비해야 하는가인데, 독일에서는 효력의 기초
가 되는 외국재판은 모든 승인요건을 구비해야 한다는 다수설[349]과 이에 반대하
는 소수설[350]이 있다.

다. 법률요건적 효력(Tatbestandswirkung)

민법 기타 법률에서 판결의 존재를 요건사실로 하여 일정한 법률효과가 발생

없었고, 한국 법원의 친생부인 판결이 일본 법원의 적출부인 판결에 해당한다거나 그와 동
일하다고 할 수 없으므로 위 밑줄 친 부분은 삭제했어야 한다고 비판한다. 그 근거의 하나
로, 우리 법원이 한국법에 따른 친생부인 판결이 아니라 일본법에 따른 적출부인 판결을
선고한 것이라면 그것에 우리 가사소송법에 따른 형성력을 인정할 수는 없을 것이기 때문
이라는 점을 든다. 그러나 논란의 여지는 있지만, 저자는 형성판결의 경우 형성력의 실체법
적 내용은 당해 사건에 적용된 준거법에 따른다고 보므로 만일 일본법을 적용하여 적출자
임을 부인한다면 그의 형성력은 일본법에 따를 사항이라는 점에서 위 비판을 지지하지 않
는다. 석광현, "국제가사사건을 다루는 법률가들께 드리는 고언(苦言) II", 국제사법연구 제
30권 제1호(2024. 6.), 10면 註 17 참조. 우리 법원이 준거법인 외국법을 적용하여 재판하
는 경우 그 주문은 원칙적으로 그 준거법 소속국 법원이 선고하는 것처럼 그 준거법에 따
라 구성하는 것이 옳다. 우리 법원이 친권자 및 양육자지정을 하면서 준거법인 베트남 혼
인·가족법 제81조 제2항에 따라 '직접 양육하는 사람'을 결정하는 경우 준거법에 따르는
대신 우리 법상의 주문처럼 "사건본인의 친권자 및 양육자로 피고를 지정한다"라는 식으로
선고한 판결(서울가정법원 2023드단123540)이 있다고 하나 이는 위 원칙에 반하는 것이다.
347) 최공웅, 효력, 336면.
348) 우리나라에서 계속 중인 소송에서 당사자는 민사소송법(제84조)의 요건이 구비되면 외국의
제3자에게 소송고지를 할 수 있다. 그 경우 제3자에 대하여 우리 법원이 국제재판관할을
가져야 하는 것은 아니다.
349) Martiny, Rn. 400; Schack, Rn. 1082.
350) Geimer, Rz. 2820은 국제재판관할의 존재와 공서에 반하지 않을 것이라는 요건만을 요구
한다.

하도록 규정하는 경우가 있다. 예컨대 민법(제165조 제1항)에 의하면 판결에 의해 확정된 채권은 단기의 소멸시효에 해당한 것이라도 그 소멸시효가 10년으로 연장된다. 이는 소송법상의 효과가 아니라 실체법상의 효과로 인정된다.351) 외국재판이 그러한 효력을 가지는지는 우리 국제사법에 의해 결정되는 준거법의 해석문제이므로 당해 준거법의 입법취지를 고려해서 결정해야 한다. 만일 채권의 준거법이 한국법이라면, 패소한 채무자의 보호와 채권자의 사해적인 판결의 취득을 방지하기 위해서는 승인요건을 갖춘 외국재판만을 민법 제165조 제1항의 재판으로 볼 것이다. 이것이 우리의 유력설이고 독일의 통설이다.352)

3. 부분승인(또는 일부승인)의 문제

하나의 재판이 법률적으로 독립한 수개의 청구권에 기한 것인 경우 그 일부의 승인이 허용됨은 의문이 없다. 정신적 고통에 대한 손해배상과 징벌배상을 구별하여 전자만을 승인하는 것이 그러한 예이다. 여기에서 문제 되는 것은 하나의 청구권에 기한 재판을 수량적으로 분할하여 일정금액을 한도로 부분승인할 수 있는가의 여부이다. 징벌배상을 명한 외국재판에 대해 우리의 공서와 양립하는 범위 내에서 부분승인을 하는 것이 그 예이다. 위 서울동부지원판결에서 본 바와 같이 이를 긍정할 수 있다. 부분승인을 인정한다면 이를 채권자의 청구에 기하여 인정할지, 아니면 법원이 직권으로 부분승인을 할지가 문제 되나 후자가 타당하다. 그렇지 않으면 채권자는 미리 외국재판이 어떤 범위 내에서 승인될 수 있는가를 판단해야 하는데 이는 부당하기 때문이다. 반면에 채무자가 외국재판 후에 일부를 변제한 때에도 부분승인이 가능하나 이 경우에는 법원이 직권으로 부분승인을 할 것은 아니다.

---

* **외국재판 승인의 효과에 관한 관할합의협약과 재판협약의 태도**353)

관할합의협약과 재판협약은 외국재판 승인의 효과가 확장설인지 동등설인지는 명시하

---

351) 이시윤, 587면 이하.
352) 최공웅, 효력, 336면; Geimer, Rz. 2831. 그러나 Schack, Rn. 930ff.는 재판이 아니라 소의 제기 또는 소송고지와 같이 그에 선행하는 행위의 결과 구성요건적 효력이 발생하므로 승인요건을 요구하지 않으며 단지 그러한 행위가 채무자에게 통지되면 족하다고 한다. 반면에 Geimer, Rz. 2831f.는 경우를 나누어 구성요건적 효력의 유무를 검토한다.
353) 상세는 석광현, 재판협약, 58면 이하 참조.

지 않는다.354) 재판협약의 2017년 2월 초안(제9조)에서는 승인의 효과에 관하여 재판국에서와 동일한 효력을 인정한다는 효력확장설을 명시하였고, 집행에 관하여는 구제수단의 적응(adaptation of remedies)을 명시하였으나 모두 삭제되었다. 따라서 재판협약 하에서도, 관할합의협약에서와 마찬가지로, 승인국은 자국법상 이용가능하지 않은 구제수단을 제공해야 하는 것은 아니고, 외국재판에 대하여 가능한 한 최대한의 구제수단을 주기 위하여 자국법상 이용가능한 집행조치를 적용해야 한다. 그러나 어느 견해를 따르든 간에 재판협약상 선결문제에 대한 재판국의 판단에 대하여 쟁점차단효를 부여해야 하는 것은 아니고 부여 여부는 각 체약국이 결정할 사항이다. 따라서 재판협약상 승인의 효과에 관하여는 장차 재판협약 자체로부터 통일적인 견해를 도출할 수 있다면 바람직할 것이나 이는 현실적으로 기대하기 어렵고 견해가 나뉠 것이다. 다만 재판협약은 승인국 재판과의 저촉과 승인국에서 승인될 수 있는 제3국 선행재판과의 저촉을 승인거부사유로 명시하므로 그 범위 내에서는 견해 대립의 실익은 제한된다.

VI. 외국판결의 집행

1. 승인과 집행의 분리

민사소송법은 외국재판의 승인과 집행을 개념적으로 구별하고 법체계상으로도 분리하여 규정하는 점에 특색이 있다. 이는 독일 민사소송법의 태도를 본받은 것이다. 외국재판은 일정한 요건이 구비되면 자동적으로 한국에서 효력을 가진다, 즉 승인된다. 그러나 외국재판의 집행은 한국 법원의 집행판결 또는 '집행가능선언(exequatur, Vollstreckungsurteil, Vollstreckbarerklärung)'이 있는 때에 한하여 할 수 있다.

이는 집행력, 즉 재판으로써 명한 이행의무를 국가의 강제집행절차에 의하여 실현할 수 있는 효력은 기판력이나 형성력과 같이 관념적인 데 그치지 않고 현실적인 것일 뿐만 아니라, 이를 집행기관의 판단에 맡기는 것은 부적절하므로 특히 신중을 기하여 소로써 그 효력을 주장하게 하고 법원이 요건의 구비 여부를 심사한 다음 판결로써 그의 집행을 허가하는 취지의 선언을 한 때에 비로소 집행할

---

354) 반면에 UNCITRAL의 2018년 도산 관련 재판의 승인 및 집행에 관한 모델법(제15조 제1항)은 선택지를 규정한다. 위 모델법에 관하여는 한민, "도산 관련 외국재판의 승인과 집행", BFL 제81호(2017. 1.), 91면, 109면; 상세는 한민·석광현, "2018·2019 도산 관련 UNCITRAL 모델법 입법 방안 연구", 2020. 12. 법무부 제출 최종보고서, 제2장 도산 관련 재판의 승인 및 집행에 관한 UNCITRAL 모델법(석광현 집필부분) 참조.

수 있도록 하려는 것이다. 대법원 2010. 4. 29. 선고 2009다68910 판결은 집행판결 제도는 "재판권이 있는 외국의 법원에서 행하여진 판결에서 확인된 당사자의 권리를 우리나라에서 강제적으로 실현하고자 하는 경우에 다시 소를 제기하는 등 이중의 절차를 강요할 필요 없이 그 외국의 판결을 기초로 하되 단지 우리나라에서 그 판결의 강제실현이 허용되는지 여부만을 심사하여 이를 승인하는 집행판결을 얻도록 함으로써 당사자의 원활한 권리실현의 요구를 국가의 독점적·배타적 강제집행권 행사와 조화시켜 그 사이에 적절한 균형을 도모하려는 취지에서 나온 것"이라고 판시한 바 있다.

우리 법상 외국재판의 집행은 승인을 전제로 하지만,[355] 외국에서 패소한 피고가 국내에서 다시 제소하는 경우처럼 승인만이 문제 되기도 한다. 중국의 인민법원에서 패소한 한국의 원고가 한국에서 다시 소를 제기한 사건에서 위에서 본 서울지방법원 판결은 인민법원 판결의 효력을 인정하여 청구를 기각하였던바, 여기에서는 승인만이 문제 되었고 집행은 문제 되지 아니하였다.

집행 대상이 되는 것은 이행판결, 그중에서도 승인요건을 구비하는 이행판결임은 명백하다. 확인판결 또는 형성판결에 대하여도 집행판결이 가능한지는 논란이 있으나 우리의 유력설과 판례는 법률관계를 명확히 하는 실익이 있을 때에는 집행판결을 구할 수 있다고 본다.[356] 특히 형성판결인 이혼판결에 기한 가족관계등록부(과거 호적부)의 기재를 이른바 광의의 집행으로 설명한다.

2. 집행판결

가. 집행판결을 구하는 소의 법적 성질

집행판결 청구소송의 법적 성질에 관하여는 이행소송설, 확인소송설과 형성소송설이 있다. 독일에서는 형성소송설이 통설이나[357] 우리나라에서 후 2자가 유력하다. 확인소송설은 외국판결이 본래 가지는 집행력의 존재를 확인하는 것이라고 보나, 형성소송설은 본래 우리 국내에서 집행력을 가지지 아니하는 외국재판

---

355) 그러나 반드시 그런 것은 아니다. Geimer, Rz. 3114는 이 점을 지적하면서 위 명제는 타당하지 않다고 하는데, 한국에서 집행판결을 하자면 외국재판이 재판국법에 따라 집행가능성이 있어야 하는데 이는 승인의 경우에는 불필요하다는 점도 지적한다.

356) 최공웅, 효력, 404면. 그렇더라도 확인판결 또는 형성판결에 포함된 소송비용재판에 대하여는 집행판결이 가능하다.

357) Geimer, Rz. 3100f.; Schack, Rn. 1175; Nagel/Gottwald, Rz. 15.221.

에 대해 국내에서 새로이 집행력을 부여하는 소송상 형성소송이라고 본다. 외국에서 집행력을 가지는 외국재판이 한국에서 승인되더라도 집행력은 (기판력과 달라서) 한국 내까지 당연히 확장되지는 않고 한국 법원의 집행판결에 의해 비로소 부여된다. 만일 집행판결이 확인판결이라면 외국재판에서 승소한 원고는 집행판결 없이 집행기관에 외국재판을 제출하고 집행을 요구할 수 있어야 한다. 그러나 입법자가 승인과 집행을 준별하여 집행을 위해서는 반드시 집행판결을 받도록 요구한 것이므로 형성소송설이 타당하다.358)

따라서 집행판결청구의 소의 소송물은 실체법상의 청구권(materiellrecht-licher Anspruch)이 아니라 절차법상의 '집행판결을 구하는 청구권'이다. 대법원 2020. 7. 23. 선고 2017다224906 판결도 "집행판결의 소송물은 외국판결을 근거로 우리나라에서 집행력의 부여를 구하는 청구권이고, 외국판결의 기초가 되는 실체적 청구권이 아니다"(밑줄은 저자가 추가함)라고 판시하였다.359) 또한 한국 법원이 집행판결을 한 뒤에 외국재판이 재심 등에 의해 효력을 상실하더라도 집행판결에 의해 부여된 집행력이 당연히 상실되는 것은 아니다.

외국중재판정의 집행과 관련하여 대법원 2003. 4. 11. 선고 2001다20134 판결360)은 "… 집행판결은 외국중재판정에 대하여 집행력을 부여하여 우리나라 법률상의 강제집행절차로 나아갈 수 있도록 허용하는 것으로서 그 변론종결 시를 기준으로 하여 집행력의 유무를 판단하는 재판이므로"라고 판시하였다(밑줄은 저자가 추가함). 앞의 밑줄 친 부분은 집행판결에 의하여 새로이 집행력을 부여하는 것처럼 설시한 점에서 형성판결설을 취한 것으로 보이나, 뒤의 밑줄 친 부분은 이미 존재하는 집행력의 유무를 판단하는 재판이라고 함으로써 확인판결설을 취한 듯한 인상을 준다. 대법원판결이 이처럼 상충되는 듯한 설시를 한 것은 유감이다. 형성판결설을 따르는 저자로서는, 위 판결이 후자를 "… 그 변론종결 시를 기준으로 하여 집행력을 부여할지를 판단하는 재판이므로"라고 설시했더라면 좋았을 것

---

358) 민일영·김능환/서기석, 주석민사집행법(II), 119면; 임복희, 244면도 동지.
359) 다만 그것이 사법(私法)상 청구권인지 공법상 청구권인지는 독일에서는 논란이 있다. Martin Wolff, Handbuch des Internationalen Zivilverfahrensrecht IZVR Band III/2 Kap. IV(1984), Rn. 117. Nagel/Gottwald, Rz. 15.227은 'öffentlich-rechtlicher Anspruch(공법상 청구권)'라고 한다. Geimer, Rz. 3105는 소송물이 '내국에서의 집행력의 부여를 구하는 채권자의 청구권(Anspruch des Gläubigers auf Verleihung der Vollstreckbarkeit im Inland)'이라고 한다.
360) 평석은 석광현, 국제중재법 제1권, 373면 이하 참조.

으로 본다.

민사소송법상 강제집행을 하기 위해서는 근거가 되는 권리의 존재와 범위를 밝힌 공적인 증서인 '집행권원'(과거의 채무명의)이 필요한데, 집행판결청구소송의 법적 성질에 관하여 형성판결설에 따르면 한국 법원의 집행판결만이 집행권원이 될 것이다. 따라서 그에 기한 강제집행은 우리 법상의 집행권원에 인정되는 강제집행방법에 의해서만 가능하다. 그러나 우리 다수설은 집행판결청구소송의 법적 성질에 관계없이 외국재판만으로는 집행력이 현재화되지 않고, 집행판결은 집행의 기본인 청구권의 존부와 범위를 확정하는 것은 아니므로 집행판결과 그 근거인 외국재판이 일체로서 집행권원이 된다고 본다.361)

나. 집행판결의 요건

집행판결을 하기 위해서는 외국법원의 재판이 확정된 것이 증명되어야 하고, 민사소송법 제217조의 요건이 구비되어야 한다(민사집행법 제27조 제2항). 집행판결을 함에 있어 법원은 위의 요건을 형식적으로 심사함으로써 족하고 외국재판의 옳고 그름을 심사할 수 없다(제27조 제1항). 이는 '실질재심사의 금지의 원칙'을 명시한 것이다. 따라서 집행판결 청구소송의 핵심은 승인요건의 구비 여부에 있다. 이처럼 민사집행법은 집행의 전제로서 승인요건의 구비를 요구하는 점에 특색이 있다. 따라서 예컨대 가집행이 붙은 판결과 같이 재판국에서 집행가능한 재판도 아직 확정되지 않았으면 한국에서는 집행될 수 없다.

그러나 외국재판이 판결 확정 후 집행판결에 앞서 재판국에서 재심 등의 절차에서 취소되었거나 청구이의의 소에서 집행력이 배제되었다면, 피고인 채무자는 집행판결을 구하는 소송에서 이를 항변으로 제출하여 청구기각을 구할 수 있다(다음의 다. 참조).

집행판결은 집행판결의 대상이 되지 아니한다. 즉, 이중집행판결(Doppelexe-quatur)은 허용되지 않는다(*Exequatur sur exequatur ne vaut*). 왜냐하면 각국은 외국재판의 승인 및 집행 여부를 독자적으로 판단할 수 있어야 하는데, 만일 이중집행판결을 허용한다면, 예컨대 우리나라와 상호보증이 존재하지 않는 어느 동남아시아 국가의 재판에 대해 일본에서 집행판결을 받으면 그에 기하여 우리나라에서 집행판결을 받을 수 있게 되어 상호보증의 요건을 회피할 수 있는 부당한 결과가

---

361) 김주상, 515면 등.

되기 때문이다.

다. 집행판결의 절차

집행판결절차는 강제집행절차가 아니고 통상의 소송절차를 따르는 판결절차이다.[362] 따라서, 그에 의해 아직 강제집행이 개시되는 것이 아니다.

(1) 관할과 당사자

집행판결을 청구하는 소는 원칙상 채무자의 보통재판적 소재지의 지방법원이 관할하고, 보통재판적이 없는 때에는 민사소송법(제11조)에 따라 재산 소재지의 법원이 관할한다(민사집행법 제26조 제2항). 이는 전속적 토지관할이다. 집행판결의 대상이 된 외국판결이 가사소송법에서 정한 가정법원의 관할에 속하는 사항에 관한 것이더라도 그에 대한 집행판결은 가정법원의 관할에 속하지 않는다. 대법원 1982. 12. 28. 선고 82므25 판결도 이런 취지로 판시하였다.[363] 그러나 입법론적으로는 이를 개선할 필요가 있다고 본다.

주의할 것은, 위의 논의는 토지관할이라는 점이다. 전속적 국제재판관할을 규정한 국제사법 제10조 제1항 제5호는 "대한민국에서 재판의 집행을 하려는 경우 그 집행에 관한 소"는 대한민국 법원에만 제기할 수 있다고 규정하는데, 여기에 집행판결 청구의 소가 포함되는가이다. 저자는 이를 부정한다. 재산 소재지이면 집행판결을 구할 필요가 있으므로 집행판결청구의 소에 대해 특정국가의 전속적 국제재판관할을 인정할 이유가 없다.[364] 따라서 집행판결을 위한 직접적 국제

---

362) Nagel/Gottwald, Rz. 15.229.
363) 판결요지는 아래와 같다(밑줄은 저자가 추가함).
　　"(구) 민사소송법 제476조 제2항에 의하면 집행판결을 청구하는 소는 채무자의 보통 재판적 소재지의 지방법원이 관할한다고 규정하고 있는바, 법원조직법 제3조 제1항은 법원을 대법원, 고등법원, 지방법원, 가정법원의 4종으로 하며 지방법원은 필요에 따라 이를 민사사건만을 관할하는 민사지방법원과 형사사건만을 관할하는 형사지방법원으로 할 수 있다고 규정하고 있으므로 가정법원은 (구) 민사소송법 제476조 제2항의 지방법원에 해당하지 아니한다고 볼 수밖에 없으며, 집행판결을 청구하는 대상이 된 외국판결이 가사심판법 제2조에 정한 가정법원의 심판사항을 내용으로 한 것이라 하여 그 소가 반드시 가정법원의 관할에 속하는 것으로 해석하여야만 할 이유도 없다".
364) 과거 국제사법 개정안에 대하여 오정후, "국제사법 개정안의 국제재판관할 ―개정안의 편제와 총칙의 검토―", 민사소송 제22권 2호(2018. 11.), 81면은 집행판결청구의 소도 채무자 보통재판적 소재지국의 전속적 국제재판관할에 속한다고 보았으나 이는 설득력이 없다.

재판관할은 국제사법 제10조가 아니라 별도로 결정할 사항이다.

　토지관할규칙을 유추적용하면 피고 주소지이거나 재산 소재지면 족하다(즉 재산이 있으면 국제재판관할을 인정할 수 있다). 그 경우 부적절한 법정지의 법리는 사실상 적용될 여지가 거의 없다고 본다. 미국에서는 논란이 있는데, 승인 및 집행절차를 위한 직접관할의 문제로 논의되고 있고 그 경우 부적절한 법정지의 법리의 적용 여부가 문제 된다.365)

　집행판결은 소송목적물의 가액에 관계없이 단독판사가 관할한다는 견해도 있으나 실무상 제소 당시의 소송물가액에 의한다. 이는 집행판결에 의하여 비로소 집행력이 부여되므로 수수료 산정에서 통상의 급부소송보다 경감할 이유가 없기 때문이다.

　원고는 외국재판에서 청구권이 있는 당사자로 표시된 자 또는 그의 승계인이고, 피고는 그 상대방인 집행채무자 또는 그의 승계인이다. 즉 집행판결 청구의 소는 형성의 소이므로, 피고는 원고의 주장에 의하여 결정되는 것이 아니라 외국재판의 기판력이 미치는 집행채무자 또는 그의 승계인이다. 당사자의 승계인에게 기판력이 미치는지는 승인국/집행국인 우리 법이 아니라 재판국법에 따를 사항이나, 재판국의 소송법이 실체법상의 승계(상속, 채권양도, 소송물의 승계 등)를 전제로 하는 경우 그 해당 여부는 당해 실체법의 준거법에 따를 사항이다. 집행판결을 청구하는 소도 소의 일종이므로 통상의 소송에서처럼 당사자능력 등 소송요건을 갖추어야 하는데, 여기에서 당사자능력은 민사소송법 제51조에 따라 판단하여야 한다.366)

　위의 비판과는 다른 이유에서 장준혁, 재판협약, 481면은 집행판결 청구의 소도 재판의 집행에 관련된 소로서 전속관할에 속한다고 보면서 개정안은 브뤼셀규정을 오해한 것이라고 지적하였으나 동의하지 않는다. 상세는 석광현, 국제재판관할법, 142면 註 225 참조.

365) 장지용, "미국 국제사법의 현황－외국판결의 승인·집행을 중심으로－", 국제사법연구 제22권 제1호(2016. 6.), 12면 이하에 따르면 미국 각주의 입장은 완전한 대인관할(in per-sonam jurisdiction)을 요구하는 입장, 대인관할 또는 준대물관할(quasi in rem juris-diction)을 요구하는 입장과 대인관할을 요구하지 않는 입장(텍사스, 뉴욕, 아이오와)으로 분류할 수 있다고 한다.

366) 대법원 2015. 2. 26. 선고 2013다87055 판결은 당사자능력이 필요함을 명확히 하였다. 다만 위 판결은 호주 법원이 '써리 힐스 뮤추얼 론 클럽'(호주에 거주하는 한국인들로 구성된 번호계)의 당사자능력을 현지법에 따라 인정하였음에도 불구하고 당사자능력을 부정하였는데, 이는 호주 소송법을 무시한 것으로 보이는 탓에 결론의 타당성은 의문이다. 이 점은 당사자능력에 관하여 제5장에서 논의하였다. 상세는 석광현, 정년기념, 457면 이하 참조.

(2) 소송절차 및 심리대상

집행판결을 구하는 소송의 절차에 대하여는 통상의 판결절차에 관한 원칙이 적용된다. 집행판결의 모든 요건은 국가이익에 관계되므로 직권으로 조사해야 한다는 것이 다수설이었으나 송달요건에 대하여는 예외를 인정하는 견해도 있었는데, 2014년 개정된 민사소송법 제217조 제2항은 승인요건의 구비 여부를 직권으로 조사하여야 함을 명시한다. 심리대상은 집행판결의 요건, 즉 외국재판이 확정되었는지의 여부와 외국재판이 제217조에 규정된 승인요건을 구비하였는지의 여부에 한정되고 외국재판의 실질은 재심사할 수 없다. 집행판결에 대한 상소에 대하여도 통상의 판결절차에 관한 원칙이 적용된다.

(3) 집행판결의 주문

실무상 원고의 청구가 이유 없으면, 즉 승인요건이 구비되지 않은 때에는 집행판결의 소는 각하된다.[367] 반면에 원고의 청구가 이유 있는 때에는 "위 당사자 간의 ○○국 ○○법원 ○○사건에 관하여 동 법원이 ○○년 ○○월 ○○일 선고한 피고는 원고에게 금 ○○을 지급하라는 판결에 기하여 강제집행할 것을 허가한다"라고 주문을 기재한다. 이와 달리 "금 ○○을 지급하라는 판결을 승인하고, 그에 기초한 강제집행을 허가한다"라고 하여 승인을 언급하는 주문도 있는 것으로 보인다. 그러나 집행판결의 주문에 외국재판의 이행을 명한 주문을 그대로 옮겨 써서 이행판결을 해야 한다는 견해도 있다.

외국재판에 표시된 외화표시를 내국통화로 환산할 것은 아니다. 그러한 환산은 집행 시의 환율에 의할 것이기 때문이다(민법 제378조). 금전지급을 명하는 외국의 판결에 대하여는 법원은 가집행선고를 해서는 안 될 상당한 이유가 없는 한 가집행선고를 붙여야 한다. 소송비용에 관한 재판도 통상의 판결절차에 관한 원칙에 따른다.

---

367) 민사집행법 제27조 제2항은 집행판결을 청구하는 소는 승인요건이 구비되지 않으면 각하하여야 한다고 규정하나 이는 소송요건이 아니라 집행판결을 선고하기 위한 요건이므로 기각하는 것이 옳다. 오정후, "집행판결의 거부사유인 공공질서 위반에 관한 연구", 민사소송 제11권 제1호(2007), 343면. 마찬가지로 뉴욕협약이 적용되는 외국중재판정에 기한 집행판결청구의 소의 경우 승인거부사유가 존재하는 때 우리 법원은 청구기각을 하여야 한다.

(4) 이행의 소의 가능 여부

외국재판이 이행판결인 경우 승소판결을 받은 원고가 우리나라에서 집행판결을 구하는 대신 다시 이행의 소를 제기할 수 있는가에 관하여는 앞(V. 1. 나.)에서 논의한 바와 같다. 실무적으로는 외국에서 승소한 채권자는 우선 집행판결을 구하고, 승인요건을 구비하지 못할 경우에 대비하여 예비적으로 이행의 소를 제기하는 방법으로 청구를 병합할 수 있다.[368]

(5) 집행판결의 기판력의 범위

집행판결의 기판력의 범위는 위에서 보았듯이 집행판결의 소송물이 무엇인가에 따라 결정될 것이다. 독일에서는 집행판결에 의하여 집행의 요건과 그와 동일한 승인요건의 존재가 확인되므로 그 범위에서는 집행판결에도 기판력이 인정된다고 하나,[369] 구소송물이론을 따르는 우리 법상으로는 집행판결을 위한 승인

---

[368] 최효섭, 260면. 실제로 그렇게 한 사례가 있으나 예비적 청구는 우리 법원에 국제재판관할이 없다는 이유로 각하되었는데 그 내용은 아래와 같다. 한국 법인과 물품 구매계약(준거법은 러시아연방법률)을 체결한 러시아 주식회사인 원고는 전속적 관할합의에 따라 국제재판관할을 가지는 러시아연방 상트페테르부르크시와 레닌그라드 지역 중재법원(이는 상사법원이라고 한다)에서 결석판결로 승소판결을 받았다. 원고는 피고를 상대로 우리 법원에 제소하면서 주위적으로 위 판결의 집행판결을 구하였고, 예비적으로 피고의 의무이행을 구하였다. 광주지방법원 목포지원 2023. 12. 19. 선고 2023가합38 판결과 광주고등법원 2024. 9. 26. 선고 2024나20446 판결(확정)은 주위적 청구는 적법한 송달요건을 갖추지 못하여 부적법하고, 예비적 청구는 전속적 관할합의에 반하는 것이어서 부적법하다고 판단하고 소를 각하하였다. 예비적 청구에 관하여 원고는 "러시아 법원에 전속적 국제관할이 있기는 하나 집행대상 판결의 송달이 위법하더라도 러시아 확정판결의 존재로 인해 원고가 러시아에서 다시 제소할 수는 없으므로 국제사법 제8조 제5항 제4호의 사유가 존재하고, 예비적 청구에 관한 피고의 본안 전 항변은 신의칙에도 반한다"라고 주장하였다. 제2심판결은 "국제사법 제8조 제5항 제4호의 예외사유는 합의에 따라 전속적 국제재판관할을 가지는 국가나 법원에 전시 · 사변 또는 그에 준하는 비상사태나 천재지변 등이 발생하여 해당 법원이 더 이상 존재하지 않거나 동일한 법원으로 볼 수 없는 등 그 선택된 법원이 전속적인 관할권 행사 자체가 어려워져 관할에 관한 전속적인 합의를 이행할 수 없는 불가항력적인 상황이 발생한 경우를 의미하고, 막연히 전속적 국제재판관할을 가지는 법원에 소송을 제기할 경우 소가 각하되거나 청구가 기각될 우려가 있다는 등의 사유만으로는 위 예외사유가 존재한다고 할 수 없다고 보아 우리 법원에 제기된 이 사건 소송은 전속적 국제재판 관할합의에 반하여 허용될 수 없다"라는 취지로 판단하였다.

[369] 집행판결은 집행력을 발생시키는 형성소송의 성질을 가지는데, 독일에서는 다수설은 집행판결의 요건이 존재한다는 점에 대하여 기판력을 발생시킨다고 한다. Geimer, Rz. 3164; Schack, 5. Auflage, Rn. 1037.

요건의 확인은 선결문제에 관한 판단이므로 기판력이 미치지 않는다고 볼 여지가
있다.

　흥미로운 것은 집행판결의 기판력의 범위를 언급한 대법원 판결이다. 즉 대
법원 2020. 7. 23. 선고 2017다224906 판결은 갑이 을을 상대로 미국 캘리포니아
주 법원에 제기한 이혼 및 재산분할청구의 소에서 갑과 을은 이혼하고 부부 공동
재산인 한국 소재 부동산은 갑의 소유로 한다는 내용의 판결이 선고되었고, 이에
갑이 한국 법원으로부터 집행판결을 받아 부동산에 관한 소유권이전등기를 마쳤
는데, 그 후 미국 법원이 미국 판결 중 이혼 부분의 효력은 유지한 채 재산분할
부분을 취소하는 판결을 하자 을 등이 갑을 상대로 소유권이전등기 말소를 구한
사안에서, 미국 법원에서 선고된 외국판결에 대한 확정된 <u>집행판결의 기판력은
미국 판결을 국내에서 강제집행할 수 있다는 판단에 관하여만 발생</u>하므로, 위 미
국 판결 중 재산분할 부분이 취소되었음을 이유로 하여 위 부동산에 관한 소유권
이전등기의 말소를 구하는 청구는 집행판결의 기판력에 저촉되지 않는다고 판시
하고 원고 승소의 결론이 타당하다고 보아 피고들의 상고를 기각하였다. 우리 법
원의 집행판결이 있는 이상 이행판결의 형식을 가지는 재산분할 판결은 한국에서
는 집행력이 있으므로 그를 배제하자면 청구이의의 소를 제기할 필요가 있으나
이미 집행이 완료되었으니 집행력의 배제는 의미가 없다. 따라서 부동산에 관한
소유권이전등기의 말소를 구한 이 사건은 집행력의 배제가 문제 된 사안은 아닌
데, 이처럼 집행판결 후 그 기초인 미국 판결이 취소되었다면 그 미국 판결은 한
국에서도 더 이상 기판력이 없으므로 위 결론은 타당할 것으로 본다.370)

(6) 집행판결청구 소송에서 청구이의사유의 주장

　집행판결을 구하는 소송에서 피고가 외국재판의 기판력의 기준 시 이후에 행
해진 채무의 변제 등 사유를 항변으로 주장할 수 있는가가 문제 된다. 민사집행법
이 청구이의의 소(제44조)와 집행판결을 구하는 소를 별도로 규정하므로, 기판력
의 기준 시 이후의 사유를 주장하기 위해서는 별도로 청구이의의 소를 제기해야
한다거나, 집행법원은 외국재판의 형식적 요건만 심사할 수 있다는 이유로 부정
설이 있으나 긍정설이 타당하다. 집행판결을 구하는 소송에서 법원은 외국재판의

---

370) 반면에 집행판결청구 소송의 변론 종결 전에 외국판결이 이미 취소되었는데 그 사유를 주
　　장하지 않았다면 이는 그 후 더 이상 주장할 수 없다. Nagel/Gottwald, Rz. 15.249 참조.

당부를 조사할 수 없지만 외국재판의 기판력의 기준 시 이후 발생한 사유까지 주장할 수 없는 것은 아니기 때문이다. 또한 이를 허용하는 것이 판결의 모순저촉을 막고, 분쟁을 일회적으로 해결하는 데 적합하다. 그렇다면 그 경우 집행판결청구의 소송 중에 청구이의사유를 주장하도록 하고, 만일 채무자인 피고가 이를 주장하지 않은 경우 후에 별도로 청구이의의 소를 제기하는 것을 차단하는 효력을 인정하는 것이 논리적이나, 실제로는 논란이 있다.

대법원 2003. 4. 11. 선고 2001다20134 판결은 뉴욕협약이 적용되는 외국중재판정의 승인 및 집행과 관련하여 같은 취지로 판시하였다. 즉 위 대법원판결은 "집행판결은 외국중재판정에 대하여 집행력을 부여하여 우리나라 법률상의 강제집행절차로 나아갈 수 있도록 허용하는 것으로서 그 변론종결 시를 기준으로 하여 집행력의 유무를 판단하는 재판이므로, 중재판정의 성립 이후 채무의 소멸과 같은 집행법상 청구이의의 사유가 발생하여 … 강제집행절차를 … 허용하는 것이 우리 법의 기본적 원리에 반한다는 사정이 집행재판의 변론과정에서 드러난 경우에는, 법원은 뉴욕협약 제5조 제2항 ㈏호의 공공질서 위반에 해당하는 것으로 보아 그 중재판정의 집행을 거부할 수 있다"라는 취지로 판시하였다.[371]

그러나 위 대법원판결이 공서위반으로 이론구성한 것은 설득력이 없다. 외국의 채권자가 일단 집행판결을 받은 뒤 채무자가 그에 대해 청구이의의 소를 제기한다면 채무자는 일체의 청구이의사유를 주장할 수 있는데, 소송경제 등을 고려하여 집행판결청구의 소송에서 청구이의사유를 주장하는 것을 허용한다면 그 경

---

371) 대법원 2018. 11. 29. 선고 2016다18753 판결과 대법원 2018. 12. 13. 선고 2016다49931 판결도 동일한 취지를 재확인하였다. 후자의 판결은 아래의 취지로 판시하였으므로 중재판정의 집행이 권리남용에 해당하거나 공서 위반이 되는지를 개별적으로 판단하여야 한다. "외국 중재판정이 단순히 실체적 권리관계에 배치되어 부당하거나 중재판정에 기한 집행채권자가 그러한 사정을 알고 있었다는 것만으로는 중재판정에 따른 집행을 거부할 수 없다. 그러나 확정판결과 동일한 효력을 갖게 된 외국 중재판정에 따른 권리라 하더라도 신의에 좇아 성실하게 행사되어야 하고 이에 기한 집행이 권리남용에 해당하거나 공서양속에 반하는 경우에는 허용되지 않는다. 외국 중재판정의 내용이 실체적 권리관계에 배치되는 경우에 권리남용 등에 이르렀는지에 관하여는, 그 권리의 성질과 내용, 중재판정의 성립 경위 및 성립 후 집행판결에 이르기까지의 사정, 이에 대한 집행이 허가될 때 당사자에게 미치는 영향 등 제반 사정을 종합하여 살펴보아야 한다. 특히 외국 중재판정에 민사소송법상의 재심사유에 해당하는 사유가 있어 그 집행이 현저히 부당하고 상대방으로 하여금 그 집행을 수인하도록 하는 것이 정의에 반함이 명백하여 사회생활상 용인할 수 없을 정도에 이르렀다고 인정되는 경우에 그 중재판정의 집행을 구하는 것은 권리남용에 해당하거나 공서양속에 반하므로 이를 청구이의 사유로 삼을 수 있다".

우 채무자는 모든 청구이의사유를 주장할 수 있어야 하지,[372] 공서위반이 되는 경우에 한정할 이유는 없기 때문이다. 더욱이 외국 중재판정에 기하여 집행판결을 받아 강제집행하는 것은 민사집행법에 따른 것이므로 비록 채무가 소멸하였더라도 공서에 반하지 않는다고 본다면[373] 이를 공서위반으로 해결할 수도 없다.

집행판결 청구소송의 변론종결 후에 발생한 항변사유가 있는 때에는 이를 기초로 집행판결에 대한 청구이의의 소를 제기할 수 있다.[374] 집행판결의 기초가 된 외국판결이 취소된 경우에도 우리 법원의 집행판결이 당연히 효력을 상실하는 것은 아니고 집행력을 배제하자면 채무자가 청구이의의 소를 제기하여야 한다.[375] 그러나 집행판결 후 외국판결이 취소되었다면 그 외국판결은 효력을 상실하므로 더 이상 우리나라에서도 기판력이 없으므로, 앞의 (5)에서 본 것처럼 채무자가 그 사유를 주장하는 것은 차단되지 않는다.[376]

(7) 근자의 논점

근자에는 외국법원이 의사표시를 명하는 판결을 한 경우 집행판결이 필요한지와, 외국법원이 간접강제의 방법으로 제재금을 부과한 경우 그에 대한 집행판결이 가능한지 등이 문제 된 바 있다.

우선 의사표시를 명하는 판결의 문제를 본다. 우리 민사집행법상은 특허권 이전과 같은 의사표시를 할 채무에 관하여 판결이 확정된 경우에는 민사집행법 제263조 제1항(… 의사의 진술을 명한 판결이 확정된 때에는 그 판결로 … 의사를 진술한 것으로 본다)에 강제집행방법이 규정되어 있으므로 간접강제 보충성 원칙에 따라 특허권의 이전에 관하여는 간접강제가 허용되지 않는다. 그러나 만일 그런 제도를 알지 못하는 외국에서 그런 재판을 한 경우 그에 대하여는 외국법원이 간접강제를 명하고 이를 한국에서 집행하여야 할 것이다.[377] 대법원 2018. 11. 29. 선고 2016다18753 판결은 간접강제를 명한 네덜란드 중재판정의 한국 내 승인 및 집행을 허용하였다. 네덜란드법에는 우리 민사집행법 제263조 제1항에 상응하는

---

372) 평석은 석광현, 상사중재법 제1권, 373면 이하 참조. 이창현, 517면도 동지.
373) 오정후(註 367), 323면 이하는 그렇게 본다.
374) 최효섭, 282면; Geimer, Anerkennung, S. 181. Geimer Rz. 3169. Rz. 3147.
375) Schack, Rn. 1091 참조.
376) Nagel/Gottwald, Rz. 15.249도 동지.
377) Schack, Rn. 1154는 이런 견해로 보인다.

규정은 없었던 듯하다.

반면에 독일(민사소송법 제894조)처럼 우리 민사집행법 제263조 제1항에 상응하는 규정이 있는 국가 법원에서 내려진 의사표시를 명하는 판결(이는 이행판결인데, '진술의제'라는 특별히 단축된 집행방법을 가진 이행판결이라고도 한다)이 있는 경우 우리 법원의 집행판결이 없어도 승인요건이 구비되는 한 의사를 진술한 것으로 볼 수 있는가는 문제이다.[378] 피고가 독일에서 의사표시를 한다면 이를 긍정하는 것이 타당하다고 볼 여지가 있으나, 특히 문제는 피고가 한국에서(예컨대 한국 당국에) 의사표시를 해야 하는 경우 우리 법원의 집행판결을 받아야 하는가인데, 이 점은 더 검토할 사항이다.[379]

다음으로 간접강제의 방법으로 제재금을 부과한 외국법원의 판결의 문제를 본다. 브뤼셀 I bis 제55조(브뤼셀 I 제49조)는 제재로서 지급을 명하는 재판이 재판국의 법원에 의해 그 금액이 최종적으로 결정된 경우에만 다른 회원국에서 집행 가능하다고 규정한다.[380] 한편 재판국 법원이 아니라 승인국 법원이 강제금을 독

---

378) Geimer, Rz. 3121는 이를 긍정하나 독일의 소수설이다. 상세는 외국판결에 관하여는 Peter Schlosser, Grenzüberschreitende Vollstreckbarkeit von Nicht−Geldleistungsurteilen, Festschrift für Dieter Leipold zum 70. Geburtstag (2012), S. 438 참조. 외국 중재판정에 관하여는 Peter Schlosser, Trans−Border Enforcement of Non−Monetary Arbitral Awards, Michael E Schneider & Joachim Knoll, Performance as a Remedy: Non−Monetary Relief in International Arbitration, ASA Special Series No. 30 (2011), p. 331. 참조. 이를 'immediate replacement doctrine'이라고 부른다.

379) 반대의 경우 즉 우리 법원이 재판하는데 피고가 외국에서 의사진술을 해야 하는 경우에는 소의 이익이 있는지도 문제 된다. 종래 대법원은 의사의 진술이 간주됨으로써 어떤 법적 효과를 가지는 경우에는 소로써 구할 이익이 있지만 그러한 의사의 진술이 있더라도 아무런 법적 효과가 발생하지 아니할 경우에는 소로써 청구할 법률상 이익이 없다고 본다. 서울고등법원 2017. 1. 17. 선고 2016나2015158 판결의 사안에서는 피고가 베트남 당국이 발급한 투자허가서에 피고가 투자자로 등록되어 있는 베트남 자회사의 지분 92.42%에 관하여 투자자를 원고로 변경하는 의사표시를 하여야 하였다. 대법원은 위 사건 투자허가서의 지분 변경절차에는 양도인인 당사자의 협력이 필요하므로, 원고는 위 사건 지분의 명의자로서 투자자로 등록된 피고로부터 지분을 이전받기 위해 피고를 상대로 투자허가서의 지분 변경절차 이행을 구할 이익이 있다고 본 원심판결은 잘못이 없다고 판단하였다. 소의 이익이 있다는 결론이 타당하더라도 의사진술의 법적 효과가 외국에서 발생해야 하는 사안의 경우 우리 판결이 외국에서 승인되어야 하는지 아니면 외국법원에서 집행판결을 받아야 하는지를 우선 확인하는 등 이론구성을 달리할 필요가 있다. 석광현, 정년기념, 349면 이하 참조.

380) 브뤼셀 I에서는 이 조항이 정기적 제재금 지급(periodic penalty payments)에 한정되었으나 개정에 의하여 이 제한이 제거되었다. 제재금에는 국고에 귀속되는 독일의 강제금

자적으로 부과할 수 있는지는 규정하지 않는데, 이것이 가능한지는 논란이 있으나 독일에서는 가능하다는 견해가 유력하다.[381] 우리나라에서도 이런 쟁점이 문제될 수 있다. 그런 사안은 아니지만, 대법원 2018. 11. 29. 선고 2016다18753 판결은 네덜란드 민사소송법 제1056조에 근거하여 간접강제를 명한 네덜란드 중재판정[382]의 집행을 허가한 하급심 판결이 있고, 대법원도 그런 결론이 타당하다고 판시한 사례가 있다. 우리나라에서도 그런 식의 간접강제명령을 하므로 별 거부감 없이 집행을 허가한 것으로 보이는데, 이 점은 제12장에서 상세히 검토한다.

3. 집행절차

집행판결에 기한 집행절차에 대하여는 민사집행법에 따른 통상의 강제집행에 관한 원칙이 적용된다. 예컨대 집행판결에 기하여 강제집행을 하는 경우에도 집행문의 부여가 필요하다.

4. 집행권원의 보충

집행판결절차에서 집행국인 한국 법원은 승인 및 집행의 요건이 구비되는 경우 외국재판에 대해 한국에서 집행을 허가하는 임무만을 담당한다. 따라서 한국 법원은 외국재판을 보충하거나 적응하거나 변경할 수 없음이 원칙이나 다음과 같은 예외가 인정된다.[383]

(Zwangsgeld)과 제재금으로서의 성질과 손해배상의 성질을 가지며 손해전보에 충당되는 프랑스의 astreinte가 있는데 위 조항이 후자에만 적용되는지 아니면 양자에 적용되는지 논란이 있다. Stein/Koller, Kommentar zur Zivilprozessordnung, Band 12, 23. Aufl. 2022, EuGVVO Art. 55 Rn. 2 참조. 논란의 여지가 있으나 우리 민사소송법상으로는 독일식의 강제금은 승인 및 집행의 대상이라고 보기는 어렵다. 뮌헨고등법원 2008. 12. 3. 판결 참조. 소개와 비판은 Christoph M. Giebel, IPRax (2009), S. 324ff. 참조. 그러나 유럽연합사법재판소는 2011. 10. 18. 판결에서 독일식의 강제금 지급을 명하는 결정도 브뤼셀체제하에서 승인될 수 있는 재판이라고 판단하였다. Realchemie Nederland BV v. Bayer CropScience AG (C-406/09). 소개는 Schack, Rn. 1153도 참조. 그 경우 채권자는 국고를 위하여 집행담당(Vollstreckungsstandschaft)을 하는 것으로 본다.

381) Rauscher, EuZPR/EuIPR, Band I, 5. Auflage (2021), Art. 55 Brüssel Ia-VO, Rn. 20ff. (Mankowski 집필부분).

382) 위 중재판정(제5항)은 위 사건의 피고가 제1항, 제2항 및 제4항의 결정을 위반하는 경우 각 위반사항마다 50,000유로를 배상하도록 하고 위반이 지속되는 동안 매일 5,000유로를 배상하여야 한다고 명하였다.

383) Geimer, Anerkennung, S. 167ff. 참조.

외국재판의 주문에 지연이자에 대한 언급이 없지만, 외국재판의 선고일 다음 날 또는 집행판결청구의 소장송달 다음날부터 완제 시까지의 지연이자의 지급을 구할 수 있는지가 문제 된다. 중재판정에 관한 것이기는 하나, 서울지방법원 1997. 4. 10. 선고 96가합64616 판결은 영국 판결에 대해 영국의 재판법(Judge-ment Act 1838) 제17조[384]를 적용하여 영국의 중재판정에 대한 강제집행의 허가 외에 그 중재판정금에 대한 중재판정일 다음날부터 영국 중재법 및 재판법 소정의 연 8푼의 비율에 의한 이자의 지급을 명한 바 있다. 학설로서도 그 외국재판의 효력에 관한 준거법에 의하여 당연히 지연이자가 발생되는 때에는 집행판결 주문에서 외국재판의 강제집행허가 외에 지연이자의 지급을 명할 수 있다는 견해가 있다.

일본에는 이러한 입장을 취한 최고재판소 판결들[385]이 있으나, 학설은 이를 지지하는 적극적 견해와 승인 대상인 외국재판에 포함되는가에 대해 의문을 표시하는 소극적 견해가 있다. 특히 최고재판소 1998. 4. 28. 판결의 기초가 된 사건의 경우 홍콩 법원의 판결에 대해서는 지연이자가 일률적인 이율로 발생하지 않고 재판 후 법원 직원의 계산에 따라 약 6% 내지 13%의 이율로 발생하는 점에서 더 의문이 있고, 만일 이를 인정한다면 당사자는 방어의 기회를 가지지 못한다는 점에서 주저를 표시하기도 한다.

독일에서는 외국판결이 판결 선고 후의 강제금(Zwangsgeld)과 신속한 이행을 촉구하는 성격의 금원의 지급을 명하였으나 그 금액을 정하지 않은 경우, 또는 외국판결이 이자의 지급을 명하였지만 이율을 기재하지 않은 경우에는 승인국인 독일의 법관이 그 금액을 정하거나 이자율을 확정하여 집행판결에서 이자지급을 명할 수 있다고 보는 견해가 유력하나, 다만 후자는 채권자의 신청이 있는 경우에만 인정할 것이라고 한다.[386] 또한 부가가치세의 지급을 명한 경우에도 마찬가지라

---

384) 동조는 "재판이 선고된 모든 부채에 대하여는 재판의 등록 시점으로부터 법정이율로 이자가 발생하고 동 이자는 집행영장에 의하여 부과될 수 있다(Every judgement debt carries interest at the statutory rate from the time of entering up the judgement and such in-terest may be levied under a writ of execution)"라고 규정한다.

385) 예컨대 1997. 7. 11. 제2소법정판결, 민집 제51권 제6호, 2530면. 동 판결은, 외국판결의 승인은 그 판결이 당해 외국에서 가지는 효력을 인정하는 것이고, 판결국의 법률상 판결에 의해 지급을 명한 금원에 이자가 부수하여 발생하고 집행할 수 있는 경우에는, 그것을 판결문에 기재하는가의 여부는 기술적 문제이므로 기재하지 않더라도 승인·집행을 방해하지 않는다는 취지로 판시하였다.

386) Geimer, Rz. 3157-3158.

고 본다. 반면에 외국판결에 이자지급 자체가 기재되지 않은 경우 소극설의 입장
을 취한 하급심판결이 있다고 한다.387) 나아가 외국재판의 주문의 내용과 범위가
명확하지 않은 경우 승인국 법원은 해석에 의해 이를 보충할 수 있다.388)

특히 근자에는 외국판결(또는 외국중재판정)에 기한 집행판결을 함에 있어서
외국판결(또는 외국중재판정)의 주문을 보면, 우리 법원이 재판하였더라면 포함시
키지 않았을 내용을 담고 있는 경우가 논란이 되고 있다. 이런 경우 과연 우리 법
원이 특정 외국판결에 기한 강제집행을 단순히 허가하는 것으로서 족한지는 의문
이다. 특히 강제집행의 내용과 범위는 집행권원에 의하여 결정되는데, 집행기관이
집행권원의 내용을 특정할 수 없는 경우에는 강제집행은 불가능하므로 외국판결
(또는 외국중재판정)의 내용이 특정되지 않는 경우 문제가 있다.389) 앞으로 이 점에
대한 체계적 검토가 필요하다.

외국판결(또는 외국중재판정)의 내용이 특정하기 어려운 경우에도, 위에 언급한
바와 같이 우리 법원은 외국재판을 보충하거나 적응하거나 변경할 수 없음이 원
칙이므로 우리 법원으로서는 일단 집행판결을 해야 하는지, 아니면 그에 대한 예
외로서 집행판결 단계에서 필요한 범위 내에서 외국판결(또는 외국중재판정)을 수정
하여 집행가능한 내용으로 변경할 수 있는지가 문제 될 것이다.390) 이는 절차법상
의 일종의 적응이라고 할 수 있는데, 집행판결을 하는 우리 법원이 외국판결의 내
용을 구체화하는 것은 허용된다고 할 수 있으나 그 한계는 분명하지 않다.391)

---

387) 渡辺惺之(註 119), 210면(48면).

388) 일본에는 이를 인정한 하급심판결들이 다수 있다고 한다. 渡辺惺之(註 119), 209면(47면)
참조. Geimer, Rz. 3160도 외국의 채무명의를 구체화할 필요가 있다고 한다.

389) 이시윤, 집행법, 105면. 외국중재판정의 집행에 관한 것이나, 2011년경 어떤 중재판정에 기
한 집행판결 청구소송 사건의 중재판정 주문에는 "피고들은 수정 주주간계약을 준수하라",
"피고들은 즉시 피고들의 A(제1종) 우선주와 원고들의 B(제2종) 우선주가 보통주로 전환
되도록 하라" 및 "원고들과 피고들은 본 중재판정의 결과가 달성될 수 있도록 한국법, 수정
주주간계약, 실행계약 및 OO주식회사의 정관에 따른 모든 필요 조치들을 취하라"라는 포
괄적인 내용이 포함되어 있었는데, 그의 집행이 허가되었던 것으로 알고 있다.

390) 흥미로운 것은 2006년 개정 모델중재법(제17조 I)과 이를 수용한 중재법 제18조의8 제1항
제2호 가목이다. 즉 이는 법원에 중재판정부의 임시적 처분을 집행할 권한이 없는 경우 법
원은 임시적 처분의 승인 및 집행을 직권으로 거부할 수 있다고 규정하면서 다만 법원이
필요한 범위에서 실체를 변경하지 않으면서 임시적 처분을 변경하는(즉 절차적 변경) 결정
을 한 경우에는 그러하지 아니하다고 규정한다. 외국판결의 경우에는 명시적 규정이 없으므
로 그와 같이 재량이 큰 것은 아니겠지만 유사한 고려의 필요성은 인정할 수 있을 것이다.

391) 독일에서는 절차법의 상위로 인한 마찰을 해소하는 수단의 하나로 '협력적 적응

Ⅶ. 외국재판의 승인과 국제적 소송경합

외국재판의 승인은 제6장에서 논의한 국제적 소송경합의 처리와 관련된다. 2022년 개정에 의하여 국제사법 제11조가 도입되기 전 우리나라에서는 국제적 소송경합에 관하여는 대체로 다음과 같은 네 가지 견해가 있었다.[392] 전 3자의 대립 상황은 일본에서와 유사하였다.

첫째, 국제적 소송경합을 허용하는 견해, 둘째, 국제재판관할이론에 의하여 해결하는 견해, 셋째, 승인예측설과, 넷째, 둘째와 셋째를 결합한 견해로서, 승인 예측설을 기초로 하면서 매우 예외적인 경우 부적절한 법정지의 법리를 고려하는 견해이다. 승인예측설은 국제적 소송경합을 외국재판의 승인의 전단계(前段階. Vorstufe)로 이해하고, 승인가능성의 유무에 따라 소송경합을 처리하므로 외국재판의 승인은 소송경합과 밀접한 관련을 가진다. 또한, 영미법계의 접근방법에 의하더라도 외국재판의 승인가능성이 적절한 법정지의 판단에 있어 고려할 여러 가지 요소 중의 하나이므로 소송경합은 외국재판의 승인과 관련되나, 승인예측설에서와 같이 결정적인 의미를 가지지는 않는다.

그러던 중 2022년 개정에 의하여 국제사법 제11조가 도입됨으로써 이제 국제적 소송경합의 처리는 국제사법상 명확한 근거를 가지게 되었다. 이는 일종의 절충설로 둘째와 셋째의 견해를 결합한 견해라고 할 수 있으나 어느 것과도 동일하지는 않다. 여기에서 지적하고자 하는 것은, 제11조가 적용되는 과정에서 적극적 승인예측이 필요하므로 국제적 소송경합과 외국재판의 승인은 접점이 있고 특히 소송물의 동일성과 기판력이 미치는 범위의 판단에 주목할 필요가 있다는 점이다.

(kooperative Anpassung)'을 주장하는 견해도 보인다. Jürgen Basedow, Qualifikation, Vorfrage und Anpassung, in Peter Schlosser (Hrsg.), Materielles Recht und Prozessrecht und die Auswirkungen der Unterscheidung im Recht der Internationalen Zwangsvoll‒ streckung: Eine rechtsvergleichende Grundlagenuntersuchung (1992), S. 153ff. Geimer, Rz. 3106도 이를 소개한다. 예컨대 미국의 여러 주에서 부양료 지급 판결은 강제집행할 수 없고 위반 시 법정모욕으로만 처벌할 수 있다고 하더라도 독일에서는 집행판결을 할 수 있다고 본다.

392) 상세는 위 제6장 참조.

Ⅷ. 가사사건의 외국판결의 승인 및 집행의 특수성

1. 민사소송법 제217조의 적용·유추적용 여부

구 민사소송법 제203조(민사소송법 제217조에 상응)가 가사사건의 외국판결에
도 적용되는지에 관하여 직접 적용된다는 견해와 이를 부정하면서 유추적용 또는
조리에 의하여 유사한 요건을 요구하되 상호보증요건은 제외하는 견해 등이 있었
으나,393) 판례394)와 호적실무395)는 제203조가 가사사건의 외국판결에도 적용되는
것을 전제로 상호보증이 필요하다고 보았다. 위에 언급한 것처럼, 최근 대법원
2009. 6. 25. 선고 2009다22952 판결도 이를 전제로 한국과 캐나다 온타리오주 사
이에 상호보증이 있다고 판단하였다. 이는 이혼 및 가사비송사건인 양육자지정,
면접교섭권, 재산분할 및 부양료·양육비지급을 명한 캐나다 온타리오주 법원판
결에 기한 집행판결을 청구한 사건이다. 가사소송법의 조문에 충실하자면, 가사판
결의 승인·집행에 관하여는 민사소송법에 따르지만(가사소송법 제12조 본문), 가사
비송재판의 승인·집행에 관하여는 비송사건절차법을 준용하므로 민사소송법을
유추적용하여야 한다(가사소송법 제34조)고 볼 수 있다.

그러나 가사사건의 외국판결에도 상호보증을 요구하면 파행적 법률관계가
발생할 가능성이 커진다는 문제가 있다. 일반적으로 상호보증을 요구함으로써 당
사자이익이 침해되는데, 가사사건의 경우는 그 성격상 당사자이익뿐만 아니라 파

---

393) 학설로는 종래 민사소송법 제217조를 비송사건에도 유추적용하여 그 요건의 일부를 요구
하는 견해가 유력하다. 다만 승인요건에 관하여, 대심적 소송이 아닌 비송사건의 경우 송달
요건은 문제되지 않는다는 견해가 유력하다. 석광현, "국제가사사건을 다루는 법률가들께
드리는 고언(苦言)Ⅱ", 국제사법연구 제30권 제1호(2024. 6.), 38면 이하 참조. 과거의 논의
는 강봉수, "섭외가사사건의 제문제", 섭외사건의 제문제(하), 재판자료 제34집(1986),
320-321면 참조.

394) 예컨대 대법원 1971. 10. 22. 선고 71다1393 판결.

395) 이에 관하여는 박동섭, 주석가사소송법(1998), 863-864면 참조. 과거 호적실무는 여러 번
변경되었으나 1981. 10. 14. 호적예규 제371호가 외국 이혼판결은 집행판결을 거치지 아니
하고 이혼신고를 할 수 있다는 획기적 조치를 취한 이후 2007. 12. 10. 가족관계등록예규
제173호(외국법원의 이혼판결에 의한 가족관계등록 사무처리지침)와 제175호(외국법원의
이혼판결에 의한 이혼신고)에 따라 집행판결은 불필요하였다. 호적선례 제2-212호도 같
다. 최공웅, "韓國家族法과 國際私法問題", 가사조정 제2호(1999), 28면 참조. 법원행정처,
국제가족관계등록 사례집(2009), 104면도 참조. 가족관계등록예규 제419호(2015. 2. 1.부터
시행. 외국법원의 이혼판결에 의한 가족관계등록사무 처리지침 일부개정예규)도 참조.

행적인 신분관계의 창설에 의하여 거래이익과 국가이익[396]도 침해되기 때문에 상호보증을 요구하는 것은 문제가 있으므로 이를 완화할 필요가 있는데, 다만 그 범위와 요건을 더 검토할 필요가 있다.[397] 가사사건의 외국판결의 경우도 상호보증을 요구할 것인지와,[398] 나아가 가사사건의 외국판결의 승인 및 집행에 관하여는 가사소송법 또는 국제사법에서 별도의 규정을 두는 방안을 고려할 필요가 있다.

또한 위에서 본 것처럼 우리 민사소송법상 외국재판의 승인은 자동적으로 이루어지고 이런 원칙은 가사사건의 경우에도 적용되는 것으로 이해된다. 그러나 가사사건에도 이런 원칙을 그대로 적용할지는 입법정책의 문제이다. 실제로 독일에서는 외국법원의 혼인관계사건 재판[399]은 FamFG 제107조에 따라 주법무행정청(Landesjustizverwaltung) 내지 고등법원(OLG)의 장이 특별행정절차에 따라 승인요건의 구비 여부를 확정한다.[400]

이와 관련하여 한 가지 주목할 것은 2014년 개정된 민사소송법 제217조 제1항이다. 즉 제1항 본문은 승인 대상으로서 외국법원의 확정판결만을 규정하던 구 제1항을 개정하여 "외국법원의 확정판결 또는 이와 동일한 효력이 인정되는 재

---

396) 당사자이익, 거래이익과 국가이익의 개념은 석광현, 관할연구, 52면 이하 참조.

397) 참고로 독일 민사소송법(제328조 제2항)은 비재산법적인(또는 비재산권적인) 청구에 관한 사건에서 독일에 재판적이 존재하지 않는 경우 상호보증을 요구하지 않는다. 과거에는 비송사건절차법(제16a조)에 따르면 친자관계사건인 때에는 재판적에 관계없이 상호보증을 요하지 않았다. 그러나 2009. 9. 1. 발효한 "가사 및 비송사건절차법(Gesetz über das Verfahren in Familiensachen und in den Angelegenheiten der freiwilligen Gerichtsbarkeit. FamFG)" 제107조와 제109조는, 일정한 가사사건에 대하여 상호보증을 요구한다. 이는 대체로 과거 독일 민사소송법에 의하여 규율되던 사항에 관한 것이므로 구법상의 원칙은 유지되고 있다고 한다. Horndasch/Viefhues/Hohloch, FamFG, §109 Rn. 57-58. 과거 서울고등법원 1985. 2. 14. 선고 94나4043 판결도, 신분판결에서는 상호보증요건을 적용해서는 안 된다는 점을 지적한 바 있다. 손경한, "外國判決 및 仲裁判定의 承認과 執行 —判例를 中心으로—", 국제거래법연구 창간호(1992), 167-168면도 참조.

398) 강현중, 제7판, 686면은 상호보증을 요구하지 않는 견해로 보인다.

399) 이는 외국에서 혼인의 무효를 선언하거나 혼인을 취소하거나 이혼에 의해 혼인관계를 종료시키거나 혼인계속 중에 별거를 명하거나 또는 관계인 간의 혼인의 존재 혹은 부존재를 확인하는 재판을 말한다.

400) 이를 '확정권한의 독점(Feststellungsmonopol)'이라고 부른다. 주법무행정청은 주에 따라 다르나 대체로 법무부인 것으로 보인다. 그러나 사법권에 속하는 사항을 행정절차로 처리하는 것은 독일 기본법의 권력분립 원칙에 반한다는 소수설도 있는데(Geimer, Rz. 264), 1981. 10. 14. 독일 연방대법원 판례(BGHZ 82, 34, 39 = NJW 1982, 517)와 다수설은 고등법원에 이의를 제기할 수 있어 문제가 없다고 본다. Nagel/Gottwald, Rz. 13.29.

판"으로 확장하였는데 그것이 비송사건에 어떤 영향을 미치는가라는 문제이다. 제1호가 확정재판이라고 하므로 이제는 비송사건에도 제217조의 모든 요건이 적용된다는 견해도 주장될 수 있으나, 위 개정이 특히 가사사건과 비송사건을 염두에 둔 것은 아니므로 저자는 비송사건에 관한 종래의 학설 대립은 여전히 가능하다고 본다. 제217조를 개정하는 과정에서 가사사건과 비송사건도 고려하여 그 취지를 명시했더라면 하는 아쉬움이 있다.[401]

　　참고로 일본에서는 일반적으로 일본 민사소송법 제118조(민사소송법 제217조에 상응)를 준용하거나 유추적용하였는데, 2018년 신설된 가사사건절차법 제79조의2는 "외국법원의 가사사건에 대한 확정된 재판(이에 준하는 공적기관의 판단을 포함한다)에 대해서는 그 성질에 반하지 않는 한 민사소송법 제118조의 규정을 준용한다"라고 규정하고, 이를 근거로 외국법원의 가사재판에 대하여는 제118조의 요건이 미비된 경우 집행판결 청구의 소를 각하하도록 민사집행법 제24조 제5호 괄호에서 명시한다.[402]

2. 가족관계등록부의 기재와 외국판결에 대한 집행판결의 요부

가. 법원 실무: 이혼재판과 입양재판의 예외적 취급의 문제점

승인요건이 구비되면 외국의 가사사건판결은 당연히 승인되므로 별도의 집

---

401) 이규호, "외국재판의 승인 등에 관한 개정 민소법·민사집행법에 대한 평가", 법률신문 제4252호(2014. 9. 4.), 11면은 비송재판에 확장되는 것을 막기 위해 확정판결과 동일한 효력, 즉 기판력이 인정되는 재판으로 제한했다고 설명한다(상세는 이규호, 2014년 개정, 105면 이하 참조). 그러나 이는 의문이다. 우리 가사소송법에는 가사비송심판의 기판력에 관한 규정이 없기 때문에 주류적 견해는 일반적인 비송사건의 경우와 마찬가지로 기판력을 부인하는데, 만일 어느 외국이 한국법과 같은 태도를 취한다면 형성력은 있지만 기판력이 없는 외국법원의 가사비송재판은 한국에서 승인될 수 없다는 것이 되기 때문이다. 비송사건에 관한 외국재판의 승인 및 집행에 관하여는 우선 김상일, "독일의 [가사사건 및 비송사건절차법(FamFG)] 개관", 민사소송 제13권 제1호(2009. 5.), 644면 이하 참조. 2022년 개정을 추진하여 입법예고를 하였던 가사소송법 개정안에 관하여는 김원태, "가사소송법 전부 개정법률안의 특징과 주요 내용", 법조 통권 제723호(2017. 6.), 286면 이하 참조. 기판력은 동, 328면 이하 참조. 국제재판관할규칙은 2022년 7월 시행된 개정 국제사법에 반영되었으나, 위 가사소송법 개정안은 국제가사소송의 특수성은 고려하지 않았던 것으로 보인다. 최근 가사소송법 전면개정 작업이 다시 추진되는 것으로 보이는데, 2024. 10. 25. 한국가정법률상담소는 "가사소송법 전면개정의 검토과제 - 가사소송법 전면개정을 촉구하며 - "라는 주제로 창립 68주년 기념 심포지엄을 개최한 바 있다.

402) 内野宗揮, 扶養料の支払を命じる判決の執行, 道垣内正人·中西 康(編), 国際私法判例百選 第3版, 別册 Jurist No. 256 (2023), 205면.

행판결 없이 효력이 있음은 당연하다. 한편 가족관계등록부의 기재는 본래의 집행이 아니므로 외국판결에 따른 신분관계의 변동을 기재하기 위해 집행판결이 필요한지는 논란이 있는데, 이를 요구하는 것은 부적절하다고 할 수 있다.403) 그러나 과거 우리 법원의 실무는 가족관계등록부(과거 호적부)의 기재를 이른바 광의의 집행으로 보아 집행판결을 요구하였다. 그러던 중 과거 미국 법원의 이혼판결을 받은 재미교포들의 경우 상호보증의 결여를 이유로 미국 판결에 기하여 호적기재를 하지 못하고 한국에서 다시 이혼소송을 제기해야 하는 불편이 있게 되자 대법원은 위에 언급한 대법원예규로써 이혼판결에 대하여는 집행판결을 요구하지 않는 것으로 방침을 정하였다.404) 위 예규에 따르면 담당 공무원으로서는 승인요건의 구비 여부가 명백하지 않은 경우 감독법원에 질의하여 승인요건의 구비 여부에 관한 회답을 얻어 처리해야 함에도 불구하고 이를 생략한 탓에 승인요건을 구비하지 못한 이혼판결에 따라 가족관계등록부에 이혼이 기재되는 사례도 있다.405)406)

또한 실무상 외국 입양판결에 따른 가족관계등록의 경우에도 집행판결은 불필요한데, 이는 1996. 10. 24. 구 호적선례(제4-25호)와 위 가족관계등록예규 제

---

403) 일본에서는 집행판결을 요구하지 않는 것으로 보인다. 佐藤やよひ·道垣内正人, 渉外戸籍法リステイトメント(2007), 248면. 그러나 김수형, 431면은 집행판결을 요구하는 것이 옳다고 한다.
404) 외국법원의 이혼판결에 기하여 집행판결 없이 가족관계등록부에 기재할 수 있다면 외국 이혼판결에 기한 집행판결청구의 소는 소의 이익이 없어 각하된다고 보았다. 법원행정처, 국제거래재판실무편람(2006), 102면. 그러나 국제거래재판실무편람(2015), 118면에서는 집행판결이 필요한지에 관해 긍정설과 부정설이 있다고 소개하고 민사집행실무 제1권, 211면을 인용한다. 우리 법상 재판상이혼은 나류 가사소송사건이다.
405) 따라서 뜻하지 않게 이혼을 당한 당사자는 우리 법원에 이혼무효확인의 소를 제기하여 당해 이혼판결이 한국에서 효력이 없음을 주장·입증해야 하는 불합리한 사례가 발생하였다(대법원 2002. 11. 26. 선고 2002므1312 판결의 사례 참조). 만일 집행판결이 필요하다면 미국 법원에서 이혼판결을 받은 남편이 한국에서 부인을 상대로 제소하여 집행판결을 받았어야 했으나, 집행판결 없이 호적기재가 이루어진 결과 부인이 남편을 상대로 이혼무효확인의 소를 제기해야 하였다. 신분관계의 변동이라는 매우 중대한 사항이 제대로 걸러지지 못한 채 호적 기재가 이루어진 점은 유감스러운 일이다.
406) 다만 2015년 1월 개정된 가족관계등록예규 제419호(외국법원의 이혼판결에 의한 가족관계등록사무 처리지침 일부개정예규)는 질의해야 하는 경우를 더 구체적으로 규정하고, 나아가 그에 대한 예외(집행판결을 받은 경우도 포함)를 규정한다. 법원행정처, 2019 가족관계등록 사례 해설(2019), 189면; 법원공무원교육원 편, 2016 국제가족관계등록실무(2016), 160면도 참조.

419호에 근거한 것으로 보인다. 호적선례는 그 근거로 입양결정(판결)은 <u>국가가</u>
<u>후견적 사무로서 행하는 행정작용에 불과한 것으로 당사자 간의 분쟁을 전제로</u>
<u>하는 소송에 대한 종국적 재판과 성질이 다르기 때문</u>이라고 하나[407] 재판상입양
에 의하여 완전입양의 효력이 발생하는 미국의 사례를 보면 이런 설명에는 동의
할 수 없다. 더욱이 비송재판에 대하여도 제217조가 적용되는 것을 당연시하는
대법원 판결과는 일관성이 없다.[408] 한편 실무상 외국법원의 인지재판에 대하여
는 집행판결을 요구하는데,[409] 이는 외국법원의 이혼재판/입양재판에 대하여 집
행판결이 불필요하다고 보는 것과 일관성이 없다.

이러한 불합리는 외국판결에 기한 신분관계 변동의 기재를 위하여 일률적으
로 집행판결을 요구하면 피할 수 있지만, 가족관계등록부의 기재는 본래의 집행
이 아니므로 그러한 요구는 부적절하다. 또한 다른 가사사건 판결에 대하여는 집
행판결을 요구하면서도 유독 이혼판결/입양판결에 대해서만 예외를 인정할 근거
도 없다. 나아가 민사소송법의 해석론을 예규 또는 선례로써 변경할 수는 없다.
요컨대 종래의 실무는 일관성이 없고 법적 근거도 약하다는 문제가 있는데, 2025
년 7월 입양협약이 발효되면 그에 따라 외국에서 이루어진 입양(재판형이든 계약형
이든 간에)에 따른 등록 문제가 제기될 것이므로 이를 계기로 문제점을 정리할 필
요가 있다.

---

407) 법원행정처(註 406), 122면; 정주수, "국제입양의 실무적 고찰", 법무사 436호(2003. 10.),
14면도 같다(https://memberr.kabl.kr/mod/page/view.do?MID=member_page_ebook 참
조). 佐藤やよひ·道垣內正人(編), 涉外戶籍法リステイトメント(2007), 141면과 그에 소개
된 일본 문헌도 여러 이유 중의 하나로 유사한 근거를 제시한다. 구 호적선례 제4-25호는
호적공무원이 그 방식에 관한 준거법인 외국의 법규를 다 알 수는 없는 것이므로 미국 법
원의 입양결정(판결)이 호적법 제40조에 의한 입양성립증서에 해당하는지 여부에 관하여
의문이 있을 경우에는 그 나라의 법규 기타 자료를 소명자료로 제출하게 하여 그 수리 여
부를 결정해야 한다고 하고, 법원공무원교육원 편(註 406), 113-114면도 같다. 우리 법상
친양자입양은 라류 가사비송사건이다.
408) 이선미, "국제입양 관련 실무 현황과 과제", 2018. 6. 20. 한국국제사법학회 창립 25주년 기
념 공동학술대회 발표자료, 72면 註 67은 종래 외국법원의 이혼판결의 경우 집행판결이 불
필요하다고 보는 것과의 균형상 외국법원의 입양판결도 동일하게 볼 수 있다면서, 외국법
원의 파양판결에 대하여 집행판결을 한 사례(서울중앙지방법원 2017. 11. 24. 선고 2016가
합565797 판결)를 소개한다.
409) 우리 법상 인지청구는 나류 가사소송사건이다.

나. 문제점 해결의 필요성과 검토할 논점들

종래의 논의를 보면 집행판결을 요구할지에 관하여 몇 가지 선택지가 있다.[410] 첫째, 집행판결을 요구하는 방안(과거 외국법원의 인지 판결에 대한 실무), 둘째, 종래 이혼재판/입양재판에 관하여 예규처럼 처리하는 방안(자동승인＋질의 방식), 셋째, 우리 법원(또는 다른 기관)의 확인을 요구하는 방안(독일 방식)[411]과 넷째, 자동승인을 관철하는 방안(질의 불요)이 있다. 어느 방안을 따르건 간에 법률에 명시하는 편이 바람직한데, 승인요건의 구비 여부 판단을 가족관계등록 공무원에게 전적으로 맡기는 것은 무리이므로 일단 법원이나 다른 기관이 승인요건의 구비 여부를 유권적으로 판단하는 셋째 방안이 설득력이 있으나 더 검토할 필요가 있다.

위 문제는 입법에 의하여 해결하는 편이 바람직한데 그 경우 아래 논점들도 검토하여야 한다.[412] ① 가사사건과 비송사건을 달리 취급할지(또한 비송사건을 쟁송성, 대심성의 유무에 따라 구별할지),[413] ② 이혼재판/입양재판만을 다른 신분관계 판결과 달리 취급할지(또한 이혼재판을 달리 취급한다면 혼인 취소, 혼인 무효와 이혼무효판결은 어떤지), ③ 파양재판을 이혼재판에 준하여 취급할지, ④ 승인요건의 구비 여부 판단을 법원에 맡길지 아니면 다른 기관에 맡길지,[414] ⑤ 가사사건에 대하여 집행판결 또는 기관 확인을 요구할 경우 재산소재지의 토지관할을 인정할지[415]와 ⑥ 가사사건의 외국재판의 승인 및 집행에 관한 조문을 가사소송법과 국

---

410) 이 점은 석광현(註 393), 46면에서 밝힌 바 있다.

411) 이는 예컨대 독일처럼 고등법원장(또는 적절한 기관)이 승인요건의 구비 여부를 스크린하는 제도를 말한다.

412) 이 점은 석광현(註 393), 48면에서 지적한 바 있다.

413) 한국에서 승인되자면 외국재판은 승인 대상 적격이 있어야 하는데, 적격이 있으면 외국재판 승인의 법리를 따르나, 특히 비송사건의 경우 사안별로 준거법 지정의 법리로 처리할지를 검토할 필요가 있다. 석광현(註 393), 47면 참조. 입양특례법에 따른 가정법원의 허가처럼 창설적 효력이 있는 입양재판은 전자에, 창설적 효력이 없는 입양허가는 후자에 속할 것이나 이견이 있을 수 있다. 후자의 경우 준거법 심사를 통과해야 하는데, 추가로 법원허가가 승인요건을 구비해야 하는지는 견해가 나뉠 수 있다. 이처럼 집행판결의 요부는 광의의 국제사법에서 준거법 지정의 경로와 절차법적 승인의 경로의 경계획정의 문제와도 연결된다.

414) 우리나라에도 가족관계등록부에 외국이혼재판에 기한 이혼의 기입을 위한 승인요건의 구비 여부에 대하여는 가사비송절차에 의하여 가정법원의 사법적 심사를 받도록 하는 것이 타당하다는 입법론이 있다. 김희동, "외국이혼재판의 승인", 강원법학 제44권(2015. 2.), 116면.

415) 토지관할의 문제는 아니나, 외국신분판결에 대하여 집행판결을 구하는 사건은 일반 민사법

제사법 중 어디에 둘지 등이 그것이다.[416]

3. 외국 입양재판 승인의 특수성

가. 외국 입양재판의 승인에 관한 입양특례법의 태도

2012년 입양특례법이 개정되기 전에는 우리 아동이 해외입양되는 경우 우리 법원의 입양재판 없이 외국에 가서 현지에서 입양재판을 받는 것이 과거의 실무였다. 이처럼 아동이 외국에서 선고형입양에 의하여 입양을 한 경우 그 외국의 입양재판을 검토하여 우리 법상의 승인요건이 구비된 때에만 우리나라에서 그 효력을 인정해야 하나, "입양촉진 및 절차에 관한 특례법"은 외국 입양재판의 승인 및 집행은 문제 삼지 않고 아동의 한국 국적을 말소하도록 한다. 가족관계등록부에서 말소하는 것은 종래의 유력설에 따르면 광의의 집행이라고 할 수 있는데 이는 집행판결에 의하지 아니하고 집행을 하는 셈이 된다. 다만 국적 처리에 관한 한 이는 자발적으로 외국국적을 취득했다는 사실에 근거한 조치라고 할 수 있다.

즉 과거에는 아동의 수령국인 미국 등지에서 입양재판을 하였으므로 한국에서 그 승인이 문제 되었을 뿐이고 외국에서 우리 입양재판의 승인은 문제 되지 않았다. 그러나 2012. 8. 5. 발효한 입양특례법은 한국에서 입양재판을 할 것을 요구하므로 수령국인 외국에서 한국 입양재판의 승인 문제가 제기된다.

나. 외국 입양재판의 승인요건

외국법원이 선고형입양을 하는 경우 그의 한국 내 효력은 외국판결의 승인에 관한 민사소송법 제217조를 유추적용하여 해결할 사항이다.[417] 즉 외국의 입양재판은 비송사건인데, 외국법원의 선고형입양이 승인되려면 민사소송법 제217조에 준하는 요건을 구비해야 한다.[418] 문제는 상호보증의 요건이 필요한가인데, 위에

원에서, 외국 이혼판결의 효력을 부인하는 이혼무효확인 등 사건은 가정법원에서 각각 처리하는 종래의 이원적 형태는 바람직하지 않으므로, 외국법원의 이혼판결을 비롯한 모든 신분관계판결에 대한 승인요건의 심사를 가정법원에서 일괄 처리하도록 하자는 입법론도 있었다. 한숙희, "국제가사사건의 국제재판관할과 외국판결의 승인 및 집행―이혼을 중심으로―", 국제사법연구 제12호(2006), 44–45면.

416) 국제사법에 둔다는 것은 외국재판의 승인 및 집행에 관한 조문(현행 민사소송법 제217조/제217조의2와 민사집행법 제26조/제27조)을 국제사법으로 옮기는 것을 전제로 한다.

417) 김문숙, "친양자제도의 도입으로 인한 국제사법에의 영향", 국제사법연구 제11호(2005), 321면도 동지.

418) 가족관계등록부에의 기재를 광의의 집행으로 보면 집행에 관한 민사집행법도 유추적용되

서 본 것처럼 이에 관하여 견해가 나뉘고 있지만 비송사건 일반에 관한 판례의 태도에 따르면 필요하다고 보아야 할 것이나,[419] 구 호적선례와 가족관계등록예규를 근거로 실무상 집행판결이 불필요하였기에 실무상 문제가 되지 않았다. 미국의 경우 많은 주에서 외국 입양재판의 승인을 위하여 상호보증은 요구되지 않는 것으로 보이나, 국가에 따라서는 조약이 없으면 외국판결을 전혀 승인하지 않으므로[420] 그런 국가들과 우리나라 간에는 상호주의의 존재가 부정될 가능성이 있다. 따라서 만일 우리가 선고형입양에 대해 상호주의를 고집한다면 그런 외국의 입양재판은 당해 국가에서는 효력이 있지만 우리나라에서는 효력이 없어 파행적 법률관계가 발생한다. 이를 해결하자면 출국 전에 한국 내에서 선고형입양을 하고, 명문의 규정을 두어 가사소송사건 또는 비송사건 재판의 승인 시 상호주의를 배제하는 방안을 고려할 수 있다. 하지만 가장 바람직한 것은 우리나라가 헤이그국제사법회의의 1993년 "국제입양에 관한 아동의 보호 및 협력에 관한 협약"("입양협약")에 가입함으로써 입양재판의 효력이 체약국에서 자동적으로 승인되도록 하는 것이다.

다. 입양협약[421]에 따른 외국 입양재판의 승인의 효력

우리나라는 아직 입양협약을 비준하지 않았으나 국제입양에 관한 법률[422]을 공포하였으므로 2025년 7월 경 이를 비준할 것으로 예상된다. 우리가 입양협약을

는데, 집행판결을 받아야 하는지는 종래 논란이 있다. 정주수, 국제호적절차(2004), 223면은 불필요하다고 한다.

[419] 위에 언급한 이혼과 가사비송사건인 양육자지정, 면접교섭권, 재산분할 및 부양료·양육비 지급을 명한 캐나다 온타리오주 법원판결에 기하여 우리나라에서 집행판결을 구한 사건에서 대법원 2009. 6. 25. 선고 2009다22952 판결은 상호보증이 필요함을 전제로 판시하고 있다. 이혼, 위자료 및 양육비지급 등을 명한 뉴욕주 법원 판결의 승인과 관련하여 대법원 1989. 3. 14. 선고 88므184, 191 판결은 뉴욕주와 우리나라 간에 상호보증이 있음을 인정하였는데 이도 동일한 태도를 취한 것이다.

[420] 북구국가들이 재산법상의 사건에 관하여 그런 태도를 취하나, 외국의 입양재판에 대하여도 동일한 태도를 취하는 것은 아닌 것으로 보인다. 이 점을 더 명확히 확인할 필요가 있다.

[421] 입양협약에 관하여는 석광현, "1993년 헤이그국제입양협약(국제입양에 관한 아동보호 및 협력에 관한 헤이그협약)", 국제사법연구 제15호(2009. 12.), 421면 이하; 석광현·이병화, 헤이그국제아동입양협약에 관한 연구(2010) 참조.

[422] 위 법률의 소개와 문제점은 석광현, "헤이그 국제아동입양협약의 이행을 위한 '국제입양에 관한 법률'의 주요 내용과 문제점", 한양대학교 법학논총 제40집 제3호(2023. 9.), 317면 이하 참조.

비준할 경우 체약국에서 한 입양재판의 승인은 입양협약에 의하여 규율되는데, 입양협약에 따르면 체약국에서 한 입양재판은 다른 체약국에서 자동적으로 승인된다(입양협약 제23조 참조). 이 경우 외국 입양재판은 민사소송법 제217조의 요건이 구비되지 않더라도 협약에 따라 승인되는 것이다.

입양의 승인은 (a) 아동과 양친 사이의 법적 친자관계와 (b) 아동에 대한 양친의 부모로서의 책임의 승인을 포함하고, 또한 만일 (c) 입양국, 즉 입양이 이루어진 나라에서 입양이 아동과 그의 친생부모 간에 존재하는 기존의 법률관계를 종료시키는 효력, 즉 단절효를 갖는 경우에는 그의 승인을 포함한다(입양협약 제26조 제1항). 협약의 이런 태도를 영미식 승인 개념으로 이를 '변형모델'이라고 설명하거나, 제26조 제2항은 외국재판의 승인이나 저촉법 또는 실질법 규정도 아니며 외국에서 성립한 완전입양을 다른 체약국의 상응하는 입양으로 취급하는 실질법 차원의 대용(Substitution)을 규정한 것이라고 설명하기도 하나, 법상태의 승인으로 설명하는 것이 더 적절하다고 본다.[423]

Ⅸ. 외국재판의 변경

1. 의   의

국내에서도 정기금의 지급을 명한 판결이 확정된 뒤에 그 액수산정의 기초가 된 사정이 현저히 변경된 경우 장차 지급할 정기금의 액수를 변경할 필요가 있다. 특히 장래 정기급부를 명하는 판결의 경우 필요하다. 예컨대 피해자가 사고로 인하여 사망 시까지 매년 일정액의 치료비가 소요될 것으로 예상하여 그 지급을 명하는 판결을 선고하였는데, 예상과 달리 조기에 건강상태가 호전된 경우 피고가 그 정기금판결 액수의 감액을 청구할 수 있도록 할 필요가 있다.[424] 장래의 상황이 판결 선고 시와 달리 전개되는 경우 이를 바로잡을 필요가 있는데, 이를 실현하는 방법으로는 첫째, 판결의 기판력의 시적 범위를 매우 제한하는 것이고, 다른 하나는 상황이 본질적으로 변경되었을 때 법원이 판결의 기판력을 배제할 수 있

---

423) 법상태의 승인에서도 승인의 효과는 논란이 있는데 협약은 그 효과를 명시하는 것이다. 석광현, 정년기념, 698면 참조.
424) 이시윤, 565면.

도록 허용하는 것이다.[425] 독일 민사소송법 제323조 제1항은 후자의 방법을 택하고 있는데, 우리 민사소송법 제252조도 위 독일법을 모델로 하여 정기금판결에 대한 변경의 소를 도입하였다.[426]

여기에서 문제 되는 것은 외국법원의 정기금판결이 있는데, 그 후 상황이 변경된 경우 예컨대 피고가 우리 법원에서 정기금판결에 대한 변경의 소를 제기할 수 있는가이다. 과거 독일에서는 외국판결을 변경하는 것은 외국의 주권에 간섭하는 것이 되어 허용되지 않는다는 견해도 있었으나 현재는 외국판결의 변경은 독일 영역 내에서 외국판결에 대해 효력을 부여할지 여부와 그 범위를 정하는 문제일 뿐이고 외국의 고권에 대한 간섭이 아니므로 허용된다고 보는 견해가 다수설이다.[427] 이 견해가 타당하다.[428] 이와 별도로 당사자가 원재판국인 외국법원에서 당해 국가의 법에 따라 변경의 소를 제기하는 것은 물론 허용된다.

일부 견해는 원재판국인 외국법원에 관할이 있음은 당연하고, 그 밖에 승인국 법원도 그 외국가사재판의 준거법(실질법)이 이를 허용하고 승인국의 법원이 국제재판관할권을 가질 것을 조건으로 외국가사재판의 변경재판을 할 수 있다고 보나,[429] 다른 견해는 입법론으로서 원재판국이 계속하여 관할을 가지고 이는 전속관할이라고 보면서 다만 부양권리자가 다른 국가에서의 분쟁해결에 합의한 경우에는 그렇지 않다는 취지로 입법하자고 한다.[430]

2. 법적 성질

이는 확정판결의 변경을 목적으로 하는 소송법상 형성의 소에 해당한다.[431] 이는 단순히 집행력만이 아니라 실체적 확정력(즉 기판력)의 변경을 목적으로 한다. 다만 외국재판을 변경하는 경우 집행력의 배제는 포함되지 않는다. 왜냐하면

---

425) Schack, Rn. 1181.
426) 이시윤, 565면. 우리 법과 독일법의 비교는 정선주, "정기금판결에 대한 변경의 소 — 한국과 독일의 입법례 비교 — ", 비교사법 제11권 제2호(통권 제22호)(2004), 399면 이하 참조.
427) Geimer, Rz. 1573; Schack, Rn. 1184; Nagel/Gottwald, Rz. 15.301.
428) 정선주(註 426), 431면도 동지.
429) 김원태, "외국가사재판의 승인·집행에 관한 문제의 재검토", 국제사법연구 제6호(2000), 77-78면.
430) 김문숙, "부양사건과 성년후견사건의 국제재판관할권에 관한 입법론", 국제사법연구 제19권 제2호(2013. 12.), 179면.
431) 이시윤, 566면.

외국재판의 집행력은 우리 법원의 집행판결에 의하여 비로소 부여되는데(형성소송설) 집행판결을 받은 뒤에야 비로소 변경의 소를 제기할 수 있다고 볼 것은 아니다.

3. 요 건

우리 민사소송법상 정기금의 지급을 명한 국내판결을 변경하기 위하여는 ① 정기금의 지급을 명한 판결일 것,[432] ② 정기금의 지급을 명하는 판결이 확정되었을 것, ③ 정기금판결의 변론종결 이후 정기금 액수산정의 기초가 된 사정이 현저하게 바뀜으로써 당사자 사이의 형평을 침해할 특별한 사정이 발생하였을 것이라는 요건이 구비되어야 한다.

우리 법원이 외국재판을 변경하는 경우에도 일응 법정지법인 우리 민사소송법상의 위 요건이 구비되어야 한다. 즉 위 요건은 절차적 동기에 기한 것이고 확정력과 밀접한 관련을 가지므로 외국법원이 준거법인 외국법을 적용하여 한 재판이더라도 우리나라에서 변경을 구하는 한 우리 민사소송법에 따를 사항이라고 볼 수 있다.[433] 만일 이렇게 본다면 변경의 소의 허용요건, 요건과 범위는 모두 법정지법인 우리 민사소송법에 따른다. 그렇게 함으로써 변경 요건에 관하여 외국법을 심사하는 법관의 부담을 덜 수 있다. 사정변경은 예컨대 부양권리자가 그의 상거소지를 생활비가 높은 국가로부터 저렴한 국가로 이동함으로써 발생할 수도 있다.[434] 그러나 독일의 통설은 특히 부양 판결의 변경 요건과 관련하여 독일 민사소송법 제323조와 FamFG 제238조를 실체법적으로 성질결정하여 부양의 준거법이 변경 재판을 허용할 것을 요구한다.[435]

---

432) 우리 민사소송법상은 정기금배상판결, 더 정확히는 변론종결 전에 발생한 손해에 대하여 정기금에 의한 배상을 명한 판결에 한정하지 않으므로(일본 민사소송법 제117조 제1항은 그와 같이 제한한다) 정기금방식의 연금, 임금 또는 이자지급 판결 등도 대상이 된다. 우리 법상 부양비, 양육비 재판과 같이 판결사항이 아니라 심판사항인 가사비송사건이 이에 해당되는지 가사소송법 제39조 및 비송사건절차법 제19조와 관련하여 더 검토할 필요가 있다고 한다. 이시윤, 566면. 그러나 현실적 필요를 고려한다면 위 조문을 유추적용해서라도 이를 허용해야 할 것이다. 특히 민법 제978조가 "제978조(부양관계의 변경 또는 취소) 부양을 할 자 또는 부양을 받을 자의 순위, 부양의 정도 또는 방법에 관한 당사자의 협정이나 법원의 판결이 있은 후 이에 관한 사정변경이 있는 때에는 법원은 당사자의 청구에 의하여 그 협정이나 판결을 취소 또는 변경할 수 있다"라고 명시하므로 더욱 그러하다.

433) Geimer, Rz. 2658; Schack, Rn. 1071.

434) 이 경우 부양권리자의 상거소지법이라는 준거법의 변경(Statutenwechsel) 자체가 위 ③의 요건을 충족하는지는 논란이 있다. Schack, Rn. 1193.

435) Geimer, Rz. 2658; Schack, Rn. 1190. 다만 실체법적 성질결정을 하더라도 요건의 준거법

다만 그에 추가하여 첫째, 우리나라가 국제재판관할을 가져야 하고,[436) 둘째, 외국재판이 국내에서 승인되어야 한다.[437) 반면에 재판국이 재판의 변경을 허용하는 것은 요건이 아니다. 가사 재판국법이 이를 허용하지 않더라도 승인국인 우리나라가 외국재판의 효력을 제한할 수 있으므로 이런 요건은 불필요하다고 본다.

4. 재판절차

변경의 소가 제1심판결법원의 전속관할에 속함은 위에서 보았다. 변경의 소에서는 변경된 사정의 한도 내에서 종전 판결의 변경을 위한 심리를 하는 것이지 새로운 사정과 무관한 전소의 사실확정을 달리 판단할 수는 없다. 법원은 변경 청구를 인용하는 경우 원판결을 감액 또는 증액하는 내용의 주문을 기재하면 된다.[438)

외국재판을 변경하는 경우 변경의 종류와 금액은 재판국이 실제로 적용한 실체관계의 준거법에 따를 사항이다.[439) 외국에서 승소한 원고가 우리나라에서 집행판결청구의 소를 제기한 데 대하여 피고가 민사소송법 제252조에 따른 정기금의 감액을 구하는 경우에는 그 요건이 구비된다면 우리 법원은 외국재판의 정기금을 감액하고 그에 대하여 집행판결을 할 수 있다고 본다.[440)

Ⅹ. 민사소송법 제217조의2에 관한 입법론

저자는 제1판의 이 부분에서 과거의 입법론을 소개하고 논평한 바 있으나, 이는 의미를 상실하였기에 이 부분을 삭제하였다. 현행 민사소송법 제217조의 개

을 어떻게 결정할지에 관하여는 변경 재판을 하는 법정지 국제사법에 의하여 지정하는 견해, 원재판국의 국제사법에 의하여 지정하는 견해와 법정지법 또는 독일 국제사법에 의한 부양 준거법에 의하는 견해 등이 있는 것으로 보인다. Schack, Rn. 1190.

436) 민사소송법상 변경의 소는 제1심 판결법원의 전속관할에 속하므로(제252조 제2항) 이를 국제재판관할규칙이라고 본다면 외국재판의 변경의 경우 당해 외국만이 국제재판관할을 가지는 것으로 생각할 수도 있으나 그렇게 볼 것은 아니다. 따라서 변경의 소에 대하여는 일반원칙으로 돌아가 국제사법 제2조와 특별관할을 정한 규칙에 따라 우리나라에 국제재판관할이 있어야 할 것이다.

437) 정선주(註 426), 431면; Schack, Rn. 1194; Nagel/Gottwald, Rz. 15.302.

438) 이시윤, 568면.

439) Schack, Rn. 1195 참조. 다만 정확히 말하자면 성질결정을 어떻게 할지 그리고 실체법적 성질결정을 하더라도 요건의 준거법을 어떻게 결정할지에 따라 다를 수 있다.

440) Geimer, Rz. 2654 참조.

정안은 앞(Ⅲ.5.다.(7))에서 논의하였으므로 여기에서 반복하지 않는다.

XI. 맺 음 말

이상에서 민사 및 상사(사건)에서의 외국재판의 승인 및 집행에 관한 논점들을 살펴보았다. 앞으로 국제거래의 증가로 인해 외국재판의 한국 내에서의 승인 및 집행이 더욱 중요한 논점으로 부각될 것으로 예상되는데, 이에 대한 보다 깊이 있는 연구가 필요함은 물론이고 사건을 담당하는 한국 법원의 전향적인 자세가 요청된다.

우리 기업과 거래관계를 맺는 주요 국가들을 보면, 미국 연방법원 또는 주법원의 판결은 통일승인법이 적용되는 한 상호보증의 문제는 상당 부분 해결된 것이나, 국제재판관할, 송달, 증거조사, 판결의 효력 — 특히 issue preclusion 등과 관련하여 아직 해결하여야 할 문제가 다수 남아 있고, 중국 판결의 경우는 상호보증의 존재는 이제는 해결된 것으로 본다. 한편 일본이나 독일 판결의 경우 상호보증을 인정하는 데 문제가 없고, 문제는 영국과의 상호보증의 존재 여부인데, 단정하기는 어려우나 아마도 긍정적으로 판단할 수 있을 것이다.

외국재판의 승인 및 집행의 보장은 궁극적으로는 조약에 의해 해결할 사항인데, 우리로서는 관할합의협약과 재판협약 가입에도 더 관심을 가져야 함은 물론이고 더 전향적인 태도를 취할 필요가 있으며 양자조약을 통해 외국재판의 승인 및 집행을 용이하게 할 필요가 있다. 그 전제로서 미국, 영국과 중국을 포함한 주요 관련국가의 민사소송법, 광의의 국제사법 내지는 국제민사소송법에 대한 깊이 있는 비교법적 연구가 선행되어야 할 것이다. 마지막으로 입법론에도 보다 큰 관심을 기울여야 하며, 현행 민사소송법이 민사소송법과 민사집행법으로 분리되었음을 고려한다면, 민사 및 상사는 물론이고 가사와 비송사건에 관한 외국재판의 승인 및 집행에 관한 규범을 통합하여 국제사법에 규정하는 방안도 진지하게 고민할 때가 되었다고 본다.

제11장

국제도산법

제11장

국제도산법

Ⅰ. 머 리 말

1. 국제도산법의 쟁점

과거 개인과 회사가 어느 하나의 국가 내에서 재산을 소유하거나 영업하던 시대에는 이른바 '국제도산(cross-border insolvency, Internationale Insolvenz)'의 문제가 제기되지 않았으나, 개인이나 회사가 다수의 국가에 재산을 가지고 있거나 국제적으로 영업활동을 하는 것이 보편화된 오늘날 그러한 개인이나 특히 회사에 대하여 어느 국가에서 파산, 회생 및 기타 이와 유사한 절차(이하 집합적으로 "도산절차"라 한다)가 개시된 경우1) 순수한 국내도산사건에서는 볼 수 없는, 아래와 같

---

* 제11장에서 인용하는 아래 주요 문헌은 [ ] 안의 인용약어를 사용한다.
　권순일(편), 주석 채무자회생법(Ⅵ)(김영석 집필부분)(2020)[김영석, 주석회생법]; 권영준, "도산해지조항의 효력", 비교사법 제25권 제2호(통권 제81호)(2018. 5.)[권영준]; 김영석, "우리나라 국제도산 사건의 현황-서울회생법원의 실무를 중심으로-", 석광현헌정논문집[김영석, 현황]; 김영석, "국제도산에서 도산절차와 도산관련재판의 승인 및 집행에 관한 연구", 서울대학교 대학원 법학박사학위논문(2022. 2.)[김영석, 박사학위논문][이 논문은 단행본(2024)으로 간행됨[김영석, 단행본]); 김영주, "도산 관련 재판의 승인 및 집행에 관한 2018년 UNCITRAL 모델법과 채무자회생법에의 수용방안", 국제사법연구 제27권 제2호(2021. 12.)[김영주]; 도산법연구회 도산판례백선 편집위원회, 도산판례백선(2021)[도산판례백선]; 서울중앙지방법원 파산부 실무연구회, 회생사건실무(하) 제5판(2019)[회생사건실무(하)]; 석광현, "채무자회생 및 파산에 관한 법률 제5편(국제도산법)의 개선에 관한 연구", 2019년도 법무부 연구용역 과제보고서[석광현, 보고서]; 석광현, "외국도산절차의 승인에 관한 모델법과 EU규정의 비교: 한진해운 사건을 계기로", 국제거래법연구 제27집 제2호(2019. 12.)[석광현, 한진해운]; 석광현, "도산 관련 재판의 승인 및 집행에 관한 2018년 UNCITRAL 모델법의 소개와 우리의 입법방향", 동아대학교 국제거래와 법 제33호(2021. 4.)[석광현, 입법방향]; 석광현, "미

은 다양한 법적 쟁점이 제기된다. 이처럼 외국적 요소가 있는 도산사건에서 제기되는 법적 제문제를 규율하는 규범의 총체가 '국제도산법'이다. 강제집행이 개별집행인데 반하여 도산은 '총괄집행(또는 포괄집행)'이라고 할 수 있으므로 도산절차는 강제집행절차와 인접한 분야이다.

① 외국도산절차의 개시에 개별집행을 금지하는 효력(또는 포괄집행적 효력. 이하 양자를 호환적으로 사용한다)이 있는 경우 그 효력이 한국 내에 있는 재산에도 미치는가(이는 채권자가 외국도산절차의 개시에도 불구하고 한국 내 재산에 대하여 강제집행을 할 수 있는지의 문제이다), ② 외국도산절차에 의하여 외국의 채무자가 한국 내 재산에 대한 관리처분권을 잃고 외국법원에 의하여 선임된 외국도산절차의 관재인(이하 "(도산)관재(리)인"과 "대표자"를 호환적으로 사용한다)이 관리처분권을 취득하는가, ③ 그 결과 외국의 관재인이 국내의 소송에서 당사자적격을 가지는가, ④ 외국도산절차에서 외국법원이 한 각종 재판(이를 "도산 관련 재판"이라고 한다)이 한국 내에서 효력을 가지는가, ⑤ 파산재단의 범위에 한국 소재 재산도 포함되는가 또는 회생절차의 경우 회생절차에 따르는 재산의 범위에 한국 내 재산도 포함되는가(이처럼 도산절차에 따르는 재산을 '도산재단'이라고 부를 수 있다), ⑥ 우리나라의 도산법원 또는 도산관재인과 외국의 도산법원 또는 도산관재인과의 공조, ⑦ 동일 채무자에 대하여 복수의 국가에서 병행하는 도산절차 간의 조정 및 ⑧ 도산국제사법(또는 도산저촉법)의 문제 등이 그것이다.

국 연방파산법에 따른 회생계획인가결정의 한국에서의 승인", 양창수 교수 고희기념논문집 간행위원회, 自律과 正義의 民法學: 梁彰洙 교수 古稀기념논문집(2021)[석광현, 회생계획인가결정의 승인]; 우상범, "한국, 중국, 일본의 국제도산법제와 실무의 동향", 국제사법연구 제27권 제2호(2021. 12.)[우상범]; 이연주, 국제도산법(2022)[이연주, 국제도산]; 이필복, "한진해운의 도산 관련 민사사건의 판결 동향 Ⅱ", 한국해법학회지 제41권 제2호(2019. 11.)[이필복, 한진해운]; 이혜민, "미국의 국제도산 실무 및 시사점", 국제사법연구 제27권 제2호(2021. 12.)[이혜민]; 임치용, 온주 국제사법, 국제도산, 2023. 8. 31.[임치용, 온주]; 임치용, "새로운 국제파산법제", 남효순·김재형(공편), 통합도산법제(2006)[임치용]; 한민, "도산 관련 외국재판의 승인과 집행", BFL 제81호(2017. 1.)[한민, 승인과 집행]; 한민·석광현, 2018년 모델법과 2019년 모델법에 관한 연구보고서(2020), 법무부 제출 보고서[한민·석광현, 보고서]; 山本克己＝山本和彦＝坂井秀行(編), 國際倒産法制の新展開 ― 理論と實務 ―, 金融·商事判例 增刊号 No. 1112(2001)[山＝山＝坂(編)].

1) 도산절차가 개시된 국가를 '도산(절차)개시국(state of the opening of proceedings)', 그 국가법을 '도산(절차)개시국법' 또는 '도산법정지법(lex fori concursus)'이라 한다.

2. 논의의 범위

과거 우리나라의 파산법, 회사정리법 및 화의법(이하 위 3자 및 기타 도산관련 법을 집합적으로 "도산법"이라 한다)을 통합하여 2006. 4. 1. 발효한 "채무자 회생 및 파산에 관한 법률"(이하 "채무자회생법"이라 한다)에 대한 우리 사회의 관심은 지대하였지만 국제도산법은 그 중요성에도 불구하고 개정 전이나 개정 후나 주목을 받지 못했던 것 같다.2) 그러나 우리 입법자들은 마침내 채무자회생법에서 국제도산에 관하여 제5편(제628조부터 제642조)을 두어 과거의 속지주의를 폐지하고 수정된 보편주의로 전환하였다. 국제도산법은 국제연합 국제상거래법위원회 (UNCITRAL)가 1997년 5월 채택한 "국제도산에 관한 모델법(Model Law on Cross – Border Insolvency)"(이하 "모델법", "1997년 모델법" 또는 "CBI 모델법"이라 한다)이라 한다)3)을 수용한 것인데, 그 과정에서 일본이 모델법을 기초로 성안하여 2001. 4. 1. 발효시킨 "外國倒産處理手續의 承認援助에 關한 法律"(이하 "승인원조법"이라 한다)4)의 영향을 많이 받았다.5) 기업활동의 국제화에 따라 앞으로 국제도산법의 중요성이 점차 커질 것으로 믿는다.

여기에서는 모델법, 승인원조법과 2000. 5. 29. 채택되어 2002. 5. 31. 발효한 유럽연합의 "도산절차에 관한 이사회규정"6)(이하 "EU도산규정"이라 한다) – 이는

---

2) 채무자회생법의 국제도산에 관한 글로는 임치용, 155면 이하; 회생사건실무(하), 361면 이하 참조(전자는 임치용, 파산법연구 2(2006), 299면 이하에 "채무자 회생 및 파산에 관한 법률 중 제5편 국제도산에 대한 해설"로 수록되었다). 개인채무자회생법도 채무자회생법에 통합되었으나 이는 2004년 3월 제정되었던 것이라 위에서는 대표적인 법률 3개만을 언급하였다.

3) 모델법에 관하여는 석광현, 제3권, 255면 이하; 한충수, "UNCITRAL의 국제도산절차 Model Law 연구", 민사소송 제7권 제2호(2003), 526면 이하; Ian F. Fletcher, Insolvency in Private International Law, 2nd Edition (2005), Chapter 8 참조. UNCITRAL의 사무국은 모델법의 입법에 관한 지침(Guide to Enactment of the UNCITRAL Model Law on Cross – Border Insolvency)을 공표하였다. 위 Guide, para. 9. 이하 "UNCITRAL Guide"라 인용한다. 석광현, 보고서 참조.

4) 승인원조법과 모델법의 비교는 山本和彦, 國際倒産法制(2002), 191면 이하 참조. 承認援助法의 상세는 우선 深山卓也, 新しい國際倒産法制(2001) 참조. 일본의 정리된 자료로는 山＝山＝坂(編)이 유용하다.

5) 우리나라의 국제도산의 실무와 개선방안은 김영석, "우리나라의 CBI 모델법 실무 및 그 개선방안 – 서울회생법원의 국제도산실무를 포함하여 –", 국제사법연구 제27권 제2호(2021. 12.), 3면 이하; 김영석, 현황, 561면 이하 참조. 법무부는 2006년 채무자 회생 및 파산에 관한 법률 해설을 간행하였으나 이는 너무 간결해서 특히 국제도산에 관한 한 별로 도움이 되지 않는다.

6) 이는 "Council Regulation (EC) No 1346/2000 on insolvency proceedings"를 말한다. EU도

2015년 개정되어 2017. 6. 26. 발효한 "도산절차에 관한 유럽의회 및 이사회 규정 (recast)"로 대체되었다(이하 "개정 EU도산규정"이라 한다)[7] − 등을 참조하여 국제도산법의 제논점을 검토한다.

또한 UNCITRAL은 모델법과 별도로 2018년 7월 '도산 관련 재판의 승인 및 집행에 관한 모델법(UNCITRAL Model Law on Recognition and Enforcement of Insolvency−Related Judgments)'(이하 "2018년 모델법" 또는 "IRJ 모델법"이라 한다)을 채택하였는데, 이는 모델법하에서 '도산 관련 재판'의 승인 및 집행을 둘러싼 불확실성을 제거하고 국제공조를 강화하기 위한 것이다.[8]

산규정의 소개는 Fletcher(註 3), Chapter 7; Gabriel Moss/Ian F. Fletcher/Stuart Isaacs, The EU Regulation on Insolvency Proceedings (3rd ed.)(2016); Klaus Pannen (Ed.), European Insolvency Regulation (2007); Christoph G. Paulus, Europäische Insolvenzverordnung: Kommentar 2. Auflage (2007) 참조. 우리 문헌으로는 석광현, 제3권, 309면 이하 참조. 'regulation'을 '명령', '규칙', '規程' 또는 '규약'으로 번역하기도 한다.

7) 이는 "Regulation (EU) 2015/848 of the European Parliament and of the Council of 20 May 2015 on Isolvency Poceedings (recast)"를 말한다. 개정의 주요 착안점은 아래와 같다. 첫째, COMI 개념을 구체화함으로써 forum shopping을 방지하고(COMI의 개념을 정의하지 않는 우리는 이 점에 주목할 필요가 있다), 둘째, 이차적 도산절차의 범위를 회생절차를 포함하도록 확대하고 개시를 제한하였으며, 셋째, 도산등록부를 창설하고 상호연결하였으며 넷째, 기업집단 국제도산에 대한 공조 및 통신(cooperation and communication, 제56−60조)과 조정(coordination, 제61−77조)에 관한 장(제5장)을 신설하여 '기업집단(group of companies)'의 개념을 도입하고 복수 국가의 도산절차를 유지하면서 공조와 절차조정을 통해 절차를 원활화하는 방식을 도입하였다. Stefan Reinhard, The European Insolvency Regulation 2015, Yearbook of Private International Law, Vol. ⅩⅦ 2015/2016 (2017) p. 291ff.; 이제정/민지현/심영진/김영석, "최근 EC도산규정의 주요 개정내용−Regulation (EU) 2015/ 848 of the European Parliament and of the Council of 20 May 2015 on insolvency proceedings (recast)", 국제규범의 현황과 전망−2015년 국제규범연구반 연구보고 및 국제회의 참가보고−(2016), 3면 이하 참조.

8) 2018년 모델법의 입법지침(UNCITRAL Model Law on Recognition and Enforcement of Insolvency−Related Judgments with Guide to Enactment (2019), Part 2), para. 2 이하 참조. 우리 문헌은 한민, 승인과 집행 91면 이하 참조. 상세는 한민·석광현, 보고서, 제2장 도산 관련 재판의 승인 및 집행에 관한 UNCITRAL 모델법(석광현 집필부분); 김영주, 239면 이하 참조. 2018년 모델법의 계기가 된 것은 영국의 Rubin 사건과 한국의 토드 오(또는 고합) 사건이다. Rubin 사건은 국제적으로 많은 관심과 우려를 초래하였는데, 이는 외국법원의 부인재판이 (나아가 면책재판도) 과연 영국에서 승인될 수 있는지에 관하여 불확실성을 초래하기 때문이다. 즉 루빈 사건에서 영국 대법원은, 영국의 국제도산규정은 위 사건의 부인재판과 같은 제3자에 대한 재판의 승인 및 집행에는 적용되지 않으므로, 미국의 부인재판의 승인은 영국 국제도산규정이 아니라 보통법상의 외국재판의 승인에 관한 원칙에 따라 해결해야 한다고 판시하였다. 따라서 국제재판관할요건을 구비하기가 상대적으로 어렵다(영국의 통상

구 도산법[9])의 태도와 국제적인 입법동향(Ⅱ.), 채무자회생법에 따른 국제도산 법제(Ⅲ.), 외국인에 대한 도산절차— 국제도산관할을 포함하여(Ⅳ.), 외국도산절차 의 대표자[10]) 및 외국채권자의 내국도산절차에 대한 접근(Ⅴ.), 외국도산절차의 대 내적 효력 — 외국도산절차의 승인(Ⅵ.), 내국도산절차의 대외적 효력(Ⅶ.), 병행도 산절차 상호 간의 조정(Ⅷ.), 외국법원 및 외국도산절차의 대표자와의 공조(Ⅸ.)와 도산국제사법(Ⅹ.)이 그것이다.

Ⅱ. 구 도산법의 태도와 국제적인 입법동향

1. 구 도산법의 태도

도산절차의 효력이 미치는 범위, 보다 정확히는 국제적으로 활동하거나 자산 을 가지고 있는 채무자에 대하여 국제적으로 도산절차를 어떻게 구성할 것인가 에 관하여는 보편주의(principle of universality, Universalitätsprinzip)와 속지주의 (principle of territoriality, Territorialitätsprinzip)가 있다. 보편주의는 채무자의 본국

의 국제재판관할규칙(이를 "Dicey Rule"이라 한다)에 따르면 절차 개시 당시에 피고가 당해 법역에 현존하거나, 관할권에 복종한 경우에 관할이 인정되는데 당해 사건에서 그런 요건이 존재하지 않는다는 이유로 부인재판을 한 미국 뉴욕주 남부지구 연방파산법원의 대인관할권 이 부정되었다). Rubin 사건의 소개는 김영석, 박사학위논문, 141면 이하, 토드 오 사건의 소 개는 김영석, 박사학위논문, 276면 이하; 석광현, 회생계획인가결정, 555면 이하 참조. 나아 가 Rubin 사건의 법리가 외국의 면책재판에 대하여 적용될 가능성이 있으므로 그 경우 영국 국제도산규정상의 지원처분이 제공되지 않을 여지가 있고, 더욱이 면책효력에 관하여 도산절 차 개시국의 법이 아니라 계약의 준거법을 적용하는 영국 항소법원의 Antony Gibbs & Sons v *La Société Industrielle et Commerciale des Métaux* [1890] 25 QBD 399 사건 판결에 따 라 계약의 준거법이 영국법인 경우 그 채권에 대한 외국도산절차에서의 면책효력이 부정될 수 있기 때문이다. 위 논점들의 소개는 한민, "도산 관련 외국재판의 승인과 집행", BFL 제81 호(2017. 1.), 103면과 註 54에 소개된 문헌들 및 Rebecca R. Zubaty, Rubin v. Eurofinance: Universal Bankruptcy Jurisdiction or a Comity of Errors?, 111 Colum. L. Rev. Sidebar 38 (2011) 참조. Gibbs Rule의 상세는 김영석, 박사학위논문, 114면 이하; 박민준, "영국의 Gibbs 원칙에 관한 미연방파산법상 제15장 절차에서의 판단", 도산법연구 제9권 제3호 (2019), 153면 이하; 김영석, "Gibbs Rule에 관한 주요국가의 현황과 전망", 국제사법연구 제 28권 제1호(2022. 6.), 81면 이하 참조.
9) 채무자회생법에 의하여 폐지된 개인채무자회생법에는 국제도산에 관한 규정이 없었다.
10) 이는 외국법원에 의하여 외국도산절차의 관리자 또는 대표자로 인정된 자를 말한다(채무자 회생법 제628조 제5호).

(home country)의 법원이 도산절차를 개시하여 하나의 법에 따라 도산절차를 진행하는 원칙을 말하고, 속지주의는 채무자의 자산이 소재하는 국가에서 각국의 도산법에 따라 각각 도산절차를 개시하여 진행하는 원칙을 말한다.[11] 보편주의에 따르면 채무자의 본국에서 개시된 도산절차의 효력은 전 세계에 있는 채무자의 모든 재산과 권리에 미치고, 속지주의에 따르면 도산절차의 효력은 도산절차를 개시한 국가의 영토에 소재하는 재산에 한정된다. 보편주의를 따르면 채무자의 본국의 도산법이 도산절차 전체를 규율하는 데 반하여, 속지주의를 따르면 복수의 도산절차가 그것이 개시된 각 국가의 도산법에 따르게 된다. 속지주의의 단점을 극복하고자 기업(특히 다국적기업)의 자산 소재지에서 복수 도산절차의 개시를 허용하고 도산재단의 관재인 간의 계약을 통한 국제적 협력을 강조하는 '협력적 속지주의(cooperative territoriality)'도 있다.[12]

구 도산법은 도산의 효력에 관하여 엄격한 속지주의를 취하였다. 즉 외국에서 선고한 파산은 한국 내에 있는 재산에 대하여는 효력이 없었고(파산법 제3조 제2항), 마찬가지로 외국에서 개시한 정리절차는 한국 내에 있는 재산에 대하여는 효력이 없었다(회사정리법 제4조 제2항). 또한 내국도산절차[13]의 대외적 효력에 관하여도 파산은 채무자의 재산으로서 한국 내에 있는 것에 대하여만 효력이 있었고(파산법 제3조 제1항), 한국 내에서 개시한 정리절차는 한국 내에 있는 회사의 재

---

11) 보편주의를 지지하는 견해는 Andrew T. Guzman, International Bankruptcy: In Defense of Universalism, 98 Mich. L. Rev. 2177 (2000) 참조. 보편주의에 대하여는 ① 본국을 결정하는 기준이 불확실하고, ② 기업집단의 도산 시 본국의 관할권의 범위가 분명하지 않으며, ③ 여신 제공 후 채무자가 기회주의적으로 그의 본국을 변경할 가능성이 있고, ④ 국내채권자와 채무자의 관계가 외국의 도산법과 외국법원의 관할권에 복종하게 되므로 주권의 손상이 있으며 그 경우 외국에 넘어가는 관할권의 범위가 분명하지 않다는 비판이 있다. Lynn M. LoPucki, The Case for Cooperative Territoriality, 98 Mich. L. Rev. 2216, 2223 이하 (2000) 참조. 견해의 소개와 비판은 Jay Lawrence Westbrook, A Global Solution to Multinatioinal Default, 98 Mich. L. Rev. 2276 (2000) 참조. Westbrook 교수는 장기적으로는 보편주의로 가야 할 것이라고 하면서도 단기적으로는 '수정된 보편주의(modified universalism)'를 지지한다. 위 Westbrook, p. 2282. 일본에서는 보편주의를 '普及主義'라고 한다. 보편주의와 속지주의를 비교한 우리 문헌은 박훤일, "국제도산절차와 포럼 쇼핑 문제", 국제거래법연구 제16집 제1호(2007. 7.), 281면 이하 참조.

12) LoPucki(註 11) 참조. 이렇게 본다면 이는 수정된 보편주의에 접근한다. 그러나 협력적 속지주의는 외국도산절차의 승인은 논의하지 않는 것으로 보인다.

13) 채무자회생법(제628조 제2호)은 이를 '국내도산절차'라고 하는데 이하 양자를 호환적으로 사용한다.

산에 대하여만 효력이 있었다(회사정리법 제4조 제1항). 따라서 이를 문언대로 해석한다면 과거 파산법[14]과 회사정리법상 외국파산절차 및 외국정리절차의 효력은 한국 내에 있는 재산(엄밀하게는 자산)에 대하여는 미치지 않았고, 내국파산절차 및 내국정리절차의 효력은 한국 내에 소재하는 채무자의 재산에만 미친다는 '극단적 속지주의'를 채용한 것으로 해석될 수 있었다.

또한 국제도산은 동일한 채무자의 동일한 재산에 대하여는 그것이 수개의 국가에 소재하더라도 하나의 통일된 도산절차만을 인정하는 '단일주의(Einheitsprin-zip)'와 수개의 도산절차를 인정하는 '복수주의(Mehrheitsprinzip)'로 구별된다.

2. 속지주의를 완화하기 위한 우리 판례의 노력

그러나 채권자의 평등취급이라는 도산법의 정의(正義)와 채무자자산의 공평한 분배 또는 채무자의 효율적인 갱생이라는 도산의 목적에 비추어 극단적 속지주의를 관철할 수 없었기 때문에 우리 하급심들과 대법원은 해석론으로써 속지주의를 완화하고자 노력하였다.

특히 대법원 2003. 4. 25. 선고 2000다64359 판결(이른바 "구찌 사건 판결")[15]의 사안에서는, 미국 법원에 의하여 선임된 파올로 구찌의 파산관재인이 우리나라에 등록된 당해 사건 상표권을 원고에게 양도한 것이 처분권자에 의한 것인가가 다투어졌는데 위 판결은 이를 긍정하였다. 위 판결은 첫째, 미국 파산법원의 파산선고에 따라 파올로 구찌의 재산에 대한 관리처분권이 미국 파산관재인에게 이전되는 것을 인정하였는데, 그 근거로는 미국 파산관재인 선임재판을 승인하는 절차법적 접근방법을 취하였고, 둘째, 미국 파산관재인의 권한이 한국에 있는 재산인 당해 사건 상표권에 미친다는 점을 인정하였다. 둘째의 점에 관하여 위 판결은 외국 파산선고의 효력을 포괄집행적 효력과 관리처분권 이전의 효력으로 나누어 구 파산법(제3조 제2항)이 명시한 속지주의의 적용범위를 전자에 한정하고, 후자에 관하여는 우리나라에서 효력을 인정함으로써 속지주의를 완화하였다. 이 점에서 위 판결은 당사자적격이 문제 된 서울지방법원 1996. 6. 28. 선고 96가합27402 판결(이른바 "파올로 구찌 사건 판결")과 동경고등재판소의 1981. 1. 30. 결정

---

14) 화의절차는 파산절차와 동일한 원칙에 따랐다. 과거 화의법 제11조 제1항 참조.

15) 위 판결에 대한 평석은 석광현, 제4권, 363면 이하, 위 판결과 기타 국제도산법에 관한 우리 판례는 임치용, "판례를 통하여 본 국제도산법의 쟁점", BFL 제38호(2009. 11.), 95면 이하 참조.

과 동일한 취지이나, 더 나아가 첫째의 점을 밝힌 점에 의의가 있었다.[16)

위 구찌 사건 판결의 연장선 상에서 대법원 2009. 4. 23. 선고 2006다28782 판결은 독일에서 개시된 회사정리절차에 따른 상계금지의 효력은 도산절차의 본래적 효력인데, 이는 속지주의의 결과 한국 내에 있는 채권에는 미치지 아니하므로 이 채권을 수동채권으로 하는 한국 기업인 피고의 상계는 금지되지 않는다는 취지로 판단하였다.[17)

---

16) 파올로 구찌 사건 판결에 대한 평석은 석광현, 제1권, 450면 이하 참조.
17) 이는 구 회사정리법하에서 대우독일법인(채무자)에 관하여 개시한 독일 도산절차의 국내적 효력이 문제 된 사건이다. 한국자산관리공사(이하 "공사")와 대우자동차는 독일 도산절차에 채권자로서 참가하였다. 그 후 독일 법원이 인가한 도산정리계획안에 따르면 공사는 제1순위 채권자로 분류되어 변제받되, 그 지급방법은 채무자가 도산절차 개시 후 대우자동차로부터 취득할 보증수리대금채권을 공사에 양도하는 것으로 갈음할 수 있었다. 원고인 공사는 보증수리대금 채권의 양수 후 서울중앙지방법원에 대우자동차의 관리인(대우자동차도 회사정리절차에 들어가 있었다)을 피고로 하여 보증수리대금채권의 지급을 구하는 소를 제기하였다. 이에 대해 대우자동차의 관리인이 채무자의 독일도산절차에서 정리채권으로 신고한 수출대금채권을 자동채권으로 하여 상계 의사표시를 하자, 공사는 독일 도산절차 개시의 결과 대우자동차의 상계는 금지된다고 주장하였다.
원심인 서울고등법원 2006. 4. 19. 선고 2004나89525 판결은 "대우자동차의 관리인의 상계는 채무자의 국내 재산에 대한 개별적 강제집행이 가능한지가 문제 된 것이 아니어서 구 회사정리법 제4조 제2항, 제3항이 적용될 여지가 없으므로 상계의 허용 여부는 독일 도산법에 의하여 판단해야 한다"라면서, 독일 도산법 제96조 제1항 제1호(도산채권자가 도산절차 개시 후 도산재단에 대하여 어떤 채무를 부담한 경우 정리채권을 자동채권으로 하여 상계할 수 없다는 취지)에서 상계를 금지하고 있음을 근거로 상계의 효력을 부인하여 원고 승소 판결을 하였다.
그러나 위 대법원판결은 ① 정리회사의 본점이 한국 내에 있으므로 채무자가 독일 도산절차 개시 후 정리회사에 대하여 취득한 보증수리대금의 지급을 구하는 소의 국제재판관할권이 한국 법원에 있고, ② 한국 법원에 재판상 청구할 수 있는 채권인 이상, 구 회사정리법 제4조 제3항에 의하여 한국에 있는 재산으로 봄이 상당하므로, ③ 구 회사정리법 제4조 제2항에 의하여 국내에 있는 채권에 대하여는 독일 도산절차의 본래적 효력이 미치지 아니하고, ④ 따라서 위 독일 도산법 제96조 제1항 제1호는 한국에 그 효력이 미치지 아니하므로 피고의 상계는 금지되지 않는다는 취지로 파기환송하였다.
이를 지지하는 견해도 있으나 ① 외국파산절차의 효력을 개별집행금지의 효력(본래적 효력)과 관리처분권 이전의 효력으로 나누어 해석하는 것 자체가 불합리하고, ② 가사 그렇지 않더라도, 위 사안에서 국제사법상 상계의 준거법을 판단하였어야 하는데 수동채권준거법설을 따를 경우는 독일 도산법이 적용되어 상계가 금지되어야 하며, ③ 그럼에도 불구하고 대법원판결의 결론을 도출하려면, 독일 도산법의 적용이 공서에 반하는 근거를 판시해야 했다는 비판도 있다. 임치용, "채권양도 및 상계의 준거법 ― 외국파산절차의 국내적 효력과 관련하여 ―", 진산 기념논문집 제1권, 337면 이하 참조. 대법원판결이 말하는 본래적 효력의 범위는 다소 애매하다.

3. 국제적인 입법동향

사실 국제도산법의 제문제는 1974년의 Herstaat 은행 사건, 1991년의 BCCI 은행 사건 및 1991년의 Maxwell Communication 사건[18] 등을 계기로 전 세계적으로 활발히 논의되었다. 그런데 1997년 5월 CBI 모델법이 채택됨으로써 이러한 논의는 상당 부분 결실을 맺었고, 국제도산에 관한 규범의 국제적인 통일 내지는 조화가 상당한 추진력을 얻게 되었다.

한편 위에서 본 것처럼 유럽연합에서는 당초 2002년 EU도산규정이 있었는데, 이는 2015년 개정되어 개정 EU도산규정이 2017년 발효되었다. EU차원의 작업과 병행하여 선진국들은 국내 입법에 의해 국제도산법의 문제를 해결하려는 노력을 기울였고 그 노력이 결실을 맺었다.

우선 독일은 파산법과 화의법으로 이원화되어 있는 도산법체계가 경제현실에 부응하지 못한다고 판단하고 1994. 10. 5. 도산법(Insolvenzordnung)을 제정함으로써 통일적인 도산절차를 도입하였다. 1999. 1. 1.자로 도산법과 도산법시행법이 발효하였고 파산법과 화의법은 폐지되었다(동법 제110조). 1991. 11. 21. 도산법의 정부초안은 국제도산에 관한 상세한 조항을 두었으나, 당시 EU도산협약의 체결이 기대됨에 따라 입법을 보류하고 원칙만을 도산법시행법(제102조)에 명시하였다. 그 후 2003. 3. 14. "국제도산의 신규율을 위한 법률(Gesetz zur Neuregelung des Internationalen Insolvenzrechts)"에 의하여 도산법시행법 제102조를 개정하고 도산법에 국제도산에 관한 제11장을 신설하였다.[19]

위 판결의 결과 속지주의의 폐해가 확대되었다. 대법원판결처럼 채권의 소재지를 한국이라고 볼 수 있음은 물론이나 의무이행지에 따라서는 독일에서도 국제재판관할을 인정할 여지가 없었는지 궁금하다. 위 사건에서 상계의 준거법을 검토했어야 한다는 지적은 적절하다. 다만 독일 도산법에 따른 상계금지의 효력이 우리나라에 미치려면 외국도산절차가 우리나라에서 승인되어야 하는 점에서(Geimer, Rz. 3537) 대법원판결의 결론이 틀렸다고 보기는 어렵다. 대법원판결은 상계의 준거법을 판단하지 않은 점과, 도산법정지법원칙의 적용은 외국도산절차의 승인을 전제로 한다는 점을 고려하지 않은 점에서 문제가 있다는 것이다.

18) Maxwell Communication Corp. plc v. *Société Générale* (In re Maxwell Communication Corp.), 93 F.3d 1036 (2d Cir. 1996). 이 사건을 포함한 주요 국제도산사건의 소개는 임치용, "국제파산절차와 사법공조", 파산법연구(2004), 483면 이하 참조.

19) 이에 관하여는 한충수, "독일 국제도산법 개정과 우리에의 시사점", 민사소송 제9권 제1호(2005), 280면 이하 참조. 독일 도산법의 번역문은 최준규, 독일 도산법(2019); 김경욱, 독일 도산법(2019) 참조. 국제도산에 관한 제12편은 309면 이하 참조.

한편 과거 일본의 도산법은 과거 우리나라와 마찬가지로 극단적 속지주의를 취하였으나, 여러 가지 문제가 발생하자 판례와 학설에 의하여 속지주의를 완화하기 위한 노력이 행해졌다.[20] 그 후 2단계의 입법에 의하여 국제도산법제를 정비하였다. 그 결과 일본에서 개시된 도산절차의 효력은 채무자의 외국 소재 재산에도 미치고, 외국도산절차는 승인원조법에 따라 일본에서 효력을 가진다.

영국은 2006년 국제도산규정(Cross-Border Insolvency Regulations 2006)을 제정함으로써 모델법을 받아들였다. 영국 의회는 2000년 신설된 도산법(Insolvency Act 2000) 제14조에 의하여 국무장관(Secretary of State)에게 모델법에 따라 국제도산규정을 제정할 권한을 부여하였고 그에 따라 국무장관이 제정한 국제도산규정은 2006. 4. 4. 발효하였다.[21]

과거 미국의 연방파산법(제303조-제306조)은 외국의 도산관재인에게 제7장에 따른 파산절차 또는 제11장에 따른 회생절차와 같은 전면절차(full proceeding)[22]를 개시하거나, 아니면 보조절차(ancillary proceedings)를 개시할 수 있는 선택권을 부여하였다.[23] 그런데 미국의 전국파산검토위원회(National Bankruptcy Review Commission. NBRC)는 소비자파산을 제외하고는 모델법을 채택할 것을 권고하였고, 마침내 미국 의회는 2005년 "파산남용방지 및 소비자보호에 관한 법률"[24]의 일부로 미국 파산법에 제15장을 신설함으로써 모델법을 채택하였으며 이는 2005년 10월 발효하였다.[25] 이제 외국의 도산관재인은 폐지된 제304조가 아니라 제15

---

20) 그 계기가 된 것은 1978년의 일성기선 사건이다. 소개는 임치용(註 18), 494면 참조.
21) 영국의 국제도산법제는 임치용, "영국의 1997년 UNCITRAL 모델법의 수용과 국제도산실무", 국제사법연구 제27권 제2호(2021. 12.), 157면 이하 참조. 영국 도산법의 국문번역은 임치용, 영국 도산법(2021) 참조.
22) 이를 '본절차'라고 번역하기도 한다. 임치용, 159면.
23) 과거 미국 연방파산법상 보조적 도산절차는 제304조에 의해 인정되었다.
24) 이는 The Bankruptcy Abuse Prevention and Consumer Protectin Act of 2005 (BAPCPA)이다.
25) 11 U.S.C. §1501 *et seq.* 미국 파산법 제15장의 소개는 임치용, "미국 연방파산법 제15장의 국제파산제도-한국과의 비교를 중심으로-", 민사판례연구 제35집(2013), 839면 이하 참조. 미국은 파산법 제15장에서 모델법을 수용하였지만 그럼에도 불구하고 일정 범위 내에서 미국 파산법의 역외적용을 인정한다. 예컨대 미국 파산법은 도산절차 개시에 따라 재단(estate)을 구성하는 채무자 재산의 종류를 열거하면서 그러한 재산은 어디에 소재하든 재단에 포함된다고 규정하고(11 U.S.C. §541(a)), 파산사건이 계속한 연방지방법원이 채무자의 모든 재산에 대하여 "어디에 소재하든" 전속관할을 가진다고 규정한다(28 U.S.C. § 1334(e)(1)). 이를 근거로 미국 도산법에 따른 도산절차 개시 이후에 채권자가 미국 외에 소

장에 따른 승인신청을 함으로써 미국 내에서 보조절차를 개시할 수 있다.

위에서 본 것처럼 국제도산법에 관한 주요 국가들의 입법은 대체로 정비되었는데, 크게는 모델법을 받아들인 국가들과 EU도산규정이 적용되는 국가들이라는 양 진영으로 나눌 수 있다. 지금으로서는 양 진영 모두 비교적 새로운 규범의 해석론에 주력하되, 모델법을 수용한 국가들에서는 세부적인 논의(예컨대 '채무자의 주된 이익의 중심(COMI)'을 어떻게 결정할 것인가)에 관심을 가지고 있고, EU회원국들은 EU도산규정의 개선에 관심을 가지고 있는 것으로 보인다. 그 결과 EU는 위에서 언급한 개정 EU도산규정을 발효시켰고, UNCITRAL은 2009년 "국제도산 협력에 관한 활용지침(Practice Guide on Cross-Border Insolvency Cooperation)", 2010년 도산에서 기업집단의 취급에 관한 입법지침 제3부(Legislative Guide on Insolvency Law, Part Three: Treatment of enterprise groups in insolvency), 2013년 국제도산에 관한 모델법: 사법적 관점(Model Law on Cross-Border Insolvency: The Judicial Perspective), 도산에 근접한 시기에서 이사의 의무에 관한 제4부(Legislative Guide on Insolvency Law, Part Four: Directors' obligations in the period approaching insolvency)를 성안하였고, 2013년 보완된 "국제도산모델법 입법지침과 해석(Guide to Enactment and Interpretation)"을 간행하였다. 나아가 UNCITRAL은 2018년 IRJ 모델법을, 2019년 "기업집단의 도산에 관한 모델법(Model Law on Enterprise Group Insolvency)"을 채택하였다.26)

Ⅲ. 채무자회생법에 따른 국제도산법제

우리나라는 구 도산법체제를 통합하면서 모델법을 받아들여 국제도산법을 채무자회생법 제5편에 편입하였는데 이런 접근방법은 적절하다. 흥미로운 것은 일본의 국제도산법제인데, 일본은 파산법, 민사재생법과 회사갱생법 등에 의하여

재하는 채무자의 재산에 대하여 강제집행을 하는 것은 자동중지(automatic stay) 규정에 위반하여 법정모욕을 구성한다고 본다. 그렇지만 미국 도산법의 모든 규정이 이처럼 역외적용되는 것은 아니다. 예컨대 부인권에 관한 규정의 역외적용 여부는 논란이 있고 부정설도 유력하다고 한다. 김성룡, "국제도산에 관한 UNCITRAL 모델법과 우리 법의 비교", 비교사법 제25권 제4호(통권 제83호)(2018. 11.), 1239면 註 19 참조. 미국의 실무는 이혜민, "미국의 국제도산 실무 및 시사점", 국제사법연구 제27권 제2호(2021. 12.), 109면 이하 참조.

26) 우리 문헌은 우선 석광현, 정년기념, 193면 이하, 205면 참조. 기업집단의 국제도산에 관하여는 이연주, 99면 이하 참조.

내국도산절차와 함께 당해 절차의 국제적 측면을 규율하는 한편, 외국도산절차를 승인하고 그에 대해 원조를 제공하기 위하여 승인원조법이라는 단행법을 두어 규율한다. 승인원조법은 69개의 조문을 두는 데 반하여 채무자회생법 제5편은 15개 조문을 두는 점에서 훨씬 간결하나,[27] 우리 법상으로도 국제도산법이 채무자회생법 제5편에 망라된 것은 아니고, 도산외인법이나 국제도산관할에 관한 조항 등은 채무자회생법에 散在한다. 채무자회생법은 앞부분에서 극단적 속지주의를 취한 구 도산법의 조문들(파산법 제3조, 회사정리법 제4조)을 삭제하여 수정된 보편주의를 지향하고 제5편에서는 다음 사항을 규율한다(제629조 제1항).

첫째, 외국도산절차의 승인과 지원(제630조 – 제633조, 제635조 – 제637조), 둘째, 외국도산절차의 대표자의 한국에서의 국내도산절차의 신청 또는 참가(제634조), 셋째, 국내도산관재인의 대외적 활동(제640조), 넷째, 병행도산 시 법원 및 관재인 간의 공조 및 조정(제638조, 제639조, 제641조, 제642조). 채무자회생법은 기본적으로는 모델법을 따른 것이지만, 외국도산절차의 대내적 효력에 관한 한 승인원조법에 의하여 변형된 형태의 모델법을 따른 것이다. 상세는 아래에서 논의한다. 또한 위에서 본 것처럼 UNCITRAL은 모델법과 별도로 2018년 7월 2018년 모델법을 채택하였는데 이는 모델법하에서 '도산 관련 재판'의 승인 및 집행을 둘러싼 불확실성을 제거하고 국제공조를 강화하기 위한 것이다.

Ⅳ. 외국인에 대한 도산절차 — 국제도산관할을 포함하여

1. 주절차와 종절차

채무자회생법은 주절차와 종절차의 개념을 정의하지 않으나, 병행절차 간의 조정과 관련하여 복수의 외국도산절차가 승인된 경우 법원은 승인 및 지원절차[28]의 효율적 진행을 위하여 채무자의 주된 영업소 소재지 또는 채권자보호조치의 정도 등을 고려하여 주된 외국도산절차를 결정할 수 있고, 주된 외국도산절차를 중심으로 지원을 결정 또는 변경할 수 있다고 규정하므로(제639조 제2항·제3항)

---

27) 일본법에 관하여는 우상범, 50면 이하 참조. 한일의 비교는 우상범, 56면의 표 참조. 일본 도산법은 오수근(역), 일본 도산법 Ⅱ: 会社更生法/承認援助法/会社法(特別清算)(2023) 참조.
28) 지원절차의 개념은 채무자회생법 제628조 제4호 참조.

주절차와 종절차의 개념을 완전히 도외시하는 것은 아니다. 주절차와 종절차는 국제도산에 관한 논의에서 매우 유용한 개념이므로 이를 살펴본다.

모델법은 본사와 같이 채무자의 '주된 이익의 중심(center of main interests. COMI)'[29]이 소재하는 국가의 국제관할을 인정하고 그곳에서 개시된 절차를 '주절차(main proceeding)'라고 하며, 본사 이외의 영업소 소재지와 같은 그 밖의 국가에서 개시된 도산절차를 '종절차(또는 비주절차. non‑main proceeding)'라 한다(제2조 b호·c호). 따라서 모델법상 승인 대상이 될 수 있는 종절차는 채무자가 제2조 f호에 따른 영업소를 가진 국가에서 개시된 도산절차에 한정된다. 이러한 종절차의 개념은 1990년 유럽평의회(Council of Europe)의 "파산의 일부 국제적 측면에 관한 유럽협약(European Convention on Certain International Aspects of Bank‑ruptcy)"("이스탄불협약")[30]에 의해 도입된 혁신 중의 하나이다. 종절차의 개시는, 지역채권자(local creditors)들이 그 지역의 법에 따라 가지는 우월한 지위 또는 비용상의 이점을 보호하기 위한 것이다. 저자는 과거 채무자회생법의 입법과정에서 모델법을 따라 주절차와 종절차의 일의적인 개념을 정의할 필요성이 있음을 지적하였으나[31] 아쉽게도 입법에 반영되지 않았다. 따라서 채무자회생법의 해석상 주절차는 일의적인 개념이 아니므로 논란의 여지가 클 수밖에 없다.

채무자회생법(제628조 제2호)에 외국주절차의 정의를 넣는 개정안

저자는 입법론으로 아래 조항을 채무자회생법에 넣을 것을 제안하였다.[32]

---

29) 주된 이익의 중심(COMI)에 관한 소개는 우선 김영석, "국제도산에서 주된 이익의 중심지(COMI)를 둘러싼 제문제", 서울대학교 대학원 법학석사학위논문(2012. 2.); 김명수, "국제도산법의 최근 주요 판례동향", 국제소송법무 통권 제3호(한양대학교, 2011. 11.), 201면 이하 참조. 작업반은 COMI를 판단함에 있어 고려되는 주요 요소들은 채권자들이 중심지로서 쉽게 인식할 수 있는 장소인지, 채무자의 주요자산 소재지이거나 운영(operation)이 이루어지는 장소인지와 채무자의 경영이 행해지는 장소인지라고 한다. A/CN.9/742, para. 52. 이제정, "UNCITRAL 국제도산에 관한 모델법 상의 주된 이익의 중심(COMI) 개념", 법조 제63권 제1호(통권 제688호)(2014. 2.), 23면 이하 참조.

30) 이는 발효되지 않았다. 소개는 Fletcher(註 3), Chapter 6 참조.

31) 석광현, "2002년 통합도산법시안 중 국제도산법에 대한 의견", 법률신문 제3148호(2003. 2. 20.), 15면. 법원도 그러한 견해를 피력하였다고 한다. 임치용, 160면.

32) 석광현, 보고서, 79면 참조. 물론 그와 함께 아래와 같이 외국종절차의 개념 정의도 추가할 것을 제안하였다.
"3. "외국종절차"란 채무자가 이 조 제8호의 영업소를 두고 있는 국가에서 진행되고 있는

"2. "외국주절차"란 채무자가 그의 주된 이익의 중심지를 가지고 있는 국가에서 진
　행되고 있는 외국도산절차를 말한다. 반대의 증거가 없으면, 채무자의 등록된
　사무소 또는 상거소가 채무자의 주된 이익의 중심지로 추정된다".

여기에서 외국주절차를 정의함에 있어서 '주된 이익의 중심지(center of its main interests, COMI)'라는 불확정개념을 사용할지가 문제 된다. 모델법은 이를 사용하고 있으나 일본 승인원조법은 '주된 이익의 중심지'라는 개념 대신에 주된 영업소(다만 비영업자인 개인의 경우 주소, 비영업자인 법인 또는 사단의 경우 주된 사무소)를 기준으로 규정한다. 개정 EU도산규정(제3조 제1항)은 주된 이익의 중심지라는 개념을 사용하고, 더 나아가 그의 개념을 "채무자가 통상적으로 그의 이익을 관리하고 그에 따라 제3자에 의하여 확인될 수 있는 장소를 말한다"라고 정의한다.[33] 개정안에서는 모델법에 충실하게 외국주절차와 외국종절차를 정의하고 종절차의 개념정의를 위하여 필요한 영업소의 정의를 명시한다. 주된 이익의 중심지라는 개념을 사용한다면 그의 결정과정에서 불확실성이 수반되는 것은 사실이지만 모델법과 개정 EU도산규정이 그런 개념을 사용하는 점을 고려하여 두자는 것이다.

문제는 COMI 개념을 사용한다면 COMI의 결정을 둘러싸고 외국에서 제기되었던 쟁점들이 개정안에서도 제기될 수 있다는 점이다. 더욱이 개정안은 EU도산규정이 COMI를 둘러싼 분쟁을 해소하고자 도입한 유지기간도 반영하지 않았기에 더욱 그러하다. 즉 사기적 또는 남용적 법정지 쇼핑을 방지하기 위하여 도산절차 신청에 임박하여 주된 영업소 등을 이전할 가능성이 있는데, 개정 EU도산규정(전문 제31항과 제3조)은 이를 차단하기 위한 규정을 두고 있으나 개정안에서는 그와 같은 규정은 두지 않는다. 특히 COMI를 판단하기 위한 기준시기에 관하여도 위에 소개한 모델법 Guide의 견해(외국도산절차 개시재판 시점을 기준으로 봄)와 미국의 연방항소법원의 태도 (외국도산절차의 승인신청 시점을 기준으로 봄)가 다른 점을 고려한다면 개정안에서도 논란이 있을 것이다. 그러나 이는 당분간 해석론을 통해서 해결해 나가야 한다. 개정안에는 개정 EU도산규정을 따라 COMI를 정의하는 방안도 고려할 수 있으나 정의를 두지는 않았는데 그렇더라도 가급적 동일한 결론을 도출해야 할 것이다. 그러나 유

외국주절차 이외의 외국도산절차를 말한다".
33) 제3조 제1항은 나아가 아래와 같은 취지의 추정규정을 둔다.
　"회사 또는 법인의 경우 반대의 증거가 없는 한 등기된 사무소 소재지가 주된 이익의 중심지로 추정된다. 그 추정은 등기된 사무소가 도산절차의 개시를 신청하기 전 3개월 내에 다른 회원국으로 이전되지 않은 경우에만 적용된다. 독립적 사업이나 직업적 활동을 영위하는 개인의 경우, 반대의 증거가 없는 한 그러한 개인의 주된 영업의 소재지가 주된 이익의 중심지로 추정된다. 그 추정은 그러한 개인의 주된 영업의 소재지가 도산절차의 개시를 신청하기 전 3개월 내에 다른 회원국으로 이전되지 않은 경우에만 적용된다. 그 밖의 개인의 경우, 반대의 증거가 없는 한 그러한 개인의 상거소가 주된 이익의 중심지로 추정된다. 그 추정은 그러한 개인의 상거소가 도산절차의 개시를 신청하기 전 6개월 내에 다른 회원국으로 이전되지 않은 경우에만 적용된다".

지기간을 두지 않는 이상 해석론으로서 3개월(또는 6개월)의 다소 작위적인 유지요건
을 적용할 수는 없을 것이다.

일본의 경우 직접관할은 개별도산법이, 간접관할은 승인원조법이 각 규정한
다. 즉 채무자가 자연인인 경우 일본에 영업소, 주소, 거소 또는 재산이 있는 때,
법인의 경우 영업소, 사무소 또는 재산이 있는 때에 일본의 직접관할이 있으나(민
사재생법 제4조, 파산법 제4조), 당해 외국에 채무자의 주소, 거소, 영업소 또는 사무
소가 있는 경우에 간접관할이 있다(승인원조법 제17조 제1항). 후자는 주된 영업소
또는 사무소로 제한하지 않으므로, 모델법과 마찬가지로 외국 주절차뿐만 아니라
종절차도 승인 대상이 됨을 의미한다. 그 결과 직접관할의 경우 재산 소재지 관할
을 인정하나, 간접관할의 경우에는 이를 인정하지 않는다.

EU도산규정은 모델법과 달리 직접관할을 규정한다. EU도산규정(제3조)은 모
델법과 마찬가지로 주절차(main proceeding)와 종절차(secondary proceeding)를 구
분하는데, 채무자의 주된 이익의 중심지가 소재한 회원국은 주절차를 개시할 수
있는 관할을 가지고, 다른 회원국은 채무자의 영업소가 소재하는 경우 종절차를
개시할 수 있는 관할을 가진다. EU도산규정은 종절차의 효력을 당해 회원국 내에
소재하는 재산에 한정하고, 주절차 개시 후의 종절차는 반드시 청산절차일 것을
요구하는 점에 특색이 있었으나, 개정 EU도산규정은 이를 개정하여 종절차의 효
력을 당해 회원국 내에 소재하는 재산에 한정하지 않고, 주절차 개시 후의 종절차
가 반드시 청산절차일 것을 요구하지 않는다. 유럽연합의 어느 회원국에서 주절
차가 개시된 경우 이는 아래에서 보듯이 다른 회원국에서 자동적으로 효력을 가
지므로 먼저 주절차를 개시하려는 경쟁, 즉 '주절차 개시를 위한 경주'가 있게
되는데, 이는 특히 국제적 기업집단 또는 그에 속하는 회사가 도산한 경우 현저
하다.[34]

---

34) UNCITRAL은 도산에서의 기업집단의 취급(treatment of corporate groups in insolvency)에
관한 작업을 진행하여 2019년 모델법을 성안하였다. 기업집단 또는 그에 속하는 회사의 도산
절차에서 유럽연합에서는 과거 영국법원의 Daisytek 판결 이래 명령과 통제(command and
control) 등 의사결정기능에 착안하는 견해가 유력하였으나 유럽사법재판소의 Eurofood 판
결(Eurofood IFSC Ltd, C-341/04)은 객관성과 제3자의 확인가능성에 주목하였다. 즉 기업
집단 전체의 관점에서 COMI를 결정하는 것이 아니라 별개의 법인인 당해 회사만을 독립적
으로 판단하여 COMI를 결정해야 한다는 것이다. 위 판결에 대하여는 "ECJ 판결은 COMI가
제3채권자들 기타 이해관계인들의 관점에서 결정되어야 한다는 법리를 확립하고, 자회사에

한편 종절차와 구별되는 개념으로 '보조절차(ancillary proceeding)'가 있는데, 이는 과거 미국 연방파산법(제304조)에서 보듯이 외국에서 개시된 주된 도산절차를 지원하기 위하여 미국 내 재산의 산일을 방지하고 그의 관리, 환가, 배당 등을 하기 위한 절차로서 '전면절차(full proceeding)'에 대비되는 개념이다.35) 보조절차는 외국의 주된 도산절차의 관재인만이 신청할 수 있고 그 절차에 대한 지원 여부만을 결정하는 데 반하여, 종절차는 주절차가 없더라도 채무자나 채권자가 신청할 수 있고 주절차와 동일한 방법으로 진행되는 점에서 차이가 있다.36) 또한 미국 내 보조절차에는 별도의 관리인이나 debtor in possession이 없으며,37) 보조절차가 있더라도 파산재단이 구성되지 않고 자동중지의 효력도 없다. 아래에서 보는 바와 같은 우리 채무자회생법상의 지원절차는 보조절차에 해당하는데 이는 국제도산관리인의 존재를 인정한다.

입법론으로는 주절차와 종절차의 개념을 도입하는 것이 바람직하다. 저자는 국제도산편 제628조(정의)에 그런 취지의 제안을 하였는데, 문언은 위에서 언급하였다.

우리가 UNCITRAL 지침 등을 수용 내지 활용하고, 2018년 모델법의 채택을 검토하는 작업의 선결과제로서 채무자회생법의 국제도산편에서 모델법을 충실하게 반영하는 것이 바람직한지를 검토할 필요가 있다. 우리가 모델법과 달리 일본 승인원조법의 체제를 고집하는 한 모델법체제 및 EU법체제로 대표되는 국제적 주류와 정합성을 유지하기가 점점 어렵게 된다. 비단 정합성의 문제가 아니더라도 우리 국제도산법제 자체의 원활한 기능, 특히 승인효과를 명확히 하고, 병행도산의 조정 시 예측가능성을 제고하기 위해서도 국제도산법제를 개선할 필요가 있다는 것이다.

대한 COMI를 결정함에 있어서 명령과 통제(command and control)가 이루어지는 모회사 소재지를 고려하던 견해를 명시적으로 거부한 것"이라고 평가한다. 김용진, "기업집단도산법제 구축방안", 법조 제62권 제12호(통권 제687호)(2013.12.), 66면 이하; 김용진, 다국적기업의 법률문제(2015), 226면 이하도 참조. 2019년 모델법에 관하여는 한민·석광현, 보고서 제3장, 163면 이하(한민 집필부분) 참조.

35) 임치용, 158면.
36) 세종/Orrick, Herrington & Sutcliffe LLP, 도산법 최종 권고안(2000), 260면 이하 참조.
37) 임치용, 159면 註 11.

2. 채무자회생법상의 국제도산관할규칙 — 직접관할을 중심으로

도산사건에서의 국제재판관할을 의미하는 국제도산관할(이하 도산 맥락에서 '국제재판관할'과 '국제도산관할'을 호환적으로 사용한다)은 국제재판관할에서와 마찬가지로 직접적 국제도산관할(또는 직접관할)과 간접적 국제도산관할(또는 간접관할 또는 승인관할)로 구분할 수 있다. 간접관할은 외국도산절차의 승인에 관한 부분(Ⅵ. 1. 나.)에서 보기로 하고 여기에서는 직접관할만을 논의한다.

국제도산절차에서는 흔히 도산신청과 함께 제기하는 보전처분의 허용 여부에 의하여 사건의 성패가 좌우되고 관할위반을 이유로 한 이송제도가 없으므로 국제도산관할이 매우 중요한 의미를 가진다. 그러나 채무자회생법(제3조 제1항·제2항)은 토지관할만을 규정하는데, 그에 의하면 외국법인의 회생사건 및 파산사건의 경우 채무자의 주된 사무소 또는 영업소(외국에 주된 사무소 또는 영업소가 있는 때에는 한국에 있는 주된 사무소 또는 영업소를 말한다)(이하 사무소 또는 영업소를 편의상 "영업소"라고만 한다)의 소재지를 관할하는 지방법원본원 합의부가 전속관할을 가지고, 그러한 관할법원이 없는 때에는 채무자 재산의 소재지를 관할하는 지방법원본원이 전속관할(정확히는 전속적 토지관할)을 가진다(제3조 제1항·제3항). 채권의 경우에는 재판상의 청구를 할 수 있는 곳을 그 소재지로 본다. 참고로 개정 EU도산규정(제2조 제9항)은 채권의 경우 제3채무자의 이익의 중심지를 그 소재지로 보고 나아가 다양한 재산에 대하여 그 소재지를 결정하는 상세한 기준을 두고 있다.

한편, 우리나라에 주된 영업소를 가지는 우리 법인의 경우 우리나라에 국제도산관할이 있음은 명백하고, 문제는 외국법에 따라 설립된 외국법인이다. 그 경우 국제사법(제2조)이 명시하는 바에 따라, 채무자회생법의 토지관할규정을 직접관할에 참작하면 다음과 같은 국제도산관할의 원칙을 도출할 수 있다.

가. 외국법인이 외국에 주된 영업소를 가지고 한국에 종된 영업소를 가지는 경우

이 경우 주된 영업소가 있는 외국이 도산절차를 개시할 수 있는데 이는 주절차이다. 또한 우리나라도 영업소의 소재를 근거로 도산절차를 개시할 수 있는데 이는 종절차이다. 채무자회생법(제3조 제1항)은 외국에 주된 영업소가 있는 때에는 한국의 주된 영업소 소재지를 관할하는 지방법원본원 합의부가 전속관할을 가진다고 규정하는데, 이를 참작하면 우리나라의 국제도산관할을 긍정할 수 있다. 외국에서 주절차가 개시되기 전에 우리나라에서 종절차를 개시할 수 있고, 외국에서 주절차가 개시되었더라도 우리나라에서 병행절차로서 종절차를 개시할 수 있다. 특히 이 경우 우리나라에 근로자들이 존재하고 담보권자도 존재할 수 있으며, 부인권을 행사할 필요도 있을 수 있으므로 종절차를 개시할 실익도 있다.[38]

나. 외국법인이 외국에 주된 영업소를 가지고 한국에는 단순히 재산만 가지는 경우

채무자회생법 제3조 제1항은 회생사건 및 파산사건의 경우 채무자의 주된 영업소 소재지에 관할을 인정하고, 제3항은 채무자 재산 소재지의 관할을 인정한다. 즉 채무자회생법에 따르면 외국법인이 외국에 주된 영업소를 가지고 한국에 영업소를 가지지 않아서 우리나라에 제3조 제1항에 따른 관할법원이 없는 때에도 채무자 재산의 소재지를 관할하는 지방법원본원이 전속적 토지관할을 가진다. 이처럼 채무자회생법은 재산 소재에 근거한 관할을 인정하므로 구 도산법하에서와 달리 회생절차와 파산절차를 모두 개시할 수 있다.[39] 이를 국제재판관할에 참조하면, 외국법인이 우리나라에 영업소를 가지고 있지 않더라도 모델법의 경우와는 달리 우리나라에 재산이 있으면 그를 근거로 외국법인에 대하여 비주절차를 개시할 수 있다는 견해가 가능하다.[40] 이를 국제재판관할에 참조하면, 외국법인이 한국에 영업소를 두지 않더라도 재산이 있으면 외국법인에 대하여 비주절차를 개시할 수 있다는 견해가 주장될 여지가 있다. 그러나 위의 경우 종절차의 개시보다는 외국도산절차에 대한 지원절차에 의하는 것이 적절한 경우가 많고, 다만 국내의 자산수가 많다거나 그의 처분이 국내의 도산절차에 의하는 편이 용이한 경우 청산형의 종절차가 개시될 수 있지만, 국내채권자의 채권액이 작은 경우 별도의 화해에 의하여 간편하게 처리될 수 있을 것이라고 한다.[41] 이러한 점을 고려하면 영업소가 없는 채무자 소유의 재산 소재만을 근거로 국제재판관할을 인정하는 것이

---

38) 片山英二, "竝行倒産の意義", 山＝山＝坂(編), 106면 참조.
39) 이는 구 파산법(제98조)의 취지를 따른 것이다. 구 파산법과 달리 회사정리법은 재산 소재지 관할을 인정하지 않았는데 이는 한국에 아무런 영업소가 없고 단순히 재산만을 가지고 있는 때에는 갱생할 영업이 없으므로 한국에서 회사정리절차를 개시할 의미가 없기 때문이라고 설명되었다. 山本克己, "涉外性のある內國倒産手續の諸問題", 民商法雜誌(1995), 173－174면 참조.
40) 회생사건실무(하), 366면도 동지.
41) 片山英二(註 38), 108면.

타당한지는 의문이다.[42)]

근자에 한국 선사의 BBCHP 선박(편의치적선)에 대한 강제집행을 막기 위하여 동아탱커가 우리 법원에 외국 자회사인 SPC(채무자)의 회생절차 개시신청을 한 사례가 있었다. 서울회생법원은 해외 SPC 12곳에 대하여 포괄적 금지명령을 하였고 결국은 회생절차의 요건이 구비되지 않았다고 보아 동아탱커의 SPC에 대한 회생신청을 모두 기각하였으나 그 과정에서 한국의 국제재판관할을 긍정한 바 있다 (2019회합100074, 2019회합100083 등. 확정됨).[43)]

사견으로는 채무자회생법의 해석론으로도 법원이 지원절차에서 어떤 조치를 취할지를 결정함에 있어서 외국도산절차가 주절차인지 종절차인지를 고려할 필요가 있고, 우리나라에서 복수의 외국도산절차가 승인된 경우 법원은 주된 외국도산절차를 중심으로 지원을 결정하거나 변경할 수 있으므로 양자의 구별은 여전히 의미가 있다. 장기적으로는 위에서 언급한 바와 같이 우리나라도 승인의 맥락에서 모델법을 따라 주절차와 종절차의 구분을 도입할 필요가 있다. 나아가 해석론과 입법론으로 직접관할의 맥락에서도 주된 이익의 중심(COMI)을 고려함으로써 국제재판관할규칙을 더 정치하게 규정하는 것이 바람직하다.

---

42) 참고로 일본 회사갱생법(제4조)은 동법에 따른 갱생절차 개시신청은 주식회사가 일본에 영업소를 가진 때에만 허용하는데 그 취지는 더 검토할 필요가 있다.

43) 즉 서울회생법원은 ① SPC의 이사들이 모두 한국 거주인인 점, ② 대주들이 모두 국내 금융기관인 점(따라서 대출 장소도 한국), ③ 대출원리금과 채무자의 주된 수입원인 용선료가 모두 한국에서 지급되는 점(SPC의 재산인 채권이 한국에 있다는 점)과 ④ 선순위 및 후순위 대출약정과 BBCHP의 준거법이 모두 한국법이었다는 점등을 근거로 구 국제사법 제2조 제1항의 실질적 관련이 있다고 보아 한국의 국제재판관할을 긍정하였다. 그러나 그런 결론에 동의하기 어려운데 특히 회생절차의 경우 그러하다. 서울회생법원도 결정문에 쓴 바와 같이 당사자들이 해외에 SPC를 설립하여 금융거래 구조를 구성한 의도가 해운선사 또는 자산의 실질적 보유자의 도산위험으로부터 절연시키고자 하는 것임을 고려할 때 SPC의 채권 소재지(즉 제3채무자의 주소지)라는 이유로 회생절차를 위한 국제재판관할을 인정할 것은 아니기 때문이다. SPC에 대한 회생신청에서는 국제재판관할 외에도, SPC에 대한 선박저당권자인 금융기관의 채권이 회생담보권인지와 도산법정지법과 속인법의 충돌 등의 문제가 발생한다. 국제관할에 관하여는 정우영, "파나마 SPC에 대해 회생법원이 관할권이 있는지", 2019. 9. 27. 개최된 은행법학회 2019년 제2차 정책심포지엄 및 정기연구회(제35회) 발표자료 참조. 한편 서울회생법원은 채무자 동아탱커에 대하여는 회생절차개시결정을 하였는데 (2019회합100065) 그 경우 국제재판관할은 문제 될 것이 없다. 관할이 아니라 도산절차에서 BBCHP에서 SPC의 권리를 소유권으로 파악할지 담보권으로 파악할지의 맥락에서도 유사한 논의가 있다. 석광현, 한진해운, 41면 이하 참조.

다. 도산 관련 재판의 국제재판관할

EU도산규정은 직접관할과 간접관할의 맥락에서 '도산법원의 관할집중력(*vis attractiva concursus*)'[44][45](이런 원칙을 "관할집중력원칙"이라고 부를 수 있다)을 명시하는 데 반하여, 간접관할만을 규정하는 2018년 모델법은 동 원칙을 규정하지 않는데 이 점은 주목할 만하다.

채무자의 도산상황에서 도산채권자들이 공평하면서도 효율적이고 신속하게 채무자의 남은 재산으로부터 환가·배당받을 수 있도록 하기 위하여 도산채권자가 도산절차를 통해서만 권리 실현을 할 수 있도록 도산법원에 권한을 집중시킬 필요가 있다.

우리 채무자회생법상으로도 도산법원의 관할집중력원칙이 인정되고 있다. 예컨대 채권조사확정재판에 관한 이의의 소(제171조와 제463조), 부인의 소와 부인의 청구사건(제105조 제3항과 제396조 제4항)과 부인의 청구에 대한 이의의 소(제107조 제3항과 제396조 제4항) 등에 대하여 도산법원의 전속관할을 인정한다. 즉 토지관할의 맥락에서 채무자회생법도 '도산법원의 관할집중력원칙'을 명시한다. 한편 국

---

44) Antonio Leandro, Insolvency, Jurisdiction and *Vis Attractiva*, Jürgen Basedow *et al.* (eds.), Encyclopedia of Private International Law, Vol. 2 (2017), p. 951 이하. *Vis attractiva concursus*를 독일식 표현(Anziehungskraft der Insolvenz)을 따라 "도산흡인력"이라고 번역하기도 한다. Stefania Bariatti, Recent Case-Law Concerning Jurisdiction and the Recognition of Judgments under the European Insolvency Rules, Rabels Zeitschrift 73 (2009), S. 659도 참조.

45) 부인소송인 Rubin 사건에서 영국 대법원이 결석재판을 한 미국 파산법원의 대인관할권을 부정한 데서 보듯이 간접관할의 맥락에서 영국은 EU도산규정의 적용범위 외에서는 도산법원의 관할집중력원칙을 따르지 않는 것처럼 보인다. 그러나 사실 영국은 독일과 비교하여 관할집중력을 널리 인정한다고 한다. 영국 도산법 제363조 제1항 참조. Johannes Rübbeck, Das forum attractivum des Europäischen Insolvenzrechts (2021), S. 17. Rubin 사건에서 영국이 간접관할을 부정한 것은 부인재판에 대하여 통상의 재판에 적용되는 Dicey Rule을 적용한 탓이다. 반면에 미국에서는 관할집중력을 영국처럼 널리 인정하지는 않는 것으로 보인다. Rubin 사건에서 뉴욕주 남부지구 연방파산법원은 도산법정지라는 이유로 당연히 직접관할권을 인정한 것이 아니라 대인관할권의 유무 판단에 관한 기준(연방헌법 수정 제5조에 따른 적법절차)을 적용하여 일반관할권과 특별관할권을 모두 인정하였다(제정법인 Bankruptcy Rule 7004(f)이라는 관할확대법상의 관할권이 있음을 확인한 뒤). 미국 도산법도 도산법원의 광범위한 관할을 규정함으로써 관할집중력을 인정한다. 위에 언급한 미국 연방파산법 제157조(b)(1)(2) 참조. Susen Gropme, Die *Vis attractiva concursus* Im Europäischen Insolvenzrecht: Ein Instrument Zur Konkretisierung Des Insolvenzstatuts (2018), S. 75. 저자가 과거 위와 달리 쓴 것을 여기에서 바로 잡는다.

제재판관할의 맥락에서도 이러한 절차적 이념에 따라, 파생소송에 대하여 도산절차 개시국 법원의 국제재판관할을 인정할 필요가 있으며 이를 '국제적 관할집중 (internationale Zuständigkeitskonzentration)'이라고도 한다. 도산절차를 구성하는 재판에 대하여 도산법원이 국제재판관할을 가지는 것은 당연하므로 그 경우 도산법원의 관할집중력원칙을 인정하는 데는 거부감이 없다. 문제는 도산절차를 구성하지 않는 파생소송 내지 파생재판이고 그 범위는 논란의 여지가 있는데, 그런 재판의 경우 도산법원의 관할집중력원칙을 인정할 수 있는가이다.

우리나라에서는 종래 이에 관하여 별로 논의가 없었으나 근자에는 도산 관련 재판(EU도산규정의 파생재판과 유사)에 대한 국제재판관할을 국제사법 또는 채무자회생법에 두자면서 도산법원의 관할집중력을 명시하는 전속적 직접관할규칙을 담은 문언을 제안하고, 해석론으로도 유사한 결론을 지지하고 도산 관련 사건과 통상의 재판관할에 따르는 사건의 구별기준을 두어야 한다는 의견이 제시된 바 있다.[46] 이는 개정 EU도산규정(제6조)의 관할규칙을 도입하자는 것이나 저자가 보기로는 아직 결론을 내리기에는 시기상조라고 본다. 즉 개정 EU도산규정과 우리 채무자회생법의 토지관할을 보면 수긍할 여지도 있고 특히 도산절차를 구성하는 집단적 도산절차 소송의 경우 전속관할을 인정하는 데는 별로 거부감이 없으나, 파생소송에 관하여는 더 검토할 필요가 있다. 특히 2018년 모델법(제14조 (g)호)은 도산 관련 재판에 대한 도산법원의 관할을 전속관할로 취급하지 않는다는 점도 고려해야 한다.

참고로 2022년 개정된 국제사법의 개정과정에서 도산의 국제재판관할규칙을 국제사법에 두자는 제안이 개정작업의 초기에 제안된 바 있으나 이는 채무자회생법에 둘 사항이라는 이유에서 수용되지 않았다.[47]

---

46) 김용진, 한국과 아시아의 시각에서 본 유럽연합 민·상사 법제의 빅뱅과 도전(2019), 319면 이하.

47) 도산절차(더 정확히는 도산절차 개시재판)에 관한 한 국제사법하에서는 도산사건의 국제재판관할에 관한 규정이 없음은 마찬가지이나 제15조가 비송사건의 관할규칙을 두고 있으므로 국제사법의 해석론으로는 비송사건의 성질을 가지는 도산사건의 경우 국제사법(제15조)에 따라 국제재판관할을 결정해야 한다고 볼 여지가 있다. 근자에는 한국선사의 BBCHP 선박에 대한 강제집행을 막기 위하여 우리 법원에 외국회사인 SPC의 회생절차 개시신청을 한 사례가 있었는데 동아탱커 사건이 그것이다. 이는 위에서 소개하였다.

V. 외국도산절차의 대표자 및 외국채권자의 내국도산절차에 대한 접근

1. 외국도산절차의 대표자의 지위

외국도산절차의 대표자의 관점에서는, 채무자의 내국 소재 자산의 산일(散逸)을 방지하기 위한 가장 강력한 무기는 내국도산절차를 개시하는 것이다. 이를 위하여 모델법(제9조)은 외국도산절차의 대표자에게 내국 법원에 직접 접근할 수 있는 권리를 부여한다. 즉 외국도산절차의 대표자는 승인에 관계없이 내국도산절차의 개시를 신청할 수 있고(제11조), 외국도산절차가 승인된 때에는 내국도산절차에 참가할 수 있다(제12조). 양자 모두 외국도산절차가 주절차인지 종절차인지는 묻지 않는다. 후자, 즉 외국도산절차의 대표자의 참가(participation)는 집단적 절차인 도산절차에서 신청, 요구 및 제출을 할 수 있는 절차적 지위를 보장받는 것[48]이라는 점에서, 제24조에서 말하는 개별소송에의 참가(intervention)와는 구별된다. 그런데 채무자회생법(제634조)은 "외국도산절차가 승인된 때에는 외국도산절차의 대표자는 국내도산절차의 개시를 신청하거나 진행 중인 국내도산절차에 참가할 수 있다"라고 규정한다. 그러나 국내도산절차의 개시신청을 하기 위한 전제로서 외국도산절차가 우리나라에서 승인되어야 한다는 것은 문제이다. 외국도산절차의 대표자로서는 우리나라에서 국내도산절차의 개시를 신청함으로써 채무자의 국내재산에 대한 강제집행을 저지할 긴급한 필요가 있다. 일본의 개별도산법도 모델법에 충실하게 승인을 전제로 하지 않는다.

2. 외국채권자의 지위 — 도산외인법

외국인 또는 외국법인은 채무자회생법의 적용에 있어서 한국 국민 또는 한국 법인과 동일한 지위를 가진다(제2조). 이것이 이른바 '무차별원칙(principle of equal treatment)'이다. 따라서 외국인 또는 외국법인은 도산능력에 관하여는 물론이고 내국도산절차의 신청 및 절차의 참가와 관련하여 내국채권자와 동일한 지위를 가지며 이 경우 상호주의는 요구되지 않는다.[49]

---

48) UNCITRAL Guide, para. 100은 이를 'procedural legitimation'이라 한다.
49) 과거 파산법 제2조 단서와 화의법 제11조는 상호주의를 규정하였다. 다만, 회사정리법 제3조는 상호주의를 규정하지 않았다.

외국인 또는 외국법인이 가지는 채권의 순위는 당연히 내국법에 따른다. 모델법은 무차별원칙이 공동화되는 것을 막기 위해 외국채권자의 채권에 대해 일반적인 비우선채권으로서의 최소한의 순위를 보장하나(제13조 제2항),[50] 채무자회생법은 이런 조항을 두지 않는다. 나아가 외국채권자의 권리를 보장하기 위해 모델법은 내국도산법에 따라 외국채권자에게 통지할 것을 요구하고(제14조), 이는 도산절차의 개시와 채권신고기간의 통지뿐만 아니라 입법국법상 채권자에게 하는 모든 통지에 적용된다.[51] 채무자회생법은 외국채권자를 위한 절차적인 특례를 규정하지는 않지만 외국채권자도 채권자에 포함되어 내국채권자와 동일하게 통지를 받을 수 있으므로 별 차이는 없을 것이다. 이러한 외국채권자의 내국인과의 평등대우는 도산외인법의 문제로 논의되기도 한다.[52]

Ⅵ. 외국도산절차의 대내적 효력 — 외국도산절차의 승인

1. 승인의 대상

가. 주절차와 종절차의 구별 여부

위에서 보았듯이 모델법은 주절차와 종절차를 구분하고 있고, 일본 승인원조법(제2조)도 유사하게 양자의 정의규정을 두고 있다. 모델법상 승인의 대상이 되는 외국도산절차에는 외국주절차뿐만 아니라 외국종절차도 포함되지만(제17조 제2항, 제20조, 제21조, 제2조), 주절차와 종절차는 승인의 효력에 차이가 있다. 승인원조법(제17조)도 주절차와 종절차를 모두 승인의 대상으로 인정한다.

그러나 채무자회생법은 승인 대상인 외국도산절차[53]를 주절차·종절차로 구

---

50) UNCITRAL Guide, para. 104.

51) UNCITRAL Guide, para. 106.

52) 花村良一, "UNCITRALモデル法とわか國の國際倒産法制", 山=山=坂(編), 63면. 외인법(또는 외국인법. Ausländerrecht. 전에는 Fremdenrecht. 영어로는 legislation on aliens)은 외국인을 내국인과 달리 취급하는 법규의 총체 또는 외국인에게 어떤 법적 지위(또는 권리와 의무)를 인정할지에 관한 법규의 총체를 말한다. 대표적인 외인법으로는 '부동산 거래신고 등에 관한 법률' 중 제3장 외국인등의 부동산 취득 등에 관한 특례에 속하는 조문, 외국법인에 관한 민법 조문과 외국회사에 관한 상법 조문 등을 들 수 있다.

53) 그러나 2018년 모델법, Guide to Enactment, para. 37은 모델법의 승인 대상은 '도산절차 개시재판'이라고 하고, 이는 도산관재인 선임재판을 포함하지 않는다고 설명한다. 그렇게 본다면 외국주절차를 승인하더라도 외국관재인에게 관리처분권이 이전되지 않는 것은 당연하

분하지 않고 이를 정의하지도 않는다. 하지만 승인 대상인 외국도산절차에 주절차와 종절차가 모두 포함되는 점은 의문이 없다. 그리고 제631조 제1항은 "외국도산절차의 대표자는 외국도산절차가 신청된 국가에 채무자의 영업소·사무소 또는 주소가 있는 경우에 … 법원에 외국도산절차의 승인을 신청할 수 있다"라고 규정하므로 채무자회생법상 승인의 대상이 될 수 있는 것은 그러한 외국도산절차이고, 나아가 외국도산절차가 신청된 국가에 채무자의 영업소·사무소 또는 주소가 있어야 한다. 예컨대 채무자의 재산 소재에 근거하여 개시된 외국도산절차는 승인의 대상이 될 수 없다. 이는 우회적인 방법으로 승인 대상인 외국도산절차의 간접관할을 규율하는 것인데, 위에서 본 것처럼 재산 소재에 근거한 직접관할이 인정되는 것과는 차이가 있다.

하지만 채무자회생법상으로도 동일 채무자에 대하여 절차의 주종을 불문하고 여러 개의 외국도산절차의 승인신청이 있는 때에는 법원은 이를 병합심리하여야 하고, 복수의 외국도산절차가 승인된 경우 승인 및 지원절차의 효율적 진행을 위하여 채무자의 주된 영업소 소재지 또는 채권자보호조치의 정도 등을 고려하여 주된 외국도산절차를 결정할 수 있으며, 이 경우 주된 외국도산절차를 중심으로 지원을 결정하거나 변경할 수 있다(제639조). 따라서 채무자회생법이 주절차와 종절차의 개념을 완전히 도외시하는 것은 아니다.

모델법이 주절차와 종절차를 구분하는 가장 큰 이유는 승인 시 상이한 효력을 부여하기 때문인데, 채무자회생법은 양자를 구분하여 상이한 효력을 부여하는 태도를 취하지 않으므로 굳이 양자를 구별할 필요는 없다고 볼 수도 있다. 하지만 채무자회생법에 따르더라도 법원이 실무상 외국도산절차를 승인하고 나아가 구체적인 지원조치를 결정함에 있어서 양자의 차이를 고려할 필요가 있고 복수의 외국도산절차 병행 시 양자를 구별할 실익이 있으므로 일의적인 주절차와 종절차의 개념은 필요하다. 채무자회생법처럼 승인의 효력에 관하여 주절차와 종절차를 구별하지 않는 일본의 승인원조법이 양자의 개념을 정의하는 것은 이 때문이다(물론 승인원조법은 그 밖에도 병행절차의 조정에 관하여 주절차와 종절차의 개념을 요긴하게 이용한다). 채무자회생법처럼 이를 정의하지 않는다면 그의 판단이 애매할 수밖에 없다.

다고 볼 수 있다. 하지만 이런 설명은 종래 우리가 모델법상 승인 대상은 외국도산절차라고 이해하였던 것과는 괴리가 있다. 이런 지적은 석광현, 한진해운, 34면 註 18 참조.

또한 여기에서 1997년 모델법과 채무자회생법이, EU도산규정처럼 도산절차 개시재판과 같은 '도산절차를 구성하는 재판' 또는 '도산 관련 재판'이 아니라 '도산절차' 자체를 승인 대상으로 삼는 것이 과연 어떤 의미와 실익이 있는지는 불분명하다. 모델법이 도산절차를 승인 대상으로 삼은 결과 혼란이 발생하였고 그런 혼란을 해소하기 위하여 UNCITRAL은 결국 2018년 모델법을 채택하기에 이르렀다.54)55)

2018년 모델법의 적용 대상인 도산 관련 재판의 유형56)

모델법의 Guide에 따르면 2018년 모델법의 적용 대상인 외국의 도산 관련 재판은, 첫째, 도산절차(제2조 (a)호에 정의됨)의 결과로 발생하거나 그와 실질적으로 관련되어 있고, 둘째, 도산절차 개시 이후에 발령된 것이어야 하나, 도산절차 개시재판은 도산

---

54) 이 점은 석광현, 한진해운, 33면 이하 참조.

55) 1997년 모델법상 승인 대상과 2018년 모델법의 승인 대상을 비교하면 아래와 같다. 상세는 석광현, 입법방향, 17면 이하 참조.

1997년 모델법상 승인 대상은 문언상 도산절차이다. 이는 전체로서의 도산절차가 승인 대상이라는 것이다. 만일 도산절차가 전체로서 승인되면 도산절차 개시재판 후에 내려진 도산 관련 재판은 도산절차를 구성하므로 일종의 패키지로 별도의 절차 없이 승인된다고 볼 여지가 있다. 더욱이 1997년 모델법은 도산절차의 승인만 언급하고 도산절차를 구성하는 재판의 승인과 집행은 언급하지 않는다. 채무자회생법(제628조, 제631조, 제632조와 제633조 등)도 같다. 그러나 1997년 모델법의 불확실성을 해소하려는 2018년 모델법에 따르면, 1997년 모델법상 승인 대상은 문언상으로는 도산절차이나, 실제로는 '도산절차 개시재판이고, 더욱이 이는 도산관재인 선임재판을 포함하지 않는다는 취지로 읽힌다. 즉 2018년 모델법을 보면 도산 관련 재판은 처음부터 1997년 모델법의 승인 대상이 아니라는 것이다. 그렇다면 1997년 모델법은 도산절차를 전체로서 승인한다고 보기는 어렵다. 하지만 반드시 그런 것도 아니다. 왜냐하면 도산 관련 재판을 1997년 모델법에 따른 지원처분으로써 승인할 수 있다면(저자와 미국 법원의 태도) 도산절차에서 내려지는 도산 관련 재판의 승인이 도산절차의 승인 내에 포섭된다고 볼 수 있기 때문이다. 어쨌든 모델법 체제는 1997년 모델법과 2018년 모델법을 통하여 EU도산규정에 상응하는 규범체계를 구비하게 된 셈이다. 이제 와서 회고하면 모델법 체제는 불필요한 혼란을 초래한 셈인데 그런 혼란을 피할 여지가 없었는지 의문이다. 특히 UNCITRAL이 도산절차를 승인 대상으로 구성한 것이 결정승인제를 취하기 위하여 불가피한 선택이었는지 의문이다. 저자는 과거 1997년 모델법이 승인 대상을 도산절차 개시재판과 후속재판으로 구분하면서 도산절차를 구성하는 재판을 승인 대상으로 삼은 EU도산규정과 달리 도산절차라고 규정함으로써 EU도산규정과 다른 접근방법을 택한 것의 의미가 무엇인지를 찾고자 노력하였으나 2018년 모델법을 보면서 저자의 노력이 무의미했던 것 같아 크게 실망하였다. 아래 제13장에서 보듯이 싱가포르조정협약을 보면서도 UNCITRAL 작업의 완성도에 대하여 거듭 실망하였다는 것이 솔직한 심정이다.

56) 상세는 석광현, 입법방향, 4면 이하 참조.

관련 재판에 포함되지 않는다(제2조 (d)호). 또한 임시적 보호조치는 2018년 모델법의 목적상 재판으로 간주되지 않는다. Guide는 이를 기초로 도산 관련 재판을 아래 6개의 유형으로 구분하여 예시하는데 이는 망라적인 것이 아니다.[57]

(a) 도산재단의 구성과 재단에 속하는 재산의 처분을 다루는 재판. 예컨대 어떤 자산이 도산재단의 일부인지(즉 도산재단에 귀속되는지), 도산재단에 양도되어야 하는지 또는 도산재단에 의하여 적절하게 또는 부적절하게 처분되었는지에 관한 재판.

(b) 채무자 또는 그의 도산재단의 자산에 연루된 거래가, 채권자들의 평등대우원칙을 파괴하거나(편파거래) 또는 재단의 가치를 부적절하게 감소시킨(저가거래 즉 사해행위) 탓에 부인되어야 하는지를 결정하는 재판. 이는 대체로 부인재판을 가리킨다. 부인재판은 대립당사자간 재판이므로 민사소송법 제217조의 대상인 통상의 민사재판이라고 볼 여지가 없지 않으나 모델법은 그렇게 취급하지 않는데 상세는 아래와 같다.

Guide에 따르면, 도산 관련 재판은 ① 채권자 일반의 권리에 중대하게 영향을 미치는 재판(judgment [that] materially affects the rights of creditors generally) 또는 채권자들과 기타 이해관계인들의 이익에 집단적으로 직접 영향을 미치는 재판(judgment [that] directly affect the rights of creditors and other stakeholders collectively)과, ② 통상의 민사재판과 같이 당사자들 간의 양면적 분쟁을 해결하는 도산 관련 재판(insolvency－related judgment resolving bilateral disputes between parties)으로 구분할 수 있다. 전자를 편의상 "집단적 절차 재판", 후자를 "대립당사자간 재판"이라고 부를 수 있다.[58] 부인재판은 ② 대립당사자간 재판에 속하는 것인데, Guide는 이를 (b) 유형에 속하는 도산 관련 재판으로 분류하므로 이를 통상의 민사재판으로 볼 것은 아니다.

반면에 토드 오 사건을 다룬 2010년 대법원 결정은 집단적 절차 재판인 미국 파산법원의 회생계획인가결정을 대립당사자 간 재판으로서 민사소송법 제217조에 따른 자동승인의 대상이라고 판단하였고, 그 후 그런 논리를 따르는 일련의 하급심 판결들이 이어지고 있다. 그런 논리에 따른다면 대립당사자 간 재판의 성격이 더욱 강한 부인재판은 당연히 통상의 민사재판이 되겠지만 이는 2018년 모델법의 태도와 다르다. 주목할 것은, 대법원의 태도는 2019년 채택된 헤이그국제사법회의의 "민사 또는 상사에서 외국재판의 승인 및 집행에 관한 협약(Convention on the Recognition and En－

---

57) 6개 유형과 해설은 2018년 모델법의 입법지침(UNCITRAL Model Law on Recognition and Enforcement of Insolvency－Related Judgments with Guide to Enactment (2019), Part. 2, Guide, para. 60에 따른 것이다.

58) 민사소송은 원고와 피고라는 양 당사자의 대립을 전제로 한다. 이를 민사소송에서 '당사자대립주의(Zweiparteiprinzip)' 또는 '이당사자대립주의', '대립당사자의 원칙' 또는 '쌍방대립주의'라고 부른다. 그런 구조를 '대석적 구조' 또는 '당사자 대립구조'라고 하고, 민사소송은 이 점에서 '편면적 구조'를 취하는 비송사건과 대비된다. 종종 대석적 구조를 취하는 소송(재판)을 대심소송(대심재판)이라고 하나, 이는 결석소송(결석재판)과 대비되는 개념으로 사용하기도 한다.

forcement of Foreign Judgments in Civil or Commercial Matters)"(이하 "재판협약"
이라 한다)의 태도와도 다르다는 점이다.

(c) 채무자의 대표자 또는 이사가, 채무자가 지급불능이 된 때 또는 도산에 근접한
시기에 행한 조치에 대하여 책임이 있는지를 결정하는(또는 책임추급) 재판. 그 책임
에 관련된 소의 원인이 UNCITRAL 입법지침 제4부와 일관되게 도산 관련 법상 채무
자의 도산관재인에 의하여 또는 그를 위하여 수행될 수 있는 경우.

(d) 채무자가 금전채무 또는 (a) 또는 (b)에 포함되지 않는 기타 이행의무를 부담하
는지 또는 그의 이행을 요구할 수 있는지를 결정하는 재판. 이에 따르면 도산채무자의
제3자 대한 채권을 결정하는 재판이 포함되고 따라서 도산관재인이 제3자에 대하여
통상의 민상법상의 채권에 기하여 그의 이행을 구하는 소를 제기한 경우 그에 대한
재판은 도산 관련 재판이 된다는 것이라는 점에서 문언상 이 유형에 포함되는 재판의
범위는 매우 넓은 것으로 보인다. 그의 범위와 관련하여 청구원인의 발생 시기에 따른
구분의 문제와, 청구원인의 법적 기초에 따른 구분의 문제를 검토할 필요가 있다.

(e) (i) 회생계획 또는 청산계획을 인가 또는 변경하는 재판, (ii) 채무자의 면책 또
는 채무 면제를 허가하는 재판 또는 (iii) 자율적 또는 법정외 채무(또는 구조)조정합
의(out-of-court restructuring agreement)를 인가하는 재판. (iii)에 해당하는 합의
는 전형적으로 도산법에 의하여 규율되는 것이 아니라 참가하는 모든 채권자들의 채
권을 합의에 의하여 변경하기로 하는 비공식적 협상을 통하여 이루어질 수 있다.
2018년 모델법에서 그런 합의에 대한 언급은, 입법지침이 다루는 신속절차(expedited
proceeding)와 같은 공식적 절차에서 승인을 위하여 궁극적으로 법원에 회부되는 합
의를 말한다. (e)는 대립당사자 간 재판이 아니라 다수 이해관계인 간의 집단적 화해
에 관한 재판이다. 이처럼 회생계획인가와 채무의 면책 등이 도산 관련 재판에 포함되
므로, 대법원의 토드 오 사건에서 문제된 회생계획인가재판도 이에 해당된다. 위 5개
의 유형 중 (e)는 집단적 절차 재판에 해당하고, 나머지 4개의 유형과 아래 (f)는 대체
로 대립당사자 간 재판에 해당하는 것으로 보인다.

(f) 그 이사가 제3의 법역에 소재하는 경우 채무자의 이사에 대한 조사의 재판. 이
는 다소 불분명하나, 문언상 이사에 대하여 책임추급(위 (c)의 유형)을 하기 위한 전
제로서 또는 책임추급을 하는 과정에서 외국에 소재하는 이사에 대하여 재산 등에 대
한 조사를 허용하는 재판(예컨대 민사집행법 제62조의 재산명시명령에 유사한 재판)
을 가리키는 것으로 보인다.

나. 외국도산절차의 요건

채무자회생법상 승인 대상은 외국도산절차인데, 외국도산절차가 승인되기 위
하여는 ① 외국의 당해 절차가 구조와 목적에 비추어 외국법원(이에 준하는 당국
포함)에 신청된 회생절차·파산절차 또는 개인회생절차 및 이와 유사한 절차(임시

절차를 포함)로 성질결정되어야 하고, ② 외국의 도산절차를 구성하는 재판이 당해 국가에서 효력이 있어야 한다. 그러나 외국의 재판이 형식적 확정력을 가져야 하는 것은 아니다. 만일 이를 요구하면 확정될 때까지의 기간 동안 채무자의 재산을 보전하기 어렵기 때문이다. 우리 채무자회생법(제311조)상으로도 파산은 결정의 확정을 기다리지 않고 선고를 한 때부터 효력을 가진다.

또한 도산절차 개시국이 우리 법의 관점에서 보아 간접관할을 가져야 하는데, 채무자회생법(제631조 제1항)에 따르면 외국도산절차가 신청된 국가에 채무자의 영업소·사무소 또는 주소가 있어야 한다.

다. 승인 대상에 관한 논점: 면책재판의 문제

외국의 면책재판(또는 회생계획인가에 따른 면책. 이하 양자를 포괄하여 면책재판만 언급한다)이 우리나라에서 어떤 효력을 가지는지, 그에 대하여 우리 법원이 어떤 형태의 지원을 할 수 있는지가 문제 된다. 예컨대 채무자인 한국인이 미국에서 미국 파산법상의 면책재판(또는 회생계획인가에 따른 면책)을 받았는데, 채권자들이 채무자를 상대로 우리 법원에서 이행의 소를 제기하거나 강제집행을 구하고 이에 대하여 채무자가 면책항변을 하는 경우 미국 법원의 면책재판이 한국에서 효력을 가지는지가 문제 된다. 채무자회생법은 결정승인제를 취하고 지원처분을 상정하고 있으므로 면책재판이 ① 우리 법원의 승인결정만으로 효력이 있는지, ② 우리 법원의 승인결정과 지원처분이 필요한지, ③ 아니면 승인결정 또는 기타 아무런 재판이 없이 민사소송법(제217조)에 따른 외국재판의 승인에 의하여 효력을 가질 수 있는지가 문제 된다.

면책재판의 효력을 민사소송법(제217조)의 외국재판 승인의 문제로 해결하는 견해가 있고, 채무자회생법의 해석론으로도 이를 따르는 견해가 있다. 대법원 2010. 3. 25.자 2009마1600 결정(토드 오 사건)이 이런 태도를 취하였다. 즉 2010년 결정은 추상적 법률론으로 미국 연방파산법원의 회생계획인가결정에 따른 면책효력에 대하여는 민사소송법 제217조에 따른 외국판결 승인의 법리가 적용된다고 판시하였다. 구체적으로 회생계획인가결정은 ① 실체법상의 청구권 내지 집행력의 존부에 관한 것으로서 그에 의하여 발생하는 효과는 채무자와 개별 채권자 사이의 채무 혹은 책임의 감면이라고 하는 단순하고 일의적인 것이고, ② 그 면책재판 등의 승인 여부를 둘러싼 분쟁은 면책 등의 대상이 된 채권에 기하여 제기된 이행소송이나 강제집행절차 혹은 파산절차 등에서 당해 채무자와 채권자 상호 간의 공격방어를 통하여 개별적으로 해결함이 타당하므로 민사소송법 제217조가 규정하는 일반적인 외국판결의 승인과 다를 바 없다. 따라서 외국법원의 면책재 판 등의 승인 여부는 그 면책재판 등이 민사소송법 제217조의 승인요건을 충족하 고 있는지를 심리하여 개별적으로 판단함이 상당하고, 그 승인 여부를 채무자 회 생 및 파산에 관한 법률의 승인절차나 지원절차에 의하여 결정할 것은 아니다"라 는 취지로 판시하였다.[59]

저자는 이에 동의하지 않는데, 위 대법원 결정은 집행판결의 대상이 되는 외 국판결의 개념을 "재판권을 가지는 외국의 사법기관이 그 권한에 기하여 사법상 (私法上)의 법률관계에 관하여 대립적 당사자에 대한 상호 간의 심문이 보장된 절 차에서 종국적으로 한 재판으로서 구체적 급부의 이행 등 그 강제적 실현에 적합 한 내용을 가지는 것"이라고 판시한 대법원 2010. 4. 29. 선고 2009다68910 판결 에도 반한다. 더욱이 이런 결론은 외국재판의 승인 및 집행을 다루는 국제규범들, 즉 헤이그국제사법회의의 2019년 재판협약과 UNCITRAL의 2018년 모델법의 태 도에도 반하고, EU도산규정에도 반하는 것이다.[60]

위 대법원 결정은 미국 연방파산법원의 회생계획인가결정의 승인이 토드 오

---

[59] 위 결론을 지지하는 견해는 오영준, "채무자 회생 및 파산에 관한 법률 하에서 외국도산절차 에서 이루어진 외국법원의 면책재판 등의 승인", 대법원판례해설 통권 제83호(2010년 상반 기), 604면 이하; 임치용, "외국도산절차의 승인 제도", 국제사법 제28권 제1호(2022. 6.), 50 면 이하, 71면 이하; 김영석, 주석회생법, 605면 참조. 그러나 김영석, 단행본(2024), 383면 이하는 IRJ 모델법을 보면 위 대법원 결정의 태도는 유지될 수 없다고 한다. 박민준, "외국 도산절차에서 이루어진 외국법원의 면책재판 등의 승인", 도산판례백선, 343면은 대법원의 판단이 불가피한 면이 있다고 하나 법적 근거가 없다. 이용운, "외국에서 받은 면책재판의 국내적 효력", 고영한·강영호(편), 도산관계소송, 재판실무연구 (5) (2009), 391면 이하도 결국 대법원의 태도를 지지하는 견해이나 법적 근거가 없다. 이연주, "민사소송법 제217조 의 승인대상으로서 외국재판의 개념 – 외국법원의 면책재판 등에 관한 논의를 중심으로 –", 이화여자대학교 법학논집 제21권 제2호(2016. 12.), 57면 이하도 참조.

[60] 상세한 비판은 석광현, "미국 연방파산법에 따른 회생계획인가결정의 한국에서의 승인", 양 창수 교수 고희기념논문집 간행위원회, 自律과 正義의 民法學: 梁彰洙 교수 古稀기념논문집 (2021), 555면 이하 참조. 김영주, 265면 이하; 최준규, "국제도산에서 도산해지조항의 준거 법 결정 – 도산전형적 법률효과? –", 서울대학교 법학 제64권 제1호(통권 제206호)(2023), 209면 註 72도 동지. 후자는 "외국법원의 면책재판은 전체집행절차인 도산절차와 관련된 특 유절차이므로 – 민사소송법 제217조의 외국판결 승인절차가 아니라 – 회생파산법에 따른 외 국도산절차의 승인 및 지원처분이라는 방식으로 국내에서 그 효력을 발휘해야 한다. 이 점 에서 대법원 2010. 3. 25. 자 2009마1600 결정은 부당하다"라고 밝히고 있다.

에 대한 파산선고의 선결문제로(즉 고합의 채권은 실효되었으므로 채권자가 아닌 고합의 파산신청은 기각되어야 한다는 것이다) 제기된 사건이다. 위 결정의 잘못은 두 가지다. 하나는 승인의 맥락에서 통상의 재판과 도산 관련 재판을 구별하지 않은 것이고, 다른 하나는 국제도산법의 지원결정의 의미를 근거 없이 좁게 해석한 것이다.

첫째 잘못은, 대법원이 통상의 재판의 승인에 적용되는 민사소송법 제217조를 도산 관련 재판(특히 그중에서도 집단적 절차 재판인 회생계획인가결정)에 대해서까지 적용함으로써 적용범위를 지나치게 확대한 점이다. 1997년 모델법이 도산절차를 승인 대상이라고 규정함으로써 혼란을 야기한 면이 있지만, 위 결정은 지나친 것이고[61] 승인 대상인 외국판결을 정의한 2010년 대법원 판결[62]에도 반한다. 통상의 재판과 도산 관련 재판의 승인을 구별할 필요가 있음은 EU도산규정, 2018년 모델법과 재판협약에서 보는 바와 같다. 대법원은 통상의 재판의 승인과 도산 관련 재판의 승인 간에 한국에서도 다소 희미하게 존재하던 경계선을 무너뜨렸고, 양자 간의 경계를 명확히 획정하려는 국제사회의 노력을 무의미한 것으로 만들었다. 대법원처럼 회생계획인가결정에 민사소송법 제217조를 원용하자면, 최소한 제217조를 유추적용하면서 집단적 절차 재판의 승인 시 승인요건의 변용방안을 고민했어야 한다. 도산 관련 재판 중 대립당사자 간의 재판과 집단적 절차 재판의 차이를 인식하고, 제217조의 대상인 통상의 재판의 승인 법리를 아는 법률가라면 마땅히 그런 접근방법을 취했어야 한다.

둘째 잘못은, 법리상 회생계획인가결정의 승인이 지원결정으로써 가능함에도 불구하고 대법원이 근거 없이 이를 부정한 점이다. 이것이 가능함은 1997년 모델법의 승인 대상이 '외국도산절차'라는 사실로부터 도출할 수 있고 저자도 과거 그런 견해를 피력하였다. 그 후 필자는 1997년 모델법을 수용한 미국 연방파산법원의 실무가 필자와 같은 견해임을 확인하였고, 더욱이 2018년 모델법 제X조[63]는

---

61) 위에서 언급한 영국 대법원의 Rubin 사건은 대립당사자 간 재판인 부인재판의 승인에 대하여 통상의 재판의 승인의 법리를 적용하였으므로 대상결정과 비교하면 일탈의 정도가 약하다.

62) 캘리포니아 주법원의 승인판결의 외국판결성을 부정한 대법원 2010. 4. 29. 선고 2009다68910 판결.

63) 조문과 간단한 해설은 아래와 같다. 상세는 한민·석광현, 보고서, 72면 이하 참조.
제X조 2018년 모델법 제X조의 의미
[국제도산에 관한 UNCITRAL 모델법에 기초하여 법을 제정한 국가들은 동 모델법 제21조에 따라 재판이 승인 및 집행될 수 있는지에 관하여 의문을 제기할 수도 있는 재판들을 인지할 것이다. 그러므로 이들 국가는 다음 조항의 입법을 고려하는 것을 희망할 수 있다.]

저자의 견해가 가능함을 명시하면서 1997년 모델법을 채택한 국가들이 그런 취지를 국내법에 명시할 것을 고려하라고 규정한다.

  위 대법원 결정이 초래한 혼란을 극복하여 도산 관련 재판의 승인을 합리적으로 처리하고, 외국 도산 관련 재판의 승인이 선결문제로 제기되는 경우 자동승인을 가능하게 하자면 우리나라도 2018년 모델법[64]을 수용할 필요가 있다.[65] 우리나라에서도 2018년 모델법의 수용에 관한 논의를 포함하여 도산 관련 재판의 승인 및 집행에 관한 논의가 활발해지기를 기대한다. 나아가 대법원도 견해를 바꾸어 올바른 해석론을 전개하기를 희망한다. 그것이 국제적 정합성을 확보하는 길이다. 이를 다소 부연하면 아래와 같다.

2018년 모델법은 제14조에서 도산 관련 재판의 승인·집행의 거부사유(이하 편의상 "승인거부사유"라고 한다)를 규정하면서 도산 관련 재판을 두 가지 종류로 구분한다. 즉 동조는 ① 2018년 모델법 제14조 (f)호가 규정하는 종류, 즉 채권자 일반의 권리에 중대하게 영향을 미치는 재판(the judgment (that) materially affects the rights of creditors generally)—이는 채권자들과 기타 이해관계인들의 이익에 집단적으로 영향을 미치는 재판(judgment (that) directly affect the rights of creditors and other stakeholders collectively)이라고 할 수 있다—과, ② 그 밖의 재판을 구분하는데, 후자는 통상의 민사재판과 같이 당사자들 간의 양면적 분쟁을 해결하는 도산 관련 재판

제X조 [국제도산에 관한 UNCITRAL 모델법 제21조를 입법한 입법국의 법에 대한 언급을 기재할 것]에 따른 도산 관련 재판의 승인

종전의 여하한 상반된 해석에도 불구하고, [국제도산에 관한 UNCITRAL 모델법 제21조를 입법한 입법국의 법에 대한 언급을 기재할 것]에 따라 제공될 수 있는 지원처분은 재판의 승인 및 집행을 포함한다.

제X조는 도산 관련 재판의 승인 및 집행이 1997년 모델법에 따라 지원처분으로서 가능함을 명확히 규정한다. 본문에 있는 "재판의 승인 및 집행"에서 '재판'이라 함은 제목에서 보듯이 도산 관련 재판을 말한다. 따라서 우리나라가 제X조를 채택한다면 도산 관련 재판의 승인·집행은 1997년 모델법을 수용한 채무자회생법에 따른 지원처분으로 가능하다는 것이 된다. 저자는 회생계획인가결정의 승인에 있어 통상의 민사재판의 승인경로로 갈 수는 없고 도산절차의 승인과 그에 이은 지원처분으로 가야 한다는 견해를 피력하였던바, 제X조는 1997년 모델법의 해석상 저자와 동일한 견해를 따른 것이다.

64) 위에서 본 것처럼 UNCITRAL은 모델법이 규율하는 도산절차의 승인과 별개로 도산 관련 재판의 승인 및 집행에 관한 모델법을 채택하였다. 2018년 모델법의 소개는 한민, 승인과 집행, 90면 이하 참조. 상세는 한민·석광현, 보고서, 제2장(석광현 집필부분) 참조. 저자의 개정안에 대한 검토는 김영석, 단행본, 420면 이하 참조.

65) 이 점은 김영석, 단행본, 407면 이하도 동지다.

(insolvency-related judgment resolving bilateral disputes between parties)(즉 대립당사자 간 재판)이다.[66] 물론 후자도 채권자들과 기타 이해관계인들의 이익에 영향을 미칠 수 있으나 그러한 영향은 도산재단의 규모에 대한 영향과 같은 간접적인 영향이다.[67] 우리 대법원은 ①에 속하는 미국 연방파산법원의 회생계획인가결정을 ②에 속하는 대립당사자 간 재판으로서 민사소송법 제217조에 따른 자동승인 대상이라고 판단하였고, 그 후 그런 논리를 따르는 일련의 하급심 판결들[68]이 이어지고 있으나 이는 잘못이다.

2. 승인의 요건

가. 승인의 적극적 요건 — 승인신청과 제출서류

승인신청의 제출 및 승인결정에 관한 공시와 관련한 절차적 사항에 대하여는 모델법은 규정을 두지 않는데 이는 승인국법에 따른다.[69] 채무자회생법에 따르면, 외국도산절차의 대표자는 ① 외국도산절차 일반에 대한 법적 근거 및 개요에 대한 진술서, ② 외국도산절차의 개시 증명서, ③ 외국도산절차의 대표자의 자격과 권한 증명서, ④ 승인의 대상인 외국도산절차의 주요내용에 대한 진술서(채권자·채무자 및 이해당사자에 대한 서술 포함)와 ⑤ 외국도산절차의 대표자가 알고 있는 그 채무자에 대한 다른 모든 외국도산절차에 대한 진술서를 첨부하여 법원에 외국도산절차의 승인을 신청할 수 있는데, 이 경우 외국어로 작성된 서면에는 번역문을 붙여야 한다(제631조 제1항).

외국도산절차의 승인신청이 있는 때에는 법원은 지체 없이 그 요지를 공고하여야 하고, 외국도산절차의 승인 신청에 관한 서류를 이해관계인의 열람을 위하

---

66) 2018년 모델법에 관한 UNCITRAL Guide to Enactment, para. 40, para. 109. Reinhard Bork/Kristin van Zwieten, Commentary on the European Insolvency Regulation (2016), para. 6.05는 대체로 전자를 '집단적 도산절차(collective insolvency proceeding)', 후자를 '대립당사자 간(또는 대심) 절차(adversarial proceeding)'라고 구분한다.

67) 2018년 모델법에 관한 UNCITRAL Guide to Enactment, para. 40.

68) 예컨대 인천지방법원 2017. 8. 30. 선고 2016나13185 판결(일본 동경지방재판소의 면책결정을 승인한 사례)과 서울중앙지방법원 2018. 9. 18. 선고 2018나11861 판결(미국 파산법원의 면책결정의 승인을 거부한 사례)을 들 수 있다. 다른 사건을 재판하는 법원에서 면책의 항변을 주장하는 경우 면책 여부를 판단할 수 있다면 편리하므로 그런 점에서 대법원의 접근방법은 실용적이기는 하나 외국도산절차 내지 외국도산재판의 승인의 법리에 반한다는 문제가 있다.

69) UNCITRAL Guide, para. 30.

여 법원에 비치하여야 하는데, 외국도산절차의 승인 신청을 하는 때에는 신청인은 절차의 비용을 미리 납부하여야 하고, 이 경우 기타 비용의 예납에 관한 제39조가 준용된다(제631조 제3항·제4항, 제37조).

모델법은 승인요건의 충족 여부에 관한 판단을 용이하게 하고자 추정규정을 둔다. 즉 제15조 제2항 소정의 서류에 외국도산절차가 제2조 a호에 정의된 절차라는 것과, 외국도산절차의 대표자가 제2조 d호에 정의된 사람 또는 기구라는 것이 나타나 있으면 법원은 이를 추정할 수 있고, 나아가 승인 신청을 뒷받침하기 위해 제출된 문서를 인증 여부에 관계 없이 진정한 것으로 추정할 수 있다(제16조 제1항·제2항). 채무자회생법은 이런 추정규정을 두지 않는다.

나. 승인의 소극적 요건 — 승인거부사유

법원은 다음과 같은 승인거부사유가 있는 경우 외국도산절차의 승인신청을 기각하여야 한다(제632조 제2항). 즉 ① 법원이 정한 비용을 미리 납부하지 아니한 경우, ② 제631조 제1항 각호의 서면을 제출하지 아니하거나 그 성립 또는 내용의 진정을 인정하기에 부족한 경우와 ③ 외국도산절차의 승인이 한국의 선량한 풍속 그 밖에 사회질서에 반하는 경우가 그것이다. 공서위반에 관하여, 구 파산법의 해석상 파산제도는 그 개시요건, 절차의 유형, 관재인의 유무 및 권한, 배당 순위 등을 달리하기 때문에 외국 파산재판을 승인하는 것은 우리의 공서에 반한다는 견해가 있었지만, 공서를 그렇게 넓게 보아서는 아니 된다.

공서의 맥락에서 흥미로운 것은 대법원 2010. 3. 25.자 2009마1600 결정이다. 이는 미국 파산법원의 회생계획인가결정의 승인은 채무자회생법이 아니라 민사소송법 제217조에 의하는 것을 전제로 하면서, 비록 채무자회생법상 속지주의가 폐지되었지만 이를 그대로 적용하면 "구 회사정리법의 속지주의 원칙을 신뢰하여 미국도산절차에 참가하지 않고 토드 오(채무자) 소유의 이 사건 상가 및 공장에 대한 가압류를 마치고 강제집행이나 파산절차 등을 통하여 채권을 회수하려던 채권자(고합)의 권리를 현저히 부당하게 침해하게 된다"라면서 그 구체적 결과가 우리나라의 선량한 풍속이나 그 밖의 사회질서에 어긋나는 경우에 해당하므로 미국 파산법원의 회생계획인가결정은 구 민사소송법 제217조 제3호의 요건을 충족하지 못하여 승인될 수 없다고 판단하였다.[70]

---

70) 과거 회생사건실무(하), 제3판(2011), 304면은 채권의 우선순위가 국내법과 현저한 차이가

공서위반 여부의 판단은 까다로운데, 앞으로 사례가 축적되면 보다 구체화될 수 있을 것이다.

또한 채무자회생법은 명시하지 않지만, 외국의 도산법이 자국도산절차의 대외적 효력을 부인하지 않아야 한다. 만일 외국의 도산법이 우리의 구 파산법이나 회사정리법처럼 속지주의를 취함으로써 자국도산절차의 대외적 효력을 제한한다면 그의 효력은 우리나라에서 승인될 수 없다고 본다. 외국 입법자의 의사에 반해서까지 그의 효력을 승인할 이유는 없기 때문이다. 승인원조법(제21조 제2호)은 이 점을 명시한다.

우리 법원은 외국 도산재판의 승인 여부 판단 시 위 요건의 구비 여부만을 심사할 수 있을 뿐이고, 증거의 평가를 포함하여 외국법원이 행한 사실인정과 그에 기초한 법률의 적용을 재심사하여 옳고 그름을 판단할 수 없다. 즉 이 경우에도 실질재심사(révision au fond) 금지의 원칙이 타당하다.

외국도산절차를 승인함에 있어서 일부의 승인만이 가능한가라는 의문이 제기된다. 명문의 규정은 없지만 외국도산절차를 구성하는 재판의 일부 또는 그 효력의 일부만이 승인될 수도 있다고 본다. 특히 우리나라의 공서에 반하는 경우에 그럴 가능성이 있다.71) 과거 구 도산법하에서는 가능하였으나, 채무자회생법의 해석상으로는 대법원 2003. 4. 25. 선고 2000다64359 판결처럼 외국 파산선고의 효력을 관재인에의 관리처분권의 이전과 포괄집행적 효력으로 나누어 그중 하나만을 승인하는 것은 허용되지 않는다고 본다.

3. 승인의 절차적 측면

가. 승인 사건의 토지관할과 승인의 신청권자

외국도산절차의 승인 및 지원에 관한 사건은 서울중앙지방법원 합의부의 관할에 전속하나, 절차의 효율적인 진행이나 이해당사자의 권리보호를 위하여 필요한 때에는 서울중앙지방법원은 당사자의 신청에 의하거나 직권으로 외국도산절차의 승인결정과 동시에 또는 그 후에 제3조가 규정하는 관할법원으로 사건을 이송

있는 경우 또는 외국도산절차가 우리 과세관청의 체납처분을 정지하는 효력이 있는 경우 실체법상의 공서위반이 될 수 있고, 채권자의 절차참가가 실질적으로 보장되지 않는 경우 절차법상의 공서위반이 될 수 있다고 하였다. 구체적인 사건에서 외국도산절차의 승인이 과연 실체적 공서위반이 되는가라는 판단은 까다로운 문제이다.

71) Geimer, Rz. 3521은 독일 도산법(제343조 제1항 제2호 2목)의 해석상 이를 긍정한다.

할 수 있다(제630조).

외국도산절차의 승인신청권자는 외국도산절차의 대표자이다.

나. 결정승인제의 채택

외국도산절차의 승인에는 민사소송법 제217조가 정한 외국판결 승인의 경우처럼 일정요건이 구비되면 자동으로 그 효력을 인정하는 방법과, 법원의 재판에 의해 승인하는 방법이 있다. 전자를 '자동승인제', 후자를 '결정승인제'라고 부르는데, 채무자회생법은 결정승인제를 채택하였다. 모델법(제17조)과 승인원조법(제22조)은 결정승인제를 취하는 데 반하여, EU도산규정(제16조, 제17조)과 독일 도산법(제11장)은 자동승인제를 취한다.

외국도산절차의 승인은, 당사자 간의 일회적인 분쟁해결을 목적으로 하는 외국판결의 효력을 인정하는 것[72]이 아니라 도산절차 내지는 도산절차를 구성하는 일련의 재판을 대상으로 하는 점에서 파급효과가 더 크고, 외국판결의 경우와 비교할 때 그 효력이 광범위할 뿐만 아니라 매우 다양하며, 나아가 승인시점을 명확히 함으로써 법적 안정성을 보장할 필요가 크므로 채무자회생법의 접근방법은 타당하다.[73]

자동승인제를 취하는 이유는 만일 결정승인제를 취할 경우 절차비용이 증가하고, 장기간의 절차가 진행되는 도중에 채무자가 재산을 반출하거나, 채권자가 경쟁적으로 개별집행을 시도한다는 단점이 있기 때문이다.[74] 자동승인제를 취할 때에는, 개정 EU도산규정(제31조 참조)의 예에서 보듯이 외국도산절차의 개시를 알지 못하는 제3자가 채무자에게 변제한 경우 변제가 유효한 것으로 취급할 필요가 있다.

승인원조법도 결정승인제를 취한다. 그러나 승인결정은 장래 원조처분을 할 가치가 있다는 판단으로서 단순히 원조처분의 기초에 그치고 그 자체로서는 특별

---

72) 우리나라에서도 외국판결의 승인의 본질은 외국판결의 효력의 확장에 있다고 보며, 이는 자동적인 승인이라는 것이 다수설이다. 석광현, 제1권, 377면 참조.

73) EU도산규정은 유럽연합이라고 하는 지역적 경제통합기구 내에서 타당한 국제도산법제이고, 브뤼셀규정을 보충하는 기능을 수행하므로 이를 우리의 국제도산법제에 관한 입법에 그대로 가져다 쓸 수 있는 것은 아니다. 그러나 과거 한충수, "외국도산절차의 승인과 집행", 변호사 — 회원연구논문집 — (서울지방변호사회, 2001), 358면은 입법론으로 자동승인제를 지지하였다.

74) Geimer, Rz. 3526 Fn. 412.

한 법적 효과를 가지지 않는다.[75] 나아가 승인원조법(제56조)은 승인결정의 필요적 취소사유와 재량적 취소사유를 규정하는 점에 특색이 있다.

주목할 것은, 위 대법원 2003. 4. 25. 선고 2000다64359 판결(구찌 사건 판결)은 속지주의를 취한 구 도산법의 해석론으로서, 미국 파산법원의 파산선고의 효력을 관재인에의 관리처분권의 이전과 포괄집행적 효력으로 나누어 전자에 관하여 미국 파산법원의 재판이 민사소송법의 외국판결 승인요건을 갖춘 것으로 못 볼 바 아니라고 하여 효력을 승인한 점인데, 이는 관리처분권의 이전은 자동승인된다는 것이다. 그러나 채무자회생법에 의하면 관리처분권의 이전도 우리 법원의 승인결정을 거쳐야 하므로, 외국도산절차가 개시되었으나 아직 우리 법원의 승인결정이 없는 경우 만일 한국 내 재산과 관련하여 제소하거나 계약을 체결할 경우 누구를 상대로 해야 하는지가 문제 된다(외국도산절차의 대표자와 채무자 양인을 예비적으로 병합하여 소를 제기해야 하는지와 양자와 계약을 체결하여야 하는지). 더욱이 외국도산절차가 한국에서 포괄집행적 효력을 가지려면 우리 법원의 승인결정과 별도의 지원결정이 필요하므로 절차가 더욱 번거롭다.

결국 채무자회생법에 따르면 외국도산절차의 대표자가 외국도산절차의 승인신청을 한 경우 비록 승인의 적극적 요건과 소극적 요건이 모두 구비되었더라도 승인의 효력이 자동적으로 발생하지 않고 우리 법원의 승인결정이 있는 때 비로소 발생한다. 법원은 외국도산절차의 승인신청이 있는 때에는 신청일부터 1월 이내에 승인 여부를 결정하여야 하고, 외국도산절차의 승인결정이 있는 때에는 주문과 이유의 요지를 공고하고 결정서를 신청인에게 송달하여야 한다(제632조 제1항·제3항). 외국도산절차의 승인신청에 관한 결정에 대하여는 즉시항고가 가능하나 즉시항고는 집행정지의 효력이 없다(제632조 제4항·제5항).

4. 승인의 효력

가. 승인의 효력에 관한 채무자회생법의 태도와 그에 대한 비판

외국도산절차(특히 외국주절차) 승인의 효력(또는 효과)에 관한 법제는 ① 절차 개시국법에 따른 도산절차 개시재판의 효력이 승인국에 확장되거나(확장모델. extension model), ② 승인국의 (기존) 도산법에 따른 효력을 인정하거나(동화모델.

---

75) 山本和彦, "承認の要件·手續", 山＝山＝坂(編), 130면; 松下淳一, "承認の效果", 山＝山＝坂(編), 134면.

assimilation model) ③ 모델법에서처럼 (기존 도산법과 다른) 모델법을 국내법화한 법률이 정한 효력을 인정하는 법제로 구분할 수 있다(ML모델).

채무자회생법은 우리 법원의 승인결정에 의하여 외국도산절차의 효력이 우리나라에 미치는 것으로 하는 대신 우리 법원이 재량으로 개별적 지원결정을 하도록 한다. 즉 채무자회생법상 외국도산절차의 승인이라 함은 외국도산절차에 대하여 우리나라 내에서 채무자회생법 제5편의 지원처분을 할 수 있는 기초로서 승인하는 것을 말하고, 지원절차라 함은 국제도산편에서 정하는 바에 의하여 외국도산절차의 승인신청에 관한 재판과 채무자의 한국 내에 있어서의 업무 및 재산에 관하여 당해 외국도산절차를 지원하기 위한 처분을 하는 절차를 말한다(채무자회생법 제628조 제3호·제4호). 지원절차는 위에서 언급한 보조절차(ancillary pro-ceeding)에 해당하는 것으로 우리나라 내에서의 업무 및 재산에 관한 것이라는 점에서 속지적 효력을 가진다. 법원은 지원신청이 한국의 선량한 풍속 그 밖의 사회질서에 반하는 때에는 그 신청을 기각하여야 한다(제636조 제3항). 채무자회생법이 이러한 태도를 취한 것은 외국도산법이 정한 외국도산절차의 효력이 우리나라에 그대로 유입되는 것을 막기 위한 것이다. 즉 채무자회생법(제636조)에 따르면, 승인결정에 의해 외국도산절차 개시국법상의 효력이 우리나라에 확장되거나 채무자회생법상의 국내도산절차의 효력이 발생하는 것이 아니라, 우리 법원이 승인결정을 기초로 지원결정을 하는 체제인데 이는 승인원조법을 추종한 것이다.[76] 승인원조법은 기본적으로 모델법을 수용한 것이지만 승인의 효력에 관하여는 이렇듯 모델법과 커다란 차이가 있다. 즉 채무자회생법상의 '외국도산절차의 승인'은 외국법원의 재판의 승인과 달리 외국도산절차가 지원결정을 하기 위한 적격을 갖추고 있음을 확인하는 데 불과하다.[77] 따라서 이를 '승인'이라고 부르기는 하나 외

---

[76] 대법원 2010. 3. 25.자 2009마1600 결정은, 첫째 "외국도산절차의 승인은 민사소송법 제217조가 규정하는 외국판결의 승인과는 달리 외국법원의 재판을 승인하는 것이 아니라 당해 외국도산절차를 승인하는 것으로서 그 법적 효과는 외국도산절차가 지원결정을 하기 위한 적격을 갖추고 있음을 확인하는 것에 그치고, 그 승인에 의하여 외국도산절차의 효력이 직접 한국 내에서 확장되거나 국내에서 개시된 도산절차와 동일한 효력을 갖게 되는 것은 아니"라는 취지로 판시하였고, 둘째, 지원결정에 관하여는 "국내에서 진행되고 있는 채무자의 업무 및 재산에 대한 소송 등의 중지와 강제집행, 담보권실행을 위한 경매, 보전절차 등의 금지 또는 중지, 채무자의 변제금지 또는 채무자 재산의 처분금지 등 외국도산절차의 대표자가 외국도산절차에 필요한 배당·변제재원을 국내에서 보전·확보하고 이를 기초로 배당·변제계획을 수립하거나 그 계획을 수행할 수 있도록 절차적인 지원을 하는 것"이라는 취지로 판시하였다.

[77] 이런 이유로 일본에서는 승인원조법상의 승인은 '입장권(entrance ticket)'을 받는 것과 같

국판결의 승인 또는 외국중재판정의 승인과 달리 이는 본래의 승인은 아니고 '지원결정을 위한 적격 구비 확인'이라는 의미일 뿐이므로 '가(假)승인' 또는 '예비승인'에 불과할 뿐 본래 의미의 승인은 아니다. 그런 의미의 가승인 또는 예비승인이 공서에 반할 이유도 없다.

모델법은 외국주절차에는 제20조의 자동적 효력과 제21조의 재량적 효력을 인정하나, 외국종절차에는 제21조의 재량적 효력만을 인정한다. 즉 모델법에 따르면 승인국 법원이 외국주절차를 승인한 때에는 ① 개별채권자의 채무자에 대한 소송 또는 절차의 개시 또는 계속은 중지되고, ② 채무자의 자산에 대한 집행절차는 중지되며, ③ 채무자의 자산의 관리처분권은 정지된다(제20조). 그러나 모델법 상으로는 국내 도산법상 통상 도산절차 개시의 기본적 효과의 하나로 인정되는 관리처분권의 (외국)도산관재인에의 이전은 당연히 발생하지는 않고 이는 승인국 법원의 재량적 구제조치다(제21조).

하지만 입법론으로는 모델법처럼 주절차와 종절차의 개념을 도입하고 외국 주절차의 승인에 의해 채무자회생법이 정한 도산절차개시의 기본적 효력을 자동적으로 부여하는 것이 바람직하고, 이것이 국제민사절차법상 통용되는 승인(recognition)의 본질에 부합한다.[78] 또한 채무자회생법에 따를 경우 외국의 면책재판(또는 회생계획인가에 따른 면책)에 대해 지원이 필요한지, 필요하다면 어떤 지원이 가능한지, 아니면 이 경우는 예외적으로 자동승인이 가능한지가 불명확하게 된다는 문제가 있다.

더욱이 위에서 언급한 2003년 대법원판결은 속지주의를 규정한 파산법(제3조 제2항)의 결과 외국에서 선고된 파산은 한국 내 재산에 대하여 파산선고의 본래적 효력인 포괄집행적 효력이 미치지 않는다고 보면서도 미국 파산관재인에의 관리처분권의 이전은 당연히 승인된다고 보았는데, 채무자회생법은 관리처분권의 이전과 포괄집행적 효력을 모두 우리 법원의 승인결정에 의하여 비로소 부여하므로

효과가 있다고 설명하기도 한다. 오수근 외, 도산법(2012), 398면은 채무자회생법상의 승인은 '외국도산절차의 존재를 인정하는 것'이라고 설명한다.

78) 다만 국제도산법하에서도 법원이 승인결정 시 직권으로 지원조치를 하면 결과적으로는 별 차이는 없을 것이다. 과거 저자는 우리 법원이 이렇게 해줄 것을 기대했었으나 현실은 그렇지 못하였다. 토드 오 사건에서 우리 법원의 승인결정이 있었으나 그 후 2년 여가 지나도록 지원결정은 내려지지 않았는데 결국 토드 오는 지원결정 신청을 취하하였다고 한다. 다만 LPD 홀딩스 사건(2007국승1, 2007국지1)에서 서울중앙지방법원이 하나의 결정문으로 승인결정과 지원결정을 한 것은 다행이었다. 입법론적 비판과 개정방향은 석광현, 보고서 참조.

외국도산절차의 효력이 한국에 무분별하게 유입되는 것을 두려워할 이유는 없다. 2003년 대법원판결에 충실하자면 관리처분권의 이전에 관하여는 자동승인제를 취할 수도 있으나, 양자를 달리 취급하는 것은 부적절하므로 채무자회생법은 그에 대해서도 승인결정을 요구한다. 외국도산절차에 포괄집행적 효력을 인정하기 위하여는, 외국판결의 집행을 위하여 집행판결이 필요한 것처럼 법원이 승인요건의 구비 여부를 스크린(확인)하는 절차가 필요하다고 볼 수 있는데, 채무자회생법의 승인결정은 바로 그런 기능을 하는 셈이다(물론 개별적인 집행을 위하여는 별도의 집행판결이 필요할 수 있다). 그래도 불안하다면, 외국주절차의 승인 시 기본적 효력의 자동적인 부여는 당해 외국에서 그러한 효력이 인정되는 때로 한정하면 될 것이다. 기본적 효력조차 부여할 수 없는 외국주절차라면 승인의 대상인 외국도산절차라고 볼 수 없을 것이다. 어쨌든 채무자회생법에 따르면 우리 법원의 승인결정이 있어도 관리처분권의 이전은 물론 정지와 포괄집행적 효력 모두 발생하지 않게 되므로 이는 구 도산법하의 법상태로부터 지나친 후퇴이며 정당화하기 어렵다.[79] 채무자회생법제를 개정하는 이유가, 속지주의를 버리고 외국도산절차의 효력을 한국 내에서 승인하는 데 있으므로 승인을 지나치게 어렵게 할 것은 아니다.

　요컨대 채무자회생법은 외국주절차와 외국종절차를 정의하지 않고[80] 또한 승인의 효력의 면에서 양자를 구별하지 않으나, 저자는 모델법처럼 외국주절차와 외국종절차를 정의하고, 외국주절차에는 승인결정에 의하여 기본적 효력을 자동적으로 부여하며 법원이 재량으로 기타 지원을 할 수 있도록 하고, 외국종절차에는 후자, 즉 재량적 효력만을 인정하자는 취지의 비판을 하였고 구체적인 문안을 제시한 바 있지만[81] 채택되지 않았다.

　어쨌든 채무자회생법상으로는 승인결정이 있더라도 법원의 지원조치가 없는 한 채무자는 여전히 한국 내 재산을 관리처분할 수 있고 채권자는 강제집행할 수

---

79) 위에서 언급한 바와 같이, 모델법상 외국도산절차 승인의 경우 채무자의 관리처분권의 정지는 자동적 효력이나 관재인으로의 관리처분권의 이전은 재량적이다. 임치용, "한진해운 도산의 법적 쟁점", BFL 제92호(2018. 11.), 53면 註 76은 이 점을 명확히 지적한다. 우리 법은 승인의 효력을 제한한 탓에 과거 이 논점이 충분히 인식되지 않았다.
80) 그러나 채무자회생법 제649조 제2항도 '주된 외국도산절차'라는 표현을 사용하는 것은 위에서 본 바와 같다.
81) 문언은 석광현, "채무자회생및파산에관한법률안 중 국제도산에 대한 의견", 법률신문 제3305호(2004. 10. 11.), 15면 참조. 상세는 석광현, 보고서 참조.

있다. 덴마크 법원이 임명한 파산관재인의 한국 내 재산에 해당하는 채권의 양도·처분은 채무자회생법에서 요구하는 우리 법원의 승인 및 지원결정이 없었다면 한국에서는 효력이 없다.[82]

나. 당사자적격

구 파산법(제152조)에 따르면 파산선고가 있으면 파산채무자는 소송수행권을 상실하고 파산관재인이 소송수행권을 가졌다. 회사정리절차가 개시된 경우에도 마찬가지로 관리인이 소송수행권을 가졌다(회사정리법 제96조). 이러한 도산관재인의 소송수행권을 어떻게 이론구성하는가는 법계에 따라 차이가 있다. 그런데 채무자에 대하여 외국법원에서 파산선고가 있거나 회생절차가 개시된 경우 당해 외국에서는 당해 절차의 도산관재인이 소송수행권을 가지는데, 과연 우리나라에서는 누가 소송수행권을 가지는지가 문제 된다. 이 점에 대하여 도산절차의 효력이 미치는 범위에 관하여 속지주의를 취한 구 도산법과, 수정된 보편주의를 취하는 채무자회생법의 태도는 상이하다. 채무자회생법은 외국도산관재인의 권한에 관하여 명시적인 규정을 두고 있기 때문이다.

속지주의를 관철한다면 외국에서 개시된 도산절차의 관재인은 한국에 있는 재산에 대하여는 관리처분권을 가지지 않으므로 당사자적격을 가지지 않는다고 보아야 할 것이나 과거 일부 하급심판결들[83]은 속지주의에도 불구하고 외국의 도산관재인에게 당사자적격을 인정하였고, 이러한 태도는 결국 위에서 언급한 대법원 2003. 4. 25. 선고 2000다64359 판결에 의하여 승인되었다. 즉 위 대법원판결은 구 파산법의 해석론으로서 미국 파산법원의 파산선고의 효력을 관재인에의 관리처분권의 이전과 포괄집행적 효력으로 나누어, 전자에 관하여 미국 파산법원의 재판이 민사소송법의 외국판결 승인요건을 갖춘 것으로 못 볼 바 아니라고 하여 효력을 승인한 바 있다. 이는 도산관재인의 권한은 외국판결 승인요건을 구비하면 외국판결의 승인과 유사하게 우리 법원의 별도의 절차 없이 자동적으로 승인된다는 것을 의미하였다.

외국의 도산관재인의 권한의 문제를 입법적으로 해결한 채무자회생법은 이러한 절차법적 접근방법을 취하였지만, 채무자회생법상으로는 외국의 도산재판

---

82) 서울고등법원 2014. 7. 25. 선고 2012나77541, 2012나77558(병합) 판결(미상고 확정) 참조.
83) 서울지방법원 1996. 6. 28. 선고 96가합27402 판결; 서울지방법원 2002. 9. 4. 선고 2001가합79063 판결.

또는 도산절차가 자동적으로 승인되어 외국의 도산관재인이 당연히 당사자적격을 가지는 것은 아니다. 채무자회생법에 따르면 외국의 도산관재인이 우리나라에서 관재인의 권한, 나아가 당사자적격을 가지기 위하여는 우선 당해 외국의 도산법 상 그가 대외적으로 권한을 가져야 하고, 우리 법원에 외국도산절차의 승인신청 을 해서 승인결정을 받아야 하며(제632조), 나아가 우리 법원에 의하여 국제도산 관리인으로 선임되어야 한다(제636조 제1항 제4호). 따라서 채무자회생법이 시행된 현재로는 대법원 2003. 4. 25. 선고 2000다64359 판결은 더 이상 타당할 수 없다. 그러나 근자에는 채무자회생법의 해석론으로도 승인절차가 불필요하다는 견해도 있다.[84] 하지만 아르텍 사건에서 서울고등법원 2014. 7. 25. 선고 2012나77541, 2012나77558(병합) 판결(미상고 확정)도 저자와 같은 취지로 판시하였다.

이처럼 채무자회생법에 의하면 한국 내 재산에 관한 외국의 도산관재인의 관 리처분권의 취득도 우리 법원의 승인결정을 거쳐야 하므로, 외국도산절차가 개시 되었으나 승인결정이 아직 내려지지 않은 상태에서는 한국 내 재산에 관하여 한 국의 원고가 외국의 채무자를 제소할 경우 외국의 도산관재인을 피고로 할 수는 없다. 그렇다면 외국의 도산관재인과 채무자 양인을 예비적으로 병합하는 방안도 고려할 수 있을 것이나, 승인결정이 있을 때까지는 채무자가 여전히 한국 내 소재 재산에 대한 관리처분권을 가지므로 결국 채무자가 피고가 되어야 할 것으로 보 인다. 그러나 외국의 도산법이 속지주의를 취하지 않고 우리나라와 일본의 도산 법처럼 도산관재인의 대외적 권한을 인정한다면, 당해 외국에 소재하는 재산과, 자동승인제를 취하는 국가에 소재하는 재산에 대하여 관리처분권을 이미 상실한 채무자를 피고로 하여 소송수행을 하도록 하는 것이 과연 바람직한지는 의문이 다. 이처럼 채무자회생법하에서 외국관재인을 상대로 한국에서 제소하고자 하는 경우 어려움이 있으므로 이런 상황을 개선하여야 하는데, 2018년 모델법의 채택 이 고려할 수 있는 하나의 방법이다.[85]

---

84) 제강호·이재한, "외국 회사의 파산 관련 제문제", BFL 제42호(2010. 7.), 44면 이하. 이는 위 2003년 대법원판결을 원용하면서 외국관재인은 능동당사자인가 수동당사자인가에 관계 없이 당사자적격을 가진다고 본다. 참고로 외국도산절차의 대표자의 직접 접근권을 정한 미 국 연방도산법 제1509조 b항 1호는, 외국도산절차의 대표자가 미국 내 소송에서 원고 및 피 고 적격을 가지기 위해서는 외국도산절차가 미국에서 승인될 것을 전제로 한다(다만 제1509 조 f항 참조).
85) 만일 한국의 원고가 도산절차개시국에서 도산관재인을 상대로 소를 제기하면 당사자적격이 문제 될 것은 없다. 또한 우리 법원의 승인결정이 있고 국제도산관리인이 선임되었다면 그

도산대표자 선임재판과 국제도산관리인 문제

2018년 모델법상 도산대표자 선임재판이 도산 관련 재판임은 명백하나, 2018년 모델법 Guide는 도산 관련 재판의 6개의 유형을 열거하면서도 그곳에서 도산대표자 선임재판을 예시하지는 않는다. 2018년 모델법에 따른 도산 관련 재판의 승인이 자동승인인지 결정승인인지는 논란의 여지가 있으나 저자는 양자를 결합한 것(즉 자동승인제를 전제로 하면서 관할법원의 승인결정을 명시한 것)이라고 본다.

1997년 모델법에 따르면, 승인국 법원이 외국주절차를 승인한 때에는 ① 개별채권자의 채무자에 대한 소송 또는 절차의 개시 또는 계속은 중지되고, ② 채무자의 자산에 대한 집행절차는 중지되며, ③ 채무자의 자산의 관리처분권은 정지된다(제20조). 그러나 비록 주절차가 승인되더라도, 국내 도산법상 도산절차 개시의 기본적 효력(효과)의 하나로 널리 인정되는 관리처분권의 (외국)대표자에의 이전이 당연히 발생하는 것은 아니며 이는 승인국 법원의 재량적 구제조치다(제21조 제1항 a호). 따라서 1997년 모델법상 도산절차의 승인을 실질적으로 도산절차 개시재판의 승인이라고 보더라도 도산관리인 선임재판은 도산절차 개시재판에 포함되지 않으므로 우리 법원의 승인결정이 있어도 외국관리인의 권한이 당연히 승인되는 것은 아니다.

우리 국제도산편은 1997년 모델법의 태도를 수용하면서 한 걸음 더 나아가 아래(라.(2))에서 보듯이 국제도산관리인 제도를 두는데, 만일 우리가 국제도산관리인제도를 유지한다면 문제가 발생한다. 즉 국제도산편은 외국도산절차의 지원을 위하여 법원이 채무자의 재산에 대한 환가 및 배당 또는 채무자의 업무 및 재산에 대한 관리 및 처분권한의 전부 또는 일부를 부여한 자라는 국제도산관리인 제도를 둔다(제628조 제6호). 종래 실무상 한국 내에 채무자의 재산이 있으면 외국의 도산관리인이 국제도산관리인으로 선임되고 있는데,[86] 만일 우리가 2018년 모델법을 수용하여 외국 도산관재인 선임재판이 승인된다면 그러한 승인과 국제도산편에 따른 국제도산관리인제도 간에 충돌이 발생할 가능성이 있으므로 이를 조정할 필요가 있다.[87]

어쨌든 채무자회생법상 외국법원의 도산관재인 선임재판의 승인은 분명하지 않다. 외국법원의 회생계획인가결정에 관한 대법원 결정을 보면 도산관재인 선임재판도 민사소송법 제217조에 따라 승인되는 것으로 볼 여지도 있으나, 종래 우리나라에서는 도산관재인 선임재판의 승인은 외국도산절차의 승인 내지 외국도산절차 개시재판의

를 상대로 제소하면 된다.

86) 외국도산절차의 대표자가 아닌 제3자를 국제도산관리인으로 선임한 사례는 없다고 한다. 김영석, 주석회생법, 635면.

87) 참고로 도산절차 승인효과를 확대한 미국에서는 도산절차의 승인결정이 있으면 도산관재인이 미국 내에서 행위할 권한을 가지게 되고 당사자적격이 인정되나, 영국에서는 통상의 외국재판의 승인의 법리에 따라 외국 도산관재인 선임재판의 승인이 필요하다. 자동승인제를 따르는 EU도산규정(제2조 제7항)에 의하면 '관리인을 선임하는 재판'은 승인 대상인 도산절차 개시재판에 준하여 승인의 대상이 된다.

승인의 문제로 인식되었기에 그렇게 볼 수는 없다. 더욱이 미국과 달리 1997년 모델법에 따라 외국주절차를 승인하더라도 도산관재인의 권한이 미치는 것으로 규정하지 않으므로 도산절차의 승인결정만으로는 부족하고 그에 더하여 그가 국제도산관리인으로 선임되어야 한국에서 권한을 가지게 된다고 볼 수밖에 없다. 이는 1997년 모델법과 일본의 승인원조법을 본받은 결과 탄생한 독특한 체제이다. 이런 배경이 있으므로 가사 우리가 2018년 모델법을 수용하더라도 채무자회생법상으로는 장래 외국법원의 도산관재인 선임재판을 2018년 모델법상 도산 관련 재판으로 취급하는 것은 문제가 있다. 외국의 도산관리인 선임재판이 도산 관련 재판으로서 승인되면 그 결과 외국의 도산관리인은 2018년 모델법 제15조가 정한 바에 따라 한국에서 도산관리인으로서 (한국법 또는 외국법에 따른) 권한을 가지므로 그 경우 국제도산관리인의 선임은 불필요하다.

　요컨대 우리가 국제도산관리인 제도를 유지한다면 2018년 모델법 수용 시 문제가 발생한다. 결국 도산관재인 선임재판의 승인 및 집행을 위하여는 항상 그에 앞서 외국 도산절차에 대한 우리 관할법원의 승인결정이 있어야 하고 그에 기하여 지원결정에 의해 국제도산관리인이 선임되어야 한다. 하지만 이는 도산절차의 승인결정을 전제로 하지 않으면서 도산 관련 재판의 결정승인과 자동승인을 허용하는 2018년 모델법의 대원칙에는 반한다. 결국 우리가 2018년 모델법을 수용하는 경우 현재의 국제도산관리인제도를 유지하는 것은 불합리한 결과를 초래하므로 국제도산관리인제도를 개선하여야 한다.[88]

다. 승인 전 명령

　채무자회생법처럼 결정승인제를 취할 경우, 법원은 승인 결정 전에도 필요한 때에는 임시조치를 취할 수 있도록 할 필요가 있다. 채무자회생법(제635조 제1항)은, 법원이 외국도산절차의 대표자의 신청에 의하거나 직권으로 외국도산절차의 승인신청 후 그 결정이 있을 때까지 제636조 제1항 제1호부터 제3호의 조치를 명할 수 있도록 한다. 외국도산절차의 승인신청을 기각하는 결정에 대하여 즉시항고가 제기된 경우에도 동일하고(제635조 제2항), 법원은 제1항 및 제2항의 규정에 의한 처분을 변경하거나 취소할 수 있다(제635조 제3항). 법원의 승인 전 명령에 대하여는 즉시항고를 할 수 있으나(제635조 제4항), 즉시항고는 집행정지의 효력이 없다(제635조 제5항). 이처럼 제635조 제1항은 제636조 제1항 제1호부터 제3호의 조치만을 명시하므로 제4호와 제5호의 조치, 즉 보전관리명령과 기타 채무자의 업무 및 재산을 보전하거나 채권자의 이익을 보호하기 위하여 필요한 처분을 할

---

88) 이에는 다양한 방안을 생각할 수 있다. 상세는 한민·석광현, 보고서, 41면 이하 참조.

수는 없다고 한다.[89] 이는 법문에 충실한 해석이지만 그의 타당성은 의문이며, 특히 제5호의 조치도 허용되지 않는다는 것은 더욱 그러하다. 위에서 본 것처럼 모델법(제19조 제1항 b호)은 긴급한 필요가 있는 경우 입법국 소재 채무자 자산의 관리 또는 환가권한을 외국도산절차의 대표자 등에게 위임하는 등 임시적인 구제조치를 취할 수 있다고 규정하고, 승인원조법(제51조)도 보전관리인에 의한 관리를 명할 수 있도록 명시한다.

라. 승인결정에 기초한 법원의 지원

외국주절차를 승인하면 일정한 효력이 자동적으로 부여되는 구조를 취하는 모델법과 달리, 채무자회생법상으로는 우리 법원이 외국도산절차를 승인하고 이를 기초로 별도의 지원을 하게 된다. 이처럼 채무자회생법 국제도산편에서 정하는 바에 의하여 외국도산절차의 승인신청에 관한 재판과, 채무자의 한국 내에 있어서의 업무 및 재산에 관하여 당해 외국도산절차를 지원하기 위한 처분을 하는 절차가 '지원절차'이다(제628조 제4호).

(1) 법원의 지원의 내용

외국도산절차에 대한 지원으로 우리 법원은 외국도산절차를 승인함과 동시에 또는 승인한 후 이해관계인의 신청에 의하거나 직권으로 채무자의 업무 및 재산이나 채권자의 이익을 보호하기 위하여 다음 각 호의 결정을 할 수 있다(제636조 제1항).

① 채무자의 업무 및 재산에 대한 소송 또는 행정청에 계속하는 절차의 중지

② 채무자의 업무 및 재산에 대한 강제집행, 담보권실행을 위한 경매, 가압류·가처분 등 보전절차의 금지 또는 중지

③ 채무자의 변제금지 또는 채무자 재산의 처분금지

④ 국제도산관리인의 선임

⑤ 그 밖에 채무자의 업무 및 재산을 보전하거나 채권자의 이익을 보호하기 위하여 필요한 처분. 이에 해당하는 것으로는 신청 또는 직권에 의한 국내 중재절차의 중단을 생각할 수 있다.

법원은 지원 결정을 하는 때에는 채권자·채무자 그 밖의 이해관계인의 이익

---

89) 법무부, 채무자 회생 및 파산에 관한 법률 해설(2006), 202면.

을 고려하여야 하는데(제636조 제2항), 지원신청이 한국의 선량한 풍속 그 밖의 사회질서에 반하는 때에는 그 신청을 기각하여야 한다(제636조 제3항).

법원은 제1항 제2호의 금지명령 및 이를 변경하거나 취소하는 결정을 한 때에는 그 주문을 공고하고 그 결정서를 외국도산절차의 대표자나 신청인에게 송달하여야 한다(제636조 제4항). 제1항의 규정에 의한 금지명령이 있는 때에는 그 명령의 효력이 상실된 날의 다음 날부터 2월이 경과하는 날까지 채무자에 대한 채권의 시효는 완성되지 아니한다(제636조 제5항). 법원은 필요한 경우 이해관계인의 신청에 의하거나 직권으로 제1항의 규정에 의한 결정을 변경하거나 취소할 수 있고(제636조 제6항), 특히 필요하다고 인정하는 때에는 이해관계인의 신청에 의하거나 직권으로 제1항 제2호의 규정에 의하여 중지된 절차의 취소를 명할 수 있는데, 그 경우 법원은 담보를 제공하게 할 수 있다(제636조 제7항). 제636조 제1항에 따른 법원의 지원결정, 지원결정의 변경 또는 취소결정과 법원의 채무자의 업무 및 재산에 대한 강제집행, 담보권실행을 위한 경매, 가압류·가처분 등 보전절차의 금지 또는 중지된 절차의 취소를 명하는 결정에 대하여 즉시항고를 할 수 있지만 즉시항고는 집행정지의 효력이 없다(제636조 제8항·제9항).

(2) 국제도산관리인

위에서 언급한 바와 같이 우리 법원의 지원처분 중 주목할 만한 것으로는 국제도산관리인의 선임이 있는데, 여기에서 국제도산관리인이라 함은 외국도산절차의 지원을 위하여 법원이 채무자의 재산에 대한 환가 및 배당 또는 채무자의 업무 및 재산에 대한 관리 및 처분권한의 전부 또는 일부를 부여한 자를 말한다(제628조 제6호). 따라서 우리 법원이 지원의 일환으로 국제도산관리인을 선임한 경우 채무자의 업무의 수행 및 재산에 대한 관리·처분권한은 국제도산관리인에게 전속한다(제637조 제1항). 여기에서 말하는 채무자의 업무의 수행 및 재산에 대한 관리·처분은 한국에서의 업무의 수행과 한국 내에 소재하는 재산에 관한 것이어야 하고, 그 밖의 경우에는 외국도산절차의 대표자가 권한을 가진다. 국제도산관리인은 한국 내에 있는 채무자의 재산을 처분 또는 국외로의 반출, 환가·배당하거나 그 밖에 법원이 정하는 행위를 하는 경우에는 법원의 허가를 받아야 한다(제637조 제2항). 채무자회생법 중 관리인에 관한 제2편 제2장 제1절(제74조－제84조)과 파산관재인에 관한 제3편 제2장 제1절(제355조－제366조)에 관한 규정은 국제도산관리인에 관하여 준용된다(제637조 제3항).

승인원조법(제2조 제1항 제6호)은 '승인원조절차'라는 개념을 두고 그 절차의 목적 달성을 위하여 필요한 경우 채무자의 일본 내의 업무 내지 재산에 관하여 승인관재인에 의한 관리를 명할 수 있도록 한다. 이러한 '관리명령'은 모델법 제21조 제1항 e호에 따른 조치라고 할 수 있는데, 승인원조법은 승인관재인의 권한, 감독, 승인관재인대리, 보고의무 등 관리명령에 관한 매우 상세한 규정을 둔다. 관리명령이 있으면 채무자의 일본에서의 업무 수행 내지 재산의 관리처분권한은 승인관재인에게 전속하고(제34조), 채무자의 일본 내 재산에 관한 소에 대하여는 승인관재인이 당사자적격을 가진다.

입법론적으로는 일본처럼 국제도산관리인에 관하여 더 상세한 규정을 두는 방안을 고려할 필요가 있다. 2018년 모델법을 수용하는 경우 발생할 수 있는 문제점은 앞(4. 나.)에서 언급한 바 있다.

Ⅶ. 내국도산절차의 대외적 효력

파산선고를 받은 자가 파산선고 당시에 가진 모든 재산은 파산재단에 속하는데(채무자회생법 제382조 제1항) 채무자회생법은 속지주의를 정한 구 파산법 제3조 제1항을 삭제하였으므로 위 재산은 소재지에 관계없이 파산재단을 구성한다. 회생절차에 관하여도 마찬가지로 속지주의를 정한 구 회사정리법 제4조 제1항을 삭제하였다.

나아가 채무자회생법은 제629조 제1항 제3호에서 내국도산절차와 관련하여 관리인·파산관재인·채무자 그 밖에 법원의 허가를 받은 자 등이 외국법원의 절차에 참가하거나 외국법원의 승인 및 지원을 구하는 등 외국에서 활동하는 경우 국제도산에 관한 제5편의 규정이 적용됨을 명시하고, 제640조에서는 "국내도산절차의 관리인·파산관재인 그 밖에 법원의 허가를 받은 자 등은 외국법이 허용하는 바에 따라 국내도산절차를 위하여 외국에서 활동할 권한이 있다"라고 함으로써 보편주의를 지향한다. 이는 모델법 제1조 제1항 b호와 제5조를 수용한 것이다.

이는 내국도산절차가 주절차인 경우는 물론이고, 종절차인 경우에도 마찬가지이다. 구 도산법과 같이 내국도산절차의 대외적 효력에 관하여 속지주의를 취함으로써 도산관재인의 대외적 권한을 스스로 제한할 경우 국제도산에서의 효율적인 국제공조에 대한 장애가 되기 때문에 그렇게 되지 않도록 도산관재인의 대외적 권한을 명시한 것이다.[90]

　물론 우리 채무자회생법이 내국도산절차의 대외적 효력을 인정하더라도 외국이 그 효력을 승인할지는 당해 외국법이 결정할 문제이고, 특히 종절차의 경우 그 효력이 제한될 가능성도 있으나, 우리가 스스로 그 효력을 제한할 것은 아니므로 채무자회생법의 태도는 타당하다. 외국도산법이 우리 구 도산법처럼 속지주의를 취하면 채무자회생법의 보편주의가 실익이 없겠지만, 만일 우리 도산절차의 효력을 승인한다면 이는 실익이 있다. 한국의 삼선로직스에 대하여 2009. 3. 6. 회생절차 개시결정이 난 뒤 영국 법원은 영국 국제파산법에 따라 2009. 3. 12. 승인결정을 하였고 영국에서 진행 중인 중재절차의 중지를 명하였으며, 호주 법원도 2009. 4. 17. 한국의 회생절차를 승인하였고, 미국 파산법원도 2009. 9. 24. 회생절차를 승인하였다.[91]

　내국도산절차의 대외적 효력과 관련하여 특히 주목할 만한 것은 한진해운 사건이다.[92] 한진해운은 2016. 8. 31. 회생절차개시를 서울중앙지방법원 파산부에 신청하였다. 채무자회생법은 회생절차 개시신청이 있은 날로부터 7일 이내에 보전처분 여부를 결정하고 1월 이내에 회생절차개시 여부를 결정하도록 규정하나(제43조 제2항과 제49조 제1항), 회생법원은 신청일 당일에 보전처분명령을 발령하고 다음 날인 2016. 9. 1. 회생절차개시결정을 하였다. 한진해운의 회생관리인은 여러 외국에서 집행중지 신청을 하였고 미국, 영국, 일본, 싱가포르, 캐나다, 독일, 호주, 스페인, 프랑스, 벨기에 등 10개 국가로부터 승인 및 중지명령(Stay Order)을 받았다.[93][94] 승인을 기대하기 어려웠던 중국에는 승인 신청을 하지 않았던 것으

---

90) UNCITRAL Guide, para. 84.

91) 임치용, 116-117면. 상세는 김철만, "삼선로직스사건에 대한 실무노트", 도산법연구 제3권 (2011), 88면 이하. 이는 오수근·한민·김성용·정영진, 도산법(2012), 414면 이하에도 전재되어 있다.

92) 물론 그 밖에도 위에서 언급한 삼선로직스사건 등도 있다.

93) 일본 동경지방재판소는 신청 당일인 2016. 9. 5. 서울중앙지방법원에서 2016. 9. 1. 개시된 회생절차를 승인하고, 모든 채권자는 채무자의 재산에 대한 강제집행, 가압류 또는 가처분의 절차(단, 위 승인결정을 한 외국도산절차에서 변제가 금지되지 않은 채권에 기초한 것은 제외)를 하여서는 아니 된다고 결정하였다. 이성철·김영석, "한진해운 물류대란에 대한 몇 가지 법률적 쟁점 검토—실무를 중심으로—", 연세대학교 법학연구 제26권 제4호(2016. 12.), 366면. 각국 집행중지명령(Stay Order, 일부 집행중지명령은 승인결정에 부수하여 내려졌다)의 경과는 심태규, "㈜한진해운의 회생사건과 국제도산", 대법원 국제거래법 커뮤니

로 알고 있다.95)

한진해운 사건에서 흥미로운 논점의 하나는, 우리 법원이 강제집행을 금지한 범위와 미국 법원이 강제집행을 금지한 범위가 달랐다는 점이다.

선체용선(나용선)은 일종의 선박에 대한 임대차이다(상법 제847조). 그런데 국 취부 선체용선은 용선기간 종료 시 용선자가 소유권을 취득하는 점에서 특이하다. 과거 우리 선주들은 10년 이상 장기간 연불로 선박을 매입하면서 영업을 통하여 얻는 용선료로 선박의 가액을 분할ㆍ지급하고 용선기간 만료 시 잔금을 마지막으로 치르고 소유권(한국국적)을 취득하는 방식을 취하였다. 그러나 해상법은 이를 선박임대차의 일종으로 보므로(제848조) 용선기간 중 소유권은 여전히 소유자(외국의 SPC)에게 있다. 채무자회생법 제58조는 회생절차가 개시되면 <u>채무자의 재산</u>에 대한 강제집행을 불허하는데, 이는 채무자회생을 위하여 채무자 영업의 지속을 도모하는 것이다. 문제는 국취부 선체용선 조건하에 한진해운이 사용하는 선박에 대하여 회생채권자가 강제집행을 할 수 있는가였다.

창원지방법원 2016. 10. 17.자 2016타기227 결정은 경매개시결정에 대한 이의에서 위와 같은 선박은 제58조의 범주에 속하지 않으므로 도산절차 개시결정의 효력이 미칠 수 없고 따라서 채권자의 강제집행이 가능하다고 판단하였다. 반면에 미국 법원은 한국 법원의 회생절차개시결정을 승인하면서 한진해운이 선체용선 및 정기용선한 선박에 대하여도 압류금지를 명하였다. 이에 대하여는 승인효과에 관하여 확장모델을 전제로 한국 법원이 허용하지 않는 지원조치를 외국법원이 할 수 없다는 점에서 비판이 있었다. 확장모델을 따르면 그런 비판이 가능하나, 미국 등 외국은 ML모델에 따라 자국 도산법에 기하여 추가적 지원조치를 한 것이므로 국제도산법의 맥락에서는 가능하며 비판할 사항이 아니다.96)

과거 우리나라에서는 국제도산의 주요 관심사는 외국도산절차의 대내적 효

티 2016년 하반기세미나(2016. 12. 10), 7면 이하 참조.

94) 회생법원은 채무자회생법에 따라 조사위원을 선임하여 한진해운의 계속기업가치와 청산가치를 조사하여 회생법원에 보고하도록 하였고, 조사결과 보고에 따라 2017. 2. 2. 회생절차 폐지 결정을 하였으며 회생절차폐지결정이 2017. 2. 16. 확정되었고 회생법원은 다음 날인 2. 17. 한진해운에 대하여 파산을 선고하고 파산관재인을 선임하였다.

95) 중국의 국제도산법제는 우상범, 46면 이하 참조.

96) 다만 해상법의 시각에서 특히 미국법상 선박우선특권의 특수성에 비추어 이를 신랄하게 비판하는 견해도 있다. Martin Davies, Cross-Border Insolvency and Admiralty: A Middle Path of Reciprocal Comity, American Journal of Comparative Law, Vol. 66 (2018), 115.

력이었다. 그러나 그 후 해운사들(특히 한진해운)의 도산을 계기로 내국도산절차의 대외적 효력에 대한 관심이 커졌고 여러 문헌이 간행된 것은 환영하나[97] 국제도산법적 분석이 충분한 것은 아니었다.[98] 제대로 국제도산법적 분석을 하자면 외국의 도산법제와 외국법원의 도산실무를 파악해야 하는데 이는 쉽지 않은 과제이다.

일본의 경우 위에서 본 바와 같이 개별도산법에서 내국도산절차의 대외적 효력을 인정하는 규정방식을 취한다.

Ⅷ. 병행도산절차 상호 간의 조정

동일한 채무자에 대하여 복수의 국가에서 도산절차가 진행되는 이른바 '병행도산'의 문제는 도산절차에서의 공조의 논리적 연장선상에 있으나, 병행도산의 경우 도산절차가 행해지는 상이한 법질서가 더욱 깊이 관련되기 때문에 특별히 취급한다. 모델법은 병행도산을 해결하기 위해 협력과 대화의 과정을 통한 병행절차 간의 조정을 규정하는데, 구체적으로 ① 내외국도산절차가 병행하는 경우(제29조)와 ② 복수의 외국도산절차가 병행하는 경우(제30조)를 나누어 규정한다.

모델법의 경우 내국도산절차(채무자회생법이 '국내도산절차'라고 하므로 양자를 호환적으로 사용한다), 외국주절차와 외국종절차라고 하는 순서로 우위를 인정하고, 복수의 절차가 동시에 승인되는 경우 법원의 재량권의 행사에 의해 적절한 구제만을 부여하는 방식으로 상호 조절을 도모한다. 채무자회생법도 대체로 모델법을

---

97) 김창준, "한진해운의 도산법의 쟁점", 한국해법학회지 제39권 제1호(2017. 5.), 39면 이하; 김인현, "한진해운 회생절차에서의 해상법 및 도산법의 쟁점", 상사법연구 제36권 제2호(2017. 8.), 9면 이하; 김인현, "한진해운 회생절차상 압류금지명령(stay order)의 범위―한국과 싱가포르를 중심으로", 상사판례연구 제30권 제1호(2017. 3.), 131면 이하 등 참조.

98) 다만 임치용, "해운회사의 회생절차 개시와 국제사법의 주요 쟁점", 국제사법연구 제22권 제2호(2016. 12.), 473면 이하; 김선경·김시내, "우리나라 해운회사의 회생절차에 대한 외국법원의 승인", BFL 제81호(2017. 1.), 65면 이하; 석광현, 한진해운, 29면 이하는 국제도산법의 논점을 다룬다. 예컨대 외국에 소재하는 선박이 도산재단에 포함되는지와 그에 설정된 선박우선특권이 회생담보권으로 취급되어야 하는지 그리고 그러한 취급이 한국 도산절차의 외국에서의 승인과 결부되는지도 문제이고, BBCHP에 대한 한국 법원의 성질결정과 취급이 한국 도산절차를 승인하는 외국에서 어떤 의미가 있는지, 외국에서 한국 도산절차의 승인의 효력은 무엇인지, 중재지가 외국인 중재에서 중재합의 내지 중재절차에 대하여 한국 도산절차의 개시가 미치는 효력 등을 국제도산법의 맥락에서 검토해야 한다. 논의는 석광현, 한진해운, 29면 이하 참조. 국제도산의 맥락에서 담보권의 취급은 김영주, "국제도산과 담보권―2015 EU도산규정을 중심으로", 저스티스 통권 제180호(2020. 10.), 223면 이하 참조.

따르나 더 간단하다. 복수도산절차 간의 조정은 첫째, 복수 국가에서 도산절차가 개시되어 각각 진행하는 경우와, 둘째, 외국도산절차가 국내에서 승인되고(또는 결정승인제를 취하는 국가에서는 적어도 승인신청을 하고) 국내에서 도산절차가 개시되는 경우 또는 그와 반대로 국내도산절차가 개시된 뒤 외국도산절차가 국내에서 승인되는 경우에 발생하기도 한다. 둘째는 정확히는 주로 (국내)지원절차와 국내도산절차 간의 병행의 문제이다.

1. 국내도산절차와 외국도산절차 상호 간의 조정

가. 병행도산절차 상호 간의 조정

승인원조법(제57조 이하)은 '1채무자 1절차원칙'이라는 단일도산주의의 이념에 따라 승인원조절차와 국내도산절차 중 어느 하나의 절차를 택일하여 진행하고 다른 절차를 중지하는 태도를 취하나,[99] 채무자회생법은 국내도산절차와 외국도산절차의 동시진행을 전제로 주절차를 중심으로 법원에 재량권을 부여한다. 채무자회생법상으로는 ① 우선 우리나라에서 외국도산절차의 승인에 따른 지원절차와 채무자회생법에 따른 국내도산절차가 병행할 수 있는가, ② 이것이 가능하다면 양자를 어떻게 조정할 것인가라는 문제가 제기된다.

(1) 지원절차와 국내도산절차의 병행

이는 절차의 선후에 따라 다음 두 가지로 구분된다. 첫째, 외국도산절차가 개시되고 우리나라에서 승인결정이 있은 뒤에 우리나라에서 내국도산절차가 개시될 수 있는가. 승인원조법(제59조, 제60조 제1항)에 따르면 외국도산절차가 개시되고 일본에서 승인결정이 있은 뒤에 일본에서 내국도산절차가 개시될 수 있으나, 일정한 조건이 충족된 경우 법원은 내국도산절차를 중지해야 한다. 채무자회생법에 이를 금지하는 규정이 없고, 제633조가 "외국도산절차의 승인결정은 이 법에 의한 절차의 개시 또는 진행에 영향을 미치지 아니한다"라고 명시하므로 이를 긍정해야 할 것이다.[100] 외국에서 개시된 주절차가 우리나라에서 승인된 경우에도 종

99) 山本克己, "国内倒産處理手續や他の承認援助手續との競合", 山＝山＝坂(編), 142, 146면.
100) 실제로 우리 법원도 그와 같이 판단하였다. 네덜란드 법인인 채무자 LG Philips Dis－play Holding BV(이하 "LPD 홀딩스")는 2006. 1. 30. 네덜란드 법원에서 파산선고를 받았다. LPD 홀딩스의 채권자인 비키 카를로는 채무자가 제3채무자에 대하여 가지고 있는 채권에 관하여 2007년 5월과 6월 대구지방법원 김천지원과 서울중앙지방법원으로부터 각각 채권

절차를 개시할 실익이 있음은 위에서 언급한 바와 같다.

둘째, 우리나라에서 내국도산절차가 개시된 뒤에 외국에서 도산절차가 개시되고 후자가 우리나라에서 승인될 수 있는가. 승인원조법(제57조 제1항)에 따르면 이 경우 원칙적으로 승인신청을 기각해야 하지만 예외적으로 일정한 조건이 충족되는 경우 승인결정을 할 수 있다. 채무자회생법은 모델법과 마찬가지로 승인원조법과 같은 규정을 두지 않으므로 승인이 가능하나 그 경우 이미 국내도산절차가 존재하므로 지원절차는 별 의미가 없지 않을까 생각된다.

결국 저자는 위 두 가지 경우 모두 지원절차와 국내도산절차의 병행이 가능하다고 본다.

(2) 지원절차와 국내도산절차 간의 조정

모델법(제29조)은 내외국 도산절차가 병행하는 경우에는 내국도산절차가 우선함을 명확히 규정한다. 즉 내국도산절차가 선행하는 경우에는, 외국도산절차에 부여되는 재량적 구제조치는 내국도산절차에 합치해야 하고, 외국도산절차가 주절차이더라도 자동적 구제조치는 부여되지 않는다. 반면에 외국도산절차의 승인 또는 승인신청이 선행하는 경우에는, 법원은 외국도산절차에 부여한 재량적 구제조치를 재심사 및 변경·종료해야 한다. 또한 법원은 외국도산절차가 주절차인 경우 내국도산절차에 저촉되는 자동적 구제조치를 내국법에 따라 변경·종료해야 하며, 외국도산절차가 종절차인 경우 부여된 구제조치가 대상 자산 또는 그 절차에서 필요한 정보와 관련됨을 확인해야 한다.

승인원조법(제57조-제60조)에 따르면 내국도산절차와 승인원조절차가 병행할 수 있으나 경우에 따라 법원은 내국도산절차를 중지하거나 승인원조절차를 중지

가압류결정을 받았다. LPD 홀딩스의 파산관재인은 채권가압류를 취소하고자 2007. 9. 19. 서울중앙지방법원에 외국도산절차에 관한 국제도산 승인신청(2007국승1)을 하여 국제도산 승인결정과 채권가압류결정을 취소하는 취지의 국제도산지원결정을 받았다. 그 후 비키 까를로는 한국 내 LPD 홀딩스의 재산에 관하여는 한국 법원에서 파산절차를 진행해 줄 것을 요구하면서 2008. 2. 28. 서울중앙지방법원에 국내파산절차(2008하합8)를 신청하여 2009. 2. 20. 파산선고 결정을 받았다. 이는 채무자회생법상 외국파산절차, 그의 승인 및 지원절차와 국내파산절차가 병행하는 최초의 사례로 주목을 받았다. 김영석, "외국도산절차의 처리에 관한 국제적 동향 — COMI에 관한 최근 논의를 중심으로 — ", 2012. 6. 29. 개최된 국제거래법학회·대법원 국제거래법연구회 공동세미나 발표자료, 37면 이하; 김영석, 현황, 588면 이하 참조.

해야 한다.

채무자회생법상으로는 외국도산절차를 승인하더라도 자동적 구제조치는 인정되지 않고 법원의 재량으로 지원이 부여될 수 있을 뿐이므로, 국내도산절차와 외국도산절차 상호 간의 조정도 모델법의 경우와 동일할 수는 없다. 채무자회생법(제638조 제1항)은 채무자를 공통으로 하는 외국도산절차와 국내도산절차가 동시에 진행하는 경우 법원은 국내도산절차를 중심으로 제635조(승인 전 명령 등) 및 제636조(외국도산절차에 대한 지원)의 규정에 의한 지원을 결정하거나 이를 변경 또는 취소할 수 있다고 규정한다. 문제는 여기에서 '국내도산절차를 중심으로'의 의미인데, 이는 국내도산절차에 우선권을 주되 법원의 재량의 여지가 있다는 취지일 것이다. 법원의 지원결정 또는 이를 변경 또는 취소하는 결정에 대하여는 즉시항고를 할 수 있지만 즉시항고에는 집행정지의 효력이 없다(제638조 제2항, 제3항).

한편 개정 EU도산규정(제43조)에 따르면, 주절차와 종절차의 관재인은 채무자 자산의 가치를 극대화하고, 채무자기업을 계속기업으로 판매하거나 채무자의 갱생을 달성하기 위하여 필요한 범위 내에서 정보를 교환하고 공조하여야 한다. 종절차를 개시한 법원은 주절차의 도산관재인의 요구에 따라 주절차의 채권자들에게 이익이 되는 경우 종절차에서의 환가를 중지할 수 있는데, 중지는 3개월 동안 가능하며 연장될 수 있다(제46조 제1항). 이 경우 종절차를 개시한 법원은 종절차에 참가한 채권자들의 이익을 보호하기 위하여 주절차의 도산관재인에게 적절한 조치를 요구할 수 있다.

나. 교차신고(cross-filing)

채무자회생법은 병행절차가 진행되는 경우 어느 절차의 도산관재인이 그의 도산절차에 채권을 신고한 채권자를 대리하여 다른 도산절차에서 채권을 교차신고하는 제도를 두고 있지 않다. 이는 모델법과 같다.

그러나 일본의 개별도산법은 모델법과 달리 외국도산절차의 관재인이 그의 절차에서 신고된 채권자들의 채권을 국내도산절차에서 집단적으로 신고할 수 있음을 명시한다.[101] 이것이 이른바 '교차신고(cross-filing)'이다.

또한 개정 EU도산규정(제45조 제2항)에 따르면 주절차 또는 종절차의 도산관재인은 일정한 요건하에 교차신고를 해야 하는데, 다만 교차신고는 그것이 도산

---

101) 민사재생법 제210조, 파산법 제247조, 회사갱생법 제245조.

관재인을 선임한 절차의 채권자들에게 이익이 되는 경우에 한정된다. 도산관재인의 채권신고의 효력은 채권자의 신고와 동일한데, 교차신고를 허용하는 목적은 채권자들의 권리행사를 용이하게 하고 그렇게 함으로써 도산관재인이 다른 도산절차에서 가지는 영향력을 증대하기 위한 것이다.[102]

다. 채권자 간의 공평한 배당의 준칙(hotchpot rule)[103]

채무자회생법(제642조)은 병행절차 간의 조정을 위하여 '배당의 준칙'이라는 제목하에, 채무자를 공통으로 하는 국내도산절차와 외국도산절차 또는 복수의 외국도산절차가 있는 경우 외국도산절차 또는 채무자의 국외재산으로부터 변제받은 채권자는 국내도산절차에서 그와 같은 조 및 순위에 속하는 다른 채권자가 동일한 비율의 변제를 받을 때까지 국내도산절차에서 배당 또는 변제를 받을 수 없다고 규정한다. 이는 모델법(제32조)을 따른 것으로, 동 순위 채권자들 간의 공평한 배당을 달성하기 위한 방법으로 보통법상 널리 인정되고 있는 'hotchpot rule'[104]을 명시한 것이다.

제642조는 단순히 "외국도산절차 또는 채무자의 국외재산으로부터 변제받은 채권자"라고 하므로 그가 외국도산절차에서 변제받은 경우가 그에 해당됨은 명백하나, 그가 외국도산절차에 의하지 아니하고 외국에서 채무자로부터 임의변제를 받거나 개별적인 강제집행절차에서 채권의 변제를 받은 경우도 그에 포함되는지가 문제 된다. 모델법 제32조는 도산절차에서 변제를 받은 경우만을 가리키고, 아래에서 보는 승인원조법은 강제집행의 경우도 포함하는 데 반하여 제642조의 문언은 다소 애매하다. 해석론으로는 개별적인 강제집행을 통하여 변제를 받은 경우는 포함되어 hotchpot rule의 적용대상이 된다고 본다. 반면에 채권자가 외국에서 담보권의 실행을 통하여 변제를 받은 경우 같은 조 및 순위에 있는 담보권자들과의 사이에서 hotchpot rule의 적용대상이 되는지는 논란의 여지가 있으나 그 경우에도 제642조를 적용하여 배당조정에 포함시키는 것이 자연스럽다. 다만 엄

---

102) 과거 1995년 유럽연합도산협약 초안에 대한 Miguel Virgós and Etienne Schmit, Report on the Convention on Insolvency Proceeding, para. 236.

103) 상세는 한민, "국제금융과 국제도산법에 관한 소고 2", BFL 제28호(2008. 3.), 111면 이하 참조.

104) 영국에서 위 원칙이 다루어진 사건은 House of Lords의 Banco de Portugal v Waddell [1880] 5 App. Cas. 161 사건이다.

밀하게는 이는 채권자가 외국에서 가지는 담보권 내지 담보부채권의 성질을 어떻게 볼지, 도산절차가 파산절차인지 또는 회생절차인지, 국내도산절차가 외국에서 승인되었는지 등과 관련하여 경우를 나누어 봐야 하는 까다로운 문제이다.[105] 입법론적으로는 모델법을 충실히 따르는 편이 간명했을 것이다.

일본은 모델법과 달리 외국에서의 배당수령이 도산절차에 의한 경우에 한정하지 않고 개별적인 강제집행에 의한 경우도 배당조정의 대상으로 함으로써 보다 철저한 입장을 취하는 것으로 해석되는데,[106] 이는 EU도산규정과 마찬가지이다. 즉 개정 EU도산규정(제23조)도 hotchpot rule을 규정하는데, 정확히는 채권자가 외국도산절차에서 채권의 변제를 받은 경우 동 원칙을 적용하고(제23조 제2항), 더 나아가 채권자가 도산절차에 의하지 아니하고(즉 외국 소재 자산에 대한 강제집행을 통하거나 또는 채무자의 임의변제에 의하여) 채권의 변제를 받은 경우 이를 주절차의 도산관재인에게 반환할 것을 규정한다(제23조 제1항).

2. 복수의 외국도산절차 상호 간의 조정

동일한 채무자에 대하여 복수의 외국도산절차의 승인신청이 있는 때에는 법원은 이를 병합심리하여야 한다(제639조 제1항). 동일한 채무자에 대하여 복수의 외국도산절차가 승인된 때에는 법원은 지원절차의 효율적 진행을 위하여 채무자의 주된 영업소 소재지 또는 채권자보호조치의 정도 등을 고려하여 주된 외국도산절차를 결정할 수 있고(제639조 제2항), 나아가 필요한 경우 제2항의 규정에 의한 주된 외국도산절차를 변경할 수 있다(제639조 제4항). 법원은 주된 외국도산절차를 중심으로 제636조의 규정에 의한 지원을 결정하거나 변경할 수 있다(제639조 제3항). 다만, 실제로 동일한 채무자에 대하여 우리나라에서 복수의 외국도산절차의 승인을 구하는 사례는 많지 않을 것이다.

참고로 모델법(제30조)에 따르면, 복수의 외국도산절차가 병행하는 경우 주절차가 우선하므로 외국주절차의 승인 이후에 외국종절차에게 부여하는 재량적 구제조치는 외국주절차에 합치해야 하고, 외국종절차의 승인 후 또는 승인 신청 후 외국주절차가 승인되는 경우 종절차에 부여한 재량적 구제조치를 재심사 및 변

---

105) 상세는 한민, 승인과 집행, 120면 이하 참조. 한민 교수는 제642조가 적용되지 않는 것으로 본다. 김영석, 주석회생법, 651면은 견해를 밝히지 않은 채 불분명하므로 실무의 집적을 통해 해결할 것이라고 한다.
106) 花村良一(註 52), 63면.

경·종료해야 하며, 외국종절차 상호 간에는 승인의 선후를 불문하고 법원은 재량으로 조정을 촉진하기 위하여 구제조치를 부여, 변경 또는 종료해야 한다.

모델법의 취지를 고려하면 채무자회생법의 해석상으로도 복수의 외국도산절차가 병행하는 경우 주된 외국도산절차를 우선시켜야 하고, 주된 외국도산절차의 승인과 지원 후에 외국의 종절차에게 지원을 하는 경우 그것은 주된 외국도산절차의 지원에 합치해야 한다. 반면에 외국의 종절차의 승인과 지원 후 주된 외국도산절차가 승인되는 경우 이를 위하여 필요한 범위 내에서는 외국의 종절차에 대한 지원을 변경 또는 취소해야 하고, 외국의 종절차 상호 간에는 적절한 지원을 하는 것이 타당할 것이다.

법원의 주된 외국도산절차의 결정과 그의 변경 및 법원의 외국도산절차에 대한 지원결정 또는 그의 변경결정에 대하여는 즉시항고를 할 수 있으나 즉시항고에는 집행정지의 효력이 없다(제639조 제5항·제6항).

승인원조법은 명확성과 예측가능성을 높이는 관점에서 동일한 채무자에 관하여 복수의 승인원조절차의 병행은 인정하지 않는다.

IX. 외국법원 및 외국도산절차의 대표자와의 공조

외국법원 및 외국도산절차의 대표자와의 공조는 채무자 자산의 산일을 방지하고, 그의 가치를 극대화하여 국제도산을 효율적으로 수행함으로써 최상의 결과를 달성하기 위한 가장 현실적인 방법이다.[107] 공조는 외국도산절차의 승인을 전제로 하는 것은 아니고 병행절차의 존재를 전제로 하는 것도 아니나, 특히 복수국가에서 별개의 도산절차가 개시되어 거의 동시에 병행절차가 진행되는 경우에 중요한 의미를 가진다. 공조에는 법원 간의 공조와 도산관재인 간의 공조가 있다.

1. 법원 간의 공조

법원은 동일한 채무자 또는 상호 관련이 있는 채무자에 대하여 진행 중인 국내도산절차 및 외국도산절차나 복수의 외국도산절차 간의 원활하고 공정한 집행을 위하여 외국법원 및 외국도산절차의 대표자와 ① 의견교환, ② 채무자의 업무 및 재산에 관한 관리 및 감독, ③ 복수절차의 진행에 관한 조정과 ④ 그 밖에 필

---

107) UNCITRAL Guide, para. 173.

요한 사항에 관하여 공조하여야 한다(채무자회생법 제641조 제1항). 채무자회생법은 '공조할 수 있다'가 아니라 '공조해야 한다'고 규정하는데 이는 모델법과 같다. 또한 채무자회생법은 모델법(제25조)과 동일하게, 법원은 외국법원 또는 외국도산절차의 대표자와 직접 정보 및 의견을 교환할 수 있다고 하는데(제641조 제2항), 이는 국제민사사법공조의 분야에서 전통적으로 사용되었던(또한 우리 민사공조법에서도 사용하는), 많은 시간을 요하는 촉탁서(또는 요청서)의 요건을 배제하기 위한 것이다.[108]

채무자회생법(제641조)은 도산절차의 병행 시 우리 법원(도산사건의 담당재판부)이 외국법원과 직접 공조할 것을 규정하는데, 이는 법원행정처를 통한 민사공조법상의 공조 수준에 비하면 획기적이다. 결국은 공조범위를 넓혀야 할 것이라는 점에서 채무자회생법의 태도를 이해할 수 있지만 실무상 어려움이 예상된다. 고무적인 것은 우리 법원이 뒤의 3.에서 보듯이 국제도산공조에 관하여 전향적 태도를 취하고 있고 그에 따라 공조가 실제로 이루어진 사례도 있다는 점이다.[109] 반면에 일본의 승인원조법은 법원 간 및 관재인 간의 공조를 규정하지 않고 단지 개별도산법에서 관재인 간의 협력만을 규정한다.

2. 도산관재인 간의 공조

법원과 마찬가지로 국내도산절차의 관재인은 법원의 감독하에 외국법원 또는 외국도산절차의 대표자와 직접 정보 및 의견을 교환할 수 있다(제641조 제3항). 이는 모델법(제26조)을 따른 것이다. 국내도산절차의 관재인은 법원의 허가를 받아 외국법원 또는 외국도산절차의 대표자와 도산절차의 조정에 관한 합의를 할 수 있다(제641조 제4항). 여기에서 말하는 합의는 주로 영미법계 국가의 도산관재인들 간에 체결되는 '도산관리계약(protocol)'을 말한다. 이는 Maxwell Communication 사건을 계기로 병행도산을 조화롭게 운영하는 절차로서 널리 활용되고 있으며 국제적으로 보편화되어 가고 있다.[110] 채무자회생법도 모델법을 따라 공조

---

108) UNCITRAL Guide, para. 179.
109) 김영석, 현황, 592면 이하 참조.
110) 도산관리계약의 주요내용과 사례는 Draft UNCITRAL Notes on cooperation, communication and coordination in cross-border insolvency proceedings에 있었는데, 이는 위에 언급한 2009년 "국제도산 협력에 관한 활용지침(Practice Guide on Cross-Border Insolvency Cooperation)"으로 귀결되었다. 위 활용지침은 도산관리계약을 'Cross-border

의 시기와 방법 등에 관한 결정을 법원과 도산관재인에게(법원의 감독하에) 맡기는데 그 이유는 법원에게 유연성과 재량을 부여하는 것이 실무적으로 매우 중요하기 때문이다. 2007년 10월 INSOL Europe은 '국제도산을 위한 유럽 교신 및 공조지침(European Communication and Cooperation Guidelines For Cross−border Insol−vency. 일명 CoCo Guidelines)'을 공표하였는데 이는 도산관재인 간의 협력을 제고하기 위한 것으로 구속력이 있는 것은 아니며 연성법(soft law)에 해당한다.111) 앞으로 우리나라에서도 도산관리계약에 대한 더 체계적인 연구가 필요하다.

3. 서울회생법원의 전향적 태도

서울회생법원도 외국법원 및 외국 대표자와의 공조에 관한 구체적인 방법과 절차를 정하고자 실무준칙 제504호(국제도산 사건에서의 법원 간 공조)를 제정하였다. 나아가 서울회생법원은 도산사법네트워크(Judicial Insolvency Network. JIN)가 성안한 국제도산공조 관련 규범인 '국제도산사건에서 법원간 교신 및 공조를 위한 지침(Guidelines for Communication and Cooperation between Courts in Cross−Border Insolvency Matters)(JIN Guidelines)'을 채택하고 실무준칙 제7조에 준칙 제504호에서 정하지 않은 공조방법에 관하여는 법원이 JIN Guidelines 및 세부원칙의 전부 또는 일부를 따르기로 결정할 수 있다는 취지를 명시하였다.112)

---

insolvency agreement (국제도산계약)'이라고 정의한다. 위 활용지침의 부록(Annex I)은 Maxwell Communication 사건을 포함하여 44개 국제도산계약 사례를 소개한다. 소개는 오수근·송희종, "국제도산절차의 공조 — UNCITRAL 국제도산절차 협조 실무 지침 소개 —", 통상법률 통권 제88호(2009. 8.), 126면 이하 참조.

111) Heinz Vallender, Judicial cooperation within the EC Insolvency Regulation, Interna−tional Insolvency Law Review (2011), p. 309 참조. 그 밖에도 국제도산협회가 작성한 '법원 간 의견교환을 위한 지침(Guidelines for Court−to−Court Communications)'이 있다. 이연주, "개정 EU 도산규정−기업집단 국제도산을 중심으로−", 국제사법연구 제24권 제1호(2018. 6.), 356면 註 20 참조.

112) 실무준칙 제504호와 JIN Guidelines에 관하여는 김영석, 주석회생법, 646면 이하 참조. 문언은 이연주, 국제도산, 302면 이하(실무준칙)와 304면 이하(JIN Guidelines 및 세부원칙)에도 수록되어 있다.

X. 도산국제사법(도산저촉법)[113]

1. 도산법정지법원칙

국제도산사건의 경우 도산재단의 범위, 도산절차의 준거법, 도산절차에서 우선적인 권리를 가지는 자의 범위, 미이행쌍무계약에 대해 도산절차가 미치는 영향, 상계의 허용 여부와 부인권의 행사 등을 판단함에 있어 준거법을 결정할 필요가 있다. 채무자회생법은 모델법과 마찬가지로 국제도산에서 제기되는 준거법에 관하여 규정하지 않으므로 이는 판례와 학설에 의해 해결되어야 한다.

그런데 도산법은 절차법적 규정과 실체법적 규정으로 구성되므로 국제도산법도 일응 '국제도산절차법'과 '도산저촉법(또는 도산국제사법)'으로 나눌 수 있다.[114] 우선 '절차는 법정지법에 따른다(*forum regit processum*)'는 국제사법상의 법정지법원칙은 국제도산법에서도 타당하며, 도산절차에 있어 법정지법이라 함은 '도산법정지법(또는 도산절차개시국법. *lex fori concursus*)'을 의미한다. 따라서 도산절차에서의 국제도산관할, 도산절차의 개시, 관재인의 선임·권한·의무는 물론 도산채권의 신고·확정·배당 등 도산절차의 진행과 종료, 나아가 외국도산절차의 승인 등 절차법적인 사항은 도산법정지법에 의한다. 외국도산절차의 도산법정지법에 따른 효력이 우리나라에서 발생하려면 외국도산절차가 한국에서 승인되는 것을 전제로 한다.[115]

한편 도산저촉법은 외국관련이 있는 도산사건의 실체법적 사항에 적용될 준거법을 결정한다. 외국의 국제도산 저촉법이론에 따르면 국제도산의 실체법적 사항도 원칙적으로 도산법정지법에 의하는 것으로 이해되는데, 더 정확히는 도산사건의 모든 실체법적 사항이 아니라 그중 도산절차의 개시 또는 도산절차에 속하는, 즉 도산절차에 내재하는 구성요건에 의하여 발생하고, 나아가 도산절차의 목적에 봉사하는 '도산전형적인 법률효과' 또는 '도산법에 특유한 효력'만이 도산법

---

113) 상세는 석광현, "도산국제사법의 제문제 : 우리 법의 해석론의 방향", 사법 제4호(2008. 6.), 109면 이하; 석광현, 제5권, 593면 이하 참조. UNCITRAL은 2024년 10월 현재 도산저촉법에 관한 작업을 진행하고 있다. 이에 관하여는 우선 2024. 9. 12.자 Applicable law in in-solvency proceedings, Note by the Secretariat (A/CN.9/WG.V/WP.198) 참조.

114) Geimer, Rz. 3363ff. 물론 양자의 구별이 반드시 용이한 것은 아니다.

115) 독일법에 관한 Geimer, Rz. 3537 참조.

정지법의 규율을 받는다.116) 그 근거는 도산절차에서는 절차와 실체가 밀접하게 관련되어 있다는 점과, 도산법정지법을 적용함으로써 채권자들의 평등취급이라는 국제도산의 이념과 정의에 더 충실할 수 있다는 점을 든다.117) 또한 절차와 실체의 구별이라는 어려운 문제를 피할 수 있는 장점이 있다. 그러나 예외적으로 당해 법률관계의 특성을 고려하여 실체법적 사항 중에도 도산법정지법이 아니라 국제사법의 연결원칙에 따르는 사항들이 있는데, 앞으로 이를 구체화할 필요가 있다.

일본의 승인원조법도 도산저촉법에 관하여 규정하지 않는다. 그 이유는 도산저촉법은 실체규범과 절차규범이 교착하는 매우 어려운 분야인데, 일본의 개정작업이 1년 정도의 준비기간에 걸쳐 이루어졌기 때문에 이 문제를 해결할 시간적 여유가 없어서 부득이 장래의 검토에 위임되었기 때문이라고 한다.118)

반면에 개정 EU도산규정은 도산저촉법에 관한 상세한 규정을 둔다. 즉 개정 EU도산규정 제7조 제1항은 도산절차와 그의 효력은 도산절차개시국법에 의하여 규율된다는 원칙을 선언하고, 제2항에서 도산절차개시국법에 의하여 규율되는 사항을 열거한다. 도산절차를 개시할 수 있는 채무자, 재단을 구성하는 재산, 채무자와 관재인의 권한, 상계 요건, 도산절차가 개별 채권자가 제기한 소에 미치는 영향, 권리의 신고, 확인 및 시인에 관한 규칙, 재산 분배에 관한 규칙 및 권리의 순위, 절차종료 후의 채권자의 권리 및 부인권에 관한 규칙 등이 그것이다. 또한 개정 EU도산규정은 도산법정지법 적용에 대한 예외를 명시하는데(제8조부터 제18조) 이는 우리 법의 해석론과 입법론에 도움이 된다.119)

2. 부인권의 문제

모델법은 부인에 관하여도 승인의 결과 외국도산절차의 대표자에게 입법국법에 따라 채권자를 해하는 행위를 부인할 수 있는 지위, 즉 당사자적격(standing)을 인정하는 규정(제23조)을 두지만 그 준거법은 규정하지 않는다.

---

116) Geimer, Rz. 3373f.; Jaeger/Jahr, Konkursordnung 2. Band (1973), §§237, 238, Rn. 11－25, Rn. 173－177; MünchKommBGB/Kindler, VO (EG) 1346/2000 Art. 4 Rn. 7. 우리 대법원 2015. 5. 28. 선고 2012다104526, 2012다104533 판결도 도산전형적 법률효과라는 개념을 받아들였다.

117) Peter Gottwald, in Peter Gottwald (Hrsg.), Insolvenzrechts－Handbuch (2001), §129 Rn. 6; Geimer, Rz. 3373.

118) 花村良一(註 52), 63면.

119) 상세는 석광현, 제5권, 598면 이하 참조.

개정 EU도산규정(제16조)은 도산법정지법을 원칙으로 하되 거래의 안전을 보호하기 위하여, 그 행위로 인하여 이득을 얻은 자가 당해 행위의 준거법이 도산법정지법 외의 법이고 또한 그 준거법이 관련 사안에서 그러한 행위에 대해 어떠한 이의수단도 허용하지 않음을 증명하는 경우에는 도산법정지법을 배제하는 일종의 타협적인 규정을 둔다.

채무자회생법은 모델법 제23조 제1항과 같은 규정을 두지 않고 준거법도 규정하지 않으므로, 외국도산절차가 우리나라에서 승인되고 외국도산절차의 대표자가 국제도산관리인으로 선임되어 부인권을 행사할 수 있다면 그의 준거법이 문제된다. 이에 관하여는 과거 독일에서와 같이 도산법정지법을 적용하는 견해, 도산법정지법과 사해행위라고 주장된 문제의 행위의 준거법을 중첩적으로 적용하는 견해 등이 주장될 수 있을 것이다.[120]

참고로 채권자취소권에 관한 대법원 2016. 12. 29. 선고 2013므4133 판결은, 과거의 학설을 따라 피보전권리의 준거법과 사해행위의 준거법을 중첩적용한 원심 판결(부산가정법원 2013. 8. 22. 선고 2013르106 판결)과 달리 채권자취소권의 행사에서 피보전권리는 단지 권리행사의 근거가 될 뿐이고 취소 및 원상회복의 대상이 되는 것은 사해행위이며, 사해행위 취소가 인정되면 채무자와 법률행위를 한 수익자 및 이를 기초로 다시 법률관계를 맺은 전득자 등이 가장 직접적으로 이해관계를 가지게 되므로 거래의 안전과 제3자의 신뢰를 보호할 필요도 있다고 지적하고, 이러한 요소 등을 감안하면, 외국적 요소가 있는 채권자취소권의 행사에서 가장 밀접한 관련이 있는 국가의 법은 취소대상인 사해행위에 적용되는 국가의 법이라고 판시하였다. 이에 따르면 도산부인의 준거법은 원칙적으로 도산법정지법인 데 반하여, 평시 사해행위 취소의 준거법은 사해행위의 준거법이 된다.

그 밖에도 병행도산절차에서도 부인권의 준거법이 문제 된다. Maxwell Communication 사건에서 부인권의 준거법이 문제 되었는데, 미국 제2순회구 연방항소법원은 도산법정지법인 미국법을 적용하는 대신 영국법이 사안과 가장 밀접한 관련이 있고 결과에 대해 더 강력한 이해관계를 가진다는 이유로 미국의 전통적인 국제사법원칙에 따라 부인권의 준거법은 영국법이라고 보았다.[121] 이러한

---

120) 이에 관하여는 우선 Geimer, Rz. 3555ff. 참조. 우리 법상 부인재판의 특수성과 준거법은 임치용, "외국도산절차의 승인 제도", 국제사법연구 제28권 제1호(2022. 6.), 62면 이하 참조.
121) Maxwell Communication Corp. plc v. *Société Générale* (In re Maxwell Communication Corp.), 93 F.3d 1036 (2d Cir. 1996). 사안은 임치용(註 18), 496-497면 참조.

해결방법은 원칙적으로 도산법정지법을 적용하는 독일의 학설과는 차이가 있다.

3. 계약의 준거법과 도산법정지법이 규율하는 사항의 범위: 사례 소개

우리 하급심에서 다투어진 도산저촉법의 쟁점이 있었는데, 이는 외국회사와 정기용선계약을 체결한 우리나라 회사의 회생절차개시결정이 있어 우리나라 회사가 회생절차개시결정의 결과 채무를 이행할 수 없게 된 경우 외국회사가 그 계약 불이행을 이유로 계약의 준거법인 영국법에 따라 계약을 해지하고 손해배상을 청구할 수 있는가였다.

우리 법에 의하면 미이행쌍무계약의 운명은 관리인의 이행 또는 해지 선택권 행사에 관한 재량에 따르게 되어 있고, 그 계약상대방은 관리인이 계약의 이행을 선택하거나 계약의 해지권이 포기된 것으로 간주되기까지는 임의로 변제를 하는 등 계약을 이행하거나 관리인에게 계약의 이행을 청구할 수 없으므로[122] 계약상 대방은 (계약해지권 자체가 개시 전에 발생한 경우를 제외하고는) 회생절차 개시 후에는 관리인이 이행 또는 해지를 선택할 때까지는 채무불이행을 이유로 계약을 해지하거나, 그 선택 시까지의 계약불이행을 이유로 손해배상을 구할 수는 없으므로 위 사안에서 외국회사는 용선계약을 해지하고 손해배상을 청구할 수 없다.[123] 다만, 채무자에 대한 회생절차개시결정 전에 채무자가 영국법상 이행거절에 해당하는 일련의 행위를 하였다면 위 결정이 내려지기 이전에 외국회사는 정기용선계약을 해지할 수 있는 해지권을 이미 취득하였으므로 채무자의 회생절차개시결정 이후라도 해지권을 행사하고 손해배상을 청구할 수 있어야 할 것이다.[124]

만일 용선계약에 용선자의 재산상태가 장래 악화될 때에 대비하여 지급정지, 회생절차의 개시신청, 회생절차의 개시와 같이 도산에 이르는 과정상의 일정한 사실이 그 회사에 발생하는 것을 당해 계약의 해지권의 발생원인으로 정하거나 또는 계약의 당연 해지사유로 정하는 특약, 이른바 '도산해지조항'(또는 '도산신청해지조항')이 있다면 그 조항이 유효한지에 따라 결론이 달라지는데, 그 조항이 비록

---

122) 대법원 1992. 2. 28. 선고 91다30149 판결 참조.
123) 이는 서울중앙지방법원 2010. 1. 11.자 2009회확562 결정의 취지이다. 정기용선계약은 용 선자의 회생절차 개시신청을 계약해지사유로 규정하고 있지는 않았던 듯하다.
124) 이는 前註의 결정에 대하여 신청인(라이베리아 회사)이 제기한 이의에 대한 사건에서 원고 의 주장이다. 다만 서울중앙지방법원 2011. 5. 26. 선고 2010가합16910 판결은 당해 사건 에서 이행거절의 존재를 부정하였다.

영국법상 유효하더라도 우리 도산법상 효력이 없으면 의미가 없다. 정리회사 진로의 합작투자계약에 포함된 도산해지조항에 관하여 대법원 2007. 9. 6. 선고 2005다38263 판결은, 도산해지조항을 일률적으로 무효로 보는 것은 계약자유의 원칙을 심각하게 침해하는 결과를 낳을 수 있고, 상대방 당사자가 채권자의 입장에서 채무자의 도산으로 초래될 법적 불안정에 대비할 보호가치 있는 정당한 이익을 무시하는 것이 될 수 있으므로 무효라고 할 수는 없다고 하고, 다만 도산해지조항이 부인권의 대상이 되거나 공서양속에 위배되는 경우 예외를 인정할 수 있다고 판시하였다.[125] 그러나 위 대법원판결은 쌍방 미이행 쌍무계약 사건을 다룬 판결이 아니므로 쌍방 미이행의 쌍무계약이 문제 되는 사건에 그대로 적용할 수 없다는 평가를 받았다.[126]

어쨌든 계약의 준거법과 도산법정지법이 규율하는 사항의 경계획정과 상호작용은 더 검토해야 한다. 물론 영국법상 이행거절의 법리도 더 정확히 파악할 필요가 있다.[127]

주목할 것은, 근자에 준거법이 영국법인 정기용선계약의 해제와 관련하여 대법원 2015. 5. 28. 선고 2012다104526, 2012다104533 판결이 아래와 같은 추상적 법률론을 설시함으로써 "도산전형적인 법률효과"는 법정지법에 따른다는 점을 명확히 하였다는 점이다.

"외국적 요소가 있는 계약을 체결한 당사자에 대한 회생절차가 개시된 경우, 그 계약이 쌍방미이행 쌍무계약에 해당하여 관리인이 이행 또는 해제·해지를 선택할 수 있는지 여부, 그리고 계약의 해제·해지로 인하여 발생한 손해배상채권이 회생채권인지 여부는 도산법정지법(倒産法廷地法)인 채무자회생법에 따라 판단되어야 하지만, 그

---

125) 평석은 오수근, "도산해지조항의 유효성 : 도산실효조항의 유효성", 판례실무연구 IX(2010), 439면 이하 참조.

126) 권영준, 13면 이하 참조. 도산법상 미이행쌍무계약의 처리는 김영주, 도산절차와 미이행 쌍무계약 – 민법·채무자회생법의 해석론 및 입법론 –(2020) 참조. 법원 실무에서는 쌍방미이행 쌍무계약의 도산해지조항은 관리인의 선택권을 잠탈하는 것이라는 이유로 원칙적으로 무효라고 본다고 한다. 박준·한민, 금융거래와 법 제4판(2024), 1004면 참조.

127) 서울중앙지법 2010. 7. 15. 선고 2010가합16071 판결은, 도산법정지법인 한국의 채무자회생법이 적용된다고 하더라도 회생채무자인 삼선로직스의 관리인인 피고가 이 사건 정기용선계약의 해지를 선택한 것으로 인정된다면 이는 채무자회생법 제119조 제1항에 저촉되지 않음과 동시에 영국법상 이행거절로 볼 수 있으므로 이 사건 정기용선계약의 해지 선택 여부에 관한 준거법에 따라 이 사건의 결론이 좌우되지는 않는다고 판시하였다.

계약의 해제·해지로 인한 손해배상의 범위에 관한 문제는 계약 자체의 효력과 관련된 실체법적 사항으로서 <u>도산전형적인 법률효과</u>에 해당하지 아니하므로 국제사법에 따라 정해지는 계약의 준거법이 적용된다".[128](밑줄은 저자가 추가함)

이러한 견해에 따르면 우리 법원에서는 도산해지조항의 효력은 도산법정지법에 따를 사항이라고 볼 것이다. 그러나 영국은 이와 달리 도산해지조항 효력은 계약의 준거법에 따를 사항이라고 본다.[129] 따라서 계약의 준거법과 도산법정지법이 규율하는 사항의 경계획정은 더 검토할 필요가 있다.

계약법과 도산법의 경계. 민법 제599조는 "대주가 목적물을 차주에게 인도하

---

128) 이런 견해는 석광현, 제1권, 465면; 특히 석광현, 제5권, 603면에서 이미 밝힌 바와 같다. 위 판결에 대한 간략한 해설은 김희중, "2015년 상반기 도산법 관련 대법원 판례 소개", 도산법연구 제6권 제2호(2015. 12), 18–19면; 이은재, "도산전형적 법률사항에 대한 준거법으로서 도산법정지법", 도산판례백선, 336면 이하 참조. 그러나 영국에서는 한국 도산절차를 승인하더라도 도산관재인이 해제하는 것은 영국법상 repudiatory breach가 된다고 본다고 한다.

129) 예컨대 영국 High Court의 Fibria Celulose S/A v Pan Ocean Co. Ltd [2014] EWHC 2124 (Ch) 사건 판결 참조. 권영준, 43면 이하는 영국 High Court의 Fibria Celulose S/A v Pan Ocean 판결을 아래 취지로 소개한다. 이 사건에서 한국 해운회사인 Pan Ocean이 브라질 기업인 Fibria Selulose와 해상운송계약을 체결하였는데, 이 계약은 도산해지조항을 포함하고 있었고 준거법은 영국법이었다. 한국 법원에서 Pan Ocean의 회생절차가 개시되었고 이는 영국에서 승인되었다. Fibria Seluose는 회생절차 개시 후 Pan Ocean에게 도산해지조항에 따른 계약의 해지를 통지하였다. Pan Ocean의 관리인은 도산해지조항의 효력은 도산법정지법인 한국법에 따르는데, 한국법상 도산해지조항에 따른 해지는 관리인의 선택권을 침해하는 것으로서 무효라고 주장하면서 영국 법원에 계약해지의 효력 정지를 구하였다. 그러나 영국 법원은 계약해지 통지는 영국 국제도산규정 21.1(a)이 정지 대상으로 삼는 절차 (proceedings)에 해당하지 않고, 달리 영국 법원에게 계약해지의 효력에 관여할 적절한 구제를 부여할 권한도 없다고 판단하였다. 나아가 가사 영국 법원에 그런 권한이 있더라도 계약 당사자들이 영국법을 준거법으로 선택한 이상 도산해지조항의 효력에 대해서도 영국법이 적용되므로 한국법의 적용을 전제로 한 관리인의 신청은 받아들일 수 없다고 판단하였다. 영국 법원의 이런 태도는 한편으로는 국제계약의 준거법으로서 우월적 지위에 있는 영국법의 적용범위를 넓게 파악하는 것이기도 하고, 다른 한편으로는 도산해지조항의 효력에 대한 영국법의 너그러운 태도에 기인하는 것이기도 하다. 도산해지조항의 준거법에 관한 근자의 논의는 최준규, "국제도산에서 도산해지조항의 준거법 결정－도산전형적 법률효과?－", 서울대학교 법학 제64권 제1호(통권 206호)(2023), 183면 이하 참조. 김효선, "쌍방미이행 쌍무계약에서 도산해지조항에 관한 연구－최근 입법의 비교법적 연구를 중심으로－", 한국법학원 연구보고서 상－23－01(2023)(개관은 김효선, "쌍방미이행 쌍무계약에서 도산해지조항에 관한 연구－최근 입법의 비교법적 연구를 중심으로－", 저스티스 통권 제200호(2024. 2.), 81면 이하); 장세호, "국내 해운기업의 회생절차에서 도산해지조항의 효력", 해법학회지 제45권 제3호(2023. 12.), 45면 이하도 참조.

기 전에 당사자 일방이 파산선고를 받은 때에는 소비대차는 그 효력을 잃는다"라
고 규정한다. 문제는 이것이 계약의 준거법에 따를 사항인지 아니면 도산법정지
법에 따를 사항인지이다. 이런 문제는 대법원 2001. 12. 24. 선고 2001다30469 판
결의 사안에서 발생하였다. 즉 차주인 원고들과 대주은행들이 선박금융을 위하여
준거법을 영국법으로 지정하여 신디케이티드 대출계약을 체결한 뒤 대주의 1인인
한국의 동남은행이 파산하였는데, 파산관재인은 대출계약의 이행을 선택하였다.
파산관재인이 이행하지 않자 원고들은 대출계약을 해제하고 지급한 관리수수료/
약정수수료의 반환을 청구하였다. 대법원을 포함한 우리 법원들은 국제도산법에
관한 문제의식 없이 대출계약이 원고들에 의해 해제된 것으로 취급하였다. 만일
민법 제599조가 적용된다면 대출계약은 차주들의 해제가 아니라 동남은행의 파산
에 의하여 이미 실효되었을 것이다. 저자는 영국법이 준거법이므로 민법 제599조
는 적용되지 않는다는 견해를 피력하였다.[130] 민법 제599조에 따른 법률효과는
도산전형적 효과가 아니라고 보았기 때문이었다.

XI. 맺음말

채권자평등이라는 도산법의 정의와 도산절차의 목적을 달성하기 위해서는
극단적 속지주의를 고집할 수 없고 속지주의를 완화하지 않을 수 없다. 채무자회
생법은 이런 방향으로 국제도산법의 쟁점을 입법적으로 해결한 것으로서 대체로
타당하다. 그러나 외국도산절차의 승인의 효력에 관한 한 채무자회생법은 모델법
을 거부하고 승인원조법을 따른 점에서 바람직하지 않다. 또한 채무자회생법의
해석상 여러 가지 의문이 있는데, 채무자회생법은 법원에 상당한 재량을 부여하
므로 법원의 실제의 운용이 매우 중요하다. 앞으로 국제도산법의 제논점에 대한
논의가 활발히 이루어져서 법원의 실무가 축적되어가는 과정에서 의문들이 올바
른 방향으로 해소되기를 기대한다. 국제도산법은 도산법과 국제사법 및 국제민사
소송법이 교착하는 영역이므로 이들 영역에 대한 선행연구가 없이는 이해하기 어
렵다. 종래 도산법은 물론 국제사법과 국제민사소송법 분야의 연구와 교육을 소
홀히 해온 우리나라에서 국제도산법의 중요성이 제대로 인식되고 있지 못한 것은
어쩌면 당연한 결과이다.

---

130) 평석은 석광현, 제3권, 543면 이하(특히 561면 이하) 참조.

주의할 것은, 국제도산에 관한 한 채무자회생법은 모델법을 받아들인 것이므로 모델법(제8조)이 명시하는 바와 같이 채무자회생법을 해석함에 있어서는 그의 국제적 연원과 적용상의 통일을 증진할 필요성을 고려하여야 한다는 점이다. 모델법의 채택은 그만큼 우리 법의 해석과 운용에 있어 국제적인 고려를 요청한다. 이는 21세기를 살아가는 우리 법률가들이 피할 수 없는 과제이다.

XII. 참고자료

위에서 보았듯이 UNCITRAL은 2018년 모델법과 2019년 모델법을 채택하였는데 아래에서는 이를 간단히 소개하고, 이어서 외국도산절차의 개시가 내국중재절차와 재판관할합의에 미치는 영향을 간단히 언급한다.

1. 2018년 모델법의 채택

미국 회생계획인가재판을 민사소송법(제217조)에 따라 승인할 수 있다고 판시한 대법원 결정 이후 하급심 판결들은 그런 태도를 따른다. 즉 채권자인 원고가 미국 법원으로부터 채권자집회통보 등 절차 참가에 관한 통보를 받지 못하였고 파산절차 진행 사실조차 알지 못하였음을 이유로 미국 법원의 면책결정은 원고의 적법한 절차 참가권이 침해되어 공서위반에 해당한다는 이유로 면책결정의 승인을 거부한 판결131)도 있고, 채권자인 원고가 송달을 받은 사안에서 일본 동경지방재판소의 면책결정을 승인한 판결132)도 있다.

우리는 외국의 도산 관련 재판을 승인하고 필요한 경우 집행을 허용할 필요가 있다. 우리가 취할 수 있는 선택지는 크게 세 개의 방안이 있다. 제1안은 대법원의 논리를 따르는 방안이고,133) 제2안은 미국의 실무처럼 1997년 모델법에 따

---

131) 서울중앙지방법원 2018. 9. 18. 선고 2018나11861 판결.

132) 인천지방법원 2017. 8. 30. 선고 2016나13185 판결. 원고는 피고에게 대출을 한 소외 A로부터 채권을 양수하였다고 주장하면서 피고를 상대로 양수금의 지급을 구하는 소를 인천지방법원에 제기하였다. 그런데 피고는 2007년 3월 동경지방재판소에서 파산개시결정을 받아 2009년 11월 면책결정을 받음으로써 위 양수금 채무가 면책되었다고 주장하였다.

133) 만일 제1안을 따른다면 통상의 재판의 승인과 도산 관련 재판의 승인을 구별하여 달리 취급하는 2019년 재판협약, 2018년 모델법과 EU법의 태도와 달리 독자적인 길을 가게 될 것이다. 문제는 이는 민사소송법 제217조의 올바른 해석에도 반한다는 것이다. 캘리포니아 주법원의 승인판결의 외국판결성을 부정한 대법원 2010. 4. 29. 선고 2009다68910 판결도

른 도산절차의 승인과 그를 기초로 하는 지원처분을 활용하는 방안이다. 제3안은 2018년 모델법을 수용하는 방안이다. 제1안 또는 제2안을 따르는 경우 2018년 모델법을 수용할 필요는 없다. 저자는 과거 제2안을 지지하였고 그 견해를 유지하나 (물론 다소의 보완이 필요하다), 대법원이 견해를 변경하기를 기대하기는 어려우므로, 실무적으로는 제3안을 선택하여 2018년 모델법을 수용하는 방안을 고려할 필요가 있다.[134]

2. 기업집단 도산에 관한 2019년 모델법의 채택

1997년 모델법은 단일 채무자에 대한 (i) 도산절차의 국제적 승인 및 지원과 (ii) 복수 도산절차 간의 공조 및 조정만을 규율하고, 기업집단의 국제도산은 규정하지 않는 탓에 기업집단의 국제도산 문제에 효과적으로 대처하기에 충분하지 않다. UNCITRAL은 2012년에 도산법 입법지침(UNCITRAL Legislative Guide on Insolvency Law)을 개정하여 제3편에 '기업집단 도산의 취급'에 관한 입법지침을 신설하였고, 또한 여러 규범(즉 1997년 모델법, 위 입법지침 제3편과 개정 EU도산규정[135])과 그동안 다국적 기업의 국제도산사건에서 제기된 문제점 등을 참조하여, 기업집단의 원활한 국제도산을 지원하기 위해 2019년 7월 '기업집단 도산에 관한 모델법(Model Law on Enterprise Group Insolvency)'을 채택하였다. 2019년 모델법은, 복수의 도산절차 간의 조정 및 공조를 강화하고 기업집단 도산에 '계획절차(planning proceeding)'라는 새로운 개념을 도입하여 이를 통한 집단도산해결책의 수립 및 지원제도를 창설하였다.[136]

민사소송법 제217조에서 말하는 '외국법원의 판결' 또는 '외국법원의 재판'이라고 함은 재판권을 가지는 외국의 사법기관이 그 권한에 기하여 사법상(私法上)의 법률관계에 관하여 대립적 당사자에 대한 상호간의 심문이 보장된 절차에서 한 재판이라고 판시한 바 있다.

134) 상세는 한민·석광현, 보고서, 94면 이하(석광현 집필부분) 참조.

135) 개정 EU도산규정은 기업집단도산에 관한 제5장을 신설하여 '기업집단(group of companies)'의 개념을 도입하였는데, 이는 복수 국가의 도산절차는 그대로 두고 공조와 조정을 통해 절차를 원활하게 하는 방식을 채택하여 기업집단 국제도산에 대한 공조(cooperation and communication, 제56-60조)와 조정(coordination, 제61-77조)을 하도록 한다. 기업집단의 국제도산에 관하여는 이연주, 국제도산, 97면 이하 참조.

136) 상세는 한민·석광현, 제3장(한민 집필부분) 참조.

3. 외국도산절차의 개시가 내국중재절차에 미치는 효력[137] / 외국법원을 위한 재판관할합의에 미치는 효력

중재합의의 효력, 관리인은 중재합의에 구속되는가, 중재합의가 미이행쌍무계약인가, 중재가능성의 범위, 일방당사자의 도산이 진행 중인 중재절차에 미치는 효력, 도산법원은 외국 중재절차의 중지를 명할 수 있는가, 중지명령의 외국에서의 승인, 중재절차의 중지명령에 위반하여 내려진 중재판정의 효력, 중재절차가 채권조사확정절차를 갈음할 수 있는가.

마지막 의문과 관련하여 채무자회생법이 간이·신속하게 도산채권을 조사하고 확정하기 위하여 도산절차 내에서 도산법원의 주도하에 집단적 처리절차인 조사확정재판제도(채무자회생법 제170조, 제462조)를 두는 점을 고려하여 그런 분쟁의 중재가능성을 부정하는 견해도 있다. 그러나 서울회생법원 2020. 11. 12.자 2017하확100087(2017하합15) 결정과 서울회생법원 2020. 11. 12.자 2017하확100088(2017하합15) 결정은 중재가능성을 인정하고 파산채권조사확정신청을 각하하였다.[138]

한편 유사한 문제로 예컨대 영국 법원에 전속관할을 부여하는 관할합의가 있는 경우에도 도산채권을 조사하고 확정하기 위하여 조사확정재판에 의하여야 하는가라는 의문이 제기된다. 이와 관련해서도 서울회생법원은 파산채권조사확정신청을 부적법 각하한 바 있다.[139]

---

137) 상세는 이필복, 한진해운, 123면 이하 참조. 외국문헌은 Richard Bamforth and Kushal Gandhi (eds.), Arbitration and Insolvency (2024); Maximilian Kraus, Das Schicksal in-ternationaler Schiedsverfahren in der Insolvenz des Schiedsbeklagten (2020); Reinhard Bork, Schiedsverfahren mit insolventen Parteien, SchiedsVZ (2022), S. 139ff. 참조.
138) 이필복, 한진해운, 134면은 위 견해를 지지한다.
139) 2021. 2. 8.자 2017하확100079(2017하합15) 결정.

제12장

국제상사중재법

제12장
국제상사중재법

I. 머리말

1. 중재의 개념

중재라 함은 당사자 간의 합의로 재산권상의 분쟁 및 당사자가 화해에 의하여 해결할 수 있는 비재산권상의 분쟁을 법원의 재판에 의하지 아니하고 중재인

---

* 제12장에서 인용하는 아래 주요 문헌은 [ ] 안의 인용약어를 사용한다.
 김갑유 외, 중재실무강의, 개정판(2016)[김갑유 외]; 김형석, "강제이행 — 특히 간접강제의 보충성을 중심으로—", 서울대학교 법학 제46권 제4호(통권 제137호)(2005. 12.)[김형석]; 노태악·구자헌, "최근 UNCITRAL 모델 중재법의 개정논의 결과와 국내법에의 시사 — 중재합의의 서면성과 중재판정부의 임시적 처분을 중심으로", 국제규범의 현황과 전망 — 2006년 국제규범연구반 연구보고 — (2006)[노태악·구자헌]; 목영준·최승재, 상사중재법, 개정판(2018)[목영준·최승재]; 박설아, "외국중재판정에 대한 집행결정 — 집행가능성 요건을 중심으로—", 국제거래법연구 제27집 제1호(2018. 7.)[박설아]; 석광현, "2016년 중재법의 주요 개정내용과 문제점", 전북대학교 법학연구 통권 제53집(2017. 8.)[석광현, 2016년 주요 개정내용]; 석광현, "국제상사중재에서 중재합의와 訴訟留止命令(anti−suit injunction)", 선진상사법률연구 통권 제50호(2010. 4.)[석광현, 소송유지명령]; 석광현, "2016년 중재법에 따른 중재판정부의 임시적 처분: 민사집행법에 따른 보전처분과의 정합성에 대한 문제 제기를 포함하여", 국제거래법연구 제26집 제1호(2017. 7.)[석광현, 임시적 처분]; 석광현, "2016년 중재법에 따른 국내중재판정의 효력, 취소와 승인·집행에 관한 법리의 변화", 한양대학교 법학논총 제34집 제1호(2017. 3.)[석광현, 국내중재판정의 효력]; 석광현, "캘리포니아주 법원이 확인한 미국 중재판정의 승인·집행에서 그 대상, 중재합의의 성립과 임의대리의 준거법", 사법(司法) 2020년 가을호(통권 제53호)(2020. 9.)[석광현, 미국 중재판정]; 안태준, "중재판정 집행결정절차의 심리대상으로서 중재판정 주문의 특정성 및 강제집행가능성이 가지는 의의: 최근 판례를 중심으로", 숭실대학교 법학논총 제44집(2019. 5.)[안태준]; 양병회 외, 주석중재법(2005)[주석중재법/집필자]; 윤진기, "2016년 개정 중재법의 중재판정 집행에 관한 문제

(仲裁人)의 판정에 의하여 해결하는 절차를 말하는데(중재법 제3조 제1호), 이는 대
표적인 '대체적(또는 대안적) 분쟁해결수단(Alternative Dispute Resolution)'이다.[1)]
1999. 12. 31. '중재법개정법률'이 공포되었고 동일자로 시행됨으로써 구 중재법은
전면적으로 개정되었다. 그 후에도 중재법은 2010. 3. 31. 개정된 바 있으나 이는
한글화를 위한 것이었다. 그 후 2016. 5. 29. 다시 개정되어 2016. 11. 30.부터 시
행되고 있다.

점", 중재연구 제26권 제4호(2016. 12.)[윤진기]; 이무상, "프랑스법에서의 아스트렝트
(astreinte)에 관한 소고", 법조, 제60권 제9호(통권 제660호)(2011. 9.)[이무상]; 이창현, "간
접강제를 명한 외국중재판정의 국내 집행 가부 — 대법원 2018. 11. 29. 선고 2016다18753
판결에 대한 고찰—", 석광현 헌정논문집[이창현]; 이창현, "중재판정의 효력에 관한 실무상
쟁점들 — 기판력을 중심으로—", 2024. 12. 13. 개최된 중재학회 학술대회 발표자료[이창현,
중재판정]; 이필복, 국제거래에 관한 분쟁해결절차의 경합 — 소송과 중재를 중심으로—
(2022)[이필복, 경합]; 이호원, 중재법 연구(2020)[이호원]; 임성우, 국제중재(2016)[임성우];
장문철, 현대중재법의 이해(2000)[장문철]; 장문철 · 정선주 · 강병근 · 서정일, UNCITRAL모델
仲裁法의 수용론(1999)[장문철 외]; 장준혁, "외국중재판정의 승인집행에서의 준거법결정 —
대상판결: 대법원 2018. 7. 26. 선고 2017다225084 판결—", 국민대학교 법학논총 제32권 제
3호(통권 제64호)(2020)[장준혁]; 전원열, "중재판정의 기판력의 범위 — 국제중재규칙 개정
논의를 계기로 한 비교법적 검토—", 민사소송(제28권 제1호)(2024. 2.)[전원열, 중재판정];
정선주, "중재판정의 효력 — 확정력을 중심으로—", 민사소송 제9권 제2호(2005. 11.)[정선
주, 중재판정의 효력]; Albert Jan van den Berg, The New York Arbitration Convention of
1958 (1981)[van den Berg]; Nigel Blackaby and Constantine Partasides with Alan
Redfern and Martin Hunter, Redfern and Hunter on International Arbitration, Fifth
Edition (2009)[Redfern/Hunter]; Karl－Heinz Böckstiegel/Stefan Michael Kröll/Partricia
Nacimiento (eds.), Arbitration in Germany: The Model Law in Practice (2015)
[Böckstiegel/Kröll/Nacimiento/집필자]; Howard M. Holtzmann and Joseph E. Neuhaus, A
Guide To The UNCITRAL Model Law On International Commercial Arbitration: Legislative
History and Commentary (1989)[Holtzmann/Neuhaus]; Howard M. Holtzmann, Joseph E.
Neuhaus, Edda Kristjánsdóttier and Thomas W. Walsh, A Guide To The 2006
Amendments to The UNCITRAL Model Law On International Commercial Arbitration:
Legislative History and Commentary (2015)[Holtzmann et al.]; Tobias B. Lühmann, Die
Rechtskraft des Schiedsspruchs im deutschen und US－amerikanischen Recht (2015)
[Lühmann]; Christoph Reithmann/Dieter Martiny, Das Internationale Vertragsrecht, 7.
Auflage (2010)[Reithmann/Martiny/Hausmann]; Karl Heinz Schwab/Gerhard Walter,
Schiedsgerichtsbarkeit 7. Auflage (2005)[Schwab/Walter]; Sandra Seidl, Ausländische
Vollstreckungstitel und inländischer Bestimmtheitsgrundsatz (2010)[Seidl]; Dennis
Solomon, Verbindlichkeit von Schiedssprüchen in der internationalen privaten Schieds－
gerichtsbarkeit (2007)[Solomon]; 近藤昌昭 외 4인, 仲裁法コンメンタール(2003)[近藤昌昭
외]; 三木浩一/山本和彦 編, 新仲裁法の理論と實務(2006).
1) 중재를 대안적 분쟁해결수단에 포함시키지 않는 견해도 있다.

1999년 중재법은 국제연합 국제거래법위원회(United Nations Commission on
International Trade Law : UNCITRAL)[2]가 1985년 채택한 '국제상사중재에 관한 모델
법(Model Law on International Commercial Arbitration)'(이하 "모델법"이라 한다)[3]을
전면 수용한 것이다. 2016년 중재법은 2006년 UNCITRAL 개정 모델법(이하 "개정
모델법"이라 한다)을 수용한 것이다.[4] 국제거래가 활성화됨에 따라 그로부터 발생
하는 분쟁의 해결수단으로서 국제상사중재의 중요성이 점차 커지고 있는데, 1999
년과 2016년의 중재법 개정은 이런 시대적 요청에 부응하기 위한 것이다.

우리나라가 모델법을 기초로 한 중재법을 채택한 이상 앞으로 우리 법원과
중재판정부가 중재법을 해석하고 운용함에 있어서는 모델법의 궁극적인 목적, 즉
국제중재에 관한 규범의 국제적인 통일 내지는 조화라고 하는 이상을 충분히 고
려해야 한다. 이를 뒷받침하기 위하여 마련된 UNCITRAL의 데이터베이스인
CLOUT(Case Law on UNCITRAL Texts)를 충분히 활용하여야 한다.

우리나라에서는 소홀히 취급되고 있으나 중재합의는 중재감정계약과는 구별
하여야 한다.[5]

---

2) 종래 우리나라에서는 "국제상거래법위원회", "국제거래법위원회" 또는 "국제무역법위원회"라
   고도 한다. UNCITRAL의 아태지역사무소가 설치되었으니 국문명칭도 통일할 필요가 있다.
   UNCITRAL에 관하여는 석광현, "UNCITRAL이 한국법에 미친 영향과 우리의 과제", 비교사법
   제25권 제4호(통권 제83호)(2018. 11.), 1039면 이하 참조.
3) 모델법의 국문번역은 석광현, 국제중재법 제1권, 555면 이하 참조. 모델법을 "표준법" 또는
   "모범법"이라고도 부른다. 주요국 중재법의 비교는 사법정책연구원, 중재 활성화를 위한 법원
   의 역할(2018), 15면 이하 참조.
4) 2016년 개정 중재법의 개관은 석광현, 2016년 주요 개정내용, 213면 이하 참조.
5) 중재감정계약이란 중재형식에 의한 감정, 즉 당사자가 권리 내지 법률관계의 전제가 되는 사
   실의 확정 또는 권리 또는 법률관계의 해명이나(확인적 중재감정) 권리 내지 법률관계의 보
   충 또는 변경(권리형성적 중재감정)을 제3자에게 일임하고 그 제3자의 판단에 복종하기로 하
   는 계약을 말한다. 중재감정계약에 따른 중재감정인의 판단을 '중재감정'이라 하는데 이는 중
   재판정이 아니다. 즉 당사자는 급부내용의 결정을 제3자의 판단에 맡기고 중재감정인이 중재
   감정에 의해 당사자의 권리의무를 형성하거나 확인하는 것을 말한다. 강수미, "중재감정계약
   에 관한 연구", 연세대학교 대학원 박사학위논문(1998), 7면; 김홍규, "중재감정계약", 민사재
   판의 제문제(하): 송천이시윤박사화갑기념논문집(1999), 155면. 독일, 일본과 한국의 통설은
   제3자에게 맡겨진 '임무의 대상과 범위'에 따라 중재합의와 중재감정계약을 구별한다. 중재인
   은 법률관계 전체 또는 그에 기초한 청구권에 관하여 종국적 판단을 하나, 중재감정인은 사
   실이나 법률관계의 요소를 구속력 있게 확인하여 판결의 기초를 창설한다는 것이다. 국제건
   설계약의 약관인 FIDIC 조건이 중재에 앞서 분쟁판정위원회(Dispute Adjudication Board.
   DAB)의 판정을 거치도록 하는데 DAB에 의한 분쟁해결은 중재감정에 접근한다. 석광현,
   "FIDIC 조건을 사용하는 국제건설계약의 준거법 결정과 그 실익", 사법 제29호(2014. 9.), 33

2. 1999년 중재법의 개정방향 / 2016년 중재법의 개정방향

가. 모델법의 전면수용과 국내중재 및 국제중재의 통합적 규율(1999년 개정)

1999년 중재법 개정 시 첫째, 모델법을 전면 수용할 것과, 둘째, 국내중재와 국제중재를 통합하여 일원적으로 규정하기로 기본적인 방침을 정하였다. 나아가, 중재법은 모델법의 적용범위를 확장하여 상사뿐만 아니라 민사도 포함하도록 하였다.

나. 단행법률의 제정

독일은 '중재절차의 신규율을 위한 법률(SchiedsVfG)'에 의해 1998. 1. 1.자로 독일 민사소송법(ZPO) 중 중재편(제10편 제1025조 – 제1066조)을 개정하였다. 일본은 우리보다 늦게 2004. 3. 1. 시행된 중재법에 의하여 모델법을 받아들였다.[6] 독일과 일본은 모델법을 전면 수용하고, 국제중재와 국내중재를 일원적으로 규율하므로 독일, 우리나라와 일본 3국의 중재법은 매우 유사하다. 다만 독일은 민사소송법의 일부로 규정하는 점에서, 단행법률의 형식을 취하는 우리나라와 일본과는 체제가 다르다. 민사소송과 구별되는 중재의 독자성을 중시하고, 중재법이 국내중재와 국제중재를 일원적으로 규율하며, 국제사법적 규정(제29조)도 포함하고 있음을 고려

면 이하. 중재감정계약이라는 개념에 익숙하지 않은 우리 실무가들은 이를 '전문가 결정(expert determination)'이라고 설명하는 경향이 있는데 그 성질은 개별적으로 검토할 필요가 있다.

6) 일본의 중재법에 관하여는 近藤昌昭 외, 三木浩一/山本和彦 編, 新仲裁法の理論と實務(2006) 참조. 그러나 일본은 2023년 중재법을 개정하였고 이는 2024. 4. 1. 발효되었다. 중재법의 개정은 2006년 개정 모델법을 반영하기 위한 것으로 중재판정부가 잠정보전조치(우리 중재법의 임시적 처분에 상응)를 할 수 있음을 명시하고(제24조), 임시적 처분의 승인 및 집행에 관한 제47조(잠정보전조치명령의 집행등인가결정)와 제48조(잠정보전조치명령에 기한 민사집행) 등을 신설하였다. 나아가 중재합의의 방식요건을 완화하였고(제13조 제6항), 중재지가 일본인 경우 중재법에 따라 법원이 하는 소송에 대하여는 동경과 오사카 지방재판소에 제소할 수 있음을 명시한다(제5조 제2항). 흥미로운 것은 잠정보전조치명령에 관한 법원의 위반금지불명령을 규정한 제49조이다. 상세는 別冊NBL No.176, 仲裁法等の改正に関する中間試案, 商事法務(2021) 참조. 독일도 2006년 개정 모델법을 반영하고 상사법원(Commercial Court)의 중재 관련 소송절차에서 영어 변론을 허용하는 등 중재법을 현대화하기 위한 작업을 추진 중이다. 이를 위하여 2023년 4월 연방법무부는 백서를 발표한 데 이어 2024년 법률안 초안을 발표하였고 6월에 내용을 확정하여 10월 '중재절차법 현대화 법률' 정부 초안(Entwurf eines Gesetzes zur Modernisierung des Schiedsverfahrensrechts)(BT–Drucks. 20/13257)을 연방의회(Bundestag)에 제출하였다.

하면 단행법률을 둔 우리 법의 태도는 타당하다. 특히 구 민사소송법이 2002. 7. 1.자로 민사소송법과 민사집행법으로 분리되었음을 고려하면 더욱 그러하다.

다. 2016년 중재법의 개정 방향

2016년 개정의 주요동기는 1999년 중재법을 실무에 적용하는 과정에서 발생한 문제점들을 개선하기 위한 것이 아니라, 일차적으로 개정 모델법을 수용하기 위한 것이었다. 저자는 개정작업에 앞서 중재법의 개정을 촉구하였는데 주요 착안점은 아래 세 가지였다. 첫째, 중재합의의 서면요건을 완화하고, 둘째, 임시적 처분에 관하여 상세한 규정을 도입하며, 셋째, 중재판정의 강제집행을 위한 집행판결요건을 집행결정요건으로 전환하는 것이었다.[7] 첫째와 둘째는 개정 모델중재법에서 연원하는 것이다.

3. 중재와 기타 대체적 분쟁해결

중재판정은 당사자에 대하여 구속력이 있으나, 다른 대체적 분쟁해결수단인 '조정(conciliation)'[8]은 당사자가 거부하는 경우 구속력이 없다. UNCITRAL은 2002년 국제거래에서 조정의 사용을 권장하고 그 사용에 있어 예측가능성과 안정성을 제고하고자 조정절차에 관한 통일규칙을 정한 '국제상사조정에 관한 모델법(Model Law on International Commercial Conciliation)'을 채택하였다.[9] 그러나 UNCITRAL은 2018년 ① 2002년 모델법을 개정함으로써 개정 모델조정법, 즉 "국제상사조정과 조정에 의한 국제화해합의에 관한 모델법(Model Law on International Commercial Mediation and International Settlement Agreements Resulting from Mediation)"을 채택하였고, 국제조정협약을 성안하였다. 후자가 싱가포르조정협약인데 이는 제13장에서 논의한다.

우리나라에서는 현재 다양한 조정제도가 활용되는데, 조정에 관하여는 통일적인 법률은 아직 없다.[10] 물론 민사조정법이 있지만 이는 '법원조정' 또는 '법원

---

7) 상세는 석광현, 국제중재법 제2권, 95면 이하 참조.

8) 조정을 의미하는 영문 용어로 'mediation'을 사용하기도 하나 mediation을 조정(conciliation)과 구분하여 '알선'이라고 번역하기도 한다. 싱가포르조정협약은 mediation을 사용한다.

9) 이에 관하여는 전병서, "조정절차에 관한 국제적 동향", 변호사 제35집 — 회원연구논문집 — (2005), 400면 이하; 김태병, "UNCITRAL 국제상사조정모델법의 개요", 국제규범의 현황과 전망 — 2006년 국제규범연구반 연구보고 — , 법원행정처(2006), 541면 이하 참조.

10) 우리나라에도 대안적 분쟁해결에 관한 일반법을 제정하자는 견해가 있다. 정선주, "ADR통

연계조정(court annexed conciliation)'을 위한 것이고 사인에 의한 조정을 위한 것은 아니다. 반면에 싱가포르조정협약은 민간형조정을 대상으로 한 것이다.

4. 국제상사중재의 장·단점[11]

국제(상사)중재는 국제소송과 비교하여 다음과 같은 장·단점이 있다. 이는 대부분 중재가 소송과 비교하여 가지는 장·단점이지만, 일부는 국제상사중재에 특유한 장점이다.

가. 중재의 장점
① 중립적인 판단주체의 선택
② 중재판정의 승인 및 집행의 법적 보장

외국판결의 승인 및 집행의 가능 여부와 요건은 국가에 따라 구구하나, 중재의 경우 "외국중재판정의 승인 및 집행에 관한 1958년 국제연합협약(United Nations Convention on the Recognition and Enforcement of Foreign Arbitral Awards)"(이하 "뉴욕협약"이라 한다)에 의하여 외국중재판정의 승인 및 집행이 보장된다. 이것이 국제거래에서 분쟁해결수단으로서 중재가 선호되는 가장 큰 이유이다.[12]

③ 단심제에 의한 신속한 분쟁해결
④ 경제적인 분쟁해결인가

중재는 단심제이므로 분쟁을 저렴하게, 경제적으로 해결할 수 있다고 인식되나, 중재 특히 국제중재의 경우 선뜻 동의하기 어렵다. 각국은 소송에 의한 분쟁 해결을 위하여 사법부를 설치하므로 당사자가 법관 등의 보수를 지급할 필요는 없으나 중재에서는 당사자들이 중재인의 보수 등을 부담해야 한다.

⑤ 전문성의 확보

중재는 분쟁해결의 전문성을 확보하는 데 유리하다. 전문성은 법적 전문성이

일절차법의 제정에 관한 연구", 민사소송 제11권 제1호(2007. 5.), 284면 이하 참조.

11) 상세와 참고문헌은 석광현, 국제중재법 제1권, 10면 이하 참조.

12) 다만, 헤이그국제사법회의에서 2005. 6. 30. "관할합의에 관한 협약"이 채택되었는데, 이는 국제소송에서, 종래 국제중재에서 뉴욕협약이 수행하는 역할에 상응하는 역할을 하게 하려는 것이다. 장래 동 협약이 발효하면 중재의 장점은 그 범위 내에서 약화될 것이다. 상세는 석광현, "2005년 헤이그 재판관할합의협약의 소개", 국제사법연구 제11호(2005), 196면 이하 참조.

아니라 분쟁의 대상에 관한 전문성을 말한다.

⑥ 절차적 유연성 보장

⑦ 형평에 따른 분쟁의 해결가능

소송의 경우 법에 의하여 분쟁을 해결하는 데 반하여, 중재의 경우 당사자의 수권(또는 명시적 수권)이 있으면 형평과 선, 즉 공평의 원칙과 양심에 따라 판정할 수 있다. 그 경우 중재인을 '*amiable compositeur*(우의적 중재인)'이라고 한다.

⑧ 분쟁해결의 비밀보장

공개주의를 취하는 재판과 달리 중재는 그렇지 않다.[13]

⑨ 거래관계의 손상 회피 가능

중재는 당사자 간의 대결(confrontation)이 아니다.

나. 중재의 단점

① 적정한 분쟁해결에 취약

② 비법적 해결

③ 중재인 권한의 제한

중재는 사적 분쟁해결수단이므로 중재인은 강제력이 없고, 증인의 출석을 강제하거나 임시적 처분을 집행할 수 없다.

④ 다수당사자 간의 분쟁해결에 취약

국제소송의 경우 동일한 법원 앞에서 다수당사자 간의 분쟁을 해결할 수 있다. 예컨대 보조참가, 독립당사자참가 등이 가능하고, 국가에 따라서는 제3자를 소송에 끌어넣을 수도 있으며(third party complaint), 법원은 필요한 경우 사건을 병합할 수 있다. 중재합의를 기초로 하는 중재는 전통적으로 단일 계약으로부터 발생하는 'one claimant/one respondent' 중재를 상정하였기에[14] 상대적으로 이런 제도가 미비하다.[15] 그 밖에 상계의 제한도 들 수 있

---

13) 중재에서 비밀유지에 관하여는 박찬동·신창섭, "국제상사중재의 비밀유지의무에 관한 연구", 국제거래법연구 제25집 제1호(2016. 7.), 1면 이하 참조.

14) Böckstiegel/Kröll/Nacimiento/Kühner/Flecke-Giammorco, ICC Arbitration in Germany, para. 40.

15) 다만 중재규칙에 따라서는 다수당사자 간의 중재를 가능하게 하는 규정을 둔다. 예컨대 ICC 중재규칙(제7조부터 제10조)은 다수당사자, 다수계약과 병합(Multiple Parties, Multiple

다. 예컨대 피신청인이 신청인에 대하여 반대채권을 가지고 있더라도 그것이 중재합의의 범위 외에 있다면 중재절차에서 상계할 수는 없다. 물론 구체적 범위는 논란이 있다.[16)]

Ⅱ. 국제상사중재의 개념 — 중재의 분류를 겸하여

국제상사중재는 '국제적(international)' 중재여야 하고 '상사(commercial)' 중재여야 한다. 이는 국제중재라는 점에서 '국내적(domestic or national)' 중재와 구별되고, 상사중재라는 점에서 '민사(civil)' 중재와 구별된다. 이를 간단히 살펴보고 중재의 분류를 언급한다.

1. 국내중재와 국제중재

국제중재라 함은 어떤 외국적 요소가 있는 중재를 말하는 것이나, 현재 보편타당한 국제중재의 개념이 있는 것은 아니고 다양한 견해가 주장되고 있다. 첫째, 분쟁의 성질에 착안하는 견해,[17)] 둘째, 당사자의 국적 또는 (일)상거소와 같이 당사자에 착안하는 견해[18)]와 셋째, 위 양자를 결합한 혼합형이 있다. 혼합형은 어느 하나의 기준에 의하여 국제성이 있으면 국제중재라고 보므로 국제중재의 범위가 확대된다. 혼합형을 취하는 모델법(제1조 제3항)에 따르면 국제중재는 ① 당사자가 중재합의 체결 시 상이한 국가 내에 영업소를 두고 있는 경우, ② 만일 동일한 국가 내에 영업소를 두는 때에는 (a) 중재지(중재합의에서 정한 또는 중재합의에 따라 결정되는), (b) 의무이행지 또는 (c) 분쟁의 대상과 가장 밀접한 관련이 있는 장소가 다른 국가에 있는 경우와 ③ 당사자들이 분쟁 대상의 국제성을 긍정하는 경우이

Contracts and Consolidation)에 관한 규정을 두고 있다. 특히 제7조(Joinder of Additional Parties)는 추가 당사자의 참가를 규정한다. 통상 신청인/피신청인 또는 제3자의 참가신청이 있으면 중재판정부 또는 사무국이 그의 당부를 판단하는데, 일반적으로 제3자가 중재절차에 참가하기로 동의하거나 중재합의에 구속되는 경우 참가신청을 인용한다.

16) 이에 관하여는 우선 김용진, "국제중재절차와 상계", 법제연구 제52권(2017. 6.), 127면 이하; 강수미, "중재 관련 상계항변에 관한 고찰", 중재연구 제29권 제4호(2019. 12.), 57면 이하 참조.

17) 예컨대 ICC 중재규칙(Rules of Arbitration of the International Chamber of Commerce)과 프랑스 개정 민사소송법.

18) 예컨대 스위스 국제사법(제176조 제1항).

다. 대한상사중재원의 국제중재규칙은 2011년 개정 전후 모두 혼합형을 따른 것이다(다만 국제중재의 개념은 단순화되었다).

국제중재와 국내중재를 구별하는 실익은 다음과 같다.

첫째, 국내중재에 대하여는 중재지 국가가 관여할 필요가 큰 데 반하여, 국제중재는 통상 중재지와 관련성이 없거나 약하므로 관여의 정도가 작다. 둘째, 법의 개입도 마찬가지다. 중재판정의 승인 또는 집행이 한국의 공서에 위반하는 때에는 중재판정의 취소사유가 되는데(제36조 제2항 제2호 나목), 국제중재와 국내중재에서 공서의 개념은 다르다. 셋째, 국제상사중재의 경우 상이한 국적, 문화, 법적 배경 및 원칙과 조우하게 되므로 당사자들과 중재인은 중재절차의 진행과 관련하여 편협한 개념을 버리고 국제주의자적 접근방법을 취할 필요가 있다.

2. 상사중재와 민사중재

모델법은 상사의 개념을 넓게 규정하고, 모델법에 포함된 각주는 "상사"라는 용어는 상사의 성질을 가지는 모든 관계로부터 발생하는 사항을 포함하도록 넓게 해석하여야 한다고 하면서 상사적 성질의 관계를 예시한다. 대륙법계에서는 전통적으로 민사와 상사를 구별하여 민법과 구별되는 상법을 두는 경향이 있는데, 중재를 상업회의소와 결부시키는 것도 같은 맥락이다. 이에 따르면 가족법 또는 노동법상의 분쟁은 상사가 아닌데 무엇이 상사인가는 결국 국내법이 결정한다. 우리나라는 모델법을 받아들이면서 적용범위를 민사에까지 확장하였으므로 민사와 상사의 구별의 실익은 크지 않다.

3. 임시중재와 기관중재

임시중재(*ad hoc* arbitration)[19]는 중재기관의 관여 없이 이루어지는 중재를 말하고, 기관중재(institutional arbitration)는 상설중재기관의 중재규칙에 따라 이루어지는 중재를 말한다. 임시중재의 경우 중재판정부가 중재절차의 모든 측면을 통제하는 데 반하여, 기관중재의 경우 특정 중재기관이 중재절차를 관리하나, 양자의 경계가 모호한 경우도 있다.

---

19) 임시중재라는 표현은 '상설중재'라고 부르기도 하는 기관중재와 대비하기 위한 표현이다. 이를 '임의중재'라고 부르기도 하는데 임의는 '강제' 또는 '강행'과 대비되는 인상을 주는 점에서 다소 거부감이 있다.

국제상사중재의 대표적인 상설중재기관으로는 파리에 본부를 둔 국제상업회의소 중재법원(The International Court of Arbitration of the International Chamber of Commerce), 런던국제중재법원(London Court of International Arbitration. LCIA)과 미국중재협회(American Arbitration Association. AAA)[20]를 들 수 있는데, 이들은 각자의 중재규칙을 가지고 있다.[21] 우리나라에는 대한상사중재원(The Korean Commercial Arbitration Board. KCAB)이 있다. 그러나 UNCITRAL에는 상설중재재판소는 없고, UNCITRAL 중재규칙은 임시중재를 위한 중재규칙이다.[22] 임시중재의 예로는 1981년 설치된 '이란과 미국 간 중재판정부(Iran−United States Claims Tribunal)'가 있다. 우리 중재법상 중재는 임시중재와 기관중재를 모두 포함한다.

4. 상사중재와 투자중재

국제상사중재와 대비되는 것에 투자자−국가중재(investor−state arbitration) 또는 투자중재가 있다. 국제투자분쟁의 해결을 위한 중재라고 해서 모두 투자중재는 아니고 조약에 근거한 것을 말하므로 이를 '투자조약중재(investment treaty arbitration)'라고 부르기도 한다.[23] 투자중재는 2007년 4월 한미자유무역협정(한미 FTA)의 타결을 계기로 우리나라에서도 논란의 대상이 되었는데, 투자중재의 체제를 최초로 창설한 것은 우리나라도 가입한 1965년 "국가와 타방국가 국민 간의

---

20) 정확히는 미국중재협회가 국제상사중재의 처리를 위하여 아일랜드 더블린에 설치한 국제분쟁해결센터(International Centre for Dispute Resolution. ICDR)이다.

21) ICC 중재규칙에 관하여는 Yves Derains/Eric A. Schwartz, A Guide to the ICC Rules of Arbitration Second Edition (2005); Herman Verbist/Erik Schäfer, ICC Arbitration in Practice, second edition (2015)과 Thomas H. Webster/Michael Bühler, Handbook of ICC Arbitration: Commentary and Materials (2021)를, LCIA 중재규칙에 관하여는 Peter Turner/ Reza Mohtashami, A Guide to the LCIA Arbitration Rules (2009)를, ICDR 중재규칙에 관하여는 Martin F. Gusy, A Guide to the ICDR International Arbitration Rules (2011)를, KCAB 국제중재규칙에 관하여는 장승화 외, 국제중재규칙 해설(2010)을 각 참조. 최근 개정된 ICC 중재규칙은 2021. 1. 1.부터 시행되고 있고, 개정된 KCAB 국제중재규칙은 2016. 6. 1.부터 시행되고 있는데, 2024년 10월 현재 대한상사중재원은 KCAB 국제중재규칙의 개정작업을 진행하는 중이다.

22) UNCITRAL 중재규칙도 2010년 개정되었다. 소개는 우선 정창호, "UNCITRAL 중재규칙 주요 개정내용에 대한 소고", 중재 제334호(2010), 8면 이하; 이준상, "UNCITRAL 중재규칙 개정작업의 현황과 전망", 국제규범의 현황과 전망(상)(2010), 123면 이하; 이강빈, "UNCITRAL 중재규칙 개정안의 내용과 쟁점에 관한 연구", 중재연구 제17권 제2호(2007. 8.), 43면 이하 참조.

23) 이를 '투자협정중재'라고 부르기도 한다.

투자분쟁의 해결에 관한 협약(Convention on the Settlement of Investment Disputes between States and Nationals of Other States)"("ICSID 협약" 또는 "워싱턴협약")이다.

투자중재의 대상은 투자에 관한 분쟁이라는 점에서 상사중재보다는 제한적인데, 투자의 개념 및 기타 투자중재의 구체적 내용은 관련 조약에 따라 편차가 있다. 투자중재의 가장 큰 특성은, 투자자가 국가를 상대로 직접 중재신청을 하도록 허용함으로써 국가의 주권적 행위의 적법성에 대하여 판단할 수 있는 광범위한 관할권을 중재인에게 부여하는 데 있다. 투자중재는 그 후 '양자투자협정의 폭발적 증가(explosion of Bilateral Investment Treaties 또는 BITS)'에 의하여 확산됨으로써 중재세계가 혁명기를 겪고 있다고 평가하기도 하였는데 이는 특히 남미에서 현저하였다.

ICSID 협약에 따른 투자중재도 통상의 상사중재와 마찬가지로 투자자와 상대방 국가 간의 중재합의를 필요로 하나(ICSID 협약 제25조 제1항), 양자투자협정(BIT), NAFTA나 한미 FTA하에서는 개별적인 중재합의는 불필요하다. 왜냐하면 그러한 조약을 체결함으로써 체약국인 국가가 중재합의의 공개청약(public offer)을 하고, 투자자가 중재신청을 함으로써 중재합의가 성립하기 때문이다.

상사중재의 경우 중재절차는 당사자가 선택한 중재기관의 중재규칙과 중재지의 중재법에 의하여 규율되는 데 반하여, ICSID 협약에 따른 투자중재의 경우 중재절차는 ICSID 협약에 의하여 전적으로 규율되고 중재지의 중재법과는 거의 절연된다.[24] 상사중재의 경우 중재에서 진 당사자는 중재지 국가의 법원에 중재판정 취소의 소를 제기할 수 있지만, ICSID 협약에 따른 투자중재의 경우 법원의 취소는 배제되고, 3인으로 구성되는 특별위원회, 즉 사실상 새로운 중재판정부가 취소 여부를 결정한다(협약 제52조). 즉 상사중재에서는 일정한 경우 중재판정이 중재지국가 법원의 통제하에 놓이지만, 투자중재에서는 국가의 주권적 행위가 중재인의 통제하에 놓이는 역전현상이 발생한다. 공익이라는 이름 하에 행해지는 중재의 비밀보장의 배제와 중재판정에 대한 불복 기회의 부여 등에 의하여 투자중재는 점차 소송절차를 닮아가고 있다.

---

24) Non-ICSID 투자중재의 경우, 특히 UNCITRAL 중재규칙에 따르는 투자중재의 경우 상사중재에서와 마찬가지로 중재지 법원의 통제하에 놓인다. 예컨대 엘리엇 사건의 경우 우리나라는 영국 법원에 중재판정 취소의 소를 제기하였으나 각하되었는데, 우리 정부는 항소를 제기하였다. 투자중재와 상사중재의 차이는 석광현, 국제중재법 제2권, 401면 이하 참조.

Ⅲ. 국제상사중재에서 중재지

1. 중재지의 의의

국제상사중재에서 당사자는 예컨대 서울(또는 런던)이라는 식으로 중재지를 명시한다. 중재지(place, seat, forum or *locus arbitri* of arbitration)는 일반적으로 중재사건의 심리를 진행하고 중재판정을 내리는 곳 또는 이를 하기로 예정한 곳인데, 이는 1개의 장소이다. 중재지는 단순한 지리적인 문제가 아니라 중재의 법적 환경으로서 의미를 가지는데, 중재의 진행(즉 중재단계)과 중재판정의 집행단계에서 중요한 의미를 가진다.

첫째, 중재단계를 보면, 전통적인 이론에 따르면 중재지는 중재인에 대하여 마치 소송에서 법정지(forum)와 같은 의미를 가졌으므로 중재절차는 중재지법에 의하였으나, 근자에는 이러한 의미가 약화되었다. 즉 중재인의 구성, 중재인의 권한, 중재신청의 제기, 본안심리, 증거조사 등 중재의 진행, 중재판정의 방식과 효력 등 중재의 절차적 문제는 중재지법에 의하여 규율되지만, 대부분 당사자들은 그와 달리 정할 수 있고, 당사자들의 합의가 없는 경우에 중재지법이 보충적으로 적용된다. 둘째, 중재판정의 집행단계를 보면, 중재지는 뉴욕협약의 적용 여부 — 이는 중재판정의 국적에 따른다 —, 당사자들의 합의가 없는 경우 중재합의의 성립과 (실질적) 유효성의 준거법, 중재판정의 승인 및 집행과 관련한 상호주의의 적용 및 중재판정에 대한 불복수단과 중재판정을 취소 또는 정지할 수 있는 국제재판관할을 가지는 법원의 결정 등에 있어 의미를 가진다. 중재인은 통상 심리 내지 회합을 포함한 중재절차를 중재지에서 진행하지만,[25] 반드시 그곳에서 심리, 증거조사 등의 활동을 할 필요는 없고 중재판정을 그곳에서 작성해야 하는 것도 아니므로 결국 중재지는 중재판정서에 중재지라고 기재된 장소에 불과하다 (중재법 제32조 제3항). 이 점에서 중재지는 '중재의 형식적인 법적 주소 또는 본거(juridical seat of arbitration)' 또는 '순전히 법적인 개념(purely legal concept)'이라고 할 수 있다.

---

25) 그러나 항상 그렇지는 않다. 대규모 분쟁이 국제상사중재에 의하여 처리되는 경우 분쟁의 실체의 준거법이 한국법이고 중재지가 한국이더라도 서구권의 중재인이라면 우리 로펌에 추가하여 영미의 주요 로펌들이 당사자들을 대리하는데, 그 경우 심리가 외국에서 행해지기도 한다. 이는 매우 고비용의 비효율적인 국제상사중재로 귀결되는 것이 현실이다.

모델법은 한편으로는 중재지의 중요성을 약화시켰지만, 우리 중재법(제2조 제1항)을 포함한 많은 입법례가 영토주의(또는 속지주의)26)를 취하고, 분쟁의 실체의 준거법 결정원칙을 중재법이 명시하는 데서 보듯이 중재지가 의미를 가지는 것은 사실이며(모델법도 같다), 전보다는 상대적으로 중재지의 의미가 더 강화된 측면이 있다. 요컨대 국제상사중재에 있어 중재지의 의미가 상당히 퇴색한 것은 사실이지만, 제한된 범위 내에서 여전히 의미를 가지는 것도 부인할 수 없다.

2. 중재지의 결정

국제상사중재에서 당사자들은 중재지를 자유로이 선정할 수 있다(중재법 제21조 제1항 참조). 당사자들은 중재지가 당사자들에게 중립적인가와, 교통·통신의 편리, 자금이체의 자유, 숙련된 현지의 지원을 포함하는 실제적인 고려에 기초하여 중재지를 직접 선정하거나 제3자로 하여금 선정하게 한다. 중재지가 당사자 또는 사안과 합리적인 관련 기타 어떤 관련이 있을 필요는 없다. 위(1.)에서 본 것처럼 중재지는 중재판정에 중재지라고 기재된 장소에 불과하며 이 점에서 중재지는 '형식적인 법적 주소 또는 본거' 또는 '순전히 법적인 개념'이다. 당사자의 합의가 없는 경우, 중재판정부가 당사자의 편의와 당해 사건에 관한 제반 사정을 고려하여 중재지를 정한다(중재법 제21조 제1항).

흥미로운 것은 "조정에 의한 국제적 화해합의에 관한 국제연합협약(Sin-gapore Convention on Mediation)"(싱가포르조정협약)은 조정지 개념을 두고 있지 않다는 점이다. 이런 접근방법은 점증하는 전자적 조정절차와, 특정 법체계에 연계되지 않은 해결방안을 디자인하려는 당사자들이 기대하는 자유에 비추어 유용하고, 협약의 기본적 구상은 조정의 성질을 고려할 때 화해합의의 장소결정은 어렵고, 이중집행가능선언(double *exequatur*)의 위험을 피하기 위하여 조정절차에는 직

---

26) 중재법 제2조 제1항 본문은, "이 법은 제21조에 따른 중재지가 대한민국인 경우에 적용한다"라고 규정함으로써 영토주의(territoriality principle)를 명시한다. 이는 UNCITRAL 모델법이 제1조 제2항에서 '자치 기준(autonomy criterion)'이 아니라 '속지주의 기준'을 채택한 결과이다. 이는 중재지가 한국인 경우에 절차적인 사항에 대해서는 한국 중재법이 적용된다는 의미이다. 당사자자치가 중재절차의 준거법을 결정할 수 있음을 의미하는 것은 아니다. 만약 우리나라가 자치기준을 채택하였다면, 당사자들은 (비록 근본적인 정의, 공서양속, 법원의 관할권 등의 제약은 받겠지만) 한국이 아닌 다른 국가의 중재법을 준거법으로 삼을 수 있었을 것이다. 상세는 Holtzmann/Neuhaus, p. 36 참조. 그러나 중재법이 속지주의를 취한 이상 이는 허용되지 않는다.

접적인 집행이 적절하다고 판단하였기 때문이다.[27] 그러나 이는 법적 의미를 가지는 조정지 개념이 없다는 것이지, 사안에 따라 실제로 조정절차의 전부 또는 대부분이 행해지는 장소가 없다는 의미는 아니다.

3. 중재법의 적용범위와 중재지

중재법 제7조 제1항에 따르면, 중재지가 아직 정하여지지 아니한 경우에는 피신청인의 주소 또는 영업소를 관할하는 우리나라의 지방법원 또는 법원이 제12조 제3항에 따른 중재인의 선정에 대하여 관할을 가진다.

여기에서 한 가지 의문이 제기된다. 즉 중재법 제2조에 따르면 중재법은 중재지가 한국인 경우에 적용되는 것이 원칙이고 예외적으로 제9조와 제10조는 중재지가 아직 정해지지 아니한 경우에도 적용되지만, 중재법 제12조(특히 제3항)는 그런 예외에 해당되지 않는데, 제7조 제1항이 "중재지가 아직 정하여지지 아니한 경우" 제12조 제3항이 적용되는 것처럼 규정하는 것은 무슨 의미인가라는 점이다.

위 문언을 유의미하게 해석하자면, 중재지가 정해지지 않은 경우라도, 피신청인의 주소/영업소를 관할하는 법원이 한국에 있는 때에는, 중재법이 적용되고 중재법 제7조 제1항에 따라 토지관할을 가지는 우리 법원은 중재법 제12조에 따라 중재인을 선정할 수 있다는 취지라고 본다. 즉 위 문언은 관할을 정한 제7조 제1항에 규정되어 있으나 마치 중재법의 적용범위를 정한 제2조에 규정된 것처럼 읽어야 하고 또한 읽을 수 있다. 그렇게 해야만 제2조 제1항과 제7조 제1항을 모순 없이 해석할 수 있다. 물론 그 경우 한국이 당연히 중재지가 되는 것은 아니다. 입법론으로서는 중재법을 개정하여 위의 취지를 제2조에 명확히 규정하는 것이 바람직하나, 가사 중재법을 개정하지 않더라도 해석론으로서 해결할 수 있다.

이런 해석이 타당함은 우리와 같이 모델중재법을 받아들인 독일 민사소송법 제1025조와 그 해석론이 보여주는 바이다. 즉 적용범위를 정한 독일 민사소송법 제1025조 제3항은 "중재절차의 장소가 아직 결정되지 않은 한도 내에서는 제1034조, 제1035조, 제1037조와 제1038조에 지정된 사법적 임무를 수행함에 있어서 피신청인 또는 신청인이 그의 본거 또는 상거소를 독일 내에 가지고 있는 경우에는 독일 법원이 관할을 가진다"라고 명시한다. 즉 독일 중재법의 적용범위를 규정한 제1025조는 우리 중재법 제7조 제1항과 내용적으로 매우 유사하나 다만 그것이

---

27) 아래 제13장 참조.

중재법처럼 관할을 정한 조문이 아니라 적용범위를 정한 조문에 포함되어 있다는 차이가 있다. 독일에서는 제1025조 제3항은 모델법에는 없는 조문으로 그의 취지는 중재지가 아직 정하여지지 아니한 경우 피신청인 또는 신청인의 본거 또는 상거소가 독일 내에 있는 때에는 독일 법원이 중재합의 당사자를 도와 중재합의를 집행할 수 있도록 하고 중재절차를 궤도에 올려놓기 위한 것이라고 이해한다.[28) 즉 위 조문은, 피신청인 또는 신청인의 본거 또는 상거소가 독일 내에 있는 한, 독일 법원의 관할을 인정하여 중재인의 선정을 가능하게 함으로써 중재를 지원하는 법원의 역할을 규정한 것이다.[29) 독일 법원이 일단 그렇게 하면 그 후 중재인들이 중재지를 결정하고 그렇게 함으로써 중재절차가 특정한 법질서에 닻을 내리게 한다는 것이다.[30)

우리 중재법과 독일 중재법의 차이는, 거의 동일한 조문(즉 국내 법원이 관할을 가진다는 취지)이 중재법의 적용범위를 정한 조문에 있는지 아니면 관할에 관한 조문에 있는지라는 기술적 차이에 불과하다.[31)

Ⅳ. 중재합의(제8조-제10조)

1. 중재합의의 개념과 유형

중재법(제3조 제1호, 제2호)에 따르면 '중재합의(arbitration agreement, *convention d'arbitrage*, Schiedsvereinbarung)'라 함은 계약상의 분쟁인지 여부에 관계없이 일정한 법률관계에 관하여 당사자 간에 이미 발생하였거나 장래 발생할 수 있는 사법상 분쟁의 전부 또는 일부를 법원의 재판에 의하지 아니하고 중재인의 판정에 의하여 해결하도록 하는 당사자 간의 합의이다. 구 중재법(제2조 제1항)은 '중재계약'이라는 용어를 사용하였으나 중재법은 용어를 변경하였는데 실무상으로는

---

28) Böckstiegel/Kröll/Nacimiento/Wagner, Art. 1025 para. 35.

29) Volkert Vorwerk/Christian Wolf, BeckOK ZPO, 31. Edition (2018), §1025 Rn. 32 (Wolf/Eslami 집필부분). 독일 중재법이 그런 태도라는 점은 임성우, 3.40, 註 206과 임성우, 4.48도 인정한다. 일본 중재법 제8조도 유사한 취지로 보인다.

30) Böckstiegel/Kröll/Nacimiento/Wagner, Art. 1025 para. 35.

31) 또한 우리 중재법은 독일과 달리 신청인의 주소 또는 영업소가 한국에 있는 경우를 언급하지 않는다. 입법론으로는 독일처럼 규정하는 것이 바람직할 것이다(일본 중재법도 이 점을 명시한다).

'중재약정'이라고도 한다. 중재합의에는 '중재부탁계약'과 '중재조항'의 두 가지 유형이 있다(중재법 제8조 제1항). 전자는 현존하는 분쟁을 중재에 따르도록 하는 독립된 합의(submission to arbitration agreement, submission agreement)이고, 후자는 장래의 분쟁을 중재에 의하여 처리하도록 하는, 매매계약 등의 주된 계약에 포함된 중재조항(arbitration clause)을 말한다.

2. 중재조항의 독립성

계약 중 다른 조항의 효력은 중재조항의 효력에 영향을 미치지 아니한다. 이것이 국제상사중재에서 널리 인정되는 중재조항의 '독립성(separability, independ-ence, autonomy)' 원칙인데, 중재법(제17조 제1항 2문)은 이를 명시한다.[32] 중재조항이 주된 계약의 일부로 포함되더라도 논리적으로는 주된 계약과 별개이므로, 주된 계약이 어떤 사유로든 무효가 되거나 취소되더라도 중재합의의 효력은 그로 인하여 영향을 받지 아니한다. 그러나 주된 계약의 효력상실 사유가 중재조항 자체에도 영향을 미치는 경우에는 중재조항의 독립성 원칙은 인정되지 않는다. 주된 계약이 부존재인 경우도 같다.

중재조항의 독립성 유무는 중재합의의 성립 및 유효성의 준거법에 따를 사항이다.[33]

3. 중재합의의 법적 성질

가. 중재합의의 법적 성질에 관한 학설

중재합의의 법적 성질에 관하여는 종래 소송행위설(소송계약설), 사법상의 계약설(실체법상의 계약설)과 절충설 등이 있으나, 우리 다수설은 "절차법적 법률관계에 관한 실체법(사법)상의 계약"[34] 또는 "소송상의 관계에 대한 실체법상의 계약"[35]이라거나 "소송법적 효과를 수반하는 특수한 사법상의 계약"[36]이라고 보는

---

32) UNIDROIT의 2016년 국제상사계약원칙(제7.3.5조 제3항)과 국제물품매매계약에 관한 협약(CISG)(제81조 제1항 2문)도 이를 명시한다.
33) Reithmann/Martiny/Hausmann, Rn. 6648.
34) 김홍규, "중재법원(중재판정부)의 자기의 관할권을 판정하는 권한", 중재 제298호(2000), 6면.
35) 오창석, "파산절차에 있어서의 중재합의의 효력과 중재절차", 중재연구 제15권 제1호(2005. 3.), 126면 註 34.
36) 손경한, "중재합의", 사법연구 1 : 계약법의 특수문제(1983), 123면. 독일 연방대법원도 동지이다. 예컨대 1963. 11. 28.의 연방대법원 판결. BGHZ 40, 320.

데 이는 대체로 무난하다. 우리 판례의 태도는 불분명하다. 최근에는 중재합의를 독자적인 성질의 계약으로 보는 견해가 유력한데 이도 중재합의의 특수성을 표현한 것이라고 본다.

나. 중재합의의 법적 성질에 관한 논의의 실익

중재합의의 법적 성질을 논의하는 실익은 중재합의의 준거법을 결정하는 데 있다는 견해가 유력하다.[37] 즉 중재합의의 법적 성질이 소송행위이면 법정지법에 의하고, 사법상의 계약이면 당사자자치를 허용하거나 기타 법정지의 국제사법에 의하여 준거법을 결정할 것이라고 한다. 그러나 아래 이유로 이는 지지하기 어렵다.

첫째, 뉴욕협약(제5조 제1항 a호)은 중재합의의 준거법에 관하여 당사자자치를 명시적으로 허용하므로, 적어도 뉴욕협약의 적용범위 내에서는 당사자자치를 부정하는 견해는 이제 설 자리가 없다. 둘째, 중재합의를 소송행위로 보면, 방식이나 효력처럼 중재법(또는 민사소송법)이 직접 규율하는 사항은 그에 따름을 설명할 수 있지만, 중재합의의 성립 및 실질적 유효성에 관하여는 결론을 도출하기 어렵다. 따라서 중재합의를 소송행위라고 보더라도 중재법(또는 민사소송법)이 규율하지 않는 사항은 법정지의 국제사법에 따라 결정되는 준거법 또는 법정지의 실체법에 의하여 보충할 수밖에 없다. 그 경우 중재합의의 성립 및 유효성에 관한 한 당사자자치를 부정할 이유가 없다.

요컨대, 중재합의의 법적 성질을 결정하고 그로부터 준거법을 연역해 내는 시도는 부적절하며, 이 점에서 성질결정의 의미는 제한적이다.[38] 즉 중재합의의 법적 성질과 준거법 간에 관계가 전혀 없는 것은 아니지만 양자 간에 논리필연적인 관계가 존재하는 것은 아니다.[39]

---

[37] 중재합의를 체결하기 위하여 당사자들이 권리능력과 행위능력을 가져야 하는지, 아니면 당사자능력과 소송능력을 가져야 하는지도 중재합의의 법적 성질에 의하여 영향을 받는다. 중재합의의 제문제에 관한 상세는 석광현, 국제중재법 제1권, 103면 이하 참조.

[38] Schwab/Walter, Kapitel 7 Rn. 37도 동지.

[39] 그렇더라도 중재합의의 법적 성질을 어떻게 파악하는가에 따라, 중재합의의 당사자 간에 부담하는 협력의무 또는 촉진의무가 실체법상 의무인가, 따라서 일방당사자가 협력의무를 이행하지 않을 경우 법원이 이를 강제할 수 있는가, 나아가 이를 위반한 경우 손해배상의무가 발행하는지에 관한 결론이 달라질 수 있다. 상세는 석광현, 소송유지명령, 26면 이하; 석광현, 제5권, 649면 이하 참조. 유럽연합에서는 중재합의의 실효성을 어떻게 보장할 것인가, 즉 중재합의를 위반한 경우의 구제수단에 관한 논의가 활발하다.

4. 표준중재조항의 실례

당사자의 편의를 위하여 국제중재기관이나 UNCITRAL은 표준중재조항을 두고 있다. 예컨대 기관중재의 경우 대한상사중재원, 국제상업회의소 중재법원(ICC International Court of Arbitration), 런던중재법원(LCIA)과 미국중재협회(AAA) 등과 임시중재의 경우 UNCITRAL 중재규칙이 그러하다.

가. 대한상사중재원의 경우

국내중재규칙의 표준중재조항은 아래와 같다.

> Any dispute arising out of or in connection with this contract shall be finally set-tled by arbitration in Seoul in accordance with the Domestic Arbitration Rules of the Korean Commercial Arbitration Board. ("이 계약으로부터 또는 이 계약과 관련하여 발생하는 모든 분쟁은 서울에서 대한상사중재원의 국내중재규칙에 따라 중재에 의해 최종 해결한다.")

한편 대한상사중재원은 점증하는 국제중재 수요에 부응하고자 국제중재에만 적용되는 '국제중재규칙'을 2007년 2월부터 시행하였는데, 이는 기존 중재규칙과 병존하는 것으로 당사자가 서면으로 그에 따라 국제중재를 진행하기로 합의한 경우에 적용되었다(제3조).[40] 그러나 대한상사중재원은 2011. 9. 1. 기존 중재규칙과 국제중재규칙의 양자를 개정하여 기존 중재규칙을 '국내중재규칙'으로 전환하였고 국제중재에는 국제중재규칙만이 적용되는 것으로 양자의 관계를 조정하였다. 국제중재규칙은 아래와 같은 별도의 표준중재문언을 두고 있다. 국제중재규칙은 2016. 6. 1. 개정되었고,[41] 2024년 10월 현재 국제중재규칙의 개정작업이 진행 중인

---

[40] 2011년 개정 전 구 국제중재규칙에 대한 비판은 석광현, "대한상사중재원의 2007년 국제중재규칙의 주요내용과 그에 대한 평가", 서울대학교 법학 제49권 제1호(통권 제146호)(2008. 3.), 71면 이하 참조. 2010년에 장승화 외, 국제중재규칙 해설이 간행되었다. 2011년 개정 국제중재규칙의 특징은 김민규, "대한상사중재원 국제중재규칙의 개정을 맞이하여", 계간 중재 2011년 가을, 14면 이하; 김태훈·차경자, "대한상사중재원 중재규칙의 최근 개정내용에 관한 고찰", 중재연구 제22권 제1호(2012. 3.), 3면 이하 참조.

[41] 2018년 7월에는 국제중재실무회가 작성한 국제중재규칙 해설서가 간행되었다(이는 대한상사중재원 홈페이지에서 다운받을 수 있다). 개관은 김인호, "국제중재규칙 해설서의 발간에 즈음하여", 중재, 2018 봄·여름호(제349호), 34면 이하 참조.

데, 대한상사중재원은 2023. 11. 21. 국제중재규칙 개정 공청회를 개최한 바 있다.[42)]

Any dispute, controversy or claim arising under, out of or relating to this contract (including non-contractual claims) and any subsequent amendments of this contract, including, without limitation, its formation, validity, binding effect, interpretation, performance, breach or termination, shall be referred to and finally resolved by arbitration under KCAB International Arbitration Rules, which Rules are deemed to be incorporated by reference into this clause.

The number of arbitrators shall be [one / three]

The seat, or legal place, of arbitration shall be [Seoul / South Korea]

The language to be used in the arbitral proceedings shall be [language]

이 계약(비계약적 청구를 포함)과 이 계약의 추후 수정 내용에 따라, 그로부터, 또는 그와 관련하여 발생하는 모든 분쟁, 논쟁 또는 청구(계약의 성립, 효력, 구속력, 해석, 이행, 위반 또는 해지 등 포함)는 대한상사중재원 국제중재규칙에 회부하여 중재에 의하여 종국적으로 해결하여야 한다. 이 규칙은 이 표준중재조항의 일부로 본다.

중재인의 수: [1 / 3]

중재지: [서울 / 대한민국]

중재에 사용될 언어: [언어]

나. 국제상업회의소의 경우

국제상업회의소는 과거 "조정 및 중재에 관한 국제상업회의소규칙"을 두었으나 이는 1998년 "국제상업회의소 중재규칙(Rules of Arbitration of the International Chamber of Commerce)"(이하 "ICC 중재규칙"이라 한다)으로 개정되었고 후자는 1998. 1. 1. 발효하였으며,[43)] 그 후 여러 차례 개정되었고 최근 개정된 규칙은 2021. 1. 1.부터 시행되고 있다. 최근 개정된 중재규칙이 제시하는 표준중재조항은 다음과 같다.

All disputes arising out of or in connection with the present contract shall be finally settled under the Rules of Arbitration of the International Chamber of Commerce by one or more arbitrators appointed in accordance with the said Rules.

---

42) 한국 중재판정의 기판력의 객관적 범위를 확장하려는 점에 관한 비판은 전원열, 중재판정, 261면 이하 참조.

43) 중재지가 한국인 경우 ICC 중재규칙과 한국 중재법의 상호작용을 정확히 이해하여야 한다. 이 점은 석광현, 국제중재법 제2권, 361면 이하 참조.

나아가 ICC 중재법원은 당사자들이 중재인의 수, 중재언어와 중재지 및 분쟁의 실체의 준거법에 관한 조항을 추가적으로 규정함으로써 표준조항을 그들의 특별한 상황에 적응시킬 수 있음을 명시한다. 국제상업회의소의 표준중재조항은 이처럼 매우 단순하고, 중재지, 준거법 등에 관하여 항상 규정하지는 않으므로 얼핏 유효한 중재합의인지 의문이 들 정도이나,[44] 그 밖의 사항들은 ICC 중재규칙에 의해 보완된다.

다. UNCITRAL 중재규칙의 경우 — 임시중재의 경우

2010년 개정된 국제무역법위원회의 중재규칙(UNCITRAL Arbitration Rules)이

---

44) 대법원 2007. 5. 31. 선고 2005다74344 판결은 중재합의란 계약상의 분쟁인지의 여부와 관계없이 일정한 법률관계에 관하여 당사자 간에 이미 발생하였거나 장래 발생할 수 있는 분쟁의 전부 또는 일부를 중재에 의하여 해결하도록 하는 당사자 간의 합의를 말하는 것이므로, 장래 분쟁을 중재에 의하여 해결하겠다는 명시적인 의사표시가 있는 한 비록 중재기관, 준거법이나 중재지의 명시가 되어 있지 않더라도 유효한 중재합의로서의 요건을 충족하는 것이고, 이러한 중재합의가 있다고 인정되는 경우, 달리 특별한 사정이 없는 한 당사자들 사이의 특정한 법률관계에서 비롯되는 모든 분쟁을 중재에 의하여 해결하기로 정한 것으로 봄이 타당하다고 판시하였다. 참고로 독일 법원도 "Arbitration: Hamburg"와 같은 조항도 유효한 중재합의로 판단한 바 있고(Böckstiegel/Kröll/Nacimiento/Trittmann/Hanefeld, §1029, para. 17과 Fn. 30에 언급된 독일 문헌들 참조), 프랑스 법원도 "Resolution of disputes: arbitration, Paris"와 같은 간단한 조항도 (권장되지는 않지만) 유효한 중재합의로 판단하였다. Redfern/Hunter on International Arbitration, 7th edition (2023), para. 2.78. 이런 맥락에서 대법원 2025. 1. 23. 선고 2024다243172 판결은 주목할 만하다. 당사자들의 계약에는 "8. 통제 법률(Arbitration)"이라는 표제하에, "본 합의는 한국법률이나 국제사법재판중재위원회의 통제를 받아야 한다. All disputes, controversies, Claims or Difference arising out of, or in relation to this agreement, or a breath hereof, shall be finally settled by Korean Law or in accordance with the Commercial Arbitration committee of International Commercial Law."라는 내용의 분쟁해결 조항이 포함되었다. 한국—독일 기업 간의 계약에 이처럼 엉성한 조항이 포함된 것은 의외인데, 위 조항은 국·영문의 불일치가 크고 중재기관도 부존재하는 것이었기에 유효성이 다투어졌다. 원심인 서울고등법원 2024. 4. 24. 선고 2023나2046426 판결은 위 조항을 선택적 중재합의라고 보고, 대법원 2004. 11. 11. 선고 2004다42166 판결 등에 따라 원고가 중재합의의 존재 사실을 적극적으로 부인하면서 이 사건 소를 유지하고 있음을 근거로 그 효력을 부정하였으나, 대법원은 계약서가 두 개의 언어본으로 작성된 사안에서 사용된 언어의 내용이 일치하지 않는 경우 당사자의 의사가 어느 한쪽을 따르기로 일치한 때에는 그에 따르고, 그렇지 않은 때에는 계약 해석 방법에 따라 그 내용을 확정해야 한다는 취지(대법원 2021. 3. 25. 선고 2018다275017 판결 참조)를 재확인하고 위 조항을 통해 나타난 당사자들의 의사는 중재로 분쟁을 해결하겠다는 취지이므로 전속적 중재합의가 성립하였다고 보았다. 중재조항의 세밀한 분석을 통하여 유효한 중재합의의 존재를 인정한 위 판결의 결론은 타당하다.

제시하는 임시중재를 위한 표준중재조항은 다음과 같다.

> Any dispute, controversy or claim arising out of or relating to this contract, or the breach, termination or invalidity thereof, shall be settled by arbitration in accord—ance with the UNCITRAL Arbitration Rules.

UNCITRAL 중재규칙은 표준중재조항에 중재인의 선정권자와 수(1인 또는 3인), 중재지와 중재언어의 추가를 고려해야 한다고 규정한다. 나아가 최근의 UNCITRAL 중재규칙은 '조약에 기초한 투자자—국가 중재를 위한 투명성에 대한 UNCITRAL 규칙'을 제1조 제4항에 편입하였고(2013년), UNCITRAL 신속중재규칙을 제1조 제5항에 편입하였다(2021년).

5. 중재합의의 방식

중재합의의 방식은 주로 중재합의의 서면요건의 문제이다.

가. 구 중재법상 중재합의의 방식 — 실질법적 측면

뉴욕협약(제2조 제1항)은 1999년 중재법(제8조 제2항)과 마찬가지로 중재합의가 서면에 의할 것을 요구한다. 그 이유는 중재합의는 법원이 아닌 사인에게 분쟁해결을 맡기는 것이므로, 계약의 진정성을 담보하는 한편, 당사자들로 하여금 신중한 의사결정을 하게 하려는 것이다. 서면에 의한 합의라 함은, 당사자들에 의하여 서명되었거나 서신 또는 전보 교환 속에 담긴, 주된 계약 속의 중재조항 또는 중재합의를 포함한다(뉴욕협약 제2조 제2항).

중재합의를 서면으로 해야 한다는 것은, 중재합의에 관한 서면증거가 있어야 한다는 것이 아니라 합의 자체가 서면으로 이루어져야 함을 의미한다. 따라서 양 당사자가 서명한 계약서 또는 양 당사자가 각각 작성한 문서가 서로 교환된 경우에는 이 요건이 구비되지만, 서면청약을 구두로 승낙하거나 구두청약을 서면으로 승낙하는 것과, 당사자 간의 구두합의를 사후에 서면으로 확인하는 것은 서면요건을 구비하지 못한다.[45] 독일에서는 이를 '완전한 서면방식(volle Schriftform)' 또는 '이중서면성(doppelte Schriftlichkeit)'이라고 설명하였다.[46]

---

45) van den Berg, p. 196.
46) Reithmann/Martiny/Hausmann, Rn. 6678.

특히 문제 되는 것은 당사자 간의 계약이 중재조항을 포함한 다른 문서(또는 약관)를 인용하는 경우에도 서면성 또는 방식요건이 구비되는가였다. 구 중재법하에서 대법원은 "중재계약은 … 중재조항을 포함하는 일반거래약관 등 다른 문서를 인용하고 있는 경우에도 당사자가 이를 계약의 내용으로 삼은 이상 허용된다"라는 취지로 판시하였던바[47] 이는 타당하다. 구 중재법 제8조 제4항은 이를 명시한 것이다. 여기에서 중재조항을 포함하는 다른 문서의 인용이 중재조항을 특별히 언급하는 특정편입문구인 경우 문제가 없지만 일반편입문구도 족한지가 문제되었다. 모델법(제7조 제2항)은 중재조항에 대한 명시적 특정언급을 요구하는 것은 아니라는 견해가 유력하고, 위 대법원판결들도 모두 중재조항을 특정하지 않은 일반편입문구에 관한 사안으로 보인다. 한편 선하증권에서 중재조항을 포함하는 문서(용선계약)를 인용하는 경우 뉴욕협약의 서면요건을 구비하지 못한다는 것이 정설이나, 특정편입문구가 서면요건을 충족하는가에 관하여는 견해가 나뉘었다.

나. 개정 모델법의 태도와 2016년 개정 중재법에 의한 수용

2006년 개최된 UNCITRAL 제39차 본회의는 모델법(제7조)을 개정하여 제7조의 Option I과 Option II를 채택하였다.[48]

Option I **제7조 중재합의의 정의와 방식**

1. "중재합의"란 계약적이든 비계약적이든 일정한 법률관계에 기초하여 당사자 사이에 이미 발생하였거나 발생할 분쟁의 전부 또는 일부를 중재로 해결하기로 하는 당사자 간의 합의를 말한다. 중재합의는 계약에서 중재조항의 일부로 또는 독립한 합의의 형식으로 이루어질 수 있다.
2. 중재합의는 서면으로 이루어져야 한다.
3. 만약 중재합의 또는 계약이 구두, 행위 기타 어떤 다른 수단에 의하여 이루어진 것인지 여부와 관계없이 그 계약내용이 기록되었다면 그 중재합의는 서면에 의한 것으로 본다.
4. 중재합의의 서면요건은 전자적 의사표시에 의하여도 충족될 수 있는바, 이에 포함

---

47) 예컨대 대법원 1990. 4. 10. 선고 89다카20252 판결; 대법원 1997. 2. 25. 선고 96다24385 판결; 대법원 2001. 10. 12. 선고 99다45543 판결 등.

48) 소개는 노태악·구자헌, 473면 이하; 강병근, "UNCITRAL 모델중재법의 개정 — 제39차 유엔 국제 무역법위원회 본 회의를 중심으로 —", 한림법학 FORUM 제17권(2006), 23면 이하; 석광현, 국제중재법 제2권, 108면 이하 참조. 노태악, "UNCITRAL 모델중재법 및 중재규칙 개정에 따른 국내법 개정의 필요성 검토", 국제사법연구 제16호(2010), 111면 이하도 참조.

된 정보는 사후 참조를 위하여 이용될 수 있도록 접근 가능한 것이어야 한다. 전자적 의사표시란 전자문서(data message)의 수단으로 당사자가 하는 어떤 형태의 의사표시를 의미한다. 전자문서란 전자, 자기, 광학적 또는 기타 유사한 수단에 의하여(전자문서교환(EDI), 전자우편, 전보, 전신 또는 전화복사기(telecopy)를 포함하나 이에 한하지 않는다) 생성, 송신, 수신 또는 저장된 정보를 말한다.

5. 더 나아가 일방 당사자가 서로 교환된 신청서와 답변서의 내용에서 중재합의의 존재를 주장하고 상대방이 이를 다투지 아니하면 중재합의는 서면에 의한 것이다.

6. 계약에서 중재조항을 포함한 다른 문서에 대한 인용이 있고, 그 인용이 당해 계약조항의 일부를 구성한다면 중재합의는 서면에 의한 것이다.

Option II **제7조 중재합의의 정의**

"중재합의"란 계약적이든 비계약적이든 일정한 법률관계에 기초하여 당사자 사이에 이미 발생하였거나 발생할 분쟁의 전부 또는 일부를 중재로 해결하기로 하는 당사자 간의 합의를 말한다.

Option I은, 서면합의를 요구하는 점에서는 뉴욕협약과 같지만 어떤 방식이든 간에 중재합의가 기록되면 서면요건이 충족된 것으로 봄으로써 서면요건을 완화하고 있다. 이에 따르면 중재합의는 구두로 체결되고 그 내용이 기록되면 서면요건을 구비한다(제7조 제3항). 나아가 이는 국제연합의 1996년 모델전자거래법과 2005년 전자계약협약(United Nations Convention on the Use of Electronic Communications in International Contracts)을 참조하여 전자적 의사표시에 의하여도 서면성이 충족될 수 있음을 명시한다(제7조 제4항). Option I에 따르면 서면 중재합의가 없더라도 일방 당사자가 중재합의의 존재를 다투지 않고 중재절차에 참가하는 경우 '묵시적 합의(implied agreement)'에 의하여 중재합의의 존재가 긍정된다.[49]

---

49) Redfern/Hunter, para. 2.16. 참고로 대법원 2004. 12. 10. 선고 2004다20180 판결은, 원고가 베트남 상사중재원에 중재판정을 신청하고 이에 대하여 피고가 중재 당시 아무런 이의를 제기하지 아니함으로써 일종의 묵시적인 중재합의가 이루어졌다 한들 뉴욕협약 제2조에 정한 유효한 중재합의가 있었다고 볼 수는 없다고 판시하였다. 저자는 이에 대하여 석광현, 국제중재법 제1권, 343면 이하에서, 당사자들이 이미 베트남의 중재절차에 참가하여 중재합의의 서면성을 다투지 아니하고 중재판정을 받았으므로 대법원이 뉴욕협약 제2조의 서면요건을 구비한 중재합의의 존재를 부정한 결론의 타당성에 대하여 의문을 표시하고, 대법원이 중재합의의 서면요건을 완화하거나, 또는 금반언의 법리에 의하여 유효한 중재합의의 존재를 긍정하는 전향적인 견해를 취하였더라면 하는 아쉬움을 표명하였다. 어쨌든 2016년 개정된 중재법에 의하여 중재합의의 방식요건이 완화된 이상 위 대법원 판결은 의미를 상실하였다. 이와 관련하여 아래 소개하는 대법원 2024. 11. 28.자 2023마6248 결정을 주목할 필요가 있다.

Option I은 대체로 영국 1996년 중재법(제5조 제3항과 제4항)을 모델로 한 것이라고 한다.[50]

한편 Option II는 서면요건을 전면 폐지하는 것이다.

어느 선택지에 의하든 국내법으로 중재합의의 방식요건을 완화하거나 폐지할 경우 뉴욕협약과의 관계가 문제 된다. 뉴욕협약(제2조 제2항)은 중재합의의 서면요건을 요구하기 때문이다. 국내법이 더 완화된 중재합의의 방식을 정한 경우 뉴욕협약(제7조)에 따라 그 조항이 적용될 수 있다. 뉴욕협약 제2조 제2항과 제7조 제1항의 해석에 관하여, UNCITRAL이 2006. 7. 7. 제39차회기에서 채택한 권고안(제2항)은 이 점을 명확히 한다.[51] 왜냐하면 제7조는 문면상 중재판정의 집행의 맥락에서만 최혜권리조항을 규정하나 이는 중재합의의 맥락에서도 타당하기 때문이다.

Option I은 종래의 국내입법과 법원판결에 반영된 실무와 일치한다는 장점이 있다.[52] UNCITRAL은 Option I과 II 간에 어느 것을 선호하는지를 밝히지 않고 결정을 각국의 입법자에게 맡겼다.[53] 종래 관할합의와 중재합의에 서면요건을 요구하는 점을 고려한다면 서면요건을 전면적으로 폐지하는 Option II는 중재합의의 존재에 관한 입증을 어렵게 하는 것으로서 좀 과격하였기에 저자는 Option I이 적절하다는 견해를 피력하였다.[54] 우리나라는 Option I을 채택하여 제8조 제3항과 제4항을 아래와 같이 개정하였다.

> ③ 다음 각 호의 어느 하나에 해당하는 경우는 서면에 의한 중재합의로 본다.
> 1. 구두나 행위, 그 밖의 어떠한 수단에 의하여 이루어진 것인지 여부와 관계없이 중재합의의 내용이 기록된 경우

---

50) Gary B. Born, International Commercial Arbitration, Volume I (2009), p. 606.
51) 조문은 "뉴욕협약 제7조 제1항을 적용함에 있어서, 중재합의가 유효함을 승인받기 위하여, 모든 이해관계인이 그곳에서 중재합의를 원용하려는 국가의 법률 또는 조약에 기하여 가지는 모든 권리를 이용할 수 있도록 허용할 것을 권고한다"라고 규정한다.
52) Redfern/Hunter, para. 2.18.
53) 사무국 보고서, para. 19.
54) Born(註 50), p. 606은 Option II의 경우에도 증거가 필요하므로 양자의 실제 적용결과는 매우 유사할 것이라고 한다. 2011. 5. 1. 발효한 개정 프랑스 민사소송법(제1507조)은 국제중재에 관하여 방식요건을 폐지하였다. 프랑스 개정 민사소송법 중 중재편(제4편)의 소개는 안건형·유병욱, "프랑스 개정 민사소송법의 주요내용과 시사점", 민사소송 제15권 제2호 (2011), 110면 참조.

2. 전보(電報), 전신(電信), 팩스, 전자우편 또는 그 밖의 통신수단에 의하여 교환된 전자적 의사표시에 중재합의가 포함된 경우. 다만, 그 중재합의의 내용을 확인할 수 없는 경우는 제외한다.
3. 어느 한쪽 당사자가 당사자 간에 교환된 신청서 또는 답변서의 내용에 중재합의가 있는 것을 주장하고 상대방 당사자가 이에 대하여 다투지 아니하는 경우
④ 계약이 중재조항을 포함한 문서를 인용하고 있는 경우에는 중재합의가 있는 것으로 본다. 다만, 중재조항을 그 계약의 일부로 하고 있는 경우로 한정한다.

중재법에 따르면 서면청약을 구두로 승낙하거나 구두청약을 서면으로 승낙하는 것과, 당사자 간에 구두합의가 이루어지고 사후에 서면으로 그 중재합의의 내용을 기록하면 모두 서면요건을 구비한다.[55] Option I과 중재법에 따르면 양 당사자의 서면 중재합의가 없어도 일방 당사자가 중재합의의 존재를 다투지 않고 중재절차에 참가하는 경우 '묵시적 합의(implied agreement)'에 의하여 중재합의의 존재가 긍정된다.[56]

운송인이 일방적으로 작성하여 송하인에게 교부하는 선하증권은 1999년 중재법에 따르면 엄밀하게는 서면성을 충족하기 어렵지만 Option I과 2016년 중재법에 따르면 서면성을 인정하는 데 큰 어려움이 없다. Option I과 2016년 중재법 제8조 제3항 제1호는 기록의 주체와 시기를 제한하지 않고, 중재합의의 내용이 기록될 것만을 요구하는데, 중재합의에 대한 동의(consent. 즉 청약과 승낙)가 기록될 것을 요구하는 것이 아니라 중재합의의 내용(content)이 기록되면 족하다.[57] 이메일에 중재합의가 포함된 경우는 방식요건이 구비됨은 조문상 명백하다.[58] 어느 정도 구체적 내용이 기록되어야 하는지는 불분명하나 중재합의의 (본질적) 요소(*essentialia negotii*), 즉 당사자들이 '분쟁을 중재에 부탁하기로 하는 합의'가 기록되면 족할 것이다.[59] 제4항과 관련하여 개정 모델법의 성안과정에서 위원회와 사

---

55) Holtzmann *et al.*, p. 35; 사무국 주석, para. 19 참조.
56) Redfern/Hunter, para. 2−16. 외국중재판정에 대한 집행판결을 신청함에 있어서 뉴욕협약 제4조 제1항에 따라 제출할 서류를 다룬 대법원 2004. 12. 10. 선고 2004다20180 판결은 2016년 개정된 중재법하에서는 의미를 상실하였다고 본다.
57) Holtzmann *et al.*, p. 34.
58) 김갑유 외, 44면은 중재합의를 녹음한 경우에도 방식요건이 구비된다고 한다.
59) 개정 모델법의 성안과정에서 내용 대신 'terms'를 고려하였으나 이는 중재절차의 상세를 언급하는 것으로 해석될 우려가 있어 보다 일반적인(generic) 'content'를 선택했다고 한다. Holtzmann *et al.*, pp. 35−36.

무국은 당사자들이 구두 또는 행위를 통하여 중재합의에 이른 경우 구두계약이 표준약관을 언급하는 경우[60)]에는 서면요건이 구비되나, 표준약관이 아니라 중재 규칙 또는 중재절차를 규율하는 법을 언급하는 경우에는 서면요건이 구비되지 않 는 것으로 이해하였다고 한다.[61)]

이중서면성을 요구하는 뉴욕협약과 2016년 중재법의 관계를 보면 결국 뉴욕 협약상으로도 중재합의의 서면성을 구비하는 데 문제가 없다. 뉴욕협약(제2조 제2 항)은 중재합의의 서면요건을 요구하나, 국내법이 더 완화된 중재합의의 방식을 정한 경우 뉴욕협약(제7조)에 따라 국내법 조항이 적용될 수 있기 때문이다.[62)]

6. 중재합의의 효력(제9조)

당사자들이 중재합의를 한 사항에 관하여 소송이 제기되었을 때에는 법원은 일방 당사자의 청구에 따라서 당사자들을 중재에 회부하여야 하는데, 이것이 중 재합의의 '소극적 효력'이다. 한편 중재합의에 의하여 당사자는 분쟁을 중재절차 에 회부할 수 있고, 중재인은 중재절차를 진행하여 중재판정을 내릴 수 있는데, 이것이 중재합의의 '적극적 효력'이다. 또한 당사자는 중재합의의 내용에 따라 신 속한 중재절차의 진행을 위한 협력의무를 진다. 상세는 아래와 같다.

가. 중재합의와 법원에의 제소 — 중재합의의 소극적 효력

모델법(제8조 제1항)은 "중재합의가 부존재·무효이거나 효력을 상실하였거나 그 이행이 불가능한 경우를 제외하고는, 중재합의의 대상인 분쟁에 관하여 소가 제기된 경우에 피고가 분쟁의 본안에 관한 최초의 변론을 하기 전에 중재합의 존

---

60) 예컨대 당사자들이 해난구조계약을 구두로 체결하면서 중재조항을 포함하는 표준약관(예컨 대 Lloyd's Open form)을 언급한 경우 등을 든다. Holtzmann *et al.*, p. 36.

61) Holtzmann *et al.*, pp. 36-37. 당사자들 간에 구두로 중재합의가 이루어진 경우 일방 당사 자가 중재신청서에서 중재합의가 있다고 기재하면 서면요건이 구비되는가, 즉 그 경우 당사 자들이 중재합의의 존재를 다투더라도 이는 중재합의의 성립의 문제이고 서면성은 구비된 다고 볼 수 있는지는 논란의 여지가 있으나, 중재합의의 존재를 다투지 않는 경우에 한하여 서면성이 구비된다고 보아야 할 것이다.

62) 뉴욕협약 제2조 제2항과 제7조 제1항의 해석에 관하여, UNCITRAL이 2006. 7. 7. 제39차회 기에서 채택한 권고안(제2항)은 이 점을 명확히 한다. 권고문언은 "2. 뉴욕협약 제7조 제1항 을 적용함에 있어서 모든 이해관계인이, 중재합의가 유효함을 승인받기 위하여, 그곳에서 중재합의를 원용하려는 국가의 법률 또는 조약에 기하여 가지는 모든 권리를 이용할 수 있 도록 허용할 것을 권고한다"라는 취지이다.

재의 항변을 하는 때에는 법원은 당사자들을 중재에 회부하여야 한다"라는 취지로 규정한다. 이는 뉴욕협약 제2조 제3항을 기초로 한 것이다. 다만, 뉴욕협약은 단지 '체약국의 법원은 … 당사자들을 … 중재에 회부하여야 한다(The court of a Contracting State … shall … refer the parties to arbitration)'고 할 뿐이고 법원이 취할 구체적인 조치를 명시하지는 않은 채 이 문제를 각국의 입법에 일임한다.[63] 따라서 법원은 소송절차를 중지(stay)하고 중재판정을 기다리거나[64] 또는 소를 각하할 수 있다.

중재법(제9조 제1항)은 중재합의의 존재를 소극적 소송요건(또는 소송장애)으로 보는 민사소송법 이론을 따라 소를 각하하도록 한다. 이처럼 중재합의가 소송절차의 진행을 배제하는 효력을 중재합의의 소극적 효력(또는 소송배제적 효력 또는 직소금지의 효력)이라고 한다.[65] 다만 법원은 직권이 아니라 피고의 항변이 있어야 판단하는데, 피고는 본안에 관한 최초 변론을 할 때까지 항변을 제출하여야 한다(중재법 제9조 제2항).[66] 그러나 중재합의가 부존재·무효이거나 효력을 상실하였거나 그 이행이 불가능한 경우 법원은 소를 각하할 수 없다.[67] 주의할 것은, 이는 '주된 계약'이 아니라 '중재합의'에 관한 것이라는 점이다.

나. 중재합의의 강제 — 중재합의의 적극적 효력

중재합의에 의하여 당사자는 분쟁을 중재절차에 회부할 수 있고, 중재인은 중재절차를 진행하여 중재판정을 내릴 수 있다. 이는 중재합의의 적극적 효력(또는 절차법적 효력)이다. 또한 당사자는 중재합의의 내용에 따라 신속한 중재절차의

---

63) 목영준·최승재, 86면.
64) 예컨대 미국 연방중재법 제1장 제3조와 영국 중재법 제9조.
65) 이 경우 법원의 재판권이 배제된다는 견해도 있으나 그렇게 보기는 어렵다. 법원의 재판권은 사법주권의 문제이므로 私人인 당사자들이 창설 또는 배제할 수는 없다. 석광현, 국제재판관할법, 11면 참조. 중재인이 취득하는 것은 관할권 또는 그와 유사한 권한이라고 본다.
66) 흥미로운 것은, 당사자들이 각각 법원에서 유리한 판결을 받을 가능성이 있다고 믿기 때문에 중재합의에 기한 항변을 하지 않는 결과 소송절차와 중재절차가 병행하는 경우도 있다는 점이다. 이 경우 중재판정과 판결의 모순·저촉이 발생할 수 있다.
67) 문제는 피고가 중재합의에 기하여 방소항변을 한 경우 법원이 어느 범위 내에서 중재합의의 유무효 등을 심사할 것인가인데 이는 아래 자기권한심사에서 논의한다. 이에 대하여는 법원은 중재판정부의 권한을 전면적으로 심사하기보다는 우선 일단의(*prima facie*) 심사만을 하되 그 결과 중재합의가 명백하게 무효가 아닌 이상 중재판정부의 권한에 관하여는 중재판정부의 판단에 먼저 맡기는 것이 중재 친화적인 태도로서 바람직하다는 견해가 있다. 소개는 아래(VI. 3. 나.) 중재판정부의 권한에 관한 결정에 대한 법원의 심사 참조.

진행을 위하여 협력할 의무를 부담하는데 이것이 당사자의 협력의무이다. 문제는 협력의무가 엄밀한 의미에서 실체법상의 의무인가, 따라서 일방당사자가 협력의무를 이행하지 않을 경우 법원이 이를 강제할 수 있는가이다. 우리나라에서는 견해가 나뉜다. 긍정설[68]은 중재합의 당사자들은 중재합의를 이행할 의무, 즉 중재절차의 실행을 가능하게 하고 촉진하기 위하여 필요한 행위를 하고, 중재인의 판정 또는 기타 분쟁의 해결을 위태롭게 하는 행위를 하지 않을 실체법상의 의무를 부담하므로, 일방 당사자가 이행을 거부하면 상대방은 법원에 강제이행 또는 의무위반에 대한 손해배상을 청구할 수 있다고 본다.[69] 그러나 부정설은, 협력의무는 국가법원에 의해 이행이 강제될 수 없는 성질의 것이라는 점에서 엄밀하게는 의무가 아니라, 소송상 필요하지만 그 행위를 할지 여부는 당사자의 재량에 맡겨져 있는 '소송상의 부담(prozessuale Lasten)'이라고 한다.[70] 부정설은 당사자가 중재합의에 따른 협력의무를 위반하더라도 이를 굳이 강제할 필요는 없으며, 중재인으로서는 협력하지 않은 데 따른 효과를 부여하면 족하다고 한다.[71] 위에서 언급한 것처럼 이에 대해 어떤 태도를 취하는가에 따라 당사자가 법원으로부터 '소송유지명령(anti-suit injunction)'을 받기 위한 전제로서 피보전권리가 있는지 여부의 결론이 달라질 수 있다.

---

68) 목영준·최승재, 70면; 정선주, "당사자의 무자력과 중재합의관계의 해소", 중재연구 제12권 제1호(2002. 8.), 264면; Stein/Jonas/Schlosser, § 1029 Rn. 30.

69) 미국에서는 침해를 받은 당사자는 중재를 강제하는 소를 법원에 제기할 수 있다. 미국 연방 중재법(Federal Arbitration Act) 제2장 제206조(9. U.S.C. § 206). 저자는 우리 법상으로는 상대방은 법원에 강제이행을 구할 수는 없으나, 의무위반에 대한 손해배상을 청구할 수는 있다고 본다. 물론 손해배상을 청구하자면 중재합의를 위반하여 소가 제기된 법원에서 방어하는 과정에서 상대방에게 손해가 발생하여야 한다. 만일 중재합의 효력이 부정되고 법정지국이 관할을 긍정한 경우에는 이를 인정할 수 없다. 전속관할합의위반의 경우 손해배상을 인정한 2019년 독일 연방대법원 판결이 있다. BGH 17.10. 2019, juris Rn. 22-28 참조. 소개는 Frederick Rieländer, Schadensersatz wegen Klage vor einem aufgrund Gerichtsstandsvereinbarung unzuständigen Gericht, Rabels Zeitschrift 84 (2020), S. 557f. 참조.

70) 오창석, "파산절차에 있어서의 중재합의 효력과 중재절차", 중재연구 제12권 제1호(2002. 8.), 131면. 호문혁, "민사소송법상 소송법률관계에 관한 고찰", 서울대학교 법학 제54권 제2호(통권 제167호)(2013. 6.), 158면은 이를 '소송법상의 책임'이라고 부른다(이는 Beweislast 를 입증책임이라고 번역하는 점을 고려한 것이다).

71) 소송상의 부담은 실체법상의 간접의무(또는 책무)와 유사한 면이 있다. 즉 당사자가 간접의무를 위반하더라도 손해배상책임을 지는 것은 아니며 단지 그에 따른 불이익만을 받게 된다.

다. 중재합의 효력의 객관적 범위

중재합의의 효력이 미치는 범위, 즉 객관적 범위는 당사자가 결정할 사항이다. 대법원 2011. 12. 22. 선고 2010다76573 판결도 이를 전제로 "중재합의의 대상인 분쟁의 범위를 명확하게 특정하여 한정하였다는 등의 특별한 사정이 없는한 당사자들 사이의 특정한 법률관계에서 비롯되는 모든 분쟁을 중재에 의하여해결하기로 정한 것으로 봄이 상당"하다고 판시한 바 있다.

흥미로운 것은 서울고등법원 2015. 3. 18. 선고 2014나33194 판결(확정)이다. 위 판결은 중재합의에 관한 중재법 제3조 제2호는 모델법을 따른 것이고, 모델법은 뉴욕협약과 일치시킨 것으로 평가되므로 중재법상 중재합의의 의미나 효력 범위의 문제도 국제적인 해석과 균형을 맞출 필요가 있음을 전제로, 영국 판례는 '일괄 해결 추정의 원칙(the presumption of one-stop adjudication)'을 채택하고 있고, 미국 연방대법원이 중재합의의 범위의 해석에 관하여 확립한 '모스 콘 추정의 법칙(Moses Cone Presumption)'—Moses H. Cone Memorial Hospital v. Mercury Construction Corp., 460 U.S. 1 (1983)—에 따르면 당사자가 중재합의의 범위를 명백히 축소하지 않는 한 연방법원은 당사자의 의도를 넓게 해석하여야 한다는 원칙을 따르고 있음을 참조하여 당해 사건의 중재조항을 해석하였다. 대법원 2011. 12. 22. 선고 2010다76573 판결도 "중재합의의 대상인 분쟁의 범위를 명확하게 특정하여 한정하였다는 등의 특별한 사정이 없는 한 당사자들 사이의 특정한 법률관계에서 비롯되는 모든 분쟁을 중재에 의하여 해결하기로 정한 것으로 봄이 상당"하다고 판시한 바 있다.

그러나 과연 보편적으로 타당한 국제적 기준이 존재하는지는 의문이다.[72]

라. 중재합의 효력의 주관적 범위 — 중재합의의 제3자에 대한 효력

중재합의의 효력은 원칙적으로 중재합의의 당사자에게만 미친다. 그러나 예외적으로 중재합의의 효력이 제3자에 미치는 경우가 있는데, 예컨대 첫째, 일정한 상황 하에서 법인격을 부인함으로써 중재합의로부터 발생하는 이익과 의무가 동일한 기업집단의 다른 구성원들에까지 확장되는 '기업집단(group of companies)'

---

72) Geimer, Rz. 3807도 독일법상 의문이 있는 경우 중재합의를 넓게 해석할 것이라면서도, 위의 견해는 *opinio communis*는 아니고 예컨대 프랑스에서는 종래 계약위반에 따른 계약해제는 형성판결로서 중재판정부에 맡길 수 없다고 보는 점을 지적한다.

의 법리가 적용되는 경우이고, 둘째, 주로 양도, 대위, 승계 등과 같은 사법의 일반원칙이 적용되는 경우이다.[73]

그런데 권리의 특정승계가 있는 경우 중재합의의 효력이 승계인에게 미치는가는 논란이 있다. 얼핏 제3자는 중재합의에 구속되지 않음이 자명할 것 같지만 국제적으로 견해가 나뉜다. 특정승계의 경우 양수인은 중재합의에 구속된다는 긍정설이 독일의 통설이고 연방대법원의 판례이며, 세계적으로도 다수설이라고 한다.[74] 그 근거는 양도되는 권리의 속성이라거나, 권리의 경제적 가치의 일부를 구성한다거나, 만일 중재합의를 체결한 뒤 권리를 양도함으로써 일방적으로 중재합의의 구속으로부터 벗어날 수 있다면 중재합의는 무의미하게 된다는 데서 찾는다. 다만, 이 견해를 취하면서도 예외적으로 당사자들이 그들 간에 존재하는 특별한 신뢰관계에 기하여 중재합의를 체결한 경우 특정승계가 있는 때에는 중재합의의 효력은 승계인에게 미치지 않는다는 견해도 있다.[75] 흥미로운 것은 UNIDROIT의

---

73) 기업집단 법리를 근거로 당사자가 아닌 회사에 대하여 중재합의의 구속력을 인정하는 근거와 기준은 정선주, "비서명 회사에 대한 중재합의의 구속력 – 독일 연방대법원 2023. 3. 9.자 결정을 중심으로", 민사소송 제28권 제3호(2024), 263면 이하 참조. 독일 연방대법원은 위 결정(SchiedsVZ 2023, 228)에서 중재합의에 서명하지 않은 회사에 대한 중재합의의 효력을 부정하였는데, 이는 중재합의의 효력은 원칙적으로 당사자와 승계인에게 미친다고 보아 중재합의의 효력 확장에 있어 보수적 태도를 콘체른에 속하는 다른 회사에도 적용한 것이다. 독일에서는 중재합의가 헌법상 보장된 재판청구권의 포기라는 점을 중시하여 중재합의 의사의 존재를 엄격하게 판단하는 견해가 다수설이나, 콘체른에 속하는 회사에 대하여는 법인격부인론을 적용하는 견해가 유력한 것으로 보인다. 결정과 학설의 소개는 위 정선주, 257면 이하 참조(위 결정은 지나치게 형식적이라고 비판한다). 위 결정은 중재판정 취소의 소를 기각한 러시아 법원의 판결이 독일의 집행결정 신청절차에서 구속력을 가지는지도 다루었는데 그런 맥락은 다음 중재판정의 취소(IV.6.)에서 소개한다.

74) 지명채권양도 시 양수인도 관할합의에 구속된다는 것이 종래 우리 통설, 판례이다. 대법원 2006. 3. 2.자 2005마902 결정도 동지인데, 아래와 같이 판시하였다. "관할의 합의는 소송법상의 행위로서 합의 당사자 및 그 일반승계인을 제외한 제3자에게 그 효력이 미치지 않는 것이 원칙이지만, 관할에 관한 당사자의 합의로 관할이 변경된다는 것을 실체법적으로 보면, 권리행사의 조건으로서 그 권리관계에 불가분적으로 부착된 실체적 이해의 변경이라 할 수 있으므로, 지명채권과 같이 그 권리관계의 내용을 당사자가 자유롭게 정할 수 있는 경우에는, 당해 권리관계의 특정승계인은 그와 같이 변경된 권리관계를 승계한 것이라고 할 것이어서, 관할합의의 효력은 특정승계인에게도 미친다고 할 것이다".

75) 이에 관한 상세는 Juan Carlos Landrove, Assignment and Arbitration : A Comparative Study (2009); Daniel Girsberger, The Law Applicable to the Assignment of Claims sub-ject to an Arbitration Agreement, Franco Ferrari/Stefan Kröll (ed.), Conflict of Laws in International Arbitration (2010), p. 379 이하 참조.

국제상사계약원칙인데, 이는 중재합의의 존재를 채무자의 절차법상의 항변의 문제로 이해하여, 권리의 양수인이 채무자에 대하여 제소할 경우 채무자는 중재합의의 항변을 제기할 수 있다고 한다. 이는 2004년은 물론이고 2010년과 2016년 개정판인 국제상사계약원칙(제9.1.13조 주석 1)에서도 유지되고 있다.

마. 중재합의와 법원의 보전처분

중재합의의 당사자는 중재절차의 개시 전 또는 진행 중에 법원에 보전처분을 신청할 수 있다(중재법 제10조). 즉 중재합의가 있으면 당사자들은 법원에 소를 제기할 수 없지만, 보전처분을 신청할 수는 있다. 이는 중재인의 임시적 처분에 관한 부분에서 논의한다.

7. 중재합의의 준거법

중재합의에 대한 각국의 법제는 상이하므로 국제상사중재에서는 중재합의의 준거법을 검토할 필요가 있다. 이는 아래의 실례를 통해 알 수 있다.

① 우리나라에서는 선택적 중재합의의 유효성이 크게 다투어졌는데 그 판단의 준거법을 결정할 필요가 있다. ② 약관에 포함된 중재조항의 경우 약관의 규제에 관한 법률(이하 "약관규제법"이라 한다)에 따른 편입통제와 내용통제가 가능한지를 결정할 필요가 있다. 엄밀히 말하면 중재합의의 준거법에는 다음과 같은 여러 가지가 있다.

첫째, 중재합의의 성립 및 (실질적) 유효성의 준거법

둘째, 중재합의의 방식(또는 형식적 유효성)의 준거법

셋째, 중재합의의 효력의 준거법[76]

주의할 것은, 중재합의의 준거법을 논의함에 있어서는 뉴욕협약이 적용되는 경우와 적용되지 않는 경우를 구분하고, 각각에 대하여 집행단계, 항변단계와 중재단계를 구분할 필요가 있다는 점이다.[77] '집행단계'라 함은 일방당사자가 외국에서 받은 중재판정을 내국에서 집행하기 위하여 필요한 절차를 밟는 사안을, '항

---

[76] 그 밖에도 ④ 중재가능성의 준거법과 ⑤ 중재합의의 허용요건의 준거법도 문제 된다. 여기에서 보듯이 국제상사중재법은 국제사법과 밀접하게 관련된다. 일본에서도 근자에 양자를 다룬 단행본이 간행되었다. 中野俊一郎, 国際仲裁と国際私法(2023) 참조.

[77] Reithmann/Martiny/Hausmann, Rn. 6573ff.는 이러한 구분을 철저히 한다.

변단계'라 함은 중재합의에도 불구하고 일방당사자가 법원에 소를 제기하고 상대방이 항변으로 중재합의의 존재를 주장하여 소의 각하 또는 중지를 구하는 사안을 말한다.[78] '중재단계'라 함은 일방당사자가 중재합의를 근거로 중재신청을 하여 중재인이 중재절차를 진행하는 사안을 말한다. 아래에서는 그 밖에 중재판정의 취소가 다투어지는 취소단계도 간단히 언급한다. 여기에서는 뉴욕협약이 적용되는 경우를 중심으로 위 세 가지 준거법을 간단히 살펴본다.

가. 중재합의의 성립 및 (실질적) 유효성의 준거법

중재합의가 성립하려면 의사의 합치가 있어야 한다. 또한 중재합의가 유효하려면 당사자가 능력이 있고, 의사표시의 하자가 없으며 선량한 풍속 기타 사회질서에 반하지 않는 등 유효하기 위한 요건을 구비하여야 한다. 후자가 중재합의의 (실질적) 유효성의 문제이다. 중재합의의 해석도 통상은 중재합의의 성립 및 실질적 유효성의 준거법에 따른다고 본다.[79] 중재합의의 효력이 미치는 범위도 마찬가지이다.[80]

나아가 당사자들이 중재합의를 하였으나 일방 당사자가 그에 위반하여 소를 제기하는 경우 소송유지명령을 발령할 수 있는지가 문제 된다. 예컨대 영국 법원은 이를 허용함으로써 중재지로서의 영국의 위상을 보장하는 법적 인프라로 활용한다. 소송유지명령을 본안으로 제기할 수도 있으나 실무적으로는 통상 가처분의 형태로 신청할 것이다. 위에서 보았듯이 중재합의와 같은 분쟁해결합의 위반의 경우에는 그에 포함된 또는 부수적 합의를 근거로 '외국에서 제소되지 않을 권리(right not to be sued abroad)'를 가지므로 이를 피보전권리로 하여 소송유지명령을 허용할 수 있다고 본다. 그 경우 외국에서 제소되지 않을 권리가 있는지와 나아가 중재합의 위반 시 손해배상채권이 발생하는지는 중재합의의 준거법에 따를 사항이다.[81] 이를 부연하면 주된 계약의 주관적 준거법이 있는 경우 중재합의의 성립과 유효

---

78) 이를 '중재합의의 승인'(뉴욕협약 제2조 제1항, 목영준 · 최승재, 83면), '중재합의의 승인과 집행'(목영준 · 최승재, 72면) 또는 '중재합의의 집행'이라고 한다. van den Berg, p. 121.

79) Reithmann/Martiny/Hausmann, Rn. 6559와 Rn. 6633ff.; Geimer, Rz. 3806도 동지.

80) 서울고등법원 2021. 12. 23. 선고 2020나2046487 판결도 외국중재판정 전 체약국 법원에 제기된 관련 소송에서도 중재합의의 성립과 유효성, 효력범위 판단의 준거법은 동일하다고 판시한 바 있다.

81) 전속적 국제재판관할합의가 있는 경우에 관하여는 석광현, 국제재판관할법, 119면 이하 참조.

성의 준거법은 그와 동일하다. 만일 주된 계약의 주관적 준거법이 없다면 중재합의의 객관적 준거법에 따라 결정된다.

다만 중재법이 직접 규정하는 중재합의의 적법요건(유효요건)은 중재합의의 준거법이 아니라 중재법에 의할 사항이다. 예컨대 중재법 제3조 제2호가 명시하는 바와 같이 '일정한 법률관계에 관한 분쟁일 것'이라는 요건은 바로 적법요건(유효요건)에 해당한다. 이는 국제재판관할합의에서 적법요건과 합의의 성립 및 유효성의 준거법을 구별하는 것[82]과 마찬가지이다.

(1) 집행단계

뉴욕협약(제5조 제1항 a호)은 외국중재판정의 승인 또는 집행의 거부사유(이하 "승인거부사유"라고 한다)의 하나로 "중재합의가 당사자들이 준거법으로서 지정한 법령에 의하여 또는 지정이 없는 경우에는 판정을 내린 국가의 법령에 의하여 무효인 경우"를 규정한다. 따라서 집행단계에서 중재합의의 성립과 (실질적) 유효성은 당사자들이 중재합의의 준거법으로 지정한 법에 의하고,[83] 지정이 없는 경우 중재판정지국법에 의한다.[84] 준거법의 지정은 묵시적 지정도 포함한다.[85] 실무상 문제는, 중재합의의 준거법의 명시적 지정은 없으나 당사자들이 주된 계약의 준거법을 지정한 경우 이를 중재조항의 묵시적 준거법 지정으로 볼 수 있는가이다. 부정설은 중재합의의 독립성과 절차적 성격을 근거로 이를 부정하고 오히려 중재

---

[82] 국제사법 제8조 참조. 해설은 석광현, 국제재판관할법, 101면 참조.

[83] 중재합의의 준거법은 중재합의의 성립과 유효성을 규율한다. 이는 채권계약의 성립 및 유효성의 준거법을 정한 우리 국제사법 제49조 제1항 및 채권계약에 포함된 준거법합의의 성립 및 유효성을 정한 제45조 제5항과 같다. 뉴욕협약에는 그에 상응하는 조문은 없으나, 중재합의의 성립과 유효성 나아가 중재합의의 준거법 합의의 성립과 유효성은 그 중재합의가 유효하였더라면 적용되었을 준거법에 따라 판단하여야 한다. 만일 법정지 국제사법에 따라야 한다면 중재합의의 준거법지정원칙을 통일하려는 뉴욕협약 제5조 제1항 가호의 목적을 달성할 수 없기 때문이다. 바꾸어 말하면 제5조 제1항 가호는 중재합의의 준거법지정규칙의 포괄적인 통일을 목표로 하므로 중재합의의 성립과 유효성도 법정지 국제사법에 따라 지정되는 준거법에 의할 것이 아니라 당사자가 외관상 선택한 법에 따른다는 것이다. Reithmann/Martiny/Hausmann, 9. Auflage (2022), Rz. 7.265; Schlosser, Stein/Jonas, Kommentar zur Zivilprozessordnung, 23. Auflage (2014), Rn. 72도 동지.

[84] 대법원 1990. 4. 10. 선고 89다카20252 판결(법원공보 1990, 1043)은 이를 확인한 바 있다. 이는 GKN 사건인데, 평석은 목영준, "외국중재판정의 집행거부사유인 공공질서 : 우리나라와 미국의 판례를 중심으로", 상사판례연구 제V권(2000), 413면 이하 참조.

[85] Reithmann/Martiny/Hausmann, Rn. 6613; Stein/Jonas/Schlosser, Anhang § 1061 Rn. 77.

지법을 중재합의의 묵시적 준거법으로 본다.[86] 그러나 당사자들이 주된 계약의 준거법을 지정한 때에는 그 법을 중재조항의 준거법으로 묵시적으로 지정하였다고 추정함이 당사자의 의사에 부합한다.[87] 반면에 주된 계약의 준거법이 객관적으로 연결되는 경우는 중재지법이 중재조항의 준거법이 된다고 본다.

　　주의할 것은 당사자가 준거법을 지정한 경우 반정의 허용 여부이다.[88] 당사자가 중재합의의 준거법을 지정한 경우(명시적이든 묵시적이든) 이는 실질법지정이다. 준거법 결정원칙을 통일하는 국제규범은 대체로 반정을 배제하므로 이는 실질법지정이라는 것인데 이 점은 별 이견이 없다. 한편 당사자의 준거법 지정이 없어 중재지법이 중재합의의 준거법이 되는 경우, 종래 별로 논의되지 않았으나 근자에 이를 총괄지정으로 보는 견해가 있다.[89] 그것이 중재지와 집행국의 판단의 일치에 유리하다는 것이다. 만일 중재합의에도 불구하고 일방이 제소하여 중재지

---

86) van den Berg, p. 293; 이호원, "외국중재판정의 승인 및 집행", 섭외사건의 제문제(하) 재판자료 제34집(1986), 675면; 이민규, "중재합의의 준거법에 관한 고찰－BNA v BNB 판결을 중심으로－", 인하대 법학연구 제23집 제2호(2020. 6.), 1면 이하 참조. 예컨대 프랑스 파기원은 Kabab－Ji v Kout Food Group 사건 판결([Cass.] 1e civ. 28 Septembre, 2022, n° 20－20.260)에서 이 견해를 취하였다. 소개는 윤석준, "중재합의의 준거법: 각국 법원의 판례 분석", 2023. 6. 30. 개최된 법원 국제거래법연구회와 국제거래법학회 공동학술대회 발표자료, 1면 이하 참조. 아마도 프랑스가 중재지로 선호되는 점도 고려되었을 가능성이 있다.
87) 견해 대립은 Redfern/Hunter, para. 3.11 이하 참조. 영국 대법원은 2020. 10. 9. Enka Insaat Ve Sanayi AS v OOO Insurance Company Chubb [2020] UKSC 38 사건에서 중재지법을 준거법으로 보았다(주된 계약인 공사계약의 준거법 지정이 없던 사건). 반면에 뉴욕협약에 따른 집행이 문제 된 Kabab－Ji v Kout Food Group 사건 판결([2021] UKSC 48)(이는 주된 계약인 가맹계약의 준거법 지정이 영국법이었던 사건이다)에서 영국 대법원은 주된 계약의 명시적 준거법을 중재합의의 묵시적 준거법으로 봄으로써 위 프랑스 파기원과 다른 태도를 취하였다. 국제계약의 준거법으로서 영국법이 우월적 지위를 가지는 점도 고려되었을 가능성이 있다. 영국 대법원 판결들의 소개는 김영주, "국제상사중재에서 중재합의의 준거법 결정기준", 중재연구 제32권 제2호(2022. 6.), 3면 이하; 윤석준(註 86), 12면 이하; 김민경, "중재합의의 준거법에 관한 영국 및 아시아 중재법의 최신 동향", 2023. 12. 2. 개최된 한국민사소송법학회 2023년 제4회 학술대회 발표문 참조. 그러나 2023. 11. 21. 영국 상원에 'Arbitration Bill [HL]'로서 제출된 2024년 영국 중재법 개정안(제1조)은 판례의 입장을 따르는 대신 당사자가 중재합의의 준거법을 지정하지 않은 경우 중재지법이 준거법이 된다는 조항(6A)을 신설하였음은 주목할 만하다. 이는 주된 계약의 준거법이 중재합의의 명시적 준거법이 됨을 명시적으로 배척한다. 저자처럼 그 경우 주된 계약의 준거법이 중재합의의 묵시적 준거법이 된다고 보는 입장에서는 영국법이 왜 명시적 준거법만을 언급하는지는 다소 의문이다.
88) 상세는 석광현, 미국 중재판정, 320면 이하 참조.
89) 장준혁, 269면. 이는 독일의 소수설이다.

법원이 중재합의의 준거법을 판단하는 경우(항변단계), 중재지 법원이 중재지의 국제사법 규칙을 적용하여 준거법을 판단한다면 그럴 수 있으나 항변단계에서도 집행단계에서와 동일하게 뉴욕협약 제5조 제1항 a호의 연결원칙이 적용되므로 저자는 그에 동의하지 않고 이를 실질법지정으로 본다.[90] 이를 총괄지정으로 보는 견해는 논거의 하나로 헤이그 관할합의협약(제6조), 브뤼셀 I recast(또는 브뤼셀 I bis. 제25조 제1항)와 이를 수용한 우리 국제사법(제8조)을 든다.[91] 그렇게 생각할 여지도 없지 않으나 관할합의협약과 뉴욕협약의 규정방식은 다르다. 즉 뉴욕협약은 당사자자치를 직접 규정하고 그것이 없는 경우 보충적으로 중재지법을 적용하는데 반하여, 관할합의협약과 우리 국제사법은 당사자자치를 언급함이 없이 선택된 법원의 국가의 법(*lex fori prorogati*)을 지정한다. 만일 중재지법의 지정이 총괄지정이라면 중재인은 중재지 국제사법을 적용하여 중재합의의 준거법을 조사·적용해야 한다. 그러나 중재의 세계에 국제사법을 과도하게 끌어들일 것은 아니다. 비법률가 중재인의 경우 특히 그러하다. 저자는 위 견해를 지지하지 않는다.[92]

한편 뉴욕협약이 적용되는 사안에서 중재합의의 임의대리의 준거법이 문제된다. 뉴욕협약 제5조 제1항 a호에 의하면 ① 중재합의의 당사자가 그들에게 적용가능한 법에 따라 무능력자이었거나, ② 당사자가 준거법으로서 지정한 법에 따라 또는 그러한 지정이 없는 경우에는 판정을 내린 국가의 법에 따라 중재합의가 유효하지 않은 경우 승인거부사유가 된다. 이는 뉴욕협약상 중재합의를 위한 임의대리의 성질결정의 문제인데, 우리나라에서도 견해가 나뉜다.

첫째는, 이를 '중재합의의 실질적 성립·유효성'의 문제라고 보는 견해(1설)이고, 둘째는, 중재합의 체결을 위한 임의대리와 표현대리의 불성립은 뉴욕협약 제5조 제1항 a호 전단이 말하는 "어떤 무능력" 문제에 속한다고 보는 견해(2설)이

---

90) 이것이 독일의 다수설이다. 이처럼 중재합의의 경우 특히 뉴욕협약이 적용되는 중재합의의 준거법지정은 실질법지정인 데 반하여, 2022년 개정된 국제사법하에서는 국제재판관할합의의 경우 객관적 준거법 지정은 국제사법지정이라는 점에서(국제사법 제8조 제1항 제1호) 양자의 취급이 다르게 된다. 저자는 과거 양자에 대하여 가급적 동일한 법리를 전개하였으나 앞으로는 달라질 수밖에 없다.

91) 즉 위 규범들은 재판관할합의의 성립 및 유효성의 준거법을 당사자들이 합의로써 지정한 국가의 법, 그것도 저촉규범을 포함하는 것으로 규정하기 때문이다. 예컨대 관할합의협약(제5조 제1항, 제6조 a호와 제9조 a호)은 관할합의의 준거법을 "선택된 법원의 국가의 법"이라고 규정하는데 동 협약에 대한 공식보고서는 이는 그 국가의 국제사법을 포함한다고 풀이한다. 석광현, 제6권, 460면 참조.

92) 상세는 석광현, 미국 중재판정, 321면 이하 참조.

다.93) 나아가 임의대리의 불성립은 뉴욕협약 제5조 제1항 a호의 무능력의 문제는 아니지만 제5조 제1항 a호의 저촉규칙에 구속되지 않고 한국의 국제사법에 따라 임의대리의 준거법을 정하는 견해이다(3설). 대법원 2018. 7. 26. 선고 2017다 225084 판결은 임의대리의 문제를 중재합의와 별개의 연결대상으로 보고 한국 구 국제사법(제18조)에 따라 한국법이 준거법이라고 판시하였으므로 3설과 같다. 저자는 2설의 설득력을 인정하면서도 우리 법의 해석론으로는 아래에서 보듯이 3설이 더 적절할 것으로 본다.

뉴욕협약상 승인거부사유는 망라적인데 제5조 제1항 a호는 당사자의 무능력과 중재합의가 유효하지 않은 것만을 열거하고, 그 판단기준으로 당사자가 지정한 법 그것이 없으면 중재판정지법만을 명시하므로, 임의대리의 문제를 중재합의의 성립 또는 유효성의 문제로 성질결정하는 한 대리효과의 귀속에 대하여 임의대리의 준거법을 적용할 근거가 없다고 할 수 있다. 교섭기록은 그렇더라도, 현재 한국법의 관점에서 보면 임의대리는 당사자의 능력이나 법률행위의 성립 및 실질적 유효성이 아니라 별개의 연결대상으로 성질결정되므로 이런 성질결정을 존중할 필요가 있다. 그런데 중재합의의 무효는 승인거부사유나 그 준거법이 항상 a호에 따르는 것은 아니다. 즉 임의대리에서 대리권의 결여는 중재합의의 성립과 유효성과 다른 문제이나, 대리효과의 귀속을 부정하는 것도 중재합의의 무효에 포섭될 수 있으므로 이를 승인거부사유로 보되, 그 준거법은 집행국 국제사법에 의하여 결정되는 임의대리의 준거법에 따르자는 것이다. 즉 저자는 제5조 제1항 a호가 정한 중재합의의 준거법을 고집하지 않는데, 그에 따른 중재합의의 준거법은 배타적인 것은 아니기 때문이다.

임의대리의 문제는 우리 국제사법상 당사자의 무능력 또는 '중재합의의 성립 또는 유효성'의 문제는 아니므로 저자는 성질결정의 측면에서는 1설 및 2설과 다르지만, 이는 중재합의의 유무효에 영향을 미치므로 제5조 제1항 a호가 정한 승인거부사유인 중재합의가 유효하지 않은 경우에 포섭하되, 그 준거법은 우리 국제사법(제32조. 구 국제사법 제18조에 상응)에 따라 독립적으로 연결하는 것이다. 이는 3설인데, 뉴욕협약의 승인거부사유가 망라적이라는 원칙을 해하지는 않는다. 3설도 뉴욕협약이 명시한 중재합의 성립·유효성의 준거법지정에 반하는 것임은

---

93) 장준혁, 246면 이하는 뉴욕협약의 교섭기록 등을 참조하여 임의대리의 문제를 당사자의 능력으로 성질결정하는 2설을 취하면서 대상판결을 비판한다.

부정할 수 없으나, 뉴욕협약을 그렇게 엄격하게 해석할 것은 아니라는 생각도 든다. 요컨대 필자는 뉴욕협약의 해석상 2설도 설득력이 있지만, 위 대법원 판결을 저자와 같은 취지의 3설로 볼 수 있다고 생각하며, 그런 태도를 지지한다.[94]

(2) 항변단계

뉴욕협약 제2조 제3항은 "당사자들이 중재합의를 한 사항에 관한 소송이 제기되었을 때에는 체약국의 법원은 전기 합의를 무효, 실효 또는 이행불능이라고 인정하는 경우를 제외하고 일방당사자의 청구에 따라서 중재에 부탁할 것을 당사자에게 명하여야 한다"라고 규정하므로,[95] 법원은 항변단계에서 중재합의의 무효 등을 판단하는 준거법을 결정할 필요가 있다.[96] 그런데 뉴욕협약은 항변단계의 중재합의의 준거법을 명시하지 않으므로 두 가지 의문이 제기된다.

첫째, 뉴욕협약상 항변단계에서 중재합의의 준거법의 결정 방법. 집행단계에서 중재합의의 준거법을 정한 뉴욕협약의 원칙이 항변단계에도 적용(또는 유추적용)될 수 있는지가 문제 된다. 법원이 어느 단계에서든 동일한 준거법을 적용함으로써 내적인 판결의 일치를 달성할 수 있고, 만일 항변단계와 집행단계에서 상이한 준거법을 적용한다면 뉴욕협약을 일관성 있게 적용할 수 없으므로 이를 긍정하는 것이 바람직하다.[97]

---

94) 근자에 서울중앙지방법원 2024. 8. 19.자 2021카기2778 결정도 싱가포르 중재판정의 승인 및 집행을 구한 사건에서 아래와 같이 판시하면서 그런 태도를 취한 바 있다.
"임의대리인이 본인을 대리하여 중재합의를 체결한 경우 대리효과의 준거법은 집행국의 국제사법에 따라 결정하여야 한다(대법원 2018. 7. 26. 선고 2017다225084 판결 등 참조). 이 사건 연장계약과 그에 포함된 중재합의가 신청인들과 제3자 사이에서 유효한지 여부는 '대리인의 행위로 인하여 본인이 제3자에 대하여 의무를 부담하는지 여부'의 문제이므로 국제사법 제32조 제2항에 따라 피신청인의 영업소가 있는 국가인 대한민국 법에 의하여 판단하여야 한다".

95) 이 점은 우리 중재법(제9조 제1항)도 거의 유사하다.

96) 뉴욕협약은 그 이름이 시사하듯이 외국중재판정의 승인 및 집행을 주된 규율대상으로 하며 대부분의 조항도 이에 관한 것이므로 마치 집행단계에만 적용되는 것처럼 보이나, 제2조를 보면 뉴욕협약이 항변단계에도 적용됨은 명백하다.

97) 앞(註 80)에 언급한 서울고등법원 2021. 12. 23. 선고 2020나2046487 판결은 외국중재판정 전 체약국 법원에 제기된 관련 소송 및 외국중재판정 후 체약국 법원에 제기된 승인 및 집행 소송에서 통일적으로 이루어져야 하므로, 외국중재판정 전 체약국 법원에 제기된 관련 소송에서도 중재합의의 성립과 유효성, 효력범위 판단의 준거법은 뉴욕협약 제5조 제1항 a호 후단을 유추적용하여 위와 같이 정하여야 한다(대법원 2010. 7. 15. 선고 2009다66723 판결, 대법원 2018. 7. 26. 선고 2017다225084 판결 등 참조)고 판시하였다. 소개는 구회

둘째, 뉴욕협약의 적용 여부의 결정기준. 뉴욕협약은 외국중재판정에 적용되고 외국중재판정인지의 여부는 중재판정지를 기준으로 결정되는데, 항변단계에서는 중재판정지가 없기 때문에 문제가 된다. 중재합의와 중재판정에 대하여 동일한 적용범위를 인정하기 위하여 뉴욕협약 제1조의 원칙을 따라 중재판정 예정지를 기준으로 판단할 것이라고 본다. 그러나 중재판정 예정지를 알 수 없는 경우에는 결국 법정지의 국제사법에 따라 중재합의의 준거법을 결정하여야 할 것이다.

(3) 중재단계

중재단계의 경우에도 중재인은 중재합의의 준거법을 결정할 필요가 있는데, 이 경우 다음 세 가지 의문이 제기된다.

첫째, 중재단계에도 뉴욕협약이 유추적용되는지. 이 경우에도 뉴욕협약을 유추적용하는 견해가 타당하다. 왜냐하면 그렇지 않을 경우 중재인의 권한에 관한 중재인의 판단과 항변단계에서의 법원의 판단이 불일치할 가능성이 있기 때문이다.[98] 그러나 이에 대하여는 유력한 반대설이 있다.

둘째, 중재합의의 준거법의 결정 방법. 명시적인 근거는 없지만 이 경우에도 뉴욕협약(제5조 제1항 a호)의 원칙을 유추적용해야 할 것이다.

셋째, 뉴욕협약의 적용 여부 결정 방법. 이때는 우리나라가 아닌 뉴욕협약의 다른 체약국에서 중재판정의 승인 및 집행이 문제 될 것으로 예상된다면 뉴욕협약의 원칙을 유추적용해야 할 것이다.[99]

(4) 내국중재판정의 취소단계

중재판정의 취소가 다투어지는 사안을 '취소단계'라 부를 수 있다. 중재지가 우리나라인 경우 중재법에 따라 중재판정 취소의 소를 제기할 수 있다. 중재법(제36조 제2항 제1호 가목)은 중재합의 준거법에 관하여 뉴욕협약의 그것과 동일한 원칙을 규정한다.

근·유정화, "2022년 국제사법 주요 판례 소개", 국제사법연구 제28권 제2호(2021. 12.), 417면 이하 참조.

98) Reithmann/Martiny/Hausmann, Rn. 6578; van den Berg, p. 185 이하(후자는 중재합의에 관한 논의이다).

99) Reithmann/Martiny/Hausmann, Rn. 6578.

(5) 약관에 의한 중재합의의 경우 약관규제법의 적용 여부

약관규제법 제14조는 소제기의 금지 등이라는 표제하에 고객에 대하여 부당하게 불리한 '소제기의 금지조항'을 무효라고 규정하는데, 중재조항은 소제기의 금지조항에 포함된다. 따라서 제14조가 국제상거래에서 사용되는 약관에 포함된 중재합의, 즉 중재조항에서 가지는 의미가 문제 된다. 이 경우 첫째, 중재조항이 당사자 간의 합의의 일부를 이루는가라는 편입통제와, 둘째, 중재조항의 내용에 대한 내용통제가 문제 된다. 편입통제에 관하여는, 뉴욕협약이 적용되는 범위 내에서는 그에 따라야 하고 우리 약관규제법을 적용할 것은 아니다.[100] 반면에 뉴욕협약은 내용통제에 관하여 규정하지 않으므로, 만일 한국법이 준거법이면 약관규제법의 내용통제에 관한 조항은 여전히 적용된다.[101] 문제는 어느 경우에 한국법이 준거법이 되는가인데, 이는 중재합의의 허용요건(적법요건 또는 유효요건)의 문제이므로 법정지법에 따른다고 본다.

중재합의의 허용요건은 중재합의의 법적 성질에 관계없이 중재합의의 방식 및 효력과 함께 법정지법에 따른다는 견해가 설득력이 있다.[102] 여기에서 '법정지'의 개념은, 논란의 여지가 있으나, 만일 중재조항이 없었더라면 우리 법원이 재판할 수 있었음에도 불구하고 중재조항의 결과 재판할 수 없게 되었다면, 예컨대 우리나라의 항변단계 또는 집행단계에서, 중재합의의 성립의 준거법에 관계없이 약관규제법에 의하여 중재조항의 효력이 부정될 수 있다.[103] 주의할 것은, 약관규

---

100) Reithmann/Martiny/Hausmann, Rn. 6631 참조.
101) 논의는 석광현, 미국 중재판정, 332면 이하 참조.
102) 이는 국제사법 제8조에 준거법에 관한 조문이 신설되기 전 국제재판관할합의에 관한 견해를 중재합의에 대입한 것이다. 석광현, 제3권, 176면; 석광현, 중재법연구 제1권, 122면. 그러나 본문과 달리 내용통제도 주된 계약의 준거법에 따른다는 견해도 가능하며 그것이 이해하기 쉽다. 그에 따르면 주된 계약의 준거법이 우리 법인 경우 약관규제법(제14조)도 적용된다. 다만 어느 견해를 따르든 중재지의 국제적 공서가 개입할 수 있다.
103) 다만 약관규제법(제15조)과 동법 시행령(제3조)은 국제적으로 통용되는 특정업종의 약관에 대하여는 제14조의 적용을 배제하므로 그런 약관과 기타 약관을 구별할 필요가 있다. 후자의 경우 위의 논의가 타당하나, 전자의 경우 중재합의의 허용요건의 준거법이 한국법이더라도 제14조는 적용되지 않는다. 또한 대법원 1999. 12. 10. 선고 98다9038 판결에 따르면 특정업종의 약관에 대하여는 약관규제법 제6조도 적용되지 않으나 저자는 이에 반대한다. 석광현, 제3권, 159면 이하 참조. 다만 약관규제법이 "고객에 대하여 부당하게 불리한 소제기의 금지조항"이라고 하여 막연한 기준만을 두므로 이를 더 구체화할 필요가 있는데, 약관에 포함되었다는 이유만으로 중재조항이 무효가 되는 것이 아님은 의문이 없을 것이다.

제법상 중재합의가 약관에 포함되었다는 이유만으로 무효는 아니라는 점이다.104)

나. 중재합의의 방식의 준거법

뉴욕협약이 적용되는 범위 내에서는 중재합의의 방식은 그에 따른다. 뉴욕협약의 적용범위는 집행단계, 항변단계와 중재단계로 구분할 필요가 있다.

(1) 집행단계

집행단계에서 제2조의 방식요건이 적용되는가는 뉴욕협약이 명시하지는 않지만 적용된다고 본다. 즉 중재합의의 방식요건 결여는 승인거부사유가 되며, 실무상 가장 빈번하게 주장된다. 그 근거는 제2조로부터 직접 도출하거나, 제5조 제1항 a호, 즉 중재합의의 무효로 설명하거나 또는 제2조와 제5조의 체계적인 관계의 합리적 해석으로부터 도출할 수 있다.105)

(2) 항변단계

항변단계에 제2조가 적용됨은 뉴욕협약의 문면상 명백하다.

(3) 중재단계

이 경우에도 뉴욕협약을 유추적용할 수 있는지에 관하여 논란의 여지가 있다. 다만, 뉴욕협약이 적용되지 않는 경우로서 중재지가 한국인 경우에는 중재합의의 방식을 규정한 중재법 제8조가 적용된다. 제8조가 중재지가 한국인 경우 한국법이 중재합의의 방식의 준거법이 됨은 별 의문이 없고, 이는 중재합의의 성립 및 유효성의 준거법에 관계없이 그렇게 될 것이다.106)

---

104) 고객에게 불리한지를 판단하는 기준은 고객이 사업자인지, 소비자인지에 따라 다르다. 특히 국제거래의 경우 그러하므로 양자에 동일한 잣대를 적용할 것은 아니다. 고객에게 불리하더라도 당연히 무효가 되는 것은 아니고 '부당하게' 불리한 경우에 한하여 무효이므로, 약관에 포함된 중재조항이 그에 해당하는지를 판단하여야 하는데 획일적인 판단기준은 없고 결국 개별사건의 사정을 고려하여 사건별로 판단할 수밖에 없다. 상세는 석광현, 국제중재법 제2권, 253면 이하 참조.

105) 상세는 석광현, 국제중재법 제1권, 277면 참조. 대법원 2016. 3. 24. 선고 2012다84004 판결은 뉴욕협약이 요구하는 '서면에 의한 중재합의'가 결여되었다면 이는 중재판정의 승인·집행거부사유인 중재합의가 무효인 경우에 해당한다고 판시하였다.

106) 중재지가 외국임에도 불구하고 뉴욕협약이 적용되지 않는 경우 중재합의의 방식의 준거법이 문제 된다. 이 경우 ① 중재지법이 중재합의의 방식의 준거법이 된다는 견해와 ② 법률

다. 중재합의의 효력의 준거법

중재합의의 효력의 준거법은 중재단계별로 구분하여 볼 필요가 있다.

(1) 집행단계

중재판정이 내려지면 중재합의는 그 목적을 달성한 것이 되므로 그 때부터는 중재판정의 효력이 문제 될 뿐이고 중재합의의 효력은 문제 되지 않는다.

(2) 항변단계 — 중재합의의 소극적 효력

항변단계에서 중재합의의 효력은 뉴욕협약이 규정한다. 즉 위에서 본 바와 같이 뉴욕협약 제2조 제3항은 중재합의의 대상인 사항에 관한 소가 제기되었을 때에는 체약국의 법원은 당사자들을 중재에 회부하여야 한다고 규정함으로써 중재합의의 소극적 효력을 명시한다. 다만, 뉴욕협약은 '중재에 회부'하여야 한다고 할 뿐이고 법원이 취할 구체적인 조치는 각국의 입법에 일임하는데, 이는 법정지법에 따를 사항이다.

(3) 중재단계 — 중재합의의 적극적 효력

중재합의에 의하여 당사자는 분쟁을 중재절차에 회부할 수 있고, 중재인은 중재절차를 진행하여 중재판정을 내릴 수 있다. 이것이 중재합의의 적극적 효력이다. 또한 중재합의의 당사자는 중재합의의 내용에 따라 협력의무를 부담한다.

중재합의의 적극적 효력의 준거법은 두 가지를 구분할 필요가 있다. 첫째, 중재인이 중재절차를 진행할 수 있는가라는 적극적 효력은 중재절차의 문제이므로 중재지법(엄밀하게는 중재절차의 준거법)[107]에 따를 사항이다.[108] 둘째, 당사자가 법

행위의 방식의 준거법을 정한 국제사법 제31조에 따라 중재합의의 준거법 또는 중재합의의 체결지의 법이 준거법이 된다는 견해가 가능하나, 전자가 설득력이 있는 것으로 보인다.

[107] 종래 *lex arbitri*의 의미에 관하여는 다양한 견해가 보인다. 저자는 과거 '중재절차의 준거법'이라는 의미로 사용하였다. 석광현, 국제중재법 제1권, 41면. 그러나 이를 단어에 충실하게 '중재의 준거법(law governing the arbitration)'이라고 넓게 이해하기도 한다. 반면에 *lex arbitri*를 '중재합의의 준거법'이라고 하는 견해도 있고, '중재지법'이라는 의미로 사용하기도 한다. Stefan Vogenauer and Jan Kleinheisterkamp, Commentary on the UNIDROIT Principles of International Commercial Contracts (PICC)(2009), Preamble Ⅱ, para. 89. 2021년 ILA 지식재산권 지침(Kyoto Guidelines), para. 132는 중재지법의 의미로 사용하면서 많은 국가에서 그런 의미로 사용한다고 소개한다.

[108] 우리 중재법은 영토주의(또는 속지주의)를 취하므로 이는 별 의문이 없다.

원을 통하여 중재합의를 강제할 수 있는가는 당사자의 협력의무를 소송에 의하여
강제할 수 있는가의 문제이므로 법정지법에 따를 사항이라고 본다.

8. 중재합의에 관한 실질법상의 몇 가지 논점

가. 중재합의의 본질적 요소

뉴욕협약(제2조 제1항)에 따르면, 중재합의는 일정한 법률관계에 관련한 분쟁
을 대상으로 하는 것이어야 하는데, 이는 중재합의의 허용성의 요건(허용요건 또는
적법요건)이다. 이는 경험이 많지 않은 당사자를 그가 예상하지 못하였던 장래의
다수의 분쟁에 관하여 법원의 재판을 받을 권리를 상실할 위험으로부터 보호하기
위한 것이다.109) 우리 대법원 1990. 4. 10. 선고 89다카20252 판결은 뉴욕협약 제
2조에 의하면 동 협약이 적용되는 중재합의는 "분쟁을 중재에 부탁하기로 하는
(서면에 의한) 합의"로서 족하고 중재장소나 중재기관 및 준거법까지 명시할 것을
요건으로 하고 있지는 아니하다고 판시한 바 있다.110) 이는 중재합의의 성립요건
의 문제이다. 물론 서면성은 방식요건이다.

나. 선택적 중재합의(optional arbitration agreement)

당사자들은 분쟁해결의 방식을 합의하는 경우 통상 소송 또는 중재의 어느
하나를 선택하지만, 때로는 계약과 관련된 분쟁을 '중재 또는 소송'에 의하여 해결
하도록 합의하기도 한다.111) 이처럼 중재가 다른 분쟁해결방법과 동 순위의112)
선택적인 분쟁해결방법으로 지정되기도 한다. 이러한 선택적 중재합의의 유효성
이 문제 되는데, 이에 관하여는 우리나라에서 많은 글이 발표된 바 있다. 그 이유
는, 국가나 지방자치단체가 사인에게 공사를 도급할 때에 적용하는 재정경제부
회계예규인 공사계약일반조건이 선택적 중재합의를 규정하였기에 많은 사건에서

---

109) Reithmann/Martiny/Hausmann, Rn. 6741.
110) 이 점은 위에 언급한 대법원 2007. 5. 31. 선고 2005다74344 판결과 마찬가지다. 다만 2007
년 판결은 뉴욕협약이 적용되는 사건은 아니었다.
111) 대법원 2005. 5. 13. 선고 2004다67264, 67271 판결은 전자를 '전속적 중재합의', 후자를
'선택적 중재합의'라고 부른다.
112) 이 점에서 이는 예컨대 일차적으로 당사자의 원만한 합의에 의하여 해결하고, 이것이 실패
하는 경우 조정에 의하고, 조정이 실패하는 경우 비로소 중재에 의하는 것과 같은 단계적
합의와는 구별되는데, 후자를 '다층적 분쟁해결(multi-tiered dispute resolution) 합의'라
고 부르기도 한다.

중재가 행해졌는데 대법원이 그 효력을 부정하였기 때문이다(예컨대 대법원 2003. 8. 22. 선고 2003다318 판결과 대법원 2004. 11. 11. 선고 2004다42166 판결 등). 이러한 판결들의 결과 실무적으로는 어느 정도 정리가 된 것으로 보인다.[113] 대법원의 결론은 구체적인 중재조항의 문언에 따라 달라질 수 있으므로 대법원 판례의 변경을 요구하는 것도 의미가 없지는 않지만 대법원 판례의 태도가 확립된 것으로 보이는 이상 그보다는[114] 대법원 판결들의 태도를 충분히 고려하여 선택적 중재합의로 인정되어 효력이 부정되는 일이 발생하지 않도록 중재합의의 문언을 적절하게 작성하는 일이다.

선택적 중재합의가 유효한지는 유효한 중재합의의 성립의 문제이므로 중재합의의 성립 및 유효성의 준거법에 따를 사항이다.

V. 분쟁 대상의 중재가능성(또는 중재적격)[115]

1. 중재가능성 개관

중재가능성(또는 중재적격. arbitrability, *arbitrabilité*)이라 함은, 어떠한 분쟁이

---

113) 더욱이 과거 논란의 원인이 되었던 기획재정부의 회계예규가 폐지되고, 2017. 12. 19. 법률 제15219호로 개정된 국가를 당사자로 하는 계약에 관한 법률(국가계약법)이 조정과 중재 중에서 미리 분쟁해결방법을 정할 수 있도록 명시한다. 다만 국가계약법의 개정과 별개로 당사자가 선택적 중재합의를 하는 경우 여전히 문제가 될 수 있다. 실제로 김민경, "중재판정 취소의 소의 최신 동향", 2024. 12. 13. 개최된 중재학회 학술대회 발표자료, 2－12면은 선택적 중재합의라고 인정되어 중재합의의 효력을 부정한 근자의 하급심 판결들을 소개한다.

114) 그러나 맹수석, "최근 우리나라 중재제도의 쟁점과 과제", 2023. 12. 2. 개최된 한국민사소송법학회 2023년 제4회 정기학술대회: 중재법의 최신 동향과 발전방향, 발표자료, 17면 이하와 장재형, "선택적 중재합의에 대한 재검토", 2024. 6. 13. 개최된 (사)한국사법학회 2024년 하계 공동학술대회 발표자료, 76면 이하는 대법원 판례의 변경을 촉구한다. 하지만 선택적 중재합의의 유효성이 쟁점이 된 사건이 대법원에 계속 중인 것으로 보이지는 않는다.

115) 상세는 석광현, 2016년 중재법의 주요 개정내용, 96면 이하 참조. 과거 논의는 석광현, 국제중재법 제1권, 26면 이하; 강수미, "중재의 대상적격의 의의 및 내용", 중재연구 제19권 제1호(2009), 3면 이하; 강수미, "독점규제법 관련분쟁의 중재의 대상적격", 중재연구 제20권 제1호(2010), 41면 이하; 강수미, "지적재산분쟁에 있어 중재의 대상적격", 민사소송 제14권 제1호(2010), 127면 이하 참조. 그러나 미국 판례는 arbitrability를 여기의 중재가능성이라는 의미 외에, 중재판정부가 어떤 사항에 대하여 심판할 수 있는 권한이 있는 상태라는 의미로도 사용하므로 우리나라에서는 이를 '중재회부 가능성'이라고 번역하기도 하는데

중재에 의하여 해결될 수 있는 성질의 분쟁인가의 문제이다. 중재에 의하여 분쟁을 해결하기 위하여는 당해 분쟁이 중재가능성이 있어야 한다. 중재가능성이 없으면 중재합의가 무효일 수 있으므로(정확히는 중재합의의 성립과 유효성의 준거법에 따를 사항이다) 중재인은 중재판정을 내릴 수 없고, 중재판정을 내리더라도 중재판정 취소의 사유가 되며(중재법 제36조 제2항 제2호 가목), 승인 및 집행 거부사유(이하 "승인거부사유", "집행거부사유"라 하고, 포괄적으로 "거부사유"라 한다)가 된다(중재법 제38조, 제39조). 추상적으로는, 어떤 분쟁이 당사자 간의 이해관계에만 관련된 경우 중재가능성을 인정할 수 있으나, 당사자 간의 이해관계를 넘어 공익에 관련된 경우에는 중재가능성은 부정된다. 예컨대 국가가 특정유형의 분쟁에 관하여 특별한 분쟁해결제도를 두는 경우에는 국가가 그러한 분쟁의 해결에 대하여 특별한 국가적 이익(special national interest)을 가진다고 볼 수 있으므로 중재가능성이 부정될 수 있다. 국가에 따라서는 당사자, 특히 사회·경제적 약자인 소비자,[116] 투자자와 임차인의 이익을 보호하기 위하여 중재를 불허하므로 분쟁 대상의 중재가능성은 국가별로 검토해야 한다. 즉 어떤 성질의 분쟁에 대하여 중재를 허용할지는 각국이 사법정책적 판단에 따라 결정할 사항이다.

이에는 '실체적 중재회부 가능성'과 '절차적 중재회부 가능성'이 있다고 설명한다. 이필복, 경합, 231면 이하 참조.

116) 국제거래에서 소비자보호를 위한 소비자중재의 문제는 석광현, 국제중재법 제2권, 237면 이하; 김효정, "국제전자상거래에 의한 소비자중재에서의 소비자보호—중재가능성 및 중재합의의 유효성을 중심으로—", 국제거래법연구 제27집 제2호(2018. 12.), 115면 이하 참조. 해외직구에서의 소비자보호는 석광현, 제6권, 167면 이하 참조. 중재를 다루는 사람들이나 소비자 문제를 다루는 사람들은 있어도 그중에서 국제 소비자중재에 관심을 가지는 사람은 별로 없는 듯하다. 2023년 하반기부터 중국의 이커머스 플랫폼을 통한 공격적 영업이 본격화한 결과 한국 소비자들이 중국의 알리익스프레스, 테무 또는 쉬인 등을 통한 거래 시 국제중재합의를 체결하고 홍콩중재센터(알리익스프레스), 미국중재협회(테무)와 싱가포르중재센터(쉬인)의 중재를 하게 되어 있음에도 불구하고 적절한 보호를 받지 못하는 상황이 발생하였다. 문제점은 우선 이종혁, "해외 전자상거래 플랫폼 약관상 중재합의의 유효 여부와 국내 소비자의 보호", 2024. 6. 13. 개최된 한국사법학회 2024년 하계 공동학술대회 발표자료, 87면 이하 참조. 플랫폼을 통한 계약의 경우 3면 계약관계가 성립하므로 플랫폼인 알테쉬의 약관에 중재조항이 있더라도 그로 인하여 사업자와 소비자 간에 중재합의가 체결된 것인지부터 문제 된다. 그러나 최근의 알리익스프레스와 테무의 한국 소비자용 약관은 중재조항을 삭제하고 한국 법원에 관할을 부여하는 합의를 하는 것으로 변경되었는데 이는 다행스러운 일이다.

2. 우리 중재법의 변천

1973년 중재법 제2조는 "중재계약은 사법(私法)상의 법률관계에 관하여 당사자 간에 발생하고 있거나 장래에 발생할 분쟁의 전부 또는 일부를 중재에 의하여 해결하도록 합의함으로써 효력이 생긴다. 다만, 당사자가 처분할 수 없는 법률관계에 관하여는 그러하지 아니하다"라고 규정하였다. 학설은 "당사자가 처분할 수 있는 사법(私法)상의 법률관계"의 의미를 재산권에 관한 법률관계로서 당사자 간에 화해로써 종결될 수 있는 것이라고 해석하였다. 여기에서 화해라 함은 민사소송법상의 화해를 가리키는 것으로 보인다.

한편 1999년 중재법은 제3조 제2호에서 "'중재합의'라 함은 계약상의 분쟁인지의 여부에 관계없이 일정한 법률관계에 관하여 당사자 간에 이미 발생하였거나 장래 발생할 수 있는 분쟁의 전부 또는 일부를 중재에 의하여 해결하도록 하는 당사자 간의 합의를 말한다"라고 하여 당사자의 처분가능성을 삭제하였고, 다만 제1조(목적)와 제3조 제1호(중재의 정의)에서 私法상의 분쟁일 것을 요구하였다. 모델법이 중재가능성을 규정하지 않는 것은 그것이 모델법을 채택하는 국가의 국내 실체법에 대한 간섭으로 이해되었고, 그의 완전한 목록을 작성하거나 일반적으로 타당한 정의규정을 두는 것이 불가능하였기 때문인데, 우리가 모델법을 따른다는 명목으로 1999년 중재법에서 중재가능성의 기준을 삭제한 것은 잘못이었다.

3. 저자가 제시한 1999년 중재법의 해석론과 입법론

1999년 중재법은 삭제 근거를 제시하지 않았기에 해석상 불확실성을 초래하였다. 저자는 해석론으로 私法상의 분쟁일 것에 추가하여 ① 1973년 중재법에서처럼 재산권에 관한 법률관계로서 화해가능성이 있을 것을 요구하는 견해와, ② 문언을 중시하는, 완화된 견해가 주장될 수 있고 후자에는 다양한 가능성이 있다고 보았다. 저자는 입법론으로 독일 개정 민사소송법(제1030조 제1항) 또는 스위스 국제사법(제177조 제1항)을 모델로 삼아 중재가능성을 확대하자는 제안을 하였다.117)

4. 2014년 개정위원회에서의 논의와 개정위원회 초안

2014년 개정위원회는 중재가능성의 범위를 확대하되, 독일 민사소송법의 태

---

117) 석광현, 국제중재법 제1권, 28면.

도를 중재법에 규정하기 위한 초안을 다음과 같이 작성하였다.

> **제1조(목적)** 이 법은 중재(仲裁)에 의하여 <u>재산권상의 분쟁 및 당사자가 화해에 의하여</u>
> <u>해결할 수 있는 비재산권상의 분쟁</u>을 적정·공평·신속하게 해결함을 목적으로 한다.
> **제3조(정의)** 1. ""중재"란 당사자 간의 합의로 <u>재산권상의 분쟁 및 당사자가 화해에</u>
> <u>의하여 해결할 수 있는 비재산권상의 분쟁</u>을 법원의 재판에 의하지 아니하고 중재인
> (仲裁人)의 판정에 의하여 해결하는 절차를 말한다.

　　1999년 중재법에서 삭제되었던 화해가능성이 중재가능성의 판단기준으로 재
등장하였으나 금번에는 비재산권상의 분쟁의 경우로 한정되었다. 개정위원회에서
저자는 위 문언에 원칙적으로 찬성하지만 불확실성을 배제하고자, 첫째, 특허권의
성립과 유무효에 관한 분쟁의 중재가능성. 둘째, 회사 관련 분쟁의 중재가능성.
셋째, 이혼과 파양의 중재가능성을 명확히 할 필요성을 지적하였다. 그러나 개정
위원회에서 더 심도 있는 논의는 이루어지지 않은 채 위 문언이 채택되었다.

5. 2016년 개정된 중재법: 국회의 문언 수정과 해석론상의 혼란

가. 2016년 개정된 중재법의 조문

　　중재법 제1조와 제3조 제1호는 아래와 같이 규정함으로써 중재의 대상이 사
법상의 분쟁이어야 하는지에 관하여 문언상 상충이 발생하였다.

> **제1조(목적)** 이 법은 중재(仲裁)에 의하여 <u>사법(私法)상의 분쟁</u>을 적정·공평·신속하
> 게 해결함을 목적으로 한다.
> **제3조(정의)** 이 법에서 사용하는 용어의 뜻은 다음과 같다.
> 1. "중재"란 당사자 간의 합의로 재산권상의 분쟁 및 당사자가 화해에 의하여 해결할
>   수 있는 비재산권상의 분쟁을 법원의 재판에 의하지 아니하고 중재인(仲裁人)의 판
>   정에 의하여 해결하는 절차를 말한다.

나. 2016년 중재법의 해석론에 관한 일반적 논점

(1) 사법(私法)상의 분쟁이어야 하나

　　개정위원회는 중재가능성이 있는 분쟁의 범위를 모든 재산권상의 분쟁과 화
해가능성이 있는 비재산권의 분쟁으로 확대하였음에도 불구하고, 국회는 근거 없
이 개정안의 문언을 수정하였고, 사법상의 분쟁이라는 요건을 제1조에서만 명시

하고 제3조에서는 명시하지 않음으로써 해석상의 혼란을 야기하였다.[118] 이는 매우 유감스러운 일이다. 문제는 2016년 개정된 중재법의 해석론인데, 개정위원회에 참여하였던 위원들 간에 상충되는 견해가 제시되었다. 저자는 해석론으로는 '사법(私法)상의 분쟁'일 것이 요구된다고 본다. 결국 2016년 중재법은 '사법상의 분쟁'이어야 한다는 요건을 폐기하는 데 실패하였고 단지 1999년 중재법의 흠결을 보충하면서 법적 불확실성을 부분적으로 제거한 셈이다. 입법론으로는 제1조에서도 사법상의 분쟁일 것이라는 요건을 삭제해야 한다.

(2) 중재판정의 상대효를 인정하는 것이 적절할 것이라는 요건이 필요한가와 판단기준

1999년 중재법의 해석상(이 점은 중재법하에서도 마찬가지다), 대세적으로 법률관계의 획일적 또는 통일적 확정을 요구하는 사건의 경우(이는 인사관계와 회사관계의 경우 현저하다) 법률관계의 상대효만을 인정하는 것은 부적절하므로 중재가능성을 부정하는 견해가 유력하였다. 이에 따르면 중재법하에서도 상대효만 인정하는 것이 부적절하면 중재가능성을 부정할 수 있다. 따라서 ① 중재가능성 판단에서 '중재판정의 상대효를 인정하는 것이 적절한 법률관계일 것'이라는 요건이 필요한지와, ② 만일 그렇다면 판단기준이 문제 된다. 형성적 중재판정의 경우 형성력의 본질에 비추어 중재법 제35조에도 불구하고 대세적 형성력을 인정할지, 아니면 제35조를 중시하여 대세적 형성력과 중재가능성을 부정할지 문제이다.

여기에서는 ①만 간단히 논의한다. 중재판정은 당사자 간에 확정판결과 같은 효력을 가진다(중재법 제35조). 상대효만을 가지는 중재판정의 사례로는 첫째, 상응하는 법원 판결과 달리 기판력이 당사자에게만 미치는 경우, 둘째, 상응하는 법원 판결과 달리 형성력이 당사자에게만 미치는 경우와 셋째, 복수 당사자 간에 합일확정을 요구하는 분쟁에서 일부 당사자만이 중재합의를 체결한 경우 등을 들 수 있다. 우리는 우선 중재법(제35조)의 해석상 중재판정의 형성력에 관한 법리를 정립해야 한다. 일반론으로 중재판정부가 법률관계의 변동을 선언하는 내용의 중재판정(형성력이 있는 중재판정)을 할 수 있음은 별 의문이 없다. 우리의 관심사는,

---

[118] 국회의 심사보고서와 검토보고서는 "다만, 중재법의 목적이나 중재의 대상이 기본적으로 사법상의 분쟁이라는 점에서 제1조(목적)에서는 현행처럼 "사법상의 분쟁"을 그대로 유지하고, 제3조(정의)에서만 중재 대상을 개정안처럼 "재산권상의 분쟁 및 당사자가 화해에 의하여 해결할 수 있는 비재산권상의 분쟁"으로 하는 방안이 적절해 보임"이라고 기술한다. 근거는 제시하지 않는다.

형성판결을 상정하는 다양한 법률관계(특허 취소, 회사 관련 소송과 이혼 또는 파양소송 등)에서 별도의 법적 근거가 없는 현재 중재판정으로써 형성판결을 대체할 수 있는가이다. 만일 가능하다면 형성력이 있는 중재판정이 대세효가 있는지가 문제인데, 중재법 제35조를 근거로 하는 부정설[119]과 형성력의 본질을 근거로 하는 긍정설[120]이 있다.

(3) 중재가능성을 제한할 수 있는 다른 근거

그 밖에 중재가능성을 제한하는 근거로는 아래를 생각할 수 있다.

첫째, 중재법 제2조 제2항에 따른 제한. 제2조 제2항은 "이 법은 중재절차를 인정하지 아니하거나 이 법의 중재절차와는 다른 절차에 따라 중재에 부칠 수 있도록 정한 법률과 대한민국에서 발효(發效) 중인 조약에 대하여는 영향을 미치지 아니한다"라고 규정하므로 그에 따른 중재가능성에 대한 제한을 고려해야 한다. 특히 노동법 분야의 중재를 생각할 수 있으나, 그 밖에 여기에서 논의하는 분야에 관한 한 그런 제한을 인정하기는 어렵다.

둘째, 공서위반의 문제. 중재를 하는 것이 한국의 선량한 풍속 기타 사회질서에 반하는 경우에는 중재합의가 무효일 수 있고 중재가능성을 부정할 수도 있다. 문제는 중재법(제3조)에 따라 중재가능성이 인정되더라도 공서를 근거로 중재가능성을 부정할 수 있는지이다. 예컨대 이혼사건의 화해가능성을 긍정하고 따라서 중재가능성이 있어야 함에도 불구하고 이혼사건의 중재가 공서위반이라고 볼 수 있는가이다. 그렇게 보는 것은 논리적으로 부자연스럽다.

셋째, 특수기구에 의한 분쟁해결의 상정. 국가가 일정 유형의 분쟁을 해결하고자 특수기구를 설치하여 그를 위한 권한을 통상의 법원에도 허용하지 않고 그 기구에만 인정하는 경우에는 중재가능성을 부정할 여지가 있다.

넷째, 전속적 국제재판관할규칙으로부터의 추론. 종래 유력설은 소송의 맥락에서 일정한 법률관계에 관한 분쟁에서 특정국가의 전속관할을 인정한다. 그렇더라도 그러한 분쟁의 중재가능성이 당연히 부정되는 것은 아니다.

결국 어떤 유형의 분쟁을 중재에 의하여 해결할지는 각국 입법자가 정책적으로 판단할 사항이다. 사인 간의 분쟁을 소송에 의해 해결하는 것이 당연했던 과거

---

119) 강수미, "중재판정의 효력에 관한 연구", 중재연구 제27권 제1호(2017. 3), 73면.
120) 정선주, "한국과 독일의 중재판례 비교연구", 민사소송 제20권 제2호(2016. 11.), 31면.

에는 별로 문제 되지 않았으나 중재에 의한 분쟁해결이 확대되고 있는 현재로서는 중재가능성의 유무를 판단하는 기준이 중요하다. 중재가능성을 넓게 인정하면 중재의 장점을 살릴 수 있지만, 공익과 밀접하게 관련되는 분쟁의 경우 사인의 결정인 중재에 맡기는 것은 부적절하다. 앞으로 다양한 분쟁을 중재로써 해결하려는 당사자들의 욕구가 강해질수록 중재가능성의 경계획정이 중요한 쟁점으로 부각될 것이다. 그 과정에서 국가별로 속도와 범위는 다르겠으나 점차 확대될 것으로 예상된다. 2016년 개정된 중재법하에서도 중재가능성의 유무에 관한 판단이 쉽지 않으므로 명확한 기준을 정립할 필요가 있다.

중재가능성의 유무를 결정하는 준거법도 중요한 논점이다.

다. 2016년 개정된 중재법에 따른 중재가능성의 분야별 검토

2016년 개정된 중재법에 따른 중재가능성은 분쟁 유형별로 검토할 사항이다.[121] 여기에서는 일부 분야만 언급한다.

(1) 특허권의 성립과 유무효에 관한 분쟁의 중재가능성

중재법상 지적재산권에 관한 분쟁의 중재가능성은, 문제 된 권리 및 분쟁의 종류에 따라 구분하여야 한다. 예컨대 특허권처럼 권리의 발생을 위하여 등록을 필요로 하는 지적재산권과 그렇지 않은 저작권의 경우를 구분하고, 또한 특허권 침해분쟁과 특허권의 존부(또는 유효성)에 관한 분쟁을 구별할 필요가 있다. 특허권침해에 관한 중재의 경우는 중재가능성을 인정할 수 있으나, 특허권의 성립과 유무효에 관한 분쟁은 사법상의 분쟁이 아니므로, 저자처럼 중재법의 해석상 사법(私法)상의 분쟁이어야 한다는 견해를 따르는 한, 중재가능성이 없다(저작권의 성립과 유무효에 관한 분쟁은 중재가능성을 인정할 수 있다).

우리 법상 특허권의 부여는 행정행위이므로 그에 관한 분쟁은 사법상의 분쟁이 아니다. 반면에 특허권에 관한 라이선스계약과 특허권 침해로 인한 분쟁은 종전과 같이 중재가능성이 있다. 나아가 특허권에 관한 라이선스계약과 특허권 침해에 관한 국제상사중재에서 상대방이 특허권의 무효나 부존재를 주장하는 경우 중재인은 그러한 선결문제를 판단할 수 있다.

사법상의 분쟁일 필요가 없는 독일에서는 1998년의 중재법개정에 의하여 특

---

121) 1999년 중재법의 해석론은 석광현, 국제중재법 제1권, 29면 이하 참조.

허무효분쟁도 중재가능성이 있게 되었다는 긍정설과 부정설이 나뉘고 있다.

(2) 회사 관련 분쟁의 중재가능성

우리 상법에서 보듯이 회사의 설립 관련 소송 또는 주주(또는 사원)총회결의 관련 소송(양자를 묶어서 "회사 관련 소송"이라 한다)의 경우 청구를 인용한 판결은 제3자에 대하여도 효력이 있다(상법 제376조 제2항, 제380조, 제190조 본문). 따라서 상법(위 조문과 제186조)은 그 경우 전속적 토지관할을 규정한다. 회사 관련 분쟁은 대체로 재산권상의 청구이므로 중재가능성이 있다. 다만 상대효만을 인정하는 것이 적절한지가 문제 된다.

첫째, 회사 관련 소송의 경우 법원 판결(예컨대 사원총회결의 취소판결)의 효력이 제3자에게 확장되는데(상법 제376조, 제190조 등) 이를 기판력의 주관적 범위의 확장으로 이해하면 중재판정은 법원 판결과 달리 상대효만을 가지므로 중재가능성을 부정할 여지가 있다. 가사 이것이 형성력의 확장이더라도 중재법 제35조를 존중하여 중재판정의 형성력도 상대효만을 가진다고 보면 대세효와 중재가능성을 부인하게 된다. 이처럼 상법은 별도 조문을 두어 판결의 대세효를 명시하는데, 상응하는 조문을 두지 않은 중재법의 해석상 가사 중재가능성을 인정하더라도 중재판정의 대세효를 인정하기는 어렵다.[122)]

---

122) 회사 관련 소송은 직권탐지주의에 의하는 것은 아니나 판결의 대세효에 비추어 화해가 허용되지 않는다는 것이 통설·판례라고 한다. 흥미롭게도 김갑유·신연수, "주주대표소송의 중재가능성", 2024. 12. 18. 개최된 한국중재학회와 대한상사중재원 공동학술세미나, 발표문, 1면 이하는 이를 긍정한 홍콩 항소법원의 2018. 12. 27. Chu Kong v Lau Wing Yan And Others 사건 판결([2018] HKCA 1010)을 소개하면서 주주대표소송의 중재가능성을 '법정청구(statutory claim)의 중재가능성' 문제의 일환으로 논의하고 이를 긍정한다. 이는 한국 회사의 경우 상법이 정한 원고적격과 주주대표소송 제기 절차를 중재에 준용하여 당사자들 간에 중재합의가 있고 그 요건을 모두 준수하면 주주대표소송에 상응하는 중재가 가능하다고 한다. 이는 새로운 발상이기는 하나 타당성은 의문이다. 우리 상법(제403조)은 회사가 이사에 대한 책임추궁을 게을리하는 경우 소수주주가 제3자의 소송담당(병행형)에 의하여 회사를 상대로 제소할 수 있도록 하는데(주주대표소송), 상법은 이를 위하여 제소요건, 당사자적격, 전속관할, 참가와 고지, 재심 등을 규정한다. 당사자들이 주주대표소송과 가급적 유사한 구조를 중재합의(특히 정관에 포함된 중재합의)에 담을 수 있으나 그것은 계약자유의 원칙에 따른 것이지 주주대표소송에 갈음하는 것은 아니다. (소수)주주, 회사와 이사 간에 중재합의가 있더라도 소수주주가 제3자의 법정소송담당에 의하여 당사자적격을 가지는 것이 아니라 중재합의에 기초한 것이다(이사가 변경되면 새 이사가 중재합의의 당사자여야 한다). 저자는 주주대표소송의 경우 당사자적격을 실체법에 근거한 법정소송담당으로 보아 기본적으로 회사의 속인법에 따를 사항으로 보나(석광현, 제1판, 173면 참조),

둘째, 사원총회결의 하자의 경우 만일 주주 전원이 중재합의의 당사자가 아니라면 그 자체로서 문제가 있다(따라서 이런 분쟁은 폐쇄회사의 경우에 주로 문제 될 것이다). 엄밀하게는 이는 중재가능성의 문제는 아니나 그와 같이 관계자 전원이 중재합의의 당사자일 것을 전제로 중재가능성을 긍정하기도 한다.

한편 회사설립의 하자에 관한 소의 경우에도 유사한 논의가 타당하다.

(3) 이혼과 파양의 중재가능성

주목할 만한 것은, 일본 중재법(제13조 제1항)이 "중재합의는 법령에 특별한 정함이 있는 경우를 제외하고 당사자가 화해를 할 수 있는 민사상의 분쟁(이혼 또는 파양의 분쟁을 제외한다)을 대상으로 하는 경우에 한하여 그 효력을 가진다"라고 규정함으로써 이혼 또는 파양사건의 중재가능성을 명시적으로 부정하는 점이다. 즉 일본 신인사소송법(제37조 제1항, 제44조)은 이혼과 파양의 소에서 화해를 허용함에도 불구하고[123] 일본 중재법은 중재가능성을 명시적으로 부정한다.[124] 이 점을 고려하여 저자는 개정위원회에서 우리도 이혼과 파양의 중재가능성을 부정하는 조문을 둘지를 검토할 필요가 있음을 지적하였으나, 개정위원회는 이를 받아들이지 않았다. 그 근거는 불분명하나 조문이 없어도 동일한 결론에 이를 것으로 보았다고 짐작된다. 저자로서는 조문을 두는 편이 나았을 것으로 본다.

2016년 개정된 중재법의 해석상 이혼과 파양은 사법상의 분쟁으로 비재산권상의 분쟁이므로 중재가능성의 유무는 일차적으로 화해가능성의 유무에 달려 있다. 일부 학설처럼 이혼과 파양은 성질상 당사자가 임의로 처분할 수 없는 사항이라는 이유로 화해가능성을 부정하면 중재가능성도 없다. 반면에 다수설과 실무처

원고와 피고가 공모하여 회사의 권리를 사해할 목적으로 판결을 하게 한 때에는 상법(제406조)은 주주의 이익을 보호하고자 회사 또는 주주가 재심의 소를 제기할 수 있도록 허용하는데 중재에서는 이런 가능성이 배제되고 기타 주주대표소송을 소수주주에게 허용하면서 그 남용을 방지하고자 입법자가 설계한 장치들이 제대로 작동할 수 없다. 물론 그 경우 중재판정 취소의 소는 가능하지만 중재절차의 당사자가 아닌 다른 주주가 중재판정 취소의 소를 제기할 수는 없다. 현재로서는 주주대표소송과 유사한 구조를 계약으로 구성할 수는 있으나 제3자의 소송담당(병행형)에 상응하는 주주대표소송을 중재에 의하여 갈음할 수는 없다.

123) 일본에서는 과거에도 재판상 이혼과 재판상 파양에서 화해를 허용하였다. 小島武司·猪股孝史, 仲裁法(2014), 79면.

124) 신분관계의 변동은 본인의 의사에 따라야 하고 제3자의 판단에 맡기는 경우 반드시 법원의 심리판단에 의하여야 한다는 취지라고 한다. 小島武司·猪股孝史(註 123), 78면 이하 참조.

럼 이혼 및 파양에 대해 화해가능성을 긍정한다면 ① 중재가능성을 인정하면서 대세효를 부정하는 견해, ② 중재가능성을 인정하면서 대세효를 인정하는 견해, ③ 상대효만 인정하기에는 부적절한 법률관계이므로 중재가능성을 부정하는 견해 가 주장될 수 있다. 현재로서는 ③이 설득력이 있다고 본다.

한편 이미 이혼이 성립한 경우의 재산분할이나 위자료 청구 등에 대하여는 중재가능성을 인정할 수 있을 것이다.

(4) 독점금지법 관련 분쟁

독점금지법 관련 분쟁의 중재가능성은 과거 미국 연방대법원 판결을 계기로 활발히 논의되었다. 1968년 American Safety Equipment Corp. v. J. P. Maguire & Co. 사건 판결(391 F. 2d 821 (2d Cir. 1968))에서 제2순회구 연방항소법원은 독점 금지법 관련 분쟁의 중재가능성을 부정하였다. 연방항소법원은 "… 독점금지법상 의 청구는 단순히 사적인 문제가 아니다. 셔먼법은 경쟁적인 경제 내에서 국가이 익을 조장하기 위한 것이고, 동법에 따라 권리를 주장하는 원고는 공익을 보호하 는 사적 법무장관에 비견되어 왔다. … 독점금지법 위반은 수십만, 아마도 수백만 의 사람들에게 영향을 줄 수 있고, 엄청난 경제적 손해를 끼치는 점에서 중재에 의한 실현에 부적절하며, 그러한 청구가 법원 외의 곳에서 해결되도록 의회가 의 도했다고 믿을 수 없다"라고 보고 중재인은 커다란 공적 이익에 관한 분쟁을 해 결하기에 부적합하다고 지적하였다.

그러나 1985년 Mitsubishi Motors Corp. v. Soler Chrysler—Plymouth, Inc. 사건 판결(473 U.S. 614 (1985))에서 미국 연방대법원의 다수의견은 중재가능성을 긍정하였다. Blackmun 등 5명의 다수의견은 1925년 연방중재법의 제정과 1970년 뉴욕협약의 비준을 통하여 중재를 소송과 동등한 분쟁해결장치로 인정한 입법자 의 결정을 강조하고, 중재선호정책을 존중하여야 한다고 판시하였다. 다만, 위 판 결은 독점금지법 관련 분쟁의 중재가능성을 일반적으로 긍정한 것은 아니고 국제 거래와 관련된 분쟁에 한정하였다.[125]

---

125) 사안의 소개는 석광현, 국제중재법 제1권, 30면 이하 참조. 위 판결이 독점금지법 관련 분 쟁의 중재가능성을 긍정한 것도 同旨로 이해된다. 주목할 것은 위 사건 판결의 각주 (Footnote) 19이다("따라서 우리는 미쓰비시가 중재판정을 집행하는 것이 아니라 중재합의 를 강제하는 이 소송의 단계에서 중재판정부가 중재절차에서 과연 미국 독점금지법을 적용 할지 여부에 대해 추측할 필요가 없다. 또한 우리는 중재판정부가 제정법상의 소송원인을

손해배상 등의 사적 구제도 중시하는 미국과 달리, 우리나라에서는 종래 행정적 구제를 중시하였으므로 독점규제 및 공정거래에 관한 법률("독점규제법") 위반 사건의 중재가능성은 별로 문제 되지 않았다. 특히 구 독점규제법(제57조 제1항)은 손해배상청구를 위한 시정조치 선확정제도를 두고 있었다. 그러나 현행 독점규제법은 이를 폐지하고, 손해액 인정제도를 도입함으로써 손해배상청구제도의 활성화를 위한 전기를 마련한 결과 손해배상청구가 늘어날 것이므로 중재가능성이 문제 될 수 있다. 중재법이 사법상의 분쟁일 것을 요구한다고 보는 한, 우리 법상 독점규제법 관련 분쟁이 과연 사법(私法)상의 분쟁인지는 논란의 여지가 있으나, 적어도 통상의 법원이 판단할 수 있는 사항, 예컨대 독점규제법 위반을 이유로 하는 손해배상청구 등의 경우 중재가능성을 긍정할 여지가 있을 것이다.

이는 국제적 강행규정이 적용되어야 하는 사안에서 중재가능성이 부정되는가의 문제와도 관련된다. 가사 중재지가 외국이더라도, 제3국인 한국의 국제적 강행규정이 당해 사안과 밀접한 관련이 있다면 중재판정부가 이를 적용할 가능성이 전혀 없는 것은 아니므로 사전에 중재가능성을 부정할 것은 아니고, 오히려 사후에 중재판정의 승인 및 집행단계에서 통제하는 것이 적절하다.126)

인지하지 못하는 것이 연방법원에서 소송을 다시 제기할 수 있는 원고의 능력에 어떤 영향을 미치는지를 지금 고려할 필요도 없다. 우리는 단지 관할합의조항과 준거법합의조항이 함께 작동하여 독점금지법 위반에 대한 법적 구제책을 추구할 당사자의 권리를 잠재적으로 포기한 것이 되는 경우에는, 공서에 반하는 합의를 비난하는 데 주저하지 않을 것이라는 점에 주목할 뿐이다"). 위 미국 연방대법원은 중재절차에서 중재인은 당사자 또는 중재기관에 의하여 그 분쟁에 관한 전문가가 선임되며, 공정거래법 위반에 따른 민사상 손해배상청구는 미국 법원 이외의 기관에 대하여도 청구할 수 있고, 미국 법원은 중재판정을 집행하는 단계에서 공정거래법에서 보호하고자 하는 공적 이익이 중재판정에서 적절하게 반영되었는지 판단할 수 있는 기회가 있으므로 중재절차에서 공정거래법 위반에 따른 손해배상청구를 할 수도 있다고 보았다. 이것이 이른바 'second-look doctrine'이다, George Bermann, The Building of an Arbitration Friendly Jurisdiction, Horatia Muir Watt (ed.), Global Private International Law (2019), p. 79 이하; Giuditta Cordero-Moss, Banlancing Arbitrability and Court Control, Horatia Muir Watt (ed.), Global Private International Law (2019), p. 82 참조. 우리 문헌은 손경한, "强行法規上 請求의 仲裁適格性 —美國의 경우를 중심으로—(下)", 중재 제173호(1986. 6.), 4-5면; 이상돈, 국제거래법(1992), 60면 이하; 이헌묵, "국제적 강행법규에 대한 중재가능성", 국제거래법연구 제22권 제2호(2013), 39면도 참조.

126) Gary B. Born, International Commercial Arbitration, 2nd Edition, Volume Ⅰ (2014), p. 950도 同旨. 이헌묵(註 125), 40-41면은 "중재합의의 효력을 주장하는 자에게 국제적 강행법규가 중재절차에서 적용될 것이란 점에 대한 입증책임을 지우고, 이러한 입증에 실패

(5) 구제방법과 중재가능성의 구별

신청인(을 외국회사)은 피신청인(갑 주식회사)과 신청인의 특허 등에 관하여 라이선스계약을 체결하였는데, 피신청인이 라이선스계약을 위반하여 특허를 출원하였다는 이유로 신청인이 피신청인을 상대로 출원특허에 대한 모든 권리와 이익의 반환 등을 구하는 중재신청을 하였다. 중재지는 네덜란드였는데 중재판정부는 피신청인은 특허에 대한 모든 권리와 이익을 신청인에 이전하고 이를 위반하는 경우 간접강제 배상금을 지급하라는 내용의 중재판정을 내렸다. 중재판정부가 제재금을 명한 것은 네덜란드 민사소송법 제1056조상 그런 권한이 있었기 때문이다.

신청인은 한국에서 네덜란드 중재판정의 승인 및 집행을 신청하였고, 이에 대하여 피고(피신청인)는 분쟁 대상이 중재가능성이 없으며, 간접강제를 명하는 중재판정의 주문이 한국의 공서양속에 반하므로 뉴욕협약 제5조 제2항 (가)호가 정한 승인거부사유가 있다고 주장하였다.

대법원 2018. 11. 29. 선고 2016다18753 판결[127]은 집행을 허가하였는데 그 근거는 아래와 같다. 대법원은 뉴욕협약 제5조 제2항 (가)호에 따르면, 분쟁의 대상인 사항이 그 국가의 법에 따라서는 중재에 의하여 해결될 수 없는 경우 그 중재판정의 승인이나 집행을 거부할 수 있는데, 분쟁 대상의 중재가능성(arbitrability)은 중재 대상 분쟁의 성질상 당사자들이 사적 자치에 따라 중재로 해결하기로 합의할 수 있는지 여부에 관한 것으로 위 사건 중재판정 중 간접강제를 명하는 부분은 분쟁의 대상인 사항이 아니라 분쟁에 따른 권리구제방법에 해당하므로 중재가능성과는 다른 문제라고 판시하였다.

Ⅵ. 중재판정부(제11조-제18조)

1. 중재판정부의 구성

중재인의 선정에는 통상 당사자들이 직접 선정하는 방법, 중재기관, 기존 중재인들 또는 국가법원이 선정하는 방법과 당사자 또는 중재기관이 명부를 사용하

하면 중재가능성의 부재로 중재합의가 무효가 된다"라는 취지로 주장한다. 그러나 동의하기 어렵다.
127) 위 판결에 대한 평석인 이창현, 498면은 위 판결의 결론을 지지한다.

는 명부방식(list system) 등 다양한 방법이 사용된다.[128]

중재법(제12조)은 중재인의 선정방법을 규정한다. ① 중재인의 선정절차는 당사자 간의 합의에 의하고(합의는 기관중재의 경우 중재규칙의 지정에 의하여도 가능하다), ② 합의가 없는 경우 중재법이 정한 선정절차에 따르며, ③ 당사자의 합의가 있더라도 합의한 방법에 의하여 중재인을 선정할 수 없는 경우 법원이 선정하는데, 중재인의 선정에 관한 법원의 결정에 대하여는 항고할 수 없다. 중재인의 수는 당사자 간의 합의로 정하나, 합의가 없는 경우 3인으로 한다(중재법 제11조). 그러나 중재인이 선정되어도 당연히 중재인이 되는 것은 아니고, 중재인과 양쪽 당사자 간에 중재인선정계약(또는 중재인계약)이 체결되어야 한다. 이는 위임에 유사한 유상의 특수계약이다.[129]

2. 중재인의 기피

가. 기피사유

중재법(제13조)은 중재인의 고지의무와 중재인에 대한 기피사유를 규정하는데, 이는 모델법(제12조)을 따른 것이고 모델법은 구 UNCITRAL 중재규칙(제9조, 제10조)에 기초한 것이다(2021년 개정된 중재규칙에서는 제11조와 제12조).

고지의무를 보면, 중재인이 되어 달라고 요청받은 사람 또는 중재인으로 선정된 사람은 자신의 공정성이나 독립성에 관하여 의심을 살 만한 사유가 있을 때에는 지체없이 이를 당사자들에게 고지하여야 한다(제13조 제1항). 한편 중재인에 대한 기피사유에 관하여 중재법(제13조 제2항 1문)은 일반적 기준만 둔다. 첫째, 중재인의 공정성이나 독립성에 관하여 의심을 살 만한 사유와, 둘째, 중재인이 당사자들이 합의한 중재인의 자격을 갖추지 못한 사유가 있는 경우에 한하여 기피신청이 허용된다. 둘째 사유는 어려움이 없으나, 첫째 사유의 판단은 어려울 수 있다. 분쟁의 대상에 대하여 중재인이 재정적 이익이나 개인적인 관련을 가지거나, 또는 일방당사자와 밀접한 관련을 가지는 경우 이에 해당하고, 중재절차 중 중재인의 편파적인 또는 불공평한 행태도 이에 포함될 수 있으며, 매우 예외적이겠지만 중재인의 국적도 그에 해당할 수 있다.[130] 다만, 자신이 선정하였거나 선정절

---

128) Redfern/Hunter, para. 4.29 이하 참조.
129) 목영준·최승재, 159면.
130) Holtzmann/Neuhaus, p. 389. 세계변호사협회가 1987년 공표한 "국제중재를 위한 IBA 윤리(또는 윤리장전)"와 2004년 공표한 "이익충돌에 관한 IBA 지침(Guidelines on Conflicts

차에 참여하여 선정한 중재인에 대하여는 당사자가 선정 후에 알게 된 사유에 한
하여 기피신청을 할 수 있다(제13조 제2항 2문).

법관이든 중재인이든 공정성이나 독립성에 의심이 있는 때에는 판단으로부
터 배제되는 것은 동일하나, 중재인의 경우, 특히 당사자선정 중재인(party-ap-
pointed arbitrator)은 일방당사자의 의사에 의하여 선정되므로 그 사유의 판단은 어
려운 문제를 제기한다. 당사자선정 중재인과 제3중재인을 구분하면서 전자의 경
우 당사자로부터 완전히 독립할 것을 요구하지 않는다는 견해[131]와, 이론상으로
는 양자 간에 차이를 둘 근거는 없다는 견해가 있다.[132]

나. 기피절차

중재인의 기피절차는 당사자 간의 합의로 정하고(합의는 기관중재의 경우 중재
규칙의 지정에 의하여도 가능하다), 합의가 없는 경우 당사자는 중재판정부가 구성된
날 또는 기피사유를 안 날부터 15일 이내에 중재판정부에게 서면으로 기피신청을
할 수 있는데, 그 경우 기피된 중재인이 사임하지 않거나 상대방 당사자가 기피신
청에 동의하지 않으면 기피된 중재인을 포함한 중재판정부는 기피신청에 대한 결
정을 하여야 한다(중재법 제14조 제1항·제2항).

모델법의 성안과정에서 논란이 된 것은, 중재판정부의 기피신청 기각 시 법원
의 관여를 정한 제13조 제3항이었다. 쟁점은, 한편으로는 중재절차의 지연책략으로

---

of Interest in International Arbitration)"은 첫째의 기피사유의 유무를 판단하는 데 도움이
된다. 이는 2014년과 2024년 개정되었는데, 중재인의 당사자들에 대한 이해관계를 '포기
불가능한 적색 목록', '포기 가능한 적색 목록', '오렌지색 목록'과 '녹색 목록'으로 구분한다.
소개와 국문 번역은 임성우, 4.92 이하 참조.

131) 정선주, "중재인에 대한 기피", 중재연구 제17권 제1호(2007. 3.), 41면.

132) 목영준·최승재, 154면. 다만 이 견해도 실제로 법원은 제3중재인에게 요구하는 기준을 당
사자선정 중재인에게 요구하는 정도보다 높게 설정하고 있다고 한다. 당사자선정 중재인이
라고 하여 공정성과 독립성을 아예 부정하는 것은 부당하며 단지 제3자의 중재인과 비교할
때 공정성과 독립성의 정도에 관하여 차이를 인정할지는 논란의 여지가 있다. 미국에서는
과거 중재인 윤리강령(AAA/ABA Code of Ethics for Arbitrators in Commercial Disputes)
을 근거로 국내중재에서 비중립적 중재인의 개념을 인정하는 경향이 있었다. 그러나 2004
년 개정된 위 강령은 "This Code establishes a presumption of neutrality for all arbi-
trators, including party-appointed arbitrators, which applies unless the parties'
agreement, the arbitration rules agreed to by the parties or applicable laws provide
otherwise"라고 하여 국내중재와 국제중재를 구별하지 않고 중재인의 중립성을 요구한다.
Redfern/Hunter, para. 4.73도 참조.

사용되는 것을 막으면서 동시에 불필요한 중재절차를 피하는 것 간의 균형을 유지하는 것이었다.[133] 중재법(제14조 제3항·제4항)은, 일단 중재판정부에 기피신청을 하게 하고, 중재판정부가 이를 기각하는 경우 즉시 법원에 기피신청을 할 수 있게 하되, 절차의 지연을 피하기 위한 장치로서 법원에 대한 기피신청기간을 제한하고 법원의 기피결정에 대한 항고를 금지하며, 기피신청이 법원에 계속 중이더라도 중재판정부에게 중재절차를 진행할 수 있는 재량을 부여하는 타협안을 채택하였다.

중재법상 당사자가 기피신청을 하지 않고 기피신청기간을 도과한 뒤, 중재판정 취소의 소 또는 승인 및 집행단계에서 비로소 기피사유를 주장할 수 있는지는 논란이 있는데 유력한 부정설[134]이 있다. 흥미로운 것은 대법원 2005. 4. 29. 선고 2004다47901 판결이다. 위 사건에서 원고는 기피사유의 존재를 알았지만 기피신청을 하지 않았다가 중재판정 취소의 소를 제기하였는데, 대법원은 당해 사안의 기피사유는 중대하지 않은데, 당사자가 기피신청을 해태하였으므로 이를 중재판정 취소의 소나 중재판정의 승인거부사유로 주장할 수 없다고 보았다. 다만 대법원판결은 추상적인 법률론으로 중재인의 기피사유가 중대한 사유인 때에는 기피신청을 해태하였더라도 중재판정 취소의 소나 중재판정의 승인거부사유로 주장할 수 있다고 하였는데, 그 판단기준으로 민사소송법(제41조)이 정한 법관의 제척사유라면 중대한 사유라고 보았다.

3. 중재판정부의 권한과 그에 관한 다툼

중재합의의 적극적 효력의 결과 중재인은 중재절차를 진행하는 권한과 중재판정을 내리는 권한을 가진다. 그런데 당사자가 중재판정부의 권한을 다툴 경우, 중재판정부가 중재절차를 중지하고 자신의 권한에 관한 법원의 판단을 기다려야 하는가, 아니면 스스로 판단하고 중재절차를 진행할 수 있는가라는 까다로운 문제가 제기된다.

가. Kompetenz-Kompetenz[135] 원칙의 선언

중재법 제17조는 모델법 제16조를 따라 Kompetenz-Kompetenz 원칙, 즉

---

133) Holtzmann/Neuhaus, p. 406.
134) Holtzmann/Neuhaus, p. 409 참조.
135) 이를 '권한판단권한' 또는 '권한 - 권한'의 문제라고 한다. 우리나라에서는 '자기권한심사' 또는 '재판권의 재판권' 문제 또는 '권한확정권한' 등 다양한 표현이 사용된다. 주석중재법/

중재판정부가 자신의 권한에 관하여 판단할 수 있다는 원칙을 명시한다.136) 이러
한 원칙은 구 중재법(제10조)은 물론이고 프랑스 개정 민사소송법(제1466조), 영국
의 1996년 중재법(제30조), UNCITRAL 중재규칙(제23조 제1항), ICC 중재규칙(제6
조 제3항·제5항) 등 근자의 국내입법과 국제규범에 의해 널리 승인되고 있다. 중
재판정부가 법원의 판단을 기다려야 한다는 견해는, 분쟁해결의 효율성과 중재판
정부의 권한을 다투는 당사자 지위의 보호를 근거로 삼는다.137) 그러나 법원의 소
송절차는 장기간을 요할 것이므로 중재절차의 진행을 방해하게 된다. 즉 중재절
차에 불만이 있는 당사자는 중재절차를 지연시키는 책략으로서 중재판정부의 권
한에 대해 이의를 제기할 우려가 있다. 중재법 제17조는 이를 예방하기 위한 수단
으로서 실무상 중요한 의미를 가진다.138)

나. 중재판정부의 권한에 관한 결정에 대한 법원의 심사

모델법 제16조에 관하여 가장 논쟁의 대상이 되었던 것은 바로 이 조항인데,
중재판정부의 권한에 대한 중재판정부의 결정이 사법적 통제의 대상이 되어야 한
다는 데는 이견이 없었으나, 통제의 종류와, 특히 그 통제가 중재절차 진행중에
— 중재절차를 중지하거나 또는 중지하지 않든 간에 — 행사되어야 하는지에 관하
여는 많은 논란이 있었다.139)

UNCITRAL은 다음과 같은 타협안을 채택하였다. 즉 당사자의 이의제기가 있
으면 중재판정부는 그의 선택에 따라 권한에 대하여 선결문제로서 결정하거나 본
안에 관한 중재판정에서 함께 판단할 수 있다(제17조 제5항). 중재판정부가 선결문
제로서 권한이 있다고 결정하면 이의당사자는 결정의 통지를 받은 날부터 30일
이내에 법원에 중재판정부의 권한에 대한 심사를 신청할 수 있다(제17조 제6항).
반면에 중재판정부가 본안에서 함께 판단한 경우에는 중재판정의 취소를 기다려
야 한다. 중재판정부에게 선택권을 부여하는 방안의 장점은, 중재판정부가 개별사

양병회·정선주, 73면 註 1은 중재법에 따라 "중재판정부의 판정권한에 관한 결정"이라
한다.
136) 이는 법원을 구속하는 판단을 할 수 있다는 의미까지 내포하는 것은 아니다. Redfern/
Hunter, para. 5.99; Stein/Jonas/Schlosser, §1032 Rn. 11, §1040 Rn. 1. 이를 구 스타일의
'Kompetenz-Kompetenz'라고 부르기도 한다.
137) 목영준·최승재, 163면 참조.
138) Holtzmann/Neuhaus, p. 479.
139) Holtzmann/Neuhaus, p. 483 이하.

건에서 중재인의 권한에 대한 이의가 지연책략으로 이용될 위험과, 무용한 중재절차에서 비용과 시간을 낭비할 위험을 비교하여 적절히 대응할 수 있다는 데 있다.[140] 중재판정부가 본안에 대한 종국적인 중재판정을 내리기 전에 국가법원이 판정부의 권한의 문제에 관여하는 체계를 '동시통제(concurrent control. 또는 병행통제)'라고 부르는데, 모델법은 중재판정부가 선결문제로 자신의 권한을 긍정한 경우에 한하여 이를 채택한 것이다.

이처럼 중재판정부가 자신의 권한에 관하여 판단할 수 있음을 '자기권한심사의 적극적 효과'라고 하고, 중재판정부의 판정권한 판단이 법원의 판단보다 시간상 먼저 행해져야 한다는 것을 자기권한심사(또는 Competence–Competence 원칙)의 '소극적 효과(negative effect)'라고 부르기도 한다. 우리나라에도 중재합의가 명백하게 무효가 아닌 한 법원은 중재판정부의 권한에 대하여는 일응의(*prima facie*) 심사만을 하고 전면적 심사는 중재판정부에 맡기는 것이 바람직하다는 견해도 있고, 이를 자기권한심사의 소극적 효과의 문제로 다루면서 입법례(프랑스, 스위스, 영국, 미국과 독일)를 소개한 뒤 우리 법의 해석론도 긍정설이 유력하다면서 중재판정부의 구성 전에는 법원의 전면적 심사를 허용하되, 구성 후에는 법원은 일응의 심사만을 하고 중재판정부의 판단을 기다려야 한다고 한다는 견해도 있다.[141] 후자는 입법론으로 프랑스 민사소송법(제1448조)(중재합의의 대상인 분쟁에 관한 소가 법원에 제기되면 법원은 중재판정부에 아직 분쟁이 계속 중이지 않고 중재합의가 명백하게 무효이거나 그 이행이 불가능하지 않은 이상 관할권이 없음을 선언하여야 한다. 법원은 직권으로 관할권이 없음을 선언할 수 없다. 이 조에 반하는 모든 약정은 기재되지 않은 것으로 본다)처럼 자기권한심사의 소극적 효과를 명시하는 편이 바람직하다고 하는데 이는 이 문제를 '중재절차와 소송절차의 경합'의 문제의 일환으로 다룬다.[142]

---

140) Holtzmann/Neuhaus, p. 486.

141) 전자는 임성우, 3.196(임성우, "중재판정부의 관할권 결정과 법원의 심사에 관한 실무상 쟁점 ― 중재법 제17조를 중심으로", 2024. 12. 13. 개최된 중재학회 학술대회 발표자료, 14면도 같다), 후자는 이필복, 경합, 205면 이하(특히 242면 이하); 사법정책연구원, 중재 활성화를 위한 법원의 역할(2018), 234면(김정환 집필) 참조.

142) 이필복, 경합, 247면. 소극적 효과의 상세는 Stefan Kröll/Andrea K. Bjorklund/Franco Ferrari (eds.), Cambridge Compendium of International Commercial and Investment Arbitration (2023), Part V, Chapter 27 (The Competence–Competence Principle's Negative Effect), p. 807 이하 (John J. Barceló III 집필부분) 참조.

과거 저자는 법원에 본안에 관한 소가 제기되고 선결문제로 중재합의의 무효 등을 주장하는 경우, 중재판정부가 구성되기 전이라면 법원이 전면적 심사를 할 수 있고, 반면에 이미 중재판정부가 구성되었다면 법원은 소송절차를 중지하거나 기일을 추정하고 중재판정부의 일차적 판단을 기다려야 한다는 견해도 가능하나 절차의 신속을 위하여 중재합의의 유·무효가 선결문제로 다루어지는 경우에까지 그렇게 볼 것은 아니라는 부정설을 피력하였는데[143] 해석론으로 이를 유지한다. 법원의 심사권을 일응의 심사로 제한할 중재법상 근거가 없고, 최종적 판단권을 가지는 법원에 소가 제기되어 법원이 판단할 수 있게 되었으므로 법원이 판단하면 족하지 굳이 자기심사권한의 소극적 효과를 인정하여 중재판정부에게 우선 판단하게 한 뒤 법원이 다시 판단할 필요가 없기 때문이다.[144] 다만 입법론으로서는 자기권한심사의 소극적 효과를 명시하는 방안을 고려할 필요가 있다.

반면에 중재판정부가 구성되기 전에는 법원이 중재판정부의 권한에 대하여 전면적 심사를 할 수 있음은 명백한데, 그 경우 법원의 판단이 중재판정부를 구속하는지가 문제 된다. 법원이 자신의 관할권을 부정한 경우 그 판단은 중재판정부를 구속하지 않으나, 법원이 자신의 관할권을 긍정한 경우에는 중재판정부를 구속한다고 보는데 그 이유는 후자의 경우 만일 중재판정부가 법원과 달리 판단하여 자신의 권한을 긍정하고 중재판정을 내린다면 결국 그 중재판정은 법원에 의하여 취소될 것이기 때문이다.[145]

다. Kompetenz-Kompetenz 조항의 효력

당사자가 명시적 합의에 의하여 최종적인 판단권한을 중재판정부에게 주고 법원의 심사를 배제할 수 있는가라는 의문이 제기된다. 종래 독일에서는 이를 '권한-권한조항(Kompetenz-Kompetenz Klausel)'의 효력의 문제로 논의하는데, 구 민사소송법하에서는 유효설이 연방대법원의 판결이고 다수설이었으나, 민사소송

---

143) 석광현, 국제중재법 제1권, 439면. 한창완, "중재판정부의 관할에 대한 법원의 심사", 국제 거래법연구 제33집 제1호(2024. 7.), 237면도 중재판정이 내려지기 전 단계에서도 우리 법 원은 전면심사를 허용하는 태도를 취하고 있다고 평가한다.

144) 독일법의 해석론도 같은데 다만 독일 민사소송법에는 우리 중재법에는 없는 제1032조 제2 항이 있어 당사자는 중재판정부의 구성 전에는 법원에 중재절차의 적법성(Zulässigkeit. 또 는 허용성) 여부에 대한 확인을 구하는 신청을 할 수 있다. 동항의 소개는 이필복, 경합, 239면 이하 참조.

145) 이필복, 경합, 248면도 동지.

법은 최종적인 판단권한을 법원에 귀속시키므로 이제는 부정설이 다수설이다.[146) 우리 중재법의 해석론으로도 부정설이 설득력이 있다.[147)

4. 중재판정부의 임시적 처분(제3장의2)과 법원의 보전처분

가. 임시적 처분을 할 수 있는 중재판정부의 권한

과거 중재법은 임시적 처분에 대해 침묵하였으나, 1999년 개정된 구 중재법은 1985년 모델법을 수용함으로써 중재판정부가 임시적 처분을 할 수 있음을 명시하는 간략한 조문을 도입하였다. 그 후 UNCITRAL은 임시적 처분제도를 개선하고자 2006년 모델법을 개정하고 제4장의2로 '임시적 처분과 사전명령'이라는 장을 신설하였는데("개정 모델법"), 2016년 개정된 중재법은 사전명령에 관한 조문을 제외한 다른 조문들을 수용하여 중재법 제3장의2를 신설하였다.[148)

나. 개정 모델법의 소개

개정 모델법은 제IV장A로 '임시적 처분과 사전명령(interim measures and pre-liminary orders)'이라는 장을 신설하여 아래와 같이 상세히 규정한다.[149)

제1절 임시적 처분
제17조 임시적 처분을 명할 수 있는 중재판정부의 권한
제17조A 임시적 처분을 하기 위한 조건
제2절 사전명령
제17조B 사전명령의 신청과 사전명령을 하기 위한 조건
제17조C 사전명령을 위한 특별제도
제3절 임시적 처분과 사전명령에 적용되는 조항
제17조D 변경, 정지, 종료 / 제17조E 담보제공 / 제17조F 개시(disclosure)

---

146) Geimer, Rz. 3826; 안병희, "중재법원과 국가법원과의 상관관계에 관한 연구", 연세대학교 대학원 법학박사학위논문(2000), 109면.

147) 예컨대 안병희(註 146), 56면 이하; 정선주, "중재절차에서 법원의 역할과 한계 — 개정 중재법과 UNCITRAL 모델법 등을 중심으로 —", 중재연구 제10권(2000), 78면 참조.

148) 상세는 석광현, 임시적 처분, 107면 이하; 석광현, 국제중재법 제2권, 144면 이하 참조. 1999년 중재법상의 논의는 석광현, 국제중재법 제1권, 440면 이하 참조.

149) 소개는 노태악·구자헌, 492면; 한민오, "국제상사중재에 있어서 중재판정부의 임시적 처분에 관한 연구", 서울대학교 대학원 법학석사학위논문(2012. 2.), 42면 이하 참조. 문언은 http://www.uncitral.org/uncitral/en/uncitral_texts/arbitration/1985Model_arbitration.html 참조.

제17조G 비용과 손해배상
제4절 임시적 처분의 승인과 집행
제17조H 승인과 집행 / 제17조I 승인 또는 집행의 거부근거

개정 모델법은 "분쟁의 대상에 관하여 필요하다고 인정하는 임시적 처분"이어야 한다는 중재법상의 제한을 삭제하고 임시적 처분의 요건을 명시한다. 즉, 제17조A에 의하면 임시적 처분을 하기 위하여는 ① 처분이 인용되지 않을 경우 신청 당사자에게 회복할 수 없는 손해의 위험이 있고, ② 처분이 인용되지 않을 경우 신청 당사자에게 발생하는 손해가 처분을 인용할 경우 상대방에게 발생하는 손해보다 실질적으로 더 커야 하며, 또한 ③ 신청 당사자가 본안에서 이길 만한 합리적 가능성이 있어야 한다.

대부분의 선진 중재법은 중재인에게 임시적 처분을 할 수 있는 권한을 부여하는데, 문제는 일방적 처분의 허용 여부이다. 일부 논자는 이러한 처분은 중재합의에 기초한 중재의 성질 또는 중재의 적법절차원칙에 반한다고 보는데, 개정 모델법에 일방적 처분을 할 수 있는 권한을 포함시켜야 하는지는 논란이 있었다. 타협안을 규정하는 개정 모델법 제17조B에 따르면 일방 당사자는 상대방에 대한 통지 후에 내려지는 임시적 처분(interim measures)의 신청과 동시에 일방적 처분인 사전명령(preliminary orders. 또는 '예비명령')이라는 긴급구제를 신청할 수 있다. 임시적 처분은 관할법원에 집행을 신청할 수 있고 법원은 승인거부사유가 없는 한 이를 승인하고 집행해야 하는 반면에(제17조H), 사전명령은 20일 동안만 유효하며 집행의 대상이 되지 않는다(제17조B, 제17조C). 나아가 개정 모델법(제17조 제2항)은 현상유지를 위한 임시적 처분과 소송유지(留止)명령(anti-suit injunction)도 내릴 수 있음을 명시한다.150) 즉 제17조 제2항 b호는 "중재절차 자체에 현재의 또는 임박한 해를 끼치거나 영향을 미칠 행위를 방지 또는 금지하는 행위를 취하는 것"을 임시적 처분에 포함시킴으로써 중재판정부에 의한 소송유지명령이 가능함을 밝히고 있다.151)

---

150) 다만 '소송유지명령'이라는 용어를 사용하지는 않는다.
151) 노태악·구자헌, 494면.

다. 2016년 개정 중재법에 의한 임시적 처분에 관한 규칙의 도입[152]

중재판정부가 임시적 처분을 할 수 있는지와 그 요건은 중재지법(정확히는 중재절차의 준거법)에 따른다. 중재법은 개정 모델법을 수용하여 제3장의2에서 임시적 처분에 관한 정치한 규정을 도입하였다. 주의할 것은, 개정 모델법과 달리 중재법상 임시적 처분의 승인 및 집행은 한국 내에서 내려진 임시적 처분에 한정되는 점이다. 외국에서 내려진 임시적 처분의 승인 및 집행은 종래와 같이 처리되므로, 뉴욕협약이 적용되는 외국의 임시적 처분의 승인 및 집행은 동 협약에 따른다.

라. 중재판정부의 권한과 임시적 처분의 범위와 유형

(1) 임시적 처분을 할 수 있는 중재판정부의 권한

임시적 처분에 관하여 규정하지 않았던 과거 중재법과 달리 1999년 중재법 (제18조 제1항 제1문)은 모델법(제17조 제1문)을 수용하여 중재판정부가 당사자의 신청에 따라 결정으로 임시적 처분을 할 수 있음을 명시하였는데, 이는 개정 모델법을 수용한 2016년 개정 중재법에서 대폭 확대되었다.

(2) 임시적 처분의 범위와 유형

1999년 중재법은 임시적 처분의 종류를 열거하지 않고 "중재판정부는 … 분쟁의 대상에 관하여 … 임시적 처분을 내릴 수 있다"라고 규정하였으므로(제18조 제1항) 중재판정부가 할 수 있는 임시적 처분은 '분쟁의 대상에 관한 것'에 한정되었다. 따라서 다툼의 대상(즉 계쟁물)에 관한 처분금지가처분이나 점유이전금지가처분 등은 가능하였으나, 피신청인의 다른 재산에 대한 가압류 또는 동결과 소송유지(留止)명령 기타 현상유지를 위한 임시적 처분은 허용되지 않았다. 반면에 중재법 제18조는 중재판정부가 일방 당사자의 신청에 따라 필요하다고 인정하는 다양한 유형의 잠정적 처분(temporary measure)을 임시적 처분으로 할 수 있음을 명시한다. 중재법 제18조 제2항이 열거하는 임시적 처분은 아래 4가지 유형의 이행을 명하는 것이다.

첫째, 본안에 대한 중재판정이 있을 때까지 현상의 유지 또는 복원(제2항 제1호). 민사집행법상 예외적으로 만족적 가처분(또는 단행가처분)도 가능한데, 중재법은 그에 상응하는 임시적 처분을 언급하지 않으나 가능하다. 부작위의무의 이행

---

152) 상세는 석광현, 국제중재법 제2권, 144면 이하 참조.

을 명하는 임시적 처분에 대한 집행단계에서 법원은 채권자의 신청에 따라 간접
강제결정(예고결정)을 하고 채무자가 이를 고지받고도 이행하지 않으면 간접강제
결정을 집행권원으로 하여 금전집행의 방법으로 배상금을 추징한다. 문제는 중재
판정부가 스스로 임시적 처분과 함께 간접강제결정을 하고 강제금을 부과할 수
있는가라는 점이다. 과거에는 이에 관하여 의문이 있었으나, 아래에서 보는 바와
같이 간접강제명령은 소송적 요소와 집행적 요소를 함께 가지고 있어서 판결절차
에서도 법원이 간접강제명령을 할 수 있다는 대법원 전원합의체판결이 나온 이상
이제는 가능하다고 본다.153) 이 점은 뒤(IX.2.)에서 더 상세히 논의한다.

둘째, 중재절차 자체에 대한 현존하거나 급박한 위험이나 영향을 방지하는
조치 또는 그러한 위험이나 영향을 줄 수 있는 조치의 금지. 이 유형은 소송유지
명령 기타 중재절차의 진행을 촉진하기 위한 임시적 처분을 포함한다.

셋째, 중재판정의 집행대상인 자산에 대한 보전 방법의 제공. 이는 민사집행
법상의 가압류와 가처분 등에 상응하는 임시적 처분과 자산동결명령을 포함한다.
임시적 처분의 효력은 당사자에게만 미치므로 제3자에게 의무를 부과하는 임시적
처분은 할 수 없고 하더라도 제3자에게는 효력이 없다.

넷째, 분쟁해결과 관련된 중요한 증거 보전. 보전의 대상이 되는 증거는 모든
증거가 아니라 관련성과 중요성이 있는 증거에 한정된다.154)

---

153) 이창현, 494면도 동지. 저자는 임시적 처분의 맥락에서 견해가 나뉠 수 있다고 하였다. 석
광현, 국제중재법 제2권, 152면 이하. 임시적 처분의 맥락에서 박진수, "개정 중재법에 따
른 임시적 처분의 활용 범위 및 실무 개선방안", 2016. 11. 18. 법원행정처와 서울국제중재
센터가 공동으로 개최한 개정 중재법의 실무적 쟁점 및 운영방안 심포지엄 자료, 10-11
면; 조인영, "소송금지가처분(Anti-Suit Injunction)과 중재금지가처분", 저스티스 통권 제
178호(2020. 6.), 301면도 동지. 반면에 2024년 4월 시행된 일본의 개정 중재법은 이와 다
른 접근방법을 취한 것으로 보인다. 즉 신설된 제49조(잠정보전조치명령에 관계된 위반금
지불명령)는 법원은 잠정보전조치명령에 대하여 확정된 집행등인가결정이 있는 경우 당해
잠정보전조치명령을 받은 자가 이를 위반하거나 위반할 우려가 있다고 인정할 때에는 해당
잠정보전조치명령 신청인의 신청에 의해 당해 잠정보전조치명령의 위반에 의해 침해되는
이익의 내용, 성질, 침해의 태양 및 정도를 감안하여 상당하다고 인정하는 일정액의 금전의
지불을 명할 수 있다고 규정한다. 다만 법원은 위반금지불명령을 집행등인가결정과 동시에
할 수 있다. 일본의 규정은 법원이 하는 강제금 지급명령이라는 점에서 본문의 논의와는
다르다. 일본의 개정 중재법에 관하여는 福田敦 編, 一問一答·新しい仲裁·調停法制(2024)
참조.

154) 우리 민사집행법은 보전처분의 유형을 가압류와 가처분으로 이원화하고, 후자를 다시 '다툼
의 대상에 관한 가처분'과 '임시지위를 정하는 가처분'으로 분류한다. 가압류와 '다툼의 대
상에 관한 가처분'은 셋째 유형의 임시적 처분에, '임시지위를 정하는 가처분'은 첫째 유형

중재법은 임시적 처분의 형식을 중재판정에 한정하지 않는다. 제18조 제1항이 명시하듯이 중재법상 당사자는 합의에 의하여 중재판정부가 할 수 있는 임시적 처분의 범위를 제한하거나 확장할 수 있고 이는 중재규칙의 지정에 의하여도 가능하다.

(3) 긴급중재인의 긴급처분과 임시적 처분

중재판정부의 임시적 처분은 일단 중재판정부가 구성되어야 가능하고 이는 중재신청을 전제로 하므로 그 전에는 긴급한 필요가 있더라도 임시적 처분을 받을 수 없다. 이런 한계를 극복하기 위하여 근자에는 '긴급중재인(emergency arbitrator)' 제도가 이용되고 있다. 이는 당사자의 중재신청을 접수하거나 중재판정부가 구성되기 전에 긴급하게 잠정적 처분을 구할 필요가 있는 경우, 중재기관에서 선정한 단독 긴급중재인으로부터 긴급처분에 관한 결정을 받을 수 있는 제도를 말한다.[155] 긴급중재인 제도를 이용하면 당사자는 신청 시로부터 대체로 2주 내에 긴급처분을 받을 수 있는데, 근자에 중재기관들이 경쟁적으로 이를 도입하였다.[156] 개정위원회에서는 긴급중재인 제도를 중재법에 규정할지를 논의하였으나, 이는 각 중재기관의 중재규칙에서 다루어야 할 제도라고 보아 도입하지 않았다.

여기에서 중재법상 긴급중재인은 중재인인가 그리고 긴급중재인의 긴급처분은 중재법상 임시적 처분인가라는 의문이 있다. 중재법상 긴급중재인의 근거규정이 없고, 제22조에 따른 중재절차 개시 전에 선임되는 긴급중재인은 중재판정부의 정의에 포함되지 않으며, 긴급중재인의 긴급처분은 중재판정부의 임시적 처분이 아니므로 이는 중재법에 따른 승인 및 집행의 대상이 되지 않는다.[157] 이를 가능하게 하자면 중재법에 근거규정을 둘 필요가 있다. 그 전에는 대한상사중재원의 중재규칙에 따른 효력만 가질 수 있다.

의 임시적 처분에 각 상응하며, 우리 법상 증거보전은 넷째 유형의 임시적 처분에 상응한다.

155) 예컨대 독립적 보증의 수익자가 부당한 청구를 할 가능성이 있는 경우 보증의뢰인은 긴급중재인의 청구금지명령을 신청하기도 한다.

156) 예컨대 2012년 시행된 "국제상업회의소 중재규칙"(제29조)은 중재판정부 구성 전의 임시적 처분을 위한 긴급중재인 제도를 도입하였고, 2021년 개정 중재규칙(제29조)도 이를 유지한다. 2016년 6월 개정된 대한상사중재원 국제중재규칙(별표3. 긴급중재인에 의한 긴급처분)도 같다.

157) 참고로 Jakob Horn, Der Emergency Arbitrator und die ZPO (2019), S. 46ff.는 긍정설과 부정설을 소개한 뒤 독일법상 긴급중재인도 중재인이라고 본다(S. 59).

마. 임시적 처분의 요건

개정 모델법과 중재법은 임시적 처분의 요건을 증거보전 이외의 임시적 처분의 요건과 증거보전을 위한 임시적 처분의 요건으로 구분하여 규정한다.

(1) 증거보전 이외의 임시적 처분의 요건(제18조의2 제1항)

중재법은 제18조의2에서 임시적 처분의 요건을 명시한다. 가압류와 가처분을 구별하여 요건을 규정하는 민사집행법과 달리 중재법은 요건을 통일적으로 규율한다.

① 임시적 처분이 없을 경우 신청인에게 '중재판정에 포함된 손해배상으로 적절히 보상되지 아니하는 손해' 발생가능성. 작업반은 일부 국가에서 요구하는 임시적 처분의 요건, 즉 '회복할 수 없는 손해(irreparable harm)'를 규정하는 방안을 고려하였으나 그보다 낮은 정도의 기준을 채택하였다. 회복할 수 없는 손해라는 개념은 다양하게 해석될 여지가 있고, 특히 금전적 보상으로 치유될 수 없는 경우만을 가리키는 것으로 좁게 해석될 우려가 있었기 때문이다.

② 신청인에게 발생할 손해가 임시적 처분으로 인하여 상대방에게 발생할 것으로 예상되는 손해를 상당히 초과할 것. 개정 모델법은 임시적 처분의 긴급성(urgency)을 명시하지 않으나, 임시적 처분의 필요성이 충분히 긴급한 것이어서 임시적 처분에 의하여 방지하고자 하는 손해가 본안에 관한 중재판정에 의하여는 회피할 수 없어야 한다는 견해가 유력하다.

③ 신청인에게 본안에 대한 합리적 승소가능성이 있을 것. 이는 임시적 처분을 위한 요건이므로 중재판정부가 본안 심리에서 임시적 처분 결정 시의 인용가능성에 대한 판단에 구속되지 않음은 당연하다. 그러나 합리적 승소가능성이라는 요건은 분쟁을 야기할 가능성이 크고, 특히 승소가능성을 판단하자면 어느 정도 본안에 대한 심사를 해야 하는데, 임시적 처분은 본안심사 전에 긴급한 조치를 취하려는 것이므로 본안심사를 전제로 하는 승소가능성의 존재를 임시적 처분의 요건으로 하는 데는 비판이 있다. 그러나 임시적 처분에서는 밀행성은 허용되지 않으므로 당사자를 심문해야 하고 따라서 합리적 승소가능성에 대한 잠정적 판단이 불가능하지는 않을 것이다.

④ 임시적 처분의 신청인이 위 요건들을 소명할 것. 개정 모델법은 "satisfy the arbitral tribunal"라고 규정하였는데, 중재법은 '소명'이라고 규정한다. 민사집

행법(제279조 제2항, 제301조)이 법원의 보전처분을 위하여 소명을 요구하므로 균형을 맞춘 것으로 짐작되나 적절한지는 의문이다.[158]

⑤ 중재판정부가 당사자를 심문하였을 것. 피신청인을 심문하지 않고 하는 임시적 처분은 허용되지 않는다.

(2) 증거보전을 위한 임시적 처분의 요건(제18조의2 제2항)

증거보전을 위한 임시적 처분의 신청에 대해서는 중재판정부가 적절하다고 판단하는 범위에서 제1항의 요건을 적용할 수 있다. 다만 증거보전을 위한 임시적 처분에서는 첫째 요건, 즉 "신청인에게 중재판정에 포함된 손해배상으로 적절히 보상되지 아니하는 손해가 발생할 가능성이 있을 것"이라는 요건은 항상 적용되지는 않는다.

(3) 일방적 임시적 처분의 허용 여부

1999년 중재법상 일방 당사자의 신청에 의하여 상대방에 대한 심문 없이 하는 임시적 처분이 허용되는지는 논란이 있었다. 저자는, 중재법의 문언상 일방 당사자의 신청에 따라 상대방에 대한 심문 없이 하는 일방적 임시적 처분(*ex parte interim measures*)("일방적 처분")이 가능한 것처럼 보이고, 법원 보전처분의 밀행성에 익숙한 우리 법률가들에게 당연히 가능한 듯 보이나, 일방적 처분은 양 당사자가 중재절차에서 동등한 대우를 받아야 하고 변론할 수 있는 충분한 기회를 가져야 한다는 중재절차의 대원칙(중재법 제19조)에 반하여 허용되지 않는다고 보았다. 개정 모델법이 사전명령제도를 별도로 둔 것은 모델법상 일방적 처분은 허용되지 않음을 전제로 한다.

개정 모델법은 다양한 안전장치를 두는 것을 조건(즉 당사자들의 합의로 이를 배제할 수 있고, 사전명령의 효력을 20일로 제한하며 집행력을 부정하는 점 등)으로 사전명령제도를 도입하였다. 사전명령제도는 임시적 처분의 실효성을 보장하기 위한 별개의 예비적 조치이다. 당사자는 임시적 처분의 신청과 동시에 사전명령을 신청할 수 있다. 사전명령을 도입한 것은, 중재에서 당사자의 동등한 대우의 원칙에

---

158) 의문의 상세는 석광현, 국제중재법 제2권, 160면 이하 참조. 민사소송법상 증명도의 수치화가 가능하다는 견해 중에도 소명은 50% 미만이라는 견해와 50%를 넘는다는 견해가 있다. 김차동, "민사소송에서의 증명도 기준의 개선에 관한 연구", 법조 제68권 제3호(통권 제735호)(2019. 6.), 81면 참조.

반하고, 중재절차를 지연시키고 불공정에 이르게 하는 통로로 남용될 여지도 있으나, 이를 통하여 중재실무의 수요에 부응하고 중재를 더욱 효율적인 분쟁해결 수단으로 만들 것이라는 기대에 근거한 것이다. 중재법은 사전명령제도를 도입하지 않았는데, 이에 대하여는 비판이 있으나 부적절하다.

중재법하에서는 일방적 처분은 허용되지 않는다. 일방적 처분은 중재합의라는 당사자의 합의에 기초한 중재절차의 본질에 반한다. 중재법상 임시적 처분의 상대방 당사자가 변론할 수 없었던 사실은 임시적 처분의 승인 및 집행 거부사유이므로(제18조의8 제1항 제1호 가목 2) 이제는 과거와 달리 논란의 여지가 없다.

바. 중재판정부의 임시적 처분의 변경, 정지와 취소

제18조의3은 임시적 처분을 변경·정지하거나 취소할 수 있는 중재판정부의 재량을 규정하는데, 그 범위는 일방 당사자의 신청이 있는 경우와 중재판정부가 직권으로 판단하는 경우에 차이가 있다. 일방 당사자의 신청이 있는 경우 중재판정부는 완전한 재량을 가지나, 중재판정부의 직권 판단은 특별한 사정이 있어야 하고 당사자에게 미리 통지하여야 한다. 어느 경우든 중재판정부는 그 변경·정지 또는 취소 전에 당사자를 심문(審問)하여야 한다.

사. 임시적 처분에 대한 담보

중재판정부는 임시적 처분을 신청하는 당사자에게 상당한 담보의 제공을 명할 수 있다(제18조의4). 이는 민사집행법 제280조와 같은 취지이다.

아. 사정의 변경과 신청 당사자의 고지의무

중재판정부는 당사자에게 임시적 처분 또는 그 신청의 기초가 되는 사정에 중요한 변경이 있을 경우 즉시 이를 알리도록 고지의무를 부과할 수 있는데(제18조의5), 부과 여부는 중재판정부의 재량이다. 중재법은 중재판정부가 고지의무를 부과한 뒤 사정변경이 있음에도 불구하고 신청 당사자가 고지의무를 위반한 경우의 제재는 규정하지 않는다.

자. 임시적 처분으로 인한 비용과 손해배상

제18조의6은 구 중재법과 달리 부당한 임시적 처분으로 인한 손해배상의무

를 명시하나 임시적 처분의 부당성의 판단기준이나, 가해자의 고의·과실 등 손해 배상청구를 위한 요건을 명시하지 않는다. 임시적 처분의 부당성을 판단하기 위하여 최종 중재판정이 필요한 것은 아니고 중재판정 전에도 가능하다. 다만 임시적 처분의 부당성 여부를 판단할 수 있는 시점에 중재판정부의 임무가 종료되면 곤란하므로 임시적 처분의 부당성에 대한 확인을 구하는 청구나 손해배상청구를 중재절차 진행 중 반대신청으로 제기할 필요가 있다.

부당 임시적 처분으로 인한 손해배상책임의 경우 중재법이 손해배상의무를 명시하면서 고의·과실을 요구하지 않으므로 무과실책임이라고 본다.[159] 중재법은 손해배상의무에 관한 기본원칙을 규정할 뿐 모든 사항을 규율하지는 않으므로 그 효과, 특히 손해배상 범위의 준거법이 문제 된다. 불법행위지법을 적용하기보다 중재지법인 우리 법에 따르는 것이 당사자들이 예견하기 쉬우므로 바람직하다. 중재판정부는 중재절차 중 언제든지 비용의 지급이나 손해의 배상을 중재판정의 형식으로 명할 수 있다.

차. 임시적 처분의 승인 및 집행

중재법은 개정 모델법의 태도를 수용하여 임시적 처분의 승인 및 집행을 규정하고 그 거부사유를 규정한다. 이는 중재판정의 승인 및 집행을 정한 중재법 제7장(제37조 이하)이 적용되지 않음을 전제로 법적 근거를 둔 것이다.

(1) 임시적 처분의 효력과 승인의 의미

임시적 처분은 당사자에 대한 구속력[160]을 가지나 집행력과 기판력은 없다. 형성적 성질의 임시적 처분은 형성력을 가진다. 임시적 처분은 중재판정과 달리 중재판정부에 대한 기속력(또는 자기구속력)은 없다. 중재법은 임시적 처분 자체에

---

159) 민사소송법(제215조 제2항)은 '부당 가집행'의 경우 가집행을 신청한 당사자에게 손해배상 의무가 있음을 규정함으로써 무과실책임을 인정하나, 종래 '부당한 보전처분'의 경우에는 원칙적으로 일반 불법행위책임으로 구성하여 보전처분 신청인의 고의·과실을 요구하되, 신청인이 본안소송에서 패소한 경우 고의 또는 과실을 추정한다.

160) 개정 모델법 제17조H 제1항이 명시듯이("An interim measure issued by an arbitral tribunal shall be recognized as binding") 승인은 임시적 처분이 당사자에 대한 구속력이 있음을 인정하는 것이나 임시적 처분과 중재판정의 맥락에서 구속력의 본질이 동일하다고 볼 수는 없다. 참고로 2024. 4. 1.부터 시행되는 일본 개정 중재법(제47조)은 임시적 처분의 승인은 언급하지 않고 집행만 언급한다.

대한 불복은 규정하지 않는다. 중재판정은 승인요건을 구비하면 승인되는데, 이런 자동승인의 원칙이 임시적 처분에도 타당하다. 임시적 처분은 기판력은 없으나 법원의 집행결정에 의하여 집행력이 부여된다.

(2) 임시적 처분의 승인 및 집행

임시적 처분은 형식에 관계없이 승인 및 집행할 수 있다(제18조의7). 중재법이 임시적 처분의 집행이 가능하도록 한 이유는, 중재판정 전에 필요한 잠정적 구제를 반드시 법원의 보전처분에 의하도록 하는 것은 중재를 통한 분쟁해결을 원하는 당사자들의 의사를 위축시키고, 또한 임시적 처분에 집행력을 부여함으로써 중재절차를 실효적으로 촉진하는 데 도움이 되기 때문이다. 개정 모델법은 중재지를 불문하나 중재법은 중재지가 한국인 경우에만 적용된다(제2조 제1항).

임시적 처분의 승인 또는 집행을 신청한 당사자와 상대방 당사자는 그 처분의 변경·정지 또는 취소가 있는 경우 법원에 이를 알려야 한다. 그 경우 법원으로 하여금 집행결정을 변경·정지 또는 취소할 수 있도록 하려는 것이다. 고지의무는 임시적 처분의 존속기간 동안 존속한다. 임시적 처분의 신청인에게만 고지의무를 부과하는 개정 모델법과 달리 중재법은 상대방에게도 고지의무를 부과한다. 임시적 처분의 승인·집행 신청을 받은 법원은 필요하다고 인정할 때에는 신청 당사자에게 적절한 담보의 제공을 명할 수 있다.

제4항은 임시적 처분의 집행에 관하여 민사집행법 중 보전처분에 관한 규정을 준용한다. 민사집행법상 가압류에 대한 재판의 집행은 채권자에 재판을 고지한 날로부터 2주일을 넘긴 때에는 하지 못하고, 가처분의 집행도 마찬가지인데(제292조 제1항과 제301조), 임시적 처분의 경우에도 유사한 집행기간의 제한이 적용된다. 중재법은 중재판정의 집행을 위한 법원의 집행결정에 대하여는 즉시항고가 가능함을 명시하면서도(제37조 제6항), 임시적 처분의 집행을 위한 집행결정에 관하여는 규정하지 않는다.

(3) 임시적 처분의 승인 및 집행 거부사유

제18조의8은 임시적 처분의 승인 및 집행 거부사유("승인거부사유", "집행거부사유", 묶어서 "거부사유")를 한정적으로 열거하는데, 이에는 당사자가 주장해야 하는 사유와 법원이 직권으로 판단하는 사유가 있다.

임시적 처분에서 진 당사자가 신청할 수 있는 거부사유는 아래와 같다. ① 임시적 처분의 상대방 당사자가 아래 중 어느 하나에 해당하는 사실을 소명한 경우. 첫째, 중재합의 당사자가 중재합의 당시 무능력자였거나 중재합의가 무효인 사실 또는 중재판정부의 구성 또는 중재절차가 중재법의 강행규정에 반하지 아니하는 당사자 간의 합의(합의가 없으면 중재법)에 따르지 아니한 사실. 둘째, 임시적 처분의 상대방 당사자가 중재인의 선정 또는 중재절차에 관하여 적절한 통지를 받지 못하였거나 기타 사유로 변론을 할 수 없었던 사실. 셋째, 임시적 처분이 중재합의 대상이 아닌 분쟁 또는 중재합의의 범위를 벗어난 사항을 다룬 사실. 임시적 처분의 집행에 저항하는 당사자가 증명책임을 부담한다. ② 임시적 처분에 대하여 법원 또는 중재판정부가 명한 담보가 제공되지 아니한 경우. ③ 임시적 처분이 중재판정부에 의하여 취소 또는 정지된 경우.

한편 법원이 직권으로 적용할 수 있는 거부사유는 아래와 같다. ④ 법원에 임시적 처분을 집행할 권한이 없는 경우. 다만, 법원이 임시적 처분의 집행을 위하여 필요한 범위에서 그 실체를 변경하지 아니하고 임시적 처분을 변경할 수 있다. ⑤ 법원이 직권으로 인정할 수 있는 중재판정 취소사유가 있는 경우. 이는 임시적 처분의 대상이 한국법상 중재가능성이 없는 경우와 임시적 처분의 승인·집행이 한국의 공서에 반하는 경우이다.

임시적 처분의 승인이나 집행의 신청을 받은 법원은 임시적 처분의 실체를 심리할 수 없다(제2항)('실질재심사 금지의 원칙'). 거부사유에 기초한 법원의 판단은 임시적 처분의 승인과 집행의 결정에 대하여만 효력이 있다. 거부사유가 있으면 임시적 처분은 승인되지 않고 임시적 처분의 본래의 효력을 가질 수 없다.

(4) 법원에 의한 임시적 처분의 변경

법원은 임시적 처분을 집행할 권한이 없는 경우 임시적 처분의 승인 및 집행을 직권으로 거부할 수 있고, 다만 필요한 범위에서 실체를 변경하지 않으면서 임시적 처분을 변경할 수 있다(제18조의8 제1항 제2호 가목). 중재지가 한국이더라도 중재판정부가 우리 민사집행법상 집행할 수 없는 임시적 처분을 할 가능성이 있다. 이를 고려하여 중재법은 법원이 집행을 위하여 임시적 처분의 실체를 변경하지 아니하고 필요한 범위에서 임시적 처분을 변경(즉 절차적 변경)할 수 있음을 명시한다.

(5) 외국중재판정부가 내린 임시적 처분의 승인 및 집행

개정 모델법(제17조H 제1항)은 중재판정부의 임시적 처분은 구속력 있는 것으로 승인되어야 한다는 점과 중재지를 불문하고 제17조I의 규정에 따라 관할법원에 집행을 신청할 수 있음을 명시하나, 중재법 제18조의7은 중재지가 한국인 경우에만 적용된다. 저자는 개정위원회에서 위의 제한을 도입하자고 제안하였는데 그 이유는 다음과 같다. 첫째, 중재법 개정은 한국이 국제거래에서 중재지로서 선호되도록 하려는 조치이므로 중재지가 외국인 경우에까지 묶어서 처리할 것은 아니다. 둘째, 이런 개정이 초래할 변화를 정확히 예측하기 어려우므로 조심스럽게 접근할 필요가 있다. 셋째, 종래 외국중재판정의 승인 및 집행은 뉴욕협약이나 민사소송법과 민사집행법의 준용을 통해서 처리하면 된다. 넷째, 외국중재판정의 승인 및 집행에 관하여 모델법(제35조 제1항)은 내외국중재판정을 구별없이 승인·집행하도록 하는 데 반하여, 1999년 중재법은 양자를 구별하여 달리 취급하므로 이런 구별을 임시적 처분에도 유지하자는 것이다.

카. 법원의 보전처분과 중재판정부의 임시적 처분의 관계

(1) 보전처분과 임시적 처분의 병존 및 당사자의 선택

중재법에 따라 임시적 처분의 대상이 확대되고 종류가 구체화되었으며 법원의 집행결정을 통하여 집행할 수 있게 되었다. 더욱이 중재판정부가 내린 보전처분을 당사자들이 의도적으로 무시하는 것은 용감하거나 어리석은 행동이므로 중재판정부의 임시적 처분은 사실상 상당한 구속력이 있다. 또한 지식재산권의 국제적 침해와 같이 사안에 따라서는 보전처분을 받자면 다수 국가의 법원에 보전처분을 신청해야 하는 데 반하여 중재에서는 하나의 중재판정부로부터 임시적 처분을 받으면 족하므로 오히려 임시적 처분이 실효적 구제수단일 수도 있다. 당사자들은 상황에 따라 법원의 보전처분과 중재판정부의 임시적 처분을 선택적으로 또는 중첩적으로 이용할 수 있다.

(2) 중재판정부의 소송유지명령 허용과 법원의 중재금지가처분 재판의 불허

중재법하에서는 중재판정부는 소송유지명령을 할 수 있다. 반면에 중재절차의 진행을 막기 위하여 당사자가 중재절차의 개시 전 또는 진행 중에 법원에 중재절차를 금지하는 가처분을 신청하거나 본안판결을 신청하는 것은 허용되지 않는다. 따라서 중재판정부와 법원의 권한상 불균형이 있으나 이는 중재합의의 실효성을 보장하기 위한 정책적 고려의 산물이다.

(3) 중재법 개정이 민사집행법에 따른 법원의 보전처분에 미치는 영향

중재법은 중재판정부의 임시적 처분에 관하여 정치한 규정을 도입하였다. 그러나 중재법 제10조는 중재합의의 당사자가 중재절차의 개시 전 또는 진행 중에 법원에 보전처분을 신청할 수 있음을 명시하고, 제18조 이하는 중재판정부의 임시적 처분에 관하여 규정하므로 보전처분과 임시적 처분은 직접적인 관련이 없다. 하지만 임시적 처분에 관한 정치한 조문의 도입은 아래와 같이 보전처분에 간접적 영향을 줄 수 있다.

첫째, 중재지가 한국인 경우 중재판정부는 중재합의에 기초하여 소송유지명령을 할 수 있다(중재법 제18조 제2항 제2호). 중재판정부가 소송유지처분을 하였다면 우리 법원으로서는 거부사유가 없는 한 그의 집행을 허가하여야 한다. 문제는 과연 우리 법원은 중재합의에 근거하여 보전처분이나 본안으로서 소송유지명령을 할 수 있는지이다. 중재판정부는 소송유지명령을 할 수 있는 데 반하여 법원은 이를 할 수 없다는 것은 균형이 맞지 않으므로 저자는 중재합의를 기초로 법원이 소송유지명령을 할 수 있다는 견해를 피력하였다.[161] 중재법에 의하여 상황이 달라진 이상 민사집행법의 해석론으로도 중재합의가 있는 경우 그의 실효성을 보장하기 위하여 법원도 소송유지명령을 할 수 있다는 적극적인 이론구성을 할 필요가 있다.

둘째, 잠정적 구제에 관한 우리 민사절차법의 내적 정합성의 문제. 이는 중재법이 민사집행법에 제기하는 문제점이다. 현재로서는 보전처분은 민사집행법에 따라, 임시적 처분은 중재법에 따라 각각 규율된다. 즉 우리 민사절차법상 당사자의 잠정적 구제수단으로는 민사집행법이 정한 법원의 보전처분과 중재법이 정한 중재판정부의 임시적 처분이 병존하는데, 양자는 그 요건과 효과가 상이하다. 여기에서는 한 가지만 언급한다.[162]

법원의 보전처분은 독일 민사소송법을, 중재판정부의 임시적 처분은 개정 모델법을 각각 따른 것이다. 민사집행법은 보전처분의 유형을 가압류와 가처분으로 이원화하고, 후자를 다시 '다툼의 대상에 관한 가처분'과 '임시지위를 정하는 가처

---

161) 상세는 석광현, 국제중재법 제2권, 275면 이하 참조.
162) 상세는 석광현, 국제중재법 제2권, 189면 이하 참조.

분'으로 분류하면서 어느 경우든 피보전권리와 보전의 필요성을 요구한다. 그러나 중재판정부의 임시적 처분은 이런 분류를 따르지 않으며, 요건으로도 피보전권리와 보전의 필요성이 아니라 신청인 측의 손해발생 가능성과 승소가능성 등을 요구한다.[163] 개정 모델법에 도입된 임시적 처분의 요건은 중재에 특유한 법리라기보다 영미 법원의 보전처분의 법리를 반영한 것이다. 이처럼 양자의 요건의 차이가 연혁적 이유에 기인한다면, 양자를 비교하여 더 좋은 방향으로 수렴시킬 수 있는지를 검토해야 한다. '잠정적 구제에 관한 한국 민사절차법의 내적 정합성 제고'라는 관점에서 잠정적 구제에 관한 법제를 재검토할 필요가 있다.

타. 법원의 보전처분

중재합의가 있으면 법원은 중재대상인 법률관계에 관하여 재판할 수 없다. 여기에서 법원은 보전처분도 할 수 없고 당사자의 법원에 대한 보전처분 신청이 중재합의의 포기인가라는 의문이 제기된다. 그러나 당사자의 법원에 대한 보전처분 신청은 중재합의에 반하는 것이 아니라 오히려 장래 유리한 중재판정을 받을 것을 예상하고 이를 집행하기 위한 것이다.[164] 중재법(제10조)은 "중재합의의 당사자는 … 법원에 보전처분을 신청할 수 있다"라고만 규정하나, 해석상 법원이 보전처분을 명하는 것이 금지되지 않음은 명백하다. 물론 국제적 사건에서 우리 법원이 보전처분을 명하기 위하여는 그를 위한 국제재판관할이 있어야 한다.

다만 법원의 만족적 가처분(단행가처분)[165]은 특별히 취급할 필요가 있는데,

---

163) 저자는 前註의 글에서 이 점을 지적하였던바, 2023. 4. 28. 공포되어 2024. 4. 1.부터 시행되는 일본 개정 중재법은 우리 중재법과 달리, 임시적 처분(일본법은 '잠정보전조치'라고 한다)을 정한 제24조 제1항 제1호부터 제3호에서 가압류, 다툼의 대상에 관한 가처분과 임시지위를 정하기 위한 가처분에 상응하도록 임시적 처분의 유형과 요건을 재구성하는 점은 주목할 만하다. 모델법을 일본처럼 재구성하는 편이 더 바람직한지는 논란의 여지가 있지만, 기존 법제와의 정합성을 유지하도록 입법을 한 점에서 일본 민사소송법학계가 제 역할을 하고 있음을 알 수 있다. 일본은 그러면서도 중재절차에서 심리를 방해하는 행위의 금지와 증거보전을 위한 임시적 처분도 규정한다(제24조 제1항 제4호, 제5호). 증거보전을 위한 경우를 제외하고는 임시적 처분을 위한 요건의 소명을 요구한다(제24조 제2항). 저자는 우리 중재법상 소명을 요구하는 점을 비판한 바 있다. 석광현, 국제중재법 제2권, 160－161면. 일본 중재법처럼 임시적 처분에 보전처분의 법리를 원용한다면 소명을 정당화할 여지도 있으나 우리는 그렇게 하지 않으므로 처지가 다르다.

164) Redfern/Hunter, para. 7.19.

165) 독일에서는 단행가처분은 'Leistungsverfügung', 만족적 가처분은 'Befriedigungsverfügung'이라고 한다.

이에는 흥미로운 결정이 있다. 계약이행 가처분 사건에서 서울북부지방법원 2021. 12. 27.자 2021카합20309 결정은 "중재법 제10조는 중재합의의 대상인 분쟁에 관하여 중재판정이 있기 전에 현상 변경을 막거나 다툼이 있는 권리관계에 끼칠 현저한 손해나 급박한 위험 등을 피하기 위하여 법원에 보전처분을 신청할 수 있도록 한 것으로서 중재판정의 실효성을 확보하기 위한 것인데, 만족적 가처분 또는 단행가처분도 중재판정의 실효성을 확보하기 위한 것이고 중재법 제10조의 보전처분에 임시의 지위를 정하기 위한 가처분이 제외되어야 할 뚜렷한 근거를 찾기 어려우므로, 중재합의에 따라 <u>중재절차로 구해야 할 청구 내용과 동일한 내용을 구하는 만족적 가처분 또는 단행가처분이더라도 피보전권리와 보전의 필요성이 소명될 경우 허용될 수 있다</u>"라고 전제하고,[166] 다만 당해 사건에서 법원은 이 사건 가처분과 동일한 내용의 중재판정부의 임시적 처분이나 중재판정이 내려지기 전에 미리 이 사건 가처분이 발령되지 않을 경우 채권자들에게 회복하기 어려운 손해가 발생할 위험이 있다거나 급박한 위험을 지우게 된다고 보기에는 부족하므로 <u>피보전권리가 인정되더라도 채권자들에게 계약이행가처분을 발령할 만한 보전의 필요성이 소명되었다고 보기 어렵다</u>고 판시하였다.[167]

이어서 법원은 아래와 같이 판시하였다. "법원이 중재절차에 관여할 수 있는 범위를 "중재법에서 정한 경우"로 한정하고 있는 중재법 제6조는 중재절차의 독립성을 제도적으로 보장하기 위한 것이다. 또한 중재법 제20조 제1항("이 법의 강행규정에 반하는 경우를 제외하고는 당사자들은 중재절차에 관하여 합의할 수 있다")은 중재절차에 당사자자치가 우선하여 적용되도록 한 것이다. 이러한 중재법 제6조,

---

166) 구체적 근거는 아래의 취지이다. "만족적 가처분 또는 단행가처분은 일반 가처분과는 달리 단순한 집행보전에 그치는 것이 아니라 피보전권리가 실현된 것과 같은 효과를 가져오는 것이므로, 이러한 가처분이 발령되려면 본안판결을 기다리게 되면 채권자에게 회복하기 어려운 손해가 발생할 위험이 있다거나 채권자에게 가혹한 부담을 지우는 결과에 이르게 된다는 사정이 존재하는 등 보전의 필요성에 대하여 고도의 소명이 있어야 한다. 대법원 2009. 1. 20.자 2006마515 결정 등에 따르면, <u>임시의 지위를 정하기 위한 가처분이 필요한지 여부는</u> 당해 가처분신청의 인용 여부에 따른 당사자 쌍방의 이해득실관계, 본안소송에서의 장래 승패의 예상, 기타 제반 사정을 고려하여 법원의 재량에 따라 합목적적으로 결정하여야 하고, 더구나 가처분채무자에 대하여 본안판결에서 명하는 것과 같은 내용의 특허권침해금지라는 부작위의무를 부담시키는 <u>만족적 가처분의 보전의 필요성 유무는</u> 제반 사정을 참작하여 보다 더욱 신중하게 판단하여야 한다".

167) 석광현, 국제중재법 제2권, 174면 註 117의 논의는 임시적 처분으로써 단행가처분이 가능하다는 점을 당연한 전제로 하였다. 석광현, 국제중재법 제2권, 149면도 가능하다고 보았다.

제10조, 제20조 제1항의 문언, 내용, 체계 등에 비추어 보면, 중재합의가 있는 경우 이루어지는 <u>법원의 보전처분의 목적은 중재판정부가 종국적으로 본안에 관하여 결론에 도달하는 데 효율성을 부여하기 위하거나 중재판정이 실효성이 없게 되는 것을 방지하기 위한 것</u>으로 봄이 타당하다. 특히 법원은 중재판정에 의하여 권리가 실현된 것과 같이 종국적인 만족을 가져오는 만족적 가처분 또는 단행가처분의 경우, 분쟁의 종국적 해결권한이 있는 중재판정부의 독자적 판단에 영향을 미치거나 중재판정을 대체하는 것을 자제하면서 보전의 필요성 인정에 더욱 신중하여야 한다".(밑줄은 저자가 추가함)

파. 중재판정부의 임시적 처분과 법원의 보전처분의 관계

법원의 보전처분과 중재판정부의 임시적 처분은 ① 처분의 내용, ② 효력의 인적 범위, ③ 집행력의 유무와 ④ 처분시기의 점에서 차이가 있다. 당사자는 누구에게 보전처분을 신청할지 결정해야 하는데, 중재지의 중재법이 양자의 선후를 정하고 있으면 그에 따르지만 중재법처럼 규정을 두지 않은 경우 개별사건의 구체적인 사정을 고려하여 당사자가 선택할 사항이다. 하지만 우리 민사집행법상의 금전채권의 집행을 보전하기 위한 가압류는 매우 강력한 무기이므로 중재판정부의 구성 후에도 가능하다면 법원의 보전처분을 활용할 필요가 있고, 때에 따라서는 양자를 모두 신청할 수도 있다.

5. 중재인의 권한종료에 대한 결정

중재인의 권한(또는 임무)은 통상 중재절차의 종료로 종료되는데(이를 'functus officio'라고 한다) 그 경우 법원이 관여할 필요가 없다. 한편 중재인이 법률상 또는 사실상의 사유로 직무를 수행할 수 없거나 정당한 사유없이 직무수행을 지체하는 경우 그 중재인의 사임 또는 당사자 간의 합의에 의하여 중재인의 권한은 종료된다(제15조 제1항). 중재인의 권한종료 여부에 관하여 다툼이 있는 경우 당사자는 법원에 권한종료결정을 신청할 수 있고, 법원의 권한종료결정에 대하여는 항고할 수 없다(제15조 제3항). 중재인의 권한이 종료된 경우 보궐중재인의 선정절차는 대체되는 중재인의 선정에 적용된 절차에 의한다(중재법 제16조).

Ⅶ. 중재절차(제19조-제28조)

1. 중재절차에 관한 중재법의 대원칙

중재법은 중재절차에 관하여 상세한 규정을 두지 않는다. 그 이유는 당사자들은 <u>중재법의 강행규정에 반하지 아니하는 한</u> 중재절차에 관하여 합의할 수 있고(합의는 기관중재의 경우 중재규칙의 지정에 의하여도 가능하다), 합의가 없는 경우에는 중재판정부가 적절한 방식으로 중재절차를 진행할 수 있기 때문이다(제20조). 따라서 예컨대 당사자들이 ICC 중재규칙을 적용하기로 합의한 경우 중재절차는 ICC 중재규칙에 따를 것이나 그 경우에도 중재지가 한국이라면 중재판정부는 우리 중재법의 강행규정을 준수하여야 한다.168) ICC 중재규칙(제42조와 Appendix Ⅱ 제7조)은 중재판정부가 강행규정에 위반되지 않을 것과 집행될 수 있는 중재판정을 할 것을 요구한다.

이를 판단하자면 중재법의 어느 규정이 강행규정인지를 알아야 한다. 대체로 중재법 제18조 제1항에서 보듯이 "당사자 간에 다른 합의가 없는 경우에" 또는 유사한 문언이 포함된 규정은 임의규정이고 그런 문언이 없는 규정은 강행규정일 것이나, 그런 문언이 없다고 하여 반드시 강행규정이라고 단정할 수는 없는데 그 구체적 범위는 앞으로 명확히 할 필요가 있다.169) 영국 1996년 중재법은 Schedule 1에서 강행규정인 조문을 열거하고 당사사가 이를 배제할 수 없음을 명시하는데, 입법론상 우리도 영국처럼 할 것까지는 없지만 중재법 전반에 걸쳐 강행규정성 여부를 더 명확히 하는 방안을 고려할 필요가 있다.

실무적으로는, 기관중재의 경우 중재절차는 당사자가 선택한 중재기관의 중재규칙과 중재지의 중재법에 의하여 규율되나, 중재규칙도 상세는 당사자의 합의

---

168) 석광현, 국제중재법 제2권, 369면 이하 참조(이는 중재지가 한국인 경우 중재법과 ICC 중재규칙의 상호작용을 검토한 글이다); Böckstiegel/Kröll/Nacimiento/Kühner/Flecke-Giammarco, ICC Arbitration in Germany, para. 17도 동지. 예컨대 중재판정의 효력을 규정하는 영국 중재법 제58조 제1항은 "<u>Unless otherwise agreed by the parties</u>, an award made by the tribunal pursuant to an arbitration agreement is final and binding both on the parties and on any persons claiming through or under them."라고 규정하므로 동항이 강행규정이 아님이 명백하다. 近藤昌昭 외, 128-145면은 일본 중재법을 분석하여 강행규정인 조문과 그렇지 않은 조문의 일람표를 제시한다.

169) 상세는 석광현, 국제중재법연구 제2권, 8면 참조.

또는 중재인에게 맡기고 있다. 여기에서 상이한 법적, 문화적 배경을 가지는 중재인들의 합리적인 판단이 중요하다. 다만 양쪽 당사자는 중재절차에서 동등한 대우를 받아야 하고, 자신의 사안에 대하여 변론할 수 있는 충분한 기회를 가져야 한다(제19조). 중재법 제19조는 '중재절차의 대헌장의 핵심적 요소(key element of the Magna Carta of Arbitral Procedure)'로,[170] 중재에서 적법절차(due process)의 원리를 규정한 것이다.[171] 제19조의 원칙은 중재판정부뿐만 아니라 당사자에 의해서도 지켜져야 한다.

2. 중재법에 따른 구체적 중재절차

중재절차는 일반적으로 ① 중재절차의 개시(중재신청 또는 통지), ② 피신청인의 답변, ③ 중재판정부의 구성, ④ 사건관리회의(절차 및 일정 협의), ⑤ 주장서면 및 증거 제출, ⑥ 심리기일, ⑦ 심리 후 최종서면 제출, ⑧ 심리 종결 및 ⑨ 중재판정의 순서로 이루어진다.[172] 아래에서는 중재법의 규정을 중심으로 중재절차를 간단히 살펴본다.

가. 신청서와 답변서

기관중재의 경우 소송과 유사하게 신청인이 중재기관에 신청서를 제출함으로써 중재가 개시된다. 중재법은 이를 명시하지 않으나 기관중재규칙(예컨대 ICC 중재규칙 제4조 제2항)은 이를 명시한다.[173] 신청인은 당사자들이 합의하였거나 중재판정부가 정한 기간 내에 신청취지와 신청원인사실을 기재한 신청서를 중재판정부에 제출하고, 피신청인은 이에 대하여 답변하여야 한다(제24조 제1항). 당사자는 신청서 또는 답변서에 중요서류를 첨부하거나 장래 사용할 증거방법을 표시할 수 있다(제24조 제2항). 당사자 간에 다른 합의가 없으면 당사자는 중재절차의 진행 중에 자신의 신청이나 공격방어방법을 변경 또는 보완할 수 있으나, 중재판정

---

170) Secretariat Note, A/CN.9/264, Art. 19, para. 1.

171) Holtzmann/Neuhaus, p. 550.

172) 상세는 임성우, 5.15(206면) 이하 참조.

173) 한편 임시중재의 경우 중재신청서의 제출에 앞서 중재판정부를 구성하여야 하므로 우선 신청인이 피신청인에게 중재요청서(또는 중재통지서)를 송부하는데, 통상 피신청인이 이를 수령한 날부터 중재절차가 개시된다(중재법 제22조 제1항). 중재법이 중재절차의 개시시점을 명시하는 것은 중재법의 해석에 있어 의미가 있고, 특히 소멸시효기간의 중단과 관련하여 의미가 있다.

부가 그에 의하여 절차가 현저히 지연될 우려가 있다고 인정하는 경우에는 그렇지 않다(제24조 제3항).

중재절차의 진행을 위한 초기단계에서, UNCITRAL이 1996년에 채택한 중재절차의 조직에 관한 노트에 수반된 체크리스트에 포함된 항목을 고려하는 것이 중재판정부와 당사자들에게 매우 유용하다.[174] 이를 위하여 당사자들은 절차의 조직을 논의하는 예비회의를 가지는데, 이는 임시적 처분의 신청과 같은 쟁점에 관하여 당사자들을 심문하는 예비심리로 변환될 수도 있다. ICSID를 제외하고, 주요한 국제중재규칙들은 예비회의의 개념을 언급하지 않는다. 근자에는 이를 '사건관리회의(case management meeting)'라고 한다.[175]

나. 중재언어

중재언어는 당사자 간의 합의에 의한다. 합의가 없는 경우 중재판정부가 계약 언어를 비롯한 모든 상황을 적절히 고려하여 중재언어를 결정한다. 국제상사중재의 실무상 중재언어는 대부분 영어이므로 당사자의 준비서면, 구술심리, 중재판정부의 중재판정 및 결정 기타 의사표현은 영어로 한다(중재법 제23조 제2항 참조). 중재판정부는 필요하다고 인정하는 경우 서증과 함께 중재언어로 작성된 번역문을 제출할 것을 당사자에게 명할 수 있다(제23조 제3항).

다. 국제송달

사적(私的) 성질을 가지는 중재의 경우 중재인이 하는 외국으로의 송달은 주권의 행사와 무관한 사적인 활동이므로 자유롭다.[176]

라. 증거조사

사적(私的) 성질을 가지는 중재의 경우 중재인에 의한 증거조사는 주권의 행사와 무관하므로 자유롭다. 중재절차에서 증거조사는 법계에 따라 다른데, 종래 영미법계는 당사자주의(adversarial 또는 adversary system)를 취하나 대륙법계는 그

---

174) Redfern/Hunter, para. 6.38.
175) Redfern/Hunter, para. 6.29.
176) 국제소송의 경우 법계의 대립에 따른 문제를 해결하기 위해 헤이그국제사법회의는 1965년 송달협약을 채택하였다. 또한 다수 국가들은 그에 추가하여 양자조약을 체결하였다.

와 대비되는 직권주의(inquisitorial system)를 취하고 있다.[177] 중재인의 법적 배경
에 따라 증거조사가 사실상 그의 영향을 받는다. 이러한 문화적 충돌을 해결하기
위하여 세계변호사협회(IBA. 또는 국제변호사협회)가 1983년 제정하여 1999년,
2010년과 2020년 개정한 "IBA 국제중재 증거조사규칙(IBA Rules on the Taking of
Evidence in International Arbitration)"[178]은 증거조사에 관한 국제기준의 형성에 기
여하고 있다.[179] 국제상사중재의 실무상 중재인이 능동적인 역할을 함으로써 영
미법의 당사자주의보다 대륙법계의 직권주의를 따르는 경향이 있다(물론 중재판정
부에 따른 편차가 있다).[180] 예컨대 증인신문도 주로 중재판정부 자체에 의해 주도
되고, 점차 서증에 더 큰 신뢰를 부여하고 더욱 짧은 심리기일로 나가는 경향을
보이는데, 이는 국제중재에서 시간과 비용 절감이라는 측면에서 바람직하다. 이러
한 적극적인 접근방법은 상이한 법적 배경을 가지는 당사자들과 중재인들이 함께
참여하는 국제중재에서 특히 유용한데, 이러한 경향은 "중재절차의 조직에 관한
UNCITRAL 노트(UNCITRAL Notes on Organizing Arbitral Proceedings)"에서도 확인
되고 있다.

실무상 노련한 국제중재인들은 법계의 배경에 관계없이 쟁점을 판단하기 위

---

177) 목영준·최승재, 181면은 '직권탐지주의'라고 한다. 여기에서는 소송절차와 증거조사를 누
가 주도하는가에 따라, 당사자가 주도하는 영미의 '당사자주의'와, 법원이 주도하는 대륙법
계의 '직권주의'를 대비되는 개념으로 파악한다. 용어는 석광현, 증거조사, 4면 註 13 참조.
178) 2010년 개정되기 전의 명칭은 "국제상사중재의 증거규칙(Rules of Evidence in Interna-
tional Commercial Arbitration)"이었다. 저자는 과거 IBA를 '국제변호사협회'라고 번역했으
나 대한변호사협회와 서울특별시가 2012년 3월 서울에 IBA 아시아본부를 유치하면서 '세
계변호사협회'라고 번역하기에 이를 따른다. 법률신문 제4017호(2012. 3. 22.) 기사 참조.
179) 과거 IBA 증거규칙에 관하여는 Commentary on the New IBA Rules of Evidence in
International Commercial Arbitration (2000) 참조. 예컨대 IBA 증거규칙(제3조)은 미국의
민사소송에서 인정되는 증거개시(discovery)의 일환으로 행해지는 과도한 문서제출을 일정
한 범위로 제한하고 '증거낚기' 또는 '모색적 증명'은 허용하지 않는다. 그러나 제3조에 대
하여 미국식 증거개시를 도입한 것이라는 비판도 있다. 2010년 개정 IBA 증거규칙에 관하
여는 http://tinyurl.com/iba-Arbitration-Guidelines; 정홍식, "국제중재 절차 내에서 증
거조사 : 국제변호사협회(IBA)의 2010 증거규칙을 중심으로", 중재연구 제21권 제3호(2011.
12.), 21면 이하 참조. 2020년 개정판에 대하여는 해설이 있는데 한글 번역문도 있다.
"2020년 국제중재에서의 증거 조사에 관한 세계변호사협회(IBA) 규칙 개정본 해설" 참조.
https://www.ibanet.org/document?id=IBA-Rules-on-the-Taking-of-Evidence-
2020-commentary-Korean 참조.
180) Redfern/Hunter, para. 6.201. 이러한 이유로 국제상사중재절차에서는 필연적으로 변론주
의가 약화되고 완화된 직권탐지주의가 타당하다고 한다.

하여 필요한 사실관계를 증명하는 데 초점을 맞추고, 이러한 목표를 달성하는 데 장애가 되는 증거법칙에 의해 구속되는 것을 꺼리는 경향이 있다.[181] 중재법은, 중재판정부가 구술심리기일 또는 증거조사기일에 관하여 당사자에게 통지하여야 한다는 점과, 일방 당사자가 중재판정부에 제출하는 준비서면·서류 기타 자료는 상대방 당사자에게 고지되어야 하며, 중재판정부가 판정에서 기초로 삼으려는 감정서 또는 서증은 양당사자에게 고지되어야 함을 명시한다(중재법 제25조). 또한 중재판정부가 지정하는 감정인에 관한 규정을 두고 있다(제27조).

재판권에 기초한 법원의 권한과 달리 중재판정부의 권한은 사인(私人) 간의 중재합의에 기초한 것이므로 중재판정부는 강제력을 가지지 않는다. 중재판정부는 구술심리기일에 출석한 증인을 신문할 수 있지만, 증인의 출석을 강제할 수 없고 증인에게 선서를 시킬 수도 없으므로 실무상으로는 당사자가 필요한 증인을 출석시켜 신문한다. 또한 중재판정부는 제3자에 대하여는 그가 응하지 않는 한 강제로 증거를 제출하게 하거나 검증에 협조하도록 할 수 없다. 이처럼 중재판정부의 증거조사에는 한계가 있으므로 증거조사에 관한 법원의 협조가 필요한데, 중재법(제28조)은 증거조사에 관한 법원의 협조를 명시한다.

마. 심　리

서면심리만으로 중재판정을 내릴 수도 있으나 국제상사중재에서 이는 매우 이례적이다. 중재법(제25조 제1항)도, 당사자 간에 다른 합의가 없는 경우 중재판정부는 구술심리를 할지 또는 서면만으로 심리할지를 결정하도록 하고, 다만 당사자들이 구술심리를 하지 아니하기로 합의한 경우를 제외하고는 중재판정부는 어느 한쪽 당사자의 신청에 따라 적절한 단계에서 반드시 구술심리를 할 것을 요구한다. 구술심리에서 중재판정부는 필요한 경우 질문을 할 수 있다.

심리에 관하여는 심리기일의 개최 여부, 심리기일의 회수, 심리기일의 결정, 각 당사자가 구술주장을 하고 증인신문을 하기 위하여 사용할 수 있는 총시간의 제한 여부, 당사자의 모두진술, 주장, 증인 및 증거의 제시 순서, 심리기일의 길이, 심리에서의 기록의 주선 및 심리 후 요약준비서면의 제출 가능 여부와 시기 등 중재심리의 조직은 당사자들의 동의하에 중재판정부가 결정한다.[182]

---

181) Redfern/Hunter, para. 6.89.
182) 이상은 "중재절차의 조직에 관한 UNCITRAL 노트(UNCITRAL Notes on Organizing Arbitral

국제상사중재의 실무는, 각 당사자에게 짧은 모두진술을 허락하는데, 변호사들은 중재인들이 제출된 문서에 대한 충분한 지식을 가진다고 가정한다. 그리고 각 당사자를 위한 증인의 구술증언이 뒤따르는데, 신청인 증인의 증인신문이 먼저 행해진다. 실무상 증언은 진술서로 제출되므로[183] 주신문은 없으나, 증인은 증인진술서에 대해 부연설명하거나 새로운 사항을 추가할 수 있다. 그리고 당사자 일방이 요청하는 경우 반대신문의 기회가 부여된다.

3. 중재절차의 준거법

가. 중재절차의 준거법에 관한 중재법의 태도

우리나라에서는 중재절차의 준거법에 관하여 당사자자치를 허용하는 견해가 과거의 다수설이었다.[184] 그러나 1999년 개정된 중재법상 이러한 해석론은 허용되지 않는다. 즉 중재법(제2조 제1항)은 영토주의를 취하므로 중재지가 한국 안에 있는 한 중재법이 적용되는데, 중재법(제20조 제1항)은 당사자들이 합의에 의하여 중재법의 강행규정을 배제하는 것을 허용하지 않기 때문이다.[185] 따라서 중재법의 해석론으로서 당사자들이 중재절차의 준거법을 자유로이 정할 수 있다는 견해는 부적절하다.[186] 다만 중재법은 당사자의 자유, 즉 계약자유를 널리 인정하고 있어서 당사자가 중재절차를 상당 부분 자유로이 형성할 수 있으므로 실제로는 큰 차이가 없다. 그러나 이는 당사자가 합의에 의하여 외국법을 중재절차의 내용으로 편입하는 것(incorporation by reference)이지 외국법을 중재절차의 준거법으로

Proceedings)"의 17. Hearings가 열거하는 사항들이다.

183) 모델법은 증인이 서명한 진술서의 방식으로 증언을 제출할 수 있다는 취지의 규정을 두지는 않는다. 그러한 세부사항은 당사자의 합의 또는 중재판정부의 재량에 맡기는 것이 적절하기 때문이었다.

184) 예컨대 목영준·최승재, 122면과 124면 註 208; 손경한, "중재 자치와 중재의 준거법", 국제사법연구 제17호(2011), 418면 이하.

185) Holtzmann/Neuhaus, pp. 35-36은 이런 취지를 분명히 밝히고 있다. 즉 뉴욕협약은 적용에 관하여 자치기준(autonomy criterion)을 따르나 모델법은 속지적 기준(territorial crite-rion)을 따른다고 하면서 이런 취지를 분명히 밝히고 있다. 따라서 중재지가 아닌 다른 국가의 중재법을 중재절차의 준거법으로 지정하는 것은 모델법상 허용되지 않는다는 것이다.

186) 석광현, 국제중재법 제1권, 76면에서 이 점을 분명히 지적하였다. 오석웅, "국제상사중재에 있어서 중재절차의 준거법", 기업법연구 제23권 제3호(2009), 267-268면; 김인호, "국제매매계약분쟁에 대한 국제소송과 국제상사중재에서의 객관적 준거법", 진산 기념논문집 제1권, 250면도 동지.

지정하는 것은 아니다. 이 점에서 모델법은 중재절차의 준거법에 관하여 당사자 자치를 허용하는 뉴욕협약의 태도[187]와는 다른데, 이는 모델법의 기초자들이 의도적으로 선택한 결과이다.

나. 국제적 중재와 중재절차

실제로 문제 되는 것은 외국법을 중재절차의 내용으로 편입하는 것이 아니라 당사자들이 ICC 중재규칙과 같은 국제중재기관의 중재규칙을 적용하기로 합의하는 경우이다. 이 경우 당사자자치가 허용되는 범위 내에서는 중재규칙이 우선하고 중재규칙이 정하지 않은 사항은 중재지법에 의하여 보충된다. 따라서 예컨대 한국에서 행해지는 ICC 중재의 경우 중재절차를 규율하는 규범은 "중재법 + ICC 중재규칙"이라는 중층구조를 취하므로 양자를 유기적으로 파악하여야 한다. 즉 양자의 통합본(consolidated version)을 정확히 이해하여야 한다. 다만, 중층구조의 구체적 모습은 중재절차의 단계에 따라 다르다. 중재절차의 경과를 ① 중재절차 개시단계, ② 중재절차 진행단계와 ③ 중재판정 후 단계로 구분하면 ①과 ② 단계에서는 ICC 중재규칙과 중재법이 함께 적용되는 데 반하여, ③ 단계, 특히 중재판정의 취소와 중재판정의 승인 및 집행에 관하여는 거의 전적으로 중재법이 적용된다. 이를 그림으로 표현하면 아래와 같다.

〈한국에서 행해지는 ICC 중재에 적용되는 규범의 중층구조〉

	중재절차 개시단계	중재절차 진행단계	중재판정 후의 단계
적용규범	ICC 중재규칙	ICC 중재규칙	ICC 중재규칙
	중재법	중재법	중재법

* 위 표에서 ICC 중재규칙을 위 칸에 적은 것은 그것이 계약자유의 원칙에 기하여 중재법의 조문을 배제하기 때문이지 그것이 상위규범이라는 취지는 아니다.
** 각 규범이 차지하는 면적은 그의 사실상의 중요성을 반영한다.

---

187) 뉴욕협약 제5조 제1항 d호의 문언은 당사자가 '중재절차의 준거법'을 자유롭게 선택할 수 있다고 규정하는 것이 아니라 당사자가 직접 '중재절차'를 합의할 수 있음, 즉 중재절차 형성에 관한 당사자의 자유(즉 계약자유)를 명시한다. 그러나 뉴욕협약상 당사자들이 중재절차의 준거법을 선택할 수 있음(즉 당사자자치)가 허용됨은 d호의 해석상 다툼이 없고, 제1항 e호도 이를 전제로 한다. 석광현, 국제중재법 제1권, 291면 참조.

이러한 의미에서 중재절차에 관한 중재법의 규정은 국제중재기관의 중재규칙에 의하여 사실상 배제되나 중재법의 강행규정은 배제되지 않으므로 중재법상 어느 조문이 강행규정인지를 정확히 파악할 필요가 있다. 대체적으로는, 중재법 제18조 제1항에서 보듯이 "당사자 간에 다른 합의가 없는 경우에" 또는 유사한 문언이 포함된 규정은 임의규정이고 그런 문언이 없는 규정은 강행규정이라고 할 수 있으나,[188] 그런 문언이 없다고 하여 강행규정이라고 단정할 수는 없는데 앞으로 그 구체적 범위를 명확히 할 필요가 있다.[189]

통상 국제상사중재라고 일컫는 경우의 중재절차, 특히 ICC 중재법원과 같은 중재기관의 중재규칙에 따라 행해지는 중재를 '무국적중재', 그로부터 내려지는 판정을 '무국적중재판정'이라고 부르기도 하나[190] 이는 모든 국가의 중재법으로부터 절연된 본래 의미의 무국적중재가 아니라 당해 사건에 적용되는 중재법이 허용하는 범위 내에서 행해지는 국제화된 중재를 의미할 뿐이다.[191] 무국적중재판정(a-national award)이라 함은, 당사자들의 합의에 의하여 특정 국가(특히 중재판정지)의 중재법으로부터 절연된 중재에서 내려지는 중재판정을 말하므로[192] 위에서 말한 국제적 중재판정은 무국적중재판정은 아니다.

VIII. 분쟁의 실체의 준거법과 중재판정(제29조-제34조)

1. 분쟁의 실체에 적용될 법[193]

가. 당사자자치의 원칙의 명시

당사자는 분쟁의 실체에 적용할 법을 명시적 또는 묵시적으로 지정할 수 있

---

188) 주석중재법/장문철 · 박영길, 21면.
189) Stein/Jonas/Schlosser, Kommentar zur Zivilprozessordnung, 22. Auflage, Band 9 (II/2002), §1027 Rn. 2도 동지. 예컨대 중재법상 중재판정의 승인 또는 집행을 구하는 당사자는 제37조에 따라 중재판정서와 중재합의서를 제출하여야 하는데, 비록 당사자가 달리 합의할 수 있다는 문언은 없지만, 당사자들이 합의에 의하여 중재합의서의 제출을 면제하는 등 그 서류요건을 어느 정도 완화할 수 있다. 위 견해도 개별조항을 검토할 필요가 있다고 한다.
190) 목영준 · 최승재, 121면; 주석중재법/조대연, 127면.
191) van den Berg, p. 31.
192) van den Berg, p. 29.
193) 상세는 석광현, 국제중재법 제1권, 145면 이하 참조.

다. 이것이 당사자자치의 원칙인데, 사적 성질을 가지는 중재의 경우 소송보다도 당사자자치가 더 넓게 인정된다. 중재법(제29조 제1항 1문)도 당사자자치의 원칙을 명시한다. 당사자들은 당사자 또는 당해 분쟁과 아무런 실질적 관련이 없는 중립적인 법을 지정할 수 있다.

　종래 당사자자치와 관련하여 당사자는 특정 국가의 법체계를 지정해야 하는가라는 의문이 있었다. 모델법(제28조 제1항)은 "중재판정부는 당사자들이 분쟁의 실체에 적용되도록 선택한 법규(rules of law)에 따라 분쟁을 판단하여야 한다"라고 하여, 당사자들이 선택할 수 있는 규범을 'law'가 아니라 'rules of law'라고 함으로써 법규를 선택할 수 있음을 분명히 한다. 그러나 우리 중재법(제29조 제1항)은 "중재판정부는 당사자들이 지정한 법에 따라 판정을 내려야 한다"라고 하고, 제29조 제2항은 "제1항의 지정이 없는 경우 중재판정부는 분쟁의 대상과 가장 밀접한 관련이 있는 국가의 법을 적용하여야 한다"라고 규정함으로써, 모델법의 'rules of law'와 'law'를 모두 '법'이라고 하여 용어상 양자를 구별하지 않으므로 논란의 여지가 있다.

　사견으로는 중재법상으로도 '법'을 넓은 의미로 해석함으로써 모델법에서와 같은 결론을 도출하는 것이 가능하며 그렇게 해석하는 것이 타당하다. 따라서 우리 중재법상으로도 당사자는 상인법, 법의 일반원칙, 국제상사계약원칙 또는 유럽계약법원칙 등을 적용하기로 지정할 수 있다.[194] 제29조 제1항은 단순히 '법'이라고 하는 데 반하여 제2항은 '국가의 법'이라고 규정하는 점도 이를 뒷받침한다. 모델법(제28조 제1항)이 'rule'로 할 것인지, 'rules of law'로 할지에 대해 상당한 논란을 거쳐 양자를 용어상 구별한 점과, 우리가 가입한 워싱턴협약(제42조 제1항)의 국문본도 'rules of law'를 이미 '법률의 규칙'이라고 번역한 점을 고려한다면 제1항에서는 '법' 대신 예컨대 '법규' 또는 '법의 규칙'이라는 표현을 사용하는 편이 바람직하였을 것이다.

나. 분쟁의 실체의 객관적 준거법 — 당사자들의 지정이 없는 경우

　당사자들이 분쟁의 실체에 적용할 준거법을 지정하지 않은 경우 ① 중재인은 법원처럼 저촉규범을 적용하고 그에 따라 실질법[195]을 결정해야 하는가, 아니면

---

194) 사례는 안건형, "국제상사중재에서 UNIDROIT 원칙의 적용에 관한 연구", 성균관대학교 대학원 경영학박사학위논문(2010) 참조.
195) 실질법(또는 실질규범)이라 함은 통상 국제사법에 대비되는 개념으로, 우리 민·상법과 같

저촉규범의 중개 없이 실질법을 곧바로 결정할 수 있는가, ② 만일 중재인이 저촉
규범의 중개를 거쳐 실질법을 결정하여야 한다면, 그때의 저촉규범은 중재지의
저촉규범이어야 하는가와, ③ 중재인이 저촉규범의 중개 없이 곧바로, 또는 저촉
규범의 중개를 거쳐 실질법을 적용하는 경우, 특정 국가의 법체계를 적용하여야
하는가, 아니면 적절한 규범을 적용할 수 있는가가 문제 된다.

(1) 저촉규범에 의한 중개의 요부

프랑스 개정 민사소송법(제1496조 제1항)에 따르면 중재인은 저촉규범을 적용
함이 없이 실질법을 곧바로 적용할 수 있고('직접적인 방법(voie directe)'), 그 경우
특정 국가의 법체계가 아니라 분쟁의 해결에 적절하다고 중재인이 판단하는 규칙
을 적용할 수 있다. ICC 중재규칙(제21조 제1항 2문, 구 규칙 제17조 제1항 2문)도 동
일한 태도를 취한다. 그러나 현재 다수의 국제중재규칙과 입법례는 저촉규범의
중개를 요구한다. 예컨대 모델법(제28조 제2항)은 "당사자들이 지정하지 않은 때에
는 <u>중재판정부는 그가 적용될 수 있다고 보는 국제사법에 따라 결정되는</u> 법을 적
용하여야 한다"(밑줄은 저자가 추가함)라고 하여 중재인들이 국제사법의 중개를 통
하여 적용할 법을 결정하도록 하고, 그 경우 제1항과는 달리 'rules of law'가 아
니라 'law'라고 하여 특정 국가의 법이 준거법이 될 것을 요구한다. 이는 중재인으
로 하여금 우선 국제사법을 선택하고 그에 따라 특정 국가의 법체계를 적용하도
록 하는 것으로, 중재인의 자의적인 판단으로부터 당사자를 보호하려는 것이다.

한편 우리 중재법(제29조 제2항)은 "제1항의 지정이 없는 경우 중재판정부는
분쟁의 대상과 가장 밀접한 관련이 있는 국가의 법을 적용하여야 한다"라고 규정
함으로써, 모델법과 달리 통상적인 국제사법의 중개를 요구하지 않고 연결원칙을
직접 규정한다. 우리 중재법은 중재지가 한국인 경우 적용되므로, 중재지가 한국
이면 중재인은 중재법에 따라 분쟁의 대상과 가장 밀접한 관련이 있는 국가의 법
을 적용하면 된다.196)

이 국제사법에 의하여 준거법으로 지정되어 특정 법률관계 또는 쟁점을 직접 규율하는 규
범을 말한다. 중재에서도 우리 중재법에 포함된 저촉규범에 의하여 준거법으로 지정되어
특정 법률관계 또는 쟁점을 직접 규율하는 규범(예컨대 영국 계약법)을 말한다. 목영준·최
승재, 120면 註 198은 우리 법률용어가 '실질법'과 '실체법'을 혼용한다고 하나 정확한 것은
아니다.
196) 독일 민사소송법(제1051조 제2항), 일본 중재법(제36조 제2항)과 스위스 국제사법(제187조
제1항)도 동일한 태도를 취한다.

(2) 중재인이 적용할 저촉규범의 결정

만일 중재인이 실체의 준거법을 결정하기 위하여 우선 통상의 저촉규범을 적용하여야 한다면, 중재인은 과연 어떠한 통상의 저촉규범을 적용하여야 하는지가 문제 된다. 그러나 우리 중재법은 직접 저촉규범을 제시하므로 중재법상 이런 문제는 없다.

(3) 중재인은 특정 국가의 법체계를 적용해야 하나

중재법(제29조 제2항)은 "제1항의 지정이 없는 경우에 중재판정부는 분쟁의 대상과 <u>가장 밀접한 관련이 있는 국가의 법</u>을 적용하여야 한다"(밑줄은 저자가 추가함)라고 하여 특정 국가의 법을 적용하도록 함으로써 중재인이 상인법과 같이 특정 국가의 법이 아닌 규범을 적용할 가능성을 배제한다.

(4) ICC 중재규칙의 적용과 우리나라가 중재지인 경우의 실무상의 문제

당사자들이 예컨대 ICC 중재규칙을 적용하기로 하고 우리나라를 중재지로 합의하면서 분쟁의 실체의 준거법을 지정하지 않은 경우 그의 준거법의 결정이 문제 된다. 우리 중재법(제29조)의 해석상 당사자들이 직접 준거법을 정할 수도 있고, 중재인들에게 결정을 위임할 수도 있으므로 당사자들이 ICC 중재규칙을 적용하기로 하였다면 이는 중재인에게 준거법 또는 준거규범을 결정할 수 있는 권한을 준 것으로 보아 중재인은 ICC 중재규칙에 따라 준거법을 결정해야 한다. 따라서 중재인은 중재법(제29조)에 따라 분쟁의 대상과 가장 밀접한 관련이 있는 국가의 법을 적용할 것이 아니라, ICC 중재규칙(제21조 제1항 2문, 구 규칙 제17조 제1항 2문)에 따라 그가 적절하다고 결정하는 법규를 적용하여야 한다. 이처럼 당사자들이 특정 국제중재규칙을 적용하기로 합의한 경우 이는 준거법을 간접적으로 지정한 것이 된다.

다. 형평과 선에 의한 중재판정

중재인이 법규범이 아니라 형평과 선, 즉 공평의 원칙과 양심에 따라 판정할 수 있는가가 문제 된다. 중재인이 형평과 선에 따라 판정할 경우 중재인은 *amiable compositeur*(이를 "우의적 중재인"이라고 번역한다)의 역할을 하게 된다. 우리 중재법(제29조 제3항)은 모델법을 따라 "중재판정부는 당사자들이 <u>명시적으로 권</u>

한을 부여하는 경우에만 형평과 선에 따라 판정을 내릴 수 있다"(밑줄은 저자가 추가함)라고 규정한다.[197] 중재인에게 우의적 중재인으로서 또는 형평과 선에 따라 판정할 수 있는 권한을 부여하는 조항을 '형평조항(equity clause)'이라고 부르는데, 그 결과 중재인은 분쟁을 보다 공평하게 해결하기 위하여 법의 엄격한 적용을 완화할 수 있는 재량을 가진다. 다만 구체적 내용은 논란이 있다.

라. 계약의 준수와 상관습의 고려

중재판정부는 계약에서 정한 바에 따라 판단하고 해당 거래에 적용될 수 있는 상관습을 고려하여야 한다(제29조 제4항). 당사자들이 중재를 선택하는 이유 중의 하나는 중재인들이 계약의 문언과 연혁 및 거래의 관행을 존중할 것을 기대하기 때문이므로 법에서 이를 명시함으로써 당사자들의 기대를 충족시키고자 한다.

마. 국제상사중재와 국제적 강행법규의 적용 또는 고려

국제소송에서는, 준거법이 외국법이라도 그의 적용이 배제되지 않는 국제적 강행법규(international zwingende Bestimmungen, *lois de police*, internationally man-datory rules)의 적용을 둘러싸고 다양한 문제가 제기된다. 즉 국제적 강행법규에는 ① 법정지의 국제적 강행법규,[198] ② 준거법 소속국의 국제적 강행법규와 ③ 그 밖의 즉 제3국의 국제적 강행법규가 있는데, 각각에 관하여 법원이 이를 적용(또는 고려)해야 하는지와, 만일 그렇다면 그 근거는 무엇인지를 둘러싸고 많은 논란이 있다.

국제상사중재의 경우에도 국제적 강행법규의 적용(또는 고려)을 유사한 형태로 논의할 수 있으나 국제상사중재에서 중재인은 법원과 달리 실체에 관한 중재지의 국제적 강행법규를 당연히 적용할 의무를 부담하지 않는다. 즉 국제상사의 중재인에게는 준거법 소속국 이외의 법은 모두 외국법이라고 할 수 있는데 이 점

---

197) 대법원판결 중에는 중재판정서의 이유기재의 요건과 관련하여 "중재판정서에 이유의 설시가 있는 한 그 판단이 실정법을 떠나 공평을 그 근거로 삼는 것도 정당하고"라고 판시한 것이 여럿 있으나(대법원 1989. 6. 13. 선고 88다카183, 184 판결 등) 그것이 당사자의 명시적 수권이 없더라도 중재인이 형평과 선에 따라 판단할 수 있다는 취지라면 곤란하다. 이는 1999. 12. 31. 이후에는 허용되지 않는다. 다만, 과연 그러한 사안인지는 더 검토할 필요가 있다.

198) 우리 국제사법(제20조)은 법정지의 국제적 강행법규의 강행적 적용을 명시한다.

에서 중재지는 법정지와 다르다. 따라서 중재지의 국제적 강행법규도 제3국의 국
제적 강행법규와 동일하게 취급된다. 더욱이 요즈음에는 국제적 강행법규라는 이
유만으로(특히 중재지의 국제적 강행법규와 제3국의 국제적 강행법규의 경우) 일률적으
로 적용되어야 하는 것은 아니고, 구체적인 사건에서 당해 국제적 강행법규가 분
쟁과 충분히 밀접한 관련을 가지고, 나아가 국제적으로 승인되는 규율목적(즉
shared values)에 봉사하는 경우 적용(또는 고려)되어야 한다는 견해가 점차 세를
얻고 있는 것으로 보인다. 이처럼 국제상사중재에서 국제적 강행법규를 적용(또는
고려)하는 것은, 특정 국가의 법으로부터 벗어나 국제화의 길을 걷고 있는 국제상
사중재의 경향과는 대조적으로 실체에 적용되는 준거법의 결정에 있어 국가화의
경향을 보여주는 점에서 흥미롭다. 종래 이에 관하여는 연구가 미흡하므로 앞으
로 더 체계적으로 연구할 필요가 있다.199)

2. 중재판정부의 의사결정

당사자 간에 다른 합의가 없는 경우 3명 이상의 중재인으로 구성된 중재판정
부의 의사결정은 과반수의 결의에 따른다(제30조 제1문). 다만, 중재절차는 당사자
간의 합의가 있거나 중재인 전원이 권한을 부여하는 경우에는 절차를 주관하는
중재인이 단독으로 결정할 수 있다(제30조 제2문).

3. 화　해

중재절차의 진행 중에 당사자들이 화해에 이른 경우에 중재판정부는 그 절차
를 종료하는데, 이 경우 중재판정부는 당사자들의 요구에 의하여 그 화해 내용을
담은 화해중재판정을 작성할 수 있다(제31조 제1항). 중재판정부는 화해중재판정을
중재판정의 형식과 내용에 따라 작성하여야 하고 중재판정임을 명시하여야 하나
이유는 기재하지 않아도 된다(제31조 제2항). 화해중재판정은 당해 사건의 본안에

199) 이에 관하여는 우선 George A. Bermann/Loukas A. Mistelis (eds.), Mandatory Rules in
International Arbitration (2011) 참조. 우리 문헌은 석광현, 국제중재법, 제1권, 177면 이
하; 정홍식, "국제중재에서 판매점의 보상청구권 — 중재인의 국제적 강행규범 적용 논쟁을
포함하여", 국제거래법연구 제22집 제1호(2013. 7.), 319면 이하; 정홍식, "국제중재에서 국
제적 강행법규의 적용가능성", 중재연구 제23권 제4호(2013. 12.), 3면 이하; 이헌묵, "국제
적 강행법규에 대한 중재가능성", 국제거래법연구 제22집 제2호(2013. 12.), 21면 이하; 김
민경, "국제상사중재와 국제적 강행규정", 한양대학교 법학논총 제38집 제3호(2021. 10.) 1
면 이하 참조.

관한 중재판정과 동일한 효력을 가진다(제31조 제3항).

　　이처럼 중재절차에서 이루어지는 중재상화해[200] 외에도 법원에서 이루어지는 재판상화해(소송상화해와 제소전화해)와 싱가포르협약에 따른 조정상화해가 있다. 이들의 절차법적 효력은 각각 다르지만, 모두 당사자 간 화해계약의 성질을 가지는 점은 공통된다고 볼 수 있다. 싱가포르협약(제1조 제3항)은 조정상화해의 결과 체결되는 화해합의에만 적용되고, 재판상화해와 중재상화해의 결과 체결되는 화해합의에는 적용되지 않음을 명시한다.

4. 중재판정의 형식과 내용

　　중재판정은 서면으로 작성하여야 하고 중재인 전원이 서명하여야 하나, 3인 이상의 중재인으로 구성된 중재판정부의 경우에 과반수에 미달하는 일부 중재인에게 서명할 수 없는 사유가 있는 때에는 다른 중재인이 그 사유를 기재하고 서명하여야 한다(제32조 제1항). 중재판정에는 그 판정의 근거가 되는 이유를 기재하여야 한다(제32조 제2항). 구 중재법(제11조 제3항)은 주문 및 이유의 요지를 기재할 것을 요구하였으나 중재법은 이유 기재를 요구하면서 주문을 언급하지 않는다(이는 모델법(제31조 제2항)을 따른 결과이지 주문을 기재하지 말라는 취지는 아니다). 중재법상 중재판정문에 주문을 기재하지 않아도 좋다는 견해가 있을 수 있으나 이는 옳지 않다. 중재판정에 결론인 주문이 있어야 함은 당연하고, 중재법이 판정의 근거가 되는 이유를 기재하라고 요구하는 것은 주문의 기재를 당연한 전제로 하는 것이다. 만일 중재판정에서 주문이라고 별도로 기재하지 않더라도 중재판정의 이유 중에서 결론에 해당하는 부분을 주문으로 볼 수 있다. 나아가 중재판정에는 작성일자와 중재지를 기재하여야 하며, 이 경우 중재판정은 당해 일자와 장소에서 내려진 것으로 본다(제32조 제3항).

5. 지연이자 또는 지연손해금

　　2016년 개정된 중재법 제34조의3은 '지연이자'라는 표제하에 "당사자 간에 다른 합의가 없는 경우 중재판정부는 중재판정을 내릴 때 중재사건에 관한 모든

---

200) 화해를 규정한 중재법 제30조에 따르면 중재절차의 진행 중 당사자들이 화해한 경우 중재판정부는 당사자들의 요구에 따라 '화해 중재판정'을 작성할 수 있다. 우리나라에서는 '중재상화해'라는 표현은 잘 사용하지 않는다.

사정을 고려하여 적절하다고 인정하는 지연이자의 지급을 명할 수 있다"라는 조문
을 신설하였다. 당사자들이 지연이자에 관하여 달리 합의한 경우에는 그에 따르
므로 중재법의 원칙은 이른바 '보충적 규칙(default rule)'이다. 여기의 지연이자는
변제기로부터 중재판정 시까지, 나아가 중재판정일로부터 완제할 때까지의 지연
이자를 포함한다.[201] 이에 대하여는 중재판정부가 중재사건에 관한 모든 사정을
고려하여 적절한 이율을 정하도록 한 것은 중재판정부에 과도한 재량을 부여하므
로 특례법의 규정과 같이 어느 정도 지연이율의 범위를 규정할 필요가 있다는 비
판이 가능하다.[202] 2016년 개정된 중재법에서는 구체적 기준을 제시하기가 쉽지
않으므로 중재판정부가 제반사정을 고려하여 이율을 정하도록 규정한 것이다.

　　문제는 국제상사중재에서 제34조의3과 지연손해금의 성질결정의 관계인데
이에 관하여는 견해가 나뉠 수 있다.[203] 첫째, 제34조의3은 지연손해금을 절차로
성질결정한 것이므로 중재판정부는 중재지가 한국인 경우 실체의 준거법에 관계
없이 지연손해금을 부과할 수 있다는 견해, 둘째, 제34조의3은 주로 국내중재를
염두에 둔 것으로 성질결정에 영향을 미치지는 않으므로 중재판정부는 모든 사항
을 고려하여 적절하다고 인정하는 경우 지연손해금의 지급을 명할 수 있고, 국제
중재에서는 지연손해금의 부과 여부는 성질결정을 한 뒤 준거법에 따를 사항이라
는 견해와 셋째, 제34조의3은 성질결정에 영향을 미치지는 않으면서 국내중재든
국제중재든 관계없이 중재판정부에 광범위한 재량을 부여한 것이므로 중재판정부
는 사안의 모든 사항을 고려하여 지연손해금의 성질결정을 하고[204] 적절하다고

---

201) 이호원, "2016 개정 중재법의 주요내용", 중재연구 제30권 제1호(2020), 26면은 "중재법에
　　 지연이자에 관한 조문을 신설하여 각개의 중재사건의 모든 사정을 고려하여 위 특례법의
　　 적용 여부를 결정하는 것이 옳을 것"이라는 견해를 피력하였다. 저자도 "당사자가 달리 합
　　 의하지 않으면, 중재판정에서 지급을 명하는 금액과 당사자 간에 지급해야 할 중재비용에
　　 대해 판정 후 실제 지급할 때까지의 기간에 대해 중재인이 적절하다고 판단하는 이율로 계
　　 산한 이자의 지급을 명할 수 있도록 명시하는 방안을 고려할 필요가 있다"라는 입법론을
　　 제안한 바 있다. 석광현, "중재법의 개정방향: 국제상사중재의 측면을 중심으로", 서울대학
　　 교 법학 제53권 제3호(통권 제164호)(2012. 9.), 581면 참조(석광현, 국제중재법 제2권, 49
　　 면도 같다).
202) 중재법 개정안에 대해 법원 내부에서 그런 비판이 있었다고 한다.
203) 본문의 분류와는 다르나 2023. 8. 24. 개최된 국제사법학회의 제161회 정기연구회에서 윤
　　 석준 변호사는 견해가 나뉠 수 있음을 지적한 바 있다. 윤석준, "국제중재에서 중재판정부
　　 의 권한에 관한 제문제" 참조.
204) 사실 중재에서 지연손해금의 성질결정에 관하여는 통일된 법리가 없다. 소송 맥락에서의
　　 성질결정론이 일반적으로 중재 맥락에서도 타당한가라는 점부터 논란이 있다. 이에 관하여

인정하는 경우 지연손해금의 지급을 명할 수 있다는 견해 등을 고려할 수 있다. 이러한 논점을 충분히 검토하지 않고 입법이 이루어진 점에서는 아쉬움이 있고 개정위원으로 참여한 저자도 그에 대하여 책임이 있다. 우선은 올바른 해석론을 찾아야 하고, 해석론으로서 해결되지 않는다면 장래 중재법 개정 시 그 취지를 더 명확히 하는 방안을 강구할 필요가 있다.

6. 중재와 관련된 비용

가. 중재비용의 분류

중재법은 중재비용에 관하여 규정을 두지 않는데, 이는 주요 중재규칙이 비용에 관하여 상세한 규정을 두고 있거나, 당사자들이 중재비용의 처리에 관하여 합의하기 때문으로 보인다. 중재와 관련하여 발생하는 광의의 중재비용은 ① 고유의미의 중재비용과 ② 당사자비용으로 구분된다. 고유의미의 중재비용에는 중재기관의 신청요금과 관리요금, 중재인의 수당과 경비 및 중재절차 중에 발생하는 기타 경비가 있고, 당사자비용에는 변호사비용이나 전문가, 통역, 증인을 위한 비용 등 중재절차 중 당사자가 부담하는 필요비용이 포함된다.[205] 중재인의 수당(arbitrator's fees)은 비용 중 큰 비중을 차지한다. 중재규칙에 따라서는 중재인의 수당을 신청금액별로 정액제로 규정하거나, 시간당 요율제로 중재인의 사용시간에 따라 산정한다.

나. 중재비용의 부담

중재비용의 부담은 당사자가 합의하는 바에 의하며, 기관중재의 경우 당해 기관의 중재규칙이 정하는 바에 따른다. 예컨대 대한상사중재원의 국제중재규칙에 따르면, 고유의미의 중재비용은 원칙적으로 중재에서 진 당사자가 부담하는데 반하여, 당사자비용은 당사자 간의 다른 합의가 없는 한 각 당사자가 분담한다(제47조 제1항, 제48조). 한편 ICC 중재규칙(제37조)은 중재비용의 처리를 전적으로 중재판정부의 판단에 맡긴다. 그 결과 다양한 접근방법이 사용되는데 이는 중재인의 법적 배경에 의하여 영향을 받는다.

는 목혜원, "국제상사중재에서 절차와 실체의 구별 및 이에 따른 준거법의 결정", 사법논집 제74집(2022), 301면 이하 참조.
205) 예컨대 대한상사중재원의 국제중재규칙 제50조 이하 참조.

7. 중재판정 원본의 보관

뉴욕협약의 중요한 업적의 하나는 이중집행재판(double *exequatur*)의 요건을 폐지한 것인데,[206] 그 결과 중재판정은 판정지국에서 기탁 또는 등록 없이 외국에서 집행될 수 있다. UNCITRAL 사무국은 뉴욕협약의 태도를 모델법에 수용함으로써 모든 국제상사중재판정이 판정지국과 외국에서 기탁 또는 등록 없이 집행될 수 있도록 할 것을 제안하였고, 모델법은 이에 따라 중재판정 정본의 당사자들에 대한 교부만을 규정하고, 법원에의 기탁 또는 등록을 요구하지 않는다. 그러나 중재법(제32조 제4항)은, 구 중재법 제11조 제4항과 마찬가지로 중재판정의 정본을 각 당사자에게 송부하도록 하고, 중재판정의 원본을 송부사실을 증명하는 서면과 함께 관할법원에 송부·보관하도록 한다. 기관중재의 경우 중재기관이 중재판정의 원본 또는 정본을 보관하지만, 임시중재의 경우 사인인 중재인에게 중재판정의 원본을 장기간 보관하도록 요구하는 것은 무리이므로 중재법은 중재판정의 원본을 법원에 보관하게 하여 법원으로부터 중재판정에 대한 공적 인증을 받고, 중재판정의 존재에 관한 입증을 용이하게 함으로써 중재판정의 지속적인 사용을 보장하기 위한 조치이다.[207] 중재판정 원본의 법원에의 송부·보관은 중재판정의 구속력의 발생요건은 아니며, 단지 중재판정 후의 절차적인 사항에 관한 훈시규정이다.

8. 중재절차의 종료

중재절차는 종국판정 또는 중재판정부의 종료결정에 의하여 종료된다(제33조 제1항). 중재판정부는 신청인이 중재신청을 철회하거나, 당사자들이 중재절차의

---

206) 우리 대법원 2018. 7. 26. 선고 2017다225084 판결도 "외국 중재판정의 승인 및 집행에 관한 협약은 중재판정이 최종적임을 증명하도록 하는 대신에 중재판정이 구속력이 있을 것을 요구함으로써[제5조 제1항 (e)호], 이른바 이중집행판결 또는 이중집행허가(double *ex-equatur*)를 받을 필요성을 제거하였다. 이는 외국에서 중재판정의 승인과 집행을 신청하는 당사자가 중재판정이 최종적인 것임을 증명하기 위해 중재판정지국에서 별도로 집행판결 또는 집행가능선언 등의 절차를 거칠 필요 없이 집행을 구하는 국가에서만 집행판결을 받으면 된다는 의미이다"라고 판시한 바 있다.

207) 목영준·최승재, 222면. 그렇다면 대한상사중재원의 국내중재규칙 또는 국제중재규칙에 의하는 경우 군이 법원에 보관하도록 할 이유가 없으나, 대한상사중재원의 국내중재규칙 하의 실무상 종래 중재판정의 원본을 관할법원에 송부·보관하도록 하는 것으로 보인다.

종료에 합의하거나, 중재판정부가 중재절차를 속행하는 것이 불필요하거나 불가능하다고 인정하는 경우 중재절차의 종료결정을 하여야 한다(제33조 제2항). 중재판정부의 권한은, 중재판정의 정정·해석 및 추가판정을 하는 경우를 제외하고는 중재절차의 종료와 함께 종결된다(제33조 제3항). 이처럼 중재법은 '소송종료'에 상응하는 의미로 '중재절차의 종료(termination of proceedings)'라는 표현을 사용하는데, 이는 변론종결에 상응하는 심리종결(closing of proceedings)과는 다르다.208)

9. 중재판정의 정정·해석 및 추가판정

당사자들이 달리 기간을 정하지 아니하는 한 각 당사자는 중재판정의 정본을 받는 날부터 30일 이내에, 중재판정의 오류의 정정, 당사자 간의 합의가 있는 경우에 중재판정의 일부 또는 특정쟁점에 대한 해석, 또는 중재절차에서 주장되었으나 중재판정에 포함되지 아니한 청구에 관한 추가판정을 중재판정부에 신청할 수 있다(제34조 제1항). 신청 시 신청인은 상대방 당사자에게 그 취지를 통지하여야 한다(제2항). 중재판정부는 정정 및 해석의 신청을 받은 날부터 30일 이내에, 추가판정의 신청을 받은 날부터 60일 이내에 이를 판단하여야 한다(제3항). 중재판정부는 필요하다고 인정하는 때에는 제3항의 기간을 연장할 수 있다(제5항). 이 해석은 중재판정의 일부를 구성한다. 중재판정의 정정·해석 또는 추가판정의 형식에 관하여는 중재판정의 형식에 관한 제32조가 준용된다(제6항).

IX. 중재판정의 효력209)

1. 국내중재판정의 효력

가. 중재법 제35조의 취지

중재법 제35조는 '중재판정의 효력'이라는 표제하에 "중재판정은 양쪽 당사자

---

208) 심리종결 후 중재인이 중재절차에 참여할 수 없는 경우 나머지 중재인들로 구성된 중재판정부(이것이 'truncated tribunal', 즉 불완전한 판정부이다)가 종국판정을 내릴 수 있다. 이와 달리 일부 중재인이 사실상 협의 등 중재절차에 참석하지 않는 것을 'limping tribunal(파행적 판정부)' 또는 'de facto truncated tribunal(사실상의 불완전한 판정부)'이라고 부른다.

209) 상세는 석광현, 국제중재법 제2권, 196면 이하 참조.

간에 법원의 확정판결과 동일한 효력을 가진다. 다만, 제38조에 따라 승인 또는 집행이 거절되는 경우에는 그러하지 아니하다"라고 규정한다. 이는 모델법에는 없는 조항으로 독일 민사소송법의 태도를 따른 것이다. 1966년 중재법(제12조)과 1973년 중재법에는 본문만 있었으나 2016년 개정 시 단서가 추가되었다. 따라서 중재판정은 가장 중요한 '형식적 확정력'과 '기판력(또는 실질적 확정력)'을 가지고, 그 밖에도 '중재판정부에 대한 기속력'(또는 자기구속력), '당사자에 대한 구속력'(이는 아래에서 보듯이 논란이 있다)과 '형성력'(형성적 중재판정의 경우)을 가진다. 다만 제35조에도 불구하고 중재판정에는 집행력이 없는데, 이는 중재법 제37조 제2항에 비추어 명백하다.[210]

사인(私人)의 판단인 중재판정에 어떤 효력을 부여할지 특히 기판력을 부여할지 여부는 입법정책의 문제인데, 우리 중재법은 독일 중재법을 모델로 하여 중재판정(정확히는 내국중재판정)에 확정판결이 가지는 것과 같은 기판력을 부여함으로써 중재제도를 대체적 분쟁해결수단으로서 공인하고 있다. 따라서 한국 중재판정은 한국 법원에서 중재판정의 효력을 인정받기 위한(즉 승인을 위한) 별도 절차 없이 곧바로 기판력을 가진다. 일련의 대법원 판결들과 하급심 판결들은 중재판정이 기판력을 가진다는 점을 누차 확인한 바 있다. 예컨대 대법원 2005. 12. 23. 선고 2004다8814 판결은 중재법 제35조의 입법 취지는 당사자의 법적 안정성을 위해 중재판정에 형식적 확정력이나 기판력 등 확정판결과 같은 효력을 인정한 것이라고 판시하였다.[211][212]

---

[210] 입법 기술적으로는 이행을 명하는 내국중재판정이 마치 집행력도 가지는 듯한 인상을 주는 제35조의 문언을 수정하여 이 점을 분명히 밝히는 것이 바람직하다. 중재를 홍보하면서 일부 논자들은 위 문언을 인용하고 나아가 중재판정은 대법원의 확정판결과 같은 효력이 있다고 하나 이는 당사자들을 오도할 가능성이 크기 때문이다.

[211] 그 밖에도 서울고등법원 2020. 7. 9. 선고 2019나2034211 판결(대법원 2020. 11. 26. 선고 2020다256521 판결로 확정)은 중재판정의 기판력의 객관적 범위에 관해서도 청구취지와 청구원인에 의하여 소송물을 특정하고, 기판력의 범위를 결정하는 한국법상 기판력 법리가 중재판정에도 타당함을 분명히 밝힌 바 있다. 또한 서울고등법원 2018. 11. 14. 선고 2017나2018611 판결; 서울중앙지방법원 2023. 6. 15. 선고 2020가합607575 판결; 서울동부지방법원 2020. 8. 20. 선고 2019가합100460 판결; 서울동부지방법원 2016. 5. 19. 선고 2015가합1923 판결과 서울북부지방법원 2021. 12. 27.자 2021카합20309 결정 등 참조.

[212] 다만 이론적으로는 중재판정의 기판력의 근거가 중재합의인가 제35조인가는 논란의 여지가 있다. 궁극적 근거는 중재합의라고 볼 수 있으나 그것만으로는 부족하고 제35조가 더 중요한 의미가 있다. 중재합의를 중시하는 견해는 기판력은 중재합의에 근거한 것이고 제35조가 없더라도 결론은 동일하다고 할 것이나, 중재합의만으로는 부족하다. 중재법상 다

요컨대 중재지가 한국일 때 중재판정부가 내린 중재판정의 기판력은 일차적으로 중재법(제35조)과 민사소송법(특히 기판력의 객관적 범위를 정한 제216조)에 의하여 규율된다. 따라서 중재법 제35조는 강행규정인데,[213] 만일 이것이 없었다면 중재판정의 효력(즉 중재판정의 기판력 유무와 그 범위)에 관하여는 많은 논란이 초래되었을 것이다. 어느 경우에도 중재판정의 기판력의 객관적 범위, 주관적 범위와 시적 범위에 관한 한 원칙적으로 확정판결의 기판력에 관한 민사소송법의 법리가 적용되는 점은 부정할 수 없는데, 중재판정의 효력이 법원의 확정판결의 효력보다 더 넓고 강력할 수는 없다.

주의할 것은, 중재법 제35조는 내국중재판정(또는 국내중재판정. 이하 양자를 호환적으로 사용한다)에만 적용되고 외국중재판정에는 적용되지 않는다는 점이다(중재법 제2조 제1항). 그의 효력은 중재법 제39조에 따라 결정될 사항이다. 즉 뉴욕협약이 적용되는 외국중재판정의 경우 뉴욕협약에 따르고, 그 밖의 경우 민사소송법 제217조와 민사집행법 제26조 제1항 및 제27조에 따른다. 이처럼 우리 중재법은 내국중재판정과 외국중재판정을 이원화하여 달리 취급하는 데 특색이 있다.[214]

나. 중재판정의 기판력과 확정판결의 기판력의 관계

우리의 일부 학설은 독일의 논의를 따라 중재판정의 기판력이 법원 판결의 기판력과 완전히 동일한 것은 아니라고 하는데, 이런 견해는 대체로 두 가지 차이

른 근거를 찾자면 승인을 규정한 제37조와 제38조라고 설명할 여지도 있다(승인은 구속력을 인정하는 것이므로). 다만 이 견해의 약점은 중재법상 중재판정부의 임시적 처분도 승인되지만 기판력이 없다는 점이다. 2005년 대법원 판결이 설시하였듯이 제35조는 기판력을 인정하고 그 범위를 정하는 의미가 있다. 독일에서는 독일 민사소송법 제1055조(우리 중재법 제35조에 상응)가 중재판정에 고권적 효력(hoheitliche Wirkung)인 기판력을 인정하는 것이라고 본다. Lühmann, S. 30ff.

213) 위에서 언급하였듯이 近藤昌昭 외, 128-145면은 일본 중재법을 분석하여 강행규정인 조문과 그렇지 않은 조문의 일람표를 제시하는데, 近藤昌昭 외, 143면은 중재법 제35조에 상응하는 일본 중재법 제45조 제1항은 강행규정이라고 명시한다. 전원열, 중재판정, 294면도 동지. 이를 전제로 전원열, 중재판정, 295면은 KCAB 국제중재규칙 제36조를 개정하여 "이유 부분을 포함한 모든 판정은 종국적이고 당사자들을 구속한다"라는 취지의 국제중재규칙 개정안에 대하여 반대한다.

214) 그럼에도 불구하고 대법원 2009. 5. 28. 선고 2006다20290 판결(뉴욕협약이 적용되는 싱가포르 중재판정)과 대법원 2018. 12. 13. 선고 2016다49931 판결(뉴욕협약이 적용되는 일본 중재판정)은 외국중재판정도 마치 우리 내국중재판정과 같은 효력을 가지는 것처럼 판시한 바 있으나 이는 근거가 없다.

점을 언급한다.215) 그러나 저자는 그러한 두 가지 점에서도 확정판결과 중재판정
의 기판력, 특히 그의 객관적 범위는 원칙적으로 동일하다고 본다.216)

다시 말하면 중재판정에 어떤 효력을 부여할지는 각국의 입법정책에 따를 사
항인데, 우리나라는 독일법의 태도를 따라 1966년 중재법 제정 시부터 내국판결
에 확정판결과 같은 효력을 부여한다.

우리 중재법의 태도는 아니지만, 입법론으로는 중재판정의 기판력의 범위가
반드시 확정판결의 그것과 같아야 할 필요는 없다는 견해를 채택할 여지도 없지
않다. 예컨대 국제법협회(International Law Association, ILA) 권고217)는 중재절차에
서 제기될 수 있었으나 제기되지 않은 청구 등을 향후 중재절차에서 제기하는 것
이 절차적인 불공정 또는 남용에 해당하는 경우 그러한 청구 등은 중재판정에 의

---

215) 아직 정설은 없고 판례는 더더욱 없으나 일부 학설은 독일에서와 같이 두 가지 차이를 인
정한다. 첫째, 법원이 직권으로 참작해야 하는 판결의 기판력과 달리 중재판정의 기판력은
직권으로 참작되지 않고(즉 직권조사사항이 아니다), 둘째, 집행결정 확정 시까지 당사자는
합의로써 기판력을 배제할 수 있다는 것이다(예컨대 정선주, 중재판정의 효력, 222면). 저
자는 위 두 가지 점 모두에 찬성하지 않는다. 즉 중재판정부가 선행 중재판정의 존재를 알
게 된 때에는 직권으로 기판력의 유무를 판단하여야 한다는 점에서 중재판정의 기판력은
확정판결과 마찬가지로 직권조사사항이고(직권탐지사항이 아니라는 점은 소송에서와 같다.
이시윤, 633면), 중재판정이 내려진 이상 당사자들이 합의로써 그 기판력을 배제할 수 없
다. 무엇보다도 중재법이 명시하므로 그에 반하여 확정판결과 달리 취급할 이유가 없고, 필
요하다면 당사자들은 중재판정 후 그와 다른 내용으로 실체법상 합의를 함으로써 기판력을
사실상 배제할 수 있으므로 명문의 규정에 반하는 해석론을 전개할 실제적 필요도 없다.
기판력은 당사자의 이익만이 아니라 공공의 이익을 위한 것이기도 하다. 우리 법원의 판결
들도 중재판정의 기판력을 확정판결의 그것과 동일한 것으로 본다. 중재판정의 기판력이
항변사항이라는 견해에 따르면 중재판정부가 중재판정의 존재를 알고 있어도 항변이 없으
면 법원은 다시 재판해야 하므로 중재판정과 모순되는 판결이 나올 위험이 있는데 이는 중
재제도를 대체적 분쟁해결수단으로 인정하는 입법자의 의사에 반할 뿐만 아니라, 법원의
직권조사와 기판력의 긍정은 공공의 이익을 위한 것이기도 하다는 점에서 중재판정에 기판
력을 인정하는 것과 항변사항이라는 것은 논리적으로 일관성이 없다는 비판이 있다. 정선
주, 중재판정의 효력, 168면 참조.
216) 다만 중재에서는 사실상 신청취지와 신청원인에 의하여 특정되는 분쟁의 대상(소송물)의
특정이 소송과 비교하여 어려운 경우가 있을 수 있다. 그러나 변호사가 관여하는 중재라면
당사자가 작성하는 소송의 경우와 비교할 때 반드시 중재의 경우가 어려운 것은 아니다.
즉 이는 사실과 정도의 문제이지, 개념적으로 구분되는 것은 아니다. 반면에 기판력의 주관
적 범위에서 차이가 있을 수 있으나 정확한 내용은 견해에 따라 다른데 이 점은 아래에서
논의한다.
217) 이는 "International Law Association Resolution No. 1/2006, Annex 2: Recommendations
on res judicata and Arbitration"을 말한다.

해서 '차단되는 효과(preclusive effect)'가 있다고 명시한다. 이는 외국판결의 승인 및 집행에서 소개한 영국 판례로부터 유래하는 Henderson v Henderson 원칙을 연상시키는데, 다만 당연히 차단효를 인정하는 것은 아니고 절차적 남용일 것을 명시적으로 요구한다.

위에서 본 것처럼 우리 판례는 선행 중재판정의 기판력에 대하여 중재법 제35조에 충실하게 확정판결의 기판력과 동일하게 취급하는데,[218] 선행 중재판정의 기판력의 객관적 범위를 다룬 흥미로운 가처분 결정이 있다. 이 결정은 위 ILA 권고에 대하여도 판시하였다.

서울북부지방법원 2021카합20309 계약이행 가처분 사건[219]에서 채무자는, 채권자들이 선행 중재절차에서 채무자의 평가기관 선임 등 절차 불이행에 대한 구제수단으로서 평가기관 선임 등 절차의 이행을 구하는 청구를 충분히 할 수 있었음에도 그러한 청구를 하지 않았고, 중재판정이 내려진 이상 국제법협회 권고의 '포괄적인 차단효'의 법리에 따라 동일한 풋옵션 행사에 기초하여 더 이상 후속 중재나 가처분 신청으로 위와 같은 청구를 할 수 없으므로, 이 사건 가처분 신청의 피보전권리가 존재하지 않는다고 주장하였다. 그러나 위 법원의 2021. 12. 27.자 결정은 아래와 같이 판시함으로써 위 주장을 배척하고 중재판정의 기판력은 중재법 제35조에 따른다는 점을 재확인하였다.[220]

> "기록에 의하면, 국제법협회(International Law Association, 이하 'ILA'라 한다) 권고문에, 중재절차에서 제기될 수 있었으나 제기되지 않은 청구 등을 향후 중재절차에서 제기하는 것이 절차적인 불공정 또는 남용에 해당하는 경우 그러한 청구 등은 중재판

---

218) 예컨대 위에 언급한 서울고등법원 2020. 7. 9. 선고 2019나2034211 판결과 서울중앙지방법원 2023. 6. 15. 선고 2020가합607575 판결 등.

219) 서울북부지방법원 2021. 12. 27.자 2021카합20309 결정. 이는 A 컨소시엄과 K 회사 간의 풋옵션분쟁으로 알려진 ICC 중재사건이다(분쟁의 실체의 준거법은 한국법이고 중재지는 한국이다). 내용은 다소 부정확하나 예컨대 https://biz.chosun.com/topics/law_firm/2021/10/13/C2WUSMJFEZBQDN4PJPJCZDW3XA/ 참조. 결정문에서 보듯이 이 사건의 특징은 당사자들 간에 선행 중재판정이 있었고 선행 중재신청으로써 구했던 신청취지의 일부를 보완하는 단행가처분 신청을 하였으나 기각된 뒤에 다시 후속 중재신청이 있었던 점이다.

220) ILA 권고(para. 2)는 중재판정의 효력이 반드시 국내법에 의하여 규율되어야 하는 것은 아니고 국제상사중재에 적용되는 초국가적 규칙(transnational rules applicable to international commercial arbitration)에 의하여 규율될 수 있다고 규정한다. 국내법에 우리 중재법 제35조와 같은 규정이 없는 국가에서는 위 권고가 큰 의미를 가질 수 있으나 우리는 사정이 다르다. ILA 권고의 소개는 이창현, 중재판정, 13면 이하 참조.

정에 의해서 '차단되는 효과(preclusive effect)'가 있다고 정하고 있는 사실은 인정되나, 중재법상 중재판정에 위와 같은 차단되는 효과를 인정하는 명시적인 규정이 없다. 앞서 본 중재법 문언이나 체계 등에 비추어 보면, 채무자가 제출한 자료만으로 ILA 권고문의 중재판정의 차단효 법리가 중재지의 국내법보다 우선하여 적용되거나 당사자의 합의와 무관하게 구속력 있는 규범으로 중재판정에 일반적으로 인정된다고 보기에도 부족하고 달리 소명자료가 없으므로, 채무자의 위 주장은 이유 없다".

중재법 제35조에 비추어 위 법원의 판단은 타당하다.

또한 위 ILA 권고(제4항)는 중재판정은 추후 중재절차에서 주문과 그에 필요한 모든 이유에 포함된 결정과 구제에 관하여 기판력을 가지고, 나아가 중재판정에 의하여 실제로 판단되고 결정된 사실 또는 법률 문제(그러한 결정이 중재판정의 주문에 필수적이거나 근본적인 경우)에 관하여 기판력[221]을 가진다고 규정한다. 그러나 우리 중재법과 민사소송법상 중재판정의 기판력은 주문에만 미치고 이유 중의 판단에는 원칙적으로 미치지 않으며, 특히 이유 중의 사실 판단에 대하여는 미치지 않는다는 점에서 ILA 권고와 다르다. ILA 권고의 내용은 대륙법보다 영미법(특히 영국법)의 영향을 강하게 받은 탓에 그것이 장래 국제규범으로서 정립되지 않는 한 우리로서는 쉽게 수용하기 어렵다. 국제상사중재에서 ILA 권고를 참작할 수는 있으나 중재법 제35조가 있으므로 ILA 권고에 따른 중재판정의 기판력 법리가 제35조에 우선하여 적용될 수는 없다. 가사 당사자들이 ILA 권고를 적용하기로 합의하더라도 그런 합의는 강행규정인 중재법 제35조에 반하는 것이므로 효력이 없다.[222]

---

221) 정확히는 위 권고는 기판력이라고 하는 대신 중재판정의 효력을 "conclusive and pre-clusive effect"라고 한다. 이는 기판력의 적극적 효력과 소극적 효력이라고 할 수 있다. 우리나라에서는 기판력의 적극적 작용과 소극적 작용이라는 표현은 사용하지만 위와 같은 표현은 잘 사용되지 않는다. 전원열, 중재판정, 286면 註 76은 "conclusive effect는 한국의 형식적 확정력에, preclusive effect는 한국의 실질적 확정력에 가깝다"면서도 "바꾸어 말하면 적극적 효과(불가반력, 不可反力)와 소극적 효과(불가쟁력, 不可爭力)라고도 말할 수 있을 것이다"라고 하는데, 전단은 동의하기 어렵다.

222) 참고로 국제중재에서 신청인들은 중재신청서에 구체적인 신청취지를 기재한 뒤 마지막에 '기타 및 추가적인 구제책'을 구한다는 문언을 추가하는 경향이 있다. 문제는 신청이 기각된 경우 위 문언이 가지는 의미이다.
서울북부지방법원의 위 가처분 결정에서는 이 점이 다투어졌다. 즉 선행 중재판정문 중 채권자들의 신청취지에 '중재판정부가 상황상 정당하고 적절하다고 판단하는 기타 및 추가적인 구제책을 명할 것'이 포함되었고, 주문에 '당사자들의 나머지 모든 청구와 신청을 기각

다. 확정판결의 구속력은 어떤 효력인가: 기판력과의 관계

확정판결의 효력, 특히 기판력에 익숙한 법률가들에게도 중재판정의 '당사자에 대한 구속력'[223]은 다소 생소하다. 2016년 중재법에 신설된 제38조 제1호 나목 1)은 '중재판정의 당사자에 대한 구속력'이라고 하여 구속력이라는 개념을 중재법에 처음 명시적으로 도입하였다. 구속력을 언급하지 않던 구 중재법하에서 유력설은 구속력은 '당사자들로 하여금 중재판정의 내용에 따를 의무를 지우는 효력'이라거나, 중재판정의 내용에 따를 당사자의 의무라 설명하였으나[224] 아래 이유로 저자는 이런 설명에 동의하지 않는다.

첫째, 중재판정의 내용에 따를 의무라는 것이 당사자들이 중재판정에 구속되어 그에 반하는 주장을 할 수 없다는 취지인지, 아니면 이를 넘어 중재판정으로부터 어떤 소송법적 또는 실체법적 의무를 부담한다는 취지인지 불분명하고, 둘째, 위 견해는 기판력과 별개로 구속력의 개념을 인정하면서도 양자의 차이가 무엇인지 밝히지 않는다. 셋째, 중재법 제35조에 따르면 중재판정은 확정판결과 동일한 효력이 있는데, 민사소송법 이론상 판결에서는 '당사자에 대한 구속력'은 별도로 언급하지 않고 이를 오히려 기판력으로 설명하므로 기판력과 구별되는 구속력이라는 개념을 인정하는 것은 제35조와 상용되지 않는다. 일부 논자는 독일이나 일본과 달리 당사자에 대한 구속력이라는 개념을 '중재판정에 특유한 효력'이라고 설명하나 그런 설명은 제35조에 반하는 것으로서 근거가 없고, 오히려 제35조의

한다'는 내용이 포함되어 있었다. 채무자는, 채권자들이 선행 중재절차에서 매우 포괄적인 청구를 하였고 그 포괄적 청구에는 평가기관 선임 등 절차의 이행을 구하는 특정이행청구도 포함되어 있는데, 선행 중재판정에서 그 포괄적 청구가 모두 기각되었으므로, 특정이행청구권을 피보전권리로 하여 이 사건 가처분 신청을 할 수 없다는 취지로 주장하였다. 이에 대하여 위 가처분 결정은 기록 및 심문 전체의 취지에 기초하여 채권자들이 선행 중재절차에서 청구한 것의 범위를 명확히 한 뒤, 아래와 같이 판단하였다.

"이 사건 중재판정문 중 채권자들의 신청취지에 기재된 '기타 및 추가적인 구제책'은 중재판정이 민사판결과 달리 신청취지가 정형화되어 있지 않고 형평을 고려하여 유연한 결정을 내릴 여지가 넓은 점을 고려하여 중재사건의 특성상 통상적으로 들어가는 문구이거나 중재판정부가 채권자들의 신청취지를 적절하다고 판단되는 범위에서 수정할 수 있다는 의미에서 기재된 문구에 불과하고, 채권자들이 전혀 신청하지 않은 구제수단을 모두 포함한다고 볼 수는 없다"(밑줄은 저자가 추가함).

[223] 국가마다 확정력에 관한 법적 관념이 서로 다르기 때문에 모델법은 중재판정의 효력에 관하여 '구속력'이라는 표현을 사용하는 데 만족하고 구체적 내용을 규정하지 않았다고 한다. Solomon, 213f.; BeckOK ZPO/Wilske/Markert, 53. Ed. 1.7.2024, ZPO §1055 Rn. 1.2.

[224] 학설은 석광현, 국제중재법 제2권, 196면 이하 참조.

해석상 중재판정의 구속력은 '실질적 확정력(즉 기판력)' 내지 기속력을 말하는 것이고,[225] 통상의 불복방법으로 다툴 수 없게 된 때, 즉 형식적 확정력 발생 시 발생한다.[226] 우리 중재법상으로는 중재판정은 선고 시에 성립되고 효력을 발생한다고 본다(민사소송법 제205조 참조). 만일 선고 절차 없이 중재판정문을 당사자에게 송부한다면 그때 효력이 발생할 것이다.

한편 집행력은 집행을 허가하는 법원의 재판, 즉 집행결정에 의하여 비로소 부여된다. 이런 의미에서 집행허가는 형성적 효력을 가지는 재판이다. 2016년 개정된 중재법이 승인결정을 언급하지만 그렇다고 해서 승인결정이 집행력을 가지는 것은 아니다.

또한 중재법은 규정하지 않으나 중대한 사유가 있으면 중재판정이 무효가 될 수 있다. 중재판정의 무효사유(또는 당연무효사유 또는 절대적 무효사유. 처음부터 무효라는 의미)는 취소사유보다 제한적이다. 중재판정이 가사 무효이더라도 형식적 확정력과 기속력은 있다는 견해가 유력한데 이에 따르면 취소사유가 있는 국내중재판정은 당연히 형식적 확정력이 있고 기속력이 있다.

라. 중재판정의 기판력의 주관적 범위

한편 중재판정의 기판력의 주관적 범위에 관하여 중재법 제35조 제1문은 "중재판정은 양쪽 당사자 간에 법원의 확정재판과 동일한 효력을 가진다"라고 규정할 뿐이다. 이는 민사소송법(제218조 제1항)이 "확정판결은 당사자, 변론을 종결한 뒤의 승계인(변론 없이 한 판결의 경우에는 판결을 선고한 뒤의 승계인) 또는 그를 위하여 청구의 목적물을 소지한 사람에 대하여 효력이 미친다"라고 하여 기판력의 제3자에 대한 확장을 명시하는 것과는 다르다. 이런 문언의 차이로 인하여 어떤

---

225) 가사 양자를 구별하더라도 실질적 확정력과 유사한 개념이라고 본다. 차이를 지적하는 사람들은 차이의 내용이 무엇인지를 설명하여야 한다. 우리 법상 확정판결의 기판력이라 함은 확정판결의 주문에 포함된 법률적 판단의 내용은 이후 소송당사자의 관계를 규율하는 새로운 기준이 되는 것이므로, 동일한 사항이 소송상 문제가 되었을 때 당사자는 이에 저촉되는 주장을 할 수 없고 법원도 이에 저촉되는 판단을 할 수 없는 기속력을 의미한다. 대법원 1987. 6. 9. 선고 86다카2756 판결 등 참조. 위 판결은 "기판력의 객관적 범위는 그 판결의 주문에 포함된 것 즉 소송물로 주장된 법률관계의 존부에 관한 판단의 결론 그 자체에만 미치는 것이고 판결이유에 설시된 그 전제가 되는 법률관계의 존부에까지 미치는 것은 아니다"라고 판시하였다.

226) 다만 이는 임시적 처분의 승인을 설명하기 어렵다.

실제적 차이가 발생하는가는 논란이 있다.

이는 기본적으로 중재법이 민사소송법 제218조 제1항의 위 밑줄 친 부분을 규정하지 않음으로써 발생하는 입법상의 미비이므로[227] 판례와 해석을 통하여 보충할 사항인데, 문언의 차이에도 불구하고 민사소송법 제218조 제1항과 동일한 결론을 도출하는 견해[228]와, 그보다 다소 제한적인 태도를 취하는 견해[229] 등이 있으나, 아직 제3자의 범위에 관하여 정설은 없는 것으로 보인다.

2. 중재판정부에 의한 간접강제결정과 강제금 부과의 가부[230]

가. 논점의 정리

통상 중재판정부가 채무자에게 부대체적 작위의무 또는 부작위의무를 부과할 수 있음은 의문이 없다.[231] 피신청인인 채무자가 그 의무를 이행하지 않으면 채권자는 법원에서 집행결정을 받은 뒤에 다시 집행법원에 간접강제명령(위반 시

---

227) 흥미로운 것은 독일에서의 변천이다. 독일 중재법(즉 민사소송법 제1055조)은 우리 중재법 제35조 제1문과 거의 같은 내용인데, 독일 민사소송법상 기판력의 제3자 확장 문언은 과거부터 있었던 것은 아니고 1898년 민사소송법에 이르러 비로소 명정되었다. 정선주, 중재판정의 효력, 176면 註 49 참조. 즉 독일 중재법(즉 민사소송법 제1055조)의 조문은 기판력의 제3자 확장 문언이 추가되기 전의 과거 독일 민사소송법 문언의 단계에 머무르고 있다. 독일 민사소송법은 확정판결에 관하여는 명문의 규정을 두어 해결하였으나 독일 중재법(즉 민사소송법 제1055조)은 과거의 문언에 머무르는 탓에 해석론이 나뉘고, 우리 민사소송법과 중재법도 그 과정을 답습한 결과이다.

228) 주석중재법/손용근·이호원, 182면은 민사소송법 제218조의 제3자에 해당하는 자에 대하여는 중재판정의 효력이 미친다고 보면서, 중재판정의 효력은 중재합의의 효력이 미치는 것을 전제로 한다는 일본의 견해를 소개한다.

229) 정선주, 중재판정의 효력, 176–177면은 중재판정의 효력은 원칙적으로 중재합의의 당사자에게만 적용되며, 중재합의의 적용을 받지 않는 제3자에게까지 확대되지 않는다고 하면서 다만 제3자가 중재합의의 효력에 구속되는 경우에는 중재판정의 기판력이 제3자에게 확장되는데, 이 경우 반드시 중재합의의 효력과 중재판정의 기판력의 제3자 확장이 일치하는 것은 아니라고 한다. 즉 일반승계의 경우에는 문제가 없으나 특정승계의 경우에는 중재절차 중의 특정승계인은 중재절차 참여가 있어야 비로소 기판력이 미친다고 본다. 이처럼 중재판정의 효력과 중재합의의 효력이 미치는 주관적 범위가 병행하여야 하는지는 견해가 나뉜다.

230) 이하는 임시적 처분에 관하여 석광현, 국제중재법 제2권, 152면 이하에 쓴 것을 기초로 그 이후의 대법원 판결들을 참고하여 대폭 수정·보완한 것이다.

231) 과거 중재판정부가 특정이행을 명할 수 있는지는 당사자 간의 법률관계의 준거법과 관련하여 논란이 있었으나, 근자에는 실체의 준거법 또는 당사자의 합의에 근거하여 널리 허용되는 것으로 보인다.

늘어진 기간에 따라 일정한 배상을 하도록 명하거나 즉시 손해배상을 하도록 명하는 명령)을 신청할 수 있음은 별 의문이 없다. 문제는 그 경우 권리구제에 공백이 발생할 수 있으므로, <u>중재판정부가</u> 채무자에게 부대체적 작위의무 또는 부작위의무를 부과하는 중재판정을 내리면서 그와 함께 간접강제결정을 할 수 있는가인데 이 점은 종래 논란이 있다.[232) 논의에 앞서 우선 논점을 정리할 필요가 있다.

첫째, 중재판정부가 국가에 귀속되는 독일식의 강제금(Zwangsgeld)[233)을 부과할 근거는 없다.

둘째, 중재지의 중재법에 중재판정 위반에 대하여 간접강제결정에 기한 배상금(이하 "강제금" 또는 "제재금"이라 한다)을 부과할 수 있다는 근거 조문이 있으면 중재판정부는 강제금을 부과할 수 있다.[234) 당사자들이 중재판정부가 강제금을 부과할 수 있다는 취지의 합의를 한 경우에도 같다. 문제는 우리 중재법처럼 명시적 규정을 두지 않고 당사자의 합의도 없는 경우에 과연 중재판정부가 중재판정을 하면서 채권자에게 귀속되는 프랑스의 아스트렌트(*astreinte*)[235)나 그를 모델로 삼은 우리 민사집행법에서 보는 바와 같은 강제금의 지급을 명할 수 있는가이다. 즉 쟁점은 시간과 절차를 단축하고자 중재판정부가 중재판정과 함께 간접강제명령을 할 수 있는가이다. 중재판정부가 간접강제명령을 하더라도 이를 집행하자면 우리 법원의 집행결정을 받아야 함은 물론이다.

---

232) 위에서 본 것처럼 이는 중재판정에서만이 아니라 임시적 처분에서도 제기되는데 그 경우에도 여기의 논의가 기본적으로 타당하다.

233) 독일 민사소송법상 간접강제로서 부과되는 강제금(Zwangsgeld)은 오로지 강제이행을 목적으로 하는 압박수단이며(제888조 제1항), 채권자의 손해배상청구권과는 무관하다(동법 제893조 참조). 김형석, 245면.

234) 네덜란드 민사소송법(제1056조)은 중재판정을 따르지 않은 것에 대해 강제금(영문번역은 penalty)을 부과할 수 있음을 명시하는데, 이는 2015년 개정 민사소송법에서도 유지되고 있다. 이는 중재판정에 관한 절(제3절)에 있는 규정이다. UNIDROIT의 국제상사계약원칙(제7.2.4조)은 중재인이 사법적 제재금(judicial penalty)을 부과할 수 있음을 명시한다. 제1.11조, 주석 6 참조.

235) 아스트렌트는 '이행을 명하는 법원의 재판을 채무자가 자발적으로 이행하도록 심리적 압박을 가하기 위하여 판사가 주된 이행명령에 부과하여 선고하는 금전이행명령'이다. 이무상, 237면. 프랑스의 통설과 판례는 이런 강제금 제도를 채무이행을 확보하기 위하여 채무자의 저항을 분쇄하기 위한 강제수단으로 파악하고, 강제금은 손해배상과 무관하며, 강제금은 국고가 아니라 채권자에게 지급되므로 학설은 이를 민사제재로 파악한다. 김형석, 256 – 257면. 사법정책연구원, 각국 법원모욕의 제재 방식에 관한 연구(2015), 156면 이하도 참조.

셋째, 과거에는 다소 논란이 있었으나 우리 법원은 일정한 요건이 구비되면 판결절차에서도 간접강제결정을 할 수 있다.[236)]

나. 견해의 대립

이에 관하여는 견해가 나뉠 수 있다.[237)] 부정설은 강제금은 집행제도의 일부이거나 이를 보완하기 위한 것이거나 일종의 법정 제재이므로[238)] 법원이 담당하는 집행의 영역에 속하고 중재판정부는 할 수 없다거나, 법률상의 근거가 없으면 할 수 없다고 본다. 반면에 긍정설은 아래와 같이 주장할 수 있다. 첫째, 강제금은 기본적으로 손해배상금의 성질을 가지므로 중재판정부도 강제금을 부과할 수 있다.[239)] 둘째, 중재판정부의 강제금 지급 명령을 이행하지 않으면 그 집행을 위하여 법원의 집행결정을 받아야 하므로[240)] 강제금의 지급을 명하는 것 자체는 집행은 아니다. 셋째, 중재판정부는 법원보다 유연한 처분을 할 수 있으므로 강제금을

---

236) 대법원 2013. 11. 28. 선고 2013다50367 판결. 대법원 2021. 7. 22. 선고 2020다248124 전원합의체판결도 "법원은 판결절차에서 부작위채무 또는 부대체적 작위채무의 이행을 명하면서 동시에 간접강제를 명할 수 있다"라는 취지로 판시함으로써 기존 대법원의 선례와 실무를 재확인하였다.

237) Gary B. Born, International Commercial Arbitration, Volume Ⅱ, Second edition (2014), p. 2315 이하도 견해를 소개한다. Born은 간접강제의 맥락에서 논의하는 것은 아니고 중재판정부가 임시적 처분 또는 중재판정의 위반에 대해 제재를 부과할 수 있는가의 문제로 접근하면서 긍정설을 취하는 것으로 보인다.

238) 강제금은 손실보전이 아니라 제재라고 본다. Alexis Mourre, "Judicial Penalties and Specific Performance in International Arbitration", in Michael E. Schneider *et al.* (eds.), Performance as a Remedy: Non-monetary Relief in International Arbitration (2011), p. 355. 우리 대법원 2013. 2. 14. 선고 2012다26398 판결은 "간접강제결정에 기한 배상금은 … 심리적 강제수단이라는 성격뿐만 아니라 채무자의 채무불이행에 대한 법정 제재금이라는 성격도 가진다"라고 설시하였다. 정선주, "간접강제금의 본질과 소송상의 제문제", 민사소송, 제16권 제1호(2012. 5.), 456면은 우리 법상 간접강제금은 제재적 성격을 가진 손해배상금이라고 한다. 권창영, 민사보전법, 제2판(2012), 489면은 집행방법이라는 점을 지적하면서 제재금(내지 법적 위약금)이라고 본다. 학설은 위 권창영, 487면 이하 참조.

239) 대법원 2014. 7. 24. 선고 2012다49933 판결도 "간접강제 배상금은 채무자로부터 추심된 후 국고로 귀속되는 것이 아니라 채권자에게 지급하여 채무자의 작위의무 불이행으로 인한 손해의 전보에 충당되는 것이다"라고 판시하여 손해배상의 성격을 가짐을 분명히 하였다. 다만 대법원 2013. 2. 14. 선고 2012다26398 판결은 "간접강제결정에 기한 배상금은 … 심리적 강제수단이라는 성격뿐만 아니라 채무자의 채무불이행에 대한 법정 제재금이라는 성격도 가진다"라고 설시한 바 있다.

240) 이는 의문이 없다. 반면에 법원의 간접강제결정은 강제금의 지급을 명하는 집행권원이 된다(민사집행법 제56조 제1호).

민사제재라고 보더라도 가능하다. 우리나라에도 긍정설이 있다. 과거 논란이 있었고 저자는 견해가 나뉠 수 있다고만 하였으나 이제는 긍정설을 지지하는데, 이는 특히 아래 두 개의 대법원 판결을 고려한 결과이다.

다. 판결절차에서 부대체적 작위채무의 이행을 명하면서 동시에 제재금을 명할 수 있다고 판시한 대법원 전원합의체 판결의 영향

우선 고려할 것은 중재에 관한 것은 아니지만 대법원 2021. 7. 22. 선고 2020다248124 전원합의체 판결이다. 이는 '판결절차에서 부대체적 작위채무의 이행(특정이행)을 명하면서 동시에 제재금(간접강제)을 명하는 것이 가능하다'는 점을 명확히 인정함으로써 그간 확립된 판례의 취지를 재확인하였다.

2021년 위 대법원 전원합의체판결은 부작위채무에 관하여 판결절차의 변론종결 당시에 보아 부작위채무를 명하는 집행권원이 성립하더라도 채무자가 이를 단기간 내에 위반할 개연성이 있고, 또한 판결절차에서 민사집행법 제261조에 의하여 명할 적정한 배상액을 산정할 수 있는 경우에는 판결절차에서도 민법 제389조와 민사집행법 제261조 제1항에 의하여 부대체적 작위채무를 부담하는 자에게 그 채무를 이행하도록 명하면서 채무불이행에 대한 간접강제를 할 수 있다고 판시하였다.[241] 즉 위 대법원 판결은 부작위채무 및 부대체적 작위채무에 대한 간접강제가 판결절차에서 가능함을 분명히 함으로써 종래의 불확실성을 해소하였는데, 대법원은 그 근거를 채무자가 부대체적 작위채무를 이행하지 않는 경우에 채권자의 권리를 실효적으로 보호하고, 당사자가 법원의 명령을 이행하지 아니함으로써 집행제도의 공백을 악용하는 것을 막아 집행의 실효성을 확보하려는 정책적

---

241) 다만 대법관 이기택 등의 반대의견은 아래 근거로 반대하였다. ① 판결절차와 강제집행절차의 준별이라는 측면에서 볼 때, 민사집행법에서 정한 절차 규정이 강행규정이라는 점, 강제집행은 국가가 채무자에 대하여 강제력을 행사하는 것이므로 반드시 법률에 근거가 있어야 하는 점, 판결절차에서 간접강제를 명할 경우 생략되는 절차의 내용을 고려하면 판결절차에서 명하는 간접강제는 민사집행법이 예정한 간접강제와는 전혀 다른 절차인 점, ② 집행의 실효성 확보라는 측면에서 볼 때, 집행권원의 성립과 간접강제결정 사이의 시간적 간격은 집행권원의 성립에 소요되는 기간과 비교할 때 극히 짧은 기간인 점, 다수의견이 우려하는 집행공백 기간의 문제는 가처분절차를 통해 충분히 대비할 수 있는 점, ③ 당사자의 이익형량이라는 관점에서 볼 때, 부작위채무 등과 그와 다른 종류의 채무를 차별 취급하는 것은 부당한 점, 판결절차에서 간접강제를 명한다고 해도 결과적으로 채권자에게 실효적인 조치도 아니고 채무자에게 매우 불리한 조치인 점 등을 종합하여 보면, 판결절차에서 간접강제를 명할 수는 없다는 것이다.

인 목적에 있다고 한다.[242]

문제는 과연 한국법상 중재지가 한국인 때 중재판정부도 동일하거나 유사한 권한을 가지는가인데 저자는 이를 긍정한다. 그 근거는 아래와 같다.

첫째, 일반적으로 중재지가 한국인 때 중재판정부는 해당 분쟁이 중재가능성이 있고 중재판정부의 권한에 대하여 한국법상 명시적인 제한이 없는 이상, 본안심리에서 한국 법원과 거의 동일한 권한을 행사할 수 있다. 따라서 중재지를 한국으로 지정한 중재합의의 당사자들이 회부한 분쟁을 맡은 중재판정부는 그 본안을 최종적으로 해결하는 데 요구되는 적절한 구제수단을 명할 권한이 있다. 물론 중재판정부는 법원처럼 판정의 집행을 강제할 수 있는 권한은 없다. 이러한 의미에서 중재판정부의 본안심리 권한은 법원이 판결절차에서 행사하는 권한에 준하는 것이고 법원이 집행절차에서 행사하는 권한과는 다르다. 또한 중재판정부는 판정을 "집행"할 수 있는 권한은 없으므로 중재판정부의 제재금 지급명령은 법원의 집행결정에 의하여 비로소 집행력을 가지게 된다. 즉 중재판정부의 제재금 지급명령은 법원의 판결절차에 상응하는 절차이지 강제집행절차에 속하는 것이 아니다.

둘째, 법원이 판결절차에서 특정이행명령과 함께 제재금의 지급명령을 할 수 있다고 판시한 위 2021년 대법원 판결의 결론은 중재절차에도 타당하다. 판결절차에서 법원이 간접강제를 명할 수 있다면, 본안에 관한 판결절차에서 법원이 가지는 권한과 거의 같은 권한을 가지는[243] 중재판정부는 적어도 절차와 실체의 준

---

242) 대법원 2021. 7. 22. 선고 2020다248124 전원합의체 판결도 "법원은 판결절차에서 부작위채무 또는 부대체적 작위채무의 이행을 명하면서 동시에 간접강제를 명할 수 있다"라는 취지로 판시함으로써 기존 대법원의 선례와 실무를 재확인하였다. 다수의견의 논거는 아래와 같다. ① 본안판결에서 동시에 간접강제에 관한 판결을 할 수 있는지 여부에 관하여 이를 명시적으로 금지하는 법 규정은 없다. 입법자는 채권에 대한 강제이행의 원칙과 집행권원에 기초한 강제집행의 원칙을 규정하였을 뿐 판결절차에서는 어떠한 경우에도 간접강제를 명할 수 없도록 법률을 제정하였다고 볼 수 없다. ② 판결절차에서 간접강제를 명할 수 있도록 한 이유는 부작위채무와 부대체적 작위채무를 이행하지 않는 경우에 집행의 실효성을 확보하고 집행공백을 막으려는 데 있다. ③ 판결절차에서 간접강제를 명하더라도 채무자에게 크게 불리하다고 볼 수 없다. 판결절차에서도 채권자인 원고가 간접강제를 청구해야만 법원이 간접강제를 명할 수 있으므로, 변론 과정에서 채무자인 피고가 간접강제에 관하여 충분히 의견을 진술할 수 있기 때문이다. ④ 판례가 제시하는 요건에 따라 판결절차에서 간접강제를 명하는 것은 분쟁의 종국적인 해결에도 이바지한다.

243) 중재판정부는 강제력을 행사할 수 없고 중재판정을 집행할 수도 없다. 중재판정부가 강제금의 지급을 명하더라도 집행력은 법원의 집행결정에 의하여 비로소 발생하므로 중재판정부가 지급을 명하지 못할 이유가 없다. 만일 한국법상 중재판정부가 간접강제를 할 수 없

거법이 모두 한국법이면 간접강제를 명할 수 있다는 것이다.[244]

과거 저자는 중재판정부가 강제금의 지급을 명할 수 있는지는 논란이 있을 수 있다고만 하였으나 위 대법원 전원합의체 판결이 선고된 뒤로는 가능하다고 본다. 우리 법상 간접강제금은 국고에 귀속되는 독일의 강제금이 아니라 프랑스의 astreinte를 본받은 것으로서 제재금으로서의 성질과 손해배상의 성질을 가지며[245] 손해전보에 충당되기 때문이다.[246] 이를 부정함으로써 집행의 공백을 초래할 이유가 없다. 만일 피신청인이 중재판정부의 강제금 지급 명령을 이행하지 않으면 그 집행을 위하여 별도로 법원의 집행결정을 받아야 하므로 중재판정부가 강제금의 지급을 명하는 것은 집행은 아니다.

다만 입법론으로서는 불필요한 논란을 해소하기 위하여 네덜란드처럼 중재법에 이를 명시하는 방안을 고려할 여지는 있다.

라. 간접강제명령을 포함한 외국중재판정의 승인 및 집행을 허용한 대법원 판결의 존재

위에 더하여 대법원은 제재금의 지급명령(즉 간접강제명령)이 포함된 외국중재판정의 승인 및 집행을 허용함으로써 집행력을 부여한 바 있다. 즉 대법원 2018. 11. 29. 선고 2016다18753 판결은, 특허권이전을 명하면서 이를 불이행할 경우 강제금의 지급을 명한 네덜란드 중재원의 중재판정에 대하여 집행을 허가한

다면 그것이 분쟁 대상의 중재가능성 결여에 해당되어 뉴욕협약상 승인거부사유인지가 다투어졌는데, 위 대법원 2018년 판결은 "중재판정 중 간접강제를 명하는 부분은 분쟁의 대상인 사항이 아니라 분쟁에 따른 권리구제방법에 해당하기 때문에 중재가능성과는 다른 문제"라고 판시하였다. 그것이 절차적 공서 위반인가도 다투어졌으나 위 대법원 2018년 판결은 이를 부정하였다.

244) 특정이행의 명령의 성질결정은 논란이 있으나 저자는 실체의 문제로 보고 민법 제389조 제1항을 절차법 규정으로 보지 않는다. 김형석, 280면도 절차법 규정으로만 보는 데 반대한다.

245) 전휴재, "간접강제에 관한 법리적 논점과 향후의 과제-법적 성질, 보충성, 적용 범위를 중심으로-", 성균관법학 제34권 제2호(2022), 219면 이하는 간접강제금의 법적 성질에 관하여 손해전보설(법정위약금설), 제재금설과 절충설을 소개하고 양자의 성질을 모두 가지는 '제재적 성격을 갖는 손해배상금'이라는 절충설을 지지한다.

246) UNIDROIT 국제상사계약원칙(제7.2.4조)은 중재인이 사법적 제재금(judicial penalty)을 부과할 수 있음을 명시한다. 위와 같은 태도를 취한 것은 특히 국제상거래에서 대체적 분쟁해결수단으로서 중재인의 역할이 점차 중요해지는 추세에 맞춘 것인데, 중재인이 부과한 제재금의 집행은 법원에 의하거나 법원의 협조가 있어야만 가능하므로 혹시 있을 수 있는 중재인의 권한남용을 막는 적절한 감시가 가능하기 때문이다.

원심의 결론을 지지한 바 있다.[247] 이 판결의 제1심판결인 인천지방법원 2015. 2. 10. 선고 2012가합14100 판결은 "우리 민사집행법상으로도 중재판정에서 간접강제를 명하는 것이 금지된다고 볼 만한 근거규정을 찾아볼 수 없다"라면서 우리 중재법상으로도 중재판정부가 간접강제명령을 할 수 있으며, 당해 사건에서 판결절차에서 법원이 간접강제명령을 하기 위한 요건(이는 2021년 대법원 전원합의체 판결이 설시한 요건과 같다)도 구비된다는 취지로 판시하였는데,[248] 이런 판단은 항소심에서 확인되었고 상고심에서도 수용되었다.[249] 위 사건의 피고는 간접강제를 명한 네덜란드 중재원의 중재판정이 한국 민사집행법에 반하므로 그의 승인 및 집행은 공서양속에 반하여 허용될 수 없다는 주장을 하였으나, 대법원은 이 주장을 배척하고 간접강제를 명한 외국중재판정의 국내 승인 및 집행을 허용하였다.

마. 준거법의 영향

이 논점과 관련하여 준거법의 논점도 있다. 즉 만일 중재판정부가 강제금의 지급을 명할 수 있다면 이는 실체로서 본안의 준거법에 따를 사항인가, 아니면 절차로서 중재지법 내지 중재절차의 준거법에 따를 사항인가라는 의문이 그것이다. 강제금이 손해배상금으로서 실체의 성질을 가지는 점을 강조하면 중재판정부가 강제금의 지급을 명하자면 실체의 준거법상 중재판정부가 피신청인의 일정한 작위 또는 부작위를 명할 수 있어야 한다.[250] 반면에 강제금의 집행적 성격을 강조하면 이는 절차적 성격이 강하므로 중재지법 내지 중재절차의 준거법에 따를 사항이라고 볼 가능성이 크다. 그러나 강제금은 실체와 절차의 성질을 모두 가지므

---

247) 우리 법상 간접강제금의 지급을 명하는 외국중재판정의 승인 및 집행이 가능한가에 관하여 박설아, 101면은 간접강제금은 결국 금전지급을 명하는 중재판정에 해당하고, 이에 대한 법적 구제는 우리 민사집행법상 인정되기 때문에 가능하다고 본다.

248) 제1심판결과 원심판결은 "중재인은 원고가 청구하는 간접강제 배상금을 그대로 받아들인 것이 아니라 네덜란드 민사소송법에 근거하여 중재심리상 나타난 여러 사실 및 사정을 고려하여 간접강제 배상금을 감액한 점 등에 비추어 보면, 이 사건의 경우[에는 피고가 주장하는 위 대법원 판결(2013다50367 판결)에 의하더라도] 집행권원의 성립 단계에서 간접강제를 명할 수 있을 것으로 보인다"라는 취지로 판시하였다. 밑줄 친 부분은 원심판결에서 추가된 부분이다(밑줄 다음의 집행권원은 중재판정으로 보인다).

249) 이동진, "간접강제 : 비교법·실질법·국제사법적 고찰", 저스티스 통권 제195호(2023. 4.), 97면도 위 대법원 판결이 한국법상 간접강제명령을 할 수 있는 중재판정부의 권한을 인정한 것으로 평가한다. 위 이동진, 70면 이하는 국제사법 논점도 다룬다.

250) 소송에서는 법계에 따라 다르나 중재에서는 중재규칙 등에 의해 대체로 이를 허용한다.

로251) 판단이 쉽지 않다. 결국은 어느 쪽에 더 비중을 둘지의 문제이다. 그런데 위에서 보았듯이 대법원 2021. 7. 22. 선고 2020다248124 전원합의체판결이 부작위채무에 관하여 판결절차의 변론종결 당시에 보아 부작위채무를 명하는 집행권원이 성립하더라도 채무자가 이를 단기간 내에 위반할 개연성이 있고, 또한 판결절차에서 민사집행법 제261조에 의하여 명할 적정한 배상액을 산정할 수 있는 경우에는 판결절차에서도 채무불이행에 대한 간접강제를 할 수 있다고 판시하였으므로 적어도 절차와 실체의 준거법이 모두 한국법이라면 중재판정부도 이를 할 수 있음은 별 의문이 없다.

3. 취소사유가 있는 내국중재판정의 효력

가. 1999년 모델법의 수용과 2016년 개정 중재법 제35조 단서의 도입에 따른 혼란의 초래

1999년 중재법 제35조에 따르면, 내국중재판정은 당사자 간에 있어서 법원의 확정판결과 동일한 효력을 가졌다. 따라서 그의 승인을 문제 삼을 필요는 없었다. 이 점은 1966년 중재법과 1973년 중재법하에서도 마찬가지였다. 한편 1999년 중재법 제38조는 "대한민국 내에서 내려진 중재판정은 제36조 제2항의 사유가 없는 한 승인 … 되어야 한다"라고 규정하였으므로 중재판정도 취소사유가 있으면 승인될 수 없는 것처럼 보였다. 여기에서 제35조와 제38조 간의 충돌이 발생하였다. 만일 제35조를 존중하면, 국내중재판정은 비록 취소사유가 있더라도 법원에 의하여 실제로 취소되지 않는 한 확정판결과 동일한 효력이 있다. 과거 중재판정 취소판결은 중재판정을 취소하여 소급적으로 무효로 하는 형성판결이라고 보았는데 이는 이런 견해와 일관성이 있었다.252) 반면에 제38조를 존중하면, 중재판정은 취

---

251) 그러나 위에서 보았듯이 박설아, 79면은 간접강제결정에 기한 배상금은 채무자에게 이행기간 이내에 이행을 하도록 하는 심리적 강제수단이라는 성격뿐만 아니라 채무자의 채무불이행에 대한 법정 제재금이라는 성격도 가진다고 본 대법원 2013. 2. 14. 선고 2012다26398 판결을 근거로 간접강제 배상금은 절차법적 강제수단에 해당하므로 이를 명하는 중재판정이 가능한가는 절차법적 사항으로 본다. 김형석, 280면 이하는 우리 국내법의 맥락에서 간접강제를 정한 민법 제389조는 절차법적 성격과 실체법적 성격이 있다고 한다. 프랑스에서 아스트렝트는 "채권법상의 권리와 집행법상의 권리의 경계에 있는 것으로서, 물리적인 집행작용 성격의 집행방법이나 보전방법이 아니라, 판사의 명령권(*imperium*)에서 나오는 독창적이고 독자적인 압박수단으로 특수집행방법"이라고 한다. 이무상, 243면, 253면 참조.

252) 이는 중재판정 취소판결의 법적 성질을, 법원의 원판결이 취소됨으로써 소급적으로 그 효력을 상실시키는 재심결과 유사하게 이해하는 것이다.

소사유가 있으면 아직 법원에 의하여 취소되지 않았더라도 승인될 수 없고 따라서 확정판결과 동일한 효력을 가질 수 없다.

제38조는 모델법을 수용한 것이나, 제35조는 모델법에는 없는 조문으로 독일 민사소송법에서 유래한 조문이다. 독일에서는 국내중재판정은 비록 취소사유가 있더라도 취소의 소에 의하여 취소되지 않는 한 여전히 효력이 있는데, 이는 독일이 전통적으로 국내중재판정에 대해 더 우호적인 태도를 취하여 집행력 이외의 효력에 대하여 '일종의 무조건적인 법률상의 승인(a kind of unconditional statutory recognition)'을 부여하였기 때문이다. 1999년 중재법 전의 우리 구 중재법이 독일법에서 유래하는 제35조만 두었을 때에는 우리도 독일처럼 해석하였으나 1999년 모델법 수용을 계기로 제38조를 도입하면서 충돌이 발생하였는데, 1999년 중재법에서 충돌을 방치한 것은 아쉬운 일이었다. 저자는 과거 양 조문의 충돌을 지적하면서 제35조를 우선시키는 방향으로 통일하자는 견해를 피력하였으나, 2016년 개정을 위한 개정위원회에서는 결론을 제시하지 않고 어느 방향으로든 충돌을 해소하는 것이 바람직하다는 의견을 제시하였다. 결국 2016년 개정된 중재법 제35조에 단서가 추가됨으로써 제38조를 우선시키는 방향이 채택되었는데, 유감스럽게도 그 문언이 개정위원회 초안과 달라 정확한 의미는 논란이 있다. 이 점은 항을 바꾸어 논의한다.

나. 2016년 개정 시 도입된 제35조 단서의 문언의 미비로 인한 혼란

중재법 개정위원회는, 취소사유가 있으면 중재판정이 비록 취소되지 않았더라도 확정판결과 동일한 효력이 없음을 명확히 하기 위해 단서를 추가하되, 단서에서 중재판정 취소사유라고 규정하는 방안(제1안)과 중재판정 취소사유를 구체적으로 열거하는 방안(제2안)을 선택지로 제안하였다. 양자는 기술적 차이만 있을 뿐이다.

반면에 2016년 개정된 중재법은 제35조 단서로서 "제38조에 따라 승인 또는 집행이 거절되는 경우"라고 규정한다. 저자는 개정위원회의 초안과 다른 문언이 채택된 경위를 알지 못한다. 논란의 여지가 없지는 않으나, 제35조 단서의 취지는, 중재판정은 취소사유(이는 승인거부사유 또는 집행거부사유와 동일하다. 이하 양자를 묶어 "집행거부사유"라고 한다)가 있으면 비록 법원에 의하여 취소되지 않았더라도, 또한 취소의 소를 제기할 수 있는 기간이 도과되었더라도 과거와 달리 법원의 확정판결과 같은 효력을 가질 수 없다는 것이다.[253] 제35조를 우선시킴으로써 국내중재판정에 강한 효력을 부여하는 독일법의 태도를 따를지, 아니면 제38조를 우선시킴으로써 모델법을 충실히 따를지는 정책적으로 결정할 사항인데, 우리 입법자는 과거 1999년 중재법에서 모델법에 따른 제38조를 도입하면서 제35조를 존치함으로써 충돌을 초래하였으나, 2016년 중재법에서 제35조 단서를 추가함으로써 제38조를 우선시켜 모델법을 따르는 방향으로 결론을 내린 것이다.

요컨대 입법자가 제35조 단서의 문언을 개정위원회 초안과 달리한 탓에 다소 불분명하나, 저자는 제35조와 제38조의 충돌이 해소된 점은 기본적으로는 환영한다.[254] 다만 개인적으로는 제38조가 아니라 제35조를 우선시키는 방향으로, 즉 독일식으로 통일하자는 의견을 강력하게 피력하여 관철시켰더라면 좋았을 텐데 이를 실현하지 못한 아쉬움이 있다. 그렇게 했더라면 제38조에서는 집행만 규정하면 되었을 것이다.[255][256] 따라서 저자는 2016년 중재법은 "제35조 단서를 추가함으로써 기존의 중재판정 취소와 중재판정의 승인 및 집행거절에 관한 법적인 틀을 바꾸어버린 결과를 초래하였다"라는 비판에는 동의하지 않는다. 그런 결과는 1999년 중재법에서 이미 반쯤 도입되었고, 2016년 중재법은 양자의 충돌을 해소

---

[253] 법무부 개정이유서, 국회 법제사법위원회 검토보고, 대법원 법원행정처 검토의견도 동지다. 소개는 이창현, 중재판정, 5면 참조. 그러나 일부 논자는 문언대로 해석하고자 한다. 예컨대 윤진기, 13면 이하; 강수미(註 119), 74면 이하; 김인호, "중재판정의 기판력의 새로운 구성—시지푸스적 접근을 넘어 스노우 화이트적 접근으로—", 인권과 정의 제468호(2017. 9.), 96면. 집행이 거절되는 경우라 함은 집행결정 신청을 하였으나 그 신청이 기각 또는 각하된 경우를 말하는 것으로 이해할 수 있으나, 승인이 거절되는 경우라 함은 실제로 승인 신청이 있었으나 거절된 경우를 말하는지, 아니면 승인이 거절되는 경우(즉 승인거부사유가 있는 경우)를 말하는지 불분명하다. 중재판정의 승인은 자동승인이므로 만일 후자라면 본문의 저자의 견해와 별 차이가 없게 된다. 저자로서는 위 문언은 중재법과 개정취지를 제대로 이해하지 못한 법제처나 국회 담당자의 잘못에서 비롯된 것이라고 본다. 이런 잘못이 걸러지지 못한 채 입법이 이루어지는 것이 안타까운 현실인데 해석론으로 이를 바로 잡아야 한다. 이호원, 중재법 연구(2020), 143–144면; 전원열, 중재판정, 265면 註 8은 저자와 동지.
[254] 임성우, 6.108도 제35조의 개정은 매우 적절한 조치라고 한다.
[255] 저자와 달리 이호원, "국내중재판정의 효력에 관하여—중재법 제35조의 해석을 중심으로—", 민사소송 제23권 제3호(2019. 12.), 376면은 개정위원회의 문언에 충실하게 재개정하는 것이 바람직하다고 한다. 그러나 그렇게 할 경우 위에서 논의한 문제점들이 해결되지 않는다.
[256] 또한 기술적인 사항으로 제38조 제1호 나목 2)에서 중재판정이 법원에 의하여 취소되었다는 사실을 별도의 승인거부사유로 명시할 필요는 없다. 취소사유의 존재 자체가 이미 승인거부사유로 규정되어 있기 때문이다.

함으로써 그것이 더욱 명확하게 드러났을 뿐이다.[257]

X. 중재판정의 취소[258]

1. 개   관

중재법상 중재판정에 대한 상소는 허용되지 않는다. 그러나 중재판정에 예컨대 적법절차의 원칙에 반하는 중대한 하자가 있음에도 이 원칙을 관철하는 것은 부당하므로[259] 예외적으로 법원이 중재판정을 취소할 수 있도록 한다. 이는 확정판결에 관하여 중대한 하자가 있는 경우 법원의 재심을 허용하는 것과 유사하다. 그러나 중재판정의 취소를 너무 쉽게 허용하면 중재제도가 존재의의를 상실할 우려가 있다. 따라서 중재법(제36조)은 중재판정에 대한 불복은 중재판정 취소의 소에 의하여만 가능하게 하고, 중재판정의 취소사유를 한정적으로 열거하며, 중재판정 취소소송의 제기기간을 제한한다. 취소사유를 어떻게 정하는가에 따라 중재판정에 대한 법원의 관여의 범위가 좌우되는데 그 범위는 국가에 따라 다르다.

2. 취소의 대상인 중재판정

우선 본안에 관한 종국판정이 취소의 대상임은 의문이 없다. 종래 우리나라에서는 취소의 소의 대상이 되는 것은 법률이 정하는 형식적인 요건을 구비하고 그 본안에 대하여 종국적인 판단을 내린 중재판정에 한정된다는 견해가 유력하다. 대법원 2004. 10. 14. 선고 2003다70249, 70256 판결도 중재인이 스스로 그 신청 대상인 분쟁에 대하여 판정을 할 권한이 없다는 이유로 신청을 각하한 중재판정은 취소의 소의 대상이 될 수 없다고 판시하였다.[260] 그러나 독일의 판례와

---

257) 윤진기, 19면 이하는 "제35조 단서를 추가함으로써 기존의 중재판정 취소와 중재판정의 승인 및 집행거절에 관한 법적인 틀을 바꾸어버린 결과를 초래하였다"라고 비판하나 본문에 쓴 것과 같은 이유로 저자는 이에 동의하지 않는다.

258) 상세는 석광현, 국제중재법 제2권, 203면 이하 참조.

259) 독일에서는 사인인 중재인의 판정에 그런 효력을 부여하는 것은 헌법상 보장된 실효적인 법적 보호를 받을 권리에 반한다고 하고 중재판정 취소제도를 독일 민사소송법 제1055조(중재법 제35조에 상응)에 대한 헌법상 제한으로 설명한다. Böckstiegel/Kröll/Nacimiento/Kröll/Kraft, §1059, para. 1.

260) 취소의 대상에 관한 논의는 정선주, "중재판정 취소의 소의 대상", 민사소송 제26권 제1호(2022. 3.) 301면 이하 참조.

학설은 이를 허용한다.[261] 한편 중간판정에 대하여 취소가 가능한지는 독일에서는 견해가 나뉜다.[262]

3. 중재판정의 취소사유

중재법(제36조 제2항)은 뉴욕협약(제5조)의 승인거부사유를 차용하여, 더 정확히는 모델법(제34조)을 따라 6가지 취소사유를 한정적으로 열거하는데, 이는 취소를 구하는 당사자가 주장·입증하여야 하는 사유(제1항)와 법원이 직권으로 판단할 사유(제2항)로 구분된다. 전자는 ① 당사자의 무능력 또는 중재합의의 무효, ② 피신청인의 방어권의 침해, ③ 중재인의 권한유월 및 ④ 중재판정부의 구성 또는 중재절차의 하자이고, 후자는 ⑤ 우리 법상의 중재가능성의 결여와 ⑥ 우리나라의 공서위반이다. 공서는 한국의 본질적인 법원칙, 즉 기본적인 도덕적 신념 또는 근본적인 가치관념과 정의관념을 말하고, 그에 반하는 중재판정을 취소할 수 있도록 함으로써 국내법질서를 보존하는 방어적 기능을 한다.

구 중재법(제13조 제1항)은 이유불기재(또는 이유불비)를 포함한 중재판정의 취소사유를 열거하고, 마지막 취소사유로서 판단누락(구 민사소송법하의 판단유탈)을 포함하는 민사소송법상의 재심사유 중 일정한 사유를 열거하였다. 그러나 중재법은 취소사유와 승인거부사유를 동조시키고 이유불기재와 판단누락을 취소사유에서 제외하였는데, 중재법상 이유불기재와 판단누락이 취소사유인지는 논란이 있다. 판단누락의 경우 만일 누락된 문제가 중요해서 만약 그것이 다루어졌다면 중재판정의 결과가 달라졌을 것인 경우 취소사유가 된다는 것이 우리나라의 통설이다. 즉 판단누락 자체가 취소사유는 아니지만, 제36조 제2항 제1호 라목이 정한 취소사유, 즉 '중재절차가 당사자 간의 합의에 따르지 아니하거나 그러한 합의가 없는 경우 중재법에 따르지 아니한 경우'에 해당한다고 본다.[263]

한편 이유불기재의 경우에 관하여는, 중재절차의 준거법상 중재판정에 이유를 기재해야 함에도 불구하고 전혀 기재하지 않은 경우 중재절차에 하자가 있음은 명백하다. 문제는 이유가 기재되었으나 불완전한 경우인데, 당사자가 주장한

261) BGH NJW 2002, 3031, 3032; Böckstiegel/Kröll/Nacimiento/Kröll/Kraft, §1059, para. 62; Münchener Kommentar zur ZPO, 6. Auflage 2022, Rn. 78 (Münch 집필부분) 참조.
262) 통설은 부정하나 긍정설도 있다. Böckstiegel/Kröll/Nacimiento/Kröll/Kraft, §1059, para. 14 참조.
263) 목영준·최승재, 283면; 주석중재법/손용근·이호원, 216면.

일부 공격방어방법에 대하여 이유의 기재가 없거나, 이유의 기재가 있으나 불명확하여 판정주문과 이유 간에 논리적 연결을 찾을 수 없는 경우 또는 이유 자체로 모순되는 경우 중재절차에 하자가 있다는 견해[264]가 있다. 그러나 이유가 있기만 하면 족한 것은 아니지만, 중재판정의 이유에 대해 법원판결의 이유에 대하여 요구하는 것과 동일한 척도를 적용할 것은 아니고, 이유기재가 다소 미비하더라도 중대한 모순이 없다면 중재절차에 하자가 있는 것은 아니라는 점에서 위 견해는 너무 엄격하다. 사견은 구 중재법하의 대법원판결의 태도[265]와 유사하나 그보다도 더 완화된 것이다.

중재법상 당사자들이 합의하여 중재판정의 취소사유를 배제할 수 있는지가 문제 되는데, 그러한 합의가 '배제합의(exclusion agreement)'이다. 이를 명시적으로 허용하는 입법례도 있으나, 중재법의 해석으로는 부정적으로 본다.[266] 반대로 당사자들이 취소사유를 추가 또는 확대하는 합의도 효력이 없고, 법원에 의한 재심사를 허용하는 합의도 무효이다.[267]

4. 중재판정 취소의 소의 소송절차

가. 관할법원

중재법(제7조 제3항 제2호)은 중재판정 취소의 소에 대한 관할법원을 명시하는데 이는 토지관할이다. 중재판정 취소의 소에 대하여는 중재지국 또는 중재절차의 준거법 소속국이 전속적 국제재판관할을 가진다는 것이 국제적으로 널리 인정

---

264) 목영준·최승재, 280면 이하는 중재판정의 취소사유의 맥락에서 이를 중재절차의 하자로 본다.
265) 예컨대 대법원 2001. 4. 10. 선고 99다13577, 13584 판결 참조.
266) 우리 법의 논의는 석광현, 국제중재법 제1권, 226면 이하 참조. 개정 프랑스 민사소송법(제1522조)은 구법과 달리 당사자들이 특정한 합의에 의하여(*par convention spéciale*) 중재판정 취소의 소를 제기할 수 있는 권리를 포기할 수 있음을 명시한다. 소개는 안건형·유병욱, "프랑스 개정 민사소송법의 주요내용과 시사점", 민사소송 제15권 제2호(2011), 110면 참조. 독일에서는 중재판정의 취소를 헌법상의 최소한의 통제로 이해하므로 중재절차 개시 전의 포기는 허용되지 않는다고 본다. Böckstiegel/Kröll/Nacimiento/Kröll/Kraft, §1059, para. 6.
267) 중재판정 후 법원에 제소를 통하여 재심사를 허용하는 합의가 유효한가는 논란이 있다. 미국 연방대법원은 이를 불허하였으나(Hall Street Associates, L.L.C. v. Mattel, Inc, 128 S.Ct. 1396; 552 U.S. 576 (2008)) 독일에서는 가능하다고 본다. BGH 1. 3. 2007, BGHZ 171, 245 para. 18ff. BöckstiegelKröll/Nacimiento/Wagner, §1026, para. 6 참조.

되고 있다.[268] 따라서 우리 법원에 제기하는 중재판정 취소의 소는 중재지가 한국인 중재판정 또는 절차의 준거법이 한국법인 중재판정에 대하여만 가능하다.

나. 제소기간

중재법상 중재판정 취소의 소는 취소를 구하는 당사자가 중재판정의 정본을 받은 날부터, 또는 제34조에 의한 정정·해석 또는 추가판정의 정본을 받은 날부터, 3월 이내에 제기하여야 한다(제36조 제3항). 구 중재법(제16조 제1항)에 따르면 원칙적으로 취소사유를 안 날부터 30일 내에 소를 제기하여야 하였으나 그 기간이 단축되었다. 당사자자치의 원칙을 존중하여 당사자들은 합의에 의하여 위 기간을 연장할 수는 있으나 중재에 진 당사자의 보호를 위하여 위 기간을 단축할 수는 없다고 본다.

구 중재법상 취소사유였던 민사소송법의 재심사유는 중재법상 취소사유는 아니고 공서위반에 해당할 수 있으나, 그 경우에도 제소기간이 제한되므로 취소의 소가 배제되는 경우가 많을 것이다. 제소기간이 경과되어 중재판정 취소의 소가 불가능하더라도 중재판정 무효확인의 소는 가능하다는 견해도 있으나 아래의 이유로 지지할 수 없다. 첫째, 중재법(제6조)은 법원이 중재법에 관한 사항에 개입할 수 있는 범위를 중재법이 정한 경우로 한정하므로 그 밖의 경우 중재절차에 대한 사법적 통제를 할 수 없다.[269] 둘째, 중재판정 취소의 판결은 중재판정을 취소하여 소급적으로 무효로 하는 형성판결이므로,[270] 취소사유가 있더라도 중재판정이 취소되지 않는 한 중재판정은 여전히 유효하다.[271] 그러나 제소기간 경과 후 중재판정 무효확인의 소를 제기할 수 있다는 견해는 취소사유가 있는 중재판정을 무효라고 보는 것인데, 이는 중재판정 취소의 판결을 형성판결로 보는 것과 일관성이 없다.

---

268) 그러나 이에 대하여 이론적 비판이 있다. 예컨대 Solomon, S. 342, S. 663ff. 참조.

269) 대법원 2004. 6. 25. 선고 2003다5634 판결 참조. 중재법 제6조는 법원 밖에서 이루어지는 분쟁해결절차인 중재절차의 독립성을 제도적으로 보장하기 위한 것이다. 대법원 2018. 2. 2.자 2017마6087 결정 참조.

270) 대법원 2004. 10. 14. 선고 2003다70249, 70256 판결.

271) 과거에는 본문에 대해 별 의문이 없었으나, 2016년 중재법 제35조 단서가 추가된 결과 취소사유가 있는 중재판정의 효력에 관하여는 논란이 있으므로 이 부분도 그에 의하여 영향을 받는다.

다. 집행판결 후의 중재판정 취소의 소의 제한

중재판정에 관하여 우리 법원의 집행판결이 확정된 후에는 중재판정 취소의 소를 제기할 수 없다(제36조 제4항). 이는 중재판정 취소사유는 국내중재판정의 승인거부사유와 같고, 뉴욕협약의 승인거부사유와도 거의 유사하므로, 중재에서 진 당사자로 하여금 집행판결절차에서 승인거부사유를 모두 주장하게 함으로써 소송경제를 도모하고 법원판결의 상충을 막기 위한 것이다.[272] 문제는 중재판정 취소의 소가 계속된 이후에 해당 중재판정에 대한 승인 및 집행결정이 확정된 경우의 처리인데, 그 경우 중재판정 취소의 소는 부적법하게 되므로 중재판정 취소의 소를 각하하여야 한다고 본다. 대법원 2000. 6. 23. 선고 98다55192 판결은 집행판결이 선고된 후에 구 중재법 제13조 제1항 제1호 내지 제4호의 사유를 이유로 제기된 중재판정 취소의 소는 부적법하고, 이는 중재판정 취소의 소가 집행판결의 청구 이전에 제기되었다 하여 달리 볼 것이 아니라고 판시하였다.

라. 중재판정 취소의 소에 관한 판결에 대한 불복

중재판정 취소의 판결은 중재판정을 취소하여 소급적으로 무효로 하는 형성판결이므로, 중재에서 진 당사자는 통상의 경우처럼 관할법원에 상소할 수 있다. 취소의 소의 소송물이 무엇인지는 논란이 있으나 우리 법상으로는 취소사유별로 별개의 소송물이 된다고 본다.[273]

국제적인 맥락에서는 소송물을 어떻게 파악하는가에 따라 그리고 외국판결의 승인의 효과에 관하여 어떤 견해를 취하는가에 따라 외국에서 취소청구 기각판결이 있는 경우 한국의 집행결정 신청절차에서 중재에서 진 당사자가 동일한 사유를 승인거부사유로 주장할 수 있는지가 달라질 수 있다(이 점은 논란이 있다). 뉴욕협약상, 중재판정지국에서 중재판정의 취소되었음에도 불구하고 우리나라에서 중재판정의 승인 및 집행이 가능한지는 논란이 있다.

---

272) 목영준·최승재, 289면; 주석중재법/손용근·이호원, 221면.

273) 독일법상 Schwab/Walter, Kap. 25 Rn. 16도 동지(Musielak/Voit/Voit, 20. Aufl. (2023), ZPO §1059 Rn. 40도 동지로 보인다). 그러나 MüKoZPO/Münch, 4. Aufl. (2013), ZPO §1059 Rn. 62; Stein/Jonas/Schlosser ZPO (2014) §1059 Rn. 55는 취소사유에 관계없이 소송물은 하나라고 본다. 물론 기본적으로 이는 소송물이론과 관계된다.

마. 중재판정 취소소송절차의 중지와 중재절차의 재개

모델법(제34조 제4항)은 "중재판정 취소의 소가 제기된 법원은 당사자의 신청이 있고 또한 그것이 적절하다고 판단하는 때에는 중재판정부로 하여금 중재절차를 재개하거나 또는 스스로 취소사유를 제거할 다른 조치를 취할 수 있는 기회를 주기 위하여 일정기간 소송절차를 중지할 수 있다"라고 규정한다. 이는 취소의 소가 계속 중 중재판정부에게 하자를 스스로 치유할 기회를 부여하는 일종의 환송을 규정한 것으로 주로 영미법계국가에서 인정되는데, 법원이 중재판정을 취소하는 대신 환송할 수 있다는 데 특색이 있다.[274]

독일 민사소송법(제1059조 제4항)은, 중재판정 취소의 소가 제기된 경우 법원은 취소사유가 있고 적절하다고 판단하는 경우 중재판정을 취소하고 사건을 중재판정부로 환송할 수 있다고 규정하나, 우리 중재법과 일본 중재법은 이를 채택하지 않았다. 이는 법원과 중재판정부 간에 법적인 관계가 없고, 법원이 취소절차를 정지하여도 중재판정부가 취소사유를 제거하는 것을 기대하기 어려우며, 또 기대할 수 있더라도 법원이 중재판정부가 고려할 사항을 전달하는 것이 적절한지 및 방법도 문제 될 수 있으며, 취소한 뒤의 대응을 당사자나 중재판정부에게 위임하는 것이 간명하기 때문이다.[275]

5. 중재판정 취소의 효력

중재판정이 취소되면 중재판정은 소급적으로 효력을 상실하는데 그 경우 중재합의의 효력이 문제 된다. 중재판정의 취소사유에 의하여 중재합의 자체가 무효가 되는 경우를 제외하면, 중재가 실패하였다고 보고 당사자들을 소송에 회부하는 방안과, 원래의 중재합의를 다시 활성화하는 방안을 생각할 수 있다.[276] 독일 민사소송법(제1059조 제5항)은 중재합의의 효력이 부활한다고 명시하나, 중재법은 모델법과 마찬가지로 규정을 두지 않으므로 논란이 있다.

종래 우리 학설은 취소사유에 따라 중재합의의 효력을 구분한다. 즉 당사자의 무능력, 중재합의의 부존재, 무효, 이행불능, 중재가능성의 결여, 공서위반, 또는 중재판정이 법률상 금지된 행위를 할 것을 내용으로 한 때에는 중재합의의 효

---

274) Holtzmann/Neuhaus, p. 920.
275) 近藤昌昭 외, 255면. 주석중재법/손용근 · 이호원, 224면도 동지.
276) Holtzmann/Neuhaus, p. 921.

력이 없으므로 중재판정의 취소와 동시에 중재절차는 종료되고 이후에는 법원에 제소할 수밖에 없지만, 그 밖의 사유(예컨대 중재절차 위반, 중재판정상의 과오, 당사자가 적법하게 대리되지 않은 때, 중재인이 적법하게 선정되지 않은 때, 중재인의 권한을 넘은 중재판정 등)로 인하여 중재판정이 취소된 경우에는 중재합의의 효력이 여전히 존속하므로 중재인으로 하여금 다시 심리하게 해야 한다는 견해가 다수설이다.277) 중재법하에서도 다수설이 타당하다.

다만, 이 경우에도 중재법은 독일과 달리 중재판정부에의 환송제도를 인정하지 않으므로 법원이 사건을 중재판정부로 환송할 수는 없고 당사자들이 필요한 조치를 취하여야 한다. 그 경우 중재합의의 효력이 존속하더라도 당연히 종전의 중재판정부가 직무를 수행하는 것은 아니며 새로운 중재판정부가 구성되거나, 아니면 당사자의 명시적 의사표시가 있는 경우에 한하여 종전 중재판정부가 업무를 수행할 수 있다고 본다.

6. 취소사유가 있는 국내중재판정의 효력 약화가 초래하는 변화278)

앞(IX. 3.)에서 취소사유가 있는 국내중재판정의 효력을 검토하였는데, 그 결과 2016년 개정된 중재법은 구 중재법 및 독일 민사소송법과 비교할 때 중재판정의 효력을 약화시켰음을 알 수 있다. 즉 이제는 취소사유가 있으면 중재판정은 법원에 의하여 취소되기 전에도 기판력이 없다. 이러한 변화가 중재지로서 한국의 위상을 제고하는 데 유익한지는 애매하다. 중재판정의 효력이 약화된 점에서는 부정적이나 모델법을 따랐다는 점에서는 긍정적이기 때문이다. 저자는 2016년 개정을 위한 개정위원회에서 제35조 단서에 의하여 중재판정의 효력이 약화됨을 지적하고, 대한상사중재원을 비롯한 중재커뮤니티에서 이 점을 분명히 인식해야 함을 강조하였다. 당시 변호사인 위원들과 대한상사중재원에서 참석한 김경배 위원이 강력히 이의하지 않은 것은 다소 의외였다. 요컨대 제35조 단서를 삽입한 이유는 제35조와 제38조의 충돌을 제거하자는 것이었는데,279) 과거와 달리 제38조를 우선시킨 이유는 모델법을 충실하게 따르자는 것이었다. 그 결과 제35조의 문언은 독일 민사소송법(제1055조)과 다르고 일본 중재법(제45조)과 유사하게 되었다.

277) 목영준·최승재, 291면 이하; 주석중재법/손용근·이호원, 223면 이하.
278) 상세는 석광현, 국제중재법 제2권, 194면 이하 참조. 이는 당초 석광현, 국내중재판정의 효력, 461면 이하의 글을 수정·보완한 것이다.
279) 이 점은 취소사유가 있는 중재판정의 효력을 논의한 위(IX. 3.)에서도 언급하였다.

중재판정의 효력 약화와 관련하여 다음 논점을 검토할 필요가 있다.

가. 국내중재판정의 취소사유와 무효사유의 관계

과거에는 중재판정의 취소사유와 무효사유는 구별되었고 무효사유는 취소사유보다 제한적이었다. 이런 현상은 판결의 무효사유와 재심사유가 구별되는 것과 유사하였다. 그런데 2016년 개정된 중재법상으로는 전과 달리 취소사유가 있는 중재판정은 승인되지 않으므로 이제는 승인될 수 없는 중재판정은 무효이고 결국 모든 취소사유가 무효사유가 된 것이 아닌가라는 의문이 있다.

중재법하에서는 승인될 수 없는 중재판정은 기판력과 형성력이 없으므로 강학상 의미(기판력과 형성력 등이 없음)에서 무효라고 볼 수 있다. 그렇다면 구 중재법하에서와 달리 이제는 취소사유가 있어 승인될 수 없는 국내중재판정은 무효이므로 모든 취소사유가 무효사유가 된다.[280] 이런 결론은 법률행위의 무효와 취소의 구별에 익숙하고, 중재법 제35조 본문에 익숙한 법률가들로서는 거부감이 있으나 2016년 개정된 중재법하에서는 부득이한 면이 있다. 이를 따르면 다소 혼란스럽지만 새삼스러운 현상은 아니다. 예컨대 외국중재판정이 있더라도 중재판정에 진 당사자가 승인요건을 구비하지 못한다고 주장하면서 다툴 수 있음은 예나 지금이나 다를 바 없다.[281] 이런 시비를 극복하자면 중재판정에서 이긴 당사자는 결국 우리 법원에 집행결정을 신청하고 그 절차에서 집행거부사유의 유무에 대한 법원의 판단을 받을 것이다. 만일 독일법처럼 제35조를 우선시켰더라면 이런 어려움은 피할 수 있었을 것이다.

중재법하에서도 위와 달리 종래와 마찬가지로 강학상 인정되는 중재판정의 무효사유와 중재법이 정한 취소사유를 구별하면서 전자의 경우 중재판정은 무효이고 다만 중재절차를 종료하는 효력과 기속력이 있을 뿐이나, 후자의 경우 중재판정은 취소사유가 있을 뿐이라는 견해도 주장될 수 있다.[282] 그러나 후자의 중재

---

280) 그렇더라도 중재판정이 취소되면 소급적으로 기속력과 형식적 확정력이 소멸되므로 무효와는 효과의 면에서 차이가 있다.

281) 1999년 중재법하에서도 일부 논자는 취소사유를 항변으로 주장할 수 있다고 보았다.

282) 일본의 해석론은 나뉘나 小島武司·猪股孝史(註 123), 476면 이하는 구법하의 견해를 유지하여 양자를 여전히 구별한다. 다만 이에 소개된 일본 학설들이 독일 민사소송법과 모델법을 대비시키지 않고, 마치 모델법도 독일 민사소송법과 같은 태도를 취하는 것처럼 설명하는 점에는 동의하지 않는다.

판정은 비록 취소되지 않았더라도 승인될 수 없고 따라서 기판력의 부존재 기타 효과의 면에서는 결국 무효사유와 실질적 차이가 없으므로 이런 견해의 설득력은 의문이다. 2016년 개정된 중재법의 문언은 일본 중재법보다도 더욱 분명하다. 이렇게 본다면 국내중재판정은 무효이더라도 아무런 효력이 없는 것은 아니고, 취소되더라도 국내중재판정이 모든 효력을 소급적으로 상실하는 것은 아니라는 점에서, '중재판정의 무효'와 '중재판정의 취소'라는 용어가 오해의 소지가 있고 따라서 과연 바람직한 표현인지는 다소 의문이다.

나. 취소사유가 있는 국내중재판정에 대해 무효확인의 소가 가능한가

1999년 중재법하에서는 취소사유가 있으면 중재판정에서 진 당사자는 취소의 소를 제기해야지 취소사유를 주장하면서 중재판정 무효확인의 소를 제기하는 것은 확인의 이익이 없어 허용되지 않았다. 그런데 2016년 개정된 중재법하에서 취소사유가 있는 중재판정은 기판력이 없으므로 이제는 중재판정 무효확인의 소를 제기할 수 있다고 볼 여지가 있다. 하지만 중재법 제36조 제1항이 "중재판정에 대한 불복은 법원에 중재판정 취소의 소를 제기하는 방법으로만 할 수 있다"라고 규정하므로 여전히 부정설이 타당하다고 본다.[283] 이는 중재판정에 대하여 정면으로 불복하는 것이기 때문이다. 하지만 위에서 본 것처럼 취소사유가 있으면 당연무효와 마찬가지라고 이해한다면 중재판정의 취소의 소와 무효확인의 소를 구별하는 것은 설득력이 약하다. 이 점에서 모델법과 2016년 개정된 중재법을 일관성 있게 설명하기가 쉽지 않으므로 취소와 무효의 관계를 어떻게 파악할지는 더 고민할 필요가 있다.

어쨌든 중재판정에 기한 집행재판절차에서 취소사유를 항변으로서 주장하는 것은 예나 지금이나 허용된다.

다. 취소사유가 있는 국내중재판정의 무효를 항변으로 주장할 수 있나

1999년 중재법하에서는 중재판정에서 이긴 당사자가 중재판정을 전제로 하는 실체법상의 권리를 주장하는 소를 제기한 경우[284] 피고가 취소사유를 항변으

---

283) 만일 취소사유가 있어도 구속력이 있고 무효는 아니라고 본다면 더욱 그러하다.
284) 예컨대 원고가 건물명도 청구의 소의 청구원인으로서 원고의 소유권을 인정한 중재판정을 원용하는 데 대하여 피고가 취소사유를 항변으로 제출하는 경우를 들 수 있다. 주석중재법/ 손용근·이호원, 218면.

로 주장할 수 있는지는 논란이 있었으나 저자는 이는 허용되지 않는다고 보았다. 그 근거는 제36조 제1항의 문언과, 중재판정이 취소판결에 의하여 취소되지 않은 이상 기판력이 있기 때문이다. 그러나 위에서 본 것처럼 취소사유를 항변으로 주장할 수 있다는 견해도 있었고, 이런 견해는 취소의 소가 형성의 소라는 성질은 그 범위 내에서 후퇴한다고 설명하였다.

그런데 2016년 개정 중재법하에서는 취소사유가 있는 중재판정은 기판력이 없으므로, 중재판정에서 진 당사자가 취소사유를 주장하면서 상대방에 대해 중재판정에 반하는 별소를 제기할 수 있고, 다른 절차에서 중재판정의 효력이 없음을 항변으로 주장할 수 있다. 항변은 중재판정에 대하여 정면으로 공격하는 것은 아니라는 점에서 중재판정 무효확인의 소와는 다르고, 이제는 그런 중재판정은 기판력이 없기 때문이다. 이처럼 무효사유가 확장되고 이를 항변으로서 주장할 수 있다면 2016년 개정된 중재법에 의하여 다소 혼란이 초래될 여지도 없지 않은데,[285] 이는 위(가.)와 연계하여 더 검토할 필요가 있다.

7. 국내중재판정 취소의 소와 집행결정의 관계

중재판정에서 진 당사자는 취소사유가 있으면 중재판정 취소의 소를 제기할 수 있고, 이긴 당사자는 중재판정의 집행을 구할 수 있다. 1999년 중재법 시행 전에는 중재판정의 취소사유와 집행거부사유가 상이하였으므로 중재판정 취소의 소와 집행판결 청구의 소를 별도로 규율해도 이상할 것이 없었다. 그러나 1999년 중재법에 의하여 취소사유와 집행거부사유가 거의 동화된 결과 양자를 유기적으로 규율할 필요가 커졌다. 당사자가 제기한 중재판정 취소의 소가 기각되었다면 취소사유(즉 집행거부사유)의 부존재가 확정되므로 집행결정이 가능함을 의미하고, 반대로 이긴 당사자의 집행결정 신청이 기각되었다면 집행거부사유의 존재가 확정되므로 중재판정 취소판결이 가능하기 때문이다. 실무상 중재판정에서 진 당사자가 취소의 소를 제기하면 상대방은 승인 및 집행결정을 신청할 텐데, 2016년 개정된 중재법상 양자를 병합할 수 있는지 문제 된다. 나아가 2016년 개정된 중재법상 중재판정 취소소송절차와 집행결정절차(또는 집행허가신청절차. 이하 양자를 호환적으로 사용한다)의 상호관계가 문제 된다.

---

285) 물론 2016년 중재법 전의 구 중재법하에서도 취소사유를 항변으로 주장할 수 있었다는 견해를 따른다면 달라진 것이 없다.

구체적으로 국내중재판정 취소의 소 제기기간 도과 후 집행결정절차에서 집행거부사유를 주장할 수 있는지(즉 일부 집행거부사유의 주장 제한), 국내중재판정 취소의 소 기각 후 집행결정절차에서 집행거부사유를 주장할 수 있는지(취소신청 기각 시 법률상 집행결정 의제), 집행결정이 취소의 소에 미치는 영향(집행결정 후 취소의 소 제기 불허)과 집행결정 신청의 기각이 취소의 소에 미치는 영향(집행결정 기각 시 법원의 중재판정 취소) 등이 그것이다.[286]

이에 관하여는 장래 입법적 개선을 고려할 필요가 있다. 예컨대 아래에서 보듯이 우리 중재법은 모델법을 따라 내국중재판정에 대하여 이중적 통제를 허용하나 독일은 독자적인 규정을 두어 이중적 통제를 배제한다. 따라서 독일 민사소송법(제1060조)이 법원이 중재판정에 기한 집행결정 신청을 기각하는 경우 중재판정을 취소하도록 하는 점이나, 집행결정 신청 송달 시 이미 취소사유에 기초한 취소신청이 확정적으로 기각된 경우에는 집행결정 신청 절차에서 취소사유를 고려할 수 없도록 하는 점 또는 취소의 소 제기기간 경과 후에는 일부 집행거부사유의 고려를 차단하는 점도 검토할 만하고, 취소의 소 기각 시 법률상 집행결정을 의제하는 프랑스 민사소송법의 태도도 참고할 필요가 있다.

요컨대 2016년 개정된 중재법의 결과 절차의 상이로 인하여 취소소송절차와 집행결정절차를 병합할 수 없게 되었는데, 어떤 취소사유(또는 집행거부사유)의 존부에 관한 동일한 분쟁을 양 절차를 통하여 반복하는 것은 바람직하지 않다. 이는 취소판결과 승인 및 집행결정의 기판력의 범위,[287] 나아가 소송물의 개념과도 관련되므로 이를 체계적으로 검토하고, 나아가 양자의 상호관계를 유기적으로 규율함으로써 분쟁을 일거에 해결할 필요가 있다. 다만 중재에서는 민사소송법학의 소송물이론에 지나치게 얽매이는 것보다는 분쟁의 효율적 해결이라는 실용적 사고가 절실히 요청되고 그런 태도를 해석론과 입법론에 반영해야 한다는 점을 강조하고자 한다.

---

286) 상세는 석광현, 국제중재법 제2권, 223면 이하 참조.

287) 저자는 과거 중재법상 중재판정 취소청구를 기각하는 판결도 기판력이 있을 수 있음을 전제로 논의하였다. 석광현, 국제중재법 제2권, 226면. 그러나 모델법의 해석상 중재판정에서 진 당사자의 중재판정 취소청구가 기각되었더라도, 이긴 자가 중재판정의 집행결정 신청을 하는 경우 집행거부사유(취소청구 시 주장 여부에 관계없이)를 다시 주장할 수 있다는 견해도 유력한데, 이는 중재판정 취소청구를 기각하는 판결의 기판력이 미치지 않는다는 것이다. Solomon, S. 219ff. 참조). 독일 민사소송법은 이런 결과를 피하고자 내국중재판정에 관한 한 모델법에 없는 규정을 둔다(예컨대 제1060조 제2항 제2문과 제3문 참조).

8. 외국에서의 외국중재판정 취소의 소와 한국에서의 집행결정 신청

외국중재판정이 내려진 뒤 중재에서 진 당사자가 중재지 소재 외국법원에 중재판정 취소의 소를 제기하였으나 취소사유가 없음을 이유로 기각되었는데, 그 후 중재판정에서 이긴 당사자가 한국에서 집행결정 신청을 하는 경우 진 당사자가 외국법원이 이미 판단한 취소사유와 동일한 승인거부사유를 주장할 수 있는가라는 의문이 있다. 여기에서 상론하지는 않으나 아래 두 개의 논점을 우선 검토하여야 한다.

첫째, 외국법원의 중재판정 취소청구 기각 판결이 한국에서 승인될 수 있는지 그리고 기판력의 범위는 무엇인가이다. 만일 민사소송법 제217조 제1항의 승인요건이 구비되면 한국에서도 기각 판결의 기판력이 미친다. 문제는 이 경우 기각판결의 소송물과 기판력의 객관적 범위이다. 저자는 대체로 취소소송의 소송물은 중재판정의 취소권이고 취소사유 별로 별개의 소송물인 데 반하여, 소송의 맥락에서 집행판결 청구 소송의 소송물은 외국재판의 근거가 되는 실체법상의 청구권이 아니라 집행판결을 구하는 소송법상의 청구권이라고 하였다. 이처럼 취소권과 청구권에 착안하면 청구취지가 다르므로 별개 소송물이 될 것이나, 실질은 취소사유 별로 소송물이라는 점에 착안하면 예컨대 '중재합의의 무효'가 소송물이므로 취소 청구든 집행판결 청구(또는 집행결정 신청)든 소송물이 동일하다고 볼 여지도 있고, 가사 그렇지 않더라도 선결관계에 있다고 볼 여지도 있으므로 견해에 따라서는 기판력이 미친다고 볼 여지도 있다.[288]

둘째, 만일 소송물이 같거나 선결관계에 있다면 외국법원의 중재판정 취소청구 기각 판결의 기판력이 한국에 미칠 텐데, 그 경우 외국법원 판결의 기판력의 객관적 범위와, 우리가 승인효과에 관하여 어떤 견해(즉 효력확장설 또는 누적설)를 취할지에 따라 외국 기각 판결의 기판력이 한국에서는 제한되거나 부정될 여지도 있다. 이 맥락에서 모델법이 중재판정에 대하여 취소단계와 집행단계라는 이중적

---

[288] 이런 태도는 마치 이혼에서 이혼사유별로 별개 소송물인 것과 유사하다. 이에 관하여는 강수미, "재판상 이혼에 관한 소송법적 고찰", 법조 제68권 제3호(2019. 6.), 139면 이하; 김선혜, "家事裁判의 旣判力", 가족법연구 제23권 제3호(2009. 11.), 263면 이하 참조. 독일 연방대법원의 판례는 양자는 소송물이 다르다고 본다. 즉 중재판정국 법원의 취소절차에서는 중재판정의 존재가 문제 되는 반면에, 집행가능선언절차에서는 독일에 대한 집행허가만이 결정의 대상이 된다는 것이다. 위 연방대법원 판결, Rn. 41 참조.

통제를 허용하는 점을 고려하여야 한다.[289] 위에서 보았듯이 독일 민사소송법은 이중적 통제로 인한 폐단을 막고자 양자의 관계를 모델법과 달리 규정하였으나, 그런 조치를 취하지 않은 우리 중재법의 해석론은 독일과 다를 수 있다. 저자로서는 외국판결의 승인 가능성을 민사소송법에 따라 검토하는 견해가 설득력이 있다고 본다.[290]

흥미로운 것은 근자에 이 논점을 다룬 독일 연방대법원의 결정[291]이 선고되었는데, 이는 외국중재판정의 집행을 구한 독일의 집행결정 신청절차에서 중재판정 취소의 소를 기각한 외국(당해 사건에서 러시아) 판결의 구속력(기판력에 상응한다)을 부정하였다는 점이다. 위 결정은 ① 구속력을 인정하는 견해, ② 독일 민사소송법 제328조(우리 민사소송법 제237조에 상응)에 따른 승인을 전제로 구속력을 인정하는 견해(종래의 통설)와 ③ 구속력을 부정하는 견해를 소개한 뒤 ③을 지지하였다.[292] 뉴욕협약상 중재지 법원에 의한 외국중재판정의 취소는 승인거부사유로 명시되어 있으나 외국중재판정 취소 청구가 기각된 경우에 관하여는 규정이 없다는 점과, 양 소송의 소송물이 다르다는 점[293] 등을 근거로 들었다. 러시아에서 중재판정 취소의 소가 기각되었음에도 불구하고 독일에서 개시된 집행결정 신

---

289) 이런 논리라면 모델법에 따르면 취소청구 기각 판결은 집행판결청구에 대하여 기판력이 없다고 본다. Solomon, S. 219f., S. 518f.

290) 이는 아래 독일 연방대법원의 결정이 소개한 ②의 견해이다.

291) BGH, Beschluss vom 9.3.2023 - I ZB 33/22 = SchiedsVZ 2023, 228 (Tilman Niedermaier/ Marcus Weiler의 평석도) = IPRax 2024, 390. 사안의 소개는 정선주(註 73), 257면 이하 참조. 이 논문은 중재합의의 주관적 범위에 관한 쟁점(즉 중재합의에 서명한 당사자가 아니더라도 콘체른 관계에 있는 회사에 대하여 중재합의의 효력이 미칠 수 있는지)만을 검토하고 여기의 논점은 다루지 않는다.

292) 견해의 소개는 결정문, Rn 38 이하 참조. 위 결정은 그 밖에도 첫째, 위(註 291)에서 언급한 중재합의의 효력의 주관적 범위와 둘째, 외국중재판정에서 진 당사자가 독일에서 외국 중재판정이 승인될 수 없다는 확인(불승인 확인)을 구할 수 있는지에 대하여 판시한 점에서 중요한데 다른 논점은 각 관련되는 곳에서 언급한다. 비판적인 평석은 Ben Steinbrück, Keine Bindungswirkung der abweisenden Entscheidung in einem Aufhebunsverfahren im ausländischen Ursprungsstaat des Schiedssrpuchs, IPRax (2024), S. 366ff. 위 사건의 러시아 중재판정은 매우 의심스러운 상황에서 내려졌고 중재절차에 중대한 하자가 있었던 점에서 그 결론은 정당화될 수 있더라도(러시아 중재에 대한 낮은 신뢰도 영향을 주었을 것이다), 중재판정 취소청구를 기각하는 외국 재판이 독일에서 승인될 수 있는 경우에까지 그런 결론을 채택할 것은 아니라는 비판이 있다.

293) 2023년 판결은 선행 BGH 2008. 4. 17. 결정(SchiedsVZ 2008, 196)을 인용하는데, 이 판결은 Stein/Jonas/Schlosser, ZPO, 22. Aufl., 2002, Anhang §1061 Rdnr. 75를 인용한다.

청절차에서 채무자(즉 중재에서 진 당사자. 당해 사건에서 Eckes-Granini)는 승인거부 사유를 다시 주장할 수 있었고, 결국 집행결정 신청은 기각되었다. 이런 태도를 따르면 중재에서 이긴 당사자가 중재판정을 집행하기 위하여 많은 시간과 비용을 들이지 않을 수 없게 된다.

XI. 중재판정의 승인과 집행(제37조-제39조)[294]

여기에서는 중재판정의 승인 및 집행을 살펴본 뒤 그 준거법을 검토한다.

한 가지 주목할 것은, 외국중재판정의 승인 및 집행은 외국재판(특히 전속적 국제재판관할합의에 근거한 외국재판)의 승인 및 집행과 다양한 논점을 공유한다는 점이다. 뉴욕협약이 적용되지 않는 외국중재판정의 승인 및 집행에 관하여는 중재법(제39조 제2항)이 민사소송법 제217조, 민사집행법 제26조 제1항 및 제27조를 준용하므로 이 점은 명백하다. 한편 뉴욕협약이 적용되는 외국중재판정의 승인 및 집행에 관하여도 논점과 해결방안에 있어 상당한 유사성이 있으므로 양자의 이동(異同)을 파악하고 양자를 달리 취급하는 근거를 숙고하면 양자를 입체적으로 이해하는 데 크게 도움이 된다.

1. 개   관

중재는 사적 분쟁해결수단이므로 중재판정은 그 자체로서는 집행력이 없다. 따라서 중재에서 진 당사자가 자발적으로 중재판정을 따르지 않으면 이를 집행하기 위하여 국가의 도움이 필요하다. 일부 논자들처럼 국제상사중재를 특정 국가의 법질서로부터 절연하여 중재의 독립성을 강조하는 '탈지역화(또는 탈국가화. delocalization)'를 지지하더라도 이를 부정할 수는 없다.

중재법은 내국중재판정(또는 국내중재판정. 이하 양자를 호환적으로 사용한다)과 외국중재판정을 통일적으로 승인 및 집행하는 모델법의 체계를 따르지 않고,[295]

---

294) 상세는 뉴욕협약을 상세히 설명한 석광현, 국제중재법 제1권, 245-342면 참조. 외국판결의 승인·집행에 관한 이 책 제10장도 참조. 자료는 Newyorkconvention1958.org [https://newyorkconvention1958.org/index.php?lvl=notice_display&id=600] 참조. 이 웹사이트는 Gaillard Banifatemi Shelbaya Disputes, Shearman & Sterling과 Columbia Law School이 UNCITRAL과 협력하여 개발한 것이라고 한다.

295) 모델법(제35조 제1항)은 중재판정의 국적에 관계없이 동일한 요건과 절차에 따라 승인·집

독일법처럼 ① 내국중재판정과 ② 외국중재판정을 구분하여, 전자는 뉴욕협약의 승인거부사유에 준하는 사유가 없는 한 승인 및 집행하도록 하고(제38조),[296] 후자는 경우를 나누어 ②-A 뉴욕협약이 적용되는 외국중재판정에 대하여는 뉴욕협약을 적용하며,[297] ②-B 뉴욕협약이 적용되지 않는 외국중재판정에 대하여는 외국판결의 승인 및 집행에 관한 민사소송법과 민사집행법을 준용한다(제39조). 따라서 중재법상으로는 내국중재판정의 승인(중재법이 직접 확정판결과 동일한 효력을 부여)과 외국중재판정의 승인(학설이 나뉘나 효력확장설이 유력)은 그 법적 효과가 다르다.

2. 뉴욕협약의 의의

외국판결의 승인 및 집행에 관하여는 유럽연합의 브뤼셀규정(또는 브뤼셀 I)과 유럽연합과 자유무역연합(EFTA) 국가들 간에 적용되는 루가노협약처럼 지역규범이 있을 뿐이고 전 세계적인 조약이 없으므로 외국판결의 승인 및 집행이 가능한지와 그 요건은 국가에 따라 구구한 데 반하여(다만 근자에 제10장에서 언급한 관할합의협약과 재판협약이 2015년과 2023년에 각각 발효되었으므로 각각의 체약국들 간에는 통일규범이 있으나 우리나라는 아직 체약국이 아니다), 중재의 경우 뉴욕협약에 의하여 다수의 체약국 간에 외국중재판정의 승인 및 집행이 보장된다는 점에 중요한 차이가 있다. 뉴욕협약 제3조는 각 체약국이 중재판정을 일정한 조건하에 구속력 있는 것으로 승인하고 그 판정이 원용될 영토의 절차 규칙에 따라서 집행하여야 한다고 규정함으로써 외국중재판정을 승인하고 집행할 의무가 있음을 선언하는데 이는 뉴욕협약의 핵심적 조항이다. 이것이 국제거래에서 분쟁해결수단으로서 중재가 선호되는 가장 큰 이유이다.[298]

행하도록 한다. 모델법의 성안과정에서, 매우 성공적인 뉴욕협약의 존재에도 불구하고 중재판정, 특히 외국중재판정의 승인 및 집행에 관한 규정을 둘 필요가 있는지에 관하여 논란이 있었으나 결국 규정을 두었다. 가장 중요한 이유는 그렇게 함으로써 국제상사중재에서 중재지가 가지는 중요성을 약화하기 위한 것이었다. 참고로 싱가포르조정협약은 '조정지' 개념을 두지 않으므로 내국/외국 화해합의라는 구분이 없다.

296) 중재법이 2016년 개정되기 전에는 내국중재판정은 중재판정 취소사유가 없는 한 승인 및 집행하도록 하였다. 이는 독일 민사소송법(제1060조 제2항)의 태도와 유사한 것이었다. 다만 독일 민사소송법(제1060조 제2항 제1문)에 따르면 취소사유가 있으면 법원은 집행가능선언을 거부할 뿐만 아니라 직권으로 국내중재판정을 취소하여야 한다.

297) 한국은 1973년 뉴욕협약에 가입하면서 상사유보와 상호주의유보를 모두 선언하였다.

298) 다만 헤이그 관할합의협약의 존재에 주목할 필요가 있다. 즉 관할합의협약의 목적은 국제

3. 외국중재판정: 중재판정의 국적

뉴욕협약에 따라 승인 및 집행이 보장되기 위하여는 그 중재판정은 외국중재판정이어야 하므로 중재판정의 국적이 중요한 의미를 가진다.

뉴욕협약(제1조 제1항)은 ① 집행국 이외의 국가의 영토 내에서 내려진 중재판정과 ② 집행국이 내국판정으로 인정하지 않는 중재판정에 대해 동 협약이 적용됨을 명시한다. 뉴욕협약(제1조 제1항)은 외국중재판정 여부를 판단하는 두 가지 기준을 열거하는데, 제1차적 기준(또는 척도)(the first or territorial criterion)으로서 집행국 이외의 체약국의 영토 내에서 내려진 판정과, 제2차적 기준(또는 척도)(the second or additional criterion)으로서 집행국에서 내국판정이라고 인정하지 않는 판정, 즉 비내국판정(non-domestic award)을 외국중재판정이라고 정의한다. 따라서 한국 안에서 내려진 중재판정이라도 한국이 내국판정이라고 인정하지 않는 경우 뉴욕협약이 적용될 수 있다. ②의 기준에 관하여 구 중재법은 침묵하였는데, 한국에서 내려진 중재판정이더라도 중재절차의 준거법이 외국법인 중재판정, 또는 당해 분쟁이 한국과 무관한 외국적 요소만을 가지는 경우에는 외국중재판정으로 보아야 한다는 견해가 유력하였다.

그런데 중재법 제38조는 '국내 중재판정'이라는 표제하에 "대한민국에서 내려진 중재판정은 제36조 제2항의 사유가 없으면 승인되거나 집행되어야 한다"라고 규정하므로 위 견해는 중재법하에서는 더 이상 유지될 수 없다. 즉 제38조는 영토주의에 입각하여 국내중재판정을 정의하므로 한국에서 내려진 중재판정이라면, 가사 중재절차의 준거법이 외국법이거나 또는 당해 분쟁이 한국과 아무런 관련이 없더라도 내국중재판정이므로 뉴욕협약의 적용대상이 아니라는 것이다.[299] 뉴욕

소송에 관하여, 국제중재에서 뉴욕협약이 수행하는 역할에 상응하는 역할을 하도록 하려는 것인데 이는 2015. 10. 1. 발효되었다. 또한 헤이그 재판협약도 2023. 9. 1. 발효되었다. 한국은 양 조약에 아직 미가입이나 위 협약들이 확산된다면 국제소송에 대한 국제상사중재의 상대적 우위는 약화될 것이다.

[299] 이는 우리나라가 1999년 모델중재법을 수용하여 중재법을 개정함으로써 달라진 점의 하나인데, 저자는 석광현, 국제중재법 제1권, 60면과 76면에서 이 점을 처음 지적하였다. 오석웅, "국제상사중재에 있어서 중재지의 의미", 중재연구 제18권 제3호(2008), 10-12면도 동지. 만일 한국 입법부가 (당사자) 자치기준을 채택하였다면, 당사자들은 비록 근본적인 정의, 공서양속, 법원의 관할권 등의 제약 하에 외국 중재법을 준거법으로 삼을 수 있었을 것이다. Holtzmann/Neuhaus, p. 36은 이 점을 명확히 지적한다.

협약에서 말하는 비내국판정은 우리 중재법하에서는 인정되지 않는다.

집행의 대상이 되기 위하여는 외국중재판정은 구속력이 있어야 한다. 뉴욕협약상 중재판정은, 중재인이 중재의 대상, 즉 당사자 간의 법률관계에 관한 분쟁을 해결하기 위하여 내리는 판단을 말한다. 뉴욕협약이 명시하지는 않지만, 승인 및 집행의 대상이 되는 것은 분쟁을 종국적으로 해결하고 사건을 완결하는 종국판정만이고 중간판정은 그에 포함되지 않는다고 해석된다.

4. 뉴욕협약상 승인거부사유300)

뉴욕협약(제5조)은 외국중재판정의 승인거부사유를 피신청인이 주장·입증하여야 하는 사유(제1항)와, 승인 및/또는 집행의 요청을 받은 국가의 법원이 직권으로 판단할 사유(제2항)로 구분하여 제한적으로 열거한다. 전자는 ① 당사자의 무능력 또는 중재합의의 무효, ② 피신청인의 방어권의 침해, ③ 중재인의 권한유월, ④ 중재판정부의 구성 또는 중재절차의 하자 및 ⑤ 중재판정이 구속력이 없거나 또는 취소·정지된 경우이고, 후자는 ⑥ 중재가능성의 결여와 ⑦ 공서위반이다. 제5조 제1항과 제2항은 승인거부사유가 존재하더라도 법원이 재량으로 승인 및 집행을 할 수 있음을 명시하므로 중재판정이 중재판정지에서 취소 또는 정지되었더라도 외국법원은 중재판정을 승인하고 집행할 수 있다.

승인거부사유를 부연하면 아래와 같다.

가. 당사자의 무능력 또는 중재합의의 무효(제1항 a호)

당사자의 무능력이라 함은 당사자의 '권리능력' 또는 '행위능력'이 없음을 말한다. 뉴욕협약은 당사자의 능력의 준거법을 명시하지 않고 단순히 "관련 준거법에 따라"라고 규정하므로 당자자의 능력의 준거법이 구구하게 될 수 있다. 능력은 대륙법계 국가에서는 신분의 문제로 이해되므로 당사자의 속인법(특히 본국법)에 따른다. 반면에 영미법계 국가에서는 대체로 당사자의 주소지법에 따른다고도 하고, 계약의 준거법에 따른다고도 하여 다소 혼란스럽다.

한편 집행단계에서 중재합의의 준거법에 관하여는 뉴욕협약이 명시적으로 규정한다. 즉 뉴욕협약(제5조 제1항 a호)은 외국중재판정의 승인거부사유의 하나로서 "중재합의가 당사자들이 준거법으로서 지정한 법령에 의하여 또는 지정이 없

---

300) 상세는 석광현, 국제중재법 제1권, 271면 이하 참조.

는 경우에는 판정을 내린 국가의 법령에 의하여 무효인 경우"를 규정한다. 준거법
의 지정은 묵시적 지정을 포함한다.

중재합의의 성립 및 유효성의 준거법에 관하여는 앞(IV. 7.)의 중재합의에 관
한 부분에서 논의하였으므로[301] 여기에서 반복하지 않는다.

승인거부사유의 존부를 심리하는 우리 법원은 사실의 측면과 법률의 측면에
서 중재판정부의 판단과 별개로 그에 구속됨이 없이 서면에 의한 유효한 중재합
의의 존부를 판단할 수 있다.[302] 다만 중재합의의 유효성을 다투는 당사자가 중재
절차에서 이를 전혀 다투지 않고 중재절차에 참가하여 변론하였다면 이는 금반언
의 원칙/선행행위와 모순되는 거동 금지의 원칙에 반하는 것으로서 집행단계에서
주장될 수 없다는 견해[303]가 설득력이 있다.

대법원 2004. 12. 10. 선고 2004다20180 판결은 베트남 회사가 중재신청을
하고 한국 회사가 (서면에 의한 중재합의의 존재를 다투지 않은 것으로 보임) 중재절차
에 참가하여 본안에 대하여 변론하고 베트남 중재판정이 내려진 사건에서 대법원
은 금반언의 법리를 적용하지 않고 결국 서면에 의한 중재합의의 존재를 부정하
였기에 위와 다른 태도를 취하는 것으로 보이는데, 저자는 이 점을 비판한 바 있
다.[304] 그러나 대법원 2024. 11. 28.자 2023마6248 결정은 아래의 취지로 적절하
게 판시하였다. "당사자가 중재합의의 존재와 중재판정부의 권한을 전제로 중재
절차에 참여하여 상대방으로 하여금 신뢰를 가지게 한 후 불이익한 판정에 불복
하면서 중재합의의 부존재 또는 무효를 주장하는 것은 신의성실의 원칙 및 금반
언의 원칙에 반하여 허용되지 아니한다고 볼 여지가 크다. 유효한 중재합의의 존

---

301) 상세는 석광현, 미국 중재판정, 317면 이하 참조.

302) 석광현, 국제중재법 제1권, 370면; Böckstiegel/Kröll/Nacimiento/Kröll, §1061, para. 60도
동지. 한창완, "중재판정부의 관할에 대한 법원의 심사", 국제거래법연구 제33집 제1호
(2024. 7.), 245면은 중재판정이 있은 뒤 법원의 심사에 관하여 우리 대법원도 이런 태도를
취한 것으로 평가한다. 위 한창완, 237면은 중재판정이 내려지기 전 단계에서도 우리 법원
은 전면심사를 허용하는 태도를 취하고 있다고 평가한다. 중재판정이 내려지기 전 단계에
서 중재절차와 소송절차가 경합하는 경우의 처리는 자기권한심사의 소극적 효과의 문제로
논의되는데, 중재판정부가 구성되기 전에는 법원이 전면적 심사를 할 수 있다. 반면에 일단
중재판정부가 구성된 뒤에는 그 판단을 중재판정부에 맡기고 법원은 일응의 심사만을 할
수 있다는 견해도 있으나 저자는 그 경우에도 법원이 전면적 심사를 할 수 있다는 견해를
피력하였다.

303) Böckstiegel/Kröll/Nacimiento/Kröll, §1061, para. 54.

304) 석광현, 국제중재법 제1권, 367면 이하 참조.

재를 중재판정의 승인 및 집행의 요건으로 삼는 것도 공공의 이익보다는 당사자의 권리와 이익을 보장하기 위한 것이므로 이에 대하여 적시에 이의를 제기하지 않았다면 이의제기 권한을 포기한 것을 볼 수 있다".

우리나라에서는 선택적 중재합의의 효력에 관하여 대법원 판결305)도 있고 많은 논란이 있었는데, 이는 중재합의의 성립 및 (실질적) 유효성의 준거법이 우리 법인 경우에 의미를 가진다.

나. 피신청인의 방어권의 침해(제1항 b호)

중재판정에서 진 당사자가 중재인의 선정이나 중재절차에 관하여 적절한 통고를 받지 아니하였거나 또는 기타 이유에 의하여 방어할 수 없었던 것은 승인거부사유가 된다(제1항 b호). 이는 중재가 최소한의 절차적 기준을 준수하여 행해질 것을 요구하는 것으로 당사자들, 특히 중재에 패한 당사자의 방어권 또는 공정한 심리(fair hearing)를 받을 권리를 보장하기 위한 것이다. 영미에서는 이를 적법절차(due process)를 보장하기 위한 것, 독일에서는 법적인 심문(rechtliches Gehör)을 받을 권리를 보장하기 위한 것이라고 설명한다.

방어권의 보장은 각국에서 사법(私法)적 분쟁해결이라는 절차적 정의실현과 직결된 문제로서 공공의 질서의 일부를 구성하므로, 이는 중재판정의 집행을 요구받은 국가의 적법절차의 기준에 따라서 판단할 사항이다. 대법원 1990. 4. 10. 선고 89다카20252 판결도 같은 취지로 판시하였다.

뉴욕협약(제1항 b호)은 포괄적으로 "당사자가 기타 이유에 의하여 방어할 수 없었던 경우"라고 규정하여, 마치 기술적인 위반을 포함하여 당사자의 방어권이 침해된 모든 경우를 포함하는 것처럼 보인다. 그러나 승인거부사유를 좁게 해석하여야 한다는 원칙에 비추어 집행을 요청받은 국가의 법체계 전체의 절차적 정의의 관점에서 판단하여 당사자에게 적절한 심리의 기회가 주어졌는지 여부, 즉 당사자가 주장 및 입증을 하고, 상대방의 주장 및 입증에 대하여 답변하고 의견을 표시할 수 있었는지를 판단하여 방어권의 침해가 심하여 공정한 심리라고 보기 어려운 경우에만 승인거부사유로 인정할 수 있고, 우리 중재법상 당사자의 방어권과 관련된 조항의 위반이 있다고 하여 모두 승인거부사유가 되는 것은 아니다.

---

305) 예컨대 대법원 2003. 8. 22. 선고 2003다318 판결과 대법원 2004. 11. 11. 선고 2004다 42166 판결 등.

위 대법원 1990. 4. 10. 선고 89다카20252 판결도 "… 뉴욕협약 제5조 제1항 나호의 취지는 … 당사자의 방어권이 침해된 모든 경우를 말하는 것이 아니라 그 방어권 침해의 정도가 현저하게 용인할 수 없는 경우만으로 한정되는 것"이라고 판시하였다. 이는 위 학설과 유사하거나 또는 그보다도 b호를 더 제한하는 취지로 보이는데 이는 타당하다. 이러한 태도를 '집행에 호의적인 편향(pro-enforcement bias)'이라고 부를 수 있다.

다. 중재인의 권한유월(제1항 c호)

중재판정이 중재부탁조항에 규정되어 있지 않거나 그 조항의 범위에 속하지 않는 분쟁에 관한 것이거나, 또는 중재판정이 중재부탁의 범위를 벗어나는 사항에 관한 결정을 포함하는 경우, 중재인의 권한유월로서 승인거부사유가 된다. 다만 예외적으로 중재판정이 중재에 부탁한 사항과 부탁하지 않은 사항의 양자를 포함하고 있고 양자가 서로 분리될 수 있는 경우에는 중재부탁한 사항에 대한 판정부분은 승인되고 집행될 수 있다(부분승인·집행). 즉 부분승인·집행의 허용 여부에 관하여 집행국 법원은 재량을 가진다.

제1항 c호는 중재인의 권한유월을 규정하나, 중재인이 중재에 회부된 모든 '쟁점'을 판단하지 않은 경우는 규정하지 않으므로 후자가 승인거부사유인지가 문제 된다. 이는 중재에 회부된 당사자의 수개의 청구(claim) 중 일부를 판단하지 않거나 반대신청을 판단하지 않은 경우, 즉 '판정누락'을 말하고, 당사자가 주장한 공격방어방법 중 판정의 결론에 영향을 미칠 사항에 대하여 판단하지 않은 경우, 즉 '판단누락'과는 구별해야 한다. 판정누락의 경우 우리 중재법(제34조 제1항 제3호)에서 보듯이 추가중재판정이 가능하므로 대체로 문제가 없고, 문제는 판단누락의 경우인데 이는 아래(라.)에서 논의한다.

라. 중재판정부의 구성 또는 중재절차의 하자(제1항 d호)

중재판정부의 구성이나 중재절차가 당사자 간의 합의와 합치하지 아니하거나, 또는 합의가 없는 경우 중재지의 법령에 합치하지 않는다면 승인거부사유가 된다(제1항 d호). 제1항 d호가 뉴욕협약상 아마도 가장 많이 다투어지는 조항의 하나일 것이라고 한다. 뉴욕협약은 당사자의 합의에 절대적 우위(absolute priority)를 인정한다. d호의 문언은 당사자가 직접 중재절차를 합의할 수 있음(즉 중재절차의 형성에 관한 당사자의 자유)을 명시하나, 당사자들이 중재절차의 준거법을 자유로이 정할 수 있음은 다툼이 없다. 국가에 따라서는 당사자자치를 허용하지 않는 경우도 있으므로 뉴욕협약의 해석과 각국 중재법의 해석은 구별하여야 한다. 한국에서도 과거 중재절차의 준거법에 관하여 당사자자치를 허용하는 견해가 통설이었지만, 중재법상 이러한 해석론은 허용되지 않는다. 즉 중재법(제2조 제1항)은 영토주의(또는 속지주의)를 취하므로 중재지가 한국 안에 있는 한 중재법이 적용되는데, 동항은 강행규정이고 중재법(제20조 제1항)은 당사자들이 합의에 의하여 중재법의 강행규정을 배제하는 것을 허용하지 않기 때문인바, 이는 모델법의 기초자들이 의도적으로 선택한 결과이다.306)

문제는 이유가 기재되기는 하였으나 불완전한 경우도 승인거부사유가 되는가이다. 이유가 있기만 하면 족하다고 보기는 어렵지만, 중재판정의 이유에 대해 법원판결의 이유에 대하여 요구하는 것과 동일하게 엄격한 척도를 적용할 것은 아니므로 이유기재가 다소 미비하더라도 중대한 모순이 없다면 d호의 사유에 해당하는 것은 아니다.

위에서 언급한 판단누락(판단유탈)은 당사자가 제출한 공격방어방법으로서 중재판정의 주문에 영향을 미칠 사항에 대하여 중재판정의 이유 중에서 판단을 표시하지 아니한 경우를 말한다. 판단누락이 당연히 승인거부사유가 되는 것은 아닌데, 문제는 판단누락이 없었더라면 판정의 결과가 달라졌을 경우 승인거부사유가 되는지이다. 그러나 승인거부사유는 제한적으로 해석할 것이고, 제5조 제1항은 집행 거부에 관하여 집행국 법원에 재량을 부여하므로 부정설이 유력하다. 다만, 이를 너무 엄격히 요구할 것은 아니고 중재판정의 결과에 영향을 미칠 수 있었던 합리적인 개연성이 있으면 승인거부사유를 인정해야 할 것이다.

외국중재판정에서 패한 피신청인이 당해 외국에서 중재판정 취소의 소 등의 법적 구제수단을 통하여 절차상의 하자를 시정하기 위한 노력을 하지 않았더라도 우리나라에서 중재판정의 집행단계에서 d호를 주장하여 집행을 저지할 수 있다. 즉 중재에서 진 당사자로서는 중재판정지에서 중재판정 취소의 소를 제기하는 공격적인 태도를 취할지, 아니면 기다렸다가 중재판정의 집행단계에서 소극적

---

306) 앞(Ⅶ. 3.)에서 보았듯이 Holtzmann/Neuhaus, pp. 35－36은, 뉴욕협약은 적용에 관하여 자치기준을 따르는 데 반하여 모델법은 속지적 기준을 따른다고 하면서 이 점을 분명히 밝히고 있다. 이는 우리나라가 1999년 중재법을 개정함으로써 달라진 점의 하나인데, 저자는 석광현, 국제중재법 제1권, 292면에서 이 점을 처음 지적한 바 있다.

으로 저항하는 태도를 취할지를 선택할 수 있다. 경우에 따라서는 먼저 중재판정 취소의 소를 제기하고 패소하는 경우 집행단계에서 다시 다툴 수도 있는데, 그 경우 중재판정 취소의 소의 기각판결이 집행국에서 어떤 효력을 가지는지가 문제된다.

위에 언급한 대법원 2024. 11. 28.자 2023마6248 결정은 아래의 취지로 적절하게 판시하였다. "중재판정부나 중재절차의 위반 여부를 판단할 때, 승인국 또는 집행국 법원은 '중재절차에서 적시에 이의를 제기하였는지'를 중요하게 고려하여 중재절차 진행과정에서 절차위반이 있더라도 당사자가 이의를 제기하지 않았고 그 위반사항이 당사자의 절차적 권리와 이익을 보장하기 위한 것일 경우 이의제기 권한을 포기한 것으로 볼 수 있다(대법원 2017. 12. 22. 선고 2017다238837 판결 참조)".

마. 중재판정의 구속력의 결여 또는 취소·정지(제1항 e호)

제1항 e호는 ① 구속력의 결여와 ② 중재판정의 취소·정지라는 승인거부사유를 규정한다.

외국중재판정이 "구속력이 있다는 것"은 영문의 "binding"의 번역이다. 뉴욕협약은 중재판정의 구속력의 개념을 정의하지 않고, 또한 그 발생시기도 규정하지 않으므로 구속력의 개념과 발생시기의 결정이 문제 된다. 종래 우리나라에서는 중재판정의 구속력의 개념을 뉴욕협약 자체로부터 도출하여 통상의 불복방법으로 다툴 수 없게 된 상태로 이해하면서, 다만 구속력이 발생하는 시기의 준거법에 관하여 논의하는 경향이 있다.[307] 그 경우 구속력의 발생시기는 중재절차의 준거법에 따른다고 본다. 우리나라가 중재지인 경우 구속력의 발생시기에 관하여 명시적인 규정이 없지만 '통상의 불복절차'와 '특별한 불복절차'를 구별하는 견해가 유력하다. 이런 의미에서 구속력은 민사소송법에서 말하는 법원 판결의 '형식적 확정력(formelle Rechtskraft)'에 상응하는 효력을 가지게 된 상태, 즉 통상의 불복방법으로 다툴 수 없게 된 상태에 있음을 의미한다.[308]

---

307) 그러나 정확히 말하자면 이는 형식적 확정력의 의미에 관한 것일 뿐이고 실질적 확정력에 관한 설명은 아니다. 뉴욕협약상 구속력의 개념은 석광현, 국제중재법, 제1권, 298면 이하 참조.

308) 우리 중재법상 중재판정은 구속력이 있는데 그의 의미에 관하여 논란이 있음은 앞(X.)에서 언급하였다. 이와 연계하여 검토할 필요가 있다.

승인 및 집행의 대상이 되는 중재판정이 종국판정만을 의미하는지 아니면 임시판정(또는 중간판정)도 포함하는지가 문제된다. 임시판정은 우리 법원의 중간판결에 상응하는 중재판정인데, 종국판정을 하기에 앞서 당사자 간에 쟁점이 된 사항에 대하여 미리 정리·판단을 하여 모든 관계자들의 시간과 비용을 절약하고, 종국판정을 용이하게 하며 이를 준비하는 판정이다. 예컨대 중재판정부의 권한(또는 관할권) 또는 분쟁의 실체의 준거법에 관한 중간판정이나, 손해배상의 책임과 배상액을 분리하여(separation of liability and quantum) 책임의 유무에 대하여만 하는 중간판정을 들 수 있다. 중재법에는 중간판정과 임시판정에 관한 조항이 없고 (그럼에도 불구하고 중재판정부는 중간판정 또는 임시판정을 할 수 있다), 뉴욕협약도 규정을 두지 않으나, 뉴욕협약의 해석상 종국판정만이 집행의 대상이 되는 중재판정이라고 본다. 이는 외국판결의 집행의 맥락에서 종국판결만이 집행의 대상이 된다는 결론과 유사하다. 그러나 임시판정(중간판정)도 집행의 대상이 된다는 견해도 있다. 다만 경우에 따라서는 중재절차가 종료되기 전에 하는 중재판정도 일부 종국판정일 수 있다.

구 중재법하에서는 중재판정만이 집행의 대상이었으므로 예컨대 우리 중재법에 따라 중재인이 결정의 형식으로 명하는 임시적 처분은 집행의 대상이 되지 않았다. 그러나 우리는 2016년 개정 모델법을 받아들여 임시적 처분에 관한 제3장의2를 신설한 결과 중재판정부의 임시적 처분도 승인집행의 대상이 된다. 이 점은 앞에서 논의한 바와 같다. 주목할 것은 우리 중재법 제3장의2는, 중재지에 관계없이 승인 및 집행을 규정하는 개정 모델법 제17조H와 달리, 중재지가 한국인 경우에 한하여 적용된다. 따라서 중재법하에서 외국중재판정부가 내린 임시적 처분의 승인 및 집행은 제18조의7이 아니라, 뉴욕협약(중재지가 뉴욕협약 당사국인 경우) 또는 민사소송법과 민사집행법에 의한다(중재지가 뉴욕협약 당사국이 아닌 경우). 우리 중재법이 개정 모델법을 따르지 않은 점을 비판하는 견해도 있으나 중재법의 취지는 중재지가 외국인 경우 외국중재판정부의 임시적 처분의 승인 및 집행을 거부하려는 것이 아니라, 이처럼 뉴욕협약 또는 민사소송법과 민사집행법의 준용에 의하도록 하려는 것이다.[309] 따라서 2016년 개정된 중재법이 외국에서 내려진 임시적 처분을 승인·집행할 수 없도록 하였다는 설명은 옳지 않다.

제1항 e호 후단은 이미 구속력이 발생한 중재판정이 권한 있는 기관에 의하

---

309) 이 점은 석광현, 국제중재법 제2권, 184면 이하 참조.

여 특별한 불복절차에 따라 취소 또는 정지된 경우 적용된다. 중재판정에 대한 통상의 불복절차는 그 절차가 진행 중이거나 진행될 가능성이 있다는 이유만으로 승인거부사유가 되나, 특별한 불복절차의 경우 그 절차에 의해 실효적으로 중재판정이 취소 또는 정지된 경우에만 승인거부사유가 된다. 권한 있는 기관은 통상은 법원이다. 제1항 e호 후단은 한편으로는 중재지국에서 단순히 중재판정 취소 또는 정지의 소를 제기함으로써 집행을 좌절시킬 수 있어서는 아니 된다는 요청과, 다른 한편으로는 중재지국에서 중재판정의 취소 또는 정지를 구하는 소가 계속 중임에도 불구하고 중재판정이 집행국에서 신속하게 집행됨으로써 후에 중재판정이 취소 또는 정지된 경우 집행을 막을 수 있는 장치가 무력화되는 것은 막아야 한다는 요청을 고려한 타협의 산물이다. 뉴욕협약은 그 판단을 집행국 법원의 재량에 맡긴다.[310]

중재판정이 취소되면 소급적으로 효력을 상실하므로 논리적으로는 집행할 대상이 없지만, 중재판정이 국제적으로 인정되지 않는 사유로 취소된 때에는 그럼에도 불구하고 집행할 수 있다는 것이다.[311] 이에 해당하는 유명한 사례로는, 스위스 법원에 의하여 중재판정이 취소되었음에도 불구하고 프랑스 법원이 스위스의 중재판정을 승인한 Hilmarton 사건 판결[312]과, 중재판정부가 당사자들이 합의한 실체의 준거법을 적용하지 않았다는 이유로 이집트의 항소법원이 중재판정을 취소하였음에도 불구하고 콜럼비아지구 미국연방법원이 이집트의 중재판정의 집행을 허용한 Chromalloy 사건 판결[313]이 있다.

---

310) 정부가 공포한 번역문은 "… 또는 판정이 내려진 국가의 권한 있는 기관이나 <u>또는 그 국가의 법령에 의거하여</u> 취소 또는 정지된 경우"이다. 그러나 밑줄 부분은 "판정이 중재판정의 기초가 된 법령이 속하는 국가의 권한 있는 기관에 의하여"라고 수정해야 한다. 즉, 중재판정을 취소할 수 있는 국가는 중재판정지국만이 아니라 중재절차의 준거법 소속국이라는 의미이다. 대법원 2003. 2. 26. 선고 2001다77840 판결도 이 점을 정확히 지적하였다.

311) 경우에 따라 중재지국의 중재판정 취소소송과 집행국의 집행판결청구소송이 병행할 수도 있고 양자가 상충되는 결론에 이를 수도 있는데, 이는 중재지국과 집행국의 사법적 통제를 모두 허용하는 뉴욕협약에 내재하는 위험이다.

312) 준거법은 스위스법이었는데 중재인은 중개를 금지한 알제리법에 반한다는 이유로 계약이 무효라고 보았으나, 제네바 법원은 스위스법상 유효하다고 판단하여 중재판정을 취소하였다. 하지만 프랑스 법원은 스위스에서 취소된 중재판정을 집행하였다.

313) Chromalloy Aeroservices Inc. v. Arab Republic of Egypt, 939 F.Supp. 907 (D. D.C. 1996). 우리 문헌은 박은옥, "국제상사 외국중재판정의 승인 및 집행에 관한 미국의 사례연구", 무역학회지 제39권 제2호(2014. 4.), 77면 이하 참조.

　　문제는 제1항 e호의 승인거부사유와, 중재판정을 취소하는 중재판정지국 재판("외국취소재판")의 승인의 관계이다. 중재지에서 중재판정의 취소는 뉴욕협약상 중재판정의 승인거부사유인데, 이것이 외국취소재판이 (외국재판의 승인요건에 따라) 승인국에서 승인될 것을 전제로 하는가는 논란이 있다. 독일에는 외국취소재판이 승인될 때에만 중재판정의 승인거부사유가 된다는 견해와 외국취소재판의 승인 여부와 무관하다는 견해[314]가 있다. 뉴욕협약이 존재의의를 가지자면 가사 외국취소재판이 승인국의 승인요건을 구비하더라도 외국중재판정을 승인 및 집행할 수 있어야 한다고 보아야 할 것이다.[315] 따라서 이 경우 전적으로 뉴욕협약에 따라야 하고 민사소송법 제217조의 적용은 배제된다고 주장할 여지도 있다.

바. 중재가능성의 결여(제2항 a호)

　　분쟁의 대상이 집행국법상 중재가능성이 없는 것은 중재판정의 승인거부사유가 된다(제5조 제2항 a호). 분쟁의 중재가능성은 국가에 따라 상이한데, 승인거부사유인 중재불가능성의 판단기준은 집행국법이다. 어떤 분쟁을 중재로 해결하기 위하여는 당해 분쟁이 중재로 해결할 수 있는 성질의 것이어야 한다. 위에서 본 것처럼 우리 중재법은 명시적인 규정을 두지 않는 탓에 논란의 여지가 전혀 없는 것은 아니지만, 다수설에 따르면 이혼사건과 같은 가족법상의 분쟁은 중재가능성(arbitrability)이 없기 때문에 처음부터 중재에 의해 해결될 수 없다. 중재가능성의 기준은 국가에 따라 다른데, 이는 각국의 분쟁해결 정책이 다른 탓이다. 과거에는 '중재적격'이라는 용어를 사용하였으나 근자에는 중재가능성이라는 용어를 흔히 사용하는데 대법원 판결(예컨대 대법원 2018. 11. 29. 선고 2016다18753 판결)도 이를 사용한다.

　　앞(Ⅴ.)에서 언급한 바와 같이 개괄적으로는, 어떠한 분쟁이 순전히 당사자 간의 이해관계에만 관련된 경우 중재가능성을 긍정하지만, 당사자 간의 이해관계를 넘어 공익에 관련되는 경우 중재가능성은 부정되는데, 예컨대 국가가 특정유형의 분쟁의 해결을 통상의 법원에 맡기는 대신 특별한 기구를 설치하여 그 기구가 전담하도록 하는 경우 그 취지에 따라 중재가능성이 부정될 수 있다. 국가가 그러한 분쟁의 해결에 대하여 특별한 국가적 이익을 가지기 때문이다.

---

314)　다수설이다. Böckstiegel/Kröll/Nacimiento/Kröll, §1061, para. 127 참조.
315)　우리 문헌은 강수미, "외국법원에서 취소된 중재판정의 뉴욕협약상 승인·집행에 관한 고찰", 연세법학(2018. 12.), 103면 이하; 차재훈, "외국법원에서 취소된 중재판정의 집행", 서울대학교 법학석사학위논문(2019. 8.) 참조.

사. 공서위반(제2항 b호)

중재판정의 승인 또는 집행이 집행국의 공서에 반하는 것은 중재판정의 승인 거부사유가 된다(제5조 제2항 b호).

선량한 풍속 기타 사회질서, 즉 공서는 집행국의 본질적인 법원칙, 즉 기본적인 도덕적 신념 또는 근본적인 가치관념과 정의관념에 반하는 외국중재판정의 승인을 거부함으로써 국내법질서를 보존하는 방어적 기능을 가지므로 이를 좁게 제한적으로 해석하여야 한다. 이는 우리 민사소송법(제217조 제3호)상 공서위반이 외국판결의 승인 및 집행의 거부사유가 되는 것과 마찬가지이고, 여기의 '선량한 풍속 기타 사회질서'란 민법(제103조)이 정한 국내적 공서와 구별되는 국제적 공서(international public policy)를 말한다. 이 점도 외국판결의 승인 및 집행에서와 마찬가지다.

참고로 프랑스 신 민사소송법 제1514조와 제1520조는 명시적으로 국제적 공서(*ordre public international*)라는 개념을 사용하며, 국제법협회(ILA)의 국제상사중재위원회는 승인거부사유인 공서에 관한 보고서(Report on Public Policy as a Bar to Enforcement of International Arbitral Awards)를 2002년 채택하였는데, 이는 집행거부사유가 되는 것은 국제적 공서임을 분명히 하였다.[316]

동 보고서에 따르면 국제적 공서는 다음 3가지로 구분된다. 첫째, 집행국이 보호하고자 하는 정의와 도덕에 관한 근본적인 원칙. 동 보고서는 집행국의 정의 또는 도덕에 관한 근본원칙의 예로 특히 대륙법계 국가의 신의칙과 권리남용 금지의 원칙을 제시하며, 그 밖에도 계약준수의 원칙, 보상 없는 수용의 금지, 차별금지 기타 해적행위, 테러리즘, 집단학살(genocide) 또는 노예제도 금지 등을 들고 있다. 둘째, 경찰법(*lois de police*) 또는 공서규칙이라고 알려진, 집행국의 핵심적인 정치적, 사회적 또는 경제적 이익에 봉사하는 규칙. 동 보고서는 집행국의 공서규칙의 예로 독점금지법(예컨대 유럽연합의 구 경쟁법 제81조 EC), 통화규제, 환경보호법, 교역금지, 소비자보호법 등을 들고 있다. 셋째, 국제기구 또는 제3국에 대한

---

316) P. Mayer and A. Sheppard, Final ILA Report on Public Policy as a Bar to Enforcement of International Arbitral Awards, 19 Arbitration International No. 2 (2003), pp. 249-263 참조. 소개는 석광현, 국제중재법 제2권, 335면 이하 참조. 비교법적 검토는 이정아, "국제중재에서 중재판정의 실현단계에서의 법원의 개입에 대한 비교법적 고찰–'공공질서'의 해석 및 취소된 중재판정의 승인을 중심으로", 사법 제57호(2021. 9.), 719면 이하 참조.

의무를 존중할 승인국의 의무(duty). 이는 제재를 부과하는 UN안전보장이사회의 결의나 집행국이 비준한 국제협약을 준수할 의무 등을 의미한다.

이처럼 승인거부사유가 되는 것은 국제적 공서의 위반에 한정되므로 공서위반을 이유로 외국중재판정의 승인이 거부되는 사례는 실제로 매우 드물다. 다만 국제적 공서는 각 국가의 국제적 공서를 말하는 것이지, 국가공동체에 뿌리내린 '진정하게 국제적 공서(genuinely international public policy)'를 말하는 것은 아니다.

대법원 1990. 4. 10. 선고 89다카20252 판결은 "… 뉴욕협약 제5조 제2항 나호는 중재판정이나 승인이 집행국의 기본적인 도덕적 신념과 사회질서를 보호하려는 데 그 취지가 있으므로 그 판단에 있어서는 국내적인 사정뿐만 아니라 국제적 거래질서의 안정이라는 측면도 함께 고려하여 제한적으로 해석하여야 한다. … 준거법인 영국의 법정이율로 하지 아니하고 고율인 미국의 우대금리를 적용하여(그 최고이율도 연 25%로서 우리 이자제한법의 제한범위 내이다) 지연손해금의 지급을 명한 외국중재판정의 승인이 우리나라의 공서에 반하는 것은 아니"라는 취지로 판시하였고, 대법원 2000. 12. 8. 선고 2000다35795 판결은 이를 재확인하면서 외국중재판정에 적용된 외국법이 한국의 실정법상 강행법규에 위반된다고 하여 바로 승인거부사유가 되는 것은 아니고, 해당 중재판정을 인정할 경우 그 구체적 결과가 한국의 선량한 풍속 기타 사회질서에 반할 때에 한하여 승인 및 집행을 거부할 수 있다고 판시하였다. 이러한 태도는 승인거부사유인 공서가 국제적 공서라는 점을 판시한 것으로 타당하다.

또한 대법원 1995. 2. 14. 선고 93다53054 판결은, 준거법인 외국법상 소멸시효기간이 30년으로서 우리 법상의 그것보다 길고[317] 또한 우리 소멸시효규정이 강행규정이라고 하더라도 그것만으로 외국중재판정을 집행하는 것이 공서에 반한다고 할 수 없다고 판시하였는데 이는 정당하다. 다만, 예외적으로 우리 법상 시효에 걸리는 권리에 대해 외국법이 아예 시효소멸을 인정하지 않는 경우에는 공서위반으로 볼 여지가 있다.

법원은 원칙적으로 중재판정의 내용 또는 실질을 재심사할 수는 없으나 승인거부사유의 존부를 판단하기 위하여 필요한 범위 내에서 실질을 재심사할 수

---

317) 대법원 판결문상으로는 불분명하나 당해 사건에서 문제 된 것은 상인 간의 노우하우계약상의 권리이므로 상사채권으로서 5년의 시효에 걸린다. 원심판결인 서울고등법원 1993. 9. 14. 선고 92나34829 판결도 같은 취지로 판시하였다.

있다.

국제중재에서 공서위반의 정도는 사안의 내국관련(성)(Inlandsbeziehung)과의 관계에서 상대적으로 이해해야 한다. 내국관련의 정도가 낮으면 우리 공서가 개입할 가능성이 낮으므로 우리 법의 본질적 원칙과 다소 괴리가 있더라도 집행될 가능성이 상대적으로 크다. 제10장에서 보았듯이 외국재판 승인의 맥락에서 징용 사건인 대법원 2012. 5. 24. 선고 2009다22549 판결(미쓰비시 사건 판결)과 대법원 2012. 5. 24. 선고 2009다68620 판결(신일본제철 사건 판결)도 이 점을 명확히 판시한 바 있다. 다만, 기본적인 인권 또는 최소한의 '자연적 정의'와 같은 '보편적 공서' 위반의 경우에는 내국관련이 불필요하다.

공서에는 실체적 공서와 절차적 공서가 포함된다. 다만, 제5조 제1항 b호와 d호가 절차상의 하자로 인한 승인거부사유를 별도로 규정하므로 절차적 공서는 보충적인 의미를 가진다.

실체적 공서위반과 관련하여 우리의 국제적 강행법규(internationally man-datory rules, international zwingende Bestimmungen, *lois de police*)에 위반한 계약에 기한 외국중재판정을 우리나라에서 승인 및 집행하는 것이 공서에 반하는가라는 문제가 있다. 생각건대 공서위반 여부는 일률적으로가 아니라, 문제 된 당해 국제적 강행법규의 성질 및 취지, 위반의 정도와 효력 등을 종합적으로 고려해서 판단할 사항이므로, 국제적 강행법규에 위반한 외국중재판정도 그 집행이 우리의 근본적인 정의관념과 기초적인 국가적 이익에 반하지 않는 한 수인해야 한다. 구체적 경계의 획정은 더 체계적으로 연구할 필요가 있다. 대법원 2000. 12. 8. 선고 2000다35795 판결은 외국중재판정을 인정할 경우 그 구체적 결과가 한국의 선량한 풍속 기타 사회질서에 반할 때에 한하여 승인 및 집행을 거부할 수 있다고 판시하였고, 서울고등법원 1995. 3. 14. 선고 94나11868 판결은, 독점규제법에 위반한 라이센스계약에 따른 의무의 이행을 명한 외국중재판정의 집행은 우리의 공서에 반하지 않는다고 판시한 바 있다.

한편 우리 법의 절차적 기본원칙이 외국의 중재절차에서 침해된 경우 외국중재판정의 승인은 절차적 공서에 위반된다. 즉 절차적 공서위반 여부는 집행국의 기준에 따라 판단한다. 절차적 기본원칙은 법치국가의 기본원칙으로 중재인의 독립과 공정의 원칙, 법적인 심문(rechtliches Gehör) 보장의 원칙 및 당사자평등의 원칙 등을 포함한다. 이러한 기본원칙에 반하는 경우와, 기판력 또는 기타 구속력이 있는 재판을 무시한 경우 등이 절차적 공서위반이 된다. 또한 중재인의 기피사유가 존재하였고 당사자가 이를 주장하였음에도 불구하고 기피가 허용되지 않았다면 그 중재인에 의한 중재판정의 승인은 절차적 공서에 반한다. 그러나 단순한 절차상의 상위는 공서위반이 아니다.

외국중재판정에 관하여 민사소송법(제451조 제1항)의 재심사유에 해당하는 사유가 있으면 그의 집행이 절차적 공서위반인가라는 문제가 제기된다. 특히 사기에 의하여 획득된 중재판정의 승인이 문제 된다. 이에 관하여 대법원 2009. 5. 28. 선고 2006다20290 판결(이하 "2009년 판결"이라 한다)은 아래의 취지로 판단하였다.

> 뉴욕협약이 적용되는 외국중재판정에 대하여 집행국 법원은 뉴욕협약 제5조의 집행 거부사유의 유무를 판단하기 위하여 필요한 범위 내에서는 본안에서 판단된 사항에 관하여도 독자적으로 심리·판단할 수 있고, 제5조 제2항 (나)호의 집행 거부사유에는 중재판정이 사기적 방법에 의하여 편취된 경우가 포함될 수 있다. 그러나 집행국 법원이 당해 외국중재판정의 편취 여부를 심리한다는 명목으로 실질적으로 중재인의 사실인정과 법률적용 등 실체적 판단의 옳고 그름을 전면적으로 재심사한 후 그 외국중재판정이 사기적 방법에 의하여 편취되었다고 보아 집행을 거부하는 것은 허용되지 않는다. 다만, 그 외국중재판정의 집행을 신청하는 당사자가 중재절차에서 처벌받을 만한 사기적 행위를 하였다는 점이 명확한 증명력을 가진 객관적인 증거에 의하여 명백히 인정되고 그 반대당사자가 과실 없이 신청당사자의 사기적인 행위를 알지 못하여 중재절차에서 이에 대하여 공격방어를 할 수 없었으며, 신청당사자의 사기적 행위가 중재판정의 쟁점과 중요한 관련이 있다는 요건이 모두 충족되는 경우에 한하여, 외국중재판정을 취소·정지하는 별도의 절차를 거치지 않더라도 바로 당해 외국중재판정의 집행을 거부할 수 있다.

위 판결은 사기에 의하여 획득된 외국판결의 승인을 다룬 대법원 2004. 10. 28. 선고 2002다74213 판결(이하 "2004년 판결"이라 한다)과는 논리 전개가 다르다. 양자의 차이가 승인 대상의 차이(즉 외국판결인지 아니면 외국중재판정인지)로부터 유래하는지, 아니면 대법원이 일관성을 결여한 탓인지, 그도 아니면 양자의 결합인지 의문이다. 2009년 판결을 2004년 판결과 비교해 보면 양자 간에 본질적인 차이가 있는 것은 아니고 2004년 판결과 비교할 때 대상판결의 법리가 더 정치하게 다듬어지고 진보한 것이라는 생각이 들기도 하지만, 2004년 판결은 대법원이 나름대로 이론구성을 시도한 것인 데 반하여 2009년 판결은 미국 판결의 영향을 크게 받은 탓에(그럼에도 불구하고 인용하지는 않는다) 양자 간에 차이가 발생한 것으로 짐작된다. 저자는 2009년 판결의 취지를 대체로 지지할 수 있지만 2004년 판결과의 차이는 가급적 해소하는 것이 옳다고 지적한 바 있다.318)

아. 의사표시를 할 채무에 대하여 간접강제를 명한 외국중재판정의 승인 및 집행과 공서위반

중재 신청인은 피신청인과 신청인의 특허 등에 관하여 라이선스 계약을 체결하였는데, 피신청인이 라이선스계약을 위반하여 외국에 특허를 출원하였다는 이유로 신청인이 피신청인을 상대로 중재지인 네덜란드에서 출원특허에 대한 모든 권리와 이익의 반환 등을 구하는 중재신청을 하였다. 중재판정부는 네덜란드 민사소송법 제1056조를 근거로 피신청인은 특허에 대한 모든 권리와 이익을 신청인에 이전하고 이를 위반하는 경우 간접강제 배상금을 지급하라는 내용의 중재판정을 내렸다. 신청인은 한국에서 네덜란드 중재판정의 승인 및 집행을 구하는 집행판결 청구의 소를 제기하였고, 이에 대하여 피신청인은 간접강제를 명하는 중재판정의 주문이 한국의 공서양속에 반하므로 뉴욕협약 제5조 제2항 가호가 정한 승인거부사유가 있다고 주장하였다. 이는 위에서 소개한 사건이다.

이에 대하여 대법원 2018. 11. 29. 선고 2016다18753 판결은 공서위반 이라는 주장을 배척하였는데 그 근거는 아래와 같다. 대법원은 특허권 이전과 같은 의사표시를 할 채무에 관하여 판결이 확정된 경우에는 민사집행법 제263조 제1항에 강제집행방법이 규정되어 있으므로 간접강제 보충성 원칙에 따라 특허권의 이전에 관하여는 간접강제가 허용되지 않으나, 우리나라 민사집행법과 달리 의사표시를 할 채무에 대하여 간접강제를 명한 중재판정을 받아들인다고 하더라도 간접강제는 어디까지나 심리적인 압박이라는 간접적인 수단을 통하여 자발적으로 의사표시를 하도록 유도하는 것에 불과하여 의사결정의 자유에 대한 제한 정도가 비교적 적어 그러한 간접강제만으로 곧바로 헌법상 인격권이 침해된다고 단정할 수

318) 위에 언급한 미국 판결은 *Lafarge Conseils Et Etudes, SA* v. Kaiser Cement & Gypsum Corp, 791 F.2d 1334, 1339 (9th Cir. 1986)이다. 소개는 오영준, 대법원판례해설 79호 (2009 상반기), 590면 이하 참조. 미국 판례의 소개는 최은희, "외국중재판정의 승인집행판결 거부사유로서의 사기—한국과 미국의 판결을 중심으로—", 서울시립대학교 서울法學 제21권 제1호(2013. 5.), 106면 이하 참조. 위 대법원 판결에 대한 상세한 평석은 석광현, "사기에 의하여 획득된 외국중재판정의 승인과 공서위반 여부", 서울지방변호사회 판례연구 제24집(2)(2011), 118면 이하; 석광현, 국제중재법 제2권, 314면 이하 참조.

없는 점 등에 비추어, 중재판정 중 간접강제 배상금의 지급을 명하는 부분이 집행을 거부할 정도로 대한민국의 공서양속에 반한다고 볼 수 없다고 한 원심판단을 수긍하였다.

자. 우리 법원의 태도에 대한 평가

당사자들이 베트남의 중재절차에 참가하여 중재합의의 서면성을 다투지 아니하고 중재판정을 받은 사건에서 중재합의의 서면요건을 완화하거나, 또는 금반언의 법리에 의하여 유효한 중재합의의 존재를 긍정하는 전향적인 견해를 취할 수 있었음에도 불구하고 대법원이 뉴욕협약 제2조의 서면요건을 구비한 중재합의의 존재를 부정한 대법원 2004. 12. 10. 선고 2004다20180 판결처럼 다소 이례적인 판결도 있다. 그렇지만 우리 법원은 종래 외국중재판정의 승인 및 집행에 대하여 뉴욕협약에 충실하게 매우 우호적인 태도를 취하는 것으로 평가할 수 있다. 즉 대법원판결은 승인거부사유를 제한적으로 해석하는데, 예컨대 위에서 든 대법원 1990. 4. 10. 선고 89다카20252 판결처럼 승인거부사유인 공서위반에서 문제되는 것은 국내적 공서가 아니라 국제적 공서라고 판단하고 있는 점과, 비록 우리 법상으로는 명시적 근거가 없음에도 불구하고 네덜란드 민사소송법에 따라 간접강제를 명한 네덜란드 중재판정의 승인 및 집행이 우리의 공서에 반하지 않는다고 판단하여 그의 집행을 허가한 대법원 2018. 11. 29. 선고 2016다18753 판결 등을 들수 있다.

5. 외국중재판정의 승인 및 집행의 절차[319]

가. 중재판정의 승인과 집행의 관계

중재판정의 승인이라 함은 중재판정부가 내린 중재판정의 법적 효력을 인정하는 것을 말하고, 중재판정의 집행이라 함은 중재판정부가 내린 중재판정에 대하여 법원이 집행력을 부여하여 그의 강제실현을 허용하는 것을 말한다. 이처럼 중재판정의 승인과 집행은 개념적으로 구분되지만 중재판정의 집행은 논리적으로 중재판정의 승인을 전제로 한다. 따라서 집행요건은 승인요건과 동일하나, 우리 법상으로는 우리 법원의 집행가능선언(*exequatur*, Vollstreckbarerklärung)이 필요하다는 차이가 있다. 집행가능선언은 중재법상 집행결정을 요하나 구 중재법상으로

---

319) 상세는 석광현, 국제중재법 제2권, 209면 이하 참조.

는 외국판결에서와 같이 집행판결이 필요하였다.[320]

(1) 중재법의 변천

1966년 중재법(제14조 제1항)은 "중재판정에 의하여 하는 강제집행은 법원의 집행판결로 그 적법함을 선고한 때에 한하여 할 수 있다"라고 규정하였다. 그러나 구 중재법(제37조 제1항)은 "중재판정의 <u>승인</u> 또는 집행은 법원의 <u>승인</u> 또는 집행판결에 따라 한다"(밑줄은 저자가 추가함)고 규정하였다. 그 결과 마치 중재판정의 집행을 위하여 법원의 집행판결이 필요하듯이, 중재판정의 승인을 위하여는 법원의 '승인판결'이 필요하거나, 아니면 적어도 '법원의 승인'이 필요하다는 오해를 초래하게 되었다.

저자는 과거부터 우리 중재법은 민사소송법에 따른 외국판결의 승인에서와 같이 중재판정의 승인에서도 '자동승인의 원칙'을 채택하였는데, 중재법상 이를 달리 볼 이유가 없었으므로 동일하게 해석하여야 하며, 따라서 중재판정의 승인을 위하여 법원의 승인판결 또는 승인이 필요하다는 견해는 잘못임을 지적하였다.

또한 저자는 그 취지를 명확히 하고자 구 중재법 제37조 제1항에서 '승인'을 삭제하고 "중재판정의 집행은 법원의 집행판결에 의한다"라고 집행만을 규정하도록 수정하자는 입법론을 제안하였는데, 이는 1999년 개정 전 중재법(이 점은 1966년 중재법도 같다)으로 회귀하자는 것이었다. 그 후 대법원 2009. 5. 28. 선고 2006다20290 판결도 자동승인의 원칙이 타당함을 확인한 것으로 볼 수 있다. 이런 과정을 거쳐 저자는 구 중재법 제37조 제1항이 문언이 미흡함에도 불구하고 대법원 판례와 해석론으로써 올바른 결론에 이른 것으로 믿었기에 중재법을 위한 개정과정에서는 굳이 위 문언을 개정하자는 제안을 하지 않았다. 그러나 2016년 중재법

---

320) 중재법은 집행결정 신청에 대하여 토지관할을 규정하나(제7조 제4항) 국제재판관할규칙을 두지는 않는다. 따라서 제7조 제4항을 참조하여 적절한 국제재판관할규칙을 도출할 필요가 있다(국제사법 제2조 참조). 민사집행법(제26조 제2항, 제21조)은 집행판결 청구의 소가 채무자 보통재판적 소재지의 전속관할에 속하는 점을 명시하나 이는 전속적 토지관할이지 전속적 국제재판관할이 아니다. 국제사법 제10조 제1항 제5호는 대한민국에서 재판의 집행을 하려는 경우 그 집행에 관한 소에 대하여 대한민국 법원의 전속적 국제재판관할을 규정하나 집행판결 청구의 소는 그에 포함되지 않는다(상세는 석광현, 국제재판관할법, 141면 이하 참조). 집행결정 신청도 마찬가지다. 2016년 중재법을 개정하여 집행판결 대신 집행결정을 도입하였으므로 그에 맞추어 제7조 제4항에서 '집행 청구의 소'라는 용어를 수정하였어야 하나 그렇게 하지 않은 것은 유감이다.

개정을 위한 개정위원회는 제37조 제1항을 개정하기로 하였다.

(2) 중재법에 의한 혼란의 해소

저자는 구 중재법하에서도 승인요건을 구비한 중재판정은 자동적으로 승인되고, 다만 확인의 이익이 있는 경우에는 법원이 승인판결을 할 수 있다고 보았던 바,[321] 중재법 제37조 제1항은 중재판정은 집행거부사유가 없으면 승인되나 법원은 당사자의 신청이 있는 경우에는 중재판정을 승인하는 결정을 할 수 있음을 명시함으로써 1999년 개정에 의해 초래된 오해를 바로 잡았다.

요컨대 구 중재법에 의하여 중재판정의 승인에 마치 '법원의 승인판결' 또는 '법원의 승인'이 필요하다는 듯한 오해가 초래되었으나, 중재법은 오해를 불식하고 1999년 개정 전 구 중재법하의 해석론이 타당함을 명확히 하였다. 국내중재판정은 그 자체로서 기판력 기타 확정판결과 같은 효력이 있는 것이지, 법원의 승인판결(또는 승인결정) 또는 승인에 의하여 비로소 효력을 가지게 되는 것이 아니다. 중재판정의 승인은 자동적이므로 원칙적으로 승인의 주체는 없고 필요에 따라 법원 또는 다른 중재판정부가 승인요건이 구비되었음을 확인할 뿐이다. 제37조가 정한 자동승인의 원칙은 국내중재판정은 물론 외국중재판정에도(물론 승인요건의 구비를 전제로) 타당하다.

나. 중재법에 의한 집행결정제의 도입
(1) 집행을 허가하는 재판의 형식

구 중재법과 달리 2016년 개정된 중재법은 중재판정의 집행을 위하여 집행판결이 아니라 집행결정을 요구한다. 집행결정제의 도입은 독일과 일본의 중재법을 본받은 것으로 중재판정에 기한 강제집행을 가급적 신속하게 하기 위한 것이다. 그러나 집행판결을 집행결정으로 전환한 것만으로 그러한 목적이 달성되는 것은 아니고 절차진행을 신속하게 하려는 법원의 의지가 필요하다. 소송의 경우 소송목적의 값에 따라 인지금액이 결정되나 신청사건은 정액이라는 점도 차이가 있다

---

321) 독일 민사소송법은 우리 중재법과 달리 승인결정을 언급하지 않으나, 앞(註 291)에 언급한 독일 연방대법원의 2023. 3. 9. 결정은 독일 법원에서 외국중재판정에 대한 집행결정의 피신청인이 될 수 있는 잠재적 채무자는 채권자의 집행결정 신청 전에 외국중재판정의 불승인 확인 신청(Antrag auf Feststellung der Nichtanerkennung des ausländischen Schiedsspruchs)을 할 수 있다고 판시하였다.

(민사소송 등 인지법 제2조, 제10조).322) 과거 법원은 "중재판정의 강제집행을 허가한다"라는 주문을 취하였으나 근자에는 "중재판정을 승인하고, 그에 기초한 강제집행을 허가한다"라는 형식의 주문도 보인다.323)

(2) 집행결정 시 구술변론의 요부와 결정이유의 기재

당사자가 승인결정 또는 집행결정을 신청한 때에는 법원은 변론기일 또는 당사자 쌍방이 참여할 수 있는 심문기일을 정하고 당사자에게 이를 통지하여야 한다(중재법 제37조 제4항). 과거 집행판결제하에서 법원은 반드시 구술변론을 열어야 했는데, 중재법하에서는 구술변론을 여는 대신 재량으로 심문심리를 할 수도 있으나 서면심리만으로 결정을 할 수는 없다. 심문(審問)이라 함은, 서면심리를 보충하기 위하여 당사자, 이해관계인, 그 밖의 참고인에게 특별한 방식 없이 적당한 방법으로 서면 또는 말로 개별적으로 진술할 기회를 주는 절차인데, 반드시 공개법정에서 해야 하는 것은 아니고 심문실에서 할 수 있으며 변론처럼 반드시 당사자 쌍방에게 진술의 기회를 주어야 하는 것도 아니다. 즉 이제는 필요적 변론이 아니라, 임의적 변론 또는 필요적 심문에 의한다. 민사소송법상 심리에는 서면심리, 심문심리와 변론심리가 있는데, 변론심리의 경우 법원은 법정변론기일에 양당사자를 불러 쌍방에게 진술의 기회를 주고 변론기일에 구술로 진술한 자료만을 재판의 기초로 하여야 한다.

집행결정제에 대한 가장 큰 우려는 당사자의 절차적 권리 내지 재판받을 권리가 위태롭게 될 가능성이 크다는 것인데, 그런 우려가 전혀 근거가 없는 것은 아니지만 법원으로서는 그런 우려가 현실화되지 않도록 절차를 운영할 필요가 있다. 이런 맥락에서 당사자들이 분쟁해결의 방법으로 자발적으로 중재를 선택하였

---

322) 집행결정절차의 구체적 논점은 이호원, "중재판정의 집행결정절차", 민사소송 제24권 제3호(2020. 10.), 1면 이하; 전병서, "중재판정의 집행결정절차에 관한 검토", 사법 통권 제49호(2019), 127면 이하 참조. 미국법상의 예는 예컨대 김남우, "미국 뉴저지법상 중재 판정의 집행 절차", 맞춤형 법제정보, 5면 이하 참조.

323) 예컨대 A 컨소시엄과 K 회사 간의 1차 중재판정 중 법률비용과 중재비용 등에 대하여 집행을 구한 사건에서 서울중앙지방법원 2022. 9. 13.자 2021카기3622 결정(중재판정 승인 및 집행결정)은 "신청인들과 피신청인 사이의 국제상공회의소(ICC) 국제중재법원(International Court of Arbitration) 사건번호 ○○ 사건에 관하여 중재판정부가 (일자) 한 별지기재 중재판정 주문 제5항을 승인하고, 이에 기초한 강제집행을 허가한다"라고 판시하였다(밑줄은 저자가 추가함).

고 그에 따라 중재절차가 진행되어 중재판정이 이미 내려졌으므로 법원으로서는 집행거부사유의 존재만을 심사하는 것이지 새로이 재판을 하는 것이 아님을 유념하여야 한다. 법원은 승인결정 또는 집행결정을 하는 때에는 원칙적으로 결정이유를 적어야 하지만, 변론을 거치지 아니한 경우에는 이유의 요지만을 적을 수 있다(제37조 제5항).

(3) 집행결정의 집행력과 기판력

집행결정에 의하여 한국에서 집행력이 부여되는 것은 명백하나,[324] 승인요건의 구비 여부에 대한 판단에 기판력이 인정되는지는 문면상 불분명하다.[325] 민사소송법(제216조 제1항)에 따르면 원칙적으로 기판력을 가지는 것은 확정판결이고 결정은 기판력이 없지만, 예컨대 소송비용에 관한 결정(제110조, 제114조)이나 간접강제 수단으로 하는 배상금의 지급결정(민사집행법 제261조)과 같이 양 당사자에게 절차적 기회가 보장되고 또한 실체관계에 관하여 법원의 종국적 판단을 나타내는 것은 판결에 준하는 것으로서 예외적으로 기판력을 인정할 수 있다. 여기의 집행결정은 특수한 결정으로서 그 기판력을 인정하여야 한다.[326] 당사자에게 적당한 방법으로 서면 또는 말로 개별적으로 진술할 기회를 주면 족하지 그가 실제로 진술하거나 변론을 연 경우에만 기판력을 인정할 것은 아니다. 만일 집행결정이 결정이라는 이유로 기판력을 인정할 수 없다면 집행결정의 실익은 반감되므로 중재법에서 기판력이 있음을 명시하는 편이 바람직하였으나 중재법은 이를 명시하지 않는다. 독일에서는 중재판정의 집행가능선언은 결정의 형식에 의하는데(제1063조 제1항) 이는 기판력이 있다는 데 의문이 없다. 우리 법상으로도 집행결정 신청의 기각도 기판력을 가진다고 보므로 기각 후 다시 집행결정 신청을 하면 그에 저촉

---

324) 민사집행법은 이를 열거하지 않지만 항고로만 불복할 수 있는 재판은 집행권원의 하나이므로(제56조 제1호) 집행결정은 집행권원이 된다. 그러나 민사집행법 제56조 제1항에 중재판정에 기한 집행결정을 집행권원의 하나로 명시하는 편이 바람직하다고 본다. 다만 외국재판의 경우 우리 다수설은 외국재판만으로는 집행력이 현재화되지 않고, 집행판결은 집행의 기본인 청구권의 존부와 범위를 확정하는 것은 아니므로 집행판결과 그 근거인 외국재판이 일체로서 집행권원이 된다고 보므로, 외국중재판정의 경우에도 집행결정과 그 근거인 외국중재판정이 일체로서 집행권원이 된다고 보아야 할 것이다.

325) 법무부, 조문별 개정이유서(중재법 일부개정법률안)는 "중재판정의 승인결정이나 집행결정에 대하여는 승인요건의 구비 여부에 대한 판단에는 기판력이 인정되고"라고 한다.

326) 이호원, "중재판정의 승인 및 집행절차의 개선방안 연구", 법무부 연구용역(2012), 80면도 同旨.

된다. 일본에서는 논란이 있으나 다수설은 집행결정의 기판력을 인정한다. 기판력의 기준시기는 집행결정의 변론종결 또는 심문종결 시가 될 것이다.

(4) 주문의 특정성: 특히 특정이행을 명하는 중재판정의 경우

외국중재판정의 주문은 이행의 내용인 대상을 특정할 수 있어야 한다. 예컨대 중재판정부가 피신청인에게 특정이행을 명하였으나 그 대상인 의무가 충분히 구체적이고 명확하게 특정되지 않은 경우 그 외국중재판정의 승인 및 집행이 우리 법상 가능한가라는 의문이 있다. 이는 외국판결의 경우도 같은데, 이에 관하여는 제10장에서 대법원 2017. 5. 30. 선고 2012다23832 판결을 소개하고 집행판결의 맥락에서 집행권원의 특정성에 관하여 논의하였다.[327]

외국중재판정에서 특히 문제되는 것은 중재판정 자체가 법원의 판결처럼 정형화되지 않고 법률적으로 다듬어지지 않은 것일 수 있다는 점이다. 따라서 외국중재판정을 집행하자면 경우에 따라서는 집행법원이 그 내용을 집행 가능한 것으로 구체화하거나 조정할 필요가 있는데 다만 집행법원의 조치에는 한계가 있다.

---

327) 박설아, 103면은 중재판정이 특정성 요건을 결한 경우와 성질상 강제이행이 허용되지 않는 법적 구제를 명한 경우에는 집행권원의 적격성을 갖추지 못하여 집행신청을 각하하여야 한다고 한다. 중재판정의 맥락에서 안태준, 17면은 "중재판정 집행결정절차는 중재판정으로 하여금 수소법원의 조정조서 내지 화해조서와 같은 차원의 집행권원으로서의 지위를 얻을 수 있도록 하는 절차로서 그 후의 현실적 강제집행절차와는 명백히 구분되는 절차라는 점에서, 중재판정 주문의 문언과 내용에 따른 강제집행이 불가능하더라도 강제집행절차 전의 별도 절차로서, 집행권원의 지위를 부여하는 중재판정 집행결정절차에서는 그 신청의 이익 유무와 관련하여 중재판정의 강제집행가능성을 문제 삼아서는 아니 된다"라는 취지로 지적한다. 나아가 중재판정 집행결정이 있으면, 중재판정의 유효성을 자국 법원이 공식적으로 확인했다는 권위가 생기고 그로 인하여 중재판정에 반대하던 당사자도 자발적으로 이행할 유인이 증가할 수 있고, 또한 중재판정 집행결정 확정 후에는 중재판정 취소의 소를 제기할 수 없다는 법적 효과도 발생하므로, 중재판정의 내용을 강제집행할 수 없더라도 중재판정 집행결정을 구할 법률상 이익은 있다고 한다. 따라서 "중재판정의 주문이 집행불능할 정도로 특정되지 않았다고 하더라도 집행가능 여부와는 무관하게 중재판정에 관한 집행판결을 청구할 법률상의 이익이 인정된다"라고 판시한 서울고등법원 2014. 1. 17. 선고 2013나13506 판결을 지지한다. 독일에도 중재판정의 집행결정은 소송절차에 속하고 집행절차의 일부는 아니므로 집행절차에서 요구되는 특정성의 요건은 적용되지 않는다는 유력설이 있는데, 이는 집행결정 자체가 중재판정 승인의 효력이 있음을 지적한다. Böckstiegel/ Kröll/Nacimiento/Kröll, Introduction to §§1060, 1061, para. 19.

(5) 불복방법

중재판정에 대한 승인결정과 집행결정에 대하여는 즉시항고를 할 수 있으나 (제37조 제6항), 즉시항고는 집행정지의 효력을 가지지 않는다(제37조 제7항 본문). 다만, 항고법원(재판기록이 원심법원에 남아 있을 때에는 원심법원)은 즉시항고에 대한 결정이 있을 때까지 담보를 제공하게 하거나 담보를 제공하게 하지 아니하고 원심재판의 집행을 정지하거나 집행절차의 전부 또는 일부를 정지하도록 명할 수 있고, 담보를 제공하게 하고 그 집행을 계속하도록 명할 수 있는데(제37조 제7항 단서), 제7항 단서에 따른 결정에 대해서는 불복할 수 없다(제37조 제8항). 집행정지의 효력은 승인결정에서가 아니라 집행결정에서만 문제되는데, 중재법의 태도는 법원의 집행결정이 집행력을 가지는 점을 당연한 전제로 하면서, 즉시항고에 대해 집행정지효를 인정하지 않는 것이다.

(6) 집행결정에 따른 집행력의 발생과 가집행의 가부

위에서 본 것처럼 중재법은 집행결정에 대해 당사자가 즉시항고를 할 수 있음을 규정하면서 즉시항고를 하더라도 집행정지효가 없음을 명시할 뿐이고 집행결정을 하는 법원이 가집행을 붙일 수 있다고 규정하지는 않는다. 개정위원회가 이런 결론을 채택한 이유는, 종래 민사소송법이론에 따르면 결정은 즉시 집행력이 발생하므로 원칙적으로 가집행선고를 붙일 수 없다는 데 있었다.328)

한편 정부가 제출한 법률안이 국회를 통과하는 과정에서, 법원이 집행결정을 함으로써 즉시 집행권원이 되도록 규정하는 것은 부당하고 오히려 집행결정이 확정되어야 비로소 집행권원이 되어야 한다는 비판이 법원 측으로부터 제기되었다. 즉 개정위원회의 초안에 대하여 법원 측은 집행결정이 즉시 집행력을 가진다면 즉시항고에 원칙적으로 집행정지효를 인정하고, 즉시항고에도 불구하고 집행을 허용하자면 법원의 별도 조치를 요하는 것으로 수정하자는 견해를 피력하였다. 이처럼 논란이 있었으나 결국 개정위원회의 초안이 국회를 통과하여 제37조가 되

---

328) 그에 대하여 저자는 여기에서 말하는 결정이 집행력이 있더라도, 집행결정이 즉시 외국중재판정에 대해 집행력을 발생시키는 것은 아니라는 점에서(집행권원은 집행결정과 외국중재판정의 결합이므로) 집행결정에 가집행을 붙일 수 있어야 하고, 원칙적으로 가집행을 붙이는 방향으로 실무처리를 할 필요가 있다는 견해를 피력하였다. 독일에서도 결정은 즉시 집행력이 있으나 독일 민사소송법(제1064조 제2항)은 집행결정은 가집행될 수 있음을 명시한다. 우리와 다른 이유가 무엇인지 궁금하다.

었다.

요컨대 중재판정에 기한 강제집행을 허용하는 법원의 집행결정이 있으면 이는 집행력을 가지므로, 강제집행을 저지하고자 하는 상대방으로서는 강제집행정지를 신청하여야 한다.

(7) 미국의 중재판정에 대한 미국 법원의 확인명령의 문제

미국에서는 중재판정을 집행하기 위해서는 내국중재판정이든 외국중재판정이든 '중재판정의 확인'이라는 법원의 재판을 받아야 한다. 따라서 미국 법원에 의하여 확인된 미국 중재판정의 승인 및 집행이 한국에서 다투어지는 경우, 승인 및 집행의 대상이 중재판정인지 아니면 법원의 확인명령인지가 문제 된다. 대법원 2018. 7. 26. 선고 2017다225084 판결은 미국 법원의 확인명령을 받았더라도 중재판정이 여전히 승인 및 집행의 대상이 될 수 있다고 판시한 바 있다. 이 점은 앞의 제10장(Ⅲ.1.아.)에서 논의하였다.

다. 중재판정의 승인 및 집행 신청을 위하여 제출할 서류요건의 완화

구 중재법 제37조는 중재판정의 승인 또는 집행을 신청하는 당사자가 중재판정의 정본 또는 정당하게 인증된 그 등본과 중재합의의 원본 또는 정당하게 인증된 그 등본을 제출할 것을 요구하고, 중재판정 또는 중재합의가 외국어로 작성되어 있는 경우에는 정당하게 인증된 한국어 번역문을 첨부할 것을 요구하였다. 그런데 2006년 개정 모델법(제35조)은 중재판정 등본의 인증요건과 중재합의서 제출요건을 폐지하였다. 독일 민사소송법(제1064조)과 일본 중재법(제46조)도 중재합의서 제출요건을 폐지하였다. 또한 개정 모델법(제35조 제2항)은 법원이 중재판정의 번역문을 요구할 수 있다고만 규정하고 그 증명을 요구하지 않으며 일본 중재법(제46조 제2항)도 같다.

저자는 과거 우리나라도 이런 태도를 따르기 위해 중재법을 전향적으로 개정하는 방안을 고려할 필요가 있다고 지적하였다. 2016년 개정된 중재법은 개정 모델법의 태도를 수용하였다. 따라서 이제는 중재판정의 승인 및 집행을 신청하는 당사자는 중재합의서를 제출할 필요 없이 중재판정의 정본 또는 사본만 제출하면 되고, 중재판정이 외국어로 작성된 경우에는 한국어 번역문을 첨부하면 되고 번역의 정확성을 증명할 필요가 없다. 그 결과 중재판정의 집행이 기술적 측면에서 더 용이하게 되었다.

이러한 중재법 조문은 뉴욕협약보다 유리하므로 뉴욕협약이 적용되는 외국 중재판정의 경우에도 유리한 법으로서 적용될 수 있다. 뉴욕협약의 규정들은 관계당사자(정확히는 집행을 구하는 당사자)가 집행국의 법령이나 조약에 의하여 허용된 방법과 범위 내에서 그 판정을 원용할 수 있는 권리를 박탈하지 아니하기 때문이다(뉴욕협약 제7조 제1항. 'more favorable right provision'). 이는 뉴욕협약의 조건이 미비되더라도 더 유리한 국내법령에 따른 집행을 가능하게 한다.

라. 내국중재판정 취소의 소와 집행결정의 관계

(1) 문제의 소재

일단 중재판정이 내려지면 진 당사자는 대체로 상대방에게 자발적으로 중재판정에 따라 이행함으로써 분쟁이 종료된다. 그러나 진 당사자는 취소사유가 있으면 중재판정 취소의 소를 제기할 수 있고, 이긴 당사자는 중재판정의 집행을 구할 수 있다. 우리 중재법(제36조 제3항)은 중재판정 취소의 소에 대하여는 단기 제소기간(그의 중재판정 정본 수령일부터 3월 이내)을 규정하나, 집행결정의 신청 기간은 제한하지 않는다.

1999년 중재법 시행 전에는 중재판정의 취소사유와 집행거부사유가 상이하였으므로 중재판정 취소의 소와 집행판결 청구의 소를 별도로 규율해도 크게 이상할 것이 없었다. 그러나 1999년 중재법에 의하여 취소사유와 집행거부사유가 거의 동화된 결과 양자를 유기적으로 규율할 필요가 커졌다. 당사자가 제기한 중재판정 취소의 소가 기각되었다면 취소사유, 즉 집행거부사유의 부존재가 확정되므로 집행결정이 가능함을 의미하고, 반대로 이긴 당사자의 집행결정 신청이 기각되었다면 집행거부사유의 존재가 확정되므로 중재판정 취소판결이 가능하기 때문이다.

실무적으로는 중재판정에서 진 당사자가 취소의 소를 제기하면 상대방은 승인 및 집행결정을 신청할 텐데 중재법상 양자를 병합할 수 있는지 문제 된다. 아래에서는 병합 가능 여부를 검토하고(2), 중재법상 중재판정 취소소송절차와 집행결정절차(또는 집행허가신청절차. 이하 양자를 호환적으로 사용한다)의 상호관계를 논의한다. 우선 중재판정 취소의 소를 중심으로 집행결정을 바라보고(3/4), 이어서 집행결정을 중심으로 취소의 소를 바라본다(5/6). 아래의 논의는 국내중재판정에

관한 것이다.329)

(2) 내국중재판정 취소소송절차와 집행결정절차의 병합

과거에는 중재판정이 내려진 경우 진 당사자가 중재판정 취소의 소를 제기하는 때에는 이긴 당사자는 그에 대한 반소로서 집행판결 청구의 소를 제기할 수 있고 그 경우 법원은 두 개의 소를 병합할 수 있었다. 그러나 2016년 개정된 중재법에 의하여 집행판결절차가 집행결정절차로 변경됨으로써 이제는 결정절차 내에서 반소를 제기할 수는 없다. 왜냐하면 민사소송법상 청구를 병합하기 위하여는 양 청구가 같은 종류의 소송절차여야 하기 때문이다. 이처럼 병합이 허용되지 않는다면 결국 판결절차인 중재판정 취소소송절차와 집행결정절차가 병행하게 되는데 이는 바람직하지 않다. 법원으로서는 가급적 동일한 재판부에서 처리하도록 하고 그렇게 절차를 신속하게 진행해야 할 것이나,330) 이는 결국 중재판정 취소를 결정절차로 전환하고 양자의 병합을 허용함으로써 해결해야 할 것이다.

(3) 내국중재판정 취소의 소 제기기간 도과 후 집행결정절차에서 집행거부사유를 주장할 수 있나: 일부 집행거부사유의 주장 제한(독일법)

중재법상 중재판정에서 진 당사자가 반드시 중재판정 취소의 소를 제기해야 하는 것은 아니고, 상대방이 중재판정에 기한 집행결정을 구하는 절차에서 취소사유를 주장할 수도 있다. 이는 별로 의문이 없다. 그러나 중재판정 취소의 소 제기기간이 도과하면 진 당사자는 더 이상 취소의 소를 제기할 수 없다. 그렇더라도 중재판정에서 진 당사자는 집행결정절차에서 취소사유(정확히는 집행거부사유)를 주장할 수 있다. 그 이유는 중재판정 취소제도와 중재판정 집행제도는 별개의 목적을 가지고 있고, 취소의 소 제기기간이 지났다는 절차적 이유로 중재판정 집행재판절차에서 피고의 항변을 봉쇄하는 것은 가혹하다는 것이다. 이 점은 중재법 개정에 의하여 달라진 것은 아니고 전에도 같았다.

---

329) 외국중재판정의 경우 외국에서의 중재판정 취소의 소와 한국에서의 집행결정의 관계가 문제 되는데, 이는 앞(Ⅹ.7.)에서 간단히 언급하였다.

330) 2016년 개정 중재법이 시행됨에 따라 대법원은 2017. 12. 6. '중재법에 따라 법원이 관할하는 사건의 처리에 관한 예규'(재판예규 제1674호)를 제정하여 시행하고 있다. 위 예규는 중재판정 관련사건을 중재사건 전담재판부에서 모두 함께 처리하는 것이 바람직하므로 일부 법원에서 중재 사건 전담재판부를 지정하도록 하면서 단독판사 관할 중재사건을 재정합의 결정을 거쳐 전담재판부에서 심판할 수 있게 한다(제2조).

그러나 독일 민사소송법하에서는 중재판정 취소의 소 제소기간이 도과된 경우 집행결정절차에서 당사자가 주장해야 하는 취소사유(제1059조 제2항 제1호 사유)는 더 이상 주장할 수 없고, 공서위반과 중재가능성 결여만 주장할 수 있다. 이러한 태도는 중재판정의 효력에 대한 다툼을 중재판정 취소의 소로 집중하고 중재판정의 법적 효력을 가급적 조기에 확정하기 위한 것이다.

(4) 내국중재판정 취소의 소 기각 후 집행결정절차에서 집행거부사유를 주장할 수 있나: 취소신청 기각 시 법률상 집행결정 의제(프랑스법)

중재판정 취소의 소가 인용되어 중재판정이 취소되었다면 중재판정은 효력을 상실한다. 과거에는 취소판결의 결과 중재판정은 소급하여 효력을 상실하는 것으로 보았다. 그런데 중재법하에서는 제35조 단서의 결과 취소사유가 있는 중재판정은 기판력이 없으므로, 중재판정 취소판결은 형식적 확정력과 기속력을 소급적으로 소멸시킬 뿐이고 기판력에 관하여는 기판력 없음을 확인하는 효력만 가질 수 있다. 그렇지만 중재판정 취소판결에 의하여 중재판정 취소사유의 존재 판단에 기판력이 발생한다.

한편 중재판정에서 진 당사자가 제기한 내국중재판정 취소의 소가 기각된 뒤에 상대방이 집행결정을 신청할 수 있다. 물론 그 경우 취소사유의 부존재가 확정되었으므로 상대방이 집행결정절차에서 집행거부사유를 주장하는 것은 기판력에 의해 차단될 여지가 있으나 구체적 결론은 기판력의 범위를 어떻게 파악하는가에 따라 결정된다. 따라서 특별한 사정이 없으면 법원은 집행결정을 할 것이나 이런 절차를 반복하는 것은 절차적 효율성에 반한다.

여기에서 중재판정 취소의 소를 기각하는 법원판결을 집행결정으로 간주할 수 없는가라는 의문이 제기된다. 입법론으로 중재에서 진 당사자가 국내중재판정 취소의 소를 제기하였으나 법원이 이를 기각하는 재판을 집행결정으로 간주하는 규정을 두자는 견해가 주장될 수 있다. 실제로 프랑스 민사소송법(제1527조)은 "중재판정 취소신청을 기각하는 판결은 그 판정의 집행명령(*exequatur*)과 동일하다고 간주된다"라고 규정한다. 위에서 언급한 바와 같이 중재법하에서는 중재판정 취소소송절차와 집행결정절차의 병합이 불가능하다면 이 논점의 실무적 의미가 더욱 커지므로 우리도 이 점을 검토할 필요가 있다. 그러한 조문이 없는 현재로서는 내국중재판정의 경우 취소의 소와 집행결정절차의 반복 가능성은 기판력에 의하여 차단되지 않는 한 열려 있다.

(5) 집행결정이 취소의 소에 미치는 영향: 승인결정 또는 집행결정 후 취소의 소 제기 불허(중재법)

1999년 중재법(제36조 제4항)은 "… 중재판정에 관하여 법원에서 승인 또는 집행판결이 확정된 후에는 중재판정 취소의 소를 제기할 수 없다"라고 규정하였다. 이는 중재에서 진 당사자로 하여금 집행판결절차에서 집행거부사유를 모두 주장하게 함으로써 소송경제를 도모하고 법원판결의 상충을 막기 위함이다. 나아가 집행판결을 함으로써 집행거부사유(즉 취소사유)의 부존재가 확정되었으므로 취소의 소를 허용할 실익이 없는데, 이를 불허하는 취지를 명시한 것이라고 설명할 수도 있다. 다만 그 경우 취소사유의 부존재에 대한 판단에 기판력이 인정되는지는 소송물과 기판력의 범위를 어떻게 파악하는지에 따라 달라진다. 그런데 중재법에서 집행결정제가 도입되고 승인결정을 할 수 있음이 언급되므로331) 2016년 개정된 중재법(제36조 제4항)은 "해당 중재판정에 관하여 대한민국의 법원에서 내려진 승인 또는 집행 결정이 확정된 후에는 중재판정 취소의 소를 제기할 수 없다"라고 규정한다. 이는 모델법에는 없는 조문으로 독일 민사소송법(제1059조 제3항) 및 일본 중재법(제44조 제2항)과 유사하다.

(6) 집행결정 신청의 기각이 취소의 소에 미치는 영향: 집행결정 기각 시 법원의 중재판정 취소(독일법)

중재법상으로는 중재판정 집행결정 신청이 기각되더라도 취소의 소를 제기할 수 있다. 다만 그 경우 실제로는 대체로 취소의 소 제기기간이 도과되었을 것이다. 법원이 집행결정 신청을 기각하는 이유는 다양하나 그중에서 집행거부사유의 존재를 이유로 기각하는 때에는 취소사유의 존재를 법원이 확정하는 것이므로 중재판정 취소의 가능성을 고려할 수 있다. 그러나 중재법은 아무런 규정을 두지 않으므로 집행결정 신청을 기각하더라도 중재판정이 당연히 취소되지는 않는다. 다만 어떤 집행거부사유가 존재하는 점에 기판력이 미친다면 중재판정 취소의 소

---

331) 실제로 서울중앙지방법원 2023. 6. 15. 선고 2020가합607575 판결(전속계약위반을 이유로 손해배상을 청구한 사건)을 보면 서울동부지방법원(2020. 6. 16.자 2020카기234호)은 당해 사건에서 문제 된 중재판정을 승인하는 결정을 하였다고 한다.

를 다루는 법원은 그에 구속되어 다른 사정이 없으면 중재판정을 취소해야 할 것이다.

일부 논자는 집행거부사유의 존재를 이유로 집행결정 신청이 기각되면 중재판정의 기판력이 존재하지 않게 되므로, 과거와 달리 중재법하에서는 중재판정 취소판결이 확정된 것과 동일한 효력이 있다고 한다. 하지만 중재법하에서 취소사유가 있어 기판력이 없더라도 중재판정의 존재를 긍정하고 형식적 확정력과 기속력을 인정한다면 취소판결이 있는 것과 다르고, 가사 확정력과 기속력을 부정하더라도 취소된 것과는 여전히 다르다. 물론 실질적으로는 별 차이가 없고, 입법론으로는 고려할 수 있다.

참고로 중재판정의 집행을 규정한 독일 민사소송법 제1060조 제2항 1문은 중재법과 달리 "제1059조 제2항의 취소사유가 존재하는 경우에는 중재판정의 집행가능선언 신청은 기각되고 중재판정은 취소된다. (2문 이하 생략)"라고 규정하여 문제를 입법적으로 해결하고 있다.

마. 내국중재판정의 취소와 승인·집행에 관한 입법적 개선의 고려

위의 논의를 보면 장래 입법적 개선을 고려할 필요가 있음을 알 수 있다. 예컨대 독일 민사소송법이 법원이 중재판정에 기한 집행결정 신청을 기각하는 경우 중재판정을 취소하도록 하는 점이나, 취소의 소 제기기간 경과 후에는 일부 집행거부사유의 고려를 차단하는 점도 검토할 만하다. 취소의 소 기각 시 법률상 집행결정을 의제하는 프랑스 민사소송법의 태도도 참고할 필요가 있다. 요컨대 중재법에 의하여 취소소송절차와 집행결정절차를 병합할 수 없게 되었는데, 어떤 취소사유(또는 집행거부사유)의 존부에 관한 동일한 분쟁을 양 절차를 통하여 반복하는 것은 바람직하지 않으므로, 이를 취소판결 또는 집행결정의 기판력에 맡길 것이 아니라 분쟁을 일거에 해결할 수 있도록 입법적으로 해결할 필요가 있다는 것이다.

바. 중재판정의 강제집행을 위한 집행결정제의 도입으로부터 파생되는 문제
(1) 집행결정제의 도입과 중재판정 취소의 소의 결정절차화

종래 법원은 중재판정 취소사유가 존재하면 중재판정 취소판결을 하고, 취소사유가 존재하지 않으면 청구를 기각하는 판결을 한다. 그런데 중재법은 집행판결을 집행결정으로 대체하였다. 개정위원회에서 집행결정제를 도입하는 이상 중재판정 취소의 재판도 판결이 아니라 결정으로 전환하는 것이 일관성이 있다는 견해가 주장되었다. 실제로 우리에 앞서 중재판정의 집행결정제를 도입한 독일과 일본은 중재판정 취소도 판결이 아니라 결정에 의한다. 논의 결과 개정위원회는 중재판정의 취소에 대한 판결절차를 유지하기로 하였다. 그 결과 중재판정의 강제집행을 위하여는 결정제도가 도입되었음에도 불구하고 중재판정의 취소는 여전히 판결절차에 의하는 불균형이 발생하게 되었다.

저자로서는 장래 집행결정제의 도입에 수반하여 중재판정 취소도 결정절차로 전환하는 것이 바람직하다고 본다.

(2) 집행결정절차에서 청구이의사유 주장의 가부

중재판정이 내려진 후 예컨대 중재판정에서 진 피신청인의 변제 기타 실체법상의 이유로 중재판정의 기초가 된 채무의 일부가 소멸하였다고 가정하자. 1999년 중재법하에서는 중재판정에서 이긴 당사자가 법원으로부터 집행판결청구의 소를 제기하여 집행판결을 받은 뒤 피고가 청구이의의 소를 제기하여 집행력을 배제할 수 있었다. 그 경우 집행판결청구의 소의 단계에서 피고의 청구이의사유의 주장을 허용하는 것이 바람직하다. 문제는 과연 그것이 허용되는가였는데, 외국중재판정에 관한 대법원 2003. 4. 11. 선고 2001다20134 판결은 이를 정면으로 허용하였다. 이는 무엇보다도 번거로운 절차의 반복을 피하고 소송절차의 경제를 위한 것이다.

그런데 2016년 개정된 중재법에 의하여 집행결정제가 도입됨으로써 이제는 그 결정절차 내에서 피신청인이 청구이의사유를 주장할 수 없는 것이 아닌가라는 의문이 있다. 유력설은 집행결정절차와 청구이의 소송절차는 성질이 다르므로 피신청인은 집행결정절차에서 청구이의사유를 주장할 수 없다고 본다. 이것이 일본의 다수설이고 독일에서는 견해가 나뉘나 긍정설이 다수설이다.[332]

만일 집행결정절차에서 청구이의사유를 주장할 수 있다면 이는 집행결정절차와 청구이의의 소를 사실상 묶어서 처리하는 셈인데, 중재판정 취소소송절차와 집행결정절차의 병합이 불가능하다면 양자의 사실상 병합도 불허해야 한다는 유력설을 이해할 수 있다. 그러나 만일 그렇게 한다면 절차적 비효율이 발생한다.

---

332) 학설은 석광현, 국제중재법 제2권, 230-231면 참조.

즉 법원은 당사자의 신청에 따라 일단 집행결정을 한 뒤에 상대방의 청구이의의 소 제기를 기다려 이를 다시 인용해야 하기 때문이다. 따라서 논란의 여지가 있지만, 청구이의사유의 주장을 허용하는 것이 절차를 병합하는 것은 아니고, 무엇보다도 소송경제를 고려하여 집행결정절차에서도 청구이의사유의 주장을 허용해야 하고 법원은 그런 주장이 타당한 때에는 집행결정 신청을 기각할 수 있다고 본다.333) 만일 저자와 같이 이를 청구이의사유의 주장으로 보는 대신 대법원 2003. 4. 11. 선고 2001다20134 판결에 따른다면 그런 사유의 주장을 더욱 쉽게 허용할 수 있을 것이다. 대법원 판결은 집행거부사유인 공서위반의 문제로 접근하기 때문이다.

집행결정절차에서 피고가 청구이의사유를 주장할 수 있다고 보는 경우, 피신청인이 집행결정절차에서 청구이의사유를 주장할 수 있었음에도 불구하고 주장하지 않았다면 집행결정의 기판력에 의하여 차단되는 결과 그 후에는 이미 발생한 청구이의사유를 주장할 수 없고, 다만 집행결정의 심리 종결 후에 발생한 사유에 기하여는 청구이의의 소를 제기할 수 있다고 볼 것이다. 물론 집행결정절차에서 법원이 석명권을 적절히 행사함으로써 당사자들이 그런 효과를 충분히 인식할 수 있도록 할 필요가 있다.

외국중재판정이 승인되는 경우 그 효력 예컨대 기판력을 어느 기준에 따라 정할지가 문제 되는 점은 외국판결 승인의 경우와 마찬가지이다. 이 경우 효력확장설(또는 다소 수정된 효력확장설), 동등설과 절충설(누적설)이 가능하고 또한 뉴욕협약이 적용되는 경우 협약의 독자적 원칙을 도출하는 견해도 주장될 수 있다. 그러나 외국중재판정에 대하여 우리 중재법상의 중재판정과 동일한 기판력을 인정하는 듯한 대법원 판례들이 보이는데,334) 이는 동등설을 따른 것이라고 할 수 있다. 다만 위 판결들이 중재법 제35조를 언급하지는 않으므로 동조를 근거로 삼는 것 같지는 않은데, 근거를 제시하지 않는 탓에 과연 동등설을 따를 것인지, 만일

---

333) 서울중앙지방법원 2018. 8. 13.자 2018카기1072 결정도 동지. 국제사법연구 제24권 제2호 (2018. 12.), 482면 참조.

334) 예컨대 대법원 2009. 5. 28. 선고 2006다20290 판결(뉴욕협약이 적용되는 싱가포르 중재판정); 대법원 2018. 12. 13. 선고 2016다49931 판결(뉴욕협약이 적용되는 일본 중재판정) 참조. 김효정·장지용 외, 외국재판의 승인과 집행에 관한 연구(2020), 181면은, 후자의 대법원 판결이 외국중재판정에 대하여 한국 판결과 동일한 효력을 인정하는 견해를 지지하였다고 본다.

그렇다면 그 근거가 무엇인지 궁금하다.

장래 중재에 특유한 법리가 발전될 가능성이 있으나 현재로서는 외국중재판정과 외국판결에 대해 동일한 원칙을 취하는 것이 논리적이라고 본다.[335]

뉴욕협약이 적용되는 외국중재판정에 기한 집행판결청구의 소의 경우 승인거부사유가 존재하는 때 절차적으로 우리 법원이 소를 각하해야 하는지 청구기각을 하여야 하는지에 관하여는 견해가 나뉘나, 논리적으로는 청구기각설이 타당하다.[336]

6. 외국중재판정의 승인 및 집행에 관한 입법론적 개선점

2016년 개정된 중재법은 외국중재판정의 집행을 우리 법원의 집행결정에 의하도록 개정함으로써 과거 중요한 개정의 착안점을 해결하였다.

중재법은 뉴욕협약이 적용되는 외국중재판정과 그 밖의 외국중재판정을 구별하여 달리 취급하나, 상호주의유보를 철회함으로써 비체약국의 외국중재판정에 대하여도 뉴욕협약을 적용하는 것이 바람직하다. 왜냐하면 상호주의를 요구할 경우, 외국중재판정에 승인거부사유가 없더라도 비체약국의 중재판정이라는 이유만으로 승인 및 집행을 거절하게 되므로 정당한 권리를 가지고 중재판정에서 이긴 당사자의 이익을 중대하게 침해하는 것이 되어 불합리하다.

입법론적 개선점은 아니나, 중재법이 모델법과 달리 내국중재판정(제35조, 제38조)과 외국중재판정(제39조)의 승인을 이원화하는 점은 주목할 만하다. 즉 모델중재법(제35조 제1항)은 내국/외국중재판정을 통일적인 요건과 절차에 따라 승인 · 집행하도록 함으로써 중재지의 중요성을 약화시켰는데, 일본 중재법(제45조 제1항)은 그에 충실하게 입법하였으나 우리 중재법은 그렇지 않다는 것이다. 이는 독일 민사소송법(내국중재판정의 집행을 정한 제1060조와 외국중재판정의 승인 및 집행을 정한 제1061조)을 참고하면서 예전의 틀을 유지한 탓으로 짐작된다. 저자는 조정지라는 개념 자체가 없어 내국화해합의와 외국화해합의를 구분하지 않고 국제화해합의를 통일적으로 승인 및 집행하도록 하는 싱가포르협약(뒤의 제13장에서 논의한다)을 보면서 이 논점에 다시 주목하게 되었다.[337]

---

335) 예컨대 외국판결의 승인 시 누적설을 취하는 Geimer, Rz. 3890, Rz. 2780; Schack, Rn. 1534는 중재판정의 경우도 동일한 견해를 취한다.

336) 한편 민사집행법 제27조 제2항은 집행판결을 청구하는 소는 승인요건이 구비되지 않으면 각하하여야 한다고 규정하나 논리적으로는 그 경우에도 기각하는 것이 옳다.

337) 이 논점은 석광현, "싱가포르협약상 조정을 통한 국제적 화해합의의 승인 및 집행: 한국법

7. 외국중재판정의 승인 및 집행의 준거법

중재판정의 승인 및 집행의 준거법은 당사자가 승인 및 집행을 구하는 국가의 법이다. 최근까지 170개 이상의 국가가 뉴욕협약에 가입하였으므로[338] 뉴욕협약이 특히 중요한 의미를 가진다. 위에서 본 바와 같이 뉴욕협약이 적용되지 않는 범위 내에서는 법정지법이 적용된다.

8. 뉴욕협약에 관한 오해

뉴욕협약은 그 명칭에서 보듯이 외국중재판정의 승인 및 집행을 주된 규율대상으로 하며 대부분 조항도 이에 관련되므로 뉴욕협약이 마치 외국중재판정의 승인 및 집행만을 규율하는 것처럼 종종 오해된다. 그러나 뉴욕협약 제2조는, 중재합의에도 불구하고 당사자의 일방이 법원에 소를 제기하고 상대방이 항변으로써 중재합의를 주장하는 경우, 즉 항변단계에 동 협약이 적용됨을 명확히 한다.[339] 뉴욕협약의 체계상 어울리지 않는 듯한 제2조는 뉴욕협약의 채택을 위한 협상의 마지막 단계에서 추가되었기 때문에 협약의 체계적인 재구성이 이루어지지 않은 결과이다. 이 점에서 뉴욕협약의 명칭은 적절한 것은 아니다.

XII. 맺 음 말

우리 중재법은 1999년 개정과 2016년 개정을 통하여 모델법을 충실히 따른 것이므로 국제적으로 검증된 내용을 담고 있다. 한국이 모델법을 기초로 한 중재법을 채택한 이상 앞으로 우리 법원과 중재판정부가 중재법을 해석하고 운용함에

의 관점", 국제거래법연구 제31집 제2호(2022. 12.), 96면 이하 참조.

338) 2024. 2. 24. UNCITRAL 홈페이지를 방문한 결과 체약국이 172개국이라고 한다. https://uncitral.un.org/en/texts/arbitration/conventions/foreign_arbitral_awards/status2 참조.

339) 뉴욕협약 제2조 제1항과 제3항은 아래와 같다.
"1. 각 체약국은 … 중재에 의하여 해결이 가능한 사항에 관한 일정한 법률관계에 관련하여 당사자 간에 발생하였거나 또는 발생할 수 있는 … 분쟁을 중재에 부탁하기로 약정한 당사자 간의 서면에 의한 합의를 승인하여야 한다.
3. 당사자들이 본조에서 의미하는 합의를 한 사항에 관한 소송이 제기되었을 때에는 체약국의 법원은 전기 합의를 무효, 실효 또는 이행불능이라고 인정하는 경우를 제외하고 일방 당사자의 청구에 따라서 중재에 부탁할 것을 당사자에게 명하여야 한다".

있어서는 모델법의 궁극적인 목적, 즉 국제중재에 관한 규범의 국제적인 통일 내지는 조화라고 하는 이상을 충분히 고려해야 한다.

이제 우리나라에서도 국제상사중재의 법리를 더 체계적으로 연구하고 교육함으로써, 분쟁에 연루된 우리 기업들에게 도움을 주고, 국제적으로 활동할 수 있는 유능한 국제중재 전문가들을 양성할 필요가 있다. 사견으로는 국제상사중재를 국제민사절차법의 일환으로 국제민사소송법과 연계하여 연구하는 것이 바람직한데, 그 이유는 국제민사소송과 국제상사중재의 異同을 검토함으로써 국제상사중재의 장·단점은 물론 특색을 분명히 인식할 수 있기 때문이다. 물론 그 경우 중재의 독자성을 충분히 고려할 필요가 있다.

나아가 중재에 관하여 전문성을 가진 법관을 양성하고 중재관련 사건을 집중시킴으로써 중재에 대한 법원의 감독과 지원을 더 효율적으로 하는 방안을 모색할 필요가 있다. 국제사회에서 우리나라가 중재지로서 선호되기 위해서는 우리 법원의 적절한 감독과 지원이 필수적이기 때문이다.

XIII. 관련 문제

1. 중재와 민사소송의 관계

민사소송절차에 관하여는 민사소송법이 상세한 규칙들을 두나 중재법은 중재절차에 관하여 상세한 규정을 두지 않는다. 구체적인 중재절차에 관한 사항은 당사자들 또는 중재판정부가 결정할 사항이나 절차의 기본원칙 등 다양한 논점에 대하여는 중재법에 규정이 없어 해결이 어려울 수 있다. 이러한 사항에는 국내중재에서 예컨대 신의칙의 적용 범위, 제기, 소송요건(권리보호의 이익)과 직권조사, 소의 제기와 소송계속, 당사자(당사자능력, 당사자적격, 소송능력, 당사자의 대리 등), 소송물(분쟁의 대상), 절차의 기본원칙(처분권주의와 변론주의 등), 소송절차의 중단과 정지, 소송상화해, 재판의 종류(소송재판과 중간재판 등)와 효력, 소송절차에서 간접강제명령 및 소송절차와 도산절차의 관계와 같은 절차법상의 법리들이 포함된다.340) 한편 국제중재의 경우 그에 더하여 성질결정의 준거법, 법정지법원칙의 적용 여부와 범위, 외국법의 조사, 증명도와 외국중재판정 승인의 효과 등과 같은

---

340) 이런 논점들에 대한 검토는 Schwab/Walter, Kapitel 16, S. 134ff. 참조.

기본적 논점들이 제기되는데, 이에 관하여는 법계에 따라 차이가 있음도 고려할 필요가 있다.

문제는 중재법이 명시하지 않는 이런 사항들에 관하여 중재지가 한국인 경우 우리 민사소송법의 원칙을 (유추)적용할 수 있는지, 아니면 이를 어떻게 변용할 것인지이다. 이는 일률적으로가 아니라 논점별로 검토할 필요가 있는데, 우리나라 에서는 종래 이에 대한 고민이 부족한 것으로 보인다. 앞으로는 이에 대하여 더 큰 관심을 가질 필요가 있다.

참고로 1999년 중재법 개정 과정에서 "仲裁에 관하여 이 법의 규정이 없는 경우에는 그 성질에 반하지 아니하는 한 민사소송법의 규정을 準用한다"라는 취 지의 규정을 두자는 견해가 있었는데,[341] 저자는 아래의 취지로 그에 대하여 부정 적인 견해를 피력하였다.[342] "그러한 조항은 특히 중재절차와 관련하여 의미를 가 질 수 있으나, 구 중재법 제20조에 의하면 중재절차는 당사자들이 합의하여 정하 는 것이 원칙이고, 합의가 없는 경우 중재판정부가 중재법의 규정에 따라 적절한 방식으로 진행할 수 있다. 중재절차에 관하여 당사자의 합의가 없는 경우 중재판 정부는 민사소송법이 정한 절차가 적합하다고 판단한다면 그에 따를 수 있음은 물론이나, 이는 중재판정부가 판단할 사항이지 중재판정부에게 민사소송법의 규 정을 준용할 의무를 부과할 필요는 없다. 오히려 그렇게 규정할 경우 중재절차의 장점으로 거론되는 절차의 탄력성을 해할 우려가 있으므로 바람직하지 않다고 본 다. 그러한 취지의 규정을 두지 않더라도, 실무상으로는 중재인은 적절하다고 판 단하는 경우 민사소송법의 규정을 유추적용할 수 있고, 특히 국내중재의 경우는 그런 개연성이 클 것이다."[343]

위의 논의는 이러한 기초 위에서 중재에 타당한 절차법 원칙을 정립하기 위

---

341) 이호원 당시 부장판사의 의견, 1999년 8월 28일 공청회자료, 83면. 참고로, 독일의 유력설 에 따르면 중재지가 독일인 경우 중재절차는 독일 민사소송법의 근본원칙에 반할 수는 없 으므로, 예컨대 중재인은 민사소송법상 허용되지 않는 모색증명을 허용할 수는 없다고 한 다. 이는 중재절차를 규율하는 규범의 우선순위와 관련하여 중재지의 강행적인 절차법에 우선적 지위를 부여하기 때문이라고 한다.

342) 석광현, 중재 제1권, 98면.

343) 저자는 이어서 아래와 같이 부연하였다. "참고로 일본 중재법(제10조)은, 중재법의 규정에 의하여 법원이 행하는 절차에 관하여는 특별히 정함이 있는 경우를 제외하고 민사소송법의 규정을 준용한다고 규정한다. 그러나 이는 '중재절차'가 아니라 '중재법에 의하여 법원이 행 하는 절차'에 민사소송법을 준용하는 것이다".

한 작업의 일환이다.

2. 중재와 도산의 관계

근자에 분쟁해결 수단으로서 중재를 선택하는 사례가 늘어나면서 중재와 도산의 접점이 점차 확대되고 있다. 이에 관하여는 제11장(XII. 3.)에서 간단히 언급하였는데 앞으로는 이에 대하여 더 관심을 가져야 한다. 특히 국제상사중재와 국제도산의 맥락에서 까다로운 문제들이 제기된다.

〈뉴욕협약에 따른 외국중재판정과 한국법에 따른 외국재판의 승인·집행요건의 대비〉

		외국재판	외국중재판정
승 인	① 법적 근거	민소법 제217조와 제217조의2	• 외국중재판정의 승인 및 집행에 관한 협약(뉴욕협약) • 중재법 제37조, 제39조
	② 대상	• 확정재판 • 종국적 재판 [학설]	• 구속력 없는 중재판정 또는 취소·정지된 중재판정이 아닐 것(① e) • 종국판정[학설]
	③ 대상 범위	민사, 상사, 가사, 비송사건도 포함	협약에는 없으나 상사유보의 결과 상사에 한정됨
	④ 판단주체 권한	재판국이 국제재판 관할을 가질 것	• 능력의 부존재 또는 기타 사유로 중재합의가 무효가 아닐 것(① a) • 분쟁 대상의 중재가능성이 부정되지 않을 것(② a)[공서요건일 수도] • 중재판정이 중재합의의 범위를 넘지 않을 것(① c)
	⑤ 패소자 방어권 보장	패소한 피고가 송달을 받았을 것	피신청인의 방어권의 침해가 없을 것(① b)
	⑥ 공서요건	승인이 우리 공서에 반하지 않을 것 + [제217조의2]	• 피신청인의 방어권 침해 없을 것(① b) • 중재판정부의 구성이나 중재절차의 하자 없을 것(① d) • 공서에 반하지 않을 것(② b)
	⑦ 상호보증	상호보증이 있을 것	뉴욕협약에는 없으나 상호주의유보에 의하여 필요
	⑧ 규정방식	• 적극적 규정방식 • 승인요건 열거	• 소극적 규정방식(제한적 열거) • 승인거부사유 열거 + 두 가지 유보허용
집 행	① 법적 근거	민집법 제26조, 제27조	중재법 제37조, 제39조
	② 요건	승인요건 + 집행판결	승인요건 + 집행결정

제13장

국제조정법: 싱가포르협약을 중심으로

제13장

국제조정법: 싱가포르협약을 중심으로

Ⅰ. 머리말

　조정(調停)이라 함은 당사자 간에 분쟁을 자주적으로 해결하기 위하여 제3자가 중개 또는 권유하는 방식으로 이루어지는 분쟁해결수단이다.[1]

---

　* 우리나라는 싱가포르협약을 비준하지 않았기에 제13장을 둘지에 관하여 의문이 있었으나 소개할 필요는 있다고 보아 넣었다. 제13장의 서술은 장래 제정될 싱가포르협약 이행법률의 내용을 반영하여 보충할 필요가 있음은 물론이다.
　** 제13장에서 인용하는 아래 주요 문헌은 [ ] 안의 인용약어를 사용한다.
　박노형, 국제상사조정체제: 싱가포르조정협약을 중심으로(2021)[박노형]; 석광현, 싱가포르협약상 조정을 통한 국제적 화해합의의 승인 및 집행: 한국법의 관점, 국제거래법연구 제31집 제2호(2022. 12.)[석광현]; 오석웅, "싱가포르조정협약상 조정에 의한 국제화해합의의 집행에 있어서 준거법-협약의 소개를 겸하여-", 국제사법연구 제28권 제1호(2022. 6.)[오석웅]; 오현석 · 김성룡, "조정에 의한 국제화해합의에 관한 UN협약의 주요내용과 특징에 관한 연구", 통상정보연구 제22권 제2호(2020. 6.)[오현석 · 김성룡]; 이재민, "국제 조정을 통한 합의서 집행협약의 도입과 법적 쟁점", 비교사법 제25권 제4호(통권 제83호)(2018. 11.)[이재민]; 전병서, "일본의 싱가포르 조정협약의 실시법의 소개", 중앙대 법학논문집 제47집 제2호(2023. 8.)[전병서]; 조수혜, "조정에 의한 화해합의의 집행에 대한 일본의 개정논의", 부산대학교 법학연구 제63권 제3호(통권 제113호)[조수혜]; 한국조정학회, 국제상사조정 및 합의의 집행 관련 협약과 모델법의 국내 수용 및 동북아시아 분쟁 조정 허브 도입방안 연구(2018)[한국조정학회]; 정선주, "싱가포르협약과 조정결과의 승인집행", 민사소송(제24권 제2호)(2020. 6.)[정선주]; 함영주, "협상을 통한 조정 방식의 싱가포르 조정절차 이행법 제정의 필요성", 서강법률논총 제12권 제3호(2023. 10.)[함영주, 이행법]; 함영주, ""싱가포르협약의 이행"에 관한 한국의 준비 상황과 향후의 과제", 민사소송 제28권 제2호(2024. 6.)[함영주, 준비상황]; 함영주 외, 조정제도 활성화를 위한 국가전략 수립: 싱가포르 협약 대응을 중심으로, NARS 정책연구국회용역보고서(2021)[함영주 외]; 김명수, "화해합의의 절차법적 효력-싱가포르 조정협약 중 집행과 승인을 중심으로", 2025. 2. 22. 개최된 한국민사소송법학회 2025년 춘계 학술대회 발표자료; Nadja Alexander/Shouyu Chong *et al.*, The Singapore

2020년 9월 발효된[2] "조정에 의한 국제적 화해합의에 관한 국제연합협약 (Singapore Convention on Mediation)(United Nations Convention on International Settlement Agreements Resulting from Mediation)"[3](싱가포르조정협약. 이하 "싱가포르 협약" 또는 "협약"이라 한다)(제2조 제3항)은 '조정'은, 사용된 표현이나 절차가 수행 되는 근거와 무관하게, 분쟁당사자들에게 해결을 부과할 권한을 갖지 않는 제3자 또는 제3자들(조정인)의 도움을 받아 당사자들이 그들의 분쟁을 우호적으로 해결 하고자 시도하는 절차라고 정의한다.

UNCITRAL은 2002년에 조정절차의 개시, 수행과 종료, 조정을 통한 화해합 의의 구속력과 집행가능성 등 조정절차 전반을 규율하는 국제상사조정에 관한 모 델법을 채택한 바 있는데, 2018년 two track 방식을 채택하여 ① 새로운 국제조 정협약을 성안함과 동시에 ② 협약에 반대하는 국가들을 고려하여 2002년 모델조 정법을 개정함으로써 새로운 UNCITRAL "국제상사조정과 조정에 의한 국제화해 합의에 관한 모델법(Model Law on International Commercial Mediation and Inter-national Settlement Agreements Resulting from Mediation)("모델조정법")"을 성안하여 채택하였고 싱가포르협약안은 2018년 12월 유엔총회에서 채택되었다. 싱가포르협 약은 16개 조문으로 구성된 간략한 조약[4]이다.

종래 민간형 조정을 통한 당사자 간의 화해합의는 계약에 불과하므로 만일

Convention on Mediation: A Commentary (Second Edition) (2022)[Alexander/Chong/집 필자]; Guillermo Palao (ed.), The Singapore Convention on Mediation: A Commentary on the United Nations Convention on International Settlement Agreements Resulting from Mediation (2022)[Palao/집필자]. 근자의 독일 박사논문으로는 Judith Stelbrink, Das Singapur-Übereinkommen über Mediation: Unter besonderer Berücksichtigung der Umsetzungsperspektiven für das deutsche Recht (2023)가 있다.

1) 전원열, 1-2-2-1. 즉 조정절차는 '합의형 절차'로서, 재판이나 중재판정처럼 독립적 판단주체가 결정하는 '재단형(裁斷型) 절차(adjudicative or determinative process)'와 대비된다는 것이다.

2) 싱가포르협약은 최근까지 싱가포르 등 10개국에서 발효되었다. 당사국의 현황은 https:// uncitral.un.org/en/texts/mediation/conventions/international_settlement_agreements/status 참조.

3) 작업반은 조정이라는 의미로 2002년 모델조정법처럼 'conciliation'을 사용하였으나 미국의 제 안에 따라 'mediation'으로 수정하였다. 사법정책연구원, 한국형 대체적 분쟁 해결(ADR) 제도 의 발전 방향에 관한 연구(2015), 41면은 개념 자체의 구분이 불명확하다고 지적한다. 이로리, "'Mediation'과 'Conciliation'의 개념에 관한 비교법적 연구", 중재연구 제19권 제2호(2009), 28면 이하는 용어가 통일되어 있지 않으며 국제(공)법과 국내법상 차이가 있음을 지적한다.

4) 싱가포르협약 문언은 https://uncitral.un.org/sites/uncitral.un.org/files/media-documents/EN/ Texts/UNCITRAL/Arbitration/mediation_convention_v1900316_eng.pdf 참조.

일방 당사자가 화해합의를 이행하지 않으면 상대방 당사자는 소송이나 중재를 통하여 집행권원을 받아야 강제집행을 할 수 있다. 그런데 싱가포르협약은 화해합의의 집행을 가능하게 함으로써 조정의 기능을 확충하고 화해합의의 실효성을 제고한다.[5] 즉 국제중재에서 뉴욕협약이 수행하는 역할에 상응하는 역할을 국제조정에서 싱가포르협약이 할 것으로 기대되는데, 싱가포르협약의 실질은 "조정을 통한 국제적 화해합의의 승인 및 집행에 관한 조약"이다.[6] 싱가포르협약의 배경에는, 국제중재가 점차 소송처럼 시간과 비용이 많이 드는 절차로 이행하는 탓에 그에 대한 대안으로서 신속하고 저렴한 조정을 이용하자는 고려가 있다. 한국은 싱가포르협약에 2019년 8월 7일 서명하였으나 비준하지는 않았기에 아직 당사국 또는 체약국은 아니지만 장래 싱가포르협약을 비준하고 이행법률을 제정할 필요가 있다. 법무부는 2021. 3. 10. 이행법률 제정을 위한 태스크 포스를 발족하였으나 한동안 진척이 없었는데, 일본이 근자에 이행법률(조정에 의한 국제적인 화해합의에 관한 국제연합조약의 실시에 관한 법률)[7]을 제정하고 싱가포르협약이 2024. 4. 1.부터 발효되었으므로 한국에서도 변화가 있을 것으로 기대되었다. 법무부는 2024년 9월 태스크 포스를 다시 가동하였다.

　　여기에서는 국제조정법 일반이 아니라 싱가포르협약의 주요내용을 소개한다.

II. 싱가포르협약의 적용범위

　　싱가포르협약은 조정을 통하여 상사분쟁을 해결하는 국제화해합의에 적용된

---

5) 이 점에서 싱가포르협약은 뉴욕협약과 유사한데, 협약의 성안과정에서 뉴욕협약을 크게 참고하였으나 조정지의 개념이 없어 내국/외국의 구분이 없고(따라서 상호주의의 개입 여지가 없다) 기타 조정과 중재의 성질상의 차이로 인하여 양자는 다를 수밖에 없다.

6) 이런 관점에서의 싱가포르협약의 검토는 석광현, 65면 이하 참조. 조정을 통한 화해합의를 "mediated settlement agreement"라고도 부른다. Alexander/Chong, para. 0.01 등. 이를 '조정상 합의'라고 하면 settlement를 누락한 것이다.

7) 이는 2023. 4. 28. 법률 제16호로 제정된 "調停による国際的な和解合意に関する国際連合条約の実施に関する法律(조정에 의한 국제적인 화해합의에 관한 국제연합조약의 실시에 관한 법률)"이다. 소개는 조수혜, 39면 이하; 전병서, 175면 이하 참조. 일본은 싱가포르협약의 시행을 계기로 기존 '재판외 분쟁해결절차의 이용촉진에 관한 법률'을 개정하여 국내 민간형 조정에서 이루어진 화해합의에 대하여도(소비자와 사업자 간의 분쟁과 가사분쟁 등 제외) 민사집행을 할 수 있다는 취지의 합의가 있는 경우에 한하여(특정화해) 법원의 집행결정에 의하여 집행력을 부여할 수 있도록 하였다(개정법 제27조의2부터 제27조의11). 전병서, 186면.

다(제1조). 즉 싱가포르협약은 국내화해합의에는 적용되지 않고, 상사가 아닌 민사, 예컨대 가사조정과 노동법에 관한 분쟁에는 적용되지 않는다. 그러나 조정합의의 존재를 전제로 하지는 않는다.

1. 국제화해합의

싱가포르협약은 국제화해합의에 적용되므로 화해합의의 국제성을 판단할 기준이 필요하다. 싱가포르협약의 태도는 한국이 1999년 수용한 1985년 모델중재법과 유사한데, 한국은 모델중재법을 수용하면서 '국내'와 '민사'도 포함하는 것으로 그 적용범위를 확장시켰다. 싱가포르협약은 조정지라는 개념을 사용하지 않으므로 상호주의도 요구하지 않는다. 이처럼 싱가포르협약의 넓은 적용범위를 고려하면 제8조 제1항 b호가 정한 유보(즉 opt-in 체제)를 함으로써 균형을 잡을 필요성도 있다.

2. 민사와 상사(사건)

싱가포르협약은 상사분쟁을 해결하는 화해합의에 적용된다. 싱가포르협약은 상사 개념을 정의하지 않으나 모델조정법 제1조 제1항 각주에서 보듯이 넓게 해석하는 견해가 받아들여지고 있다. 또한 싱가포르협약(제1조 제2항)은 (a) 개인, 가족 또는 가사 목적으로 일방 당사자가 참여한 거래(즉 소비자 거래)에서 체결된 화해합의와 (b) 가족법, 상속법 또는 노동법과 관련된 화해합의에 적용되지 않음을 명시하는데 이는 모델중재법에는 없는 조문이다.

3. 달리 집행될 수 있는 화해합의의 제외

싱가포르협약은 ①-1 법원이 승인하였거나 법원 절차 진행 과정에서 체결된 화해합의, ①-2 해당 법원의 소재지국에서 판결로서 집행 가능한 화해합의와 ② 중재판정으로 기록되고 집행 가능한 화해합의에는 적용되지 않는다(제1조 제3항). ①은 예컨대 헤이그국제사법회의의 2005년 관할합의협약 또는 2019년 재판협약에 의하여, ②는 뉴욕협약에 의하여 집행될 수 있으므로 제외된다. 한국법상 ①에는 민사소송법의 제소전화해(제385조)와 소송상화해(제220조), 민사조정법의 조정조서(제28조와 제29조) 등이, ②에는 중재법(제31조)의 화해중재판정(consent award)이 있다.

Ⅲ. 싱가포르협약상 국제조정의 기본적 논점

싱가포르협약상 국제조정은 여러 가지 특성을 가진다.

1. 조정합의와 화해합의

당사자 간의 분쟁을 조정에 의하여 해결하기로 하는 합의가 조정합의인데, 싱가포르협약은 조정합의라는 개념을 사용하지 않는다. 한편 화해합의는 당사자들이 서로 양보하여 그들 사이의 다툼을 끝낼 것을 약정함으로써 성립하는 계약이다. 싱가포르협약의 규율 대상은 '조정을 통하여 성립한 화해합의(settlement agreement)'이다. 상세는 아래에서 논의한다.

2. 조정가능성

분쟁 대상의 조정가능성(mediability)의 결여는 싱가포르협약상 구제를 거부할 수 있는 사유(이하 "구제거부사유"라 한다)의 하나이다(싱가포르협약 제5조 제2항). 조정가능성은 구제 부여국법을 기준으로 한다. 또한 싱가포르협약은 가족법, 상속법 또는 노동법과 관련된 화해합의에는 적용되지 않는다(제1조 제2항 b호). 조정가능성은 중재가능성보다 훨씬 넓게 인정할 수 있다. 즉 "분쟁을 국가의 재판으로 해결해야 할 특별한 권리보호이익이 인정되지 않으면 조정대상을 폭넓게 인정할 필요가 있고, 형사조정제도도 인정되므로 조정가능성은 원칙적으로 모든 분쟁에 대해 인정될 수 있으며 구제거부사유로서 조정가능성이 부인되는 것은 특정 법에서 명시하지 않는 이상 찾아보기 어려울 것"이라는 견해[8]는 설득력이 있다. 그렇더라도 가사조정 또는 소비자조정 등의 경우 상사조정과 다른 특수성이 있음을 고려하여야 한다.

3. 조정지 개념의 부재

싱가포르협약상 조정지(seat of mediation) 또는 '조정이 행해진 국가'라는 개념은 없다. 모델조정법도 같다. 이는 조정절차를 통하여 당사자들과 독립한 판단주체가 어떤 판단(또는 裁斷. adjudication)을 하는 것이 아니라 당사자들의 합의(화해합의)가 성립하기 때문이다. 이는 국제화해합의의 직접적 집행은 기원국(즉 조정

---

8) 정선주, 30-31면 참조.

지국)이 아니라 집행국에서의 통제를 받는다는 관념을 반영한 것이라고 한다.9) 따라서 조정합의의 체결지나 조정절차의 전부 또는 일부가 실제로 행해진 곳도 싱가포르협약상 별 의미가 없다. 조정지 개념이 없으므로 싱가포르협약상 화해합의의 국적(내국화해합의와 외국화해합의 구분)도 없고, 중재판정의 취소에서처럼 화해합의를 취소할 수 있는 하나의 국가도 존재하지 않는다. 싱가포르협약상으로는 국제/국내화해합의의 구분만이 의미가 있다. 종래 국제사법상의 승인 개념에 따르면 예컨대 외국화해합의의 어떤 절차법적 효력이 원칙적으로 조정지국에 한정될 것이지만 싱가포르협약에 의하여 확장된다는 식의 설명이 이해하기 쉬우나, 싱가포르협약은 조정지라는 개념을 상정하지 않는 탓에 외국화해합의의 효력이 국내로 확장된다고 할 수는 없다.

Ⅳ. 조정합의와 화해합의의 개념

1. 조정합의의 개념

당사자 간에 발생하는 분쟁을 대체적 분쟁해결 방법(ADR)으로 해결하려는 당사자들은 중재 또는 조정 등을 선택할 수 있다. 간단히 말하자면 조정을 통하여 분쟁을 우호적으로 해결하기로 하는 합의가 조정합의인데, 조정합의는 분쟁 발생 시 당사자들의 협력의무와, 조정절차에 관한 사항(조정인의 선임, 비밀보장, 조정절차의 진행 등)을 규정한다. 조정합의는 분쟁 발생 후 주된 계약과 별개의 합의로 체결되기도 하나, 통상은 주된 계약의 일부로 포함되는데 후자가 '조정조항'이다. 모델조정법(제3조 제2항)과 대한상사중재원 조정규칙(제2조 제1항과 제3조 제2항 등)은 조정합의라는 개념을 사용한다. 조정합의는 통상 조정절차가 계속되는 기간 동안에는 제소하지 않겠다는 취지를 포함하는데, 일단 조정절차가 종료되면 조정 결과에 동의하지 않는 당사자는 화해합의에도 불구하고 제소하거나 중재신청을 할 수 있다. 반면에 싱가포르협약은 '조정합의' 개념을 사용하지 않는데 이는 조정절차 개시의 원인이 다양하고(법원의 회부에 의하거나 당사자들이 조정절차를 개시할

---

9) Haris Meidanis, International Enforcement of Mediated Settlement Agreements: Two and a Half Models – Why and How to Enforce Internationally Mediated Settlement Agreements, Volume 85 Issue 1, Arbitration (2019), pp. 53–54 (Alexander/Chong, para. 1.14에서 재인용).

수도 있다) 또한 당사자들은 조정합의의 범위를 넘어 조정을 할 수도 있기 때문이라고 한다.

2. 화해합의의 개념

싱가포르협약 제3조(일반원칙)에 따르면 당사국은 자신의 절차규칙과 협약에 규정된 조건에 따라 화해합의를 집행하고(제1항), 화해합의에 의하여 이미 해결된 사항과 관련하여 분쟁이 발생하면 자신의 절차규칙과 협약의 조건에 따라 당사자가 해당 화해합의를 원용하도록 허용하여야 한다(제2항). 전자는 화해합의의 집행을 명시하고, 후자는 화해합의의 승인을 규정한 것으로 이해된다. 종래 화해계약은 당사자 간에만 효력이 있는 실체법상 계약이고 화해계약서는 단지 증거방법인 처분문서로서 가치를 가지며, 당사자는 그를 기초로 판결(또는 중재판정)을 받아야 집행할 수 있으나, 협약에 의하여 화해합의가 중재판정에 준하는 지위를 가지게 된다고 할 수 있다.

우리 민법(제731조)은 전형계약의 하나로 화해계약을 규정하는데, 이는 당사자들이 서로 양보하여 그들 사이의 다툼을 끝낼 것을 약정함으로써 성립하는 계약이다. 그렇다면 협약상의 'settlement agreement'는 민법상 화해계약의 성질을 가지고 단지 조정절차를 통하여 체결된 화해계약이라는 점에서 차이가 있을 뿐이므로 이를 '조정을 통한 화해합의'나 '조정에 의한(또는 조정을 거친) 화해합의'라고 부를 수 있다.[10][11] 법관 앞에서 이루어지는 화해를 '재판상화해'라고 부르듯이 조

---

10) 그러나 일부 논자는 조정을 통한 분쟁해결의 결과인 당사자들의 합의를 '조정합의'라면서 협약상의 settlement agreement를 '조정서', '조정합의서' 또는 '조정합의문'이라고 번역하여 개념상 혼란을 초래한다. 이는 잘못이고 '화해합의'라는 번역이 적절하다. 그렇게 함으로써 화해의 계약적 성질을 이해하고, 재판상화해(또는 소송상화해), 중재상화해와 조정상화해 간의 異同을 체계적으로 파악할 수 있다. 참고로 일본의 실시법률(제2조)은 이를 '(국제)화해합의'라고 부른다. 우리나라에서도 그런 방향으로 정리될 것으로 기대한다. 참고로 함영주, 준비상황, 415면 註 49가 "싱가포르협약의 settlement agreement만을 떼어 조정 합의라는 용어를 쓰게 되면 중재합의와 같은 조정절차에 관한 합의를 의미하는 것으로 오해할 여지가 있다"라고 하여 이를 조정합의라고 하지 않는 것은 다행이다. 그러면서도 함영주, 준비상황, 399면 註 19는 '화해합의'라면 화해를 끌어내는 절차를 진행하기로 합의인지 또는 양자가 이루어낸 화해라는 합의 자체를 말하는 것인지 혼동을 초래한다고 하나 민법상 화해계약의 개념을 안다면 그런 혼동을 하지는 않을 것이다. 함영주, 이행법, 235면은 "우리나라에서 화해합의라는 용어는 법무부에서 발간한 2021. 3.의 싱가포르 조정협약 이행법률 제정 참고자료집(235면 이하)에서 settlement agreement를 번역한 것이 처음이 아닌가 한다"라면서 저자도 이를 따른 것이라고 하나 저자는 석광현, "UNCITRAL이 한국법에 미친 영향과 우리의

정을 통한 화해합의를 '조정상화해'라고 부를 수 있다.[12] 재판상화해의 법적 성질에 관하여 우리나라의 다수설인 양성설은 이를 사법상의 화해계약과 소송행위(또는 소송계약)의 성질을 모두 가진 하나의 행위로 이해한다.

우리 법원에서의 재판상화해의 결과 법원의 '화해조서'가 작성되고 중재에서의 화해의 결과 중재판정부의 '화해 중재판정'이 작성되는 것과 달리 싱가포르협약상 조정상화해의 결과 당사자들의 '화해합의'가 작성된다(국내 조정에서처럼 조정서가 작성되는 것이 아니라). 싱가포르협약(제1조 제3항)에서 보듯이 위 3자는 당사자

과제", 비교사법 제25권 제4호(2018. 11.), 1072면에서 이미 settlement agreement를 화해합의라고 번역하였다. 함영주, 이행법, 235면은 화해는 합의의 한 형태이고 당사자 간 합의의 결과이기 때문에 화해합의라고 쓰면 혼란이 초래되고, '역전 앞'과 같이 중복 표현이라고 한다. 독일식으로는 '화해'에 계약의 요소가 들어 있음은 사실이나 우리 민법학에서는 '화해계약'이라는 용어를 널리 사용하는데, 화해합의는 중복 표현이라고 지적하면서도 화해계약은 괜찮다는 태도는 이해할 수 없다. 또한 함영주, 이행법, 238면은 settlement agreement는 단순한 화해가 아니라 싱가포르협약에서 말하는 조정(mediation)절차를 거쳐 생성해 낸 당사자들 사이의 합의를 가리키기 때문에 '조정상(의)' 화해'라는 번역이 타당하다고 한다. 과거 'settlement agreement'를 '조정합의'라고 하던 함영주 교수가 화해라고 하는 것은 진일보한 것인데, 조정상화해라는 개념을 사용할 수 있음은 물론이나 민법상 화해계약이라는 개념을 사용하는 이상 'settlement agreement'를 화해라고 할 것은 아니다. 싱가포르협약이 규율하는 settlement agreement는 조정을 통한 화해합의이므로 민법상 화해계약을 포함함은 물론이고 조정절차를 종료하는 절차법적 효력도 가진다(모델 조정법 제12조 참조).

11) 일부 논자는 이를 '분쟁해결합의'라고 부른다. 저자는 석광현, 75면 註 36에서 대한상사중재원 홈페이지의 조정에 관한 안내가 잘못되었음을 지적하였고 대한상사중재원에 그 취지를 전달하였는데, 그 후 확인해 보니 조정 결과 당사자들이 합의에 이른 경우 '조정합의서'를 작성한다고 했던 것이 '분쟁해결합의서'로 수정되었음을 확인하였다. 이는 개선된 것이나 여전히 미흡하다. 분쟁해결합의는 당사자 간에 장래 분쟁이 발생하는 경우 그의 해결방법에 관한 합의를 말하므로 조정합의, 중재합의, 관할합의를 포괄하는 개념이다. 손경한, "분쟁해결합의에 관한 일반적 고찰", 법조 제61권 제12호(통권 제675호)(2012. 12.), 50면 註 20은 조정합의도 분쟁해결절차를 규정하는 점에서 중재합의나 관할합의와 같으므로 소송계약의 일종이라고 본다. 저자도 과거 전속관할합의와 중재합의를 묶어 분쟁해결합의라는 용어를 사용하였다. 그러나 싱가포르협약상의 '조정을 통한 화해합의'는 '분쟁해결결과합의'이지 '분쟁해결합의'가 아니다. 근자에는 '조정상 합의' 또는 '조정결과합의'라는 표현도 보이나 화해라는 성격이 탈락하는 문제가 있고, 그 경우 협약 제1조 제3항에 열거된 재판상화해 또는 중재상화해의 결과인 settlement agreement를 뭐라고 번역할지 궁금하다(함영주, 준비상황, 422면은 그것을 '조정절차를 통한 합의'라고 번역하는데, 재판상화해(또는 소송상화해)의 결과 '조정절차를 통한 합의'가 성립한다는 것은 또 다른 잘못을 범하는 것이다. 그것은 조정을 통한 것이 아닐 뿐만 아니라 싱가포르협약의 적용대상도 아니기 때문이다).

12) 이를 '조정상 합의'라고 하는 것은 마치 재판상화해(또는 소송상화해)를 '재판상(소송상) 합의'라고 부르는 것처럼 부정확하다.

들의 계약인 'settlement agreement(화해합의)'를 담고 있는 점에서는 동일하나, 싱가포르협약은 전 2자의 합의에는 적용되지 않고 조정상화해의 결과인 화해합의에만 적용된다.

V. 화해합의의 효력과 승인

1. 화해합의의 효력과 승인의 대상

가. 종래의 국제사법에 따른 분석

협약은 뉴욕협약을 모델로 삼았으나 화해합의의 'recognition(승인)'이라는 개념을 사용하지 않고 '승인'과 '집행'을 대비시키지도 않는다. 협약의 성안과정에서 논란이 있었으나 화해합의의 승인을 인정하지 않을 경우 피고가 화해합의에 반한다는 것을 항변으로 원용할 수 없다는 문제점이 제기되어 제3조 제2항을 두었다. 즉 싱가포르협약은 청구에 대한 항변으로서 화해합의를 원용할 수 있는 당사자의 권리(the right for a party to invoke a settlement agreement as a defence against a claim)를 규정함으로써 '승인' 개념을 도입하였고, 제4조가 사용하는 '원용'과 '구제'는 '승인'에 상응하는 개념이라면서, 승인 개념이 국가에 따라 상이하므로 '승인' 용어를 사용하지 않고 기능적 접근방법에 의하여 또는 묵시적으로 승인 개념을 기술한 것이라고 한다.[13][14]

---

13) Palao/Palao, para. 3.71은 싱가포르협약은 최초로 국제 조정상 화해합의의 승인 및 집행을 규정한 다자간 법제를 정립한 것이라고 한다.

14) 일본에서는 시행법률을 제정하는 입법과정에서 화해합의는 기판력이 없어 승인 대상이 될 수 없으며, 협약상 화해합의를 원용하면 일본 법원은 당해 청구를 기각 또는 각하할 것으로 예상되므로(연구회보고서, 166면) 화해합의 원용에 대한 법규정은 불필요하다고 판단하였다고 한다. 조수혜, 61면; 전병서, 193면 참조. 나아가 조수혜, 61면은 일본에서는 협약상 원용이라 함은 당사자가 화해합의의 준거법상 효과를 주장하고 권한 기관이 이에 대한 법적 효력을 인정하는 것이라고 이해한다고 한다. 하지만 일본에서도 종래 외국비송재판에도 민사소송법 제118조(우리 민사소송법 제217조에 상응)를 준용하거나 유추적용하는 것이 통설·판례였고, 2018년 신설된 가사사건절차법 제79조의2는 "외국법원의 가사사건에 대한 확정된 재판(이에 준하는 공적 기관의 판단을 포함한다)에 대해서는 그 성질에 반하지 않는 한 민사소송법 제118조의 규정을 준용한다"라고 명시적으로 규정하는 점을 보면, 기판력이 없어 승인 대상이 될 수 없다는 설명은 이해하기 어렵고, 협약이 승인 개념을 사실상 받아들인 것이라는 일반적인 설명과 충돌되며, 또한 일본법상 화해합의가 제출된 경우 일본 법원이 청구를 기각 또는 각하하는 근거가 무엇인지도 궁금하다.

만일 화해합의에 실체법적 효력만 있다면 승인에 의하여 확장될 효력도 없으므로 화해합의(또는 화해합의의 효력)의 승인이라는 개념을 인정하기 어렵고 협약이 이를 승인 대상으로 삼을 이유도 없다. 또한 화해합의에 조정절차 종료 효과 외에 기판력이나 그에 상응하는 절차법적 효력이 있다고 보기는 어렵다. 그렇다면 화해합의는 기판력 또는 그에 준하는 효력은 없고,15) 다만 화해합의가 재소(re-litigation)를 금지 또는 차단하는 효력이 있고 그것이 확장된다고 할 여지가 있으나 협약은 그런 접근방법을 택하지는 않는다. 국제사법상의 승인 개념에 익숙한 우리로서는 화해합의에 어떤 절차법적 효력이 있고 그것이 원칙적으로 조정지국에 한정될 것이지만 협약에 의하여 확장된다는 식의 설명이 이해하기 쉽다. 그러나 싱가포르협약은 ① 조정지 개념을 상정하지 않아 내국/외국화해합의를 구별하지 않으므로 외국재판 또는 외국중재판정의 승인에서처럼 외국화해합의의 효력 확장으로 접근할 수는 없다. 한편 내국중재판정의 승인 개념을 따를 여지는 있으나 ② 협약은 화해합의의 절차법적 효력을 부여하지 않으므로 승인 대상인 어떤 효력이라고 할 것이 없고, 근본적으로 내국/외국화해합의를 구분하지 않으므로 한국법이 전 세계의 모든 국제화해합의에 대하여 어떤 효력을 부여하는 것 자체가 가능하지 않다. 결국 협약상의 화해합의의 승인은 한국법의 관점에서는 종래 우리가 익숙한 국제사법 또는 국제민사절차법상의 승인이 아니다.

---

15) 그러나 협약상 화해합의의 기판력을 인정하는 견해도 있다. Palao/Palao, para. 3.63. 만일 기판력을 인정한다면 판결의 기판력에서 보듯이 조정상 화해합의가 가지는 기판력의 객관적 범위와 주관적 범위 등도 문제 된다. 그 경우 종래 우리 법상 재판상화해가 가지는 기판력과의 관계를 유념해야 하나 그에 구속될 필요는 없고 오히려 무제한기판력을 인정하는 종래의 법리를 시정하는 기회로 삼을 수도 있다. 반면에 Palao/Pablo Cortés, para. 1.17은 화해합의는 기판력이 없으나, 국내법이 법원 또는 재판소가 화해합의를 증명하는 경우 기판력을 부여할 수 있다고 쓴다. 박성은, "조정상 합의의 효력에 관한 입법형식에 대한 제언-중재판정에 관한 논의를 참고하여-", ADR제도의 현안과 국제적 동향이라는 주제로 2024. 8. 23. 개최된 한국조정학회·대한상사중재원 공동학술대회 발표자료, 58면은 조정상 합의(저자가 말하는 화해합의)에 기판력이 인정되는지에 관해 별도의 조문을 만들어 명시적으로 규정하고, 승계인 등 제3자에게 효력이 확장되는 요건에 대해서도 세부적인 규정들을 마련할 필요가 있다면서도, 기판력이 있다고 규정해야 할지는 아직 명확하지 않다고 하고, 싱가포르협약 제3조 제2항과 모델조정법 제15조가 기판력을 의도한 것인지, 단순히 권리보호이익을 부정하는 소극적 소송요건을 의도한 것인지에 대해 논의가 필요한 상황이라고만 하여 저자가 지적한 바에서 더 진전된 논의를 하지는 않는다.

나. 협약이 도입한 새로운 승인 개념에 따른 분석

싱가포르협약이 새로운 개념의 승인을 도입한 것이라면 승인 대상은 일단 화해합의라고 할 수 있다. 어쩌면 "조정절차를 통하여 당사자들이 체결한 화해합의에 의하여 어떤 사항(matter)에 관하여 분쟁을 해결하고 법률관계를 확정하는 효력" 또는 그러한 사실이라고 할 수 있을지 모르겠다. 요컨대 협약상 승인 대상은 일단 (조정을 통한 국제) 화해합의라고 할 수 있는데, 협약상의 승인은 우리에게는 중재법에서도 수용하지 않았던 낯선 새로운 개념의 승인이다.

2. 화해합의의 승인의 효과

화해합의의 승인의 효과는, 협약상 화해합의의 당사자가 그에 따른 의무를 자발적으로 이행하지 않아 제소하는 경우 법원이 어떻게 처리할지와 관련된다.

가. 종래의 국제사법에 따른 분석

국제사법상 외국재판 또는 외국중재판정의 승인은 외국에서 발생한 효력(기판력이 가장 중요)의 국내로의 확장인데, 화해합의는 기판력 또는 유사한 절차법적 효력이 없으므로 승인의 효과를 효력의 확장으로 설명하기 어렵다.

나. 협약이 도입한 새로운 승인 개념에 따른 분석

싱가포르협약(제3조 제2항)에 따르면, 화해합의의 당사자가 재소하는 경우 상대방 당사자는 화해합의를 원용함으로써 분쟁이 이미 해결되었음을 주장하여 소송절차를 각하하여야(dismiss or strike out) 한다는 완전한 항변(complete defense)을 할 수 있다. 여기의 승인은 어느 국가에서 발생한 화해합의의 효력의 확장이 아니라 당사자 간의 분쟁이 조정을 통하여 이미 해결되었으므로 다시 제소할 수 없다는 것이다. 즉 협약은 조정절차를 통한 분쟁해결 결과를 국제사법의 틀 내에서 승인한다는 새로운 승인 개념을 도입하였고 그 결과 국제화해합의는 국제법이 인정하는 새로운 지위로 고양되었다. 바꾸어 말하면 상대방이 화해합의를 원용하는 경우 법원이 이를 허용하여야 한다는 의미는 결국 재소를 허용하지 말고 소를 각하하라는 것인데, 이는 효력확장을 의미하는 국제사법상 승인의 효과는 아니다. 즉 싱가포르협약은 '조정을 통하여 성립한 화해합의에 협약이 정한 효력'을 부여함으로써 한국법이 알지 못하는 새로운 개념의 승인을 도입하였다. 즉 조정을 통한 화해합의에 대하여 협약이 '특별한 효력'을 부여하였다고 할 수 있다.

요컨대 싱가포르협약상 승인은 종래 우리 국제사법 또는 중재법의 승인은 아니고 새로운 개념이다. 제3조 제2항이 말하는 "화해합의에 의하여 이미 해결된 사항(matter)"의 범위, 즉 승인에 따른 반복금지의 효과가 화해합의의 최종 결론에만 미치는지 아니면 선결문제 기타 화해합의에 기재된 모든 사항에 미치는지가 문제된다.16) 판결의 기판력의 범위는 법계에 따라 다른데, 협약이 반복금지를 규정한 것이라면 그런 차이를 어떻게 해결할지 궁금하다.

3. 승인거부사유

싱가포르협약이 화해합의의 승인을 규정한 것이라면 승인거부사유가 문제된다. 이는 집행거부사유와 동일한데 협약(제5조)은 이를 구제거부사유라고 규정하므로 아래에서 논의한다.

VI. 화해합의의 집행

화해합의가 당사자의 의무를 확인하는 취지를 기재한 것이라면 집행은 문제되지 않으나, 화해합의의 내용이 의무의 이행을 약속하는 것이라면 그 집행이 문제 될 수 있다.

1. 집행력의 부여

싱가포르협약(제3조 제1항)에 따르면 협약의 각 당사국은 자신의 절차규칙과 협약에 규정된 조건에 따라 화해합의를 집행하여야 한다. 따라서 만일 한국이 협약을 비준한다면 한국법이 정한 절차규칙에 따라 화해합의를 집행할 조약상의 의무를 부담한다. 그 절차는 당연히 한국이 결정할 사항이다.

2. 집행가능선언(집행결정)

우리가 화해합의에 집행력을 부여하자면 법원의 개입이 필요하다. 그 절차로

---

16) 참고로 이시윤, 596면은 소송상화해에 관한 설명 중 무제한기판력설에 대한 비판의 하나로 "판결의 기판력은 주문에만 미치지만 화해조서에는 주문과 이유의 구별이 없으므로 화해조항 전체에 대하여 기판력이 생기는 것으로 보아야 한다"라는 점을 든다.

생각할 수 있는 것은 법원의 집행판결(외국판결 집행의 경우) 또는 집행결정(중재판정 집행의 경우)인데, 중재판정과의 균형상 집행결정이 적절하다. 이를 위하여는 민사집행법 제56조(그 밖의 집행권원)에 "조정에 의한 국제적 화해합의에 관한 국제연합협약에 따른 화해합의에 대한 집행결정"을 집행권원으로 추가하는 것이 적절하다.[17]

일본의 실시법률(제5조)도 집행결정을 요구한다.

3. 협약이 규정하는 구제(relief)의 개념과 승인

싱가포르협약은 화해합의의 집행만 언급하고 승인을 직접 언급하지 않는다. 협약은 화해합의의 승인과 집행을 포괄하는 '구제(relief)'라는 개념을 사용하면서 '구제를 추구하다(seek relief)' 또는 '구제를 부여하다(grant relief)'라는 표현을 사용한다. 따라서 'relief'를 '승인 및 집행'이라고 번역하기도 하나 협약이 '승인'을 피하였고 협약의 승인은 종래 우리가 이해하는 바와 같은 국제사법상 승인은 아니므로 협약의 문언에 충실한 '구제'라는 번역이 적절하다.

4. 구제거부사유

협약(제5조)은 협약이 상정하는 구제(화해합의의 승인 및 집행)를 거부할 수 있는 구제거부사유를 망라적으로 열거한다. 이는 당사자가 주장하여야 하는 사유와 법원이 직권으로 판단할 수 있는 사유로 구분된다.

당사자가 주장하여야 하는 사유는 ① 당사자의 무능력(또는 제한능력),[18] ②

---

17) 장완규, "싱가포르조정협약상 조정의 성립과 집행력", 2024. 8. 23. 개최된 한국조정학회·대한상사중재원 공동학술대회 발표자료, 19면 이하도 결론은 같다. 다만 이 견해는 민사집행법 제56조에 "6. 국제적 상업분쟁에 관한 조정상 합의"를 집행권원의 하나로 추가하는 것으로 족하고 이행법률은 필요하지 않다면서 다만 단서를 두어 "조정상 합의서에 기초한 집행은 국제 조정절차를 통해 성립된 당사자 간의 합의에 관한 유엔 협약(이른바, 싱가포르협약) 제5조의 집행거부 사유가 없고 당사자의 신청에 따라 법원에서 집행결정으로 이를 허가한 경우. 이 때 집행결정에 관한 규정은 중재법 제37조를 준용한다"라고 규정하자고 제안한다. 지정토론자인 도혜정 박사도 이를 지지하였다(토론문, 2면). 그러나 법원의 집행결정이 있으면 집행거부사유가 없음을 법원이 확인한 것이니 양자를 병렬적으로 규정할 이유가 없고, 집행권원을 열거하는 민사집행법 제56조에 그런 절차적 규정을 둘 것은 아니다. 그런 절차는 이행법률에서 명시할 사항이다. 조정상 합의가 부적절함은 재론하지 않는다.
18) 협약은 능력의 준거법을 명시하지 않는다. 대륙법계 국가에서는 능력은 신분의 문제이므로 당사자의 속인법(personal law)에 따르는데, 자연인의 경우 본국법이나 영미법계에서는 주

준거법상19) 화해합의의 무효, 실효(inoperative)20) 또는 이행불능, 화해합의의 조건에 따라 구속력이 없거나 종국적이지 않거나 추후 수정된 경우, ③ 화해합의상 의무가 이행되었거나21) 불명확하거나22) 이해할 수 없는 경우, ④ 구제 부여가 화해합의의 조건에 반하는 경우,23) ⑤ 조정인이 자신 또는 조정에 적용 가능한 기

소지법이라거나(Alexnder/Chong, para. 5.25) 계약의 준거법에 따를 사항이라고 한다. 법인의 경우 설립준거법이거나 본거지법이다. 나아가 대리권의 준거법이 문제 될 수 있다. 위 문언은 뉴욕협약(제5조 제1항 a호)을 모델로 한 것이나 "under the law applicable to them (그 준거법에 따라)"이라는 문언이 의도적으로 삭제되었다. 따라서 협약 자체의 관점에서 해석해야 한다는 견해도 주장될 수 있으나 법계의 차이에 비추어 이는 현실성이 없다. Alexnder/Chong, para. 5.27은 근자의 영국 대법원 판결(Enka Insaat ve Sanayi AS v OOO Insurance Company Chubb [2020] UKSC 38, paras. 95 이하)을 참조하여 'validation principle'을 따라 화해합의가 가급적 유효하도록 취급하는 견해를 지지한다. 이는 나아가 반정(*renvoi*)의 적용 여부를 논의한다.

19) 화해합의의 준거법에 관하여 협약(제5조 제1항 b호 (i))은 당사자자치를 허용하고, 당사자들의 지정이 없는 경우 구제가 신청된 당사국의 권한 당국이 적용 가능하다고 보는 법을 준거법으로 지정한다. 상세는 석광현, 79면 이하 참조.

20) '실효'는 뉴욕협약 제Ⅱ조 제3항의 번역을 따른 것이다. 원래의 화해합의가 완전히 달라진 경우는 이에 해당할 것이나, 그 정도에 이르지 않고 합의에 의하여 원래 화해합의의 조건을 변경하는 것은 화해합의의 수정에 해당한다. Alexnder/Chong, para. 5.44. 화해합의가 유효하게 수정되었는지를 판단하자면 화해합의의 준거법을 고려하여야 하는데, 예컨대 준거법이 영국법이라면 '약인(consideration)의 결여' 또는 화해계약에 포함된 '구두변경금지조항(no oral modifications clause)'에 반하여 수정이 무효가 될 수도 있음을 주의해야 한다. Alexnder/Chong, para. 5.45.

21) 의무가 이행되었는지 여부는 의무의 준거법, 즉 화해합의의 준거법에 따라 판단할 사항이다. Alexnder/Chong, para. 5.47. 이는 나아가 영국법이 준거법인 경우 사소한 차이가 있더라도 의무의 실질적 부분이 이행되면 의무가 소멸하는 데 반하여, 독일법상은 그렇지 않다는 점을 지적하면서, 법원은 집행을 거부하기 전에 이런 준거법의 차이를 고려하여 미묘한 접근을 할 필요가 있다고 지적한다.

22) 정선주, 24면 이하는 화해합의는 판결이나 중재판정에 비하여 훨씬 다양하고 정형화되지 않은 내용을 담고 있기 때문에 법원은 당사자의 합의내용을 본질적으로 변경하지 않는 범위 내에서 조정서(화해합의를 말함)를 집행 가능한 내용으로 변경하여 집행결정을 내릴 수 있어야 한다고 한다. 이는 기본적으로는 타당하나, 내용으로 변경보다는 구체화 내지 적응시키는 것에 한정하여야 하고 특히 협약 제5조 제1항 d호(구제 부여가 화해합의의 조건에 반하는 경우)와의 관계에서 한계가 있다.

23) 화해합의는 당사자들이 분쟁해결을 한 결과이므로 그 조건에 반하여 구제를 부여하는 것은 사적 자치에 반하는 것으로서 허용되지 않는다. 당사자들이 화해합의에서 싱가포르협약의 적용을 배제하기로(opt-out) 합의한 경우도 포함된다. 싱가포르협약은 국제물품매매계약에 관한 국제연합협약(CISG) 제6조처럼 당사자에 의한 협약 배제를 명시적으로 규정하지 않으나 이는 허용된다고 한다. Alexander/Chong, para. 5.54. 또한 제5조 제1항 d호는 화해합의의 의무가 조건부 또는 상호적인 경우 또는 당사자의 불이행이 화해합의가 예상한 다양한

준(조정인의 행위기준 등)[24]을 심각하게 위반하였고 그러한 위반이 없었더라면 당사자가 화해합의를 체결하지 않았을 경우와 ⑥ 조정인의 공정성이나 독립성에 관하여 정당한 의심을 제기하는 상황을 조정인이 당사자들에게 공개하지 않았고 그러한 비공개가 일방 당사자에게 중대한 효과나 부당한 영향을 초래하여 그러한 비공개가 없었더라면 그 당사자가 화해합의를 체결하지 않았을 경우이다. 여기에서 보듯이 화해합의의 당사자, 즉 화해합의서의 작성 주체(사실상의 작성자가 아니라 명의인)는 분쟁 당사자이지 조정인이 아니다. 따라서 싱가포르협약상의 'settle-ment agreement'를 실무상 조정인이 작성하는 '조정서'라고 불러서는 아니 된다.

법원이 직권으로 판단할 수 있는 사유는 ⑦ 구제 부여가 부여국의 공서에 반하는 경우와 ⑧ 분쟁 대상이 부여국 법상 조정가능성이 없는 경우이다. 외국판결의 승인 및 집행과 외국중재판정의 승인 및 집행의 거부사유인 공서위반은 국내 공서와 구별되는, 그보다 범위가 제한되는 '국제적 공서'라고 이해되고 있다. 화해합의에 대한 구제 거부사유인 여기의 공서는 매우 예외적인 경우에 원용될 수 있으나, 그것이 국제적 공서인지는 다소 불분명하다.[25] 여기의 공서는 실체적 공서와 절차적 공서를 포함한다.[26]

이유로 정당화될 수 있는 경우에 적용될 수 있다. 당사자들은 우발적 조건(즉 선행조건 또는 후행조건)의 충족(또는 불충족)의 경우 이 항변을 성공적으로 주장할 수 있고, 이는 화해합의에 포함된 불가항력조항이 예상한 후속 사건의 발생도 포함한다. Alexander/Chong, para. 5.55. 논란이 있는 것은, 화해합의에 포함된 국제재판관할합의조항이 여기에서 말하는 화해합의의 조건에 포함되는가이다. Alexander/Chong, para. 5.57 이하 참조.

24) 참고로 Alexander/Chong, para. 5.76 이하는 조정인의 의무로 ① 조정과 관련된 자격과 경험의 고지, ② 잠재적 이해 상충의 공개, ③ 절차와 법적 권리 및 구제책에 대한 잠재적 결과의 설명, ④ 참여자 역할의 설명, ⑤ 당사자에게 독립적 법적 조언을 구하도록 조언, ⑥ 분쟁의 실체에 대한 기술적 또는 법적 조언을 제공하지 않을 것, ⑦ 조정절차에 적용되는 비밀유지의 범위 설명, ⑧ 중립성과 공정한 절차의 수행, ⑨ 특정 상황에서 조정절차의 종료, ⑩ 아동 학대 또는 기타 형사범죄와 관련된 사항의 보고와 ⑪ 조정결과의 특정 측면에 대해 법원 또는 기타 기관에의 보고를 열거한다. 그중에서 고지의무, 독립성과 중립성의 의무, 비밀유지의무와 일정상황에서 조정절차 종료 의무를 부연한다.

25) Palao/Dai Yokomizo/Peter Mankowski, para. 5.74는 국제적 공서를 말한다고 하는 데 반하여, Alexander/Chong, para. 5.19는 국내적 공서와 국제적 공서가 모두 포함될 수 있으나 국내적 공서라도 충분히 국제적이어야 한다고 본다.

26) Palao/Dai Yokomizo/Peter Mankowski, para. 5.73.

Ⅶ. 비준을 위한 고려사항 및 이행법률에 관한 논점들

1. 비준에 앞선 고려사항

협약의 서명에 이어 법무부는 2021. 3. 10. 의욕적으로 이행법률 제정을 위한 태스크 포스를 발족하였으나 최근까지 별 진전이 없었다.[27] 저자는 협약 비준을 반대하지는 않는다. 국제거래에서 조정의 가치를 인정하고 분쟁해결수단을 다양화할 수 있기 때문이다. 그러나 서두를 이유는 없고, 앞에서 본 이론적 논점(화해합의의 법적 성질, 기판력의 유무와 불복방법을 포함하여) 등을 충분히 검토하고, 협약에 대한 우리 기업들의 실제적 필요와 주요 외국의 태도를 지켜볼 필요가 있다. 또한 정책적 결정이 필요할 사항들도 있다.

가. 비준 필요성과 정당화 근거

사인(私人)들 간 계약인 화해합의에 그것이 조정의 결과라는 이유로 집행결정을 조건으로 집행력을 부여하는 것이 필요하고 정당화될 수 있는가. 그것이 조정의 본질에 부합하는가, 조정절차를 중재절차에 준하는 것으로 취급할 근거는 무엇인가, 화해합의를 승인함으로써 기판력에 상응하는 효력을 부여할 만한 전제가 충족되는가, 조정이라면 기관조정/임의조정인지 기타 일정 요건의 구비 여부에 관계없이 그 정도의 신뢰를 부여할 수 있는가, 전 세계 어느 국가의 조정이든 동등하게 취급할 수 있는가 등의 의문이 있다.

나. 조정의 장점의 일부 포기: 조정의 본질과 관련하여

과거 우리는 조정의 자율성을 강조하면서 당사자 간의 계속적 사업관계의 보호에 적합하다는 점을 조정의 장점으로 들어왔는데, 이제 와서 조정을 통한 화해합의에 집행력을 부여하는 협약을 속히 비준하자는 것은 이해하기 어렵다. 화해합의를 강제집행할 수 있다면 이제는 조정이 당사자 간의 사업관계의 보호에 적합하다고 주장할 수 없다. 화해합의의 효력 강화는 조정의 단점을 보완하나 조정의 장점을 일부 포기해야 하므로 기존 태도를 바꾸자면 정당화 근거가 필요하다. 조정의 장점을 일부 포기하면서까지 협약을 비준할 근거는 무엇인가. 당사자들이

---

27) 다만 법무부는 2024년 하반기에 이르러 태스크 포스를 다시 가동하였다.

기존의 조정을 선호할 수도 있는데 접근방법의 다양성을 유지하자면 유보가 필요할 수도 있다.

다. 화해합의의 남용 우려

협약을 비준하여 화해합의를 집행한다면 국제화해합의가 과거 우리의 제소전화해처럼 집행권원의 손쉬운 획득수단으로 남용될 우려도 있다. 거래상 우월적 지위를 가지는 당사자가 지위를 이용하여 형식적 조정을 통하여 자기에게 유리한 화해합의를 체결할 수도 있다. 그런 우려에 대한 대책은 있는가. 장래 한국법상 법원의 집행결정이 필요할 것으로 보나, 간편한 등록(record)을 통하여 화해합의를 집행하도록 하는 국가도 있다.

라. 국제화해합의에만 적용할지

협약은 국제상사에 관한 화해합의를 규율하므로 그에 충실하자면 국내화해합의는 제외된다. 또한 국제분쟁이더라도 협약의 적용범위 밖에 있는 영역들(가족법 영역과 소비자분쟁에 관한 조정/화해합의 등)은 배제된다. 따라서 그런 영역을 이행법률의 적용범위 외에 둘지를 결정하여야 한다. 협약을 국내화해합의에도 적용한다면 기존 법제와의 부정합이 발생한다. 첫째, 국내화해합의는 조정을 거치더라도 화해계약에 불과한데 협약에 따라 그 지위를 강화하는 것은 기존 법질서를 지나치게 교란한다. 둘째, 내국의 재판 또는 중재판정이 있는 사항에 대하여 당사자가 제소하면 우리는 기판력으로 해결한다. 만일 협약을 국내화해합의에도 적용한다면 우리는 조정절차를 판결절차 및 중재절차에 준하는 것으로 대우하면서 기판력 이외의 법리로 해결한다면 중재판정이나 재판과 부정합이 발생한다. 충격을 줄이자면 국제상사화해합의에만 협약을 적용하여야 한다. 셋째, 외국의 재판 또는 중재판정의 승인과 부정합이 발생한다.

나아가 조정지 개념이 없는 협약을 비준하면 내국/외국화해합의를 구분할 수 없고 통일적으로 처리하여야 한다. 외국중재판정의 승인을 효력의 확장으로 이해하고(외국재판도 같다), 내국중재판정에 대하여는 중재법에서 확정판결과 같은 효력을 부여하여 이원화하는 우리에게 협약의 태도는 생소하다. 어쨌든 기존 법제와의 부정합성을 최소화할 필요가 있다.

마. 분쟁해결의 영미로의 집중의 완화?

우리 기업들이 관여하는 국제상거래 분쟁해결수단이 영미의 소송과 중재에 경도되는 현실을 직시한다면 이를 개선하는 방편으로 협약을 활용할 여지도 있다. 정교한 해결이 필요한 분쟁들(예컨대 법리상 복잡한 다툼이 있는 분쟁)의 경우 조정이 적절한지는 의문이나, 조정이 적합한 많은 국제거래 분쟁에서 당사자들에게 다양한 선택지를 제공하는 데 반대할 이유는 없다.

바. 유보선언 여부

협약(제8조)은 두 가지 유보를 허용한다. 첫째는 정부기관이 당사자인 경우 협약 적용배제 유보이고, 둘째는 화해합의 당사자들이 협약의 적용을 합의한 경우에만 협약을 적용하기로 하는 유보이다(opt-in 체제의 선택).

첫째 유보는 체약국인 당사국 정부가 체결한 계약에 관하여 상대방이 제3국에서 집행을 청구하는 상황을 배제할 필요가 있다는 정책적 측면을 고려하고, 국제법상 주권면제의 법리에 따라 그 합의가 타국 국내법원에서 집행되기 어려움을 고려한 것이다. 둘째 유보를 본다. 협약을 존중하면 가급적 많은 국가들이 협약을 비준하고 많은 국제상사분쟁이 협약에 따라 해결될 수 있도록 해야 한다. 이런 이유로 만일 한국이 둘째 유보를 하지 않는다면 국제거래의 당사자들이 조정을 통하여 체결하는 화해합의에 협약이 적용되는 결과 다시 제소할 수 없음을 알아야 한다. 즉 한국이 둘째 유보를 하지 않는다면 우리 기업들에게 그런 취지를 미리 알리고 화해합의 시 협약의 적용을 배제하는 opt-out이 가능함(제5조 제1항 d호 참조)도 알려야 한다. 국제거래법, 국제사법과 국제민사절차법 분야에 관심이 부족한 우리로서는 이 점을 특히 유념하여야 한다.

2. 이행법률에 관한 논점들

가. 이행법률의 필요성

우리는 민간형 조정에 관한 일반법률이 없으므로 일본이나 독일과 상황이 다르고 협약의 이행은 더욱 어렵다. 한국이 협약을 비준하여 화해합의를 집행하려면 이를 가능하게 하는 법적 근거가 필요하므로 이행법률을 제정할 필요가 있다. 일본이 근자에 실시법률을 제정하였으므로 이를 참조할 필요가 있다.

나. 이행법률의 적용범위

이행법률의 적용범위는 위에서 언급한 정책적 결정사항에 대한 결론에 따라 좌우된다. 이행법률의 방식으로는 아래 세 가지를 생각할 수 있다.

① 독립한 이행법률 제정(별도 국제상사조정법 없이)
② 국제상사조정법(이행법률 포함) 제정
③ 독립한 이행법률 + 국제상사조정법(이행법률 제외)의 제정

② 또는 ③ 방식을 택한다면 국제상사조정법 제정 시 모델조정법을 참조할 수 있다. 더 의욕적으로 국내화해합의를 포함하자면 (상사)조정기본법 또는 더 나아가 'ADR(대체적 분쟁해결) 기본법'을 제정할 수도 있다. 그러나 협약과 모델조정법에 충실하고 (상사)조정기본법 또는 ADR 기본법이 없는 우리 상황을 생각한다면 협약을 조속히 비준하기 위하여는 우선 국제적 화해합의에 한정하여 국제상사조정법을 제정하는 편이 현실적이므로 ③ 방식, 즉「협약 + 독립한 이행법률[28] + 국제상사조정법(이행법률 제외)」방식이 바람직하다. 이 경우 독립한 이행법률은 조정을 통한 국제화해합의의 승인 및 집행을 위한 것이고, 국제상사조정법은 2018년 모델법처럼 조정절차의 전부 또는 대부분이 사실상 한국에서 수행되는(예컨대 대한상사중재원의 국제조정규칙에 따른) 국제상사조정 및 조정을 통한 국제화해합의를 규율하기 위한 것이다.

다. 국제상사조정법 대신 조정기본법을 제정할 경우 추가적 고려사항

충분한 시간이 있다면 ③ 방식이 아니라 더 나아가 진정한 조정기본법(또는 ADR 기본법)을 제정할 수도 있다. 그 경우 국제적 가사조정/화해합의의 특수성과, 국제적 소비자 조정/화해합의의 특수성을 반영하기 위하여 어떤 고려와 조치가 필요한지를 검토할 필요가 있다. 특히 가사조정과 소비자 조정/화해합의의 경우 사적자치가 제한되고 후자의 경우 소비자보호를 고려하여야 한다. 이 점을 충분

---

28) 이행법률에서는 법원의 집행결정을 받아 국제화해합의를 집행할 수 있음을 명시하되 기판력이나 승인은 언급하지 않음으로써 화해합의의 기판력의 유무와 내용은 싱가포르협약 제3조의 해석에 맡길 수도 있다. 일본의 실시법률은 이런 접근방법을 취한다. 최재석, "국제 조정을 통한 화해합의와 집행력", 법률신문 제5175호(2024. 5. 9.), 20면은 그런 취지이다. 그러나 입법은 그렇게 하더라도 해석론은 가지고 있어야 한다. ③ 방식을 따르면 그에 더하여 국제상사조정법이 필요함은 물론이다.

히 검토하지 못한다면 그런 분야는 제외할 필요가 있다.

Ⅷ. 맺음말

조정절차 전반을 규율하는 모델조정법과 달리 싱가포르협약은 조정을 통한 국제적 화해합의에 따른 구제(즉 화해합의의 승인 및 집행)를 규율한다. 협약은 종래 계약법의 영역에 있던 화해합의에 간이하게 집행력을 부여함으로써 조정절차를 중재절차에 준하는 것으로, 조정을 통한 화해합의를 중재판정에 준하는 지위로 격상시키는 새로운 기제를 도입한다. 민간형 조정에 관한 기본법도 없고, 조정합의와 화해합의의 개념도 정립하지 못한 우리에게 협약은 무척 생소하다. 또한 외국재판과 외국중재판정의 승인을 절차법적 효력의 확장으로 파악하면서, 내국중재판정에는 중재법에서 효력을 부여하고 그의 승인을 외국중재판정의 승인과 구별하는[29] 우리에게는 내국/외국화해합의의 승인 및 집행을 일원적으로 규율하는 협약은 낯설다. 특히 협약이 화해합의에 기판력 또는 유사한 절차법적 효력이 있음을 전제로 이를 승인하는지, 아니면 당사자 간의 분쟁이 화해합의에 의하여 해결되었음을 근거로 반복금지만을 규정하는지도 불확실하다. 만일 후자라면 이는 종래 국제사법상의 승인이 아니라 새로운 개념의 승인이다.

---

29) 모델중재법은 내국/외국중재판정의 승인을 통일적으로 규율하나 우리 중재법은 양자를 이원화한다. 협약상 내국/외국화해합의의 구분이 없으므로 이원화는 불가능하다.

부 록

국제민사소송법 관련 법규

[1] 국제사법
[2] 민사소송법과 민사집행법(발췌)
[3] 헤이그송달협약(국문본 발췌)과 민사소송법(발췌)
[4] 헤이그증거협약(국문본 발췌)과 민사소송법(발췌)
[5] 국제민사사법공조법과 국제민사사법공조규칙
[6] 외국공문서에 대한 인증의 요구를 폐지하는 협약(국문본 발췌)
[7] 민사 및 상사(사건)의 재판관할과 재판의 승인 및 집행에 관한 2012. 12.
      12. 유럽연합 의회 및 이사회 규정(개정)(브뤼셀 I recast)(일부 국문시역)
[8] 민사 및 상사(사건)의 국제재판관할에 관한 헤이그 협약들(일부 국문시역)
      [8-1] 2005년 재판관할합의협약
      [8-2] 민사 또는 상사(사건)에서 외국재판의 승인 및 집행에 관한 협약(재판협약)
[9] 채무자회생 및 파산에 관한 법률(발췌)
[10] 중재법, 뉴욕협약과 뉴욕협약의 해석에 관한 UNCITRAL 권고(국문본
      발췌)
      [10-1] 중재법
      [10-2] 외국중재판정의 승인 및 집행에 관한 협약
      [10-3] 외국중재판정의 승인 및 집행에 관한 협약(뉴욕협약) 제2조 제2항과 제7조
             제1항의 해석에 관하여 UNCIRAL이 2006. 7. 7. 제39차 회기에서 채택한 권고
[11] 일본 민사소송법과 민사보전법(일부 국문시역)

[1] 국제사법

제1장 총칙

제1절 목적

제1조(목적) 이 법은 외국과 관련된 요소가 있는 법률관계에 관하여 국제재판관할과 준거법(準據法)을 정함을 목적으로 한다.

제2절 국제재판관할

제2조(일반원칙) ① 대한민국 법원(이하 "법원"이라 한다)은 당사자 또는 분쟁이 된 사안이 대한민국과 실질적 관련이 있는 경우에 국제재판관할권을 가진다. 이 경우 법원은 실질적 관련의 유무를 판단할 때에 당사자 간의 공평, 재판의 적정, 신속 및 경제를 꾀한다는 국제재판관할 배분의 이념에 부합하는 합리적인 원칙에 따라야 한다.

② 이 법이나 그 밖의 대한민국 법령 또는 조약에 국제재판관할에 관한 규정이 없는 경우 법원은 국내법의 관할 규정을 참작하여 국제재판관할권의 유무를 판단하되, 제1항의 취지에 비추어 국제재판관할의 특수성을 충분히 고려하여야 한다.

제3조(일반관할) ① 대한민국에 일상거소(habitual residence)가 있는 사람에 대한 소(訴)에 관하여는 법원에 국제재판관할이 있다. 일상거소가 어느 국가에도 없거나 일상거소를 알 수 없는 사람의 거소가 대한민국에 있는 경우에도 또한 같다.

② 제1항에도 불구하고 대사(大使)·공사(公使), 그 밖에 외국의 재판권 행사대상에서 제외되는 대한민국 국민에 대한 소에 관하여는 법원에 국제재판관할이 있다.

③ 주된 사무소·영업소 또는 정관상의 본거지나 경영의 중심지가 대한민국에 있는 법인 또는 단체와 대한민국 법에 따라 설립된 법인 또는 단체에 대한 소에 관하여는 법원에 국제재판관할이 있다.

제4조(사무소·영업소 소재지 등의 특별관할) ① 대한민국에 사무소·영업소가 있는 사람·법인 또는 단체에 대한 대한민국에 있는 사무소 또는 영업소의 업무와 관련된 소는 법원에 제기할 수 있다.

② 대한민국에서 또는 대한민국을 향하여 계속적이고 조직적인 사업 또는 영업활동을 하는 사람·법인 또는 단체에 대하여 그 사업 또는 영업활동과 관련이 있는 소는 법원에 제기할 수 있다.

제5조(재산소재지의 특별관할) 재산권에 관한 소는 다음 각 호의 어느 하나에 해당하는 경우 법원에 제기할 수 있다.

1. 청구의 목적 또는 담보의 목적인 재산이 대한민국에 있는 경우
2. 압류할 수 있는 피고의 재산이 대한민국에 있는 경우. 다만, 분쟁이 된 사안이 대한민국과 아무런 관련이 없거나 근소한 관련만 있는 경우 또는 그 재산의 가액이 현저하게 적은 경우는 제외한다.

제6조(관련사건의 관할) ① 상호 밀접한 관련이 있는 여러 개의 청구 가운데 하나에 대하여 법원에 국제재판관할이 있으면 그 여러 개의 청구를 하나의 소로 법원에 제기할 수 있다.

② 공동피고 가운데 1인의 피고에 대하여 법원이 제3조에 따른 일반관할을 가지는 때에는 그 피고에 대한 청구와 다른 공동피고에 대한 청구 사이에 밀접한 관련이 있어서 모순된 재판의 위험을 피할 필요가 있는 경우에만 공동피고에 대한 소를 하나의 소로 법원에 제기할 수 있다.

③ 다음 각 호의 사건의 주된 청구에 대하여 제56조부터 제61조까지의 규정에 따라 법원에 국제재판관할이 있는 경우에는 친권자·양육자 지정, 부양료 지급 등 해당 주된 청구에 부수되는 부수적 청구에 대해서도 법원에 소를 제기할 수 있다.

1. 혼인관계 사건
2. 친생자관계 사건
3. 입양관계 사건
4. 부모·자녀 간 관계 사건
5. 부양관계 사건
6. 후견관계 사건

④ 제3항 각 호에 따른 사건의 주된 청구에 부수되는 부수적 청구에 대해서만 법원에 국제재판관할이 있는 경우에는 그 주된 청구에 대한 소를 법원에 제기할 수 없다.

제7조(반소관할) 본소(本訴)에 대하여 법원에 국제재판관할이 있고 소송절차를 현저히 지연시키지 아니하는 경우 피고는 본소의 청구 또는 방어방법과 밀접한 관련이 있는 청구를 목적으로 하는 반소(反訴)를 본소가 계속(係屬)된 법원에 제기할 수 있다.

제8조(합의관할) ① 당사자는 일정한 법률관계로 말미암은 소에 관하여 국제재판관할의 합의(이하 이 조에서 "합의"라 한다)를 할 수 있다. 다만, 합의가 다음 각 호의 어느 하나에 해당하는 경우에는 효력이 없다.

1. 합의에 따라 국제재판관할을 가지는 국가의 법(준거법의 지정에 관한 법규를 포함한다)에 따를 때 그 합의가 효력이 없는 경우
2. 합의를 한 당사자가 합의를 할 능력이 없었던 경우
3. 대한민국의 법령 또는 조약에 따를 때 합의의 대상이 된 소가 합의로 정한 국가가 아닌 다른 국가의 국제재판관할에 전속하는 경우
4. 합의의 효력을 인정하면 소가 계속된 국가의 선량한 풍속이나 그 밖의 사회질서에 명백히 위반되는 경우

② 합의는 서면[전보(電報), 전신(電信), 팩스, 전자우편 또는 그 밖의 통신수단에 의하여 교환된 전자적(電子的) 의사표시를 포함한다]으로 하여야 한다.

③ 합의로 정해진 관할은 전속적인 것으로 추정한다.

④ 합의가 당사자 간의 계약 조항의 형식으로 되어 있는 경우 계약 중 다른 조항의 효력은 합의 조항의 효력에 영향을 미치지 아니한다.

⑤ 당사자 간에 일정한 법률관계로 말미암은 소에 관하여 외국법원을 선택하는 전속적 합의가 있는 경우 법원에 그 소가 제기된 때에는 법원은 해당 소를 각하하여야 한다. 다만, 다음 각 호의 어느 하나에 해당하는 경우에는 그러하지 아니하다.

1. 합의가 제1항 각 호의 사유로 효력이 없는 경우
2. 제9조에 따라 변론관할이 발생하는 경우
3. 합의에 따라 국제재판관할을 가지는 국가의 법원이 사건을 심리하지 아니하기로 하는 경우
4. 합의가 제대로 이행될 수 없는 명백한 사정이 있는 경우

제9조(변론관할) 피고가 국제재판관할이 없음을 주장하지 아니하고 본안에 대하여 변론하거나 변론준비기일에서 진술하면 법원에 그 사건에 대한 국제재판관할이 있다.

제10조(전속관할) ① 다음 각 호의 소는 법원에만 제기할 수 있다.

1. 대한민국의 공적 장부의 등기 또는 등록에 관한 소. 다만, 당사자 간의 계약에 따른 이전이나 그 밖의 처분에 관한 소로서 등기 또는 등록의 이행을 청구하는 경우는 제외한다.
2. 대한민국 법령에 따라 설립된 법인 또는 단체의 설립 무효, 해산 또는 그 기관의 결의의 유효 또는 무효에 관한 소
3. 대한민국에 있는 부동산의 물권에 관한 소 또는 부동산의 사용을 목적으로 하는 권리로서 공적 장부에 등기나 등록이 된 것에 관한 소
4. 등록 또는 기탁에 의하여 창설되는 지식재산권이 대한민국에 등록되어 있거나 등록이 신청된 경우 그 지식재산권의 성립, 유효성 또는 소멸에 관한 소
5. 대한민국에서 재판의 집행을 하려는 경우 그 집행에 관한 소

② 대한민국의 법령 또는 조약에 따른 국제재판관할의 원칙상 외국법원의 국제재판관할에 전속하는 소에 대해서는 제3조부터 제7조까지 및 제9조의 규정을 적용하지 아니한다.

③ 제1항 각 호에 따라 법원의 전속관할에 속하는 사항이 다른 소의 선결문제가 되는 경우에는 제1항을 적용하지 아니한다.

제11조(국제적 소송경합) ① 같은 당사자 간에 외국법원에 계속 중인 사건과 동일한 소가 법원에 다시 제기된 경우에 외국법원의 재판이 대한민국에서 승인될 것으로 예상되는 때에는 법원은 직권 또는 당사자의 신청에 의하여 결정으로 소송절차를 중지할 수 있다. 다만, 다음 각 호의 어느 하나에 해당하는 경우에는 그러하지 아니하다.

1. 전속적 국제재판관할의 합의에 따라 법원에 국제재판관할이 있는 경우

2. 법원에서 해당 사건을 재판하는 것이 외국법원에서 재판하는 것보다 더 적절함이 명백한 경우

② 당사자는 제1항에 따른 법원의 중지 결정에 대해서는 즉시항고를 할 수 있다.

③ 법원은 대한민국 법령 또는 조약에 따른 승인 요건을 갖춘 외국의 재판이 있는 경우 같은 당사자 간에 그 재판과 동일한 소가 법원에 제기된 때에는 그 소를 각하하여야 한다.

④ 외국법원이 본안에 대한 재판을 하기 위하여 필요한 조치를 하지 아니하는 경우 또는 외국법원이 합리적인 기간 내에 본안에 관하여 재판을 선고하지 아니하거나 선고하지 아니할 것으로 예상되는 경우에 당사자의 신청이 있으면 법원은 제1항에 따라 중지된 사건의 심리를 계속할 수 있다.

⑤ 제1항에 따라 소송절차의 중지 여부를 결정하는 경우 소의 선후(先後)는 소를 제기한 때를 기준으로 한다.

제12조(국제재판관할권의 불행사) ① 이 법에 따라 법원에 국제재판관할이 있는 경우에도 법원이 국제재판관할권을 행사하기에 부적절하고 국제재판관할이 있는 외국법원이 분쟁을 해결하기에 더 적절하다는 예외적인 사정이 명백히 존재할 때에는 피고의 신청에 의하여 법원은 본안에 관한 최초의 변론기일 또는 변론준비기일까지 소송절차를 결정으로 중지하거나 소를 각하할 수 있다. 다만, 당사자가 합의한 국제재판관할이 법원에 있는 경우에는 그러하지 아니하다.

② 제1항 본문의 경우 법원은 소송절차를 중지하거나 소를 각하하기 전에 원고에게 진술할 기회를 주어야 한다.

③ 당사자는 제1항에 따른 법원의 중지 결정에 대해서는 즉시항고를 할 수 있다.

제13조(적용 제외) 제24조, 제56조부터 제59조까지, 제61조, 제62조, 제76조제4항 및 제89조에 따라 국제재판관할이 정하여지는 사건에는 제8조 및 제9조를 적용하지 아니한다.

제14조(보전처분의 관할) ① 보전처분에 대해서는 다음 각 호의 어느 하나에 해당하는 경우 법원에 국제재판관할이 있다.

1. 법원에 본안에 관한 국제재판관할이 있는 경우
2. 보전처분의 대상이 되는 재산이 대한민국에 있는 경우

② 제1항에도 불구하고 당사자는 긴급히 필요한 경우에는 대한민국에서만 효력을 가지는 보전처분을 법원에 신청할 수 있다.

제15조(비송사건의 관할) ① 비송사건의 국제재판관할에 관하여는 성질에 반하지 아니하는 범위에서 제2조부터 제14조까지의 규정을 준용한다.

② 비송사건의 국제재판관할은 다음 각 호의 구분에 따라 해당 규정에서 정한 바에 따른다.

1. 실종선고 등에 관한 사건: 제24조
2. 친족관계에 관한 사건: 제56조부터 제61조까지
3. 상속 및 유언에 관한 사건: 제76조

4. 선박소유자 등의 책임제한에 관한 사건: 제89조

③ 제2항 각 호에서 규정하는 경우 외에 개별 비송사건의 관할에 관하여 이 법에 다른 규정이 없는 경우에는 제2조에 따른다.

제3절 준거법

제18조(외국법의 적용) 법원은 이 법에 따라 준거법으로 정해진 외국법의 내용을 직권으로 조사·적용하여야 하며, 이를 위하여 당사자에게 협력을 요구할 수 있다.

제19조(준거법의 범위) 이 법에 따라 준거법으로 지정되는 외국법의 규정은 공법적 성격이 있다는 이유만으로 적용이 배제되지 아니한다.

제20조(대한민국 법의 강행적 적용) 입법목적에 비추어 준거법에 관계없이 해당 법률관계에 적용되어야 하는 대한민국의 강행규정은 이 법에 따라 외국법이 준거법으로 지정되는 경우에도 적용한다.

제21조(준거법 지정의 예외) ① 이 법에 따라 지정된 준거법이 해당 법률관계와 근소한 관련이 있을 뿐이고, 그 법률관계와 가장 밀접한 관련이 있는 다른 국가의 법이 명백히 존재하는 경우에는 그 다른 국가의 법에 따른다.

② 당사자가 합의에 따라 준거법을 선택하는 경우에는 제1항을 적용하지 아니한다.

제22조(외국법에 따른 대한민국 법의 적용) ① 이 법에 따라 외국법이 준거법으로 지정된 경우에 그 국가의 법에 따라 대한민국 법이 적용되어야 할 때에는 대한민국의 법(준거법의 지정에 관한 법규는 제외한다)에 따른다.

② 다음 각 호의 어느 하나에 해당하는 경우에는 제1항을 적용하지 아니한다.

 1. 당사자가 합의로 준거법을 선택하는 경우
 2. 이 법에 따라 계약의 준거법이 지정되는 경우
 3. 제73조에 따라 부양의 준거법이 지정되는 경우
 4. 제78조제3항에 따라 유언의 방식의 준거법이 지정되는 경우
 5. 제94조에 따라 선적국법이 지정되는 경우
 6. 그 밖에 제1항을 적용하는 것이 이 법의 준거법 지정 취지에 반하는 경우

제23조(사회질서에 반하는 외국법의 규정) 외국법에 따라야 하는 경우에 그 규정의 적용이 대한민국의 선량한 풍속이나 그 밖의 사회질서에 명백히 위반될 때에는 그 규정을 적용하지 아니한다.

제2장 사람

제1절 국제재판관할

제24조(실종선고 등 사건의 특별관할) ① 실종선고에 관한 사건에 대해서는 다음 각 호의 어느 하나에 해당하는 경우 법원에 국제재판관할이 있다.

1. 부재자가 대한민국 국민인 경우
2. 부재자의 마지막 일상거소가 대한민국에 있는 경우
3. 부재자의 재산이 대한민국에 있거나 대한민국 법에 따라야 하는 법률관계가 있는 경우. 다만, 그 재산 및 법률관계에 관한 부분으로 한정한다.
4. 그 밖에 정당한 사유가 있는 경우

② 부재자 재산관리에 관한 사건에 대해서는 부재자의 마지막 일상거소 또는 재산이 대한민국에 있는 경우 법원에 국제재판관할이 있다.

제25조(사원 등에 대한 소의 특별관할) 법원이 제3조제3항에 따른 국제재판관할을 가지는 경우 다음 각 호의 소는 법원에 제기할 수 있다.

1. 법인 또는 단체가 그 사원 또는 사원이었던 사람에 대하여 소를 제기하는 경우로서 그 소가 사원의 자격으로 말미암은 것인 경우
2. 법인 또는 단체의 사원이 다른 사원 또는 사원이었던 사람에 대하여 소를 제기하는 경우로서 그 소가 사원의 자격으로 말미암은 것인 경우
3. 법인 또는 단체의 사원이었던 사람이 법인 · 단체의 사원에 대하여 소를 제기하는 경우로서 그 소가 사원의 자격으로 말미암은 것인 경우

제2절 준거법

제26조(권리능력) 사람의 권리능력은 그의 본국법에 따른다.

제27조(실종과 부재) ① 실종선고 및 부재자 재산관리는 실종자 또는 부재자의 본국법에 따른다.

② 제1항에도 불구하고 외국인에 대하여 법원이 실종선고나 그 취소 또는 부재자 재산관리의 재판을 하는 경우에는 대한민국 법에 따른다.

제28조(행위능력) ① 사람의 행위능력은 그의 본국법에 따른다. 행위능력이 혼인에 의하여 확대되는 경우에도 또한 같다.

② 이미 취득한 행위능력은 국적의 변경에 의하여 상실되거나 제한되지 아니한다.

제29조(거래보호) ① 법률행위를 한 사람과 상대방이 법률행위의 성립 당시 동일한 국가에 있는 경우에 그 행위자가 그의 본국법에 따르면 무능력자이더라도 법률행위가 있었던 국가의 법에 따라 능력자인 때에는 그의 무능력을 주장할 수 없다. 다만, 상대방이 법률행위 당시 그의 무능력을 알았거나 알 수 있었을 경우에는 그러하지 아니하다.

② 제1항은 친족법 또는 상속법의 규정에 따른 법률행위 및 행위지 외의 국가에 있는 부동산에 관한 법률행위에는 이를 적용하지 아니한다.

제30조(법인 및 단체) 법인 또는 단체는 그 설립의 준거법에 따른다. 다만, 외국에서 설립된 법인 또는 단체가 대한민국에 주된 사무소가 있거나 대한민국에서 주된 사업을 하는 경우에는 대한민국 법에 따른다.

제3장 법률행위

제31조(법률행위의 방식) ① 법률행위의 방식은 그 행위의 준거법에 따른다.

② 행위지법에 따라 한 법률행위의 방식은 제1항에도 불구하고 유효하다.

③ 당사자가 계약체결 시 서로 다른 국가에 있을 때에는 그 국가 중 어느 한 국가의 법에서 정한 법률행위의 방식에 따를 수 있다.

④ 대리인에 의한 법률행위의 경우에는 대리인이 있는 국가를 기준으로 행위지법을 정한다.

⑤ 제2항부터 제4항까지의 규정은 물권이나 그 밖에 등기하여야 하는 권리를 설정하거나 처분하는 법률행위의 방식에는 적용하지 아니한다.

제32조(임의대리) ① 본인과 대리인 간의 관계는 당사자 간의 법률관계의 준거법에 따른다.

② 대리인의 행위로 인하여 본인이 제3자에 대하여 의무를 부담하는지 여부는 대리인의 영업소가 있는 국가의 법에 따르며, 대리인의 영업소가 없거나 영업소가 있더라도 제3자가 알 수 없는 경우에는 대리인이 실제로 대리행위를 한 국가의 법에 따른다.

③ 대리인이 본인과 근로계약 관계에 있고, 그의 영업소가 없는 경우에는 본인의 주된 영업소를 그의 영업소로 본다.

④ 본인은 제2항 및 제3항에도 불구하고 대리의 준거법을 선택할 수 있다. 다만, 준거법의 선택은 대리권을 증명하는 서면에 명시되거나 본인 또는 대리인이 제3자에게 서면으로 통지한 경우에만 그 효력이 있다.

⑤ 대리권이 없는 대리인과 제3자 간의 관계에 관하여는 제2항을 준용한다.

제4장 물권

제33조(물권) ① 동산 및 부동산에 관한 물권 또는 등기하여야 하는 권리는 그 동산·부동산의 소재지법에 따른다.

② 제1항에 규정된 권리의 취득·상실·변경은 그 원인된 행위 또는 사실의 완성 당시 그 동산·부동산의 소재지법에 따른다.

제34조(운송수단) 항공기에 관한 물권은 그 항공기의 국적이 소속된 국가의 법에 따르고, 철도차량에 관한 물권은 그 철도차량의 운행을 허가한 국가의 법에 따른다.

제35조(무기명증권) 무기명증권에 관한 권리의 취득·상실·변경은 그 원인된 행위 또는 사실의 완성 당시 그 무기명증권의 소재지법에 따른다.

제36조(이동 중인 물건) 이동 중인 물건에 관한 물권의 취득·상실·변경은 그 목적지가 속하는 국가의 법에 따른다.

제37조(채권 등에 대한 약정담보물권) 채권·주식, 그 밖의 권리 또는 이를 표창하는 유가

증권을 대상으로 하는 약정담보물권은 담보대상인 권리의 준거법에 따른다. 다만, 무기명 증권을 대상으로 하는 약정담보물권은 제35조에 따른다.

제5장 지식재산권

제1절 국제재판관할
제38조(지식재산권 계약에 관한 소의 특별관할) ① 지식재산권의 양도, 담보권 설정, 사용 허락 등의 계약에 관한 소는 다음 각 호의 어느 하나에 해당하는 경우 법원에 제기할 수 있다.
  1. 지식재산권이 대한민국에서 보호되거나 사용 또는 행사되는 경우
  2. 지식재산권에 관한 권리가 대한민국에서 등록되는 경우
② 제1항에 따른 국제재판관할이 적용되는 소에는 제41조를 적용하지 아니한다.
제39조(지식재산권 침해에 관한 소의 특별관할) ① 지식재산권 침해에 관한 소는 다음 각 호의 어느 하나에 해당하는 경우 법원에 제기할 수 있다. 다만, 이 경우 대한민국에서 발생한 결과에 한한다.
  1. 침해행위를 대한민국에서 한 경우
  2. 침해의 결과가 대한민국에서 발생한 경우
  3. 침해행위를 대한민국을 향하여 한 경우
② 제1항에 따라 소를 제기하는 경우 제6조제1항을 적용하지 아니한다.
③ 제1항 및 제2항에도 불구하고 지식재산권에 대한 주된 침해행위가 대한민국에서 일어난 경우에는 외국에서 발생하는 결과를 포함하여 침해행위로 인한 모든 결과에 관한 소를 법원에 제기할 수 있다.
④ 제1항 및 제3항에 따라 소를 제기하는 경우 제44조를 적용하지 아니한다.

제2절 준거법
제40조(지식재산권의 보호) 지식재산권의 보호는 그 침해지법에 따른다.

제6장 채권

제1절 국제재판관할
제41조(계약에 관한 소의 특별관할) ① 계약에 관한 소는 다음 각 호의 어느 하나에 해당하는 곳이 대한민국에 있는 경우 법원에 제기할 수 있다.
  1. 물품공급계약의 경우에는 물품인도지
  2. 용역제공계약의 경우에는 용역제공지
  3. 물품인도지와 용역제공지가 복수이거나 물품공급과 용역제공을 함께 목적으로 하는

계약의 경우에는 의무의 주된 부분의 이행지

② 제1항에서 정한 계약 외의 계약에 관한 소는 청구의 근거인 의무가 이행된 곳 또는 그 의무가 이행되어야 할 곳으로 계약당사자가 합의한 곳이 대한민국에 있는 경우 법원에 제기할 수 있다.

제42조(소비자계약의 관할) ① 소비자가 자신의 직업 또는 영업활동 외의 목적으로 체결하는 계약으로서 다음 각 호의 어느 하나에 해당하는 경우 대한민국에 일상거소가 있는 소비자는 계약의 상대방(직업 또는 영업활동으로 계약을 체결하는 자를 말한다. 이하 "사업자"라 한다)에 대하여 법원에 소를 제기할 수 있다.

  1. 사업자가 계약체결에 앞서 소비자의 일상거소가 있는 국가(이하 "일상거소지국"이라 한다)에서 광고에 의한 거래 권유 등 직업 또는 영업활동을 하거나 소비자의 일상거소지국 외의 지역에서 소비자의 일상거소지국을 향하여 광고에 의한 거래의 권유 등 직업 또는 영업활동을 하고, 그 계약이 사업자의 직업 또는 영업활동의 범위에 속하는 경우
  2. 사업자가 소비자의 일상거소지국에서 소비자의 주문을 받은 경우
  3. 사업자가 소비자로 하여금 소비자의 일상거소지국이 아닌 국가에 가서 주문을 하도록 유도한 경우

② 제1항에 따른 계약(이하 "소비자계약"이라 한다)의 경우에 소비자의 일상거소가 대한민국에 있는 경우에는 사업자가 소비자에 대하여 제기하는 소는 법원에만 제기할 수 있다.

③ 소비자계약의 당사자 간에 제8조에 따른 국제재판관할의 합의가 있을 때 그 합의는 다음 각 호의 어느 하나에 해당하는 경우에만 효력이 있다.

  1. 분쟁이 이미 발생한 후 국제재판관할의 합의를 한 경우
  2. 국제재판관할의 합의에서 법원 외에 외국법원에도 소비자가 소를 제기할 수 있도록 한 경우

제43조(근로계약의 관할) ① 근로자가 대한민국에서 일상적으로 노무를 제공하거나 최후로 일상적 노무를 제공한 경우에는 사용자에 대한 근로계약에 관한 소를 법원에 제기할 수 있다. 근로자가 일상적으로 대한민국에서 노무를 제공하지 아니하거나 아니하였던 경우에 사용자가 그를 고용한 영업소가 대한민국에 있거나 있었을 때에도 또한 같다.

② 사용자가 근로자에 대하여 제기하는 근로계약에 관한 소는 근로자의 일상거소가 대한민국에 있거나 근로자가 대한민국에서 일상적으로 노무를 제공하는 경우에는 법원에만 제기할 수 있다.

③ 근로계약의 당사자 간에 제8조에 따른 국제재판관할의 합의가 있을 때 그 합의는 다음 각 호의 어느 하나에 해당하는 경우에만 효력이 있다.

  1. 분쟁이 이미 발생한 경우
  2. 국제재판관할의 합의에서 법원 외에 외국법원에도 근로자가 소를 제기할 수 있도록 한 경우

제44조(불법행위에 관한 소의 특별관할) 불법행위에 관한 소는 그 행위가 대한민국에서 행하여지거나 대한민국을 향하여 행하여지는 경우 또는 대한민국에서 그 결과가 발생하는 경우 법원에 제기할 수 있다. 다만, 불법행위의 결과가 대한민국에서 발생할 것을 예견할 수 없었던 경우에는 그러하지 아니하다.

제2절 준거법

제45조(당사자 자치) ① 계약은 당사자가 명시적 또는 묵시적으로 선택한 법에 따른다. 다만, 묵시적인 선택은 계약내용이나 그 밖의 모든 사정으로부터 합리적으로 인정할 수 있는 경우로 한정한다.

② 당사자는 계약의 일부에 관하여도 준거법을 선택할 수 있다.

③ 당사자는 합의에 의하여 이 조 또는 제46조에 따른 준거법을 변경할 수 있다. 다만, 계약체결 후 이루어진 준거법의 변경은 계약 방식의 유효 여부와 제3자의 권리에 영향을 미치지 아니한다.

④ 모든 요소가 오로지 한 국가와 관련이 있음에도 불구하고 당사자가 그 외의 다른 국가의 법을 선택한 경우에 관련된 국가의 강행규정은 적용이 배제되지 아니한다.

⑤ 준거법 선택에 관한 당사자 간 합의의 성립 및 유효성에 관하여는 제49조를 준용한다.

제46조(준거법 결정 시의 객관적 연결) ① 당사자가 준거법을 선택하지 아니한 경우에 계약은 그 계약과 가장 밀접한 관련이 있는 국가의 법에 따른다.

② 당사자가 계약에 따라 다음 각 호의 어느 하나에 해당하는 이행을 하여야 하는 경우에는 계약체결 당시 그의 일상거소가 있는 국가의 법(당사자가 법인 또는 단체인 경우에는 주된 사무소가 있는 국가의 법을 말한다)이 가장 밀접한 관련이 있는 것으로 추정한다. 다만, 계약이 당사자의 직업 또는 영업활동으로 체결된 경우에는 당사자의 영업소가 있는 국가의 법이 가장 밀접한 관련이 있는 것으로 추정한다.

 1. 양도계약의 경우에는 양도인의 이행

 2. 이용계약의 경우에는 물건 또는 권리를 이용하도록 하는 당사자의 이행

 3. 위임·도급계약 및 이와 유사한 용역제공계약의 경우에는 용역의 이행

③ 부동산에 대한 권리를 대상으로 하는 계약의 경우에는 부동산이 있는 국가의 법이 가장 밀접한 관련이 있는 것으로 추정한다.

제47조(소비자계약) ① 소비자계약의 당사자가 준거법을 선택하더라도 소비자의 일상거소가 있는 국가의 강행규정에 따라 소비자에게 부여되는 보호를 박탈할 수 없다.

② 소비자계약의 당사자가 준거법을 선택하지 아니한 경우에는 제46조에도 불구하고 소비자의 일상거소지법에 따른다.

③ 소비자계약의 방식은 제31조제1항부터 제3항까지의 규정에도 불구하고 소비자의 일상거소지법에 따른다.

제48조(근로계약) ① 근로계약의 당사자가 준거법을 선택하더라도 제2항에 따라 지정되는

준거법 소속 국가의 강행규정에 따라 근로자에게 부여되는 보호를 박탈할 수 없다.

② 근로계약의 당사자가 준거법을 선택하지 아니한 경우 근로계약은 제46조에도 불구하고 근로자가 일상적으로 노무를 제공하는 국가의 법에 따르며, 근로자가 일상적으로 어느 한 국가 안에서 노무를 제공하지 아니하는 경우에는 사용자가 근로자를 고용한 영업소가 있는 국가의 법에 따른다.

제49조(계약의 성립 및 유효성) ① 계약의 성립 및 유효성은 그 계약이 유효하게 성립하였을 경우 이 법에 따라 적용되어야 하는 준거법에 따라 판단한다.

② 제1항에 따른 준거법에 따라 당사자의 행위의 효력을 판단하는 것이 모든 사정에 비추어 명백히 부당한 경우에는 그 당사자는 계약에 동의하지 아니하였음을 주장하기 위하여 그의 일상거소지법을 원용할 수 있다.

제50조(사무관리) ① 사무관리는 그 관리가 행하여진 곳의 법에 따른다. 다만, 사무관리가 당사자 간의 법률관계에 근거하여 행하여진 경우에는 그 법률관계의 준거법에 따른다.

② 다른 사람의 채무를 변제함으로써 발생하는 청구권은 그 채무의 준거법에 따른다.

제51조(부당이득) 부당이득은 그 이득이 발생한 곳의 법에 따른다. 다만, 부당이득이 당사자 간의 법률관계에 근거한 이행으로부터 발생한 경우에는 그 법률관계의 준거법에 따른다.

제52조(불법행위) ① 불법행위는 그 행위를 하거나 그 결과가 발생하는 곳의 법에 따른다.

② 불법행위를 한 당시 동일한 국가 안에 가해자와 피해자의 일상거소가 있는 경우에는 제1항에도 불구하고 그 국가의 법에 따른다.

③ 가해자와 피해자 간에 존재하는 법률관계가 불법행위에 의하여 침해되는 경우에는 제1항 및 제2항에도 불구하고 그 법률관계의 준거법에 따른다.

④ 제1항부터 제3항까지의 규정에 따라 외국법이 적용되는 경우에 불법행위로 인한 손해배상청구권은 그 성질이 명백히 피해자의 적절한 배상을 위한 것이 아니거나 그 범위가 본질적으로 피해자의 적절한 배상을 위하여 필요한 정도를 넘을 때에는 인정하지 아니한다.

제53조(준거법에 관한 사후적 합의) 당사자는 제50조부터 제52조까지의 규정에도 불구하고 사무관리·부당이득·불법행위가 발생한 후 합의에 의하여 대한민국 법을 그 준거법으로 선택할 수 있다. 다만, 그로 인하여 제3자의 권리에 영향을 미치지 아니한다.

제54조(채권의 양도 및 채무의 인수) ① 채권의 양도인과 양수인 간의 법률관계는 당사자 간의 계약의 준거법에 따른다. 다만, 채권의 양도가능성, 채무자 및 제3자에 대한 채권양도의 효력은 양도되는 채권의 준거법에 따른다.

② 채무인수에 관하여는 제1항을 준용한다.

제55조(법률에 따른 채권의 이전) ① 법률에 따른 채권의 이전은 그 이전의 원인이 된 구(舊)채권자와 신(新)채권자 간의 법률관계의 준거법에 따른다. 다만, 이전되는 채권의 준거법에 채무자 보호를 위한 규정이 있는 경우에는 그 규정이 적용된다.

② 제1항과 같은 법률관계가 존재하지 아니하는 경우에는 이전되는 채권의 준거법에 따른다.

제7장 친족

제1절 국제재판관할

제56조(혼인관계에 관한 사건의 특별관할) ① 혼인관계에 관한 사건에 대해서는 다음 각 호의 어느 하나에 해당하는 경우 법원에 국제재판관할이 있다.

  1. 부부 중 한쪽의 일상거소가 대한민국에 있고 부부의 마지막 공동 일상거소가 대한민국에 있었던 경우
  2. 원고와 미성년 자녀 전부 또는 일부의 일상거소가 대한민국에 있는 경우
  3. 부부 모두가 대한민국 국민인 경우
  4. 대한민국 국민으로서 대한민국에 일상거소를 둔 원고가 혼인관계 해소만을 목적으로 제기하는 사건의 경우

② 부부 모두를 상대로 하는 혼인관계에 관한 사건에 대해서는 다음 각 호의 어느 하나에 해당하는 경우 법원에 국제재판관할이 있다.

  1. 부부 중 한쪽의 일상거소가 대한민국에 있는 경우
  2. 부부 중 한쪽이 사망한 때에는 생존한 다른 한쪽의 일상거소가 대한민국에 있는 경우
  3. 부부 모두가 사망한 때에는 부부 중 한쪽의 마지막 일상거소가 대한민국에 있었던 경우
  4. 부부 모두가 대한민국 국민인 경우

제57조(친생자관계에 관한 사건의 특별관할) 친생자관계의 성립 및 해소에 관한 사건에 대해서는 다음 각 호의 어느 하나에 해당하는 경우 법원에 국제재판관할이 있다.

  1. 자녀의 일상거소가 대한민국에 있는 경우
  2. 자녀와 피고가 되는 부모 중 한쪽이 대한민국 국민인 경우

제58조(입양관계에 관한 사건의 특별관할) ① 입양의 성립에 관한 사건에 대해서는 양자가 되려는 사람 또는 양친이 되려는 사람의 일상거소가 대한민국에 있는 경우 법원에 국제재판관할이 있다.

② 양친자관계의 존부확인, 입양의 취소 또는 파양(罷養)에 관한 사건에 관하여는 제57조를 준용한다.

제59조(부모·자녀 간의 법률관계 등에 관한 사건의 특별관할) 미성년인 자녀 등에 대한 친권, 양육권 및 면접교섭권에 관한 사건에 대해서는 다음 각 호의 어느 하나에 해당하는 경우 법원에 국제재판관할이 있다.

  1. 자녀의 일상거소가 대한민국에 있는 경우
  2. 부모 중 한쪽과 자녀가 대한민국 국민인 경우

제60조(부양에 관한 사건의 관할) ① 부양에 관한 사건에 대해서는 부양권리자의 일상거소가 대한민국에 있는 경우 법원에 국제재판관할이 있다.

② 당사자가 부양에 관한 사건에 대하여 제8조에 따라 국제재판관할의 합의를 하는 경우 다음 각 호의 어느 하나에 해당하면 합의의 효력이 없다.

1. 부양권리자가 미성년자이거나 피후견인인 경우. 다만, 해당 합의에서 미성년자이거나 피후견인인 부양권리자에게 법원 외에 외국법원에도 소를 제기할 수 있도록 한 경우는 제외한다.

2. 합의로 지정된 국가가 사안과 아무런 관련이 없거나 근소한 관련만 있는 경우

③ 부양에 관한 사건이 다음 각 호의 어느 하나에 해당하는 경우에는 제9조를 적용하지 아니한다.

1. 부양권리자가 미성년자이거나 피후견인인 경우

2. 대한민국이 사안과 아무런 관련이 없거나 근소한 관련만 있는 경우

제61조(후견에 관한 사건의 특별관할) ① 성년인 사람의 후견에 관한 사건에 대해서는 다음 각 호의 어느 하나에 해당하는 경우 법원에 국제재판관할이 있다.

1. 피후견인(피후견인이 될 사람을 포함한다. 이하 같다)의 일상거소가 대한민국에 있는 경우

2. 피후견인이 대한민국 국민인 경우

3. 피후견인의 재산이 대한민국에 있고 피후견인을 보호하여야 할 필요가 있는 경우

② 미성년자의 후견에 관한 사건에 대해서는 다음 각 호의 어느 하나에 해당하는 경우 법원에 국제재판관할이 있다.

1. 미성년자의 일상거소가 대한민국에 있는 경우

2. 미성년자의 재산이 대한민국에 있고 미성년자를 보호하여야 할 필요가 있는 경우

제62조(가사조정사건의 관할) 제56조부터 제61조까지의 규정에 따라 법원에 국제재판관할이 있는 사건의 경우에는 그 조정사건에 대해서도 법원에 국제재판관할이 있다.

제2절 준거법

제63조(혼인의 성립) ① 혼인의 성립요건은 각 당사자에 관하여 그 본국법에 따른다.

② 혼인의 방식은 혼인을 한 곳의 법 또는 당사자 중 한쪽의 본국법에 따른다. 다만, 대한민국에서 혼인을 하는 경우에 당사자 중 한쪽이 대한민국 국민인 때에는 대한민국 법에 따른다.

제64조(혼인의 일반적 효력) 혼인의 일반적 효력은 다음 각 호의 법의 순위에 따른다.

1. 부부의 동일한 본국법

2. 부부의 동일한 일상거소지법

3. 부부와 가장 밀접한 관련이 있는 곳의 법

제65조(부부재산제) ① 부부재산제에 관하여는 제64조를 준용한다.

② 부부가 합의에 의하여 다음 각 호의 어느 하나에 해당하는 법을 선택한 경우 부부재산제는 제1항에도 불구하고 그 법에 따른다. 다만, 그 합의는 날짜와 부부의 기명날인 또는 서명이 있는 서면으로 작성된 경우에만 그 효력이 있다.

1. 부부 중 한쪽이 국적을 가지는 법

2. 부부 중 한쪽의 일상거소지법

3. 부동산에 관한 부부재산제에 대해서는 그 부동산의 소재지법

③ 대한민국에서 행한 법률행위 및 대한민국에 있는 재산에 관하여는 외국법에 따른 부부재산제로써 선의의 제3자에게 대항할 수 없다. 이 경우 외국법에 따를 수 없을 때에 제3자와의 관계에서 부부재산제는 대한민국 법에 따른다.

④ 제3항에도 불구하고 외국법에 따라 체결된 부부재산계약을 대한민국에서 등기한 경우에는 제3자에게 대항할 수 있다.

제66조(이혼) 이혼에 관하여는 제64조를 준용한다. 다만, 부부 중 한쪽이 대한민국에 일상거소가 있는 대한민국 국민인 경우 이혼은 대한민국 법에 따른다.

제67조(혼인 중의 부모·자녀관계) ① 혼인 중의 부모·자녀관계의 성립은 자녀의 출생 당시 부부 중 한쪽의 본국법에 따른다.

② 제1항의 경우에 남편이 자녀의 출생 전에 사망한 때에는 남편의 사망 당시 본국법을 그의 본국법으로 본다.

제68조(혼인 외의 부모·자녀관계) ① 혼인 외의 부모·자녀관계의 성립은 자녀의 출생 당시 어머니의 본국법에 따른다. 다만, 아버지와 자녀 간의 관계의 성립은 자녀의 출생 당시 아버지의 본국법 또는 현재 자녀의 일상거소지법에 따를 수 있다.

② 인지는 제1항에서 정하는 법 외에 인지 당시 인지자의 본국법에 따를 수 있다.

③ 제1항의 경우에 아버지가 자녀의 출생 전에 사망한 때에는 사망 당시 본국법을 그의 본국법으로 보고, 제2항의 경우에 인지자가 인지 전에 사망한 때에는 사망 당시 본국법을 그의 본국법으로 본다.

제69조(혼인 외의 출생자) ① 혼인 외의 출생자가 혼인 중의 출생자로 그 지위가 변동되는 경우에 관하여는 그 요건인 사실의 완성 당시 아버지 또는 어머니의 본국법 또는 자녀의 일상거소지법에 따른다.

② 제1항의 경우에 아버지 또는 어머니가 그 요건인 사실이 완성되기 전에 사망한 때에는 아버지 또는 어머니의 사망 당시 본국법을 그의 본국법으로 본다.

제70조(입양 및 파양) 입양 및 파양은 입양 당시 양부모의 본국법에 따른다.

제71조(동의) 제68조부터 제70조까지의 규정에 따른 부모·자녀관계의 성립에 관하여 자녀의 본국법이 자녀 또는 제3자의 승낙이나 동의 등을 요건으로 할 때에는 그 요건도 갖추어야 한다.

제72조(부모·자녀 간의 법률관계) 부모·자녀 간의 법률관계는 부모와 자녀의 본국법이 모두 동일한 경우에는 그 법에 따르고, 그 외의 경우에는 자녀의 일상거소지법에 따른다.

제73조(부양) ① 부양의 의무는 부양권리자의 일상거소지법에 따른다. 다만, 그 법에 따르면 부양권리자가 부양의무자로부터 부양을 받을 수 없을 때에는 당사자의 공통 본국법에 따른다.

② 대한민국에서 이혼이 이루어지거나 승인된 경우에 이혼한 당사자 간의 부양의무는 제1

항에도 불구하고 그 이혼에 관하여 적용된 법에 따른다.

③ 방계혈족 간 또는 인척 간의 부양의무와 관련하여 부양의무자는 부양권리자의 청구에 대하여 당사자의 공통 본국법에 따라 부양의무가 없다는 주장을 할 수 있으며, 그러한 법이 없을 때에는 부양의무자의 일상거소지법에 따라 부양의무가 없다는 주장을 할 수 있다.

④ 부양권리자와 부양의무자가 모두 대한민국 국민이고, 부양의무자가 대한민국에 일상거소가 있는 경우에는 대한민국 법에 따른다.

제74조(그 밖의 친족관계) 친족관계의 성립 및 친족관계에서 발생하는 권리의무에 관하여 이 법에 특별한 규정이 없는 경우에는 각 당사자의 본국법에 따른다.

제75조(후견) ① 후견은 피후견인의 본국법에 따른다.

② 법원이 제61조에 따라 성년 또는 미성년자인 외국인의 후견사건에 관한 재판을 하는 때에는 제1항에도 불구하고 다음 각 호의 어느 하나에 해당하는 경우 대한민국 법에 따른다.

  1. 피후견인의 본국법에 따른 후견개시의 원인이 있더라도 그 후견사무를 수행할 사람이 없거나, 후견사무를 수행할 사람이 있더라도 후견사무를 수행할 수 없는 경우

  2. 대한민국에서 후견개시의 심판(임의후견감독인선임 심판을 포함한다)을 하였거나 하는 경우

  3. 피후견인의 재산이 대한민국에 있고 피후견인을 보호하여야 할 필요가 있는 경우

제8장 상속

제1절 국제재판관할

제76조(상속 및 유언에 관한 사건의 관할) ① 상속에 관한 사건에 대해서는 다음 각 호의 어느 하나에 해당하는 경우 법원에 국제재판관할이 있다.

  1. 피상속인의 사망 당시 일상거소가 대한민국에 있는 경우. 피상속인의 일상거소가 어느 국가에도 없거나 이를 알 수 없고 그의 마지막 일상거소가 대한민국에 있었던 경우에도 또한 같다.

  2. 대한민국에 상속재산이 있는 경우. 다만, 그 상속재산의 가액이 현저하게 적은 경우에는 그러하지 아니하다.

② 당사자가 상속에 관한 사건에 대하여 제8조에 따라 국제재판관할의 합의를 하는 경우에 다음 각 호의 어느 하나에 해당하면 합의의 효력이 없다.

  1. 당사자가 미성년자이거나 피후견인인 경우. 다만, 해당 합의에서 미성년자이거나 피후견인인 당사자에게 법원 외에 외국법원에도 소를 제기하는 것을 허용하는 경우는 제외한다.

  2. 합의로 지정된 국가가 사안과 아무런 관련이 없거나 근소한 관련만 있는 경우

③ 상속에 관한 사건이 다음 각 호의 어느 하나에 해당하는 경우에는 제9조를 적용하지 아

니한다.

1. 당사자가 미성년자이거나 피후견인인 경우
2. 대한민국이 사안과 아무런 관련이 없거나 근소한 관련만 있는 경우

④ 유언에 관한 사건은 유언자의 유언 당시 일상거소가 대한민국에 있거나 유언의 대상이 되는 재산이 대한민국에 있는 경우 법원에 국제재판관할이 있다.

⑤ 제1항에 따라 법원에 국제재판관할이 있는 사건의 경우에는 그 조정사건에 관하여도 법원에 국제재판관할이 있다.

제2절 준거법

제77조(상속) ① 상속은 사망 당시 피상속인의 본국법에 따른다.

② 피상속인이 유언에 적용되는 방식에 의하여 명시적으로 다음 각 호의 어느 하나에 해당하는 법을 지정할 때에는 상속은 제1항에도 불구하고 그 법에 따른다.

1. 지정 당시 피상속인의 일상거소지법. 다만, 그 지정은 피상속인이 사망 시까지 그 국가에 일상거소를 유지한 경우에만 효력이 있다.
2. 부동산에 관한 상속에 대해서는 그 부동산의 소재지법

제78조(유언) ① 유언은 유언 당시 유언자의 본국법에 따른다.

② 유언의 변경 또는 철회는 그 당시 유언자의 본국법에 따른다.

③ 유언의 방식은 다음 각 호의 어느 하나의 법에 따른다.

1. 유언자가 유언 당시 또는 사망 당시 국적을 가지는 국가의 법
2. 유언자의 유언 당시 또는 사망 당시 일상거소지법
3. 유언 당시 행위지법
4. 부동산에 관한 유언의 방식에 대해서는 그 부동산의 소재지법

제9장 어음·수표

제1절 국제재판관할

제79조(어음·수표에 관한 소의 특별관할) 어음·수표에 관한 소는 어음·수표의 지급지가 대한민국에 있는 경우 법원에 제기할 수 있다.

제2절 준거법

제80조(행위능력) ① 환어음, 약속어음 및 수표에 의하여 채무를 부담하는 자의 능력은 그의 본국법에 따른다. 다만, 그 국가의 법이 다른 국가의 법에 따르도록 정한 경우에는 그 다른 국가의 법에 따른다.

② 제1항에 따르면 능력이 없는 자라 할지라도 다른 국가에서 서명을 하고 그 국가의 법에 따라 능력이 있을 때에는 그 채무를 부담할 수 있는 능력이 있는 것으로 본다.

제81조(수표지급인의 자격) ① 수표지급인이 될 수 있는 자의 자격은 지급지법에 따른다.
② 지급지법에 따르면 지급인이 될 수 없는 자를 지급인으로 하여 수표가 무효인 경우에
도 동일한 규정이 없는 다른 국가에서 한 서명으로부터 생긴 채무의 효력에는 영향을 미치
지 아니한다.

제82조(방식) ① 환어음·약속어음의 어음행위 및 수표행위의 방식은 서명지법에 따른다.
다만, 수표행위의 방식은 지급지법에 따를 수 있다.
② 제1항에서 정한 법에 따를 때 행위가 무효인 경우에도 그 후 행위지법에 따라 행위가
적법한 때에는 그 전 행위의 무효는 그 후 행위의 효력에 영향을 미치지 아니한다.
③ 대한민국 국민이 외국에서 한 환어음·약속어음의 어음행위 및 수표행위의 방식이 행
위지법에 따르면 무효인 경우에도 대한민국 법에 따라 적법한 때에는 다른 대한민국 국민
에 대하여 효력이 있다.

제83조(효력) ① 환어음의 인수인과 약속어음의 발행인의 채무는 지급지법에 따르고, 수표
로부터 생긴 채무는 서명지법에 따른다.
② 제1항에 규정된 자 외의 자의 환어음·약속어음에 의한 채무는 서명지법에 따른다.
③ 환어음, 약속어음 및 수표의 상환청구권을 행사하는 기간은 모든 서명자에 대하여 발행
지법에 따른다.

제84조(원인채권의 취득) 어음의 소지인이 그 발행의 원인이 되는 채권을 취득하는지 여부
는 어음의 발행지법에 따른다.

제85조(일부인수 및 일부지급) ① 환어음의 인수를 어음 금액의 일부로 제한할 수 있는지
여부 및 소지인이 일부지급을 수락할 의무가 있는지 여부는 지급지법에 따른다.
② 약속어음의 지급에 관하여는 제1항을 준용한다.

제86조(권리의 행사·보전을 위한 행위의 방식) 환어음, 약속어음 및 수표에 관한 거절증서
의 방식, 그 작성기간 및 환어음, 약속어음 및 수표상의 권리의 행사 또는 보전에 필요한
그 밖의 행위의 방식은 거절증서를 작성하여야 하는 곳 또는 그 밖의 행위를 행하여야 하
는 곳의 법에 따른다.

제87조(상실·도난) 환어음, 약속어음 및 수표의 상실 또는 도난의 경우에 수행하여야 하는
절차는 지급지법에 따른다.

제88조(수표의 지급지법) 수표에 관한 다음 각 호의 사항은 수표의 지급지법에 따른다.
 1. 수표가 일람출급(一覽出給)이 필요한지 여부, 일람 후 정기출급으로 발행할 수 있는지
    여부 및 선일자수표(先日字手標)의 효력
 2. 제시기간
 3. 수표에 인수, 지급보증, 확인 또는 사증을 할 수 있는지 여부 및 그 기재의 효력
 4. 소지인이 일부지급을 청구할 수 있는지 여부 및 일부지급을 수락할 의무가 있는지 여부
 5. 수표에 횡선을 표시할 수 있는지 여부 및 수표에 "계산을 위하여"라는 문구 또는 이와
    동일한 뜻이 있는 문구의 기재의 효력. 다만, 수표의 발행인 또는 소지인이 수표면에

"계산을 위하여"라는 문구 또는 이와 동일한 뜻이 있는 문구를 기재하여 현금의 지급을 금지한 경우에 그 수표가 외국에서 발행되고 대한민국에서 지급하여야 하는 것은 일반횡선수표의 효력이 있다.

6. 소지인이 수표자금에 대하여 특별한 권리를 가지는지 여부 및 그 권리의 성질
7. 발행인이 수표의 지급위탁을 취소할 수 있는지 여부 및 지급정지를 위한 절차를 수행할 수 있는지 여부
8. 배서인, 발행인, 그 밖의 채무자에 대한 상환청구권 보전을 위하여 거절증서 또는 이와 동일한 효력을 가지는 선언이 필요한지 여부

제10장 해상

제1절 국제재판관할

제89조(선박소유자등의 책임제한사건의 관할) 선박소유자·용선자(傭船者)·선박관리인·선박운항자, 그 밖의 선박사용인(이하 "선박소유자등"이라 한다)의 책임제한사건에 대해서는 다음 각 호의 어느 하나에 해당하는 곳이 대한민국에 있는 경우에만 법원에 국제재판관할이 있다.

1. 선박소유자등의 책임제한을 할 수 있는 채권(이하 "제한채권"이라 한다)이 발생한 선박의 선적(船籍)이 있는 곳
2. 신청인인 선박소유자등에 대하여 제3조에 따른 일반관할이 인정되는 곳
3. 사고발생지(사고로 인한 결과 발생지를 포함한다)
4. 사고 후 사고선박이 최초로 도착한 곳
5. 제한채권에 의하여 선박소유자등의 재산이 압류 또는 가압류된 곳(압류에 갈음하여 담보가 제공된 곳을 포함한다. 이하 "압류등이 된 곳"이라 한다)
6. 선박소유자등에 대하여 제한채권에 근거한 소가 제기된 곳

제90조(선박 또는 항해에 관한 소의 특별관할) 선박소유자등에 대한 선박 또는 항해에 관한 소는 선박이 압류등이 된 곳이 대한민국에 있는 경우 법원에 제기할 수 있다.

제91조(공동해손에 관한 소의 특별관할) 공동해손(共同海損)에 관한 소는 다음 각 호의 어느 하나에 해당하는 곳이 대한민국에 있는 경우 법원에 제기할 수 있다.

1. 선박의 소재지
2. 사고 후 선박이 최초로 도착한 곳
3. 선박이 압류등이 된 곳

제92조(선박충돌에 관한 소의 특별관할) 선박의 충돌이나 그 밖의 사고에 관한 소는 다음 각 호의 어느 하나에 해당하는 곳이 대한민국에 있는 경우 법원에 제기할 수 있다.

1. 가해 선박의 선적지 또는 소재지
2. 사고 발생지

3. 피해 선박이 사고 후 최초로 도착한 곳

4. 가해 선박이 압류등이 된 곳

제93조(해난구조에 관한 소의 특별관할) 해난구조에 관한 소는 다음 각 호의 어느 하나에 해당하는 곳이 대한민국에 있는 경우 법원에 제기할 수 있다

1. 해난구조가 있었던 곳

2. 구조된 선박이 최초로 도착한 곳

3. 구조된 선박이 압류등이 된 곳

제2절 준거법

제94조(해상) 해상에 관한 다음 각 호의 사항은 선적국법에 따른다.

1. 선박의 소유권 및 저당권, 선박우선특권, 그 밖의 선박에 관한 물권

2. 선박에 관한 담보물권의 우선순위

3. 선장과 해원(海員)의 행위에 대한 선박소유자의 책임범위

4. 선박소유자등이 책임제한을 주장할 수 있는지 여부 및 그 책임제한의 범위

5. 공동해손

6. 선장의 대리권

제95조(선박충돌) ① 개항(開港) · 하천 또는 영해에서의 선박충돌에 관한 책임은 그 충돌지법에 따른다.

② 공해에서의 선박충돌에 관한 책임은 각 선박이 동일한 선적국에 속하는 경우에는 그 선적국법에 따르고, 각 선박이 선적국을 달리하는 경우에는 가해선박의 선적국법에 따른다.

제96조(해난구조) 해난구조로 인한 보수청구권은 그 구조행위가 영해에서 있는 경우에는 행위지법에 따르고, 공해에서 있는 때에는 구조한 선박의 선적국법에 따른다.

부 칙

제1조(시행일) 이 법은 공포 후 6개월이 경과한 날부터 시행한다.

제2조(계속 중인 사건의 관할에 관한 경과조치) 이 법 시행 당시 법원에 계속 중인 사건의 관할에 대해서는 종전의 규정에 따른다.

제3조(준거법 적용에 관한 경과조치) 이 법 시행 전에 생긴 사항에 적용되는 준거법에 대해서는 종전의 규정에 따른다. 다만, 이 법 시행 전후에 계속(繼續)되는 법률관계에 대해서는 이 법 시행 이후의 법률관계에 대해서만 이 법의 규정을 적용한다.

[2] 민사소송법과 민사집행법(발췌)

[2-1] 민사소송법(발췌)

제1장 법 원

제1편 총칙

제1조(민사소송의 이상과 신의성실의 원칙) ① 법원은 소송절차가 공정하고 신속하며 경제적으로 진행되도록 노력하여야 한다.

② 당사자와 소송관계인은 신의에 따라 성실하게 소송을 수행하여야 한다.

제1장 법원

제1절 관할

제2조(보통재판적) 소(訴)는 피고의 보통재판적(普通裁判籍)이 있는 곳의 법원이 관할한다.

제3조(사람의 보통재판적) 사람의 보통재판적은 그의 주소에 따라 정한다. 다만, 대한민국에 주소가 없거나 주소를 알 수 없는 경우에는 거소에 따라 정하고, 거소가 일정하지 아니하거나 거소도 알 수 없으면 마지막 주소에 따라 정한다.

제4조(대사·공사 등의 보통재판적) 대사(大使)·공사(公使), 그 밖에 외국의 재판권 행사대상에서 제외되는 대한민국 국민이 제3조의 규정에 따른 보통재판적이 없는 경우에는 이들의 보통재판적은 대법원이 있는 곳으로 한다.

제5조(법인 등의 보통재판적) ① 법인, 그 밖의 사단 또는 재단의 보통재판적은 이들의 주된 사무소 또는 영업소가 있는 곳에 따라 정하고, 사무소와 영업소가 없는 경우에는 주된 업무담당자의 주소에 따라 정한다.

② 제1항의 규정을 외국법인, 그 밖의 사단 또는 재단에 적용하는 경우 보통재판적은 대한민국에 있는 이들의 사무소·영업소 또는 업무담당자의 주소에 따라 정한다.

제6조(국가의 보통재판적) 국가의 보통재판적은 그 소송에서 국가를 대표하는 관청 또는 대법원이 있는 곳으로 한다.

제7조(근무지의 특별재판적) 사무소 또는 영업소에 계속하여 근무하는 사람에 대하여 소를 제기하는 경우에는 그 사무소 또는 영업소가 있는 곳을 관할하는 법원에 제기할 수 있다.

제8조(거소지 또는 의무이행지의 특별재판적) 재산권에 관한 소를 제기하는 경우에는 거소지 또는 의무이행지의 법원에 제기할 수 있다.

제9조(어음·수표 지급지의 특별재판적) 어음·수표에 관한 소를 제기하는 경우에는 지급지의 법원에 제기할 수 있다.

제10조(선원·군인·군무원에 대한 특별재판적) ① 선원에 대하여 재산권에 관한 소를 제기하는 경우에는 선적(船籍)이 있는 곳의 법원에 제기할 수 있다.

② 군인·군무원에 대하여 재산권에 관한 소를 제기하는 경우에는 군사용 청사가 있는 곳 또는 군용 선박의 선적이 있는 곳의 법원에 제기할 수 있다.

제11조(재산이 있는 곳의 특별재판적) 대한민국에 주소가 없는 사람 또는 주소를 알 수 없는 사람에 대하여 재산권에 관한 소를 제기하는 경우에는 청구의 목적 또는 담보의 목적이나 압류할 수 있는 피고의 재산이 있는 곳의 법원에 제기할 수 있다.

제12조(사무소·영업소가 있는 곳의 특별재판적) 사무소 또는 영업소가 있는 사람에 대하여 그 사무소 또는 영업소의 업무와 관련이 있는 소를 제기하는 경우에는 그 사무소 또는 영업소가 있는 곳의 법원에 제기할 수 있다.

제13조(선적이 있는 곳의 특별재판적) 선박 또는 항해에 관한 일로 선박소유자, 그 밖의 선박이용자에 대하여 소를 제기하는 경우에는 선적이 있는 곳의 법원에 제기할 수 있다.

제14조(선박이 있는 곳의 특별재판적) 선박채권(船舶債權), 그 밖에 선박을 담보로 한 채권에 관한 소를 제기하는 경우에는 선박이 있는 곳의 법원에 제기할 수 있다.

제15조(사원 등에 대한 특별재판적) ① 회사, 그 밖의 사단이 사원에 대하여 소를 제기하거나 사원이 다른 사원에 대하여 소를 제기하는 경우에는 그 소가 사원의 자격으로 말미암은 것이면 회사, 그 밖의 사단의 보통재판적이 있는 곳의 법원에 소를 제기할 수 있다.

② 사단 또는 재단이 그 임원에 대하여 소를 제기하거나 회사가 그 발기인 또는 검사인에 대하여 소를 제기하는 경우에는 제1항의 규정을 준용한다.

제16조(사원 등에 대한 특별재판적) 회사, 그 밖의 사단의 채권자가 그 사원에 대하여 소를 제기하는 경우에는 그 소가 사원의 자격으로 말미암은 것이면 제15조에 규정된 법원에 제기할 수 있다.

제17조(사원 등에 대한 특별재판적) 회사, 그 밖의 사단, 재단, 사원 또는 사단의 채권자가 그 사원·임원·발기인 또는 검사인이었던 사람에 대하여 소를 제기하는 경우와 사원이었던 사람이 그 사원에 대하여 소를 제기하는 경우에는 제15조 및 제16조의 규정을 준용한다.

제18조(불법행위지의 특별재판적) ① 불법행위에 관한 소를 제기하는 경우에는 행위지의 법원에 제기할 수 있다.

② 선박 또는 항공기의 충돌이나 그 밖의 사고로 말미암은 손해배상에 관한 소를 제기하는 경우에는 사고선박 또는 항공기가 맨 처음 도착한 곳의 법원에 제기할 수 있다.

제19조(해난구조에 관한 특별재판적) 해난구조(海難救助)에 관한 소를 제기하는 경우에는 구제된 곳 또는 구제된 선박이 맨 처음 도착한 곳의 법원에 제기할 수 있다.

제20조(부동산이 있는 곳의 특별재판적) 부동산에 관한 소를 제기하는 경우에는 부동산이 있는 곳의 법원에 제기할 수 있다.

제21조(등기·등록에 관한 특별재판적) 등기·등록에 관한 소를 제기하는 경우에는 등기 또는 등록할 공공기관이 있는 곳의 법원에 제기할 수 있다.

제22조(상속·유증 등의 특별재판적) 상속(相續)에 관한 소 또는 유증(遺贈), 그 밖에 사망으로 효력이 생기는 행위에 관한 소를 제기하는 경우에는 상속이 시작된 당시 피상속인의 보통재판적이 있는 곳의 법원에 제기할 수 있다.

제23조(상속·유증 등의 특별재판적) 상속채권, 그 밖의 상속재산에 대한 부담에 관한 것으로 제22조의 규정에 해당되지 아니하는 소를 제기하는 경우에는 상속재산의 전부 또는 일부가 제22조의 법원관할구역안에 있으면 그 법원에 제기할 수 있다.

제24조(지식재산권 등에 관한 특별재판적) ① 특허권, 실용신안권, 디자인권, 상표권, 품종보호권(이하 "특허권등"이라 한다)을 제외한 지식재산권과 국제거래에 관한 소를 제기하는 경우에는 제2조 내지 제23조의 규정에 따른 관할법원 소재지를 관할하는 고등법원이 있는 곳의 지방법원에 제기할 수 있다. 다만, 서울고등법원이 있는 곳의 지방법원은 서울중앙지방법원으로 한정한다.

② 특허권등의 지식재산권에 관한 소를 제기하는 경우에는 제2조부터 제23조까지의 규정에 따른 관할법원 소재지를 관할하는 고등법원이 있는 곳의 지방법원의 전속관할로 한다. 다만, 서울고등법원이 있는 곳의 지방법원은 서울중앙지방법원으로 한정한다.

③ 제2항에도 불구하고 당사자는 서울중앙지방법원에 특허권등의 지식재산권에 관한 소를 제기할 수 있다.

제25조(관련재판적) ① 하나의 소로 여러 개의 청구를 하는 경우에는 제2조 내지 제24조의 규정에 따라 그 여러 개 가운데 하나의 청구에 대한 관할권이 있는 법원에 소를 제기할 수 있다.

② 소송목적이 되는 권리나 의무가 여러 사람에게 공통되거나 사실상 또는 법률상 같은 원인으로 말미암아 그 여러 사람이 공동소송인(共同訴訟人)으로서 당사자가 되는 경우에는 제1항의 규정을 준용한다.

제26조(소송목적의 값의 산정) ① 법원조직법에서 소송목적의 값에 따라 관할을 정하는 경우 그 값은 소로 주장하는 이익을 기준으로 계산하여 정한다.

② 제1항의 값을 계산할 수 없는 경우 그 값은 민사소송등인지법의 규정에 따른다.

제27조(청구를 병합한 경우의 소송목적의 값) ① 하나의 소로 여러 개의 청구를 하는 경우에는 그 여러 청구의 값을 모두 합하여 소송목적의 값을 정한다.

② 과실(果實)·손해배상·위약금(違約金) 또는 비용의 청구가 소송의 부대목적(附帶目的)이 되는 경우에는 그 값은 소송목적의 값에 넣지 아니한다.

제28조(관할의 지정) ① 다음 각호 가운데 어느 하나에 해당하면 관계된 법원과 공통되는 바로 위의 상급법원이 그 관계된 법원 또는 당사자의 신청에 따라 결정으로 관할법원을 정한다.

 1. 관할법원이 재판권을 법률상 또는 사실상 행사할 수 없는 때

 2. 법원의 관할구역이 분명하지 아니한 때

② 제1항의 결정에 대하여는 불복할 수 없다.

제29조(합의관할) ① 당사자는 합의로 제1심 관할법원을 정할 수 있다.

② 제1항의 합의는 일정한 법률관계로 말미암은 소에 관하여 서면으로 하여야 한다.

제30조(변론관할) 피고가 제1심 법원에서 관할위반이라고 항변(抗辯)하지 아니하고 본안(本案)에 대하여 변론(辯論)하거나 변론준비기일(辯論準備期日)에서 진술하면 그 법원은 관할권을 가진다.

제31조(전속관할에 따른 제외) 전속관할(專屬管轄)이 정하여진 소에는 제2조, 제7조 내지 제25조, 제29조 및 제30조의 규정을 적용하지 아니한다.

제32조(관할에 관한 직권조사) 법원은 관할에 관한 사항을 직권으로 조사할 수 있다.
 법원의 관할은 소를 제기한 때를 표준으로 정한다.

제34조(관할위반 또는 재량에 따른 이송) ① 법원은 소송의 전부 또는 일부에 대하여 관할권이 없다고 인정하는 경우에는 결정으로 이를 관할법원에 이송한다.

② 지방법원 단독판사는 소송에 대하여 관할권이 있는 경우라도 상당하다고 인정하면 직권 또는 당사자의 신청에 따른 결정으로 소송의 전부 또는 일부를 같은 지방법원 합의부에 이송할 수 있다.

③ 지방법원 합의부는 소송에 대하여 관할권이 없는 경우라도 상당하다고 인정하면 직권으로 또는 당사자의 신청에 따라 소송의 전부 또는 일부를 스스로 심리·재판할 수 있다.

④ 전속관할이 정하여진 소에 대하여는 제2항 및 제3항의 규정을 적용하지 아니한다.

제35조(손해나 지연을 피하기 위한 이송) 법원은 소송에 대하여 관할권이 있는 경우라도 현저한 손해 또는 지연을 피하기 위하여 필요하면 직권 또는 당사자의 신청에 따른 결정으로 소송의 전부 또는 일부를 다른 관할법원에 이송할 수 있다. 다만, 전속관할이 정하여진 소의 경우에는 그러하지 아니하다.

제36조(지식재산권 등에 관한 소송의 이송) ① 법원은 특허권등을 제외한 지식재산권과 국제거래에 관한 소가 제기된 경우 직권 또는 당사자의 신청에 따른 결정으로 그 소송의 전부 또는 일부를 제24조제1항에 따른 관할법원에 이송할 수 있다. 다만, 이로 인하여 소송절차를 현저하게 지연시키는 경우에는 그러하지 아니하다.

② 제1항은 전속관할이 정하여져 있는 소의 경우에는 적용하지 아니한다.

③ 제24조제2항 또는 제3항에 따라 특허권등의 지식재산권에 관한 소를 관할하는 법원은 현저한 손해 또는 지연을 피하기 위하여 필요한 때에는 직권 또는 당사자의 신청에 따른 결정으로 소송의 전부 또는 일부를 제2조부터 제23조까지의 규정에 따른 지방법원으로 이송할 수 있다.

…

제38조(이송결정의 효력) ① 소송을 이송받은 법원은 이송결정에 따라야 한다.

② 소송을 이송받은 법원은 사건을 다시 다른 법원에 이송하지 못한다.

제39조(즉시항고) 이송결정과 이송신청의 기각결정(棄却決定)에 대하여는 즉시항고(卽時抗告)를 할 수 있다.

제40조(이송의 효과) ① 이송결정이 확정된 때에는 소송은 처음부터 이송받은 법원에 계속

(係屬)된 것으로 본다.

② 제1항의 경우에는 이송결정을 한 법원의 법원서기관·법원사무관·법원주사 또는 법원주사보(이하 "법원사무관등"이라 한다)는 그 결정의 정본(正本)을 소송기록에 붙여 이송받을 법원에 보내야 한다.

...

제51조(당사자능력·소송능력 등에 대한 원칙) 당사자능력(當事者能力), 소송능력(訴訟能力), 소송무능력자(訴訟無能力者)의 법정대리와 소송행위에 필요한 권한의 수여는 이 법에 특별한 규정이 없으면 민법, 그 밖의 법률에 따른다.

제52조(법인이 아닌 사단 등의 당사자능력) 법인이 아닌 사단이나 재단은 대표자 또는 관리인이 있는 경우에는 그 사단이나 재단의 이름으로 당사자가 될 수 있다.

...

제57조(외국인의 소송능력에 대한 특별규정) 외국인은 그의 본국법에 따르면 소송능력이 없는 경우라도 대한민국의 법률에 따라 소송능력이 있는 경우에는 소송능력이 있는 것으로 본다.

제58조(법정대리권 등의 증명) ① 법정대리권이 있는 사실 또는 소송행위를 위한 권한을 받은 사실은 서면으로 증명하여야 한다. 제53조의 규정에 따라서 당사자를 선정하고 바꾸는 경우에도 또한 같다.

② 제1항의 서면은 소송기록에 붙여야 한다.

제59조(소송능력 등의 흠에 대한 조치) 소송능력·법정대리권 또는 소송행위에 필요한 권한의 수여에 흠이 있는 경우에는 법원은 기간을 정하여 이를 보정(補正)하도록 명하여야 하며, 만일 보정하는 것이 지연됨으로써 손해가 생길 염려가 있는 경우에는 법원은 보정하기 전의 당사자 또는 법정대리인으로 하여금 일시적으로 소송행위를 하게 할 수 있다.

제60조(소송능력 등의 흠과 추인) 소송능력, 법정대리권 또는 소송행위에 필요한 권한의 수여에 흠이 있는 사람이 소송행위를 한 뒤에 보정된 당사자나 법정대리인이 이를 추인(追認)한 경우에는, 그 소송행위는 이를 한 때에 소급하여 효력이 생긴다.

...

제216조(기판력의 객관적 범위) ① 확정판결(確定判決)은 주문에 포함된 것에 한하여 기판력(既判力)을 가진다.

② 상계를 주장한 청구가 성립되는지 아닌지의 판단은 상계하자고 대항한 액수에 한하여 기판력을 가진다.

제217조(외국재판의 승인) ① 외국법원의 확정판결 또는 이와 동일한 효력이 인정되는 재판(이하 "확정재판등"이라 한다)은 다음 각호의 요건을 모두 갖추어야 승인된다.

  1. 대한민국의 법령 또는 조약에 따른 국제재판관할의 원칙상 그 외국법원의 국제재판관할권이 인정될 것
  2. 패소한 피고가 소장 또는 이에 준하는 서면 및 기일통지서나 명령을 적법한 방식에 따

라 방어에 필요한 시간여유를 두고 송달받았거나(공시송달이나 이와 비슷한 송달에 의한 경우를 제외한다) 송달받지 아니하였더라도 소송에 응하였을 것

3. 그 확정재판등의 내용 및 소송절차에 비추어 그 확정재판등의 승인이 대한민국의 선량한 풍속이나 그 밖의 사회질서에 어긋나지 아니할 것

4. 상호보증이 있거나 대한민국과 그 외국법원이 속하는 국가에 있어 확정재판등의 승인요건이 현저히 균형을 상실하지 아니하고 중요한 점에서 실질적으로 차이가 없을 것

② 법원은 제1항의 요건이 충족되었는지에 관하여 직권으로 조사하여야 한다.

제217조의2(손해배상에 관한 확정재판등의 승인) ① 법원은 손해배상에 관한 확정재판등이 대한민국의 법률 또는 대한민국이 체결한 국제조약의 기본질서에 현저히 반하는 결과를 초래할 경우에는 해당 확정재판등의 전부 또는 일부를 승인할 수 없다.

② 법원은 제1항의 요건을 심리할 때에는 외국법원이 인정한 손해배상의 범위에 변호사보수를 비롯한 소송과 관련된 비용과 경비가 포함되는지와 그 범위를 고려하여야 한다.

제218조(기판력의 주관적 범위) ① 확정판결은 당사자, 변론을 종결한 뒤의 승계인(변론 없이 한 판결의 경우에는 판결을 선고한 뒤의 승계인) 또는 그를 위하여 청구의 목적물을 소지한 사람에 대하여 효력이 미친다.

② 제1항의 경우에 당사자가 변론을 종결할 때(변론 없이 한 판결의 경우에는 판결을 선고할 때)까지 승계사실을 진술하지 아니한 때에는 변론을 종결한 뒤(변론 없이 한 판결의 경우에는 판결을 선고한 뒤)에 승계한 것으로 추정한다.

③ 다른 사람을 위하여 원고나 피고가 된 사람에 대한 확정판결은 그 다른 사람에 대하여도 효력이 미친다.

④ 가집행의 선고에는 제1항 내지 제3항의 규정을 준용한다.

…

제245조(법원의 직무집행 불가능으로 말미암은 중지) 천재지변, 그 밖의 사고로 법원이 직무를 수행할 수 없을 경우에 소송절차는 그 사고가 소멸될 때까지 중지된다.

제246조(당사자의 장애로 말미암은 중지) ① 당사자가 일정하지 아니한 기간동안 소송행위를 할 수 없는 장애사유가 생긴 경우에는 법원은 결정으로 소송절차를 중지하도록 명할 수 있다.

② 법원은 제1항의 결정을 취소할 수 있다.

제247조(소송절차 정지의 효과) ① 판결의 선고는 소송절차가 중단된 중에도 할 수 있다.

② 소송절차의 중단 또는 중지는 기간의 진행을 정지시키며, 소송절차의 수계사실을 통지한 때 또는 소송절차를 다시 진행한 때부터 전체기간이 새로이 진행된다.

…

제259조(중복된 소제기의 금지) 법원에 계속되어 있는 사건에 대하여 당사자는 다시 소를 제기하지 못한다.

…

[2-2] 민사집행법(발췌)

제26조(외국재판의 강제집행) ① 외국법원의 확정판결 또는 이와 동일한 효력이 인정되는 재판(이하 "확정재판등"이라 한다)에 기초한 강제집행은 대한민국 법원에서 집행판결로 그 강제집행을 허가하여야 할 수 있다.

② 집행판결을 청구하는 소(訴)는 채무자의 보통재판적이 있는 곳의 지방법원이 관할하며, 보통재판적이 없는 때에는 민사소송법 제11조의 규정에 따라 채무자에 대한 소를 관할하는 법원이 관할한다.

제27조(집행판결) ① 집행판결은 재판의 옳고 그름을 조사하지 아니하고 하여야 한다.

② 집행판결을 청구하는 소는 다음 각호 가운데 어느 하나에 해당하면 각하하여야 한다.

 1. 외국법원의 확정재판등이 확정된 것을 증명하지 아니한 때
 2. 외국법원의 확정재판등이 민사소송법 제217조의 조건을 갖추지 아니한 때

[3] 헤이그송달협약(국문본 발췌)과 민사소송법(발췌)

[3-1] 민사 또는 상사의 재판상 및 재판외 문서의 해외송달에 관한 협약
[조약 제1528호]

前文 생략

제1조

이 협약은 민사 또는 상사에 있어서 재판상 또는 재판외 문서를 해외에 송달하는 모든 경우에 적용된다.

이 협약은 문서를 송달받을 자의 주소가 불명인 경우에는 적용되지 아니한다.

제1장[1] 재판상 문서

제2조

각 체약국은 다른 체약국으로부터의 송달요청을 수령하고 제3조 내지 제6조의 규정에 따라 이를 처리할 중앙당국을 지정한다.

각국은 자국법에 따라 중앙당국을 조직한다.

제3조

촉탁국의 법상 권한 있는 당국이나 사법공무원은 인증 또는 기타 이에 상응하는 절차의 수속없이 이 협약에 부속된 양식에 일치하는 요청서를 피촉탁국의 중앙당국에 송부한다.

송달되는 문서 또는 그 사본은 요청서에 첨부된다. 요청서와 문서는 각각 2부씩 제공되어야 한다.

제4조

중앙당국은 요청서가 이 협약의 규정에 일치하지 아니한다고 판단하는 경우에는 그 이의를 명시하여 즉시 신청인에게 통보한다.

제5조

피촉탁국의 중앙당국은 문서를 스스로 송달하거나 또는 적절한 기관으로 하여금 다음 각호의 방식에 의하여 이를 송달하도록 조치한다.

　1. 국내소송에 있어서 자국의 영역안에 소재하는 자에 대한 문서의 송달에 대하여 자국법이 정하는 방식, 또는

---

1) 송달협약의 영문본은 '제I장'이라고 로마 숫자를 사용하나 국문번역에서는 아라비아 숫자로 쓴다. 아래 제2장과 제3장도 같다.

2. 피촉탁국의 법에 저촉되는 아니하는 한, 신청인이 요청한 특정의 방식

이 조의 제1단 제2호의 적용을 전제로, 문서는 이를 임의로 수령하는 수신인에 대한 교부에 의하여 송달될 수 있다.

문서가 위의 제1단에 따라 송달되는 경우, 중앙당국은 그 문서가 피촉탁국의 공용어 또는 공용어중의 하나로 기재되거나 번역되도록 요청할 수 있다.

이 협약에 부속된 양식에 따라 송달될 문서의 요지를 담은 요청서의 해당부분은 문서와 함께 송달된다.

제6조

피촉탁국의 중앙당국 또는 피촉탁국이 지정하는 당국은 이 협약에 부속된 양식의 형태로 증명서를 작성한다.

증명서에는 문서가 송달되었다는 취지, 송달방식, 송달지, 송달일자, 그리고 그 해당 문서를 교부받은 자를 기재한다. 문서가 송달되지 못한 경우, 증명서에는 송달되지 못한 이유를 명시한다.

신청인은 중앙당국 또는 사법당국에 의하여 작성되지 아니한 증명서가 이러한 당국들중 어느 한 당국에 의하여 부서되도록 요청할 수 있다.

증명서는 신청인에게 직접 송부된다.

제7조

이 협약에 부속된 양식의 표준문언은 반드시 불어 또는 영어로 기재된다.

이 문언은 촉탁국의 공용어 또는 공용어중의 하나로 병기될 수 있다.

문언에 대응하는 공란은 수신국 언어, 불어 또는 영어로 기재된다.

제8조

각 체약국은 강제력의 사용 없이 자국의 외교관 또는 영사관원을 통하여 직접 해외소재자에게 재판상 문서를 송달할 수 있다.

촉탁국의 국민에게 그 문서가 송달되는 경우를 제외하고 모든 국가는 자국영역 안에서의 그러한 송달에 반대한다고 선언할 수 있다.

제9조

각 체약국은 또한 문서송달의 목적을 위하여 다른 체약국이 지정하는 당국에 재판상 문서를 전달하기 위하여 영사관의 경로를 이용할 수 있다.

각 체약국은 예외적인 사정으로 인하여 필요한 경우, 동일한 목적을 위하여 외교경로를 이용할 수 있다.

제10조

목적지국이 반대하지 아니하는 한 이 협약은 다음의 권능을 방해하지 아니한다.

1. 외국에 소재하는 자에게 재판상 문서를 우편으로 직접 송부할 권능
2. 촉탁국의 사법공무원 · 관리 또는 기타 권한 있는 자가 목적지국의 사법공무원 · 관리 또는 기타 권한 있는 자를 통하여 재판상 문서를 송달할 권능

3. 재판절차의 모든 이해관계인이 목적지국의 사법공무원 · 관리 또는 기타 권한 있는 자
를 통하여 재판상 문서를 직접 송달할 권능

제11조

이 협약은 2 이상의 체약국이 재판상 문서의 송달을 위하여 이상의 조항에서 규정한 방식
외의 전달경로와 특히 그들 각각의 당국 간에 직접적인 통신을 허가한다는 합의를 하는 것
을 방해하지 아니한다.

제12조

체약국에서 발송되는 재판상 문서의 송달에 관하여 피촉탁국이 제공한 역무에 대하여는
요금이나 비용의 지불 또는 상환이 발생하지 아니한다.

신청인은 다음 각호로 인한 비용을 지불 또는 상환한다.

1. 사법공무원 또는 목적지국의 법에 따른 권한 있는 자의 고용
2. 특정송달방식의 이용

제13조

송달요청서가 이 협약의 규정과 일치할 때, 피촉탁국은 이를 이행하는 것이 자국의 주권
또는 안보를 침해할 것이라고 판단하는 경우에 한하여서만 이를 거부할 수 있다.

피촉탁국은 자국법상 당해 소송의 주요쟁점에 대하여 전속적 재판관할권을 보유하거나 자
국법이 송달요청의 기초가 되는 소송을 인정하지 아니한다는 근거만으로 송달요청의 이행
을 거부할 수 없다.

중앙당국은 송달요청을 거부하는 경우 신청인에게 즉시 그 거부의 사유를 통지한다.

제14조

송달할 재판상 문서의 전달과 관련하여 발생하는 애로사항은 외교경로를 통하여 해결한다.

제15조

소환장 또는 이에 상응하는 문서가 이 협약의 규정에 의하여 송달할 목적으로 해외에 송부
되었으나 피고가 출석하지 아니한 경우, 다음 각호의 사항이 확정되기 전까지는 판결을 하
여서는 아니된다.

1. 그 문서가 국내소송에서의 문서송달을 위하여 피촉탁국의 국내법에 규정된 방식으로
동 국의 영역 안에 소재하는 자에게 송달되었을 것.
2. 그 문서가 이 협약에 규정된 다른 방식에 의하여 피고 또는 그의 거주지에 실제 교부
되었을 것 또한 상기 각호의 경우에 있어서 송달 또는 교부는 피고가 자신을 변호할
수 있도록 충분한 시간을 두고 이루어졌을 것.

각 체약국은 판사가 이 조 제1단의 규정에도 불구하고 송달 또는 교부가 있었다는 증명을
접수하지 아니하더라도 다음 각호의 제조건이 충족되는 경우에는 판결을 내릴 수 있다고
선언할 수 있다.

1. 문서가 이 협약에 규정된 방식 중 하나로 송부되었을 것.
2. 문서의 송부일부터 최소한 6월 이상으로서 구체적 사안에 따라 판사가 적절하다고 보

　는 기간이 경과하였을 것.

　3. 피촉탁국의 권한 있는 당국을 통하여 어떤 종류의 증명이라도 취득하려고 상당한 노력
　　을 하였음에도 불구하고 이를 얻지 못하였을 것.

상기의 규정에도 불구하고 판사는, 긴급한 경우, 보전 또는 보호처분을 명할 수 있다.

제16조

소환장 또는 이에 상응하는 문서가 이 협약의 규정에 따라 송달목적으로 해외에 송부되었
으나 출석하지 아니한 피고에 대하여 판결이 내려진 경우, 판사는 다음 각호의 제조건이
충족되는 경우에 한하여 항소기간의 만료로부터 피고를 구제할 수 있다.

　1. 피고가 자신의 귀책사유 없이 방어할 충분한 기간 내에 문서에 대한 인지가 없었거나
　　또는 항소하기에 충분한 기간 내에 판결에 대한 인지가 없었을 것

　2. 피고가 반증이 없는 한 승소가 확실시될 만한 변론을 제시할 것

구제신청은 피고가 판결을 인지한 후부터 합리적인 기간 내에 접수되어야 한다.

각 체약국은 선언에 명시한 기일의 만료 후에 접수된 신청은 수리되지 아니한다고 선언할
수 있으나, 그 기간은 어떠한 경우에도 재판일부터 1년 이상이어야 한다.

이 조는 자연인의 지위 또는 행위능력에 관한 재판에는 적용되지 아니한다.

제2장　재판외 문서

제17조

체약국의 당국 및 사법공무원이 작성하는 재판외 문서는 다른 체약국으로의 송달을 위하
여 이 협약에 의한 방식과 규정에 따라 전달될 수 있다.

제3장　일반규정

제18조

각 체약국은 중앙당국외에 기타 당국을 지정할 수 있으며, 이 경우 그 권한범위를 정한다.
그러나 신청인은 모든 경우에 있어 요청서를 직접 중앙당국에 제출할 권리를 가진다.

제19조

이 협약은 체약국의 국내법이 자국영역 안에서의 송달을 위하여 해외로부터 발송되는 문
서의 전달방식에 대하여 이상의 조항에서 규정한 방식 외의 전달방식을 허용하는 데 영향
을 미치지 아니한다.

제20조

이 협약은 2 이상의 체약국간의 협정으로 다음 각호를 면제하는 것을 막지 아니한다.

　1. 전달되는 문서 및 요청서 각 2통을 요구하는 제3조 제2단의 규정

　2. 사용언어에 관한 제5조 제3단 및 제7조의 규정

3. 제5조 제4단의 규정
4. 제12조 제2단의 규정
(이하 생략)

우리나라의 선언내용

1. 협약 제8조에 따라 대한민국은 재판상 문서가 촉탁국의 국민에게 송달되는 경우를 제외하고는, 대한민국 영역 안에서 외교관 또는 영사를 통하여 직접 동 문서를 송달하는 데 반대한다.

2. 협약 제10조에 따라 대한민국은 다음 각목을 인정하지 아니한다.

　가. 외국에 소재하는 자에게 재판상 문서를 우편으로 직접 송부할 권능

　나. 촉탁국의 사법공무원, 관리 또는 기타 권한 있는 자가 목적지국(目的地國)의 사법공무원, 관리 또는 기타 권한 있는 자를 통하여 재판상 문서를 직접 송달할 권능

　다. 재판절차의 모든 이해관계인이 목적지국의 사법공무원, 관리 또는 기타 권한 있는 자를 통하여 재판상 문서를 직접 송달할 권능

3. 협약 제15조 제2단에 따라 대한민국의 판사는 동조 제1단의 규정에 불구하고 송달 또는 교부가 있었다는 증명을 접수하지 아니하더라도 다음 각목의 제조건이 충족되는 경우에는 판결을 할 수 있다.

　가. 문서가 이 협약에 규정된 방식 중 하나로 송부되었을 것

　나. 문서의 송부일부터 최소한 6월 이상으로서 구체적인 사안에 있어서 판사가 적절하다고 보는 기간이 경과했을 것

　다. 피촉탁국의 권한 있는 당국을 통하여 어떠한 종류의 증명을 취득하려고 상당한 노력을 했음에도 불구하고 이를 얻지 못했을 것

[중앙당국의 지정]

1. 중앙당국(협약 제2조)

　기 관 명 ： 법원행정처

　　　　　(참조 : 국제담당관)

　주　　소 ： 대한민국 서울특별시 서초구 서초동 967, 우편번호 137-750

　전　　화 ： 2-3480-1378

2. 송달증명서 작성권한 기관(협약 제6조)

　중앙당국 이외에 송달을 실시할 지역을 관할하는 법원의 직원이 송달증명서를 작성할 수 있다.

[3-2] 민사소송법(발췌)

제4절 송달

제174조(직권송달의 원칙) 송달은 이 법에 특별한 규정이 없으면 법원이 직권으로 한다.

제175조(송달사무를 처리하는 사람) ① 송달에 관한 사무는 법원사무관등이 처리한다.

② 법원사무관등은 송달하는 곳의 지방법원에 속한 법원사무관등 또는 집행관에게 제1항의 사무를 촉탁할 수 있다.

제176조(송달기관) ① 송달은 우편 또는 집행관에 의하거나, 그 밖에 대법원규칙이 정하는 방법에 따라서 하여야 한다.

② 우편에 의한 송달은 우편집배원이 한다.

③ 송달기관이 송달하는 데 필요한 때에는 경찰공무원에게 원조를 요청할 수 있다.

제177조(법원사무관등에 의한 송달) ① 해당 사건에 출석한 사람에게는 법원사무관등이 직접 송달할 수 있다.

② 법원사무관등이 그 법원안에서 송달받을 사람에게 서류를 교부하고 영수증을 받은 때에는 송달의 효력을 가진다.

제178조(교부송달의 원칙) ① 송달은 특별한 규정이 없으면 송달받을 사람에게 서류의 등본 또는 부본을 교부하여야 한다.

② 송달할 서류의 제출에 갈음하여 조서, 그 밖의 서면을 작성한 때에는 그 등본이나 초본을 교부하여야 한다.

…

제183조(송달장소) ① 송달은 받을 사람의 주소·거소·영업소 또는 사무소(이하 "주소등"이라 한다)에서 한다. 다만, 법정대리인에게 할 송달은 본인의 영업소나 사무소에서도 할 수 있다.

② 제1항의 장소를 알지 못하거나 그 장소에서 송달할 수 없는 때에는 송달받을 사람이 고용·위임 그 밖에 법률상 행위로 취업하고 있는 다른 사람의 주소등(이하 "근무장소"라 한다)에서 송달할 수 있다.

③ 송달받을 사람의 주소등 또는 근무장소가 국내에 없거나 알 수 없는 때에는 그를 만나는 장소에서 송달할 수 있다.

④ 주소등 또는 근무장소가 있는 사람의 경우에도 송달받기를 거부하지 아니하면 만나는 장소에서 송달할 수 있다.

제184조(송달받을 장소의 신고) 당사자·법정대리인 또는 소송대리인은 주소등 외의 장소(대한민국안의 장소로 한정한다)를 송달받을 장소로 정하여 법원에 신고할 수 있다. 이 경우에는 송달 영수인을 정하여 신고할 수 있다.

...

제186조(보충송달·유치송달) ① 근무장소 외의 송달할 장소에서 송달받을 사람을 만나지 못한 때에는 그 사무원, 피용자(被用者) 또는 동거인으로서 사리를 분별할 지능이 있는 사람에게 서류를 교부할 수 있다.

② 근무장소에서 송달받을 사람을 만나지 못한 때에는 제183조제2항의 다른 사람 또는 그 법정대리인이나 피용자 그 밖의 종업원으로서 사리를 분별할 지능이 있는 사람이 서류의 수령을 거부하지 아니하면 그에게 서류를 교부할 수 있다.

③ 서류를 송달받을 사람 또는 제1항의 규정에 의하여 서류를 넘겨받을 사람이 정당한 사유 없이 송달받기를 거부하는 때에는 송달할 장소에 서류를 놓아둘 수 있다.

제187조(우편송달) 제186조의 규정에 따라 송달할 수 없는 때에는 법원사무관등은 서류를 등기우편 등 대법원규칙이 정하는 방법으로 발송할 수 있다.

제188조(송달함 송달) ① 제183조 내지 제187조의 규정에 불구하고 법원안에 송달할 서류를 넣을 함(이하 "송달함"이라 한다)을 설치하여 송달할 수 있다.

② 송달함을 이용하는 송달은 법원사무관등이 한다.

③ 송달받을 사람이 송달함에서 서류를 수령하여 가지 아니한 경우에는 송달함에 서류를 넣은 지 3일이 지나면 송달된 것으로 본다.

④ 송달함의 이용절차와 수수료, 송달함을 이용하는 송달방법 및 송달함으로 송달할 서류에 관한 사항은 대법원규칙으로 정한다.

제189조(발신주의) 제185조제2항 또는 제187조의 규정에 따라 서류를 발송한 경우에는 발송한 때에 송달된 것으로 본다.

...

제191조(외국에서 하는 송달의 방법) 외국에서 하여야 하는 송달은 재판장이 그 나라에 주재하는 대한민국의 대사·공사·영사 또는 그 나라의 관할 공공기관에 촉탁한다.

...

제194조(공시송달의 요건) ① 당사자의 주소등 또는 근무장소를 알 수 없는 경우 또는 외국에서 하여야 할 송달에 관하여 제191조의 규정에 따를 수 없거나 이에 따라도 효력이 없을 것으로 인정되는 경우에는 법원사무관등은 직권으로 또는 당사자의 신청에 따라 공시송달을 할 수 있다.

② 제1항의 신청에는 그 사유를 소명하여야 한다.

③ 재판장은 제1항의 경우에 소송의 지연을 피하기 위하여 필요하다고 인정하는 때에는 공시송달을 명할 수 있다.

④ 원고가 소권(항소권을 포함한다)을 남용하여 청구가 이유 없음이 명백한 소를 반복적으로 제기한 것에 대하여 법원이 변론 없이 판결로 소를 각하하는 경우에는 재판장은 직권으로 피고에 대하여 공시송달을 명할 수 있다.

⑤ 재판장은 직권으로 또는 신청에 따라 법원사무관등의 공시송달처분을 취소할 수 있다.

제195조(공시송달의 방법) 공시송달은 법원사무관등이 송달할 서류를 보관하고 그 사유를 법원게시판에 게시하거나, 그 밖에 대법원규칙이 정하는 방법에 따라서 하여야 한다.

제196조(공시송달의 효력발생) ① 첫 공시송달은 제195조의 규정에 따라 실시한 날부터 2주가 지나야 효력이 생긴다. 다만, 같은 당사자에게 하는 그 뒤의 공시송달은 실시한 다음 날부터 효력이 생긴다.

② 외국에서 할 송달에 대한 공시송달의 경우에는 제1항 본문의 기간은 2월로 한다.

③ 제1항 및 제2항의 기간은 줄일 수 없다.

…

[4] 헤이그증거협약(국문본 발췌)과 민사소송법(발췌)

[4-1] 민사 또는 상사의 해외증거조사에 관한 협약[조약 제1993호]

前文 생략

제1장1)   촉탁서2)

제1조

민사 또는 상사에 있어서 체약국의 사법당국은 자국법의 규정에 따라서 다른 체약국의 권한 있는 당국에 촉탁서로써 증거취득 또는 그 밖의 사법적 처분의 이행을 요청할 수 있다. 촉탁서는 개시되었거나 또는 개시될 예정인 사법절차에서 사용할 의도가 없는 증거를 취득하는 데 사용되지 아니한다.

"기타 사법적 처분"이라는 표현에는 재판상 서류의 송달, 판결이나 명령을 집행하기 위한 집행영장의 발부, 임시조치 또는 보호조치 명령은 포함되지 아니한다.

제2조

체약국은 다른 체약국의 사법 당국으로부터 촉탁서를 수령하고, 이를 집행권한 있는 당국에 전달할 업무를 맡는 중앙당국을 지정한다.

각국은 자국법에 따라서 중앙당국을 조직한다.

촉탁서는 집행국의 기타 당국을 경유함이 없이 집행국의 중앙당국으로 송부된다.

제3조

촉탁서에는 다음의 사항을 명시한다.

1. 촉탁 당국 및 촉탁 당국이 알고 있는 경우, 이를 집행할 수탁 당국

2. 소송당사자의 성명 및 주소, 그리고 대리인이 있는 경우, 대리인의 성명 및 주소

3. 증거가 요청되는 소송절차의 성격 및 이에 관한 모든 필요한 정보의 제공

4. 취득할 증거 또는 이행할 그 밖의 사법적 처분.

적절한 경우, 촉탁서에는 특히 다음의 사항을 명시한다.

5. 신문받을 자의 성명 및 주소

6. 신문받을 자에게 할 질문 또는 신문이 이루어질 소송물에 관한 설명

7. 검사될 서류, 그 밖의 부동산 또는 동산

---

1) 증거협약의 영문본은 '제I장'이라고 로마 숫자를 사용하나 국문번역에서는 아라비아 숫자로 쓴다. 아래 제2장과 제3장도 같다.

2) 이는 'Letter of Request'의 번역인데, 송달협약에서는 'request'를 '요청서'라고 번역한다.

8. 증거가 선서 또는 서약에 의하여 제출되어야 하는 요건 및 사용될 특별한 형식

9. 제9조에 따라 준수되는 특별한 방식 또는 절차

촉탁서에는 또한 제11조의 적용을 위하여 필요한 정보를 기재할 수 있다.

인증 또는 그 밖에 이와 유사한 절차는 요구되지 아니한다.

제4조

촉탁서는 이를 집행할 수탁 당국의 언어로 작성하거나 그 언어로 된 번역문을 첨부한다. 그럼에도 불구하고 체약국은 제33조에 의하여 인정되는 유보를 하지 아니하는 한, 영어나 불어로 작성된 촉탁서 또는 영어나 불어로 번역된 촉탁서를 접수하여야 한다.

공용어가 두 가지 이상이고 국내법상의 이유로 한 가지 공용어로 된 촉탁서를 자국의 전 영역에서 접수할 수 없는 체약국은, 선언으로써 자국의 특정 영역에서의 집행을 위하여 촉탁서 또는 그 번역문에 사용할 언어를 지정한다. 정당한 사유 없이 이 선언에 따르지 아니하는 경우 요청되는 언어로 번역하는 비용은 촉탁국이 부담한다.

체약국은 선언으로써 앞에서 언급한 언어 이외의 언어를 지정할 수 있으며, 이 경우 그 언어로 작성된 촉탁서는 그 체약국의 중앙당국에 송부될 수 있다.

촉탁서에 첨부되는 모든 번역문은 외교관이나 영사관원, 선서한 번역자 또는 각국에서 그러한 권한이 부여된 자에 의하여 정확하다고 확인되어야 한다.

제5조

중앙당국은 촉탁이 이 협약의 규정에 부합하지 아니한다고 판단하는 경우 촉탁서에 대한 이의를 명시하여 이를 송부한 촉탁국의 당국에 신속하게 통지한다.

제6조

촉탁서를 송부받은 당국에 이를 집행할 권한이 없는 경우, 촉탁서는 자국법 규정에 따라 이를 집행할 권한이 있는 자국 내 당국에 지체없이 송부되어야 한다.

제7조

촉탁 당국이 희망하는 경우에는, 관계 당사자, 그리고 대리인이 있다면 대리인이 출석할 수 있도록, 촉탁 당국에 소송절차가 진행될 일시 및 장소를 통지한다. 촉탁국의 당국이 요청하는 경우, 이 통지는 당사자나 그들의 대리인에게 직접 송부되어야 한다.

제8조

체약국은 다른 체약국의 촉탁 당국의 법관이 촉탁서의 집행시에 출석할 수 있다고 선언할 수 있다. 이 경우 그 선언국이 지정하는 권한 있는 당국에 의한 사전 승인이 요구될 수 있다.

제9조

촉탁서를 집행하는 사법 당국은 준수할 방식 및 절차와 관련하여 자국법을 적용한다.

그러나, 사법 당국은 그것이 집행국의 국내법에 저촉되거나 국내의 관행·절차 또는 현실적인 어려움 때문에 이행될 수 없는 경우가 아닌 한, 특별한 방식 또는 절차를 준수해 달라는 촉탁 당국의 요청에 따른다.

촉탁서는 신속하게 집행되어야 한다.

제10조

촉탁서를 집행함에 있어서 수탁 당국은 적절한 강제력을 사용하며, 그러한 강제력은 자국 당국이 발한 명령 또는 국내소송절차에서 당사자가 행한 신청을 집행함에 있어 국내법이 정하는 정도에 상응하여야 한다.

제11조3)

촉탁서를 집행함에 있어 관계자는 다음과 같은 경우 증거제출을 거부할 수 있다.

1. 집행국의 법에 의하여 증거제출을 거부할 특권이나 의무가 있는 경우, 또는
2. 촉탁국의 법에 의하여 증거제출을 거부할 특권이나 의무가 있고, 그 특권이나 의무가 촉탁서에 명시되거나 수탁 당국의 발의에 따라 촉탁 당국이 그 특권이나 의무를 다른 방법으로 수탁 당국에 확인하여 준 경우

체약국은, 그 밖에, 선언에서 명시한 범위에서 촉탁국 및 집행국 외의 국가들의 법에 의한 특권 및 의무를 존중할 것이라는 선언을 할 수 있다.

제12조

다음의 경우에 한하여 촉탁서의 집행을 거부할 수 있다.

1. 집행국에 있어서 촉탁서의 집행이 사법부의 직무범위 안에 속하지 아니하는 경우, 또는
2. 수신국이 자국의 주권 또는 안보가 이를 집행함으로써 침해될 것이라고 판단하는 경우

집행국이 국내법상 소송물에 대하여 전속관할권을 가지고 있다고 주장하거나 집행국의 국내법이 그 사안에 대하여 소송을 허용하지 아니한다는 이유만으로 집행을 거부할 수 없다.

제13조

촉탁서의 집행을 입증하는 서류는 촉탁 당국이 이용한 것과 동일한 경로를 통하여 수탁 당국이 촉탁 당국에 송부한다.

촉탁서의 전부 또는 일부가 집행되지 아니한 경우에는 촉탁 당국에 동일한 경로를 통하여 그 사유를 즉시 통지한다.

제14조

촉탁서의 집행으로 인하여 발생한 어떠한 성격의 세금이나 비용도 상환의 대상이 되지 아니한다.

그럼에도 불구하고 집행국은 촉탁국에 대하여 전문가 및 통역인에게 지불한 보수, 그리고 제9조 제2문4)에 의하여 촉탁국이 요청한 특별한 절차를 사용함으로써 발생한 비용의 상환을 청구할 권리를 갖는다.

수탁국의 법이 당사자에게 스스로 증거를 확보할 의무를 부과하고 있고, 수탁 당국이 독자적으로 촉탁서를 집행할 수 없는 경우, 수탁 당국은 촉탁 당국의 동의를 얻은 후에 이를 집행할 적당한 자를 선임할 수 있다. 이러한 동의를 구할 때 수탁 당국은 이러한 절차에서

---

3) 협약의 영문에는 제1호와 제2호가 아니라 a와 b이다.
4) 협약의 영문은 'paragraph'이므로 '항'으로 번역하는 것이 적절하다. 협약의 조문은 우리 법조 문과 달리 항 번호를 붙이지 않으나 그로부터 단락을 변경한 경우 '항'으로 이해한다.

발생하게 될 대략의 비용을 적시한다. 촉탁 당국이 동의를 하는 경우 촉탁 당국은 발생한 어떠한 비용도 상환하여야 하나 그러한 동의가 없는 경우에는 촉탁 당국은 그 비용에 대하여 책임을 지지 아니한다.

제2장 외교관, 영사관원 및 수임인에 의한 증거조사

제15조
민사 또는 상사에 있어서 체약국의 외교관이나 영사관원은 그가 대표하는 국가의 법원에서 개시된 소송절차를 돕기 위하여 다른 체약국의 영역 안에서, 그리고 자신의 직무수행 지역 안에서 그가 대표하는 국가의 국민에 대하여 강제력 없이 증거조사를 할 수 있다.
체약국은 자신이 지정한 적절한 당국에 외교관이나 영사관원, 또는 그를 대신한 자가 신청을 하여 허가를 얻은 경우에 한하여 외교관이나 영사관원에 의한 증거조사가 가능하다고 선언할 수 있다.

제16조
체약국의 외교관이나 영사관원은 다음의 조건이 갖추어진 경우에 그가 대표하는 국가의 법원에서 개시된 소송절차를 돕기 위하여 다른 체약국의 영역 안에서, 그리고 자신의 직무수행 지역 안에서 자신이 직무를 수행하는 국가의 국민 또는 제3국 국민에 대하여 강제력 없이 증거조사를 할 수 있다.
1. 그가 직무를 수행하는 국가에서 지정한 권한 있는 당국이 일반적으로 또는 특정 사안에 대하여 이를 허가하였을 것, 그리고
2. 권한 있는 당국이 그 허가에서 명시한 조건을 준수할 것
체약국은 자신의 사전허가 없이 이 조에 의한 증거조사를 할 수 있다고 선언할 수 있다.

제17조
민사 또는 상사에 있어서 그 목적을 위하여 수임인으로 정당하게 선임된 자는 다음의 조건이 갖추어진 경우에 다른 체약국의 법원에서 개시된 소송절차를 돕기 위하여 한쪽 체약국의 영역 안에서 강제력 없이 증거조사를 할 수 있다.
1. 증거조사가 실시될 국가에서 지정한 권한 있는 당국이 일반적으로 또는 특정 사안에 대하여 이를 허가하였을 것, 그리고
2. 권한 있는 당국이 그 허가에서 명시한 조건을 준수할 것
체약국은 자신의 사전허가 없이 이 조에 의한 증거조사를 할 수 있다고 선언할 수 있다.

제18조
체약국은 제15조, 제16조 또는 제17조에 의하여 증거조사의 권한이 부여된 외교관, 영사관원 또는 수임인이 강제력에 의하여 증거를 취득하기 위하여 그 선언국이 지정한 권한 있는 당국에 적절한 원조를 신청할 수 있다고 선언할 수 있다. 선언국은 부과하기에 적절하다고 판단하는 조건을 선언에 포함시킬 수 있다.

권한 있는 당국이 신청을 허가하는 경우 그 당국은 적절한, 그리고 자국법에 의하여 국내 소송절차에서 사용하도록 규정된 모든 강제력을 사용한다.

제19조

제15조, 제16조 또는 제17조에 언급된 허가를 함에 있어서, 또는 제18조에 언급된 신청을 허가함에 있어서, 권한 있는 당국은 적절하다고 판단하는 조건, 특히 증거조사 실시의 시간 및 장소에 관한 조건을 정할 수 있다. 마찬가지로 권한 있는 당국은 증거조사 실시의 시간, 일자 및 장소에 관하여 합리적인 기간을 두고 사전에 통보할 것을 요청할 수 있다. 그러한 경우 그 당국의 대표는 증거조사 실시에 출석할 권한이 있다.

제20조

이 장의 어떠한 조문에 의한 증거조사에 있어서도 관계자는 법적으로 대리될 수 있다.

제21조[5]

외교관, 영사관원 또는 수임인이 제15조, 제16조 또는 제17조에 의하여 증거조사 실시의 권한이 부여된 경우,

1. 그는 증거조사가 실시되는 국가의 법에 저촉되지 아니하고 위 각 조문에 따라 부여된 허가에 위반되지 아니하는 모든 종류의 증거를 조사할 수 있으며, 그러한 한도 내에서 선서를 시키거나 서약을 받을 권한이 있다.
2. 어떠한 자에 대한 출석 또는 증거제출 촉탁서는, 그 수취인이 소송이 계속 중인 국가의 국민이 아닌 한, 증거조사가 실시되는 지역의 언어로 작성하거나 또는 그러한 언어로 된 번역문을 첨부한다.
3. 촉탁서에서는 그가 법적으로 대리될 수 있다는 것을 통지하며, 제18조에 의한 선언을 하지 아니한 국가에 있어서는 출석 또는 증거제출이 강제되지 아니한다는 것도 통지한다.
4. 소송이 계속중인 법원의 준거법에서 규정한 방식이 증거조사가 실시되는 국가의 법에 의하여 금지되지 아니하는 경우 그러한 방식으로 증거조사를 할 수 있다.
5. 증거제출을 요구받은 자는 제11조에 포함된 증거제출을 거부할 특권 및 의무를 원용할 수 있다.

제22조

이 장에 규정된 절차에 따른 증거조사의 시도가 증거제출자의 거부로 인하여 실패하였다는 사실은 이후 제1장에 따른 증거조사의 신청을 하는 데 장애가 되지 아니한다.

제3장 일반규정

제23조

체약국은 서명, 비준 또는 가입 시에 보통법 국가에서 통용되는 기일 전 서류개시절차의 목적으로 작성된 촉탁서를 집행하지 아니할 것임을 선언할 수 있다.

---

5) 협약의 영문에는 제1호부터 제5호가 아니라 a부터 e이다.

제24조

체약국은 중앙당국 외에 기타 당국을 지정할 수 있으며, 기타 당국에 대해서는 그 권한 범위를 정한다. 그러나 촉탁서는 모든 경우에 중앙당국으로 송부될 수 있다. 연방국가는 둘 이상의 중앙당국을 지정할 수 있다.

제25조

둘 이상의 법체계를 가지고 있는 체약국은 그러한 법체계 중 하나의 당국을 지정할 수 있으며, 그 당국은 이 협약에 따라 촉탁서를 집행할 배타적 권한을 갖는다.

제26조

체약국은 헌법상의 제약으로 인하여 요구되는 경우 촉탁서의 집행과 관련하여 증거제출자의 출석을 강제하는데 필요한 영장송달의 수수료 및 비용, 그러한 자의 출석비용 및 증거의 사본비용의 상환을 촉탁국에 청구할 수 있다. 어느 국가가 제1문에 따라 청구를 한 경우 다른 체약국은 그 국가에 유사한 수수료 및 비용의 상환을 청구할 수 있다.

제27조

이 협약의 규정은 체약국의 다음 행위를 방해하지 아니한다.

1. 촉탁서가 제2조에 규정된 경로 이외의 경로를 통하여 자국의 사법 당국에 전달될 수 있다고 선언하는 것
2. 국내법이나 관행에 의하여 이 협약에서 규정하는 행위가 보다 완화된 조건으로 이행되도록 허용하는 것
3. 국내법이나 관행에 의하여 이 협약에서 규정하는 방식 이외의 증거조사 방식을 허용하는 것

(이하 생략)

우리나라의 유보 및 선언사항

(유보사항)

1. 제4조 제2항 및 제33조에 따라, 대한민국은 한국어 또는 영어 촉탁서만을 접수한다. 한국어 번역문이 첨부되지 않은 촉탁서의 집행은 지체될 수 있다. 또한 상기 지정한 언어 이외의 언어로 된 촉탁서만을 접수하는 국가에 대하여서는 한국어촉탁서만을 접수한다.

2. 제33조에 따라 대한민국은 그 영토 내에서 이 협약 제2장 제16조 및 제17조를 적용하지 아니한다.

(선언사항)

1. 제8조에 따라 대한민국 정부는 다른 체약국의 촉탁 당국의 법관 또는 법원직원은 대한민국의 권한 있는 당국의 사전승인을 받아 요청서의 집행 시에 출석할 수 있음을 선언한다. 이 조항의 목적상 권한 있는 당국은 법원행정처이다.

2. 제23조에 따라, 대한민국 정부는 기일전 서류개시절차의 목적으로 작성된 촉탁서를 집행하지 않을 것임을 선언한다. 나아가 대한민국 정부는 위 선언의 목적을 위하여 "기일 전 서류개시절차의 목적으로 작성된 촉탁서"란 어떤 사람에게 다음의 사항을 요청하는 촉탁서를 포함하는 것으로 이해한다고 선언한다.

　가. 촉탁서에서 언급된 소송과 관련된 어떠한 서류가 그의 점유, 보관 또는 권한 하에 있는지 또는 있었는지에 대한 진술

　나. 촉탁서에 명시된 특정한 서류 이외의 서류로서 촉탁을 받은 법원이 판단하기에, 그의 점유, 보관 또는 권한 하에 있거나 또는 있는 것으로 보이는 서류의 제출

[4-2] 민사소송법(발췌)

제296조(외국에서 시행하는 증거조사) ① 외국에서 시행할 증거조사는 그 나라에 주재하는 대한민국 대사·공사·영사 또는 그 나라의 관할 공공기관에 촉탁한다.

② 외국에서 시행한 증거조사는 그 나라의 법률에 어긋나더라도 이 법에 어긋나지 아니하면 효력을 가진다.

…

제327조의2(비디오 등 중계장치에 의한 증인신문) ① 법원은 다음 각 호의 어느 하나에 해당하는 사람을 증인으로 신문하는 경우 상당하다고 인정하는 때에는 당사자의 의견을 들어 비디오 등 중계장치에 의한 중계시설을 통하거나 인터넷 화상장치를 이용하여 신문할 수 있다.

 1. 증인이 멀리 떨어진 곳 또는 교통이 불편한 곳에 살고 있거나 그 밖의 사정으로 말미암아 법정에 직접 출석하기 어려운 경우

 2. 증인이 나이, 심신상태, 당사자나 법정대리인과의 관계, 신문사항의 내용, 그 밖의 사정으로 말미암아 법정에서 당사자 등과 대면하여 진술하면 심리적인 부담으로 정신의 평온을 현저하게 잃을 우려가 있는 경우

② 제1항에 따른 증인신문은 증인이 법정에 출석하여 이루어진 증인신문으로 본다.

③ 제1항에 따른 증인신문의 절차와 방법, 그 밖에 필요한 사항은 대법원규칙으로 정한다.

…

제4절 서증

제343조(서증신청의 방식) 당사자가 서증(書證)을 신청하고자 하는 때에는 문서를 제출하는 방식 또는 문서를 가진 사람에게 그것을 제출하도록 명할 것을 신청하는 방식으로 한다.

제344조(문서의 제출의무) ① 다음 각호의 경우에 문서를 가지고 있는 사람은 그 제출을 거부하지 못한다.

 1. 당사자가 소송에서 인용한 문서를 가지고 있는 때

 2. 신청자가 문서를 가지고 있는 사람에게 그것을 넘겨 달라고 하거나 보겠다고 요구할 수 있는 사법상의 권리를 가지고 있는 때

 3. 문서가 신청자의 이익을 위하여 작성되었거나, 신청자와 문서를 가지고 있는 사람 사이의 법률관계에 관하여 작성된 것인 때. 다만, 다음 각목의 사유 가운데 어느 하나에 해당하는 경우에는 그러하지 아니하다.

　가. 제304조 내지 제306조에 규정된 사항이 적혀있는 문서로서 같은 조문들에 규정된

　　　동의를 받지 아니한 문서

　나. 문서를 가진 사람 또는 그와 제314조 각호 가운데 어느 하나의 관계에 있는 사람에 관하여 같은 조에서 규정된 사항이 적혀 있는 문서

　다. 제315조제1항 각호에 규정된 사항중 어느 하나에 규정된 사항이 적혀 있고 비밀을 지킬 의무가 면제되지 아니한 문서

② 제1항의 경우 외에도 문서(공무원 또는 공무원이었던 사람이 그 직무와 관련하여 보관하거나 가지고 있는 문서를 제외한다)가 다음 각호의 어느 하나에도 해당하지 아니하는 경우에는 문서를 가지고 있는 사람은 그 제출을 거부하지 못한다.

　1. 제1항제3호나목 및 다목에 규정된 문서

　2. 오로지 문서를 가진 사람이 이용하기 위한 문서

제345조(문서제출신청의 방식) 문서제출신청에는 다음 각호의 사항을 밝혀야 한다.

　1. 문서의 표시

　2. 문서의 취지

　3. 문서를 가진 사람

　4. 증명할 사실

　5. 문서를 제출하여야 하는 의무의 원인

제346조(문서목록의 제출) 제345조의 신청을 위하여 필요하다고 인정하는 경우에는, 법원은 신청대상이 되는 문서의 취지나 그 문서로 증명할 사실을 개괄적으로 표시한 당사자의 신청에 따라, 상대방 당사자에게 신청내용과 관련하여 가지고 있는 문서 또는 신청내용과 관련하여 서증으로 제출할 문서에 관하여 그 표시와 취지 등을 적어 내도록 명할 수 있다.

제347조(제출신청의 허가여부에 대한 재판) ① 법원은 문서제출신청에 정당한 이유가 있다고 인정한 때에는 결정으로 문서를 가진 사람에게 그 제출을 명할 수 있다.

② 문서제출의 신청이 문서의 일부에 대하여만 이유 있다고 인정한 때에는 그 부분만의 제출을 명하여야 한다.

③ 제3자에 대하여 문서의 제출을 명하는 경우에는 제3자 또는 그가 지정하는 자를 심문하여야 한다.

④ 법원은 문서가 제344조에 해당하는지를 판단하기 위하여 필요하다고 인정하는 때에는 문서를 가지고 있는 사람에게 그 문서를 제시하도록 명할 수 있다. 이 경우 법원은 그 문서를 다른 사람이 보도록 하여서는 안된다.

…

[5] 국제민사사법공조법과 국제민사사법공조규칙

[5-1] 국제민사사법공조법

제1장 총칙

제1조(목적) 이 법은 민사사건에 있어 외국으로의 사법공조촉탁절차와 외국으로부터의 사법공조촉탁에 대한 처리절차를 규정함을 목적으로 한다.

제2조(정의) 이 법에서 사용하는 용어의 정의는 다음과 같다.

1. "사법공조"라 함은 재판상 서류의 송달 또는 증거조사에 관한 국내절차의 외국에서의 수행 또는 외국절차의 국내에서의 수행을 위하여 행하는 법원 기타 공무소등의 협조를 말한다.
2. "외국으로의 촉탁"이라 함은 대한민국 법원이 외국법원 기타 공무소 또는 외국에 주재하는 대한민국의 대사·공사 또는 영사에 대하여 하는 사법공조촉탁을 말한다.
3. "외국으로부터의 촉탁"이라 함은 외국법원이 대한민국의 법원에 대하여 하는 사법공조촉탁을 말한다.

제3조(조약등과의 관계) 이 법에 정한 사법공조절차에 관하여 조약 기타 이에 준하는 국제법규에 다른 규정이 있는 경우에는 그 규정에 따른다.

제4조(상호주의) 사법공조에 관한 조약이 체결되어 있지 아니한 경우에도 사법공조를 촉탁하는 외국법원이 속하는 국가가 동일 또는 유사한 사항에 관하여 대한민국 법원의 사법공조촉탁에 응한다는 보증을 한 경우에는 이 법을 적용한다.

제2장 외국으로의 촉탁

제5조(촉탁의 상대방) ① 외국으로의 촉탁은 수소법원의 재판장이 그 외국의 관할법원 기타 공무소에 대하여 한다.

② 수소법원의 재판장은 다음 각호에 따라 외국으로의 촉탁을 할 수 있다.

1. 송달받을 자 또는 증인신문을 받을 자가 대한민국 국민으로서 영사관계에관한비엔나협약에 가입한 외국에 거주하는 경우에는 그 외국에 주재하는 대한민국의 대사·공사 또는 영사에 대하여 한다. 이 경우 그 외국의 법령 또는 의사표시에 위배되지 아니하여야 한다.
2. 외국이 명백한 의사표시로써 승인하는 경우에는 그 의사표시에 따른 실시기관에 대하여 한다.

제6조(촉탁의 경로) ① 외국으로의 촉탁을 하고자 하는 재판장이 속하는 법원의 장은 법원

행정처장에게 촉탁서 기타 관계서류를 송부할 것을 요청하여야 한다.

② 법원행정처장은 외교부장관에게 제1항의 규정에 의한 촉탁서 기타 관계서류를 외교상의 경로를 통하여 제5조에 규정된 수탁기관으로 송부할 것을 의뢰하여야 한다.

제7조(번역문의 첨부) ① 외국법원 기타 공무소에 대하여 사법공조를 촉탁하는 경우에는 그 외국의 공용어로 된 촉탁서 기타 관계서류의 번역문을 첨부하여야 한다. 다만, 그 외국의 공용어를 알 수 없는 경우에는 영어로 된 번역문을 첨부할 수 있다.

② 당사자는 수소법원에 제출하여야 할 외국으로의 촉탁관계서류에 번역문을 첨부하여야 한다.

③ 송달받을 자가 외국인으로서 제5조제2항제2호의 규정에 의하여 그 외국의 승인에 따라 그 외국에 주재하는 대한민국의 대사·공사 또는 영사를 실시기관으로 하여 송달을 촉탁하는 경우에 그 송달할 서류에 관하여는 제1항 및 제2항의 규정을 준용한다.

④ 제1항 및 제3항의 규정에 의하여 번역문을 첨부함에 따른 번역비용은 소송비용으로 한다.

제8조(대사등에 의한 송달방법) 외국에 주재하는 대한민국의 대사·공사 또는 영사가 이 법에 의한 송달을 실시하는 경우에는 송달받을 자에게 송달서류를 직접 교부하거나 송달받을 자에 대한 배달사실을 증명할 수 있는 우편의 방법에 의하여야 한다.

제9조(촉탁의 비용) 이 법에 의한 송달 또는 증거조사에 소요되는 비용을 당사자가 부담하여야 할 경우에는 비용의 개산액을 예납하여야 한다.

제10조(공시송달) ① 외국에서 할 송달에 대한 공시송달은 법원서기관·법원사무관·법원주사 또는 법원주사보가 송달할 서류를 보관하고 그 사유를 법원게시판에 게시함과 아울러 그 외국에 주재하는 대한민국의 대사·공사 또는 영사에게 통지하여야 한다.

② 제6조의 규정은 제1항의 규정에 의한 통지를 하는 경우에 이를 준용한다.

제3장 외국으로부터의 촉탁

제11조(관할법원) 외국으로부터의 촉탁은 송달촉탁의 경우에는 송달을 할 장소, 증거조사촉탁의 경우에는 증인의 주소 또는 증거물 기타 검증·감정목적물의 소재지를 관할하는 제1심 법원이 관할한다.

제12조(공조의 요건) 외국으로부터의 촉탁에 대한 사법공조는 그 촉탁이 다음 각호의 요건을 갖춘 경우에 한하여 이를 할 수 있다.

 1. 촉탁법원이 속하는 국가와 사법공조조약이 체결되어 있거나 제4조의 규정에 의한 보증이 있을 것

 2. 대한민국의 안녕질서와 미풍양속을 해할 우려가 없을 것

 3. 촉탁이 외교상의 경로를 거칠 것

 4. 송달촉탁은 송달받을 자의 성명·국적·주소 또는 거소를 기재한 서면에 의할 것

 5. 증거조사촉탁은 소송사건의 당사자, 사건의 요지, 증거방법의 종류, 증인신문의 경우에

는 신문받을 자의 성명·국적·주소 또는 거소와 신문사항을 기재한 서면에 의할 것

6. 국어로 작성된 번역문이 첨부되어 있을 것

7. 촉탁법원이 속하는 국가가 수탁사항의 실시에 필요한 비용의 부담을 보증할 것

제13조(촉탁서의 접수) ① 외국으로부터의 사법공조촉탁서는 법원행정처장이 이를 접수하여 제11조의 규정에 의한 관할법원에 송부한다.

② 법원행정처장은 외국으로부터의 촉탁이 제12조의 규정에 의한 요건을 갖추지 아니한 것으로 인정되는 때에는 이유를 기재하여 이를 반송하여야 한다.

제14조(이송) 제13조의 규정에 의하여 사법공조촉탁서를 송부받은 법원은 수탁사항이 그 관할에 속하지 아니할 경우 결정으로 관할법원에 이송하고, 그 사실을 법원행정처장에게 통지하여야 한다.

제15조(준거법) 외국으로부터의 촉탁에 따른 수탁사항은 대한민국의 법률에 의하여 이를 실시한다. 다만, 외국법원이 특정방식에 의한 실시를 요청하는 경우 그 방식이 대한민국의 법률에 저촉되지 아니하는 때에는 그 방식에 의한다.

제16조(결과의 회신) ① 외국으로부터의 촉탁이 송달촉탁의 경우에는 수탁법원의 장이 송달결과에 관한 증명서를, 증거조사촉탁의 경우에는 수탁판사가 증인신문조서 기타 증거조사의 결과를 기재한 조서 또는 증거조사가 불능하게 된 사유를 기재한 서면을 각각 외국법원에 송부하여야 한다. 다만, 외국법원이 특정방식에 의한 회신을 요청하는 경우 그 방식이 대한민국의 법률에 저촉되지 아니하는 때에는 그 방식에 의한다.

② 제6조의 규정은 제1항의 규정에 의하여 서류를 송부하는 경우에 이를 준용한다.

제17조(대법원규칙) 사법공조에 소요되는 비용의 지출, 상환 기타 이 법의 집행에 관하여 필요한 사항은 대법원규칙으로 정한다.

부칙

제1조(시행일) ① 이 법은 공포한 날부터 시행한다.

② 생략

제2조 이하 생략

[5-2] 국제민사사법공조규칙

[시행 2002. 7. 1.] [대법원규칙 제1770호, 2002. 6. 28., 일부개정]

제1조(목적) 이 규칙은 국제민사사법공조법(이하 "법"이라 한다)의 시행에 필요한 사항을 규정함을 목적으로 한다.

제2조(촉탁의 상대방) 법 제5조의 경우에 송달받을 자 또는 증인신문을 받을 자가 미합중국에 거주하는 경우에는 그가 대한민국 국민이 아닌 경우에도 미합중국주재 대한민국의 대사, 공사 또는 영사에게 촉탁할 수 있다.

제3조(촉탁비용의 기재) ① 외국으로 촉탁을 하고자 하는 재판장이 속하는 법원의 장은 당사자가 법 제9조의 비용을 예납한 경우에는 그 취지를 법 제6조제1항의 규정에 의한 송부요청서에 기재하여야 한다.

② 법원행정처장은 송달 또는 증거조사를 위하여 외교통상부 또는 재외공관이 지출하거나 대납한 비용은 촉탁법원이 그 상당액을 당사자로부터 납부받아 국고에 납입할 것이라는 취지를 법 제6조제2항의 규정에 의한 송부의뢰서에 기재하여야 한다.

제4조(촉탁실시비용의 상환) ① 외교통상부장관 또는 재외공관의 장은 촉탁의 실시결과에 관한 서류를 송부할 때에 송달 또는 증거조사를 위하여 지출하거나 대납한 비용에 관한 명세서를 첨부하여야 한다.

② 촉탁법원이 제1항의 비용명세서를 받은 때에는 지체없이 법원보관금 출급명령서를 세입세출외현금출납공무원에게 회부하여 법 제9조의 예납금중에서 위 비용상당액을 국고귀속시키도록 조치하여야 한다.

③ 제2항의 경우에 그 비용이 외화로 표시되어 있는 때에는 국고에 귀속시키는 날의 외국환매매중간율에 의하여 우리나라 통화로 환산한 금액에 의한다.

제5조(수탁실시결과의 회신경로) 수탁법원이 수탁사항을 실시한 결과를 회신하는 경로 및 제7조의 규정에 의한 비용상환청구의 경로에 관하여는 법 제6조의 규정을 준용한다.

제6조(수탁실시기록의 보존) ① 수탁법원은 외국으로부터 촉탁받은 사항의 실시와 관련하여 작성한 기록중 법 제16조제1항의 규정에 의하여 외국법원에 송부한 서류 이외의 부분을 회신서부본과 함께 보존한다.

② 제1항의 서류의 보존기간은 2년으로 한다.

제7조(수탁사항실시비용의 지출과 상환청구) ① 수탁법원이 수탁사항을 실시함에 있어 비용이 들 경우에는 국고대납을 받아 지출한다. 다만, 집행관에게 지급할 수수료 기타의 비용은 외국기관으로부터 이를 추심하여 지급할 수 있다.

② 제1항의 경우에 수탁법원의 장은 당해법원의 채권관리관이 작성한 비용명세서 및 납입고지서 또는 집행관이 작성한 청구서를 법 제16조제1항의 규정에 의한 회신서류와 함께 법원행정처장에게 송부하여야 한다.

③ 법원행정처장은 외교통상부장관에게 제2항의 비용명세서 및 납입고지서 또는 청구서를 송부하고 그 비용이 수탁법원으로 납입되도록 조치하여 줄 것을 요청하여야 한다.

[6] 외국공문서에 대한 인증의 요구를 폐지하는 협약
(국문본 발췌)[조약 제1854호]

前文 생략

제1조

이 협약은 한 체약국의 영역에서 작성되고 다른 체약국의 영역에서 제출되어야 하는 공문서에 적용된다.

이 협약의 목적상 다음을 공문서로 본다.

 가. 검찰기관 및 법원의 사무·집행기관이 발행하는 문서를 포함하여 국가법원과 관련된 당국 또는 공무원이 발행하는 문서

 나. 행정문서

 다. 공증인의 직무상 작성된 증서

 라. 사서증서에 부가되는 것으로서 등록사실의 기재, 특정 일자에 대한 검인 및 서명의 인증과 같은 공적 기술서

그러나 이 협약은 다음에 대하여는 적용하지 아니한다.

 가. 외교·영사기관에 의하여 작성된 문서

 나. 상사·세관의 사무와 직접 관련되는 행정문서

제2조

각 체약국은 이 협약의 적용을 받으며 자국 영역에서 제출되어야 하는 문서에 대하여 인증을 면제한다. 이 협약의 목적상 인증은 문서가 제출되어야 하는 국가의 외교·영사기관이 서명의 진정성, 그 문서의 서명자가 행위하는데 근거한 자격 그리고 경우에 따라서는 그 문서가 지닌 인영·스탬프의 동일성을 증명하는 절차만을 말한다.

제3조

서명의 진정성, 문서의 서명자가 행위하는데 근거한 자격 그리고 경우에 따라서는 그 문서가 지닌 인영·스탬프의 동일성을 증명하기 위하여 요구될 수 있는 유일한 절차는 그 문서가 발행된 국가의 권한당국이 발급한 것으로서 이 협약 제4조에 규정된 증명서를 붙이는 것이다.

그러나 문서가 제출된 국가에서 유효한 법률·규칙 또는 관습이나 둘 또는 수개의 체약국 간의 협정으로 이를 배제하거나 간소하게 하거나 그 문서의 인증을 면제하는 때에는 이 조의 제1문[1])에 언급된 절차는 요구되지 아니한다.

제4조

제3조 제1문2)에 규정된 증명서는 문서 그 자체에 또는 별전지에 붙여진다. 이 증명서는 이 협약에 부속된 양식에 일치하여야 한다.

그러나 증명서는 이를 발급하는 당국의 공용어로 작성할 수 있다. 증명서상 기재내용은 제2의 언어로도 작성할 수 있다. "Apostille (Convention de La Haye de 5 octobre 1961)"라는 표제는 프랑스어로 기재하여야 한다.

제5조

증명서는 문서에 서명한 자 또는 그 소지인의 요구에 의하여 발급된다.

증명서에 필요사항이 적정하게 기재된 경우, 그것은 서명의 진정성, 문서의 서명자가 행위하는데 근거한 자격 그리고 경우에 따라서는 그 문서가 지닌 인영·스탬프의 동일성을 증명한다.

증명서상의 서명 및 인영·스탬프는 모든 증명으로부터 면제된다.

제6조

각 체약국은 직무상으로 제3조 제1문3)에 규정된 증명서를 발급하는 권한이 부여된 당국을 지정한다.

각 체약국은 비준·가입서 또는 적용확대선언서를 기탁하는 때에 네덜란드외무부에 이러한 지정 사실을 통보한다. 각 체약국은 이러한 당국의 지정에 관하여 여하한 변경이 있는 경우에도 또한 이를 통보한다.

제7조

제6조와 일치하게 지정된 각 당국은 다음 사항을 표시하면서 발급한 증명서를 기록한 등록부 또는 카드식색인을 유지하여야 한다.

　가. 증명서의 번호 및 일자

　나. 해당 공문서에 서명한 자의 성명과 그 서명자가 행위하는데 근거한 자격, 또는 서명
　　　되지 아니한 문서의 경우에는 인영·스탬프를 부가한 당국의 표시

　이해관계인이 신청하는 경우에 증명서를 발급한 당국은 증명서상의 기재사항이 등록부 또는 카드식색인상의 기재사항과 일치하는지 여부를 확인한다.

제8조

둘 또는 수개의 체약국간의 조약, 협약 또는 협정이 서명 및 인영·스탬프의 증명을 일정한 절차에 따르도록 하는 규정을 두고 있는 때에는 이 협약은 그러한 절차가 제3조 및 제4

---

1) 영문은 "preceding paragraph"이므로 전항이라고 번역하는 것이 적절하나 공식 번역문은 위
　와 같다.
2) 영문은 "first paragraph"이므로 제1항이라고 번역하는 것이 적절하나 공식 번역문은 위와
　같다.
3) 영문은 "first paragraph"이므로 제1항이라고 번역하는 것이 적절하나 공식 번역문은 위와
　같다.

조에 언급된 절차보다 더욱 엄격한 경우에 한하여 그 규정에 우선한다.

제9조

각 체약국은 이 협약이 인증의 면제를 규정하는 경우에 자국의 외교·영사기관에 의한 인증의 실시를 방지하는데 필요한 조치를 취한다.

(제10조 이하 생략)

협약 부속서

증명서 모형

이 증명서는 한 변이 최소한 9센티미터가 되는 사각형 모양으로 만들어 진다.

APOSTILLE

(Convention de La Haye du 5 octobre 1961)

1. 국명: ....

  이 공문서는

2... 의하여 서명되고

3... 의 자격으로

4.. 인영/스탬프를 부과하였으며,

5.................. 에서   6...................일자에

7...의하여

  증명한다.

8. 등록번호 ....

9. 인영/스탬프: 10. 서명:

  ....

---

[7] 민사 및 상사 (사건)의 재판관할과 재판의 승인 및 집행에 관한 2012. 12. 12. 유럽연합 의회 및 이사회 규정(개정)(브뤼셀 I recast)(일부 국문시역)

前文 [생략]

제 I 장 범위와 정의

제1조

1. 이 규정은 법원 또는 재판소의 성질에 관계없이 민사 및 상사 사건에 적용된다. 이는 특히 조세, 관세 또는 행정 사건 또는 국가 권한을 행사함에 있어서 작위 및 부작위(주권적 행위. *acta iure imperii*)에 대한 국가의 책임에는 미치지 않는다.

2. 이 규정은 다음의 사항에는 적용되지 않는다.

 (a) 자연인의 신분 또는 법적 능력, 혼인관계 또는 그러한 관계에 적용되는 법률에 따라 혼인에 상당하는 효력을 가지는 것으로 간주되는 관계로부터 발생하는 재산제(rights in property, Güterstände)

 (b) 파산, 지급불능인 회사 또는 기타 법인의 청산과 관련된 절차, 사법적 화의(judicial arrangements), 화의 및 유사한 절차

 (c) 사회보장

 (d) 중재

 (e) 가족관계, 친자관계, 혼인관계 또는 인척관계로부터 발생하는 부양의무

 (f) 사망으로 인하여 발생하는 부양의무를 포함한 유언과 상속

제2조

이 규정의 목적상

 (a) '재판'이란 법원공무원 포함에 의한 비용 또는 경비의 결정에 관한 재판뿐만 아니라, 결정, 명령, 재판 또는 집행영장을 포함하여 그 명칭을 불문하고 회원국의 법원 또는 재판소가 내린 모든 재판을 의미한다. 제III장의 목적상, '재판'은 본 규정에 따라 사건의 본안에 대하여 관할권을 가지는 법원 또는 재판소가 명령한 보호조치를 포함한 임시조치를 포함한다. 재판은 사전에 피고가 출석을 위하여 소환되지 않은 채 해당 법원이나 재판소가 명령한 보호조치를 포함하는 임시조치는 포함하지 않는다. 다만 그러한 조치를 포함하는 재판이 집행 전에 피고에게 송달된 경우는 재판에 포함된다.

 (b) '재판상 화해'는 회원국 법원에서 승인되었거나 소송 과정에서 회원국 법원에서 체결

된 화해를 의미한다.

(c) '공정증서'는 기원국인 회원국에서 공정증서로 공식적으로 작성되거나 등록된 것으로 그 진정성이 다음 요건을 구비한 문서를 의미한다.

(i) 문서의 서명 및 내용과 관련되고, 또한

(ii) 해당 목적을 위하여 권한을 부여받은 공공기관 또는 기타 기관에 의해 증명된 문서

(d) '기원국인 회원국'(Member State of origin)은, 경우에 따라 재판이 내려지거나, 재판상화해가 승인 또는 체결되거나, 공정증서가 공식적으로 작성되거나 등록된 회원국을 의미한다.

(e) '요청 받은 회원국'이란 그곳에서 재판의 승인이 원용되거나 재판, 재판상화해 또는 공정증서의 집행을 구하는 회원국을 의미한다.

(f) '기원국 법원'은 승인이 원용되거나 집행을 구하는 재판을 내린 법원을 의미한다.

제3조

이 규정의 목적상 '법원'은 이 규정의 범위에 속하는 사건에 대하여 관할권을 가지는 범위 내에서 다음 기관을 포함한다.

(a) 헝가리에서는 지급명령에 관한 약식절차에서 공증인

(b) 스웨덴에서는 지급명령 및 지원에 관한 약식절차에서 집행기관

제 II 장 관할

제1절 일반규정

제4조

1. 이 규정에 따르는 것을 조건으로, 어느 회원국에 주소를 가지는 자에 대한 소는 그의 국적에 관계없이 그 회원국의 법원에 제기된다.

2. 주소를 가지는 회원국의 국민이 아닌 사람은 그 회원국의 국민에게 적용되는 관할규칙에 따른다.

제5조

1. 어느 회원국에 주소를 가지는 사람에 대한 소는 제2절부터 제7절에 정한 규칙에 따라서만 다른 회원국의 법원에 제기될 수 있다.

2. 특히 회원국이 유럽연합 위원회에 제76조 제1항 (a)호에 따라 통지하여야 하는 국내 관할규칙은 제1항에 규정한 사람에 대하여는 적용되지 아니한다.

제6조

1. 피고가 어느 회원국에도 주소가 없는 경우, 각 회원국 법원의 관할은, 제18조 제1항, 제21조 제2항, 제24조 및 제25조의 규정에 따르는 것을 조건으로, 그 회원국의 법에 따라 결정된다.

2. 그러한 피고에 대하여는, 회원국에 주소가 있는 자는 누구나 그의 국적에 관계없이 그

회원국의 국민과 동일한 방식으로 그 회원국에서 시행 중인 관할규칙, 특히 제76조 제1항 (a)호에 따라 유럽연합 위원회에 통지하여야 하는 관할규칙을 원용할 수 있다.

제2절 특별관할

제7조

어느 회원국에 주소를 가지는 사람은 다음의 경우에 다른 회원국에서 제소될 수 있다.

(1)(a) 계약에 관한 사건에서는 문제가 된 의무의 이행지의 법원에서

(b) 이 조항의 목적상 달리 합의되지 않는 한 문제가 된 의무의이행지는 다음과 같다.

- 물품 매매의 경우, 계약에 따라 물품이 인도되었거나 인도되었어야 하는 회원국의 장소
- 용역 제공의 경우, 계약에 따라 용역이 제공되었거나 제공되었어야 하는 회원국의 장소

(c) 만일 (b)호가 적용되지 않으면 (a)호가 적용된다.

(2) 불법행위 또는 그에 준하는 불법행위에 관한 사건에서는 가해적 사건이 발생하였거나 발생할 우려가 있는 장소의 법원

(3) 형사소송을 초래한 행위로 인한 민사상 손해배상청구 또는 원상회복청구에 관하여는, 그 형사소송이 계속한 법원. 다만 그 법원이 그 국가의 법에 의하여 민사소송에 대하여도 관할을 가지는 경우여야 한다.

(4) 유럽연합 지침 93/7/EEC 제1조 제1호에 정한 문화재를 반환받을 권리를 주장하는 사람에 의하여 개시된 소유권에 기한 민사상 반환청구에 관하여는, 소가 제기된 당시 문화재가 소재한 장소의 법원

(5) 지점, 대리점 또는 기타 영업소의 운영에서 발생하는 분쟁에 관하여는, 그 지점, 대리점 또는 기타 영업소가 소재한 장소의 법원

(6) 법령이나 서면에 의하여 설정되는 신탁, 또는 구술로 설정되고 서면으로 증명되는 신탁의 위탁자, 수탁자 또는 수익자를 상대로 하는 분쟁에 관하여는, 신탁이 소재한 국가의 법원

(7) 화물 또는 운임의 구조와 관련하여 청구된 보수 지급에 관한 분쟁에 관하여는, 다음의 경우에 해당 화물 또는 운임에 관한 관할을 가지는 법원

(a) 그 지급의 확보를 위하여 문제가 된 화물이 압류된 경우

(b) 화물 또는 운임이 압류될 수 있었으나 보증금 또는 기타 담보가 제공된 경우. 다만 이 조항은 피고가 화물 또는 운임에 관하여 이해관계를 가지거나 구조 시 이해관계를 가지고 있었다고 주장된 경우에만 적용된다.

제8조

어느 회원국에 주소를 가지는 자에 대한 소는 다음의 법원에서도 제기될 수 있다.

(1) 그가 다수의 피고들 중 한 명인 경우에는, 그들 중 한 명이 주소를 가지는 장소의 법원. 다만, 이는 청구들이 매우 밀접하게 관련되어 있어서 별개의 소송절차에 따라 저촉되는 재판이 선고되는 위험을 피하기 위하여 청구들을 함께 심리하고 판단할 필요가 있는 경

우여야 한다.

(2) 보증(warranty or guarantee)에 관한 소송 또는 그 밖의 제3자 소송의 경우에는 본래의 소송이 계속한 법원. 다만, 본래의 소송이 그에 대해 관할을 가지는 법원의 관할을 배제할 목적만으로 제기된 경우는 제외한다.

(3) 본소와 동일한 계약 또는 사실에 근거한 반소의 경우에는 본소가 계속 중인 법원

(4) 계약에 관한 소송의 경우, 그 소송이 동일 피고에 대한 부동산 물권에 관한 소송과 병합될 수 있는 것인 때에는 부동산이 소재하는 국가의 법원

제9조

이 규정에 따라 어느 회원국의 법원이 선박의 사용이나 운용에서 발생하는 책임에 관한 소송에 대하여 관할을 가지는 경우에는, 그 법원 또는 그 국가의 국내법에 따라 이 목적상 그와 대체되는 다른 법원은, 그 책임의 제한에 관한 소송에 대하여도 관할을 가진다,

제3절 보험에 관한 사건의 관할
[생략]

제4절 소비자계약에 관한 관할
제17조

1. 다음의 경우에 어느 사람, 즉 소비자가 자신이 영업 또는 직업의 범위 밖이라고 볼 수 있는 목적을 위하여 체결한 계약에 관한 사건에서의 관할은 이 절에 따라 결정된다. 다만, 제6조 및 제7조 제5호에는 영향을 미치지 아니한다.

(a) 그 계약이 물품의 할부판매계약인 경우

(b) 그 계약이 분할상환이 가능한 소비대차계약 또는 물품의 판매에 대한 금융지원을 위하여 체결된 그 밖의 형태의 신용계약인 경우

(c) 그 밖의 모든 경우, 그 계약이 소비자의 주소지가 있는 회원국에서 상업적 또는 직업적 활동을 추구하거나, 어떠한 수단에 의하여든 그 회원국 또는 그 회원국을 포함한 수개의 국가를 지향하여 그러한 활동을 행하는 자와 체결되고, 또한 그 계약이 그러한 활동의 범위 내에 포함되는 경우

2. 소비자가 회원국에 주소가 없으나 어느 회원국에 지점, 대리점 또는 그 밖의 영업소를 가지는 당사자와 계약을 체결하는 경우, 그 당사자는 지점, 대리점 또는 그 밖의 영업소의 운영으로부터 발생하는 분쟁에 있어서는 그 회원국에 주소를 가지는 것으로 본다.

3. 이 절은 포괄적인 가격을 대가로 하여 여행과 숙박을 함께 제공하는 계약 이외의 운송계약에는 적용되지 아니한다.

제18조

1. 소비자가 계약 상대방에 대하여 제기하는 소는, 그 상대방이 주소를 가지는 회원국의 법원, 또는 상대방의 주소에 관계없이 소비자가 주소를 가지는 장소의 법원에서 제기할 수

있다.

2. 소비자의 계약 상대방이 소비자를 상대로 제기하는 소는 소비자가 주소를 가지는 회원국에서만 제기할 수 있다.

3. 이 조는 이 절의 규정에 따라 본소가 계속 중인 법원에 반소를 제기할 수 있는 권리에 영향을 미치지 아니한다.

제19조

이 절의 규정은 다음 각 호의 어느 하나에 해당하는 합의에 의하여만 그 적용을 배제할 수 있다.

(1) 분쟁이 발생한 후에 체결한 합의

(2) 소비자에게 이 절에 규정된 법원 이외의 다른 법원에 제소하는 것을 허용하는 합의

(3) 계약 체결 시 동일 회원국에 주소 또는 상거소를 가지는 소비자와 그 계약 상대방 간에 그 회원국 법원에 관할을 부여하기로 하는 내용의 합의. 다만 그러한 합의가 해당 회원국의 법에 반하지 않는 것이어야 한다.

제5절 개별근로계약에 관한 관할

제20조

1. 개별 근로계약에 관한 사건에 대한 관할은 이 절에 따라 결정된다. 이 경우 제6조, 제7조 제5호, 그리고 근로자가 제기하는 소의 경우 제8조 제1호에는 영향을 미치지 아니한다.

2. 근로자가 회원국에 주소를 갖지는 않으나 어느 회원국에 지점, 대리점 그 밖의 영업소를 가지는 당사자와 개별 근로계약을 체결하는 경우, 사용자는 지점, 대리점 그 밖의 영업소의 운영으로부터 발생하는 분쟁에 있어서는 그 회원국에 주소를 가지는 것으로 본다.

제21조

1. 회원국에 주소를 가지는 사용자에 대한 소는 다음의 장소에서 제기될 수 있다.

 (a) 그가 주소를 가지는 회원국, 또는

 (b) 다른 회원국의 법원에서, 다만 이는

　(i) 근로자가 일상적으로 노무를 제공하거나 또는 최후로 일상적으로 노무를 제공하였던 장소의 법원, 또는

　(ii) 근로자가 일상적으로 어느 한 국가 안에서 노무를 제공하지 아니하거나 아니하였던 경우에는 사용자가 그를 고용한 영업소가 있거나 있었던 장소의 법원이어야 한다.

2. 회원국에 주소를 가지지 않는 사용자에 대한 소는 제1항 (b)호에 따라 회원국의 법원에서 제기될 수 있다.

제22조

1. 사용자는 근로자가 주소를 가지는 회원국의 법원에서만 소를 제기할 수 있다.

2. 이 절의 규정들은 이 절에 따라 본소가 계속 중인 법원에 반소를 제기할 수 있는 권리에 영향을 미치지 아니한다.

제23조

이 절의 규정들은 다음 각 항의 합의에 따라서만 그 적용을 배제할 수 있다.

(1) 분쟁의 발생 후에 체결한 합의

(2) 근로자에게 이 절에 규정된 법원 이외의 다른 법원에 제소하는 것을 허용하는 합의

제6절 전속관할

제24조

회원국에 있는 다음 각 항의 법원들은 당사자들의 주소에 관계없이 전속관할을 가진다.

(1) 부동산에 대한 물권이나 부동산에 대한 임차권을 목적으로 하는 소에 대하여는, 부동산이 소재하는 회원국의 법원. 다만, 연속으로 최대 6개월 동안 일시적으로 사용하기 위하여 체결된 부동산 임대차에 관한 소에서는 피고가 주소를 가지는 회원국의 법원도 관할을 가진다. 다만, 임차인이 자연인이고, 임대인과 임차인이 모두 동일한 회원국에 주소를 가질 것을 요건으로 한다.

(2) 회사 또는 그 밖의 법인이나, 자연인 또는 법인의 사단(associations)의 설립의 유효성, 무효 또는 해산, 또는 그 기관의 결정의 유효성을 목적으로 하는 소에 대하여는, 위 회사, 법인 또는 조합이 본거지를 가지는 회원국의 법원. 본거지를 결정하기 위하여 법원은 그의 국제사법 규칙을 적용하여야 한다.

(3) 공적 장부에의 기재의 유효성을 목적으로 하는 소에 대하여는, 장부를 보관하는 회원국의 법원.

(4) 특허, 상표, 의장이나 예탁 또는 등록을 요하는 유사한 권리의 등록이나 유효성을 목적으로 하는 소에 대하여는, 해당 쟁점이 청구 또는 방어로서 제기된 것인지와 관계없이, 예탁 또는 등록을 신청하였거나 예탁 또는 등록이 행해졌거나, 공동체문서 또는 국제협약에 따라 예탁 또는 등록이 행해진 것으로 간주되는 회원국의 법원. 1973년 10월 5일 뮌헨에서 서명된 '유럽특허의 부여에 관한 협약'에 따른 유럽 특허청의 관할에 영향을 주지 않는 것을 조건으로, 각 회원국 법원은 그 국가에 대하여 부여된 유럽특허권의 등록 또는 유효성에 관한 소에서 전속관할을 가진다.

(5) 재판의 집행에 관한 소에 대하여는, 집행이 행해졌거나 행해질 회원국의 법원.

제7절 관할설정합의(Prorogation of jurisdiction)

제25조

1. 당사자들이 그들의 주소와 관계없이 회원국의 법원 또는 법원들이 특정한 법률관계로부터 발생한 또는 발생할 분쟁을 해결할 관할을 가진다고 합의한 때에는, 그 법원 또는 법원들은 관할을 가진다. 다만 그 합의가 해당 회원국의 법률에 따라 실질적 유효성에 관하여 무효인 경우에는 예외로 한다. 그러한 관할은 당사자들이 달리 합의하지 않는 한 전속적이다. 관할을 부여하는 합의는 다음 각 호 중 하나의 방식으로 체결되어야 한다.

　(a) 서면에 의하거나 또는 서면에 의하여 증명되는 방식

　(b) 당사자들 사이에 확립된 관례에 부합하는 방식, 또는

　(c) 국제상거래에서 당사자들이 알았거나 알았어야 하는 관행에 부합하고, 관련 상거래분야에서 해당 유형의 계약의 당사자들에게 널리 알려져 있고 그들에 의하여 규칙적으로 준수되는 방식

2. 합의를 지속적으로 기록할 수 있는 전자적 수단에 의한 통신은 '서면'에 해당한다.

3. 신탁증서에 의하여 관할을 부여받는 회원국의 법원 또는 법원들은, 위탁자, 수탁자 또는 수익자를 상대로 제기된 모든 소송에서, 신탁에 따른 위 당사자들 사이의 관계나 그들의 권리 또는 의무가 문제되는 때에는 전속적 관할을 가진다.

4. 관할을 부여하는 신탁증서상의 합의 또는 조항은, 제15조, 제19조 또는 제23조에 반하거나, 그것이 배제하고자 하는 법원이 제24조에 따라 전속관할을 가지는 경우에는 법적 효력이 없다.

5. 관할을 부여하는 합의가 계약의 일부를 구성하는 때에는 계약의 다른 조항과 독립적인 합의로 취급된다. 관할을 부여하는 합의의 유효성은 계약이 유효하지 않다는 이유만으로 다툴 수 없다.

제26조

1. 이 규정의 다른 조항들에 따른 관할과는 별도로, 피고가 출석하는 회원국의 법원이 관할을 가진다. 이는 피고가 관할권을 다투기 위하여 출석한 경우 또는 제24조에 따라 다른 법원이 전속관할을 가지는 경우에는 적용되지 아니한다.

2. 제3절, 제4절 또는 제5절에 언급된 사건에서 보험계약자, 피보험자, 수익자, 피해자, 소비자 또는 근로자가 피고인 경우, 법원은 이 조 제1항에 따른 관할을 가지기 전에 피고에게 법원의 관할을 다툴 수 있는 권리와 출석 여부에 따른 결과를 알려 주어야 한다.

제8절 관할 및 소의 허용성에 대한 심사

제27조

어느 회원국의 법원은 분쟁으로 인하여 제소를 받은 경우, 당해 분쟁이 다른 회원국의 법원이 제22조에 의하여 전속관할을 가지는 사항에 주로 관련된 때에는 직권으로 관할 없음을 선고하여야 한다.

제28조

1. 어느 회원국의 영토에 주소를 가지는 피고가 다른 회원국의 법원에 제소되었으나 절차에 응소하지 않는 때에는, 법원은 이 규정의 조항에 기하여 그 법원에 관할이 인정되지 않는 한 직권으로 관할 없음을 선고하여야 한다.

2. 법원은, 피고가 충분한 시간을 두고 소장이나 이에 상당하는 서류를 받아 방어를 위하여 준비할 수 있었거나 또는 이를 위하여 필요한 모든 조치가 취해졌다는 점이 입증되지 않는 동안 소송절차를 중지하여야 한다.

3. 소장이나 이에 상당하는 서류가 이 규정에 따라 어느 회원국으로부터 다른 회원국으로 송달되어야 하는 경우에는 제2항 대신에 민사 및 상사에 관한 재판상 및 재판외 서류의 회원국에서의 송달(문서의 송달)에 관한 2007년 11월 13일 이사회규정(EC) 번호 1393/2007의 제19조가 적용된다.

4. 규정(EC) 번호 1393/2007이 적용되지 않는 경우, 만일 소장이나 이에 상당하는 서류가 민사 및 상사에 관한 재판상 및 재판외 서류의 해외송달에 관한 1965년 11월 15일 헤이그 협약에 따라 전달되어야 하는 경우라면 동 협약 제15조가 적용된다.

제9절 소송경합과 관련소송

제29조

1. 동일한 청구에 관하여 동일한 당사자들 간에 상이한 회원국들의 법원에 소가 계속한 때에는, 최초로 소가 계속한 법원 이외의 법원은 최초로 소가 계속한 법원의 관할이 확정될 때까지 직권으로 소송절차를 중지하여야 하나, 이는 제31조 제2항에는 영향을 미치지 아니한다.

2. 제1항에 언급된 사안의 경우, 소가 계속한 어느 법원의 요청이 있으면, 그 사건에 관한 소가 계속한 다른 모든 법원은 지체없이 그 법원에 제32조에 따라 소가 계속된 날짜를 고지하여야 한다.

3. 최초로 소가 계속한 법원의 관할이 확정된 때에는 다른 법원은 그 법원을 위하여 관할 없음을 선고하여야 한다.

제30조

1. 관련 소송이 상이한 회원국들의 법원에 계속한 때에는, 최초에 소송이 계속한 법원 외의 법원은 소송절차를 중지할 수 있다.

2. 최초로 소송이 계속한 법원의 절차가 제1심에 계속 중인 경우, 최초로 소송이 계속된 법원 외의 법원은, 만일 최초로 소송이 계속한 법원이 그 소송들에 대하여 관할을 가지고, 해당 국가의 법이 그의 병합을 허용한다면, 당사자 일방의 신청에 의하여 관할 없음을 선고할 수 있다.

3. 소송들이 서로 매우 밀접하게 관련되어 있어서 절차를 분리한다면 저촉되는 재판이 선고될 위험을 피하기 위하여 이를 병합하여 심리하고 판단할 필요가 있는 경우에는 이 조의 목적상 관련된 것으로 본다.

제31조

1. 소송이 수 개의 법원의 전속관할에 속하는 경우에는 최초에 소송이 계속한 법원 외의 법원은 최초의 법원을 위하여 관할 없음을 선고하여야 한다.

2. 제25조에 따른 합의에 의하여 전속적 관할을 부여받은 회원국의 법원에 소송이 계속한 때에는, 다른 회원국의 법원은 그 법원이 그 합의에 의하여 관할을 가지지 않음을 선고할 때까지 소송절차를 중지하여야 한다. 이는 제26조에 영향을 미치지 않는다.

3. 합의에 의하여 지정된 법원이 그 합의에 따라 관할을 확정한 때에는, 다른 회원국의 법원은 그 법원을 위하여 관할 없음을 선고하여야 한다.

4. 제2항과 제3항은 보험계약자, 피보험자, 수익자, 피해자, 소비자 또는 근로자가 원고이고, 각 절에 포함된 규정들에 의하여 합의가 유효하지 않은 경우에는 제3절, 제4절 또는 제5절의 사건에 대하여는 적용되지 아니한다.

제32조

1. 이 절의 목적상 다음의 시기에 법원에 소송이 계속한 것으로 본다.

 (a) 절차를 개시하는 서면 또는 그에 상당하는 서면이 법원에 제출된 때. 다만, 원고가 그 후 서류가 피고에게 송달되도록 하기 위하여 취해야 하는 조치를 불이행하지 않은 경우에 한한다. 또는

 (b) 서류가 법원에 제출되기 전에 송달되어야 하는 경우에는 송달을 담당하는 기관이 서류를 수령한 때. 다만, 원고가 그 후 서류가 법원에 제출되도록 하기 위하여 취해야 하는 조치를 불이행하지 않은 경우에 한한다.

(b)호의 송달을 담당하는 기관은 송달되어야 할 서류를 최초로 수령하는 기관을 말한다.

2. 제1항에 언급된 법원 또는 송달을 담당하는 기관은 절차를 개시하는 서면 또는 그에 상당하는 서면이 제출된 날 또는 송달되어야 할 서류를 수령한 날을 각각 기록하여야 한다.

제33조

1. 소송이 계속한 회원국 법원의 관할이 제4조, 제7조부터 제9조에 의하여 인정되고, 그 소송이 계속할 당시 제3국의 법원에 동일한 청구에 관하여 동일한 당사자 간의 소가 계속한 때에는, 회원국의 법원은 아래의 요건이 갖추어진 때에는 소송절차를 중지할 수 있다.

 (a) 제3국의 법원이 그 회원국 내에서 승인 및 적용되는 경우 집행이 가능한 재판을 선고할 것으로 예측될 것, 그리고

 (b) 회원국의 법원이 사법의 적절한 운영을 위하여 소송절차의 중지가 필요하다고 인정할 것

2. 회원국의 법원은 아래의 경우 언제든지 소송절차를 진행할 수 있다.

 (a) 제3국 법원의 소송절차가 중지되거나 중단된 경우

 (b) 회원국의 법원이 보기에 제3의 법원의 소송절차가 합리적인 기간 내에 종결될 수 없을 것으로 인정되는 경우

 (c) 사법의 적절한 운영을 위하여 소송절차의 진행이 필요한 경우

3. 회원국의 법원은 제3국 법원의 절차가 종결되고 그 회원국에서 승인 및 적용되는 경우 집행이 가능한 재판이 선고된 경우에는 소를 각하하여야 한다.

4. 회원국의 법원은 당사자 중 일방의 신청에 따라 또는 국내법에 따라 허용되는 경우에는 직권으로 이 조를 적용하여야 한다.

제34조

1. 소송이 계속한 회원국 법원의 관할이 제4조 또는 제7조부터 제9조에 의하여 인정되고, 그 소송이 계속할 당시 제3국의 법원에 관련소송이 계속한 때에는, 회원국의 법원은 아래의 요건이 갖추어진 때에는 소송절차를 중지할 수 있다.

 (a) 절차를 분리할 경우 저촉되는 재판이 선고될 위험을 피하기 위하여 관련소송을 병합하여 심리, 판단하는 것이 편리할 것

 (b) 제3국의 법원이 그 회원국 내에서 승인 및 적용되는 경우 집행이 가능한 재판을 선고할 것으로 예측될 것, 그리고

 (c) 회원국의 법원이 사법의 적절한 운영을 위하여 소송절차의 중지가 필요하다고 인정할 것

2. 회원국의 법원은 아래의 경우 언제든지 소송절차를 진행할 수 있다.

 (a) 회원국의 법원이 보기에 저촉되는 재판이 선고될 위험이 더 이상 없다고 인정되는 경우

 (b) 제3국 법원의 소송절차가 중지되거나 또는 중단된 경우

 (c) 회원국의 법원이 보기에 제3국의 법원의 소송절차가 합리적인 기간 내에 종결될 수 없을 것으로 인정되는 경우

 (d) 사법의 적절한 운영을 위하여 소송절차의 진행이 필요한 경우

3. 회원국의 법원은 제3국 법원의 소송절차가 종결되고 그 회원국에서 승인 및 적용되는 경우 집행이 가능한 재판이 선고된 경우에는 소를 각하할 수 있다.

4. 회원국의 법원은 당사자 중 일방의 신청에 따라 또는 국내법에 따라 허용되는 경우에는 직권으로 이 조를 적용하여야 한다.

제10절 보전조치를 포함하는 임시조치

제35조

이 규정에 따라 어느 회원국의 법원이 본안에 대하여 관할을 가지는 경우에도, 다른 회원국의 법에 따른 보전조치를 포함하는 임시조치에 대하여는 이를 허용하는 다른 회원국의 법원에 신청할 수 있다.

제3장 승인 및 집행

제1절 승인

제36조

1. 어느 회원국에서 선고된 재판은 승인을 위한 특별한 절차를 요함이 없이 다른 회원국에서 승인된다.

2. 이해관계인은 제3절 제2관에 규정된 절차에 따라 제45조에 따른 승인거부사유가 없다는 결정을 신청할 수 있다.

3. 어느 회원국 법원의 소송의 결과가 승인 거부라는 선결문제의 결정에 달려 있는 때에는

해당 법원은 그 선결문제에 대한 관할권을 가진다.

제37조

1. 다른 회원국에서 내려진 판결을 한 회원국에서 원용하려는 당사자는 다음을 제출하여야
한다.

 (a) 진정성을 입증하는 데 필요한 조건을 충족하는 재판의 사본, 그리고

 (b) 제53조에 따라 발급된 증명서.

2. 다른 회원국에서 선고된 재판이 원용되는 법원이나 당국은 필요한 경우 제57조에 따라
판결을 원용하는 당사자에게 제1항 (b)호에 언급된 증명서 내용의 번역 또는 음역
(transliteration)을 제공하도록 요구할 수 있다. 법원이나 당국은 번역 없이 진행할 수 없는
경우 당사자에게 증명서 내용의 번역 대신 재판의 번역을 제공하도록 요구할 수 있다.

제38조

다른 회원국에서 내려진 판결이 원용되는 법원이나 당국은 다음과 같은 경우 절차의 전부
또는 일부를 정지할 수 있다.

 (a) 재판국인 회원국에서 재판에 대한 이의가 제기된 경우, 또는

 (b) 제45조에 따른 승인 거부 사유가 없다는 결정 또는 그러한 사유 중 하나를 근거로 승
인이 거부되어야 한다는 결정에 대한 신청서가 제출된 경우

제2절 집행

제39조

어느 회원국에서 내려진 집행 가능한 판결은 집행가능선언을 요구함이 없이 다른 회원국
에서도 집행 가능하여야 한다.

제40조

집행 가능한 판결은 법의 작용에 의하여 요청 받은 회원국의 법률에 따라 존재하는 모든
보호조치를 진행할 수 있는 권한을 가진다.

제41조

1. 이 절의 규정에 따르는 것을 조건으로, 다른 회원국에서 내려진 판결의 집행 절차는 해
당 회원국의 법률에 따라 규율된다. 어느 회원국에서 내려진 판결이 요청 받은 회원국에서
집행 가능한 때에는 요청 받은 회원국에서 내려진 판결과 동일한 조건에 따라 집행되어야
한다.

2. 제1항에도 불구하고, 요청 받은 회원국 법률에 따른 거부 사유 또는 집행 정지 사유는
제45조에 언급된 사유와 양립할 수 있는 한 적용된다.

3. 다른 회원국에서 내려진 판결의 집행을 원하는 당사자는 요청 받은 회원국에 우편 주소
를 가지고 있을 필요가 없다. 또한 그 당사자는, 당사자의 국적이나 주소에 관계없이 그러
한 대리인을 의무적으로 지정해야 하는 경우가 아닌 한, 요청된 회원국에 수권된 대리인을
두도록 요구되지 않는다.

제42조

1. 다른 회원국에서 내려진 판결을 어느 회원국에서 집행하기 위하여는 신청인은 권한 있는 집행기관에 다음을 제공하여야 한다.

 (a) 진정성을 증명하는 데 필요한 조건을 충족하는 재판의 사본, 그리고

 (b) 재판이 집행 가능함을 증명하고, 판결의 초록과, 적절한 경우 회수할 수 있는 소송비용 및 이자 계산에 대한 관련 정보를 포함하는 제53조에 따라 발행된 증명서

2. 보호조치를 포함한 임시조치를 명하는 다른 회원국에서 내린 재판을 어느 회원국에서 집행하기 위하여는 신청인은 권한 있는 집행기관에 다음을 제공하여야 한다.

 (a) 진정성을 증명하는 데 필요한 조건을 충족하는 재판의 사본

 (b) 조치에 대한 기술을 포함하고 다음을 증명하는 제53조에 따라 발급된 증명서

 (i) 법원은 사건의 본안에 대하여 관할권을 가진다는 점

 (ii) 재판은 기원국인 회원국에서 집행가능하다는 점, 그리고

 (c) 피고인의 출석을 위한 소환 없이 조치가 명해진 경우, 재판의 송달 증거

3. 권한 있는 집행기관은 필요한 경우 신청인에게 제57조에 따라 증명서 내용의 번역문 또는 음역문을 제공하도록 요구할 수 있다.

4. 권한 있는 집행기관은 번역 없이는 진행할 수 없는 경우에만 신청인에게 재판의 번역문을 제공하도록 요구할 수 있다.

제43조

1. 다른 회원국에서 내려진 판결에 대한 집행이 요구되는 경우, 제53조에 따라 발급된 증명서는 첫 번째 집행 조치 전에 집행을 요구 받는 사람에게 송달되어야 한다. 그 사람에게 아직 송달되지 않은 경우, 증명서에는 재판서가 첨부되어야 한다.

2. 집행을 요구 받는 사람이 기원국인 회원국 외의 회원국에 주소를 두고 있는 때에는, 그는 재판이 서면으로 작성되지 않거나 다음 언어 중 어느 하나로 작성된 번역문이 첨부되지 않은 경우 집행을 다투기 위하여 재판의 번역문을 요청할 수 있다.

 (a) 그가 이해하는 언어, 또는

 (b) 그가 주소를 둔 회원국의 공식 언어, 또는 해당 회원국에 여러 공식 언어가 있는 경우 공식 언어 또는 그가 주소를 둔 장소의 공식 언어 중 하나.

첫째 호에 따라 재판의 번역문이 요청되는 경우, 해당 번역문이 집행을 요구 받는 사람에게 제공될 때까지는 보호조치 외의 어떠한 집행 조치도 취할 수 없다.

이 항은 집행을 요구 받는 사람에게 첫째 호에 언급된 언어 중 하나로 작성된 재판이 이미 송달되었거나 그러한 언어 중 하나로 번역된 재판이 이미 제공된 경우에는 적용되지 않는다.

3. 이 조는 판결에 따른 보호조치의 집행이나 집행을 구하는 자가 제40조에 따라 보호조치를 진행하는 경우에는 적용되지 아니한다.

제44조

1. 제3절 제2관에 따라 재판 집행의 거부를 신청하는 경우, 요청 받은 회원국의 법원은 집

행을 요구 받은 사람의 신청에 따라 다음의 조치를 취할 수 있다.
 (a) 집행절차를 보호조치로 제한하는 것
 (b) 집행에 법원이 결정하는 담보의 제공을 조건으로 하는 것, 또는
 (c) 집행절차의 전부 또는 일부를 중단하는 것
2. 요청 받은 회원국의 권한 있는 당국은, 기원국인 회원국에서 재판의 집행이 중단된 경우, 집행을 요구 받은 사람의 신청에 따라 집행절차를 중단하여야 한다.

제3절 승인 및 집행의 거부
제1관 승인의 거부
제45조
1. 다음 요건이 충족되는 경우 이해관계인의 신청에 따라 재판의 승인은 거부되어야 한다.
 (a) 그러한 승인이 요청을 받은 회원국의 공서(ordre public)에 명백히 반하는 경우
 (b) 결석판결이 내려진 때에, 절차를 개시하는 문서 또는 이에 상응하는 문서가 피고에게 충분한 시간적 여유를 두고 자신의 방어를 준비할 수 있는 방법으로 송달되지 않은 경우. 다만 피고가 재판에 대하여 이의를 제기할 수 있었음에도 불구하고 이의를 위한 소송절차를 개시하지 않은 경우는 제외된다.
 (c) 해당 재판이 요청을 받은 회원국의 동일 당사자 간에 내려진 판결과 저촉되는 경우
 (d) 재판이 동일한 소송물과 관련하여 동일한 당사자 간에 다른 회원국 또는 제3국에서 내려진 선행 재판과 저촉되는 경우. 다만 선행 재판은 회원국에서 승인을 위하여 필요한 조건을 충족하여야 한다. 또는
 (e) 재판이 다음과 상충되는 경우
   (i) 보험계약자, 피보험자, 보험계약 수익자, 피해자, 소비자 또는 근로자가 피고인 경우 제II장의 제3절, 제4절 또는 제5절, 또는
   (ii) 제2장 제6절
2. 제1항 (e)호에 언급된 관할권의 근거를 조사할 때 신청서가 제출된 법원은 기원국 법원이 관할권의 근거로 삼은 사실 인정에 구속된다.
3. 기원국 법원의 관할권은 재심사될 수 없다. 다만 이는 제1항 (e)호에 영향을 미치지 않는다. 제1항 (a)호에 언급된 공서의 기준은 관할권과 관련된 규칙에 적용될 수 없다.
4. 승인 거부 신청은 제2항 및 적절한 경우 제4절에 규정된 절차에 따라 이루어져야 한다.

제2관 집행의 거부
제46조
그에 대하여 집행을 구하는 자의 신청에 의하여 제45조에 언급된 사유 중 어느 하나가 존재하는 것으로 밝혀진 경우에는 판결의 집행을 기각하여야 한다.

제47조

1. 집행 거부 신청서는 해당 회원국이 제75조의 (a)호에 따라 위원회에 신청서를 제출할 법원으로 통지한 법원에 제출되어야 한다.

2. 집행 거부 절차는 본 규정에 포함되지 않는 한 요청 받은 회원국의 법률에 따른다.

3. 신청인은 법원에 판결문 사본을 제공하여야 하며, 필요한 경우 번역본이나 음역본을 제공하여야 한다.

법원은 제1호에 언급된 서류를 이미 보유하고 있거나 신청인에게 제출을 요구하는 것이 불합리하다고 판단하는 경우에는 제1호의 서류의 제출을 생략할 수 있다. 후자의 경우, 법원은 상대방에게 해당 문서를 제공하도록 요구할 수 있다.

4. 다른 회원국에서 내려진 판결의 집행을 거부하려는 당사자는 해당 회원국에 우편 주소를 가질 필요가 없다. 또한 해당 당사자는, 당사자의 국적이나 주소에 관계없이 그런 대리인을 의무적으로 지정해야 하는 경우가 아닌 한, 요청된 회원국에 수권된 대리인을 두도록 요구되지 않는다.

제48조

법원은 집행거부 신청에 대하여 지체 없이 결정하여야 한다.

제49조

1. 집행거부 신청에 대한 결정에 대하여는 양 당사자가 항소할 수 있다.

2. 항소는 관련 회원국이 제75조의 (b)호에 따라 위원회에 항소를 제기할 법원으로 통지한 법원에 제기되어야 한다.

제50조

항소에 대한 결정에 대하여는 상고가 제기될 법원으로 제75조 (c)호에 따라 해당 회원국이 위원회에 통지한 법원에 대하여만 제기할 수 있다.

제51조

1. 집행 거부 신청서가 제출된 법원이나 제49조 또는 제50조에 따라 제기된 항소를 심리하는 법원은, 재판국인 회원국의 재판에 대하여 통상의 항소가 제기되었거나 항소기간이 아직 도과되지 않은 경우에는 절차를 중단할 수 있다. 후자의 경우, 법원은 항소가 제기되어야 하는 기간을 명시할 수 있다.

2. 그러한 재판이 아일랜드, 키프로스 또는 영국에서 내려진 경우, 재판국인 회원국에서 가능한 모든 형태의 항소는 제1항의 목적상 통상의 항소로 처리된다.

제4절

공통조항

[이하 생략]

[8] 민사 및 상사(사건)의 국제재판관할에 관한 헤이그 협약들 (일부 국문시역)

[8-1] 2005년 재판관할합의협약[1]

제 I 장 범위와 정의

제1조 범위

1. 이 협약은 국제적인 민사 또는 상사사건에서 체결된 전속적 관할합의에 적용된다.
2. 제 II 장의 목적상, 당사자들이 동일한 체약국에 거주하고 당사자들의 관계와, 분쟁에 관계된 모든 요소들이 그 국가에만 관련된 경우가 아니라면, 사건은 선택된 법원의 장소에 관계없이 국제적이다.
3. 제 III 장의 목적상, 외국재판의 승인 또는 집행을 구하는 경우 사건은 국제적이다.

제2조 범위로부터의 제외

1. 이 협약은 다음의 전속적 관할합의에는 적용되지 않는다.
 가) 주로 개인적, 가족적 또는 가사적 목적을 위하여 행위하는 자연인(소비자)이 당사자인 경우
 나) 단체계약을 포함한 근로계약에 관한 경우
2. 이 협약은 다음의 사항들에는 적용되지 않는다.
 가) 자연인의 신분과 법적 능력
 나) 부양의무
 다) 부부재산제 및 혼인 또는 이와 유사한 관계로부터 발생하는 기타 권리와 의무를 포함한 기타 가족법상의 사항들
 라) 유언과 상속
 마) 도산, 화의 및 유사한 절차
 바) 여객 또는 물품의 운송
 사) 해상오염, 해사청구권에 대한 책임제한, 공동해손, 및 긴급예인과 구조
 아) 반독점(경쟁) 사건
 자) 핵손해에 대한 책임
 차) 자연인에 의하여 또는 자연인을 위하여 제기된 인적 손해에 대한 청구
 카) 계약관계로부터 발생하지 않는 유체물(tangible property)에 대한 손해로 인한 불법행위청구

---

[1] 이는 시역이므로 아래 재판협약의 국문번역과 일관성이 부족할 수 있으나, 우리나라가 양 협약에 가입한다면 공식번역문에서는 일관성을 유지할 필요가 있다.

타) 부동산에 대한 물권과 부동산의 임대

파) 법인의 유효, 무효, 또는 해산 및 그들의 기관의 결정의 유효성

하) 저작권 또는 저작인접권 이외의 지식재산권의 유효성

거) 저작권 또는 저작인접권 이외의 지식재산권의 침해. 다만 침해소송이 그러한 권리에 관한 당사자들 간의 계약의 위반으로 제기된 경우, 또는 그 계약 위반으로 제기될 수 있었던 경우를 제외한다.

너) 공부에의 기재의 유효성

3. 제2항에도 불구하고, 그 항에 따라 제외된 사항이 소송의 대상이 아니라 단지 선결문제로서만 제기되는 경우 그 소송은 협약의 적용범위로부터 제외되지 않는다. 특히 제2항에 따라 제외되는 사항이, 소송의 대상이 아니라 단지 항변으로서 제기된다는 사실만으로 그 소송이 협약으로부터 제외되지 않는다.

4. 이 협약은 중재 및 그와 관련된 절차에 적용되지 않는다.

5. 정부, 정부기관 또는 국가를 위해 직무를 수행하는 자가 소송의 당사자라는 사실만으로 그 소송이 이 협약의 적용범위로부터 제외되지 않는다.

6. 이 협약의 어느 것도 국가 또는 국제기구가 그 자신 및 그의 재산에 관하여 가지는 특권과 면제에 영향을 미치지 아니한다.

제3조 전속적 관할합의

이 협약의 목적상

가) "전속적 관할합의"는 둘 또는 그 이상의 당사자들에 의하여 체결되는 계약으로서, 다)항의 요건을 구비하고, 특정한 법률관계와 관련하여 발생하였거나 발생할 수 있는 분쟁을 재판할 목적으로, 하나의 체약국의 법원들, 또는 하나의 체약국 내의 하나 또는 둘 이상의 특정한 법원들을 지정하고 다른 모든 법원들의 관할을 배제하는 계약을 의미한다.

나) 하나의 체약국의 법원들, 또는 하나의 체약국 내의 하나 또는 둘 이상의 특정한 법원들을 지정하는 관할합의는 당사자들이 명시적으로 달리 정하지 않으면 전속적인 것으로 본다.

다) 전속적 관할합의는 다음의 방식으로 체결되거나 작성되어야 한다.

 i) 서면 또는

 ii) 추후 참조를 위하여 사용될 수 있도록 정보에의 접근을 가능하게 하는 그 밖의 통신수단

라) 계약의 일부를 구성하는 전속적 관할합의는 그 계약의 다른 조건들과는 독립적인 계약으로 취급된다. 그 계약이 유효하지 않다는 근거만으로 전속적 관할합의의 유효성을 다툴 수 없다.

제4조 기타 정의들

1. 이 협약에서 "재판(judgment)"은 명칭을 불문하고 본안에 관한 법원의 모든 판단

(decision)을 말하고, 결정 또는 명령과 법원(법원공무원을 포함한다)에 의한 비용 또는 경비의 결정을 포함한다. 다만, 그 결정은 이 협약상 승인 또는 집행될 수 있는 본안에 관한 재판에 관련된 것이어야 한다. 임시적 보호조치는 재판이 아니다.

2. 이 협약의 목적상, 단체 또는 자연인 이외의 사람은 다음의 국가에 거주하는 것으로 본다.

 가) 정관상의 본거지

 나) 설립 또는 조직의 준거법 소속국

 다) 경영의 중심지 또는

 라) 주된 영업소 소재지(where it has its principal place of business)

제 Ⅱ 장 재판관할

제5조 선택된 법원의 관할

1. 전속적 관할합의에 의하여 지정된 체약국의 법원 또는 법원들은, 그 국가의 법률에 따라 그 합의가 무효가 아닌 한 그 합의가 적용되는 분쟁을 재판할 관할을 가진다.

2. 제1항에 따라 관할을 가지는 법원은 그 분쟁이 다른 국가의 법원에 의하여 재판되어야 한다는 근거로 관할을 행사하는 것을 거부할 수 없다.

3. 전항들은 다음의 규칙들에 영향을 미치지 아니한다.

 가) 분쟁의 대상 또는 청구의 가액에 관한 관할

 나) 체약국의 법원들 간의 관할의 내부적 분배

그러나 선택된 법원이 이송을 할지에 관하여 재량을 가지는 경우에는 당사자들의 선택을 적절히 고려하여야 한다.

제6조 선택되지 않은 법원의 의무

선택된 법원의 국가 이외의 체약국의 모든 법원은, 다음의 경우를 제외하고는 전속적 관할합의가 적용되는 소송절차를 중지하거나 각하하여야[2] 한다.

 가) 선택된 법원의 국가의 법에 따라 그 합의가 무효인 경우

 나) 소가 계속한 법원의 국가의 법에 따라 당사자가 합의를 체결할 능력이 없는 경우

 다) 그 합의의 효력을 인정한다면 명백한 부정의에 이르게 되거나 또는 소가 계속한 법원의 국가의 공서에 명백히 반하는 경우

 라) 예외적인 이유로 인하여 그 합의가 합리적으로 이행될 수 없는 경우 또는

 마) 선택된 법원이 그 사건을 심리하지 않기로 결정한 경우

---

2) 여기에서는 'dismiss'를 각하로 번역하였다.

제7조 임시적 보호조치[3]

임시적 보호조치는 이 협약에 의하여 규율되지 않는다. 이 협약은 체약국의 법원에 의한 임시적 보호조치의 부여, 거부 또는 취소를 요구하지도 않고 배제하지도 않으며, 당사자가 그러한 조치를 청구할 수 있는지 또는 법원이 그러한 조치를 부여, 거부 또는 취소해야 하는지에 영향을 미치지 않는다.

제III장 승인 및 집행

제8조 승인 및 집행

1. 전속적 관할합의에서 지정된 체약국의 법원이 선고한 재판은 이 장에 따라 다른 체약국에서 승인되고 집행된다. 승인 또는 집행은 이 협약에 명시된 근거에 기하여만 거부될 수 있다.

2. 재판국 법원[4]이 선고한 재판의 실질에 대해서는 어떠한 심사도 할 수 없다. 다만, 이 장의 조항을 적용하기 위한 목적상 필요한 심사에는 영향을 미치지 아니한다. 결석재판이 아닌 한, 요청받은 법원은 재판국 법원이 관할의 근거로 삼은 사실 인정에 구속된다.

3. 재판은 재판국에서 효력을 가지는 경우에만 승인될 수 있고, 재판국에서 집행할 수 있는 경우에만 집행될 수 있다.

4. 만일 재판이 재판국에서 상소의 대상인 경우 또는 만일 통상의 상소를 구할 수 있는 기간이 만료되지 않은 경우 승인 또는 집행은 연기 또는 거부될 수 있다. 거부는 그 재판의 승인 또는 집행을 위하여 추후에 신청하는 것을 금지하지는 아니한다.

5. 이 조는 그 체약국의 선택된 법원으로부터 제5조 제3항이 허용하는 바에 따라 이송한 사건에 대하여 체약국의 법원이 선고한 재판에도 적용된다. 그러나, 그 선택된 법원이 이송을 할 것인지에 관하여 재량을 가지는 경우에는, 재판국에서 이송에 대하여 적시에 이의를 제기한 당사자에 대하여는 재판의 승인 또는 집행이 거부될 수 있다.

제9조 승인 또는 집행의 거부

다음의 경우 승인 또는 집행은 거부될 수 있다.

가) 선택된 법원이 그 합의가 유효하다고 결정한 경우가 아닌 한, 그 합의가 선택된 법원의 국가의 법에 따라 무효인 경우

나) 요청된 국가의 법에 따라 당사자가 합의를 체결할 능력이 없는 경우

다) 청구의 본질적인 요소를 포함하는 소송을 개시하는 서면 또는 그에 상응하는 서면이

　i) 피고에게 충분한 기간을 두고, 또한 방어를 할 수 있도록 하는 방법으로 고지되지 않

---

3) 이는 'interim measures of protection'의 번역인데, '임시적(또는 잠정적) 보전조치'라고 할 수도 있다. 우리 법상의 보전처분에 상응하는 것이다.

4) 영문(court of origin)에 충실하자면 '원천법원' 또는 '기원법원'이 되어야 할 것이나 편의상 본문과 같이 번역한다.

은 경우. 그러나 피고가 재판국 법원에서 고지를 다투지 아니하고 출석하여 변론한 경우에는 그러하지 아니하다. 다만, 재판국 법이 고지를 다투는 것을 허용하는 것을 조건으로 한다. 또는

ii) 요청받은 국가에서 문서의 송달에 관한 그 국가의 근본적인 원칙에 양립하지 않는 방법으로 피고에게 통지된 경우

라) 재판이 절차와 관련된 사기에 의해 획득된 경우

마) 승인 또는 집행이 요청받은 국가의 공서에 명백히 반하는 경우. 이는 재판에 이르게 된 특정 소송절차가 그 국가의 절차적 공평의 근본원칙과 양립되지 않은 상황을 포함한다.

바) 재판이 요청받은 국가에서 동일한 당사자들 간의 분쟁에서 선고된 재판과 양립하지 않는 경우

사) 재판이 동일한 당사자들 간에 동일한 청구원인에 관하여 다른 국가에서 선고된 선행 재판과 양립하지 않는 경우. 다만, 요청받은 국가에서 선행 재판이 승인을 위한 요건을 충족하는 것을 조건으로 한다.

제10조 선결문제

1. 제2조 제2항 또는 제21조에 따라 배제된 사항이 선결문제로 제기된 경우 그 문제에 관한 판단은 이 협약에 의하여 승인되거나 집행되지 않는다.

2. 재판의 승인 또는 집행은, 그 재판이 제2조 제2항에 따라 배제되는 사항에 관한 판단에 기초한 것인 경우에는, 그 범위 내에서 거부될 수 있다.

3. 그러나 저작권 또는 저작인접권 이외의 지적재산권의 유효성에 관한 판단의 경우에는, 재판의 승인 또는 집행은 다음에 경우에 한하여 전항에 따라 거부되거나 연기될 수 있다.

가) 그 판단이, 그의 법에 따라 지적재산권이 발생한 국가의 권한 당국이 그 사항에 관하여 선고한 재판 또는 결정과 불일치하는 경우, 또는

나) 지적재산권의 유효성에 관한 소송이 그 국가에서 계속중인 경우

4. 재판의 승인 또는 집행은, 그 재판이 요청받은 국가가 제21조에 따라 한 선언에 의하여 배제되는 사항에 관한 판단에 기초한 것인 경우에는, 그 범위 내에서 거부될 수 있다.

제11조 손해배상

1. 재판의 승인 또는 집행은 그 재판이, 당사자에게 징벌적 손해배상을 포함하여 실제로 입은 손실 또는 손해를 전보하는 것이 아닌 손해배상을 인용하는 경우 그 범위 내에서는 거부될 수 있다.

2. 요청받은 법원은 재판국의 법원이 인용한 손해배상이 소송과 관련된 비용과 경비를 전보하는지의 여부와 그 범위를 고려해야 한다.

제12조 재판상 화해

전속적 관할합의에서 지정된 체약국의 법원이 인가하거나, 또는 소송과정에서 그 법원의 앞에서 체결되고, 재판국에서 재판과 동일한 방법으로 집행될 수 있는 재판상 화해는, 이

협약에 따라 재판과 동일한 방법으로 집행된다.

제13조 제출되어야 할 서류

1. 승인을 구하거나 집행을 신청하는 당사자는 다음의 서류를 제출해야 한다.

　가) 완전하고 증명된 재판의 사본

　나) 전속적 관할합의, 그의 증명된 사본 또는 그의 존재에 관한 증거

　다) 결석재판이 행해진 경우, 소송을 개시하는 서면 또는 그에 상응하는 서면이 결석한
　　　 피고에게 통지되었음을 증명하는 서류의 원본 또는 증명된 사본

　라) 재판이 재판국 법원에서 효력을 가지거나, 적용되는 경우 재판국에서 집행될 수 있음
　　　 을 증명하는 서류

　마) 제12조에 언급된 경우, 재판상화해 또는 그의 일부가 재판국에서 재판과 동일한 방법
　　　 으로 집행될 수 있다는 재판국 법원의 증명서

2. 만일 재판의 내용이 요청받은 법원이 이 장의 조건을 구비하는지의 여부를 확정하는 것을 허용하지 않는 경우, 그 법원은 모든 필요한 서류를 요구할 수 있다.

3. 승인 또는 집행의 신청은 재판국의 법원(법원의 공무원을 포함하여)이 헤이그국제사법회의가 추천하고 공간한 양식으로 발행한 서류를 동반할 수 있다.

4. 이 조에 언급된 서류가 요청받은 국가의 공식언어로 작성되지 않은 경우, 요청받은 국가의 법률이 달리 규정하지 않는 한, 그 서류들은 그 공식언어로 된 증명된 번역문을 동반하여야 한다.

제14조 절차

승인, 집행가능선언 또는 집행의 등록과 재판의 집행의 절차는 이 협약이 달리 규정하지 않는 한 요청받은 국가의 법에 의하여 규율된다. 요청받은 법원은 신속히 행위하여야 한다.

제15조 가분성

재판의 가분적인 일부의 승인 또는 집행은 일부 승인 또는 집행이 신청되거나, 또는 재판의 일부만이 이 협약에 따라서 승인 또는 집행될 수 있는 경우에 허용된다.

제Ⅳ장 일반조항

[생략]

제Ⅴ장 최종조항

[생략]

[8-2] 민사 또는 상사(사건)에서 외국재판의 승인 및 집행에 관한 협약(재판협약)[1]

제1장 범위와 정의

제1조 범위

1. 이 협약은 민사 또는 상사 (사건)에서 재판의 승인과 집행에 적용된다. 이 협약은 특히 조세, 관세 또는 행정 사건에 관하여는 적용되지 아니한다.

2. 이 협약은 한 체약국의 법원에서 이루어진 재판의 다른 체약국에서의 승인과 집행에 적용된다.

제2조 적용 배제

1. 이 협약은 아래와 같은 사건에는 적용되지 아니한다.

가. 자연인의 신분과 법적 능력

나. 부양의무

다. 부부재산제 및 혼인 또는 이와 유사한 관계로부터 발생하는 권리와 의무를 포함한 기타 가족법상의 사항

라. 유언과 상속

마. 도산, 화의, 금융기관의 정리 및 유사한 사항

바. 여객 또는 물품의 운송

사. 국경을 넘는 해상오염, 국가 주권이 미치지 않는 지역에서의 해상오염, 선박으로 인한 해양오염, 해사채권에 대한 책임제한, 공동해손

아. 원자력 손해에 대한 책임

자. 법인 또는 자연인이나 법인의 결합의 유효, 무효, 해산, 그 기관의 결정의 유효성

차. 공부 기재의 유효성

카. 명예훼손

타. 프라이버시

파. 지식재산권

하. 공무 수행 중인 구성원의 활동을 포함한 군대의 활동

거. 공무 수행 중인 법집행 구성원의 활동을 포함한 법집행 활동

너. 반독점(경쟁) 사항, 다만 현실적 또는 잠재적 경쟁자 간에 가격고정, 입찰담합, 생산

---

[1] 여기의 국문번역을 작성함에 있어서는 김효정·장지용 외, 외국재판의 승인과 집행에 관한 연구(사법정책연구원 연구총서 2019-10, 2020), 219면 이하의 국문번역을 참조하였다. 다만 이는 시역이므로 위 관할합의협약의 국문번역과 일관성이 부족할 수 있으나, 우리나라가 양 협약에 가입한다면 공식번역문에서는 일관성을 유지할 필요가 있다.

량이나 쿼터의 제한 또는 구매자, 공급자, 영역구역 또는 거래단계(line of com-merce)의 배분에 의한 시장분할을 위한 경쟁제한적 합의나 동조적 행위에 해당하는 행위에 기초한 재판으로서 그 행위와 그 효과가 모두 당해 재판국 내에서 발생한 경우는 예외로 한다.

   더. 국가의 일방적 조치를 통한 주권적 채무회생절차

2. 이 협약에서 제외되는 사항이 재판이 선고된 소송의 목적(object)이 아니라 단순히 선결문제로서만 제기되는 경우에는 그 재판은 협약의 적용범위로부터 제외되지 아니한다. 특히 항변으로서 제기된 사항은 그 사항이 소송의 목적이 아닐 경우 협약이 적용되는 재판으로부터 제외되지 아니한다.

3. 이 협약은 중재 및 그와 관련된 절차에는 적용되지 아니한다.

4. 정부, 정부기관 또는 국가를 위해 행위하는 자가 소송의 당사자였다는 사실만으로 그 재판이 협약의 적용범위로부터 제외되지 아니한다.

5. 이 협약의 어느 것도 국가 또는 국제기구가 그 자신 및 그 재산에 관하여 가지는 특권과 면제에 영향을 미치지 아니한다.

제3조 정의

1. 이 협약에서,

   가. '피고'는 본소나 반소가 재판국에서 제기된 상대방 당사자를 말한다.

   나. '재판'이란 결정 또는 명령을 포함하여 그 명칭을 불문하고 법원이 본안에 관하여 내린 모든 판단을 의미하고, 이 협약에 의해 승인·집행될 수 있는 본안판단과 관련된 것이라면 법원(법원공무원 포함)에 의한 비용 또는 경비의 재판도 포함한다. 임시적 보호조치는 재판이 아니다.

2. 자연인이 아닌 주체(entity)나 사람(person)은 다음의 국가에 상거소지를 가지는 것으로 간주된다.

   가. 정관상 주소지

   나. 설립 또는 조직 준거법 국가

   다. 경영의 중심지 또는

   라. 주된 영업소 소재지(where it has its principal place of business)

제Ⅱ장 승인 및 집행

제4조 일반 조항

1. 체약국(재판국)이 선고한 재판은 다른 체약국(피요청국)에서 이 장의 규정에 따라 승인·집행되어야 한다. 승인 또는 집행은 이 협약에 규정된 경우에만 거절될 수 있다.

2. 피요청국의 본안 심사는 허용되지 아니한다. 이 협약의 적용을 위하여 필요한 범위 내에서만 그런 고려를 할 수 있다.

3. 재판은 재판국에서 효력을 가지는 경우에만 승인될 수 있고, 재판국에서 집행할 수 있는 경우에만 집행될 수 있다.

4. 제3항의 재판이 상소의 대상이거나 통상의 상소기간이 만료되지 않은 경우 그 승인 또는 집행은 연기되거나 거절될 수 있다. 그 거절은 재판의 승인·집행을 위한 후속 신청을 금지하지 아니한다.

제5조 승인 및 집행의 근거

1. 재판은 아래 요건 중 하나라도 충족되면 승인 및 집행될 수 있다.

가. 승인 및 집행의 상대방이 재판법원에서 재판의 당사자 되었을 때 재판국에 상거소를 두고 있었던 경우

나. 승인·집행의 상대방인 자연인이 재판법원에서 재판의 당사자가 되었을 때 재판국에 주된 영업지가 있었고, 재판의 기초가 된 청구가 그 영업활동으로부터 발생한 경우

다. 승인·집행의 상대방이 재판의 근거가 된 소(반소 제외)를 제기한 경우

라. 피고가 재판국 소송에서 당사자가 되었을 당시 법인격이 없는 지점, 대리점 기타 영업소(establishment)를 유지하였고, 재판의 근거가 된 청구가 그러한 지점, 대리점 기타 영업소의 활동으로부터 발생한 경우

마. 재판이 선고된 소송절차에서 피고가 명시적으로 관할권에 동의하였을 때

바. 피고가 재판국 법률에서 정한 기한 내에 관할항변을 하지 않고 본안에 관한 변론을 한 경우. 다만 관할항변이나 재판권행사에 관한 항변이 재판국의 법률상 허용되지 않는 것이 명백한 경우는 제외한다.

사. 재판이 계약상 의무에 관한 것이고 재판이 아래에 따라 그 의무가 이행되었거나 이행되었어야 하는 국가에서 선고된 경우

  (i) 당사자의 합의 또는

  (ii) 이행지의 합의가 없는 경우 계약의 준거법

  거래 관련 피고의 행위가 그 국가와 의도적, 실질적 관련이 없음이 명백한 경우는 제외한다.

아. 재판이 부동산 임대차에 대한 것이고 그 부동산이 재판국에 소재한 경우

자. 동일한 피고에 대하여 물권과 관련하여 계약상 청구가 함께 제기된 경우 재판이 재판국에 소재한 부동산 물권에 의하여 담보되는 계약상 채무에 기하여 피고에게 불리하게 선고된 때

차. 재판이 사망, 상해, 유체물의 멸실이나 훼손 등으로부터 발생하는 비계약상 의무에 근거하고, 직접적으로 손해를 야기한 작위나 부작위가 재판국에서 발생한 경우. 손해 발생지는 불문한다.

카. 재판이 자발적이고 서면으로 창설된 신탁의 유효성, 해석, 효과, 사무, 변경 등에 관련된 경우, 그리고

  (i) 소가 제기된 때, 재판국이 신탁증서상 분쟁해결국으로 지정되어 있었던 경우 또는

  (ii) 소가 제기된 때, 재판국이 신탁증서상 명시적, 묵시적으로 신탁관리(또는 신탁운영)의 주된 장소로 지정되어 있었던 경우

이 규정은 신탁관계에 있거나 있던 당사자들의 내부관계에 관한 재판에만 적용된다.

타. 재판이 반소에 근거한 때

  (i) 반소원고가 승소한 범위 내에서. 다만 반소가 본소와 동일한 거래나 상황에 근거하여야 한다.

  (ii) 반소원고가 패소한 범위 내에서. 다만 재판국 법률상 반소가 차단효를 배제하기 위해 불가피한 경우는 그러하지 않다.

파. 재판이 서면으로 체결되거나 작성된 합의 또는 다른 확인 가능한 통신수단에 의하여 지정된 법원에 의하여 선고된 경우. 다만 배타적 관할합의의 경우는 제외한다.

이 규정에서 '배타적 관할합의'란 둘 이상의 당사자가 특정한 법률관계상의 분쟁을 해결하기 위하여 특정국가의 법원이나 특정 국가의 구체적 법원을 지정하고, 다른 법원의 관할권을 배제한 것을 의미한다.

2. 만약 승인·집행이 소비자계약과 관련하여 주로 개인적, 가족적 또는 가정적 목적으로 행동하는 자연인(소비자)을 상대로 하는 경우 또는 근로계약 관련하여 근로자를 상대로 하는 경우

가. 제1항 마호는 구술 또는 문서로 법원에 대하여 동의한 경우에만 적용된다.

나. 제1항 바호, 사호와 파호는 적용되지 아니한다.

3. 제1항은 부동산의 주거용 임대차 또는 부동산의 등록에 대한 재판에는 적용되지 아니한다. 이러한 재판은 부동산 소재국의 법원이 한 경우에만 승인 및 집행의 대상이 된다.

제6조 승인과 집행을 위한 배타적 근거

제5조에도 불구하고, 부동산에 대한 물권에 관한 재판은 그 재산이 재판국에 소재하는 경우에만 승인되고 집행될 수 있다.

제7조 승인 또는 집행의 거부

1. 승인 또는 집행은 다음의 경우 거부될 수 있다.

가. 청구의 본질적인 요소를 포함하는, 소송을 개시하는 서면 또는 그에 상응하는 서면이

  (i) 피고에게 충분한 기간을 두고, 또한 방어를 준비할 수 있도록 하는 방법으로 통지되지 않은 경우. 그러나 재판국 법이 통지를 다투는 것을 허용함에도, 피고가 재판국 법원에서 통지를 다투지 아니하고 출석하여 변론한 경우에는 그러하지 아니하다. 또는

  (ii) 요청받은 국가에서 문서의 송달에 관한 그 국가의 근본원칙과 양립할 수 없는 방법으로 피고에게 통지된 경우

나. 재판이 사기에 의하여 얻어진 경우

다. 승인 또는 집행이 요청받은 국가의 공서에 명백히 반하는 경우. 이는 재판에 이르게 된 특정 소송절차가 그 국가의 절차적 공평(procedural fairness)의 근본원칙과 양립

될 수 없거나 그 국가의 안보나 주권을 침해하는 상황을 포함한다.

라. 재판국 법원의 소송절차가 문제되는 분쟁에 관하여 재판국 외의 다른 나라의 법원에서 재판을 받기로 하는 합의 또는 신탁증서의 지정에 반하는 경우

마. 재판이 동일한 당사자들 사이의 분쟁에 관하여 피요청국의 법원에서 선고된 재판과 양립할 수 없는 경우

바. 재판이 동일한 당사자들 사이의 동일한 소송물(subject matter)에 관하여 다른 국가의 법원에서 선고된 선행 재판과 양립할 수 없는 경우. 다만 선행 재판이 피요청국에서의 승인 요건을 충족하는 것을 조건으로 한다.

2. 승인 또는 집행은 동일한 당사자들 사이에 동일한 소송물에 대한 소송이 요청받은 국가의 법원에 계속 중인 경우 다음의 조건 하에 연기되거나 거부될 수 있다.

가. 재판국에 앞서 요청받은 국가의 법원에 소송이 계속된 경우. 그리고

나. 분쟁과 요청받은 국가 사이에 밀접한 연결이 있는 경우

이 항에 따른 거부는 재판의 승인 또는 집행을 위한 후속 신청을 금지하지 아니한다.

제8조 선결문제

1. 이 협약이 적용되지 아니하는 사항 또는 제6조에 언급된 법원 외의 법원이 재판한 제6조에 언급된 사항에 관한 판단에 기초하고 있는 경우에는, 선결문제 문제에 관한 판단은 이 협약에 의해서 승인 또는 집행되어서는 아니 된다.

2. 재판의 승인 또는 집행은, 그 재판이 이 협약이 적용되지 아니하는 사항 또는 제6조에 언급된 국가 외의 국가의 법원이 재판한 6조에 언급된 사항에 관한 판단에 기초하고 있는 경우에는, 그 범위 내에서 거부될 수 있다.

제9조 가분성

재판의 가분적인 일부의 승인 또는 집행은 일부 승인 또는 집행이 신청되거나, 또는 재판의 일부만이 이 협약에 따라서 승인 또는 집행될 수 있는 경우에 허용된다.

제10조 손해배상

1. 재판의 승인 또는 집행은 그 재판이, 당사자에게 징벌적 손해배상을 포함하여 실제로 입은 손실 또는 손해를 전보하는 것이 아닌 손해배상을 인용하는 경우에 그 범위 내에서 거부될 수 있다.

2. 피요청국 법원은 재판국 법원이 인용한 손해배상이 그 소송과 관련된 비용과 경비를 전보하는지 여부와 그 범위를 고려해야 한다.

제11조 재판상 화해

체약국 법원이 인가하거나 또는 소송 과정에서 체약국 법원의 앞에서 체결되고 재판국에서 재판과 동일한 방식으로 집행될 수 있는 재판상 화해는 이 협약에 따라 재판과 동일한 방식으로 집행된다.

제12조 제출되어야 하는 문서

1. 승인을 구하거나 집행을 신청하는 당사자는 다음의 문서를 제출하여야 한다.

가. 완전하고 증명된 재판의 사본

나. 결석재판이 행하여진 경우, 소송을 개시하는 서면 또는 그에 상응하는 서면이 결석한 당사자에게 통지되었음을 입증하는 문서의 원본 또는 증명된 사본

다. 재판이 재판국에서 효력을 가지는지 또는 해당하는 경우 재판이 재판국에서 집행가능함을 증명하는 데 필요한 문서

라. 제11조에서 언급된 경우, 재판상 화해 또는 그 일부가 재판국의 재판과 동일한 방식으로 집행가능하다는 재판국 법원(법원 공무원을 포함한다)의 증명서

2. 피요청국 법원이 재판의 문언으로 이 장의 요건이 준수되었는지 여부를 확인할 수 없는 경우, 그 법원은 필요한 문서를 요구할 수 있다.

3. 승인 또는 집행을 위한 신청서에는 재판국의 법원(법원 공무원을 포함한다)이 발행한 재판과 관련된 문서(헤이그국제사법회의가 권장 및 발행한 양식으로 된 것)가 첨부될 수 있다.

4. 이 조에서 언급된 문서가 피요청국의 공용어로 되어 있지 않은 경우, 피요청국의 법이 달리 규정하지 않는 한, 공용어로 번역되고 증명된 문서가 함께 제출되어야 한다.

제13조 절차

1. 이 협약이 달리 규정하지 않는 한, 승인, 집행가능성의 선언 또는 집행을 위한 등록, 그리고 재판의 집행에 관한 절차는 피요청국의 법에 따라 규율된다. 피요청국의 법원은 신속하게 처리하여야 한다.

2. 피요청국의 법원은 승인 또는 집행이 다른 국가에서 이루어져야 한다는 이유로 이 협약에 따른 재판의 승인 또는 집행을 거부하여서는 아니된다.

제14조 소송비용

1. 체약국들 중 한 국가에서 다른 체약국의 법원에서 이루어진 재판의 집행을 신청한 당사자에게, 오로지 그가 외국 국적이거나 집행을 요청받은 국가에 주소나 거소를 두고 있지 않다는 이유로, 명칭을 불문하고 어떠한 담보, 보증 또는 보증예치금을 요구할 수 없다.

2. 제1항의 규정에 따라 담보, 보증 또는 보증예치금에 대한 요구를 면제받은 자에 대하여 체약국들 중 한 국가에서 행한 소송비용 또는 경비의 지급 명령은, 그 명령의 이익을 받을 권리가 있는 자의 신청에 따라 다른 어느 체약국에서도 집행될 수 있다.

3. 어떤 국가든지 제1항을 적용하지 않겠다고 선언하거나, 또는 그 국가의 어느 법원이 제1항을 적용하지 않을지를 지정하는 선언을 할 수 있다.

제15조 국내법에 따른 승인 및 집행

제6조에 따르는 것을 조건으로 이 협약은 국내법에 의한 재판의 승인 또는 집행을 방해하지 아니한다.

제3장 일반조항

제16조 경과규정

이 협약은 소 제기 시에 협약이 재판국과 피요청국 사이에서 효력이 있는 경우 그 재판의 승인 및 집행에 적용된다.

제17조 승인 및 집행을 제한하는 선언

어떤 국가든지 만일 당사자들이 요청을 받은 국가에 거주하고 있고, 당사자들의 관계와 원래 법원의 위치가 아닌 다른 분쟁과 관련된 요소가 요청국과만 연결되어 있다면 그 법원이 다른 체약국 법원이 한 재판의 승인 또는 집행을 거절할 수 있다는 선언을 할 수 있다.

제18조 특정사항에 관한 선언

1. 어떤 국가가 이 협약을 특정사항에 적용하지 않는 데 대하여 강한 이익을 가지는 경우, 그 국가는 협약을 그 사항에 적용하지 않겠다는 선언을 할 수 있다. 그러한 선언을 하는 국가는 선언이 필요 이상으로 광범위하지 않도록 하고, 그렇게 배제되는 특정사항이 명확하고 정확하게 정의될 수 있도록 보장하여야 한다.

2. 그 사항에 관하여는, 이 협약은 다음의 경우에 적용되지 아니한다.

 가. 그러한 선언을 한 체약국 내에서

 나. 그 선언을 한 체약국 법원에서 한 재판의 승인·집행을 요청받은 다른 체약국 내에서

제19조 정부와 관련한 재판과 관련한 선언

1. 어떤 국가든지 다음의 자가 당사자인 소송절차에 기한 재판에 이 협약을 적용하지 아니한다는 선언을 할 수 있다.

 가. 그 국가나, 국가를 위하여 행위하는 자연인 또는

 나. 그 국가의 정부기관, 또는 그러한 정부 기관을 위하여 행위하는 자연인.

 그 선언을 한 국가는 선언이 필요 이상으로 광범위하지 않고, 배제되는 범위가 명확하고 정확하게 정의될 수 있도록 보장하여야 한다. 그 선언은 재판국에서 그 국가, 정부기관 또는 이를 위하여 행위하는 자연인이 피고 또는 원고인 사건을 차별하여서는 아니된다.

2. 제1항에 따른 선언을 한 국가의 법원에서 선고된 재판의 승인 또는 집행은, 그 선언을 한 국가나 피요청국, 그 국가들의 정부기관 또는 그를 위하여 행위하는 자연인이 당사자인 절차에서 선고된 경우, 그 선언에서 명시된 것과 같은 범위 내에서 거부될 수 있다.

제4장 최종조항

[생략]

[9] 채무자회생 및 파산에 관한 법률(발췌)

...

제2조(외국인 및 외국법인의 지위) 외국인 또는 외국법인은 이 법의 적용에 있어서 대한민국 국민 또는 대한민국 법인과 동일한 지위를 가진다.

제3조(재판관할) ① 회생사건, 간이회생사건 및 파산사건 또는 개인회생사건은 다음 각 호의 어느 한 곳을 관할하는 회생법원의 관할에 전속한다.

 1. 채무자의 보통재판적이 있는 곳

 2. 채무자의 주된 사무소나 영업소가 있는 곳 또는 채무자가 계속하여 근무하는 사무소나 영업소가 있는 곳

 3. 제1호 또는 제2호에 해당하는 곳이 없는 경우에는 채무자의 재산이 있는 곳(채권의 경우에는 재판상의 청구를 할 수 있는 곳을 말한다)

② 제1항에도 불구하고 회생사건 및 파산사건은 채무자의 주된 사무소 또는 영업소의 소재지를 관할하는 고등법원 소재지의 회생법원에도 신청할 수 있다. ③ 제1항에도 불구하고 다음 각 호의 신청은 다음 각 호의 구분에 따른 회생법원에도 할 수 있다.

 1. 「독점규제 및 공정거래에 관한 법률」 제2조제12호에 따른 계열회사에 대한 회생사건 또는 파산사건이 계속되어 있는 경우 계열회사 중 다른 회사에 대한 회생절차개시·간이회생절차개시의 신청 또는 파산신청: 그 계열회사에 대한 회생사건 또는 파산사건이 계속되어 있는 회생법원

 2. 법인에 대한 회생사건 또는 파산사건이 계속되어 있는 경우 그 법인의 대표자에 대한 회생절차개시·간이회생절차개시의 신청, 파산신청 또는 개인회생절차개시의 신청: 그 법인에 대한 회생사건 또는 파산사건이 계속되어 있는 회생법원

 3. 다음 각 목의 어느 하나에 해당하는 자에 대한 회생사건, 파산사건 또는 개인회생사건이 계속되어 있는 경우 그 목에 규정된 다른 자에 대한 회생절차개시·간이회생절차개시의 신청, 파산신청 또는 개인회생절차개시의 신청: 그 회생사건, 파산사건 또는 개인회생사건이 계속되어 있는 회생법원

 가. 주채무자 및 보증인

 나. 채무자 및 그와 함께 동일한 채무를 부담하는 자

 다. 부부

④ 제1항에도 불구하고 채권자의 수가 300인 이상으로서 대통령령으로 정하는 금액 이상의 채무를 부담하는 법인에 대한 회생사건 및 파산사건은 서울회생법원에도 신청할 수 있다.

⑤ 개인이 아닌 채무자에 대한 회생사건 또는 파산사건은 제1항부터 제4항까지의 규정에

따른 회생법원의 합의부의 관할에 전속한다.

⑥ 상속재산에 관한 파산사건은 상속개시지를 관할하는 회생법원의 관할에 전속한다.

⑦ 「신탁법」 제114조에 따라 설정된 유한책임신탁에 속하는 재산(이하 "유한책임신탁재산"이라 한다)에 관한 파산사건은 수탁자의 보통재판적 소재지(수탁자가 여럿인 경우에는 그 중 1인의 보통재판적 소재지를 말한다)를 관할하는 회생법원의 관할에 전속한다.

⑧ 제7항에 따른 관할법원이 없는 경우에는 유한책임신탁재산의 소재지(채권의 경우에는 재판상의 청구를 할 수 있는 곳을 그 소재지로 본다)를 관할하는 회생법원의 관할에 전속한다.

⑨ 삭제

⑩ 제1항에도 불구하고 제579조 제1호에 따른 개인채무자의 보통재판적 소재지가 강릉시·동해시·삼척시·속초시·양양군·고성군인 경우에 그 개인채무자에 대한 파산선고 또는 개인회생절차개시의 신청은 춘천지방법원 강릉지원에도 할 수 있다.

⑪ 제1항에도 불구하고 채무자의 제1항 각 호의 소재지가 울산광역시나 경상남도인 경우에 회생사건, 간이회생사건, 파산사건 또는 개인회생사건은 부산회생법원에도 신청할 수 있다.

...

제38조(소명) ① 회생절차개시의 신청을 하는 자는 회생절차개시의 원인인 사실을 소명하여야 한다. 이 경우 채무자에 대하여 제628조제1호의 규정에 의한 외국도산절차가 진행되고 있는 때에는 그 채무자에게 파산의 원인인 사실이 있는 것으로 추정한다.

② 채권자·주주·지분권자가 회생절차개시의 신청을 하는 때에는 그가 가진 채권의 액 또는 주식이나 출자지분의 수 또는 액도 소명하여야 한다.

...

제119조(쌍방미이행 쌍무계약에 관한 선택) ① 쌍무계약에 관하여 채무자와 그 상대방이 모두 회생절차개시 당시에 아직 그 이행을 완료하지 아니한 때에는 관리인은 계약을 해제 또는 는 해지하거나 채무자의 채무를 이행하고 상대방의 채무이행을 청구 할 수 있다. 다만, 관리인은 회생계획안 심리를 위한 관계인집회가 끝난 후 또는 제240조의 규정에 의한 서면결의에 부치는 결정이 있은 후에는 계약을 해제 또는 해지할 수 없다.

② 제1항의 경우 상대방은 관리인에 대하여 계약의 해제나 해지 또는 그 이행의 여부를 확답할 것을 최고할 수 있다. 이 경우 관리인이 그 최고를 받은 후 30일 이내에 확답을 하지 아니하는 때에는 관리인은 제1항의 규정에 의한 해제권 또는 해지권을 포기한 것으로 본다.

③ 법원은 관리인 또는 상대방의 신청에 의하거나 직권으로 제2항의 규정에 의한 기간을 늘이거나 줄일 수 있다.

④ 제1항 내지 제3항의 규정은 단체협약에 관하여는 적용하지 아니한다.

⑤ 제1항에 따라 관리인이 국가를 상대방으로 하는 「방위사업법」 제3조에 따른 방위력개선사업 관련 계약을 해제 또는 해지하고자 하는 경우 방위사업청장과 협의하여야 한다.

제120조(지급결제제도 등에 대한 특칙) ① 지급결제의 완결성을 위하여 한국은행총재가 금융위원회와 협의하여 지정한 지급결제제도(이 항에서 "지급결제제도"라고 한다)의 참가자에 대하여 회생절차가 개시된 경우, 그 참가자에 관련된 이체지시 또는 지급 및 이와 관련된 이행, 정산, 차감, 증거금 등 담보의 제공·처분·충당 그 밖의 결제에 관하여는 이 법의 규정에 불구하고 그 지급결제제도를 운영하는 자가 정한 바에 따라 효력이 발생하며 해제, 해지, 취소 및 부인의 대상이 되지 아니한다. 지급결제제도의 지정에 관하여 필요한 구체적인 사항은 대통령령으로 정한다.

② 「자본시장과 금융투자업에 관한 법률」, 그 밖의 법령에 따라 증권·파생금융거래의 청산결제업무를 수행하는 자 그 밖에 대통령령에서 정하는 자가 운영하는 청산결제제도의 참가자에 대하여 회생절차가 개시된 경우 그 참가자와 관련된 채무의 인수, 정산, 차감, 증거금 그 밖의 담보의 제공·처분·충당 그 밖의 청산결제에 관하여는 이 법의 규정에 불구하고 그 청산결제제도를 운영하는 자가 정한 바에 따라 효력이 발생하며 해제, 해지, 취소 및 부인의 대상이 되지 아니한다.

③ 일정한 금융거래에 관한 기본적 사항을 정한 하나의 계약(이 항에서 "기본계약"이라 한다)에 근거하여 다음 각호의 거래(이 항에서 "적격금융거래"라고 한다)를 행하는 당사자 일방에 대하여 회생절차가 개시된 경우 적격금융거래의 종료 및 정산에 관하여는 이 법의 규정에 불구하고 기본계약에서 당사자가 정한 바에 따라 효력이 발생하고 해제, 해지, 취소 및 부인의 대상이 되지 아니하며, 제4호의 거래는 중지명령 및 포괄적 금지명령의 대상이 되지 아니한다. 다만, 채무자가 상대방과 공모하여 회생채권자 또는 회생담보권자를 해할 목적으로 적격금융거래를 행한 경우에는 그러하지 아니하다.

  1. 통화, 유가증권, 출자지분, 일반상품, 신용위험, 에너지, 날씨, 운임, 주파수, 환경 등의 가격 또는 이자율이나 이를 기초로 하는 지수 및 그 밖의 지표를 대상으로 하는 선도, 옵션, 스왑 등 파생금융거래로서 대통령령이 정하는 거래
  2. 현물환거래, 유가증권의 환매거래, 유가증권의 대차거래 및 담보콜거래
  3. 제1호 내지 제2호의 거래가 혼합된 거래
  4. 제1호 내지 제3호의 거래에 수반되는 담보의 제공·처분·충당

제121조(쌍방미이행 쌍무계약의 해제 또는 해지) ① 제119조의 규정에 의하여 계약이 해제 또는 해지된 때에는 상대방은 손해배상에 관하여 회생채권자로서 그 권리를 행사할 수 있다.

② 제1항의 규정에 의한 해제 또는 해지의 경우 채무자가 받은 반대급부가 채무자의 재산 중에 현존하는 때에는 상대방은 그 반환을 청구할 수 있으며, 현존하지 아니하는 때에는 상대방은 그 가액의 상환에 관하여 공익채권자로서 그 권리를 행사할 수 있다.

…

제301조(외국에서 파산선고가 있은 경우) 파산신청 당시 채무자에 대하여 이미 외국에서 파산선고가 있은 때에는 파산의 원인인 사실이 존재하는 것으로 추정한다.

...

제335조(쌍방미이행 쌍무계약에 관한 선택) ① 쌍무계약에 관하여 채무자 및 그 상대방이 모두 파산선고 당시 아직 이행을 완료하지 아니한 때에는 파산관재인은 계약을 해제 또는 해지하거나 채무자의 채무를 이행하고 상대방의 채무이행을 청구할 수 있다.

② 제1항의 경우 상대방은 파산관재인에 대하여 상당한 기간을 정하여 그 기간 안에 계약의 해제 또는 해지나 이행 여부를 확답할 것을 최고할 수 있다. 이 경우 파산관재인이 그 기간 안에 확답을 하지 아니한 때에는 계약을 해제 또는 해지한 것으로 본다.

③ 제1항에 따라 파산관재인이 국가를 상대방으로 하는 「방위사업법」 제3조에 따른 방위력개선사업 관련 계약을 해제 또는 해지하고자 하는 경우 방위사업청장과 협의하여야 한다.

제336조(지급결제제도 등에 대한 특칙) 제120조의 규정은 같은 조에서 정한 지급결제제도 또는 청산결제제도의 참가자 또는 적격금융거래의 당사자 일방에 대하여 파산선고가 있는 경우 이를 준용한다. 이 경우 제120조제1항 내지 제3항의 "회생절차가 개시된 경우"는 "파산선고가 있는 경우"로 보고, 제120조제3항 단서의 "회생채권자 또는 회생담보권자"는 "파산채권자 또는 별제권자"로 본다.

제337조(파산관재인의 해제 또는 해지와 상대방의 권리) ① 제335조의 규정에 의한 계약의 해제 또는 해지가 있는 때에는 상대방은 손해배상에 관하여 파산채권자로서 권리를 행사할 수 있다.

② 제1항의 규정에 의한 계약의 해제 또는 해지의 경우 채무자가 받은 반대급부가 파산재단 중에 현존하는 때에는 상대방은 그 반환을 청구하고, 현존하지 아니하는 때에는 그 가액에 관하여 재단채권자로서 권리를 행사할 수 있다.

제338조(거래소의 시세있는 상품의 정기매매) ① 거래소의 시세있는 상품의 매매에 관하여 일정한 일시 또는 일정한 기간 안에 이행을 하지 아니하면 계약의 목적을 달성하지 못하는 경우 그 시기가 파산선고 후에 도래하는 때에는 계약의 해제가 있은 것으로 본다. 이 경우 손해배상액은 이행지에서 동종의 거래가 동일한 시기에 이행되는 때의 시세와 매매대가와의 차액에 의하여 정한다.

② 제337조제1항의 규정은 제1항의 규정에 의한 손해배상에 관하여 준용한다.

③ 제1항의 경우에 관하여 거래소에서 달리 규정한 것이 있는 때에는 그 규정에 의한다.

...

제5편 국제도산

제628조(정의) 이 편에서 사용하는 용어의 정의는 다음 각호와 같다.

1. "외국도산절차"라 함은 외국법원(이에 준하는 당국을 포함한다. 이하 같다)에 신청된 회생절차·파산절차 또는 개인회생절차 및 이와 유사한 절차를 말하며, 임시절차를 포함한다.

2. "국내도산절차"라 함은 대한민국 법원에 신청된 회생절차·파산절차 또는 개인회생절차를 말한다.

3. "외국도산절차의 승인"이라 함은 외국도산절차에 대하여 대한민국 내에 이 편의 지원처분을 할 수 있는 기초로서 승인하는 것을 말한다 .

4. "지원절차"라 함은 이 편에서 정하는 바에 의하여 외국도산절차의 승인신청에 관한 재판과 채무자의 대한민국 내에 있어서의 업무 및 재산에 관하여 당해 외국도산절차를 지원하기 위한 처분을 하는 절차를 말한다 .

5. "외국도산절차의 대표자"라 함은 외국법원에 의하여 외국도산절차의 관리자 또는 대표자로 인정된 자를 말한다.

6. "국제도산관리인"이라 함은 외국도산절차의 지원을 위하여 법원이 채무자의 재산에 대한 환가 및 배당 또는 채무자의 업무 및 재산에 대한 관리 및 처분권한의 전부 또는 일부를 부여한 자를 말한다.

제629조(적용범위) ① 이 편의 규정은 다음 각호의 경우에 적용한다.

1. 외국도산절차의 대표자가 외국도산절차와 관련하여 대한민국 법원에 승인이나 지원을 구하는 경우

2. 외국도산절차의 대표자가 대한민국 법원에서 국내도산절차를 신청하거나 진행 중인 국내도산절차에 참가하는 경우

3. 국내도산절차와 관련하여 관리인·파산관재인·채무자 그 밖에 법원의 허가를 받은 자 등이 외국법원의 절차에 참가하거나 외국법원의 승인 및 지원을 구하는 등 외국에서 활동하는 경우

4. 채무자를 공통으로 하는 국내도산절차 및 외국도산절차가 대한민국법원과 외국법원에서 동시에 진행되어 관련절차간에 공조가 필요한 경우

② 이 편에서 따로 규정하지 아니한 사항은 이 법 중 다른 편의 규정에 따른다.

제630조(관할) 외국도산절차의 승인 및 지원에 관한 사건은 서울회생법원 합의부의 관할에 전속한다. 다만, 절차의 효율적인 진행이나 이해당사자의 권리보호를 위하여 필요한 때에는 서울회생법원은 당사자의 신청에 의하거나 직권으로 외국도산절차의 승인결정과 동시에 또는 그 결정 후에 제3조가 규정하는 관할법원으로 사건을 이송할 수 있다.

제631조(외국도산절차의 승인신청) ①외국도산절차의 대표자는 외국도산절차가 신청된 국가에 채무자의 영업소·사무소 또는 주소가 있는 경우에 다음 각호의 서면을 첨부하여 법원에 외국도산절차의 승인을 신청할 수 있다. 이 경우 외국어로 작성된 서면에는 번역문을 붙여야 한다.

1. 외국도산절차 일반에 대한 법적 근거 및 개요에 대한 진술서

2. 외국도산절차의 개시를 증명하는 서면

3. 외국도산절차의 대표자의 자격과 권한을 증명하는 서면

4. 승인을 신청하는 그 외국도산절차의 주요내용에 대한 진술서(채권자·채무자 및 이해

당사자에 대한 서술을 포함한다)

5. 외국도산절차의 대표자가 알고 있는 그 채무자에 대한 다른 모든 외국도산절차에 대한 진술서

② 외국도산절차의 승인을 신청한 후 제1항 각호의 내용이 변경된 때에는 신청인은 지체 없이 변경된 사항을 기재한 서면을 법원에 제출하여야 한다.

③ 제1항의 규정에 의한 신청이 있는 때에는 법원은 지체 없이 그 요지를 공고하여야 한다.

④ 제37조 및 제39조의 규정은 제1항의 규정에 의한 신청에 관하여 준용한다.

제632조(외국도산절차의 승인결정) ① 법원은 외국도산절차의 승인신청이 있는 때에는 신청일부터 1월 이내에 승인 여부를 결정하여야 한다.

② 법원은 다음 각호의 어느 하나에 해당하는 경우에는 외국도산절차의 승인신청을 기각하여야 한다.

1. 법원이 정한 비용을 미리 납부하지 아니한 경우

2. 제631조제1항 각호의 서면을 제출하지 아니하거나 그 성립 또는 내용의 진정을 인정하기에 부족한 경우

3. 외국도산절차를 승인하는 것이 대한민국의 선량한 풍속 그 밖에 사회질서에 반하는 경우

③ 법원은 외국도산절차의 승인결정이 있는 때에는 그 주문과 이유의 요지를 공고하고 그 결정서를 신청인에게 송달하여야 한다.

④ 외국도산절차의 승인신청에 관한 결정에 대하여는 즉시항고를 할 수 있다.

⑤ 제4항의 규정에 의한 즉시항고는 집행정지의 효력이 없다.

제633조(외국도산절차승인의 효력) 외국도산절차의 승인결정은 이 법에 의한 절차의 개시 또는 진행에 영향을 미치지 아니한다.

제634조(외국도산절차의 대표자의 국내도산절차개시신청 등) 외국도산절차가 승인된 때에는 외국도산절차의 대표자는 국내도산절차의 개시를 신청하거나 진행 중인 국내도산절차에 참가할 수 있다.

제635조(승인 전 명령 등) ① 법원은 외국도산절차의 대표자의 신청에 의하거나 직권으로 외국도산절차의 승인신청이 있은 후 그 결정이 있을 때까지 제636조제1항제1호 내지 제3호의 조치를 명할 수 있다.

② 제1항의 규정은 외국도산절차의 승인신청을 기각하는 결정에 대하여 즉시항고가 제기된 경우에 준용한다.

③ 법원은 제1항 및 제2항의 규정에 의한 처분을 변경하거나 취소할 수 있다.

④ 제1항 내지 제3항의 결정에 대하여는 즉시항고를 할 수 있다.

⑤ 제4항의 규정에 의한 즉시항고는 집행정지의 효력이 없다.

제636조(외국도산절차에 대한 지원) ① 법원은 외국도산절차를 승인함과 동시에 또는 승인한 후 이해관계인의 신청에 의하거나 직권으로 채무자의 업무 및 재산이나 채권자의 이익을 보호하기 위하여 다음 각호의 결정을 할 수 있다.

1. 채무자의 업무 및 재산에 대한 소송 또는 행정청에 계속하는 절차의 중지
2. 채무자의 업무 및 재산에 대한 강제집행, 담보권실행을 위한 경매, 가압류·가처분 등 보전절차의 금지 또는 중지
3. 채무자의 변제금지 또는 채무자 재산의 처분금지
4. 국제도산관리인의 선임
5. 그 밖에 채무자의 업무 및 재산을 보전하거나 채권자의 이익을 보호하기 위하여 필요한 처분

② 법원은 제1항의 규정에 의한 결정을 하는 때에는 채권자·채무자 그 밖의 이해관계인의 이익을 고려하여야 한다.

③ 법원은 제1항의 규정에 의한 지원신청이 대한민국의 선량한 풍속 그 밖의 사회질서에 반하는 때에는 그 신청을 기각하여야 한다.

④ 법원은 제1항제2호의 금지명령 및 이를 변경하거나 취소하는 결정을 한 때에는 그 주문을 공고하고 그 결정서를 외국도산절차의 대표자나 신청인에게 송달하여야 한다.

⑤ 제1항의 규정에 의한 금지명령이 있는 때에는 그 명령의 효력이 상실된 날의 다음 날부터 2월이 경과하는 날까지 채무자에 대한 채권의 시효는 완성되지 아니한다.

⑥ 법원은 필요한 경우 이해관계인의 신청에 의하거나 직권으로 제1항의 규정에 의한 결정을 변경하거나 취소할 수 있다.

⑦ 법원은 특히 필요하다고 인정하는 때에는 이해관계인의 신청에 의하거나 직권으로 제1항제2호의 규정에 의하여 중지된 절차의 취소를 명할 수 있다. 이 경우 법원은 담보를 제공하게 할 수 있다.

⑧ 제1항·제6항 및 제7항의 결정에 대하여는 즉시항고를 할 수 있다.

⑨ 제8항의 규정에 의한 즉시항고는 집행정지의 효력이 없다.

제637조(국제도산관리인) ① 국제도산관리인이 선임된 경우 채무자의 업무의 수행 및 재산에 대한 관리·처분권한은 국제도산관리인에게 전속한다.

② 국제도산관리인은 대한민국 내에 있는 채무자의 재산을 처분 또는 국외로의 반출, 환가·배당 그 밖에 법원이 정하는 행위를 하는 경우에는 법원의 허가를 받아야 한다.

③ 제2편 제2장 제1절(관리인) 및 제3편제2장제1절(파산관재인)에 관한 규정은 국제도산관리인에 관하여 준용한다.

제638조(국내도산절차와 외국도산절차의 동시진행) ① 채무자를 공통으로 하는 외국도산절차와 국내도산절차가 동시에 진행하는 경우 법원은 국내도산절차를 중심으로 제635조(승인 전 명령 등) 및 제636조(외국도산절차에 대한 지원)의 규정에 의한 지원을 결정하거나 이를 변경 또는 취소할 수 있다.

② 제1항의 결정에 대하여는 즉시항고를 할 수 있다.

③ 제2항의 즉시항고에는 집행정지의 효력이 없다.

제639조(복수의 외국도산절차) ① 채무자를 공통으로 하는 여러 개의 외국도산절차의 승인

신청이 있는 때에는 법원은 이를 병합심리하여야 한다.

② 채무자를 공통으로 하는 여러 개의 외국도산절차가 승인된 때에는 법원은 승인 및 지원절차의 효율적 진행을 위하여 채무자의 주된 영업소 소재지 또는 채권자보호조치의 정도 등을 고려하여 주된 외국도산절차를 결정할 수 있다.

③ 법원은 주된 외국도산절차를 중심으로 제636조의 규정에 의한 지원을 결정하거나 변경할 수 있다.

④ 법원은 필요한 경우 제2항의 규정에 의한 주된 외국도산절차를 변경할 수 있다.

⑤ 제2항 내지 제4항의 결정에 대하여는 즉시항고를 할 수 있다.

⑥ 제5항의 즉시항고에는 집행정지의 효력이 없다.

제640조(관리인 등이 외국에서 활동할 권한) 국내도산절차의 관리인·파산관재인 그 밖에 법원의 허가를 받은 자 등은 외국법이 허용하는 바에 따라 국내도산절차를 위하여 외국에서 활동할 권한이 있다.

제641조(공조) ① 법원은 동일한 채무자 또는 상호 관련이 있는 채무자에 대하여 진행 중인 국내도산절차 및 외국도산절차나 복수의 외국도산절차간의 원활하고 공정한 집행을 위하여 외국법원 및 외국도산절차의 대표자와 다음 각호의 사항에 관하여 공조하여야 한다.

 1. 의견교환

 2. 채무자의 업무 및 재산에 관한 관리 및 감독

 3. 복수 절차의 진행에 관한 조정

 4. 그 밖에 필요한 사항

② 법원은 제1항의 규정에 의한 공조를 위하여 외국법원 또는 외국도산절차의 대표자와 직접 정보 및 의견을 교환할 수 있다.

③ 국내도산절차의 관리인 또는 파산관재인은 법원의 감독하에 외국법원 또는 외국도산절차의 대표자와 직접 정보 및 의견을 교환할 수 있다.

④ 국내도산절차의 관리인 또는 파산관재인은 법원의 허가를 받아 외국법원 또는 외국도산절차의 대표자와 도산절차의 조정에 관한 합의를 할 수 있다.

제642조(배당의 준칙) 채무자를 공통으로 하는 국내도산절차와 외국도산절차 또는 복수의 외국도산절차가 있는 경우 외국도산절차 또는 채무자의 국외재산으로부터 변제받은 채권자는 국내도산절차에서 그와 같은 조 및 순위에 속하는 다른 채권자가 동일한 비율의 변제를 받을 때까지 국내도산절차에서 배당 또는 변제를 받을 수 없다.

[10] 중재법, 뉴욕협약과 뉴욕협약의 해석에 관한 UNCITRAL 권고(국문본 발췌)

[10-1] 중재법

제1장 총칙

제1조(목적) 이 법은 중재(仲裁)에 의하여 사법(私法)상의 분쟁을 적정·공평·신속하게 해결함을 목적으로 한다.

제2조(적용 범위) ① 이 법은 제21조에 따른 중재지(仲裁地)가 대한민국인 경우에 적용한다. 다만, 제9조와 제10조는 중재지가 아직 정해지지 아니하였거나 대한민국이 아닌 경우에도 적용하며, 제37조와 제39조는 중재지가 대한민국이 아닌 경우에도 적용한다.

② 이 법은 중재절차를 인정하지 아니하거나 이 법의 중재절차와는 다른 절차에 따라 중재에 부칠 수 있도록 정한 법률과 대한민국에서 발효(發效) 중인 조약에 대하여는 영향을 미치지 아니한다.

제3조(정의) 이 법에서 사용하는 용어의 뜻은 다음과 같다.

 1. "중재"란 당사자 간의 합의로 재산권상의 분쟁 및 당사자가 화해에 의하여 해결할 수 있는 비재산권상의 분쟁을 법원의 재판에 의하지 아니하고 중재인(仲裁人)의 판정에 의하여 해결하는 절차를 말한다.
 2. "중재합의"란 계약상의 분쟁인지 여부에 관계없이 일정한 법률관계에 관하여 당사자 간에 이미 발생하였거나 앞으로 발생할 수 있는 분쟁의 전부 또는 일부를 중재에 의하여 해결하도록 하는 당사자 간의 합의를 말한다.
 3. "중재판정부"(仲裁判定部)란 중재절차를 진행하고 중재판정을 내리는 단독중재인 또는 여러 명의 중재인으로 구성되는 중재인단을 말한다.

제4조(서면의 통지) ① 당사자 간에 다른 합의가 없는 경우에 서면(書面)의 통지는 수신인 본인에게 서면을 직접 교부하는 방법으로 한다.

② 제1항에 따른 직접 교부의 방법으로 통지할 수 없는 경우에는 서면이 수신인의 주소, 영업소 또는 우편연락장소에 정당하게 전달된 때에 수신인에게 통지된 것으로 본다.

③ 제2항을 적용할 때에 적절한 조회를 하였음에도 수신인의 주소, 영업소 또는 우편연락장소를 알 수 없는 경우에는 최후로 알려진 수신인의 주소, 영업소 또는 우편연락장소로 등기우편이나 그 밖에 발송을 증명할 수 있는 우편방법에 의하여 서면이 발송된 때에 수신인에게 통지된 것으로 본다.

④ 제1항부터 제3항까지의 규정은 법원이 하는 송달에는 적용하지 아니한다.

제5조(이의신청권의 상실) 당사자가 이 법의 임의규정 또는 중재절차에 관한 당사자 간의 합의를 위반한 사실을 알고도 지체 없이 이의를 제기하지 아니하거나, 정하여진 이의제기 기간 내에 이의를 제기하지 아니하고 중재절차가 진행된 경우에는 그 이의신청권을 상실한다.

제6조(법원의 관여) 법원은 이 법에서 정한 경우를 제외하고는 이 법에 관한 사항에 관여할 수 없다.

제7조(관할법원) ① 다음 각 호의 사항에 대하여는 중재합의에서 지정한 지방법원 또는 지원(이하 "법원"이라 한다)이, 그 지정이 없는 경우에는 중재지를 관할하는 법원이 관할하며, 중재지가 아직 정하여지지 아니한 경우에는 피신청인의 주소 또는 영업소를 관할하는 법원이, 주소 또는 영업소를 알 수 없는 경우에는 거소(居所)를 관할하는 법원이, 거소도 알 수 없는 경우에는 최후로 알려진 주소 또는 영업소를 관할하는 법원이 관할한다.

 1. 제12조 제3항 및 제4항에 따른 중재인의 선정 및 중재기관의 지정
 2. 제14조 제3항에 따른 중재인의 기피신청에 대한 법원의 기피결정
 3. 제15조 제2항에 따른 중재인의 권한종료신청에 대한 법원의 권한종료결정
 4. 제17조 제6항에 따른 중재판정부의 권한심사신청에 대한 법원의 권한심사
 4의2. 제18조의7에 따른 임시적 처분의 승인 또는 집행 신청에 대한 법원의 결정 및 담보 제공 명령
 5. 제27조제3항에 따른 감정인(鑑定人)에 대한 기피신청에 대한 법원의 기피결정

② 제28조에 따른 증거조사는 증거조사가 실시되는 지역을 관할하는 법원이 관할한다. ③ 다음 각 호의 사항에 대하여는 중재합의에서 지정한 법원이 관할하고, 그 지정이 없는 경우에는 중재지를 관할하는 법원이 관할한다.

 1. 제32조 제4항에 따른 중재판정 원본(原本)의 보관
 2. 제36조 제1항에 따른 중재판정 취소의 소(訴)

④ 제37조부터 제39조까지의 규정에 따른 중재판정의 승인과 집행 청구의 소는 다음 각 호의 어느 하나에 해당하는 법원이 관할한다.

 1. 중재합의에서 지정한 법원
 2. 중재지를 관할하는 법원
 3. 피고 소유의 재산이 있는 곳을 관할하는 법원
 4. 피고의 주소 또는 영업소, 주소 또는 영업소를 알 수 없는 경우에는 거소, 거소도 알 수 없는 경우에는 최후로 알려진 주소 또는 영업소를 관할하는 법원

제2장 중재합의

제8조(중재합의의 방식) ① 중재합의는 독립된 합의 또는 계약에 중재조항을 포함하는 형식으로 할 수 있다.

② 중재합의는 서면으로 하여야 한다.

③ 다음 각 호의 어느 하나에 해당하는 경우는 서면에 의한 중재합의로 본다.

1. 구두나 행위, 그 밖의 어떠한 수단에 의하여 이루어진 것인지 여부와 관계없이 중재합의의 내용이 기록된 경우

2. 전보(電報), 전신(電信), 팩스, 전자우편 또는 그 밖의 통신수단에 의하여 교환된 전자적 의사표시에 중재합의가 포함된 경우. 다만, 그 중재합의의 내용을 확인할 수 없는 경우는 제외한다.

3. 어느 한쪽 당사자가 당사자 간에 교환된 신청서 또는 답변서의 내용에 중재합의가 있는 것을 주장하고 상대방 당사자가 이에 대하여 다투지 아니하는 경우

④ 계약이 중재조항을 포함한 문서를 인용하고 있는 경우에는 중재합의가 있는 것으로 본다. 다만, 중재조항을 그 계약의 일부로 하고 있는 경우로 한정한다.

제9조(중재합의와 법원에의 제소) ① 중재합의의 대상인 분쟁에 관하여 소가 제기된 경우에 피고가 중재합의가 있다는 항변(抗辯)을 하였을 때에는 법원은 그 소를 각하(却下)하여야 한다. 다만, 중재합의가 없거나 무효이거나 효력을 상실하였거나 그 이행이 불가능한 경우에는 그러하지 아니하다.

② 피고는 제1항의 항변을 본안(本案)에 관한 최초의 변론을 할 때까지 하여야 한다.

③ 제1항의 소가 법원에 계속(繫屬) 중인 경우에도 중재판정부는 중재절차를 개시 또는 진행하거나 중재판정을 내릴 수 있다.

제10조(중재합의와 법원의 보전처분) 중재합의의 당사자는 중재절차의 개시 전 또는 진행 중에 법원에 보전처분(保全處分)을 신청할 수 있다.

제3장 중재판정부

제11조(중재인의 수) ① 중재인의 수는 당사자 간의 합의로 정한다.

② 제1항의 합의가 없으면 중재인의 수는 3명으로 한다.

제12조(중재인의 선정) ① 당사자 간에 다른 합의가 없으면 중재인은 국적에 관계없이 선정될 수 있다.

② 중재인의 선정절차는 당사자 간의 합의로 정한다.

③ 제2항의 합의가 없으면 다음 각 호의 구분에 따라 중재인을 선정한다.

1. 단독중재인에 의한 중재의 경우: 어느 한쪽 당사자가 상대방 당사자로부터 중재인의 선정을 요구받은 후 30일 이내에 당사자들이 중재인의 선정에 관하여 합의하지 못한 경우에는 어느 한쪽 당사자의 신청을 받아 법원 또는 그 법원이 지정한 중재기관이 중재인을 선정한다.

2. 3명의 중재인에 의한 중재의 경우: 각 당사자가 1명씩 중재인을 선정하고, 이에 따라 선정된 2명의 중재인들이 합의하여 나머지 1명의 중재인을 선정한다. 이 경우 어느 한

쪽 당사자가 상대방 당사자로부터 중재인의 선정을 요구받은 후 30일 이내에 중재인
을 선정하지 아니하거나 선정된 2명의 중재인들이 선정된 후 30일 이내에 나머지 1명
의 중재인을 선정하지 못한 경우에는 어느 한쪽 당사자의 신청을 받아 법원 또는 그
법원이 지정한 중재기관이 그 중재인을 선정한다.

④ 제2항의 합의가 있더라도 다음 각 호의 어느 하나에 해당할 때에는 당사자의 신청을 받
아 법원 또는 그 법원이 지정한 중재기관이 중재인을 선정한다.

 1. 어느 한쪽 당사자가 합의된 절차에 따라 중재인을 선정하지 아니하였을 때
 2. 양쪽 당사자 또는 중재인들이 합의된 절차에 따라 중재인을 선정하지 못하였을 때
 3. 중재인의 선정을 위임받은 기관 또는 그 밖의 제3자가 중재인을 선정할 수 없을 때

⑤ 제3항 및 제4항에 따른 법원 또는 그 법원이 지정한 중재기관의 결정에 대하여는 불복
할 수 없다.

제13조(중재인에 대한 기피 사유) ① 중재인이 되어 달라고 요청받은 사람 또는 중재인으로
선정된 사람은 자신의 공정성이나 독립성에 관하여 의심을 살 만한 사유가 있을 때에는 지
체 없이 이를 당사자들에게 고지(告知)하여야 한다.

② 중재인은 제1항의 사유가 있거나 당사자들이 합의한 중재인의 자격을 갖추지 못한 사
유가 있는 경우에만 기피될 수 있다. 다만, 당사자는 자신이 선정하였거나 선정절차에 참
여하여 선정한 중재인에 대하여는 선정 후에 알게 된 사유가 있는 경우에만 기피신청을 할
수 있다.

제14조(중재인에 대한 기피절차) ① 중재인에 대한 기피절차는 당사자 간의 합의로 정한다.

② 제1항의 합의가 없는 경우에 중재인을 기피하려는 당사자는 중재판정부가 구성된 날
또는 제13조 제2항의 사유를 안 날부터 15일 이내에 중재판정부에 서면으로 기피신청을
하여야 한다. 이 경우 기피신청을 받은 중재인이 사임(辭任)하지 아니하거나 상대방 당사자
가 기피신청에 동의하지 아니하면 중재판정부는 그 기피신청에 대한 결정을 하여야 한다.

③ 제1항 및 제2항에 따른 기피신청이 받아들여지지 아니한 경우 기피신청을 한 당사자는
그 결과를 통지받은 날부터 30일 이내에 법원에 해당 중재인에 대한 기피신청을 할 수 있
다. 이 경우 기피신청이 법원에 계속 중일 때에도 중재판정부는 중재절차를 진행하거나 중
재판정을 내릴 수 있다.

④ 제3항에 따른 기피신청에 대한 법원의 기피결정에 대하여는 항고할 수 없다.

제15조(중재인의 직무 불이행으로 인한 권한종료) ① 중재인이 법률상 또는 사실상의 사유
로 직무를 수행할 수 없거나 정당한 사유 없이 직무 수행을 지체하는 경우에는 그 중재인
의 사임 또는 당사자 간의 합의에 의하여 중재인의 권한은 종료된다.

② 제1항에 따른 중재인의 권한종료 여부에 관하여 다툼이 있는 경우 당사자는 법원에 이
에 대한 결정을 신청할 수 있다.

③ 제2항에 따른 권한종료신청에 대한 법원의 권한종료결정에 대하여는 항고할 수 없다.

제16조(보궐중재인의 선정) 중재인의 권한이 종료되어 중재인을 다시 선정하는 경우 그 선

정절차는 대체되는 중재인의 선정에 적용된 절차에 따른다.

제17조(중재판정부의 판정 권한에 관한 결정) ① 중재판정부는 자신의 권한 및 이와 관련된 중재합의의 존재 여부 또는 유효성에 대한 이의에 대하여 결정할 수 있다. 이 경우 중재합의가 중재조항의 형식으로 되어 있을 때에는 계약 중 다른 조항의 효력은 중재조항의 효력에 영향을 미치지 아니한다.

② 중재판정부의 권한에 관한 이의는 본안에 관한 답변서를 제출할 때까지 제기하여야 한다. 이 경우 당사자는 자신이 중재인을 선정하였거나 선정절차에 참여하였더라도 이의를 제기할 수 있다.

③ 중재판정부가 중재절차의 진행 중에 그 권한의 범위를 벗어난 경우 이에 대한 이의는 그 사유가 중재절차에서 다루어지는 즉시 제기하여야 한다.

④ 중재판정부는 제2항 및 제3항에 따른 이의가 같은 항에 규정된 시기보다 늦게 제기되었더라도 그 지연에 정당한 이유가 있다고 인정하는 경우에는 이를 받아들일 수 있다.

⑤ 중재판정부는 제2항 및 제3항에 따른 이의에 대하여 선결문제(先決問題)로서 결정하거나 본안에 관한 중재판정에서 함께 판단할 수 있다.

⑥ 중재판정부가 제5항에 따라 선결문제로서 그 권한의 유무를 결정한 경우에 그 결정에 불복하는 당사자는 그 결정을 통지받은 날부터 30일 이내에 법원에 중재판정부의 권한에 대한 심사를 신청할 수 있다.

⑦ 중재판정부는 제6항에 따른 신청으로 재판이 계속 중인 경우에도 중재절차를 진행하거나 중재판정을 내릴 수 있다.

⑧ 제6항에 따른 권한심사신청에 대한 법원의 권한심사에 대하여는 항고할 수 없다.

⑨ 제6항에 따른 신청을 받은 법원이 중재판정부에 판정 권한이 있다는 결정을 하게 되면 중재판정부는 중재절차를 계속해서 진행하여야 하고, 중재인이 중재절차의 진행을 할 수 없거나 원하지 아니하면 중재인의 권한은 종료되고 제16조에 따라 중재인을 다시 선정하여야 한다.

제3장의2 임시적 처분

제18조(임시적 처분) ① 당사자 간에 다른 합의가 없는 경우에 중재판정부는 어느 한쪽 당사자의 신청에 따라 필요하다고 인정하는 임시적 처분을 내릴 수 있다.

② 제1항의 임시적 처분은 중재판정부가 중재판정이 내려지기 전에 어느 한쪽 당사자에게 다음 각 호의 내용을 이행하도록 명하는 잠정적 처분으로 한다.

　1. 본안에 대한 중재판정이 있을 때까지 현상의 유지 또는 복원

　2. 중재절차 자체에 대한 현존하거나 급박한 위험이나 영향을 방지하는 조치 또는 그러한 위험이나 영향을 줄 수 있는 조치의 금지

　3. 중재판정의 집행 대상이 되는 자산에 대한 보전 방법의 제공

4. 분쟁의 해결에 관련성과 중요성이 있는 증거의 보전

제18조의2(임시적 처분의 요건) ① 제18조제2항제1호부터 제3호까지의 임시적 처분은 이를 신청하는 당사자가 다음 각 호의 요건을 모두 소명하는 경우에만 내릴 수 있다.

1. 신청인이 임시적 처분을 받지 못하는 경우 신청인에게 중재판정에 포함된 손해배상으로 적절히 보상되지 아니하는 손해가 발생할 가능성이 있고, 그러한 손해가 임시적 처분으로 인하여 상대방에게 발생할 것으로 예상되는 손해를 상당히 초과할 것

2. 본안에 대하여 합리적으로 인용가능성이 있을 것. 다만, 중재판정부는 본안 심리를 할 때 임시적 처분 결정 시의 인용가능성에 대한 판단에 구속되지 아니한다.

② 제18조제2항제4호의 임시적 처분의 신청에 대해서는 중재판정부가 적절하다고 판단하는 범위에서 제1항의 요건을 적용할 수 있다.

제18조의3(임시적 처분의 변경·정지 또는 취소) 중재판정부는 일방 당사자의 신청에 의하여 또는 특별한 사정이 있는 경우에는 당사자에게 미리 통지하고 직권으로 이미 내린 임시적 처분을 변경·정지하거나 취소할 수 있다. 이 경우 중재판정부는 그 변경·정지 또는 취소 전에 당사자를 심문(審問)하여야 한다.

제18조의4(담보의 제공) 중재판정부는 임시적 처분을 신청하는 당사자에게 상당한 담보의 제공을 명할 수 있다.

제18조의5(고지의무) 중재판정부는 당사자에게 임시적 처분 또는 그 신청의 기초가 되는 사정에 중요한 변경이 있을 경우 즉시 이를 알릴 것을 요구할 수 있다.

제18조의6(비용 및 손해배상) ① 중재판정부가 임시적 처분을 내린 후 해당 임시적 처분이 부당하다고 인정할 경우에는 임시적 처분을 신청한 당사자는 임시적 처분으로 인한 비용이나 손해를 상대방 당사자에게 지급하거나 배상할 책임을 진다.

② 중재판정부는 중재절차 중 언제든지 제1항에 따른 비용의 지급이나 손해의 배상을 중재판정의 형식으로 명할 수 있다.

제18조의7(임시적 처분의 승인 및 집행) ① 중재판정부가 내린 임시적 처분의 승인을 받으려는 당사자는 법원에 그 승인의 결정을 구하는 신청을 할 수 있으며, 임시적 처분에 기초한 강제집행을 하려고 하는 당사자는 법원에 이를 집행할 수 있다는 결정을 구하는 신청을 할 수 있다.

② 임시적 처분의 승인 또는 집행을 신청한 당사자 및 그 상대방 당사자는 그 처분의 변경·정지 또는 취소가 있는 경우 법원에 이를 알려야 한다.

③ 중재판정부가 임시적 처분과 관련하여 담보제공 명령을 하지 아니한 경우나 제3자의 권리를 침해할 우려가 있는 경우, 임시적 처분의 승인이나 집행을 신청받은 법원은 필요하다고 인정할 때에는 승인과 집행을 신청한 당사자에게 적절한 담보를 제공할 것을 명할 수 있다.

④ 임시적 처분의 집행에 관하여는 「민사집행법」 중 보전처분에 관한 규정을 준용한다.

제18조의8(승인 및 집행의 거부사유) ① 임시적 처분의 승인 또는 집행은 다음 각 호의 어

느 하나에 해당하는 경우에만 거부될 수 있다.
 1. 임시적 처분의 상대방 당사자의 이의에 따라 법원이 다음 각 목의 어느 하나에 해당한
　　다고 인정하는 경우
　　가. 임시적 처분의 상대방 당사자가 다음의 어느 하나에 해당하는 사실을 소명한 경우
　　　　1) 제36조제2항제1호가목 또는 라목에 해당하는 사실
　　　　2) 임시적 처분의 상대방 당사자가 중재인의 선정 또는 중재절차에 관하여 적절
　　　　　한 통지를 받지 못하였거나 그 밖의 사유로 변론을 할 수 없었던 사실
　　　　3) 임시적 처분이 중재합의 대상이 아닌 분쟁을 다룬 사실 또는 임시적 처분이 중
　　　　　재합의 범위를 벗어난 사항을 다룬 사실. 다만, 임시적 처분이 중재합의의 대
　　　　　상에 관한 부분과 대상이 아닌 부분으로 분리될 수 있는 경우에는 대상이 아닌
　　　　　임시적 처분 부분만이 거부될 수 있다.
　　나. 임시적 처분에 대하여 법원 또는 중재판정부가 명한 담보가 제공되지 아니한 경우
　　다. 임시적 처분이 중재판정부에 의하여 취소 또는 정지된 경우
 2. 법원이 직권으로 다음 각 목의 어느 하나에 해당한다고 인정하는 경우
　　가. 법원에 임시적 처분을 집행할 권한이 없는 경우. 다만, 법원이 임시적 처분의 집행
　　　을 위하여 임시적 처분의 실체를 변경하지 아니하고 필요한 범위에서 임시적 처분
　　　을 변경하는 결정을 한 경우에는 그러하지 아니하다.
　　나. 제36조 제2항 제2호 가목 또는 나목의 사유가 있는 경우
② 제18조의7에 따라 임시적 처분의 승인이나 집행을 신청받은 법원은 그 결정을 할 때
임시적 처분의 실체에 대하여 심리해서는 아니 된다.
③ 제1항의 사유에 기초한 법원의 판단은 임시적 처분의 승인과 집행의 결정에 대해서만
효력이 있다.

제4장 중재절차

제19조(당사자에 대한 동등한 대우) 양쪽 당사자는 중재절차에서 동등한 대우를 받아야 하
고, 자신의 사안(事案)에 대하여 변론할 수 있는 충분한 기회를 가져야 한다.
제20조(중재절차) ① 이 법의 강행규정(强行規定)에 반하는 경우를 제외하고는 당사자들은
중재절차에 관하여 합의할 수 있다.
② 제1항의 합의가 없는 경우에는 중재판정부가 이 법에 따라 적절한 방식으로 중재절차
를 진행할 수 있다. 이 경우 중재판정부는 증거능력, 증거의 관련성 및 증명력에 관하여 판
단할 권한을 가진다.
제21조(중재지) ① 중재지는 당사자 간의 합의로 정한다.
② 제1항의 합의가 없는 경우 중재판정부는 당사자의 편의와 해당 사건에 관한 모든 사정
을 고려하여 중재지를 정한다.

③ 중재판정부는 제1항 및 제2항에 따른 중재지 외의 적절한 장소에서 중재인들 간의 협의, 증인·감정인 및 당사자 본인에 대한 신문(訊問), 물건·장소의 검증 또는 문서의 열람을 할 수 있다. 다만, 당사자가 이와 달리 합의한 경우에는 그러하지 아니하다.

제22조(중재절차의 개시) ① 당사자 간에 다른 합의가 없는 경우 중재절차는 피신청인이 중재요청서를 받은 날부터 시작된다.

② 제1항의 중재요청서에는 당사자, 분쟁의 대상 및 중재합의의 내용을 적어야 한다.

제23조(언어) ① 중재절차에서 사용될 언어는 당사자 간의 합의로 정하고, 합의가 없는 경우에는 중재판정부가 지정하며, 중재판정부의 지정이 없는 경우에는 한국어로 한다.

② 제1항의 언어는 달리 정한 것이 없으면 당사자의 준비서면, 구술심리(口述審理), 중재판정부의 중재판정 및 결정, 그 밖의 의사표현에 사용된다.

③ 중재판정부는 필요하다고 인정하면 서증(書證)과 함께 제1항의 언어로 작성된 번역문을 제출할 것을 당사자에게 명할 수 있다.

제24조(신청서와 답변서) ① 신청인은 당사자들이 합의하였거나 중재판정부가 정한 기간 내에 신청 취지와 신청 원인이 된 사실을 적은 신청서를 중재판정부에 제출하고, 피신청인은 이에 대하여 답변하여야 한다.

② 당사자는 신청서 또는 답변서에 중요하다고 인정하는 서류를 첨부하거나 앞으로 사용할 증거방법을 표시할 수 있다.

③ 당사자 간에 다른 합의가 없는 경우 당사자는 중재절차의 진행 중에 자신의 신청이나 공격·방어방법을 변경하거나 보완할 수 있다. 다만, 중재판정부가 변경 또는 보완에 의하여 절차가 현저히 지연될 우려가 있다고 인정하는 경우에는 그러하지 아니하다.

제25조(심리) ① 당사자 간에 다른 합의가 없는 경우 중재판정부는 구술심리를 할 것인지 또는 서면으로만 심리를 할 것인지를 결정한다. 다만, 당사자들이 구술심리를 하지 아니하기로 합의한 경우를 제외하고는 중재판정부는 어느 한쪽 당사자의 신청에 따라 적절한 단계에서 구술심리를 하여야 한다.

② 중재판정부는 구술심리나 그 밖의 증거조사를 하기 전에 충분한 시간을 두고 구술심리기일 또는 증거조사기일을 당사자에게 통지하여야 한다.

③ 어느 한쪽 당사자가 중재판정부에 제출하는 준비서면, 서류, 그 밖의 자료는 지체 없이 상대방 당사자에게 제공되어야 한다.

④ 중재판정부가 판정에서 기초로 삼으려는 감정서(鑑定書) 또는 서증은 양쪽 당사자에게 제공되어야 한다.

제26조(어느 한쪽 당사자의 해태) ① 신청인이 제24조제1항에 따라 신청서를 제출하지 아니하는 경우 중재판정부는 중재절차를 종료하여야 한다.

② 피신청인이 제24조 제1항의 답변서를 제출하지 아니하는 경우 중재판정부는 신청인의 주장에 대한 자백으로 간주하지 아니하고 중재절차를 계속 진행하여야 한다.

③ 어느 한쪽 당사자가 구술심리에 출석하지 아니하거나 정하여진 기간 내에 서증을 제출

하지 아니하는 경우 중재판정부는 중재절차를 계속 진행하여 제출된 증거를 기초로 중재판정을 내릴 수 있다.

④ 당사자 간에 다른 합의가 있거나 중재판정부가 상당한 이유가 있다고 인정하는 경우에는 제1항부터 제3항까지의 규정을 적용하지 아니한다.

제27조(감정인) ① 당사자 간에 다른 합의가 없는 경우 중재판정부는 특정 쟁점에 대한 감정을 위하여 감정인을 지정할 수 있다. 이 경우 중재판정부는 당사자로 하여금 감정인에게 필요한 정보를 제공하고 감정인의 조사를 위하여 관련 문서와 물건 등을 제출하게 하거나 그에 대한 접근을 허용하도록 할 수 있다.

② 당사자 간에 다른 합의가 없는 경우 중재판정부는 직권으로 또는 당사자의 신청을 받아 감정인을 구술심리기일에 출석시켜 당사자의 질문에 답변하도록 할 수 있다.

③ 중재판정부가 지정한 감정인에 대한 기피에 관하여는 제13조 및 제14조를 준용한다.

제28조(증거조사에 관한 법원의 협조) ① 중재판정부는 직권으로 또는 당사자의 신청을 받아 법원에 증거조사를 촉탁(囑託)하거나 증거조사에 대한 협조를 요청할 수 있다.

② 중재판정부가 법원에 증거조사를 촉탁하는 경우 중재판정부는 조서(調書)에 적을 사항과 그 밖에 증거조사가 필요한 사항을 서면으로 지정할 수 있다.

③ 제2항에 따라 법원이 증거조사를 하는 경우 중재인이나 당사자는 재판장의 허가를 얻어 그 증거조사에 참여할 수 있다.

④ 제2항의 경우 법원은 증거조사를 마친 후 증인신문조서 등본, 검증조서 등본 등 증거조사에 관한 기록을 지체 없이 중재판정부에 보내야 한다.

⑤ 중재판정부가 법원에 증거조사에 대한 협조를 요청하는 경우 법원은 증인이나 문서소지자 등에게 중재판정부 앞에 출석할 것을 명하거나 중재판정부에 필요한 문서를 제출할 것을 명할 수 있다.

⑥ 중재판정부는 증거조사에 필요한 비용을 법원에 내야 한다.

제5장 중재판정

제29조(분쟁의 실체에 적용될 법) ① 중재판정부는 당사자들이 지정한 법에 따라 판정을 내려야 한다. 특정 국가의 법 또는 법 체계가 지정된 경우에 달리 명시된 것이 없으면 그 국가의 국제사법이 아닌 분쟁의 실체(實體)에 적용될 법을 지정한 것으로 본다.

② 제1항의 지정이 없는 경우 중재판정부는 분쟁의 대상과 가장 밀접한 관련이 있는 국가의 법을 적용하여야 한다.

③ 중재판정부는 당사자들이 명시적으로 권한을 부여하는 경우에만 형평과 선(善)에 따라 판정을 내릴 수 있다.

④ 중재판정부는 계약에서 정한 바에 따라 판단하고 해당 거래에 적용될 수 있는 상관습(商慣習)을 고려하여야 한다.

제30조(중재판정부의 의사결정) 당사자 간에 다른 합의가 없는 경우 3명 이상의 중재인으로 구성된 중재판정부의 의사결정은 과반수의 결의에 따른다. 다만, 중재절차는 당사자 간의 합의가 있거나 중재인 전원이 권한을 부여하는 경우에는 절차를 주관하는 중재인이 단독으로 결정할 수 있다.

제31조(화해) ① 중재절차의 진행 중에 당사자들이 화해한 경우 중재판정부는 그 절차를 종료한다. 이 경우 중재판정부는 당사자들의 요구에 따라 그 화해 내용을 중재판정의 형식으로 적을 수 있다.

② 제1항에 따라 화해 내용을 중재판정의 형식으로 적을 때에는 제32조에 따라 작성되어야 하며, 중재판정임이 명시되어야 한다.

③ 화해 중재판정은 해당 사건의 본안에 관한 중재판정과 동일한 효력을 가진다.

제32조(중재판정의 형식과 내용) ① 중재판정은 서면으로 작성하여야 하며, 중재인 전원이 서명하여야 한다. 다만, 3명 이상의 중재인으로 구성된 중재판정부의 경우에 과반수에 미달하는 일부 중재인에게 서명할 수 없는 사유가 있을 때에는 다른 중재인이 그 사유를 적고 서명하여야 한다.

② 중재판정에는 그 판정의 근거가 되는 이유를 적어야 한다. 다만, 당사자 간에 합의가 있거나 제31조에 따른 화해 중재판정인 경우에는 그러하지 아니하다.

③ 중재판정에는 작성날짜와 중재지를 적어야 한다. 이 경우 중재판정은 그 중재판정서에 적힌 날짜와 장소에서 내려진 것으로 본다.

④ 제1항부터 제3항까지의 규정에 따라 작성·서명된 중재판정의 정본(正本)은 제4조제1항부터 제3항까지의 규정에 따라 각 당사자에게 송부한다. 다만, 당사자의 신청이 있는 경우에는 중재판정부는 중재판정의 원본을 그 송부 사실을 증명하는 서면과 함께 관할법원에 송부하여 보관할 수 있다.

제33조(중재절차의 종료) ① 중재절차는 종국판정(終局判定) 또는 제2항에 따른 중재판정부의 결정에 따라 종료된다.

② 중재판정부는 다음 각 호의 어느 하나에 해당하는 경우에는 중재절차의 종료결정을 하여야 한다.

1. 신청인이 중재신청을 철회하는 경우. 다만, 피신청인이 이에 동의하지 아니하고 중재판정부가 피신청인에게 분쟁의 최종적 해결을 구할 정당한 이익이 있다고 인정하는 경우는 제외한다.

2. 당사자들이 중재절차를 종료하기로 합의하는 경우

3. 중재판정부가 중재절차를 계속 진행하는 것이 불필요하거나 불가능하다고 인정하는 경우

③ 중재판정부의 권한은 제34조의 경우를 제외하고는 중재절차의 종료와 함께 종결된다.

제34조(중재판정의 정정·해석 및 추가 판정) ① 당사자들이 달리 기간을 정한 경우를 제외하고는 각 당사자는 중재판정의 정본을 받은 날부터 30일 이내에 다음 각 호의 어느 하나

에 규정된 정정, 해석 또는 추가 판정을 중재판정부에 신청할 수 있다.

1. 중재판정의 오산(誤算)·오기(誤記), 그 밖에 이와 유사한 오류의 정정
2. 당사자 간의 합의가 있는 경우에 중재판정의 일부 또는 특정 쟁점에 대한 해석
3. 중재절차에서 주장되었으나 중재판정에 포함되지 아니한 청구에 관한 추가 판정. 다만, 당사자 간에 다른 합의가 있는 경우는 제외한다.

② 제1항의 신청을 하는 경우 신청인은 상대방 당사자에게 그 취지를 통지하여야 한다.

③ 중재판정부는 제1항 제1호 및 제2호의 신청에 대하여는 신청을 받은 날부터 30일 이내에, 같은 항 제3호의 신청에 대하여는 신청을 받은 날부터 60일 이내에 이를 판단하여야 한다. 이 경우 제1항 제2호의 해석은 중재판정의 일부를 구성한다.

④ 중재판정부는 판정일부터 30일 이내에 직권으로 제1항 제1호의 정정을 할 수 있다.

⑤ 중재판정부는 필요하다고 인정할 때에는 제3항의 기간을 연장할 수 있다.

⑥ 중재판정의 정정, 해석 또는 추가 판정의 형식에 관하여는 제32조를 준용한다.

제34조의2(중재비용의 분담) 당사자 간에 다른 합의가 없는 경우 중재판정부는 중재사건에 관한 모든 사정을 고려하여 중재절차에 관하여 지출한 비용의 분담에 관하여 정할 수 있다.

제34조의3(지연이자) 당사자 간에 다른 합의가 없는 경우 중재판정부는 중재판정을 내릴 때 중재사건에 관한 모든 사정을 고려하여 적절하다고 인정하는 지연이자의 지급을 명할 수 있다.

제6장 중재판정의 효력 및 불복

제35조(중재판정의 효력) 중재판정은 양쪽 당사자 간에 법원의 확정재판과 동일한 효력을 가진다. 다만, 제38조에 따라 승인 또는 집행이 거절되는 경우에는 그러하지 아니하다.

제36조(중재판정 취소의 소) ① 중재판정에 대한 불복은 법원에 중재판정 취소의 소를 제기하는 방법으로만 할 수 있다.

② 법원은 다음 각 호의 어느 하나에 해당하는 경우에만 중재판정을 취소할 수 있다.

1. 중재판정의 취소를 구하는 당사자가 다음 각 목의 어느 하나에 해당하는 사실을 증명하는 경우
   가. 중재합의의 당사자가 해당 준거법(準據法)에 따라 중재합의 당시 무능력자였던 사실 또는 중재합의가 당사자들이 지정한 법에 따라 무효이거나 그러한 지정이 없는 경우에는 대한민국의 법에 따라 무효인 사실
   나. 중재판정의 취소를 구하는 당사자가 중재인의 선정 또는 중재절차에 관하여 적절한 통지를 받지 못하였거나 그 밖의 사유로 변론을 할 수 없었던 사실
   다. 중재판정이 중재합의의 대상이 아닌 분쟁을 다룬 사실 또는 중재판정이 중재합의의 범위를 벗어난 사항을 다룬 사실. 다만, 중재판정이 중재합의의 대상에 관한 부분과 대상이 아닌 부분으로 분리될 수 있는 경우에는 대상이 아닌 중재판정 부

분만을 취소할 수 있다.

라. 중재판정부의 구성 또는 중재절차가 이 법의 강행규정에 반하지 아니하는 당사자 간의 합의에 따르지 아니하였거나 그러한 합의가 없는 경우에는 이 법에 따르지 아니하였다는 사실

2. 법원이 직권으로 다음 각 목의 어느 하나에 해당하는 사유가 있다고 인정하는 경우

가. 중재판정의 대상이 된 분쟁이 대한민국의 법에 따라 중재로 해결될 수 없는 경우

나. 중재판정의 승인 또는 집행이 대한민국의 선량한 풍속이나 그 밖의 사회질서에 위배되는 경우

③ 중재판정 취소의 소는 중재판정의 취소를 구하는 당사자가 중재판정의 정본을 받은 날부터 또는 제34조에 따른 정정·해석 또는 추가 판정의 정본을 받은 날부터 3개월 이내에 제기하여야 한다.

④ 해당 중재판정에 관하여 대한민국의 법원에서 내려진 승인 또는 집행 결정이 확정된 후에는 중재판정 취소의 소를 제기할 수 없다.

제7장 중재판정의 승인과 집행

제37조(중재판정의 승인과 집행) ① 중재판정은 제38조 또는 제39조에 따른 승인 거부사유가 없으면 승인된다. 다만, 당사자의 신청이 있는 경우에는 법원은 중재판정을 승인하는 결정을 할 수 있다.

② 중재판정에 기초한 집행은 당사자의 신청에 따라 법원에서 집행결정으로 이를 허가하여야 할 수 있다.

③ 중재판정의 승인 또는 집행을 신청하는 당사자는 중재판정의 정본이나 사본을 제출하여야 한다. 다만, 중재판정이 외국어로 작성되어 있는 경우에는 한국어 번역문을 첨부하여야 한다.

1. 삭제

2. 삭제

④ 제1항 단서 또는 제2항의 신청이 있는 때에는 법원은 변론기일 또는 당사자 쌍방이 참여할 수 있는 심문기일을 정하고 당사자에게 이를 통지하여야 한다.

⑤ 제1항 단서 또는 제2항에 따른 결정은 이유를 적어야 한다. 다만, 변론을 거치지 아니한 경우에는 이유의 요지만을 적을 수 있다.

⑥ 제1항 단서 또는 제2항에 따른 결정에 대해서는 즉시항고를 할 수 있다.

⑦ 제6항의 즉시항고는 집행정지의 효력을 가지지 아니한다. 다만, 항고법원(재판기록이 원심법원에 남아 있을 때에는 원심법원을 말한다)은 즉시항고에 대한 결정이 있을 때까지 담보를 제공하게 하거나 담보를 제공하게 하지 아니하고 원심재판의 집행을 정지하거나 집행절차의 전부 또는 일부를 정지하도록 명할 수 있으며, 담보를 제공하게 하고 그 집행

을 계속하도록 명할 수 있다.

⑧ 제7항 단서에 따른 결정에 대해서는 불복할 수 없다.

제38조(국내 중재판정) 대한민국에서 내려진 중재판정은 다음 각 호의 어느 하나에 해당하는 사유가 없으면 승인되거나 집행되어야 한다.

  1. 중재판정의 당사자가 다음 각 목의 어느 하나에 해당하는 사실을 증명한 경우

    가. 제36조 제2항 제1호 각 목의 어느 하나에 해당하는 사실

    나. 다음의 어느 하나에 해당하는 사실

      1) 중재판정의 구속력이 당사자에 대하여 아직 발생하지 아니하였다는 사실

      2) 중재판정이 법원에 의하여 취소되었다는 사실

  2. 제36조 제2항 제2호에 해당하는 경우

제39조(외국 중재판정) ① 「외국 중재판정의 승인 및 집행에 관한 협약」을 적용받는 외국 중재판정의 승인 또는 집행은 같은 협약에 따라 한다.

② 「외국 중재판정의 승인 및 집행에 관한 협약」을 적용받지 아니하는 외국 중재판정의 승인 또는 집행에 관하여는 「민사소송법」 제217조, 「민사집행법」 제26조 제1항 및 제27조를 준용한다.

제8장 보칙

제40조(상사중재기관에 대한 보조) 정부는 이 법에 따라 국내외 상사분쟁(商事紛爭)을 공정·신속하게 해결하고 국제거래질서를 확립하기 위하여 법무부장관 또는 산업통상자원부장관이 지정하는 상사중재(商事仲裁)를 하는 사단법인에 대하여 필요한 경비의 전부 또는 일부를 보조할 수 있다.

제41조(중재규칙의 제정 및 승인) 제40조에 따라 상사중재기관으로 지정받은 사단법인이 중재규칙을 제정하거나 변경할 때에는 대법원장의 승인을 받아야 한다.

부칙

이 법은 공포한 날부터 시행한다.

[10-2] 외국중재판정의 승인 및 집행에 관한 협약

(1958년 뉴욕협약)[1]

[발효일 1973. 5. 9] [다자조약, 제471호, 1973. 2. 19]

1. Convention on the Recognition and Enforcement of Foreign Arbitral Awards [영문본]

Article I

1. This Convention shall apply to the recognition and enforcement of arbitral awards made in the territory of a State other than the State where the recognition and en-forcement of such awards are sought, and arising out of differences between per-sons, whether physical or legal. It shall also apply to arbitral awards not considered as domestic awards in the State where their recognition and enforcement are sought.

2. The term "arbitral awards" shall include not only awards made by arbitrators ap-pointed for each case but also those made by permanent arbitral bodies to which the parties have submitted.

3. When signing, ratifying or acceding to this Convention, or notifying extension un-der article X hereof, any State may on the basis of reciprocity declare that it will apply the Convention to the recognition and enforcement of awards made only in the territory of another Contracting State. It may also declare that it will apply the Convention only to differences arising out of legal relationships, whether contrac-tual or not, which are considered as commercial under the national law of the State making such declaration.

---

1) 뉴욕협약의 구 번역문은 1973. 2. 19. 관보 제6380호에 공포되었던 "조약 제471호(외국 중재 판정의 승인 및 집행에 관한 협약)"이고, 여기의 번역문은 개정 한글맞춤법에 따라 수정하고 국민이 조약 내용을 쉽게 이해할 수 있도록 순화하여 2015. 3. 16. 정정 공포되었다. 석광현, 국제상사중재법연구 제1권(2007), 581−585면에서 뉴욕협약 한글번역문의 몇 가지 오류를 지적하였는데, 그중 일부가 위 정정공포에 반영되었음은 다행이나 아래에서 지적하듯이 일부 (제5조 제1항 마호)는 반영되지 않았는데 이는 매우 유감스러운 일이다.

Article II

1. Each Contracting State shall recognize an agreement in writing under which the parties undertake to submit to arbitration all or any differences which have arisen or which may arise between them in respect of a defined legal relationship, whether contractual or not, concerning a subject matter capable of settlement by arbitration.

2. The term "agreement in writing" shall include an arbitral clause in a contract or an arbitration agreement, signed by the parties or contained in an exchange of letters or telegrams.

3. The court of a Contracting State, when seized of an action in a matter in respect of which the parties have made an agreement within the meaning of this article, shall, at the request of one of the parties, refer the parties to arbitration, unless it finds that the said agreement is null and void, inoperative or incapable of being performed.

Article III

Each Contracting State shall recognize arbitral awards as binding and enforce them in accordance with the rules of procedure of the territory where the award is relied upon, under the conditions laid down in the following articles. There shall not be imposed substantially more onerous conditions or higher fees or charges on the rec-ognition or enforcement of arbitral awards to which this Convention applies than are imposed on the recognition or enforcement of domestic arbitral awards.

Article IV

1. To obtain the recognition and enforcement mentioned in the preceding article, the party applying for recognition and enforcement shall, at the time of the application, supply:

    (a) the duly authenticated original awards or a duly certified copy thereof;

    (b) the original agreement referred to in article II or a duly certified copy thereof.

2. If the said award or agreement is not made in an official language of the country in which the award is relied upon, the party applying for recognition and enforce-ment of the award shall produce a translation of these documents into such language. The translation shall be certified by an official or sworn translator or by a diplomatic or consular agent.

Article V

1. Recognition and enforcement of the award may be refused, at the request of the party against whom it is invoked, only if that party furnishes to the competent au-

thority where the recognition and enforcement is sought, proof that:

(a) the parties to the agreement referred to in article II were, under the law ap-plicable to them, under some incapacity, or the said agreement is not valid under the law to which the parties have subjected it or, failing any indication thereon, under the law of the country where the award was made; or

(b) the party against whom the award is invoked was not given proper notice of the appointment of the arbitrator or of the arbitration proceedings or was otherwise unable to present his case; or

(c) the award deals with a difference not contemplated by or not falling within the term of the submission to arbitration, or it contains decisions on matters beyond the scope of the submission to arbitration, provided that, if the decisions on matters submitted to arbitration can be separated from those not so submitted, that part of the award which contains decisions on matters submitted to arbitration may be recognized and enforced; or

(d) the composition of the arbitral authority or the arbitral procedure was not in accordance with the agreement of the parties, or failing such agreement, was not in accordance with the law of the country where the arbitration took place; or

(e) the award has not yet become binding on the parties, or has been set aside or suspended by a competent authority of the country in which, or under the law of which, that award was made.

2. Recognition and enforcement of an arbitral award may also be refused if the com-petent authority in the country where recognition and enforcement is sought finds that:

(a) the subject matter of the difference is not capable of settlement by arbitration under the law of that country; or

(b) the recognition or enforcement of the award would be contrary to the public policy of that country.

Article VI

If an application for the setting aside or suspension of the award has been made to a competent authority referred to in article V paragraph 1(e), the authority before which the award is sought to be relied upon may, if it considers it proper, adjourn the decision on the enforcement of the award and may also, on the application of the party claiming enforcement of the award, order the other party to give suitable security.

Article VII

1. The provisions of the present Convention shall not affect the validity of multilateral or bilateral agreements concerning the recognition and enforcement of arbitral awards entered into by the Contracting States nor deprive any interested party of any right he may have to avail himself of an arbitral award in the manner and to the extent allowed by the law or the treaties of the country where such award is sought to be relied upon.

2. The Geneva Protocol on Arbitration Clauses of 1923 and the Geneva Convention of the Execution of Foreign Arbitral Awards of 1927 shall cease to have effect between Contracting States on their becoming bound and to the extent that they become bound, by this Convention.

Article VIII

1. This Convention shall be open until 31 December 1958 for signature on behalf of any Member of the United Nations and also on behalf of any other State which is or hereafter becomes a member of any specialized agency of the United Nations, or which is or hereafter becomes a party to the Statute of the International Court of Justice, or any other State to which an invitation has been addressed by the General Assembly of the United Nations.

2. This Convention shall be ratified and the instrument of ratification shall be de−posited with the Secretary−General of the United Nations.

Article IX

1. This Convention shall be open for accession to all States referred to in article VIII.

2. Accession shall be effected by the deposit of an instrument of accession with the Secretary−General of the United Nations.

Article X

1. Any State may, at the time of signature, ratification or accession, declare that this Convention shall extend to all or any of the territories for the international relations of which it is responsible. Such a declaration shall take effect when the Convention enters into force for the State concerned.

2. At any time thereafter any such extension shall be made by notification addressed to the Secretary−General of the United Nations and shall take effect as from the ninetieth day after the day of receipt by the Secretary−General of the United Nations of this notification, or as from the date of entry into force of the Convention for the State concerned, whichever is the later.

3. With respect to those territories to which this Convention is not extended at the

time of signature, ratification or accession, each State concerned shall consider the possibility of taking the necessary steps in order to extend the application of the Convention to such territories, subject, where necessary for constitutional reasons to the consent of the Government of such territories.

Article XI

In the case of a federal or non−unitary State, the following provisions shall apply:

(a) With respect to these articles of this Convention that come within the legislative jurisdiction of the federal authority, the obligations of the federal Government shall to this extent be the same as those of Contracting States which are not federal States;

(b) With respect to those articles of this Convention that come within the legislative jurisdiction of constituent states or provinces which are not, under the constitutional system of the federation, bound to take legislative action, the federal Government shall bring such articles with a favourable recommendation to the notice of the appropriate authorities of constituent states or provinces at the earliest possible moment;

(c) A federal State party to this Convention shall, at the request of any other con− tracting State transmitted through the Secretary−General of the United Nations, supply a statement of the law and practice of the federation and its constituent units in regard to any particular provision of this Convention, showing the extent to which effect has been given to that provision by legislative or other action.

Article XII

1. This Convention shall come into force on the ninetieth day following the date of deposit of the third instrument of ratification or accession.

2. For each State ratifying or acceding to this Convention after the deposit of the third instrument of ratification or accession, this Convention shall enter into force on the ninetieth day after deposit by such State of its instrument of ratification or accession.

Article XIII

1. Any Contracting State may denounce this Convention by a written notification to the Secretary−General of the United Nations. Denunciation shall take effect one year after the date of receipt of the notification by the Secretary−General.

2. Any State which has made a declaration or notification under article X may, at any time thereafter, by notification to the Secretary−General of the United Nations, declare that this Convention shall cease to extend to the territory concerned one

year after the date of the receipt of the notification by the Secretary−General.

3. This Convention shall continue to be applicable to arbitral awards in respect of which recognition or enforcement proceedings have been instituted before the de−nunciation takes effect.

Article XIV

A Contracting State shall not be entitled to avail itself of the present Convention against other Contracting States except to the extent that it is itself bound to apply the Convention.

Article XV

The Secretary−General of the United Nations shall notify the States contemplated in article VIII of the following:

(a) Signature and ratifications in accordance with article VIII;

(b) Accessions in accordance with article IX;

(c) Declarations and notifications under articles I, X and XI;

(d) The date upon which this Convention enters into force in accordance with ar−ticle XII;

(e) Denunciations and notifications in accordance with article XIII.

Article XVI

1. This Convention, of which the Chinese, English, French, Russian and Spanish texts shall be equally authentic, shall be deposited in the archives of the United Nations.

2. The Secretary−General of the United Nations shall transmit a certified copy of this Convention to the States contemplated in Article VIII.

Reservation made by the Republic of Korea

By virtue of Paragraph 3 of Article I of the present Convention, the Government of the Republic of Korea declares that it will apply the Convention to the recognition and enforcement of arbitral awards made only in the territory of another Contracting State. It further declares that it will apply the Convention only to the differences arising out of legal relationships, whether contractual or not, which are considered as commercial under its national law.

2. 외국중재판정의 승인 및 집행에 관한 협약

[국문 번역문]

○ 조약 제471호(외국 중재판정의 승인 및 집행에 관한 협약)의 한글 번역문 정정
1973년 2월 19일자 관보 제6380호에 공포되었던 "조약 제471호(외국 중재판정의 승인 및
집행에 관한 협약)"의 한글 번역문을 개정 한글맞춤법에 따라 수정하고 국민이 조약 내용
을 쉽게 이해할 수 있도록 순화하여 다음과 같이 정정 공포합니다.

2015년 3월 16일

제1조2)

1. 이 협약은 중재판정의 승인 및 집행을 요구받은 국가 이외의 국가의 영역 내에서 내려
   진 판정으로서, 자연인 또는 법인 간의 분쟁으로부터 발생하는 중재판정의 승인 및 집
   행에 적용된다. 이 협약은 또한 그 승인 및 집행을 요구받은 국가에서 국내판정으로 간
   주되지 아니하는 중재판정에도 적용된다.

2. "중재판정"이란 개개의 사건을 위하여 선정된 중재인이 내린 판정뿐만 아니라 당사자가
   회부한 상설 중재기관이 내린 판정도 포함한다.

3. 어떠한 국가든지 이 협약에 서명, 비준 또는 가입할 때, 또는 이 협약 제10조에 따라 적
   용을 통고할 때에는, 상호주의에 기초하여 다른 체약국의 영역 내에서 내려진 판정의
   승인 및 집행에 한하여 이 협약을 적용할 것을 선언할 수 있다. 또한 어떠한 국가든지,
   계약적 성질의 것인지 여부를 불문하고, 그러한 선언을 행하는 국가의 국내법상 상사상
   의 것이라고 간주되는 법률관계로부터 발생하는 분쟁에 한하여 이 협약을 적용할 것을
   선언할 수 있다.

제2조

1. 각 체약국은, 계약적 성질의 것인지 여부를 불문하고, 중재에 의하여 해결이 가능한 사
   항에 관한 일정한 법률관계와 관련하여 당사자 간에 발생하였거나 또는 발생할 수 있는
   분쟁의 전부 또는 일부를 중재에 회부하기로 약정하는 당사자 간의 서면에 의한 합의를
   승인한다.

2. "서면에 의한 합의"란 당사자 간에 서명되었거나 교환된 서신이나 전보에 포함되어 있

---

2) 엄밀하게는 국문번역에서도 영문본에 따라 로마 숫자를 사용해야 할 것이나 정부는 아라비아
   숫자를 사용하였다.

는 계약서상의 중재조항 또는 중재합의를 포함한다.

3. 당사자들이 이 조에서 의미하는 합의를 한 사항에 관한 소송이 제기되었을 때에는 체약
국의 법원은, 전기 합의를 무효, 실효 또는 이행불능이라고 인정하는 경우를 제외하고,
어느 한쪽 당사자의 요청에 따라서 중재에 회부할 것을 당사자에게 명한다.

제3조

각 체약국은 중재판정을 다음 제 조항에 규정된 조건 하에서 구속력 있는 것으로 승인하고
그 판정이 원용되는 영역의 절차 규칙에 따라서 집행한다. 이 협약이 적용되는 중재판정의
승인 또는 집행에 대해서는 국내 중재판정의 승인 또는 집행에 대하여 부과하는 것보다 실
질적으로 더 엄격한 조건이나 더 높은 비용을 부과하여서는 아니 된다.

제4조

1. 위 조항에 언급된 승인과 집행을 얻기 위하여 승인과 집행을 신청하는 당사자는 신청
시 다음의 서류를 제출한다.

가. 정당하게 인증된 판정정본 또는 정당하게 인증된 그 등본

나. 제2조에 언급된 합의의 원본 또는 정당하게 인증된 그 등본

2. 전기 판정이나 합의가 원용되는 국가의 공식 언어로 작성되지 않은 경우, 판정의 승인
과 집행을 신청하는 당사자는 그 문서의 공식 언어 번역문을 제출한다. 번역문은 공식
또는 선서한 번역사에 의하여, 또는 외교관 또는 영사관원에 의하여 인증된다.

제5조

1. 판정의 승인과 집행은 판정의 피원용 당사자의 요청에 따라서, 그 당사자가 판정의 승
인 및 집행을 요구받은 국가의 권한 있는 당국에 다음의 증거를 제출하는 경우에 한하
여 거부될 수 있다.

가. 제2조에 언급된 합의의 당사자가 그들에게 적용가능한 법에 따라 무능력자이었거
나, 또는 당사자가 준거법으로서 지정한 법에 따라 또는 그러한 지정이 없는 경우
에는 판정을 내린 국가의 법에 따라 전기 합의가 유효하지 않은 경우, 또는

나. 판정의 피원용 당사자가 중재인의 선정이나 중재절차에 관하여 적절한 통고를 받지
아니하였거나 또는 그 밖의 이유에 의하여 응할 수 없었을 경우, 또는

다. 판정이 중재회부조항에 규정되어 있지 아니하거나 그 조항의 범위에 속하지 아니하
는 분쟁에 관한 것이거나, 또는 그 판정이 중재회부의 범위를 벗어나는 사항에 관
한 결정을 포함하는 경우. 다만, 중재에 회부한 사항에 관한 결정이 중재에 회부하
지 아니한 사항과 분리될 수 있는 경우에는 중재에 회부한 사항에 관한 결정을 포
함하는 판정의 부분은 승인 및 집행될 수 있다. 또는

라. 중재판정부의 구성이나 중재절차가 당사자 간의 합의와 합치하지 아니하거나, 또는
이러한 합의가 없는 경우에는 중재가 행해진 국가의 법과 합치하지 아니하는 경우,
또는

마. 당사자에 대하여 판정의 구속력이 아직 발생하지 아니하였거나 또는 판정이 내려진

국가의 권한 있는 당국에 의하여 또는 그 국가의 법에 따라 판정이 취소 또는 정지된 경우.[3]

2. 중재판정의 승인 및 집행을 요구 받은 국가의 권한 있는 당국이 다음의 사항을 인정하는 경우에도 중재판정의 승인과 집행이 거부될 수 있다.

　가. 분쟁의 대상인 사항이 그 국가의 법에 따라서는 중재에 의해 해결될 수 없는 것일 경우, 또는

　나. 판정의 승인이나 집행이 그 국가의 공공의 질서에 반하는 경우.

제6조

판정의 취소 또는 정지를 요구하는 신청이 제5조 제1항의 마에 언급된 권한 있는 당국에 제기되었을 경우에는, 판정의 원용을 신청받은 당국은, 그것이 적절하다고 간주하는 때에는 판정의 집행에 관한 판결을 연기할 수 있고 또한 판정의 집행을 요구하는 당사자의 신청이 있는 경우 적절한 담보를 제공할 것을 다른 쪽 당사자에 명할 수 있다.

제7조

1. 이 협약의 규정은 체약국에 의하여 체결된 중재판정의 승인 및 집행에 관한 다자 또는 양자 협정의 효력에 영향을 미치지 아니하며, 또한 어떠한 이해 당사자가, 중재판정의 원용이 요구된 국가의 법이나 조약에서 허용한 방법 및 한도 내에서, 판정을 원용할 수 있는 권리를 박탈하지도 아니한다.

2. 1923년 중재조항에 관한 제네바 의정서 및 1927년 외국중재판정의 집행에 관한 제네바 협약은 체약국이 이 협약에 의한 구속을 받게 되는 때부터, 그리고 그 구속을 받는 한도 내에서 체약국 간에 있어 효력을 상실한다.

제8조

1. 이 협약은 국제연합회원국, 또한 현재 또는 장래의 국제연합 전문기구의 회원국, 또는 현재 또는 장래의 국제사법재판소 규정의 당사국, 또는 국제연합총회로부터 초청을 받은 그 밖의 국가의 서명을 위하여 1958년 12월 31일까지 개방된다.

2. 이 협약은 비준되어야 하며 비준서는 국제연합사무총장에게 기탁된다.

---

3) 본문 중 "판정이 내려진 국가의 권한 있는 당국에 의하여 <u>또는 그 국가의 법에 따라</u> 판정이 취소 또는 정지된 경우"라는 번역 중 밑줄 부분은 잘못된 번역이다. 대법원 2003. 2. 26. 선고 2001다77840 판결도 이 점을 지적한 바 있다. 오래 전부터 이런 지적이 있었는데 정부가 뉴욕협약의 번역문을 2015. 3. 16. 정정 공포하면서도 이를 간과한 것은 유감이다. 번역을 "마. 당사자에 대하여 판정의 구속력이 아직 발생하지 아니하였거나 또는 판정이 내려진 국가의 권한 있는 당국에 의하여 <u>또는 중재판정의 기초가 된 법령이 속하는 국가의 권한 있는 당국에 의하여</u> 판정이 취소 또는 정지된 경우"라고 수정해야 한다. UNCITRAL 아시아·태평양 지역 사무소·법무부, UN 국제상거래 규범집(제1권)(2018), 45면이 외교부의 오류를 답습하는 점은 유감이다. 일선 법원에서도 이런 잘못이 반복되고 있다. 쟁점과 관련된 것은 아니나 예컨대 서울중앙지방법원 2024. 8. 19.자 2021카기2778 결정은 뉴욕협약 제5조를 전재하면서 잘못된 번역을 따르고 있다.

제9조

1. 이 협약은 제8조에 언급된 모든 국가의 가입을 위하여 개방된다.

2. 가입은 국제연합사무총장에게 가입서를 기탁함으로써 발효한다.

제10조

1. 어떠한 국가든지 서명, 비준 또는 가입 시에 국제관계에 있어서 자국이 책임을 지는 전부 또는 일부의 영역에 이 협약을 적용함을 선언할 수 있다. 그러한 선언은 이 협약이 관련국가에 대하여 발효할 때 효력이 발생한다.

2. 그러한 적용은 그 후 언제든지 국제연합사무총장에게 통고함으로써 행할 수 있으며, 그 효력은 국제연합사무총장이 이 통고를 접수한 날부터 90일 후 또는 관련국가에 대하여 이 협약이 발효하는 날 중 늦은 일자에 발생한다.

3. 서명, 비준 또는 가입 시에 이 협약이 적용되지 아니하는 영역에 관하여는, 각 관련국가는 헌법상의 이유로 필요한 경우에는 그 영역을 관할하는 정부의 동의를 얻을 것을 조건으로, 이 협약을 그러한 영역에 적용하기 위하여 필요한 조치를 취할 수 있는 가능성을 고려한다.

제11조

연방국가 또는 비단일국가의 경우에는 다음의 규정이 적용된다.

　　가. 이 협약의 조항 중 연방정부의 입법 관할권 내에 속하는 것에 관해서는, 연방정부의 의무는 이러한 한도 내에서 연방국가가 아닌 다른 체약국의 의무와 동일하다.

　　나. 이 협약의 조항 중 연방의 헌법체제 하에서 입법조치를 취할 의무가 없는 주 또는 지방의 입법관할권 내에 속하는 것에 관하여는, 연방정부는 가급적 조속히 주 또는 지방의 적절한 당국에 대하여 호의적 권고를 포함하여 그러한 조항에 대한 주의를 환기시킨다.

　　다. 이 협약의 당사국인 연방국가는, 국제연합사무총장을 통하여 전달된 다른 체약국의 요청에 따라서, 이 협약의 어떠한 특정 규정에 관하여 입법 또는 그 밖의 조치를 통해 그 규정이 이행되고 있는 범위를 보여주는 연방과 그 구성단위의 법과 관행에 대한 정보를 제공한다.

제12조

1. 이 협약은 세 번째의 비준서 또는 가입서의 기탁일 후 90일째 되는 날에 발효한다.

2. 세 번째의 비준서 또는 가입서의 기탁일 후에 이 협약을 비준하거나 이 협약에 가입하는 국가에 대하여는, 이 협약은 그 국가의 비준서 또는 가입서의 기탁일 후 90일째 되는 날에 효력을 발생한다.

제13조

1. 어떠한 체약국이든지 국제연합사무총장에게 서면으로 통고함으로써 이 협약을 탈퇴할 수 있다. 탈퇴는 사무총장이 통고를 접수한 일자부터 1년 후에 발효한다.

2. 제10조에 따라 선언 또는 통고를 한 국가는, 그 후 언제든지 국제연합사무총장에게 통

고함으로써, 사무총장이 통고를 접수한 일자부터 1년 후에 관련 영역에 대한 이 협약의 적용이 종결됨을 선언할 수 있다.

3. 탈퇴가 발효되기 전에 승인이나 집행절차가 개시된 중재판정에 대해서는 이 협약이 계속하여 적용된다.

제14조

체약국은 자국이 이 협약을 적용하여야 할 의무가 있는 범위 외에는 다른 체약국에 대하여 이 협약을 원용할 권리를 가지지 아니한다.

제15조

국제연합사무총장은 제8조에 규정된 국가에 대하여 다음의 사항에 관하여 통고한다.

　　가. 제8조에 따른 서명 및 비준,

　　나. 제9조에 따른 가입,

　　다. 제1조, 제10조 및 제11조에 따른 선언 및 통고,

　　라. 제12조에 따라 이 협약이 발효한 일자,

　　마. 제13조에 따른 탈퇴 및 통고

제16조

1. 중국어본, 영어본, 프랑스어본, 러시아어본 및 스페인어본이 동등하게 정본인 이 협약은 국제연합 기록보관소에 보관된다.

2. 국제연합사무총장은 이 협약의 인증등본을 제8조에 규정된 국가에 송부한다.

대한민국의 선언:

이 협약 제1조 제3항에 따라, 대한민국 정부는 오직 다른 체약국의 영역 내에서 내려진 중재판정의 승인과 집행에 한하여만 이 협약을 적용할 것을 선언한다. 또한 대한민국 정부는, 계약적 성질의 것인지 여부를 불문하고, 국내법상 상사상의 것이라고 간주되는 법률관계로부터 발생하는 분쟁에 한하여 이 협약을 적용할 것을 선언한다.

[10-3] 외국중재판정의 승인 및 집행에 관한 협약(뉴욕협약) 제2조 제2항과 제7조 제1항의 해석에 관하여 UNCIRAL이 2006. 7. 7. 제39차 회기에서 채택한 권고

[前文 번역 생략]

1. 1958. 6. 10. 뉴욕에서 채택된 외국중재판정의 승인 및 집행에 관한 협약 제2조 제2항을 적용함에 있어서, 동 항에 기술된 상황이 망라적인 것은 아니라는 점을 인정할 것을 권고한다.

2. 1958. 6. 10. 뉴욕에서 채택된 외국중재판정의 승인 및 집행에 관한 협약 제7조 제1항을 적용함에 있어서, 모든 이해관계인이, 중재합의가 유효함을 승인받기 위하여, 그곳에서 중재합의를 원용하려는 국가의 법률 또는 조약에 기하여 가지는 모든 권리를 이용할 수 있도록 허용할 것을 권고한다.

[11] 일본 민사소송법과 민사보전법(일부 국문시역)[1]

일본 민사소송법

제2장 법원

제1절 일본 법원의 관할권(제3조의2 – 제3조의12)

제2절 관할(제4조 – 제22조)

제3절 법원직원의 제척 및 기피

제1절 일본 법원의 관할권

[피고의 주소 등에 의한 관할권]

제3조의2 ① 법원은 사람에 대한 소송에 대하여 그 주소가 일본국 내에 있는 경우, 주소가 없는 경우 또는 주소를 알 수 없는 경우에는 그 거소가 일본국 내에 있는 경우, 거소가 없는 경우 또는 거소를 알 수 없는 경우에는 소제기 전에 일본국 내에 주소를 가졌던 경우(일본국 내에 주소를 가졌던 후에 외국에 주소를 가진 경우를 제외한다)에는 관할권을 가진다.

② 법원은 대사(大使), 공사(公使) 그 밖에 외국에 있으면서 그 국가의 재판권으로부터 면제를 향유하는 일본인에 대한 소에 대하여, 제1항의 규정에도 불구하고 관할권을 가진다.

③ 법원은 법인 그 밖의 사단 또는 재단에 대한 소송에 대하여, 그 주된 사무소 또는 영업소가 일본국 내에 있는 경우, 사무소 또는 영업소가 없는 경우 또는 그 소재지를 알 수 없는 경우에는 대표자 그 밖의 주된 업무담당자의 주소가 일본국 내에 있는 경우에 관할권을 가진다.

[계약상 채무에 관한 소송 등의 관할권]

제3조의3 다음 각 호에 해당하는 소송은, 각각 해당 각호에서 정한 바에 따라 일본의 법원에 제기할 수 있다.

1. 계약상 채무의 이행청구를 목적으로 하는 소 또는 계약상의 채무에 관하여 행하여진 사무관리 내지 생긴 부당이득에	계약에서 정해진 해당 채무의 이행지가 일본국 내에 있는 경우 또는 계약에서 선택된 장소의 법에 의하면 해당 채무의 이행

---

1) 이는 일본의 2011년 "민사소송법 및 민사보전법의 일부개정법률"에 의하여 개정된 것이다. 위 번역문은 대체로 국제사법연구 제18호(2012), 541면 이하에 수록된 심활섭 판사의 번역문이나, 항과 호의 표기는 원문에 따랐다.

관한 청구, 계약상의 채무의 불이행에 의한 손해배상의 청구 그 밖에 계약상의 채무에 관한 청구를 목적으로 하는 소	지가 일본국 내에 있는 경우
2. 어음 또는 수표에 의한 금전 지급의 청구를 목적으로 하는 소	어음 또는 수표의 지급지가 일본국 내에 있는 경우
3. 재산권상의 소	청구의 목적이 일본국 내에 있는 경우 또는 해당 소송이 금전의 지급을 청구하는 경우에는 압류할 수 있는 피고의 재산이 일본국 내에 있는 경우(그 재산의 가액이 현저하게 적은 경우를 제외한다)
4. 사무소 또는 영업소를 가진 자에 대한 소로 그 사무소 또는 영업소에서의 업무에 관한 것	해당 사무소 또는 영업소가 일본국 내에 있는 경우
5. 일본에서 사업을 행하는 자[일본에서 거래를 계속하고 있는 외국회사(회사법 제2조 제2호에서 규정한 외국회사를 포함한다)를 포함한다]에 대한 소	해당 소가 그 자의 일본에서의 업무에 관한 것일 때
6. 선박채권 그 밖에 선박을 담보로 하는 채권에 기한 소	선박이 일본국 내에 있는 경우
7. 회사 그 밖의 사단 또는 재단에 관한 소로 다음에 해당하는 것 가. 회사 그 밖의 사단의 사원 내지 사원이었던 자에 대한 소, 사원의 사원 내지 사원이었던 자에 대한 소 또는 사원이었던 자의 사원에 대한 소로 사원으로서의 자격에 기한 것 나. 사단 또는 재단의 임원 또는 임원이었던 자에 대한 소로 임원으로서의 자격에 기한 것 다. 회사의 발기인, 발기인이었던 자 또는 감사(제3조의3 제7호), 감사(제3조의3 제7호)이었던 자에 대한 소	사단 또는 재단이 법인인 경우에는 그것이 일본의 법령에 의하여 설립된 것일 경우, 법인이 아닌 경우에는 그 주된 사무소 또는 영업소가 일본국내에 있는 경우

로 발기인 또는 감사(제3조의3 제7호)으로서의 자격에 기한 것 라. 회사 그 밖의 사단의 채권자의 사원 또는 사원이었던 자에 대한 소로 사원으로서의 자격에 기한 것	
8. 불법행위에 관한 소	불법행위가 있은 장소가 일본국내에 있는 경우(외국에서 행해진 가해행위의 결과가 일본국내에서 발생한 경우에, 일본국내에서 그 결과의 발생이 통상 예견할 수 없었던 경우를 제외한다)
9. 선박충돌 그 밖의 해상사고에 기한 손해배상의 소	손해를 입은 선박이 최초에 도달한 장소가 일본국 내에 있는 경우
10. 해난구조에 관한 소	해난구조가 있은 장소 또는 구조된 선박이 최초에 도달한 장소가 일본국 내에 있는 경우
11. 부동산에 관한 소	부동산이 일본국 내에 있는 경우
12. 상속권 내지 유류분에 관한 소 또는 유류분 그 밖에 사망에 의하여 효력을 가지는 행위에 관한 소	상속개시시에 피상속인의 주소가 일본국 내에 있는 경우, 주소가 없거나 주소를 알 수 없는 경우에는 상속개시시에 피상속인의 거소가 일본국내에 있는 경우, 거소가 없는 경우 또는 거소를 알 수 없는 경우에는 피상속인이 상속개시전에 일본국 내에 주소를 가졌던 경우(일본국 내에 최후로 주소를 가진 후에 외국에 주소를 가졌던 경우를 제외한다)
13. 상속채권 그 밖에 상속재산의 부담에 관한 소로 전호에 규정한 소에 해당하지 않는 것	동호에 정해진 경우

[소비자계약 및 노동관계에 관한 소의 관할권]
제3조의4 1. 소비자[개인(사업으로서 또는 사업을 위하여 계약의 당사자가 되는 경우를 제외한다)을 말한다. 이하 같다]와 사업자(법인 그 밖에 사단 또는 재단 및 사업으로서 또는 사업을 위하여 계약당사자가 되는 경우의 개인을 말한다. 이하 같다) 사이에 체결된 계약(노동계약을 제외한다. 이하 '소비자계약'이라 한다)에 관한 소비자로부터 사업

자에 대한 소는, 소 제기 시 또는 소비자계약의 체결 시에 소비자의 주소가 일본국 내에 있는 경우에는 일본 법원에 제기할 수 있다.

2. 노동계약의 존부 그 밖에 노동관계에 관한 사항에 대하여 개개의 근로자와 사업자 사이에 생긴 민사에 관한 분쟁(이하 '개별노동관계 민사분쟁')에 관한 근로자부터 사업주에 대한 소는 개별노동관계 민사분쟁에 관한 노동계약에서 노무의 제공 장소(그 장소가 정해지지 않은 경우에는 근로자를 고용한 사업소의 소재지)가 일본국 내에 있는 경우에는, 일본 법원에 제기할 수 있다.

3. 소비자계약에 관한 사업자부터 소비자에 대한 소 및 개별노동관계 민사분쟁에 관한 사업주로부터 노동자에 대한 소에 대하여는 전조의 규정을 적용하지 아니한다.

[관할권의 전속]

제3조의5 1. 회사법 제7편 제2장에 규정한 소(같은 장 제4절 및 제6절에 규정된 것을 제외한다), 일반사단법인 및 일반재단법인에 관한 법률 제6장 제2절에 규정된 소 그 밖에 이들 법령 이외의 일본 법령에 의하여 설립된 사단 또는 재단에 관한 소로 이에 준하는 것의 관할권은 일본 법원에 전속한다.

2. 등기 또는 등록에 관한 소의 관할권은 등기 또는 등록을 할 장소가 일본국 내에 있는 경우에는 일본 법원에 전속한다.

3. 지적재산권(지적재산기본법 제2조 제2항에 규정한 지적재산권을 말한다) 중 설정등록에 의하여 발생하는 것의 존부 또는 효력에 관한 소의 관할권은 그 등록이 일본에서 이루어진 경우에는 일본 법원에 전속한다.

[병합청구에 따른 관할권]

제3조의6 한 개의 소로 수개의 청구를 하는 경우에 일본 법원이 하나의 청구에 대하여 관할권을 가지고, 다른 청구에 대하여 관할권을 가지지 않을 경우에는, 해당 하나의 청구와 다른 청구 사이에 밀접한 관련이 있는 경우에 한하여 일본 법원에 그 소를 제기할 수 있다. 다만 수인으로부터 또는 수인에 대한 소에 대하여는 제38조 전단에 정한 경우에 한한다.

[관할권에 관한 합의]

제3조의7 1. 당사자는 합의에 의하여 어느 국가의 법원에 소를 제기할 것인가에 관하여 정할 수 있다.

2. 전항의 합의는 일정한 법률관계에 기한 소에 관하여, 또한 서면에 의하지 않으면 효력이 없다.

3. 제1항의 합의가 그 내용을 기록한 전자적 기록(전자적 방식, 자기적 방식 그 밖에 사람의 지각에 의해서는 인식할 수 없는 방식으로 만들어진 기록으로서, 전자계산기에 의한 정보처리용으로 제공되는 것을 말한다. 이하 같다)에 의하여 이루어진 경우에는 그 합의는 서면에 의한 것으로 보고, 전항의 규정을 준용한다.

4. 외국 법원에만 소를 제기할 수 있다는 취지의 합의는 그 법원이 법률상 또는 사실상 재판권을 행사할 수 없는 경우에는 이를 원용할 수 없다.

5. 장래에 생길 소비자계약에 관한 분쟁을 대상으로 하는 제1항의 합의는, 다음에 든 경우에 한하여 그 효력이 있다.

    가. 소비자계약의 체결시 소비자가 주소를 가진 국가의 법원에 소를 제기할 수 있다는 취지의 합의(그 국가의 법원에만 소를 제기할 수 있다는 취지의 합의에 대하여는 다음 호에 든 경우를 제외하고, 그 국가 이외의 국가의 법원에도 소를 제기할 수 있는 것을 방해하지 않는 취지의 합의로 본다)인 경우

    나. 소비자가 해당 합의에 기하여 합의된 국가의 법원에 소를 제기한 경우 또는 사업자가 일본 내지 외국의 법원에 소를 제기한 경우, 소비자가 해당 합의를 원용한 경우

6. 장래에 생길 개별노동관계 민사분쟁을 대상으로 하는 제1항의 합의는 다음에 든 경우에 한하여 그 효력이 있다.

    가. 노동계약의 종료 시에 이루어진 합의로서, 그 때의 노무제공지가 있는 국가의 법원에 소를 제기할 수 있다는 취지로 정한 것(그 나라의 법원에만 소를 제기할 수 있다는 취지의 합의에 대하여는 다음에 호에 든 경우를 제외하고 그 밖의 나라의 법원에도 소를 제기할 수 있음을 막지 않는 취지의 합의로 본다)인 경우

    나. 근로자가 해당 합의에 기하여 합의된 국가의 법원에 소를 제기한 경우 또는 사업주가 일본 내지 외국의 법원에 소를 제기한 경우, 근로자가 해당 합의를 원용한 경우

[응소에 의한 관할권]

제3조의8 피고가 일본 법원이 관할권을 갖지 않는 취지의 항변을 제출하지 않고 본안에 대하여 변론하거나 변론준비절차에서 진술한 경우에는 법원은 관할권을 가진다.

[특별한 사정에 의한 소 각하]

제3조의9 법원은 소에 대하여 일본 법원이 관할권을 가지게 되는 경우(일본 법원에만 소를 제기할 수 있다는 취지의 합의에 기하여 소가 제기된 경우를 제외한다)에도, 사안의 성질, 응소에 따른 피고의 부담 정도, 증거의 소재지 그 밖의 사정을 고려하여 일본 법원이 심리 및 재판하는 것이 당사자 사이의 형평을 해하거나 적정하고 신속한 심리를 실현하는 데 방해될 특별한 사정이 있다고 인정될 경우에는 그 소의 전부 또는 일부를 각하할 수 있다.

[관할권이 전속하는 경우의 적용제외]

제3조의10 제3조의2부터 제3조의4까지 및 제3조의6부터 전조까지의 규정은, 소에 대하여 법령에 일본 법원의 관할권의 전속에 관한 정함이 있는 경우에는 적용하지 아니한다.

[직권증거조사]

제3조의11 법원은 일본 법원의 관할권에 관한 사항에 대하여, 직권으로 증거조사할 수 있다.

[관할권의 표준 시]

제3조의12 일본 법원의 관할권은 소 제기 시를 표준으로 정한다.

[관할법원의 특례]

제10조의2 전절(前節)의 규정에 의하여 일본 법원이 관할권을 가지는 소에 대하여 그 법률의 다른 규정 또는 다른 법령의 규정에 의하여 관할 법원이 정해지지 않는 경우에는, 그 소는 최고재판소규칙에서 정하는 곳을 관할하는 법원의 관할에 속한다.

[중간확인의 소]

제145조 1, 2 (생략)

3. 일본 법원이 관할권 전속에 관한 규정에 의하여 제1항의 확인의 청구에 대하여 관할권을 가지지 않을 경우에는 당사자는 같은 항의 확인의 판결을 구할 수 없다.

4. (종전 제3항의 내용과 동일)

[반소]

제146조 1, 2 (생략)

3. 일본 법원이 반소의 목적인 청구에 대하여 관할권을 가지지 않는 경우에는, 피고는 본소의 목적인 청구 또는 방어의 방법과 밀접하게 관련된 청구를 목적으로 하는 경우에 한하여, 제1항의 규정에 의한 반소를 제기할 수 있다. 다만, 일본 법원이 관할권 전속에 관한 규정에 의하여 반소의 목적인 청구에 대하여 관할권을 가지지 않는 경우에는 그러하지 아니하다.

4. (종전 제3항과 동일)

[상고 이유]

제312조

2의2 일본 법원의 관할권 전속에 관한 규정에 위반한 경우

민사보전법

[보전명령사건의 관할]

제11조 보전명령의 신청에 대하여는 일본 법원에 본안의 소를 제기할 수 있는 경우, 가압류할 물건 또는 계쟁물이 일본국 내에 있는 경우에 한하여 할 수 있다.

판례색인

[고등법원]

[지방법원]

[스위스 연방대법원]

[영 국]

우리말 색인

외국어 색인

저자소개

약　력
서울대학교 법과대학 졸업
사법연수원 수료(11기)
독일 프라이부르그 법과대학 LL.M.
서울대학교 대학원 졸업(법학박사)
해군법무관(1981. 8.-1984. 8.)
金·張法律事務所 변호사(1984. 9.-1999. 2.)
한양대학교 법과대학 교수(1999. 3.-2007. 9.)
서울대학교 법과대학, 법학전문대학원 교수(2007. 10.-2022. 2.)
국제거래법학회 회장(2013. 3.-2015. 3.)
한국국제사법학회 회장(2018. 3.-2022. 3.)
인하대학교 초빙교수(2022. 3-2024. 2.)
현재 국제거래법학회와 한국국제사법학회 명예회장

저　서
國際裁判管轄에 관한 研究(서울대학교 출판부)
국제물품매매계약의 법리: UN통일매매법(CISG) 해설(박영사)
2001년 개정 國際私法 해설 제 1 판, 제 2 판(도서출판 지산)
국제민사소송법(박영사)
국제사법 해설(박영사)
國際私法과 國際訴訟 제 1 권부터 제 6 권과 [정년기념](박영사)
국제상사중재법연구 제 1 권과 제 2 권(박영사)
국제재판관할법(박영사)

편　저
UNCITRAL 담보권 입법지침 연구(법무부)
국제채권양도협약연구(법무부)

논　문
클라우드 컴퓨팅의 규제 및 관할권과 준거법
FIDIC 조건을 사용하는 국제건설계약의 준거법 결정과 그 실익
대마도에서 훔쳐 온 고려 불상의 서산 부석사 반환을 명한 제 1 심판결의 평석
포레스트 매니아 판결들의 그늘: 베른협약·국제사법의 실종과 게임저작물에 대한 저작권의 준거법을 다룰
　　　기회의 상실
2024년 개편된 국가유산법제와 유네스코 체계의 정합성: 국가유산·문화유산·자연유산의 개념을 중심으로
외 다수

제2판
국제법무 시리즈 2
국제민사소송법

초판발행	2012년 7월 30일
제2판발행	2025년 2월 27일

지은이	석광현
펴낸이	안종만 · 안상준

편 집	박세연
기획/마케팅	조성호
표지디자인	BEN STORY
제 작	고철민 · 김원표

펴낸곳	(주) **박영사**
	서울특별시 금천구 가산디지털2로 53, 210호(가산동, 한라시그마밸리)
	등록 1959. 3. 11. 제300-1959-1호(倫)
전 화	02)733-6771
f a x	02)736-4818
e-mail	pys@pybook.co.kr
homepage	www.pybook.co.kr
ISBN	979-11-303-4930-5 93360

정 가   68,000원